KB160726

특허, 특허권, 특허법의 연구

자연권 및 공리주의적 도구주의의 발전과 서구 자본주의 경제윤리의 형성

유민총서

23

특허, 특허권, 특허법의 연구

자연권 및 공리주의적 도구주의의 발전과 서구 자본주의 경제윤리의 형성

| 나종갑 지음 |

홍진기법률연구재단

책머리에

　재산은 인간에게 자유를 보장하기 위해 필수적이므로 인간의 자유를 보장하기 위하여 재산은 권력으로부터 인간해방의 필요조건이다. 존 로크(John Locke), 임마누엘 칸트(Immanuel Kant) 및 게오르그 빌헬름 프리드리히 헤겔(Georg Wilhelm Friedrich Hegel)의 재산권에 관한 철학의 공통점은 재산은 인간에게 자유를 주고, 인간의 자유를 위해서 재산이 필요하다는 것이라고 할 수 있다. 국가는 법의 힘을 통해 인간의 자유를 보장하는 정치단체이고, 자유의 보장은 재산의 보장이라고 할 수 있다. 근대까지 인간의 자유는 재산을 가져야 쟁취할 수 있는 것으로 이해하고, 재산권은 자유와 생명을 국가권력으로부터 시민을 보호하는 것으로 생각했다. 그리하여 시민들이 계약에 의해 구성한 국가는 인간의 재산을 보호하는 것을 궁극적인 목적으로 했다. 이러한 철학은 개인주의적 자유주의 또는 자유주의적 개인주의의 발전을 가져왔다. 영국의 개인주의적 자유주의는 에드워드 코크(Edward Coke)와 윌리엄 블랙스톤(William Blackstone)을 통해 커먼로 법학에 뿌리를 내렸다.

　공리주의는 최대다수의 최대행복으로 지상의 목표로 하는 단체주의적 성격을 가지는 것으로, 이미 1215년 마그나 카르타에 그 씨앗이 존재했다. 그후 브락튼의 헨리(Henry de Bracton), 존 포테스큐(John Fortescue) 등으로 이어지는 영국의 공리주의 전통은 산업발전을 통한 국부의 증대라는 목적을 가진 특허제도를 통해 영국사회에 뿌리를 내렸다. 영국의 공리주의도 영국 국민의 복지(well being) 증진을 위한 목적이 있었다. 인간을 위한다는 측면에서는 개인주의적 자유주의와 다를 것이 없지만, 단체의 행복증진이라는 지상의 목표 아래에서 개인의 행복과 자유는 희생이 될 수 밖에 없다. 18세기 말과 19세기 전반에 영국의 공리주의는 제레미 벤담(Jeremy Bentham)과 존 스튜어트 밀(John Stuart Mill)을 통해 절정을 이뤄 영국은 자연법과 자연권에 기초한 개인주의적 자유주의 전통은 사라지고, 단체주의적인 공리주의가 지배하는 사회가 되었고, 16세기 후반 엘리자베스 여왕 시대에 본격적으로 뿌리내린 특허제도도 공리주의하에서 경제적 부의 증진을 통한 국가발전을 위한 도구가 되었다. 그리하여 영국의 특허제도는 공리주의적 도구주의하에서 많은 제도 발전을 가져왔고, 이러한 영국 특허법의 전통은 영국식민지이었던 미국의 경제발전을 통해 공리주의와 실용주의적 전통이 자본주의 경제윤리의 형성과정에서 자본주의 발전을 위한 도구로서 특허법과 특허제도에 뿌리내렸다고 할 수 있다.

본 서는 자연법과 자연권을 기초로 한 로크의 개인주의적 자유주의 철학과 칸트와 헤겔의 독일 관념론과 인간 개성을 바탕으로 한 자유주의 철학에서 시작하여 영국의 공리주의와 미국의 실용주의 철학의 관점에서 특허권과 특허제도를 연구한 결과를 정리한 것이다. 따라서 개별적인 특허법 조문의 미시적 문구해석이 아닌 특허법이 발전되어온 역사 철학적 토대를 바탕으로 특허법과 제도의 본격적인 발전을 가져온 18세기와 19세기에 기술과 경제발전을 위한 철학적 이념의 도구로써 자유주의와 공리주의 전통이 특허와 특허법, 특허제도에 투영된 역사 철학적 토대를 거시적으로 연구한 것이다.

특허법은 개인주의적 자유주의와 단체주의적 공리주의가 교차하는 영역에 있다. 인간의 권리라는 측면은 자유주의를 바탕으로 하고, 쌍무적 계약의 균형과 특허제도의 효율성이라는 측면은 공리주의를 토대로 한다. 본 저술에서는 로크의 개인적 자유주의와 그 반대 편에 있는 단체주의를 기반으로 한 공리주의에 의한 특허권의 법률적 본질에 대하여 고찰했다. 두 철학을 이해하지 않고서는 특허법과 지적재산권법으로 불리는 영역의 법을 제대로 이해할 수 없다. 본 서가 특허법과 지적재산권법을 이해하는데 조그만 도움이 되었으면 하는 바람이다.

필자는 미국 세인트 루이스(St. Louis) 소재 Washington University, School of Law에서 존 로크의 노동가치론에 기초하여 재산권과 지적재산권의 철학적 규범적 정당성이라는 주제로 박사학위를 받은 이후, 지속적으로 존 로크의 재산권 철학을 바탕으로 지적재산권법의 역사와 철학을 연구하여 왔다. 필자가 실무를 하다가 특히 법철학과 정치철학을 바탕으로 지적재산권의 정당성을 연구하다보니 개인적인 능력과 관련 지식이 많이 부족했다. 본 서는 그동안 연구한 필자의 짧은 생각을 정리한 것이다. 본 서에서 직접 인용하는 문헌은 많은 경우, 그 번역을 달아, 읽는데 불편함을 덜어내려고 했다. 다만 그 중요성이 좀 떨어진다고 생각하는 경우에는 본문에 그 내용의 요약을 했다. 아직 본인도 초보 학자이다 보니 많은 오류가 있다. 독자들의 비판에 의해 좀 더 나아질 수 있을 것이다.

그동안 필자는 본 서 이외에서 '미국상표법'이란 제하에 커먼로상표법의 역사적 기원과 법리를 연구했고, 최근에는 '부정경쟁방지법'과 '영업비밀보호법'의 철학적, 규범적 토대에 관한 저술을 하면서, 학문의 뿌리는 역사와 철학에 있고, 역사와 철학을 연구하지 않고는 법학은 학문이 아닌 문구 해석에 그치는 말장난과 같은 피상적 지식이 될 뿐이라는 것을 느꼈다. 본 서로서 그동안 필자가 행하여 왔던 지적재산권법의 철학적, 규범적 토대에 관한 저술 작업을 마치려고 한다. 그런 관계로 본 저술은 특허제도와 특허법을 주제로 하였지만, 저작권에 특화되어 있는 칸트와 헤겔의 재산권 철학에 관한 내용을 포함했다. 저작권에 관하여는 별개의 철학적 규범적 토대에 관한 주제로 저술 작업은 진행하지는 않을 계획이다. 후속 작업으로, 김성희 미국 변호사와 광고법에 관한 연구와 저술을 계속할 예정이다.

올해로 법률실무에 종사하다가 대학에서 연구와 강의를 한 것이 20년이 되었다. 처음 대학으로 오면서 본인과의 약속을 다 지키지는 못하였다. 20년전 처음 대학으로 자리를 옮길 때 연구와 강의를 할 수 있도록 이끌어 주신 한남대학교의 김홍수, 이경희, 정상기 교수님께 이 자리를 빌어 감사드린다. 그 후 모교에서 연구를 하고 후배들을 가르칠 기회를 얻었고, 이로 인하여 현재의 결과를 낼 수 있었다고 생각한다. 이런 기회를 주신 여러 선배 동료 교수님들과, 모교 지원 때부터 항상 용기와 격려를 해주신 모 선배 교수님께도 진심으로 감사드린다. 다만, 그동안 모교에서 연구와 강의를 하면서 느낀 것은, 외부에서 기대하는 진리가 충만하고 정의로운 사회는 아니었다. 모교에 '지원'하는 것 조차도 대학의 주인 행세하는 교수의 허락을 요구당했고, 아직도 법조문을 모은 법령집이 학술연구서로 둔갑되는 정말 부끄러운 현실이 존재한다.

본 서의 출판도 연세대학교와 홍진기법률연구재단의 도움에 의해 출간된다. 연세대에서 연구비 지원에 의해 본 서를 집필하면서 출판을 준비했는데, 이번에도 홍진기법률연구재단의 지원을 받았다. 본 서와 같은 저술의 출판이 어려운 현실에서 지원을 해 준 학교와 재단께 감사드린다. 또한 본 서가 책이라는 모습을 갖출 수 있도록 도와 준 경인문화사의 김지선 실장님께도 감사드린다.

2023. 11.

안산 자락에서 저자 올림

차 례

제1장

서 문

재산권의 개념이나 재산의 목적은 시대에 따라 변화해 왔다. 중세나 근세에 이르기까지 재산의 개념은 사회적 관계속에서 이해되었다. 따라서 재산의 개념은 매우 광범위하였다. 17세기 영국의 정치철학자 존 로크(John Locke)에게 재산이란, 신체, 자유 및 생명 등에 관한 권리를 포함하였고[1], 1789년 프랑스 혁명당시에 재산의 개념은 봉건적인 관계속에서 취득하는 경제적인 이익을 포함하는 넓은 개념이었다.[2] 현재 우리법에서 재산의 대상으로 이해되는 물(物)에 대한 배타적인 지배와 처분을 할 수 있는 권리라는 개념은 독일의 민법을 승계한 이후에 정립된 것으로 볼 수 있다.

중세시대의 재산의 개념은 중첩적인 관계로 발전했다. 왕이 궁극적으로 통제하는 대상은 재산이 되고, 그 재산을 봉토로 하여 지방영주에게 부여

이 저서는 연세대학교 학술연구비의 지원으로 이루어진 것임.

1) John Locke, The Two Treatises of Government, §§ 123, 173.
2) 1789년 6월 23일의 프랑스 루이 16세가 삼부회의에 참석하여 행한 연설에는 명예적 특권도 재산으로 존중하겠다고 밝혔다. 루이 16세는 다음과 같이 언급했는데,

> All property rights, without exception, shall be constantly respected, and His Majesty expressly understands under the name of property rights, tithes, rents, annuities, feudal and seigniorial rights and duties, and, in general, <u>all the rights and prerogatives useful or honorary, attached to lands and fiefs or pertaining to persons.</u>

루이 16세의 언급에는 재산권이란 모든 재산권, 십일조(교회를 위해 내는 수입의 10분의 1의 세금), 임대료, 연금, 제후 및 영주권리와 의무, 그리고 토지와 영지 등의 속지적 또는 속인적인 일반적으로 유용하거나 명예적인 모든 권리와 특권이라고 하고 있다. '토지와 영지 등의 속지적 또는 속인적인 일반적으로 유용하거나 <u>명예적인 모든 권리와 특권</u>'은 현재 행정법상 속지적인 또는 속인적인 허가, 면허 등을 의미한다. 즉 재산권이란 선험적이 아닌 경험적인 매우 유통적이고 탄력적인 개념이라고 할 수 있다.

하고, 이를 다시 기사와 농민 및 농노에게 경작권을 부여하는 관계로서 중첩적인 권리들이 하나의 소유를 이룬다고 할 수 있다. 즉 국가에는 하나의 소유물만이 존재하므로 타인과의 관계에서 발생하는 권리개념도 발전하지 못하였다고 할 수 있을 것이다. 이와 같은 중세의 토지와 봉토제도는 고려시대의 왕토사상과 유사하다고 할 수 있다.

중세의 압제로부터 인간해방을 시작하기 시작한 근세로의 이행시기에는 토지소유권은 단지 재산이 아닌 자유의 개념이 되었다. 또한 반대로 재산의 개념에 자유가 포함되었다. 존 로크(John Locke)는 재산의 개념을 자유권을 포함하는 것으로 보았고, 궁극적으로 재산은 자유를 획득하는 것을 의미했다. 즉 재산권은 전제왕권으로부터 독립된 권리로 보아, 재산은 자유, 신체, 생명 및 유체물에 대한 배타적인 지배의 개념으로 이해했다. 전제왕권의 통제로부터 개인의 자유를 획득하는 수단은 왕권으로부터 독립된 자유를 취득하는 것이었고, 자유는 생명과 신체의 자유와 재산에 대한 통제를 의미하는 것이었다. 재산은 궁극적으로 인간의 자유를 취득할 수 있는 수단이 되었다. 따라서 로크에 있어서 재산이란 매우 광범위한 권리이다.[3]

근대와 현대의 재산권은 인간과 물의 관계라고 할 수 있고, 우리나라에서 물은 동산과 부동산을 의미하게 된다. 보통 이를 물권이라고 하는데, 자신이 대외적으로 독점과 처분할 수 있는 대상을 의미하게 된다. 따라서 17세기 영국의 로크 시대(Lockean era)의 재산의 개념과 비교하면 매우 협소

---

3) 자유는 재산의 개념에 포함되었는데, 1624년 영국의 독점법도 같은 입장에 있다. 예컨대 독점법 제1조는 3가지의 재산권을 인정하고 있다. 동법 제1조는 "…. any other Monopolies, or of Power, Liberty or Faculty, to dispense with any others, or to give Licence or Toleration to do, use or exercise any Thing against the Tenor or Purport of any Law or Statute…." 라고 규정하여, 권한, 자유 및 재산('Power, Liberty or Faculty')을 포함하였다. 따라서 동 법 이전에 부여한 기존의 특권에 대한 비침해도 자유에 해당하고, 동법도 기존의 특권을 폐지하지 않았다.

해진다. 즉 물이라는 개념을 한정하기 때문에 자유나 신체, 생명에 대한 권리는 제외된다.

현대법상 재산권으로 분류되는 특허권은 목적과 기능에 대하여 많은 논쟁이 있어 왔다. 전통적인 자연법론자들은 지적재산은 창작자와 그 창작물간의 인적관계라고 하였다. 로크(Locke)는 육체를 소유한 인간의 육체적 노동의 결과는 그의 소유물이고 이는 신의 명령과 질서라고 하였다. 칸트(Kant)에게 재산은 자율성을 가진 인간의 자유를 확보하는 수단이 되었다. 헤겔(Hegel)은 자유의지를 가진 인간의 육체노동의 결과는 그 인간의 개성이 반영된 것이므로 그 인간이 지배하는 것이라고 하였다.

우리가 특허권을 설명할 때 많이 사용하는 독점(monopoly)이라는 용어는 아리스톨(Aristotle)이 처음 사용했다고 한다. 인간의 경제생활에서 독점은 독점을 하는 자에게는 많은 이익을 가져다 주지만, 나머지는 그에게 그의 독점이익을 지불해야 했다. 한편 독점이익은 기술자을 유혹하는 수단으로 사용되었다. 초기의 기술자에게 부여하는 독점제도는 어떤 생래적인 자연권 개념에서 부여된 것은 아니었다. 중세의 길드는 독점 조합을 형성하여 왕으로부터 독점을 받아 독점권을 행사했다.[4] 그 당시 길드가 소유한 기술은 길드가 속한 사회의 재산으로 간주되었다.

특허권과 저작권으로 대표되는 무형물에 대한 독점의 정당성은 근대적인 특허법의 제정과 함께 논의되어 왔다. 무형물은 비배제성(non- excludability)과 비경합성(non-rivalrous)을 특징으로 하고 있다. 이러한 특징은 공공재에서도 나타난다. 특허 등 지적재산권은 비배제성과 비경합성을 특징으로 하는 무형물에 대한 독점을 준다는 점에서 그 정당성이 문제가 되고 있다. 무형물은 타인과 공유하더라도 그 가치의 감소(non-rivalrous)나 그 이

---

4) Pamela O. Long, 'Invention, Authorship, 'Intellectual Property' and the Origin of Patents: Notes toward a Conceptual History', 32 (4) Technology and Culture, 846, 870 (1991).

용이 제외됨이 없이(non-excludability) 공유자 모두가 공유 이전과 같은 가
치를 사용할 수 있기 때문이다. 무형물의 위와 같은 특징은 유형물에 대한
재산권 부여의 정당성이 무형물의 정당성에는 적합하지 않는다는 것을 의
미한다.

특허권과 저작권을 포함하는 재산권(property right)은 재산(property) 그
자체와 같은 의미로 사용된다. 재산(property)은 '자신에게 속하는 것(belong-
ing to oneself)' 또는 '특정인의 소유(one's own)'라는 의미이다. 재산권은
재산에 대한 권리, 즉 '소유에 대한 권리(right of ownership)'의 의미이다.
따라서 재산과 재산권을 엄격히 구별하자면 재산은 개인과 사물 그 자체의
관계를 대상으로 하는 것이고 재산권은 대외적인 관계 속에서 타인이나 집
단에 대한 관계에서 사물과 자신의 관계를 말한다.5) 즉 권리라는 의미는
자신에 대한 것이 아니라 타인이나 집단에 대한 대외적인 관계를 의미하게
된다. 개인과 타인이나 집단의 관계에서 법적인 의미, 즉 권리가 나타나게
된다.6) 그로티우스(Grotius)와 푸펜도르프(Puffendorf) 등 자연법론자들은
배타적 소유권의 근거를 타인의 동의 또는 계약에서 찾아, 동의에 의한 소
유이론을 주장하였다. 타인과의 관계속에서 성립된다는 점에서 재산과 재
산권은 궁극적으로는 같은 것을 의미하는 것이라 할 수 있다.

재산에 대한 개념은 우리 사회에서 잘 이해되어 있다. 개인이 유체물을
소유한다는 것은 이미 오래전부터 인식되어 왔다. 유체물의 소유를 침해하

---

5) 예컨대, 개인과 사물과의 관계 특히 재산권을 타인과의 관계로 이해하는 것은
   Hohfeld 이후에 강조되었다. Hohfeld의 재산권이론에 대한 요약은 William B.
   Stoebuck & Dale A Whitman, The Law of Property, West Academic Publishing; 3rd
   ed., 2000, §1.2 참조. 물론 재산권을 다른 각도에서 다양하게 해석하기도 한다. 예컨
   대, Cohen은 재산권을 주권으로 이해한다. Morris R. Cohen, Property and
   Sovereignty, 13 Cornell L. Q. 8 (1927).
6) 재산권의 개념에 대해서는 Jeremy Waldron, The Right to Private Property, Oxford
   Univ. Press, 1990, pp. 26-61 참조.

는 것은 민사침해와 형사침해를 구성한다. 유체물에 대한 재산권은 선점[7]
이나 노동에 의한 창조, 창작, 또는 생산 등에 의해서 발생한다.[8]

아이디어는 유체물로 존재하지 않는다. 아이디어는 인간의 사고나 사고
의 결과이다. 이러한 인간의 지적결과에 대한 보호는 유체물에 대한 보호
에 비교하여 뒤늦게 시작되었다. 인간의 지적산물에 대한 보호는 복잡한
철학적 문제를 야기시킨다. 새로운 자동차엔진에 대한 아이디어를 발명한
사람은 타인의 그 아이디어 사용을 배제할 수 있는가. 타인이 동일한 아이
디어를 스스로 발명하여 사용하는 것을 금할 수 있는가? 아이디어에 대한
재산권은 어떤 근거로 정당성을 갖는가? 이러한 물음에 대해서는 아직 논
쟁중이다.

지적재산권에 대한 정당성은 유체물과 무체물의 구별부터 시작되어야
한다. 앞서 본 바와 같이 무체물은 비배제성과 비경합성을 특징으로 한다.
아이디어에 대한 한 사람의 점유는 타인의 점유를 배제하지 않는다. 또한
아이디어의 동시 사용은 그 가치를 감소시키지 않는다. 등대의 불빛, 즉 등
대가 제공하는 정보를 한 사람이 이용하더라도 타인의 이용을 배제하지 않
는다. 한 사람이 등대 불빛을 이용하는 경우, 좀 더 정확히는 등대가 주는
정보의 사용이 타인의 같은 정보의 사용가치를 감소시키지 않는다. 이러한
정보를 한 사람이 사용할 수 있도록 독점을 주는 정당성은 어디에서 찾을
수 있는가. 유체물의 경우에 타인의 추가적 사용은 기존 사용자의 사용의
배제 내지 제한을 의미한다. 또한 타인의 추가적 사용만큼 그 사용가치는
줄어든다. 유체물의 경우에는 그러한 근거에 의해서 재산권 부여의 정당성
을 찾을 수 있다. 그러나 이와 같이 유체물에서 발생하는 문제점이 발생하

---

7) 민법 제252조 제1항은 "무주의 동산을 소유의 의사로 점유한 자는 그 소유권을 취득
   한다." 라고 하여 선점의 원칙에 의한 무주물의 소유권 귀속을 규정하고 있다.
8) 우리 민법에는 그 외의 취득시효, 유실물 및 매장물의 소유권 귀속원칙과 문화재 등에
   대한 특별규정을 두고 있다. 민법 제245조 참조.

지 않는 무체물의 특징(비경합성과 비배제성)은 유체물에 대한 재산권 인정의 근거보다 더 강한 재산권 인정의 정당성을 필요로 한다.

유체물은 과사용으로 인하여 '공유지의 비극'(the Tragedy of the Commons)[9]이 발생한다. 무체물은 유체물과 달리 한정된 자원을 남용함으로써 발생하는 공유지의 비극이 발생하지 않는다. 오히려 무체물은 비배제성과 비경합성이 없으므로 풍부한 자원이라고 할 수 있다. 그런데 풍부한 자원에 대하여 독점을 부여한 결과 희소성이 발생하므로 '반공유지의 비극'(the Tragedy of the Anticommons)을 가져오게 될 것이다.[10]

무체물에 대한 독점, 즉 재산권 인정의 정당성은 크게 자연권론과 도구주의 이론의 두 가시 관섬에서 논쟁되어 왔다. 자연권론은 선점, 노동이론 및 인격이론 등에 의해서 주도되어 왔고, 도구주의 이론은 공리주의와 실용주의 철학[11]에 의해서 주도되어 왔다.

특허독점의 정당성에 대한 문제는 여전히 그 논쟁의 의의가 있다. 오히려 특허권이 확대되어가는 현재 상황에 정당성에 대한 논쟁은 더 가치가 있다.[12] 나아가 AI 발명이 이뤄지고 있는 현 시대에서 독점의 정당성은 앞으로 특허제도의 패러다임 변화에 대하여 법리적 토대를 제공한다. 이미

---

9) Garett Hardin, The Tragedy of the Commons, 162 Science 1243 (1968).

10) Michael A. Heller, The Tragedy of the Anticommons, 111 Harv. L. Rev. 621, 623 (1998). '반공유지의 비극'(the tragedy of the anticommons)은 희소한 자원에 대하여 많은 사람이 재산권과 같은 배타적 권리를 가지고 있을 경우에 발생한다. 이는 합리적인 인간이 개별적으로 활동할 때 자원의 비효율적 사용으로 인하여 집합적인 낭비가 발생하는 것을 의미한다. 또한 다수의 사용으로 인한 거래비용(transaction cost)이 발생할 수 있다. 예컨대 타인의 권리침해에 대한 소권과 손해배상금에 대한 분배 등의 문제 등이 발생한다.

11) 실용주의는 미국에서 발전되었지만, 공리주의를 언급할 때 같이 나타난다. 따라서 본 서에서 영국의 공리주의를 언급할 때, 특별히 제외하지 않는 한, 실용주의를 포함하는 것으로 이해해도 된다.

12) 예컨대 특허권과 저작권의 확대에서 이러한 문제에 부딪힌다. 데이터베이스에 대한 권리부여문제나 균등론 등이 이에 해당한다.

17세기와 19세기의 특허제도의 패러다임 변화를 통하여 특허제도의 가치를 경험하였고, 그러한 경험은 AI의 실질적 이용이 시작된 4차 산업혁명시대에 특허와 특허제도의 정당성에 대한 재검토에 있어서 실질적인 도움이 될 것이다.

언어적으로는 특허와 특허제도는 구별되어야 한다. 특허는 아이디어에 대한 독점, 즉 재산권의 인정에 대한 것이고 특허제도는 시민사회에서 법적인 의미로서 제도(institution)로 존재하는 것을 말한다. 다만 특허에 대한 정당성은 특허권과 특허제도의 정당성에 대한 의문과 같다. 나아가 특허제도에 대한 정당성 문제는 특허나 특허권의 정당성보다는 거시적, 경제적 측면에서 접근해 왔다. 그러나 현재에 위와 같은 용어적 논쟁은 그 의미를 갖지는 않는 것으로 보인다.

전통적으로 아이디어 독점의 정당성은 특허권의 정당성을 중심으로 논의되어 왔지만, 현재는 특허나 특허권의 정당성보다는 특허제도의 사회적 후생증진을 중심으로 논의되고 있다. 특히 특허의 요건을 중심으로 광범위한 특허부여가 기술혁신을 가져오고 이에 따라 사회적 후생을 증진시키는지에 대하여 그 논의의 초점이 모아지고 있다. 특허제도는 특허나 특허권의 정당성에 대한 논의가 발전되어 나간 것으로서 특허와 특허권을 법제도(legal institution)로서의 수용을 한 것을 말한다.

저작권은 특허권에 비하여 제도로서의 저작권보다는 저작권부여의 정당성에 대한 논의가 중심을 이루었다. 특허권은 특허제도의 사회적 효용에 대하여 중점적으로 논의가 되었고, 이러한 논의로 인해 미국 법원의 비자명성(non-obviousness)에 대한 요구와 이에 대한 입법화가 이루어졌다. 저작권법에서도 이러한 변화가 나타나고 있다. 1991년 Feist v. Rural 사건13)에서 미국 대법원이 저작권 보호에서 도입되는 전통적인 '땀의 이론'(sweat

---

13) Feist v. Rural, 499 U.S. 340 (1991).

of the brow theory)을 명시적으로 부정하고 '최소한의 창작성'(minimal level of creativity)을 요구하기 시작한 것이다. 이는 미국 연방대법원이 특허법상 비자명성을 요구하는 것에 대응하여 최소한의 창작성을 요구하는 것은 저작권 보호의 목적이 저작물의 창작을 장려함으로써 예술발전을 가져오기 위한 것임을 확인한 것이라고 이해된다.14)

특허제도는 독점에 의해 재산권을 취득할 수 있도록 하고, 그와 같이 취득한 재산권은 사회적으로 자원의 효율적 사용을 할 수 있도록 한다. 어떤 기술을 개발하여야 할지에 대하여 효율적인 결정을 할 수 있게 하여준다.15) 특허는 독점을 부여하고 독점은 재산권이다. 특허부여는 기술개발의 동기가 되고 경쟁자의 무임승차로부터 특허권자의 노력과 투자를 회수할 수 있는 수단이 된다.

재산권과 특허취득에 있어서 윤리성의 문제는 특허제도의 정당성을 강

---

14) 1 Melville B. Nimmer & David Nimmer, Nimmer on Copyright § 3.04, pp. 3-23 (1990),

> Protection for the fruits of such research ⋯ may in certain circumstances be available under a theory of unfair competition. But to accord copyright protection on this basis alone distorts basic copyright principles in that it creates a monopoly in public domain materials without the necessary justification of protecting and encouraging the creation of 'writings' by 'authors.'

Id. Feist 사건 이전에도 미국대법원은 저작자에 대한 보상이 궁극적인 이념은 아니라고 하고 있었다. Twentieth Century Music Corp. v. Aiken, 422 U.S. 151 (1975).

> The immediate effect of our copyright law is to secure a fair return for an 'author's' creative labor. But the ultimate aim is, by this incentive, to stimulate artistic creativity for the general public good. 'The sole interest of the United States and the primary object in conferring the monopoly,' this Court has said, 'lie in the general benefits derived by the public from the labors of authors."

Id., 155.

15) Harold Demsetz, Toward a Theory of Property Rights, 57 Am. Econ. Rev. 347(1967) 참조. 재산권자는 외부 비용을 내재화 할 수 있으므로 기술개발의 투자비용을 회수할 수 있는 경우에 개발을 위한 투자결정을 할 수 있다.

화했다고 할 수 있다. 윤리적인 쟁점이 문제되는 것은 특정인의 아이디어 독점에 대한 사회적 통제를 의미하고, 그와 같은 통제는 특허제도의 토대를 강화하기 때문이다. 특허제도는 많은 논쟁을 가져왔지만, 수백년동안 변화와 발전을 통해 지속되어 왔다. 이러한 이유로 특허제도는 사회에 어떤 효용을 가져오는 제도라고 이해할 수 있을 것이다.

산업발전은 필요하다. 발명과 발명의 이용은 산업발전을 위한 필요조건이다. 발명에 투자하는 사회에 발명자 자신들의 노력이나 투자를 회수할 수 없다면 발명이나 발명에 대한 투자는 이뤄지지 않았을 것이다. 발명에 대한 충분한 보상의 기회가 존재하고 그 투자에 대한 회수가능성이 보장될 때 발명과 투자가 이뤄졌다. 그와 같은 노력과 투자의 회수에 보장은 특허제도로 발전되어 왔다.16) 특허와 특허법 그리고 특허제도는 발명자의 재산권을 확립함으로써 개인의 자유를 보장하였고, 그 이념은 산업혁명이라는 경제사회의 변화에 따라 변화하여 현재에는 공리주의와 실용주의의 이념이 반영되어 사회 전체의 효율성을 고려하여 특허법과 그 제도가 설계되었다고 결론을 지을 수 있다. 이는 특허법과 특허제도의 도덕과 윤리로 확립되었다고 할 수 있고 특허법과 특허제도의 변화에는 그와 같은 도덕적 윤리적인 고려가 항상 존재하였다고 할 수 있다.

본 저술에서는 특허권과 특허제도가 성립하는 역사적 과정과 그와 같은 제도(institution)의 토대를 이루는 철학적 배경의 상호관계를 산업발전의 윤

---

16) Fritz Machlup & Edith Penrose, The Patent Controversy in the Nineteenth Century, Source, The Journal of Economic History, Vol. 10, No. 1 (1950), p. 10.
The main thesis demonstrating the beneficial effects of patents rested on the following assertions: (1) industrial progress is desirable, (2) invention is a necessary condition of industrial progress, (3) not enough inventions will be made or used unless effective incentives are provided, (4) patents are the cheapest and most effective means of providing these incentives.
Id., 21.

리적 관점에서 연구하였다. 특허권과 특허제도는 본질적으로 인간을 위한 제도로 도입되어, 인간의 자유의 쟁취를 위한 자연권적 토대에 기초하였고, 그 이후에는 공리주의에 기초하여 경제적으로 효율적인 법제도로 변화하였음을 고찰하였다. 다만 본 연구는 경제적 관점을 주된 연구 주제로 연구한 것이 아니라 특허법리와 특허법 그리고 특허제도의 성립과 형성의 관점에서 연구한 것이다.

제2장

특허제도와 근대 특허법의 형성

제1절 특허제도의 형성

1. 중세의 기술보호

가. 독점의 기원

원래 독점이라는 용어는 그리스의 철학자인 아리스톨(Aristole)이 처음 사용하였다고 한다.[17] 아리스톨은 그의 저서 정치학(Politica)에서 다음과 같이 독점이라는 용어를 사용했다:

It would be well ··· to collect the scattered stories of the ways in which individuals are succeeded in amassing a fortune; for all this is useful to persons who value the art of getting wealth. There is the anecdote of Thales the Milesian and his financial device, which involves a principle of universal application ··· According to the story, he knew by his skill in the stars while it was yet winter that there would be a great harvest of olives in the coming year; so having a little money, he gave deposits for the use of all the olive-presses in Chios and Miletus, which he hired at a low price because no one bid against him. When the harvest-time came, and many were wanted all at once and of a sudden, he let them out at any rate which he pleased, and made a quantity of money. Thus he showed the world that philosophers can easily be rich if they like, but that their ambition is of another sort. He

---

17) Giles Sutherland Rich, The "Exclusive Right" since Aristotle, 14 FED. CIR. B.J. 217 (2004).

is supposed to have given a striking proof of his wisdom, but, as I was saying, his device for getting wealth is of universal application, and is nothing but the creation of a monopoly. It is an art often practiced by cities when they are in want of money; they make a monopoly of provisions. (Book I, II, 1295a 3-36.)

[중요 관련 부분 번역]

   ··· 그는 그의 지혜를 확실히 제공하는 것으로 가정되지만, 내가 말하는 바는, 부유하게 하는 그의 기계는 일반적으로 모두가 이용을 할 수 있고 독점을 창조하는 것 이외 다른 것은 없다. 이것은 그들이 돈을 원할 때 시(city)에서 자주 행사되었는데; 그들은 독점 조항을 만들었다.

   아마도 아리스톨이 활동할 당시, 위 예에서 제시된 올리브를 수확하는 기계처럼 어떤 재능의 발현에 의해 기계를 발명하면 그리스에는 독점을 부여하는 제도가 존재한 것으로 추측이 된다. 그리하여 그리스에서 독점부여제도가 논의되었는데,[18] Naucratis의 아테니우스(Athenaeus)는 그의 저술, Deipnosophistae('Dinner Sophists')에 3세기에 기본적인 특허제도를 설명하고 있다.

   Deipnosophistae에는

---

18) 그리스의 Sybarites는 잘 알려진 요리사로 맛있는 음식에 대하여 독점을 인정할 것을 주장했다고 하고, 이는 음식에 관한 특허로 알려진 가장 오래된 것이다. 그 이후 베니스에서는 1587년 5월 2일 Alvise di Valentin di Bossi에게 라자냐(lasagne)에 대한 특허가 부여("lasagne tirate a forza de mani sottilissime senza alcun edificio stagiarini et macaroni alla pugliese fatti di pasta,")된 기록이 있고, 그 외에도 Alessandro Tornimben와 Gerolamo Prevaglio에게 이탈리아의 빵종류인 '파티치(pastizz)'에 특허가 부여된 기록("pastizzi fatti de diverse sorti di paste lavorati con ogni sorte de carnami et uzzelami, si di grasso come dim agro, con pesce et senza.")이 있다.

When one of the chefs invented his own delicious dish, no other person should be allowed to make use of this invention before the end of a year, only the inventor himself; during which time he would have the business profit from it, so that others would compete and surpass each other in such inventions.

[번역]

한 요리사가 맛있는 음식을 발명했을 때, 그 요리사가 그 음식으로부터 영업상 이익을 취하는 동안 그 요리사 이외에 다른 사람은 그 해 말까지 그 음식(발명)을 만들어서는 안되고, 그리하여 그 음식발명에 관하여 다른 사람들은 서로가 경쟁하여 능가할 수 있다.

라고 언급되어 있다.[19] 위의 사례에서 나오는 특허는 초기의 음식에 대한 특허제도라고 할 수 있을 것이다.

그리스의 플라토(Plato)나 앞서 언급한 아리스톨(Aristole)은 산업적인 것보다는 순수 예술적인 것을 선호했다고 한다. 그러나 아리스톨은 도시를 위해 좋은 발명을 한 경우에는 그를 위해 상을 받아야 한다고 하였다고 한다.[20] 다만 위의 발췌문과 같이 아리스톨은 사회에 대하여 주는 실질적인 혜택없이 독점이라는 보상을 받기 위해서 새로운 것을 만드는 것에 대하여 우려를 하였기 때문에 그와 같은 보상을 위해 어떤 보상을 제공하는 것에 대하여는 반대하였다고 한다.[21]

---

19) Bruce W. Bugbee, Genesis of American Patent and Copyright Law, Public Affairs Press, 1967, p. 166 n.5. Deipnosophistae의 원문은 [https://www.perseus.tufts.edu/hopper/text?doc= Perseus%3Atext%3A2013.01.0001] Deipnosophistae의 16세기 이탈리아에서 인쇄된 인쇄본의 본문은 영국 도서관에서 볼 수 있다.
   (https://www.bl.uk/collection-items/athenaeus-deipnosophistae)
20) Frank D. Prager, The Early Growth and Influence of Intellectual Property, 34 J. Pat. Off. Soc'y. 106, 112 (1950).
21) John F. Duffy, Inventing Invention: A Case Study of Legal Innovation, 86 Texas Law

그리스에서는 예술적, 문학적인 작업을 중요시하였기 때문에 실용적이고 기술적인 작업에 대하여는 원시적이고 야만적이라는 생각을 가지고 있었다. 다만 그리스에서도 독점을 부여하는 것을 장려하거나 선호하지는 않았지만 독점이라는 제도는 잘 알려져 있었고,22) 발명가의 독점과 발명가의 생각이 동기가 되고 장려되는 것은 이해하고 있어 공리적, 실용적 사고는 존재하였다고 할 수 있다.

나. 특권의 부여

중세 암흑시대에도 독점과 특혜를 주는 제도는 존재했다. 기록으로는 1105년 프랑스 모타근(Mortagne)의 윌리엄 백작이 노르만의 애봇(Abbot)에게 특정 지역에서 풍차를 세우도록 하는 면허장을 주었다고 한다. 이것이 최초로 언급되는 풍차특허라고 한다.23) 투델라(Tudela)의 벤자민(Benjamin)은 1160년부터 1173년까지 유럽과 중동지역을 여행했는데, 예루살렘의 왕이 염색공들에게 영업비밀인 염색기술에 연례비를 지급하였다고 여행일지에 기록하고 있다고 한다.24)

중세시대에는 기술자를 유혹하는 제도는 많이 존재했다. 예컨대, 1272년 베니스는 기술자의 이민을 장려하는 제도를 가지고 있었다. 이러한 제도는 보호명령(protection order)의 형태를 취했는데:

> [a]ny one who comes to Venice to exercise the trade of a wool
> weaver shall receive a house to live in and to exercise said trade, at

---

Review 1, 15-16 (2007).

22) Frank D. Prager, The Early Growth and Influence of Intellectual Property, 34 J. Pat. Off. Soc'y. 106, 113. n 16 (1950).

23) Maximilian Frunkin, The Origin of Patents, 27 J. Pat. Off. Soc'y. 143 (1945).

24) Id.

Murano, Torcello or in the country, free from cost for ten years.[25)]

[번역]

　누구든지 베니스에 와서 모직 직조를 하고자 하는 자는 이 나라[베니스]의 토셀로 지역의 무라노에서, 주거할 수 있는 집을 제공받고 10년동안 아무런 비용없이 그 직업을 수행할 수 있다.

라고, 모직 직조 기술자의 이민을 권하는 공고를 했다. 이러한 공고의 이면에는 산업발전을 위한 공리주의적 목적이 있었다. 그리고 이러한 유인 정책과 함께 법률적, 재정적, 사회적 수익(incentive)을 제공했다. 이민자가 가져온 기술에 대한 독점은 이러한 이민정책의 핵심이었다. 어떤 학자는 베니스가 특허제도를 확립하고 장기간 그 특허제도를 유지할 수 있었던 이유에 대하여 왕에게 권력이 집중되는 형태가 아닌 도시국가의 권력 분산적 공화제이었기 때문에 가능하였다고 한다.[26)] 또한 특허권과 영업비밀을 보유했던 도시국가의 길드는 강력한 단체 규율을 가진 권력단체이었다.

　그와 같은 주장을 신뢰할 수 있다면, 베니스와 같은 권력 분권적 구조를 유지했던 영국에서 특허제도가 번성했던 이유가 설명이 된다. 1215년 존왕(King John)이 마그나 카르타에 서명한 이후 영국은 왕과 귀족들이 권력을 분산하여 가지는 정치구조를 가졌다. 영국은 비록 왕권제를 유지했지만, 다른 유럽의 국가와는 달리 귀족 등과 권력을 나눈 분권적 권력구조를 유지해 왔고, 특히 17세기에는 권리청원과 권리장전을 통하여 왕은 점차 권력을 잃었다. 그와 같은 영국의 분권적 권력구조가 만들어지는 과정에서 의회에서 왕을 견제할 수 있는 권력을 가지고 이를 행사했던 정치구조에서

---

25) Mandich, 'Venetian patents (1450-1550)', 30 (3) J. Pat. Off. Soc'y. 166, 171 (1948).
26) Frank D. Prager 'A History of Intellectual Property from 1545 to 1787', 26(11) J. Pat. Off. Soc'y. 711, 720 (1944); Bruce W. Bugbee, Genesis of American Patent and Copyright Law, Public Affairs Press, 1967, p. 23; Maximilian Frunkin, The Origin of Patents, 27 J. Pat. Off. Soc'y. 143, 143-9 (1945).

왕의 권력에 대항하여 1624년 영국이 근대 특허법의 원조라고 불리는 독점
법(the Statute of Monopolies)을 제정할 수 있었던 것으로 판단된다. 이에
따라 산업혁명을 이룩할 수 있는 산업구조를 가지게 된 것이라고 할 수 있
지 않을까 한다.

특허권에 있어서 공리주의적 전통은 1624년 영국의 특허법이 제정되기
이전에 이미 존재하고 있었다. 특허제도는, 한편으로, 도시국가나 국가 등
에서 경쟁도시나 경쟁국가의 기술을 탈취하기 위한 인센티브(incentive)로
제시되고 있었다. 그리하여 경쟁국가나 경쟁도시로부터 기술자을 유인하는
도구로 이용되어, 그 이주국가에 필요한 기술을 가져오는 기술자에게 부여
되었다. 물론 기술자 스스로 새로운 국가에 이주를 하여 자신이 가진 새로
운 기술에 대하여 그 이주국가에게 특허를 부여할 것을 요구하였다. 1236
년 영국의 헨리 3세는 프랑스 서부의 통치자로, 프랑스 보르도의 시장이
산타 콜럼비아의 보나퍼수스(Bonafusus de Sancta Columbia)에게 영국과 프
랑스에서 15년 동안 네덜란드의 플레밍 방식으로 다수의 컬러 직물의 옷을
만드는 특권을 부여(privilege)한 것을 승인했다.[27] 다만 이때의 특권은 발
명에 대한 것도 아니었고, 독점을 부여하는 것도 아니었다.[28]

1331년 에드워드 3세는 네덜란드 플랑드르에서 이민 온 존 켐프(John
Kempe)에게 직조기술에 대한 보호명령서를 발부했다.[29] 그 보호명령서는
존 켐프와 그의 도제 및 집사에게 왕의 보호를 제공하고, 그 외국의 직조기
술자로 부터도 보호하고, 그 기술을 가르칠 수 있는 권리를 제공했다. 보호
명령은 본격적인 특허는 아니지만 초기 형태의 특허라고 할 수 있다.

---

27) Allan A. Gomme, Patents of Invention: Origin and Growth of the Patent System in
Britain, 1946, pp. 5-6.
28) Ramon A. Klitzike, Historical Background of the English Patent Law, 41(9) J. Pat.
Off. Soc'y. 615, 616 (1959).
29) E Wyndham Hulme, The History of the Patent System Under the Prerogative and at
Common Law, 12 L. Q. Rev 141, 142 (1896).

그후 1337년에 부여한 특허는 법령의 형태를 띠었는데

[a]ll clothworkers of strange lands, of whatsoever country they may
be, which will come into England, Ireland, Wales, and Scotland, and
within the King's power, shall come safely and surely and shall be in
the King's protection and safe-conduct to dwell in the same lands,
choosing where they will; and to the intent that the said clothworkers
shall have the greater will to come and dwell here, Our Sovereign Lord
the King will grant them franchises as many and such as may suffice
them.[30]

[번역]

외국에서 온 모든 직조기술자는 그 외국이 어떤 곳인지를 불문하고,
영국, 아일랜드, 웨일즈 및 스코틀랜드 그리고 영국 왕의 권력이 미치
는 곳에 있는 경우에, 안전하고 확실한 그리고 왕의 보호가 제공되고,
자신이 선택한 곳에 안전하게 거주할 수 있고; 그리고 그 직조기술자
는 여기에 와서 거주할 진정한 의지를 의도할 수 있다. 우리의 권력자
이자 왕은 그들에게 아마도 충분할 만큼의 특권을 부여할 것이다.

라고 하여 외국으로부터 이민 온 기술자의 기술은 왕의 보호 아래 있고, 그
기술자가 선택한 거주지에서 그 기술을 실시할 수 있고, 왕이 충분한 보호
를 할 것이라고 규정하였다. 이러한 왕의 보호와 법령이 외국의 기술자를
영국으로 이민오도록 하고, 기술을 수입하여 영국의 기술과 산업발전을 위
한 것임은 분명하다.[31]

에드워드 3세는 지속적으로 보호명령서와 특허장을 발급했다.[32] 영국의

30) Id., 143.
31) Id.
32) Id. 예컨대 1336년에는 두 사람의 Brabant 직조기술자에게 요크(York)에 정착하도록

지속적인 외국 기술자와 외국 기술의 보호는 헨리 4세 시기에도 계속되었
다. 헨리 8세 때에 베니스에서 이민 온 안토니오 귀도치(Antonio Guidotti)는
1537년 당시 헨리 8세의 비서실장이었던 토마스 크롬웰(Thomas Cromwell)에
게, 이탈리아의 실크 직조공이 영국의 사우스 햄턴에 정착할 예정이고, 그
이민 올 이탈리아의 실크 직조기술자에게 15년 내지 20년간 그가 독점적으
로 실크를 제조할 특권을 부여해 줄 것을 헨리 8세에게 간청해줄 것을 요
청하는 서면을 보냈지만 그 결과에 대한 기록은 없다고 한다.[33] 보호명령
(protection order)에서 메리 여왕 1세 시대(재위: 1553-1558)에는 특허
(patent) 부여 제도로 변경되기 시작하고 새로운 기술도입에 대한 책임도
부과한다.[34]

메리 1세가 사망하고 엘리자베스 여왕(재위: 1558-1603)이 그 뒤를 이었
다. 엘리자베스 시대에도 기술도입에 의한 영국 산업을 부흥하고자 하는
기술이민정책은 계속되었다. 1559년 이탈리아의 이민자 Jacobus Acontius
(James Acontius)는 엘리자베스 여왕에게 다음과 같이 자신에게 특허를 부
여할 것을 건의하였다.

> [h]ave some fruits of their rights and labors, as meanwhile they
> abandon all other modes of gain, are at much expense in experiments,
> and often sustain much loss, as has happened to me. I have discovered
> most useful things, new kinds of wheel machines, and of furnaces for

---

하고, 1368년에는 3명의 Deft의 시계기술자에게 잠시 거주하도록 특허장을 발급하고,
그 후에도 지속적으로 특허장을 발급한다. Id.

33) Allan A. Gomme, Patents of Invention: Origin and Growth of the Patent System in
Britain, Longmans, 1946, p. 8.

34) Peter Wells & Tilaye Terrefe, A Brief History of the Evolution of the Patent of
Invention in England, 35 Canadian Intellectual Property Review/Revue canadienne de
propriété intellectuelle, 65, 67 (2020).

dyers and brewers, which when known, will be used without my consent, except there be a penalty, and I, poor with expenses and labor, shall have no returns. Therefore I beg a prohibition against using any wheel machines, either for grinding or bruising, or any furnaces like mine without my consent.[35]

[번역]

나에게 발생한 것과 같이 모든 형태의 취득을 포기한 그들은 많은 비용을 지불하고, 자주 많은 손실을 감내하는 동안 [영국 사회는] 그들의 권리와 노동의 과실을 가진다. 나는 그들에게 알려졌을 때 나의 동의 없이 사용한다면 나에게는 노동과 비용이 회수되지 않는 불이익이 발생하는, 염색업자와 양조업자에게 가장 유용한 새로운 종류의 회전축을 이용한 기계와 용광로를 발견했다. 따라서 나의 동의없이 내가 발명한 것과 같은 갈고, 분쇄하는 회전 휠 기계 또는 어떤 용광로이든 그것을 사용하는 것에 대한 금지를 요청한다.

그리하여 1561년 엘리자베스 여왕은 특허를 부여하기 시작했고, 1565년 Jacobus Acontius 자신도 특허를 취득했다. Jacobus Acontius의 특허청원 이후 특허 부여에 의한 사회에 대한 기술 이전은 하나의 사회 제도화하였다고 평가된다.[36] 즉 왕에 의한 개별적인 기술 평가가 특허라는 시스템화 된 제도에 의하여 기술발전 정책이 시행된 것이다. 왕은 기술자에게 특허부여의 조건으로 새로운 기술자를 양성할 것과 그 기술을 공개하여 사회재산화할 것을 요구했다.[37] 물론 그와 같은 특허에 의한 영국 사회의 장기적인

---

35) Harold G. Fox, Monopolies and Patent: a study of the History and future of the Patent Monopoly, Univ. of Toronto Press, 1947, p. 27.

36) E Wyndham Hulme, The History of the Patent System Under the Prerogative and at Common Law, 12 L. Q. Rev. 141, 151 (1896).

37) Id., 143-151. Christopher May & Susan K. Sell, Intellectual Property Rights: A Critical History, Lynne Rienner Publishers, 2006. p. 52.

사회 경제적 변화는 엘리자베스 여왕에 의하여 직접적으로 의도된 것은 아니었다고 할 수 있다. 이 때의 특허(patent)는 현대의 특허와 같은 의미는 아니다.

2. 근대 특허제도의 발전

가. 이탈리아 베니스의 특허제도

특허 제도적 기원은 외국의 기술의 도입이다. 현재까지 가장 오래된 특허법으로 알려진 것은 1936년 발견된 1474년 베니스의 특허법이다. Giulio Mandich에 의해 1474년 베니스가 특허법을 제정하였다는 것이 알려지기 전까지 영국의 1624년 독점법이 최초의 특허법이라고 알려졌다.[38] 물론 1474년 특허법 제정 이전에도 특허가 존재했다. 예컨대, 1416년 베니스는 로드(Rhodes)라는 도시에서 온 프란시스 페트리(Franciscus Petri)에게 공이를 이용한 직조기술(structures with pestles for fulling fabrics)에 대한 특허를 부여했다는 기록이 있다. 그가 도입한 'fulling'이라는 직조방법은 기존의 방법에 비하여 직조의 축융기술을 도입한 것으로써 직물이 수축하여 더 강하게 만드는 혁신적인 방법이었다.[39]

독점(monopoly)을 부여하는 특허(patent) 부여 이전에도 특혜(prerogative)를 부여하는 제도가 존재했었다.[40] 1404년 플로렌스는 모(wool)를 소모(梳

---

38) Giulio Mandich, Privative Industriali Veneziane (1450-1550), 34 RIVISTA DI DIRITTO COMMERCIALE 511 (1936)를 저술하였다. 위 저술은 1948년 미국에서 Giulio Mandich, Venetian Patents (1450-1550), 30 J. Pat. Off. Soc'y. 166, 176-80, 201-02 (1948)로 번역되었다.

39) Bruce Willis Bugbee, Genesis of American Patent and Copyright Law, Public Affairs Press, 1967, p. 16.

毛)화 하는 공정에 철로 만든 붓을 이용하는 공정을 만들어내는 자에게는 10년 동안 면세하겠다는 약속을 한 경우도 있었다. 그와 같은 공정은 밀라노에서는 잘 알려진 기술이었지만 플로렌스에는 알려지지 않은 기술이었다고 한다. 그리하여 밀라노의 기술자인 Guerinus de Mera가 플로렌스의 Lana 길드와 그 기술을 이전하는 계약을 하였고, 그와 같은 기술이전계약 (license)에 따라 기술을 배운 기술자는 일정기간 동안 길드와 독립적으로는 그 기술을 실시하지 못했다고 한다. 현대에 많이 이용되는 '경쟁금지계약' (non competition agreement)이라고 할 수 있다. 또한 1409년 플로렌스 정부는 Guerinus de Mera에게 20년 동안 면세로 거주할 수 있고 어느 길드에도 속하지 않고 자유롭게 영업을 할 수 있도록 승인하였다.[41] 기술이전을 하기 위해 도제를 강제로 수련시키도록 하는 특허부여 조건은 영국의 엘리자베스 여왕에 의해서도 실시되었다. 이를 '도제조항'(apprentice clause)이라고 한다.

1421년 플로렌스의 필리포 브루넬리쉬(Filippo Brunelleschi, 1377-1446)에게 부여한 3년의 특허는 플로렌스를 흐르던 아르노 강(Arno river)의 바지선에 관한 특허이었는데, 그 바지선에는 기중기 등이 설치되어 있었다고 한다. 플로렌스 시의회는 그의 발명에 대하여 특허를 부여하면서 다음과 같이 의결했다:

THE MAGNIFICENT AND POTENT LORDS, LORDS MAGISTRATE AND STANDARD BEARER OF JUSTICE:

CONSIDERING that the admirable FILIPPO BRUNELLESCHI, a

---

40) 1240년 플로렌스와 몇몇 도시국가들은 발전된 모직제조기술을 알려주는 경우에 그에 대한 대가로 토지를 제공하겠다는 준 정부계약을 제시했다고 한다. Frank D. Frager, Brunelleschi's Patent, 28 J. Pat. Off. Soc'y. 109, 128 (1946). 그 이외에도 기술도입과 그 대가에 관한 내용은 Id., n. 51 참조.

41) Frank D. Frager, Brunelleschi's Patent, 28 J. Pat. Off. Soc'y. 109, 127 (1946).

man of the most perspicacious intellect, industry and invention, a citizen of Florence, has invented some machine or kind of ship, by means of which he thinks he can easily, at any time, bring in any merchandise and load on the river Arno and on any other river or water, for less money than usual, and with several other benefits to merchants and others; and that he refuses to make such machine available to the public, in order that the fruit of his genius and skill may not be reaped by another without his will and consent; and that, if he enjoyed some prerogative concerning this, he would open up what he is hiding, and would disclose it to all;

AND DESIRING that this matter, so withheld and hidden without fruit, shall be brought to the light, to be of profit both to said FILIPPO and to our whole country and others; and that some privilege be created for said FILIPPO, as hereinafter described, so that he may be animated more fervently to even higher pursuits, and stimulated to more subtle investigations,

DELIBERATED on Juno 19, 1421:

THAT NO PERSON in being, wherever 'born, and of whatever status, dignity, quality and grade, shall dare or presume, within three years next following from the day when the present provision has been approved in the Council of Florence, to commit any of the following acts on the river Arno or on any other river, stagnant water or swamp, or water running or existing in the territory of Florence:

(a) to have, hold, or use in any manner, be it newly invented or made in new form, a machine or ship or other instrument designed' to import or ship or transport on water any merchandise or any things or goods, except such ship or machine or instrument as they may have used until now for similar operations, or (b) to ship or transport or to have shipped or transported any merchandise or goods on other ships, machines or instruments for water transport than were familiar and usual until now; and further that any such new or newly shaped machine etc. shall be burned;

PROVIDED however that the foregoing shall not be held to cover, and shall not apply to, any newly invented or newly shaped machine etc., designed to ship, transport or travel on water, which may be made by FILIPPO BRUNELLESCHI, or with his will and consent; also, that any merchandise, things or goods which may be shipped with said newly invented ships within three years next following, shall be free from the imposition, requirement or levy of any new tax not previously imposed.[42]

브루넬리쉬에게 특허를 부여하는 의회의 위와 같은 결의내용에는 다음과 같은 내용이 있는데, (1) 통상적인 경우보다 더 적은 비용으로 강위에서 상품을 적재하거나 하역하고 운송할 수 있는 브루넬리쉬(Burnelleschi)의 발명이 가져오는 사회 경제적 이익("he can easily, at any time, bring in any merchandise and load on the river Arno and on any other river or water, for less money than usual, and with several other benefits to merchants and others"; "to be of profit both to said FILIPPO and to our whole country and others"), (2) 만일 그에게 자신이 투여한 비용과 노력을 회수할 수 있는 특허를 부여하지 않는다면 공중에게 그의 발명을 사용하여 이익을 얻을 기회를 제공하지 않을 뿐만 아니라 새로운 발명에 대한 인센티브("he refuses to make such machine available to the public, in order that the fruit of his genius and skill may not be reaped by another without his will and consent;

---

42) Frank D. Frager, Brunelleschi's Patent, 28 J. Pat. Off. Soc'y. 109, 109 (1946).

and that, if he enjoyed some prerogative concerning this, he would open up what he is hiding, and would disclose it to all"; "some privilege be created for said FILIPPO, as hereinafter described, so that he may be animated more fervently to even higher pursuits, and stimulated to more subtle investigations") 를 강조하는 내용이다.

이러한 의회 결의에는, 공리주의와 실용주의 철학에 의한 것임이 분명히 나타나 있다. 필리포 브루넬리쉬(Filippo Brunelleschi)에게 자신의 노력에 대한 보상을 받을 수 있는 권리를 확실히 한 것은 브루넬리쉬가 자신의 발명에 대한 보상을 받지 못할 것을 염려하여 공개하지 않으려 했기 때문이다.[43] 1444년에도 베니스에서 Antonius Marini de Francia에게 특허가 부여되었다.

1474년 이전에 존재하였던 이탈리아의 특허제도는 개별적 발명에 대하여 의회에서 부여하는 관습적인 제도이었다. 법에 의한 일반적 제도로서 특허제도를 창설하는 1474년 특허법이 제정되었다. 그러나 특허 부여를 하는 법이 집행이 되었음에도 관습적인 특허 부여제도는 여전히 남아 있었다.[44] 베니스에서 1471년부터 1600년까지 500개 이상의 특허가 허락되었다고 기록하고 있다.[45]

베니스의 특허제도는 자체의 기술개발을 위한 목적도 있었지만, 외국의 기술도입을 위한 이민장려정책으로부터 시작된 것이다. 베니스는 유럽과

---

43) Allan A. Gomme, Patents of Invention: Origin and Growth of the Patent System in Britain, Longman, 1946, p. 6.

44) Stefania Fusco, Lessons from the Past: The Venetian Republic's Tailoring of Patent Protection to the Characteristics of the Invention, 17 Nw. J. Tech. & Intell. Prop. 301 (2020).

45) Stefano Comino et al., The Diffusion of New Institutions: Evidence from Renaissance Venice's Patent System (Nat'l Bureau of Econ. Rsch., Working Paper No. 24118, DOI 10.3386/w24118, 2017).

비잔틴 제국, 이슬람과 연결시키는 관문에 있었다. 그리하여 다양한 문화와 기술이 교류되었다.46) 이탈리아나 독일 등의 도시에서는 기술자의 이민을 장려했지만 자신의 도시에 있는 기술자의 다른 도시로의 이민은 금지되었다.47)

그러나 이슬람사회에서는 발명을 장려하거나 기술자의 이민을 장려하는 특허나 특권은 존재하지 않았다.48) 이러한 차이로 인하여 1453년 동로마제국이 망한 이후 동로마 영내이 기술자들을 1474년 특허법을 제정하여 동로마의 기술자의 이민을 유혹하던 베니스에 정착을 유도했고, 그와 같은 이민책에 의하여 베니스에 정착한 그 기술자들과 그들로부터 새롭게 기술을 배운 기술자들이 다시 베니스의 이웃 경쟁 국가와 도시의 특허제도를 통해 유럽 전체로 이주하여, 유럽 전체에는 새로운 기술이 이동되고 유럽이 궁극적으로 산업혁명이라는 기술혁신사회를 이룩할 수 있었던 계기가 되었을 것으로 판단된다.49)

이와 같이 초기의 특허는 기술자를 유혹하여 경쟁국가나 경쟁도시의 기술을 탈취하던 수단으로 이용되었다. 이러한 정책을 평가하여 보면 거시적 정책으로 특허제도가 자신의 도시와 국가의 기술을 발전시켜 사회적 이익을 추구하려는 공리주의적 전통을 가지고 있었다고 할 수 있다. 영국에 기술 이민 온 Jacobus Acontius(James Acontius)가 영국의 엘리자베스 여왕에게 보낸 편지에는 그와 같은 생각이 분명하다. 그는 '발명가들은 그 발명가들의 발명으로부터 이익을 보려는 다른 사람으로부터 보호받아야 하고, 보상을 받아야 한다'("[I]t is right that inventors should be rewarded and protected against others making profit out of their discoveries."50))고 했다.

---

46) L. R. Bradford, Inventing Patents: A Story of Legal and Technical Transfer, 118 W. Va. L. Rev. 267 (2015).

47) Id., 306-307.

48) Id., 267.

49) John N. Adams, History of the Patent System in "Research Handbook on Patent Law and Theory" edited by Toshiko Takenaka, Elgar, 2019, p. 2.

'발명가들의 발명으로부터 이익을 보려는 다른 사람'(others making profit
out of their discoveries)이란 그 발명가가 속한 공중과 사회를 의미하는 것
은 분명하다. 물론 특허제도는 중세와 절대왕정에 대항하는 자유주의적 소
유권 개념과 함께 발전하여 왔다고 할 수 있다.

나. 독일의 특허제도

현재의 독일 영토에는 신성로마제국이 세워져 나폴레옹에 의하여 망할
때까지 존재하였고, 독일의 통일국가는 1871년 비스마르크에 의해서 만들
어졌다. 독일의 특허세도는 이탈리아, 영국 그리고 미국과 같은 역사를 가
지지만, 특허법 제정초기에는 영국이나 미국의 법적 발전에 미치지 못한
것으로 판단된다. 1484년부터 독일 영역에서 특허가 부여되었다.51) 1530년
부터 1630년까지 신성로마제국은 100건의 특허를 부여하였고, 작센주에서
는 50건의 특허가 부여되었다.52)

상속이나 양도가 가능한 경우도 있었고, 특허부여기간은 5년에서 20년
사이에서 부여되었다. 또한 특허 침해에 대하여는 민사적 구제와 형사적
구제가 인정되었다. 독일에서 신성로마제국과 영주 및 선거에 의해 선출된
제후(선제후)들은 명시적으로 법적인 권리가 부여된 것은 아니었지만, 관습

---

50) John F. Duffy, Inventing Invention: A Case Study of Legal Innovation, 86 Texas Law
Review 1, 24 (2007).

51) Edward C. Walterscheid, The Early Evolution of the United States Patent Law:
Antecedents (Part 1), 76 J. Pat. & Trademark Off. Soc'y 697, 711 (1994). 독점이 없
는 prototype 특허는 1378년 독일 동부의 작센주에서 부여되었고, 1500년대에는 수많
은 특허가 부여되었다고 한다. Hansjoerg Pohlmann, The Inventor's Right in Early
German Law Materials of the Time from 1531 to 1700 43 J. Pat. Off. Soc'y 121,
122 (1961).

52) Hansjoerg Pohlmann, The Inventor's Right in Early German Law Materials of the
Time from 1531 to 1700, 43 JPOS 121, 123 (1961).

법에 의하여 특허권을 부여하였다.53)

1600년대 초반까지 존재하였던 독일의 특허제도는 구교파와 신교파가 벌인 30년 전쟁의 발발과 함께 사실상 사라졌다. 1648년 베스트팔렌조약에 의해 30년 전쟁이 종결되고, 신성로마제국은 사실상 와해되어 300여개의 군소제후국으로 나누어졌다. 이때에는 중세 이탈리아의 도시국가와 같이 독일의 군소제후국은 자신들의 영토에서 발명을 보호했다. 그로부터 200여 년이 지나서야 특허제도가 복구되었다.54)

1806년 신성로마제국이 공식적으로 멸망하였다. 그 후 1815년 독일연방 이 성립되었으나 독일연방도 1866년 멸망하고,55) 북독일연방으로 대체되 었다. 독일연방은 정치적으로 독립된 국가들이었다. 따라서 1871년 제2독 일제국이 성립되기 전까지 특허법도 통일적인 발전이 될 수 없었다. 그 뿐 만 아니라 특허에 대한 심사나 등록제도도 갖추어지지 않았다. 프로이센의 경우에는 1815년 특허법을 제정했다.56) 바바리아는 1825년, 뷔템버그는

---

53) Edward C. Walterscheid, The Early Evolution of the United States Patent Law: Antecedents (Part 1), 76 J. Pat. Off. Soc'y. 697, 711 (1994).

54) Id., 711 (1994). Hansjoerg Pohlmann, The Inventor's Right in Early German Law Materials of the Time from 1531 to 1700, 43 J. Pat. Off. Soc'y. 121, 135 (1961).

55) 1815년 성립된 독일연방은 비인회의에 의하여 1806년 붕괴된 신성로마제국의 영방 국가들을 모아, 1815년 현재의 독일과 오스트리아, 룩셈부르크 지역에 성립되었다. 1866년 프로이센-오스트리아 전쟁이 종전되자 붕괴되었다.

56) 1815년 10월 14일 독일 영방이었던 프로이센 왕이 파리에서 "기술적 열성의 촉진과 보상을 위하여" 10년 이상의 기간 동안 권리행사가 가능한 특허의 전제조건과 형식에 관한 행정규칙을 공포하였다. 그러나 프로이센에서의 특허보호를 위한 법은 1845년 1월 17일에 일반상공조례(Allgemeine Gewerbeordnung)를 제정하면서부터 시작되었다. 조사한 바에 의하면 유럽의 특허법의 제정은 다음과 같다.

Venice 1474	England 1624 (1617)	France 1791	Russia 1812
Prussia 1815	Belgium 1817	Netherlands 1817	Spain 1820
Bavaria 1825	Sardinia 1826	Vatican State 1833	Sweden 1834
Wurtemberg 1836	Portugal 1837	Saxonia 1843	

영국은 1617년 제임스 1세의 동의하에 근대적 특허제도를 도입하나, 제임스 1세가 이

1828년, 독일 관세동맹(Zollverein)은 1841년에 특허법을 제정하였다. 1871
년 비스마르크에 의해 독일이 통일되었으나, 비스마르크는 특허제도에 대
하여 부정적이었다. 그리하여 각 분열된 국가들은 독자적인 특허법을 제정
하여 실시했고, 1877년이 되어서야 통일 독일에 특허법에 제정된다.[57)
1877년 5월 25일 제정된 특허법은 같은 해 7월 1일부터 시행되었다. 독일
특허법에 의하여 1877년 7월 1일 베를린에서 처음으로 독일제국특허청(the
Kaiserliche Patentamt; the Imperial Patent Office)이 설립되어 운영을 시작하
였다.

1977년 특허법은 통일 독일의 중앙집권화된 선출원주의에 의한 특허 등
록제도를 도입했고, 선출원주의는 1936년 선발명주의로 대체될 때까지 유
지됐다. 1877년 특허법상 특허는 15년 동안 보호되었지만 1923년 18년으로
그 기간이 연장되었다. 다만 초기 특허에는 음식이나, 약품, 화합물은 특허
대상으로 포함되지 않았지만, 방법발명은 특허대상이 되었다. 1891년 독일
은 그 보호기간이 3년 및 3년에 한해 한번 연장(3+3)을 할 수 있는 실용신
안제도(Utility Patent)를 도입했다.

다. 프랑스의 특허제도

앞서 본 바와 같이 현재의 프랑스 영토에서 시행된 기술보호제도는 1236
년 영국의 헨리 3세(재위: 1216-1272)가 프랑스 서부영토[58)의 통치자로서

를 준수하지 않고 여전히 특허부여권을 남용하자 1624년 독점법을 제정했다. 미국의
경우 1641년 매사추세스에서 특허를 부여하였고, 영국식민 13개주 중에서 노스 캐롤
라이나 주를 제외하고는 12개주가 특허를 부여했다.

57) Margrit Seckelmann, Industrial Engineering and the Struggle for the Protection of
Patents in Germany, 1856-1877, Quaderns d'història de l'enginyeria, ISSN-e 1885-
4516, Vol. 5, 2002, p. 234.

58) 영국이 소유했던 프랑스 서부는 프랑스와 백년전쟁(1337-1453) 결과 영국이 패배하면

부여한 보호명령이 최초로 알려져 있다. 그러나 공식적으로 알려진 프랑스에서 부여한 기술보호제도는 16세기에 나타난다. 1536년 Etienne Turquetti는 리용(Lyons)시(市)로부터 비단제조와 수입에 관한 특권을 허락받았고, 후에 왕으로부터 그 특권을 승인받는다. 그는 12,000명을 고용했다고 한다.[59] 이러한 고용효과는 특허가 사회적으로 기여하는 이익을 알 수 있게 하였고, 이러한 특허의 긍정적 측면으로 인하여 중세 유럽국가들이 경쟁적으로 발명을 장려하고 외국의 기술자 이민정책을 펼친 이유가 되었다고 할 수 있다.

최초의 프랑스에서 특허는 1551년 볼로냐에서 이민 온 Theseus Muito(Theseo Mutio)에게 부여된 유리세공기술에 대한 10년의 수입권한을 부여하는 특허로 알려져 있다.[60] 같은 해 Abel Foullon은 거리측정기 발명에 대하여 10년간의 특허를 부여 받았고, 이를 책에 설명하여 출판할 권한도 부여 받았다.[61] 이 당시 다른 유럽의 국가처럼 프랑스에서도 새로운 기술을 도입하거나 왕의 임의적인 은전으로써 왕의 권한으로 특권을 부여하는 제도로 발전했다.[62] 그러나 길드의 저항으로 인하여 새로운 기술에 대한 특

서, 프랑스에게 속하게 된다. 백년전쟁때 활약한 프랑스의 여성 영웅이 '잔다르크'로 알려진 '아크의 잔'(Jeanne d'Arc, Joan of Arc)이다.

59) Frank D. Prager, A History of Intellectual Property from 1545 to 1787, 26 J. Pat. Off. Soc'y. 711, 723 (1944).

60) Sefania Fusco, Lessons from the Past: The Venetian Republic's Tailoring of Patent Protection to the Characteristics of the Invention, 17 NW. J. TECH. & INTELL. PROP. 301 (2020); Giulio Mandich, 'Venetian Patents (1450-1550)', 30(3) J. Pat. Off. Soc'y. 166, 206 (1948); M. Frumkin, Early History of Patents for Invention', Transaction of the Newcomen Society, 47, 50-54 (1947-9); Maximilian. Frumkin, The Origins of Patents, 27 J. Pat. Off. Soc'y. 143, 144. (1945) Jeremy Phillips, 'The English Patent as a Reward for Invention: the Importation of an Idea', Journal of Legal History, 3, 1, 71-79 (1982).

61) Bruce W. Bugbee, Genesis of American Patent and Copyright Law, Public Affairs Press, 1967, pp. 25-26.

권의 부여는 일반화 되지 못했다.[63] 개별적 청원에 의해 상공부(Bureau du Commerce)의 상대적으로 엄격한 심사를 거쳐 실시지역과 기간을 제한하여 배타적 권리(privilège exclusif)를 부여했다. 이때의 특권의 부여기간은 5년부터 30년이었다. 특권은 그가 투자한 노력에 대한 대가로 부여되었다.[64] 1649년 블레즈 파스칼(Blaise Pascal)은 계산기에 대하여 특허를 받았다. 1699년 프랑스는 왕의 명령으로 Royal Academy of Sciences에 의한 심사를 받고 그 심사받은 발명제품을 보관시키는 제도를 발전시킨다.[65] 그러나 이 때 심사를 받는 것은 의회가 심사하는 것으로, 그 발명의 상업적 가치이었다고 한다.[66]

1711년 프랑스는 'Design Property Statute'를 제정하여 식물의 디자인 패턴을 보호했고, 1737년, 1739년, 1744년 및 1787년 디자인 보호법의 제정과 개정이 지속적으로 이뤄졌고, 1762년에는 프랑스 특허법이 제안되었다. 1762년 루이 15세는 'Declaration by the King Concerning Privileges in Matters of Commerce of 24 December 1762'를 제정하여 왕이 부여하는 특권의 기간을 15년으로 제한했다.[67] 본 법에는 강제실시조항(compulsory working)이 있어, 특허 부여 후 1년 이내에 발명을 실시하지 않으면 특허를 몰수하였다고 한다.[68] 1776년 루이 16세는 수상이던 안 로베르 자크 튀르

---

62) Savignon, F., "The French Revolution and Patents", Industrial Property 391, 392 (1989).

63) Jeff Horn, Economic Development in Early Modern France: The Privilege of Liberty, 1650-1820, Cambridge Univ. Press, 2015, pp. 1-23.

64) Jérôme Baudry, A Politics of Intellectual Property: Creating a Patent System in Revolutionary France, Technology and Culture, v. 61, Oct. 2020, p. 1021.

65) Bruce W. Bugbee, Genesis of American Patent and Copyright Law, Public Affairs Press, 1967, p. 26.

66) Id.

67) Dr. Ing. Fredrik Neumeyer, Contribution to the history of modern patent legislation in the United States and in France, Scandinavian Economic History Review, 4:2, 1956, p. 142.

고(Anne Robert Jacques Turgot, 1727-1781)의 의견에 따라 길드의 저항에도
불구하고 길드의 모든 특권을 폐지했다.[69] 다만 발명가의 발명에 대한 특
권을 그대로 두었다. 튀르고는 자유주의 경제학자로서 경쟁을 활성화 하기
위해 경제규제의 철폐와 자유우선정책('privilege of liberty')을 통하여 프랑
스 경제를 개혁하고자 했다.[70] 1789년에는 영국의 특허제도를 벤치마크한
보고서가 작성되었고, 특허부여의 수를 증가시키기 위해 특허심사기준을
낮추었다.

프랑스의 Stanislas de Boufers는 자신의 철학을 반영하여 자연법을 기반
으로 한 '1790년 12월 보고서'를 제출한다. 위 보고서에는 발명은 자연법에
의해 보호되는 발명자의 권리라고 하였다.[71] 또한 특허는 발명가와 사회
와의 계약이라는 계약설을 주장한다.[72] 발명은 그 본질상 보호비용이 많
이 투입되어야 하는데, 사회와의 계약에 의해 사회가 보호하고 그에 대한
대가로 비밀인 그의 발명을 공개한다는 계약설과 영업비밀포기설을 주장
한다.

프랑스 혁명이 발생한 이후에는 혁명정신을 새겨 프랑스 인권선언에 특

---

68) Bruce W. Bugbee, Genesis of American Patent and Copyright Law, Public Affairs Press, 1967, p. 26.

69) Dr. Ing. Fredrik Neumeyer, Contribution to the history of modern patent legislation in the United States and in France, Scandinavian Economic History Review, 4:2, 1956, p. 142.

70) Jeff Horn, The Privilege of Liberty: Challenging the Society of Orders, Journal of the Western Society for Fench History, v. 35, 2007, pp. 171-183.

71) Gabriel Galvez-Behar, The Patent System during the French Industrial Revolution: Institutional Change and Economic Effects, in Jahrbuch für Wirtschaftsgeschichte/ Economic History Yearbook, 2019, p. 4.
   (chrome-extension://efaidnbmnnnibpcajpcglclefindmkaj/https://shs.hal.science/halshs-00544730/document)

72) William Callyhan Robinson, The Law of Patents for Useful Inventions.Vol. II. Little, Brown and Co., 1890, p. 70.

허조항을 두게 된다. 1789년 프랑스 인권선언(the Declaration of the Rights of Man and of the Citizen 1789)은 자연권에 기한 재산권이 있음을 선언했고, 1791년 프랑스 특허법 전문(preamble)에는 프랑스 저작권법이 자연법과 공리주의를 병행하여 바탕으로 한 것과는 달리 로크의 철학을 반영하여 자연법과 자연권을 바탕으로 한 다음의 내용이 존재했다:

> [T]hat every novel idea whose realization or development can become useful to society belongs primarily to him who conceived it, and that it would be a violation of the rights of man in their very essence if an industrial invention were not regarded as the property of its creator.[73]
> [번역]
> 　실시와 개발이 사회에 유용한 모든 새로운 아이디어는 그것을 착상한 사람에게 원시적으로 속하고, 산업적 발명이 그 창조자의 재산으로 여겨지지 않는다면 인간의 권리를 침해하는 것이다.

나아가 1791년 프랑스법(the French law of 1791) 제1조에는

> All new discoveries are the property of the author; to assure the inventor the property and temporary enjoyment of his discovery, there shall be delivered to him a patent for five, ten or fifteen years.[74]
> [모든 새로운 발명은 저자의 재산이다; 발명가의 재산과 그의 발명에 대한 일시적인 이용을 위하여 5년, 10년, 15년의 특허를 부여한다.]

---

73) Fritz Machlup, An Economic Review of the Patent System, U.S. Govt. Print. Off., 1958, p. 22.
74) Stella Fatović-Ferenčić, Scientific Misconduct and Theft: Case Report from 17th Century, 48 History of Medicine 87 (2007).

라고 규정했다.

프랑스의 법령에 의한 특허권은 구시대(Old Regime)의 왕의 특권으로서의 특허, 특권을 대체했다. 프랑스의 혁명가들은 18세기 후반 영국의 산업혁명과 경제적 부흥이 특허제도에 의한다고 생각했다. 그리하여 영국의 특허제도를 프랑스에 도입한다는 것은 산업혁명을 수입하는 것으로 생각했다.75) 제한된 기간 보호받는 것은 자연권의 성질과 맞지 않는다는 비판뿐만 아니라 아이디어의 절도는 불가하다는 비판이 제기된다. 예컨대, '내가 당신의 아이디어를 가져왔지만 당신은 여전히 그 아이디어를 가지고 있다'는 것이다.

프랑스는 자연권론에 의하여 특허법을 제정하였으나 추후 일부를 포기한다. 예컨대 프랑스의 1844년 특허법은 특허권의 본질에 대하여 영업비밀 포기설에 근거한다. 그러나 프랑스는 자연법론의 전통이 가장 강하게 남아 있던 국가이었던 관계로 일부에서는 여전히 자연법 입장을 고수하였다.76) 예컨대, 저작권에 관한 1852년 프랑스 칙령(French Decree of March 28, 1852)은 외국인의 저작물을 보호하기 위하여 상호주의 원칙을 채택하지 않았다. 이는 보편성, 궁극적으로 자연법론에 기인한 것이다.77) 나아가 프랑스의 경우, 신규성이 존재하지 않는 경우에 해당 특허를 취소하였다.78)

프랑스 혁명가들은 특권(privilege) 보다 재산(property)이 프랑스 국민에

---

75) Jérôme Baudry, A Politics of Intellectual Property: Creating a Patent System in Revolutionary France, Technology and Culture, v. 61, 2020, p. 1019.

76) Harry G. Henn, Quest for International Copyright Protection, 39 CORNELL L. Q. 43 (1953-1954).

77) Stephan Ladas, The International Protection of Industrial Property, bk. 1, MacMillan Co., 1938, pp. 368-393.

78) Franklin A Seely, History of the International Union for the Protection of Industrial Property, including a discussion of the articles of the Union and their effect upon industrial property of citizens of the United States. Government Printing Office, 1887, p. 5.

게 더 많은 권력을 부여할 것이라고 하여 재산이라는 용어를 사용하였고, 발명(brevets d'invention)과 문학 재산(*propriété littéraire*)을 분리하기 어렵다는 이유로 추후 'intellectual property'라는 용어를 사용했다. 그리고 특허는 그 당시 주류적인 법리이었던 사회(the public)와 발명자간의 계약관계로 보았지만, 프랑스는 특히 정부의 간섭없는 공중(the public)과 발명가의 자율적인 계약관계로 구현했다.[79]

1844년 프랑스 특허법(French Patent Law of July 5, 1844(Law of July 5, 1844, sur les brevets d'invention))에 칸트 철학에 기초한 자연권 철학사상이 나타나 있다. 1844년 프랑스 특허법의 제정당시의 French Chamber of Deputies의 보고서는 다음과 같이 칸트를 인용하면서 보상에 기초한 계약설을 언급하고 있다:

> Every useful discovery is, in to Kant's words "the presentation of a service rendered to Society." It is, therefore, just that he who has rendered this service should be compensated by Society that received it. This is an equitable result, a veritable contract or exchange that operates between the authors of a new discovery and Society. The former supply the noble products of their intelligence and Society grants to them in return the advantages of an exclusive exploitation of their discovery for a limited period.[80]
>
> [번역]
> 모든 유용한 발견은, 칸트의 언어에 따르면 '사회에 대한 봉사의 표

---

79) Jérôme Baudry, A Politics of Intellectual Property: Creating a Patent System in Revolutionary France, Technology and Culture, v. 61, 2020, p. 1020.

80) 프랑스어 원문은 각주 571 참조. John Richards, Patent Law Harmonization - A Historical Perspective. (https://www.mondaq.com/unitedstates/patent/81474/patent-law-harmonization—a-historical-perspective.)

현'이다. 따라서 이와 같은 봉사를 한 사람은 사회가 보상해야 한다. 보상은 형평에 부합하는 결과이다. 진정한 계약이나 교환은 새로운 발견을 한 사람과 사회 사이에서 결정된다. 발견을 한 사람은 그의 지적 노력에 의한 소중한 결과를 제공하고 사회는 그에게 대가로서 제한된 기간 그들의 발견을 배타적으로 이용하여 이익을 취하도록 한다.

특허를 부여하는 것은 쌍무적인 것으로, 사회에 대한 봉사(service rendered to Society)로서 사회는 그러한 봉사에 대하여 보상할 도덕적 의무가 있다고 하였다. 이는 자연권을 기초로 한 의무론(deontology)을 반영한 것이다. 나아가 프랑스는 19세기 후반까지도 자연권을 주장하였는데, 1878년 파리에서 열린 국제회의에서 자연권설을 바탕으로 한 영업비밀을 포기하고 특허를 취득한다는 영업비밀포기설을 수용했다.[81] 그리하여 영업비밀 포기설의 기본 법리인 다음과 같은 결론을 수용했다:

> The right of inventors … is a property right; statutory law does not create it, but merely regulates it."[82]
>
> [번역]
> 발명가의 권리는 … 재산권이다; 제정법이 그 재산권을 새롭게 만든 것이 아니라, 단지 [이미 자연법상으로 존재하는 권리를] 규정할 뿐이다.

18세기 말부터 시작하여 19세기 이후 영국을 지배한 공리주의 전통에서 특허란 일시적 독점일 뿐이라는 사고를 유지하였지만, 도버해협 건너편 프

---

81) Ulf Anderfelt, International Patent-Legislation and Developing Countries, Martinus Nijhoff, 1971. p. 67.

82) "Le Congrès International de la Propriété Industrielle, tenu à Paris en Septembre 1878," Journal des économistes, IV (4th Ser.) (1878), Fritz Machlup & Edith Penrose, The Patent Controversy in the Nineteenth Century, Source, The Journal of Economic History, Vol. 10, No. 1, 1950, p. 17.

랑스에서는 자연법적, 자유주의 및 개인주의 전통과 사회주의적 집단주의 전통이 대립하고 있었다. 자연법적 전통은 본질적으로 개인의 권리는 무한한 것이고 자유를 위해 누리는 재산권이란 무한히 존속하는 권리일 수 밖에 없었다. 그러나 사회주의에서 무체재산권이란 사유재산과 같이 사회정의에 따라 폐지하여야 하는 존재이었다. 프랑스에서는 두 극단적인 사고 사이에 중간적인 입장도 존재했는데, 이러한 입장에서는 특허는 공리주의 및 실용주의와 같이 일시적으로 인정되는 것이라고 하였다. 그리하여 1791년 프랑스 혁명 이후 최초로 특허에 관한 법이 제정될 당시에 프랑스는 발명이란 발명자의 자연권에 기한 재산, 자연권이라고 명시하였고, 영국의 1624년 독점법과 같이 프랑스 왕의 특허부여권을 폐지하고 의회의 입법에 의하여 성립되는 특허권을 규정했다.

라. 영국에서 특허제도의 발전과 미국에 대한 영향

영국은 1215년 마그나 카르타를 제정한 이후 공리주의적 전통이 확립되어 왔다. 물론 자연법도 수용되어, 공리주의와 자연법 전통은 동시에 존재했다. 존 로크(John Locke)는 자연법과 자연권을 기반으로 성경을 재해석하여 자신의 통치론(Two Treatises of Government)를 저술하면서 재산권은 신(God)이 부여한 자연권이라고 함으로서 영국에서 자연권에 기초한 개인적 자유주의를 확립하였다. 이러한 개인주의적 자유주의 사상과 자연권 사상은 18세기 후반 아담 스미스(Adam Smith)와 윌리엄 블랙스톤(William Blackstone)이 이를 수용하면서 동시대에 발전한 공리주의와 병존을 하게 된다.

다만 정치적으로 자연법과 자연권과 그에 기반한 로크의 정치철학은 프랑스 혁명의 기반이 되면서 영국의 정치사회는 자연권을 기반으로 한 프랑스와 같은 혁명이 발생할 것을 두려워하여 공리주의 철학을 적극 수용하고 자연권을 배척함으로써 19세기와 그 후반 빅토리아 시대의 영국은 공리주의 전통이 뿌리를 내리게 된다.

1614년 The Clothworkers of Ipswich Case에서 King's Bench 법원은

> But if a man hath brought in a new invention and a new trade within the kingdom, in peril of his life, and consumption of his estate or stock, &c. or if a man hath made a new discovery of any thing, in such cases the King of his grace and favour, in recompence of his costs and travail, may grant by charter unto him, that he only shall use such a trade or trafique for a certain time, because at first the people of the Kingdom are ignorant, and have not the knowledge or skill to use it.[83]

[번역]

> 만일 어떤 사람이 그의 생명에 대한 위협을 감수하고 재산 및 재물 등을 포기하고 영국에 새로운 발명과 새로운 물품을 가져오거나 어떤 사람이 어떤 물건을 새롭게 발견하였다면, 자비스러운 왕은 그의 비용과 노력에 대한 보상으로 그를 위한 명령에 의해 그만이 일정기간동안 거래와 무역에 사용할 수 있도록 할 수 있다. 왜냐하면, 영국민은 먼저 [그와 같은 노력이 들어가는 행위를 하지 않고] 무시했고 그것을 이용할 지식이나 기능이 없기 때문이다.

라고 판시하여, 새로운 기술을 취득하고 발명을 영국으로 가져오기 위하여 자신의 생명과 재산을 희생하였고, 새로운 발명을 하거나 새로운 것을 발견한 경우에 왕의 자비와 은전으로 그의 비용과 노력을 보상하기 위해 제한된 기간 독점권을 부여하는 것이라고 하였다. 나아가 그 발명은 아직 영국에는 존재하지 않기 때문에 영국민은 그가 가져온 기술을 이용할 수 없

---

83) The Clothworkers of Ipswich Case, (1614) Godbolt Rep. 252, 253-54, 78 Eng. Rep. 147, 148.

으므로, 그가 이용하지 않으면 무용지물이라는 사고도 반영되어 있다. 그리
하여 그 기술을 가져온 사람의 특권을 정당화 하고 있다.

윌리암 블랙스톤은 그의 영국법 주석서(Commentaries of the Laws of
England)에서

> When the crown, on behalf of the public, grants letters-patent, the
> grantee thereby enters into a contract with the crown, in the benefit of
> which contract the public are participators. Under certain restrictions,
> affording a reasonable recompense to the grantee, the use of his
> invention, improvement, and employment of capital is communicated to
> the public.[84]
>
> [번역]
> 시민(the public)을 대신하여 왕이 특허장을 부여한 경우에, 그 특허
> 권자는 왕과, 시민이 계약의 참여자로서 계약의 수익자가 되는 계약을
> 체결한다. 특정한 계약상의 제한하에, 특허권자에게 합리적인 보상을
> 제공하면서, 그의 발명, 개량 및 자본을 투자한 것을 이용하는 것은 공
> 중에게 알려진다.

라고 하여, 계약설의 입장에서 특허제도를 이해하고 있고, 시민은 그에게
독점이라는 보상을 하고, 그의 발명이나 개량 또는 자본의 이용은 공중에
게 알려져, 궁극적으로는 공중이 이용할 수 있도록 하여야 한다고 기술하
고 있다. 블랙스톤은, 그 당시 주류적인 영국 정치가들의 생각과는 달리,
특허를 단지 국가의 우월적 지위에서 부여하는 은전이나 은혜라고 생각하
지 않았다. 블랙스톤은 자연법과 자연권에 기초한 로크 철학의 승계자이었
기 때문이다.

---

84) William Blackstone, Commentaries of the Laws of England (이하 "Commentaries"),
    vol. 2. p. 107 n.15.

공리주의적 전통에서는 특허제도는 저생산으로 인한 시장의 실패를 방지하기 위한 법적 도구(legal instrument)라고 하였다. 공리주의 철학자 제레미 벤담(Jeremy Bentham)은 특허는 새로운 창작을 장려하기 위한 필요 악으로써 그의 희생에 대한 보상으로 일시적인 독점을 부여하는 것이라고 하였고, 존 스튜어트 밀(John Stuart Mill)은 특허는 그 발명가의 사회적 공헌에 대한 보상으로 일시적인 독점을 부여하는 것이라고 하였다. 만일 그와 같은 보상이 없다면, 발명가는 발명을 하기 위한 노력과 투자한 자본을 회수할 수 없게 되어 경쟁자에게 경쟁력을 상실하게 될 것이고, 그로 인하여 발명을 하지 않게 될 것이므로 그 사회는 발전이 없을 것이다. 그와 같은 시장의 실패는 발명에 대하여 제한된 기간 독점이라는 보상을 제공하고, 발명자는 그 독점기간이 지난 후에 그 발명을 사회에 제공함으로써 막을 수 있다고 한다.

많은 영국 판결이 공헌에 대한 보상과 계약의 관점에서 특허제도를 보았다. 희생에 대한 보상(devotion)의 관점의 판결은 이미 1614년의 The Clothworkers of Ipswich Case[85]에서도 볼 수 있었고, 그 이전에도 존재했다. 이는 영국에서의 공리주의적 사고는 18세기 이전에도 뿌리깊게 나타나 있었다는 것을 의미한다. 희생에 대한 보상은 특허를 희생(devotion)에 대한 보상으로 본 제레미 벤담류의 공리주의 뿐만 아니라 의무론(deontology)적 자연법[86]에 의해서도 정당화 된다. 물론 공리주의나 실용주의에서도 그와 같은 의무론적 논거가 존재한다. 따라서 도덕적으로도 희생이나 기여에 대

---

85) The Clothworkers of Ipswich Case, (1614) Godbolt Rep. 252, 78 Eng. Rep. 147.
86) 자연법을 토대로 희생의 관점에서 재산권 부여의 정당성을 주장하는 견해는 'desert theory'를 들 수 있다. 로크도 노동은 고통스럽다고 한 점에서 desert theory의 근거를 제시하고 있다. ('Property who takes that pains about it.') 이러한 점에서 보면 재산권은 도덕적 의무론적 근거를 가지고 있다. Stephen Breyer, The Uneasy Case for Copyright: A Study of Copyright in Books, Photocopies, and Computer Programs, 84 Harv L. Rev 281, 289-91 (1970).

하여 보상을 하는 것이 타당하다. 보상없이 그들의 노력을 가져가는 것은
도덕적으로 옳지 못하다.

이에 반하여 대서양 건너의 미국은 공리주의를 계승한 실용주의를 발전
시켰고 실용주의에서는 발명을 위한 동기 내지 장려(incentive)라고 하였다.
그에 대한 보상(reward)은 부차적인 것이다.[87] 물론 실용주의에서도 지적재
산권 보호의 궁극적인 목적은 공공의 복리증진(the best way to advance
public welfare)이라고 하는 공리주의와 그 궤를 같이한다.[88] 또한 1954년
Mazer v. Stein 사건[89]에서 연방대법원은 창조적 행위에 희생한 날들은 그
와 같이 희생으로 제공한 서비스의 가치에 비례하여 보상받을 만하기에 충
분하나.("Sacrificial days devoted to such creative activities deserve rewards
commensurate with the services rendered.")고 하면서, 도덕적 의무론과 Labor
Desert Theory의 논거로 그 판결의 끝을 맺는다.

미국은 발명과 특허의 이분법하에서 특허는 영업비밀을 포기한 것이라
고 함으로서, 자연법적 전통과 실정법적 전통의 타협 내지 조화를 유지하
고 있었다. 발명이나 창작은 자연법적으로 그 발명자나 창작자의 지배하에
있었지만 특허의 배타성은 실정법에 의하여 부여된 것이라는 도구적인 수
단으로 생각하였다. 그와 같은 생각은 Mazer v. Stein 사건 판결에 정확히
표현되어 있다:

---

87) Mazer v. Stein, 347 U.S. 201, 219 (1954)("The copyright law, like the patent statutes,
    makes reward to the owner a secondary consideration." Id.).
88) Mazer v. Stein, 347 U.S. 201, 219 (1954).
    The economic philosophy behind the clause empowering Congress to grant
    patents and copyrights is the conviction that encouragement of individual effort
    by personal gain is the best way to advance public welfare through the talents
    of authors and inventors in "Science and useful Arts."
89) Mazer v. Stein, 347 U.S. 201, 219 (1954).

"The copyright law, like the patent statutes, ⋯." "intended definitely to grant valuable, <u>enforceable rights to</u> authors, publishers, etc., without burdensome requirements; 'to afford greater encouragement to the production of literary [or artistic] works of lasting benefit to the world.'"[90]

[번역]

"특허법과 같이, 저작권법은 ⋯." "저자, 출판자 등에게 어떤 부담을 요구하지 않고 그들에게 분명히 가치있고, <u>강제할 수 있는 권리</u>를 의도했다: '세상 모든 사람에게 지속적으로 이익이 되는 문학 및 [예술] 작품의 생산에 대하여 많은 장려와 용기를 제공하는 것이다.

로크의 노동가치론과 사회계약설[91]을 승계하고 공리주의 철학과 조화를 시킨 윌리엄 블랙스톤은 실정법상의 권리를 얻기 위해 시민은 자신의 자연법상의 권리 일부를 포기했다(in exchange for which every individual has resigned a part of his natural liberty)고 하였는데, 위 판결에서 언급하는 저

---

90) Id.

91) 로크의 사회계약설도 자연상태와 시민사회를 구분하여 자신들의 제정법에 의해, 그리고 합의와 계약에 의해 영토의 경계를 확정한 몇몇 인간사회는 그 사회의 개인 재산을 규제하고, 노동과 산업이 시작된 재산권을 정하였다("the several Communities settled the Bounds of their distinct Territories, and by Laws within themselves, regulated the Properties of the private Men of their Society, and so, by Compact and Agreement, settled the Property which Labour and Industry began" Locke, §45)고 하고, 명시적, 묵시적으로 자신들이 가지고 있는 토지에 대한 모든 권리를 포기한 다수 국가과 왕국들에 형성된 국가연합은 동의에 의하여 그들의 자연권을 포기하고 명시적인 계약에 의하여 토지를 명확하게 구분했다고 하였다.("the Leagues that have been made between several States and Kingdoms, either expressly or tacitly disowning all Claim and Right to the Land in the others Possession, have, by common Consent, given up their Pretences to their natural common Right, which originally they had to those Countries, and so have, by positive agreement, settled a Property amongst themselves, in distinct Parts and parcels of the Earth." Locke, Second Treatises of Government, §45.).

작권법과 특허법상의 권리는 윌리엄 블랙스톤이 말하는 시민사회에서 강제할 수 있는 권리(enforceable rights)가 된다.

영국 공리주의 전통의 반영인 미국의 실용주의는 보상을 강조한 것에 나아가 저작권이나 특허권 부여를 통하여 자신이 투여한 노력과 자본의 투자에 대한 보상의 확실화가 노력과 자본 투자의 장려(encouragement, incentive)가 되어 궁극적으로 실용예술과 과학기술 발전을 통한 사회적 효용의 극대화를 하기 위한 것에 그 목적을 두고 있다고 한다.[92]

사. 자연법과 실정법

자연법상의 재산권은 국가가 성립되기 이전에 재산권을 인정한다. 대체로 노동에 의하여 창조된 가치에 대하여 그 노동을 가한 자의 재산권을 인정하는데, 자연권에 기하여 재산권을 주장하는 대표적인 철학자로는 휴고 그로티우스(Hugo Grotius), 사무엘 푸펜도르프(Samual von Pufendorf), 존 로크(John Locke), 임마누엘 칸트(Immanuel Kant), 게오르그 헤겔(George W. F. Hegel) 등을 들 수 있고 이를 법학에 도입한 법학자는 대표적으로 윌리엄 블랙스톤(William Blackstone)을 들 수 있다. 특허는 국가가 성립된 후에 인정된 것으로 재산권은 실정법상의 권리라고 하는 철학자들로는 토마스 홉즈(Thomas Hobbes), 데이비드 흄(David Hume), 아담 스미스(Adam Smith), 제레미 벤담(Jeremy Bentham), 존 스튜어트 밀(John Stuart Mill), 에밀 더켄하임(Emile Durkenheim)과 막스 베버(MaxWeber), 그리고 존 로크(John Locke)와 윌리엄 블랙스톤(William Blackstone)도 자연법과 제정법을 구별하고 있으므로 이에 포함시킬 수 있다.

---

92) Adams Moore, Intellectual Property, Innovation, and Social Progress: the Case Against Incentive Based Arguments, 26 Hamline Law Review, 602, 610 (2003).

제2절 영국에서의 근대 특허법 사상의 형성[93]

1. 서론

유럽 대륙의 왕들에 비하여 영국은 전통적으로 왕의 권한이 약했다. 1215년 존 왕(King John)이 귀족들의 압박에 못이겨 마그나 카르타를 승인했고[94], 그 이후 영국의 국왕은 절대군주의 정치체제를 이루지 못하였다.[95] 이러한 약한 군주제는 1628년 권리청원과 1689년 권리장전으로 이어지면서 민주주의의 기틀을 마련했다. 마그나 카르타는 민주주의와 법치주의(rule of law)의 사상적 토대를 마련하였다고 평가할 수 있다. 이러한 법의 지배(rule of law) 사상은 후에 브락튼의 헨리(Henry de Bracton), 존 포테스큐(John Fortescue), 에드워드 코크(Edward Coke)를 거쳐 존 로크(John Locke)와 윌리엄 블랙스톤(William Blackstone)으로 이어진다고 하겠다.

독점[96]에 대한 자연법적 정치사상과 법률사상은 존 포테스큐, 16세기 후

---

93) 이하 (1.부터 4. 까지)는 본인의 "영국 특허법의 사상과 철학의 형성 (I): Magna Charta 부터 존 포테스큐까지" (산업재산권(제75권, 2003.8)을 가져와 정리한 것임.

94) Magna Carta는 영국 존왕이 서명한 이래 여러 수정과정을 거쳤고, 1297년 에드워드 1세가 최종적으로 Magna Carta 인정했다. Magna Carta에 의 소집된 것이 영국의회의 시초이었다. 영국 의회는 초기에는 남작들이 중심이 되어 소집되었고, 이는 후에 상원 (House of Lord)가 되었고, 에드워드 1세 시기부터 기사 74명(각 샤이어 당 2명), 부르주아 80명(각 도시 당 2명), 하급 성직자 148명으로 구성된 하원(House of Common)이 정기적으로 소집되었다.

95) 황한식, 마그타 카르타, 법조, 제68권 제1호(통권 733호), 2019, p. 12 참조. (원문은 https://magnacartaresearch.org/read/magna_carta_1215/Clause_1 참조)

96) 영국에서 독점(monopoly)이라는 용어는 1516년 영국의 법률가이자 철학자 및 문학가인 토마스 모어(Thomas More)가 자신의 저서 Utopia의 라틴어 버전을 영어로 번역하면서 사용한 것이 처음이라고 한다. Harold G. Fox, Monopolies and Patent: a study of the History and future of the Patent Monopoly, Univ. of Toronto Press, 1947,

반 및 17세기 전반의 에드워드 코크, 17세기 후반 존 로크의 정치철학과 결부되어 완성되었다고 할 수 있다. 또한 영국의 공리주의 철학은 마그나 카르타에도 나타나 있고, 15세기 후반 존 포테스큐가 그 씨를 발아시켰고, 데이비드 흄(David Hume)과 제레미 벤담(Jeremy Bentham)과 존 스튜어트 밀(John Stuart Mill)로 연결된다고 할 수 있다. 공리주의 철학은 대서양 건너 미국으로 넘어와 실용주의 철학으로 변하였다.

2. 마그나 카르타(Magna Carta)의 정신과 철학

라틴어로 작성된 마그나 카르타는 그 후 몇 번의 수정을 거쳤지만, 그 기본적인 정신과 원칙은 법치주의를 천명하여 왕은 법을 준수할 의무가 인정되었고, 자유민(시민)들의 재산을 임의적으로 침해하거나 박탈하는 것이 금지되어, 자유민들의 권리가 향상되었다.97) 재산권은 시민이 왕으로 부터 독립된 존재로서 인정되는 근거가 된다. 시민이 재산권을 인정받는 것은 국가가 대외적으로 주권을 가진 독립한 국가가 되는 것과 같다.

마그나 카르타는 누구도 자신이 부담하는 군역 봉토 또는 자유 수령 토

---

p. 24. 토마스 모어의 저술에는 다음과 같이 적혀있다.

He knoweth wel also that of all the disciples, there would none bee so false a traitor to betray his master but him selfe alone. And therefore is thys ware Iudas all in thyne owne hande. Thou haste a monopoly thereof. And whyle it is sought for, and so sore desired, and that by so many, and they that are also very ryche, thou mayest nowe make the price of thyne own pleasure & therefore ye shall good readers see Iudas was a great rich manne wyth thys one bargayne.

D Harris Sacks, The Greed of Judas: Avarice, Monopoly, and the Moral Economy in England, ca 1350–ca 1600, 28 The Journal of Medieval and Early Modern Studies, 265 (1998)에서 발췌.

97) Magna Carta cl.14.

지로부터 의무에 없는 역무를 수행하도록 강제당하지 않고,98) 재산관리인
또는 여타의 자(者)는 자유민의 의사에 반하여 그 자의 말이나 수레를 운반
용도로 징발하지 아니하고,99) 영국민 또는 영국민의 재산관리인은 목재 주
인이 자발적으로 동의하지 않는 한, 영국민의 성채나 다른 업무를 위하여
영국민의 목재를 징발하지 않는다100)고 규정하여 영국 시민의 재산권을 보
장했다.

마그나 카르타 제36조 내지 39조에 의하면 생명이나 신체의 조사를 위
한 문서를 발급하는 것과 관련하여 돈을 주고받지 아니하고, 영장은 무상
으로 주어질 것이며 거부되는 일은 없을 것이다. 제38조는 관리는 앞으로
믿을 만한 증언의 뒷받침 없이 입증도 없는 주장만을 제기함으로써 어떤
사람을 재판에 회부할 수 없다고 규정했다. 자유민은 그와 지위가 동등한
사람들의 적법한 판정에 의하거나 국법에 의하지 아니하고는 체포 또는 구
금되거나, 재산이 박탈되거나, 법적 보호가 박탈되거나, 추방되거나, 다른
어떠한 방법으로 해를 입어서는 안 된다. 왕은 직접 혹은 사람을 보내어 강
제로 그에게 법을 집행하지 아니한다.101) 또한 자유민의 경우, 사소한 범죄

---

98) Magna Carta cl.16. ("No person is to be distrained to do more service for a knight's
   fee, or for another free tenement, than is owed for it.")

99) Magna Carta cl.30. ("No sheriff, or bailiff of ours, or anyone else is to take any
   free man's horses or carts for transporting things, except with the free man's
   consent.")

100) Magna Carta cl.31. ("Neither we nor our bailiffs are to take another man's wood
    to a castle, or on other business of ours, except with the consent of the person whose
    wood it is.")

101) Magna Carta cl.36.
    Nothing is to be given or taken in future for a writ for an inquest concerning
    life or members, but it is to be given without payment and not denied.
    cl.37.
    If anyone holds of us by fee-farm, socage or burgage, and holds of someone
    else by knight service, we will not have the wardship of his heir, or of the

에 관하여는 그에 상응하는 벌금만이 부과된다. 중대한 범죄에 관하여는 그 중대성에 상응하는 벌금이 부과되지만, 생계가 곤란할 정도의 과한 벌금은 부과되지 않는다고 규정하고 있었다.

이와 같이 마그나 카르타가 개인의 자유를 보장함으로써, 마그나 카르타의 정신은 영국의 개인주의적 자유주의의 시초가 된 것으로 볼 수 있다. 마그나 카르타는 모든 자유민에게 인정된 것이었는데, 자유민에는 귀족과 젠트리, 자유소작농이 포함되었고, 마그나 카르타는 이들 자유민 전체를 위한 것이었다. 물론 농노는 제외되었다는 점에서 그 한계가 존재한다. 그러나 마그나 카르타에 의하여 왕의 권력은 성직자와 귀족에게 분산되었고, 그 권력의 일부는 자유민들에게도 나누어 진 것이다. 그리하여 영국 국민과 공동체의 개념이 형성되었고, 이는 의회를 중심으로 정치공동체로 발전하였다고 할 수 있다. 제14조[102]는 의회의 정치공통체 형성의 발단이 되었다

---

land which forms part of the other man's fee, by reason of that fee-farm, socage or burgage; nor will we have the wardship of that fee-farm, socage or burgage, unless the fee-farm owes knight service. We will not have the wardship of the heir, or of anyone's land which he holds of someone else by knight service, by reason of some petty serjeanty which he holds of us by the service of rendering us knives or arrows and the like.

cl.38.

No bailiff is in future to put anyone to law by his accusation alone, without trustworthy witnesses being brought in for this.

cl.39.

No free man is to be arrested, or imprisoned, or disseised, or outlawed, or exiled, or in any other way ruined, nor will we go against him or send against him, except by the lawful judgment of his peers or by the law of the land.

102) Magna Carta cl.14.

And in order to have the common counsel of the kingdom for the levying of an aid, other than in the three instances aforesaid, or for the levying of scutage, we are to cause the archbishops, bishops, abbots, earls and greater barons to be summoned individually by our letters; and moreover we are to have a general summons made, through our sheriffs and bailiffs, of all who hold in

고 할 수 있는데, 세금 결정에 필요한 영국 전체의 협의를 구하기 위해서, '대주교, 주교, 수도원장, 백작 등에게 왕이 개별적 서면을 보내어 회의참석을 요청하고, 왕으로부터 직접 토지를 분봉 받은 나머지 모든 사람들에게는 지방 지사와 왕의 대리인들을 통하여 일반적 소집장을 발급함으로써 회의참석을 요구한다.'("[w]e are to cause the archbishops, bishops, abbots, earls and greater barons to be summoned individually by our letters; and moreover we are to have a general summons made, through our sheriffs and bailiffs, of all who hold in chief of us····.")고 규정하여 영국 의회라는 정치 공동체 형성의 기반을 마련했다.

마그나 카르타가 자유민 전체를 위한 점이었다는 점에서 전체주의적 성격을 가지고 있음을 배제할 수 없다. 농노를 포함한 모든 영국인들이 마그나 카르타의 집행을 지원할 것을 맹세하도록 하여[103] 영국의 시민들이 그들의 공동선을 추구하는 '공동체'의 의미가 존재하였다. 이는 최대 다수의 최대 행복이 지상의 목표인 영국 공리주의 사상의 씨앗이 되었다고 할 수 있다.[104] 다만 공리주의에서 말하는 '최대다수'는 전체라는 의미가 강하고,

---

chief of us; for a fixed day, at least forty days thence, and at a fixed place. And in all the letters of summons we are to set out its cause. And after the summons has thus been made the business is to go forward on the appointed day according to the counsel of those present, even if not all those summoned have come.

103) Magna Carta cl.40.
We will not sell, or deny, or delay right or justice to anyone." ; cl. 60. "Moreover, all the aforesaid customs and liberties, which we have granted to be maintained in our kingdom as far as we are concerned with regard to <u>our own men</u>, all the men of our kingdom, both <u>clergy and laity</u>, are also to observe as far as they are concerned them with regard to their own men.

104) Magna Carta cl.42.
It is to be lawful in future for every man to depart from our kingdom, and to return to it, safely and securely, by land and water, saving our allegiance,

요즘의 '공동체'에서 의미하는 공동선(共同善)과 같은 가치판단적인 의미가
아니라는 점이 다르다고 하겠다.

마그타 카르타는 영국이 적법절차와 법치주의 전통을 확립할 수 있었던
토대가 되었다고 할 수 있다. 특히 왕이 부여하는 독점이라는 특권
(privilege)은 결국 17세기 초반 에드워드 코크가 커먼로에 위반되는 것으로
마그나 카르타의 정신에 따라 의회가 제정한 법에 의한 독점부여권을 확립
하도록 하는데 그 법리적 바탕이 된 것이라고 할 수 있다. 특히 16세기 무
렵에 부여된 특권이나 특허는 그 기술을 공개하도록 함으로써 사회 전체의
이익, 즉 공익을 고려하고 새로운 기술 발명의 동기(incentive)가 되도록 함
으로서 공리주의와 실용주의 모두의 요소를 깃는다고 하는 견해도 있다.105)

3. 브락튼의 헨리(Henry de Bracton; Henry of Bracton)

로크의 정치사상과 재산권 사상의 바탕이 된 것은 마그나 카르타 뿐만 아니
라 브락튼의 헨리(Henry de Bracton)106)와 존 포테스큐(Sir John Fortescue)107)

---

except in time of war for some short time, for the sake of the common utility
of the kingdom, [and] excepting those imprisoned and outlawed according to
the law of the kingdom, and people from the land against us in war, and
merchants who are to be dealt with as aforesaid.

105) Harold G. Fox, Monopolies and Patent: a study of the History and future of the
Patent Monopoly, Univ. of Toronto Press, 1947, p. 57.

106) Henry of Bracton (1210-1268)은 왕은 신과 커먼로의 지배를 받는다고 하였다. De
Legibus et Consuetudinibus Angliae (On the Laws and Customs of England)를 저술
했다. (참고: https://amesfoundation.law.harvard.edu/Bracton/); Michael Lobban, A
Treatise of Legal Philosophy and General Jurisprudence A History of the Philosophy
of Law in the Common Law World, 1600−1900, VII. Springer, 2007. pp. 1-6.

107) John Fortescue, In Praise of the Laws of England(De Laudibus Legum Angliae)
translated by Francis Grigor, 1917, ; On the Governance of the Kingdom of England

의 정치사상과 그를 계승한 에드워드 코크(Edward Coke)의 정치와 법사상
이라고 할 수 있다.[108]

헨리(Henry de Bracton)는 그의 저서 'On the Laws and Customs of
England'[109]에서

> The king has a superior, namely, God. Also the law by which he was
> made king. Also his curia, namely, the earls and barons, because if he
> is without a bridle, that is without law, they ought to put the bridle on
> him.[110]
>
> ….
>
> The king has no equal within his realm. <u>Subjects cannot be the equals
> of the ruler, because he would thereby lose his rule, since equal can
> have no authority over equal, not a fortiori a superior, because he would
> then be subject to those subjected to him.</u> The king must not be under
> man but under God and under the law, because the law makes the king.
> Let him therefore bestow upon the law what the law bestows upon him,
> namely, rule and power. For there is no rex where will rules rather than
> lex.[111]

1471

108) Ellis Sandoz, "Editor's Introduction", Ellis Sandoz (ed), The Root of Liberty: Magna
Carta, Ancient Constitution, and The Anglo-American Tradition of Rule of Law,
Liberty Fund, 1993, p. 3.

109) 본 서적은 라틴어로 되어 있고, 인용은 영문번역이다.

110) Bracton, De legibus et consuetudinibus Angliæ, vol 2, p. 110 in The Reign of Henry
III by By D. A. Carpenter, Bloomsbury Academic (2003) p. 41. (in Bracton Online,
Harvard Law School Library, https://amesfoundation.law.harvard.edu/Bracton/Unframed/
English/v2/33.htm).

111) Id., 33.

라고 하였다. 위 내용에서 헨리의 사상과 철학을 살펴보면, '영국 왕은 최고 존엄으로 신과 같기는 하지만, 만일 왕의 복종의무가 없다면 법이 없는 것과 같기 때문에 왕의 참사원, 즉 백작과 남작은 왕에게 복종의무를 부과해야 했다. … 왕은 그의 왕국에서 왕과 동등한 것은 없다. 왕은 그의 법령을 상실하는 것이 되기 때문에, 동등한 것은 다른 것보다 더 우월할 수는 없고, 우월한 것보다 더 강할 수 없는 이유로 [만일 그와 같은 원칙을 인정하지 않는다면] 왕은 그의 권위(rule)를 상실할 수 있기 때문에, 그리고 왕은 자신에게 복종하는 시민(subjects)에게 복종하여야 하기 때문에 시민은 왕과 동등할 수는 없다. 법이 왕을 만들었으므로 왕은 반드시 시민(man)이 되어야 히는 것은 아니지만 신(God)과 법(law)의 아래에 있다. 법이 왕에게 부여한 것을 왕이 법에게 준수하겠다고 선서했다.' 위와 같은 내용을 보면, 마그나 카르타의 법치주의를 다시 한번 확인하였다는 것을 알 수 있다. 위 내용의 핵심은 법이 부여한 것은 원칙과 권한이라는 것이다. 왜냐하면 법이 아닌 왕의 독단적인 의지가 지배하는 곳에는 왕이 없기 때문이다.

왕이 국가의 최고의 지위에 있기는 하지만, 결국 그가 통치하는 시민보다 아래에 있고, 그러한 원칙은 왕이 지켜야 하는 원칙이므로 만일 왕이 그 원칙을 위반한다면 왕은 법을 위반한 것이 된다. 법이 왕을 임명했으므로 왕은 그 법을 존중하여 이를 준수할 의무가 있는 것이다. 즉 원칙과 권한의 범위내에서 자신의 통치권을 행사하여야 한다. 여기에 그 당시 영국 고유의 입헌군주제와 자연법과 커먼로 그리고 의회법주의를 선언하여 법치주의 사상과 철학이 강조되어 있다.

4. 존 포테스큐의 사상과 철학[112]

가. 존 포테스큐의 철학

15세기의 영국법 사상가이었던 포테스큐(1385-1479)는 그의 '영국법 찬양'(De Laudibus Legum Angliae(In Praise of the Laws of England; In Commendation of the Laws of England))에서 입헌군주제의 기초를 제시했는데, 영국의 국왕은 그 통치의 실질이 국왕적일 뿐만 아니라 정치적일 필요가 있기 때문에 왕이 원하는 대로 국가법을 변경할 수 없다[113]고 하였으며, 국왕은 자신이 왕위계승당시에 한 서약에 따라 법의 구속을 받으면서 신민에 대한 지배권(dominion)을 행사하여야 한다는 원칙을 승인하고 있기 때문이라고[114] 하고 있다. 이는 포테스큐의 *"dominium politicum et regale"*

---

112) Michael Lobban, A Treatise of Legal Philosophy and General Jurisprudence A History of the Philosophy of Law in the Common Law World, 1600-1900, VII. Springer, 2007. pp. 7-28.

113) John Fortescue, In Praise of the Laws of England(De Laudibus Legum Angliae) translated by Francis Grigor, 1917. Chap. IV. ("A King of England cannot, at his pleasure, make any alterations in the laws of the land, for the nature of his government is not only regal, hut political.").

114) Id., Chap. XXXIV.
A King of England does not bear such a sway over his subjects, as a King merely, but in a mixed political capacity : he is obliged by his Coronation Oath to the observance of the laws, which some of our kings have not been well able to digest, because thereby they are deprived of that free exercise of dominion over their subjects, in that full extensive manner as those kings have, who preside and govern by an absolute regal power ; who, in pursuance of the laws of their respective kingdoms, in particular, the Civil Law, and of the aforesaid maxim, govern their subjects, change laws, enact new ones, inflict punishments, and impose taxes, at their mere will and pleasure, and determine suits at law in such manner, when, and as they think fit..

의 사상으로, 영국은 국민을 법치적일 뿐만 아니라 정치적인 정부에 의해 통치하므로 영국 왕은 영국의 법을 임의로 적용할 수 없다는 것이다. 그의 영국법 찬양에서 정치적이고 법적인 정부를 언급하고 있다:

> A King of England cannot, at his pleasure, make any alterations in the laws of the land, for the nature of his government is not only regal, but political."[115)

'영국 정부의 본질은 법적일 뿐만 아니라 정치적이므로 영국 왕은 <u>자의적으로 영국법을 변경할 수 없다</u>'고 하고 있다. 이외 같은 언급은 포테스큐의 법치주의(rule of law)와 적법절차(due process)의 철학이 반영된 것이라고 할 수 있다. 그에 따르면 법치주의와 적법절차에 의한 통치를 하지 않으면, 사람은 약하므로 왕은 전제 폭군이 될 수 밖에 없다는 것이다.[116)

이에 대하여 포테스큐는 보충적인 주석을 덧붙이고 있는데, 만일 법적인 것만으로 한정한다면, 왕이 영국령에서 임의로 자신이 원하는 변화(innovations[117))나 수정할 권한을 가지게 되고, 국민들에게, 그들이 할 능력이 있는지 여부를 불문하고, 시민이 영국 왕에게 부여한 시민법(*Quod principi placuit legis habet vigorem*)에 따라 높은 지대(地代)와 어려움을 안길 것이다. 그러나 정치적인 정부에서 왕은 피지배자의 동의없이는 영국령에서 법에 대하여 어떤 변경이나 변화를 할 수 없으므로 시민의 의사에 반하여 비정상적인 부과에 의하여 부담을 하게 할 수 없다. 그리하여 시민은 자신들의 동의에 의하여 제정된 법에 의하여 지배를 받고, 왕이나 다른 사

---

115) Id., Chap. IX.

116) Id., Chap. IX ("[t]he same things may be effected under an *absolute prince*, provided he do not degenerate into the *tyrant*.").

117) 영어 번역문 원문에는 innovation이라고 되어 있으나, 통상의 '혁신'의 의미가 아닌 왕이 법에 정한 바와 다른 '임의적인 생각'의 의미로 해석된다.

람에 의해 자신의 재산이 박탈될 위험이 없이 자신의 재산이 보호되는 기쁨을 얻을 수 있고, 절대권력자인 왕의 후계자에 의해서도, 그가 폭군으로 변화하지 않는 한, 동일한 것을 얻을 것이라고 하고 있다.[118]

영국 왕이 따라야 할 법에 대하여 포테스큐는 인간의 모든 법은 헌법이라고 불리는 자연법, 관습, 제정법("all human laws are either law of nature, customs, or statutes, which are also called constitutions.")이라고 하고 있다.[119] 즉 영국은 헌법이 없는 나라이지만, 자연법과 관습법 등이 모두 헌법을 이루고 있고, 이것이 커먼로를 형성했다.

포테스큐는 노동가치론의 주창자이었다. 포테스큐 보다 앞서 시대의 프랑스의 철학자이자 수도사이었던 '파리의 존'(John of Paris; 1255-1306) (Johannes Quidort으로도 알려짐)의 사상은 포테스큐의 노동가치설에 영향을 미쳤을 것으로 판단된다. 파리의 존은 1302년 저술한 'De potestate regia et papali'("On Royal and Papal Powers")에서 소유는 "[a]cquired by individuals through their own manufacture, industry, and labour. And individuals as individuals have right, power, and true dominion."[120]라고 하

---

118) Id., Chap. IX.

    Had it been merely regal, he would have a power to make what innovations and alterations he pleased, in the laws of the kingdom, impose tallages and other hardships upon the people, whether they would or no, without their consent, which sort of government the Civil Laws point out, when they declare *Quod principi placuit legis habet vigorem* : but it is much otherwise with a king, whose government is political, because he can neither make any alteration, or change in the laws of the realm without the consent of the subject, nor burthen them, against their wills, with strange impositions, so that a people governed by such laws as are made by their own consent and approbation enjoy their properties securely, and without the hazard of being deprived of them, either by the king or any other : the same things may be effected under an absolute prince, provided he do not degenerate into the tyrant.

119) Id., Chap. IX.

여, 소유는 '개인의 제조, 근면, 및 노동을 통하여 취득하고, 개인은 사적인 권리, 권한 및 진정한 지배권을 취득한다'고 했다.

포테스큐의 개인적 자유주의적이고 공리주의 및 실용주의적 철학은 그의 '영국법 찬양'의 제35장 및 제36장에 반영되어 있다고 보인다. 제36장의 중요부분은 위에서 언급한 바와 같다. 제35장은 절대적인 왕정하에서 프랑스에서 발생한 불편한 일이라는 제목으로 시작한다. 프랑스는 절대 왕정으로 국민의 자유가 제한되고, 왕과 왕의 신하, 군대가 전횡을 일삼는 국가임을 언급한다. 비록 프랑스에는 곡식과 과일이 풍부한 지역이지만 군대가 주둔하는 곳의 주민은 그들의 주둔에 필요한 물자의 공급을 낮은 가격으로 강제하거나 심지어는 강제 수탈당하고 그러한 강제에 불복하는 경우, 그 주민들에게는 재난이 발생한다는 점을 강조하고 있다. 프랑스 왕도 국민의 경제적 자유를 억압하고 자신이 독점하고 가격을 임의로 정한다. 프랑스의 재판제도도 왕의 임의적이고 자의적인 판단에 의하여 운영되고 자의적으로 그 판결이 집행되어 소위 법치국가라고 할 수 없다고 강조하고 있다. 프랑스와 같은 상황은 그 주변국가들도 다름이 없다는 점을 지적하고 있다.[121]

그리하여 그는 제35장에 '절대적인 왕의 정부가 있는 프랑스에서 일어난 불편한 일'("The Inconveniencies which happen in France by means of the Absolute Regal Government.")이라는 제목으로 다음과 같은 언급하면서 제35장을 마무리한다:

---

120) Richard Schlatter, Private Property: the History of an Idea, Rutgers Univ. Press, 1951, p. 66에서 재인용.
121) 존 포테스큐 이외에 아담 스미스도, 포테스큐와 같이, 프랑스(스페인)와 영국을 비교하면서 프랑스는 절대왕정국가인 반면에 영국은 다른 정치체제의 국가임을 강조한다.("the absolute power of the sovereigns has continu'd ever since its establishment …In England alone a different government has been established from the naturall course of things" Lectures on Jurisprudence, Glasgow Edition of the Works and Correspondence of Adam Smith (1981-1987) p. 232).

CHAP. XXXV.

The Inconveniencies which happen in France by means of the Absolute Regal Government.

....

[N]ow it remains to consider what effect that political mixed government, which prevails in England, has, which some of your progenitors have endeavoured to abrogate, and instead thereof to introduce the Civil Law; that, from the consideration of both, you may certainly determine with yourself which is the more eligible, since (as is above-mentioned) the philosopher says, "that opposites laid one by the other, do more certainly appear;" or, as more to our present argument, "happinesses by their contraries are best illustrated."

위 발췌문의 번역을 포함하여 포테스큐의 주장을 보면, 그와 같은 프랑스와 그 주변국의 상황은 전제적이고 임의적인 수단에 의하여 국민을 통치하므로 국민은 고통에서 벗어날 길이 없다는 점을 강조하고 있고, 정치와 법이 혼합된 영국은 일부 영국의 창시자들이 그와 같은 전제권력을 폐지하고,[122] 시민법(Civil Law[123])으로 대체하였고, 마그나 카르타와 '시민법'을 고려하면 영국 국민은 스스로가 무엇이 타당한지에 대하여 판단할 수 있고, 철학자가 "이쪽과 반대편에 무엇이 나타나는지 판단할 수 있고," 현재의 쟁점에서 "무엇이 불행인지 알려, 행복을 가장 잘 그렸다"고 더 잘 말할 수 있다고 했다.

즉 프랑스의 주변국에서의 전제 정권과 그 전제 정권하에서 억압받고 불행하게 사는 국민의 실태를 고발함으로서, 영국이 마그나 카르타를 통하여

---

122) 존 왕(King John)이 마그타 카르타(Magna Carta)에 서명한 것을 의미하는 것으로 해석된다.

123) 여기서 시민법은 커먼로를 일컫는 것으로 판단된다.

시민법과 정치체제가 어우러져 법치주의에 의하여 통치함으로써 영국 국민이 프랑스나 그 주변의 국민과 대비되어 행복하게 사는지를 더 잘 그렸다고 하고 있다.

나아가 법치주의와 함께 사유재산제도가 정치적 법적으로는 1215년 마그나 카르타에서 정한 적정절차(due process)와 사유재산제도를 통한 개인의 경제적 자유에 의해 증가된 개인적 부가 결국 전체적으로 영국이 부유한 번영국가를 이룩하도록 하고 있다. 여기에서 자유주의적 개인주의 뿐만 아니라 공리주의적 사고를 엿볼 수 있다. 물론 두 자유주의적 개인주의와 공리주의적 단체주의는 상호 대치되는 면이 있지만 항상 그러한 것은 아니다. 자유주의적 개인주의를 바탕으로 한 존 로크의 경우도 포테스큐의 사상과 같이 두 이념을 모두 가지고 있다.124)

나아가 포테스큐는 사유재산과 법치주의가 지켜지는 영국은

> Indeed the king, by his purveyors, may take for his own use necessaries for his household, at a reasonable price, to be assessed at the discretion of the constables of the place, whether the owners will or not : but the king is obliged by the laws to make present payment, or at a day to be fixed by the great officers of the king's household. The king cannot despoil the subject, without making ample satisfaction for the same: ….125)

[번역]

왕이나 왕의 대리인은 왕이 생활에 필요한 필요 물품을 그 물품의 소유자가 원하든 원하지 않든 그 지역 감독관이 정한 합리적인 가격에

---

124) 나종갑, 로크, 스펜서, 노직, 파레도, 및 칼도-힉스: 특허권에 대한 자연권적 정당성과 실용주의적 정당성의 합체, 산업재산권, 제66권, 2021, pp. 1-39.

125) John Fortescue, In Praise of the Laws of England(De Laudibus Legum Angliae) translated by Francis Grigor, 1917. Chap. XXXVI.

취득할 수 있지만 법에 의해 왕은 구입시에 또는 왕의 집사가 정한 날
에 그 물품 대금을 지급해야 한다. 왕은 [그 물품의 소유자에게] 충분
한 만족을 제공하지 않고서는 해당 물품을 소비할 수 없다.

고 하여 법치주의의 정신을 언급하고 있다. 이와 같은 정신은 마그나 카르
타에도 선언된 것으로 왕도 전제적인 권한을 행사할 수 없고, 법에 따라야
함을 알 수 있다.

또한 토지소유권과 관련하여 포테스큐는 성경과 같이

Wherefore, just as the offspring of the man did not from that time
forth eat its bread without labour, nor any woman with child by a man
escape the sorrows and pain of delivery, nor the brood of any viper find
peace with the feed of the woman, so no woman anywhere from that
time has been able to throw off from her neck the yoke of man's power
and of his dominion.

[번역]

그 이후 [아담]의 후손이 노동을 하지 않고는 빵을 먹을 수 없었던
것과 같이, 남성에 보호에 있는 아이가 있는 여성은 산후의 아픔과 슬
픔으로부터 벗어날 수 없고, 독의 피는 여성에게 평화를 가져다 줄 수
없으므로 그 시점 이후에 어느 여성이라도 남자의 힘과 지배라는 멍에
는 자신의 목덜미에서 던져버릴 수 없다.126)

고 언급하여 노동을 하도록 의무지우고, "모든 주민은 자기가 경작하는 토
지에서 생산한 과실을 마음대로 사용하고 향유할 수 있으며, 토지의 과실
과 주민이 토지를 개량하여 얻은 이익은 그의 근면이 결실을 맺은 것이거

---

126) John Fortescue, The Works of Sir John Fortescue, Knight, Chief Justice of England
and Lord Chancellor to King Henry by On the Law of Nature, v.1. 1869 p. 280.

나 그의 노동에 의한 결과물을 어떤 방해도, 부정도 없이 완전히 자유롭게 처분할 수 있는 대상이 된다"고 하였다.[127] 노동에 의하여 인간이 필요한 생산물이 생산되고, 그 노동에 의한 가치에 권리가 있다고 한 것이다.[128]

노동의 중요성과 노동의 결과에 대한 존중을 나타내는 그의 정치철학과 사상은 에드워드 코크 뿐만 아니라 존 로크의 재산권 철학의 바탕이 되었다고 할 수 있다. 포테스큐의 철학은 사유재산제를 옹호한 것으로 사유재산과 그 축적을 국왕이 지배권이라는 권한으로 임의로 제한할 수 없다고 하였다. 다음의 그의 저술 인용을 보면, 포테스큐는 영국과 프랑스와의 비교를 통해, 프랑스에서 왕은 가장 부유하지만 시민은 가난한 나라인 이유가 사유재산권이 보장이 되지 않기 때문이고, 영국시민이 잘사는 이유는 사유재산제도와 법치주의가 유지되고 있기 때문이라고 결론짓고 있다. 존 로크도 재산권의 인정이 영국 국민을 부유하게 하고 있다고 주장했다.[129]

You may remember, most worthy Prince, in what a condition you observed the villages and towns of France to be, during the time you sojourned there. Though they were well supplied with all the fruits of the earth, yet they were so much oppressed by the king's troops, and their horses ; that you would scarce be accommodated, in your travels,

---

127) John Fortescue, In Praise of the Laws of England(De Laudibus Legum Angliae) translated by Francis Grigor, 1917. Chap. XXXVI. ("[e]very inhabitant is at his liberty fully to use and enjoy whatever his farm produceth, the fruits of the earth, the increase of his flock, and the like : all the improvements he makes, whether by his own proper industry, or of those he retains in his service, are his own to use and enjoy without the lett, interruption, or denial of any:").

128) E. Kay Harris, Turning Adam's Disobedience into Opportunity: The Acquisition of Property and Identity in Sir John Fortescue's Theory of Natural Law, Florilegium 17 (2000), pp. 254-256.

129) Christopher May & Susan K. Sell, Intellectual Property Rights: A Critical History, Lynne Rienner Publishers, 2006, p. 117.

not even in the great towns···.130)

[번역]

가장 가치로운 왕자인 당신은 프랑스를 여행하면서 프랑스의 시골과 도시를 관찰하여 어떤 상황인지 기억할 수 있을 것이다. 그들은 지구상의 모든 과일을 제공받지만, 그들은 왕의 군대와 말에 의해 매우 억압받고, 큰 도시가 아니더라도 당신의 여행중에 숙박과 식품 등을 제공받는 것이 어려웠을 것이다.

In England ···. [e]very inhabitant is at his liberty fully to use and enjoy whatever his farm produceth, the fruits of the earth, the increase of his flock, and the like : all the improvements he makes, whether by his own proper industry, or of those he retains in his service, are his own to use and enjoy without the lett, interruption, or denial of any : ··· : hence it is, that the inhabitants are rich in gold, silver, and in all the necessaries and conveniences of life.131)

[번역]

영국에서 자유로운 모든 거주민이 그들이 농사지은 지구상의 곡식과 과일, 증가된 가축, 등등: 그들이 만든 증가된 생산은 그들의 적법하게 생산한 것이든 또는 그가 일한 것을 그가 보유하는 것은 어떤 방해나 거부됨이 없이 자신을 위해 자신이 소유한다. 따라서 거주민은 매우 금, 은 그리고 생활에 필수품에 대하여 부자이다.

이러한 사상은 존 로크에게도 영향을 미쳐, 로크는 영국의 품팔이와 아메리카 인디언 추장을 비교하였을 때 영국의 품팔이가 잘 사는 이유는 영

---

130) John Fortescue, In Praise of the Laws of England(De Laudibus Legum Angliae) translated by Francis Grigor, 1917, Chap. XXXV.
131) Id., Chap. XXXVI.

국에 재산권이 인정되기 때문이라고 강조했다.[132] 물론 이러한 로크의 언급은 로크가 아메리카 인디언의 아메리카 지배를 부인하기 위하여 주장한 것이라는 공격을 받기도 한다. 그러나 로크의 주장은 영미 경제학을 중심으로 강조되어 온 사적 재산권의 효율성과 사적 재산권의 인정이 노동의 동기(incentive)가 되어 더 많은 가치를 창조하여 결국 국민의 부를 창조한다는 자본주의적 정신을 나타낸다고 할 수 있다.[133] 포테스큐의 사상은 자연권을 기초로 한 개인적 자유주의, 공리주의와 실용주의 및 자본주의 정신의 뿌리가 된다고 할 수 있다.[134]

포테스큐는 마그나 카르타에 규정된 조세에 대하여도 언급하였다. 국왕이 과세를 하기 위해서는 의회라는 내의세도하에 엉국 전체 국민의 동의(the consent of the whole Kingdom)를 필요로 한다고 하였다.[135] 그 뿐만 아니라 법도 왕과 국민의 동의에 의한 것이고, 법은 신의 뜻에 의해 만들어진 자연법에 부합하여야 하며, 자연법에 어긋나는 나쁜 법은 전혀 법일 수 없다고 하였다.[136] 그는 시민의 동의에 정부의 형성이라는 사회계약설의

---

132) Locke, Second Treatise of Government § 41 ("[a] King of a large and fruitful Territory there, feeds, lodges, and is clad worse than a day Labourer in England.").

133) 로크의 자본주의 정신에 대하여는 나종갑, 로크, 스펜서, 노직, 파레도, 및 칼도-힉스: 특허권에 대한 자연권적 정당성과 실용주의적 정당성의 합체, 산업재산권, 2021, vol., no.66, pp. 1-39 참조.

134) Richard Schlatter, Private Property: the History of an Idea, Rutgers Univ. Press, 1951, p. 72. ("[c]ombined the various medieval theories of property in the very fashion in which they were going to serve the purposes of bourgeois apologists for the next three or four hundred years. His defence of property is at once a summary of medieval, and an introduction to modern, history.").

135) John Fortescue, In Praise of the Laws of England(De Laudibus Legum Angliae) translated by Francis Grigor, 1917, Chap. XXXVIII. ("But, the Statutes of England are produced in quite another manner. Not enacted by the sole will of the Prince, but, with the concurrent consent of the whole kingdom, by their Representatives in Parliament.").

136) Norman Doe, Fundamental Authority in Late Medieval English Law, Cambridge

토대를 제시하였다.[137]

그 뿐만 아니라 그는 인간의 자유는 신(God)이 부여한 것이라고 하였는데[138] 이는 로크의 정치사상과 자유주의 철학과 일치한다. 이는 포테스큐나 로크 모두 자연법 정신을 창조한 스콜라 철학과 성경, 마그나 카르타를 정치철학적 기반으로 하기 때문이라고 설명할 수 있겠다.

결국 존 포테스큐의 사상은 에드워드 코크[139]와 존 로크에 영향을 미쳤다고 할 수 있고, 다른 한편으로 포테스큐는 영국의 모든 국민의 동의에 의한 법률은 국민의 복리를 최상의 가치로 고려한 것[140]이라고 함으로써 공리주의의 단서를 제시하고 있다고도 할 수 있다.[141]

영국에서 공리주의적 판결이 나타난 시기는 포테스큐가 활동했던 15세기 후반이었다. 1468년 커먼로 법원(the Common Pleas)의 로버트 단비

Univ. Press, 1990, p. 83; Ellis Sandoz, The Politics of Truth and Other Untimely Essays: The Crisis of Civic Consciousness, Univ. of Missouri, 1999, pp. 95-103

137) 사회계약설은 사무엘 폰 푸펜도르프(1632-1694)나 존 로크(1632-1704) 등에 의해 발전되었다. 다만 봉건적인 사회계약설은 "양도와 재교부(surrender and regrant)"라는 봉건적 재산과 토지 개념을 통해 왕과 영주사이의 계약으로 보았다. 이를 18세기 후반 계몽주의 철학을 통해 사회와 국가의 형성체계로 본 것이다.

138) John Fortescue, In Praise of the Laws of England(De Laudibus Legum Angliae) translated by Francis Grigor, 1917, Chap. XXXVI.

139) 에드워드 코크는 자신의 저서 the Institutes of the Laws of England에서 Fortescue를 인용하고 있다. Inst. 2, West. i, p. 187; Inst. 3, p. 5; Skeel, Caroline A. J, The Influence of the Writings of Sir John Fortescue, Transactions of the Royal Historical Society, 1916, Vol. 10, 1916, pp. 77-114.

140) John Fortescue, In Praise of the Laws of England(De Laudibus Legum Angliae) translated by Francis Grigor, 1917. Chap. XXXVIII. (So that it is morally impossible but that they are and must be calculated for the good of the people.).

141) D. J. Galligan, C. Palmer, 1 Patterns of Constitutional Thought from Fortescue to Bentham, Prest, W., 'William Blackstone and the "free constitution of Britain"' in Galligan, D.(ed.), Constitutions and the Classics: Patterns of Constitutional Thought from Fortescue to Bentham, Oxford Univ. Press, 2014, pp. 191-231. Ivor Jennings, A Plea for Utilitarianism, Modern Law Review, 1938, pp. 22-35.

(Robert Danby) 수석판사는 어부는 영국의 공공복리(common wealth)와 영
제국 전체 번영을 위해 일을 한다는 이유로 해변에 위치한 사인의 토지에
걸쳐서 자신의 그물을 지속적으로 건조시키는 행위를 Kentish 관습법에 의
해 정당화 했다.[142] 1496년 왕립법원의 Fineus 수석판사는 A가 B에게 토지
를 증여하면서 B가 다리나 등대를 건설하거나 왕의 성을 보호할 경비원을
고용할 것을 조건으로 하였는데, 그 증여를 합법화하면서 합법의 이유로써
그 증여가 대영제국의 공공복리(common weal)를 위한 것임을 제시했다.[143]
그 외에 1506년 영국법원 판결은 공공의 안녕을 위해 집주인의 의사에 반
하여 집을 파괴하는 것을 정당화 했다.[144]

위와 같은 공공의 이익을 위한 공리주의 징신은 특허부여제도에도 나타
난다. 특히 엘리자베스 여왕시절에는 본격적으로 특허부여조건으로 영국민
을 고용하여 그 발명의 지식을 가르칠 것을 조건으로 했다. 이를 '도제조항'
(apprenticeship clause)이라고 하는데, 결국 영국 국민의 교육을 통한 사회
전체의 이익을 추구한 것으로 볼 수 있다. 추후 이는 명세서(specification)
를 제출하는 특허실무로 발전한다.

영국은 이미 마그나 카르타에서 법의 지배를 선언했었으므로 법치주의
전통이 존재하였다고 할 수 있다. 또한 영국의 공리주의 전통을 함유하고
있었다.[145] 그의 사상은 형사법에서도 대륙식의 규문주의와 영미법의 탄핵

---

142) Y.B. Mich. 8 Edw. 4, f. 18, pl. 30 (1468). Barbara A. Singer, The Reason of the
Common Law, 37 U. Miami L. Rev. 797, 819 n. 124 (1983).

143) H 1 1 Hen. VII, 12, 3.

144) Y.B. Trin. 21 Hen. VII, fo. 27, pl. 5(Y.B. 21 Hen. VII. 27, pl. 5, A.D. 1506) (Baker
and Milsom Sources of English Legal History: Private Law to 1750, Oxford Univ.
Press, 2nd ed. 2019).

145) Donna B. Hamilton, The State of Law in Richard II, Shakespeare Quarterly, Spring,
1983, Vol. 34, No. 1 (Spring, 1983), p. 12; David Chan Smith, Sir Edward Coke
and the Reformation of the Laws, Religion, Politics and Jurisprudence, 1578-1616,
Ch. 6.

주의의 장단점을 언급하여146), 영미법 사상에 많은 영향을 미치고 있다. 그리고 영미식의 탄핵주의의 정신에 대하여:

> [S]ince he is allowed so many pleas and privileges in favour of life : none but his neighbours, men of honest and good repute, against whom he can have no probable cause of exception, can find the person accused, guilty.
>
> *Indeed, one would much rather that twenty guilty persons should escape the punishment of death, than that one innocent person should be condemned, and suffer capitally.*147)

라고 하여, 스무 사람의 죄지은 사람을 사형으로부터 방면시키더라도 한 사람의 무고한 사람을 사형집행해서는 안된다는 형사법의 정신도 강조하고 있다.

포테스큐는 법에 의한 정치(*dominium politicum et regale*)를 주장했는데, 이때의 법은 자연법과 도덕법을 의미하는 것으로 볼 수 있다. 법에 의한 지배는 폭군(tyrant)의 출현을 방지할 수 있어, 궁극적으로 시민들을 행복하게 한다는 것이다. 이는 결국 자연법을 도입한 스콜라 철학의 태두 토마스 아퀴나스(Thomas Aquinas, Tommaso d'Aquino, 1224년/1225년-1274년)의 사상을 계승한 것으로 볼 수 있다. 그의 법치주의 철학은 그 근간을 유지하면서, 그의 사후에 에드워드 코크에 의하여 자연법 아래에 의회의 제정법이 존재한다는 커먼로 지상주의 사상이 추가되었다. 포테스큐의 법사상에 의하면 국왕은 관습법을 변경할 수 없고, 의회만이 가능하다는 정신이 깃들여 있다.

---

146) John Fortescue, In Praise of the Laws of England(De Laudibus Legum Angliae) translated by Francis Grigor, 1917, Chap. XXII.
147) Id., Chap. XXII.

5. 에드워드 코크의 사상과 철학, 특허제도

위대한 커먼로 법학자인 에드워드 코크(Edward Coke, 1552-1634)는 엘리자베스 여왕시대의 법무부 차관, 법무부 장관이자 변호사로 활동하였고, 제임스 1세 때 하원 의장을 지냈다. 그 후 제임스 1세 때에 커먼로 법원의 수석 판사(Lord Chief Justice)이었던 에드워드 코크는 독점에 반대하였다. 에드워드 코크는 영국의 커먼로 정신은 독점에 반대한다고 생각했다. 이는 특허에 의한 독점을 남발하던 엘리자베스 여왕의 정책과 반대되는 것이었다. 에드워드 코크는 경제사상에서 독점을 반대하여 자유방임주의의 시조로 분류된다.148) 다만 그의 시대의 자유는 왕의 전제로 부터의 자유를 의미하므로 현재의 자유와는 사뭇 다르다. 그리하여 그의 정신은 공정한 법 원칙에 의한 자유를 의미한다고 할 수 있다.

물론 경제의 공정성에 관한 법 원칙은 코크 이전에 확립되어온 법 원칙, 특히 허위표시(misrepresentation)를 금하는 국가정책과 부합하는 것이었지만, 코크는 법적인 공정성의 원칙을 주장했다. 예컨대, 코크는 고리대금업, 매점매석, 투기 등에 대하여 적대시하였고, 의회법, 관습 및 왕령을 구분했다. 그중에서 코크는 의회법에 의한 법치주의를 주장했다. 물론 커먼로는 자연법을 정리한 것이므로 제정법에 해당하는 의회법은 커먼로 보다 하위에 있었다. 코크는 마그나 카르타나 존 포테스큐의 법사상과 같이 법치주의를 지지했다.

1607년 제임스 1세 시절에 왕과 법과의 관계가 문제된 'Case of Prohibitions'라고 알려진 사건149)에서, 제임스 1세는 '법에 아무런 언급이

---

148) Donald Wagner, Coke and the Rise of Economic Liberalism, 6 Econ. Hist. Rev., 30 (1935); Barbara Malament, The "Economic Liberalism" of Sir Edward Coke, 76 Yale Law J., 1321 (1967); Jacob Viner, The Intellectual History of Laissez Faire, 3 J. Law & Econ., 45 (1960).

149) Case of Prohibitions [1607] EWHC J23 (KB).

없으면, 왕은 왕으로서 스스로 결정할 수 있고, 판사들은 왕의 대리인이다'
("In cases where there is no express authority in law, the King may himself
decide in his royal person; the Judges are but delegates of the King")고 주장
했다.150) 그러나 에드워드 코크는 '왕은 개인으로서 반역 등의 형사사건이
든 민사사건이든 어떠한 결정을 할 수 없으며, 다만, 법과 영국의 관습에
따라 제한적인 어떤 특정 사건들에는 관여할 수 있다'("[t]he King in his
own person cannot adjudge any case, either criminal-as treason, felony etc,
or betwixt party and party, concerning his inheritance, chattels, or goods, &
c. but this ought to be determined and adjudged in some Court of Justice.")
고 하였다.151) 코크가 커먼로는 왕을 보호하고 있다고 하자, 제임스 1세는
왕은 법을 보호하고 법은 그렇지 않다고 하면서, 왕은 판사와 주교들을 임
명하는데, 만일 판사가 법을 해석하고 다른 사람은 법을 해석하지 못한다
면, 판사들은 쉽게 마음대로 법을 만들 것이라고 주장했다. 이에 코크는 국
왕은 어떤 개인에게 복종하는 것은 아니지만, 국왕도 법에 복종하는 것이
고, 국왕이 [판사 등 법률가처럼] 법에 대하여 충분한 지식을 가질때까지,
왕은 법을 해석할 권한이 없다고 하였다. 코크는 법적 해석은 자연적 이성
으로 판단할 수 있는 것이 아니라 오랜 학습과 경험을 통해서만 취득할 수
있는 교육받은 이성(mastery of an artificial reason)에 의한 경험적 인식에
의해서 가능하다고 주장했다. 이로 인하여 그는 감옥에 갈 뻔 했으나 국무
장관의 탄원으로 감옥행은 면했다.

　　커먼로가 우위에 있다는 원칙은 1610년 Dr. Bonham's Case152)에서 잘

---

150) Brian Thompson & Michael J. Gordon, Cases and Materials on Constitutional and
　　Administrative Law, Oxford Univ. Press, 11th ed., 2014, p. 95.

151) Id.,. 95.

152) Dr. Bonham's Case, (1610) 8 Co. Rep. 107; 77 Eng. Rep. 638. (Thomas Bonham
　　v College of Physicians 사건으로도 알려져 있다.).

나타나 있다. 캠브리지 대학에서 수련을 시작하여 옥스퍼드 대학에서 의학 박사 공부를 마친 의사(doctor)이었던 Bonham은 런던에서 개업하기 위해 외과대학(the College of Physicians)에 의사면허취득을 지원했지만 특허에 의해 의사면허를 발급할 수 있었던 위 외과대학은 그의 의사면허 취득을 허락하지 않았다. 몇 번의 의사면허 취득 시도가 무산된 그는 런던에서 무면허로 의료행위를 했다. 그는 의사면허없이 치료를 했다는 이유로 몇차례 벌금을 부과 받았다가 의사면허 취득을 위한 소청을 하고 위 외과대학에 면허취득 소청을 다시하면서 지속적으로 의료행위를 하겠다고 주장하여, 위 외과대학에 의해 구금이 되고 벌금을 부과 받았다. 그 당시 의사의 과실(malpractice)에 대하여는 외과대학에 구금권한이 있었다. Bonham의 변호사는 외과대학은 'College of Physicians Act 1553'에 따라 과실치료에 대한 구금권한을 가진 것이지, 위 법상 면허없는 불법치료(illicit practice)에 대하여 외과대학은 구금권한이 없다고 주장했다.[153]

당시 관할 법원이었던 커먼로 법원의 수석판사인 에드워드 코크는 원고의 주장을 받아 드렸다. 에드워드 코크는 적법한 영장없이 Bonham을 구금시켰다고 판시했다. 동 사건에서 코크는 커먼로 우위원칙("in many cases, the common law will control Acts of Parliament")을 천명했다. 그는 방론(dictum)에서 의회제정법이 일반적 권리 또는 이성에 반하거나, 모순되는 경우에 커먼로는 의회제정법을 무효로 한다고 언급했다. 코크에 따르면 커먼로는 자연법을 정리한 것이므로 의회법은 커먼로를 위반할 수 없는 것이다.

코크는 위 사건에서 법령에 대한 법원의 사법심사권한이 있다고 판단한 것이라고 하는 주장들이 많지만, 당시 법령에 따라 판결한 것이라는 주장도 있다. 결론적으로 위 판결은 코크의 커먼로 우위의 의회법주의 원칙, 즉

---

153) 여기에는 Magna Carta에서 천명한 인신보호영장원칙도 반영되어 있다.

의회주의를 천명한 것이다. 다만 윌리엄 블랙스톤(William Blackstone)은 위 판결의 의미를 제한하여 의회법 지상주의(Parliamentary Sovereignty, Parliamentary Supremacy, Legislative Supremacy)를 따랐다. 현재 영국은 의회법 지상주의에 따라 명시적인 의회법이 있는 경우에는 의회법이 커먼로를 대체하고, 의회는 이전의 법령, 선례 들을 대체 변경할 수 있다는 법리를 채택하고 있다.

커먼로 최고의 원칙이 대체되는 법리는 18세기에 형성이 되었는데, 그러한 법리 형성에 결정적 역할은 한 법학자가 윌리엄 블랙스톤이다. 윌리엄 블랙스톤은 에드워드 코크의 커먼로 우위원칙을 변경하여 의회가 법을 제정한다면, 의회 이외에 이를 통제할 수 있는 기관은 없고, 판사가 법의 목적이 불합리하다고 생각하여 그 법의 적용과 집행을 거부할 자유가 있다는 것에 대하여는 어떠한 예에 의해서 증명할 수 없다고 했다. 왜냐하면 사법권이 입법권 위에 있다고 한다면, 이는 영국체제를 부정하는 것이라고 한다.154) 2009년 영국 대법원(the Supreme Court of the United Kingdom)이 설립되기 전까지 영국은 의회중심의 2권분립체제를 유지하고 있었다. 법원은 국가권력체계에 있지 않았고, 상원의 하부기관으로 존재하였다고 할 수 있다.

에드워드 코크는

> [i]n many case, the common law will controul Acts of Parliament,

---

154) Plucknett, Theodore F. T. (2004). Bonham's Case and Judicial Review, in Boyer, Allen D (ed.). Law, Liberty, and Parliament: Selected Essays on the Writings of Sir Edward Coke. Indianaoplis: Liberty Fund., p. 153.

> if the parliament will positively enact a thing to be done which is unreasonable, I know of no power that can control it: and the examples alleged in support of this sense of the rule do none of them prove, that where the main object of a statute is unreasonable the judges are at liberty to reject it; for that were to set the judicial power above that of the legislature, which would be subversive of all government.

and sometimes adjudge them to be utterly void: for when an Act of Parliament is against common right and reason, or repugenant, or impossible to be performed, the common law will controul it, and adjudge such Act to be void.[155]

[번역]

많은 경우, 커먼로는 의회법을 통제한다. 때때로 [커먼로는] 의회법을 무효로 한다: 왜냐하면 의회법이 커먼로 상의 권리와 이성에 위반되고, 그 법의 집행이 혐오스럽거나 불가능한 경우에, 커먼로는 의회법을 통제하여 그 법이 무효가 될 수 있도록 한다.

라고 하여, 많은 경우 커먼로가 의회법을 통제할 수 있고 의회법을 무효로도 할 수 있다고 하였다. 그 이유는 의회법은 커먼로상의 권리에 위반되거나 집행될 수 없기 때문이고, 커먼로가 의회 제정법을 통제하고 이를 무효로 할 수 있기 때문이라고 하였다.[156] 에드워드 코크의 법사상은 커먼로는 신의 법(law of God)이고 자연법(law of nature)이라는 스콜라 철학을 계승하고 있는 것이다.

에드워드 코크가 법치주의를 주장한 점에서 보면 마그나 카르타, Henry de Bracton과 포테스큐의 영국의 법사상을 계승한 것으로 판단된다. 포테스큐도 자연법을 통한 인간의 자유를 실현하고자 한 법률가이었다.

에드워드 코크는 커먼로가 의회와 국왕을 지배하는 원칙이라고 여겼다. 다만 그의 생각은 커먼로가 의회와 국왕을 지배하는 정치구조와 법 이념으로 보아 커먼로 지상(至上)주의로서 의회와 국왕은 동등한 지위를 갖는 것이라고 보았다. 이는 제임스 1세[157]가 주장한 왕권신수설과 배치되는 것이

---

155) Dr. Bonham's Case, (1610) 8 Co. Rep. 107; 77 Eng. Rep. 638

156) Ian Williams, Dr Bonham's Case and 'void' statutes, 27(2) Journal of Legal History 111-128(2006).

157) 제임스 1세는 영국의 왕위에 오르기 전, 스코틀랜드의 제임스 6세 시절인 1598년

었다. 나아가 에드워드 코크는 마그나 카르타의 최고성을 인정하고, 영국 의회를 영국의 최고법원으로 인정했다. 이러한 그의 법사상은 후에 존 로크의 입법권과 행정권의 이권분립론이라는 정치철학과 결부되어 2009년까지 영국에는 대법원이 존재하지 않게 되고, 상원이 대법원을 겸하는 결과를 가져왔다. 즉 로크의 이권분립론도 에드워드 코크의 영향을 받은 것으로 생각된다.

독점사건(the Case of Monopolies)으로 불리는 1603년 Darcy v. Allein 사건 이후 1615년 the Clothworkers of Ipswich 사건에는 에드워드 코크의 사상이 반영되어 있고[158], 결국 에드워드 코크의 커먼로 우위 원칙이 승리하게 되고, 커먼로 우위론은 영국법에 자연법을 수용하게 되는 결과를 가져온다. 이러한 그의 커먼로 정신은 영국 법원에서도 지지를 받았다.[159] Darcy v. Allein 사건의 경우, 특허가 커먼로에 위반된다고 하였고, 커먼로는 자연법을 정리한 것이므로 자연법을 위반하였다고 한 것이지만, 1624년 법이 특허권을 커먼로상의 권리나 자연권으로 규정한 것은 아니다. 영국은 특허권은 왕이 부여하는 특권 또는 1624년 이후에는 의회법이 인정하는 특권이라는 법리가 우세했다. 특히 공리주의가 완성된 이후에는 특허권이 커먼로상의 권리나 자연권이라는 주장도 사라졌다. 저작권의 경우에는 커먼

'자유로운 왕정의 진정한 법'("The True Law of Free Monarchies")이라는 책에서 왕권신수설을 주장했다.

158) William L. Letwin, The English Common Law concerning Monopolies, 21 Chi. Law Rev. 355 (1954).

159) Day v Savadge, Day v Savadge (1614) Hob 85; 80 ER 235 (유실물을 보관한 자는 그 보관료를 받을 수 있고, 보관료를 내지 않은 경우, 그 물품의 소유권을 취득한다는 관습은 의회의 승인이 있는 법과 같은 효력을 가진다는 주장에 법원은 법과 관습이 상호 불일치하는 경우에, 법중의 법(law of laws)으로서 자연법은 불변한 것이므로 자연법에 어긋나는 의회 제정법과 관습은 무효이고, 유실물을 취득할 수 있다는 관습은 자연법과 의회법에 어긋나는 것이라고 판시했다.); Lord Sheffield v Ratcliffe, 78 E.R. 176 (1653).

로상 저작권, 즉 자연권을 기반으로 하는 저작권의 법리도 커먼로를 기초로 한 1769년 Millar v. Taylor 사건160)과 앤여왕법에 의해 창설된 것이라고 판시한 1774년 Donaldson v. Beckett 사건161)을 끝으로 서적상들의 전쟁(Battle of Bookseller)이 종결된 이후 소멸했다고 평가된다.

앞서 언급한 바와 같이 에드워드 코크는 커먼로를 옹호하고 독점에 반대했는데, 그는 커먼로의 선례에 의하면 커먼로의 정신은 독점에 반대하는 것이라고 주장했다. 그가 언급한 선례는 1376년 의회가 John Pecche에 대하여 그가 영국시민의 경제생활을 억압하고 많은 손해를 가하는 등 그의 특허권을 남용했다고 인정한 사건이었다. John Pecche는 한때 런던 시장으로 런던에서 스윗 와인(sweet wines)에 대하여 독섬석인 소매권을 가시고 있었다. 당시 그는 영국 국왕 에드워드 3세로부터 특허권을 부여 받았다. 에드워드 3세가 사망한 후에 정치권에서는 몇몇의 사람들을 공격했다. 그 중 하나였던 John Pecche는 특허를 기망적으로 취득하고 과도하게 이용했을 뿐만 아니라 왕에게 특허료를 납부하지 않았다는 이유로 징역형과 벌금형에 처해졌다. 다만 이 시기에 독점에 대한 적대적 사상이 커먼로에 형성된 것으로 평가되지는 않는다.162) 독점에 대한 적대적 사상은 16세기 말 엘리자베스 여왕시절에 형성된다.

1376년 John Pecche 사건 이후 독점이 문제된 사건은 1598년 The Merchant Tailors' case라고 불리는 Davenant v. Hurdis 사건163)이다. 이 사건 당시 에드워드 코크는 법무부 장관이었지만 장관으로서가 아닌 사적 대리

---

160) Millar v Taylor, 4 Burr. 2303, 98 ER 201 (1769).

161) 2 Brown's Parl. Cases (2d ed.) 129, 1 Eng. Rep. 837; 4 Burr. 2408, 98 Eng. Rep. 257; 17 Cobbett's Parl. Hist. 953 (1774).

162) William L. Letwin, The English Common Law concerning Monopolies, 21 Chi. Law Rev. 355, 359 (1954).

163) Davenant v. Hurdis, Moore 576, 72 Eng. Rep. 769 (K.B. 1598). 1 Clode, Early History of the Guild of Merchant Taylors 393-94 (1888).

인으로 관여했다. 본 사건에서 Merchant Tailors 길드는 길드 정관에 의해 그 길드 구성원들에게 각자의 절반 이상의 옷감을 직조사(clothworkers)를 고용하여 제조할 것과 그렇지 못한 경우 몰수할 것을 규정했다. 원고인 Davenant는 20벌용의 옷감을 가공을 위해 피고인 Merchant Tailors Co.의 회원에게 보냈지만 동일한 수의 옷감을 직조사들에게 보내는 것을 거부했다. 원고인 Davenant는 그 정관을 따를 것을 거부하여, 정관에 따라 직물당 10실링의 벌금이 부과되었지만 이를 납부하기를 거부했다. 이에 Merchant Tailors Co.는 이 사건 피고인 집행관 Hurdis에게 벌금을 집행할 것을 명했다. 이에 원고가 몰수를 위한 압류를 위해 집행 온 피고를 무단침입(trespass)하였다고 소송을 제기했다.

에드워드 코크가 원고인 Davenant를 대리했고, 프란시스 무어(Francis Moore)가 피고 Hurdis를 대리했다. 코크는 길드 정관이 독점을 창설한다고 주장했다. 왜냐하면 그 길드의 조합원들은 직조공에 의해 그 절반이 생산될 것이 강제되므로 결국 그들을 의무적으로 고용해야 한다고 주장했다.164)

커먼로 법원(King's Bench)은 Merchant Tailors Co. 정관이 그 회원 사이에 일을 강제로 만들어 주어 회원 사이에 카르텔을 형성하는 것으로서 인간의 신성한 직업의 자유를 보호하는 커먼로에 어긋나므로 무효라고 판시했다. 법원은 그와 같은 길드 정관이 일찍이 제정되어 왕들과 의회로부터 지속적으로 유효한 것으로 승인을 받았다고 하더라도 '일반적 권리와 공공의 이익'("common right and public good")과 커먼로에 어긋난다고 판시했다. 에드워드 코크는 자신이 수석판사의 지위에서 판시한 사건을 언급하면서 Merchant Tailors Co.의 독점(monopoly)은 그 회원들의 자유를 침해하고 공공의 복리에 어긋(against the commonwealth)나기 때문이라고 하였다.165)

---

164) Barbara Malament, The "Economic Liberalism" of Sir Edward Coke, 76 Yale Law J., 1321, 1342 (1967).

165) Davenant v. Hurdis, Trin. 41 Eliz., Moor (K. B.) 576 (1599); commented on by Coke

여기에도 공리주의적 사상이 깃들여져 있다.

제3절 엘리자베스 여왕과 특허: 나쁜 특허와 좋은 특허

1. 나쁜 특허(bad patents)

중세 유럽에서는 새로운 것을 발명하거나 외국으로부터 도입한 것에 부여하는 '좋은 특허'(good patents)[166] 뿐만 아니라 전쟁에서 공을 세운 경우나 호의적인 이유 등으로 특권(prerogatives)을 부여하였다.[167] 나아가 왕실 재정강화를 위하여 로열티를 대가로 특권(prerogatives)을 판매하기도 하였다.[168] 마치 중세 유럽에서 돈을 받고 면죄부를 팔던 것이나 우리 역사에서 양반 족보를 팔던 것과 유사하다. 후자의 특허는 인간의 기존의 자유를 박탈하는 '나쁜 특허'(bad patents)이다.

이 시기에는 새로운 발명의 대하여 부여하는 특허(patent)와 왕이 재량에 의하여 부여하는, 실제로는 매매된, 특권(privileges/prerogatives) 그리고 은전(grants)은 상호 구분되지 않았다. 특허장(letters patents)은 이러한 형태 모두에게 부여되었다. 따라서 위 모두가 특허가 되었다. 그러나 산업발전을

---

in Case of Monopolies, 11 Co 86 a, b.

166) 초기의 발명에 대한 특허는 외국으로부터 신기술을 도입하는 경우에 부여되었다. 이러한 기술자의 이민 장려정책은 몇몇 유럽국가에서 시행되었다.

167) 커먼로 저작권(common law copyright)도 이러한 형태에 해당한다고 할 수 있다. 1518년 헨리 8세는 특정한 종류의 책에 대한 출판권에 대하여 독점을 부여하였다.

168) Bruce W. Bugbee, Genesis of American Patent and Copyright Law, Public Affairs Press, 1967, p. 14; Floyd L. Vaughan, The United States Patent System, Univ. of Oklahoma Press, 1956, p. 14.

위한 것이 아닌 특허부여(새로운 것에 대한 특허부여가 아닌)는 결국 국민의
자유권을 박탈하고 생존권을 위협하는 사회 악이 되었다. 국민의 자유권을 박
탈하는 특허에 대하여는 그 정당성에 관하여 많은 비판이 제기되어왔다.[169]

엘리자베스 여왕은 특허제도를 외국의 기술을 도입하여 영국의 산업을
부흥시키려는 정책수단으로 이용하였지만 다른 한편으로 특허제도를 남용
했다. 왕실의 재정수입의 수단으로 신기술과 관계없는 특허를 부여했던 것
이다.

엘리자베스여왕 시대에 특허로 인한 처참하고 열악한 상황에 대하여 역
사학자이자 공리주의 철학자인 데이비드 흄(David Hume)은 다음과 같이
기술하고 있다.

The active reign of Elizabeth had enabled many persons to distinguish
themselves in civil and military employments; and the queen, who was
not able from her revenue to give them any rewards proportioned to
their services, had made use of an expedient which had been employed
by her predecessors, but which had never been carried to such an
extreme as under her administration. She granted her servants and
courtiers patents for monopolies; and these patents they sold to others,
who were thereby enabled to raise commodities to what price they
pleased, and who put invincible restraints upon all commerce, industry
and emulation in the arts. It is astonishing to consider the number and
importance of those commodities which were thus assigned over to
patentees. Currants, salt, iron, powder, cards, calf-skins, fells, pouldavies,
ox shin-bones, train oil, lists of cloth, pot-ashes, anise-seeds, vinegar,
sea-coals, steel, acquavitae, brushes, pots, bottles, saltpetre, lead,

---

169) 이에 대하여는 본서 제2장 "특허제도와 근대 특허법의 형성" 참조.

accidences, oil, calamine stone, oil of blubber, glasses, paper, starch, tin, sulphur, new drapery, dried pilchards, transportation of iron ordnance, of beer, of horn, of leather, importation of Spanish wool, of Irish yarn; these are but a part of the commodities which had been appropriated to monopolists. When this list was read in the House, a member cried, "Is not bread in the number?" "Bread," said every one in astonishment. "Yes, I assure you," replied he, "if affairs go on at this rate, we shall have bread reduced to a monopoly before next parliament." These monopolists were to exorbitant in their demands that in some places they raised the price of salt from sixteen pence a bushel to fourteen or fifteen shillings. Such high profits naturally begat intruders upon their commerce; and, in order to secure themselves against encroachments, the patentees were armed with high and arbitrary powers from the council, by which they were enabled to oppress the people at pleasure, and to exact money from such as they thought proper to accuse of interfering with their patent. The patentees of saltpetre, having the power of entering into every house and of committing what havoc they pleased in stables, cellars or wherever they suspected saltpetre might be gathered, commonly extorted money from those who desired to free themselves from this damage or trouble. And while all domestic intercourse was thus restrained, lest any scope should remain for industry, almost every species of foreign commerce was confined to exclusive companies, who bough and sold at any price that they themselves thought proper to offer or exact.170)

170) David Hume & Tobias George Smollett, History of England from the Invasion of Julius Caesar to the Revolution in 1688, J. F. Dove, St. John's Square, 1825, Vol. 2, p. 501: 그 외 당시의 특허에 의한 민간의 피폐에 대한 동일한 상황은 John Sinclair, The History of the Public Revenue of the British Empire, W. and A.

[번역]

엘리자베스의 통치기간은 많은 사람으로 하여금 시민 및 군사 의무와 자신을 구별하도록 하였다; 그리고 자신의 수입을 그들에게 그들이 제공한 각 서비스에 대한 어떠한 보상도 제공할 수 없었던 여왕은 선조들이 만든, 그러나 그녀의 통치하에서 행사되지 않은 임시방편을 사용한다. 여왕은 신하들에게 독점에 대한 특허를 부여한다; 그리고 그들은 그러한 특허를 자신들이 원하는 가격으로 해당 상품들을 판매하고 모든 상거래, 산업 그리고 예술에서의 경쟁에 아무도 경쟁할 수 없는 제한을 할 수 있는 사람들에게 판매한다. 특허권자에게 양도되는 그러한 상품의 종류와 중요성을 고려해 본다면 믿기 힘들 정도이다. 건포도, 소금, 철, 파우더, 카드, 송아지 가죽, 벌목, 캔버스 천(pouldavies), 황소 정강이 뼈, 고래기름, 옷감들, 탄산칼륨, 애니스 씨앗, 역청탄, 철, 에탄올 수용액(acquavitae), 솔, 냄비, 병, 초석(saltpetre), 납, 비료(accidences), 오일, 칼라민 광석, 생선기름, 유리, 종이, 전분, 주석, 유황, 포목, 정어리 및 철, 맥주, 뿔피리, 가죽군수품의 수송, 및 스페인 모직과 아일랜드 방적사의 수입; 이러한 것들은 독점자들에게 배분된 물품의 일부이었다. 이러한 목록이 하원에 알려졌을 때, 한 의원은 빵은 없었는가라고 외쳤다. 모든 의원이 "빵" 하며 놀랐다. "예, 확신합니다."라고 그가 말했다. "만일 이렇게 지속된다면 우리는 다음 의회 회기 전에 빵도 독점 목록에 기재할 것입니다." 이러한 독점자들은 자신들의 욕구가 과도하여 소금가격을 부셀당 16펜스에서 14 또는 15 실링까지 올릴 것이다. 그러한 높은 수익은 자연적으로 [특허가 없는] 불법거래자를 특허권자들의 상거래에 유입시켰고, 그리고 그러한 불법 침입으로부터 특허권자 자신들을 보호하기 위하여 특허권자들은 지방 의회로부터 임의적인 권력을 취득하였고, 그러한 권력을 취득하여 마음대로 시민을 억압할 수 있었고, 자신들의 특허를 침해한 것에 대한

Strahan, for T. Cadell, 1785, p. 131 및 Genesis of American Patent and Copyright Law, Public Affairs Press, 1967, p. 37 이하에도 자세히 기술되어 있다.

적절한 청구라고 생각하는 금액을 받았다. 모든 가정과 마굿간, 포도주 창고 또는 초석이 있다고 특허권자가 의심하는 어느 곳에서 어떤 일(havoc)을 하던지 간에 문제가 되지 않는 초석특허권자는 이와 같은 [일(havoc)로 인한] 손해나 문제가 발생하지 않기를 원하는 사람으로부터 돈을 받는 것이 일반적이었다. 그리고 모든 국내 거래는 제한이 되는 동안, 어느 범위도 산업에 남아 있지 않게 되고, 거의 모든 종류의 외국 상거래는 자신들이 적절하다고 판단하는 가격에 구입하거나 판매할 수 있는 독점적인 회사에게 귀속되었다.

타인이 누리던 자유권을 박탈하는 특허가 부여되면, 그 특허로 인하여 시민들이 기존에 누리던 생존에 필요한 상품 등에 대한 거래 자유를 제한하게 되는 것이므로 그러한 특허는 결국 시민의 생존권을 위협한다.

현재의 특허와 같이 기존에 없던 새로운(new/novel) 것을 세상에 창조하여 다른 사람들을 이롭게 하는 것과는 전연 다른 종류의 특허이었다. 예컨대 아스피린이라는 신약이 발명되면 그 신약은 두통 등의 아픔으로부터 시달리는 인간을 그 아픔으로부터 해방시키는 매우 좋은 역할을 한다. 그리고 어느 누구의 자유를 박탈하지 않는다. 이러한 특허는 인간의 행복을 증진시키는 역할을 한다. 따라서 공리주의에서는 이러한 특허에 대하여 독점으로 보상을 하고, 실용주의에서는 이러한 특허를 발명하도록 장려한다. 노동가치설에서는 그의 창작물이므로 그가 사유화할 수 있도록 한다.

그러나, 예컨대, 왕이 재정난으로 한 지역의 독점권으로 포도주양조판매권을 돈을 받고 판매하면, 그 지역에서 포도주를 생산하여 판매하던 포도주 양조장(winery)은 더 이상 포도주를 생산 판매하지 못한다. 왕으로 부터 독점제조판매권을 부여받은 한 사람 이외에는 모두 양조장의 문을 닫고, 기존의 직업을 상실한다. 직업의 자유가 침해받는다.

엘리자베스 여왕시절에 새로운 기술의 도입에 대하여 특허를 부여하기도 했지만, 여왕이 부여한 많은 특허는 시민이 누리던 기존의 자유를 박탈하는 것이었다. 이러한 특허의 폐해를 보면, 존 로크가 노동에 의한 창조물에 대하여 재산권을 인정하고, 재산권의 정당성에 대한 단서로 '타인에게 충분하고 동등하게 남겨둘 것'을 제시했는지 알 수 있다. 이와 같은 독점은 타인의 자유를 박탈하는 것으로 충분하고 동등하게 남겨둘 수 없기 때문에 정당성이 없다.

위 데이빗 흄의 문헌에 의하면 거의 모든 부분에 있어서 독점권을 부여하여, 더 이상 판매할 독점권이 남아 있지 않아 생존에 가장 기본적으로 필요한 빵까지 독점권을 부여할 위기에 처했다는 것이다. 이러한 특허가 남발됨으로서 시민의 자유는 제한되고 경제는 피폐해진다. 따라서 이러한 특허는 곤궁한 사람을 더 곤궁하게 하고 궁핍으로 몰아가며, 시민의 고혈을 빨아먹는 것이었다.

아담 스미스(Adam Smith)도 그의 저서 '국부론'에서 특허권의 폐해를 기술하고 있는데, 첫 번째로 특허 침해를 한 경우에는 그의 모든 물품을 몰수하고, 1년의 징역형 후에 왼쪽 손목을 잘라 시장에 걸고, 두 번째 침해에는 중범죄로서 사형에 처한다고 언급하여 특허가 얼마나 국민생활에 위협이 되었는지 언급하고 있다.[171] 그럼에도 불구하고 특허를 침해하지 않으면 생활을 할 수 없었고, 특허침해로 인한 이익이 불이익을 상쇄할 만큼 많았기 때문에 특허침해가 계속 발생했다고 한다.

1601년 이와 같은 특허의 심각성을 인식한 영국 의회는 왕의 특허부여권을 제한하는 법안을 제출한다. 이에 엘리자베스 여왕은 의회가 여왕의

---

171) Adam Smith/Edwin Cannan, ed., An Inquiry into the Nature and Cause of the Wealth of Nations (1776), Modern Library, 1994, IV. ch.8, pp. 700-01.
   Like the laws of Draco, these laws may be said to be all written in blood···
   the exporter of sheep, lamps, or rams, was for the first offence to forfeit all
   his goods for ever, to suffer a year's imprisonment, and then to have his left
   hand cut off in a market town upon a market day, to be there nailed up; and
   for the second offense to be adjudged a felon, and to suffer death accordingly.

특허부여권에 대하여 감독을 하는 것을 조건으로 자신의 특허부여권을 행사하겠다는 약속을 하여 특허부여권을 지켰다.[172] 엘리자베스 여왕은 자신이 부여한 특허 중 일부를 취소하였다. 그 뿐만 아니라 전통적으로 왕의 특허부여권이나 특허의 합법성은 the Court of Star Chamber[173]만이 관할권을 행사하였고 커먼로 법원은 관할권이 없었지만, 여왕은 독점의 합법성 문제에 대하여 커먼로 법원(common law court)에서 심판받을 것을 약속했다.[174]

1598년 영국의 엘리자베스 1세 여왕은 Edward Darcy에게 21년 동안 트럼프(playing card)를 제조, 수입 및 판매 등 모든 거래를 독점적으로 할 수 있는 권한을 부여하였다. Thomas Allein이 동일한 카드를 제조하기 시작하였다. Darcy는 Allein을 상대로 자신의 특허를 침해하였다는 소송을 제기하였다.[175] 이 당시 에드워드 코크는 법무부장관이었다.

본 사건에는 두가지 쟁점이 존재했다. 첫째는 특허는 배타적인 카드 제조권을 부여할 수 있는지, 둘째, 수입에 대하여 배타적 권리를 부여하는 것이 유효한지 여부였다.[176]

원고는 자신이 카드를 제조할 수 있는 권리는 공공의 이익이 존재하기 때문이라고 주장했다. 엘리자베스 여왕은 신으로부터 권한을 부여 받은 특권 부여권을 가지고 있고 트럼프 카드(playing card)를 사치품으로 간주하

---

172) Thomas B. Nachbar, Monopoly, Mercantilism, and the Politics of Regulation, 91 VA. L. REV. 1313, 1331 (2005).

173) 커먼로 법원의 보조적인 법원으로 판사와 왕의 자문단(이하 '왕의 비서실'로 표현함)인 비서(privy councillors)로 구성되었다.

174) Thomas B. Nachbar, Monopoly, Mercantilism, and the Politics of Regulation, 91 VA. L. REV. 1313, 1345 (2005).

175) Edward Darcy Esquire v Thomas Allein of London Haberdasher (1599) 74 ER 1131. (이 사건 피고의 이름은 문헌마다 다르나, 본서에서는 Allein으로 표기한다.)

176) Jacob I. Corre, The Argument, Decision, and Reports of Darcy v. Allen, 45 EMORY L. J. 1261 (1996); D. Seaborne Davies, Further Light on The Case of Monopolies, 48 L.Q. REV. 394 (1932).

고 과도한 즐거움을 얻는 활동(recreation)을 규제할 수 있다고 주장했다. 원고는 여왕이 사냥터나 놀이공원, 경마, 경견 등을 규제할 수 있는 것과 같다고 주장했다.

그러나 법원은 그와 같은 원고의 주장을 인정하지 않았다. 법원은 제조에 관한 독점을 부여하는 것은 커먼로에 위반할 뿐더러 의회의 1463년 제정법에 어긋나 완전히 무효라고 판시했다. 그와 같은 판시를 하기 위해 법원은 자연권을 구체화 한 커먼로 뿐만 아니라 공리주의와 실용주의 정신을 강조했다.

법원은 커먼로에 반하는 독점은 불법이며 커먼로는 자유로운 거래를 보호하고 있으므로 이에 반하는 Darcy의 놀이카드에 대한 독점을 인정하지 않았다. 법원은 커먼로와 공리주의 및 실용주의를 근본 정신으로 하여 독점을 부인하는 이유에 대하여 독점은 경쟁을 제한하고 새로운 발명을 도입하는 것에 대한 제한이 되어 대영제국 전체의 이익을 저해할 것이고, 나아가 열심히 일을 하는 노력과 노동을 장려하는 커먼로에 어긋나는 것이라고 판단했다.[177]

법원은 '신의 명령'("general ordinance of God, by the policy of the realm, and by the laws and customs")은 기술, 직업과 거래("several arts, manual occupations and trades")를 규율하므로 사람은 서로 도와야 하고, 인간 스스로의 노력으로 살아가지 못하도록 하는 것("a man not to live by the labour of his own trade")은 불법이라고 하였다. 그리고 법원은 여러 선례(Dyer's Case[178] 및 School master's Case[179])를 분석한 다음, Darcy의 특허는 다른

---

177) Donald O. Wagner, Coke and the Rise of Economic Liberalism, The Economic History Review, 1935, Vol. 6, No. 1, 30, 36 (1935).

178) Dyer's case (1414) 2 Hen. V, fol. 5, pl. 26. 거래제한에 관한 계약법이 문제된 사건이다. John Dyer 는 원고에게 원고의 마을에서 6개월 동안 같은 거래행위를 하지 않겠다고 약속했다. 이 약속에 대한 원고의 반대급부는 없었다. 원고가 법원에 이행을 청구하였으나, 법원은 커먼로와 신(God)의 명령에 위반된다는 이유로 원고의 청

사람의 생존을 위협할 수 있는 너무 많은 권한을 부여받았다고 판시하였다. 법원은 사회는 결국 개인의 노동과 근면성("the labor and industry of men")에서 기원하고 신의 인간에 대한 선물("the Gift of God to them")이므로 인간은 어떠한 특허, 특권 또는 관습으로부터 자유로울 자연권이 있다고 한다. 따라서 인간은 왕 또는 인간이 만든 제정법으로 제한할 수 없는 기본적인 자연권이 있다고 한다. 나아가 법원은 특허가 개인의 자유를 제한을 금지하는 것에 대한 예외적인 것으로서 허용되더라도 그 특허는 일정 기간으로 제한되어야 한다고 하였다. 즉, 법원은 특허를 예외적인 것으로서 허용하였다. 나아가 특허가 다른 사람의 생존권을 제한한다면 이는 무효라는 근거를 제시하였다.

2. 독점법(the Statute of Monopolies)의 제정과 영국의 정치상황

가. 독점법 제정 이전

1603년 4월 엘리자베스 여왕이 사망을 하고, 스코틀랜드의 여왕 메리 스튜어트의 아들인 스코틀랜드 제임스 6세는 영국의 제임스 1세(James I)가 되어 영국 왕에 즉위한다. 제임스 1세는 외국과의 전쟁 등으로 인하여 재

구를 인정하지 않았다.

179) Hamlyn v. More (The Schoolmasters' Case). Y.B. 11 Hen. 4, fol. 47, Hil., pl. 21 (1410) (Eng.). 조그만 마을에 학교가 있었다. 피고가 다른 학교를 열고자 하였다. 따라서 조그만 마을에 학교가 두 개가 존재하게 되었다. 기존의 학교 교사(Schoolmaster)가 피고에게 고의적으로 자신의 영업을 방해하므로 커먼로에 위반된다고 소를 제기했다. 법원은 경쟁으로 인하여 경제적으로 손해를 입은 것만으로는 법적 구제가 인정되는 법적 손해를 인정할 수 없다는 이유로 원고의 청구를 기각했다.

정결핍을 가져오게 된다. 제임스 1세는 의회와의 마찰을 무릅쓰고 재정확
보를 위하여 특허를 남발하여 특허부여권을 남용한다. 제임스 1세는 스코
틀랜드에서 왔으므로 영국의 정치관행에 무지하였고, 이로 인하여 그 당시
새롭게 등장하던 의회의 강한 세력에 대하여도 제대로 대응하지 못했다.
이에 의회가 반발하자 제임스 1세는 거래에 관한 독점은 커먼로에 위반되
므로 자신은 더 이상 그러한 특권 부여를 하지 않겠다고 기재한 왕의 재산
목록부(Book of Bounty)180)에 서명을 하였다. 그러나 제임스 1세는 그러한
서명에도 불구하고 여전히 특허권을 부여한다. 따라서 의회와 제임스 1세
와의 관계는 악화될 수 밖에 없었다. 이에 의회는 재정지원을 중단한다.

제임스 1세는 왕실의 재정난을 해결하는 방편으로 특허권을 부여하지만,
그와 같이 부여된 특허권은 취소되기도 하였다.181) 제임스 1세 시대에
Lord Chief Justice of England182)로 활동했던 에드워드 코크(Edward Coke)
는 제임스 1세로부터 해고 당한 후 의회에 들어가 1621년 왕의 특허부여권
을 모두 제한하는 법안을 발의하기도 했지만, 왕의 특허부여권에 대한 너
무 강한 제한이라는 염려로 인하여 해당 법안은 상원(House of Lords)을 통
과하지 못했다.183)

에드워드 코크는 1624년 독점법 제정의 결정적인 역할을 한다. 제임스 1
세가 스페인과 전쟁을 위하여 4번째 의회184)를 소집하자, 하원(House of

---

180) 'Book of Bounty'는 왕실의 재산을 기재한 목록이다.

181) Thomas B. Nachbar, Monopoly, Mercantilism, and the Politics of Regulation, 91 VA.
    L. REV. 1313, 1346 (2005).

182) 당시 대법원은 따로 존재하지 않았고, 상원이 대법원을 겸했는데, 대법원을 구성하는
    상원의장과 의원들은 정치가이었으므로 법률가인 판사들이 대법관인 상원의 법률적
    결정을 도와주고 있었는데 이들이 Lord Justice이다.

183) Thomas B. Nachbar, Monopoly, Mercantilism, and the Politics of Regulation, 91 VA.
    L. REV. 1313, 1346-47 (2005).

184) 에드워드 코크에 의해 Happy Parliament 또는 Fælix Parliamentum로도 불리는데,
    1624년 2월 19일부터 같은 해 5월 29일까지 열렸다. 어떤 문헌에서는 the Statute

Common)은 독점법(the Statute of Monopolies)을 통과시켰다. 그러나 상원 (House of Lords)은 독점(monopoly)의 의미가 명확하지 못하고 독점에 대한 취소가 커먼로상 근거에 의한 것인지 또는 해당 법에 근거를 갖는 것인지 가 불분명하다는 우려를 제기하였고 에드워드 코크는 그와 같은 우려를 불식시켰지만, 상원(House of Lords)은 왕의 회사설립허여권을 제한할 수 있다는 우려와 독점법(the Statute of Monopolies)의 적용이 제외되는 특허가 존속하기를 원했기 때문에 법안 통과에 소극적이었다.185) 결국 1624년 5월 일부 길드(guild)186) 등에게 특허권의 예외를 인정하여 상원에서도 통과되었다. 마침내 일부 기존의 특허를 인정하는 것으로 상원과 타협하여 1624 년 영국의회는 독점법(the Statute of Monopolies)을 제정하여 왕이 자의적으로 특허를 부여할 수 있는 권한을 박탈한 것이다.

독점법의 통과로 기존에 영국에 없던 새로운 것이 아니면 특허를 부여할 수 없도록 하였다. 이로 인하여 신규성(novelty)을 요건으로 한 '좋은 특허'(good patent)제도가 확립되게 된 것이다. 새로운 발명에 대하여 특허를 부여하는 경우에는 신규성이 필수요건으로 등장하게 된다. 시민이 누리던 기존의 자유를 제한하는 '나쁜 특허'(bad patents)는 이제 지적재산법의 범주에서 사라지게 되는 계기가 되었다.

영국 의회가 왕의 특허부여권을 제한하는 법을 제정할 수 있게 된 것은 오랜 동안의 투쟁의 결과로 쉽지 않은 일이었다. 최종적으로는 반대세력과 정치적 타협을 할 수 밖에 없었다. 따라서 영국의 독점법도 현재의 관점에서 보면 원칙적으로 신규성을 존재를 요구하였지만 다른 한편으로 기존의 특허에 대한 예외를 인정한 것이어서 완전한 것은 아니었다. 그럼에도 불

---

of Monopolies의 제정년도가 1623이라고 기재하기도 하는데, 이도 옳다. 그 당시 사용하던 영국의 달력상으로는 1623년도이기 때문이다.

185) Id., 1349-1650.

186) 영국 길드(guild)의 경우에 정치적으로 의회에 의존하였다.

구하고 더 이상 기존의 자유를 제한하는 특허는 부여할 수 없게 되었다. 영국의 독점법은 정치적 타협에 의하여 의회를 통과하였지만, 당시로는 혁명적이었다. 영국의 독점법은 새로운 원칙을 확립하였다.[187]

독점법 제1조는 모든 특허를 무효로 하였다.

That all Monopolies, and all Commissions, Grants, Licences, Charters and Letters Patents heretofore made or granted, or hereafter to be made or granted, to any Person or Persons, Bodies Politick or Corporate whatsoever, of or for the sole Buying, Selling, Making, Working or Using of any Thing within this Realm, or the Dominion of Wales··· or of any other Monopolies, or of Power, Liberty or Faculty, to dispense with any others, or to give Licence or Toleration to do, use or exercise any Thing against the Tenor or Purport of any Law or Statute··· and all Proclamations, Inhibitions, Restraints, Warrants of Assistants, and all other Matters and Things whatsoever, any way tending to the Instituting, Erecting, Strengthening, Furthering or Countenancing of the same or any of them··· are altogether contrary to the Laws of this Realm, and so are and shall be utterly void and of none Effect, and in no wise to be put in Use or Execution.[188]

[번역]

본 국가 또는 웨일스 ··· 내에서 어느 것이든지에 대한 독점적인 구입, 판매, 제조, 수행, 또는 이용에 대한, 어느 누구, 정치집단 또는 회사 등 무엇이든 지금까지 수행되거나, 부여되거나 또는 지금 이후에 수행될, 또는 부여될, 모든 독점 및 모든 커미션, 보조금, 라이센스, 면허, 특허 또는 다른 종류의 독점이나 권한 자유 또는 능력을 어느 누구

---

187) 물론 독점법 이후에 곧바로 특허부여권 남용이 사라진 것은 아니었다.
188) The Statute of Monopolies 1624 §1.

에게나 면제하기 위하여 또는 어떤 법이나 법령의 대의나 목적에 대항하는 어느 것을 하거나, 이용하거나 시행할 수 있는 라이센스나 관용을 주기 위하여 … 그리고 모든 선언, 금지, 제한, 협력보증, 그리고 다른 일이거나, 그것 중 어느 것이든 또는 동일한 것이든 도입하는 것, 건립하는 것, 강화하는 것, 더 나아가는 것 또는 지지하는 것에 대하여 어떤 방법이든 … <u>모두 본 영토의 법에 어긋나고, 그래서 그것들 모두 궁극적으로 무효이고, 효력이 발생하지 않고, 사용이나 실행할 수 있는 어떤 방법도 없다.</u>

제2조는 독점에 관련된 소송은 커먼로 법원에 관할을 부여했다. 그럼에도 불구하고 관할에 대하여는 다툼이 존재했지만 커먼로 법원에서 관할하는 것으로 하였다. 제5조와 제6조는 발명에 대한 특허의 예외를 규정하였고, 그 특허는 14년의 기간내에서만 인정될 수 있도록 하였다. 제7조는 의회가 부여한 특허에 대한 예외조항이고, 제9조와 제14조도 예외적인 특허에 대하여 규정하였다.

제6조에는 특허로 보호받기 위해서는 새로운 제조물일 것을 요구했다. 제6조[189]는 '진정한 최초의 발명자'("true and first inventor")에게 "모든 종

---

189) 제6조는 다음과 같이 규정되어 있었다.

> Provided also and be it declared and enacted, that any Declaration before mentioned shall not extend to any letters Patents and Grants of Privilege for the term of fourteen years or under, hereafter to be made, of the sole working or making of any manner of new manufactures within this realm to the true and first inventor and inventors of such manufactures, which others at the time of making such letters patents and grants shall not use, so as also they be not contrary to the law nor mischievous to the stat by raising prices of commodities at home or hurt of trade or generally inconvenient: (1.) the said fourteen years to be accounted from the date of the first letters patents or grant of such privilege hereafter to be made, but that the same shall be of such force as they should be if this act had never been made and of none other. (2.)….

류의 새로운 물건(any manner of new manufacture)"에 대하여 14년 동안 특허독점을 부여할 수 있도록 하였다.[190] 특허권에 관한 실질적 내용은 제6조에 규정되었다.

나. 자연권과 의회법 논쟁

1624년 독점법 제정이후 17세기 후반기에 영국의 의회 제정법과 자연법의 관계에 있어서 논쟁이 발생하였고, 18세기 후반에는 영국의 제정법에 의한 커먼로 저작권의 한계를 정한 판결로 인정되는 1774년 Donaldson v. Beckett 사건 판결[191]과 로크의 자연법과 자연권을 영향을 받은 프랑스의 혁명 등의 영향으로 영국에서는 자연법과 자연권 사상이 퍼져 혁명이 발생할 것을 우려한 제레미 벤담 등 공리주의자와 영국 정치권에서는 자연법과 자연권 사상을 의도적으로 배제한다.

영국은 1660년 이후 왕정복고기에 독립파와 수평파(the Levellers)[192]가 대립하였다. 최종적으로 독립파가 우세를 하여 수평파와 디거스(the Diggers)[193]가 영국 정치계에서 축출되는 과정을 겪는다. 1차 청교도 혁명 이후 1647년 제안한 인민협약에 대한 논쟁이 발생하였는데, 이때 청교도

---

190) 당시 특허법의 근본 목적은 발명자에 대한 보상이 아니라 산업발전을 위한 것에 있었다. Paul Torremans, Holyoak and Torremans Intellectual Property Law (7th ed), Oxford Univ. Press, 2013, p. 7.

191) H. Thomas Gomez-Arostegui, Copyright at Common Law in 1774, 47 CONN. L. REV. 1, 4 (2014) ; Simon Stem, From Author's Right to Property Right, 62 U. Toronto L. J. 29, 85-6 (2012). Laura R. Ford, Prerogative, Nationalized: The Social Formation of Intellectual Property, 97 J. Pat. & Trad. Off. Soc'y 270, 276 (2015).

192) Richard Overton로 대표되는 수평파는 평등, 종교적 관용, 참정권을 주장했고, 공평한 재산의 분배와 재산에 따른 참정권의 제약을 반대했다. 이승영, 17세기 영국의 수평파 운동, 민연, 2001.

193) 디거스는 수평파와 같이 저층민을 옹호했다.

혁명을 이끈 올리버 크롬웰(Oliver Cromwell, 1599-1658)과 그의 사위인 헨리 아이어턴(Henry Ireton)에 의한 정치적 논쟁이 있었다. 퍼트니 논쟁(The Putney Debates, 1647)이라고 불리는 본 논쟁에서는 선거권과 정치체제가 쟁점이 되었는데, 입헌군주제를 지지하여 급진파로 불리는 수평파와 디거스는 자연법과 자연권에 기초하여 모든 인민의 평등한 선거를 주장하였다. 그러나 온건파로 불리는 독립파는 의회주의에 기초하여 의회의 제정법에 의한 소유권의 자유에서 출발하여 소유에 기초한 제한적인 선거제를 주장했다. 자유는 소유권을 취득하기 위하여 필요한 권리이었다. 이러한 논쟁은 마그나 카르타 이후 영국사회가 마그나 카르타의 정신을 구체화하고 민주주의를 발전시켜오는 과정에서 발생한 것이나.

아이어턴은 청교도 혁명(1차, 1642-1646)은 소유권 및 소유권을 취득하기 위한 자유를 얻어내기 위한 투쟁이었고, 의회가 제정한 실정법에 의하여 그 토지소유권과 자유를 보호하여야 하는 것이므로 의회와 의회를 중심으로 한 의회제정법을 통한 통치가 바람직하다고 주장했다. 만일 수평파와 디거스가 주장하는 바와 같이 소유권을 자연법에서 그 근거를 찾는다면, 계약에 의해 성립된 시민사회를 부정하고, 무정부의 자연상태로 돌아가는 것이라고 주장했다. 아이어턴은 시민의 계약과 같은 의회 제정법이 국가체제하에서 소유권의 법적 토대가 되므로 제정법을 인정하지 않는 것은 무정부상태가 되는 것이므로 실정법을 준수하는 것이야말로 정의라고 주장 하였다. 이로써 아이어턴은 수평파와 디거스의 주장은 시민사회와 의회에 의한 법치주의를 확립한 청교도 혁명을 부정하는 것이라고 주장했다.

결국 아이어턴의 주장은 현재 영국 시민의 소유권은 신의 명령이나 자연법이 아닌 의회의 제정법에 의하여 보장되는 것이라고 주장한 것으로 자연법에 근거한 소유권을 부정한다. 이는 그가 소유권에 기초를 둔 제한된 선거권을 옹호하기 위하여 주장한 것이다.

아이어턴의 주장은 자연법과 제정법의 조화를 이루고자 한 윌리엄 블랙스톤이나 제레미 벤담 등의 공리주의자들에게 영향을 미쳤다고 할 수 있고, 18세기 후반부터 19세기 초반에 걸쳐 영국에서 자연법론의 소멸을 가져오는 바탕이 되었다고 할 수 있다. 나아가 소유와 재산에 의한 인간과 사회통제가 가능한 사회가 되어 독립파의 재산권 개념은 자본주의의 기초이론이 되었다고도 할 수 있다.

수평파는 디거스와 같이 급진적인 사고를 가진 정치세력이었다. 그들은 자연권사상을 바탕으로 보편적인 '평등'에 기초하여 인민협약에서 보다시피 국민주권, 보통선거제, 의회개혁 등을 추구했다. 그들은 자연법에 기초하여 모든 사람은 평등하고 보편적인 자연권의 지배를 받게 되므로 평등한 보통선거제를 주장했다. 독점제도, 등본보유, 장자상속제 등은 평등하고 보편적인 자연법에 반하므로 폐지해야 한다고 주장했다. 결국 그동안 의회가 쟁취한 소유권 제도등은 자연법원리에 따라 폐기되어야 한다는 결론에 이르게 된다. 다만 수평파는 소유권은 자연권에서 출발하는 것이 아니라고 주장하는 점에서 소유권을 자연권에 기인하는 것으로 주장하는 로크의 재산권 철학과는 다르다.

이와 같은 독립파와 수평파의 일부 정치적 주장은 로크의 시민정부와도 일치한다. 어찌 말하면, 독립파와 수평파를 수용한 것 같은 로크는 시민에 의한 17세기 영국의 정치체계를 옹호하고, 이로써 왕권에 대항하기 위한 것이었다고도 할 수 있다. 즉 로크는 정치구조로는 아이어턴의 주장을 받아들이고, 법적으로는 커먼로 지상주의를 주장한 에드워드 코크와 그러한 기초를 자연법에서 출발한 수평파를 받아들인 것으로 해석할 수 있다. 위와 같은 주장은 모두 왕권신수설을 배격하였다고 할 수 있다. 나아가 사회계약설은 정치적 타협에 의한 것으로, 의회법치주의와 시민정부론은 사회계약의 논리적 귀결에 이른 것이라고 할 수 있다. 이러한 결론을 조화롭게 구성한 것이 17세기 영국의 정치구조를 이룩해 낸 존 로크의 통치구조와 재산권이론이라고 할 수 있다.

3. 영국 독점법의 가치: From 'Book of Bounty' to 'Law'

가. 근대 특허법의 시작

영국의 독점법은 많은 예외를 인정하기는 하였지만, 근대 특허에 관한 새로운 지평을 제시한 것으로 여겨진다. 그 이유는 특허는 '진정한 발명자'에게 '그가 발명한 새로운 것'("new manufacture")에 대한 특허를 부여한다는 원칙을 제시했기 때문이다. 그 이유는 새로운 것은 기존의 시민의 자유를 제한하지 않고, 새로운 것을 만들어 냄으로서 그에 대하여 독점을 부여하라노 타인이 누리던 기존의 자유를 제한하는 것이 아니므로 다른 사람에게 '충분하고 동등하게' 남겨두었기 때문이다.194) 즉 새로운 것을 만들어 내는 것은 기존의 것을 사유화하는 것이 아니므로 다른 사람에게 충분하고 동등하게 남겨두어야 한다는 원칙을 위반하지 않는다. 기존의 사람들의 자유는 여전히 보장되고 있다고 할 수 있다. 여기에 특허권의 강한 정당성이 있다. 이러한 논리는 경제학자나 공리주의자에 의해서도 새로운 발명에 대한 특허독점의 정당성의 근거로 제시되어 왔다.

새로운 것을 요구하는 현대의 특허법 그리고 지적재산권법 체계에서 보면 영국 특허법에서 무효화 되었던 특허195)는 새로운 것(new, novelty)과는 전연 관계가 없던 것들로서 현재에는 지적재산권법 체계하에서는 특허나 다른 종류의 지적재산으로 인정되지 않는다. 물론 그러한 종류의 특허는 일반 행정법의 영역에서 남아 있다. 최근에 문제된 면세점 특허가 그러한 종류이다. 그러한 특허는 특정인에게 특정한 내용의 권리를 부여하거나 포괄적인 권리의무관계를 설정하는 것으로서 행정청의 정책적 판단에 의하여 주도되어 고도의 정책 재량적 성격을 가지고 있다.196) 따라서 그러한

---

194) 이러한 사상은 존 로크(John Locke)의 철학에 영향을 미쳤다.
195) 물론 이러한 종류의 특허는 유럽 전역에서 부여되었다.

종류의 특허부여에 있어서는 새로운 것의 창작을 요구하지 않는다.

물론 현재까지 최초의 특허법으로 알려진 1474년 베니스의 특허법도 신규성 요건이 존재하였다. 그러나 영국의 특허법은, 예외가 존재하기는 하였지만, 사회 문제가 되어 신규하지 않은 것에 대하여 부여된 기존의 특허를 무효로 하고, 더 이상 신규하지 않은 것에 대한 특허를 부여할 수 없도록 한 점에서 그 의의가 있다. 공중의 자유영역에 특허권을 부여하여 기존에 공중이 누리던 자유권을 제한하는 사악한 특허('bad patent')는 역사 속으로 사라지게 된 것이다. '기존에 공중이 누리던 자유권' 개념은 지적재산권법 영역에서 공유의 개념인 '공중의 영역'(the public domain) 개념으로 형성되고, 이러한 공중의 영역개념은 존 로크의 재산권 철학이 바탕이 되었다.

나. 산업혁명의 토대의 형성

1640년 장기국회는 국회에서 제정한 법을 통하여 왕권을 제한하고자 하였는데, 이러한 정치적 배경에는 에드워드 코크의 마그나 카르타와 커먼로 우위론이 있었다. 영국 의회는 왕실법원의 폐지를 규정한 왕실법원법[197]을 제정하면서 의회법의 우위를 확인하려고 하였다. 왕실법원법은 왕실법원

---

196) 전기통신사업자를 결정하는 것 등도 이러한 행정법상 특허에 해당한다. 특허부여에 대한 행정청의 재량적 성격에 대하여 대법원은

> 공유수면매립면허는 설권행위인 특허의 성질을 갖는 것이므로 원칙적으로 행정청의 자유재량에 속하는 것이며, 일단 실효된 공유수면매립면허의 효력을 회복시키는 행위도 특단의 사정이 없는 한 새로운 면허부여와 같이 면허관청의 자유재량에 속한다고 할 것이므로, 공유수면매립법(1986.12.31. 개정) 부칙 제4항의 규정에 의하여 위 법 시행 전에 같은법 제25조 제1항의 규정에 의하여 효력이 상실된 매립면허의 효력을 회복하는 처분도 특단의 사정이 없는 한 면허관청의 자유재량에 속하는 행위라고 보는 것이 타당하다.

고 판시하고 있다. (대법원 1989.9.12. 선고 88누9206 판결).

197) 17 Car. 1., c. 10. S.1

(The Court of King's Bench)[198]은 시민의 자유, 토지에 대한 재산권 및 모든 자유와 자유로운 관습에 위반되므로 폐지되어야 한다고 규정하고 있었다. 위와 같은 왕실법원의 폐지를 규정하는 왕실법원법은 왕이 설치한 법원을 폐지하는 것으로 국왕의 권위에 정면으로 도전하는 것이었는데, 토지에 대한 소유 즉 토지재산권에 대한 보유와 처분의 자유 인정은 봉건적 토지소유를 폐기하는 것이었다. 봉건적 토지 재산권 제도는 왕이 모든 토지를 소유하고 이를 영주와 기사 및 농민과 농노라는 하층구조를 통하여 계층적으로 소유와 제한적인 이용권을 가지는 것으로서 이는 현재 말하는 권리의 집합(bundle of rights)을 이루는 재산권의 기초를 이루었다. 따라서 상속을 할 수 있는 토지는 현재의 소유권을 이루는 제도이었지만, 하층민은 상속에 의한 토지의 승계를 할 수 없었다. 영국에서 토지소유의 자유는 13-4세기의 젠트리(gentry) 층의 형성과 농노제가 폐지되던 15세기부터 시작되어 16세기에 기본적인 틀이 확립되고 있었다.

중세 유럽의 몰락을 가져왔던 종교개혁은 영국의 소유권에 영향을 미쳤다. 루터나 캘빈의 유럽대륙의 종교개혁이 가톨릭교회의 정치권력화를 반대하였던 것이라면, 영국의 종교개혁은 영국왕권을 강화하기 위한 가톨릭과의 결별이라는 점에서 차이가 있다. 따라서 영국의 종교개혁은 국가왕권과 행정조직인 교회 개혁이라고 할 수 있다. 헨리 8세는 영국 성공회를 창립하면서 가톨릭 교회의 토지를 몰수하였고, 그러한 토지몰수는 봉건적 토지소유를 변화시켰다. 이러한 변화는 소유제와 농민에 의한 토지보유의 인정, 화폐제도에 의한 잉여생산물의 유통에 의한 자본의 축적 등 다양한 사회경제적 변화의 뒷받침 되었다고 할 수 있다. 또한 봉건제에 의한 공물과 봉물의 납부도 화폐로 지불하는 것으로 변화되고 있었다. 1535년 신탁법

---

198) 왕실법원의 명칭은 남성 왕인 경우에는 'The Court of King's Bench', 여성이 왕인 경우에는 'The Court of Queen's Bench'라고 부른다. 예컨대, 엘리자베스 여왕시대에는 'The Court of Queen's Bench' 라고 한다.

(The Statute of Uses, 1535)[199])에 의하여 신탁된 토지에 대하여는 양도의 자유를 획득하고 있었고, 1540년 유언법(the Statute of Will, 1540)[200])에서 유언의 자유를 확인하여 사망에 의한 토지의 상속을 허용함으로서 완전한 소유권을 확보하게 된다. 시민이 보유한 토지가 양도와 상속이 자유롭게 됨으로써 왕과 영주, 그리고 기사의 토지에 대한 권리와 독립적이고 배타적인 속성을 지니게 됨으로써 근대적인 소유권의 모습을 갖추게 되었다. 따라서 토지의 이용권에서 소유권으로의 변화는 봉건적인 소유형태에서 근대적인 소유형태로 진화하는 시발점이 되었다고 할 수 있다.

토지제도의 변화는 생산요소인 토지를 자유롭게 소유할 수 있는 자본주의적 재산권의 토대가 된다.[201]) 농노제도는 관습적 보유농(customary tenant)제도가 그 뒤를 이었고, 관습적 보유농은 '보유권'을 인정받아 농민적 토지 소유가 성립되어 보유권의 이전을 통한 토지의 상품화가 가능해졌고, 이러한 제도를 통해 영국에 자본주의의 침습이 일어났다고 할 수 있다.[202])

4. 1624년 독점법의 한계

초기 영국의 특허제도는 왕실의 재정 수입증진의 수단적인 성격을 가지고 있었다.[203]) 그러나 16세기의 영국에서는 외국의 기술자의 이민과 그들

---

199) 27 Hen. 8, c.10

200) 32 Hen. 8, c1.

201) 초기 자본주의는 존 포테스큐와 에드워드 코크에게서 발견된다는 주장도 있다. Nederman, C. J., Economic Nationalism and the 'Spirit of Capitalism': Civic Collectivism and National Wealth in the Thought of John Fortescue, History of Political Thought 26, 2005, pp. 266-283; Donald Wagner, Coke and the Rise of Economic Liberalism, 6 Econ. Hist. Rev. 30 (1935).

202) R. H. Tawney, The Agrarian Problem in the 16th Century. p. 40 이하. (https://www.gutenberg.org/files/40336/40336-0.txt)

에 의한 기술 도입으로 인하여 자본 형성이 되기 시작했다. 영국의 튜터왕
조 시대에 본격화 한 왕의 보호명령(protection order)에 의한 기술보호제도
와 특허장(letters patent)에 의한 특허제도는 기술발전의 장려책이었고, 이
러한 장려책에 의하여 산업자본가들이 형성되기 시작했다.204) 특허는 영국
으로 기술이전과 산업 발전을 위해 자국 태생의 영국 시민을 고용할 것을
요구하기도 했다.205) 이러한 경제구조의 변화는 정치구조의 변화를 가져와
서 장미전쟁(1455-1485)을 거치고, 헨리 7세와 8세 시대에는 영국 귀족의
몰락의 서막이 시작되었다. 또한 이러한 정치체제의 변화는 다시 경제구조
에 영향을 미쳐, 지분으로 구성된 회사 형태의 '기업'이 발전하기 시작했
고, 사본의 집중을 통한 기업의 거대화가 발생했다.

　유럽의 기술자의 유입과 그들에 대한 특허부여, 그리고 기업의 등장은
영국이 산업혁명으로 가기 위한 바탕이 되었다. 외국 기술자가 정착한 도
시는 경쟁력을 확보하여 외국의 경쟁도시들과 성공적인 경쟁을 하였다.206)
나아가 이러한 영국의 산업화는 16-17세기에 활발히 일어난 엔클로저 운동
(enclosure movement, 종획운동)과 상호 맞물려 도시로의 인구 이동을 가능

---

203) Ben Odams, Monarchy and Monopoly: Patents of Monopoly, their Institutional
　　 Significance and Impact 1550-1650, Dissertation for MRES at Keele Univ. 2017, p. 61
204) E Wyndham Hulme, The History of the Patent System Under the Prerogative and
　　 at Common Law 12 L. Q. Rev 141, 144 (1896).
205) 엘리자베스 여왕 시절인 1561년 Stephen Groyett and Anthony Le Leuryer에게 부여
　　 된 비누제조에 관한 10년간의 특허는 그 직원으로 최소한 영국 태생의 자국민 2명을
　　 고용하는 것을 조건으로 했다. 또한 같은 해, Philip Cockeram and John Barnes에게
　　 부여된 흑색화약에 사용되는 초석의 제조에 관한 특허는 초석 제조 장인인 Gerard
　　 Ponrick에게 자신의 직원들에게 비밀인 초석제조방법을 가르칠 것과 제조방법을 문
　　 서화 하고, 그 대가로 300파운드를 지급할 것을 약속했다. 문서화된 초석제조방법은
　　 1894년 6월 15일 자 "Engineering" 기록물에 완전히 기록되어 있다고 한다. 그 이외
　　 에도 그 당시 부여된 특허는 특허부여의 조건으로 해당 기술을 공개하거나 교육할
　　 것을 조건으로 하고 있다. Id., 145-150.
206) Id., 145.

케 하였고, 도시로 이동한 인력은 기술을 수용하여 발전시킨 영국 공장의 도시 노동자가 되었다.207)

1624년 독점법은 자연법을 수용한 것이지만, 몇가지 한계를 보였는데, 신규성의 원칙은 신규성의 범위를 국내에서 신규할 것이라는 한정을 하였다는 점이다. 이는 그 당시 특허정책을 반영한 것이었다. 영국 왕국내에서 새로운 것이면 특허를 부여한 것으로서, 유럽대륙에서는 공개된 지식이나 기술, 기능들, 비밀로 유지된 것들, 심지어는 도둑질한 기술도 영국에서는 특허를 받을 수 있었다. 이는 특허제도의 기원, 즉 외국의 기술탈취수단으로 이용되었고, 특허라는 당근을 이용하여 자국의 기술수준을 높이기 위한 도구(instrument)로 사용한 것인데, 자국내로 한정한 신규성의 법리는 외국의 신기술을 도입하기 위한 도구주의를 나타내고 있다.

자연법 원칙에 따라 신규성을 유지한다면, 보편적 법원리에 의하여 유럽에서 공개되었거나 길드에서 비밀로 실시되는 것208)이라면, 신규성을 상실한 것으로 영국에서도 비밀성을 상실한 것으로 볼 수 밖에 없었다. 왜냐하면 자연법은 보편성(universality)을 특징으로 하고 있기 때문이다. 나아가 신규성의 판단이 지역성을 띠게 된 정책은 현재 반의사 공지나 자발적 공지제도(특허법 제30조 참조)의 정책적 바탕이 되었다고 할 수 있다. 이에 대하여는 후에 서술할 것이다. 신규성을 자국내로 한정함으로서 외국의 기술자에 의한 새로운 기술 도입을 이룩할 수 있었고, 자국 기술발전의 토대가 될 수 있었다.

1624년 독점법이 독점폐지라는 그 목적을 성공하지 못하고 한계를 드러

---

207) Enclosure(종획운동)은 미시적으로 보면, 공유지를 파괴하여 사유지화하고, 이로 인하여 농촌의 가난한 농민의 삶을 파괴 하였다. 그러나 거시적으로 그들이 도시로 이동하여 공장노동자가 되어, 산업혁명에 필요한 공장 노동력이 되었다. 영국이 산업혁명을 이룩한 한 원인이 되었다고 평가된다.

208) 비밀로 실시되는 것이 신규성을 상실하였는지에 대하여 논란이 있을 수 있으나, 현행 특허제도상으로는 공연실시의 개념에 포함될 수 있다.

냈던 이유 중의 하나는 기존의 독점제도를 완전히 폐지하지 못하고, 유지하고 있었다는 것이다. 이러한 기득권을 인정하게 된 것은 독점법을 제정하기 위한 정치적 타협이자 기성 권력에 대한 당근으로 제시된 것이지만, 기존 특허권의 존재는 독점법의 목표달성을 어렵게 하였다.

그리하여 1641년 하원은 대청원(Grand Remonstrance)에서 '이 왕국에서 확고하게 확립된 기본법(Fundamental Law) 및 통치의 제원리'에 어긋난 위반이 여전히 존재한다고 하면서 204개 항목에 대하여 왕에게 청원을 하였다. 대청원의 내용에는 국민들의 일반 생활용품에 대한 독점을 통한 이익의 착취에 대한 비판을 포함했다.

에드워드 코크 이후 의회주의자들은 커먼로, 의회 그 나음 국왕이라는 정치질서를 확립한다. 그러나 에드워크 코크의 커먼로 지상주의는 의회지상주의를 선언한 명예혁명에 의하여 단절되었다. 명예혁명으로 인하여 제정된 1689년 권리장전(Bill of Rights)에 나타나 있다. 영국의 의회주의자들은 영국 왕의 지위보다 우선하는 의회를 확립하였고, 이는 이후 영국의 의회중심의 정치질서와 재산권 법리의 형성이 영향을 미친다.

커먼로는 자연법이 세속에 적용되는 것으로서 단순히 법규범을 떠나 헌법과 같은 정치규범의 지위를 갖는 것이다. 현재 우리의 헌법이 정치법으로서 정치질서와 법질서의 최고 지위에 있다고 하는 것처럼 커먼로는 정치구조에 상위하는 것이었다. 물론 의회는 왕과 커먼로를 적용하는 커먼로 법원, 즉 사법구조보다도 우위에 있기 때문에 의회는 정치권력의 중심적 역할을 하고, 행정부는 의회의 결정을 집행하는 집행기간이고, 법원은 의회가 제정한 법률을 해석하는 하부기관에 불과해진다. 그리하여 의회는 법의 제정기관일 뿐만 아니라 그들이 입법한 법률의 최종적인 해석기관이 된다. 의회 제정법이 왕보다 우위에 있는 정치구조는 일찍이 입헌군주론을 제시한 존 포테스큐와 에드워드 코크가 제시하였지만 그들이 사망한 이후, 로크가 활약을 하던 17세기 후반, 즉 명예혁명 전까지 존재하였다고 할 수 있다.

1688년 명예혁명 이후 제정된 1689년 권리장전은 의회지상주의를 선언하였다. 커먼로 지배하에서 의회와 왕이 동일선상에 있다는 에드워드 코크의 정치철학은 명예혁명 이후 의회지상주의로 대체된 것이다. 권리장전은 의회가 국왕이나 보통법 법원(common law court) 보다 우위에 있다는 것을 선언하였는바, 이러한 정치구조는 2008년 영국의 대법원이 창설되기 이전까지 존재했다. 명예혁명과 그 이후의 정치제도는 로크의 통치구조의 핵심적인 사상이었다. 영국은 의회주권주의에 따라 의회가 최고의 국가기관으로 존재했다.

제3장

자연법, 자연권으로서의 특허

제1절 특허의 정치철학

1. 영국 독점법의 정신: 자연법과 자연권

독점에 대한 영국의 태도에는 커먼로 정신과 공리주의 및 실용주의적 정신이 반영되어 있다. 새로운 것을 영국내에 발명하거나 도입한 경우에는 그로 인한 이익에 대한 대가로서 보상을 하여야 한다는 것은 커먼로상의 특권으로 인식되고 있었다.209) 이러한 이론이 자연법과 커먼로를 바탕으로 한 쌍무적 계약으로서 도덕적 원리에 바탕을 둔 의무론적인 보상설이다.210) 쌍무적 계약은 대가(consideration)을 요구했다. 쌍무적 대가(consideration) 법리는 1624년 독점법에 명시되지 않았지만, 그 이전에 이미 Darcy v. Allein 사건과 the Clothworkers of Ipswich 사건에서 확립된 원칙으로, 그 판결들의 법리적 기초가 되었다.211)

독점은 일반 시민의 커먼로상의 자유에 영향을 미쳤으므로 독점을 부여하는 것은 일반 시민에게 미치는 영향을 고려할 수 밖에 없었다. 따라서 공개된 것 또는 공유인 것(the public domain)에 대한 독점은 시민의 자유를 제한하는 특권으로서 커먼로 정신에 어긋나는 것이었다.212) 왕이 부여한

---

209) Harold G. Fox, Monopolies and Patent: a study of the History and Future of the Patent Monopoly, Univ. of Toronto Press, 1947, p. 47.

210) 나종갑, 특허권의 정당성에 관한 이론의 전개와 전망, 비교사법, 2010, vol.17, no.1, 통권 48호 p. 573; John T Cross, Justifying Property Rights In Native American Traditional Knowledge, 15 Tex. Wesleyan L. Rev. 257, 266 (2009).

211) E. Wyndham Hulme, The History of the Patent System under the Prerogative and at Common Law A Sequel, 16 L. Q. Rev. 44, 55 (1900).

212) Burrell, Robert & Kelly, Catherine, Parliamentary Rewards and the Evolution of the Patent System, The Cambridge Law Journal Vol. 74, Iss. 3, 2015, pp. 424-25.

특권에 대한 이러한 커먼로 정신은 Dyer's Case와 School Master's Case, 그
리고 Davenant v. Hurdis 사건(The Merchant Tailors' case)[213]과 Darcy v.
Allein 사건에서 확인되었다.

위와 같은 사건의 판결법리는 포테스큐의 생각과 일치했다. 앞서 본 바
와 같이 포테스큐는 왕의 임의적인 법의 집행은 독재를 가져오고 독점은
국민의 생활을 궁핍하게 할 것이라고 주장했다. 그는 프랑스가 그와 같이

It demonstrates that the reward system contributed to the establishment of the
terms of the social contract between patentees and the state. Consistent with,
and as a product of, Parliament's insistence on public disclosure as a
precondition for the grant of a reward, placing the invention in the public
domain came to be understood as the consideration that warranted the grant of
a monopoly. In this respect, rewards played some role in displacing alternative
understandings of the basis of patent rights. Specifically, they helped displace
the idea that the social benefit conferred by the invention should in and of
itself be regarded as the consideration for the grant. Thirdly, and somewhat
paradoxically, the article demonstrates that the reward system created a space
in which particularly deserving inventors (or their descendants) could be given
special treatment. The reward system focused inevitably on the social benefits
conferred by the invention and on the figure and fortunes of the inventor. In
this way, the reward system provided one of the avenues by which claims
grounded in the contribution of the inventor as transformative genius entered
public debate and were reconciled with the operation of the patent system.
Importantly, moreover, after 1835 patent extensions became the dominant form
of reward and from this date such extensions were placed under the control
of the Judicial Committee of the Privy Council. In this way, considerations of
public utility and of the nature of the inventive process crept back into the
purview of the judiciary and hence closer to the mainstream of the patent
system. Recent claims that considerations of public utility and inventive
contribution were more or less entirely excluded from the nineteenth century
patent system must therefore be rejected.

213) Davenant v. Hurdis, Moore 576, 72 Eng. Rep. 769 (K.B. 1598). Charles Mathew
 Clode, Early History of the Guild of Merchant Taylors, 1888, Creative Media
 Partners 2023 reprinted, pp. 393-94.

왕의 임의적이고 독재적인 권력이 존재하는 국가로 법치주의가 지배하는 영국과 차이가 나는 점이라고 주장했다.214)

에드워드 코크는 독점이 커먼로에 어긋나는 이유에 대하여, 포테스큐의 "영국법 찬양(De Laudibus Legum Angliae(In Praise of the Laws of England; In Commendation of the Laws of England))"을 인용하였는데,215) 포테스큐는 모든 사람은 자신이 경작하여 얻은 결과물에 대하여 이용하고 즐길 권리가 있고("every inhabitant is at his liberty fully to use and enjoy whatever his farm produceth"), 자신과 가족이 필요한 소금 등 생필품을 취득하고 즐길 권리가 있다고 주장했다. 이와 반대되는 국가는 포테스큐에 의하면 프랑스라고 하였다.216) 포테스큐의 주장은 생존을 위한 권리는 자연법과 자연권에 기한 권리라고 한 것으로서 근본적으로 로크의 견해도 같은 법리이다. 에드워드 코크도 포테스큐와 같이 자연법과 자연권 법리를 지지했다.

청교도 혁명(1642-1651)은 바로 에드워드 코크의 사상을 반영하고 있다고 할 수 있다. 에드워드 코크는 한때 왕당파의 일원으로 법무부장관까지 지냈으나, 국왕의 정치적 권력을 제한하는데 앞장 선다. 그는 커먼로의 전통은 영국 국왕도 존중하여야 한다고 생각하였고, 현재의 법치주의와 같이 영국 왕도 커먼로를 준수해야 한다고 주장했다. 그리하여 마그나 카르타의 최고 법원성을 인정하고, 영국 국민들의 일반적인 법원칙, 즉 커먼로는 영국사람들의 경험을 통하여 확립되는 법원칙으로 마그나 카르타에 따른 것이라고 주장했다. 의회의 법률에 따라 왕권을 행사하여야 한다는 그의 사상은 왕권신수설이 아닌 법에 따른 제한적 왕권론으로, 존 포테스큐의 사상과 일치한다.

---

214) 앞서 본 서 제2장 제2절 4. "존 포테스큐의 사상과 철학" 참조.
215) Edward Coke, Institute, Book III, Ch 85.
216) Id.

2. 로크와 자연권

존 로크는 자연권을 바탕으로 재산권을 주장한 정치철학자이다. 로크에게 있어서 국가는 개인의 재산, 즉 생명, 자유, 재산(Life, Liberty, Property)을 보호하기 위한 수단일 뿐이다. 그러한 국가는 개인이 동의와 계약에 의해서만 정당화 된다. 이러한 점에 있어서 보면, 국가란 궁극적으로 개인의 행복을 위하여 존재하는 수단일 뿐이고, 국가는 개인의 재산(생명, 자유, 재산(Life, Liberty, Property))을 보호하기 위한 공동체(civil society)이자 도구(institution)이다. 로크에게 있어서 생명, 자유, 재산은 인간의 행복과 안온을 보장하기 위한 목적을 가진 존재가 되고, 시민시회는 인간의 안전과 평온을 보장하기 위한 정치적 수단이다. 이러한 점에서 보면 로크에게 있어서 시민사회는 공동체이고, 집단이다. 시민사회는 인간의 평온과 안녕, 즉 행복을 증진시키기 위한 수단이 되고, 재산권을 포함한 인간의 자유를 보호하는 것은 집단적으로 사회의 행복을 증진시키는 결과가 된다. 그러한 점에서 로크의 개인주의적 자유주의는 공리주의에도 영향을 미쳤다고 할 수 있다.

로크의 토지 공유사상217)은 집단주의적 성격을 가지고 있고, 이러한 공유사상은 부분적으로 영국 공리주의에 의해 계승이 된다.218) 그 뿐만 아니

---

217) 로크의 토지공유사상은 지적재산권법에서 공공의 영역(the public domain) 법리로 존재한다. 특허법에서는 자연법칙등에 대하여는 발명의 대상으로 인정하지 않는 발명의 개념에 반영되어 있고, 저작권법에는 사실 및 아이디어에 대한 공유 그리고 상표법에서는 일반명칭 등에 대한 상표권 불인정 등으로 나타나 있다.

218) 존 로크의 공리주의적 정신은 16세기, 휴 라티머(Hugh Latimer), 토마스 엘리오트(Thomas Eliott), 토마스 스타키(Thomars Starkey) 등에 의하여 발전되었는데, 그들은 공공선을 연방전체의 복리를 위하여 유용한 것에 두었지만, 제레미 벤담 등의 공리주의와 자유주의 경제학자인 아담 스미스의 경제학과의 차이점은, 토마스 모어의 유토피아적 사고를 계승하여 인간의 탐욕을 제한하고 영업활동에 제한을 가하고자 하는 캘빈주의를 바탕으로 하였다는 것이다.

라 로크는 공동체적 국가관을 가지고 있다. 즉 시민(civil)에 의해 성립된 국가는 근본적이고 필연적으로 중세의 도시국가와 같은 독립한 공동체의 성격을 가지고 있다.

3. 프랑스에서의 재산권과 그 철학

프랑스의 봉건시대 토지소유는 영주가 토지를 독점하고 있으면서, 첫째, 영주와 하급영주를 포함한 가신간의 수봉(受封)관계, 둘째, 가신과 농민사이의 공납적 토지 소유관계, 셋째, 농민간의 공동체적 토지 이용관계의 구조로 되어 있었다. 이러한 프랑스 사회를 존 포테스큐는 매우 봉건적인 국가로 평가했다. 그러나 점차 농민에게 경작토지의 이전을 허용하는 등 변화가 있었고, 영주는 공납을 징수하는 권리, 농민에게는 토지를 보유하는 권리의 개념이 발생하였다. 프랑스의 봉건적 토지소유는 프랑스의 중농주의자들의 개혁의 대상이 되었다. 그들의 주장을 반영하여 영주 1/3, 농민공동체가 2/3의 비율로 소유한다는 법원칙을 추진했다.

자연법을 주장한 휴고 그로티우스(Hugo Grotius, 1583-1645)는 선점의 원칙을 주장했으나 소유권에 대하여는 실정법에 속한다고 하였다.[219] 그러나 프랑스 법률가인 장 바이라크(Jean Barbeyrac)는 소유의 권원은 선점이고 선점은 자연법에 속한다고 하여, 재산권은 자연권이라고 주장했다. 계몽주의자들은 국가와 사회를 동일시하고, 국가와 사회의 출발점은 자연이라고 하고, 자연의 원리는 이성이라고 하였다. 그러나 초기 계몽주의자들은 앞서 그로티우스나 푸펜도르프와 같이 일부에서 동의가 필요한 사유재산권은 자연권이 아니라고 하였지만, 18세기 프랑스의 계몽주의자들은 존 로크의

---

219) Andrew Fitzmaurice, Sovereignty, Property and Empire, 1500-2000, Cambridge Univ. Press, 2014, p. 96.

영향으로 재산권의 근거를 자연법에서 찾았다.

프랑스의 중농주의자이자 농업만이 유일한 생산요소라고 하였던 프랑스와 께네(Francois Quesnay, 1694-1774)는 1765년 자연권이라는 제목의 논문에서 인간이 가지는 자연권은 인간이기 때문에 가지는 인간 고유의 권리라고 하여, 소위 권리기반이론(right based theory)을 주장했다. 다만 자연권은 노동에 의하여 취득할 수 있다고 하여 로크의 노동가치이론을 바탕으로 하고 있었다. 꺼네가 말하는 자연권은 노동에 의하여 취득할 수 있는 재산권의 의미로 볼 수 있고, 로크의 영향을 받은 것이라는 증명이 된다.

께네의 자연권이론은 아베 시이에스(Abbé Siéyès, 1748-1836)에 의하여 발전되는데, 그는 인간의 인신의 소유는 모든 권리중 첫번째의 것이고 이러한 시원적인 권리로 부터 행위의 소유와 노동의 소유가 파생한다고 하였다. 이는 권리기반이론으로서, 로크의 이론과 같은데, 로크는 인간의 신체는 인간의 소유이고, 그러한 신체로 부터 나오는 노동의 결과는 그 인간의 소유가 된다고 하였다. 시이에스의 주장도 로크의 주장과 같이, 소유를 신체를 소유하고 그 신체에 의한 노동을 가하는 인간의 것으로 인정하고 있는데, 결국 인간의 신체를 소유하기 때문에 그 신체로 부터 발생한 노동의 결과는 그 인간의 소유가 된다는 것이다. 그리고 그와 같은 개인의 소유권의 탄생은 사회적 합의에 의한 것이라고 하였다.

프랑스에서는 대체로 소유권은 자연권이라는 입장을 견지하였고, 이러한 견해들은 존 로크 등의 자연법주의자 영향을 받은 것으로 볼 수 있다.

1789년 프랑스 국민의회는 '인간과 시민의 권리선언'을 채택하였다. 인간과 시민의 권리선언은 총 17개조로 구성되었는데, 재산권은 자연권으로 그러한 재산권을 보호하기 위해 국가가 형성되고 헌법이 제정되었다고 함으로써(제2조) 재산권을 자연권으로 규정하였다. 마지막 조항은 "소유는 신성불가침의 권리이므로 누구도 법률로써 공공필요를 위하여 명백히 요구되는 경우가 아니면, 또한 정당한 사전 보상이 지불될 조건이 아니면, 이를 박탈할 수 없다."고 규정하였다. 마지막 조항에 대하여는 기성의 권리의 박탈을 염려한 기득권 층에서 별다른 협의나 논의 없이 권리선언 성립 마지막에 넣었다고 하였다. 따라서 제17조에 의하여 기존의 영주의 토지등 앙시앙 레짐 체제하에서 귀족, 성직자, 기사, 가신들이 가지고 있던 재산을 박탈하기 위해서는 보상을 하여야 하게 되었다. 그러나 이러한 체제도 1893년에 무상폐기에 이르게 된다. 1793년 7월 국민의회는 1792년 8월 25일 법령에서 보전된 것을 포함하여 모든 구 영주적 공조, 봉건적 공납적인 정기 부정기 제세는 무상으로 폐기한다고 결정했다.

1790년대 프랑스 혁명을 이끌었던 혁명가들은 재산이야 말로 인간의 자유를 보장하는 보루라고 생각했다. 그리하여 영주에서 농민에게 이르는 중첩적인 소유관계가 일소되고, 농민들이 어떤 제한없이 토지에 대한 재산권을 취득하는 일원적이고 단일한 재산권 체계가 성립되었다. 토지는 소유 그 자체보다는 점유를 통한 이용에 초점이 맞추어져 있었다.

프랑스 혁명이후 나폴레옹 민법이 제정되었다. 나폴레옹 민법은 소유권에 대하여 규정을 두었는데, 현대 우리 민법의 물건(物件)중심의 체제이었다. 따라서 현대 우리민법은 나폴레옹 민법에 영향을 받은 독일 민법과 독일 민법을 계승한 일본 민법을 통하여 나폴레옹 민법을 수용하였다고 할 수 있다.

나폴레옹 민법상 재산은 물건에 대한 지배권이었는데, '소유권은 법률 또는 규칙에 의하여 금지된 사용을 하지 않는 한, 절대적인 방법으로 물건을 수익처분하는 권리이다.'(제544조)라고 규정하였다. 즉 수익과 처분은 현대 물권법 내지 재산법의 특징으로서 현대의 물권법은 물건을 수익하는 권리와 처분하는 권리로 구성되어 있다. 다만, 소유의 필수적 개념인, '절대성, 배타성, 영구성'은 명시적으로 보이지는 않지만, 위와 같은 절대적인 방법이라는 문구속에서 '절대성, 배타성, 영구성'의 정신을 찾아 볼 수는 있겠다.

이와 같은 프랑스의 체제변화와 재산제도와 재산권의 확립에서 대하여는 역사서에서 보다시피 많은 사상가들의 반대가 있었다. 프랑스는 그중에서 공산주의적 사고를 가진 사람들이 많았는데, 그 비판자의 하나가 프루동(Pierre-Joseph Proudhon)이다. 그는 토지에 대한 재산권이 인정되는 결과 생산수단인 토지는 독점되어 노동을 저해하고 불평등을 야기하고 있다고 생각하였다.

그는 프랑스혁명에는 투쟁과 진보는 있지만 혁명이 없고, 소유자 대표가 제정한 공화국 법률은 소유권을 자연권으로 상정하고 지위, 부, 권리의 불평등을 만들어 내었으며, 재산권이 근거로 열거되는 노동과 선점원칙은 재산권에 대한 정당성을 제공하지 못한다고 주상했다. 선섬은 섬유만을 표시하고, 노동은 노동생산물의 개인적 점유에 대한 정당성만을 제공할 뿐, 노동수단인 토지에 대한 소유의 정당성을 제시하지 못한다고 하였다. 그는 노동을 하지 않고 수입을 얻는 것은 도둑질이라고 하였다. 노동이란 단지 점유할 권리만을 제시하고, 노동을 한 자가 노동을 하였다는 것에서 정당성을 가지므로 평등하게 그 결과를 가져야 한다고 주장했다.

프루동의 주장에 반대한 사람들중에는 루이 아돌프 띠에르(Louis Adolph Thiers)가 있었는데, 그는 프랑스 공화국의 초대 대통령을 지낸 인물이었다. 그는 아베 시이에스에 영향을 받아 소유옹호론을 발표했는데, 제1의 소유는 능력으로 능력의 행사에 의해 제2의 소유권이 발생하고 이를 사회가 용인했다는 것이었다. 그리고 소유의 불평등이 발생하는 것은 능력이 평등하지 않기 때문이라고 하였다. 재산은 증여와 상속에 의해 이전되어야 한다고 했다. 띠에르는 재산은 능력에 따라 달리 취득할 수 있는 것이고, 상속과 증여를 통해 재산의 축적이 가능한 것이므로 프루동의 생각과는 달랐다.

'공급이 수요를 창출한다'는 세이의 법칙으로 유명한 프랑스의 경제학자인 장바티스트 세이(Jean-Baptiste Say, 1767-1832)는 프랑스 혁명 이전에 런던에서 실업가로서의 경력을 쌓았고, 프랑스 혁명후 나폴레옹 정부에서도

일을 했다. 그 후 프랑스 정부에서 파견되어 영국에서 연구를 하였다. 그는
아담 스미스의 영향을 받았는데, 그러한 영향은 다음의 발췌문에서 보는
바와 같이 그의 특허에 대한 생각에도 나타나 있다:

> In England, when a private individual invents a new product, or
> discovers an unknown process, he obtains an exclusive privilege for
> making this product or to use this process. As he has no competition in
> this production, he can raise prices above what would be necessary to
> repay his advances with interest, and to pay profits ⋯ and in a country
> as prodigiously productive as England ⋯ this reward is often very
> considerable.[220]

그는 '영국에서는 개인이 알려지지 않는 새로운 물품이나 발견을 한때에
는 그는 그 물품의 제조나 그 방법을 이용할 배타적인 특권을 갖는다. 그리
하여 그는 그 물품에 대하여 어떤 경쟁을 갖지 않으므로 물품에 대한 판매
이익에 의해 그가 사회에 가져온 발전 이상으로 가격을 올린다. ⋯ 영국과
같이 엄청난 생산력을 가져온 나라에서는 그러한 보상은 매우 적당하다'고
서술하고 있다.

---

220) Jean-Baptiste Say, Traité d'économie politique, ou Simple exposition de la manière
done se forment, se distribuent et se consomment les richesses, Deterville, 1803,
p. 262.
En Angleterre, quand un particulier invente un produit nouveau, ou bien
découvre un procédé inconnu, il obtient un privilége exclusif de fabriquer ce
produit, ou de se servier de ce procédé. Comme il n'a point de concurrens dans
cette production, il peut en porter le prix fort au-dessus de ce qui serait
nécessaire pour le rembourser de ses avances avec intérêts, et pour payer les
profits ⋯ et dans un pays aussi prodigieusement productif que l'Angleterre ⋯
cette récompense est souvent très-considérable'.

특허와 같이 독점을 부여하는 지적재산권제도에 대하여, 공리주의적인 입장에서 그 독점에서 얻는 이익이 많다면 독점이 정당해진다는 입장을 견지했다. 즉 특허발명이 존재하지 않았던 이전보다 더 나아진 것이 있다면 그 특허는 정당하다는 것이다. 그는 프랑스의 정치인이지만 프랑스 혁명시에 수용한 자연권적 입장과는 다르게 보고 있다. 좀 더 경제적 효율성을 고려하고 있다. 특허가 존재할 때가 없는 때보다 사회적 후생이 증가한다면 특허가 존재하는 것이 바람직하다는 주장을 하고 있는 것이다.

4. 영국의 공리주의와의 관계

로크가 주장한 개인의 자유는 개인의 평온과 안녕을 지상의 목적으로 하게 되고, 이러한 점에서 로크의 정치철학에 의하면 국가는 공리주적의적 요소를 가지게 된다. 다만 공리주의는 데이비드 흄(David Hume), 제레미 벤담(Jeremy Bentham) 및 스튜어트 밀(John Stuart Mill) 등의 영국 공리주의와는 좀 다르다. 왜냐하면 추구하는 공리가 다르기 때문이다. 개인적 자유주의가 지상의 목표인 존 로크에 있어서 공리주의란 개인의 행복을 추구하도록 국가의 적극적 간섭이 배제된 상태이고, 국가는 개인의 자유를 위해 최소한의 기능만을 행하면 된다. 이익의 목표나 그 측정 기준이 개인의 이익인가 집단의 이익인가에 따라 다르다고 할 수 있다. 다만 벤담 등의 공리주의에서도 개인의 이익이 배제된 것은 아니다. 벤담이나 스튜어트 밀의 공리주의는 최대다수의 최대행복을 달성하기 위해 국가의 적극적인 개입이 필요하다. 이에 대하여는 후생경제학에 관한 논의에서 다룬다. 근대국가 초기의 야경국가는 자연권을 바탕으로 한다. 프랑스는 이러한 자유방임주의와 야경국가론을 지적재산권에 투영한 국가라고 할 수 있다.

로크의 자연상태에서의 공동체 사상은 공리주의의 공동체와 같다. 다만,

로크나 공리주의의 공동체는 마이클 샌델(Michael Sandel) 등이 주장하는 공동체주의와는 다른 집단주의적 사상이라고 할 수 있다. 왜냐하면, 로크에 있어서 선이란 개인의 자유(물론 여기에는 행복을 포함)이고, 공리주의적 사고에서 선(善)이란 최대다수의 행복이 우선과제이고 개인적인 삶의 가치는 그 보다 덜한 가치라고 할 수 있다. 마이클 샌델에 있어서 공동체 가치란 개인의 행복을 적극적으로 고려하는 공동체이라고 할 수 있다. 따라서 마이클 샌델에 있어서 선이란 개인과 공동체를 고려한 것으로서 로크와 공리주의 원칙을 결합한 것으로 볼 수 있을 것이다.

재산권에 있어서 두 철학의 차이는 개인의 권리가 어느 정도 보호되는지에 있다. 특히 제레미 벤담에 있어서 공리주의 철학은 개인 보다 사회의 이익의 최대화를 선으로 보고 있다. 이러한 벤담적인 공리주의를 수정한 것은 존 스튜어트 밀이라고 할 수 있다.

사회전체의 이익기준에서는 개인의 이익이 열등하게 된다. 이러한 공리주의 철학을 반영한 것이 Donaldson v. Beckett 사건[221] 판결이라고 할 수 있다. 동 판결에서 법무부장관 Edward Thurlow는 '모든 사람에게 공유로 인정되어야 하는 권리가 한 사람에게 속하게 되면, 다른 사람들은 자신들의 자유를 박탈당하는 고통을 격게 된다. 그 한 사람을 위하여 다수의 자유를 억압하는 것은 자연적 정의(natural justice)에 어긋나게 된다'고 언급했다.[222] 아이디어나 표현과 같은 무체재신의 공유는 다수의 복지를 증진시

---

221) Donaldson v Becket (1774) 2 Brown's Parl. Cases 129, 1 Eng. Rep. 837; 4 Burr. 2408, 98 Eng. Rep. 257; 17 Cobbett's Parl. Hist. 953.

222) 해당 판결에서 그의 주장은 다음과 같다:

[s]o that the public would be materially injured if the monopoly contended for by the respondents was ratified and confirmed. That it was a monopoly tending to distress the public, injure literature, and contrary to every species of natural justice.

Donaldson v Becket, Great Britain. Parliament, Cobbett's "Parliamentary History of England", London, 1806-1820, vol. XVII. p. 970.

킨다. 물론 이러한 주장은 로크의 '충분하고 동등하게 남겨둘 것'이라는 단서와 일치하는 점이 있지만, 로크에 있어서 다수의 복지를 증진시키기 위한 적극적인 것은 아니라 충분하고 동등하게 남겨둠으로서 해당 단서와 타인을 해하지 않는 단서를 충족하기 위한 것이다. 법무부장관 Edward Thurlow가 주장한 다수가 공유함으로서 사회전체의 후생(welfare)이 증가하는 결과는 공리주의의 도덕적 성격을 반영한 것이라고 할 수 있다.

법원은 지식은 한 사람이 독점하는 것은 가치가 없고 다른 사람과 소통하여야 한다고 하였다. 그와 같은 취지의 판시는 판결의 여러 곳에 나타나는데, 그 중 한 부분을 인용해 보면 다음과 같다:

> They forget their Creator, as well as their fellow creatures, who wish to monopolize his noblest gifts and greatest benefits. Why did we enter into society at all, but to enlighten one another's minds, and improve our faculties, for the common welfare of the species? Those great men, those favoured mortals, those sublime spirits, who share that ray of divinity which we call genius, are intrusted by Providence with the delegated power of imparting to their fellow-creatures that instruction which heaven meant for universal benefit; they must not be niggards to the world, or hoard up for themselves the common stock. We know what was the punishment of him who hid his talent, and Providence has taken care that there shall not be wanting the noblest motives and incentives for men of genius to communicate to the world those truths and discoveries which are nothing if uncommunicated. Knowledge has no value or use for the solitary owner: to be enjoyed it must be communicated.[223]

---

223) Donaldson v Becket, Cobbett's "Parliamentary History of England", London, 1806-1820, vol. XVII. p. 999.

[번역]

그들은 고귀한 선물과 위대한 은혜를 독점하고자 하는 그들의 창조자 뿐만 아니라 그들의 동료 창조자를 망각했다. 도대체 왜 우리는 인류의 보편적 복지를 위해 사회를 구성하여 다른 사람의 생각을 교화하고 우리의 능력을 증진시키는가? 우리가 천재성이라고 부르는 신의 서광(that ray of divinity)을 공유하는, 인간을 좋아하고, 위대한 정신을 가진, 그와 같은 위대한 사람들은, 천국이 보편적 이익을 의미하는 가르침을 그들의 동료 인간들에게 나눌 위임된 권한과 함께 신의 계시(Providence)에 의해 신뢰된다; 그들은 세상에 인색하지 않거나 보편적 자산을 그들 자신을 위해 비축하지 않는다. 우리는 그들의 능력을 감추는 사람들에 대한 처벌이 무엇인지 알고 있고, 신의 계시(Providence)는, 다른 사람과 나누지 않고는 아무것도 아닌 그들의 신뢰와 발견을 세상과 나누는 천재적인 사람을 위한 고귀한 동기와 유인을 필요로 하지 않는다는 것을 주목한다. 지식은 그 소유자를 위해서는 어떤 가치나 사용가치가 없다: [지식은 타인과] 소통되어 이용되어야 한다.

지식과 아이디어 등을 한 사람이 독점하는 것보다 사회 전체 구성원 모두가 공유하는 것이 최대 다수의 최대 행복을 가져오는 것은 당연하다. 지식인에게는 그와 같이 공유할 도덕적 의무가 부과되어 있는 것이다. 그러한 점을 언급한 Donaldson v. Beckett 사건 판결은 자연권이지만 도덕적인 공리주의 철학을 반영한 것이라고 할 수 있다. 다른 한편으로 존 로크의 자연권 철학을 포기했지만 다른 한편으로 로크가 설정한 공역(the public domain)을 확장한 것이다. 나아가 제레미 벤담에 의해 공리주의가 완성되기 이전에 이미 영국 사회에는 공리주의 정신이 보편화 되어 있었다는 점을 나타내는 것이라고 하겠다.

공리주의 철학에서 보이는 특징은 개인이 아닌 최대다수의 최대이익이 선이 된다. 이러한 공리주의와 로크 등의 개인주의를 모두 수용한 것은 미국의 실용주의라고 할 수 있다. 좀 더 정확히 표현한다면, 공리주의 보다 좀 더 자연권과 로크의 재산권 철학을 수용하였다고 표현하는 것이 옳을 것이다. 물론 실용주의 철학에 있어서도 공리주의를 바탕으로 하는 속성상 로크의 철학은 미국의 실용주의에도 영향을 미쳤다고 볼 수 있다.

공리주의와 실용주의는 마그나 카르타와 포테스큐 등을 통하여 독점 사건으로 불리는 1603년 Darcy v. Allein 사건224)에서도 구체적인 법적 이론의 바탕이 되었다. Darcy v. Allein 사건에서 법원은 독점은 영국 전체의 복리와 개인의 동기에 대한 나쁜 영향을 미칠 것이라고 판시하여 공리주의를 하나의 근본 철학으로 판결했다. 물론 자연권도 수용하였다.

공리주의 전통은 에드워드 코크에서도 볼 수 있나. 에드워느 코크는 독점을 반대하였다.225) 그가 독점을 반대한 이유는 독점은 거래의 자유를 제한하여 영국 국민 전체에 물품의 부족을 가져오고 물품가격 상승으로 인하여 국민의 전체 복지를 약탈하는 것이었기 때문이었다. 이러한 독점은 국민의 성실한 근로 의욕을 꺾어 버리는(discouraging) 것이기 때문이었다.

로크의 재산권 철학이 공리주의의 색채를 가지는 것은 본질적으로 로크의 정치철학이 사회계약설을 바탕으로 하기 때문이라고 생각된다. 즉 사회를 구성하는 이유는 정치적으로 대의제를 구성하여 왕권은 위임받은 권력으로 구성하여야 하였지만, 경제적으로 시민사회는 효율적인 사회이다. 시민사회는 자연상태와는 달리 자신 스스로 자경단(自警團)이 되어 자신의 신체와 가족 그리고 재산을 지킬 필요가 없다. 국가가 그와 같은 보호를 하여주고, 자신의 아이디어를 보호할 필요가 없다. 국가가 제정한 법에 의한 특허권의 취득은 국가의 법적 보호와 강제를 하여 준다. 그와 같은 계약상태에서 국가는 국민에게 최소한의 간섭만을 하는 야경국가가 된다. 프랑스

---

224) Darcy v. Allien (1602) Eng R 398; 11 Co Rep 84; 77 ER 1260; Noy 173; Moore KB 671; 1 Web Pat Cas 1; 74 ER 1131; 77 Eng Rep 1260.
225) Edward Coke, Institutes, III, ch. 85.

에서 나타난 중농주의는 야경국가를 배경으로 하고, 자유방임을 의미하는 라자페르(laissez-faire)가 프랑스에서 나타난 것을 이해할 수 있다. 로크의 정치사상을 법학에 수용한 윌리엄 블랙스톤, 경제사상으로 수용한 아담스 미스를 지나 제레미 벤담과 존 스튜어트 밀의 시대에는 국가의 경제 개입 과 경제적 효율성과 복지의 증대가 최대의 선이 된 것으로 볼 수 있다.

공리주의와 실용주의 철학은 미국 식민지에도 영향을 미친다. 1641년 매 사추세스 자유연맹(Massachusetts Body of Liberties)은 "No monopolies shall be granted or allowed amongst us, but of such new Inventions that are profitable to the Countr[y], and that for a short time." 라고 하여226) 일반적 인 독점은 허용하지 않지만 자신들에게 이익이 되는 일시적인 독점은 허용 된다고 선언했다. 이는 1624년 영국의 the Statute of Monopolies와 같은 입 장이고 영국의 공리주의 철학과 일치한다.

자연권은 보편성(universality)을 특징으로 한다. 자연에는 하나의 자연법 이 존재하기 때문이다. 따라서 발명이 공개가 된 경우에는 국경을 불문하 고 신규성을 상실하는 것으로 이해해야 한다. 물론 연혁적으로 신규성의 개념은 국가의 기술정책과 맞물려 있어서 초기에는 자국내에서 신규할 것 만 요구했다. 그러나 이러한 법리는 계속하여 도전을 받았는데, 1873년 비 인회의(Vienna Cogress)때에 더욱 더 도전을 받았다. 특히 자연법원리에 따 라 특허권을 제정하였던 프랑스에 의해 특허독립이나 자국내로 한정했던 신규성의 원칙은 많은 도전을 받았다. 그러나 이는 후에 특허독립의 원칙 과 맞물려 자국내에서 새로우면 충분하다는 신규성 원칙으로 정립되었다. 그러나 현재에는 신규성은 보편적 신규성 원칙으로 변화했다.

자연법에 대하여 로크는 모든 사람에게 영원한 법("an eternal law to all men")이 있다고 하였다. 인간은 자유롭고 이성적으로 태어났으므로("we

---

226) https://fedsoc.org/commentary/fedsoc-blog/the-forgotten-history-of-the-intellectual
-property-clause.

are born free as we are born rational"), 인간 이성과 지적인 본성은 자신에 대한 지배권을 갖게 된다. 따라서 인간의 자유에 대한 제한은 그 정당성이 필요하다. 모든 사람은 모두 동등하고 독립적이기 때문에 어느 누구이든 타인의 생명, 건강, 자유 및 소유를 침해해서는 안된다.(Being all equal and independent, no one ought to harm another in his life, health, liberty, or possessions.)227)

모든 사람은 자신과 자신의 신체에 대하여 재산권을 가지고 있으나 이러한 신체에 관련한 재산권은 타인에게 이전하거나 처분할 수 없는 권리이다. 이러한 일부 권리의 불가양성으로 인하여 시민정부는 인간의 권리를 모두 취득할 수 없다. 인간의 타인에 대한 자신의 도덕적 책임을 이전할 수 없고, 자신의 생명에 대한 권리는 양도할 수 없다.

자연법칙이나 자연현상 등은 공유(the public domain)에 있는 것으로 이를 사유화 하는 것은 로크는 하느님의 명령에 어긋나는 것으로서 허용하지 않는다. 나아가 유일한 것, 희소한 것은 타인에게 충분하고 동등하게 남겨 둘 수 없으므로 재산권 취득의 조건을 충족하지 못한다.

신이 부여한 공유물에 대하여는 재산권을 취득할 수 없다는 로크의 철학은 공리주의에서는 효용성을 저해하는 것으로 도덕적 요청에 어긋난다. 개인도 최대다수의 최대행복을 위해 행위 할 것이 요구된다. 공리주의에서도 특정인이 독점을 하는 경우에 타인이 사용할 수 없어 효용성을 저해하는 경우에는 특정인의 재산권을 인정하지 않는다.

자유경쟁은 효용성을 증가시키고 경제학에서 말하는 완전경쟁이야 말로 공리주의의 가치를 실현하는 것이다. 이러한 측면에서 보면 자연법과 공리주의의 일부 가치는 공유한다. 그 이외에도 인간에게 이로운 것, 인간의 편의를 증진시키는 재산권제도도 자연법과 공리주의가 공유한다. 공리주의에서 자

---

227) John Locke, Second Treatise of Government § 5.

연현상 등의 독점이나 특허를 인정하지 않는 이유도 명백하다. 특정인이 독점한다면 사회적 효용성이 감소하고, 최대다수의 최대행복에 반하게 된다.

제2절 존 로크의 재산권 철학과 특허권

1. 서론

발명과 같이 소위 무체물로 불리는 아이디어나 자연법칙, 사고 등은 배타적 소유의 대상인지 문제가 발생한다. 발명(invent)과 특허(patent)는 구분이 된다. 발명은 아이디어 창작의 문제이고, 특허는 아이디어에 대하여 국가가 배타적 권리를 부여한 것을 의미한다.

전통적으로 영국을 제외한 미국이나 서구유럽에서는 영업비밀과 특허를 구분하여 영업비밀은 자연상태에서 노동에 의하여 취득하는 자연상태에서 아이디어에 대한 배타적인 점유를 의미하고, 특허권은 정치단체인 시민사회에서 실정법에 의해 취득하는 아이디어에 대한 법적, 배타적 권리를 의미한다. 물론 그 발전과정에서 보다시피 법에 의하여 취득하는 권리가 아닌 왕이 부여하는 은혜(prerogative) 내지 특권(privilege)이었던 때가 있었다.

순수히 공리주의적 관점에서 보면, 1774년 Donaldson v. Beckett 사건 판결에서 언급하는 바와 같이 아이디어와 지식 등은 공유하여야 최대다수의 최대행복을 달성할 수 있다. 보다 많은 사람이 공유하면 할수록 공유함으로써 얻는 전체의 가치는 증가한다. 따라서 한 사람의 독점적인 재산권 보다는 다수가 공유하는 공유재산제도가 타당하다.

아이디어는 비배제성(nonexcludability)과 비경합성(nonrivalous)을 가지고 있다. 따라서 한 사람의 사용은 다른 사람을 배제할 수 없고, 한 사람의 사용을 하는 것이나 다수가 사용하는 것이나 그 효용가치는 감소하지 않는다. 유체물과는 달리 1/n현상이 발생하지 않는다. 따라서 타인의 것을 가져와 타인에게 손해를 가한다는 도덕적 의무위반에 대한 의식이 적기 때문에 무체물에 대한 무임승차는 유체물보다 더 많이 발생한다. 그와 같은 이유로 무체물에 대하여 공유가 아닌 법적 독점을 부여하는 것이 정당한 것인지에 대한 논쟁이 있어 왔다. 이에 대하여는 크게 자연법과 공리주의 철학의 입장에서 접근하는 것이 대표적인 논거다.

노예상태의 인간은, 중세까지 농노라는 존재로서 어떤 권리를 가진 주체적인 인간으로 인정받지 못하였고, 생존을 위한 재산을 가지지 못했다. 권력으로부터 그들의 생존권은 항상 위협받았다. 따라서 무엇보다도 독립적이고 주체적인 되기 위해서는 외부의 간섭으로부터 자유로울 수 있는 생존권 보장을 위한 재산의 확보가 중요했다. 개인의 주체성과 재산권의 인정은 로크, 칸트와 헤겔의 철학에서 나타나는 공통적인 특성이다. 미국의 유명한 법학자 모리스 코헨(Morris Cohen)은 재산권은 국가의 주권과 같은 것이라고 하였다.228) 주권이 없는 국가는 국가라고 할 수 없듯이 재산권이 없는 인간은 독립된, 자율적이고 주체적이 인간이 될 수 없는 것이다.

중세의 장원은 영주의 재산이었고, 농민은 영주로부터 토지를 빌려 그 대가를 위해 노동을 하여 부역을 제공하고 토지에 대한 사용료, 즉 도조를 지급할 의무가 있었다. 즉 그 중세시대의 농민의 재산권은 독립과 주체성을 의미하는 것이 아니라 구속과 의무관계를 나타내는 것이었다.229) 따라서 현대에서 말하는 재산권이나 소유권은 존재하지 않았다.

농민은 장원에 소속된 노예신분이었다. 이와 같은 장원을 중심으로 한 영주와 농노간의 관계가 성립된 이유는 강력한 중앙집권체제가 확립되지

---

228) Morris R. Cohen, Property and Sovereignty, 13 Cornell L. Q. 8, pp. 11-14 (1927-1928).
229) 김상용, 토지소유권의 법사상, 민음사, 1995, pp. 58-64.

않았기 때문이다. 중앙집권체제가 성립되지 않은 이유는 교통과 통신수단이 발전하지 않았기 때문에 외적의 침입 등에 대비하여 영주를 중심으로 군사와 행정권이 성립할 수 밖에 없었고, 이러한 이유로 중앙의 왕은 강력한 국가를 형성하지 못했다.

토지소유권도 위와 같은 정치체제에 따라 분권적 소유형태인 봉건제(feudum, feudalism, lehen, fief)가 성립된 것이다.[230] 봉건제에서는 지방영주가 왕으로부터, 각 사례에 따라 다르기는 하지만, 상속과 이전이 가능한 영구적인 토지사용권(fee simple)을 취득하고, 자신이 다시 기사, 농노 등에게 토지를 임대하여 주고 그에 대한 임료를 받는 소유 방식이었다. 따라서 농노는 토지를 소유할 수 없었고, 그 장원과 기사, 영주에 종속될 수 밖에 없었다. 독립된 토지를 갖는 것은 왕, 영주와 기사로부터의 해방을 의미했다.

계몽주의 사상가들에게는 인간해방이란 정치적인 독립 뿐만 아니라 독립한 재산권의 취득을 의미했다. 따라서 정치적 주체로서의 시민은 다른 한편 자유로운 재산권 취득 할 수 있는 지위를 의미했다. 아래에서 논하는 존 로크와 임마누엘 칸트와 같은 계몽사상가들과 그 계몽사상을 승계한 게오르규 헤겔에게는 자연권과 성경은 기독교 사회를 구성하고 있는 유럽에서 하느님의 명령에 따라 계약에 의해 정치사회를 구성하고 자율적이고 독립적인 시민을 인정하는 근거로 훌륭한 도구가 되었다. 성경과 하느님은 인간에게 보편적 권리 부여할 수 있는 근거가 되었기 때문이다.

---

230) Gianfranco Poggi, Max Weber's Conceptual Portrait of Feudalism, The British Journal of Sociology Vol. 39, No. 2, 1988, pp. 211-227; James Westfall Thompson, German Feudalism, The American Historical Review, Vol. 28, No. 3, 1923, pp. 440-474.

2. 자연상태와 재산권
(the Property Right in the State of Nature)

가. 재산권론의 배경

자연법은 인간의 본성(nature)에 기초하여, 우주, 자연 그리고 인간사회를 지배하는 보편적(universal)이고 영구적인 정의(正義)의 법으로, 자연 속에 실재하는 가치나 질서에 근거하고 인간 본성의 덕에 기초하는 영원불변의 법칙을 말한다. 자연상태에는 자연법이 지배하고, 자연법은 인간의 법으로서 도덕적인 것으로, 지연의 존재하는 사물의 원리인 '자연법칙'과는 구별된다. 자연법에 바탕하는 권리는 인간의 권리(rights of man)이다. 따라서 자연법에 기초하는 재산권은 인간이기 때문에 인정되는 권리이므로 현재 쟁점이 되고 있는 AI 등의 발명주체성이나 저작물의 주체성은 자연법에서는 논쟁이 되지 않는다.

헌법이나 법률 등 실정법(institutional law)과는 구별되는 자연법(natural law)은 입법자의 의사를 초월하는 인격이나 이성을 그 가치 기준으로 하고 있다. 자연권은 실정법적인 근거를 갖는 것이 아니라 실정법에 앞서는 도덕적 근거를 갖는다.[231] 아이디어의 독점에 대한 자연권적 정당성은 여러 가지 이론에 의해서 설명되어 왔다. 자연법적 근거를 갖는 이론 중에서 주목을 받고 있는 것은 선점이론(the first possession, the first occupation)과 노동이론(labor theory) 그리고 인격이론(personality theory)이다. 또한 특허의 신규성 요건은 특히 자연법상 노동이론에서 요구된다.

---

[231] J.P. Day, Locke on Property, 64 Philosophical Quarterly 207, 208 (1966); Alfred C. Yen, Restoring the Natural Law: Copyright as Labor and Possession, 51 Ohio St. L. J. 517, 522 (1990). 로마법상 "Natural reason admits the title of the first occupant to that which previously had no owner." 라고 하여 선점의 원칙이 자연법원칙으로 인정되었다고 한다. Id.

지적재산권과 관련하여 자연법과 자연권을 토대로 인간의 노동의 결과물의 소유권에 근거하여 그 정당성의 토대를 제공한 정치철학자는 존 로크(John Locke)이다. 로크는 로버트 필머(Sir Robert Filmer, 1588-1653)의 가부장제(Patriarcha; The Natural Power of Kings, 1680)에 반대하여 사회계약설을 주장했다. 필머가 찰스 1세의 지위를 옹호하기 위해 집필했지만 1680년 필머의 사후에 영국의 왕가인 스튜어트 가의 지위를 옹호하기 위해 왕권신수설을 주장한 '가부장제'('Patriarcha')가 출간되자, 로크는 가부장제에서 주장하는 왕권신수설과 왕의 전제적 통치에 반대하여 국가의 주권(governance)이 인간과 시민에게 있다고 주장한 통치론(Two Treatises of Government)을 출간했다.

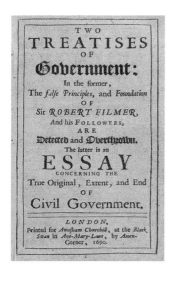

TWO
TREATISES OF Government:
In the former,
The False Principles and Foundation
of
Sir ROBERT FILMER
And his FOLLOWERS,
ARE
Detected and Overthrown,
The latter is an
ESSAY
concerning THE
True Original, Extent, and End
of
Civil Government.

[통치론의 표지]

로크의 통치론의 원래의 제목에서 보다시피 로크는 '이전에 주장한 로버트 필머와 그의 친구들의 주장이 거짓말("false principles and foundation")

임을 발견하여 이를 버리고, 시민정부에 대하여 진실된 본래의 범위에 대한 생각'이라는 점을 분명히 하고 있다. 로크의 통치론은 1편과 2편이 있는데, 1편은 필머의 왕권신수설을 비판하였고, 2편에서 재산권을 포함한 자신의 정치체계를 구성한다. 로크는 특히 성경의 해석을 이용했는데 이는 기독교 정신이 지배하던 유럽에서 절대자인 신(God)의 권위를 이용하여 필머의 주장을 반박하기 위한 것으로 볼 수 있다. 그리하여 로크는 신(God)이 아담과 그 후손에게 자연을 하사한 것이라고 언급한다.232) 여기에서 인간의 재산권의 기원, 자연권임을 확인할 수 있다.

로크는 정치적 필요에 의해 로버트 필머(Robert Filmer)의 왕권신수설을 부정했다.233) 로크는 그의 통치론(Two Treatises of Government) 재산권편 (Chap. V. of Property)의 처음에 왕권신수설을 부인하기 위한 것임을 분명히 하기 위해 다음과 같은 필머의 주장을 언급한다: "it seems to some a very great difficulty, how any one should ever come to have a property in any thing···. it is impossible that any man, but one universal monarch, should have any property upon a supposition, that God gave the world to Adam···."

위와 같은 로크의 주장에서, 'any one'과 'any man'은 필머가 주장한 찰스 1세를 강조하기 위해 사용한 언어이다. 그리고 곧바로 로크는 왕권신수설에 대한 반론을 제기하는 것임을 명백히 하고 있다.234) 로크가 절대적인

---

232) John Locke, Second Treatise of Government §25.

233) 이점에 대하여 로크는 분명히 하고 있다. John Locke, Second Treatise of Government § 27. 나종갑, 4차 산업혁명과 인간을 위한 지식재산권,법학연구 (제30권 제1호), 연세대학교 법학연구원, 2020, p. 362,

234) John Locke, Second Treatise of Government, §25.

But this being supposed, it seems to some a very great difficulty, how any one should ever come to have a property in any thing: I will not content myself to answer, that if it be difficult to make out property, upon a supposition that God gave the world to Adam, and his posterity in common, it is impossible

재산권을 주장한 것은 로버트 필머의 왕권신수설에 대항하기 위하여 왕에 의해서도 침해할 수 없는, 신(God)이 부여한 불가침의 재산권을 인정하고 이에 왕의 전제로부터 독립된 개인과 개인의 재산권을 인정하기 위한 것이었다.235)

위에서 인용한 그의 언급에서, 로크는 재산을 아담과 그 후손들(Adam, and his heirs in succession), 즉 인간에게 공유물로 부여했다고 하면 한 사람의 군주(one universal monarch)가 모든 재산권을 가지고 있다는 것을 입증하기 어렵고, 재산을 아담과 그를 상속한 후계자에게 배타적으로 부여했다고 하면 그 한 사람의 군주를 제외한 나머지 인간들 어느 누구도 재산을 가질 수 없다고 하고 있다. 이는 분명히 왕권신수설을 부정하고 있는 것이다. 로크는 왕권신수설을 부정한 다음 곧바로 "But I shall endeavour to shew, how men might come to have a property in several parts of that which God gave to mankind in common, and that without any express compact of all the commoners."(그러나 나는 인간들이 신이 인간에게 부여한 자연의 일부에서 자연상태를 구성하는 모든 구성원들의 명시적 동의없이 재산권을 가질 수 있는지를 보이고자 한다.)라고 함으로써 재산권은 신(God)이 인간에게 부여한 권리, 즉 자연권임을 명확히 하고 있다.

앞서 언급한 20세기의 뛰어난 법학자 중의 하나로 꼽히는 모리스 코헨(Morris Cohen)은 자연법적 재산권의 입장에서 개인에게 있어서 재산권은

---

that any man, but one universal monarch, should have any property upon a supposition, that God gave the world to Adam, and his heirs in succession, exclusive of all the rest of his posterity. But I shall endeavour to shew, how men might come to have a property in several parts of that which God gave to mankind in common, and that without any express compact of all the commoners.

235) 나종갑, 4차 산업혁명과 인간을 위한 지식재산권, 법학연구 (제30권 제1호), 연세대학교 법학연구원, 2020, p. 359.

국가에 있어서 주권과 같이 섬김과 복종을 요구하기 때문에 재산권은 주권이라고 강조하고 있다.236) 결국 재산은 물건과 관련하여 사람과 물건 사이의 관계이지만, 재산권은 물건에 대한 사람과 사람 간의 관계이고237), 이것은 권력의 관계라고 하고 있다. 이러한 주장은 임마누엘 칸트의 주장과도 같다.

물론 코헨은 재산권의 주권성을 지속적으로 주장하지는 않는다. 현대 정치권력에 있어서 국가는 전체적 복지의 필요성에 의하여 재산권의 한계를 정하거나 제한할 수 있다고 한다.238) 그러나 개인의 재산은 인간이 전제와 속박에서 해방되었음과 하나의 재산권자(코헨의 언어로는 '주권자')가 되었음을 나타내는 것은 분명하다. 전제와 속박 속에서 인간은 재산을 취득할 수 없었기 때문이다.

존 로크는 입헌민주주의와 자연권을 주장하였는데 로크가 주장한 권리 중에는 자연권에 기초한 재산권이 있다. 그의 재산권은 인간 존중을 그 이념으로 하고 있다. 그의 사회계약이론은 공리주의 및 자본주의 정신과도 상통하는 점이 있다.239) 왜냐하면 정부계약은 개인의 동의를 거쳐야 하고,

---

236) Morris R. Cohen, Property and Sovereignty, 13 Cornell L. Q. 8, 11-14 (1927-1928). The classical view of property as a right over things resolves it into component rights such as the jus utendi, jus disponendi, etc, But the essence of private property is always the right to exclude others···. In a regime where land is the principal source of obtaining a livelihood, he who has the legal right over the land receives homage and service from those who wish to live on it.
The character of property as sovereign power compelling service and obedience may be obscured for us in a commercial economy by the fiction of the so-called labor contract as a free bargain and by the frequency with which service is rendered indirectly through a money payment.

237) 이점에 관해서는 다수의 학자도 동일한 견해를 취하는데, 그중의 하나를 꼽으라면 Jeremy Waldron을 꼽을 수 있다. Jeremy Waldron, The Right to Private Property, Ch. 2 What is Private Property, 1990, pp. 26-61 참조.

238) 코헨의 생각은 로크에 있어서는 시민사회에서의 생각이라고 할 수 있다. 로크도 동의에 의하여 재산권이 제한될 수 있다고 하고 있다. 코헨과 로크의 재산권에 대한 생각은 상호 모순되거나 충돌 된다고 할 수는 없을 것이다. Id., 12-13.

개인의 재산권은 그 개인의 동의 없이는 박탈될 수 없는데, 재산권을 인정함으로써 궁극적으로 인간에게 경제적으로 풍요한 사회를 가져다주기 때문이다.[240) 로크는 자연상태를 불완전하고 불안정한 상태로서[241) 인간은 자기의 재산을 보다 더 효과적으로 안전하게 지키기 위해서 계약에 의해서 국가(시민사회)를 형성한다고 하였다.[242)

로크의 재산권 철학은 재산권이 학문적으로 개념화 되는데 있어 철학적 기반을 쌓은 것으로 평가되고 있다.[243) 위에 발췌인용한 삽화 상의 출판년도는 1690년으로 되어 있는데, 익명으로 출판한 년도는 명예혁명이 일어난 1688년의 다음해인 1689년으로 알려져 있다.

---

239) Bertrand Russell, A History of Western Philosophy, George Allen & Unwin Ltd., Korean Ed., 1984, p. 775. 의사결정에 있어서 왕이 아니라 다수결의 원칙에 따라 시민이 정하게 된다. Id., p.631 참조. 로크의 철학을 자본주의를 옹호하는 것으로 해석하는 입장은 Leo Strauss와 C.B. MacPherson에 의해서 주장되었다. Leo Strauss 는 로크는 노동을 통한 재산권 취득을 정당화 하고, 재산권의 인정은 근면한 자의 노동으로 사회의 효용가치를 증진시키고, 사회를 풍요롭게 한다고 주장하여 자본주의를 정당화 하였다고 한다. Leo Strauss, Natural Right and History, Univ. of Chicago Press, 1965, p. 242.; 한편 C.B. MacPherson도 로크는 자연상태에서 화폐를 도입하여 자본주의에 Possessive Individualism 대하여 도덕적 정당성을 인정하였다고 한다. C.B. MacPherson, The Political Theory of Possessive Individualism, Oxford Univ. Press, 1962, pp. 220-222; C.B. MacPherson, Locke on Capitalist Appropriation, Western Political Quarterly, v.4, 1951, pp. 550-556. 그 이외도 다수의 학자들이 로크의 이론에는 자본주의적 요소가 있다는 점을 동의하고 있다.

240) John Locke, Second Treatise of Government §138.("The supreme power cannot take from any man any part of his property without his own consent.")

241) 로크는 자연상태는 전쟁이나 범죄 등이 존재하는 상태로서 평온한 상태를 의미하는 것으로 인정하지 않았다. 이러한 상태를 벗어나기 위하여 계약에 의해 시민사회 (Civil Society)를 구성한다.

242) John Locke, Second Treatise of Government §124.

243) 로크의 노동이론에 근거한 정당성 이론은 한지영, 지적재산의 철학에 관한 연구 -로크의 노동이론을 중심으로-, 산업재산권, 제20호, 2006, p. 1; 나종갑, 특허권의 정당성에 관한 이론의 전개와 전망, 비교사법, 제17권, 2010, p. 561; 나종갑, 특허의 본질에 관한 연구, 산업재산권, 제17호, 2005, p. 31.

나. 자연상태에서의 재산의 취득과 재산권

(1) 자연상태에서의 도덕적 정의: 타인을 해하지 않을 것 (No Harm Principle)

로크는 강력한 재산권의 인정을 통하여 왕의 전제와 독재로부터 인간과 시민의 해방을 의미하고 주체적 인간을 그리고 있다. 일부 견해에서는 정치적으로는 로크는 의회파보다 더 급진적인 수평파(Leverllers)와 가깝다고 한다.244)

앞서 제2장에서 보다시피 중세 이후 재산이란 생명, 자유를 포함하는 동등한 권리이었다. 이는 로크의 통치론에서도 잘 나타나 있는데, 예컨대, '타인을 해하지 않을 것'(no harm proviso)이라는 도덕적 정의론(moral justice)의 근거가 되는 자연상태(Of the State of Nature)에서는, 모든 사람은 동등하고 독립적이므로 '어느 누구도 타인의 생명, 건강, 자유 또는 소유를 해하면 안된다.'("[b]eing all equal and independent, no one to harm another in his Life, Health, Liberty or Possessions")라는 도덕적이자 자연법적 명제를 제시하고, 그 명제에서 생명과 건강 그리고 자유와 소유를 동등하게 보호받아야 하는 것으로 인정하고 있다. 해당 부분은 다음과 같이 언급하고 있다:

> The State of Nature, has a Law of Nature to govern it, which obliges every one, and reason, which is that Law, teaches all Mankind, who will but consult it; That being all equal and independent, no one ought to harm another in his Life, Health, Liberty or Possessions; for Men being all the Workmanship of one Omnipotent, and infinitely wise maker: All the Servants of one Sovereign Master, sent into the World by his order

---

244) Jeremy Waldron, God, Locke, and Equality: Christian Foundations in Locke's Political Thought, Cambridge Univ. Press, 2002, p. 84.

and about his business. They are his Property, whose Workmanship they are made to last during his, not one anothers Pleasure.[245]

[번역]

자연상태는 모든 이에게 의무를 부과하고 관한하는 자연법(a Law of Nature)과 모든 인간을 가르치고 참고하여야 하는 자연법인 이성(reason)이 있다. 모든 이들은 동등하고 독립적이고, 어느 누구도 타인의 생명, 건강, 자유 또는 소유를 해하면 안된다; 왜냐하면 인간은 전지전능하고 무한하게 지적인 신이 창조하였기 때문이다: 한 군주의 모든 신하는 그의 명령과 그의 활동에 의해 세상으로 보내졌다. 그들은 신의 재산이며, 그들이 일한 결과는 신의 것일 때 존재하며, [아직] 인간 각자의 소유가 아니다.

신이 인간에게 소유를 허락한 이후에나 인간 노동의 결과물은 인간의 것이 된다. 신은 인간에게 노동을 명한다. 그 이유는 노동을 하여 얻는 자연에서 산출되는 산출물을 인간의 안락함과 평온함을 위해 사용할 수 있도록 하기 위함이다.[246] 그와 같이 취득한 산출물은 그의 재산이 된다. 로크가 위와 같은 신의 명령에 의하여 근면한 인간을 설정한 것은 재산권 취득의 정당성을 강화하기 위한 것이다. 신의 명령에는 어떤 의문이라도 제기할 수 없다. 신의 명령에 따른 노동의 결과물에 대하여 재산권을 취득하는 것은 반박할 수 없는 강한 정당성을 취득한다.

이러한 점에서 같은 자연법을 기초로 하는 푸펜도르프나 그로티우스와 다르다. 푸펜도르프[247]나 그로티우스[248]는 동의나 계약에 그 재산권의 정

---

245) John Locke, Second Treatise of Government § 6.

246) John Locke, Second Treatise of Government § 34. ("God gave the World to Men in Common, but since he gave it them for their benefit, and the greatest Conveniencies of Life they were capable to draw from it; it cannot be supposed he meant it should always remain common and uncultivated.").

247) 푸펜도르프는 신이 부여한 것이므로 재산권을 취득하는데 어떤 것도 방해가 되지

당성을 찾았다.[249] 그 대신에 로크는 재산권 취득에 있어서는 두가지 단서 (provisos)를 제시한다. 충분하고 동등하게 남겨둘 것(enough and as good left)과 낭비하지 않을 것(non waste)[250]이다. 그 이외에 낭비하지 않을 것

─────────────

않지만 재산권을 취득함에 있어서는 '어떤 종류의 동의'("some sort of convention") 이 필요하다고 하고 있다. 푸펜도르프는 "For although after God had made the gift, nothing remained to prevent man from appropriating things to himself, yet there was need of some sort of convention if it was to be understood that by such appropriation or seizure the right of others to that thing was excluded."라고 하고 있다. Samuel Pufendorf, On the Law of Nature and of Nations, Book IV, Ch. 4. Sect. 4. 또한 "we cannot apprehend how a bare corporal Act, such as Seizure is, should be able to prejudice the Right and Power of others, unless their Consent be added to confirm it; that is, unless a Covenant intervene." Id. 그 당시의 재산권의 개념은 사회적, 집단적인 의미이었다. 따라서 동의도 사회의 집단적 동의를 의미하고, 푸펜도르프나 그로티우스에게도 집단적 동의를 의미한다. Christmas, Billy, Hugo Grotius and Private Property, Raisons politiques, vol. 73, no. 1, 2019, pp. 21-38.

248) 그로티우스도 자연법에 근거한 자연권으로서의 재산권을 주장했다. 그의 재산권은 사회계약설에 기초하고 있으므로 재산권 취득에 있어서 동의(convention)가 필요하다. John Salter, Hugo Grotius: Property and Consent, Political Theory Vol. 29, No. 4 (Aug., 2001), pp. 537-555; Christmas, Billy, Hugo Grotius and Private Property, Raisons politiques, vol. 73, no. 1, 2019, pp. 21-38. Hugo Grotius, De Jure Belli ac Pacis, J. Barbeyrac & R. Tuck (eds.), Indianapolis: Liberty Fund, 2005 (1625), § II.II.II (italics in original).

249) John Salter, Hugo Grotius: Property and Consent, Political Theory Vol. 29, No. 4, 2001, pp. 537-555.

250) 낭비하지 않을 것에 대하여 로크는 다음과 같이 언급한다:

But how far has He given it us—"to enjoy"? As much as any one can make use of to any advantage of life before it spoils, so much he may by his labour fix a property in. Whatever is beyond this is more than his share, and belongs to others. Nothing was made by God for man to spoil or destroy.

John Locke, Second Treatise of Government § 31. 또한 다음의 언급도 낭비하지 않을 것의 근거이다.

This is certain, That in the beginning, before the desire of having more than Men needed, had altered the intrinsick value of things, which depends only on their usefulness to the Life of Man; or had agreed, that a little piece of yellow

(non waste)이라는 단서가 제시되어 있는데, 화폐를 도입함으로써 그 단서
는 포기된 것으로 이해하고 있다. 로크의 저술 통치론 제2장의 자연상태에

Metal, which would keep without wasting or decay, should be worth a great
piece of Flesh, or a whole heap of Corn; though Men had a Right to
appropriate, by their Labour, each one to himself, as much of the things of
Nature, as he could use: yet this could not be much, nor to the Prejudice of
others, where the same plenty was still left, to those who would use the same
Industry.

….

Before the Appropriation of Land, he who gathered as much of the wild Fruit,
killed, caught, or tamed as many of the Beasts as he could; he that so
employed his Pains about any of the spontaneous Products of Nature, as any
way to alter them, from the state Nature put them in, by placing any of his
Labour on them, did thereby acquire a Propriety in them: but if they perished,
in his Possession, without their due use; if the Fruits rotted, or the Venison
putrified, before he could spend it, he offended against the common Law of
Nature, and was liable to be punished; he invaded his Neighbour's share, for
he had no Right, farther than his Use called for any of them, and they might
serve to afford him Conveniencies of Life.

[번역]

인간이 필요한 이상으로 요구하기 전에 태초부터 사람의 생활의 필요에 의존
하는 사물의 본질적인 가치를 변경하였고, 낭비와 썩음이 없이 보존이 가능한
조그만 황금덩어리는 큰 고기덩어리 또는 옥수수의 더미 전부보다 더 가치가
많고, 자신들의 노동을 통해 취득할 수 있는 인간은 이용할 수 있는 자연의 사
물을 취득할 수 있고, 자연에는 여전히 많이 남아 있어, 원하는 만큼 취득할
수 있으므로 아직 다른 사람에게 해가 될 만큼은 아니다.

토지를 취득하기 이전에 야생의 과일을 줍고, 가능한 만큼의 야생동물을 죽여,
잡고, 길들일 수 있다. 자연에서 발생하는 산출물을 자연이 준 상태에서 노동으
로 가공을 하는 것은 고통스럽고 그리하여 그것들을 재산으로 취득할 수 있다.
그러나 그의 수중에서 적절히 사용하지 않아 썩어버린다면, 만일 그가 소비하
기전에 과일이 썩고 사슴고기가 부패한다면, 그는 자연의 법(the common Law
of Nature)을 위반하는 것이고, 처벌되어야 한다. 그는 그가 사용할 수 있는 이
상으로 아무런 권리가 없으므로 그의 이웃의 편의에 제공되어야 할 그의 몫을
약탈한 것이다.

John Locke, Second Treatise of Government § 37.

서 언급하는 자연상태에서 '원칙'인 타인을 해하지 않을 것(no harm proviso)은 재산권 취득에 있어서는 '단서'가 된다. 로크에 영향을 준 에드워드 코크도 특허는 거래에 해하면 안된다고 언급하고 있어('not to the hurt to trade')[251] 로크의 단서와 일치한다.

(2) 재산권[252]

(가) 재산권의 지위

로크는 재산권편(제5장)을 집필하는데, 재산권은 로크가 구상하는 국가를 형성하는 구성요소중에서 자연상태(CHAP. II. Of the State of Nature.)를 제외하고는 3번째로 언급된다. 2번째는 3장을 구성하는 전쟁상태(CHAP. III. Of the State of War.), 3번째는 4장을 구성하는 노예(CHAP. IV. Of SLAVERY.), 그 다음이 5장을 구성하는 재산권(CHAP. V. Of PROPERTY.), 재산권편 다음인 6장이 부권(CHAP. VI. Of Paternal Power.), 그 다음이 정치공동체인 시민사회(CHAP. VII. Of Political or Civil Society.)이다. 본 저술에서 강조하고 있다시피 재산권이 인간의 주체성과 행복을 위해 얼마나 필요한지를 나타내는 것이라고 할 수 있다.

재산은 로크, 칸트, 헤겔 등 근대 자유주의 철학에 있어서 매우 중요하다. 재산은 인간에게 궁극적인 자유, 즉 독립적인 주체가 되게 한다. 독립적인 주체란 자기 자신에 대한 주권자임을 의미한다. 자신의 생각과 행동을 자신 스스로가 결정할 수 있다. 이러한 재산이 인간에게 주권과 자유를 준다고 함은 마그나 카르타에서도 찾아 볼 수 있다. 그리하여 로크, 칸트

---

251) Edward Coke, Institutes IV. p. 184.
252) 이하는 필자의 저술 "로크, 스펜서, 노직, 파레도, 및 칼도-힉스: 특허권에 대한 자연권적 정당성과 실용주의적 정당성의 합체"(산업재산권, 66권, 2021 게재)에서 발췌하여 정리한 것이다.

및 헤겔에 있어서 자유는 지상의 목표이지만 자유는 재산권을 취득할 수 있는 상태를 의미하고 자유권이란 재산을 취득할 수 있는 권리이다.

로크는 재산권이 자연상태와 정치사회를 의미하는 시민사회 등과 같은 단계의 매우 중요한 요소라고 본 것이다. 이는 앞서 언급한 바와 같이 인간이 독립된 존재, 자율적이고 자유시민이 되기 위해서는 그 전제가 되는 것이 재산권과 재산의 취득이라고 할 수 있기 때문이다. 모리스 코헨(Morris Cohen)이 주장한 바와 같이 인간에게 있어서 재산이란, 국가에 있어 주권(sovereignty)과 같기 때문이라고 할 수 있다. 토지 등의 재산의 소유문제는 그 당시 영국사회의 주된 쟁점이었다. 마그나 카르타, Henry de Bracton, 존 포테스큐 등의 정치철학자와 법학자에게 토지소유는 독립된 시민이 갖는 권리이었다. 따라서 로크가 그리던 입헌민주주의 사회에서는 그 사회를 구성하는 정치주체로서의 시민의 존재는 필수적 요소이었다. 독립된 의사주체와 정치주체인 시민이 되기 위한 전제로서 재산과 재산권의 취득이 중요했기 때문이다.

로크는 재산권에 대하여 강한 정당성을 부여한다. 재산권은 신의 명령에 의하여 자연상태에 노동을 가함으로 얻는 결과물에 대하여 취득하는 것이므로 자연법상의 권리, 즉 자연권이 된다. 따라서 인간의 계약에 의하여 탄생한 사회에서 사회 구성원들인 시민들에 의하여 행정권을 위임받은 왕은 신의 명령으로 신이 부여한 재산권을 동의 없이 박탈하지 못한다. 결국 로크의 재산권은 자연권이 되고, 노동을 가함으로 얻는, 즉 노동의 부가가치인 결과(물)에 대하여 취득하는 것으로, 인간이 자유를 획득함으로써 얻는 권리이다. 그리하여 재산권은 자유권과 생명권과 같이 인간의 정치적 독립성을 보장하고, 그 독립성에 의하여 취득하는 권리이다.

(나) 신이 부여한 권리

로크는 다음과 같이 언급한다. 인간은 자연적 이성(Natural Reason)에 따라 인간이 태어나면 생존을 할 수 있는 권리가 있고, 따라서 자연이 인간의 생존을 위해 음식물에 대한 권리가 있거나 신의 계시에 따르면 아담과 노아 그들의 자손에게 만들어 주었음을 가르친다고 하면서[253] 재산권 편을 시작한다.

인간의 편안함과 안락함을 위해 신이 자연을 인간에게 하사하셨고("God, who hath given the world to men in common, hath also given them reason to make use of it to the best advantage of life, and convenience. The earth, and all that is therein, is given to men for the support and comfort of their being."),[254] 인간에게 노동을 할 것을 명했다고 언급한다. 인간의 왕(king)이 아닌, '인간'과 '인간의 왕'을 비롯히여 자연(state of nature)과 모든 만물을 창조한 신(God)이 자연을 '인간'에게 직접 하사한 것이다. 따라서 '인간의 왕'은 인간이 가지는 자연과 자연에 대한 권리를 침해할 수 없다. 따라서 로크에 있어서 재산권은 신성불가침의 권리이다.[255] 여기에 그의 정치철학적 정당성과 인간을 위한 재산권 철학의 가치가 존재한다. 더 이상 왕과 전제권력으로부터 속박당하지 않는다. 재산권을 취득한 인간은 자유인이다.

신(God)의 창조물인 인간에 대하여 신(God)이 권리를 가지고 있듯이, 인간의 신체는 그의 재산이며("yet every man has a property in his own person")[256] 신체를 이용한 노동은 그 노동을 한 사람의 소유이므로("for this labour being the unquestionable property of the labourer")[257] 자연에 신체를 사용하여 노동을 가함으로서 얻은 결과(value)는 인간의 재산권이 된

253) John Locke, Second Treatise of Government § 25.
254) John Locke, Second Treatise of Government § 26.
255) 나종갑, 4차 산업혁명과 인간을 위한 지식재산권, 법학연구 (제30권 제1호), 연세대학교 법학연구원, 2020, p. 361.
256) John Locke, Second Treatise of Government § 27.
257) John Locke, Second Treatise of Government § 27.

다.("The labour of his body, and the work of his hands, we may say, are properly his.")258)

인간의 편안함과 안락함을 위해 신이 자연을 인간에게 자연을 하사하였다는 것은 공리주의의 단초로도 해석이 된다. 공리주의 철학자인 존 스튜어트 밀(John Stuart Mill)은 신이 인간에게 자연을 부여했다는 은유(metaphor)에 의해 다음과 같이 자연은 신의 산물로서, 공리주의자답게, 편의성에 의하여 인간이 소유할 수 없음을 논증하고 있다.

> No man made the land. It is the original inheritance of the whole species. ts appropriation is wholly a question of general expediency. When private property in land is not expedient, it is unjust. It is no hardship to any one, to be excluded from what others have produced: they were not bound to produce it for his use, and he loses nothing by not sharing in what otherwise would not have existed at all.259)

[번역]

> 어느 누구도 토지를 만들지 않았다. 토지는 인류전체의 유산이다. 토지의 취득은 일반적인 방법성의 문제이다. 토지에 사적재산권은 편리하지 않을 때, 그것은 정의롭지 않다. 어떤 사람이 생산한 것에 대하여 제외되었을 때 어느 누구도 불편하지 않다. 생산한 사람들은 사용에 제외된 그 어떤 사람을 위해 생산할 의무도 없다. 사용에서 배제된 그는, 그 생산물은 생산자가 생산하지 않았으면 원래 전혀 존재하지 않았을 것이므로, 아무것도 상실하지 않았다.

---

258) John Locke, Second Treatise of Government § 27. 이점에 있어서도 로크의 노동이론(labor theory)은 노동가치이론(labor value theory)이 되는 것이다.

259) John Stuart Mill, Principles of Political Economy with Some of Their Applications to Social Philosophy II, Introduction by Bladen & Textual Editor J. M. Robson, Univ. of Toronto Press, CH. II. § 6, p. 230.

토지는 인간이 생산한 것이 아니므로 사적소유의 대상이 되지 않는다. 그렇게 하더라도 인간의 편익은 감소하지 않는다. 밀(Mill)의 은유는 뒤에서 보다시피, 재산권과 특허권의 윤리성의 문제로 남고, 그는 위에 언급한 그의 은유를 독점에 대한 정당성의 근거로 제시한다.

로크에게 있어, 개인에게 인정한 재산권은 그 가치가 모두 합쳐져서, 인류의 공동재산을 증가시킨다.

> And though all the Fruits it naturally produces, and Beasts it feeds, belong to Mankind in common, as they are produced by the spontaneous hand of Nature: and no body has originally a private Dominion, exclusive of the rest of Mankind, in any of them, as they are thus in their natural state: yet being given for the use of Men, there must, of necessity, be a means to appropriate them some way or other before they can be of any use, or at all beneficial to any particular Men. The Fruit, or Venison which nourishes the wild Indian, who knows no Inclosure, and is still a Tenant in common, must be his, and so his, i.e. a part of him, that another can no longer have any right to it, before it can do him any good for the support of his Life.[260]

[번역]

그리고 자연적으로 생산된 모든 과실과 가축이 자연의 모든 인류에게 속한다고 해도, 자연에 의해 자라난 것들이므로 누구도 모든 인류를 제외하고 그 어떤 것도 자신의 소유물로 하지 못한다. 따라서 과실과 가축들은 자라난 그 상태로 존재한다. 인류의 사용을 위해 주어진 것이므로 그들이 이용하기 전에 특정인의 이익을 위해 과실과 가축을 취득할 수 있는 수단이 필요하다. 누구에게도 속하지 않는다는 것을 알고 있고 자연을 이용하는 사람에 불과한 야생의 인디안에게 영양을

---

260) John Locke, Second Treatise of Government § 26.

제공하는 과실 또는 짐승의 고기는 그들의 것이어야 하고, 그들의 일부이어야 한다. 그리하여 어떤 다른 사람은 더 이상 그 과실과 짐승의 고기에 대하여, 그의 삶을 위해 이용되는 것을 행하기 전까지 어떤 권리를 갖지 못한다.

로크는 위와 같이 특정인의 소유가 아닌 신이 부여한 원시 그대로의 자연상태를 그리고 있다. 자연의 산물은 특정인이 어떤 행위를 하여 자신의 소유로 하기 전까지는 신이 인간 모두에게 공유로 하사했으므로 특정인의 소유가 되지 못한다는 것을 강조하고 있다. 그러면 그와 같이 인간이 야생의 과일과 짐승을 자신의 소유로 하는 행위는 어떤 것일까?

(다) 해하지 않을 것(no harm proviso)

이미 앞에서 살펴본, 타인을 해하지 않을 것(no harm)의 단서는 제5장의 재산권 편(Chap. V. Of Property)이 아닌, 제2장의 자연상태(Chap. II. Of the State of Nature)에서 인간의 의무로 제시하고 있다.261) 따라서 재산권 취득에만 적용되는 단서는 아니다. 다수의 견해가 타인을 해하지 않을 것을 단서로 제시하지 않는데 그 이유는 재산권에 관하여 언급하고 있는 로크의 통치론(Two Treatises of Government) 제2편 제5장 재산권 편에서 언급되지 않고 있기 때문이라고 생각한다.

로크는 "[N]o one ought to harm another in his Life, Health, Liberty, or Possessions." 라고 하여 어느 누구도 다른 사람의 생명, 건강, 자유 및 소유를 해할 수 없다고 하고 있다.262) 이에 재산권 취득에 있어서도 적용되는 단서라고 주장하는 보스톤 대학 로스쿨의 Wendy Gordon 교수는

---

261) Wendy Gordon, LOCKE A Property Right in Self-Expression: Equality and Individualism in the Natural Law of Intellectual Property, 102 Yale L. J. 1533, 1542 (1993).

262) John Locke, Second Treatise of Government § 6.

The essential logic is simple: Labor is mine and when I appropriate objects from the common I join my labor to them. If you take the objects I have gathered you have also taken my labor, since I have attached my labor to the objects in question. This harms me, and you should not harm me. You therefore have a duty to leave these objects alone. Therefore I have property in the objects.

Similarly, if I use the public domain to create a new intangible work of authorship or invention, you should not harm me by copying it and interfering with my plans for it. I therefore have property in the intangible as well.[263)]

[번역]

필수적인 논리는 간단하다: 노동은 나의 것이고 내가 자연으로부터 어떤 것을 취득했을 때, 나는 나의 노동을 내가 취득한 그것에 부가했다. 만일 당신이 내가 모은 것을 취득했을 때 당신은 나의 노동을 가져 간 것이다. 왜냐하면 나는 나의 노동을 쟁점이 된 그 사물에 가했기 때문이다. 당신이 취득한 것은 나를 해하는 것인데(harms me), 당신은 나를 해해서는 안된다. 따라서 당신은 그와 같은 사물을 그대로 놔두어야 하는 의무가 있다. 그리하여 나는 그 사물을 재산으로 취득한다.

같은 의미로, 만일 공공물(the public domain)을 이용하여 발명이나 저작등 새로운 무체물을 생산해 냈다면 당신은 그것을 복제하여 나를 해하거나 그것에 대한 나의 계획을 방해해서는 안된다. 따라서 나는 그와 같은 무체물을 재산으로 취득한다.

---

263) Wendy Gordon, A Property Right in Self-Expression: Equality and Individualism in the Natural Law of Intellectual Property, 102 Yale L. J. 1533, 1544 (1993). Graham v. John Deere Co. 사건에서도 공유재의 개념은 동일하게 언급되었다. ("Moreover, Congress may not authorize the issuance of patents whose effects are to remove existent knowledge from the public domain, or to restrict free access to materials already available." Graham v. John Deere Co., 383 U.S. 1, 6 (1966)).

라고 타인을 해하지 않을 것(no harm)이라는 단서를 주장하고 있다. 충분하고 동등하게 남겨두어야 한다(enough, and as good, left)는 단서가 재산권을 취득함에 있어서 타인에게 충분하고 동등하게 남겨두어 타인도 재산권을 취득할 기회가 있어야 한다는 것으로서 재산권 취득에 있어 적용되는 단서인 반면, 타인을 해하지 않을 것이란 단서는 재산권 취득에만 적용되는 것이 아닌 자연상태를 통괄하는 일반원칙이고, 이는 재산권 취득에 있어서 준수하여야 단서가 된다. 이와 같은 단서는 칸트나 헤겔도 주장했다.

재산권 취득에 있어서 '충분하고 동등하게 남겨두어야 한다'는 단서는 '해하지 않을 것'이라는 단서보다 상위의 특별관계에 있다고 하여야 할 것이다. 따라서 충분하고 동등하게 남겨둘 것이 재산권 취득의 단서라는 점에서 해하지 않을 것(no harm proviso)은 재산권을 포함한 권리취득과 행사에 있어서의 단서가 된다. 해하지 않을 것이란 단서는 무임승차행위나 영업비밀침해를 포함한 부당이득이나 불법행위법리에 기초한 불공정경쟁행위의 근거가 된다.

(라) 충분하고 동등하게 남겨 둘 것

로크는 그의 유명한 노동이론을 제시하고 있다. 그는 노동의 결과에 대하여 노동을 한 사람이 재산권을 취득하지만 그와 같은 재산권을 취득하기 위한 단서를 제시하고 있다. 노동을 하는 신체는 신체의 소유자이고, 그 신체에 의한 노동은 신체의 소유자인 노동을 한 사람의 소유가 된다.

Though the Earth, and all inferior Creatures be common to all Men, yet every Man has a Property in his own Person. This no Body has any Right to but himself. The Labour of his Body, and the Work of his Hands, we may say, are properly his. Whatsoever then he removes out of the State that Nature hath provided, and left it in, he hath mixed his Labour with it, and joined to it something hat is his own, and thereby makes it his Property. It being by him removed from the common state Nature placed it in, it hath by this labour something annexed to it, that excludes the common right of other Men. For this labour being the unquestionable Property of the Labourer, no Man but he can have a right to what that is once joined to, at least where there is enough, and as good left in common for others.264)

[번역]

　　대지와 모든 열등한 창조물이 인류의 공유에 속한다고 하더라도 모든 개인은 자신의 사적 재산권을 갖지 못한다. 자신 이외에 어떠한 것에 대하여도 권리를 갖지 못한다. 자신의 신체에 의한 노동과 자신의 손에 의한 노동은 자신의 재산이라고 말할 수 있을 것이다. 자연이 제공한 상태에서 끄집어 낸 무엇이라도 그 자신의 노동을 가하여 놔둔 것 그리고 그것에다 무엇을 가하면 그것은 그의 것이다. 그리하여 그것을 자신의 재산으로 한다. 자연이 자연상태에 놓은 것을 그가 끄집어 낸 것이다. 이 노동에 의해 무언가를 그것에 붙여 놓은 것은 다른 사람의 공유인 권리를 배제한다. 왜냐하면 노동은 의문의 여지없이 노동을 한 사람의 재산으로 하기 때문이다. 최소한 다른 사람들을 위해 자연이 충분하고 동등하게 남아 있다면 노동을 한 그 사람 이외에 그 어떤 누구도 그의 노동이 부가된 것에 대하여 권리를 갖지 못한다.

　　로크는 충분하고 동등하게 타인에게 남겨둘 수 있다면, 노동을 가한 사람이 그 노동의 결과에 대하여 재산권을 취득한다고 하고 있다.

　　(마) 재산권 취득에 있어 동의 여부

　　로크는 재산권 취득에 있어서 자연상태에 있는 다른 인간의 동의가 필요 없다고 한다. 이는 같은 자연법론자인 푸펜도르프와 그로티우스와 다른 점

---

264) John Locke, Second Treatise of Government § 27.

이다. 앞서 언급한 바와 같이 푸펜도르프와 그로티우스는 재산권은 배타성을 가지게 되므로 다른 사람의 동의가 필요하다고 한다. 다만 푸펜도르프와 그로티우스에게 재산은 단체적 성격을 띤 재산(communal property)이었다. 로크는 그의 유명한 도토리와 사과를 줍는 행위에 정당성을 부여한다:

> He that is nourished by the Acorns he pickt up under an Oak, or the Apples he gathered from the Trees in the Wood; has certainly appropriated them to himself. No Body can deny but the nourishment is his. I ask then, when did they begin to be his? When he digested? or when he eat? Or when he boiled? Or when he brought them home? Or when he pickt them up? And 'tis plain, if the first gathering made them not his, nothing else could. That labour put a distinction between them and common. That added something to them more than Nature, the common Mother of all, had done; and so they became his private right. And will any one say he had no right to those Acorns or Apples he thus appropriated, because he had not the consent of all Mankind to make them his? Was it a Robbery thus to assume to himself what belonged to all in Common? If such a consent as that was necessary, Man had starved, notwith standing the Plenty God had given him. We see in Commons, which remain so by Compact, that 'tis the taking any part of what is common, and removing it out of the state Nature leaves it in, which be gins the Property; without which the Common is of no use. And the taking of this or that part, does not depend on the express consent of all the Commoners. Thus the Grass my Horse has bit; the Turfs my Servant has cut; and the Ore I have dig'd in any place where I have a right to them in common with others, become my Property, without the assig nation or consent of any body. The la bour that was mine, removing them out of that common state they were in, hath fixed

my Property in them.265)

[번역]

　참나무 아래에서 도토리를 주워, 또는 사과나무 아래에서 사과를 주워 그 영양을 취하는 자는 확실히 도토리와 사과를 자신의 것으로 취득한 것이다. 어느 누구도 영양을 취한 것을 그의 것임을 부인할 수 없다. 그러하면 나는 언제 도토리와 사과가 그의 것이 되었는지 묻는다. 그가 소화를 시켰을 때? 또는 그가 먹었을 때? 또는 그가 익혔을 때? 그가 집에 가져왔을 때? 아니면 그가 주웠을 때? 만일 그가 처음 그것들을 주워 모았을 때라고 하는 것이 통상적이라면 그 이외에 그의 소유로 하는 것으로는 어떤 것이 있겠는가? 노동이 도토리와 사과를 자연과 구별짓게 한 것이다. 도토리와 사과에 어떤 것을 가했을 때 자연 이상의 것이 되고, 사적 소유물이 된 도토리와 사과의 통상적인 어머니이다.[사람을 탄생시키는 것이 어머니이듯, 소유를 탄생시킨 어머니라는 의미로서 본 문맥에서는 '노동'이란 의미이다. 즉 노동이 소유를 탄생시키는 것이다.] 그리하여 도토리와 사과는 그의 사적 권리에 속한다. 그리고 모든 인류로부터 노동을 가한 사람의 소유임을 동의 받지 않았다고 해서 그가 소유한 도토리나 사과에 대하여 권리를 갖지 못한다고 어떤 사람이 말할 수 있을까? 자연의 모든 사람에게 속한 것을 취한 그를 강도라고 할 것인가? 만일 그와 같은 동의가 필요하다면, 신이 부여한 풍부한 식량이 있음에도 인간은 굶을 것이다. 우리는, 동의에 의하여 존재하는 자연에서 공유의 어떤 것을 취하면, 그리고 자연이 그대로 놔둔 것을 자연에서 분리해내면 그것은 그의 재산이 되는 것을 목격한다. 그리고 이것 또는 그 일부를 취하는 것은 자연상태의 다른 사람들의 명시적 동의를 필요로 하지 않는다. 자연에서 다른 사람들에 대하여 나의 권리가 있는 어느 곳에서든지 나의 말이 뜯어 먹는 목초와 나의 하인이 분리해 낸 잔디, 그리고 내가 채취한 광물은,

---

265) John Locke, Second Treatise of Government § 28.

다른 사람의 처분이나 동의 없이, 나의 재산이 된다. 그것들이 있는 자연에서 분리해 내면 나의 재산으로 만드는 나의 것인 노동은 그것들에 대하여 나의 재산을 생성한다.

로크는 인간 생존을 위한 노동이 그의 재산 생성의 원천임을 강조한다. 생존을 위한 노동에 의하여 재산을 생산한다는 것은, 그의 노동이 신의 명령에 따른 것이므로 매우 강한 정당성을 부여한다. 인간으로서 또한 인간이기 때문에 평온하고 안락한 삶을 위해 신의 명령에 따라 노동을 하고, 그 결과를 가져가는 것, 그 결과가 그의 재산이 된다는 것은 매우 자연스럽게 재산 취득의 정당성을 부여한다.

나아가 인간의 생존을 위한 도토리와 사과를 먹는 것에 대해서는 타인의 동의가 필요없다. 다만 타인을 해하지 않아야 하고, 충분하고 동등하게 남겨두어야 한다. 로크에게 자연은 풍부하였기 때문에 충분하고 동등하게 남겨두는데 문제가 없었고, 타인도 여전히 노동을 하여 도토리와 사과를 주워갈 수 있었으므로 타인을 해하는 것도 아니었다.[266)]

도토리와 사과를 소비하는 것은 생존을 위한 행위인데 타인의 동의를 필요로 한다면 그는 자연에 많은 음식물이 있음에도 불구하고 굶어 죽을 것이다. 따라서 생존을 위한 행위이기 때문에 타인의 동의가 필요없는 것이다. 이는 같은 자연법에 의하여 소유권을 주장한 그로티우스와 다른 점이

---

266) 이에 대하여 허버트 스펜서(Herbert Spencer)는 '평등하게 자유라는 법'(the law of equal freedom)은 모든 인류는 평등하게 토지소유권이 보장되어야 하는데, 토지와 같은 유한한 자원은 모든 이가 평등하게 소유할 수 없다는 점을 지적하고 있다. 이에 대해서는 나종갑, 영업비밀보호법의 철학적·규범적 토대와 현대적 적용 존 로크의 재산권 철학을 바탕으로, 경인문화사, 2022, pp. 47-50 참조. 영국 공리주의자인 데비드 흄(David Hume)은 물자가 풍부한 곳에서는 재산의 개념이 필요없고 오히려 희소한 곳에서 재산의 개념이 필요해진다고 하고 있다. Arnold Plant, Economic Theory Concerning Patents for Inventions, 1 Economica 30 (1934). Plant는 무체재산은 희소하지 않기 때문에 경제학적 관점에서 재산권으로 인정할 필요가 없다고 한다.

라는 것은 앞서 지적했다. 재산의 취득에 있어서 다른 인간의 동의가 필요
없다. 다른 사람들의 동의를 얻어야 한다면 인류는 굶어 죽을 것이기 때문
이다.267) 로크는 사유화를 위해 다른 사람의 동의를 구할 필요가 없음을
거듭하여 강조하고 있다.268)

　　로크는 동의에 의하여 시민사회를 구성하지만, 시민사회에서도 재산을
취득하기 위해서 타인의 동의를 필요로 하지 않았다.269) 또한 재산권은 신
이 부여한 절대적인 권리로서 자신의 동의 없이는 박탈될 수 없었다.270)
로크의 자연사회와 시민사회 구성원의 '동의(consent)'에 강한 정당성을 부
여했다. 그렇지만, 재산권은 타인의 동의없이 인정되고 재산권자의 동의없
이 침해될 수 없는 절대적인 권리이었다.271)

　(바) 단서: 충분하고 동등하게 남겨 둘 것(enough, and as good, left)
　　'충분하고 동등하게'라는 단서에 대하여 로크는

> It being by him removed from the common state nature hath placed
> it in, it hath by this labour something annexed to it, that excludes the
> common right of other men: for this labour being the unquestionable
> property of the labourer, no man but he can have a right to what that

---

267) John Locke, Second Treatise of Government §28.

268) John Locke, Second Treatise of Government §29.

269) John Locke, Second Treatise of Government §25. ("But I shall endeavour to shew,
how men might come to have a property in several parts of that which God gave
to mankind in common, and that without any express compact of all the
commoners.").

270) John Locke, Second Treatise of Government §138.("The supreme power cannot take
from any man any part of his property without his own consent.").

271) John Locke, Second Treatise of Government §138. 나종갑, 4차 산업혁명과 인간을
위한 지식재산권, 법학연구 (제30권 제1호), 연세대학교 법학연구원, 2020, p. 360.

is once joined to, at least where there is enough, and as good, left in common for others.272)

[번역]

　이러한 노동은 그 노동을 한 사람의 소유라는 것에는 이의가 없으므로 다른 사람의 공유인 권리를 배제한다. 자연상태에서 그것을 끄집어 낸 사람의 것으로, 그 노동을 한 사람 이외에는 그것에 대하여 어떠한 권리도 가지지 못한다. 최소한 자연에는 타인을 위해 충분하고 동등하게 남겨두고 있기 때문이다.

라고 하여, 로크는 '노동을 가해서 그 결과물을 자연상태로부터 끄집어 내어 다른 인간의 보편적 권리(the common right)를 배제한다. 왜냐하면 노동은 의문없이 노동을 가한 자의 재산이기 때문에 그가 노동을 가한 것은, 최소한 다른 사람을 위해 자연에 충분하고 동등하게 남겨져 있다면(enough, and as good, left) [노동을 가한] 그 이외에 어느 누구도 권리를 가질 수 없다'고 하고 있다. 즉 재산권을 취득하더라도 타인에게 동등하고 충분하게 남겨져 있다면 다른 사람의 보편적 권리, 즉 추상적 재산권을 배제할 수 있다고 한다. 앞서 언급한 바와 같이 신(God)은 인간에게 3가지 재산권을 인정하였는데,273) 신이 자연을 인간에게 하사함으로써 인간에게는 추상적인 재산권('첫번째 재산권')이 발생하였다. 다만, 그 타인은 아직 노동을 가하지 않았기 때문에 아직 구체적 재산권이 발생하지 않는다. 그에게 충분하고 동등하게 구체적 재산권 취득의 기회를 주었다면 그의 지위에 영향을 미치는 것은 아니다. 추상적 재산권이 존재하는 상태에서는 다른 인간에게

---

272) John Locke, Second Treatise of Government §27.

273) 나종갑, 4차 산업혁명과 인간을 위한 지식재산권, 법학연구 (제30권 제1호), 연세대학교 법학연구원, 2020, p. 362, 각주 20에 관련된 본문 참조; 한지영, 지적재산의 철학에 관한 연구 -로크의 노동이론을 중심으로-, 산업재산권(제20호), 한국지식재산학회, 2006, p. 1.

이전보다 상황을 악화시키지 않았다.

토지는 유한한 자원이기 때문에 충분하고 동등하게 남겨둘 수 없다는 허버트 스펜서(Herbert Spencer, 1820-1903)의 주장이 있다.274) 스펜서의 주장은 최소한 아이디어에 대한 전유를 허용하는 영업비밀이나 각 개인의 개성이 반영되는 저작권에 대하여는 타당하지 않다. 특허의 경우에는 그 일부에 대하여는 타당한 측면이 있다.

충분하고 동등하게 남겨두어야 할 대상이 i) 과거의 자유의 상실 뿐만 아니라 ii) 미래의 기회의 상실의 경우도 포함한다면, 즉 어떤 사람이 먼저 발명을 하여 재산권(특허권)을 취득한다면 그 외의 모든 사람이 미래에 발명을 하여 특허권을 취득할 기회를 상실케하므로, 그에게 충분하고 동등하게 기회를 남겨두었다고 말할 수 없을 것이다. 그와 같은 경우에는 어떤 사람의 소유로 인하여 다른 사람이 소유할 토지가 없다는 허버트 스펜서의 주장이 타당하다. 그러나 이는 과도하게 '충분하고 동등하게 남겨 둘 것'이라는 단서를 적용한 결과이다. 따라서 이에 대해서 로크의 '충분하고 동등하게 남겨 둘 것'이란 단서는 과거의 자유의 상실을 의미한다는 로버트 노직(Robert Nozick)의 주장275)이 타당하다고 해야 한다.

저작권의 경우에는 영업비밀과 특허의 중간에 위치한다. 저작권은 영업비밀과 같이 독자적이만 실질적으로 동일한(striking similarity) 저작물의 창작을 허용한다. 다만 타인의 저작물에 대한 접근(access)가 없어야 하므로, 공개(publish)를 한다면 타인은 자신도 모르게 그 저작물에 대하여 접근을 할 수 있고, 그렇게 된다면 독자적이지만 실질적으로 동일한 저작물을 창작할 기회를 상실하므로 그만큼 자신의 기회를 상실할 수 있다.

미래의 기회의 상실로 인하여 충분하고 동등하게 남겨두지 않았다는 주

---

274) 그의 주장에 대해서는 나종갑, 영업비밀보호법의 철학적·규범적 토대와 현대적 적용 존 로크의 재산권 철학을 바탕으로, 경인문화사, 2022, pp. 51-56.

275) Robert Nozick, Anarchy, State and Utopia, Basic Books, 1974, pp. 174-75.

장은 받아들일 수 없다. 왜냐하면 인류의 모든 공유지식은 미래의 기회를 상실케 하기 때문이다. 즉 그 논변을 엄격하게 적용한다면 내가 알아낸 지식을 타인과 공유하는 것도 타인의 재산권 취득을 방해하는 행위가 된다. 나의 공개로 인하여 공유지식이 되므로, 타인은 사유화할 기회를 상실했기 때문이다.

유체물의 경우, 예컨대 로크는 토지를 무한한 것으로 예상하였고 어떤 인간도 타인의 기회에 영향을 받을 만큼 소유하지 못한다고 생각하였다.

The measure of Property, Nature well set, by the Extent of Mens Labour, and the Conveniency of Life: no Man's Labour could subdue, or appropriate all; nor could his Enjoyment consume more than a small part; so that it was impossble for any Man, this way, to intrench upon the Right of another, or acquire, to himself, a Property, to the Prejudice of his Neighbour, who would still have room, for as good, and as large a Possession (after the other had taken out his) as before it was appropriated; ⋯. For supposing a Man, or Family, in the state they were at first, peopling of the World by the Children of Adam, or Noah; let him plant in some in-land, vacant places of America, we shall find that the Possessions, he could make himself, upon the measures we have given, would not be very large, nor, even to this day, prejudice the rest of Mankind, or give them reason to complain, or think themselves injured by this Man's Incroachment, though the Race of Men have now spread themselves to all the corners of the World, and do infinitely exceed the small number was at the beginning.

Nay the extent of Ground is of so little value, without Labour, that I have heard it affirmed, that, in Spain it self, a Man may be permitted to plough, sow, and reap, without being disturbed, upon Land he has no other Title to, but only his making use of it. But, on the contrary, the

Inhabitants think themselvs beholden to him, who, by his Industry, on neglected, and consequently waste Land, has increased the stock of Corn, which they wanted. But be this as it will, which I lay no stress on; this I dare boldly affirm, That the same Rule of Propriety, (viz.) that every Man should have as much as he could make use of, would hold still in the World, without straitning[straiting] any body, since there is Land enough in the World, to suffice double the Inhabitants, had not the Invention of Money, and the tacit Agreement of Men, to put a value on it, introduced (by Consent) larger Possessions, and a Right to them; which, how it has done, I shall, by and by, shew more at large.[276]

[번역]

인간의 노동의 정도와 생활의 편의를 고려하여 자연은 재산권을 규정하고 있다. 어느 누구도, 노동을 하여 [지구상의] 모든 토지를 취득할 수는 없었고, 또한 그가 [지구 전체의 토지를] 소유한다고 하더라도 [그가 실제로] 소비할 수 있는 것은 매우 적은 부분이다. 그 결과, 어느 누구도 노동을 하여 재산을 취득하는 방법으로도 다른 사람의 권리를 침해하거나 그 이웃 사람에게 해를 가하면서 자신의 재산을 취득할 수 없었다. 왜냐하면 이웃 사람에게는 여전히 물건이 남아 있고, 그가 그의 것을 취득한 이후에도 취득 이전과 같이 많은 부분 남아 있기 때문이다. …. 예컨대, 아담과 노아의 자손들이 이 세계에 살기 시작한, 인류가 최초로 거주하기 시작한 때, 어떤 개인이나 가족이 있다고 가정해 보자. 그 사람이 아메리카의 어떤 내륙(內陸)의, 사람들이 살지 않는 곳에 거주했다고 가정해 보면, 위에서 말한 것과 같은 조건에 따라, 그가 스스로 취득하여 소비할 재산은 매우 많지 않음을 알 수 있다. 확실히 오늘날에는 인류는 세계 모든 곳에 거주하여, 세상의 초기에 살았던 사람들보다도 훨씬 많이 살고 있다. 그러나 오늘날에 있어서도,

---

276) John Locke, Second Treatise of Government §36.

인간의 재산은 다른 인류의 이익을 침해하지는 않았고, 그 이후에도,
다른 사람에 의해서 토지가 획득(점유)되어지기 전과 마찬가지로 양호
한 그리고 충분한 소유물을 획득할 수 있는 여지가 있었을 것이기 때
문이다. 그렇지만, 토지로 말하면 노동을 가하지 않으면 매우 적은 가
치를 가지고 있고, 그와 같은 것은 스페인에서 인간은 토지에 대하여
어떤 권리도 없이 단지 토지를 사용할 수 있음에도, 어떤 방해 받음이
없이 경작하고, 씨를 뿌리고 수확하고 있다고 들었다. 그러나 그와 반
대로 스페인의 주민들은 경작하지 않고 내버려진, 황폐화 된 토지에
노동을 함으로써 그들이 원하던 곡식을 증가시켜 준 인간들에게 감사
함을 느끼고 있다. 그러나 어떻든 간에, 새삼스럽게 그와 같이 곡식을
증가시킴을 감사하는 것을 강조해야 할 것은 아니다. 모든 사람이 자
신의 재산을 이용할 수 있을 만큼 취득하여야 한다는 재산에 관한 원
칙은 어느 누구도 곤궁하게 하지 않으면서 여전히 세상에 유효하다.
화폐의 발명과 인간의 계약으로 가치를 부여하여 화폐를 통하여 스스
로 이용할 수 있는 것보다 더 많은 소유를 가능케하는 화폐를 만들어
내지 않았다면, 이 세상의 토지는 여전히 충분하게 남아있어 거주민을
두배로 할 수 있었기 때문이다. 이제 화폐가 가져온 결과에 대하여 자
세히 설명해 보려고 한다.

로크는 지구의 토지는 어떤 사람의 일부분의 소유로 인하여 영향을 받지
않는다고 생각했다. 나아가 로크가 인간의 경제에 화폐를 도입하므로써[277]

---

277) 예컨대, John Locke, Second Treatise of Government §48.
   And as different degrees of Industry were apt to give Men Possessions in
   different Proportions, so this Invention of Money gave them the opportunity to
   continue and enlarge them. For supposing an Island, separate from all possible
   Commerce with the rest of the World, wherein there were but a Hundred
   Families, but there were Sheep, Horses and Cowes, with other useful Animals,
   wholesome Fruits, and Land enough for Corn, for a Hundred thousand times
   as many, but nothing in the Island, either because of its Commonness, or

재산의 취득, 토지의 취득을 화폐로 대신할 수 있었으므로 토지의 유한성은 더 이상 문제되지 않는다. 화폐의 도입은 제3의 단서인 낭비하지 않을 것(non-waste)을 포기한 것이라고 하나, 충분하고 동등하게 남겨둘 것이라는 단서에도 많은 영향을 미친다. 예컨대 1에이커의 토지를 소유하지 않은 자는 1에이커의 토지와 교환할 수 있는 가치를 화폐로 보유할 수 있었고, 언제든지 그 화폐와 1에이커의 토지는 교환될 수 있으므로 더 이상 토지의 유한성은 문제되지 않는다.

로크가 화폐를 도입함으로서 충분하고 동등하게 남겨두어야 한다는 그의 단서는 매우 약한 단서가 된 것이다. 로크는 화폐가 도입됨으로서 화폐로 잉여생신물을 축적힘으로서 더 많은 소비를 하게 되고, 토시노 부족이 일어난 것이라고 하지만, 실제로 화폐는 잉여 노동을 축적하게 함으로서 부족한 토지문제를 해결한 원천이다. 화폐로 동등한 가치를 축적할 수 있다면, 토지 부족문제는 발생하지 않는다. 다만, 이는 토지가 신의 명령에 의해 재산권의 대상이 되었을 때 이후의 문제이다. 분명히 토지는 공유지(the common)일 뿐이고, 무체물에 있어서도 공유물(the public domain)일 뿐이다.

노동에 의하여 창조된 가치만을 재산권으로 할 수 있다는 로크의 명제를 엄격하게 판단하면, 토지는 신이 창조한 것이므로 인간의 소유의 대상이 될 수 없다. 그러나 현실은 화폐의 도입으로 노동의 가치가 화폐로 축적되어 존재할 뿐이다. 노동이 가치는 화폐로 환산되어 그 화폐가치와 동일한 토지, 기타 유한한 자원과 동일한 가치만큼 존재하는 것이다. 따라서 충분하고 동등하게 남겨두어야 한다는 단서는 충족하는 것이다. 아이디어와 같은 무체물에 관하여는 화폐의 축적없이도 충분하고 동등하게 새로운 아직 구체화 되지 않아278) 재산권을 취득하지 못한 아이디어가 무한히 남아 있

---

perishableness, fit to supply the Place of Money….

278) 자연법칙의 이용성(application)이 있어야 인간의 창작인 발명으로서 특허를 받을 수

기 때문에 항상 충분하고 동등하게 남아 있다고 할 수 있다.

　'충분하고 동등하게 남겨둘 것'은 로크가 제시한 '단서'가 아니라는 주장도 있다. 로크의 재산권철학에 많은 연구를 한 Jeremy Waldron은 충분하고 동등하게("enough and as good left")에 대하여 로크의 단서라고 했던 자신의 견해를 변경하여, 로크가 충분하고 동등하게 남겨 둘 것을 언급하는 내용("… at least where there is enough and as good left in common for others."[279]) 중에서 "at least where"로 인하여 충분하고 동등하게는 충분조건이 되고 필요조건인 단서가 될 수 없다고 한다. 다른 사람들에게 충분하게 남겨지지 않더라도("not enough and as good left") 재산권 취득을 인정할 수 있다는 것이다. 그리하여 충분하고 동등하게("enough and as good left")는 필요조건이 아니므로 단서가 아니라고 한다.[280] 이에 노동(labor)을 재산권 취득의 충분조건이라 하고, 다른 하나의 조건은 낭비하지 않을 것(the non-spoilage)이라고 하여 동의하는 견해도 있다.[281] 그러나 다수의 견해는 충분하고 동등하게 남겨둘 것(enough and as good left)을 로크가 제시한 재산권 취득의 단서로 이해하고 있다.

　(사) 창작과 재산권, 영국의 1624년 독점법(the Statute of Monopolies 1624)에 대한 로크적 평가

　로크는 노동이 창작하는 가치에 대하여 재산권을 부여한다. 이는 지적재산권법에 많은 명제를 제공한다. 특허의 신규성, 저작권의 창작성, 상표의 식별력, 영업비밀의 비밀성과 경제성 등에 대하여 많은 영향을 미친다. 특

있도록 하고 있다. 특허법 제2조 제1호 참조.

279) John Locke, Second Treatise of Government § 27.

280) Jeremy Waldron, Enough and as Good Left for Others, The Philosophical Quarterly, Vol. 29, No. 117 p. 321 (1979).

281) Thomas Mautner, Locke on Original Acquisition, 19 Am. Phil. Quarterly 259, 260 (1982).

허의 신규성, 저작권의 창작성, 상표의 식별력, 영업비밀의 비밀성과 경제성은 로크의 재산권 철학을 바탕으로 한다고 할 수 있다. 소위 창작법의 의미는 새로운 노동가치의 창조와 상통한다.

영국의 1624년 독점법의 가치는 새로운 창작에만 특허를 부여하였다는 데 있다. 물론 과거의 특권을 폐지하지 않은 것은 독점법을 제정하기 위한 정치적 타협의 결과이다. 다만, 1624년 독점법 기술의 수입도 특허권의 대상으로 하였는데, 이는 정치경제학적인 문제로 인한 결과이다. 로크의 재산권 철학은 자연법을 기초로 하는 것으로서, 자연법은 우주에 보편적인 법 원리이므로 하나의 원리만 존재한다. 따라서 새로운 가치의 창조라는 것은 아이디어에서는 창작한 사람이 비밀로 유지하지 않는 한 우주에 최초로 창작한 아이디어만을 재산권의 대상으로 한다. 따라서 자연법, 즉 로크의 재산권 철학에서 신규하다는 것은 특정국가가 아닌 지구 전체에서 신규하다는 것을 의미한다. 그러나 1624년 독점법의 제정이나 미국의 1790년 특허법의 제정 당시에도 신규성의 의미가 문제가 되었다. 영국은 영국내에서 신규성을 의미하였다. 미국의 경우에는 수입에 관한 특허 독점을 인정하지 않아, 결과적으로 보편성을 바탕으로 한 신규성 원칙을 채택하였다.[282] 물론 철학적 문제로서 보편적 신규성을 채택하여 그와 같은 결과가 된 것은 아니다. 프랑스는 1810년 법 제3조에 프랑스에 최초로 수입을 한 자도 발명자와 같은 특권을 가진다고 규정하고 있었다.[283]

재산권의 범위는 인간의 창작의 범위이다. 신이 만든 자연과 자연상태는 인간의 창작 범위를 벗어나므로 재산권의 대상이 되지 않는다. 1624년 영

---

282) 이에 대하여는 본 서 제5장 제1절 "3. 발명자 v. 도입자: promotion of the development of industry?" 참조.

283) French Laws, Loi du 7 Janvier, §3, Quiconque apportera le prémier en France, une découverte étrangère jouira des mêmes avantages que s'il en était l' inventeur. ("§3. Whoever first brings to France a foreign discovery shall enjoy the same privileges as if he were the inventor.")

국의 독점법은 인간이 만든 것의 개념인 "manufacture"에 대하여 특허를 부여한다고 함으로서[284] 인간의 노동이 가미된 것에 대하여 특허를 부여하는 것으로서 자연법칙이나 추상적인 아이디어에는 특허를 부여하지 않겠다는 의미를 명확히 했다. 이러한 로크의 자연과 자연상태 개념은 지적재산권법 영역에서는 공유개념인 공공의 영역(the public domain)으로 수용되어 있다.

다만 현실에서 어느 범위에서 인간의 재산권의 대상이 되는지는 명확하지 않다. 이는 허버트 스펜서가 제기한 문제, 즉 그는 지구의 토지는 유한하기 때문에 마지막의 토지를 소유한 사람 이외의 나머지 사람은 토지를 소유할 수 없기 때문에 충분하고 동등하게 남겨두어야 한다는 로크의 단서를 충족할 수 없다고 주장했다. 사실 이에 대하여 로크가 어느 정도 혼란을 가져온 것 같다. 로크는 아메리카 인디언의 예를 제시하면서 신대륙의 토지는 무한하기 때문에 부족할 수 없다는 가정을 하고 그 예를 언급하는 등 그의 재산권편의 저술 중 많은 부분에서 토지가 소유의 대상이 되는 것 같은 언급이 있는 것은 사실이다. 로크는

> The Fruit, or Venison which nourishes the wild Indian, who knows no Inclosure, and is still a Tenant in common, must be his, and so his, i.e. a part of him, that another can no longer have any right to it, before it can do him any good for the support of his Life.[285]

라고 하여, '야생의 인디언을 먹여 살리는 과일과 사슴고기는, 인디언은 토지를 구획할 줄 몰라 여전히 토지의 이용자일 뿐이므로, 인디언의 것이 되

---

284) John Locke, Second Treatise of Government § §6, ("grants of privilege for the term of fourteen years or under, hereafter to be made, of the sole working or making of any manner of new manufactures").

285) John Locke, Second Treatise of Government §26.

어야 하고, 과일과 사슴고기가 그의 일부분이므로, 인디언의 삶을 지지해
주기 전에, 다른 사람이 권리를 주장할 수 없다'고 하여, 마치 토지도 구획
을 정하면 사적 소유가 되는 것으로 언급했다. 그러나 로크는 토지 구획으
로 소유가 된다는 의미가 아니라 토지를 구획하여 과수나무를 경작하고,
토지를 구획하여 사슴을 사육하여 사유화를 하면 좀 더 나은 생산력을 가
질 것이라고 언급한 것이다.

> Though the earth and all inferior creatures be common to all men, yet
> every man has a "property" in his own "person."286)

'토지와 모든 열등한 창조물(짐승 등)은 모두 사람에게 속하고, 사람은
자신에 대하여 재산으로 가지고 있었다'고 하여, 토지도 사람의 소유가 되
는 것과 같이 언급했다. 나아가 로크는 결정적으로

> [T]o which let me add, that he who appropriates land to himself by
> his labour, does not lessen, but increase the common stock of
> mankind.287)

라고 언급하여 '토지를 소유한 결과 인류의 자산을 증가시켰다'고 하고 있
다. 그러나 앞서 언급한 바와 같이 로크는 토지는 무한한 것으로 생각했고,
토지는 신의 창조물이고, 인간에게 공유재산으로 준 것이므로, 인간이 토지
에 노동을 가하여 그 산출물을 취득할 수 있을지언정 사적소유의 대상이
될 수 없다. 이러한 논리에 따라 자연법칙, 자연현상, 추상적 아이디어 등
은 인간의 창작물이 아니므로 소유의 대상이 되지 않는다.288) 예컨대 자연

---

286) John Locke, Second Treatise of Government §27.
287) John Locke, Second Treatise of Government §37.

에서 자라나는 도토리 나무, 사과 나무는 소유할 수 없지만, 도토리 나무, 사과 나무 밑에 떨어진 도토리와 사과를 주워 모으는 것은 사적 소유의 대상이 된다.[289] 자연 그 자체가 아닌, 자연에 어떤 노동을 가해 자연으로부터 끄집어 내는 어떤 노력은 필요하다.

물론 상표에 있어서도 동일한 원칙이 적용된다. 로크의 이러한 재산권 철학은 공공의 영역(the public domain)의 원리로 반영되어 있다. 1883년 Avery & Sons v. Meikle & Co. 사건[290]에서 미국 법원은

> The alphabet, English vocabulary, and Arabic numerals, are to man, in conveying his thoughts, feelings, and the truth, what air, light, and water are to him in the enjoyment of his physical being. Neither can be taken from him. They are the common property of mankind, in which all have an equal share and character of interest. From these fountains whosoever will may drink, but an exclusive right to do so cannot be acquired by any.

[번역]

자신의 생각, 느낌 및 진실을 전달하는데 있어 영어 단어 및 아라비아 숫자 등과 같은 알파벳은 사람에게 그의 육체가 필요한 공기, 빛 및 물과 같은 것이다. 누구도 그로부터 그와 같은 필요한 것을 박탈할 수 없다. 그와 같이 필요한 것은 인간 모두가 동등한 지분과 지위를 가지는 공유물이다. 분수에서 누구든지 마실 수 있지만, 누구도 배타적인 권리를 가질 수 없다.

---

288) 우리나라를 포함하여 모든 나라의 특허법은 공통적으로 자연법칙, 자연현상 등 그 자체에 대하여 특허권을 인정하지 않고 있는데 이는 로크의 인간의 창작물만 소유의 대상으로 한 명제와 일치한다.

289) John Locke, Second Treatise of Government §40

290) Avery & Sons v. Meikle & Co., 81 Ky. 73, 90 (1883).

라고 하여, 공유인 공중의 영역(the public domain)의 개념에 의해, 해당 상품의 일반명칭과 해당 상품의 기술명칭 중에서 원래의 의미(original meaning; primary meaning)는 사유화 할 수 없다고 판시했다.

만일 토지가 사적 소유의 대상이라면 노동을 가하여 얻은 가치에 대하여 소유를 하여야 한다는 명제와 어긋나는 것이다. 그것이 아니라면, 우리가 노동을 가한 결과를 소유할 수 있다는 명제를 너무 엄격하게 해석하여, 신이 인간에게 토지(earth)를 소유의 대상으로 준 것임에도 불구하고, 소유의 대상으로 인정하지 않는 오류일 수 있다.

로크는 토지를 인간에게 부여했고, 토지에 노동을 가하여 얻은 것은 그의 소유이지만, 나머지는 그렇지 않음을 분명히 하고 있다. 만일 노동을 가하여 얻은 결과를 소유로 하는 것이 아니라 단순히 점유에 의해서 소유할 수 있다면, 굳이 인간에게 노동을 하라고 명할 필요가 없을 것이다. 신은 인간에게 근면성(husbandry)을 부여하기 위해 노동을 명한 것이다.

> God and his Reason commanded him to subdue the Earth, i.e, improve it for the benefit of Life, and therein lay out something upon it that was his own, his labour. He that in obedience to this Command of God, subdued, tilled and sowed any part of it, thereby annexed to it something that was his Property, which another had no Title to, nor could without injury take from him.[291]

위와 같이, 토지에 자신의 노동을 가하여 얻은 것은 인간의 것이지 토지 자체가 인간의 것은 아니다. 토지에 무엇인가(something)를 가했을 때, 즉 생산했을때 생산한 그 무엇인가는 그것을 가한/생산한 사람의 것이다. 토지 전체는 공유이다. 또한 로크는

---

291) John Locke, Second Treatise of Government §32

Nor is it so strange as perhaps before consideration it may appear, that the Property of labour should be able to overballance the Community of Land. For 'tis labour indeed that puts the difference of value on every thing; ···. he will find, that the improvement of labour makes the far greater part of the value. I think it will be but a very modest Computation to say, that of the Products of the Earth useful to the Life of Man 9/10 are the effects of labour: nay, if we will rightly estimate things as they come to our use, and cast up the several expences about them, what in them is purely owing to Nature, and what to la bour, we shall find, that in most of them 99/100 are wholly to be put on the account of labour.[292]

라고 하여, 경작물은 거의 모두 노동을 통하여 발생하는 것임을 강조하고 있다. 그러나 우리의 현실은 인간이 토지를 소유하고 있다. 이는 로크의 '단서'가 아닌 노동을 가하여 얻은 것은 인간의 소유라는 '명제'를 어긴 것

---

292) John Locke, Second Treatise of Government §40. 같은 취지의 언급은 그 이외도 많으나, 하나만 더 예시를 한다:

> An Acre of Land that bears here Twenty Bushels of Wheat, and another in America, which, with the same Husbanry, would do the like, are, without doubt, of the same natural, intrinsick Value. But yet the Benefit Mankind receives from one in a Year is worth 5l. and the other possibly not worth a Penny; if all the Profit an Indian received from it were to be valued, and sold here; at least, I may truly say, not 1/1000. 'Tis Labour then which puts the greatest part of Value upon Land, without which it would scarcely be worth any thing; 'tis to that we owe the greatest part of all its useful Products; for all that the Straw, Bran, Bread, of that Acre of Wheat, is more worth than the Product of an Acre of as good Land, which lies waste, is all the Effect of Labour. For 'tis not barely the Plough-man's Pains, the Reap er's and Thresher's Toil, and the Baker's···.

John Locke, Second Treatise of Government §43.

이다. 신이 토지를 인간에게 소유의 대상으로 준 것이라면 충분하고 동등하게 남겨둘 수 있을 것이라는 단서를 충족해야 한다. 지구상의 마지막 토지를 소유하고 난 그 다음 사람이 소유할 토지가 없다면 충분하고 동등하게 남겨둘 것이라는 단서를 위반하게 된다. 다만, 토지를 소유하고 있다는 현실을 인정하여야 한다면, 화폐를 통한 교환가능성에 의해 충분하고 동등하게 남겨둘 것이라는 명제는 충족할 수 있고, 나아가 지식재산과 같은 무체물에서는 자연법칙, 자연현상 등에 대하여는 공공영역(the public domain)으로 인정하여 전유를 인정하고 있지 않으므로 로크의 명제와 단서를 준수하고 있다고 할 수 있다.

(3) 화폐와 교환경제

로크는 화폐(money)를 도입하여 교환경제를 상정했다. 로크의 화폐에 대한 언급을, 이미 앞서 언급했지만, 다시 살펴본다.

> [t]his I dare boldly affirm, That the same Rule of Propriety, (viz.) that every Man should have as much as he could make use of, would hold still in the World, without straitning[straiting] any body, since there is Land enough in the World, to suffice double the Inhabitants, had not the Invention of Money, and the tacit Agreement of Men, to put a value on it, introduced (by Consent) larger Possessions, and a Right to them; which, how it has done, I shall, by and by, shew more at large.[293]

> 모든 사람이 자신의 재산을 이용할 수 있을 만큼 취득하여야 한다는 재산에 관한 원칙은 어느 누구도 곤궁하게 하지 않으면서 여전히 세상에 유효하다. 화폐의 발명과 인간의 계약으로 가치를 부여하여 화폐를 통하여 스스로 이용할 수 있는 것 보다 더 많은 소유를 가능케하

---

293) John Locke, Second Treatise of Government §36.

는 화폐를 만들어 내지 않았다면, 이 세상의 토지는 여전히 충분하게 남아있어 거주민을 두배로 할 수 있었기 때문이다. 이제 화폐가 가져온 결과에 대하여 자세히 설명해 보려고 한다.

화폐는 동등한 가치를 교환하게 함으로서 '낭비하지 않을 것'이라는 단서 뿐만 아니라 '충분하고 동등하게 남겨둘 것'이라는 단서를 쉽게 충족하게 한다.294) 게다가 화폐의 도입으로 토지의 가치와 동등한 화폐를 토지와 교환적으로 축적할 수 있고, 언제든지 토지와 교환을 통하여 토지를 소유할 수 있도록 하여 혼란을 가져왔다. 그러나 로크의 재산권 철학을 엄격하게 해석한다면 토지는 소유할 수 없다고 해야 한다. 사실 자연상태에서는 자신의 소유를 강제할 수 있는 실정법이 존재하지 않는다. 로크의 위 언급을 보면 화폐제도를 도입하였기 때문에 충분하고 동등하게 남겨둘 것이라는 단서를 위반하지 않고 토지를 소유할 수 있었던 것으로 해석된다.

다만 현실은 자연상태에 의해 동의에 의하여, 나아가 시민사회에서도 동의에 의하여 토지를 소유할 수 있고, 마지막 토지를 소유한 사람의 다음 사람은 토지를 소유할 수 없지만, 그 토지와 교환할 수 있는 화폐를 보유할 수 있다면 화폐가치를 통해 토지와 교환할 수 있으므로 토지를 간접적으로 보유할 수 있고, 이는 뒤에서 보는 바와 같이 파레토 최적(Pareto Optimal)을 위반하지 않으므로295) 로크의 충분하고 동등하게 남겨둘 것이라는 단서는 위반하지 않는다고 볼 수는 있을 것이다.

---

294) 이에 대하여 로버트 노직은 '낭비하지 않을 것'(non-waste proviso)는 '충분하고 동등하게 남겨둘 것'(enough and good left proviso에 포함되는 것으로서 불필요함을 암시하고 있다. 나아가 그는 로크의 '충분하고 동등하게 남겨 둘 것'이라는 단서는 타인을 '종전보다 악화시키지 않을 것', 즉 해하지 않는다는 의미로 해석하고 있다. Robert Nozick, Anarchy, State, and Utopia, Basic Books, Inc., 1974, p. 176.

295) 파레토 최적에 관하여는 본 서 제4장 제3절 1. 나. "파레토 최적(Pareto Optimality), 파레토 개선(Pareto Improvement) 및 칼도-힉스 개선(Kaldor-Hicks Improvement)" 참조

따라서 충분하고 동등하게 남겨둘 수 없음에도 불구하고 시민사회에서
는 토지에 대한 재산권을 인정한 것이다. 로크는 인구가 가축의 수가 증가
되고, 소유한 토지의 경계가 확정되고, 화폐가 사용된 결과로 인하여 어떤
나라들, 즉 시민사회에서는 계약과 합의에 의해 토지에 대한 소유권을 인
정하게 되었다고 하고 있다. 그와 같은 언급 중의 하나의 예를 들면:

> [I]n some parts of the World, where the Increase of People and
> Stock, with the Use of Money, had made Land scarce, and so of some
> Value, the several Communities setled the Bounds of their distinct
> Territories, and, by Laws, within themselves, regulated the Properties of
> the private Men of their Society, and so, by Compact and Agreement,
> setled the Property which Labour and Industry began. And the Leagues,
> that have been made between several States and Kingdoms, either
> expresly or tacitly dis-owning all Claim and Right to the Land in the
> others Possession, have, by common Consent, given up their Pretences
> to their natural common Right, which originally they had to those
> Countries: and so have, by positive Agreement, settled a Property
> amongst themselves, in distinct Parts of the World; yet there are still
> great Tracts of Ground to be found, which the Inhabitants thereof, not
> having joyned with the rest of Mankind, in the consent of the Use of
> their common Money, lye waste, and are more than the People, who
> dwell on it, do, or can make use of, and so still lye in common.
> Though this can scarce happen amongst that part of Mankind that have
> consented to the Use of Money.296)

[번역]

　지구의 어느 곳에서는 사람들과 가축들이 증가하였고, 화폐를 사용

---

296) John Locke, Second Treatise of Government §45.

하여 토지를 부족하게 했고, 그러한 결과로 토지는 어떤 가치를 갖게
되었고, 여러 사회에서는 그 구성원들의 토지경계가 확정되었고, 법에
의해 그 사회에 속하는 개인의 소유권도 규정하게 되었다. 노동과 근
로에 의해서 탄생한 재산은 계약과 합의(Compact and Agreement)에 의
해 규율되게 되었다. 국가와 왕국들 사이에 성립한 연맹들(Leagues)은
명시적으로 또는 묵시적으로 다른 국가가 소유하고 있는 토지에 대하
여 이의 제기나 권리 주장을 하지 않기로 합의했다. 나아가 이러한 연
맹은 상호간의 합의에 의해 상대방에 대하여 가지고 있는 자연적 공유
임을 주장하지 않기로 했다. 명시적인 합의에 의해 지구상의 각각 구
분된 토지에 대하여 각 국가간의 소유에 대하여 명시적으로 구분하게
된 것이다. 그렇지만 아직 인류가 가지고 있는 나머지 부분과 모두가
사용할 수 있는 공용화폐에 동의하지 않는 사람이 살고 있는 광대한
지역이 미개간지로 남아 있는 것을 찾아 볼 수 있다. 그와 같은 지역은
아직 사람이 살면서 이용하고 있음에도 아직 남아 있는 토지가 있고,
앞으로도 그 전부를 이용할 수 없을 정도의 공유인 토지가 남아 있다.
이와 같은 사실은 화폐사용에 동의한 사람들 사이에는 거의 발생할 수
없기는 하다.

위의 §36과 §45의 언급을 고찰해 보면 로크는 화폐사용이 되는 지역에
서는 물자와 토지도 부족현상이 발생하였기 때문에 교환의 매개체인 화폐
를 사용한다고 함을 간접적으로 언급하고 있지만, 화폐의 기능은 동등한
가치를 축적하여 '충분하고 동등하게 남겨둘 것'이라는 단서, 따라서 '타인
에게 해하지 않을 것'이라는 단서를 충족하게 함을 강조하지 않았다.
유한한 토지를 소유하는 것은 화폐를 매개로 한 가치의 소유이다. 자원
과 물자, 그리고 토지가 무한한 곳에서는 그 자원(raw material)이 항상 충
분하고 동등하게 남겨져 있다. 그러나 로크가 토지의 소유를 인정하고 있
는 것이 아닌가 하는 의문이 들고, 토지의 소유를 인정한다면 토지는 신의

창조물이 아닌 인간의 창조물 또는 신의 창조물도 소유의 대상으로 인정한 것이 아닌지 하는 의문이 들 수 있다. 그러나 로크의 언급을 보면, 토지소유가 무한한 곳에서는 여전히 충분하고 동등하게 남겨져 있음을 전제로 하고 있고, 토지 부족이 발생한 곳은 시민사회의 법과 화폐에 의해 그의 단서를 충족하고 있다는 전제하에 있다.

화폐의 도입으로 토지를 소유할 수 있었고, 축적한 화폐와 토지를 교환할 수 있는 한, 충분하고 동등하게 남겨둘 수 있다고 할 수 있다. 일반적으로 화폐의 도입은 로크의 또 다른 단서인 낭비하지 않을 것(non-waste)이란 단서를 포기한 것이라고 주장되어 왔다. 그러나 화폐는 가치의 보존 수단일 뿐만 아니라 교환 수단이다. 1평의 토지는 그와 동등한 가치의 화폐에 의해 소유될 수 있다. 이러한 노동가치에 의한 재산권 인정의 논리와 교환가치에 의한 정당성은 로버트 노직에 의해 강화되었다.

(4) 로버트 노직(Robert Nozick)에 의한 정당화

로버트 노직은 그의 소유권리론(entitlement theory)을 통하여 로크의 재산권 이론을 강화하고 있다. 노직의 철학은 개인의 자유를 중요시한다는 측면에서는 로크와 같은 철학을 공유한다고 할 수 있지만, 로크가 기독교적 자연법 사상과 성경을 바탕으로 재산권의 정당화를 하고 있지만 노직은 기독교사상과 따라서 자연법 철학을 바탕으로 하지 않고 있다는 점에서 차이가 있다. 노직은 인간이 자신의 생명과 재산을 지키기 위해서 국가를 구성해 나간다고 하는 점에서 로크의 철학과 같다고 할 수 있지만, 노직은 개인의 자유가 최상의 가치가 되므로 정부의 간섭은 최소화 하여야 한다고 생각했는데, 이점은 로크의 철학과는 좀 차이가 있다.

그의 이론은 첫째는 재산권의 범위에 관한 논증과 둘째는 로크의 단서에 관한 논증으로 정리할 수 있다. 노직은 자신의 논증을 통하여 로크의 재산권의 취득의 논리와 단서에 의한 재산권의 취득이 인간의 풍요로움을 증가시키기 때문에 로크의 재산권은 자기 정당성(self justification)을 가진다고 강변한다. 노동을 가하여 재산권을 취득한 어떤 사람으로 인하여 재산권을 취득하지 못한 타인의 지위를 이전보다 악화시키지 않았으므로 로크의 단서는 지켜질 수 있으므로 자기 정당화가 된다. 즉 그는 '충분하고 동등하게 남겨둘 것'이란 단서를 '이전의 지위보다 악화되었는가?'로 변경하여 어떤 한 사람의 재산권 취득으로 인하여 타인이 이전의 지위보다 악화되지 않았다면, 그 재산권 취득은 정당화 될 수 있다고 한다. 그리하여 유한한 토지에 대한 재산권 취득으로 인하여 얼핏 다른 사람은 토지의 부족이 발생하고, 지구상의 마지막 토지를 사유화 한 사람은 그 다음으로 토지를 사유화 하려는 사람의 지위를 악화 시켰다고 할 수 있지만, 한사람의 소유로 인하여 다른 사람의 지위가 개선되는 경우에는 상황을 악화 시켰다고 할 수 없을 것이다. 공리주의 철학에서 특허는 독점을 하는 것이므로 나쁜 것이지만, 그래도 특허가 필요하다고 하는 이유는 인간의 풍요로움이 증가한다고 하는 노직의 위와 같은 주장과 일치한다. 특허로 인하여 궁극적으로 최대다수의 최대행복이 증가하기 때문이다.

다만 노직의 논변은 그가 분명히 파레토(Pareto)와 칼도(Kaldor), 힉스(Hicks)의 후생경제학적 정당성을 언급하고 있지만 그들에 의한 공리주의적 논리를 도입하지 않고도, 자연법적 재산권 자체에서 정당성이 인정될 수 있음을 논증했다. 최대다수의 최대행복을 위한 목적이 아니라, 토지에 대하여 화폐를 통하여 교환적 가치를 취할 수 있음을 인정하고 있기 때문에, 토지의 소유가 타인의 지위를 악화시키지 않는다는 것이다.

재산권의 범위에 관하여 보면, 노동을 가하여 얻는 재산의 범위는 명확하게 어디인가라는 문제가 있다. 이는 토지가 소유의 대상이 될 수 있는지의 문제에도 관련되어 있다.

허버트 스펜서는 '평등하게 자유라는 법'(the law of equal freedom)에 의해 모든 인간은 평등하게 대우받을 권리가 있고 소유권에 있어서도 평등하

게 소유할 수 있다고 하였다.297) 그는

Equity, therefore, does not permit property in land. For if one portion of the earth's surface may justly become the possession of an individual, and may be held by him for his sole use and benefit, as a thing to which he has an exclusive right, then other portions of the earth's surface may be so held; and eventually the whole of the earth's surface may be so held; and our planet may thus lapse altogether into private hands. Observe now the dilemma to which this leads. Supposing the entire habitable globe to be so enclosed, it follows that if the landowners have a valid right to its surface, all who are not landowners, have no right at all to its surface. Hence, such can exist on the earth by sufferance only. They are all trespassers. Save by the permission of the lords of the soil, they can have no room for the soles of their feet. Nay, should the others think fit to deny them a resting-place, these landless men might equitably be expelled from the earth altogether. If, then, the assumption that land can be held as property, involves that the whole globe may become the private domain of a part of its inhabitants; and if, by consequence, the rest of its inhabitants can then exercise their faculties - can then exist even - only by consent of the landowners; it is manifest, that an exclusive possession of the soil necessitates an infringement of the law of equal freedom. For, men who cannot "live and move and have their being" without the leave of others, cannot be equally free with those others.298)

---

297) 이는 본인의 저술, '영업비밀보호법의 철학적 규범적 토대와 현대적 적용'에 언급되었는데, 논리적 전개의 필요성으로 인하여 부득이하게 여기서도 인용할 수 밖에 없다. 다만, 이전의 저술과는 다르게 해석을 부가하였다.

298) Herbert Spencer, Social Statics, British Polymath, 1851, CHAP.IX. the right to the

[번역]

형평은 토지에 대하여 소유를 허락하지 않는다. 만일 지구 표면의 일부가 개인의 소유가 되고, 그것이 그 개인만의 이용과 이익이 된다면 그 토지에 대한 어떤 부분에 대하여 그가 배타적 권리를 가지게 되고, 따라서 지구 표면의 다른 부분도 그와 같은 방법으로 소유가 될 수 있고, 결국 지구의 모든 표면은 소유가 될 수 있고, 우리의 지구는 모두 사유화가 되어 소멸할 것이다. 이러한 결과는 해결할 수 없는 딜레마에 빠지게 한다. 거주가능한 모든 지구가 사유화 되었다고 가정하고, 토지소유자가 지구표면에 대한 적법한 권리를 가졌다고 가정하면, 토지 소유자가 아닌 모든 사람은 지구표면에 대하여 권리를 가지지 못한다. 따라서 지구 표면을 소유할 수 있다는 상황은 다른 사람이 그들의 소유를 인내(sufferance)를 할 때만이 가능하다. 그와 같이 인내하는 모두는 토지의 불법침입자가 된다. 그 토지의 소유자로부터 허락을 받았을 때를 제외하면, 그들은 자신이 발을 딛고 있을 공간조차 없다. 반대로 토지를 가진 사람들이 토지를 갖지 않은 사람들에게 휴식공간 조차 허락할 수 없다고 생각하면, 토지가 없는 사람들은 지구에서 모두 동일하게 추방될 것이다. 그러하다면 토지가 재산으로 소유할 수 있다는 가정은 지구 전부가 거주자 일부의 개인 재산이 될 수 있다는 것에 관련되고, 그 결과로 지구상의 나머지 거주자는 토지 소유자의 동의에 의해서만 그들의 시설물에 있을 수 있다; 토지의 배타적인 소유는 필연적으로 '평등한 자유의 법'(the law of equal freedom)을 침해 한다는 것은 명백하다. 다른 사람들의 허가없이 "생존할 수 없고, 이동할 수 없고, 그들이 존재"("live and move and have their being") 할 수 없는 인간은 다른 사람들과 동등하게 자유로운 존재가 될 수 없다.

라고 강조하여, 토지의 소유는 로크의 충분하고 동등하게 남겨둘 것이라는

---

use of the earth. IV. §2, pp. 114-15.

단서를 충족할 수 없어 토지는 소유할 수 없음을 논증했다.

허버트 스펜서의 딜레마는 로크의 노동가치 이론의 근원적 문제점이 되지는 않는다. 로크는 자연에 대한 재산권을 인정하지 않았다. 자연은 신이 인간에게 공유로 하사한 것이었다. 그 자연에서 인간이 노동을 하여 인간의 생존에 필요한 것을 얻으라고 명령을 했을 뿐이다. 물론 현재의 토지 소유상황은 인간의 소유를 인정하고 있다. 오히려 스펜서가 제시하는 딜레마는 로버트 필머(Robert Filmer)의 왕토사상과 봉건제가 좀 더 부합한다고 주장할 수도 있다. 신의 대리인인 왕이 신의 소유권을 대리하여 행사하고, 인간은 신이 소유하는 토지에 대한 이용을 하는 것이라는 그의 주장이 타당한 면이 있다.

그러나 로크는 스펜서가 염려하는 바와 다르게 토지에 대하여 재산권을 인정한 것이 아니라[299] 토지에 노동을 가하여 생성되는 부가가치에 대하여 재산권을 인정하고 있으므로 자연 그 자체(지구)에 대하여 소유권을 인정할 수 없다. 로크의 이론을 노동가치이론(value added theory)라고 하는 것이다. 이점은 로크의 재산권 편을 보면 분명해진다.

로크가 지구(Earth)를 인간에게 주었다고 함으로써 인간의 소유로서 사유화의 대상으로 오해를 불러 일으킬 수 있으나, 로크는 지구는 인간의 공유, 즉 common으로 준 것이지, 사유화의 대상으로 준 것은 아니다. 토지는 공유로서 소유할 수 없다. 그와 같은 논리로 자연법칙, 자연현상, 추상적 아이디어, 사실, 일반명칭 등은 사유화를 할 수 없다.

위와 같은 혼란은 로크의 언급에서도 기원하고 있지만, 그로티우스나 푸펜도르프의 선점의 원칙에 따른 것이다. 앞서 프루동 편에서 매우 간단히 언급한 바와 같이 그 선점의 원칙은 지구와 토지의 선점을 인정한다.

나아가 Merges 교수의 다음의 언급을 토지나 자연법칙, 자연현상 등을

---

299) 이에 대하여는 로크가 토지소유를 할 수 있는 것처럼 표현한 부분이 많이 있어 논쟁이 있을 수 있다.

사유화 할 수 있는 것으로 오해할 수 있겠으나, 그 의미는 아니다.

The creator of a new work claims property not by virtue of contributing some new thing to a preexisting thing, but to the transformation of the preexisting thing by the expenditure of labour. Inventors, authors, composers, and the like do not add physical items like juice to the prior art or to culture; they add effort and on that basis, claim property rights.[300]

[번역]

새로운 작업을 창작한 자는 기존의 물에 새로운 물을 기여한 것에 의해서가 아니라 노동을 가하여 기존의 물을 변형한 것에 재산권을 주장한다. 발명가, 저작자, 작곡가 등등은 주스와 같은 물리적인 물품을 기존의 예술이나 문화에 더하는 것이 아니다. 그들은 노력을 가하고, 그에 기하여 재산권을 주장한다.

그러나 자신의 노동과 노력을 가하였을 경우에 그가 재산권을 주장할 수 있는 것은 그 노력이 가해진 물건 전체인가? 아니면 부가된 가치인가? Merges교수의 언급은 그 가해진 물 전체가 아니라는 취지이다. 예컨대, 타인의 저작물의 번역을 하더라도 번역에 대한 권리는 그 원본에 대한 권리를 포함하지 않는다.[301] 개량발명은 개량한 부분에만 미친다.[302] 자연법칙을 이용한 발명은 그 자연법칙에 대하여 미치지 않는다.[303]

앞서 본 바와 같이 재산권은 인간의 노동의 결과물로서 인간이 재산권 주장을 할 수 있는 범위가 되므로 그 경계획정은 매우 중요하다. 로크는 이

---

300) Robert Merges, Justifying Intellectual Property, Harvard Univ. Press, 2011, p. 15.
301) 저작권법 제5조 제2항.
302) 특허법 제98조.
303) 특허법 제2조 제1호.

에 대하여 구체적인 경계를 명시하지 않는다. 이에 대하여 로버트 노직은
다음과 같은 예를 제시하면서 노동의 경계를 정한다:

Locke views property rights in an unowned object as originating
through someone's mixing his labor with it. This gives rise to many
questions. What are the boundaries of what labor is mixed with? If a
private astronaut clears a place on Mars, has he mixed. his labor with
(so that he comes to own) the whole planet, the whole uninhabited
universe, or just a particular plot? Which plot does an act bring under
ownership? The minimal (possibly disconnected) area such that an act
decreases entropy in that area, and not elsewhere? Can virgin land (for
the purposes of ecological investigation by high-flying airplane) come
under ownership by a Lockean process? Building a fence around a
territory presumably would make one the owner of only the fence (and
the land immediately underneath it).

Why does mixing one's labor with something make one the owner of
it? Perhaps because one owns one's labor, and so one comes to own a
previously unowned thing that becomes permeated with what one owns.
Ownership seeps over into the rest. But why isn't mixing what I own
with what I don't own a way of losing what I own rather than a way
of gaining what I don't? If I own a can of tomato juice and spill it in
the sea so that its molecules (made radioactive, so I can check this)
mingle evenly throughout the sea, do I thereby come to own the sea, or
have I foolishly dissipated my tomato juice/Perhaps the idea, instead, is
that laboring on something improves it and makes it more valuable; and
anyone is entitled to own a thing whose value he has created.
(Reinforcing this, perhaps, is the view that laboring is unpleasant. If
some people made things effortlessly, as the cartoon characters in The

Yellow Submarine trail flowers in their wake, would they have lesser claim to their own products whose making didn't cost them anything?) Ignore the fact that laboring on something may make it less valuable (spraying pink enamel paint on a piece of driftwood that you have found). Why should one's entitlement extend to the whole object rather than just to the added value one's labor has produced? (Such reference to value might also serve to delimit the extent of ownership; for example, substitute "increases the value of" for "decreases entropy in" in the above entropy criterion.) No workable or coherent value-added property scheme has yet been devised, and any such scheme presumably would fall to objections (similar to those) that fell the theory of Henry George.

It will be implausible to view improving an object as giving full ownership to it, if the stock of unowned objects that might be improved is limited. For an object's coming under one person's ownership changes the situation of all others. Whereas previously they were at liberty (in Hohfeld's sense) to use the object, they now no longer are. This change in the siuation of others (by removing their liberty to act on a previously unowned object) need situation. If I appropriate a grain of sand from not worsen their "Coney Island, no one else may now do as they will with that grain of sand. But there are plenty of other grains of sand left for them to do the same with. Or if not grains of sand, then other things. Alternatively, the things I do with the grain of sand I appropriate might improve the position of others, counterbalancing their loss of the liberty to use that grain. The crucial point is whether appropriation of an unowned object worsens the situation of others.[304]

---

304) Robert Nozick, Anarchy, State, and Utopia, Basic Books, Inc., 1974, pp. 174-175.

[번역]

　로크는 무주물(無主物)에 대한 재산권은 누가 그것에 자신의 노동을 가(加)함으로써 발생하는 것으로 보았다. 이 견해는 많은 질문들을 야기한다. 노동이 섞여질 수 있는 것들의 경계는 어느 곳인가? 한 우주인이 사인(私人)으로 화성에 주거지를 조성한 경우, 그는 화성 전부에 노동을 가한 것인가 (그리하여 그는 화성 전부를 소유하게 되는가), 단지 우주의 거주자 없는 지역 전부인가, 아니면 단지 특정의 조그마한 곳인가? 마지막의 경우, 행위 또는 노동은 노동을 가한 그 곳의 소유권을 귀속하게 하는가? 한 행위가 그 지역에서의 엔트로피([노직의 각주: 열역학에 있어서의 상태함수의 하나로, 한 체계내에서의 우연성, 혼란, 무질서의 단위])를 감소시키는 그러한 최소한의 (그리고 가능적으로 떨어져 있는) 지역만을? 처녀지가(생태학적 탐사의 목적을 위한 고공 비행에 의해) 로크적 과정을 통해 소유권에 귀속될 수 있는가? 한 지역 주위에 울타리를 치는 행위는, 짐작컨대, 울타리친 자를 그 울타리만(그리고 그 울타리 밑 바로 밑의 땅)의 소유주로 만들 것이다.

　한 사람이 무엇에 노동을 가하는 행위가 왜 그를 그 무엇의 소유주이게 하는가? 그 이유는, 아마도 그 사람이 그 자신의 노동을 소유하고 있으며 그래서 그가 소유한 것에 의해 침투된, 이전에 소유주가 없는 것이었던 것을 소유하게 하기 때문일지 모르겠다. 소유권이 나머지에 스며들어간다. 그러나 내가 소유한 것을 내가 소유하지 않은 것과 혼합하는 것이, 왜 내가 소유하지 않은 것을 취득하는 것이라기보다 내가 소유한 바의 상실이 아닌가? 내가 한 깡통의 토마토 쥬스를 소유하고 있어 이를 바다에 부어 그 입자들(내가 추적할 수 있도록 방사선이 입혀진)이 바다 전체에 골고루 흩어지게 한다면, 이러한 행위를 통해 나는 바다를 소유하게 되는가, 아니면 어리석게도 나의 토마토 쥬스를 낭비해 버린 것인가? 아마도 로크의 아이디어는, 그게 아니라, 무엇에 노동을 가함이 그 무엇을 개선시키며 이를 보다 가치 있는 것으로 만든다는 것일지 모르겠다. 그리고 자신이 그의 가치를 창출한 바의 것은 누구나 그것을 소유할 권리가 있다. (이 점을 강화하는 것은 아마도 노동이 즐거운 것은 아니다라는 견해이다. 누가 물건들을 힘들지 않게 만들었다면-'노랑색 잠수함'(The Yellow Submarine[305])의 주인공들이 잠수함의 항적을 따라 꽃을 흩뿌리 듯이-, 그들은 그것들을 만드는 데 전혀 비용이 들지 않았으므로 그들의 생산물에 대해 보다 미약한 권리권을 소유하는가?) 어떤 것은 노동을 가할 경우 그것이 덜 가치 있는 것이 될 수 있다는 사실은 눈감아 두자(가령 그대가 발견한 뗏목에 핑크빛 에나멜 페인트를 칠한 경우처럼). 왜 소유 권리는 한 사람의 노동이 생산해낸 부가가치 뿐만 아니라 그 노동을 가한 대상 전체에까지 확장되어야 하는가? {이러한 가치에의 의존은 소유권의 범위를 정하는 데 도움이 될 수도 있겠다. 가령 위의 엔트로피 기준에서 (엔트로피를 감소시키는)이란 어구 대신 (~의 가치를 증대시키는)이라는 어구를 넣으라.} 어떤 실행할 만한 또는 논리적으로 일관된 부가가치 재산제가 고안된 바 없으며 그러한 제도는 생각컨대 헨리 조지 (Henry George)의 이론[306]과 같은 반대에 부딪치리라고 생각된다.

개선될 수 있는 무주물의 수가 제한되어 있다면, 한 개 사물의 개선 행위는 그에 대한 완전한 소유권을 부여한다는 생각은 타당치 못할 것이다. 왜냐하면 한 사물이 한 사람의 소유권에 귀속될 때 다른 모든 사람들의 상황도 변하기 때문이다. 이전에 그들은 그 사물을 자유로이 (호펠드 Hohfeld[307]적 의미에서) 사용할 수 있었던 반면 그들은 이제 더 이상 그럴 수 없다. 타인의 상황의 변화(이전엔 소유되지 않았던 사물을 사용할 자유가 제거됨으로써 생기는)는 꼭 그들 상황의 악화를

---

305) 필자 주: 노랑색 잠수함을 언급한 것은 애니매이션 영화와 비틀즈의 노래(Yellow Submarine)에 빗대어, 노랑색 잠수함을 타고 바다를 돌아다닌 것만으로 바다 전체에 재산권을 주장하는 터무니 없는 상황을 표현한 것이다.

306) Henry George(1839-1897)는 미국 경제학자로 단일세제 운동과 토지공개념을 주장했다.

307) W. N. Hohfeld 는 미국의 법학자로서 커먼로의 재산권 개념을 획기적으로 다른 사고로 변경한 학자이다. 그는 권리를 다른 사람과의 관계(interest)로 파악했다.

의미하진 않는다. 만약 내가 코니 아일랜드의 모래 한 톨을 사유화하면 다른 사람들은 그 한 톨의 모래를 그들이 원하는 대로 처리할 수 없다. 그러나 그들이 사유화할 수 있는 모래알들이 무수히 남아 있다. 모래알을 원치 않는다면, 다른 많은 것들이 방치된 채 남아 있다. 다른 한편으로는, 내가 사유화한 모래알로 할 바의 것들은 타인의 위치를 향상시켜 그 모래알을 사용할 자유를 상실시킨 데 대한 보상을 할 수도 있다. 결정적인 쟁점은 무주물의 사유화가 타인의 상황을 악화시키는지의 여부이다.

노직은 노동을 가하여 취득하는 권리의 범위를 노동에 의하여 발생하는 부가가치로 한정한다. 만일 그렇게 하지 않는다면 소유권의 범위는 무한해진다. 노직은 다음과 같은 쟁점을 제시한다. '어떤 사인이 우주선을 타고 달에 갔다고 왔다고 달 전체의 소유권을 취득하는가?'("If a private astronaut clears a place on Mars, has he mixed his labor with (so that he comes to own) the whole planet, the whole uninhabited universe, or just a particular plot?") '바다에 토마토 주스를 부어 넣는 노동을 했다고 하여 바다 전체의 소유권을 취득할 수는 없다.' 토지에 노동을 가했다고 하여 그 토지를 소유할 수는 없다. 노직은 노동을 가하고 점유한 토지를 소유하는 것으로 이해하지만 다른 부분에서는 부가가치만을 소유하는 것으로 이해하고 있다. 예컨대, "아마도 로크의 아이디어는, 그게 아니라, 무엇에 노동을 가함이 그 무엇을 개선시키며 이를 보다 가치 있는 것으로 만든다는 것일지 모르겠다. 그리고 자신이 그의 가치를 창출한 바의 것은 누구나 그것을 소유할 권리가 있다." 라는 언급이다.

즉, 인간의 노동과 노력이 가해져서 얻어지는 부가가치가 그가 사유화할 수 있는 대상이 된다. 발명과 개량발명과 파생적 저작물로 불리는 이차적 저작물 등에 같은 이치가 적용된다. 따라서, 노직에 따르면, 로크의 재산권 철학에는 두가지 제한이 발생한다.308) 선발명자의 권리이다. 특허권

자는 자기발명보다 먼저 발명을 한 자에 대하여는 그의 실시권을 인정해야
한다. 이는 상표에서도 같다. 왜냐하면, 그들은 자신의 노동의 결과를 취득
하여 수익하는 것이기 때문이다. 다른 하나는 자신의 특허발명을 이용하여
타인이 발명을 할 수 있도록 특허기간이 제한되어야 한다. 영구적인 특허
는 타인에게 충분하고 동등하게 남겨둘 것이라는 단서를 위반하는 결과가
된다.309) 그 대체안으로, 개량발명자는 선발명자의 동의없이 실시를 할 수
있도록 해야 한다.310) 그렇지만 개량발명자는 선발명자의 동의없이 실시를
할 수 있도록 해야 한다는 것은 칼도-힉스 개선(Kaldor-Hicks Improvement)
을 충족하지만 선호되지 않는다. 계속되는 특허의 축적으로 사회적으로 보
상을 하여야 하는 부담이 쌓이기 때문이다. 물론 그 보상은 특허의 경제적
가치가 점진적으로 소멸하기 때문에 부담이 적어질 수 있지만, 사회전체적
으로는 상당한 부담이 되기 때문이다.

　앞서 본 바와 같이 노직은 공리주의적 경제이론을 도입하지 않고도 로크
의 재산권 철학 자체만으로도 재산권 제도는 인간의 경제적 효용을 증가시
킨다고 강조했는데, 다음의 부분은 노직이 언급한 공리주의적 경제학, 즉
후생경제학의 파레토 최적을 지적하고 있다. 그는 사유재산의 정당성을 논
증했는데 그의 논증은 파레토 최적(Pareto Optimal)이 아닌 파레토 개선

---

308) William Fisher, Theories of Intellectual Property in New Essays in the Legal and
　　 Political Theory of Property edited by Stephen R. Munzer, Cambridge Univ. Press,
　　 2001, p. 171.

309) 예컨대, Millar v Taylor (1769) 4 Burr. 2303, 98 ER 201 사건에서 Yates 판사는
　　 In that case, the injustice would lie on the side of the monopolist, who would
　　 thus exclude all the rest of mankind from enjoying their natural and social
　　 rights.
　　 라고 판시하여, 개성을 바탕으로 한 권리는 자연법과 자연권이라고 하더라도 영구적인
　　 권리가 아니라고 한다. Millar v Taylor, (1769) 4 Burr 2323, 2359-2360. 이러한 원리는
　　 예컨대 우리 저작권법 제11조에 공표권의 소멸 등에 관한 규정에 반영되어 있다.

310) 현재 우리 특허법은 개량발명에 대하여 특허를 취득할 수 있으나 실시를 하기 위해
　　 서는 특허권자의 동의를 받아야 한다.

(Pareto Improvement)에 의해 정당화 될 수 있다:

> 타인의 상황의 변화(이전엔 소유되지 않았던 사물을 사용할 자유가
> 제거됨으로써 생기는)는 꼭 그들 상황의 악화를 의미하진 않는다. 만
> 약 내가 코니 아일랜드의 모래 한 톨을 사유화하면 다른 사람들은 그
> 한 톨의 모래를 그들이 원하는 대로 처리할 수 없다. 그러나 그들이 사
> 유화할 수 있는 모래알들이 무수히 남아 있다.[311]

라는 언급은 파레토 개선을 의미하고 재산권은 파레도 개선을 충족하면 정
당화가 된다고 하고 있다. 파레토 최적은 일단 최대의 후생을 가져오는, 공
리주의 철학으로는 최대 다수의 최대 행복을 가져오는, 균형점에 있으면
더 이상 그 균형점의 변경은 허용하지 않는다. 그러나 파레토 개선은 균형
점위에서 어느 사람의 후생이 감소하지 않고, 다른 사람의 후생을 증가시
킬 수 있다면(사회전체의 후생의 증가를 가져온다는 전제하에), 불이익을
받는 사람의 동의에 의해 그 균형의 변경을 허용한다. 이것이 공리주의적
사고와 경제학적 사고에 부합하기 때문이다. 그리하여 파레토 최적은 정책
적 경직성이 있고, 파레토 개선은 정책적 유연성이 있다고 한다. 파레토 개
선에서는 다른 사람의 후생을 감소시키지 않는 한 다른 사람의 후생이 증
가하는 변경, 즉 정책의 변경을 허용하기 때문이다.

예컨대 도로를 개선하는데 파레토 최적을 고집한다면 아래 사진과 같은
'알박기' 결과를 가져온다.

알박기가 발생하는 이유는 한 번 고정된 최적의 결과(이를 파레토 최적이
라고 함)는 변경을 허용하지 않기 때문이다. 그러나 그의 동의가 있으면 보
상을 하고 저와 같이 알박기 된 토지와 건물을 수용하여 재개발할 수 있다.

---

311) 본 언급은 앞에서 인용함 Robert Nozick, Anarchy, State, and Utopia, Basic Books,
Inc., 1974, p. 175.

[중국에서 알박기][312]

　특허제도는 사회적 계약으로, 한 사람이 아이디어를 발명하여 특허를 받아 독점을 취득하고, 특허기간이 종료된 후에 이를 공중의 공유로 하는 것은 동의에 의한 보상이라고 할 수 있다. 후생경제학적으로 파레토 개선에 의해 특허제도의 정당성이 인정받는다.

　칼도-힉스 개선(Kaldor-Hicks Improvement)는 정책을 변경함으로서(파레토 최적의 균형점을 변경함으로서) 어느 한 사람의 후생을 감소시키더라도 그 감소시키는 것 보다 사회 전체의 후생을 증가시킬 수 있다면, 후생이 감소하는 사람의 동의가 없더라도 그에게 보상을 하고 정책의 변경을 허용한다. 대부분의 국가정책이 칼도-힉스 개선에 따라 입안되고 집행된다. 예컨대, 주거개선 사업등에서 강제수용을 하는 것은 파레토 개선과 칼도-힉스 개선을 혼합한 정책에 따른 것이다. 우리나라 도시개발법 제21조는 사적 주체의 토지 수용을 허용하고 있는데, 토지면적의 2/3이상 토지소유자 동의만 있으면 나머지 주민의 동의가 없더라도 사인(민간 시행자)의 사적 수

---

312) 사진출처: https://upload.wikimedia.org/wikipedia/commons/7/7a/Chongqing_yangjiaping
　　_2007.jpg.

용을 허용하고 이는 헌법상으로도 적법하다고 판단되었다.313)

　노직이 다음과 같이 언급한 것은 칼도-힉스 개선을 의미한다. 물론 동의에 의한 보상이라면 파레토 개선을 의미할 수 있으나, 마지막 문장을 부가한 것은 동의 여부에 관계 타인의 상황을 악화시키지 않는다는 의미로 해석되므로 칼도-힉스 개선을 의미한다.

　　다른 한편으로는, 내가 사유화한 모래알로 할 바의 것들은 타인의 위치를 향상시켜 그 모래알을 사용할 자유를 상실시킨 데 대한 보상을 할 수도 있다. 결정적인 쟁점은 무주물의 사유화가 타인의 상황을 악화시키는지의 여부이다.314)

　결국 노직은 로크의 재산권의 취득에서 후생경제학적 계산법과 동일한 결과를 제시하면서, 노동을 가해 재산권의 취득을 인정함으로서 그것이 사회전체의 복지를 가져오고, 피해를 입는 사람에게 보상을 하여 그 피해를 보상할 수 있다면 결국 타인의 상황을 악화시키지 않는다는 것이다. 즉 노직은 로크의 '충분하고 동등하게 남겨둘 것'이란 단서를 '타인의 상황을 악화시키는 것인지 여부'로 변경한 것이다. 그리하여 노동을 가한 사람이 재산권을 취득하고 그로 인하여 사회가 얻는 이익이 그 노동을 한 사람의 재산권으로 인하여 발생하는 손실을 보상하고도 남는다면, 불이익을 받는 사람들의 동의가 없더라도, 재산권 취득을 허용하는 것이다.

　토지에 대한 사적 재산권은 칼도-힉스 개선으로 설명할 수 있다. 물론 동의에 의한 것으로 볼 수 있지만, 화폐에 의하여 자기가 가진 화폐의 가치로 토지를 취득할 가능성이 있는 한 토지 소유권을 인정하더라도 자신의 지위

313) 헌법재판소 2010. 12. 28. 2008헌바57 결정 (전원재판부) 참조.
314) 본 언급은 앞서에서 발췌 인용했다. Robert Nozick, Anarchy, State, and Utopia, Basic Books, Inc., 1974, p. 175.

가 예전 보다 악화되지 않는다. 따라서 무주물에 대하여 토지 소유권도 인정될 수 있다. 노직의 주장이나 파레토 최적에서 그와 같이 해석한다. 화폐에 의한 교환가능성이 있는 한, 한 사람의 토지 소유권이 타인을 영원히 그 토지 소유권 취득을 배제할 수 없다면, 그는 절대적인 토지소유권을 가질 수 없으므로, 어느 한편으로는 권리의 일부는 공유한다고 할 수 있고, 토지는 신이 만든 것으로서 사유화를 할 수 없다는 로크의 명제를 위반하지 않는다고 할 수 있다.

다만 강조하고 싶은 것은 공리주의에서는 최대다수의 최대행복이 목적이 되지만, 로크의 재산권 철학에서는 재산권을 인정한 결과라는 점이다. 노직이 공리주의 철학의 논거를 언급할 필요가 없다고 강조한 것은 공리주의와 로크의 재산권 철학이 재산권을 인정한 결과 사회적 후생이 극대화되지만, 공리주의에서는 최대다수의 최대행복을 지상의 목표로 하여 정책을 수립한 결과이고, 로크의 재산권 철학에서는 재산권을 인정한 결과일 뿐 그것을 최상의 목표로 의도한 것은 아니라는 것이다. 보통 공리주의는 결과지상주의 또는 결과주의라고 하고 자연법 철학은 목적주의라고 하지만, 그와 같이 말할 때와는 다른 의미이다.

또한 앞서 언급한 바와 같이 어떤 사람이 자신의 아이디어에 대하여 특허출원하여 특허로 독점을 하여, 기업을 세우고, 그로 인하여 그 기업에 고용될 기회가 있다면, 그 고용될 사람이 발명을 하여 특허독점을 할 미래의 거의 불가능한 기회가 박탈되었으므로 예전보다 그의 지위가 악화되었다고 할 수 있을까? 그 특허독점으로 인하여 자신의 지위가 예전 보다 악화되었다고 할 수 있을가?

앞서 필자가 주장한 바와 같이, 자연상태에서 토지는 소유할 수 없다. 다만, 토지의 가치는 화폐로 산정될 수 있고, 시장을 통해 소유할 수 있으나 일정한 제한이 있다. 예컨대, 공적수용을 할 수 있고, 그에 대하여는 시장가치를 화폐로 지급할 수 있다. 인간에게 절대적 소유권이 인정되지 않는다면, 지구는 신이 인간에게 공유로 준 것이라는 로크의 명제를 위반하였다고 할 수 있을까? 그리고 그와 같이 토지를 사유화함으로서 아직 토지를 사유화 하지 못한 타인의 지위를 예전보다 약화 시켰다고 할 수 있을까?

그와 마찬가지로 아이디어는 공유이지만 자신이 알아낸 아이디어를 어느 누구에게도 그 아이디어의 공개를 강제당할 수 없다. 영업비밀보호제도이다. 타인에게 충분하고 동등한 기회를 제공하고 있다. 타인도 아이디어를 개발하여 비밀로 간직할 수 있다. 코카콜라가 그 콜라의 제조방법을 영업비밀로 보호한다고 하여 그 경쟁자인 펩시콜라가 콜라를 개발하여 그도 영업비밀로 보호하는 것이 방해되는가?

다만 특허는 시민사회의 법에 의해 해당 발명에 대하여 법적 독점을 받아 보호받을 수 있으며 그 대신에 보호기간이 종료된 후에는 공유화하여야 한다. 노직의 이론에 따르면 특허권은 무한히 존재할 수 없다. 나의 특허권 취득이 나 이외에 타인에 대한 제한이 될 수 있기 때문이다. 따라서 특허권은 다른 사람의 취득의 기회를 제한하지 않을 만큼 동안 존재해야 한다.

시민사회에서는 소유는 영구적 절대적 권리는 아니다. 국가의 법령에 의해서 정해진 범위내에서 인정되는 권리일 뿐이다.315) 필자의 생각으로는, 화폐경제하에서는 화폐의 가치로 산정되고 교환되는 상대적인 재산일 뿐이다. 내가 어느 토지와 동등한 가치의 화폐를 가지고 있다면, 나는 그 토지를 소유하는 것이다. 현대의 시장경제하에서는 그 토지는 동등한 가치의 화폐와 교환될 수 있기 때문이다. 아마도 로크는 그와 같은 화폐경제를 생각하였을지도 모른다. 다만, 그가 살던 시대에는 현대와 같은 화폐발행이 중앙은행의 권한으로 되어 있지 않았고, 물류와 통신등에 의해 시장이 활성화 되지 않았기 때문에 지금과 상황이 조금은 달랐기 때문일 것이다.

노직은 토지의 유한성을 포함하여 현실의 문제에 대하여 다음과 같은 해

---

315) 헌법 제23조 제1항 및 제2항 참조.

결책을 제시한다. 노직은 이에 관하여 몇가지 예시를 들고 있다. 노직의 예시를 설명하면 다음과 같다. 신이 인간에게 부여한 지구에 A부터 X까지는 순차적으로 소유화를 하였고, Y와 Z에게는 마지막으로 사유화를 한 X로 인하여 더 이상 사유화할 땅이 없는 가정하에 다음과 같이 언급한다:316)

Locke's proviso that there be "enough and as good left in common for others" (sect. 27) is meant to ensure that the situation of others is not worsened. (If this proviso is met is there any motivation for his further condition of nonwaste?) It is often said that this proviso once held but now no longer does. But there appears to be an argument for the conclusion that if the proviso no longer holds, then it cannot ever have held so as to yield permanent and inheritable property rights. Consider the first person Z for whom there is not enough and as good left to appropriate. The last person Y to appropriate left Z without his previous liberty to act on an object, and so worsened Z's situation. So Y's appropriation is not allowed under Locke's proviso. Therefore the next to last person X to appropriate left Y in a worse position, for X's act ended permissible appropriation. Therefore X's appropriation wasn't permissible. But then the appropriator two from last, W, ended permissible appropriation and so, since it worsened X's position, W's appropriation wasn't permissible. And so on back to the first person A to appropriate a permanent property right.

[번역]

충분하고 동등하게 남겨두어야 한다는 로크의 단서는 나의 재산권

---

316) Robert Nozick, Anarchy, State, and Utopia, Basic Books, Inc., 1974, p. 175. (노직의 언어를 그래도 옮기기 위해서 기본적으로 직역을 했지만, 직역만으로 노직의 논변을 쟁점을 옮기기가 어려워 이해의 편의를 위해 필자가 의역과 설명을 가미 했다. 전달에 오류나 오해가 있다면 전적으로 필자의 책임이다.)

취득으로 인하여 타인의 상황이 악화되지 않을 것을 확실히 하기 위한 것이다. (만약, 이 단서가 지켜질 경우, 낭비하지 말 것이라는 단서는 필요한가?) 사람들은 이 단서가 과거에 타당한 적은 있으나, 이제 더 이상 필요하지 않다고 종종 주장한다. 그러나 이 단서가 더 이상 타당하지 않으면, 영구적으로 승계가능한 재산권의 취득은 과거에도 타당한 적도 없다. 취득할 토지가 충분하고 동등하게 남아 있지 않은 상태가 된 후에 첫번째로 사유화하려는 Z를 생각해 보자. 지구상에 마지막으로 남아 있는 토지를 사유화 한 사람 Y는 Z가 토지에 대하여 노동을 가함으로써 토지를 사유화 할 수 있는 그의 이전의 자유를 박탈한 것이므로 Z의 상황을 악화시킨 것이다. 따라서 로크의 단서에 따르면 Y의 사유화는 허락되지 않는다. 또한 마지막으로 사유화 한 Y보다 한 발 앞서 사유화 한 X는, Y를 이전보다 악화된 상황에 놓이게 한 것이다. 왜냐하면 X의 행위로 인하여 Y는 충분하고 동등하게 Z에게 남겨둘 수 없으므로 Y의 사유화는 허용되지 않기 때문이다. 따라서 X의 사유화는 허용되지 않는다. 그런데, 마지막에서부터 두 번째로 사유화 한 W의 사유화를 종료시켰다. 그리고 그것은 영구적으로 재산권을 취득한 최초의 사람 A까지 소급한다.

위의 문제점은 허버트 스펜서(Herbert Spencer)가 제시한 로크의 사유화의 문제점[317]을 로버트 노직이 로크의 재산권 철학을 옹호하기 위해 구성한 것이다. 결론적으로 노직은 로크의 명제와 단서는 위반되지 않는다고 옹호한다. 노직은 위에서 언급한 유한한 토지의 사유화 방법으로 로크의 단서가 다음과 같은 사례를 들어 위반되지 않음을 논증하고 로크의 명제가 지켜질 수 있음을 강조한다:

---

317) 이에 대하여는 본인의 '영업비밀보호법의 철학적 규범적 토대와 현대적 적용,' "(5) 허버트 스펜서(Herbert Spencer)의 딜레마"에서 언급했으나, 본 쟁점의 논리적 연결성을 위해 다시 언급한다.

This argument, however, proceeds too quickly. Someone may be made worse off by another's appropriation in two ways: (first, by losing the opportunity to improve his situation by a particular appropriation or any one; and second, by no longer being able to use freely (without appropriation) what he previously could. A stringent requirement that another not be made worse off by an appropriation would exclude the first way if nothing else counterbalances the diminution in opportunity, as well as the second. A weaker requirement would exclude the second way, though not the first. With the weaker requirement, we cannot zip back so quickly from Z to A, as in the above argument; for though person Z can no longer appropriate, there may remain some for him to use as before. In this case Y's appropriation would not violate the weaker Lockean condition. (With less remaining that people are at liberty to use, users might face more inconvenience, crowding, and so on; in that way the situation of others might be worsened, unless appropriation stopped far short of such a point.) It is arguable that no one legitimately can complain if the weaker provision is satisfied. However, since this is less clear than in the case of the more stringent proviso, Locke may have intended this stringent proviso by "enough-and-as good" remaining, and perhaps he meant the nonwaste condition to delay the end point from which the argument zips back.

Is the situation of persons who are unable to appropriate (there being no more accessible and useful unowned objects) worsened by a system allowing appropriation and permanent property? Here enter the various familiar social considerations favoring private property: it increases the social product by putting means of production in the hands of those who can use them most efficiently (profitably); experimentation is encouraged, because with separate persons controlling resources, there is no one person or small group whom someone with a new idea must convince to try out; private property enables people to decide on the pattern and types of risks they wish to bear, leading to specialized types of risk bearing; private property protects future persons by leading some to hold back resources from current consumption for future markets; it provides alternate sources of employment for unpopular persons who don't have to convince any one person or small group to hire them, and so on. These considerations enter a Lockean theory to support the claim that appropriation of private property satisfies the intent behind the "enough and as good left over" proviso, not as a utilitarian justification of property. They enter to rebut the claim that because the proviso is violated no natural right to private property can arise by a Lockean process. The difficulty in working such an argument to show that the proviso is satisfied is in fixing the appropriate base line for comparison. Lockean appropriation makes people no worse off than they would be *how*? This question of fixing the baseline needs more detailed investigation than we are able to give it here. It would be desirable to have an estimate of the general economic importance of original appropriation in order to see how much leeway there is for differing theories of appropriation and of the location of the baseline. Perhaps this importance can be measured by the percentage of all income that is based upon untransformed raw materials and given resources (rather than upon human actions), mainly rental income representing the unimproved value of land, and the price of raw material *in situ*, and by the percentage of current wealth which represents such income in the past.[318]

---

318) Robert Nozick, Anarchy, State, and Utopia, Basic Books, Inc., 1974, pp. 176-177.

[번역]

　그렇지만 위 논변은 너무 빨리 진행되었다. 어떤 사람은 다른 사람의 사유화에 의해 두 가지 방식으로 그 처지가 악화될 수 있다. (첫 번째는 특정의 사유화에 의해 자신의 미래를 개선할 기회를 상실하는 것이고,[필자가 사용한 예에서 '좋은 특허', '좋은 지적재산권'의 예가 이에 해당한다.] 두 번째는 그가 과거에 사유화 함이 없이 자유롭게 사용할 수 있었던 것을 더 이상 자유로이 사용할 수 없게 되는 것이다.[과거에 자유롭게 사용하던 것을 더 이상 자유롭게 사용할 자유를 박탈당한 것이다. 필자가 사용한 예에서 '나쁜 특허', '나쁜 지적재산권'이 이에 해당한다.] 사유화에 의해 타인의 처지가 악화되어서는 안된다는 엄격한 조건은 두 번째 뿐만아니라 기회의 감소를 상쇄하는 바가 없으면 첫 번째도 배제할 것이다. 약한 조건은 첫 번째는 아닌, 두 번째 사례만을 배제할 것이다. 약한 조건의 경우, 우리는 위의 논변처럼 Z에서 A까지 단숨에 올라갈 수 없다. 왜냐하면 위의 사례에서 Z는 더 이상 사유화할 순 없으나, 다른 사람들의 사유화로 인하여 [자원을 효율적으로 사용함으로서 사회적 가치가 증가하는 것이 있으므로] 이전에 사용하던 것을 여전히 그가 사용할 것이 다소 남아 있기 때문이다.[319] 이 경우 Y의 사유화는 약한 로크적 조건을 위반하지 않는다. (사람들이 자유로이 쓸 수 있는 것이 보다 적음으로 해서 번잡함 등 이용자들은 불편함이 있을 수 있으나 이렇게 해서, 사유화가 그와 같은 불편함이 가기 훨씬 전에 중지되지 않으면, [마지막 사람은 그 전사람들의 사유화로 인한 수혜자가 될 가능성이 낮으므로 타인의 상황이 악화될 수 있다.) 약한 조건이 충족되었다고 해서 어느 누구도 합법적으로 불평을 할 수 없다는 것은 논쟁을 할 수 있다. 그러나 이는 엄격한 단서보다 덜 명확하므로, 로크는 충분하고 동등하게 남겨두어야 한다는 단서를 엄격한 단서로 의도했을 수 있으나, 아마 그가 낭비하지 않을 것이

---

319) 예컨대, 회사설립을 인정하면, 회사가 사람들을 고용하게 되는데, 이는 회사설립으로 인하여 발생하는 긍정적(+) 효과이다.

란 조건(non-waste condition)을 붙인 것은 논변이 단숨에 거슬러 갈 수 있는 그 마지막 지점을 미루기 위한 것이었다. [즉 사유에 의해 타인의 위한 자원을 낭비하지 않도록 제한하여 Y, Z도 그 자원을 사유화할 기회를 남겨두기 위한 것이었다고 할 수 있다.]

사유화를 할 수 없는 사람들의 상황(접근가능하고 이용할 수 있는 소유하지 않는 사물들이 남아 있지 않아서)은 사유화나 영구적 재산권을 허용함으로써 [위의 예에서 Y와 Z와 같이 그 사람들은 더 이상 소유할 자원이 남아 있지 않아] 그 사람들은 이전 보다 그 지위가 악화되었는가? 여기에서 우리는 사유재산제를 뒷받침하는 익숙한 예를 제시한다: 사유재산제는, 사람들로 하여금 자신들이 원하고 감당할 수 있는 위험과 형태를 결정하게 하여 감당할 수 있는 위험에 특화되도록 유도하고; 사유재산은 미래의 시장을 위한 현재의 소비를 억제하여 자원을 절약하게 하여 미래의 인간을 보호하고; 사유재산제는 자신을 고용하도록 특정인을 설득할 확신이 없는 인기없는 사람들을 고용하기 위한 대체적인 자원을 제공한다. 등등. 이러한 고려는, 공리주의적인 사적재산의 정당성이 아닌, 충분하고 동등하게 타인에게 남겨둘 것이란 단서의 숨은 의도를 충족하게 하여 로크 이론(Lockean theory)으로 하여금 사적재산의 취득을 정당성을 지지하게 한다. 단서가 위반되었기 때문에 사적재산에 대한 어떤 자연권이 있을 수 없다는 로크적 주장을 반박한다. 단서가 충족되었다는 것을 보여주기 위한 그 와 같은 주장을 하는데 있어서 어려움은 보상에 대한 적절한 최저한을 정하는데 있다. 로크적 취득은 사람들로 하여금 더 이상 어떻게 악화되지 않았다고 할수 있을까? 최소한도를 정하는 이러한 질문은 여기서 논할 수 있는 것 보다 더 자세한 논의가 필요하다. 최소한을 정하는 것과 취득이 이론의 차이점에 대한 재량을 얼마나 가졌는지를 보여주기 위해 최초의 취득의 일반적 경제적 중요성을 평가하는 것이 요구된다. 아마도 이러한 중요성은 원료와 (인간의 노동을 뺀) 주어진 자원, 주로 노동을 가하기 전의 원래의 토지의 가치를 나타내는 임대료와 그 자리에

있는 원료의 가격에 기초한 총수입의 퍼센트 그리고 과거의 수입을 나
타내는 현재의 부의 퍼센트에 의해 측정될 수 있다.

노직은 이와 같은 여러 가지 사유화의 장점을 들어 사유화가 가져올 미
래의 기회의 상실로 인한 그 불편함을 상쇄할 수 있으므로 약한 단서를 위
반하지 않는다고 강조한다. 사실 위와 같은 노직의 논변은 그가 강조하고
있는 바와 같이 공리주의의 정당성에서도 뒷받침 된다. 다만 노직은 공리
주의적 정당성320)을 언급할 필요도 없이 로크의 단서 자체에서 로크의 충
분하고 동등하게 남겨둘 것이라는 단서는 충족한다고 한다.

노직은 로크의 충분하고 동등하게 남겨둘 것이라는 단서의 내용을 분석
하고, 충분하고 동등하게 남겨둘 것이라는 것이 문제된 두 가지 예에서 "두
번째는 그가 이전에 사용할 수 있었던 것을 사유화 함이 없이 자유로이 사
용할 수 없게 되는 것"을 충족하는 것만으로 위 단서는 충족한 것이라고
주장한다.

첫 번째 "특정의 사유화에 의해 그는 자신의 미래 상황을 개선할 기회를
상실하는 것"은 A부터 X까지 사유함에 의해서 더 이상 남아 있는 지구상
의 토지가 없으므로 Y와 Z가 소유할 미래의 기회를 상실케 하였다는 것이
다. 그러나 노직은 Y와 Z에게 다른 형태로 충분하게 남겨두었으므로 충분
하고 동등하게 남겨두어야 한다는 단서는 위반하지 않았다고 주장한다. 노
직이 언급하는 '다른 형태로 충분하고 동등하게 남겨두었다'고 하는 것은
일부 경제학자들, 특히 로널드 코즈(Ronald Coase)와 같은 시카고파 법경제
학자들에 의해 뒷받침되는 사적 재산권의 효율성을 근거로 주장한다. 즉

---

320) 노직이 직접 언급한 공리주의적 정당성은 '파레토 최적', '파레토 개선' '칼도-힉스
개선'을 의미한다. 이에 대하여는 나종갑, 로크, 스펜서, 노직, 파레도, 및 칼도-힉스:
특허권에 대한 자연권적 정당성과 실용주의적 정당성의 합체, 산업재산권, 제66권,
2021, pp. 1-39.

노직은 A부터 X까지가 지구의 모든 토지를 사유화 하였지만, 사적 재산권
에 의한 효율적인 사용을 할 수 있으므로 효율적 사용으로 발생하는 잉여
는 사유화를 할 미래의 기회를 상실한 Y, Z에게는 다른 기회가 되므로, 충분
하고 동등하게 남겨둘 것이라는 단서를 위반하지 않는다고 주장한 것이다.

즉 사회적으로도 A부터 X의 지구의 모든 토지의 사유화에 의하여 사유
화를 하지 않았을 때보다 더 많은 가치를 창출하므로 사회 전체의 효용을
증가시킨다는 것이 노직의 논변이다. 그러나 실제로 토지소유는 그와 같지
않지만 이는 로크의 재산권 철학이나 노직의 주장의 문제가 아니라 그와
같이 결과를 만든 현실이 문제이다. 그리하여 토지에 대한 공적제한이나
토지 공공제가 나오는 근거이다.321) 그러나 앞서 언급한 바와 같이 로크는
화폐경제를 도입함으로서 화폐를 매개로 한 간접적 소유를 할 수 있게 하
여 자원의 한계문제를 해결할 수 있도록 하고 있다. 화폐는 동일한 가치의
모든 재화를 구입할 수 있도록 한다. 결국 화폐는 동일한 가치의 거래 대상
인 모든 것을 소유하게 한다.

아무튼 노직의 논변과 같은 같은 결과는 공리주의 원칙에서 주장하는 최
대 다수의 최대행복이라는 목표를 충족시킨다. 노직의 논변에 따르면, 공리
주의가 아닌 로크의 재산권 철학에 의한 사유화에 의해 그와 같은 동일한
결과가 달성되는 것인데, 아이디어에 있어서도 동일한 논리가 적용된다. 즉
아이디어의 사유화를 인정하면 타인의 동의없이 자신 스스로만으로 노력
으로 아이디어를 창출할 수 있고, 그와 같이 창작된 아이디어를 소유하는
데, 타인의 동의가 필요없으므로, 아이디어 창출이 장려된다고 주장하는 것
이다. 이는 로크의 재산권 철학에서 사유재산제를 인정함으로 인하여 결과
적으로 사회적 효용이 증가된다고 하는 필자의 주장과 같은 언급이다.322)

---

321) 토지공개념에 대하여는 최정희, 이윤환, 허법상 토지공개념에 대한 고찰, 법학연구,
   법학연구회, 2018, 법학연구 제71권, pp. 369-394; 김정호, 땅은 사유재산이다: 사유
   재산권과 토지공개념, 나남출판, 2006 참조.

　여기에서의 사유재산제는 영업비밀보호제도와 특허제도가 해당하는데, 아이디어를 공유하지 않고 자신의 아이디어로서 공개를 하지 않아도 된다는 것과 아이디어를 일정기간 독점할 수 있다는 것의 두가지 모두 사회적 효용을 증가시키는데, 여기서는 특허를 의미한다. 영업비밀은 독점을 하지 않고 본인 스스로 비밀을 지키면서 타인에게 알려지지 않게 하는 것이므로 타인에게 자신의 노력에 의해 독립적으로 동일한 아이디어를 창작하여 보유할 수 있게 하는 기회를 동등하고 충분하게 남겨두는 것이다. 따라서 노직의 예에서 문제되는 것은 특허이다.

　예컨대, 에디슨이 축음기를 발명하여 특허를 취득함으로서 에디슨 이외의 나머지 사람들이 에디슨이 특허를 취득한 축음기와 동일한 축음기를 발명하여 특허를 취득할 미래의 기회를 상실했다고 하여야 하는가? 아니면, 에디슨의 축음기 발명에 관한 특허명세서에 공개된 아이디어를 이용하여 소리가 아닌 영상을 녹화할 새로운 기술을 완성할 새로운 기회가 발생했다고 하여야 할까?

　전자의 예는 너무 기대가능성이 없는 주장이 아닌가? 수백만년의 인간 역사가 존재하였지만 에디슨이 발명하여 특허를 취득하여 독점적인 권리를 취득한 10여년간에 에디슨의 축음기 발명과 동일한 발명을 할 수 있었다는 가정은 매우 희박한 가정이다. 수많은 인류가 수백만년동안 지구상에 살았음에도 불구하고 에디슨을 제외하고는 어느 누구에 의해서 축음기 발명이 이뤄지지 않았는데, 에디슨이 축음기를 발명하여 특허독점을 취득한

---

322) 나종갑, 로크, 스펜서, 노직, 파레도, 및 칼도-힉스: 특허권에 대한 자연권적 정당성과 실용주의적 정당성의 합체, 산업재산권, 제66권, 2021, pp. 1-39. 그리하여 필자는 로크의 재산권 철학이 결과주의라고 하는 것이다. 보통은 공리주의는 최대다수의 최대 행복을 가져오는 것을 최대 목표로 하고 있으므로 공리주의를 결과주의라고 하고, 로크의 재산권 철학을 목적주의라고 하는데, 필자는 이점에 대하여 로크의 재산권에 의한 사회적 효용의 증가는 결과주의, 공리주의는 사회적 효용을 증가시키기 위한 목적이 있으므로 목적주의라고 하는 것이다.

기간 동안, 내가 에디슨의 축음기와 동일한 발명을 할 수 있었을 것인데 에디슨이 먼저 특허를 취득함으로써 내가 특허를 취득할 기회를 박탈했다는 것은 극악 무도한 환상에 불과하다. 따라서 에디슨으로 인하여 나의 미래의 기회를 상실하였으므로 충분하고 동등한 기회가 제공되지 않았다고 하는 것은 논의할 가치가 없다. 노직은 그것을 말하는 것이다. 그러한 것은 그의 장래의 기회를 박탈했다고 할 수 없는 것이다.

　오히려 에디슨의 발명으로 인하여 예전에 없던 축음기로 내가 좋아하는 음악을 들을 수 있고, 녹음을 할 수 있어 나의 복지가 더 증가한 것은 아닐까? 에디슨의 발명이 특허기간이 종료한 후에는 누구나 실시할 수 있는 발명이 되었으므로, 나는 에디슨이 노력하여 이룩한 그의 지식을 이용하여 새로운 발명을 할 수 있으므로 나의 복지가, 나의 기회가, 나의 효용이 증가했다고 할 수 있지 않을까? 그러므로 에디슨이 나의 동의없이 축음기에 대하여 특허를 취득하였다고 하더라도, 사실은 특허법은 동의에 의하여 제정된 것이므로 사실 에디슨은 이미 나의 동의를 받은 것이지만, 나의 에디슨에 대한 직접적이고 개인적인 동의가 없었다고 하더라도, 에디슨이 특허를 취득한 것은 결국은 나의 동의가 있었다고 할 수 있고, 가사 동의가 없었다고 하더라도 그의 발명은 궁극적으로 나의 장래의 기회와 복지를 증진시킨 것이 아닌가?323) 이는 파레토 개선과 칼도-힉스 개선의 상황과 동일하다. 그의 축음기 발명이 나에게 주는 이익은 나에게 거의 불가능한 축음기를 발명하여 특허를 취득할 기회를 박탈한 것을 상쇄하고도 남는 이익이 존재한다.

　노직은 사유재산제는 사람들로 하여금 자신들이 어떤 정형이나 유형의 위험을 지길 원하는지 결정할 수 있게 하여, 위험부담의 전문화가 이룩되므로 사유재산제는 일부 사람들로 하여금 앞으로의 시장을 위해 자원의 현재 소비를 삼가게 함으로써 미래의 사람들을 보호하기 때문에 X와 X이전에

---

323) 이것이 가능한지에 대하여 후생경제학의 파레토 최적에서 논하고 있다.

토지의 소유권을 취득한 사람들로 인하여 토지 소유의 기회를 상실한 Y, Z에 새로운 기회를 제공한다고 주장한다. Y, Z 같은 사람들에게 새로운, 예컨대, 고용기회를 제공한다는 것이다. 또한 사유재산권은 처분의 자유가 있으므로 새로운 고용 등을 함에 있어 다른 사람의 동의가 필요없다는 것이다.[324]

재산을 가진 사람들은 그들 이외이 타인과 나를 고용함으로서 그 타인과 나의 기회를 증진시킬 수 있고, 나아가 타인과 나를 고용하는데, 고용으로 인하여 복지가 증가하는 그 타인과 나를 설득할 필요가 없게 하는 장점이 발생한다. 따라서 사유재산제도는 그 자체로서 효율적이고, 그리하여 스스로 정당성을 가진다. 노직은 이를 지적하는 것이다.

노직은 후생경제학과 공리주의의 도움이 없이 타인의 상황을 이전보다 악화시키지 않음으로써 타인에게 충분하고 동등하게 남겨둘 수 있음을 논증하여 로크의 재산권 취득의 명제가 스스로 정당성을 가질 수 있음을 논증했다.

(5) Labor Desert Theory[325]

창작(創作)이나 노작(勞作)이나 노동을 함에 있어 고통스럽거나 불유쾌함

---

324) 이는 칼도-힉스의 보상의 원리(Kaldor-Hicks Improvement)에 해당한다.

325) Labor Desert Theory는 로크의 철학에 기반을 두고 윌리엄 블랙스톤에 의해서도 지지되었는데, 최근 Lawrence Becker 교수에 의해 발전되었다. Lawrence Becker의 Deserving to Own Intellectual Property, 68 Chicago-Kent Law Review, 609 (1992), The Labor Theory of Property Acquisition, 73 J. PHIL. 653 (1976)를 참조. Justin Hughes는 '"Avoidance" View of Labor'로 설명하고 있다. 그는 노동은 고통스럽고 (pain) 유쾌하지 않은 것(unpleasant activity)이므로 피하고 싶은 것(avoidance)로 설명하고 있다. 따라서 그러한 고통을 감내한 대가로 보상(just reward)하는 것라고 하다. 확실히 이는 제레미 벤담류의 도구주의적 견해를 많이 반영하고 있다. 그러나 로크의 견해에서도 노동은 고통스러운 것이므로 그에 대하여 재산권을 인정하여 보상을 하여야 한다. 이는 도덕적 윤리적 요청이다.(deontological reward) Justin Hughes, The Philosophy of Intellectual Property, 77 Geo. L.J. 287 (1988).

은 윤리적으로 노동을 가한 자의 재산으로 인정하는 것은 도덕적 윤리적인 요청이다. Labor Desert Theory는 로크의 노동이론 중에서 윤리적으로 공리주의 철학으로 연결되는 이론으로 생각된다. 또한 무정부주의자인 프루동의 노동이론하고 연결된다. 프루동이 주장하는 바와 같이 모든 노동이 평등한 가치가 있는 것은 그 노동이 고통스럽고 즐겁지 않기 때문이다. 따라서 로크의 선점에 의한 재산권 취득이나 지속적 점유는 존 시몬스(A. John Simmons)가 주장하는 바와 같이 Labor Desert Theory와 부합하지 않는 면이 있다.326) 평등한 노동은 선점과 부합하지 않고, 고통이 존재하면 지속적 사용과 점유를 하지 않기 때문이다.

Labor Desert Theory은 노동을 고통이나 불유쾌함을 수반하므로 어느 누구도 그와 같은 노동을 원하지 않음에도, 노동을 한 그 사람이 아니었다면 누구도 [힘든] 일을 하지 않으려고 할 것이고, 그 사람이 노동을 하여 어떤 가치증가가 있거나 사회에 이득이 되었다는 그는 그것에 대한 재산권을 취득할 만하다는(deserving) 것은 도덕적 윤리적 요청으로 인식한다. 그와 같은 이유로 공리주의에서는 그의 희생이나 기여에 대한 보상을 하여야 한다고 주장한다.

로크는 노동이란 고통을 가져오는 즐겁지 않은 것임을 강조하고 있는데, 그의 저서 통치론 중 재산권 편에서 로크가 노동을 고통스럽다고 한 언급을 보면,

Property who takes that pains about it.327)

if he did it is plain he desired the benefit of another's pains, which

---

326) A. John Simmons, The Lockean Theory of Rights, Princeton Univ. Press, 1992, p. 247.

327) John Locke, Second Treatise of Government §30

he had no right to, and not the ground which God had given him, in common with others, to labour on, and whereof there was as good left as that already possessed, and more than he knew what to do with, or his industry could reach to.[328]

··· Beasts as he could; he that so employed his Pains about any of the spontaneous Products of Nature, as any way to alter[329]

The one of these being the food and rayment which unassisted Nature furnishes us with; the other Provisions which our industry and pains prepare for us, which how much they exceed the other in value, when any one hath computed, he will then see how much labour makes the far greatest part of the value of things we enjoy in this World:[330]

···. For 'tis not barely the Plough-man's Pains, the Reaper's and Thresher's Toil, and the Baker's Sweat, is to be counted into the Bread we eat; the Labour of those who broke the Oxen, who digged and wrought the Iron and Stones, who felled and framed the Timber imployed about the Plough, Mill, Oven, or any other Utensils, which are a vast Number, requisite to this Corn, from its sowing to its being made Bread, must all be charged on the account of Labour, and received as an effect of that:[331]

에서 찾아 볼 수 있다.

---

328) John Locke, Second Treatise of Government §34
329) John Locke, Second Treatise of Government §37
330) John Locke, Second Treatise of Government §42
331) John Locke, Second Treatise of Government §43

본 이론은 노동과 재산권 취득에 있어서 윤리적은 면을 강조하는 것이다. 이에 반하여 공리주의 철학에서는 지상의 가치인 최대 다수의 최대 행복을 증진시키기 때문에 그 보상으로 일정기간 독점을 부여하는 것이다. 즉 공리주의 입장에서는 희생을 하고 그 희생으로 인하여 사회가 이익을 받았고 이에 대하여 독점을 부여하는 하는 것이다. 그와 같은 사회를 위한 희생에 대하여 윤리적으로 보상을 하는 것이 타당하다. 독점이 윤리적으로 타당한 것은 아니다. 희생에 대한 보상을 강조하는 제레미 벤담(Jeremy Bentham)의 입장과는 매우 유사하다. 사회의 이익을 위한 희생에 대한 보상으로 독점을 부여하는 것이고 그와 같은 보상이 존재하여야 다른 사람도 그와 같은 희생을 할 것이기 때문이다.

로크는 그의 저서 An Essay Human Understanding에서

All the great ends of Morality and Religion, are well enough secured without the philosophical Proofs of the Soul's Immateriality; since it is evident that he who, at first made us beings to subsist here, sensible intelligent Beings, and for several years continued us in such a state, can and will restore us to a like state of Sensibility in another World, and make us there capable to receive the Retribution he has designed to men, according to the doings in this life. And therefore tis not a mighty necessity to determine one way or t'other, as some overzealous for or against the Immateriality of the Soul, have been foreward to make the World believe.[332]

[번역]

모든 도덕과 종교의 궁극적 목적은 영혼의 비실체성에 관한 철학적 증명없이도 충분히 보장된다. 왜냐하면 우리를 삶을 존재화하고, 우리

---

[332] John Locke, An Essay Human Understanding, Book IV. Chapter III. Of the Extent of Human Knowledge.

를 감각적인 지적 존재화 하고, 또한 그러한 상태에서 우리를 살아가게 하는 그(God)는 우리를 다른 세계에서 감각적인 존재와 같이 재생산하게 할 수 있고, 또한 하고 있다. 또한 이러한 인생속에서의 삶에 따라 그(God)가 생각한 벌을 받을 수 있는 상태가 되도록 한다. 따라서 영혼의 비실체성에 관하여 과도하게 열심인 사람이 세상을 믿음으로 만들려고 하는 바와 같이 일방적이거나 쌍방적으로 결정할 수 있을 만큼 전지전능하지도 않다.

라고 언급하고 있다. 로크는 도덕과 종교의 마지막에 관하여, 영혼은 유형이든 무형이든 중요하지 않다고 하고 있다. 우리가 생각하고 있는 사물이 유형이든 무형이든 영혼의 부활을 통해 심판과 그 보상 및 처벌이 될 것이라고 한다. 로크는 도덕과 종교의 궁극적인 목적을 보여주고 그것이 두가지 방법으로 취득되는 것을 보여줌으로서 양자가 화합할 수 있다고 한다. 그와 같은 로크의 생각을 보면 보상은, 공리주의에서 볼 수 있는 어떤 목적(reward, incentive, etc.)이 없이도, 존재로서 당연한 것이다.

그와 같은 도덕적 윤리적 정당성은, 저작물의 공정사용333)의 문제로서 1785년 Sayre v. Moor 사건334)에서 문제되었다. 본 사건은 Moore 등 몇몇 회사가 Sayre가 만든 북미대륙의 지도를 복제하여, 불법복제로 제소된 사건으로, Lord Mansfield는 피고 Moore가 원고 Sayre의 지도와 설명 차트(chart)를 복제한 것은 불법적이 아니라고 하면서 다음과 같이 언급했다.

[W]e must take care to guard against two extremes equally prejudicial; the one, that men of ability, <u>who have employed their time</u>

---

333) 공정사용으로 문제된 것은, 저작권법은 표현과 감정을 보호하는 것이지만, 같은 표현을 하는 것을 금하지 않는다. 동일한 사실관계를 연대기적으로 나열하고, 이에 따라 같은 의미로 해석하는 것은 저작권 보호가 되지 않는다는 것이다.

334) Sayre v Moore (1785), 1 East 361, 362.

for the service of the community, may not be deprived of their just merits, and the reward of their ingenuity and labour; the other, that the world may not be deprived of improvements, nor the progress of the arts be retarded. ⋯. If an erroneous chart be made, God forbid it should not be corrected even in a small degree, if it thereby become more serviceable and useful for the purposes to which it is applied.

[번역]

우리는 두 가지 동등한 극단적 편견에 대하여 주의해야 한다: 하나는 사회에 대한 봉사를 위해 자신의 노력과 시간을 투자한 능력을 가진 사람들은 그들의 능력과 그들의 재능과 노력에 대하여 보상을 박탈당하지 않아야 한다; 다른 하나는 세상은 그들이 개선한 것을 박탈하지도 않아야 하고, 낙후된 예술의 발전도 박탈되지 않아야 한다⋯. 만일 잘못된 지도가 만들어졌다면, 그리하여 만일 [그와 같은 노력과 봉사가] 그것이 사용되는 것의 목적에 더욱 더 봉사할 수 있고, 유용할 수 있다면 신은 매우 일부라도 수정되지 않는 것을 금할 것이다.

본 판결에서 법원은 두가지 극단적인 견해를 경계하여야 한다고 언급하고, 두가지 극단적인 견해를, i) 자신의 노력과 시간을 투자하여 사회에 대한 봉사(devotion)를 한 사람들은 그들의 뛰어난 능력과 [어떤 이유가 필요없이](just merits) 그들의 재능과 노동은 그대로 [어떤 이유가 필요없이] 보상(just⋯ reward)을 박탈당하지 않아야 한다는 주장과, ii) 사회는 [타인의 창작과 노력에 의해] 개선된 것(contribution)을 박탈해서도 안되고, 예술이 증진된 것을 퇴보시켜서도 안된다는 주장을, 언급하고 있다.

위에서 말하는 두가지 주장은, 제레미 벤담의 공리주의와 시기상으로는 위 판결에 후행하는 존 스튜어트 밀의 공리주의를 언급하는 것이다. 제레미 벤담이 강조한 바와 같이, 'i)'에 언급한 아무런 이유없이 최대다수의 최대행복이라는 공리주의적 결과를 가져오기 위해서[335] 행한 희생이나 기여에 대한 보상336)과 'ii'에 그의 노력으로 기술과 예술의 발전을 가져온 공헌에 대하여 보상(just reward)을 하여야 한다는, 존 스튜어트 밀의, 주장337)을 언급하고 있다. 다만, 제레미 벤담의 보상을 언급할 때는 노력에 의한 결과를 보호해야 한다는 자연권적 보상설("their just merits, and the reward of their ingenuity and labour")도 언급하고 있다.

사회적 효용을 증진시키는 개선(improvement)이나 진보(progress)를 위해서 특허권이나 저작권 등을 인정하여야 한다는 공리주의가 있다. 또한 노동을 하는 것은 고통(pain)이고 그러한 고통을 피하지 않고(avoidance) 사회에 대한 봉사를 위해 자신의 노력과 시간을 투자한 사람들은 어떤 이유가 존재할 필요 없이, 또한 공리주의적 고려없이도, 보상(just reward)을 받아야 한다.338) 위와 같은 보상의 정당성은 도덕적 윤리적 요청이 강하다.

자연법의 원조인 스토아 학파와 로크의 재산권 철학에 관하여 심도 깊은 연구를 한 로렌스 베커(Lawrence Becker, 1939-2018) 교수는 노동이 가져오

---

335) 공리주의의 태두 제레미 벤담은 독점(특허권, 저작권)을 싫어했지만, 보상을 하지 않으면, 희생을 하지 않을 것이라는 이유로 인하여 독점을 인정하는 이유를 제시했다.

336) 사실 Lord Mansfield가 판결할 당시에는 기여에 대한 보상이라는 이유를 제시한 존 스튜어트 밀은 세상에 태어나지 않았다는 점을 유의하면서 읽기를 청한다. 즉 존 스튜어트 밀은 위와 같은 Lord Mansfield의 판시로부터 자신의 생각에 대한 영감을 얻은 것으로 볼 수 있다.

337) Lawrence Becker, The Labor Theory of Property Acquisition, 73 J. PHIL. 653 (1976).

338) Lawrence Becker, Deserving to Own Intellectual Property, 68 Chicago-Kent Law Review, 609 (1992). 앞서 언급한 바와 같이 공리주의 철학에서도 희생에 대한 보상이 필요하다고 하고 있으므로 자연법을 기초로 한 경우와 공리주의를 기초로 한 경우를 구분해야 한다. 다만 노동이 항상 즐겁지 않은(unpleasant) 고통스러운 것이 아니라 즐거움(pleasant)에 의해서도 할 수 있다는 점이 지적되고 있다. 그리하여 고통이 존재하느냐의 문제가 아니라 다른 행위보다 덜 즐거운지와 덜 하고 싶은지 (comparatively less pleasant and less desirable than other activities.) 여부라고 하는 견해도 있다. Justin Hughes, The Philosophy of Intellectual Property, 77 Geo. L.J. 287 (1988).

는 고통과 그로 인하여 즐겁지 않은 노동으로 인하여 취득한 결과에 대한 보상, 즉 재산권에 대하여 그 근거가 약하다고 비판을 제기하였다. 그는 다음과 같이 주장한다:

The proposal is that labor is something unpleasant enough so that people do it only in the expectation of benefits (and since unlabored-on things are of little or no value anyway), it would be unjust not to let people have the benefits they take pains to get.[339)]

[번역]

노동은 매우 유쾌하지 않기 때문에 사람들은 어떤 이익(노동을 가하지 않은 사물은 가치가 거의 없거나 아예 가치가 없기 때문에 재산의 대상도 없을 것이지만)에 대한 기대(재산권 등의 취득)로 할 것이라는 것은 그들이 고통으로 취득한 이익을 가지도록 허용하지 않는 것은 부정의(unjust)하다는 제안이다.

Most people since Locke have said, assumed, or implied an affirmative answer, and shifted to the other major argument from labor to do it. Locke puts it in the form of an entitlement for one's "pains" in creating something valuable out of raw and largely useless material. I took the trouble to make it; I deserve some reward for my efforts; I earned it by my efforts. The sentiment is familiar and powerful. But to see how little it proves- at least in the way Locke uses it.[340)]

[번역]

대부분의 사람들은 로크가 [노동이론]을 주장했기 때문에, 노동으로

---

339) Lawrence Becker, The Labor Theory of Property Acquisition, 73 J. PHIL. 653, 655 (1976).
340) Id., 660.

부터 [재산권을 취득] 한다고 적극적인 답변을 가정하거나 의미하였고 그리하여 노동이 재산권을 부여한다는 것으로부터 다른 주된 논쟁으로 이전시켰다. 로크는 원료로서 대부분 쓸모없는 재료로부터 가치있는 것을 창작하는 어떤 사람의 고통(pain)에 대하여 소유권을 인정한다. 나는 그것을 만들기 위해 위험을 감수한다; <u>나는 나의 노력에 대하여 어떤 보상을 받을 만 하다</u>; 나는 나의 노력에 의해 취득했다. 그 감성은 친숙하고 강하다. 그러나 최소한 로크가 그와 같이 사용한 방법에 의해서 그와 같은 정당성 논리가 얼마나 적게 증명되었는지는 볼 것이다.

그는 도덕적 윤리적으로 로크의 주장을 강화하고자 하였다. 그리하여 그는 노동을 한 사람이 적극적인 지위로 노동의 결과(fruits of labor)를 취득할 수 있다는 것보다는 다른 사람이 그가 노력한 것을 취득할 수 없고 그와 같이 고통스런 노동을 가한 자가 취득하는 것이 도덕적 윤리적으로 잘못되었다고 할 수 없다는 소극적인 논리를 제시한다. 따라서 노동을 한 자가 그의 노력의 결과를 취득하는 것을 보장하는 재산권을 제도화함으로써 로크의 단서하에 그 노동의 결과물에 대하여 타인의 취득을 배제하는 것이 정당화되고, 그리하여 재산권도 정당화 된다고 한다.[341]

위에 언급한 Sayre v. Moor 사건에서 피고 Moore는 원고 Sayre의 지도를 복제했지만 그의 지도에 대하여 많은 개선을 이뤘다고 주장했다. 특히 Moore는 Sayre의 지도가 가진 오류가 항해시에 위험을 초래하는 결정적인 결함들을 수정했다는 점을 주장했다. 결국 Lord Mansfield는 판결의 근거가 되는 여러 가지 법리를 제시했는데, Lord Mansfield의 논리를 분석하여 다음의 몇가지 견해가 제시되었다. Lord Mansfield는 창작성에 대하여 노동이론을 취했다는 견해[342], 공정이용의 법리를 제시하였다는 견해[343], 저작권

---

341) Id.

에서 부정취득이용의 법리를 제시하였다는 견해[344] 등이 존재한다. Lord Mansfield는 공정이용의 법리를 제시하고 있는데, 지도에 나타난 사실들에 대하여는 표현과 같은 재산권의 대상이 아니라는 논리로 사실/표현의 이분법(fact/expression dichotomy)를 제시하고, 타인도 동일한 노력을 가하여 재산권을 취득하는 것이 부정될 수 없음을 판시하였다.

Lord Mansfield의 판시는 로크주의자들의 Labor Desert Theory를 바탕으로 한 것으로, "[m]en of ability, … may not be deprived of their just merits, and the reward of their ingenuity and labour."은 어떤 창작적 표현이 없더라도 노동을 하여 완성한 것(the sweat of brow doctrine)이라면, 그는 고통스런 노동에 의해 취득한 것이므로 이를 무단으로 복제하는 것은 성낭하지 않은 행위가 된다는 논리가 된다. 현재 이러한 법리는 우리 부정경쟁방지법 제2조 제1호 파목의 "그 밖에 타인의 상당한 투자나 노력으로 만들어진 성과 등을 공정한 상거래 관행이나 경쟁질서에 반하는 방법으로 자신의 영업을 위하여 무단으로 사용함으로써 타인의 경제적 이익을 침해하는 행위"의 근거 법리가 되고 있다. 물론 공정이용(fair use)은 부정경쟁행위를 제한하는 법리가 된다.

---

342) Jane C Ginsburg, 'Creation and Commercial Value: Copyright Protection of Works of Information,' 90 Columbia Law Review 1865, 1877(19900; Lior Zemer, The Making of a New Copyright Lockean, 29 Harvard Journal of Law and Public Policy 891, 908 (2006).

343) Kathy Bowrey, 'On Clarifying the Role of Originality and Fair Use in 19th Century UK Jurisprudence: Appreciating "the Humble Grey which Emerges as a Result of Long Controversy'" in C Ng, L Bently, G D'Agostino (eds), The Common Law of Intellectual Property: Essays in Honour of Professor David Vaver, Oxford, Hart Publishing, 2010, pp. 45–69, 58; B Kaplan, An Unhurried View of Copyright, Columbia Univ. Press, 1967, pp. 16–18.

344) S. Ricketson, '"Reaping without Sowing": Unfair Competition and Intellectual Property Rights in Anglo-Australian Law', 7 (1) Univ. of New South Wales Law Journal 1, 8 (1984).

물론 자신이 독자적인 창작이거나, 사실(fact)을 이용한 것이라면 공정사
용(fair use)이 되어 (파)목의 부정취득이용이 성립하지 않는다. 위 사건에서
Lord Mansfield는 피고의 지도와 설명 차트가 '더 이용되고 유용한 것'
('more serviceable and useful')이라고 하였는데, 그 논거도 공정이용을 지지
하는 것으로 보았다.

Labor Desert Theory는 1918년 INS v. AP 사건 판결에서 부정취득행위에
대하여 불공정경쟁행위를 인정하지 않는 미국에서 부정취득행위를 불공정
경쟁행위를 인정하는 토대가 되었다. 동 사건에서 미국 연방대법원은 언론
사의 뉴스 취재의 노력은 고통스런 노동과 비용이 드는 행위로서("But one
who gathers news at pains and expense,…") 뉴스는 노동과 재능 및 자본의
투자 결과물("the result of organization and the expenditure of labor, skill,
and money")이므로, 그와 같은 노력과 비용을 들여 취재한 뉴스는 도덕적
윤리적으로도 보호받아야 하고("a misappropriation of it by a competitor is
unfair competition because contrary to good conscience."), 결국 뉴스는 경쟁
자의 부정경쟁행위로부터 보호받는 준재산("quasi-property")이라고 판시했
다. 연방대법원은 뉴스가 경쟁자로 부정경쟁행위로 보호받을 수 있는 철학
적 법리적 토대를 Labor Desert Theory에 근거한 것이다.

특허제도는 독점에 의해 재산권을 취득할 수 있도록 하고, 그와 같이 취
득한 재산권은 사회적으로 자원의 효율적 사용을 할 수 있도록 한다. 어떤
기술을 개발하여야 할지에 대하여 효율적인 결정을 할 수 있게 하여준
다.[345] 특허는 독점을 부여하고 독점권은 재산권이다. 특허부여는 기술개
발의 동기가 되고 경쟁자의 무임승차로부터 특허권자의 노력과 투자를 회
수할 수 있는 수단이 된다.

---

[345] Harold Demsetz, Toward a Theory of Property Rights, 57 Am. Econ. Rev. 347
(1967) 참조. 재산권자는 외부 비용을 내재화 할 수 있으므로 기술개발의 투자비용
을 회수할 수 있는 경우에 개발을 위한 투자결정을 할 수 있다.

그러나 재산권의 획득은 궁극적으로 인간의 자유의 확대를 가져오지만, 그의 자유는 타인의 자유를 침해할 수 없다. 이는 재산권 취득에 있어서 윤리적인 문제로 자연권을 주장하는 철학자들로부터 지속적으로 제기되어 왔다.

로크는 '타인에게 해하지 않을 것'이라는 자연상태에서의 인간의 행동준칙을 제시하였다. 따라서 재산권 취득에 있어서도 타당한 단서이다. 이러한 로크의 단서는 에드워드 코크에게서도 찾아 볼 수 있는데, 에드워드 코크도 특허는 거래에 해하면 안된다(not to the hurt to trade)고 하고 있다.346) 대표적인 공리주의자이자 경제학자인 존 스튜어트 밀도

> When the "sacredness of property" is talked of, it should always be remembered, that 'any such' sacredness does not belong in the same degree to landed property. No man made the land. It is the original inheritance of the whole species. ts appropriation is wholly a question of general expediency. When private property in land is not expedient, it is unjust. It is no hardship to any one, to be excluded from what others have produced: they were not bound to produce it for his use, and he loses nothing by not sharing in what otherwise would not have existed at all. But it is some hardship to be born into the world and to find all nature's gifts previously engrossed, and no place left for the new-comer. To reconcile people to this, after they have once admitted into their minds the idea that any moral rights belong to them as human beings, it will always be necessary to convince them that the exclusive appropriation is good for mankind on the whole, themselves included. But this is what no sane human being could be persuaded of, if the relation between the landowner and the cultivator were the same

---

346) Sir Edward Coke, Institutes, Book IV. p. 184.

everywhere as it has been in Ireland.[347]

[번역]

　재산의 신성성을 말할 때, '어느 그 무엇도 그와 같은'('any such') 신성성은 토지의 재산권에 만큼이 될 수 없다는 것을 항상 기억해야 한다. 어느 누구도 토지를 만들지 않았다. 토지는 인류전체의 유산이다. 토지의 취득은 일반적인 방법성의 문제이다. 토지에 사적 재산권이 편리를 가져오지 않을 때, 그것은 정의롭지 않다. 어떤 사람이 생산한 것에 대하여 사용에서 제외되었을 때 그로 인하여 어느 누구도 불편하지 않다. 생산한 사람들은 사용에 제외된 그 어떤 사람을 위해 생산할 의무도 없다. 사용에서 배제된 그는, 그 생산물은 생산자가 생산하지 않으면 원래 전혀 존재하지 않았을 것이므로, 아무것도 상실하지 않았다. 그러나 [토지의 경우] 자연의 선물을 찾는데 이미 전력을 다하고, 새로운 사람에게는 아무것도 남겨지지 않았다는 것으로 부터 세상에 조금이나마 어려움이 발생한다. 이러한 문제에 상호가 화합하기 위해서는, 인간으로서 도덕적 권리가 [토지소유에서 소외된] 그들에게 속한다는 그들의 사상을 인정할 때, 인류 전체에게 주어진 사물을 [일부가] 배타적으로 취득하는 것에 대하여 모든 인간을 항상 설득할 필요가 있다. 그러나 이와 같은 것은, 만일 토지소유자와 경작자의 관계가 아일랜드에서와 같이 지구상 모두에서 같다면, 어떤 제정신인 인간은 설득당하지 않을 것이다.

라고 하여 재산권 취득의 윤리성을 제기하고 있다. 또한 밀(Mill)은

　It is generally admitted that the present Patent Laws need much improvement; but in this case, as well as in the closely analogous one

347) John Stuart Mill, Principles of Political Economy with Some of Their Applications to Social Philosophy II, Introduction by Bladen & Textual Editor J. M. Robson, Univ. of Toronto Press, CHAPTER II. § 6, p. 230.

of Copyright, it would be a gross immorality in the law to set every-
body free to use a person's work without his consent and without giving
him an equivalent.348)

[번역]

현재의 특허법상 [특허를 취득하기 위해서는] 많은 개선이 필요하다
는 것은 일반적으로 인식되어 있다. 그러나 본 사례에서 또한 저작권
과 매우 유사하게, 어떤 사람의 작업물을 동의없이 그리고 그에게 동
등한 대가를 지급함이 없이 모든 사람이 자유롭게 사용할 수 있다고
규정하는 법은 완전히 비도덕적이다.

라고 하여 타인의 노력에 의하여 취득한 결과를 보호하지 않는 것도 비도
덕적 비윤리적임을 강조하고 있다. 반대로 노력의 결과를 보호하는 것이
도덕적 윤리적 요청이다.

앞서 언급한 로렌스 베커(Lawrence Becker) 교수는 재산권에 대하여 도
덕적 윤리적 문제를 제시한다. 재산권은 사회속에서 취득하는 것이므로 도
덕성과 윤리성은 재산권자에게 자신의 의무를 이해할 것과 재산에 의한 사
회적 이익을 최대화 할 것을 요구한다고 한다.349) 만일 그와 같은 의무를
하지 않는다면 많은 비난을 감수하여야 할 것이다. 다른 사람은 타인의 재
산으로부터 이익을 취득하는 것은 당연한 것은 아니지만, 도덕성은 다른
사람들에게 재산으로부터 취하는 이익을 제공할 것을 요구한다. 타인에게
이익을 제공하지 않는 것은 잘못된 것이다. 타인에게 자신의 재산으로 부
터의 이익을 제공하지 않는 것은 타인으로 부터의 얻는 이익을 그들에게
제공하지 않는 것으로 결코 정당화 될 수 없다.

---

348) John Stuart Mill, Principles of Political Economy: With Some of Their Applications
to Social Philosophy, Book V. Chapter X, §5. 1848. p. 563.

349) Lawrence Becker, The Labor Theory of Property Acquisition, 73 J. PHIL. 653, 660
(1976).

노동의 결과에 대한 재산권 취득은 정당화 되지만, 매우 경쟁적인 상황에서 재산권은 제한이 된다.350) 창작물은 그가 없었으면 생산되지 않았을 것이고, 따라서 다른 사람이 그것을 갖지 못하거나 이용하지 못한다고 하더라도 그의 지위는 변함이 없다. 그러나 베커는 경쟁적 상황에서는 상황이 달라진다고 한다. 경제적 상황에서 경쟁적 동등성의 상실(the loss of competitive equality) 또는 어떤 사람의 경쟁적 지위의 악화는 사물(goods)에 대한 상실을 의미한다. 따라서 노동을 가하여 재산권을 취득한 자의 재산권 취득의 정당성은 경쟁적 상황에서 매우 제한된다. 경쟁적 상황에서 이러한 재산권에 대한 제한은 최소한 생산에 대한 제한까지 확장되어야 하는데, 이러한 상황에 대하여 베커 교수는, 로크의 재산권 철학은 맥퍼슨(Macpherson)이 해석하는 '적극적 개인주의가 아닌 사회주의의 기초'('a foundation for socialism rather than for "possessive individualism."')를 제시한다고 한다.351) 그리하여 토지는 에너지, 운송, 통신, 중공업, 중요핵심기술, 중요지식 등의 다른 주요 생산수단과 함께 사유화를 할 수 없다고 한다. 만일 토지나 그와 같은 생산요소들이 사유화가 된다면 다른 사람의 기회를 박탈하여 불이익한 지위가 되도록 한다고 한다. 따라서 생산자의 생산에 의한 사유화에 의하여 다른 사람이 상실하지 않아야 한다는 요건, 타인을 해하지 않아야 한다는 조건은 위반된다고 한다.352)

이와 같은 재산권의 윤리적 논쟁은 이미 로크가 도덕적 행위의 준칙, 즉 타인을 해하지 않을 것(no harm proviso)을 제시하여 그 재산권 취득의 윤리성과 도덕성의 기반을 놓았다. 나아가 충분하고 동등하게 남겨놓을 것의 단서(enough and as good left proviso) 또한 베커 교수가 말하는 경쟁적 상황에서의 재산권의 제한의 근거를 제시했다. 베커 교수는 유체물의 경우에

---

350) Id., 662.
351) Id.
352) Id.

는 그 자원이 유한하므로(또는 유한하다는 전제 아래) 모든 사람의 소유는 경쟁적일 수 밖에 없다고 주장한다. 로버트 노직(Robert Nozick) 또한 그의 소유권리론(entitlement theory)에서 베커 교수가 제시한 경쟁적 상황, X의 마지막 남은 자원의 소유는 그 다음으로 소유화 하려는 Y의 지위에 영향을 미쳤고, Y도 Y 다음으로 소유화하려는 Z의 지위를 악화시켰으므로, 반대로 X보다 먼저 사유화한 W는 X의 지위를 악화시켰다는 주장은, 베커 교수가 제시한 쟁점과 같은 것으로서 많은 로크주의자들에 의해서 그 쟁점과 해결책이 제시된 것이라고 할 수 있다.

우리 판결 중에서 Labor Desert Theory를 바탕으로 판결한 사례들이 존재하는데, 서의 모두가 부정경쟁방지법 제2조 제1호 파복에 관련된 사례들이다. 특허와 관련된 사건으로는 기존 발명인 의약353)의 새로운 용량 용법에 대하여 2015년 우리 대법원전원합의체 판결을 들 수 있다. 대법원은

> 동일한 의약이라도 투여용법과 투여용량의 변경에 따라 약효의 향상이나 부작용의 감소 또는 복약 편의성의 증진 등과 같이 질병의 치료나 예방 등에 예상하지 못한 효과를 발휘할 수 있는데, 이와 같은 특정한 투여용법과 투여용량을 개발하는 데에도 의약의 대상 질병 또는 약효 자체의 개발 못지않게 상당한 비용 등이 소요된다. 따라서 이러한 투자의 결과로 완성되어 공공의 이익에 이바지할 수 있는 기술에 대하여 신규성이나 진보성 등의 심사를 거쳐 특허의 부여 여부를 결정하기에 앞서 특허로서의 보호를 원천적으로 부정하는 것은 발명을 보호·장려하고 그 이용을 도모함으로써 기술의 발전을 촉진하여 산업발전에 이바지한다는 특허법의 목적에 부합하지 아니한다.

---

353) 본 사건은 '엔테카비르'에 관한 사건으로 2007. 3. 3. 등록한 제757155호 등록특허를 침해하였는지가 문제된 사건이다.

고 판시하였다.354) 대법원은 용량·용법도 미지의 속성에 기초하여 '새로운 쓰임새'라고 함으로서 발명이라고 했다.(이하 "엔테카비르 사건"이라고 함) 본 판결은 Labor Desert Theory와 같은 논리에서, '특정한 투여용법과 투여 용량을 개발하는 데에도 의약의 대상 질병 또는 약효 자체의 개발 못지않 게 상당한 비용 등이 소요된다.' 고 하여 자본의 투자 등을 포함한 어떤 고 통스런 노력에 의하여 취득한 결과에 대하여 발명성을 인정하고 있다. 그 러나 노동의 결과에 대하여 재산권을 인정하여야 한다는 문제와 그것에 대 하여 특허를 인정하여야 하는 문제는 별개이다. 재산은 광범위하고 다양한 개념이다. 특허권을 인정받기 위해서는 특허법상의 요건을 갖추어야 한다. 고통스런 노력에 의한 노작(勞作)에 대하여 도덕적으로 그 고통을 참고 인 내한 사람의 노력의 결과에 대하여 재산권을 인정하는 것이 도덕적이고 윤 리적이라고 하더라도 그것에 대한 배타성을 부여하는 것은 완전히 다른 문 제이다.

부정경쟁행위와 영업비밀이 관련된 사건으로 공중파 방송(KBS, SBS, MBC)의 사전투표선거조사결과를 JTBC가 이용한 사건을 들 수 있다. 동 사건에서 대법원은

원고들의 상당한 투자나 노력으로 만들어진 성과에 해당한다고 판 단한 다음, 피고가 원고들의 사전 동의 없이 이 사건 예측조사 결과를 무단으로 방송하여 이용한 행위는 <u>원고들의 상당한 투자나 노력으로 만들어진 성과</u> 등을 공정한 상거래 관행이나 경쟁질서에 반하는 방법 으로 피고의 영업을 위하여 무단으로 사용함으로써 원고들의 경제적 이익을 침해하는 행위355)

---

354) 대법원 2015. 5. 21. 선고 2014후768 전원합의체 판결.
355) 대법원 2017. 6. 15. 선고 2017다200139 판결.

라고 인정했다. 원래 위 사건에서 원고들이 주장하는 사전투표조사결과는 조사를 행한 조사업체의 부사장이 삼성전자 직원과 조선일보 기자 등에게 누설하였고, 조선일보 기자가 기자들의 단톡방에 게시하여 공개된 공역(the public domain)에 존재하는 정보로서 누구든지 이용할 수 있는 공유정보가 되었는데, 공공자원을 이용한 것이 부정한 방법에 의한 취득이라고 한 것은 납득이 되지 않는 판결이다. 나아가 그와 같은 공유정보를 자신의 것이라고 주장하는 것은 금반언의 원칙356)에 위반된다. 따라서 이러한 정보를 부정취득행위로 보호하는 것은 모순이다.357)

최근 '눈알가방사건'에서 우리 대법원도

이러한 성과 등이 '상당한 투자나 노력으로 만들어진' 것인지는 권리자가 투입한 투자나 노력의 내용과 정도를 그 성과 등이 속한 산업분야의 관행이나 실태에 비추어 구체적, 개별적으로 판단하되, 성과 등을 무단으로 사용함으로써 침해된 경제적 이익이 누구나 자유롭게 이용할 수 있는 이른바 공공영역(公共領域, public domain)에 속하지 않는다고 평가할 수 있어야 한다.358)

---

356) 이와 유사한 개념이 특허법상 포대금반언이다.

357) Religious Technology Center v. Lerma, 908 F. Supp. 1362 (E.D. Va. 1995) 사건은 Once a trade secret is posted on the Internet, it is effectively part of the public domain, impossible to retrieve. Although the person who originally posted a trade secret on the Internet may be liable for trade secret misappropriation, the party who merely downloads Internet information cannot be liable for misappropriation because there is no misconduct involved in interacting with the Internet.
라고 판시하여, 한번 공역(the public domain)에 있으면 다시 사유화하는 것은 불가능하다고 판시하고 있다. 다만 그 예외가 특허법 제30조 공지예외와 일반명칭화된 상표의 상표성 회복이다.

358) 대법원 2020. 7. 9. 선고 2017다217847 판결. 공공영역(the public domain) 법리의 예외는 특허법 제30조 신규성 의제 및 제29조 제3항, 제4항의 확대된 선원제도로 나타나 있고, 상표법에서는 일반명칭화(genericism)이다. 일단 공공영역에 놓이게 되

라고 판시하여, 공역(the public domain)에 위치한 재산적 가치는 보호받지 못한다고 하여, 지적재산권법 영역에서 명제라고 할 수 있는 공공영역의 법리(the public domain trust doctrine)를 선언하고 있다. 그러나 실제 위 판결이 내려진 문제된 실제 사안에 대한 적용에 있어서는, 100여년전에 구현된 디자인으로, 현재에는 공역에 있는 디자인으로 볼 수 있는 가방디자인을 (파)목의 부정취득이용법리로 보호함으로써 공공영역 법리를 제대로 적용하지 못하는 오류를 범했다.[359)]

영업비밀보호법상 비밀성유지노력을 게을리하면 영업비밀로 보호를 못 받을 뿐만 아니라 영업비밀은 역분석(reverse engineering)으로 정당하게 취득할 수 있다. 역분석은 우리 영업비밀보호법상으로 절취(竊取), 기망(欺罔), 협박이나 이에 준하는 그 밖의 부정한 수단을 동원하지 않는 한 정당한 방법으로 취득하는 것이다. 자발적 공개에 의하여 공역(the public domain)에 존재하는 정보를 이용한 것이나 역분석에 의해서도 취득할 수 있는 정보를 공개된 단톡방에서 취득이용한 것이 부정경쟁방지법 제2조 제1호 파목의 '공정한 상거래 관행이나 경쟁질서에 반하는 방법'이라고 할 수 없는 것이다. 상위 규범인 영업비밀보호법에서 정당한 행위로 인정하는 행위를 그 하위 규범에서 부정한 방법이라고 할 수는 없다.

위와 같은 법원의 결론에 이르게 된 데에는 Labor Desert Theory에 의한 타인의 노력에 의한 취득의 결과물에 대한 이용이 부정의(injustice) 하다는

면, 자신의 것이라고 주장할 수 없다. 이러한 법리는 미국 특허법에서는 상업적 이용 제한원칙(commercial use bar doctrine)이다. 우리나라 물권법에서도 그와 같은 법리가 인정되고 있는데, 포락된 토지에 대한 재산권의 상실과 회복의 법리이다. 즉 토지가 바닷물이나 적용 하천의 물에 개먹어 무너져 바다나 적용하천에 떨어져 그 원상복구가 불가능한 상태에 이르렀을 때에 이를 포락이라고 하고, 그 포락된 토지의 소유자는 소유권을 상실한다. 대법원 2000. 12. 8. 선고 99다11687 판결 등 참조.

359) 나종갑, 성과 '모방' 도그마와 부정경쟁방지법 제2조 제1항 (카)목의 적용범위 - 서울 연인단팥빵사건을 중심으로 -, (산업재산권 제62호, 2020. 1), pp. 151-202 참조.

데 있지만, Labor Desert Theory는 도덕적 윤리적 정당성에 관한 근거가 될 뿐이므로 실정법상의 법리에 우선할 수는 없는 것이다. 예컨대 우리 특허법 제2조 제1항은 ""발명"이란 자연법칙을 이용한 기술적 사상의 창작으로서 고도(高度)한 것을 말한다."라고 하여, 명시적으로 "창작"을 그 대상으로 하고 있음을 명백히 하고 있다. 고통을 재산화 하거나 고통에 대하여 배타적인 재산권을 인정할 수는 없는 노릇이다.

(6) 자연법칙과 자연법칙의 이용성

(가) 사유화의 대상

특허의 대상은 발명(invention)으로 하고 있고, 발명은 인간의 창작적 결과를 말한다. AI는 기계로서 기계적 결과물을 만들 수는 있지만, 정신작용을 전제로 하는 발명을 할 수는 없다.

발견(discovery)이나 노력의 결과물(勞作, the sweat of the brow)은 전통적으로 특허의 대상에서 제외하였다. 자연법칙, 자연현상, 추상적 아이디어 등은 신의 창작물로서 발견을 하는 것이지 발명을 하는 것은 아니다. 따라서 인간의 발명과 발견의 구별은 특허법에서는 매우 중요하다.

어떤 것을 발명으로 할지 어떤 것을 발견으로 할 지에 대하여 많은 논쟁이 있어 왔다. 로크의 노동가치론에서는 인간의 노동의 창작적 결과물에 대하여는 발명으로 인정하고, 창작적 결과가 아닌 노력에 의하여 자연에 존재하는 것(the public domain)을 발견한 것이나 창작의 결과가 매우 낮은 정도의 것이라면 발명으로 볼 수 없다. 물론 창작적 결과가 낮은 것이라면 발명성이 아닌 특허성에서 진보성이 부인될 것이므로 결과적으로 특허를 취득할 수 없다는 결과는 같지만, 논리적으로 발명성과 특허성은 엄격히 구별된다.360)

---

360) 이에 대하여 Diamond v. Chakrabarty, 447 U.S. 303 (1980) 사건에서 언급된

로크의 재산권 철학은 신(God)이 인간에게 인간의 평온한 삶을 위하여 자연에서 노동을 하여 그 결과를 이용하라고 명하였음을 근거로 재산권을 정당화 한다. 재산권을 인간의 권리로 보는 것은 자연법과 자연권을 바탕으로 하는 임마누엘 칸트나 게오르규 헤겔의 철학 모두가 같다. AI가 발명과 저작의 주체가 되어 특허권과 저작권을 취득할 수 있는지에 대하여는 다른 저서에서 언급했으므로[361] 여기서는 생략한다.

(나) 의약의 용량 용법[362]

16세기 엘리자베스 여왕시절의 특허에도 발명의 이용성이 존재하지 않으면 특허를 부여하지 않았다. 발명의 쓰임새를 명확히 해야 산업적 기여를 알 수 있었다. 그 이후 18세기 명세서 법리가 정착이 되면서, 명세서는 기술을 알려야 하는 것으로서 발명의 최적의 실시례를 기재하도록 발전했는데 이는 현재의 'best mode'로 법리화 했다.

미국에서는 1790년 최초의 연방 특허법 제2조에 규정되어 있었다.[363] 최적의 실시례를 기재하지 않는 경우에는 신의성실의 원칙(inequitable conduct)을 위반한 것으로 하여 특허가 무효가 되었다. 그와 같이 기재하여야 하는

"Anything under the sun that is made by man" 기준은 발명의 대상으로 인간이 만든 모든 것이라는 원론적인 원칙을 제시한 것으로 볼 수 있다. 이를 제한하는 것은 추상적 아이디어는 특허의 대상이 되는 발명으로 볼 수 없다는 Alice Corp. v. CLS Bank International, 573 U.S. 208 (2014) 판결에 따라 위 법리의 적용은 제한되었다.

361) 해당 부분은 필자의 영업비밀보호법의 철학적·규범적 토대와 현대적 적용 존 로크의 재산권 철학을 바탕으로, 경인문화사, 2022, pp. 60-68 참조.

362) 이하는 필자의 "나쁜 지적재산권의 재림 (II)"(산업재산권 54권, 2020. 7)를 수정하여 첨부한 것임.

363) Patent Act of 1790, ch. 7, § 2, 1 Stat. 109, 110

[N]ot only to distinguish the invention or discovery from other things before known and used, but also to enable a workman or other person skilled in the art or manufacture ⋯ to make, construct, or use the same, to the end that the public may have the full benefit thereof, after the expiration of the patent term.

이유는 특허 계약적 법리를 취하는 미국에서는 특허독점을 부여하는 대가로 공공이 취득하는 특허권자의 채무("…the public may have the full benefit …")에 해당하였기 때문이다. 1793년 특허법에도 같은 기재가 있었다.

인간의 재산권의 대상이 되는지에 대하여 특허법에서 문제된 사례가 의약의 용량용법이다. 의약이 특허법상 발명이 되기 위해서는 최적의 용량용법이 정해져야 한다. 특정한 용량 용법으로 최적의 실시례로 특허를 받았다면, 새로운 발명과의 관계에서 그 특허발명의 용량 용법은 하나의 자연현상에 불과해진다.

우리 대법원의 판례상으로는 특허받은 의약은 그 의약이 i) 이질적 효과(용도발명-예, 로게인)가 있거나 ii) 새로운 동질의 효과인 경우에 현저한 효과가 있어야 발명성(inventiveness)이 인정되어 특허를 받을 수 있다.[364] 물론 구성의 곤란성 등의 다른 요건도 필요하다. 그러나 그와 같은 특허성 충족 이전에 자연법칙의 '이용성'이라는 발명성을 먼저 충족해야 한다. 기존의 특허받은 발명은 공역(the public domain)에 있기 때문에 그 자체로는 특허를 받을 수 없고, 그 공역에 존재하는 것을 이용한 것(application)이어야 한다.

앞서 언급한 2015년 엔테카비르 사건에서 우리 대법원은

---

364) 대법원 2001. 7. 13. 선고 99후1522 판결 참조.
　　　특허등록된 발명이 공지공용의 기존 기술을 수집 종합하여 이루어진 데에 그 특징이 있는 것인 경우에 있어서는 이를 종합하는 데 각별한 곤란성이 있다거나, 이로 인한 작용효과가 공지된 선행기술로부터 예측되는 효과 이상의 새로운 상승효과가 있다고 볼 수 있는 경우가 아니면 그 발명의 진보성은 인정될 수 없고, 또한 특허등록된 발명이 공지된 발명의 구성요건을 이루는 요소들의 수치를 한정함으로써 이를 수량적으로 표현한 것인 경우에 있어서도, 그것이 그 기술분야에서 통상의 지식을 가진 자가 적절히 선택하여 실시할 수 있는 정도의 단순한 수치 한정으로서, 그러한 한정된 수치범위 내외에서 이질적(異質的)이거나 현저한 작용효과의 차이가 생기지 않는 것이라면 위 특허발명도 역시 진보성의 요건을 결하여 무효라고 보아야 한다.

의약이 부작용을 최소화하면서 효능을 온전하게 발휘하기 위해서는 약효를 발휘할 수 있는 질병을 대상으로 하여 사용하여야 할 뿐만 아니라 투여주기·투여부위나 투여경로 등과 같은 투여용법과 환자에게 투여되는 용량을 적절하게 설정할 필요가 있는데, 이러한 투여용법과 투여용량은 의약용도가 되는 대상 질병 또는 약효와 더불어 <u>의약이 효능을 온전하게 발휘하도록 하는 요소로서</u> 의미를 가진다. 이러한 투여용법과 투여용량은 의약물질이 가지는 특정의 약리효과라는 미지의 속성의 발견에 기초하여 <u>새로운 쓰임새</u>를 제공한다는 점에서 대상 질병 또는 약효에 관한 의약용도와 본질이 같다.

고 판시하였다. 대법원은 용량·용법도 미지의 속성에 기초하여 '새로운 쓰임새'가 있으므로 이를 특허법상의 발명이라고 했지만, 앞서 논한 바와 같이 재산으로 인정과 특허대상인 발명은 완전히 구분되는 개념이다.

그러나 새로운 발명이라는 결론에는 논리적인 비약이 있다. 화학약품이 특정의 약리효과가 있고, 그 약품이 인체에 무해한 용량 용법이 정해지는 경우에 의약으로서 속성이 발명된 것이고 이에 따라 의약발명으로 인정받을 수 있다. 또한 위 판시에서 보다시피 의약은 그 용량용법이 정해져야 의약이 효능을 온전하게 발휘하도록 하는 요소가 되고, 발명이 완성된 것으로 볼 수 있다.

그런데 위 판시에 의하면 의약발명에 대하여 그 의약발명의 용량용법을 변경하면 다시 의약발명으로 인정하겠다는 것과 같다. 물론 기존의 약리효과와 다른 효과가 있다면 이는 새로운 발명으로 인정받을 수 있다. 그러나 기존 발명과 같은 효과라면 이는 공중의 영역에 있는 것에 불과하다. 만일 특허를 받았다면 기존의 특허발명의 범위내 일 뿐이고, 특허받은 발명은 공역(the public domain)에 존재하는 것이므로 그 이용성(즉 자연법칙의 이용성)이 존재하지 않는 한 발명으로 인정받을 수 없다. 대법원은 '새로운 쓰임새'를 언급하여 발명에 대하여 특허를 부여할 수 있다는 원론적인 언급을 했다. 새로운 쓰임새는 그 문언상 의미는 일응 새로운 용도라고 보인다. 이러한 경우에 특허를 취득하기 위해서는 먼저 '자연법칙의 이용성'이고 발명성(inventiveness)이다.

기존의 의약발명에 대한 전유, 즉 기존 의약발명에 대하여 특허를 받은 이후에 다시 그 의약의 용량·용법에 대하여 특허를 받을 수 있다는 의미라면 전연 다른 의미를 갖는다. 왜냐하면, 의약에 대한 속성('약효')에는 용량·용법이 포함되어 있기 때문이다. 위 판결에서 의약의 '새로운 쓰임새'란, 우리 대법원의 확고한 법리에 의하면, i) 그 의약의 이질적 효과에 대한 용도발명(대표적 예가 고혈압 치료제로 발명되었다가 탈모치료제로 사용된 '로게인'이다.)이거나 iii) 기존의 특허받은 발명에 포함된 동일 용도에 대하여 현저한 효과가 있는 새로운 용량, 용법이어야 한다. 그 외 의약의 용량 용법은 그 의약과 자연과의 관계, 즉 자연현상일 뿐이다. 자연현상은 인간의 창작이 아니므로 특허의 대상인 발명이 될 수 없다. 자연법칙 그 자체일 뿐 자연법칙을 이용한 것, 즉 이용성(application)이 존재하지 않기 때문이다. 단순히 용량용법을 변경하는 것은 '낡은 코트에 새로운 단추나 부착한 것'('put a new button to an old coat')과 다를 바 없기 때문에 자연법칙의 이용성이나 신규성을 충족할 수 없을 것으로 판단된다.

의약 물질이 그 특정의 속성이 없다면 특허를 받을 수 없다. 어떤 유용한 결과를 가져와야 하기 때문이다. 이는 특허제도의 존재 이유이다. 특허법의 원리에서는 유용성이라고 한다. 또한 우리 특허법 제2조 제1항은 '발명이란 자연법칙을 이용한 기술적 사상의 창작으로서 고도한 것을 말한다.'라고 규정하고 있는데, '자연법칙을 이용한'은 이용성(application)을 의미한다. 따라서 발명은 이용성이 존재하여야 하고, 이용성이 없는 경우에는 '발명요건'이 결여된 것으로서 인간의 창작물인 발명(invention)이 될 수 없다.

1795년 Boulton & Watt v. Bull 사건에서 Lord Chief Justice Eyre은

Undoubtedly there can be no patent for a mere principle, but for a principle so far embodied and connected with corporeal substances, as to be in a condition to act; and to produce effects in any art, trade, mystery or manual occupation, I think there may be a patent.365)

[번역]

의심할 여지도 없이, 단지 원리에는 특허가 부여될 수 없지만, 법의 요건에 따라 원리가 사물에 적용된 경우는 그렇지 않다. 기술, 거래 또는 수작업에 의해 발생한 어떤 효과에 대해서, 나의 생각으로는, 특허가 될 수 있다.

라고 하여 원리, 원칙은 특허가 될 수 없음을 지적하고 있다.

Funk Bros. Seed Co. v. Kalo Inoculant Co. 사건366) 판시는:

The qualities of these bacteria, like the heat of the sun, electricity, or the qualities of metals, are part of the storehouse of knowledge of all men. They are manifestations of laws of nature, free to all men and reserved exclusively to none. He who discovers a hitherto unknown phenomenon of nature has no claim to a monopoly of it which the law recognizes. If there is to be invention from such a discovery, it must come from the application of the law of nature to a new and useful end.367)

[번역]

태양의 열, 전기, 금속의 질등 과 같이, 이러한 박테리아의 질은 모든 사람의 지식을 모은 창고의 일부이다. 그것들은 자연법칙을 명확히

---

365) Boulton & Watt v Bull, (1795) 126 ER 651. 1844년 프랑스 특허법 제30조에도 자연 법칙 등은 특허대상이 아니라고 명시했다.

366) Funk Bros. Seed Co. v. Kalo Inoculant Co., 333 U.S. 127 (1948).

367) Id., 130.

한 것으로 모든 사람에게 공개된 것으로 어느 누구에게 배타적으로 속하는 것은 아니다. 알려지지 않은 자연현상을 발견한 사람은 법이 인정하는 바와 같이 그 자연현상에 대하여 어떠한 주장도 하지 못한다. 만일 그와 같은 자연현상의 발견으로부터 발명을 한다면, 새롭고 유용한 것을 만드는 자연법칙을 이용한 것이어야 한다.

특허법 제29조 제1항과 제2항은 '산업상 이용가능한 발명'이 신규성과 진보성이 존재하여야 특허를 받을 수 있다고 규정하고 있다. 따라서 특허를 받은 발명은 산업상 이용가능성이 존재하여야 한다. 산업상 이용가능성이 존재하지 않으면 그 특허는 '특허요건'이 결여되었으므로 무효이다. 산업상 이용가능성은 유용성과 동일한 개념은 아니지만 거의 대부분이 같다.368)

의약발명이 발명으로서 특허를 취득한 경우에는 의약이 자연법칙을 이용한 것으로서 인간에게 특정한 이익(유용한 결과)을 가져와야 한다. 그리고 특허요건과 결합하여, 개념상은 별개로 소위 'enablement'를 충족해야 한다. 즉 명세서에 기술자(workmen 또는 a person skilled in the art)가 그 발명을 실시할 수 있도록 [상세하게] 기재하여야 한다. 또한 명세서에는 최선의 방법(best mode)을 기재하여야 한다. 그리하여 의약발명의 경우에는 i) 의약의 인위적으로 만들어진 효과가 존재하여야 '발명의 이용성'을 충족한 것이고, ii) 그 용량용법은 새롭고, 기존의 용량용법에 대하여 기술적 진보가 존재하여야 하고, 그 효과가 구체적으로 인간에게 어떤 이익을 가져오는지가 존재하여야야 하고, iii) 그 의약이 인간에게 가져오는 이익이 최대가 되도록 알려진 구체적인 용량 용법이 기재되어야 명세서 작성방법을 준수한 것이다. 첫 번째는 발명요건(inventiveness), 두 번째는 특허요건(paten-

---

368) 한미 FTA에서는 산업상이용가능성과 유용성이 같은 개념이라고 명시적으로 규정하고 있다.

tability), 세 번째는 명세서 기재요건(enablement, best mode)이다. 다만, 본 쟁점들 중에서 논리적 체계상 여기에서는 첫 번째가 쟁점이라 함을 명확히 한다.

인간이 만든 의약이 특허를 등록한 경우에는 그 의약은 위 세가지 특허 요건을 충족한 것이다. 따라서 특허를 등록한 의약에 대하여 그 특허등록 한 의약의 효능과 같은 효능을 새로운 발명으로 하여 그 변경된 용량 용법을 특허등록하는 것은 원칙적으로 기존의 발명에 존재하는 자연현상에 불과하다. 새로운 이용성이 존재한다고 볼 수 없는 것이다. 하늘에서 땅위로 치는 번개의 강도가 다르다고 하여 새로운 것이라고 할 수 없는 것이다. 110V의 전기를 사용하는 모터와 220V의 전기를 사용하는 모터에서 110볼트나 220V나 동일한 자연현상에 불과하다. 따라서 두 전압을 상호변경하는 것은 자연현상을 변경한 것에 불과하다. 의약의 용량 용법을 변경하는 것도 변경되는 개별의 용량 용법에 따라 인간의 반응성도 일부는 달라지겠지만, 구름속의 전하에 따라 번개의 강도가 변경되는 것이나 용량용법에 따라 인간의 반응성이 달라지는 것이나 발명성, 즉 자연법칙의 이용성에서는 어떤 차이가 있을까? 물론 전압을 변경하여 현저한 동일한 효과가 있거나 이질적인 효과가 있다면, 기존 발명의 이용성과는 다른 이용성이 존재하기 때문에 그와 같은 효과가 나타난다고 추정할 수 있을 것이다. 즉 이러한 경우에는 발명성을 입증하여 새로운 발명으로 인정받을 수 있을 것이다.

Mayo Collaborative Servs. v. Prometheus Labs., Inc., 사건에서 미국 연방 대법원은 특허법은 자연법칙을 이용하여 발견을 하는 것을 금지하는 것은 아니라고 강조하면서 자연법칙을 발견한 사람에 대하여 특허로 보상을 하면 자연법칙의 발견이 많아 질 것이지만, 궁극적으로 자연법칙과 원리는 과학기술적 연구에 대한 기본 도구("the basic tools of scientific and technological work")이기 때문에, 자연법칙 사용에 대한 특허를 부여하는 것은 미래의 혁신을 방해할 위험이 존재할 뿐더러 특허가 일반적인 원리를 자연법칙에 적용하는 것일 때 매우 위험하거나, 또는 자연법칙의 독점이 필요한 발견을 방해할 수 있다는 것이다.

연방대법원의 논지는 공리주의를 바탕으로 한 논지이지만, 로크도 결론적으로 같은 주장을 할 수 있다.369) 즉 자연법칙이나 자연현상은 신이 만든 것이므로 인간이 공유로 할 수 있을 뿐 사유화를 할 수 없다.

위 사건에서 연방대법원은 의사가 신진대사수준을 측정하고 상관관계를 측정한 결과를 고려하는 것에 대한 특허는 상관관계를 이용하여 도출한 것으로부터 얻은 결과에 따른 용량·용법을 변화시키는 것에 관계없이 의사의 후속적인 치료의 판단과 결정에 대하여 독점을 하게 된다고 우려 했다. 나아가 후속적인 발견과 원고(프로메테우스)가 발견한 상관관계를 종합하여 좀 더 우수한 치료효과가 있는 용량·용법의 발전을 금지시킬 위협이 된다고 강조했다.

자연법칙을 이용한 것은 특허를 받을 수 있는데,370) 그 자연법칙을 이용한 발명에 대하여 특허대상으로 인정하는 것이고, 이때 자연법칙을 '이용'이라는 것은 로크(Locke)에 있어서는 노동을 가하는 것으로 인간의 창작을 말하고, 자연법칙(the law of nature)은 자연상태(the common)를 의미한다. 인간이 만든 것이 아니라 신(God)이 만든 것이다. 나아가 진리는 독점의 대상이 될 수 없을뿐더러371) 공리주의나 실용주의 입장에서는 자연법칙을 독

---

369) Mayo Collaborative Servs. v. Prometheus Labs., Inc., 566 U.S. 66, 71 (2012).

370) Funk Brothers Seed Co. v. Kalo Inoculant Co., 333 U.S. 127, 130 (1948); Mayo Collaborative Servs. v. Prometheus Labs., Inc., 566 U.S. 66, 72 (2012) ("Still, as the Court has also made clear, to transform an unpatentable law of nature into a patent-eligible application of such a law, one must do more than simply state the law of nature while adding the words "apply it."").

371) 1852년 Le Roy v. Tatham, 55 U.S. (14 How.) 156 (1852) 사건에서 미국연방대법원은 "A principle, in the abstract, is a fundamental truth; an original cause; a motive; these cannot be patented, as no one can claim in either of them an exclusive right." Id., 175. (추상적인 원리는 기초적인 진리이다.: 본래의 이유; 동기; 이러한 것은 어느

점하는 것은 과학기술발전에 해가될 수 있기 때문이다.372)

Funk Bros. Seed Co. v. Kalo Inoculant Co. 사건373)은 자연법칙의 이용성에 관하여 판시하였는데, 자연법칙이나 자연현상의 사소한 기능의 증진만으로는 특허를 받을 수 없다고 판시했다. 본 사건에서 연방대법원은 뿌리혹 박테리아의 혼합물은 발명이 아니라고 하였다. 뿌리혹 박테리아는 콩과 식물에 기생하여 질소를 고정시켜 유기질소 화합물을 만들어 낸다. 본 사건의 발명전까지 몇 가지 뿌리혹 박테리아 배양기술과 분리기술이 개발되어 사용되고 있었으나 뿌리혹 박테리아의 단일 종으로 제품화 되어 있었다. 각각의 박테리아 종은 제한된 콩과 식물에 제한적으로 작용을 하였다. 여러 가지 뿌리혹 박테리아를 혼합하여 접종하는 기술은 개발되지 않았으므로 여러 가지 콩과 식물을 재배하는 농부는 한 종류의 뿌리혹 박테리아만으로는 부족하고, 다수의 뿌리혹 박테리아를 사용할 수 밖에 없었다.374) 발명자인 Bond는 어떤 종류의 뿌리혹 박테리아들은 혼합되더라도 그 박테리아 상호간에 작용을 억제하지 않는 기능을 발견하여, 이들 박테리아를 결합한 혼합 박테리아를 물질특허로서 출원했다.375) 물론 Bond 이전에도 박테리아를 결합하려는 시도가 있었으나 박테리아 상호간에 결합이 되지 않아 실패하였다.376)

미국 연방대법원은 박테리아 접종에 대한 특허를 부정했는데, 이것은 자연이 행한 일을 발견한 것("discovery of some handiwork of nature")에 불과

누구도 그 중 어느 것이거나 배타적인 권리로 주장할 수 없어 특허 받을 수 없다.)

372) Gottschalk v. Benson, 409 U.S., 63, 67 (1972).("Phenomena of nature, though just discovered, mental processes, and abstract intellectual concepts are not patentable, as they are the basic tools of scientific and technological work." Id.)

373) Funk Brothers Seed Co. v. Kalo Inoculant Co., 333 U.S. 127 (1948).

374) Id., 134.

375) Id., 130.

376) Id., 129.

하다고 판시했다.[377] 연방대법원은 혼합 접종된 각각의 박테리아는 그것이 단독으로 있을 때나 결합되어 접종되었을 때나 그 자연적 특성은 동일하고, 각각의 박테리아가 단독으로 존재할 때와 동일한 정도의 효험으로 같은 그룹의 식물에 접종된 것이라고 판시했다. 즉 여러 종류의 박테리아가 접종되었더라도 그 결합 접종된 박테리아는 자연법칙에 따라 작용하는 것일 뿐이지, 거기에 인간이 어떤 변형을 가한 것이 아니므로 각각의 박테리아의 자연적 특성은 변한 것이 없다는 것이다. 물론 자연법칙의 이용성이 존재한다면 발명이 성립하고 특허의 대상이 된다.[378] 자연법칙을 구체화하는 것은 모든 인간에게 자유로운 것이고 특정인에게 배타적으로 전유된 것이 아닌, 인류의 지식을 쌓는 것으로서 그러한 자연법칙이나 자연현상 등의 발견이 발명이 되려면 자연법칙을 이용한 것(application)으로 신규성과 유용성이 있어야 한다.[379] 다만 이용성의 해석문제로서 어느 정도 이용한

---

377) Id., 131.

378) Id., 130.

> The qualities of these bacteria, like the heat of the sun, electricity, or the qualities of metals, are part of the storehouse of knowledge of all men. They are manifestations of laws of nature, free to all men and reserved exclusively to none. He who discovers a hitherto unknown phenomenon of nature has no claim to a monopoly of it which the law recognizes. If there is to be invention from such a discovery, it must come from the application of the law of nature to a new and useful end.

> Id.

379) Alice Corp. Pty. Ltd. v. CLS Bank Int'l, 573 U.S. 208, 217 (2014).

> [i]n applying the §101 exception, we must distinguish between patents that claim the 'buildin[g] block[s]' of human ingenuity and those that integrate the building blocks into something more" (quoting Mayo, 566 U.S. at 89, 110 USPQ2d at 1971) and stating that Mayo "set forth a framework for distinguishing patents that claim laws of nature, natural phenomena, and abstract ideas from those that claim patent-eligible applications of those concepts")

> Bilski v. Kappos, 561 U.S. 593, 611 (2010)

것이면 이용가능성이 있는지의 기준은 변화될 수 있다.

나아가 위 판결은 미국 연방 특허법상의 발견(discovery)이 특허의 대상
인지에 대하여도 판단한 것으로 볼 수 있다. 미국 연방특허법은 그 법문상
발명(inventions)과 발견(discoveries)을 특허대상으로 하고 있는데,380) 자연
법칙의 발견은 그 자체로서는 특허를 받을 수 없고, 그 발견을 이용해야 하
는 이용성이 필요한 것이다.381)

Funk Bros. Seed Co. v. Kalo Inoculant Co. 사건에서, 자연법칙의 이용성
을 충족하였다고 가정하고, 사안을 우리 대법원의 진보성 법리 판단관점에
서 보면 상승효과 내지 현저한 효과가 없다는 이유로 진보성이 부정될 수
있다. 물론 이 사건에서 분리된 박테리아는 자연상태로 존재하는 것이 아
니라 인간의 간섭이 존재하는 것이었다. 미국 연방대법원은 그 박테리아
혼합물에 대한 특허를 부정하였다. 수 종의 박테리아가 결합된 박테리아라
고 하더라도 그 박테리아 결합체는 자연법칙에 따라 작용하는 것이지 인간
이 만들어낸 법칙에 따라 작용하는 것이 아니며, 또한 각각의 박테리아들
은 여전히 그 단일종류의 특질을 가지고 있을 뿐 개개의 구성 박테리아의
성질에 어떤 변화가 생긴 것이 아니어서 상승효과가 발생한 것으로 보이지
않고(개별적 박테리아의 효과의 합이나 결합된 박테리아의 효과가 같거나

Diehr explained that while an abstract idea, law of nature, or mathematical
formula could not be patented, 'an application of a law of nature or
mathematical formula to a known structure or process may well be deserving
of patent protection.'

quoting Diamond v. Diehr, 450 U.S. 175, 187, 209 USPQ 1, 8 (1981).

380) 35 U.S.C. § 101.

Whoever invents or discovers any new and useful process, machine,
manufacture, or composition of matter, or any new and useful improvement
thereof, may obtain a patent therefor, subject to the conditions and requirements
of this title.

381) Funk Bros. Seed Co. v. Kalo Inoculant Co., 333 U.S. 127, 130 (1948) ("[i]t must
come from the application of the law of nature to a new and useful end." Id., 130.),

현저한 차이가 없는 경우), 더욱이 새로운 종류의 박테리아가 만들어진 것
도 아니므로 그에 대하여는 특허권을 부여할 수 없다는 결론에 이르게 될
것이다. 다만 법리적으로 발명요건인 자연법칙의 이용성을 충족하는 것과
특허요건인 진보성을 충족하는 것이 다르므로 법리의 발전을 위해서 양자
는 엄격히 구별해야 한다.

위 Funk Bros. Seed Co. v. Kalo Inoculant Co. 사건 판결도 Diamond v.
Chakrabarty 사건382)에서 변화하게 된다. 그동안 연방대법원은 생명공학적
발명에 대하여 보수적인 판결을 유지하고 있었는데 Diamond v. Chakrabarty
사건383)에서 획기적인 변화를 하게 되었다. 본 판결은 1980년대 미국 연방
대법원의 친특허정책(pro patent)의 신호탄이 되었다고 평가할 수 있다.

이 사건 원고인 Chakrabarty의 발명은 원유(crude oil)의 처리에 이용되는
박테리아에 관한 것으로 원고는 특정한 DNA를 일정한 종류의 박테리아에
주입하여 원유를 분해할 수 있는 특별한 효소를 가진 박테리아(a live,
human-made micro-organism)를 만들었다. 원고가 만든 박테리아는 당시까
지 발견된 자연상태의 박테리아가 갖지 못한 기능으로, 폐유나 자연에 유
출된 원유 등의 유처리를 할 수 있어 산업상으로 매우 유용한 박테리아였
다. 원고는 i) 해당 박테리아의 제조방법(process claims for the method of
producing the bacteria), ii) 물에 부유하는 짚이나 특허청구된 새로운 박테
리아 등 매개물체로 구성된 박테리아가 접종된 물질(claims for an inoculum
comprised of a carrier material floating on water, such as straw, and the new
bacteria), iii) 박테리아 자체를 특허를 출원하였으나 미국 특허청의 심사과
정에서 앞의 두 가지에 대하여는 특허를 받을 수 있었지만, iii) 박테리아
자체는 발명이 아닌 자연의 산물이라는 이유로 거절되었다. 결국 박테리아
자체가 자연법칙을 이용한 것인지가 문제되었다.

---

382) Diamond v. Chakrabarty, 447 U.S. 303 (1980).
383) Id.

미국 특허청은 생명공학적 연구에 대하여 특허로 보호하는 것은 생명에 대한 경외심을 잃게 하여 궁극적으로 인류에 위험을 가져올 것이라고 주장했다. 이는 그 동안 미국 특허청이 생명공학발명에 대하여 소극적 입장을 취한 이유이었다.

연방대법원은 생명공학적 연구에 대하여 특허 여부는 생명공학적 연구나 그 위험에 결정적인 영향을 끼칠 수 없고, 특허성을 부인하는 법령이 없을뿐더러 현행 미국 특허법은 특허의 대상을 포괄적, 예시적으로 규정하고 있으므로, '태양 아래 인간이 만든 모든 것'("Anything under the sun made by man is patentable.")이 특허의 대상이 된다고 판시했다.

위 사건은 소위 발견과 발명의 경계를 정한 판결로 볼 수 있는데, 이전의 판결보다 좀 더 발명의 범위를 확장하는 판결을 하였다고 볼 수 있다. 그 경계를 획정하는 기준에 인간의 정신작용과 노력이 가미되어 자연계에서 존재하지 않는 것은 발명으로 인정한 것으로 볼 수 있다. 그러나 그와 같은 입장은 2014년 Alice Corp. v. CLS Bank International 사건[384]에서 추상적 아이디어는 특허의 대상이 아니라는 기존의 입장을 재확인하면서, Diamond v. Chakrabarty 사건 판결의 법리의 적용범위를 좀더 명확히 했다.

의약의 용량 용법도 기존의 발명에 포함된 것이고 이는 새로운 발명의 시점에서 보면 기존의 발명에 포함된 것으로서 그 용량용법의 변화에 따라 인간의 반응이 달라지는 것은 자연현상에 불과하다. 예컨대 아스피린의 해열, 진통작용은 처음 발명을 하였을 때는 새로운 발명으로서 특허를 받았지만, 특허가 종료된 현재 시점에서는 아스피린의 해열진통작용과 이의 용량 용법은 이미 공중의 지식이 된 것이다. 변경된 새로운 용량 용법은 기존에 존재했던 해열진통작용과 차이가 없는 것, 예컨대 110V를 220V로 변경한 것 또는 그 반대의 것에 불과하므로 새로운 발명이라고 할 수 없다.

---

384) Alice Corp. v. CLS Bank International, 573 U.S. 208 (2014).

예컨대 아스피린이 인간에게 가져오는 최적의 용량 용법은 아스피린의 효능에서 창작하는 발명이 아니라 발견에 불과하다. 최적의 용량 용법은 아스피린이라는 의약에서 발견되는 것일 뿐 창작은 아니라고 할 것이다. 물론 최초의 아스피린 발명에는 그 발명자의 발명인 효능과 그 용량 용법에 의한 효과까지 포함되어 있다. 이때에도 중요한 것은 아스피린의 발명이 가져오는 효과이고, 용량 용법에 따른 최적의 효과를 가져오는 것을 발견하는 것은 창작적 요소보다는 노작(勞作)적 요소가 거의 대부분이라고 할 것이다.

기존의 용량 용법과 다른 용량용법을 개발했고, 그 효과가 현저하거나 이질적 효과가 있다면 법리적으로 이는 자연법칙을 이용한 것인가 문제된다. 기존의 용량 용법(현재 시점에서는 그 용량 용법에는 해열진통이라는 효과가 있고, 그 효과는 용량용법에서 나오는 자연현상으로서 공중의 지식이 된 상태이다.)은 이미 특허를 받은 것이므로, 특허가 종료되어 공중의 지식으로 된 현재 시점에서 보면, 기본적으로 자연현상이라고 할 것이다.

그러나 법리적으로 자연법칙을 이용하여 창작적인 효과를 가져왔다면 발명이 되듯이, 기존의 용량 용법을 변경하여 이질적 효과385)나 현저한 동일한 효과가 있다면 이는 새로운 발명으로 볼 수 있다. 자연법칙을 이용하는 관계가 있다면 특허를 받을 수 있기 때문이다. 따라서 기존의 발명에 용량 용법이 포함되어 있더라도, 우리 대법원의 확고한 원칙에 의하면, 새로운 용량 용법이 이질적 효과를 가져오든지 동질의 현저한 효과를 가져오면 발명성을 인정받을 수 있는 것이다.386) 자연법칙의 이용성을 인정하는데,

---

385) 이질적 효과는 두 개가 존재한다. 하나는 기존 발명의 이질적 효과이고, 다른 하나는 용량 용법을 변경하여 발생한 이질적 효과이다. 전자는 신규성이 문제되지만, 후자는 신규성의 문제가 없다.

386) 대법원 2012. 8. 23. 선고 2010후3424 판결 등 우리 대법원의 확고한 법리는 진보성을 충족하기 위해 동질의 현저한 효과 또는 이질적 효과가 존재해야 한다.

진보성 판단기준인 이질적 효과나 현저한 동질적 효과는 논하는 이유는 선
행발명에 대하여 이질적 효과나 현저한 동질적 효과를 가져온다면 새로운
발명으로 창작적 노력이 가미된 것이기 때문이다. 이는 로크의 노동가치설
이나 공리주의에서나 같은 결과를 가져온다고 할 수 있다. 이질적 효과나
현저한 동질의 효과는 기존 발명에 투입된 노동과 구별되는 새로운 창작적
노력에 의한 결과라고 할 수 있고, 공리주의에서는 새로운 효용을 창출한
것이기 때문이다.

그러나 의약의 용량 용법에 대한 위와 같은 논리는 매우 형식적이고 피
상적이다. 오래된 건물에 페인트를 칠했다고 하여 새로운 건물이 될 수 없
듯이 기존의 의약의 용량 용법이 변경되어 효능이 개선되었다고 하여 원칙
적으로 새로운 발명이라고 할 수는 없다. Mayo Collaborative Servs. v.
Prometheus Labs., Inc. 사건[387])에서 연방대법원은

> [a]s the Court has also made clear, to transform an unpatentable law of
> nature into a patent-eligible application of such a law, one must do more
> than simply state the law of nature while adding the words "apply it."

라고 하여, '특허받을 수 없는 자연법칙을 그 자연법칙을 이용하여 특허받
을 수 있는 이용(발명)으로 변환하기 위해서는 단순히 '자연법칙을 이용했
다'라는 말을 부가하여 자연법칙을 설명하는 것 이상의 무엇인가를 하여야
한다'고 강조하고 있다. 즉 특허받은 의약에 존재하는 기존의 용량 용법이
자연법칙에 해당한다고 하더라도, 그 자연법칙인 용량 용법을 변경하면 자
연법칙의 이용성이 존재하여 발명이 될 수 있지만, 쉽게 이를 인정할 수 없
음을 지적하고 있다. 단순히 자연법칙을 이용한 것이라고 하여 발명성을
인정할 수 없음을 지적하고 있다.

---

387) Mayo v. Prometheus, 566 U.S. 66 (2011)

이러한 특허법리는 이미 16세기 영국의 에드워드 코크에 의해 지적되었다. 에드워드 코크는 Bircot's patent 사건을 인용하면서 'a new button to an old coat'라고 인용하여 오래된 옷에 '새 단추 하나 달았다고 특허를 받을 수 있는 어떤 창작된 것이 있는지' 의문을 제기하고 있다. Bircot's patent 사건은 납광석을 녹이는 새로운 용광로 기술의 특허를 무효로 하면서

[t]hat that was but to put a new button to an old coat, and it is much easier to add than to invent.388)

'낡은 코트에 새로운 단추 하나 부가하는 것으로 발명보다 훨씬 쉬운 일'이라고 판시했다.

인간에게 효과가 있는 의약을 발명하는 일은 무척 어려운 일이다. 그 의약의 용량용법을 구체화하여 그 구체적인 효용성을 개발하는 일도 쉽지 않은 일이다. 그러나 구체화된 용량 용법을 변경하여 인간의 반응성을 관찰하는 일은 창작적인 것은 아니다 기존의 의약 효과와 용량 용법이 존재하기 때문이다. 예컨대, 투여용량을 두배로 한다면, 효과가 차이나는 것은 당연하다.

그리하여 위 Mayo사건에서 연방대법원은

The case before us lies at the intersection of these basic principles. It concerns patent claims covering processes that help doctors who use

---

388) Sir Edward Coke, Institutes, Book III. p. 184. William Mathewson Hindmarch, The Law and Practice of Letters Patent for Invention, Stevens, 1846, p. 234; William Mathewson Hindmarch, A Treatise on the Law Relative to Patent Privileges for the Sole Use of Inventions: and The Practice of Obtaining letters Patents for Inventions, With an Appendix of Forms and Entries, I. G. M'Kinley and J. M. G. Lescure, Printes, 1847, p. 9. 1 Web. Pat. Cas. 31 n.(p) (1844)

thiopurine drugs to treat patients with autoimmune diseases determine whether a given dosage level is too low or too high. The claims purport to apply natural laws describing the relationships between the concentration in the blood of certain thiopurine metabolites and the likelihood that the drug dosage will be ineffective or induce harmful side-effects. We must determine whether the claimed processes have transformed these unpatentable natural laws into patent-eligible applications of those laws. We conclude that they have not done so and that therefore the processes are not patentable.

[번역]

　본 사건은 이러한 [자연법칙의 이용성에 관한] 기본 원리의 교차점에 있다. 본 사건은 의사가 자기면역질환을 가지고 있는 환자를 치료하기 위한 티오퓨린 약제의 용량 용법이 너무 낮은지 또는 너무 높은지를 판단하기 위한 방법에 대한 특허청구범위에 관한 것이다. 특허청구범위는 혈액의 특정한 티오퓨린 물질대사에서 집중도와 약이 용량 용법이 비활성되는지 또는 해로운 부작용을 발생시키는지의 개연성 사이의 상관관계를 설명하기 위한 자연법칙을 적용하는 것에 대한 것이다. 우리는 특허 청구된 방법이 이러한 특허받을 수 없는 자연법칙을 특허받을 수 있는 자연법칙의 이용으로 변환시키는지를 판단하여야 한다. 우리는 자연법칙을 자연법칙의 이용으로 변환시키지 않고 따라서 그 방법은 특허받을 수 없다고 결론 내린다.

　반대로 특허가 없는 제3자가 용량용법을 변경하여 특허를 취득한다고 할 때도 제3자에게 특허를 인정해야 한다.

　의약발명이 특허를 취득하기 위해서는 출원시에 알려진 그 의약의 최대 기능을 출원해야 한다. 그 이후에 용량 용법을 조정하여 현저한 동일한 효과가 발생하였다고 하더라도 이는 창작보다는 노작(勞作)이라고 할 것이다. 따라서 발명이라고 할 수 없는 것이다. 물론 그와 같은 현저한 효과를 얻기 위해 새로운 방법을 개발하였다든지 한다면 이는 그 자체가 발명으로 인정받을 수 있지만, 용량 용법의 조정을 통해서 현저한 효과를 얻는다고 하더라도 이는 기존의 발명의 효과일 뿐 자연법칙을 이용한 새로운 발명으로 보기 어렵다.

기존의 의약의 새로운 효과는 용도발명으로 특허를 받을 수 있다. 그러나 그러한 종류의 용도발명의 보호범위는 매우 좁다는 것을 상기할 필요가 있다. 용도발명이 특허성이 있는지에 대하여는 역사적으로는 부정적이었다. 예컨대, 특허법 등 지적재산관련 법에 대하여 획기적이고 법리적으로 깊은 성찰이 되었던 판결을 많이 내린 Story 판사[389]는

A coffee mill applied for the first time to grind oats, or corn, or mustard, would not give a title to a patent for the machine.[390]

라고 판시했다. 본 사건은 의자가 두 부분으로 되어 있었는데, 이를 다른

---

389) Story 판사는 본 사건 이전인 1842년 Howe v. Abbott, 12 F. Cas. 656 (C.C.D. Mass. 1842) 사건에서 "application of an old process to manufacture an article, to which it had never before been applied, is not a patentable invention,"(Id., 658)이라고 하여, 단순히 용도만으로는 특허를 받을 수 없다고 판시했다.

390) Bean v. Smallwood, 2 F. Cas. 1142, 1143 (C.C.D. Mass. 1843).
Now, I take it to be clear, that a machine, or apparatus, or other mechanical contrivance, in order to give the party a claim to a patent therefor, must in itself be substantially new. If it is old, and well known, and applied only to a new purpose, that does not make it patentable applied only to a new purpose, that does not make it patentable. A coffee-mill, applied for the first time to grind oats, or corn, or mustard, would not give a title to a patent for the machine. A cotton gin, applied without alteration, to clean hemp, would not give a title to a patent for the gin as new. ⋯ In short, the machine must be new, not merely the purpose to which it is applied⋯. In other words, the thing itself which is patented must be new, and not the mere application of it to a new purpose or object.

물품에 적용한 것이었다. Story 판사는 커피분쇄기구에 빗대어 커피분쇄기
구를 새롭게 발명하였고, 이를 곡물의 제분에 최초로 사용하였다고 하더라
도 곡물분쇄 기구에 대한 특허를 인정할 수 없다고 하면서, 해당 사건에서
도 발명이 그와 같은 것에 불과하므로 특허를 취득할 수 없다고 판시했다.
Story 판사가 언급한 법리는 이미 그 커피분쇄기구를 '발명'했으므로 그 이
후에 새로운 용도로서 곡물의 제분에 사용한 것은 발명으로 인정할 만한
것이 없다는 이유였다. 19세기 중반, 미국 연방대법원은 톱(saw)에 대한
새로운 용도도 새롭지 않으므로 특허받을 수 없다고 판시했다.[391]

용도발명은 기존의 물질의 기존의 속성과 새로운 이질적인 속성을 '발
명'을 한 것이다. 다만, 그 이질적인 속성은 의도하지 않았던 '발명'으로서
그 속성의 존재를 뒤늦게 안 것일 뿐이다. 근본적으로 이전에 존재하지 않
던 그 이질적인 속성(위 Story 판사의 사례 중, 커피분쇄기구의 곡물제분용
도)을 '발명'을 한 것임에는 변함이 없고, 다만, 추후에 그 발명이 있었음을
알게 된 것이다. 논리적으로 용도발명이라고 하기 위해서는 새로운 용도가
발명이 될만한 요소, 즉 자연법칙의 이용성이 존재하여야 한다. 만일 용도
발명을 '발견'이라고 한다면, 특허법의 전체적인 체계를 다시 검토해야 한
다. 예컨대, 확대된 선원[392]의 지위를 인정하는 것도 발명이 아닌 발견에
대하여 선원의 지위를 인정하는 것이라고 하여야 할 것이다.

"엔테카비르 사건"에서 대법원은 "의약이라는 물건의 발명에서 대상 질
병 또는 약효와 함께 투여용법과 투여용량을 부가하는 경우"를 상정하고
라고 판시하고 있는데, 원래 의약이 되려면 효능이 있어야 하고 그 효능이
어떤 구체적인 어떤 특정한 결과를 가져와야 한다. 의약이 특허를 받기 위
해서는 다음과 같은 요건을 충족해야 한다: i) 의약의 발명성, ii) 인간에 대
한 효능, 즉 약효를 인간의 질병을 치료한다는 의약이라는 물질의 특성, iii)

---

391) Phillips v. Page, 65 U.S. (24 How.) 164, 167-68 (1861) 참조.
392) 특허법 제29조 제3항.

투여용법과 투여용량은 약효를 구체화하여 발명의 기술적 범위와 법률적 보호범위를 나타내고, iv) 소위 enablement라고 불리는 것으로 특허발명을 특허청구범위에 특정을 하여 통상의 기술자가 그 발명을 구현할 수 있도록 기재해야 한다. 여기에서 i) 의약의 발명성은 특허법 제2조 제1호의 발명요건을 충족하기 위하여 구체화되어야 하고, ii) 인간에 대한 효능, 즉 약효를 인간의 질병을 치료한다는 의약이라는 물질의 특성은 특허요건을 충족하기 위해 구체화 되어야 하고, iii) 투여용법과 투여용량은 특허요건중 진보성과 유용성을 구체화 하기 위해 필요하다.

　의약의 투여용법과 투여용량은 구체적인 결과를 가져와야 한다. 그리고 투여용법과 용량에서 나타나는 구체적인 결과가 현저한 동일한 효과 또는 이질적 효과가 있다면 진보성을 충족한다고 할 수 있고, 이를 특허명세서에 기재하여야 하는데, 일반 원칙으로 최적의 기술상태를 개발하는 것은 발명자가 하여야 하는 것이므로 특허발명은 출원시에 확인한 최적의 실시를 출원하는 것이다.393) 그 효과는 최적의 실시례(best mode)를 기재하여야 한다.394) 원래 최적 실시례(the best mode)는 미국에서 명세서의 기재방법이다.395)

---

393) 대법원 2001. 7. 13. 선고 99후1522 판결
　　　이 사건 특허발명과 같이 베개속의 원료로 원적외선 발산체를 사용한다는 것이 획기적인 것으로 창작에 각별한 곤란성이 있다고 보이지 아니하고, 또한 원고가 이 사건 특허발명에서 원적외선 발산체 입자의 크기와 함량을 한정한 것이 원적외선 발산능력, 합성수지재 원료와의 결속력, 금형장치의 손상, 가공시간의 단축 등을 위한 것이었다 하더라도 이는 당업자가 반복시험으로 <u>그 최적비를 적절히 선택하여 실시할 수 있는 정도</u>의 수치 한정에 불과하고, 이로 인하여 구성의 곤란성이나 효과의 각별한 현저성이 있다고는 보이지 아니하므로,….

394) 특허청, 특허·실용신안 심사지침서, pp. 3301-3302 참조.

395) 미국 특허법상 명세서에 최적의 실시예(the best mode) 기재 요건은, 발명가가 청구된 발명을 실시하기 위해 자신이 알고 있는 가장 최상의 예를 공중에 공개해야 하여야 한다는 것이다. 이는 발명가의 지식에서 가장 효과적인 것을 기재하도록 강제한다. 최적실시례 기재요건이 불비된 명세서를 제출한 경우 해당 특허는 명세서 기재

우리 법원은 통상의 기술자의 의미에서 "공지의 재료 중에서 적합한 재료를 선택하거나 수치범위를 최적화(最適化)하거나 균등물(均等物)로 치환하는 등 통상의 창작능력을 발휘할 수 있는 특허법상의 상상의 인물이다"라고 하고 있는데,[396) 여기에서도 발명자가 알고 있는 최적의 예를 명세서에 기재하여야 하는 것은 특허법의 원리상 요구되는 것이라고 하겠다.

따라서 기존의 의약발명과의 별개로 의약의 투여용법과 투여용량만을 다른 특허로 청구하는 것은 기존 발명이 최적의 실시례를 기재하여야 하는 명세서의 작성방법을 위반했거나 새로 특허청구된 발명이 기존발명의 범위내에 포함된다는 추정을 할 수 있다고 보인다. 추정을 할 수 있는 이유는 동일한 효과에 대한 동일한 의약의 투여용법과 투여용량은 원칙적으로 하나만을 특허받을 수 있기 때문이다.

"엔테카비르 사건"은 근본적인 문제점은 대법원의 특허와, 특허제도 및 특허법에 대한 철학에 대하여 의구심을 품게 하는 판결이라는데 있다. 대법원의 판결에 언급된 특허, 특허제도 및 특허법의 철학과 정신을 보면, 우리나라 만의 독특한 새로운 패러다임에 의한 특허, 특허제도 및 특허법의 정신과 철학을 정립하자는 것으로 보이기 때문이다.

동일한 의약이라도 투여용법과 투여용량의 변경에 따라 약효의 향상이나 부작용의 감소 또는 복약 편의성의 증진 등과 같이 질병의 치료나 예방 등에 예상하지 못한 효과를 발휘할 수 있는데, 이와 같은 특정한 투여용법과 투여용량을 개발하는 데에도 의약의 대상 질병 또는 약효 자체의 개발 못지않게 상당한 비용 등이 소요된다. 따라서 이러

불비 사유로 무효가 될 수 있다. 다만 오바마 대통령 시절 시행된 미국 발명법(the America Invents Act; AAA) 이후에 최적의 실시예 기재요건 불비는 특허침해소송에서 더 이상 특허무효항변사항에서 제외되었다. 그러나 위 AAA 시행 이전에 출원되어 등록된 명은 여전히 최적실시례 기재요건 불비로 인하여 특허무효항변사항이다.
396) 특허법원 2010. 3. 19. 선고 2008허8150 판결 참조.

한 투자의 결과로 완성되어 공공의 이익에 이바지할 수 있는 기술에 대하여 신규성이나 진보성 등의 심사를 거쳐 특허의 부여 여부를 결정하기에 앞서 특허로서의 보호를 원천적으로 부정하는 것은 <u>발명을 보호·장려하고 그 이용을 도모함으로써 기술의 발전을 촉진하여 산업발전에 이바지한다는 특허법의 목적에 부합하지 아니한다.</u>

기존에 사용되는 의약의 용량 용법도 자연법칙이고 이러한 자연법칙인 용량 용법이, 그 이용성(application)이 존재한다면 발명으로 볼 수 있다. 위 판결은 논리적으로 새로운 발명에 해당하는지를 판단하기 위해 먼저 이용성397)이 존재하는지부터 검토했어야 한다. 즉 발명의 범위에 속하는지를 먼저 판단했어야 하는 것으로, 특허요건으로서 진보성이 있으면 특허를 받을 수 있다는 법논리는 발명이 존재하는지에 대한 확인도 없이, 진보성을 판단하겠다는 본(本)이 없이 말(末)을 판단하는 것이다.

특허법은 노작(勞作)을 보호하는 것이 아니라 창작을 보호한다. 이러한 목적은 앞서 본바와 같이 철학적으로도 지지되고 있는 것이다. 물론 신규성이나 진보성 심사를 거쳐서 특허부여 여부를 검토할 수 있기 때문에 특허성에서 거절될 수 있으므로 결과적으로 차이가 없을 수 있다.

그러나 이와 같은 판결의 근거논리는 특허법이라는 법의 목적과 체계를 변경하는 것이다. 특허는 발명자의 노력을 보호하기 위한 것이 아니다. 바탕 철학에 따라 차이가 있지만, 인간의 창작물과 창작물이 가져오는 사회적 기여가 있는 경우에 그에 대한 교환으로 특허를 부여하는 것이다. 단순히 땀을 흘렸다고, 비용이 투입되었다고 하여 특허를 부여하는 것은 타당하지 않다.

---

397) 특허법 제2조 제1호. ("발명"이란 자연법칙을 이용한 기술적 사상의 창작으로서 고도(高度)한 것을 말한다.")

(다) 커피빈 사건

상표법상의 원리는 상품의 일반명칭은 그 상품의 상표로 독점할 수 없다. 따라서 해당 상품의 기술적 의미의 언어("기술적명칭")는 그 상품의 상표로 독점할 수 없다. 이러한 법원칙은 특허법상 자연법칙, 자연현상, 추상적 아이디어 등에 대하여 특허를 인정하지 않는 법리와 같다.

앞서 언급한 1883년 Avery & Sons v. Meikle & Co., 사건[398])에서 미국 법원은 '자신의 생각, 느낌 및 진실을 전달하는데 있어 영어 단어 및 아라비아 숫자 등과 같은 알파벳은 사람에게 그의 육체에 필요한 공기, 빛 및 물과 같은 것이다. 누구도 그로부터 그와 같은 필요한 것을 박탈할 수 없다. 그와 같이 필요한 것은 인간 모두가 동등한 지분과 지위를 가지는 공유물이다. 분수에서 누구든지 마실 수 있지만, 누구도 배타적인 권리를 가질 수 없다.'[399])고 하여, 공역 내지 공공의 영역(the public domain)을 설정하고 있다.

소위 "커피빈 사건"[400])은 인스턴트 캔커피 등을 지정상품으로 등록하여 사용하던 coffee bean cantabile 라는 상표와 원두커피 전문점으로 등록상표 ⚜ 및 ⚜ *The Coffee Bean* 가 상호 충돌한 사건이다.

본 사건의 쟁점은 'Coffee Bean'이라는 기술적 명칭이 ⚜ 이나 ⚜ *The Coffee Bean* 의 사용에 의하여 식별력을 취득했다고 하더라도, 'Coffee Bean'이라는 기

---

398) Avery & Sons v. Meikle & Co., 81 Ky. 73 (1883).

399) Id. 90

    The alphabet, English vocabulary, and Arabic numerals, are to man, in conveying his thoughts, feelings, and the truth, what air, light, and water are to him in the enjoyment of his physical being. Neither can be taken from him. They are the common property of mankind, in which all have an equal share and character of interest. From these fountains whosoever will may drink, but an exclusive right to do so cannot be acquired by any.

400) 대법원 2013. 3. 28. 선고 2011후835 판결.

술적 명칭의 원래의 의미(original meaning)인 커피나 커피콩 등의 의미까지 상표권의 효력이 발생하는지 여부이었다.

앞서 본 바와 같이 지적재산권법은 공공의 영역(the public domain)의 개념이 설정되어 어느 누구의 사유화도 인정하지 않는 경우가 존재하는데, 자연법칙, 자연현상, 추상적 아이디어는 특허를 취득할 수 없고, 아이디어나 사실에 대하여는 저작권을, 특정상품의 일반명칭과 관용명칭 그리고 기술적 명칭 및 우리법의 경우에는 현저한 지리적 명칭 등 상표법 제33조 제1항 제1호 내지 제3호에 해당하는 경우와 제4호 내지 제6호에 해당하는 표장의 경우에는 상표등록을 하여 주지 않고 있고, 동항 제3호 내지 제6호에 해당하는 상표는 인간이 창작한 이차적 의미(secondary meaning)가 발생한 경우에는 상표등록을 하여 주고 있다.

원래의 의미(original meaning)와 이차적 의미(secondary meaning)에 있어, 전자는 신의 선물이고, 후자는 인간의 창작이다. 따라서 후자를 창작한 자가 취득하는 것은 지적재산권법의 원리상 당연하다. 다만, 그와 같은 법리는 처음부터 형성한 것은 아니었고, 1860년대 이후 1920년대까지 형성된 법원리이다.

예컨대, KP Permanent Make-Up, Inc. v. Lasting Impression I, Inc. 사건에서 미국 연방대법원은

> This right to describe is the reason that descriptive terms qualify for registration as trademarks only after taking on secondary meaning as "distinctive of the applicant's goods," 15 U. S. C. § 1052(f), with the registrant getting an exclusive right not in the original, descriptive sense, but only in the secondary one associated with the markholder's goods, 2 McCarthy, supra, § 11:45, pp. 11-90 ("The only aspect of the mark which is given legal protection is that penumbra or fringe of secondary meaning which surrounds the old descriptive word").[401]

[번역]

기술할 수 있는 이런 권리는 기술적 용어에,(15 U. S. C. § 1052(f)) 등록자가 기술적인 의미로서 원래의 의미가 아닌 상표소유자의 상품에 발생한 이차적 의미에만 배타적인 권리 취득하는 것으로 (McCarthy, supra, § 11:45, pp. 11-90)(이러한 표장에 주어지는 법적 보호는 원래의 기술적 단어를 감싸고 있는 이차적 의미의 음영(penumbra)이나 가장자리(fringe)이다), 출원인의 상품을 식별할 수 있는 이차적 의미가 발생한 이후에나 상표로 등록할 수 있는 자격이 있다는 이유이다.

하고 하여 그와 같은 의미를 명백히 하고 있다.

그러나 이차적 의미에 대한 배타적 권리를 인정하는 법리는 1920년대 이후에 발생했다. 연방대법원은 해당 상품의 산지표시로 구성된 상표, 즉 기술적 명칭으로 구성된 상표의 상표권을 제한하기 시작했다. 1871년 Delaware & Hudson Cannal Co. v. Clark 사건402)에서 연방대법원은 무연탄

---

401) KP Permanent Make-Up, Inc. v. Lasting Impression I, Inc, 543 U.S. 111 (2004).
402) Delaware & Hudson Canal Co. v. Clark, 80 U.S. (wall) 311 (1871). 대법관 Strong은 다음과 같이 판시하였다.

It must then be considered as sound doctrine that no one can apply the name of a district of country to well known article of commerce, and obtain thereby such an exclusive right to the application as to prevent others inhabiting the district or dealing in similar articles coming from the district, from truthfully using the same designation. It is only when the adoption or imitation of what is claimed to be a trademark amounts to a false representation, express or implied, designed or incidental, that there is any title to relief against it. True it may be that the use by a second producer, in describing truthfully his product, of a name or a combination of words already in use by another, may have the effect of causing the public to mistake as to the origin or ownership of the product, but if it is just as true in its application to his goods as it is to those of another who first applied it, and who therefore claims an exclusive right to use it, there is no legal or moral wrong done. Purchasers may be mistaken, but they are not deceived by false representations, and equity will

산지인 Lackawanna 지역의 명칭으로 구성된 무연탄에 대한 상표 'Lackawanna'는 해당 상품의 산지를 표시하는 것이어서 식별력이 없으므로 상표가 될 수 없다고 하였다. 그 뿐만 아니라 경쟁자들이 동일한 상표 ('Lackawanna')를 사용하더라도 자신의 상품의 지리적 출처(산지)를 표시하는 것으로서 진실한 것을 표시하는 상표라고 하였다. 따라서 소비자들이 허위표시에 의하여 기망당하는 것은 아니므로 기망적인 상표가 아니라고 하였다.

1870년대 중반에는 상표권은 재산권이라는 인식이 확립되었다. 그 뿐만 아니라 상표의 재산권화는 상표권을 절대적 권리로 의미하는 것으로 인정된 적이 있었다.403) 1879년 Kidd v. Johnson 사건404)에서 연방대법원은 방론(dictum)으로 상표권은 지역적으로 한정되는 권리가 아니라 '모든 지역'(everywhere)에 미치는 권리라고 판시했다.405) 다만 이와 같은 판시를 해당 사건의 법적 쟁점(issue)이 되어 이를 판결(holding) 한 것은 아니었다. 비록 방론(dictum)으로 언급된 것이기는 하였지만 상표권의 효력을 특정지역으로 한정하지 않은 점에서 그동안 common law 상의 상표법리로 확정되

---

not enjoin against telling the truth.
Id. 327.

403) 이하는 니종갑, 미국상표법연구(개정판, 글누리, 2006), 154면 이하를 발췌 수정한 것임.

404) Kidd v. Johnson, 100 U.S. 617 (1879)

The right to use the trademark is not limited to any place, city, or state, and therefore must be deemed to extend everywhere. Such is the uniform construction of licenses to use patented inventions. If the owner imposes no limitation of place or time, the right to use is deemed coextensive with the whole country, and perpetual.

405) "The right to use the trade-mark is not limited to any place, city, or State, and, therefore, must be deemed to extend everywhere." (상표를 사용할 권리는 어느 장소, 시, 또는 주에 제한되지 않으므로, 따라서, 어느 장소로나 확장되는 것으로 간주되어야 한다.) Id., 619.

어온 상표권을 상표의 사용범위내로 한정하는 것과 일치하지 않았다. 오히려 상표권을 절대적으로 인식하여 상표권의 한계를 부인하는 것으로, 기존의 상표법리를 부정하는 결과를 가져왔다. 예컨대 이에 상표권을 절대적인 권리로 인식하면, 결국 일반인(the public)과 경쟁자가 가지고 있는 기존의 자유권과 재산권을 제한할 것이라는 비판이 가해졌다. 1871년 Delaware & Hudson Cannal Co. v. Clark 사건에서 석탄 산지인 'Lackawanna'는 원래에 상표를 사용한 사람이 독점을 하게 되는 문제가 발생한다. 즉 해당 산지에서 상품을 생산하는 사람이라도 그 산지표시를 하지 못하게 되는 문제가 발생한다.

따라서 법은 기술적 명칭으로 이루어진 상표에서 원래의 의미(original meaning)와 이차적 의미(secondary meaning)를 구분하여 이차적 의미만을 보호하는 법리를 형성하였다. Prestonettes, Inc. v. Coty 사건[406]에서 미국 연방대법원은

> Then what new rights does the trade-mark confer? It does not confer the right to prohibit the use of the word or words. It is not a copyright⋯. A trade-mark only gives the right to prohibit use of it so far as to protect the owner's goodwill against the sale of another's product as his⋯. When the mark is used in the way that does not deceive the public, we see no such sanctity in the word as to prevent its being used to tell the truth. It is not taboo.[407]

[번역]
> 상표는 어떤 새로운 권리를 부여하는가? 상표는 단어나 단어들을 사용하는 것을 금지하는 권리를 부여하지 않는다. 상표는 저작권이 아

---

406) Prestonettes, Inc. v. Coty, 264 U.S. 359 (1924).
407) Id., 368.

니다. …. 상표는 자신의 상품으로 판매하는 자에게 상표소유자의
goodwill을 보호하기 위해 [자신의] 상표를 사용하는 것을 금지하는 권
리를 부여한다. … 표장이 일반인을 기망하는 방법으로 사용하지 않는
경우에, 우리는 진실을 말하기 위해 사용하는 것을 방지하기 위해 단
어사용을 제재하는 것을 인정하지 못한다. 그것은 금기시 되는 것이다.

즉 커피빈은 커피 관련한 상품, 커피빈 사건에서 문제된 캔커피 상품에
대하여 coffee bean이라는 단어의 사용을 금지할 수는 없는 것이다. 그것은
상표법 뿐만 아니라 지적재산권법 모든 분야에서 금기시 되는 것('taboo')
이다.

(7) 로크 이후

자연상태에서는 계약에 의하여 재산권을 취득하는 것은 아니다. 신의 명
령과 계시가 재산권 취득의 근거가 된다. 계약은 사회계약설에 의하여 정
치 단체인 시민사회를 구성한 이후에 법적 강제가 되는 사회가 구성이 된
다. 자연상태와 정치사회인 시민사회를 구분하는 것은 사회계약설을 주창
한 로크의 정치철학이었고 이는 윌리엄 블랙스톤(William Blackstone)의 법
학의 토대가 되었다. 그리고 대서양 건너 아메리카 대륙의 다니엘 웹스터
(Daniel Webster)나 토마스 제퍼슨(Thomas Jefferson) 등 미국의 건국의 아
버지들의 주류적인 이론의 토대가 되고, 미국 연방대법원에도 수용되었다.
지적재산권법의 영역에서는 19세기 특허의 본질에 관한 영업비밀 포기설
로 변화한다.

나아가 로크의 재산권은 인간의 편안함과 안락함, 즉 인간의 행복을 위
해 필수불가결한 권리이다. 이러한 점에서는 공리주의와 상통하는 면이 있
지만408) 로크의 정치사상은 개인주의적이다. 제레미 벤담 류의 공리주의가

---

408) 로크의 재산권 철학이 개인의 행복을 증진시키는 것으로 공리주의와 상통하는 면에

단체주의(일부에서는 공동체주의라고 표현하지만) 성격을 가지게 되는 것과 비교된다. 즉 로크는 개인의 행복을 고려한 것으로 다른 개인은 자신의 행위에 의해 나쁘게 영향받는 것(충분하고 동등하게 남겨둘 것(enough and as good left)과 자연상태에 적용되는 앞서 언급한 타인을 해하지 않을 것(no harm proviso)을 개인의 사적 재산권의 요건으로 제시했지만, 벤담에게서 개인에게 재산권을 인정하는 것은 개인의 행복을 증지시키는 것이겠지만, 공리주의에서의 최선은 최대다수의 최대행복이기 때문이다.

로크는 재산권을 취득하기 위해서는 세 가지 단서를 충족할 것을 요구한다. i) 재산권 취득이 타인을 해하지 않을 것(no harm), ii) 항상 동등하고 충분하게 남겨둘 것(enough and as good left) iii) 낭비하지 않을 것(non-waste)이다. 이 기준에 대하여 로크를 해석하는 학자들(Lockean scholars) 사이에 견해가 일치되는 것은 아니다. 예컨대, 맥퍼슨(C.B. MacPherson)은 로크의 재산권 취득의 단서에 대하여 i) 부패하기 전까지 취득할 수 있고(the spoilage limitation), ii) 충분하고 동등하게 남겨두어야 하며(the sufficiency limitation), iii) 자신의 노동을 통해 취득하여야 한다(the supposed labour limitation)를 제시하고 있다. 맥퍼슨에게 있어서 로크의 재산권 취득을 위한 단서도 절대적으로 지켜져야 하는 불가변의 단서가 아니라 변경을 인정한다. 첫째 단서인 부패하기 전까지 취득할 수 있다는 'the spoilage limitation'은 화폐에 의해 자본이 축적될 수 있으므로 변경될 수 있고, 둘째 단서인 충분하고 동등하게 남겨두어야 한다는 'the sufficiency limitation'는 재산권을 인정한 결과 인류가 축적한 가치의 증가를 가져왔고, 이로 인하여 인류는 이전보다 더 풍족하게 삶을 영위하게 되었으므로 더 이상 충분하고 동등하게라는 단서는 필요가 없을 뿐더러 충분하고 동등하게 남겨두어야 한다는 단서는 인류가 삶의 질을 향상시킬 기회의 보장이 있으면 충

대하여 본서 제4장 제2절 1. "영국의 자연법 철학과 공리주의적 전통" 참조.

분하고 동등하게 남겨진 것으로 이해할 수 있고(이는 뒤에서 설명하는 노직의 약한 단서나, 파레토 개선(Pareto improvement) 및 칼도-힉스 개선 (Kaldor-Hicks improvement)에 의해서 설명이 된다.), 세 번째 단서인 노동을 가해 취득해야 한다는 'the supposed labour limitation'도 로크가 "the Turfs my Servant has cut"[409])이라고 하여, 자신의 노동이 아닌 노예나 하인의 노동을 통해서도 재산권을 취득할 수 있음을 인정하기 때문에 절대적인 것이 아니라고 한다.[410]) 맥퍼슨의 견해에 대해서 노직(Robert Nozick)은 비판적 입장에서 로크의 주장을 옹호한다.

(8) 자본주의

로크는 재산권을 인정함으로서 인류의 보편적 자산을 증가시킨다 ("increase[s] the common stock of mankind"[411])고 하고, 재산권을 인정한 영국의 '일용노동자'는, 방대한 토지와 자원이 있지만 재산권을 인정하지 않는 미국의 '인디언 추장'보다 더 잘 산다고 함으로서[412]) 자본주의에 대

---

409) John Locke, Second Treatise of Government § 28. 로크가 "the Turfs my Servant has cut" 라고 언급한 것은 로크에 대한 자본주의적 해석의 출발점이 된다. 자본을 투입한 임금 노동을 가능케 하여 산업화와 자본주의의 기초가 된다.

410) C.B. MacPherson, The Political Theory of Possessive Individualism, Oxford Univ. Press, 1962, pp. 197-221. C.B. MacPherson의 견해 부분은 나종갑, 4차 산업혁명과 인간을 위한 지식재산권, 법학연구 (제30권 제1호), 연세대학교 법학연구원, 2020, p. 367, 각주 36에 언급된 부분임.

411) John Locke, Second Treatise of Government §37.

412) John Locke, Second Treatise of Government §41.
There cannot be a clearer demonstration of anything than several nations of the Americans are of this, who are rich in land and poor in all the comforts of life; whom Nature, having furnished as liberally as any other people with the materials of plenty—i.e., a fruitful soil, apt to produce in abundance what might serve for food, raiment, and delight; yet, for want of improving it by labour, have not one hundredth part of the conveniencies we enjoy, and a king of a large and fruitful territory there feeds, lodges, and is clad worse than a day

한 강한 정당성을 인정하는 결과를 가져옴을 부인할 수 없을뿐더러 다른 한편으로 그의 위 논변은 실용주의적이다.[413] 그 이유는 재산권은 자원을 효율적으로 사용하게 하기 때문이다. 희소자원에 대하여 이를 소유한 이성적 인간은 가장 효율적이고 효용이 높은 곳에 사용한다. 이에 반하여 공유재산(common property)이나 집합적 재산(collective property)의 경우에는 공유지의 비극(the tragedy of commons)이 발생하여 한 사람의 사용은 타인의 사용에 영향을 받기 때문에 효율적 사용을 어렵게 한다. 따라서 사적 재산권은 자원을 효율적으로 사용하게 하여 궁극적으로 인류의 복지를 향상시키게 된다.

로크는 인간이 필요로 하는 것에 노동을 가해, 인간 자신의 근본적인 의무인 보존(preservation)[414]과 평안(support and comfort)[415]을 위해 노동을 하는 것이고, 다른 사람의 보존을 위해 자신의 노동을 가하여 자연상태에 존재하는 가치를 증가시킨다고 했다. 인간 자신이 필요로 하는 것 이상을 취득하여 교환할 수 있도록 허용함으로서[416] 인간들의 효용(궁극적으로 후생)을 증진시킬 수 있다. 로크는 인간의 안락함과 평온함을 위해 재산권을 주장하였지만 그의 논변은 자본주의를 적극적으로 옹호하기 위한 것이라

---

labourer in England.
413) H. Rashdall, The Philosophical Theory of Property in Property: its Duties and Rights, Macmillan, & Co., pp. 40-41 (1913); Jill Fraley, The anti-wilderness Bias in the Common Law and Modern American Property Law in Modern Studies in Property Law edited by Heather Conway, Robin Hickey, Hart Publishing, 2017, p. 285; Kristin Shrader-Frechette, Locke and Limits on Land Ownership, Journal of the History of Ideas Vol. 54, No. 2 pp. 201-219 (1993); A. P. Brogan, John Locke and Utilitarianism, Ethics, Vol. 69, No. 2. pp. 79-93 (1959); 나종갑, 4차 산업혁명과 인간을 위한 지식재산권,법학연구 (제30권 제1호), 연세대학교 법학연구원, 2020, p. 360.
414) John Locke, Second Treatise of Government § 25.
415) John Locke, Second Treatise of Government § 26.
416) John Locke, Second Treatise of Government §45-46.

보다는417) 인류가 가지는 재산권의 긍정적인 효과에 대하여 적극적인 논변의 결과라고 보인다.418) 로크는 자본주의를 적극적으로 옹호한 것은 아니다.

(9) 프루동(Pierre-Joseph Proudhon)의 비판

(가) 프루동의 주장

로크의 노동가치설에 대하여, 특허제도상 선출원주의나 선발명주의를 설명하지 못한다는 비판이 가해지고 있다. 즉 특허제도가 실정법상의 제도라고 하더라도 상위 규범인 자연법을 위반할 수는 없는데, 특허제도는 자연법원리를 위반하기 때문에 로크의 노동가치설은 특허제도를 설명하지 못한다는 비판이다. 본 비판은 이미 언급한 바와 같이 프루동(1809-1865)의 재산권 철학을 바탕으로 주장한다. 일부 견해들은 프랑스의 사회주의자인 프루동의 노동의 동등성(同等性) 내지 등가성(等價性) 주장을 바탕으로 재산권의 선점원칙과 노동가치설을 비판한다.

프루동은 마르크스의 공산주의사상에 영향을 준 사회주의자이자 초기 공산주의자였다. 그는 그의 저서 '재산이란 무엇인가'("What is Property?")에서 줄곧 재산이란 선점의 원칙이 아닌 노동의 가치에 의해 비례를 하여야 한다고 주장했다. 선점의 원칙은 자연법론자들에 의하여 주장된 재산권 취득의 원칙이었다. 로크의 재산권 이론도 선점의 원칙을 바탕으로 한다.

프루동은 그의 저서 '재산이란 무엇인가'("What is Property?")에서 자본가와 노동자의 고용관계가 불평등한 교환의 관계가 성립되었고, 이러한 불평등에 의한 이익을 자본가가 무상으로 훔쳐가는 것으로 결국 [자본가가 축적한] 재산이란 노동자의 노동을 도둑질과 강도질하여 간 것이라고 주장

---

417) 나종갑, 4차 산업혁명과 인간을 위한 지식재산권,법학연구 (제30권 제1호), 연세대학교 법학연구원, 2020, pp. 366-371.
418) Id.

했다. 그리하여 프루동은 '분배는 노동에 비례하여야 하지 재산에 비례할
수 없다'("Production is proportional to labor, not to property.")고 하고 있다.
그는 그의 저술에서 3번째 명제로 "Third Proposition. Property is impossible,
because, with a given capital, Production is proportional to labor, not to
property."를 제시하고 있고, 그의 생각을 담은 주장은 많은 곳에 나타나 있
는데, 그 중의 한 부분을 보면 다음과 같이 상세히 말하고 있다.

Third proposition

Property is impossible because with a given capital production is
proportional to labour, not to property

···.

We have just proved that, if the farm-rent in a community of 1,000
labourers is 100, that of 900 would be 90, that of 800 would be 80, that
of 100 would be 10, etc., so that in a community where there was only
I labourer, the farm-rent would be only 0.1, whatever the extent and
value of the land appropriated. Therefore, with a given landed capital,
production is in proportion to labour, not to property.

According to this principle, let us seek the maximum increase for any
property.

What, in essence, is a farm-lease? It is a contract by which the
proprietor concedes possession of his land to a tenant in return for a
portion of what is returned to him as proprietor. If through an increase
in his family the tenant becomes ten times as strong as the proprietor,
he will produce ten times as much: is this reason for the proprietor to
raise the farm-rent tenfold? His right is not "the more you produce, the

more I demand" but "the more I sacrifice, the more I demand." The increase in the tenant's family, the number of hands at his disposal, which are the causes of the increase in his production, are all irrelevant to the proprietor. His claims should be measured by his own productive capacity, not that of others. Property is the right of increase, not a poll-tax. How can a man, barely capable of cultivating a few acres by himself, demand of a community, because its property is 10,000 acres, 10,000 times as much as he is capable of producing from one acre? Why should the price of a loan be governed by the skill and strength of the borrower rather than by the utility sacrificed by the proprietor? We must recognise, then, this second economic law: Increase is measured by a fraction of the production of the proprietor.

Now, what is this production? In other words, what can the lord and master of a piece of land justly claim to be sacrificing in lending it to a tenant?[419]

[번역]

3번째 명제

<u>재산은 불가능하다. 왜냐하면 기본 자산 생산은 재산이 아니라 노동에 비례하여야 한다.</u>

만일 1000명의 노동자 중에 소작료 100이라면, 900명인 경우에는 90, 800명인 경우에는 80, 100명인 경우에는 10, 나만이 노동자인 사회에서는 토지의 가치가 얼마이든 소작료는 단지 0.1일 것이다. 따라서 주어진 땅의 가치는 노동에 대한 비율에 의해 생산되는 것이지 재산에 대하여 생산되는 것이 아니다.

---

419) Pierre-Joseph Proudhon, What is Property?, edited and translated by Donald R. Kelley & Bonnie G. Smith, Cambridge Univ. Press, 1994, p. 134.

이러한 원칙에 의해 재산의 최고 증가치를 살펴보자.

농장의 임대는 무엇이 핵심일까? 농장주가 소유주로서 임차인에게 취득하는 것의 대가로 자신의 토지의 점유를 임차인에게 양보하는 계약이다. 만일 그의 가족을 통하여 임차인이 소유자만큼 10배가 된다면, 그는 10배를 생산할 것인데, 이것이 소유자가 임대료를 10배 올릴 이유가 되는가? 그의 권리는 임차인이 더 생산하면, 임차료를 더 요구할 권리가 아니라 내가 더 희생하면 내가 더 요구할 수 있다는 것이다. 임차인이 가족을 통해 증가시킨 것은 그의 생산량을 증가시킨 이유가 되는 그의 처분에 따르는 여러 요구(hand)는 토지 소유자와는 전혀 관련이 없다. 집주인의 요구는 그 스스로의 생산력에 의해 측정이 되어야 하지 다른 사람의 생산력에 의해 측정이 되어서는 안된다. 재산은 증가에 대한 권리이지 인두세가 아니다. 그의 토지가 1에이커로부터 생산할 수 있는 만큼의 10,000배인 10,000에이커라는 이유로 수 에이커의 토지를 경작을 할 능력을 가진 사람이 사회의 수요가 되어야 하는가? 토지를 가진 사람이 희생한 가치가 아닌 빌린 사람의 기술과 능력에 의해 관리된 토지의 가격이 될 수 있다는 말인가? 따라서 우리는 두 번째 경제법칙을 인식해야 한다: 생산량의 증가는 재산권자의 생산량에 의해 측정된 것이어야 한다.

지금 이 생산은 무엇인가? 다른 말로, 토지의 소유자나 관리자는 임차인에게 토지를 빌려줌으로서 희생한 것은 무엇인가?

프루동은 임차인에 의한 노동 생산성의 증가는 임차인의 것이라고 주장하고 있다. 임대인, 즉 토지주는 임료를 노동생산성의 증가가 아닌, 자신이 직접 경작하지 못함으로 상실하는 이익을 기준으로 정하여야 한다고 주장하고 있다. 임차인이 자신의 가족과 열심히 일하여 생산성을 증가시킨 것은 당연히 그의 것이 되어야 하고, 임대인의 것이 되어서는 안되는 점을 역설하고 있다.

사실 선점이론이 부각된 것은 정치적인 측면이 존재한다. 로크의 이론은 선점이론이기는 하지만 그의 명제(propositions)와 단서(provisos)에 의해서 제한이 된다. 예컨대, 지구와 지구상의 토지는 인간에게 이용을 하도록 한 것이지 인간이 선점을 하도록 한 것은 아니다. 지구와 토지는 인간의 공통의 이익을 목적으로 신이 인간에게 부여하고, 인간은 노동을 가하여 얻은 소출물에 대하여 소유권을 취득한다. 그러나 그로티우스의 선점이론은 그와 같은 명제가 없으므로 지구상의 토지도 선점할 수 있다.

물론 로크에게도 화폐가 도입된 이후에는 그와 같은 명제도 의미가 없어진다. 화폐는 교환을 할 수 있으므로 누구든지 토지와 등가의 화폐를 보유할 수 있으므로 영구적 소유는 의미가 없다. 아마도 프루동은 이와 같은 로크적 재산권의 문제점을 지적하고자 한 것이라고 생각된다.

(나) 프루동의 주장과 특허권: "나는 그 아이디어를 이미 알고 있다"

프루동의 주장은 모든 가치는 노동에 의해서 생산되는 것이므로 자산의 분배도 노동의 생산력에 의하여야 한다는 것이다. 재산은 노동을 하는 것이 아니므로 재산에 비례해서는 안된다는 것이다. 프루동의 이론은 유체물과 노동에 관한 것이었는데, 자연법에 근거한 특허권과 지적재산권의 정당성 이론, 특히 그로티우스 등의 선점이론과 로크의 노동가치이론에 대한 비판의 근거 이론을 이용되었다. 즉 특허권은 최초의 발명이나 최선의 발명에만 부여되는 것은 선점의 원칙에 의한 것으로서 잘못된 것이라고 한다. 왜냐하면, 노동의 가치는 동일하므로, 노동은 모두 동등한 가치를 가지므로 노동의 선후에 관계없이 모든 노동의 결과에 대하여 동등하게 재산을 인정하여야 하는데, 현실의 특허법은 선점을 한 자, 즉 선출원이나 선발명을 한 자에게 인정하기 때문에 잘못된 것이라고 한다.

이러한 프루동의 재산제도에 대한 비판은 로크의 노동가치론에 대한 비판에 대하여 이론적 근거로 제시되었다. 로크의 노동가치론에 대한 비판은 첫 번째 발명자나 두 번째 발명자나, 선출원자나 후출원자나 그들이 발명을 위해 투입한 노동의 가치가 동일하기 때문에 로크의 노동가치론에 의하면 노동을 한 모두에게 특허권(재산권)을 인정하여야 하는데, 현실의 특허법이 선발명자나 선출원자에게만 특허권을 부여하는 것은 모순이라는 것이다.[420] 후순위의 발명자나 출원자도 각자가 노동을 하여 발명을 했기 때문에 그들도 자신들의 발명에 대하여 재산권, 즉 특허를 받을 권리가 있다고 주장한다.

특허법상의 특허권과는 달리 저작권의 영역에서의 창작은, 그 창작이 상대방의 창작물에 의거(access)하지 않은 한, 동일한 표현에 대해서도 가능하다. 왜냐하면, 동일한 표현이지만, 그 표현은 해당 저작자의 사상과 감정이 표현된 것, 프루동에 의하면 그의 노동의 결과이기 때문이다. 아이디어와 표현의 이분법(idea/expression dichotomy)에 이러한 원리가 반영되어 있다.[421]

저작권법상의 표현은 표현을 사람의 개성의 표현이므로 각 개인의 개성이다. 모든 사람의 개성이 모두 다른 것처럼 그 표현도 모든 사람이 다르

---

420) 吉藤幸朔, 特許法槪說 (第7版), 有斐閣, 1986, p. 316.
421) 저작물의 표현에 의한 가치증가와 특허의 아이디어에 의한 가치증가를 같은 것으로 생각하는 견해도 있다. 따라서 특허에서의 아이디어와 같은 논리로 독립된 저작이더라도 그 저작의 가치증가를 인정할 수 없으므로 저작권으로 보호하지 못한다는 결론에 이르고 있다. 심미랑, "배타적 재산권으로서 특허권의 개념에 관한 연구," 법학연구(제14집 제2호), 인하대학교 법학연구소, 2011, pp. 98-99. 그러나 이 견해는 아이디와 표현의 이분법(idea/expression dichotomy)을 무시한 견해로서 저작은 특허와는 달리 저작물의 공통된 아이디어가 아닌 저작자의 개성의 표현(사상 또는 감정의 표현)은 각 저작마다 다르고, 따라서 각 저작마다 가치증가가 발생한다는 것을 이해하지 못한 견해이다. 타인의 저작에 의거하지 않은 독립된 각 표현은 각 표현마다 가치를 가지고 있으므로 각 표현이 독립된 저작으로서 보호받을 수 있는 것이다. 하나의 아이디어는 인류에게 공통되는 가치증가를 가져오지만, 표현은 저작자의 개성의 표현이므로 각 자가 가치증가를 가져온다는 것이 저작과 특허가 상호 다른 점이다. 따라서 기존의 표현과 독립되어 창작된 표현은 아이디어와 달리 저작권이 발생하는 것이다. 그리하여 특허의 경우에는 객관적 의미의 신규성(novelty)이라 하고, 저작권의 경우에는 저작자로부터 기원한다는 주관적 의미의 창작성(originality)라고 하는 것이다.

다. 따라서 저작권법에서는 타인의 저작물을 표절한 것(실질적 동일성)이 아닌 한 모두가 자신의 노동에 의해 자신의 개성을 표현한 것이므로 각자가 저작물에 대하여 저작권을 인정받을 수 있다. 따라서 프루동의 이론에 의거한 비판은 저작권에 있어서는 타당하지 않다.

영업비밀의 경우에는 독립적으로 각자가 자신이 비밀로 관리하는 정보에 대하여 영업비밀로 인정받을 수 있다. 공개되지 않기 때문에 각자의 노동을 보호받을 수 있다. 타인의 영업비밀에 의해 영향을 받지 않는다. 각자의 노력은 각자의 영업비밀로 보호받는다. 따라서 프루동의 이론에 의거한 비판은 영업비밀에 있어서도 타당하지 않다.

특허권의 경우에는 로크의 노동가치실에 의하면 후순위의 발명사나 출원자도 자신의 노동의 결과물인 발명에 대하여 특허를 인정하여야 논리적으로 타당하다는 비판은 일견 그 타당성을 인정받아 왔다. 일본의 요시후지(吉藤幸朔)의 '특허법개설'(特許法槪說)[422])에도 그와 같은 비판이 소개되어 있고, 우리나라에서도 그와 같은 비판을 소개하거나 주장하고 있는 문헌이 있다. 그러나 이는 유체물과 무체물의 성질이 다르다는 것을 간과한 잘못된 비판이다.

로크의 재산권 철학에 의하면 자연상태의 법만으로는 보호받을 수 없고, 시민사회의 실정법의 도움을 받아야 한다. 타인에게 강제할 수 있는 것은, 로크에 의하면, 시민사회의 법에서나 가능하기 때문이다. 이러한 철학적 바탕은 특허의 본질에 관하여 영업비밀포기설의 바탕이 되었다. 그러나 실정법이라도 자연법을 위반할 수 없다. 자연법상의 원칙은 실정법에서도 타당해야 한다. 로크의 자연상태에서의 재산권도 실정법하에서도 인정받아야 한다.[423])

---

422) 吉藤幸朔, 特許法槪說 (第7版), 有斐閣, 1986, p. 316.

423) John Locke, Second Treatise of Government, §30. ("And amongst those who are counted the Civiliz'd part of Mankind, who have made and multiplied positive Laws

　프루동이 주장하는 노동의 동등성 내지 등가성은 유체물과 무체물에서
는 다르다. 유체물에서는 자신의 노동의 결과물에 대하여 각자가 재산권을
인정받을 수 있다. 따라서 선점의 원칙에 의해 유체물의 소유를 정하는 것
은 노동이 생산하는 가치의 동등성 내지 등가성을 위반하는 것이다. 유체
물에서는 이러한 비판이 일면 타당성이 있다. 선점의 원칙이 적용되는 경
우가 아니더라도, 프루동의 주장에 따르면 노동은 평등한 것으로 노동에
따라 재산을 분배하여야 한다.

　나아가 로크의 재산권 취득의 단서인 i) '타인을 해하지 않을 것'(no
harm priviso)과 ii) '충분하고 동등하게 남겨둘 것'(enough and as good left)
이라는 단서도 충족해야 한다. 프루동의 주장에 의하면 재산제도는 그와
같은 단서를 지키지 못한다고 한다.

　특허권에 대한 논의로 돌아와 보면, 발명의 아이디어를 출원하면 이를
공개한다. 선출원주의건 선발명주의건 공개하게 된다. 최초의 아이디어나
발명의 공개는 그 이후에 아이디어나 발명을 공개하는 발명가, 후출원자도
여기에 해당하는데, 그들의 아이디어나 발명의 가치는 없게 된다. 제도법
상, 즉 시민사회의 특허제도는 발명가와 사회와의 계약이다. 발명가는 특허
발명의 공개라는 대가(consideration)를 지급하고 특허라는 한시적인 독점을
취득하게 되는 반면, 사회는 발명가에게 특허라는 일시적 독점을 주고 그
대가(consideration)로써 그 발명과 아이디어를 취득하고 그 특허기간이 종
료된 이후에 그 특허발명을 자유실시를 하게 된다. 특허를 취득하는 과정
에서 명세서를 제출하고 그 명세서에 기재된 발명과 아이디어의 내용은 공
개가 된다. 사회는 특허권자로부터 그 발명과 아이디어를 알게 되는 것으
로, 후발명자나 후출원자로부터 그 발명이나 아이디어를 취득하는 것이 아
니다.

---

　to determine Property, this original Law of Nature for the beginning of Property, in
what was before common, still takes places;").

"나는 그 아이디어를 이미 알고 있다." 즉 선발명자나 선출원자의 발명에 의해 이미 알고 있는 아이디어이므로 후발명자나 후출원자의 발명과 아이디어에는 아무런 내재적, 교환적 가치가 없다. 따라서 후발명자나 후출원자의 발명으로 부터는 아무런 가치를 취득할 수 없으므로, 대가 관계가 성립할 수 없다. 후발명자나 후출원자 사회에 대하여 어떤 노동의 가치를 제공할 수 없으므로 어떤 재산권을 주장할 수 없다. 따라서 노동이 생산하는 가치를 전제로 하는 프루동의 주장은 아이디어에 대하여는 그 타당성이 없는 것이다. 계약설을 따르지 않더라도 후출원자나 후발명자의 발명이나 아이디어의 가치를 인정할 수 없게 되므로 특허를 부여할 수 없다.

다만, 후발명자가 자신의 발명을 이용하는 것은 자연적 정의에 부합한다. 자기가 발명한 것이기 때문에 자신의 발명에는 자연권에 기초한 재산권이 성립한다. 이런 경우에 실제의 특허법은 그 발명자의 권리를 선발명자의 권리로서 보호한다.[424] 우리나라의 경우에는 '선실시에 의한 통상실시권'을 가지지만, 실시료를 지급할 의무가 없는데, 이는 당연하다. 특허권자의 발명을 실시하는 것이 아니라 자기의 발명을 실시하는 것이기 때문이다. 선발명자, 선실시자의 권리는 엘리자베스 여왕시절에도 인정되었다. 사안에 따라 여왕이 특허장을 부여하면서, 선발명자나 선사용자가 계속 그 발명을 실시할 수 있는지 아니면 특허권자의 발명실시로 더 이상 실시를 하지 못하는지 명시하였다. 예컨대, 1565년 엘리자베스 여왕이 William Humfry와 Christopher Shutz에게 광물채굴에 대하여 부여한 특허에는 "Edward Coke informs us that as regards the use of the sieve, the patent was not upheld on the ground of prior user at Mendip."('에드워드 코크는 체(sieve)의 사용에 관련된 특허는 Mendip에서 선실시자에 대하여는 주장할

---

424) 대한민국 특허법 제103조; 미국 특허법 제273조; 일본 특허법 제79조; 독일 특허법 제12조 제1항; 영국 특허법 제64조; 프랑스 지적재산권법 L613-7; 중국 특허법 제75조 제2항 (2020년 10월 17일 전인대 상무위원회 통과, 2021년 6월 1일 시행).

수 없다고 우리에게 알려왔다.')라고 기록 하고 있다.425) 즉 Mendip(런던
서쪽 브리스톨의 남쪽에 있는 도시)에 있는 그 발명의 선실시자에 대하여
는 특허를 주장할 수 없다고 언급한 것이다.

이러한 법리는 상표법체계에도 동일한 데, 다만 상표법에서는 노동의 결
과가 특허, 저작권, 영업비밀과 다르게 뚜렷하지 않다. 다만 상표의 선택에
의해 식별력이 발생하는 본질적인 식별력보다는 사용에 의해 식별력이 발
생하는 사용에 의한 식별력의 경우에는 노동의 개념이 좀 더 분명하다. 그
리하여 사용주의 상표법 제도에서는 각자가 기여한 노동의 결과를 보호하
기 위해 병행등록제도(concurrent registration)를 두고 있고426), 등록주의 상
표법하에서는 선사용자 제도를 두고 있다.427)

저작권에서는 독립한 저작권을 인정하는 것과 영업비밀에서 독립적인
영업비밀을 인정하는 것도 같은 법리를 반영하고 있다. 이와 같은 제도는
선사용자의 자연법상 권리를 보호하기 위한 제도라고 할 수 있다. 자기의
노동의 결과는 자신의 것이므로 실정법에 의해 배타적 권리를 취득했다고
하더라도 선사용자의 자연법상 권리보다 우선할 수 없기 때문이다.

3. 시민사회에서의 재산권

가. 시민사회의 의의

로크는 제2편 두 번째 논제(the Second Treatise) 제7장에 정치구조인 시

---

425) E. Wyndham Hulme, History of the Patent System Under the Prerogative and at
    Common Law, 12 L. Q. Rev. 141, 148 (1896).
426) 미국 상표법 제2조 (d) (3).
427) 대한민국 상표법 제99조.

민사회(CHAP. VII. Of Political or Civil Society), 제8장에서 정치사회의 시작(Of the Beginning of Political Societies)과 제9장에서 시민사회와 정부의 종료(Of the Ends of Political Society and Government)에 대하여 언급한다. 다만 재산권에 관하여는 재산권에 관한 제5장에서 시민사회에서의 재산에 대하여 언급하고 있다.

로크의 시민사회, 즉 정치사회는 정책적 탄력성을 부여한다. 자연상태에 있어서의 재산도 법제도로서의 재산으로 변화하고, 재산권도 법제도하에서의 집행할 수 있는 재산권으로 구체화 한다.428) 시민사회는 재산권을 집행하기 위해 시민정부의 법적 강제력에 의존할 수 있다.

시민사회에 내하여 로크는 일성한 수의 사람들이 서로 결합하여 하나의 사회를 형성하고, 각자 모두 자연법의 집행권을 포기하여 그것을 공공단체를 구성하여 양도하여 형성한 것이 정치시회 또는 시민사회("Whereever therefore any number of Men so unite into one Society, as to quit every one his Executive Power of the Law of Nature, and to resign it to the publick, there and there only is a political, or civil Society.")429)라고 한다.

정치사회에서의 시민의 동의와 정치조직으로서의 국가는 당연히 재산권 취득에 있어서 동의를 전제로 한다. 다만 개별적 취득에 대한 동의가 아닌 국가성립에 있어서 일반적 동의, 즉 동의에 의한 시민정부의 성립에 대한 동의이다. 그리고 시민사회에서의 재산권 취득은 제도(institution)적인 것이다.

로크는 정치사회와 시민사회를 동일한 것으로 간주한다. 두 사회를 구별하지 않는 것에 대하여는 비판이 제기되어 있으나, 이는 로크의 정의(definition)이므로 비판을 할 수 있을까 하는 의문이 있다.

시민사회는 자연상태에서 누리는 자유, 즉 인간은 평등하고, 자기의 노

---

428) 이 부분은 본인의 영업비밀보호법의 철학적·규범적 토대와 현대적 적용 존 로크의 재산권 철학을 바탕으로, 경인문화사, 2022, pp. 210-226 참조.

429) John Locke, Second Treatise of Government § 89.

동을 가하여 먹을 것을 취하고, 재산을 취득하여 자신의 안락함과 평온함을 즐길 수 있는 자유가 있는 상태이지만, 그 자유는 매우 취약하다. 자신의 재산과 자유를 보호할 수 있도록 타인에게 법적 강제를 할 수 없는 불안정하고 불확실한 사회("[t]his state is very unsafe, very unsecure."430))이기 때문에 항상 외부의 위협에 노출되어 있다. 자연상태에서의 인간은 타인으로 부터의 침해를 받지 않고, 그의 재산인 생명, 자유 및 협의의 재산을 보호할 자유가 있고 자신이 이를 지킬 수 있다.431) 따라서 스스로 재산을 보호할 수 있지만 외적으로 강제를 할 수는 없다. 그러나 자연상태에서는 이를 판단하고 집행해 줄 권력기관과 집행자가 없다.432)

그와 같은 위협으로부터 자유로워져, 자신의 생업에 종사할 수 있는 사회가 필요하다. 그리하여 자연상태의 인류가 계약에 의하여 구성한 것이 시민사회이고 시민정부에 대하여 자신의 집행권을 위탁하는 것이다. 따라서 시민사회는 정치적 집단이므로 정치사회이다. 로크는, 시민사회의 제정법에 의해, 그리고 합의와 계약에 의해 영토의 경계를 획정한 몇몇 인간사회는 그 사회의 개인 재산을 규제하고, 노동과 산업이 시작된 재산권을 정했고, 명시적, 묵시적으로 자신들이 가지고 있는 <u>토지에 대한 모든 권리를 포기한 다수 국가과 왕국들에 형성된 국가연합은 동의에 의하여 그들의 자연권을 포기하고 명시적인 계약에 의하여 토지를 명확하게 구분했</u>다고 하였다.433) 이는 시민사회이자 정치사회의 구성을 의미한다.

---

430) John Locke, Second Treatise of Government § 123.
431) John Locke, Second Treatise of Government § 123.
432) John Locke, Second Treatise of Government § 87.
433) John Locke, Second Treatise of Government § 45.
   [t]he several Communities setled the Bounds of their distinct Territories, and, by Laws, within themselves, regulated the Properties of the private Men of their Society, and so, by Compact and Agreement, setled the Property which Labour and Industry began. And the Leagues, that have been made between several States and Kingdoms, either expresly or tacitly dis-owning all Claim and Right

여기에서 자연권을 포기한 것은 아이디어 보호에서 스스로 보호를 하여야 하는 영업비밀을 포기하고, 실정법에 의하여 아이디어에 대하여 법적 독점을 부여하는 특허법 제도의 철학적 토대가 마련된다. 사회계약설에 의하여 구성된 정치단체, 시민사회는 결국 국가와 정부가 되어 실정법을 제정하고 실정법에 의한 집행권과 강제권을 행사한다.

이러한 사회계약설은 계몽주의 정치사상가 들과 윌리엄 블랙스톤, 미국의 다니엘 웹스터, 토마스 제퍼슨 등 18-19세기의 정치가와 법률가의 사상적 기초가 되었다.434) 영업비밀과 특허를 구분하여 영업비밀은 자연상태에서 보호되는 것으로 법적 강제를 할 수 없으므로 배타성이 없고, 특허법이라는 시민사회(국가)의 실정법에 의해 영업비밀을 공개하여 특허로 등록하고 특허권을 강제할 수 있다는 영업비밀포기설의 토대를 제공한다.

특히 1793년 미국 특허법은 특허 심사제를 폐지하고 특허등록제를 채택하여 이와 같은 영업비밀포기설을 따랐다. 특허권은 영업비밀을 공개하여 특허등록을 하는 경우에 발생하는 것이기 때문이다. 특허의 유효성은 그 집행시, 즉 침해소송단계에서 법원에 의해 판단된다. 이 당시에는 특허청구범위에 대하여 기술사상만을 등록하고 공개하는 중심한정주의를 취하였는데, 중심한정주의는 영업비밀포기설과 특허무심사제도에 매우 부합한다.

---

to the Land in the others Possession, have, by common Consent, given up their Pretences to their natural common Right, which originally they had to those Countries: and so have, by positive Agreement, settled a Property amongst themselves, in distinct Parts of the World; yet there are still great Tracts of Ground to be found, which the Inhabitants thereof, not having joyned with the rest of Mankind, in the consent of the Use of their common Money, lye waste, and are more than the People, who dwell on it, do, or can make use of, and so still lye in common. Though this can scarce happen amongst that part of Mankind that have consented to the Use of Money.

434) 이에 대하여는 나종갑, 영업비밀보호법의 철학적·규범적 토대와 현대적 적용 존 로크의 재산권 철학을 바탕으로, 경인문화사, 2022, p. 165 이하 참조.

다른 측면에서 보면, 1793년 미국 특허법을 제안할 때, 토마스 제퍼슨이 공리주의자인 제레미 벤담과 존 스튜어트 밀의 영향을 받은 것을 보인다. 제레미 벤담과 존스튜어트 밀은 특허를 발명을 하기 위한 헌신이나 사회에 대한 기여에 대한 보상이라는 보상설을 주장하였다. 다만 보상설은 자연권과 공리주의를 기초로 하고 있는데, 자연권에 기초하여 계약에 의한 쌍무적 대가로서의 보상이거나 노동에 대한 윤리적 의무론적 보상(reward)이라고 하는 견해와 다른 한 견해는 영국의 전통적이고 제도적 견해로서 벤담 등 영국의 제도법학자들에 의해 주장된 왕과 국가의 은전에 의한 도덕적 윤리적 보상이라고 하는 견해이다. 18세기 후반으로 갈수록 후자가 주류적 견해를 이루었고, 19세기 초반에 영국에서 전자의 견해는 소멸하다시피했다.

중심한정주의는 특허는 발명의 사회적 기여에 대한 보상이기 때문에 명세서의 기재가 기술사상만으로 기재하더라도 그 기술이 사회에 기여하는 것을 보상하여야 하기 때문에 기술사상에 균등한 것[435]까지 보상을 할 의무가 존재하고, 그와 같은 보상까지를 계약상 쌍무적 의무인 'consideration'으로 보았다.

19세기에 서구 유럽에서 특허제도의 본질에 관하여 영업비밀포기설이 주류적 이론이 되고, 미국에서도 분명히 영업비밀포기설을 수용한 것은 로크의 재산권 이론이 서구사회의 지적재산권 제도에 얼마나 많은 영향을 미쳤는지 짐작케 한다.

윌리엄 블랙스톤은 이러한 사회를 다음과 같이 언급했다.[436]

---

435) 중심한정주의의 균등론은 계약의 쌍무성(consideration)법리를 바탕으로 한 보상의 관점에서 주장되고, 주변한정주의에서의 균등론은, 특허제도가 계약의 쌍무성을 바탕으로 하기는 하지만, 균등론 자체는 형평(equity)을 그 본질로 하므로, 중심한정주의와 주변한정주의에서의 균등론은 전연 다른 법리를 바탕으로 한다.

436) 나종갑, 영업비밀보호법의 철학적·규범적 토대와 현대적 적용 존 로크의 재산권 철학을 바탕으로, 경인문화사, 2022, pp. 213-214에 언급되어 있는 부분으로 논리상 필요에 의해 다시 가져옴.

The third absolute right, inherent in every Englishman, is that of property: which consists in the free use: enjoyment, and disposal of all his acquisitions, without any control or diminution, save only by the laws of the land. The original of private property is probably founded in nature, as will be more fully explained in the second book of the ensuing commentaries: but certainly the modifications under which we at present find it, the method of conserving It in the present owner, and of translating it from man to man, are entirely derived from society; and are some of those civil advantages, in exchange for which every individual has resigned a part of his natural liberty.

[번역]

세 번째 절대적 권리는, 영국민에게는 생래적 권리인데, 재산권이다. 그 재산권은 어떤 통제나 제한없이 토지법에 의해서 인정되는 자유로운 이용, 수익, 그가 얻은 것 모두의 처분이다. 원래의 사적재산은 자연법에서 찾을 수 있고, 이는 [나의 영국법] 주석서(commentaries)의 두 번째 권에 충분히 서명되어 있다. 그러나 현재 우리가 볼 수 있다시피 확실한 법리의 수정, 현재 소유자가 보존하는 방법과 사람 사이에 이전하는 것은 사회[법의]로부터 전적으로 도출되고, 어떤 면들은 모든 개인이 자신들의 자연적 자유를 양도함과 교환으로 얻는 시민사회에 존재하는 이점이다.

위와 같은 언급은 영업비밀포기설의 근거가 되는 것으로 블랙스톤의 주장을 정리하면, 모든 영국인에게 인정되는 세 번째의 절대적인 권리는 재산권인데, 재산권은 자유로운 사용, 수익 및 처분으로 구성되고 어떤 통제나 감소시킴이 없이 자신의 소유물을 토지법에 의해서만 처분할 수 있다. 그러나 최초의 사적 재산은 존 로크의 자연상태와 같은 실정법적 보호가 없는 상태에서 노동을 가하여 얻은 결과인데, 그와 같은 자연상태의 재산은, 자연법(natural law)은 타인에게 강제할 수 없으므로, 항상 위협에 시달리고, 자신의 재산에 대한 보호수단을 법적으로 강제할 수 없다. 따라서 시민사회를 구성하여 시민사회의 제정법(institutional law)에 의하여 그와 같은 강제를 할 수 있는 것이다. 블랙스톤은 "in exchange for which every individual has resigned a part of his natural liberty"라고 하고 있는데, 이는 앞서 언급한 '각자 모두 자연법을 일부 포기하여 그것을 공공체에게 양도하여 형성한 것이 시민사회 또는 정치사회("to quit every one his Executive Power of the Law of Nature, and to resign it to the publick, there and there only is a political, or civil Society")라고 하는 로크의 주장과 일치한다. 나아가 교환적 계약적 대가관계라고 보는 점에서는 공리주의 철학의 견해와 일치한다. 다만, 공리주의 철학은 지식의 독점은 최대 다수의 최대행복을 지상의 목표로 하는 공리주의 철학에 일치하지 않지만, 비밀인 지식의 공개를 유도하여 지식을 공유하고 그 대가로 일시적 독점을 주는 것은 불가피한 선택으로서, 특허보호기간이 종료한 이후에 이를 모두가 실시할 수 있는 공유재산(the publid domain)으로 보는 것이 공리주의의 목적, 즉 최대 다수의 최대행복을 달성할 수 있는 도구(instrument)라고 보는 점에서 자연법을 바탕으로 하는 로크나 블랙스톤의 견해와는 다르다.

나. 시민사회의 구성으로 인한 이익: 자본주의의 기초

시민사회는 자연상태보다 더 인간의 풍요를 가져온다. 계약과 협력에 의한 잉여가 발생하기 때문이다. 이러한 관계로 시민사회는 자본주의 사회의 기초가 되는 것이다. 인간은 더 이상 싸우지 않고 타인의 위협에 대응할 노력을 자신의 일에 집중할 수 있게 한다. 이러한 결과는 많은 경제학자들에서 의해 지지되고 있다.

법적 독점이란 자연상태가 아닌 법적 강제수단이 존재하는 시민사회에서 이루어질 수 있다. 법경제학적 입장에서는 협력잉여(cooperate surplus)가 발생한다고 설명할 수 있다. 시민사회는 시민사회의 구성원의 동의에 의하여 실정법(positive law)과 정부(govenment)가 형성된다.[437]

로크는 시민사회를 구성하는 실질적 이유에 대하여 다음과 같이 언급한다.

IF Man in the state of Nature be so free as has been said; If he be absolute Lord of his own Person and Possessions, equal to the greatest, and subject to no Body, why will he part with his Freedom, this Empire, and subject himself to the Dominion and Controul of any other Power? To which 'tis obvious to Answer, that though in the state of Na ture he hath such a right, yet the Enjoyment of it is very uncertain, and constantly exposed to the Invasion of others; for all being Kings as much as he, every Man his Equal, and the greater part no strict Observers of Equity and Justice; the enjoyment of the property he has in this state is very unsafe, very unsecure. This makes him willing to quit this Condition, which however free, is full of fears and continual dangers: and 'tis not without reason, that he seeks out, and is willing to join in Society with others who are already united, or have a mind to unite for the mutual preservation of their Lives, Liberties and Estates, which I call by the general name, Property.[438]

[번역]

자연상태에서는 인간은 그와 같은 권리를 갖고 있지만 그러나 그러한 권리를 향유하는 것은 매우 불확실하며 다른 사람의 지속적인 침입에 노출되게 될 것이라고 하면 그와 같은 물음에 대한 답은 명백하다. 왜냐하면 그와 같이 모든 사람은 왕이고 모든 사람은 통등하며, 그리고 대부분의 인간은 평등과 정의에 대하여 준법자가 되지 못하고 이러

---

437) John Locke, Second Treatise of Government § 123.
438) John Locke, Second Treatise of Government § 123.

한 상태에서 그가 가지고 있는 재산권을 향유하는 것은 매우 불안정하고 불확실하기 때문이다. 이와 같은 이유는 인간으로 하여금 자유스럽기는 하지만 공포로 가득 차 있고 계속적인 위험이 존재하는 이러한 상태를 빠져나오려 한다. 그리고 내가 일반적으로 재산(property)이라고 부르는 생명(lives), 자유(liberties) 및 자산(estates)을 상호간에 보전하기 위하여 이미 결성된 또는 결성하려고 마음먹은 사회(society)를 찾아 가입하려고 하는 것은 당연한 것이다.

결국 인간의 권리를 보호하기 위하여 시민사회가 구성되고,[439] 최초의 근본적인 실정법(the first and fundamental positive law)은 입법권을 확립하게 된다.[440] 실정법(positive law)은 사회를 보호하고 입법권을 규율한다.[441] 그러나 실정법은 시민사회의 법이므로 자연법(natural law) 위배될 수 없고, 자연법에 따라 해석되어야 한다.[442]

법경제학적으로 자연상태에서 시민상태로의 변화는 사회적 잉여(social surplus)를 창출한다. 로버트 쿠터(Robert Cooter) 교수와 토마스 울린(Thomas Ulen) 교수의 견해는 로크의 시민사회 구성에 의하여 사회의 효용은 증가한다는 점을 입증하고 있다.[443] 쿠터(Cooter) 교수와 울린(Ulen) 교수는 다음과 같이 자연상태에서 A와 B가 존재할 때 양자의 옥수수 수확량을 비교하여 자연상태(the state of nature)보다는 법이 존재하고 법에 의하여 강제가 되는 시민사회(civil society)가 더 많은 옥수수 생산을 한다.

---

439) John Locke, Second Treatise of Government § 134.
440) John Locke, Second Treatise of Government § 134.
441) John Locke, Second Treatise of Government § 134.
442) John Locke, Second Treatise of Government § 12.
443) Robert Cooter & Thomas Ulen, Law & Economics (3rd Ed.), 2000, pp. 77-81.

[표 1: 자연상태에서의 개인 및 사회의 손익(협력이 없을 때)]

사람	옥수수생산량	절취에 의한 증가분	절취에 의한 손실분	순수한 소비량/위협가치
A	50	40	-10	80
B	150	10	-40	120
사회의 총생산량	200	50	-50	200

자연상태는 항상 상대방의 침입의 위험이 존재하는 곳이다. 따라서 옥수수를 생산하더라도 경쟁자의 침입에 의한 손실이 발생한다. 물론 상대방을 침입해서 옥수수를 절취할 수 있다. 이러한 절취를 방지하기 위해서는 자신 스스로 방어비용(fencing cost)을 부담하여야 한다. 물론 방어 비용을 부담하지 않고 자신도 상대방의 옥수수를 절취할 수 있다. 이때에는 상대방의 침입에 의한 손실에 자신이 상대방으로부터 절취한 것을 가감한 나머지가 방어에 대한 기회비용(opportunity cost)이라고 할 수 있다.

자연상태에서 A는 50 단위를 생산하고 B로부터 40단위를 절취하고, B의 절취에 의하여 10단위를 상실한다. 결국 A는 총 80 단위를 소유하게 된다. B는 150단위를 생산하고, A의 옥수수 10 단위를 절취한다. 그리고 A에 의하여 40단위를 절취당한다. 따라서 B는 총 120단위를 소유하게 된다. 자연상태의 총생산량은 200단위(A: 80+B: 120) 이다.

그런데 시민사회에서는 계약에 의하여 A와 B가 협력하거나 법에 의하여 침입을 방지할 수 있다. 따라서 A와 B의 협력해(協力解; cooperate solution)가 이루어 질 수 있다. A와 B가 협력을 하여 상대방을 침입을 하지 않게 되면, A와 B는 자기 방어에 노력과 비용을 투입할 필요 없이 옥수수 생산에 전력을 기울일 수 있다. 옥수수 생산에 전력을 투자한 결과, 옥수수의 총생산은 200 단위[444)]에서 300단위로 증가할 수 있다. 이 경우에 100 단위

---

444) 자연상태에서 총생산은 200단위 임을 기억하라. 총생산은 200단위인 상태에서 각자가 상대방 것을 절취하더라도 각자가 갖는 몫만이 변동할 뿐 사회의 총생산량은 변

의 옥수수 생산이 증가하게 된다. A와 B가 증가된 100단위를 반분하면, 각자 50단위씩 소유할 수 있다. 위협가치(threat value)는 자연상태에서 협력을 하지 않을 때 각자가 가질 수 있는 몫이다. 자연상태에서 가질 수 있는 가질 수 있는 가치에서 협력이나 법의 강제를 함으로써 옥수수 생산에 전념한 결과 옥수수생산량이 총 300단위로 증가한 것이다. 따라서 협력에 의한 잉여(surplus)는 협력에 의하여 생산량이 증가한 100단위이다. 시민사회에서 100단위의 잉여가 발생한다는 것은 시민사회가 자연상태보다 더 효율적임을 나타내는 것이다.

[표 2: 시민사회에서 협력에 의한 개인 및 사회의 손익]

사람	위협가치 (threat value)	잉여의 분배	순수한 소비량/협력가치 (cooperation value)
A	80	50	130
B	120	50	170
사회의 총생산량	200	100	300

쿠터(Cooter) 교수와 울린(Ulen) 교수는 미국이 절취를 방지하는 재산법을 제정하고 있고, 재산법은 발명을 장려하는 동기부여(incentive)를 하고 있다고 한다.[445] 그러나 항상 침입의 위협에 시달리는 자연상태보다는 법에 의한 강제와 협력해(協力解)가 발생하는 시민상태에서 사회적 잉여(social surplus)가 발생한다고 한다. 이와 같은 결론은 로크가 자연상태(the state of nature)가 매우 '불안정하고 불확실'('very unsafe, very unsecure')하기 때문에 제정법이 존재하는 시민사회를 구성한다는 결론과 일치하게 된다. 즉 로크의 시민사회는 사회적 잉여를 발생하는 효율적인 상태가 된다.

함이 없이 200단위이다. 자연상태에서 그러한 위협이 있는 상태에서 협력에 의하여 위협이 없는 상태로 변화하고, 협력에 의하여 개인 뿐만 아니라 사회적 가치가 증가한다.

445) Robert Cooter & Thomas Ulen, Law & Economics (3rd Ed.), 2000, p. 81.

이 점에서는 공리주의 및 실용주의와 일치한다고 할 수 있다.

로크는 재산의 취득을 인정하는 사회가 풍요로운 사회가 된다고 하여 자본주의의 도덕성과 재산의 취득으로 인한 풍요, 즉 최대다수의 최대행복과도 연결된다고 믿었다. 로크가 꿈꾸던 풍요의 사회는 다음과 같은 언급에서 절정을 이루었다고 판단된다. 특히 주목할 만한 로크의 언급은, '자신의 노동에 의하여 땅을 수취하는 사람은 인류의 공동재산을 줄이는 것이 아니라 오히려 증대시킨 것이다.'고 하고 있다.

> [T]o which let me add, that he who appropriates land to himself by his labour, does not lessen, but increase the common stock of mankind: for the provisions serving to the support of human life, produced by one acre of inclosed and cultivated land, are (to speak much within compass) ten times more than those which are yielded by an acre of land of an equal richness lying waste in common. And therefore he that incloses land, and has a greater plenty of the conveniencies of life from ten acres, than he could have from an hundred left to nature, may truly be said to give ninety acres to mankind: for his labour now supplies him with provisions out of ten acres, which were but the product of an hundred lying in common. I have here rated the improved land very low, in making its product but as ten to one, when it is much nearer an hundred to one: for I ask, whether in the wild woods and uncultivated waste of America, left to nature, without any improvement, tillage or husbandry, a thousand acres yield the needy and wretched inhabitants as many conveniencies of life, as ten acres of equally fertile land do in Devonshire, where they are well cultivated?.446)

---

446) John Locke, Second Treatise of Government §37.

결국 로크에 있어서도 재산권의 인정은 인류의 공유자산을 증가시키는 공리주의적 가치를 추구한다.

한편 로크는 자본주의를 정당화 하였다고 보는 견해들이 있다.447) 로크의 재산권 철학은 재산권을 보호하고 화폐경제에 의한 재산의 축적을 정당화 한 측면은 있다.448) 그러나 로크는 자본주의를 정당화하기 위해 화폐경제를 도입한 것으로 보이지는 않는다. 인간의 자유를 확대하기 위하여 화폐에 의한 자본축적을 인정한 것이라고 할 수 있다. 로크의 재산권 편을 보면 자본축적에 대하여 적극적으로 장려하거나 옹호를 한 언급은 없다. 오히려 건강하고 근면한 인간을 상정하고, 노동을 장려하기 위하여 화폐를 도입한 것으로 결국 화폐의 축적이 자본주의가 형성되는 경제적 원인이 되기는 하지만, 자본주의 옹호가 아닌 노동을 장려하기 위하여 화폐에 의한 노동에 의해 발생하는 가치 축적을 옹호한 것으로 보아야 할 것이다. 나아가 역사적으로도 자본주의를 옹호한 것으로 볼 수 없다. 로크가 살던 시대에는 중상주의(mercantilism)가 진행되던 때이어서 자본주의적 회사인 파트너 쉽(partnership) 형태의 동인도 회사 등 특허에 의한 회사들이 상업을 주도하던 때이다. 국가가 자본을 축적하던 시대이기는 하지만 로크는 정치개혁을 위해 권력의 핵심이던 재산권을 일반 시민에게 인정하여, 정치적 동반자로 하고자 하였던 것이라고 보아야 한다.

---

447) A. P. Brogan, John Locke and Utilitarianism, Ethics, Vol. 69, No. 2 pp. 79-93 (1959); David Braybrooke, The Relation of Utilitarianism to Natural Law Theory, The Good Society, Vol. 12, No. 3, Symposium: Natural Law and Secular Society, p. 47 (2003).; Leo Strauss, Natural Right and History, Univ. of Chicago Press, 1965, pp. 242-245; C.B. MacPherson, The Political Theory of Possessive Individualism, Oxford Univ. Press, 1962, pp. 220-222; C.B. MacPherson, Locke on Capitalist Appropriation, Western Political Quarterly, v.4, pp. 550-556 (1951).

448) 나종갑, 4차 산업혁명과 인간을 위한 지식재산권,법학연구 (제30권 제1호), 연세대학교 법학연구원, 2020, p. 366 이하 참조.

4. 윌리엄 블랙스톤과 로크의 재산권 철학

윌리엄 블랙스톤은 로크의 재산권 철학을 법학과 법학실무에 뿌리를 내리게 했다고 할 수 있다. 그의 법사상은 존 로크 이외에 몽테스키외(Charles-Louis de Secondat, Baron de La Brède et de Montesquieu, 1689-1755)의 법의 정신에 영향을 받았다. 윌리엄 블랙스톤은 특허권과 저작권은 노동에 의하여 발생하는 가치에 대한 자연법상의 권리라고 생각하였고, 노동에 의한 선점 또한 그 권리의 근거가 되었다.

윌리엄 블랙스톤은 로크의 재산권 철학을 승계하여 그의 커먼로상 재산권 이론을 확립하였는데, 그에게 있어서 재산권은 선점449)과 배타적 점유의 지속에서 발생하는 지배권이었다. 선점은 영구적 재산권을 부여했다.450)

---

449) Carol M. Rose, Canons of Property Talk, or, Blackstone's Anxiety, 108 Yale Law Journal 601 (1998).

450) William Blackstone, Commentaries, Bk II p. 8.

And yet there are very few, that will give themselves the trouble to consider the original and foundation of this right. Pleased as we are with the possession, we seem afraid to look back to the means by which it was acquired, as if fearful of some defect in our title···. [n]ot caring to reflect that (accurately and strictly speaking) there is no foundation in nature or in natural law, why a set of words upon parchment should convoy the dominion of land: why the son should have a right to exclude his fellow-creatures from a determinate spot of ground, because his father had done so before him: or why the occupier of a particular field or of a jewel, when lying on his death-bed, and no longer able to maintain possession, should be entitled to tell the rest of the world which of them should enjoy it after him.

The only question remaining is, how this property became actually invested: or that it is that gave a man an exclusive right to retain in a permanent manner that specific land, which before belonged generally to everybody, but particularly to nobody. And, as we before observed that occupancy gave the right to the temporary use of the soil, so it is agreed upon all hands, that occupancy gave also the original right to the permanent property in the

그의 지적재산권에 대한 생각은 다음과 같은 그의 저술에 나타나 있고, 로크의 노동가치론과 정치구조, 즉 자연상태와 법의 강제가 가능한 국가와 제정법 사상을 수용했다고 할 수 있다. 특허법도 국가의 권력행사에 의하여 만들어진 법이다.[451]

그리고 로크의 노동이론을 수용한 재산법의 원리를 다음과 같이 설명하고 있다:

> There is still another species of property, which (if it subsists by the common law) being grounded on labour and invention is more properly reducible to the head of occupancy than any other; since the right of occupancy itself is supposed by Mr. Locke, and many others, to be founded on the personal labour of the occupant. And this is the right, which an author may be supposed to have in his own original literary compositions; so that no other person without his leave may publish or make profit of the copies. When a man by the exertion of his rational powers has produced an original work, he seems to have clearly a right

---

substance of the earth itself; which excludes every one else but the owner from the use of it.

451) William Blackstone, Commentaries, Bk IV, p. 443.

Among the acts designed to benefit the COMMERCIAL INTERESTS of the nation may be reckoned that which renews the charter and defines the privileges of the Bank of England; that which erects a new tribunal denominated the Court of Bankruptcy, for the administration of that important branch of commercial law; …. ; the improvement of our law of patents, which encourages the enterprise of inventors by affording additional protection to their ingenuity; that which settles the general standard of weights and measures ; that which defines the liability of common carriers, and that which enables his majesty to bestow on trading-companies several important privileges which heretofore could only have been conferred by the transcendent authority of parliament.

to dispose of that identical work as he pleases, and any attempt to vary the
disposition he has made of it, appears to be an invasion of that right.[452]

[번역]

커먼로에 의해 인정된다면, 노동에 근거하는 여전히 다른 종류의 재
산권이 있고, 발명은 다른 어느 것보다 점유에 근거할 수 있다. 왜냐하
면 점유에 관한 권리는 로크와 다른 사람에 의해 제안이 된 것으로, 점
유자의 개인적인 노동에 근거한다. 그리고 자신의 창작적인 문학작품
의 구성에 근거하는 또다른 권리가 있고, 그 저자 이외에 다른 사람은
그 작품의 출판이나 복제에 의해 이익을 취득할 권리가 없다. 어떤 사
람이 자신의 이성적인 힘을 이용하여 어떤 자신의 작품을 창작한 경우
에, 그는 그가 원하는 바에 의하여 동일한 작품을 처분할 권리가 있음
이 명백하고, 그의 작품을 변경하려는 시도는 그의 권리의 침해로 보
인다.

위와 같은 블랙스톤의 언급에는 현대 저작권법상의 저작자의 권리의 기
본법리가 나타나 있다. 기본적으로 저작이라는 노동에 의하여 발생하는 권
리로서 로크의 노동가치설에 의하여 발생하는 권리로서, 저작자의 권리이
다. 저작권의 경우에 자연법상의 저작물에 대한 지배권으로 남아 있었기
때문에 저작물에 대한 지배권은 영구적인 권리로 인식된다. 그의 법이론은
Millar v. Taylor 사건 판결[453]의 근거가 되었다. 재판장인 Lord Mansfield는
출판에 관한 권리를 규정한 1710년 앤여왕법(the Statute of Anne)에도 불구
하고 저작자는 자연법에 기한 저술원고에 대한 영구적인 자연권, 즉 커먼
로상의 권리가 존재한다고 판시했다. 저작자와 출판업자 사이의 분쟁에서
저작자가 승리하였다. 이러한 판결의 법리의 근간은 윌리엄 블랙스톤의 법
이론이었다.

---

452) William Blackstone, Commentaries, Bk II. pp. 405-407.
453) Millar v Taylor (1769) 4 Burr. 2303, 98 ER 201.

그러나 이러한 법리는 변경된다. 1774년 Donaldson v Becket 사건454)에서 법원은 앤여왕법의 제정으로 출판된 원고에 대한 저작자의 커먼로상의 권리는 소멸한다고 판시했다. 다만 위 판결의 의미에 대하여는 여러 논란이 있지만, 그 이후 19세기 초반 영국은 발명이나 저작물에 대한 자연권 법리를 포기하여 실정법상의 권리로 인정함에 따라 Donaldson v Becket 사건 판결의 의미는 더 이상 중요한 논란이 되지 않았다.

상표법의 경우에 있어서 그의 영향은 사물에 대한 절대적 지배권으로 보아, goodwill은 특정 물품에 부착된 것으로 그 goodwill은 타인에게 양도 할 수 없었을 뿐만 아니라 타인에게 사용허락을 할 수 없었다.

영업비밀에 있어서 그의 영향은 절대적 비밀성 이론으로 연결된다. 지배란 자신에 의한 통제이었으므로 타인과 공유하는 것은 절대적 지배가 될 수 없었다. 특허권의 경우, 블랙스톤에 의하면 실정법상의 권한이었다. 즉 자연법상 발명에 대한 권리를 법적 강제수단이 실정법상의 특허법이다.

5. 영업비밀포기설: 자연권과 특허권: 미국과 영국

사회계약설은 영업비밀포기설을 발전시켰다. 영업비밀의 보호는 시민사회의 법적 강제상태가 없는 상태이고, 특허권은 시민사회에서 제정된 법(positive law)에 따라 출원절차를 밟아 특허등록을 하면, 실정법이 법적 강제를 하는 제도라고 이해하는 것이 영업비밀포기설이다. 이에 대하여는 자세히 설명한 바가 있다.455)

---

454) Donaldson v Becket (1774) 2 Brown's Parl. Cases (2d ed.) 129, 1 Eng. Rep. 837; 4 Burr. 2408, 98 Eng. Rep. 257; 17 Cobbett's Parl. Hist. 953.
455) 나종갑, 영업비밀보호법의 철학적·규범적 토대와 현대적 적용 존 로크의 재산권 철학을 바탕으로, 경인문화사, 2022, p. 119 이하 참조.

이와 같은 자연권과 실정법상의 권리 이분설은 미국에서 발전되었다. 그러나 사회계약설과 자연권 개념을 발전시킨 영국은 18세기 후반 서적상들의 논쟁을 통하여 자연권 개념은 사라졌다. 그 대신에 특허권과 저작권은 실정법상의 권리로서 왕의 특권개념이 다시 부활했다.

19세기 중반에는 특허는 자연권이라는 주장과 은혜와 은전에 의하여 국가의 재량으로 부여하는 것이라는 논쟁이 발생했다.[456] 이 당시 논쟁은 특허권은 자연권이라는 주장과 실정법상의 권리 내지 특권이라는 논쟁이다. 첫째, 자연권은 국가에 의하여 인정된다고 주장했다. 둘째, 실정법하에서 인정되는 특혜나 은전과 같은 권리로서 법에 의하여 권리로 인정된다는 견해이었다. 19세기 중반, 다수의 견해는 실정법에 의하여 인정되는 특권과 같은 권리라고 이해했다. 특히 현재 정부가 부여하는 허가, 인가, 특허와 같은 개념이 다시 등장했다. 다만 16세기의 왕의 특권과는 다른 개념이었다. 왜냐하면, 특허는 새로운 것을 창조한 발명에만 부여하는 것이었고, 16세기와 같이 특정인을 위해 권리를 창설해 주는 특허, 특권개념은 아니었다. 특히 영국은 왕이 부여하는 은전, 특권에서 새로운 발명에 대하여 국가(의회)가 부여하는 권리 또는 특권 개념으로 인식되었다. 영국은 18세기 후반, 서적상들의 전쟁(the Bookseller's Battle)[457]을 통하여 저작권에 대하여 커먼로상의 저작권, 즉 자연법을 기초로 하는 저작권 개념은 소멸하고, 단지 국가의 입법인 1710년 앤여왕법에 의한 실정법상의 권리내지 특권의 개념이라고 이해되기 시작했다. 다만 몇몇의 사례에서는 여전히 로크의 노동이론을 토대로 하는 저작권법이론은 여전히 존재했다.[458] 영국이 자연법적

---

456) H. I. Dutton, The Patent System and Inventive Activity During the Industrial Revolution, 1750-1852, 1984, pp. 17-33.

457) 나종갑, 영업비밀보호법의 철학적·규범적 토대와 현대적 적용 존 로크의 재산권 철학을 바탕으로, 경인문화사, 2022, p. 119

458) Hogg v. Scott (1874) 18 LR Eq 444, 445("the true principle in all these case is, that the Defendant is not at liberty to use or avail himself of the labour which the

정당성을 버렸음에도 저작권법 분야에서 노동 등에 대한 재산적 가치를 인정하기 위하여 로크이론을 취한 것은 의무론적인 정당성, 타인의 노력에 의한 결과를 가져오는 것은 도덕적, 윤리적으로 옳지 않다는 생각과 그러한 노동에 대한 대가를 지급하지 않으면 누구도 그와 같은 노력을 하지 않을 것이므로 결국 사회경제적으로 비효율적인 결과를 가져온다는 공리주의적 관점을 모두 고려한 것으로 보인다.

영국에서 공리주의의 등장은 자연법과 자연권 관념은 소멸되기 시작했다. 공리주의자인 제레미 벤담은 자연권이라는 주장에 대하여 '전혀 근거가 없다'("nonsense on stilts")고 했다. 공리주의자는 특허권은 국가가 만들어 낸 실정법상 권리로서 일반적인 기준에 의하여 법에 의하여 부여하여야

Plaintiff has been at for the purpose of producing his work-that is, in fact, merely to take away the result of another man's labour, or, in toher words, his property." Id., 444); (···"the true principle in all these cases is, that the defendant is not at liberty to use or avail himself of the labour which the plaintiff has been at for the purpose of producing his work, that is, in fact, merely to take away the result of another man's labour, or, in other words, his property." Id, 448.); Jarrold v. Houlston (1857) 3 K. & J. 708 ("If anyone by pains and labour collects and reduces into the form of a systematic course of instruction those questions which he may find ordinary persons asking in reference to the common phenomena of life, with answers to those questions and explanations of those phenomena, whether such explanations and answers are furnished by his own recollection of his former general reading, or out of works consulted by him for the express purpose, the reduction of questions so collected, with such answers under certain heads and in a scientific form, is amply sufficient to constitute an original work of which the copyright will be protected. Therefore I now have no hesitation in coming to the conclusion that the book now in question is in that sense an original work, and entitled to protection." Id., 713); Longman v. Winchester, 16 Ves. Jun. 269, 33 Eng. Rep. 987 (Ch. 1809) ("nothing that has a tendency to prevent person from giving a work of this kind; if it is the fair fruit of original labour the subject being open to all the world."), Frederick Patey Chappell, John Shoard, A Handy-book of the Law of Copyright: Comprising Literary, Dramatic and Musical Copyright, and Copyright in Engravings, Sculpture and Works of Art: with An Appendix, 1863, p. 38.

한다고 주장했다. 따라서 예전의 특허부여 실무와 같이 사안에 따라 왕이
나 의회가 부여하는 것은 타당하지 않다고 했다. 매우 아이러니하게도 영
국은 1215년 대헌장, 권리청원, 권리장전 등에서 자연법상의 권리를 도입
하였고, 로크의 철학도 영국에서의 자연법 정신을 세우는데 많은 공헌을
했으나, 18세기 후반 영국의 공리주의하에서 자연권은 쓸데없는 소리
("nonsense on stilts")가 되었다.

영국에서 서적상들의 전쟁에서 다뤄진 저작권 관련한 사안 이후에 특허
권이 법상의 권리인지 또는 국가가 부여하는 특허인지에 대하여 쟁점이 된
사안은 없다고 보인다.459) 지적재산권에 관한 역사를 연구한 Edward C.
Walterscheid는 18세기 중반까지 자연권이나 커먼로의 영향을 받은 새산권
의 개념은 존재하지 않았다고 한다. 특허는 왕의 권한에 의하여 특권으로
부여된 것에 불과하다고 하고, 특권은 커먼로상의 권리로 국민에게 인정된
것이 아니라고 한다.460)

이러한 견해에 대하여 지적재산권법에 대한 역사를 연구한 대표적 학자
들이라고 할 수 있는 Harold G. Fox 교수나 Bruce Bugbee 교수461)도 동의
한다. Harold G. Fox 교수도 영국에서는 특허가 자연권으로 인정된 것이 아
니고 엘리자베스 여왕시대 뿐만 아니라 그 이후에도 산업발전을 위한 왕
또는 국가의 은혜 내지 은전에 의한 특권으로 발전해왔다고 한다.462) 1624

---

459) Edward C. Walterscheid, The Early Evolution of the United States Patent Law:
      Antecedents, 78 J. Pat. Off. Soc. 77, 92 (1996).

460) Id., 91.

461) Bruce Bugbee 교수는 펜실바니아 소재 Gettysburg College의 역사학과 교수이었고,
      'Genesis of American Patent and Copyright Law' (1967)를 저술했다.

462) Harold G. Fox, Monopolies and Patent: a study of the History and future of the
      Patent Monopoly, Univ. of Toronto Press, 1947, p. 192 ("Thus the patent law of
      England, which antedated by a century and a half its statutory counterpart across the
      Atlantic, is still based upon an exercise of the royal prerogative. Patents are therefore
      not the inalienable right of the English inventor but rather an act of grace and

년 영국 독점법 제정 전후로 왕의 은혜와 은전 개념과 국가(의회)의 은혜은
전 개념이라는 차이가 있었다. 물론 로크 시대에는 자연권 개념이 존재하
였지만, 공리주의가 지배적 이념이 된 이후에는 국가에 의한 은혜와 은전
개념으로 변화했다.

미국은 자연권 개념을 포기하지 않았다. 미국의 건국의 아버지들은 미국
인들의 권리는 자연권에서 나오는 것이라고 이해했다. 미국의 특허권 개념
은, 윌리엄 블랙스톤의 영향을 받아 국가에 의한 실정법상의 권리이고 영
업비밀은 발명자가 자기의 노력으로 인하여 취득하는 자연법상의 자연권
으로 커먼로에 의해 보호되는 권리로 보았다. 그리하여 특허는 헌법상 특
허-저작권 조항에 의하여 연방의회가 제정한 실정법인 연방특허법에 의하
여 보호되는 실정법상의 권리, 재산권이고, 영업비밀은 커먼로에 의해서 보
호되고 이는 주법에 의한 보호를 의미한다. 영업비밀에 대하여 최근까지
모든 주가 입법으로 보호한 것이 아니라 커먼로에 의하여 보호하는 주도
있었다. 미국은 특허권을 재산권으로 인정하고 있는 반면 영국은 특허권을
재산권으로 인정하고 있지 않다는 점에서 근본적인 차이가 있다.463)

---

expediency on the pa.rt of the Crown."); Bruce Bugbee, Genesis of American Patent
and Copyright Law, Public Affairs Press, 1967, p. 35 (베니스에서는 권리로 부여했
지만 영국은 은혜나 은전, 특권으로 특허를 부여했다.).

463) Cammeyer v. Newton, 94 U.S. 225, 234 (1876) ("private property, the Constitution
provides, shall not be taken for public use without just compensation···."); McClurg
v. Kingsland, 42 U.S. 202, 206 (1843) ("rights" when holding that Congress may
not retroactively impair patent scope granted under a prior statute); McKeever v.
United States, 14 Ct. Cl. 396, 420–22 (Ct. Cl. 1878) ("The framers of he
Constitution designed to place the work of the inventor among legal rights, which···
should become property in the eye of the law and be respected as such by the
government as by the citizen."). 'McKeever' 사건은 당시 유럽의 법실증주의가 영향
을 미쳐, 불문법과 실정법을 명확히 하지 않았다고 비판하는 견해가 있다. Adam
Mossoff, Patents as Constitutional Private Property: The Historical Protection of
Patents under the Takings Clause, 87 B.U. L. Rev. 689, 707 (2007) ("more the result

제3절 임마누엘 칸트(Immanuel Kant)와 지적재산

1. 칸트와 재산권

가. 서론

자연법과 자연권에 기초한 재산권을 주장한 학자들이 그렇듯이 임마누엘 칸트(Immanuel Kant, 1724-1804)도 인간의 자율성을 확보하기 위해서는 재산이 필요하다고 하였다. 이러한 그들의 철학은 전제 왕조에서 자유주의가 확립되던 시대상황과 관련해 보아야 한다. 자연법사상과 계몽주의의 영향아래 인간은 보편적 이성을 소유한 평등적 존재로서 획일적이고 보편적 인간성보다는 각자의 개성(personality)을 가진 주관적 존재라는 인식이 확립되기 시작되었고, 칸트가 이러한 때에 있었다고 보아야 할 것이다. 칸트에게 있어 인간은 보편적 존재이지만 또한 각 개인은 독립적이고 자율적인 존재로서 그의 목적을 자유롭게 추구할 수 있다. 칸트 이후에 헤겔(Hegel)은 그러한 주관적 존재를 개성이라는 가치에 의해 발전시켰다고 할 수 있다. 칸트에 있어서 법은 자유가 현존하는 것이다. 이러한 특징은 헤겔에서도 발견되는데, 18세기 말 무렵부터 형성된 유럽 낭만주의 사조와 결합되어 자유로운 개인을 존중시하는 철학으로 승화된 것이라고 할 수 있다.

국가는 재산권을 보장하기 위하여 필요한 존재이다. 국민에게 법을 강제할 수 있는 국가는 정치적 권위이고 그러한 정치적 권위는 법질서내에서

---

of hyperbolic rhetoric and late nineteenth-century judicial formalism than of substantive patent and constitutional doctrine."). Adam Mossoff, Statutes, Common Law Rights, and the Mistaken Classification of Patents as Public Rights, 104 Iowa L. Rev. 2591, 2594 (2019) (특허권이 사적 권리인지 공적 권리인지에 대하여 분석하고 있다.).

행해진다. 따라서 국가와 법질서는 개인의 자유를 실현하기 위한 필요한
존재이다. 나아가 재산권은 개인의 생래적인 자유의 실현을 위해 필요하다
고 하였다.

나. 자율적인 인간과 재산

칸트는 자율적 인간을 상정했다. 칸트에게서 자유는 정치적 정당성과 법
적 정당성을 부여하는 최상의 가치이었다.464) 이러한 점에서 그 당시 자유
주의자들과 차이가 존재했다. 따라서 모든 사람은 평등하게 자유롭고 자신
의 자유는 타인의 자유를 침해서는 안된다. 그러한 점에서 보면 자유는 인
간을 위해 절대적으로 필요하기도 하지만, 타인의 자유를 침해해서는 안되
는 상대적 가치이다. 인간은 선래적으로 자유이고 그 자유는 모든 인간이
누릴 수 있는 선래적 권리로서 자유를 가진 모든 인간은 평등하고465) 상호
독립적이다.

인간의 자율성을 확보하기 위해서는 재산이 필요하다. 이와 같은 인간과
재산 간의 관계에서 독립적이고 자율적 인간은 재산을 갖는다든지 또는 인
간이 독립적이고 자율적이 되기 위해서 필연적으로 재산권을 가져야 한다
든지 하는 이론들은 근대 계몽주의 철학에서 공통적으로 나타나는 특징으
로 볼 수 있다. 앞서 본 바와 같이 중세에서 재산권은 왕이 갖는 권한이었
다. 일반 시민은 장원에 귀속된 노예, 농노로서 부역과 토지사용료를 지급
할 의무가 있는 정치적 의무 관계를 의미했고 이는 종속적인 인간이었
다.466) 따라서 인간은 외부의 간섭으로 부터의 자유와 선택의 자유가 없었

---

464) Heiner Bielefeldt, Symbolic Representation in Kant's Practical Philosophy, Cambridge
   Univ. Press, 2003, p. 104.
465) Jennifer K. Uleman, External Freedom in Kant's "Rechtslehre": Political, Metaphysi-
   cal, Philosophy and Phenomenological Research, Vol. 68, No. 3, 2004, p. 588.
466) 김상용, 토지소유권의 법사상, 민음사, 1995, p. 58.

던 수동적인 인간이었고, 그러한 인간은 노예와 다름이 없었다. 계몽사상가
들에게 국가를 구성하는 시민은 정치적 뿐만 아니라 경제적으로도 독립한
자율적인 사람이 되어야 했다.

칸트에 있어서도 인간의 자유는 주체적이고 독립적인 존재로서 필연적
인 명제를 의미한다.467) 예컨대 노예는 독립된 인간이 아니므로 타인의 간
섭으로 자유로울 수 없으므로 선택할 수 없다. 따라서 노예는 정치적 자유
가 없고 따라서 재산을 소유할 수 없다. 독립적이고 자율적인 인간은 자기
자신의 주인이다. 독립적이고 자율적인 인간은 인간의 도덕적 능력과 성향
이 발전되고, 실현되고, 실행되는 지위, 나이에 상관없이 모두 평등하다.468)
인간은 평능하기 때문에 모든 인간은 독립적이고 자율적인 것이다.

어린애와 어린이는 그들의 능력과 성향이 발전되었는지 여부에 관계없
이 도덕적이다.469) 이러한 생각을 가진 철학자가 임마누엘 칸트이다. 칸트
에게 가장 중요한 것은 자유이었다. 인간의 자유, 그 자유는 모든 인간에게
보편적 가치를 가지는 자유이므로 모든 인간에게 변화하지 않는 가치, 즉
자연법적 가치를 갖는다. 이에 반하여 복지나 행복은 인간마다 다르기 때
문에 주관적이지만 자유는 객관적이다.

칸트도 자연권적 토대에서 재산권의 정당성을 인정했다. 칸트 이전까지
독일의 철학자들은 자연법사상을 받아들이길 주저했다. 그리하여 로크의
자연법이나 재산권 철학도 받아 들이지 않았다. 자연법 철학과 원론적으로
노동이 재산권의 근거가 될 수 있음을 인정한 칸트 이후, 로크의 재산권 철
학은 칸트의 개성이론과 자유의지론에 흡수되었다.

칸트는 보편적 법칙은 인간의 행동준칙이 됨을 주장했다. 인간은 하나의
준칙, 보편적 법칙에 따라 행동하여야 하고 보편적 법칙은 인간을 규율하

---

467) Immanuel Kant, Metaphysik der Sitten (1797) §6.
468) Immanuel Kant, Metaphysik der Sitten (1797) §6.
469) Immanuel Kant, Metaphysik der Sitten (1797) §6.

는 법칙으로서 타당할 수 있어야 한다. 칸트는 도덕적이고 보편적 법칙의 존재를 주장했는데, 이는 자연법의 존재를 인정하는 것에서 출발한다. 법의 이념인 자연법은 실정법의 근거가 된다.

칸트의 철학은 권리에 기반하는 자유주의(rights-based liberalism)라고 할 수 있다.470) 칸트는 모든 인간은 그가 인간이기 때문에 생래적인 권리를 가진다고 했다. 즉 하늘이 부여한 천부적이고 생래적인 권리를 가진다. 인간이기 때문에 가지는 것이라는 점에서 권리기반이론(right-based theory)이다. 이는 인간이기 때문에 권리를 가진다는 것은 명제이다. 그리고 칸트에게 인간은 생래적으로 자유이다.

인간이 생래적인 권리를 가지기 위해서 입법작용 등 어떤 행위가 불필요하다. 이러한 천부적이고 생래적인 권리를 칸트는 내적 권리라고 하였다. 독립적이고 평등한 존재이기 때문에 나는 다른 사람과 동등한 권리를 가지고 나의 권리는 타인의 권리를 침해하지 않아야 한다.471) 따라서 인간의 내적 권리는 ① 자유를 부여하므로 타인으로부터 독립된 존재이고, ② 인간은 천부적이고 생래적으로 평등하므로 내가 타인을 강제할 수 있는 만큼 동등하게 타인도 나를 강제할 수 있으나 그 이상은 강제할 수 없다. ③ 타인의 권리를 침해하지 않는 한, 모든 것을 타인에게 행할 수 있다.472) 이를 실천이성의 공리라고 하는데, 행위는 보편적인 법칙에 따라 만인의 자유와 양립할 수 있을 때 정당하다고 하는 보편법칙이다. 이러한 점에서 노동에 의하여 그 부가된 가치에 대하여 권리를 취득한다는 로크의 견해와 다르다. 로크가 경험적으로 재산권 취득의 정당성을 주장한 반면, 칸트는 논리

---

470) Gunnar Beck, Immanuel Kant's Theory of Rights, Ratio Juris 19(4), 2006, pp. 371-401.

471) Immanuel Kant, The Metaphysics of Morals, ed. and trans. Mary Gregor, Cambridge Univ. Press, 1991, pt. 1, sec. 6, p. 225.

472) Immanuel Kant, Metaphysik der Sitten (1797) §30.

적으로 재산권 취득의 정당성을 주장한다.

다. 로크의 철학과 칸트

위와 같은 주장은 로크의 주장과 많은 부분 같다. 로크의 자유권과 재산권은 인간을 독립적인 존재로 인식하게 하는 것이다. 또한 칸트가 말하는 인간은 동등하기 때문에 다른 사람이 나에게 강제할 수 있는 만큼 나도 타인을 강제할 수 있다는 점에서는 인간은 동등한 존재라고 할 수 있는데, 이는 로크의 타인을 해하지 않을 것이라는 단서와 같다. 로크의 단서는 모든 사람은 동등하고 독립적이기 때문에 타인을 해하여서는 안된다. 칸트의 인간은 자율적 존재로서 독립적 존재는 로크의 타인을 해하지 않을 것이라는 단서와 같다고 할 수 있다.473)

로크의 충분하고 동등하게 남겨두어야 한다는 단서(enough and as good left proviso)는 타인도 나와 동등한 권리가 있다는 의미로서 결국 나도 타인에게 하는 이상으로 강제할 수 없고, 타인도 나에게 자신이 하는 이상으로 강제할 수 없다는 의미가 된다. 결국 인간은 평등하다는 의미와 같다. 마지막으로 칸트가 '타인을 해하지 않는 한 타인에게 행할 수 있다'고 하는 것은 로크의 '타인을 해하지 않을 것이란 단서'(no harm proviso)와 같다고 할 수 있다.474)

어떤 것이 어떤 사람의 노동의 생산물일 때, 그는 그 물체에 대하여 재산권을 취득하므로, 노동을 가하지 않은 타인은 그 타인의 노동 생산물을

---

473) Derek Morgan, Issues in Medical Law and Ethics, Cavendish Pub., 2002, n. 15 본문.

474) John Locke, Second Treatise of Government §32 이에 대하여 로크는 다음과 같이 언급한다.

> He that in obedience to this Command of God, subdued, tilled and sowed any part of it, thereby annexed to it something that was his Property, which another had no Title to, nor could without injury take from him.

소유할 수 없고, 그 노동을 가한 사람을 해함이 없이 취득할 수도 없다고 강조하고 있다. 결국 칸트의 철학은 로크의 영향을 받았거나, 로크와 같은 철학을 일부 담았다고 할 수 있다.

그러나 칸트는 로크와 달리 경험철학자가 아니었다. 로크는 신에 의한 명령과 노동을 통한 재산권 취득의 정당성을 주장했으나 칸트는 이러한 경험을 통한 재산권 취득이 아닌 독일 관념론에 의해 논리적으로 접근했다. 노동을 통한 재산의 취득이 아닌 자율적인 인간은 자유를 확보하기 위해 재산이 필요하다고 한 것이다. 인간이 가져야 하는 자유는 이성적 인간의 존재의지로부터 나오는 속성이다.[475] 어떤 경험적 속성의 산물이 아니다.

로크의 재산권 철학은 인간과 재산과의 관계, 즉 왜 노동이 외적 사물을 사유화 하게 하는지에 대하여 명확하지 않다는 로크에 대한 비판은 칸트의 견해와 비교가 된다. 칸트는 노동이라는 경험적 과정이 아닌 이성에 의하여 인간이기 위해서 재산이 필요하다고 하였다. 재산권에 관한 로크와 칸트 철학의 차이점을 그렇게 설명한다. 다만 이러한 견해에 대하여는 로크에 있어서 노동이란 신체의 일부이고 재산이란 자연의 존재하는 신의 창조물에 대한 권리가 아니라, 신체에 의한 노동의 결과이므로 그 결과물에 대한 인간의 자유의지(Willkür; 다른 사람의 선택이나 의지로부터 독립된 상태)[476]가 반영되어 있다고 할 수 있다.

이러한 점에서 자연에 존재하는 토지에 대한 사유화, 신의 창조물에 대한 사유화를 인정하기 때문에 로크의 재산권 철학이 외부에 존재하는 외적인 것, 즉 사물에 대한 사유화를 설명하기에 근거가 약하다는 취지의 견해

---

475) Gunnar Beck, Immanuel Kant's Theory of Rights, Ratio Juris, Vol. 19, No. 4, 2006, pp. 371-401.

476) 칸트는 자유를 유일 선래적 권리라고 하고, 자연법에 따라 모든 사람의 자유가 공존하는 상태로 서 다른 사람의 선택이나 의지에 의해 강제되지 않는 상태로 정의하고 있다. Kant Metaphysik der Sitten (1797) §6, p. 237.

들은 일부 오해에서 기인한다고 생각한다. 로크는 분명히 신의 창조물은 자연이고 인간에게 그 자연에서 신체를 통하여 노동을 하고 그 노동의 결과물(added value)을 사유화 하라고 한 것이므로 칸트의 철학보다 더 그 사물과 그것을 소유하는 인간과의 관계가 정립된다. 로크의 재산권 철학에서 노동을 가한 인간과 재산과의 관계는 칸트나 헤겔보다 더 구체적인 관계이다. 그리하여 로크의 재산권도 칸트나 헤겔에서 보이는 개성과 사물과의 관계에서 나타나는 주관적인 면이 있다.477) 칸트에 있어서 사물은 인간이 아닌 것으로, 책임능력과 자유가 결여된, 인간의 자유의지의 대상일 뿐이다.

라. 인간의 자유에 대한 칸트의 견해

법의 개념은 자연법(natural law)과 실정법(institutional law)을 포괄하는 개념인데, 자연법은 실정법을 위한 불변의 진리와 원칙을 제공한다. 법은 자유의 보편적 법칙에 의거하여 한 사람의 자유의지(Willkür)와 다른 사람의 자유의지(Willkür)가 상호 일치되어 병존할 수 있는 조건들의 총합체이

---

477) Carleton A. Shafer, The Value of the Trade-Mark and Trade Name to the Modern Business Corporation in the Merchandising of Its Manufactured Product to the General Public, 14 U. Det. Bi-Monthly L. Rev. 209, 231 (1931).

   It is difficult to define "goodwill" because of the various forms in which it exists, in that it may be personal, in which event it is the result of the labor and efforts of the person to whom it belongs and survive the change of locality, or it may be local, in which event the personal efforts of those who have created or assisted in creating it have so identified it with the location that it adheres to the locality.

   goodwill은 개성을 반영하고 있으므로 다양하고 개성의 변경에도 불구하고 여전히 goodwill을 형성한 사람에게 존재한다는 것이다. 그 뿐만 아니라 개인적인 노력은 goodwill 본연이 존재하는 그 goodwill을 창조한 특정인의 개성을 특정할 수도 있다고 하였다. 이에 대하여는 나종갑, 불공정경쟁법의 철학적 규범적 토대와 현대적 적용, 연세대학교 학술문화원, 2021, pp. 87-90 이하 참조.

다. 법은 자유라는 법칙 아래 사람의 의지 사이를 연결한다.

칸트에게서 자유는 모든 사람이 가지고 있는 유일한 근원적 권리이다. 자유는 인간이 태어나면서부터 가지게 된다.(birthright)[478] 따라서 타인의 자유를 침해하는 자에 대하여 침해하지 못하도록 강제할 수 있다. 이때 강제할 권력은 법과 같은 것으로 법은 행위자에게 올바른 행위를 할 수 있는 권리(Recht)를 부여하므로 옳지 않은 행위를 하는 자에게 이를 하지 못하도록 강제력을 행사할 수 있다. 칸트에게서 법은 옳고 그름을 가늠하는 기준 규범이다. 칸트에게 있어서 인간이기 때문에 천부적 생래적으로 가지는 내적인 권리는 그가 어떤 외부의 물체를 소유할 수 있는 권리를 부여하는 것은 아니다.

외부의 사물을 소유하고 사용할 권리는 외적인 권리이자 외적 자유(external freedom)의 실현의 결과이다. 칸트는 권리란 인간의 공간과 시간('space and time')에서의 행위 또는 외부에 선택을 행사(external use of choice)한 것 관련되어 있다.[479] 천부적이고 생래적인 내적 권리가 외부에 대하여 권리를 가지기 위해서는 보편적 의지체인 국가와 법적 행위가 필요하다. 법적 권력과 물리적 힘을 독점하고 있는 국가(보편의지)가 존재하지 않는 한, 한 사람의 자유는 항상 타인의 침해에 노출될 수밖에 없다.[480] 그런 한에서 외적인 권리는 가상의 권리이다.

인간이 인간의 행위를 할 수 있다고 간주하는 한, 즉 인간이 행위를 할

---

478) Heiner Bielefeldt, Symbolic Representation in Kant's Practical Philosophy, Cambridge Univ. Press, 2003, p. 104.

479) Immanuel Kant, The Metaphysics of Morals, ed. and trans. Mary Gregor (Cambridge: Cambridge Univ. Press, 1991), pt. 1, sec. 6, pp. 213, 224. Helga Varden, A Kantian Conception of Free Speech, Deirdre Golash (ed.), Freedom of Expression in a Diverse World, Springer, 2010, p. 41

480) 사회계약의 관점에서 국가형성을 주장한 점에서는 칸트의 이론도 로크의 이론과 같다. 로크도 그러한 외부 위험을 피하기 위해서 국가를 구성한다고 하였다.

수 있다고 그 행위 주체성을 인정한다면, 인간은 인간의 행위를 인간 각자와 우리 모두에 대한 행위로 귀속시킬 수 있다. 그와 같이 인간의 행위로 귀속시킬 수 있는 한, 외적 자유(external freedom)나 외부에 선택을 행사(external use of choice)할 수 있는 법에 따라 우리는 자유가 있다고 할 수 있다.481) 인간은 타인의 외적 자유가 있음을 인정해야 하고, 다른 인간의 외적 자유를 침해하지 않도록 행위해야 한다. 나의 행동은 타인의 자유, 나아가 그의 권리를 침해하지 않아야 한다. 그러한 타인의 외적 자유와 자유의 침해를 하지 않아야 하는 의무로부터 권리(right) 개념이 도출된다. 따라서 권리는 상대적 권리 개념이 된다. 타인의 자유를 침해하지 않는 한에서 권리가 인정되는 것으로 이는 자연법에도 적용된다. 즉 절대적 권리(absolute right)라는 개념은 타인의 자유를 침해하는 한에서는 존재하지 않는다.482) 인간 모두가 갖는 선천적, 선래적 자유(innate right to freedom)는 상호 존중되어야 하는 것이다.483)

칸트에게 있어서 권리란 세가지가 존재하게 되는 것이다. 천부적 생래적인 내적 권리, 내적권리가 외부에 표현되어 가지는 가상적이고 임시적인 외적권리, 그리고 국가권력에 의하여 실현되는 실질적인 외적인 권리이다.

마. 칸트의 소유개념

칸트의 소유개념은 인격(person)으로부터 출발한다. 인격에 대한 소유권을 지니고 인격에 의하여 소유의 의지를 표현할 수 있는 자만이 인격자이며 권리주체가 될 수 있다. 외적 영역에서의 자유는 소유하고 처분할 수 있

---

481) Immanuel Kant, The Metaphysics of Morals, ed. and trans. Mary Gregor, Cambridge Univ. Press, 1991, pt. 1, sec. 6, p. 227.

482) Id., 230.

483) Heiner Bielefeldt, Symbolic Representation in Kant's Practical Philosophy, Cambridge Univ. Press, 2003, p. 104.

는 처분권(Verfügungsrecht)을 의미하는 소유권(Eigentum)이다.[484] 인격 또
는 의사능력을 요구하는 인간이 재산을 소유할 수 있다는 점에서 보면 로
크나 헤겔의 철학과도 같은 측면이 있다.

외부는 근원적으로 공유[485]이지만, 특정인이 i) 그 특정인의 지배하에 있
다고 인정할 수 있는 것, ii) 그의 의사의 객체로서 외부물체를 사용할 능력
을 가진 것, iii) 내가 그 외부물체를 지배할 의도가 있는 경우에는 그 외부
물체에 대하여 재산권을 취득한다.[486] 위의 3가지 요건은 소유의 객관적
근거이고 소유의 의지를 표현하는 것은 소유의 주관적 근거가 되고 물리적
인 점유, 그리하여 소유를 정당화 시킨다. 칸트에 따르면, 내가 외부의 물
체에 대하여 나의 것이라고 단어로 또는 증서로 선언하면, 어느 누구도 내
가 선택한 그 물체를 사용하지 않을 의무가 있고, 내가 나의 것으로 확립하
지 않은 것에 대해서는 어느 누구도 그러한 의무가 없다.

특정인이 i) 가재도구와 같이 그 특정인의 지배하에 있다고 인정할 수
있는 외부의 사물,[487] ii) 그가 계약에 의하여, 타인을 통하여 취득하는 외
부 사물은 그의 재산이 된다. 칸트에게 있어서, 내가 나의 손에 가지고 있
는 사과는 나의 재산이 된다. 그 사과는 나의 지배하에 있고, 나는 그 사과
를 이용할 능력이 있고, 나는 그 사과를 지배할 의도가 있기 때문이다. 내

---

484) 박종대, Kant에 있어서 道德과 法, 신학과 철학, 1999, Vol. 1, p. 9.
485) 모두가 주인인 상태 또는 주인이 없는 상태를 말함.
486) 이는 칸트의 순수실천이성('우리는 무엇을 해야 할 것인가'의 법칙 내지 명령을 의지
로 나타내는 인간의 능력)에 근거한다고 할 수 있는데, 소유의 정당화는 ① 법에 의
한 공리(외적 행위의 보편적 타당성을 인정할 수 있는 보편적 권리법칙) ② 실천이
성의 허용 법칙(내적 권리를 외적 권리화 하는 실천이성의 법적 요청) ③ 보편 의지
를 명령하는 정의의 법칙(개별적 취득행위의 법적 타당성과 법적 안전성을 규정하고
이를 보장하는 보편적인 의지의 세가지 법칙을 말한다고 할 수 있다. 이충진, 칸트의
재산권이론, 철학연구, 철학연구회, 2000, pp. 49-53.
487) Howard Williams, Kant's Concept of Property, The Philosophical Quarterly, Vol. 27,
No. 106, 1977, p. 33.

가 그 사과를 지배하는 한 나의 손에서 떨어지더라도 그와의 계약상 나의 것이다. 소유하기 위해서 물리적으로 취득할 것이 필요하지만 그것이 충분조건은 아니다. 외부 물체에 대한 지배의도는 소유의 주관적 근거가 되고 물리적인 점유, 그리하여 소유를 정당화 시킨다. iii) 나와 관계있는 특정한 제3자는 소유의 객관적 근거이고 소유의 의지를 표현하는 것은 그의 재산이 된다. 이 경우에는 칸트의 가부장적 사고를 나타내는 것으로 나와 관계있는 특정한 제3자는 부인, 자식, 노예등 가족을 말하는데, 헤겔은 칸트가 결혼을 계약으로 보는 것과 함께 칸트의 세 번째 유형의 소유를 야만적인 것으로 보았다.[488] 그러나 앞서 언급한 바와 같이 인간은 독립적이고 자율적인 존재이고, 평등할 뿐만 아니라 타인과 상호직이므로 도딕적으로는 재산이 될 수 없다.

바. 관념적 점유(*possessio noumenon*)와 실재적 점유(*possessio phaenomenon*)

소유는 자신이 그 사물을 통제할 수 있는 상태를 의미한다.(possessio noumenon) 관념적으로 점유할 수 없는 것, 즉 통제할 수 없는 것은 소유화할 수 없다. 관념적 점유는 이성적 점유, 예지적 점유라고도 하는데, 공간과 시간(space and time)에 의하여 물리적으로 제한된 실재적 점유(possessio phaenomenon)가 아닌 관념적 법적인 점유(possessio noumenon)를 말한다. 예컨대 우리 민법상 간접점유[489]가 이에 해당한다고 할 수 있다. 칸트에

---

488) Howard Williams, Kant's Concept of Property, The Philosophical Quarterly, Vol. 27, No. 106, 1977, pp. 32. note 2; Lorenzo Rustighi, "'Shameful is the Only Word for It': Hegel on Kant's Sexual and the Social Contract." Redescriptions: Political Thought, Conceptual History and Feminist Theory, vol. 23, no. 1, 13 July 2020, pp. 4+. Gale Academic OneFile, link.gale.com/apps/doc/A629579216/AONE?u=anon~5fc8c795&sid=googleScholar&xid=450f2049. Accessed 11 Aug. 2023.

있어서 점유한다는 것, 소유한다는 것은 공간과 시간(space and time)에 의하여 물리적으로 실재적 점유(possessio phaenomenon)가 아닌 관념적, 이성적, 예지적인 것으로 법적인 의미로서의 점유와 소유를 말한다. 현실의 법에서도 소유가 없더라도 점유는 존재한다. 앞서 우리 민법상 간접점유와 직접점유에서 직접점유하는 경우가 소유없이 점유할 수 있는 경우에 해당한다. 또한 점유없이 소유할 수 있다.

칸트에 있어서 소유권은 소유의 대상과 직접적인 관계가 아니다. 재산의 개념이 아닌 재산을 통한 제3자와의 관계인 권리관계, 즉 재산권의 개념이다. 재산이 나와 나의 소유에 속하는 사물과의 관계를 말하고, 재산권은 내가 소유하고 있는 사물에 대한 제3자와의 관계를 말하는데, 이러한 관념은 칸트의 재산권 개념과 일치한다고 할 수 있다. 다만 칸트에 있어서 외적 소유는 나와 관련한 다른 사람의 상대라고 설명한다. 따라서 재산권이란 내가 어떤 것을 소유할 때 제3자는 그것을 존중할 의무가 발생하고, 그 의무를 이행하지 않으면 나의 독립성과 자유를 침해하는 것이다.[490] 실재적 점유는 사물을 통제하는 것을 말하고, 통제의 상실은 자유와 독립성을 상실한다고 할 수 있다. 재산권이란 그러한 통제나 통제를 할 수 있는 규범으로, 제3자는 나의 자율성과 독립성을 침해하지 않고, 나에게 해가 되어서는 안된다는 조건을 이행할 규범이 필요해진다. 이는 윌리엄 블랙스톤이 말하는 제3자에게 강제할 수 있는 실정법(positive law)과 같은 개념으로 이해된다.

한편, 재산과 재산권의 개념을 로크와 칸트를 구별하는 수단으로 사용한다. 로크는 노동과 노동을 한 결과물, 즉 재산에 대하여 중점을 두었다면, 칸트의 재산권은 사물과 그 사물을 소유하는 것, 즉 재산이 아닌, 다른 사람들 사이에서의 관계를 의미하는 재산권을 의미한다는 것이다. 이러한 점

---

489) 민법 제194조 (간접점유) 지상권, 전세권, 질권, 사용대차, 임대차, 임치 기타의 관계로 타인으로 하여금 물건을 점유하게 한 자는 간접으로 점유권이 있다.).

490) Immanuel Kant, Metaphysik der Sitten (1797) §30.

에서 재산권을 사람들 사이에서의 관계(relation, interest)로 본 Wesley Newcomb Hohfeld(1879-1918)는 칸트의 재산권 개념에서 영향을 받았다고 할 수 있다.491)

칸트는 내가 외부의 물체에 대하여 나의 것이라고 단어로 또는 증서로 선언하면, 어느 누구도 내가 선택한 그 물체를 사용하지 않을 의무가 있고, 내가 나의 것으로 확립하지 않은 것에 대해서는 어느 누구도 그러한 의무가 없다고 했다.492) 만일 나무에서 딴 사과에 대해 타인의 침해로부터 자유로운 법적 소유권을 취득하기 위해서는 나는 보편의지(국가)를 창출하지 않으면 안 된다. 이것은 이성이 명령하는 법의무(Rechtspflicht)이다. 또한 나의 이익을 위한 가인적(조건적)493) 필연성에 근거하는 의무가 아니라, 권리가 진정한 권리이기 위해 필수적인 조건을 창출해야 한다는 정언적(무조건적)494) 필연성에 근거하는 의무이다. 칸트는 이를 "공법의 요청"이라고 했다. 준칙 또는 격률은 개인이 가진 실천이성으로 각자마다 그 기준이 다르므로 반드시 보편성의 원칙과 인격성을 통과해야 도덕법칙으로 인정되고 이런 도덕법칙을 정언명령이라고 한다.

자연상태와 시민상태인 국가는 내적자유와 외적자유를 구분하고, 도덕적 의무와 법적의무를 구별하게 한다. 도덕은 자신과의 관계이지만 법은 타인과의 관계이다. 인간으로 태어났기 때문에 취득하는 도덕적 생래적 권리

---

491) David Gershon Frydrych, Kant, Hohfeld, and Evaluation Conceptual Theories of Right, Master's Thesis, Univ. Toronto, 2010. 다만, 재산권의 본질에 있어 관계개념은 중세에도 존재했던 것으로, 칸트가 독자적으로 주장한 것은 아니다.

492) Immanuel Kant, The Metaphysics of Morals, ed. and trans. Mary Gregor, Cambridge Univ. Press, 1991, pt. 1, sec. 8, 77 (VI, 255 in the Prussian Academy Edition).

493) 가인적이란 가능한 행위의 실천적 필연성을 사람들이 의욕하는 어떤 다른 것에 도달하기 위한 수단으로 표상하는 것을 의미함. (예컨대, 행복해지려면 부자가 되어라! 라고 하는 것은 가언명령이 된다. 조건이 있기 때문이다).

494) 정언적이란 행위 그 자체로서 어떤 다른 목적과 관계없이 객관적, 필연적인 것을 의미함.(예컨대. '부자는 행복하다'에서는 어떤 조건적 의미가 없고, 단언적이다.).

(das angeborene Recht)와 후천적으로 취득한 법률성(legality)을 가진 획득된 권리(das erworbene Recht)가 구분되는 것은 인간은 단지 도덕 주체로뿐만 아니라 자신의 행위에 대하여 책임을 지는 법적 주체가 되기 때문이다. 법을 통해 얻는 권리는 획득된 권리이다.

국가는 나의 소유를 위해 존재한다. 국가가 존재하지 않는 경우, 즉 자연상태는 나의 소유를 보호해줄 규범적 강제력이 없다. 이점에 대하여는 로크와 같다. 로크에 있어서도 나와 사물과의 관계는 재산이지만 제3자에 대하여 강제력을 행사할 수 있는 재산권이 되기 위해서는 국가에 의한 강제력이 필요하다. 그러나 자연상태는 정치사회가 아니므로 강제력을 행사할수 없고, 정치단체인 국가가 성립한 이후에나 가능하다. 칸트에게 있어서도국가가 없이는 소유권의 규범적 강제력이 없다. 따라서 동의와 계약에 의해 국가를 구성하는 것이 필요하다. 국가성립의 동의[495]가 있으므로 국가는 자연법상의 소유권을 공권력하에 보호가 가능한 실정법상의 소유로 전환한다. 자연상태의 재산권의 불안정성이 시민사회에서 해소된다.

외적이고 우연적 점유에 대하여 한 사람의 일방적 의지는 모든 사람에게 강제될 수 없다. 한 사람의 의지에 따라 모든 사람에게 강제력을 얻는 것은 보편법칙에 근거하는 타인의 자유를 침해하는 것이기 때문이다. 강제력을 보장할 수 있는 의지는 다른 사람이 그 강제력에 구속되면서 집합적이고 보편적이면서 또한 권력을 가진 의지 뿐이다. 보편적이면서 외부 권력에 복종하는 법아래 있는 상태는 국가가 있는 시민사회이다. 따라서 시민상태에서는 강제할 수 있으므로 자신의 것을 가질 수 있고 이를 강제할 수 있

---

495) 동의(consent)에 대하여는 로크와 칸트의 차이점이 있다. 로크는 자연상태에서 동의를 취득하여야 한다면, 인간은 자연의 풍부함에도 불구하고 굶어 죽을 것이므로 동의가 필요없다고 하고 있다. (John Locke, Second Treatise of Government §28) 다만, 충분하고 동등하게 남겨두어야 한다는 단서에 의해 타인을 해하지는 않는다고 하는데, 칸트는 동의에 의하여 자연상태의 재산이 사적재산이 될 수 있다고 하고 있다.

다. 따라서 외부의 사물을 나의 소유로 하는 것이 법적으로 가능하고 나와 함께 시민사회를 구성한 사람이 나에게 나의 소유에 대하여 분쟁을 일으키고 있는 경우에 내가 그들에게 강제하는 것이 허용된다.[496]

재산권은 인간이 인간답게 살 수 있는 전제이다. 계몽주의 철학자들은 재산권을 취득하는 것이 독립적이고 자유적인 인간성을 찾는 것, 개인으로서 주권을 갖는 인간의 권리라고 본 것이다.

2. 칸트의 재산권 철학과 지적재산권

가. 칸트의 지식재산과 자유의지(*Willkür*)

칸트의 점유개념은 유체물에 대한 점유 뿐만 아니라 무체물에 대한 점유를 포함한다. 칸트는 유체물에 대한 점유는 물리적이거나 감각적인 점유를 의미하지만 무체물에 대한 점유는 무체물에 대한 실질적인 점유를 포함하지 않는다.[497] 나의 의지(*Willkür*)는 특정사물을 소유하게 한다.

칸트는 무체물에 대한 소유권을 직접적으로 언급하지는 않았다. 로크는 자연이 주신 것에 노동을 가하여 취득한 것은 소유할 수 있음을 강조했는데, 칸트는 지구의 토지는 자유의지에 의하여 소유할 수 있음을 언급했다. 다만 앞서 타인의 권리를 침해하지 않는 한, 모든 것을 소유할 수 있고 타인에게 행할 수 있다는 것은[498] 로크의 재산권 철학만큼 정교하지는 않으나, 로크의 단서와 같은 방식으로 내가 토지를 소유하면 타인을 소유할 수

---

496) Immanuel Kant, Metaphysik der Sitten (1797) §36.

497) Howard Williams, Kant's Concept of Property, The Philosophical Quarterly, Vol. 27, No. 106, 1977, p. 32.

498) Immanuel Kant, Metaphysik der Sitten (1797) §30.

없게 되는 한, 지구의 토지에 대한 소유의 제한이 될 수 있다.499) 칸트는 다음과 같이 강조한다:

> it is possible to have any and every external object of my will as my property

나아가 신의 창조물인 자연, 자연법칙, 자연현상 등은 인간의 자유의지에 의한 산물이 아니지만 소유하겠다는 자유의지를 가진다면 재산권의 대상이 된다고 할 수 있을 것이다. 그러나 그와 같은 신의 창조물은 공유의 대상이고, 자유의 대상이다. 한 사람의 사유화는 타인의 자유를 침해하거나 제한하는 것이므로 칸트의 논거에서는 허용되지 않을 것이다.("It is a duty of justice to act towards others so that external objects (usable objects) can also become someone's property.") 칸트는 소유의 대상을 외부의 사물 (external object)로 한정하고 있으므로 무형의 것은 그의 재산권의 대상이 될 수 없을 것으로 보이지만, 그러나 칸트는 저작자의 무형의 저작과 관련하여 처분할 수 없는 권리가 발생하는 것으로 보았고, 출판권도 위임에 의해 발생하는 것으로 보았다.

나. 칸트와 저작권: author's right v. printer's right

1440년경 독일의 구텐베르크가 인쇄술을 발명한 이후 출판은 하나의 권리를 창출했다. 인쇄술에 대한 특허는 부여되는 특허의 많은 부분을 이루었다. 최초의 인쇄술 특허는 1469년 베니스에서 독일사람인 'Speyer의 John'(John of Speyer)에게 부여된 5년간의 특허이었다. 그 후 인쇄술은 유

---

499) Howard Williams, Kant's Concept of Property, The Philosophical Quarterly, Vol. 27, No. 106, 1977, p. 34.

럽에서 많은 특허를 취득한다. 다만 그 당시 특허는 왕에 의한 통제이었으므로 인쇄술 특허를 통하여 왕은 왕권을 반대하는 사상의 유통을 통제하는 수단으로 사용되고, 인쇄업자는 그러한 통제를 실행하면서 특허를 취득하여 독점이익을 누리는 공생관계가 형성되었다. 이러한 인쇄술에 대한 특허의 정치적 특징으로 인하여 지식인들 사이에서는 특히 저작권에 관한 관심이 많았고, 칸트도 그러한 지식인 중의 한 사람이었다.

독일에서는, 영국의 copyright와 같이, 저작자의 권리보다는 저작자의 생각이 기재된 외부의 원고(manuscript)에 대한 소유권 개념으로 그 원고가 출판업자나 인쇄업자에게 이전되면 그 소유권도 이전되는 것으로 이해했다. 추상적인 사고, 표현, 아이디어에 대한 소유의 관념은 존재하지 않았다. 인쇄물에 대한 권리는 현실적이었다. 그리하여 출판업자와 저작자의 권리관계는 불안전했다. 이와 같이 저작권이 출판물에 대한 권리로 인식된 것은 출판업자에게 출판에 관한 특허를 부여하였기 때문이다.

16세기 후반과 17세기 전반 신성로마제국의 루돌프 2세는 1608년 'Books Constitution'라는 특권과 검열에 관한 포고를 한다.[500] 동 포고는 인쇄와 출판을 통제하기 위한 목적이었다.[501] 위와 같은 포고로 신성로마제국의 영토내에서는 출판권을 통한 사상통제가 발생한다.

이 당시 출판업자는 저작자로부터 원고를 구입하여 출판을 하였고, 그 출판물은 특허권으로 보호되었으므로 결국 저작권은 특허권이고, 인쇄업자와 출판업자의 권리로 인식될 수 밖에 없었다.[502] 그리하여 1785년 칸트는 저작에 관하여 저술을 한다.

---

500) 'Books Constitution' of Emperor Rudolf II, Leipzig (1713), Primary Sources on Copyright (1450-1900), eds L. Bently & M. Kretschmer, www.copyrighthistory.org.

501) 자세한 것은 조희경, 저작권의 철학적 기반에 관한 소고: 18세기와 19세기의 독일 법철학 연구를 중심으로, 홍익법학 제19권 제4호, 2018, p. 629.

502) 유럽에서 인쇄업자에 대한 특허와 권리형성과정에 관하여는 Richard Rogers Bowker, Copyright: Its History and Its Law, Houghton Mifflin, 1912, pp. 8-24 참조.

칸트는 저작물은 copyer's right(copyright)가 아닌 author's right라고 생각했다. 저작물은 인간의 자율성을 표현이므로 당연히 저작자의 권리이지 인쇄업자의 권리라고 생각하지 않았다. 칸트는 1785년 간행된 그의 저술인 'Von der Unrechtmässigkeit des Büchernachdrucks'(On the Injustice of Reprinting Books)503)에서 '자신의 생각에 대한 저작자의 권리는 출판에도 불구하고 존재한다'504)고 하여 출판업자의 출판권(copyright)으로 본 영국과는 달리 보았다.

다만 영국의 저작권법 역사에 있어서 칸트의 철학에 영향을 미친 사건이 있었다. 1710년 영국의 소설가 다니엘 디포(Daniel Defoe, 1660-1731)는

A Book is the Author's Property, 'tis the Child of his Inventions, the Brat of his Brain: if he sells his Property, it then becomes the Right of the Purchaser.

라고 했다. 즉 '책은 저자의 재산이고, 그의 발명의 자식이고 두뇌의 사생아이다: 만일 그의 자산을 판다면 그것은 구입자의 재산이 된다'고 했다. 그 이후 작가들은 자신들의 권리를 주장하기 시작했고, 출판을 위해 자신의 원고(manuscript)를 판매하기 시작했다. 다니엘 디포의 주장 이전까지 저자들은 사례비(honorarium)를 받는 것이 관행화되어 있었고 자신들의 저작권을 인정받지 못했다.

그러나 17세기 말과 18세기 초에 작가들은 진리를 전달하는 것이 아니라 자신들이 창작을 하는 것으로 그 창작물은 자신들의 것이라고 주장했다. 그 당시에는 인쇄기술의 향상을 많은 창작과 출판이 이뤄졌고 인쇄와

---

503) Immanuel Kant, Berlinische Monatszeitschrift 5 (1785).
504) Graham Dutfield, Uma Suthersanen, Dutfield and Suthersanen on Global Intellectual Property Law: Second Edition, p. 45.

출판 및 서적 판매상들의 영구적 재산권 주장으로 인하여 책은 사실상의 독점 체제하에 판매되었다. 그러나 그와 같은 독점과 독점에 의한 비싼 책 값의 지불은 값싼 해적판의 등장을 의미했다. 해적판을 출판하는 출판사들은 출판된 책은 공중의 영역(the public domain)에 있으므로 해적판의 출판과 판매는 저작자나 출판자의 권리 침해가 아니라고 주장했다.

16세기 영국의 엘리자베스 여왕은 출판에 대한 독점권을 부여하고, 이에 대하여 왕의 통제를 강화했다.505) 1570년대까지 Stationer's Company의 4명의 회원이 독점권을 부여받아 출판시장을 통제했다. 그들은 출판권은 영구적인 재산권이라고 주장했다. 그 당시 출판 시장은 특허에 의해 4명의 출판업자에 의해 분할독섬되었는데, 크리스토퍼 베이커(Christopher Barker)는 엘리자베스 여왕의 왕실 출판을 독점하여, 성경, 유언장 기도서 및 모든 법령, 정부공고 및 정부 공식문서 등; 윌리엄 서레스(William Serres)는 사적 기도문서, 학교용 도서와 기초입문서; 리차드 토틸(Richard Tottel)은 법률서적, 존 데이(John Day)는 영어 서적, 교리문답서(Catechism) 및 성경의 찬송가(Psalms)의 출판을 각각 독점했다.

1710년은 영국의 앤여왕법(the Statute of Anne, 1710)506)이 제정되었는데, 동법은 저작자의 권리와 인쇄와 출판업자의 경계를 명확히 했다. 동법은 저작자(author)와 책의 원고를 구입한 인쇄업자와 출판업자의 권리를 명확히 해서 인쇄업자와 출판업자에게 14년의 독점권과 14년의 연장기간을 부여할 수 있었고, 그 이후에는 공유가 되도록 규정했다.

18세기 중반까지 책의 저술과 출판과의 관계가 명확히 정립되지 않았기 때문에 여러 가지 혼란이 발생했다. 독자는 값싼 책을, 정부는 책의 출판과

---

505) John Feather, Publishing, Piracy and Politics: A Historical Study of Copyright in Britain, Mansell, 1994, p. 21.

506) 원래의 정식명칭은 "A Bill for the Encouragement of Learning and for Securing the Property of Copies of Books to the Rightful Owners Thereof"이다.

거래, 그리고 지식의 확산을 원했고 한편으로는 왕권과 정부에 위협이 되는 정치적 표현에 대한 통제를 원했다.

그 당시 영국의 런던에는 많은 출판업자와 서적상들이 있었고, 스코틀랜드, 스위스, 프랑스의 리용 등은 해적판의 출판지로 유명했다. 그 이외 독일의 함브르크, 라이프찌히, 프랑크프르트, 마인과 프랑스의 파리의 길드는 왕으로부터 특허를 받아 출판과 판매를 독점했다. 그리하여 자연권을 기초로 하여 원고에 대하여 영구적인 권리를 주장하는 저작자, 영구적인 독점적 출판 및 판매권을 주장하는 출판과 판매를 독점하는 길드, 출판된 책과 독점기간이 종료된 책은 공유로서 자유롭게 복제할 수 있다고 주장하는 해적판의 출판업자 그리고 독자, 사상의 통제507)를 원하는 정부까지 출판을 둘러싼 이해관계와 갈등이 불거졌다.

다. 1741년 영국의 Pope v. Curl 사건과 칸트의 사상

1741년 영국의 Pope v. Curl 사건508) 판결은 칸트가 제기하는 쟁점을 시사해준고, 칸트의 저작권에 관점에 대한 이해를 제공해준다. 이 사건은 Alexander Pope이 자신의 공적(public enemy)인 서적 판매상인 피고 Edmund Curl에게 보낸 공개되지 않은 편지를 피고 Curl이 임의로 출판하여 공개하였는데, Pope는 이에 항의했다. 1741년 Pope는 다수의 자신의 편지가 포함된 "Dean Swift's Literary Correspondence, for twenty-four years;

---

507) 영국의 '1695 Licensing Act'는 책의 거래와 통제에 관한 법률이었다. 본 법률의 효력이 소멸되어 출판길드의 불법출판에 대한 통제력을 상실하자, 출판길드와 작가 및 법률가들은 재산법에 기초한 출판의 보호법령의 제정을 원했다. 이에 의하여 제정된 것이 1710년 앤여왕법(The Statute of Anne, 1710)이다. 앤여왕법이 제정되기 전에 출판업자들이 주장한 것이 커먼로상의 영구적 저작권으로 출판에도 불구하고 자신들의 출판권을 유지하고자 하여, 영구적인 권리를 주장한 것이다.

508) Pope v. Curl (1741) 608 ER 342.

from 1714 to 1738"라는 책을 비공개로 출판했다. Pope는 그 책을 더블린 (Dublin)으로 보냈는데, 그 당시 스코틀랜드와 아일랜드는 해적판 출판물의 유명 산지이었던 더블린에서 Pope의 허락없이 그의 책이 재출판되었다. 더블린은 아일랜드에 있었으므로 영국의 앤여왕법(Statute of Anne)이 적용이 없었다. 그와 같이 영국의 영외에서 출판된 책이 런던에 있던 피고 Curl의 손에 들어가자 Curl이 Pope의 허락없이 재출판했다. 이에 Pope이 재산권 침해를 근거로 출판금지를 청구했고, Curl이 그 금지명령의 취소를 청구하여 형평재판소(Chancery Court)에서 재판을 하였다.

재판장인 Chancery Court의 Lord Chancellor Hardwicke는 다음과 같이 판시했다:

> I am of opinion that it is only a special property in the receiver, possibly the property of the paper may belong to him; but this does not give a licence to any person whatsoever to publish them to the world, for at most the receiver has only a joint property with the writer.
>
> [번역]
> 나는 [편지를] 받은 자의 편지에 대한 재산권은 그에게 속하는 특별한 재산만을 가지고 있다고 생각한다: 그러나 [특정인으로부터 편지를 받았다는] 그것만으로는 어느 누구에게도 세상에 그 편지를 출판할 허락을 준다고 할 수 없다. 왜냐하면 대부분의 편지 수령인은 그 편지의 작성자와 공동으로 재산권을 가지고 있기 때문이다.

출판자와 서적상 들은 저작권(copyright)는 부동산에 관한 권리(fee simple)와 같이 절대적인 권리이므로 자신들은 커먼로에 기초한 저작권이 존재한다고 주장하였지만 법원은 이를 받아들이지 않았다.

로크의 견해로는 편지의 작성자에게 저작권과 매체인 편지에 대한 재산권이 있다고 해야 하고, 정신적인 노동은 외부에 표현된 매체에 대한 기록509)이 노동의 산물로 보아야 할 것이다. 다만 그가 피고 Curl에게 준 것은 Curl에게 양도에 의하여 Curl이 권리를 가지게 되고, 그가 출판을 할 수 있게 된다.

칸트에게는 편지를 작성한 Pope의 권리만이 존재한다. 다만 출판자와 저자가 공동으로 권리를 갖는다. 위 판결은 거의 그대로 칸트의 저작물에 대한 권리 개념을 수용했다. 18세기 독일의 괴테나 영국의 에드먼드 버크와 어깨를 나란히 하는 18세기 초반 영국의 유명시인인 에드워드 영(Edward Young, 1683-1765)은 로크의 주장을 계승하여 저작에 관하여 자연권에 기한 영구적 재산권을 주장한다. 그는 사무엘 리처드슨(Samuel Richardson)의 저작을 보조하면서, 저작자는 저술을 함에 있어 자신의 노동 이상의 것을 기여한다고 주장했다. 저작자는 자신의 창작적인 개성을 책에 불어 넣으므로 저작자는 발명자보다 더 높은 가치의 노동을 하는 것이라고 하였다. 그는 로크의 노동가치론을 바탕으로 저작자는 자연에 자신의 개성을 불어넣어 자신으로부터 기원하는 것을 창작하는 것이라고 주장했다. 그리하여 개인이 개성이 부가된 저작물은 영구적으로 창작자에게 속하는 것이라고 했다. 다음의 글은 그의 생각을 엿볼 수 있다:

But there are, who write with vigor, and success, to the world's delight, and their own renown. These are the glorious fruits where genius prevails. The mind of a man of genius is a fertile and pleasant field, pleasant as Elysium, and fertile as Tempe; it enjoys a perpetual spring. Of that spring, originals are the fairest flowers: imitations are of quicker growth, but fainter bloom. Imitations are of two kinds; one of

---

509) 예컨대, 미국의 저작권법은 저작권 성립요건으로 매체에 대한 고정(fixation)을 요구한다. 17 U.S.C. § 102(a). ([o]riginal works of authorship fixed in any tangible medium of expression….)

nature, one of authors: the first we call originals, and confine the term imitation to the second. I shall not enter into the curious inquiry of what is, or is not, strictly speaking, original, content with what all must allow, that some compositions are more so than others; and the more they are so, I say, the better. Originals are, and ought to be, great favorites, for they are great benefactors;···.

An original may be said to be of a vegetable nature; it rises spontaneously from the vital root of genius; it grows, it is not made: imitations are often a sort of manufacture wrought up by those mechanics, art, and labor, out of preexistent materials not their own.[510]

···.

Overvalued indeed it cannot be, if genius, as to composition, is valued more. Learning we thank, genius we revere; that gives us pleasure, this gives us rapture; that informs, this inspires; and is itself inspired; for genius is from heaven, learning from man: this sets us above the low, and illiterate; that, above the learned, and polite. Learning is borrowed knowledge; genius is knowledge innate, and quite our own.[511]

[번역]

활기롭고 성공적으로 세상사람들의 기쁨을 위해 저작을 한 명성을 가진 사람이 있다. 이러한 것은 재능에 의한 영광스런 과실이다. 천재적인 사람의 생각은 엘리시움에서의 즐거움과 사원에서의 유용함과 같이 유용하고 즐거운 것이다. 그와 같은 저작은 영구적인 샘을 즐기는 것이다. 그와 같은 샘에서 원래적인 것은 공정한 꽃이고, 모방은 빨리 자라지만 기절한 사람과 같이 창백하다. 모방은 두가지이다. 하나

---

510) Edward Young, Conjectures on Original Composition, pp. 3 38-9 (1759)(original page 9-13).(https://rpo.library.utoronto.ca/content/conjectures-original-composition-1759)

511) Edward Young, Conjectures on Original Composition, p. 343 (1759)(original page 36).

는 자연의 것, 다른 하나의 저자의 것이다. 첫째는 우리가 본래적인 것이라고 하는 것, 저작의 것. 우리는 오리지날이라고 부른다. 모방이라는 것을 제한하는 것은 두 번째이다. 엄격히 말해, 나는 무엇이 또는 무엇이 오리지날이 아닌지 어떤 구성요소들은 다른 사람 것 이상의 것이고 많은 것들이 다른 사람의 것이며 더 좋다고 하는지에 대하여 관심을 갖지 않는다. 오리지날은 선호되어야 한다. 왜냐하면 오리지날은 많은 은혜적인 것이 있기 때문에….

　오리지날은 식물과 같은 성격을 가지고 있다. 이는 살아있는 천재성으로부터 자발적으로 오기 때문이다. 그것은 자라는 것으로 키워지는 것이 아니다. 모방은 가끔 자신들의 것이 아닌 이미 존재하던 것으로부터 제조, 예술 또는 노동에 의해 제조되는 것의 하나이다.

　….

　만일 천재성이, 구성과 같이, 더 평가된다고 하더라도 과대평가될 수 없다. 우리가 감사하는 배우는 것, 우리가 존경하는 천재성, 우리에게 기쁨을 주는 것, 이것은 우리에게 환희를 준다: 그것은 알려주고, 이것은 영감을 주고, 그리고 그 자신 스스로가 영감된다. 왜냐하면 천재성은 하늘로부터 오고, 사람으로부터 배우고: 이것은 우리를 배우고 예의로운 것 이상으로 바닥위에 있게 하고, 문맹되게 한다: 배움은 지식으로부터 빌려온다. 천재성은 지식에 있고 순전히 우리의 것이다.

그는 정신적, 지적 결과물은 그것을 생각하고 창조한 사람의 것으로 그것을 복제(출판)한 것은 복제(출판)한 사람의 것이 아니라고 강조했다. 즉 소위 표현한 사람의 창작성(originality)은 인간으로부터 나오는 것이므로 고귀한 것임을 강조하고 있다.

에드워드 영은 로크의 철학을 바탕으로 하였으나, 인간의 자유로운 개성을 중요시했다. 로크와 에드워드 영의 문학적 창작에 대한 생각은 프랑스에도 영향을 미쳤다.[512] 나아가 독일에서도 저작자들은 자기의 글은 자기의 재산이라는 주장이 강해졌다.[513] 에드워드 영은 18세기 후반의 낭만주의에 영향을 미친다. 특히 그의 에세이(Conjectures on Original Composition)는 영국보다는 독일에서 관심을 갖게 되었고, 1759년 출간된 그의 에세이는 2년도 안돼 독일에서 번역되어 출판된다. 그리하여 그의 에세이는 독일의 허더(Herder), 괴테(Goethe), 칸트(Kant), 피히테(Fiche)에 영향을 미친다.514)

칸트는 노동의 결과에 재산권을 주장한 로크의 논거를 피하고515), 자신의 사상 감정의 소통(speech)의 법원리를 제시했다. 위 판결(Pope v. Curl)의 법리를 결국 칸트가 수용한 것이라고 할 수 있다. 표현을 기록한 매체는 단순히 물리적인 유체물이고 이는 유체물의 소유귀속에 의한 법리에 의해 결정되고, 편지의 내용, 즉 편지의 작성자인 Pope의 표현(speech)은 여전히 Pope가 가지고 있다고 한 것이다.

로크에 의하면 편지의 작성자가 그 표현에 대하여 외부에 표현하여 매체에 기록한 산물이 그가 외부에 개선한 노동의 결과(improvement)가 된다. 그가 재산권을 가지고 있고 편지를 받은 자는 편지에 대한 재산권을 선물 등으로 이전받아 소유하고 있게 된다. 그러나 칸트에 의하면, 편지는 편지를 작성한 사람이 그 상대방에 대하여 대한 표현과 소통(speech)을 한 것이므로 그에게 저작권이 있다. 이는 개성을 바탕으로 처분불가능한 권리

---

512) Laurent Pfister, Author and Work in the French Print Privileges System: Some Milestones, in Privilege and Property Essays on the History of Copyright edited by Ronan Deazley, Martin Kretschmer and Lionel Bently, Open Book Publishers, 2010, note 58.; Raymond Birn, "The Profit in Ideas: Privilèges en librairie in Eighteenth-Century France," Eighteenth-Century Studies 4 (2) (1971).

513) Martha Woodmansee, The Genius and the Copyright: Economic and Legal Conditions of the Emergence of the 'Author', Eighteenth-Century Studies , Summer, 1984, Vol. 17, No. 4, pp. 425-448.

514) Id., p. 430.

515) 대다수의 견해는 칸트가 로크의 노동이론을 따르지 않고, 주관적인 개성이론을 주장하였다고 하였으나, 현대 저작권법상 저작재산권은 노동이론을 배척한 것이라고 할 수 없다. 왜냐하면, 해적판의 출판은 다른 사람의 노력을 황폐화하는 것이라고 주장을 하고 있는데, 이는 노동이론을 배제하고는 설명할 수 없기 때문이다.

(inalienable right)이므로 처분가능한 재산권이 아니다. 현재 독일 저작권법은 저작인격권이나 저작재산권은 저작자의 생존기간동안에는 처분 불가능한 권리로 규정하여 칸트의 이론을 수용하고 있다.

칸트는 처분불가능한 권리로 보았다는 점에서 기본적으로 처분가능한 권리로 본 로크의 재산권과는 다르다. 로크의 재산권은 광범위하여 생명이나 신체에 관한 권리를 재산권으로 보았으나 처분 불가능한 권리로 보았다.

칸트도 출판에 관한 권리는 인쇄자나 출판자에게 위임을 하여 경제적 이익을 위해 처분가능한 것으로 보았으므로 로크의 재산법리와 같고, 앞서 영국의 Pope v. Curl 사건516) 판결의 법리와 같다. 칸트는 저작권을 저작인격권과 저작재산권에 관한 권리의 두가지 권리로 구성하였다고 할 수 있다. 다만 현재의 권리소진의 원칙이 칸트의 견해에서 나왔는지는 불분명하지만, 그와 같은 해석의 소지는 존재한다.517)

---

516) Pope v. Curl (1741) 608 ER 342.

517) 권리소진의 원칙은 커먼로상의 동산소유권법리에서 찾아 볼 수 있다. 일찍이 유체물의 소유권에 대하여 에드워드 코크(Sir Edward Coke)는 1628년 저술한 그의 'Institutes of the Lawes of England'에서 유체물의 권리소진의 법리에 대하여 다음과 같이 설명하고 있다.

And so it is if a man be possessed of a horse or any other chattel, real or personal, and gives his whole interest or property therein, upon condition that the donee or vendee shall not alien the same, the same is void, because his whole interest and property is out of him, so that he hath no possibility of reverter; and it is against trade and traffic and bargaining and contracting between man and man. (Edward Coke, Institutes, part I, Sec. 360.)

동산이나 부동산 소유권을 가진 자가 자신의 모든 권리를 부여한 양수인(donee or vendee)이 동일한 권리를 가지지 못한다는 조건을 부과한 경우에 그러한 조건은 무효라는 법리를 언급했다. 그와 같은 조건이 무효인 이유는 그와 같이 권리를 모두 양도한 경우에는 자신이 어떠한 권리도 갖지 못하고, 따라서 권리의 회복가능성도 존재하지 않기 때문에, 판매자가 구입자와 타인간의 거래를 제한하는 것은 사람과 사람 사이의 거래관계에 어긋나기 때문이라고 하였다. 예컨대 동산에 대한 질권을 설정한 경우에 그 질권이 소멸하면 소유자의 완전한 소유권은 회복되지만, 소유자가 그 동산에 관한 권리를 양도한 경우에는 그 완전한 소유권은 회복되지 못한다.

라. 1774년 Donaldson v Becket 사건과 아이디어 표현의 이분법

1774년 Donaldson v Becket 사건[518])에서도 영국의 저작권자가 가지는 권리에 대한 논쟁이 있었다. 본 사건의 수석재판장(Lord Chief Justice) De Grey는 편지를 작성하여 타인에게 주면 그 편지를 받은 사람이 이를 출판하더라도 편지를 받은 사람의 이용에 사용하는 것이므로 편지의 저작자는 아무런 권리가 없다고 생각했다.[519]) 즉 Pope v. Curl 사건 판결에 부동의한 것이다. 수석재판장 De Grey는 저작자의 권리는 저술원고(manuscript)에게 한정되고, 그 이상의 권리는 존재하지 않는다고 판단했다. 이는 저작자는 일반적인 인적 권리를 가지고 있는 것으로 판단한 것으로, 저작인격권을 부인한 것과 같다. 만일 저술원고를 어떤 사람이 절도한다면, 그 소유자는 그에 대하여 재산의 침해소송을 제기할 수 있다. Donaldson v Becket 사건을 기록한 보고서(report)에는 다음과 같은 판결내용을 기록하고 있다:

> Lord Chief Justice De Grey spoke next. His arguments were substantially as follow:
>
> ….
>
> Abridgments of books, translations, notes, as effectually deprive the original author of the fruit of his labours, as direct particular copies, yet they are allowable. The composers of music, the engravers of

---

이와 같은 양도에 의한 권리의 소멸 법리는 지적재산권법 분야에서의 권리소진의 원칙의 법리적 토대라고 본다. 나아가 권리소진의 원칙은 커먼로상의 쌍무계약의 법리에서 기원한다. 대가를 받고 양도를 한 경우에 그 대가관계는 양도의 유효성에 근거가 되고, 그로 인하여 양도한 물건에 대한 권리는 소멸한다.

518) Donaldson v Becket (1774) 2 Brown's Parl. Cases (2d ed.) 129, 1 Eng. Rep. 837.

519) The Cases of the Appellants and Respondents in the Cause of Literary Property, Bew, 1774, p. 44.

copper-plates, the inventors of machines, are all excluded from the privilege now contended for; but why, if an equitable and moral right is to be the sole foundation of it? Their genius, their study, their labour, their originality, is as great as an author's, their inventions are as much prejudiced by copyists, and their claim, in my opinion, stands exactly on the same footing; a nice and subtle investigation may, perhaps, find out some little logical or mechanical differences, but no solid distinction in the rule of property that applies to them can be found. If such a perpetual property remains in an author, and his right continues after publication, I cannot conceive what should hinder him from the full exercise of that right in what manner he pleases; he may set the most extravagant price he will upon the first impression, and refuse to print a second when that is sold. If he has an absolute controul over his ideas when published, as before, he may recal them, destroy them, extinguish them, and deprive the world of the use of them ever after; his forbearing to reprint is no evidence of his consent to abandon his property, and leave it as a derelict to the public.520)

[본문]

수석재판관 De Grey는 다음과 같이 판시하고 있다. 그의 판단은 실질적으로 아래와 같다:

….

원저작자의 노력의 결과를 실질적으로 박탈하는 책의 초록, 번역, 노트 등은 직접적인 복제로서 아직 허용할 수 없다. 음악의 작곡자, 에칭화가, 기계발명가는 현재 논쟁중인 [저작권이라는] 특권으로부터 배제되어 있지만 형평 및 도덕적(moral right521)) 권리가 유일한 근거라

---

520) Donaldson v Becket, Cobbett's "Parliamentary History of England", London, 1806-1820, vol. XVII. [https://www.copyrighthistory.com/donaldson.html].

521) 여기에서 도덕적이란 말은 저작권에서 저작인격권인 'moral right'의 의미는 아니고,

면 왜 [그들은 보호를 받지 못할까?] 그들의 재능, 그들의 공부, 그들의
노동, 그들의 창작성은 저작자만큼이다 위대하다. 그의 발명은 복제자
들에 의해 침해당하고, 나의 생각으로는 그들의 주장은 저작자와 똑
같다. [저작과 발명에 대한] 명확하고 절묘한 조사는 아마도 논리적이
고 기계적인 차이를 거의 찾지 못할 것이다. 발명과 저작에 적용되는
재산원칙에서 확고히 다른 점은 찾을 수 없을 것이다. 만일 영구적 재
산권이 저작자에게 있다면 그의 권리는 출판 이후에도 남아 있어야 하
고, 그가 원하는 대로 행사할 수 있는 모든 권리를 행사하지 못하도록
하여야 할 이유를 나는 찾을 수 없다. 그가 처음 생각한 터무니 없는
가격을 설정할 수 있고, 그 책이 판매되었을 때 두 번째 책의 인쇄를
거절할 수 있다. 만일 그가 출판했을 때 그의 아이디어에 대하여 절대
적으로 통제를 할 수 있다면, 그는 [앤여왕법상 28년의 저작권 보호기
간이] 만료된 후에, 세상 사람들이 그의 저작물을 이용하는 것을 막고,
파괴하고, 소멸시킬 것이다. 그가 복제를 참아내는 것은 자신이 재산
을 포기하는 것에 대한 동의의 증거가 될 수 없고, 공중에게 부랑자를
보내는 것이다.

이때 아이디어/표현의 이분법(idea/expression dichotomy)의 주장이 있었
는데, Lord De Grey는 저작자는 저작물에 있는 아이디어에 대하여 어떤 권
리도 존재하지 않는다고 판시했다.[522] 따라서 실정법인 앤여왕법(the

로크가 말하는 윤리적 의미(deontology)로서 사용된 것으로 판단된다.
522) 그 판시는 다음과 같다:

> [t]hat a literary composition is in the sole dominion of the author while it is
> in manuscript; the manuscript is the object only of his own labour, and is
> capable of a sole right of possession; but this is not the case with respect to
> his ideas. No possession can be taken, or any act of occupancy asserted, on
> mere ideas. If an author have a property in his ideas, it must be from the time
> when they occur to him; therefore, if another man should afterwards have the
> same ideas, he must not presume to publish them, because they were

Statute of Anne)이 존재하므로 앤여왕법이 규정하는 이외에 다른 권리를 가질 수 없으므로, 커먼로상으로 저작자는 인쇄와 출판에 대하여 아무런 권리를 가지지 못하는 것과 같이, 저작자는 커먼로상 저술원고의 판매에 대한 권리나 저작자의 동의없는 저작물에 대한 인쇄 또는 출판을 통제할 권리가 없는 것이다. 따라서 저술원고에 있는 아이디어에 대하여 저작자는 아무런 권리가 없는 것이다. 아이디어 표현의 이분법은 Pope v. Curl 사건에서 단초를 제시하고 Donaldson v Becket 사건에서 구체화 되었다고 할 수 있다.523)

1741년 Pope v. Curl 사건은 표현과 아이디어 이분법(idea/expression dichotomy)이 시작되는 기원으로 볼 수 있다.524) 만일 칸트나 헤겔론적인 저작권법 체계에서는 표현과 아이디어가 분리가 되지 않는다면 표현을 한 저작자가 아이디어까지 통제를 할 수 있게 된다. 이러한 원리는 표현만으로 아이디어를 통제하게 되어 저작권에 의한 특허권의 대체가 발생할 수 있고, 저작권의 보호요건이나 방법, 기간 등을 보면 너무 많은 권리가 저작권자에게 귀속된다. 칸트의 사상은 저작권영역에서 표현과 아이디어 이분법(idea/expression dichotomy)을 실재화 하였다고 할 수 있다.

---

pre-occupied, and become private property. Lord Mansfield shewed the fallacy of the maxim, that nothing but corporeal substance can be all object of property; reputation, though no corporeal substance, was property, and a violation thereof was entitled to damages. Every man's ideas are doubtless his own, and not the less so because another person may have happened to fall into the same train of thinking with himself: but this is not the property which an author claims; ….

Donaldson v Becket, Cobbett's "Parliamentary History of England", London, 1806-1820, vol. XVII. (https://www.copyrighthistory.com/donaldson.html)

523) Simon Stern, From Author's Right to Property Right, 62 U. Toronto L.J. 29, 84 (2012).

524) 본 서 제3장 제3절 2. 다. "1741년 영국의 Pope v. Curl 사건과 칸트의 사상".

마. 칸트의 저작권에 대한 견해

칸트는 저작자의 권리는 저작물(copyrighted material)에 존재하는 것이 아니라 저자가 독자와 한 대화에 있는 것이라고 하여 저작자의 권리는 물(物)에 존재하는 것을 부인하고 어떤 추상적인 저작자의 사고와 생각에 있다고 보았다. 책이란 자신의 언어와 표현을 공중에게 알리는 수단이고, 그림과 같이 생각을 전달하거나 어떤 이벤트나 아이디어를 표시하는 수단으로 보지는 않았다. 어떤 행위나 행동과 의사표시(speech)를 전달하는 것이다. 그림은 화가의 생각을 관람자와 소통(speech)하는 것, 책은 작가의 생각을 독자와 소통(speech)하는 것이고, 음악도 청취자와 소통하는 것이다. 그림, 문자/책, 소리는 단순히 전달 도구(instrument)에 불과했다. 그리하여 그는 저자와 출판자를 구분하였고, 영미법상의 저작권(copyright)과 독일법과 대륙법상의 저작권(author's right)을 구분했다.

칸트는 그의 도덕형이상학(Metaphysik der Sitten; Metaphysics of Morals)에서, 일견 불법적으로 보이는 허락되지 않은 출판이 적법한 것처럼 보이는 이유는 왜인가? 아마도 책은 그것을 소유한 사람이 합법적으로 복제(*Nachdruck*; reprint)할 수 있는 유체물이어서 그 유체물에 대한 그와 같은 권리가 존재하는 것이고, 다른 한편으로 책은 단순히 공중에 대한 담론으로 그것을 출판자가 저작자의 허락이 없이는 책에 자신의 생각과 사상을 담은 저작자의 인격을 다시 생산할 수 없는 것이라고 생각하였다. 칸트는 사상감정을 훔치는 것을 윤리적인 문제로 지적하고 있는데, 저작은 저작자(author)의 공중(the public)에 대한 'speech'라는 그의 철학이 나타나 있다:

> II. Was ist ein Buch?
>
> Ein Buch ist eine Schrift (ob mit der Feder oder durch Typen, auf wenig oder viel Blättern verzeichnet, ist hier gleichgültig), welche eine

Rede vorstellt, die jemand durch sichtbare Sprachzeichen an das Publicum hält. - Der, welcher zu diesem in seinem eigenen Namen spricht, heißt der Schriftsteller (autor). Der, welcher durch eine Schrift im Namen eines Anderen (des Autors) öffentlich redet, ist der Verleger. Dieser, wenn er es mit Jenes seiner Erlaubniß thut, ist der rechtmäßige; thut er es aber ohne dieselbe, der unrechtmäßige Verleger, d. i. der Nachdrucker. Die Summe aller Copeien der Urschrift (Exemplare) ist der Verlag.

Der Büchernachdruck ist von rechtswegen verboten

Schrift ist nicht unmittelbar Bezeichnung eines Begriffs (wie etwa ein Kupferstich, der als Porträt, oder ein Gipsabguß, der als die Büste eine bestimmte Person vorstellt) sondern eine Rede ans Publikum, d. i. der Schriftsteller spricht durch den Verleger öffentlich. - Dieser aber. nämlich der Verleger, spricht (durch seinen Werkmeister, operarius, den Drucker) nicht in seinem eigenen Namen (denn sonst würde er sich für den Autor ausgeben), sondern im Namen des Schriftstellers, wozu er also nur durch eine ihm von dem letzteren erteilte Vollmacht (mandatum) berechtigt ist. ‑ Nun spricht der Nachdrucker durch seinen eigenmächtigen Verlag zwar auch im Namen des Schriftstellers, aber ohne dazu Vollmacht von demselben zu haben (gerit se mandatarium absque mandato); folglich begeht er an dem von dem Autor bestellten (mithin einzig rechtmäßigen) Verleger ein Verbrechen der Entwendung des Vorteils, den der letztere aus dem Gebrauch seines Rechts ziehen konnte und wollte (furtum usus); also ist der Büchernachdruck von rechtswegen verboten.

Die Ursache des rechtlichen Anscheins einer gleichwohl beim ersten Anblick so stark auffallenden Ungerechtigkeit, als der Büchernachdruck ist, liegt darin: daß das Buch einerseits ein körperliches Kunstprodukt (opus mechanicum) ist, was nachgemacht werden kann (von dem, der sich im rechtmäßigen Besitz eines Exemplars desselben befindet), mithin daran ein Sachenrecht statt hat; andrerseits aber ist das Buch auch bloße Rede des Verlegers ans Publikum, die dieser, ohne dazu Vollmacht vom Verfasser zu haben, öffentlich nicht nachsprechen darf (praestatio operae), ein persönliches Recht, und nun besteht der Irrtum darin, daß beides mit einander verwechselt wird.[525]

[번역]

II. 책이란 무엇인가?

책은 어떤 사람이, 외부로 표시되는 언어의 표시[문자]를 통하여, 공중에게 알리는 담론을 담은 글이다. 펜이나 글꼴에 의해 인쇄된, 몇장 또는 수십장의 글이건 간에 현재의 쟁점[누가 무엇을 하는지]에 대하여는 문제되지 않는다. 그의 이름으로 공중과 말하는 사람은 저자이다. 공중에 대한 글을 저자의 이름으로 알리는 사람은 출판을 하는 사람(publisher)이다. 저작자로부터 허락을 받아 출판자가 글로 알릴 때, [위임받은] 권리에 따라서 그 출판을 한 것이고, 그는 적법한 출판권자이다. 그러나 만일 그와 같은 위임이 없거나 저작자가 아닌 자에 의해 출판된다면 그와 같은 출판은 법에 위반되고 출판자는 불법복제자이거나 불법출판자이다. 본래의 창작물의 복제한 출판물의 전체를 판(版, edition)이라고 한다.

위임받지 않은 책의 출판은 권리의 원칙에 어긋나고 따라서 금지되어야 한다.

---

525) Immanuel Kant, Von der Unrechtmäßigkeit des Büchernachdrucks (1785), Metaphysik der Sitten (1785, 1797(영문판)), Rechtslehre, § 31. (Schriften zur Ethik und Religionsphilosophie, pp. 403-407),

(http://google.cat/books?id=Wl4aAAAAIAAJ&pg=PA404&vq=Person&dq=editions: OXFORD600005035&lr=&output=html_text&source=gbs_toc_r&cad=4); 칸트의 이 수필이 Of the injustice of counterfeiting books으로 영문번역되었고, 이것이 'On the Injustice of Reprinting Books'으로 출판되었다.

사안에 다르기는 하지만, 예컨대 조각가에 의해 얼굴이 드러내지고 흉상으로 주물되어 그려지는 것과는 다르게 글은 생각의 즉각적이고 직접적인 표현은 아니다. 이는 공중과 특정한 형태로 담론을 하는 것이다. 저자는 그의 출판자(publisher)를 통해 공개적으로 말하는 것일 수 있다. 출판자는 그의 인쇄기를 일꾼(operarius)으로 삼아 말하는 것이다. 다만 출판자의 이름으로 하는 것은 아니다. 왜냐하면 그렇게 이해하지 않으면 그 출판자가 저작자가 되게 되는 것이기 때문이다. 출판자는 저자의 이름으로 그리고 그는 저자가 그에게 준 권한으로 그가 그와 같이 출판할 수 있는 것 뿐이다. 따라서 허락되지 않은 인쇄자와 출판자는 저자의 이름으로 한 자신의 출판을 통해 그와 같은 출판의 권한이 있다고 추정할 수 있다. 그러나 저자의 이름으로 [출판하였다고 하여] 그와 같은 효과가 있는 것이 아니다.(gerit se mandatarium absque mandato) 그와 같은 허락받지 않은 출판은 [저자의] 위임에 따른 합법적인 출판자의 권리를 침해하는 잘못이다. 그것은 출판자가 적절한 권리를 이용하는 것(furtum usus)으로부터 취득할 수 있고, 그 권리로부터 갖게되는 [출판자와 인쇄자의] 이익을 부당하게 취득해 가는 좀도둑질이다. 허가받지 않은 책의 프린팅과 출판은, 위조와 해적질로서, 그 [출판자, 인쇄업자]의 권리에 위반되어 금지되어야 한다.

그러나 책의 인쇄와 출판에 관한 어떤 종류의 일반적인 권리526)가 있는 것 같은 생각이 들지만 이는 정의에 매우 어긋나는 것임이 확실하다. 어떤 관점에서 책은 적법한 복제본을 가진 사람에 의해 행해질 수 있는 기계적인 예술(opus mechanicum)의 외부 생산물이다. 그 외부 생산물에 대한 권리가 그[출판자, 인쇄업자]가 가진 실제 권리이다.

그러나 다른 관점에서, 책은 단순히 외부의 물체가 아니라 출판자의 공중에 대한 담론이고 출판자는 저작자에 대한 [계약상] 의무에 따라서 공개적으로 이와 같은 출판을 할 권리가 있다. 이는 인적권리[인격

---

526) 필자의 생각으로는 칸트가 언급한 일반적 권리는 영국법상 common law copyright의 의미로 생각된다. 칸트는 출판자의 common law copyright를 부인하고 있기 때문이다.

권]이다.(*praestatio operae*) 책과 관련하여 이러한 두 가지 권리[저작자
와 출판자/인쇄업자]가 혼합되어 혼동되는 것으로부터 앞서 언급한 내
용으로부터 암시되는 그와 같은 잘못이 발생한다.

칸트는 저자나 저작자(author)는 자신의 사고를 공중과 대화하는 것이고,
그러한 사람을 저자라고 하고, 출판자(copyrighter)는 책이라는 소통의 도구
를 물리적으로 제작하는 사람을 의미하는 것으로 이해했다.527) 저작자의
사고나 생각은 무체물(*corpus mysticum*)로서 창작자인 저작자에게 남아 있
는 것이라고 생각했다.528) 따라서 저작은 저작자(author)가 가지는 권리의
대상이고, 출판물이나 인쇄물은 외부의 물질에 대한 제조자에 불과하다. 칸
트는 문자에 담겨져 있는 저자의 사상과 내가 소유하는 물리적인 책을 구
별하였다.529) 그리하여 칸트는 두 개의 권리를 제대로 이해하지 못하여 혼
동이 발생하는 것이라고 하였다.530)

---

527) 칸트는 책의 의미를 언급한 바 있는데, 칸트에 따르면 책은 타인과 소통을 하는 도구
가 된다. 칸트는 사상의 자유보다 표현의 자유(소통의 자유)가 중요하다고 한다.
It is often said that a superior power can deprive ourselves of the freedom to
speak or to write, but not of the freedom to think. But how much and how
correctly we would think, if we won't think so to say 'in common' with others,
to whom we communicate our thoughts and who communicate us theirs? Thus
one can really say that the power that removes men's freedom to communicate
their thoughts publicly, also deprives them of their freedom to think, that is
the only treasure left us in the midst of social impositions, the only means
which can still permit us to find remedies for the ills of this condition.
I. Kant Was heißt, sich im Denken orientieren?(What Does It Mean, to Orient One's
Self in Thinking?), KGS, Bd. 7, at 144-5 (Maurizio Borghi, Copyright and Truth,
4 Theoretical Inquiries in Law 12, 9-11(2010)).

528) Riccardo POZZO, Immanuel Kant on intellectual property, Trans/Form/Ação 29, p. 12.

529) Tom G. Palmer, Are Patents and Copyrights Morally Justified - the Philosophy of
Property Rights and Ideal Objects, 13 HARV. J. L. & PUB. POL'y 817, 839 (1990).
Palmer에 따르면 칸트는 'What is Book?'이란 책을 저술했는데, 그 책에서도 도덕형
이상학에서 제시한 문제를 제시하고 있다.

칸트에게 사람의 입도 소통하는 도구이고 결국 그의 생각과 사고를 입이라는 수단을 통해 소통(speech)하는 것이다. 이러한 그의 철학은 노동을 기본으로 하는 재산적 권리를 중심으로 한 로크 철학과 다른 점을 나타낸다. 칸트는 저작자는 자신의 사고와 생각의 표현이고 그 표현을 외부에 전달하고 소통하는 것이라고 하였다. 그러한 사고와 생각에는 그 저작의 개성이 반영된 것이고, 그와 같은 개성은 자율적 인간으로부터 나오는 것이다.[531] 칸트는 저작권을 인격적인 것으로서 인정하여 금전적 평가와는 관계없는 것으로 본 것이라고 할 수 있다. 다만 인쇄업자나 출판업자가 저자로부터 위임(mandate; *mandatum*)을 받아 인쇄나 출판을 한 경우에는 우리법상의 저작재산권과 같은 권리가 발생한다. 그러나 뒤에서 보는 바와 같이 칸트에 따르면 완전한 재산권은 아니다.

바. *ius reale*(유체재산권에 관한 권리와 책의 소유권 행사)

책이라는 매체에 관한 권리는 우리 저작법상 공표권과 같은 법리에서 나오는 권리로서 공표하면 더 이상 저작권자가 저작인격권에 의한 통제를 할 수 없다. 이러한 관점에서 책은 물건이고 그 물건의 소유자는 제한없이 자

---

530) 이러한 혼동과 관련하여 Sherman and Bently는 다음과 같이 언급하고 있다.
[I]t has been recognised that the property right in the intangible must extend beyond its first embodiment (the manuscript, painting or prototype) to cover the production of replicas and equivalents. Typically, this has been taken to mean that the intangible needs to be presented in abstract and universal terms. This is necessary so that when comparing physical objects, it is possible to determine whether or not there has been a reproduction of the intangible.
Brad Sherman and Lionel Bently, The Making of Modern Intellectual Property Law: The British Experience 1760-1911, Cambridge Univ. Press, 1999, p. 51.

531) M. Woodmansee, The Author, Art and the Market: Rereading the History of Aesthetic, Columbia Univ. Press, 1994. pp. 51-54; Richard Rogers Bowker, Copyright: Its History and Its Law, Houghton Mifflin, 1912. p. 12.

신의 물건을 이용할 수 있으므로 책을 복제하더라도 저자의 권리를 침해하는 것은 아니라고 한다.[532]

이는 사적복제를 공정이용으로 인정하는 현대의 저작권법과 같다.[533] 칸트는, i) 생각이나 사고 등에 관한 무형적인 권리, ii) 물리적인 전달매체 (books, printed materials) 및 iii) 소통(speech)에 대한 권리를 분리하고 있다. 또한 저작자와 인쇄업자, 출판업자를 구분하여 그들의 권리를 구성하고 있다. 그러한 견해에 따르면 i) 저작물에 담겨있는 저작자의 사상, 사고 등은 저작자의 권리이다. 현재 저작법상 저작인격권으로 남아 있다.

위에 발췌한 칸트의 언급은 저작자의 허락없이 책으로 출판하는 것은 저작지의 권리 침혜로 인정된다. 그러나 칸트의 견해는 달리 볼 수 있다. 공표된, 즉 인쇄, 출판하여 공표되고, 적법하게 양도받은 책의 소유자에 의한 복제(Nachdruck; reprint)에 의하여 침해받지 않는다. 그 복제는 공표된 저자의 표현을 그대로 가져가므로 저작자의 표현상의 사고나 사상은 그대로 남아 있기 때문이다. 복제에 의하여 저작인격권이 침해받지 않는 것과 같다. 예컨대 우리 저작권법상 불법복제는 저작인격권의 침해로 인정하지 않는다. 그와 같은 견해에 따르면 저작물의 복제에 의한 유통은 오히려 저자의 표현을 널리 알리기 때문에 홍보, 광고와 같은 역할을 하는 것이 아닐까? 다만 저자의 이름으로 된 책을 복제하여 배포하는 것은 그 책의 저자와의 인적관계가 존재하여야 한다. 즉 개인적 사용을 위한 복제나 재판매는 저작권 침해가 아니라는 결론에 이를 수 있다.[534]

칸트의 저작권에 대하여 연구한 Maria Chiara Pievatolo는 다음과 같이 주장한다:

---

532) Maria Chiara Pievatolo, Freedom, ownership and copyright: why does Kant reject the concept of intellectual property?, n.14-n.17에 관련된 본문.
533) 저작권법 제30조 등 참조
534) Id., n.18 이하의 본문.

As the works of art are simply physical objects, we can derive from Kant's assumption that every legitimate purchaser may reproduce them and may donate or sell the copies to others.[FN18] Every time an object can be treated only as a product, its legitimate owner may do what he wants with it, because of his *ius reale*, which has to be taken seriously on both sides. Moreover, as the injustice of reprinting books depends on their communication to the public, we can deduce that their reproduction for personal use is not to be forbidden.

[번역]

예술작품은 단순히 물리적인 물체이므로, 모든 합법적인 구입자는 그 작품을 복제할 수 있고 이를 타인에게 기부하거나 복제하여 판매할 수 있다는 칸트의 생각을 추정할 수 있다.[각주18] 물체는 항상 물품으로 취급할 수 있고, 그것의 합법적인 소유자는 그 물품을 이용하는 원하는 무엇이든 할 수 있다. 왜냐하면 판매자나 구매자에게 물품의 소유가 중요한, 그에게 속하는 물체이기 때문이다. 더욱이 책(book)의 복제가 부정의 한 것인지는 공중과의 소통에 의존하는 것이기 때문에, 사적 사용을 위한 복제는 금지되지 않는 것으로 추론할 수 있다.

위와 같은 칸트의 생각은 현재 저작권법상 공정사용에 해당하는 사적이용을 위한 복제가 저작권 침해로 인정하지 않는 근거가 된다. 칸트가 위와 같이 생각한 이유에 대하여는 뒷부분에서 언급하겠지만, 영국의 저작권 제도(copyright system)가 왕과 정부의 사상 검열을 위한 수단으로 사용되었기 때문에 불법 복제에 의한 유통이더라도 저작자 자신의 사상을 공중에게 전파하는 것은 저작자가 원하는 것이었지 않았는가 한다. 특히 칸트가 저작권을 글(word)을 이용한 표현으로 본 것은 그와 같은 추측을 뒷받침한다. Maria Chiara Pievatolo는 칸트의 사상은 저작자의 사상을 전파하는 자(wreader)의 역할은 저작권의 침해를 구성하지 않는다는 것을 바탕으로 한다고 한다.535) 나아가 특허의 대상인 아이디어도 생각이나 사고 등에 관한 무형적인 권리의 범주("i"의 범주)에 포함될 것으로 보인다.

ii) 책등 전달매체에 대한 권리는 그것을 소유한 사람의 권리로서 그는 그것을 복제할 권리가 있다. 책을 정당하게 구입하여 소유한 사람은 유체물에 대한 권리가 있다. 이는 로마법상의 지배물에 대한 소유의 권리(*res quae tangi possunt*)가 적용된다. 그러나 현재의 저작권법상으로는 권리소진의 원칙이 적용되나, 복제권은 여전히, 칸트의 의미상 저작권자가 아닌 권한을 위임(mandate; *mandatum*)받은 저작재산권자, 즉 인쇄업자나 출판업자에게 남아 있다. 이는 처분불가능한 권리(inalienable right)가 아니고, 'ii) 책과 같은 전달매체에 대한 권리'와 같이 처분가능한 권리라는 특징을 가지고 있다. iii) 생각이나 사고 등의 전달에 대한 권리이다. 이는 저작인격권으로서 공표권에 해당한다.536)

위의 분류에 따르면 현재의 유체물에 관한 권리(*ius reale, ius in re*)와 무체물에 관한 권리(*ius personale*), 그리고 무체물에 관한 권리는 저작인격권에 해당하는 권리와 저작재산권에 해당하는 권리가 나누어진다. 판매된 도서 등 저작의 사물적인 매체는 유체물이므로 *ius reale*(*ius in re*)에 해당하고, 저작인격권과 저작재산권에 해당하는 것은 무형적인 것이므로 *ius*

---

535) Id., '2. Kant: authors right as a personal right'는 다음과 같이 주장한다:

The goal of the transaction between the author and the publisher is conveying his text to the public. The public has a right to interact with the author, if the latter has chosen to do it. According to Kant, the publisher may neither refuse to publish-or to hand over to another publisher, if he does not want to do it himself-a text of a dead author, nor release mutilated[FN 20] or spurious works, nor print only a limited impression that does not meet the demand. If the publisher does not comply, the public has the right to force him to publish.[FN 21] In a Kantian environment the publisher's rights are justified only when they help authors to reach the public. Copyright should be neither censorship nor monopoly.

536) Id., n.14-n.17에 관련된 본문.

personale(personal right)에 해당한다. *ius personale*은 어떤 사람의 자유의지 (*Willkür*)가 행사되어 재산이 된 것을 의미하고, 자유의지란 '내가 어떤 행동을 선택할 수 있는 능력'을 말한다. 그러나 칸트시대의 *ius personale*에 해당하는 저작재산권은 (책등 저작물의 매체에 관한 권리는 *ius reale* (*ius in re*)에 해당하므로) 현재에는 유체물에 대한 권리는 아니지만 배타적인 권리가 부여되어 있어, 그 시대의 기준으로 보면 중간에 위치한 권리로서 *ius reale*(ius in re)나 *ius personale*에 속하지 않는 것이 된다.537) 출판업자와 인쇄업자의 권리가 이에 해당한다.

칸트는 언어가 아닌 시각적 예술에 대하여는 저작권보호를 인정하지 않는다. 미술품과 같은 것은 물체에 관한 것으로 저작자의 생각에 대한 표현이나 소통이 되지 않기 때문이다.538)

---

537) Riccardo POZZO의 견해에 따르면, 대인적인 권리에 해당한다. 처분불가능한 권리이다. 그러나 소위 저작재산권으로 분류되는 권리는 처분가능한 권리이다. Riccardo POZZO, Immanuel Kant on intellectual property, Trans/Form/Ação 29, p. 12. 따라서 논하는 학자마다 개념상의 차이가 존재하는 것으로 보이므로 이를 고려하여 이해해야 한다.

538) Kant, Essays AND TREATISES ON MORAL, POLITICAL, AND VARIOUS PHILOSOPHICAL SUBJECTS, vol. 1, OF THE INJUSTICE OF COUNTERFEITING BOOKS, 1797, pp. 237-238.

A drawing, which any one has delineated, or got engraved by another, or executed in stone; in metal, or in stucco, may be copied, and the copies publicly sold; as every thing, that one can perform with his thing in his own name, requires not the consent of another.

….

The reason why all works of art of others may be imitated for public sale, but books, to which an editor is designated, dare not be counterfeited, lies in this: that artworks are works (opera), but books are acts (operae); artworks may be as things existing for themselves, but books can have their existence only in a person. Consequently, books belong to the person of the author exclusively;**** and the author has an inalienable right (jus personalissimum) always to speak himself through every other, that is, nobody dares make the

사. 물적 권리와 인적 권리: *ius reale*(*ius in re*)나 *ius personale*

칸트는 저작물에 대한 권리는 완전한 유체물에 대한 권리가 아닌 개성이 반영된 권리로 이해하다. 다만, 현대의 저작재산권과의 차이점은 본질적으로 매체에 대한 권리는 개성에 의하여 통제되는 권리로서, 매체의 유통과 복제는 그 저자의 명의로 이뤄지는 것이므로 그의 동의하에서 가능하다고 한다. 결국 저작물에 대한 권리는 물체에 대한 재산권과 개성에 관한 권리가 결합되어 있는 실체라고 할 수 있을 것이다.

칸트는 한 사람에게 자신의 저술을 출편할 수 있도록 계약한다면, 그 저자는 더 이상 다른 사람에게 출판을 허락할 수 없을뿐더러, 해적판의 출판도 허용되지 않는다고 한다.[539] 만일 그렇게 된다면 자신이 허락한 출판자의 노동을 헛되이 하게 하는 것이기 때문이다. 이러한 주장의 논거는 출판권이 인격과 불가분의 재산이라는 점을 나타낸다. 왜냐하면, 재산의 개념은 가분적인 것인데, 칸트의 저작권은 한 사람의 출판자(editor)에게 출판권을

---

same speech to the public except in the author's name.

****Footnote: The author, and the owner of the copy, may both say of it with equal right: "It is my book!" However, each would say this in a different sense. The author takes the book as a writing or a speech; the owner interprets the book as being the mute instrument merely of the delivering of the speech to him or to the public, that is, as a copy. The author does not have ownership rights over the thing, namely, the copy of the book (for the owner may burn that copy before the author's face); instead, the author has an innate right, in the author's own person, to wit, to hinder another from reading the copy to the public without the author's consent, which consent can by no means be presumed, because the author may have already given it exclusively to another editor.

539) 칸트의 저술의 1798년 영어번역판인 Essays AND TREATISES ON MORAL, POLITICAL, AND VARIOUS PHILOSOPHICAL SUBJECTS, vol. 1, OF THE INJUSTICE OF COUNTERFEITING BOOKS에 의거하여 서술했다.

부여하면 다른 사람에게는 출판권 부여가 불가능하다고 하기 때문이다. 그 출판자는 전적으로 서적 출판에 관한 재산적 권리를 갖는다고 한다. 따라서 불법복제(해적판)는 저작자의 권리가 아닌 출판자의 권리를 침해한다. 출판자의 권리는 처분가능한 권리이고, 처분불가능한 인적권리(*jus personalissimum*)가 아니다.

일반 유체물과 같이 책의 소유자는 그의 책을 이용할 권리가 있으므로 자신이 복제하여 이용하는 것도 포함하는지가 문제되는데, 이에 대하여 초기 칸트의 언급에는 그 권리의 성질상 불가하다고 한다. 물건에 대한 재산권은 소극적인 권리(negative right)와 적극적인 권리(positive right)가 합해진 것인데, 소극적인 권리는 다른 사람이 소유자의 이용을 방해하는 것에 대하여 저항할 권리이고 적극적인 권리는 다른 사람에게 특정의 행위를 할 것으로 요구할 수 있는 권리이지만 물건에 의해서는 발생할 수 없다. 이러한 점을 지적하면서 칸트는 계약에 의하여 그와 같은 발생하는 것이라고 한다. 즉 칸트에 의하면, 특정인에 대하여 어떤 행위를 하지 말라고 요구하는 것은 물건 자체가 아닌 계약에 의해서 할 수 있는 것이다. 그러한 관계는 영업관계에서 발생한다고 한다. 따라서 타인의 이름으로 비즈니스 관계를 할 수 있는 권리는 '개인적 적극적 권리'(a personal positive right)라고 한다. 이러한 법리에서 출판을 설명할 수 있는데, 저자는 출판자에게 특정 행위를 요구할 수 있는 '개인적 적극적 권리'(a personal positive right)를 가지고 있고, 출판자는 저자의 이름으로 출판을 하는 것이고, 저자는 이러한 출판자의 출판행위[540]를 통하여 대중과 소통(speech)하는 것이다.[541]

---

540) 칸트는 이를 출판자라는 타인의 이름으로 저자가 영업을 하는 것(a business in the name of another)이라고 한다.

541) Kant, Essays AND TREATISES ON MORAL, POLITICAL, AND VARIOUS PHILOSOPHICAL SUBJECTS, vol. 1, OF THE INJUSTICE OF COUNTERFEITING BOOKS, 1797, p. 234.

출판자(editor)에 대한 저작자의 위임에 의해 출판된 저서는 저작자의 작업결과이지만 그 소유는 모두 출판자의 것이다. 책을 구입한 경우에 그 구입자는 그 책에 대하여 재산권을 가지고 있으므로 그것이 원고(manuscript)이든 출판된 것(printed)이든 그가 원하는 모든 것을 그 구입자의 이름으로 할 수 있다. 그러나 그의 책에 대한 이용은 자신의 이름으로 하는 것이 아니라 저자의 이름(videlicet, the author)으로 하는 영업(opera)으로, 그 영업은 그 책 소유자의 다른 거래에 해당하는 것으로 책에 대한 재산권 이외에 다른 계약적인 권한이 필요하다.

책의 출판은 저자의 이름으로 하는 것이다. 따라서 책에 있는 권리에 저자의 이름으로 출판할 수 있는 권리가 포함되어 있지 않다. 그와 같은 출판, 복제를 하기 위해서는 이를 정당화하는 또 다른 계약이 필요하다. 그와 같이 정당화 하는 저자와의 계약이 없이 또는 저자가 다른 출판자(editor)에게 출판권을 부여한 경우에는 그 출판자와의 계약없이 출판하는 책은 해적판이 된다.[542]

그러나 1785년에 이루어진 칸트의 위와 같은 언급, 즉 위임받은 출판자나 인쇄자가 유일한 책의 제작자 및 배포자(editor)라는 언급은 그 이후 1797년 간행된 도덕형이상학(*Metaphysik der Sitten*)에서는 배타적이라는 언급은 생략된다.[543] 따라서 복제가 가능하다고 해석하는 견해가 있음은 앞서 보았다.

---

542) Id., p. 235.

543) Maria Chiara Pievatolo, Freedom, ownership and copyright: why does Kant reject the concept of intellectual property?, 2010, 2. 'Kant: authors right as a personal right' 참조.

3. 칸트의 저작권 사상의 본질

가. speech: 저작권의 보호대상

칸트의 저작권에 관한 견해는 저작권법에 많은 시사를 제공해 준다. 칸트는 아마도 생각과 사상을 판매한다는 것을 저급한 것으로 간주한 것으로 보이는데, 그와 같은 그의 생각으로는 판매할 수 있는 저작재산권은 매우 협소한 부분(예컨대, 글의 의미)에서 인정될 수 밖에 없다. 저작재산권을 넓게 인정하여 판매를 많이 할 수 있다는 것은 저작자를 저급하게 만들기 때문이다.

다만 칸트는 저작권의 보호보다는 표현의 자유에 강한 관심이 있었던 것으로 보인다. 따라서 그는 소통(speech)에 관한 권리로서 그 소통(speech)을 한 사람의 사상이나 생각이 왜곡되지 않게 보호되길 원한 것이다. 그리하여 그에게는 현재의 저작인격권에 해당하는 저자가 말한 내용 그대로 전달되는 것을 보호하고자 한 것이다. 이러한 칸트의 견해는 노동과 창작에 중점을 둔 로크와는 다른 견해를 취한 것이다.[544] 칸트는 의사표시, 주관적 견해의 소통을 보호하기를 원한 것으로, 그 당시 독일의 상황에 대한 지식인으로서의 항변이 나타나 있다고 보인다.

칸트는 언어를 통한 공중과의 소통(speech)을 저작권의 대상으로 보았기 때문에 그렇지 않은 예술적 소통의 경우에는 저작과 저작권의 대상으로 판단하지 않았다.[545] 따라서 합법적으로 그와 같은 예술품을 구입한 사람은

---

544) Kawohl, F. (2008) 'Commentary on Kant's essay On the Injustice of Reprinting Books (1785)', in Primary Sources on Copyright (1450-1900), eds L. Bently & M. Kretschmer, www.copyrighthistory.org

545) Maria Chiara Pievatolo, Freedom, ownership and copyright: why does Kant reject the concept of intellectual property?, 2010, 2. Kant: authors right as a personal right, n. 18의 본문.

복제를 할 수 있었다. 이는 *ius reale* 법리가 적용되었기 때문이었다. 로크의 철학은 재산적 가치는 노동에 의하여 발생하는 것이었으므로 칸트의 철학과는 달랐다. 물론 실정법적으로 문학작품 이외에 다른 예술작품을 저작물로 보호하는 것은 별개이었다.

저작인격권의 경우에는 저작자의 권리(author's right)로 되어 있지만, 초기 저작재산권은 복제에 관한 권리로서 출판업자(publisher)나 인쇄업자(printer)의 권리로 구성되어 있다. 우리 저작권법상 저작인격권은 명예에 관한 권리로서 성명표시권, 공표권, 동일성 유지권으로 구성되어 있고[546], 그러한 내용은 표현의 매체에 대한 권리(copyright)라기보다는 사상과 감정의 표현에 관한 내용으로 그러한 사상과 감정의 주체의 권리(author's right)이다. 따라서 이러한 권리는 처분이 불가능하다.[547] 이에 반하여 저작재산권으로 불리는 복제권, 공연권, 공중송신권, 전시권, 배포권, 대여권은 사상과 감정을 공중에게 전달하는 책, 조각, 영화 등 매체에 관한 권리로서, 칸트는, 그 당시에는 인쇄와 출판물에 한정되었겠지만, 이를 인쇄업자, 출판업자가 저작자와의 출판계약에 의하여 출판하는 것이라고 하고 있다. 다만 이러한 출판계약에 의해 출판된 물건이 저작자의 권리인지 출판자의 권리인지에 대하여 불분명하지만, 칸트의 재산권 철학을 해석하면 표현은 저작자의 권리이고, 매체는 출판자나 인쇄자의 권리라고 해석해야 한다. 이는 칸트의 재산권 유형의 2번째, 계약에 의하여 발생하는 재산권에 해당하기 때문이다.

이러한 칸트의 관점에서 보면, 2차적 저작물은 저작자의 사상(speech)을

---

546) 저작권법 제11조 내지 제13조.

547) William Fisher, Theories of Intellectual Property in New Essays in the Legal and Political Theory of Property edited by Stephen R. Munzer, Cambridge Univ. Press, 2001, p. 191. 헤겔은 인간의 표현은 저자의 외부에 표시된 것이므로 이전이 가능하다고 할 수 있을 것이다. Id.

전달하는 매체의 속성을 가지고 있다.548) 따라서 이차적 저작물 작성권549)
은 매체에 대한 권리라고 할 수 있다. 원저작물의 사상, 감정을 그대로 전
달하는 것으로 그 전달도구인 매체를 변경한 것에 불과하다.550) 칸트의 생
각에 따르면, 이러한 수준의 복제와 변형은 저작자(author)의 사상 감정을
변경하는 것이 아니므로 그 사적이용을 위한 복제(Nachdruck; reprint)의 경
우에는 불법으로 볼 수 없다.551)

나. 표현하는 언어의 변경

칸트는 다음과 같이 출판자가 하는 이차적 저작물의 작성이 저작자의 권
리를 침해하는 것이 아님을 그의 저술 마지막에서 언급하고 있다. 다만 칸
트시대의 이차적 저작이란 다른 언어로 말하거나 기본 생각(speech)는 같고
그것을 조금 부가하거나, 축약하거나 수정하는 것으로, 저자의 생각은 변함
이 없으므로 저작이나 표현(speech)의 변경이 없다고 생각함을 유의할 필요
가 있다:

> [N]obody dares make the same speech to the public but in his (the
> author's) name. But when one alters (abridges, augments, or retouches)
> the book of another so, that it would now be even wrong to give it out
> under the name of the author of original; the retouching *in the proper
> name* of the publisher is no counterfeit, and therefore not prohibited. For

---

548) 이는 현대 저작권법으로는 저작인접권 개념과 유사하다.

549) 저작권법 제22조.

550) R. A. Macfie, Kant on Copyright in Copyright and Patents for Inventions, Vol. II,
T. & T. Clark. p. 585.

551) Maria Chiara Pievatolo, Freedom, Ownership and Copyright: Why does Kant reject
the Concept of Intellectual Property?, 2010, n. 19.에 관련된 본문.

here, another author transacts, by his editor, another business than the
first, and consequently does not intrench on his business with the public;
he represents not that author, as speaking through him, but another. The
translation into another language cannot be held a counterfeit; for it is
not the same speech of the author, though the thoughts may be exactly
the same.[552]

[번역]

어느 누구도 저자와 동일하게 공중에게 말할 수 없지만 그의 이름
으로는 가능하다. 그러나 어떤 사람이 저자의 책을 (축약, 증가, 또는
수정) 등으로 변경하고, 이를 원 저자의 이름으로 하는 것은 잘못된 것
이다. 출판자의 이름으로 수정하는 것은 위조는 아니므로 금지되는 것
은 아니다. 왜냐하면, 다른 저작자가, 편집자를 통하여, 저작물을 변경
하여 원저작자와 다른 일을 하더라도 그 결과로 공중에 대한 저자의
활동을 침해하는 것은 아니고, 공중에게 자신을 말하는(speech) 저자로
서의 저자를 대표하는 것은 아니고, 단지 다른 사람의 자격으로 말하
는 것이다. 다른 언어로 번역하는 것은 위조가 아니다. 왜냐하면 생각
은 정확히 같기 때문에 저자와 다르게 말하는 것은 아니다.

앞서 언급한 토마스 제퍼슨 또한, 예컨대, 아이디어를 나로부터 제공받
았다고 하여 나의 표현의 가치를 약화시키지 않았고, 나의 양초불을 받았
다고 하여 내가 받는 불빛을 약화시키지 않았다고 하여 칸트와 같은 생각
을 표현하고 있다.[553]

그러나 칸트의 저작권은 저작자와 출판자 및 이를 구입한 수요자 사이는

---

552) Kant, Essays AND TREATISES ON MORAL, POLITICAL, AND VARIOUS
PHILOSOPHICAL SUBJECTS, vol. 1, OF THE INJUSTICE OF COUNTERFEITING
BOOKS, 1797, p. 238.
553) Thomas Jefferson, Letter to Isaac McPherson, August 13, 1813. (이에 대하여는 아래
에서 언급한다.)

완전한 재산권의 이전관계가 아니다. 책을 구입한 사람은 저자와의 소통이라는 인적관계가 형성된다. 인간은 자율적이므로 자신이 출판을 통하여 공표할지 하지 않을지 결정할 자유가 있다. 따라서 제3자가 저작권자로부터 위임을 받지 않고 출판한 경우에는 그의 공표권을 침해하는 것이므로 불법한 것이다.

앞서 언급한 바와 같이, 칸트에게 있어 글은 그 글의 의미론적인 부분에서 저작권이 인정되는 것으로, 저작인격권에 의해 보호되는 것으로 보인다. 이러한 법리는 현대 저작권법에도 영향을 미치고 있다. 이차적 저작물은 칸트의 저작권(author's right)의 내용으로 포함되지 않는다. 따라서 이차적 저작물은 저작자의 생각을 전달하는 전달매체에 관한 권리(copyright)가 된다. 칸트의 관점에서 보면, 우리 저작권법상 이차적 저작물 작성권은 이차적 저작물의 작성이라는 저작자(author)의 권리보다는 매체를 통한 이용에 중점을 두고 있어 출판업자나 인쇄업자 등의 권리(저작재산권)가 된다. 현재의 저작권법상 저작인격권은 칸트에 따르면 저작자의 권리(author's right)에 해당한다. 이차적 저작물의 저작인격권은 따로 존재하지 않는다. 따라서 원저작물의 저작인격권에 관한 규정554)에서 규율을 하고 있는 것이다.

저작인격권에 관한 조항은 저작재산권으로 인쇄, 출판 등에 의한 권리관계에 중점을 둔 것으로 보아야 한다. 물론 저작자가 직접 출판 등 매체에 관한 제작이나 유통을 하는 경우에는 저작인격권과 저작재산권의 행사 주체가 같게 된다.

칸트의 이론에 따르면, 저작의 매체인 저작물, 예컨대 출판된 책을 불법복제하는 경우에, 이견들이 존재하지만, 저작자(author)의 권리 침해는 없지만 출판자(publisher)의 권리침해는 있다. 출판된 것을 불법복제하더라도 저작자(author)의 공중에 대한 speech 침해는 발생하지 않는다. 앞서 언급한

---

554) 저작권법 제11조 내지 제15조.

바와 같이 불법복제는 저작인격권이 아닌 복제권이라는 저작재산권을 침해한다. 불법복제를 하더라도 저작자의 생각, 표현 등은 달라지는 것이 없기 때문이다. 현재의 저작권 법리는 이와 같다. 다만, 저작자가 외부에 공표하지 않는 것을 무단으로 공표하는 것은 그가 외부와 소통하고 표현하는 자유를 침해한 것이지, 어떤 재산적 권리를 침해하는 것은 아니다. 이러한 점에서 보면, 저작인격권과 저작재산권 체계로 나눈 우리 저작권법, 물론 거의 모든 국가가 같은 체계를 따르므로 세계 거의 모든 국가가 칸트의 이론을 수용하고 있다고 할 수 있다.

다. 아이디어 표현의 이분법(idea/expression dichotomy)

칸트의 철학은 아이디어 표현의 이분법(idea/expression dichotomy)의 근거가 된다. 물론 로크의 재산권 철학에서도 아이디어 표현의 이분법의 근거를 제시하지만 칸트는 다른 방법으로 그 이론적 근거를 제시한다. 칸트는 표현은 진실을 전달하는 수단이 된다. 초기 1785년 칸트의 저작에서는 위임에 의한 출판자 및 인쇄자의 권리는 배타적인 것이어서 타인이 동일한 행위를 할 수 없다고 하고 있었으나 1797년 도덕형이상학에서는 배타적인 권리임을 언급하지 않았다는 점을 지적했다.

아이디어가 담긴 생각은 표현이 되어 책으로 기록이 된다. 그 책이 복제가 되고 판매가 되더라도 그의 생각임은 변함이 없다. 표현이 담긴 책의 판매와 상관없이 아이디어는 지속적으로 착상이 될 수 있다. 책을 구입한 사람의 재산권은 책이라는 매체에 존재하는 것이지 책에 담긴 표현에는 미치지 않는다. 책이라는 매체는 구입자와 저자 또는 출판자가 동시에 소유할 수 없기 때문이다. 그러나 표현에 담긴 아이디어는 재생산될 수 있고 모든 사람이 공유할 수 있다. 따라서 아이디어는 그 원래 소유를 추적할 수 없다. 타인의 아이디어를 복제하여 자신의 아이디어라고 한 사람은 타인의

것을 도둑질을 한 것 아니라 아니라 단지 거짓말을 한 것일 뿐이다. 토마스
제퍼슨(Thomas Jefferson)은

> He who receives an idea from me, receives instruction himself
> without lessening mine; as he who lights his taper at mine, receives
> light without darkening me. That ideas should freely spread from one to
> another over the globe, for the moral and mutual instruction of man, and
> improvement of his condition, seems to have been peculiarly and
> benevolently designed by nature, when she made them, like fire,
> expansible over all space, without lessening their density in any point,
> and like the air in which we breathe, move, and have our physical
> being, incapable of confinement or exclusive appropriation.555)

[번역]

나로부터 아이디어를 받은 사람은 나의 아이디어를 감소시킴이 없
이 자신에 대한 교육을 받은 것이다. 마치 나의 것에 자신의 촛불을 붙
인 사람은 나를 어둡게 하지 않고 불을 받은 것이다. 그 아이디어는 지
구상의 어떤 한 사람으로부터 다른 사람으로 전파될 수 있다. 왜냐하
면, 불과 같이, 어떤 곳에서도 그의 가치의 감소없이 그리고 어떤 구속
이나 배타적인 취득이 불가능한 우리가 숨쉬고, 움직이고 우리의 육체
가 존재하는 공기와 같이 모든 공간에 퍼져나가고, 자연이 아이디어를
만들었을 때 인간의 도덕적 및 상호적인 교훈과 그의 처지의 상승은
특별하고 자비롭게 자연에 의해 의도된 것이기 때문이다.

라고 하여, 아이디어는 절도가 될 수 없음을 지적하고 있다.

---

555) Thomas Jefferson, Letter to Isaac McPherson, August 13, 1813.

4. 칸트와 헤겔의 저작권 철학과 '저작자의 불처분적권리 (inalienable right)'를 주장한 이유에 대한 필자의 해석

　　많은 견해는 인쇄나 출판을 하는 것은 위임을 받은 인쇄자나 출판자의 권리가 되고 이것이 현재의 저작재산권에 해당하는데, 저작자의 위임 (mandate; *mandatum*)을 받지 않은 복제와 출판은 저작자의 의지에 의하지 않고, 그의 이름으로 공개 또는 전달하였다는 점에서 그의 권리를 침해하고, 합법적으로 위임을 받아 인쇄 출판하는 인쇄업자와 출판업자의 출판권을 침해하는 것이라고 한다.556) 즉 출판에 의하여 적법하게 인쇄 출판된 책을 보유한 자가 이를 복제하여 주위에 나누어 준 경우에 저작자의 의사에 반하여 복제한 것이므로 이러한 행위도 칸트의 저작자의 저작권을 침해한 것으로 주장한다. 그러나 이점에 대하여 칸트는 분명하게 말하지 않았는데, 칸트의 견해를 보면, 저작자의 표현이 변경된 것이 아니므로 그의 인격적 권리가 침해된 것이 아니다. 다만 책을 적법하게 구입한 사람은 그 책은 그의 재산이므로 재산권의 행사에 의하여 이를 이용할 권리범위내로 해석하면 복제하더라도 불법복제가 아니다. 이와 같은 칸트의 생각이 불분명한 것은 이에 대한 칸트의 생각이 불분명하기 때문이다.

　　이와 같은 필자의 결론으로는, 칸트의 재산권에 대한 철학적 토대는 재산권은 개성(personality)에 대한 권리라는데 있다고 할 수 있다. 출판물은 출판을 하는 사람의 개성이 반영된 것이고, 그것은 생각과 표현을 전달하는 매체이기 때문이다. 생각과 사고는 그것을 생각하고 사고한 사람에게 속하는 것이라고 할 수 있다. 다만 칸트와 그와 같이 매우 협소한 권리로 인정하는 것은 18세기의 정치적 상황에 의해 인쇄업자와 출판자, 그리고 국가나 왕의 출판에 대한 특허독점부여권에 의해 자신에게 아부하고 자신

---

556) Maurizio Borghi, Copyright and Truth, 4 Theoretical Inquiries in Law 12, 4-5 (2010).

의 입장을 대변하여 사상통제에 도움을 주는 특정인에게 출판독점권을 부여하여 왕이나 권력자에 의해 사상과 표현의 자유가 통제되는 것을 방지하는 것에 그의 생각이 있었던 것으로 보이고, 따라서 저작권을 사상과 표현의 자유를 보호하기 위한 수단으로 생각하였던 것으로 판단된다. 저작이 담긴 매체에 대한 복제(*Nachdruck*)는 사상을 널리 알릴 수 있었으므로 오히려 장려되어야 하므로 이를 불법한 것으로 인정하지 않고, 그 대신에 저작자의 생각과 사상에 대하여는 국왕이나 정부가 왜곡을 시키지 못하도록 저작자의 권리로 인정하려도 의도가 있었지 않았나 추측해 볼 수 있다.

칸트(1724-1804)는 1710년 영국의 앤여왕법제정이후 18세기 후반 영국에서 일어난 '서적상들의 전쟁'(the Battle of Booksellers)[557]을 목격하였고, 그 후 그가 50세때 영국의 1774년 Donaldson v. Beckett 사건[558]에서 커먼로 저작권의 불인정으로 인하여 저작자의 자신의 사상, 감정을 출판할 권리에 대한 영구적인 통제를 상실하고 국가가 서적상들에 대하여 출판권에 대한 특허부여에 의하여 당근책을 제시하고, 국가의 통제에 응한 서적상들에게 출판할 수 있는 특허권을 부여함으로서 서적상들을 통한 사상통제를 하는 것을 염려하였던 것이 아닌가 한다. 그리하여 1785년 그의 저술 (Metaphysik der Sitten, 도덕의 형이상학)을 통하여 칸트는 저작권을 처분할 수 없는 권리(inalienable right)로서 인정하였고, 저작권은 저작자가 언제 어떻게 타인과 소통하는지에 대한 인격의 일부분이지만, 그 반대로 인쇄된 저작물, 즉 자신의 사상을 공중에게 전달하는 매체는 자유롭게 유통시켜 국가에 의한 사상 통제를 막으려고 하였던 것으로 판단된다. 물론 헤겔과 같이 저자가 저작물에 대한 통제를 할 수 있다고 하더라도, 표현의 자유에 대한 상황이 악화되지는 않는다.

---

557) 나종갑, 영업비밀보호법의 철학적·규범적 토대와 현대적 적용: 존 로크의 재산권 철학을 바탕으로, 경인문화사, 2022, pp. 119-126.

558) Donaldson v Becket (1774) 2 Brown's Parl. Cases (2d ed.) 129, 1 Eng. Rep. 837.

칸트가 가장 중요시한 것이 무엇인가와 그의 재산에 관한 철학에 어떻게 부합하는지를 보면, 칸트의 저작권에 대한 생각을 읽을 수 있다. 이와 같이 칸트와 헤겔이 처한 시대적인 정치적인 상황을 이해하면 당대 최고의 철학자들이었던 칸트와 헤겔의 사상이 저작물과 저작권에 집중되어 있는 사실을 이해할 수 있다.

나아가 이러한 정치사회적 배경이 칸트가 로크의 노동가치론을 받아들이지 않은 이유이기도 하지 않을까 한다. 로크의 재산권 철학과 의무론적 도덕적 보상설에 따르면 무체물에 대한 권리도 그들의 노동과 노력에 대하여 사회가 저작자에게 주는 보상(reward)으로, 저작권으로 보호받아야 하는데, 이렇게 된다면 국왕이나 국가의 특허에 의하여 저작재산(권)에 대하여 특허권을 부여를 받아야 하고, 국가의 통제를 받기 때문에 그와 같은 문제를 회피하고자 하였던 것이 아닌가 한다.

그리하여 칸트는 출판할 수 있는 권리는 국가의 특허권이 아닌, 저작자(author)의 통제가 가능한 저작자의 위임에 의하여 창설되는 계약적 권리로 설정하고, 저작자의 위임에 의해 생산된 저작매체를 구입하면 권리소진의 원칙을 적용하여, 더 이상 복제권을 상실하고, 구입자가 자유롭게 복제 유통시켜 저작자의 생각과 사상을 널리 전달시킬 수 있도록 한 것으로 볼 수 있다. 물론 1785년 그의 저술[559]에는 위임이 없이 도서를 발행한 경우에는 저작권을 침해한 것이고, 위임을 받은 출판자의 출판권(저작권)을 침해한 것으로 언급했지만, 추후의 저술에서 도서는 저작권의 범위에서 제외함으로써 위임이 없이 자신의 사상과 표현이 담긴 책을 복제하는 것에 대하여는 아무런 언급이 없고, 오히려 자신의 사상을 확산하는 것에 더 큰 목적으로 두었던 것으로 해석해 볼 수 있다. 그 시대의 권리소진 원칙은 현대의 권리소진과는 다르게 된다. 칸트가 인쇄업자나 출판업자의 권리와 그 소유

---

559) Immanuel Kant, Von der Unrechtmäßigkeit des Büchernachdrucks (1785).

자의 권리에 대하여 명확히 언급하지는 않았는데, 칸트의 생각을 추측해보면 칸트는 사상과 표현의 자유를 보호하기 위해 그와 같이 주장을 한 것이 아니었나 한다.

5. 칸트와 아이디어의 특허권: 'Putting a new button to an old coat'와 'putting an lod machie to a new use'

칸트와 헤겔이 저작권 철학과 '저작자의 불처분적 권리(inalienable right)'를 강조한 이유를 보면 특허권에 관한 칸트의 생각은 다를 것이라고 말할 수 있을 것이다. 창작적인 것이 무엇인지, 특허의 경우에도 물건에 관한 권리가 아닌 아이디어에 관한 권리라고 할 수 있는 것이다.

특허의 경우에도 칸트가 활약하던 시기에는 특허를 받아야 하는 권리이므로 저작권과 특허권은 같은 성질을 가지고 있다고 할 수 있다. 즉 발명가의 아이디어는 그의 사상이 반영된 것으로 그의 자유의지(*Willkür*)의 발현이므로 그의 논리를 그대로 적용한다면 처분할 수 없는 권리이지만 그것을 구현한 물체는 그의 생각, 창조성을 전달하는 매체이므로 저작권에 있어서 책이라는 매체와 같은 성질을 가진다고 할 수 있다.

특히 디자인 특허의 경우, 심미감을 보호하는 것이고, 심미감이란 어떤 기능적 표현이라고 할 수 있다. 따라서 순수한 예술적 표현이나 기능적 표현이나 인간의 자유의지(*Willkür*)의 발현이라고 할 수 있으므로 저작권을 보호되는 표현과 같이 그의 재산이라고 할 수 있다. 그와 같은 논리를 그대로 적용한다면 순수한 기능적 표현이라고 할 수 있는 아이디어도 그의 자유의지(*Willkür*)의 표현이 되기 때문에 그의 재산이라고 할 수 있다. 저작물에 있어 표현과 아이디어의 이분법과는 다른 문제이다.

그리고 개인의 공중에 대한 표현(speech)은 그의 인격에 체화된 것이지

만, 일반적인 지식 등은 그의 것은 아니다. 자연법칙(natural principle), 자연
현상(natural phenomena), 추상적 아이디어(abstract idea)는 자연 그 자체이
므로 칸트의 사고에 있어서도 인간의 재산이 될 수 없다. 소유는 자신이 그
사물을 통제할 수 있는 상태를 의미하는데(*possessio noumenon*) 그와 같은
자연법칙이나 자연현상, 추상적 아이디어는 인간이 통제할 수 있는 것이
아니기 때문이다.

칸트에게 권리는 인간의 공간과 시간('space and time')에서의 행위 또는
외부에 선택을 행사(external use of choice)한 것에 의해서도 발생한다. 그
러나 자연법칙(natural principle), 자연현상(natural phenomena), 추상적 아이
디어(abstract idea)는 인간의 공간과 시간('space and time') 밖에 있다고 할
것이다. 상표에 있어서 해당 상품의 일반명칭도 상표로 인정되지 않는데,
이것도 인간의 공간과 시간('space and time') 밖에 있는 자연의 일부라고
할 것이다.

인간의 '시간과 공간'에 존재하기 위해서는 자연법칙의 이용성(application)
이 있어야 한다. 발명의 외연, 인간이 특정한 기술적 의미와 신이 창조한
자연법칙 사이에는 이것이 인간에게 실제적으로 구체화 된 유용한 법칙
('useful art')이 되어야 한다. 이러한 점에 있어서는 로크의 재산권 철학과
일치하는 면이 있다. 로크는 이를 인간이 노동을 가하여 자연에서 끄집어
내는 행위라고 표현했다.

칸트 철학에 있어서, 외부는 근원적으로 공유560)이지만 인간에게 재산권
을 인정하기 위해서는 3가지 요건이 필요하다. 그 요건은 특정인이 ① 그
특정인의 지배하에 있다고 인정할 수 있는 것, ② 그의 의사의 객체로서
외부물체를 사용할 능력을 가진 것, ③ 내가 그 외부물체를 지배할 의도가
있는 경우에는 그 외부물체에 대하여 재산권을 취득한다.561) 자연법칙의

---

560) 모두가 주인인 상태 또는 주인이 없는 상태를 말함.
561) 이는 칸트의 순수실천이성('우리는 무엇을 해야 할 것인가'의 법칙 내지 명령을 의지

이용성은 추상적 아이디어를 구체화하여 발명자의 지배하에 있도록 한 것이고, 그 지배하의 구체화한 아이디어를 사용할 능력과 그 의도가 있다고할 수 있다. 물론 칸트의 사고로는 유체물에 대한 것이었지만, 저작물에 대한 그의 예를 생각해 보면, 자연법칙, 자연현상, 추상적 아이디어에 대하여도 이를 구체화하는 것, 즉 자연법칙을 이용하는 것(application)은 인간의자유의지(*Willkür*)의 발현이고, 이러한 발현이 된 것은 인간의 공간과 시간('space and time')에 있는 것으로 볼 수 있다. 따라서 칸트의 생각으로도 그와 같은 자유의지를 행사한 사람의 재산이 될 수 밖에 없다. 다만 특허발명으로 생산한 물건은 확실히 칸트의 관념으로도 그의 소유이고, 그 물체에구현된 구체적 아이디어도 표현과 같이 그의 개성이 표현된 그의 재산이라고 할 수 있다. 인간의 사상의 표현(speech)이 저작권으로 보호받듯이, 인간이 자연법칙을 구체화하여 어떤 '이용성'이 발생한 아이디어는 그의 재산으로 보호되어야 한다. 머리 속에 잠시 떠오르는 과학적 아이디어(scientific idea)는 매우 일시적이므로 외부에 구체화 된 것은 아니다. 그러나 그것이외부에 표현되고 이를 구체화하여 외부의 사물에 구현된다면 그것은 그의재산이 된다. 따라서 구체성을 가질수록 그의 재산으로 인정될 가능성이높아진다.

특허를 받기 위해서 신규성 이외에 진보성을 요구하는 이유는 여기서 찾아 볼 수 있겠다. 물론 주지하다시피, 에드워드 코크의 1572년 Bircot's case[562] 사건에서 영국의 재정법원(the Court of Exchequer Chamber)[563]은

로 나타내는 인간의 능력)에 근거한다고 할 수 있는데, 소유의 정당화는 ① 법에 의한 공리(외적 행위의 보편적 타당성을 인정할 수 있는 보편적 권리법칙) ② 실천이성의 허용 법칙(내적 권리를 외적 권리화 하는 실천이성의 법적 요청) ③ 보편 의지를 명령하는 정의의 법칙(개별적 취득행위의 법적 타당성과 법적 안전성을 규정하고이를 보장하는 보편적인 의지의 세가지 법칙을 말한다고 할 수 있다. 이충진, 칸트의재산권이론, 철학연구, 철학연구회, 2000, pp. 49-53.

562) Willard Phillips, The Law of Patents for Inventions, Freeman and Bolles, Printers,

특허를 받기 위하여 새로운 발명일 것이 필요한데, 기존 발명의 단순한 변경만으로는 부족하다고 판시했다. 이는 기존 발명의 범위에 속하는 것 이상 다른 것이 아니라는 의미이다. 특허를 취득하기 위해서 신규성 이외에 그 이상의 것을 요구한 1851년 Hotchkiss v. Greenwood 사건564)에서 미국 연방대법원은

Now if the foregoing view of the improvement claimed in this patent be correct, it is quite apparent that there was no error in the submission of the questions presented at the trial to the jury; for unless more ingenuity and skill in applying the old method of fastening the shank and the knob were required in the application of it to the clay or porcelain knob than were possessed by an ordinary mechanic acquainted with the business, there was an absence of that degree of skill and ingenuity which constitute essential elements of every invention. In other words, the improvement is the work of the skilful mechanic, not that of the inventor.565)

[번역]

특허청구에서 개량발명에 관한 앞서의 견해가 타당하다면, 사실심에서 배심에게 제시된 쟁점은 하자가 없다; 왜냐하면 도자기와 에나멜로 만들어진 손잡이에 그 재능과 기능을 적용하는 것에 축과 손잡이를

1836, p. 117.

563) 재정법원(the Court of Exchequer)은 19세기 중반까지 커먼로 법원과 형평 법원의 성격을 모두 가지고 있었다고 한다. Helen Mary Gubby, Developing a Legal Paradigm for Patents: the attitude of judges to patents during the early phase of the Industrial Revolution in England (1750s - 1830s), Dr. Dessertation, Erasmus Univ. Rotterdam, p. 18.

564) Hotchkiss v. Greenwood, 52 U.S. (11 How.) 248 (1851).

565) Id., 267.

단단히 고정하는 선행발명의 기술 분야에 익숙한 통상의 기술자(an ordinary mechanic)보다 좀 더 나아진 재능과 기능(more ingenuity and skill)이 요구되지 않는다면, 모든 발명의 필수적인 요소를 구성하는 더 나아진 재능과 기능의 정도가 결여된 것이다. 다시 말해, 개량은 발명가가 아닌 기술자의 일이다.

라고 판시했다. 위 판결은 특허를 받기 위해서는 새롭다는 의미의 신규성만으로는 부족하고 그 이상의 기술이 필요하다고 판시한 사건이다.

위 미국 연방대법원 판결 전에도, 본 저술에서 언급하는 바와 같이[566] 나중에 연방대법관이 되었던 조셉 스토리(Joseph Story) 판사가 매사추세스 주 법원의 판사로 활약할 당시인 1842년 특허요건으로서 신규성 이외에 더 나은 발전된 단계를 요구하는 판결의 법리가 위 Hotchkiss v. Greenwood 사건을 심리한 연방대법원에서 받아들여진 것으로 볼 수 있다. 그 당시 스토리 판사는 '밀가루 만드는 제분기'를 새로운 용도로서 커피를 가는데 사용한다고 하여 새로운 발명이라고 할 수 없다고 판시하였다.[567] 이러한 논리는 특허침해에 있어서 단순한 변경("mere colorable alterations")도 특허권의 범위에 속한다는 스토리 판사의 판결과 연결된다.[568]

이와 같은 판시는 칸트의 재산권 철학과 일치하는데, 자유의지에 의해 추상적 아이디어, 자연법칙과 자연현상을 구체화하면 할수록 그의 지배하에 있다고 인정할 수 있을 것이다. 다만 자유를 근원으로 하는 재산권 철학은 재산권에 대하여 매우 엄격하다. 이는 어느 한 사람의 재산권은 지구상 모든 타인의 자유를 제한하기 때문이다.

칸트는 외부는 근원적으로 공유이지만 재산권을 취득할 수 있듯이 공유

---

566) 본 서 제5장 제1절 2. 나. (3) "옛 기계의 새로운 용도('put an lod machie to a new use')" 참조.
567) Howe v. Abbott, 2 Story. 190 (C.C.D. Mass. 1842).
568) Odiorne v. Winkley, 18 F.Cas. 581, 582 (C.C.D.Mass. 1814).

인 아이디어도 자신의 재산으로 할 수 있는데 이를 구체화하는 작업이 필요하다. 유체물의 경우에는 자신의 지배와 지배의도를 표시하기 위해서 자신의 점유에 두는 것처럼 추상적인 아이디어를 점유하는 것은 타인과 공유하고 있는 아이디어를 자신의 발명상(창작성)을 가미하여 구체화 하는 것이다. 따라서 이러한 작업은 새로운 아이디어이면 어느 정도 충족할 수 있다고 인정할 수 있다. 그러나 그 경계는 매우 불명확하다. 따라서 신규성에 어떤 더 나아진 재능과 기능(more ingenuity and skill)은 재산화 하려는 아이디어에 대하여 자신의 지배를 구축하는 것이고, 그 지배를 외부에 표시하는 것이다.

아이니어에 대한 칸트의 사고는 단순히 저작으로서가 아닌 그 당시 영국에서 유행하던 공리주의적인 사고, 즉 사회적 보상이라는 측면에서 접근했다고 보인다. 아이디어는 보편적이고 추상적인 사고일 뿐 어떤 개인의 사상이나 감정을 표현하는 것은 아니었다. 따라서 그가 사회계약설 관점을 유지하였고, 국가는 개인의 자유를 보호하기 위해 필요한 수단으로 보았듯이, 아이디어를 보호하기 위해 국가가 필요하고, 국가 성립의 바탕이 된 계약(contract)과 그 계약적 관점에서 독점은 아이디어의 사회적 기여에 대한 쌍무적 보상(reward)이라고 생각했다.[569] 독점은 사회계약에 의해서 발생하는 것이고, 아이디어를 포함한 사상과 사고는 그것이 인적속성을 가지고 있으므로 그 당시 사회계약설과 공리주의 철학에서 보는 바와 같이 계약적 속성을 인정한 것으로 보아야 한다.

칸트는 재산권을 나의 동의 없이 다른 사람이 사용하면 나에게 잘못이라는 것에 연결된 것("with which I am so connected that another's use of it without my consent would wrong me")으로 보았다.[570] 재산권을 취득하기

---

569) Alice Pinheiro Walla, Private Property and the Possibility of Consent: Immanuel Kant and Social Contract Theory, Univ. of Wales Press, 2018, Ch. 2. pp. 29-46.

570) Immanuel Kant, Metaphysik der Sitten (1797) §6 (245).

위해서는 타인의 재산권을 존중해야 한다는 사회계약에 동의해야 했다. 국가는 모든 국민으로 하여금 타인의 재산권을 침해하지 않도록 할 의무가 있었다. 국가는 사적재산에 대한 동의를 집행하고 국민간의 계약을 강제해야 했다. 이는 개인이 누리는 근원적인 자유의 범위내이다.

칸트는 물리적 점유를 재산권 발생의 기초로 보았고, 재산권 침해는 점유를 침해하는 것으로 보았다. 그러나 칸트는 반드시 물리적 점유만을 재산권의 기초로 보지 않았다. 관념적 점유(*possessio noumenon*, intelligible possession) 상태, 나의 소유지에 있는 과일, 곡식 등은 내가 물리적 점유를 하지 않더라도 나의 재산이 되었다. 지구상의 모든 무주의 사물은 재산권의 대상이 되었지만 일방적인 점유와 소유는 타인의 자유를 침해하는 것이었으므로 재산권의 대상으로 하기 위해서는 동의가 필요했다.

1844년 프랑스 특허법(French Patent Law of July 5, 1844(Law of July 5, 1844, sur les brevets d'invention))에도 칸트철학에 기초한 자연권이론이 나타나 있다. 1844년 프랑스 특허법의 제정을 위해 제출한 French Chamber of Deputies의 보고서는 다음과 같이 칸트를 인용하면서 보상에 기초한 계약설을 언급하고 있다:

> Toute découverte utile est, suivant l'expression de Kant, la prestation d'un service rendu à la société. Il est donc juste que celui qui a rendu ce service en soit récompensé par la société qui le reçoit. C'est une transaction, un véritable contrat, un échange qui s'opère entre les auteurs d'une découverte nouvelle et la société. Les premiers apportent les nobles produits de leur intelligence, et la société leur garantit en retour les avantages d'une exploitation de leur découverte pendant un temps déterminé.[571]

---

571) Adrien-Henri Huard, Répertoire de législation et de jurisprudence en matière de

[번역]

　모든 발명은, 칸트의 표현에 따르면, 사회에 제공한 공헌에 대한 선물이다. 따라서 이와 같이 공헌을 받은 사회는 그 공헌을 한 사람에게 보상해야 한다. 이것은 새로운 발명을 한 사람과 사회간에 성립하는 공정한 계약이거나 교환으로서 공정한 결과이다. 발명가들은 자신의 지능으로 새로운 결과물을 제공하고 사회는 그 보상으로 그 발명가들에게 그들의 발견에 대하여 일정한 기간동안 배타적으로 이용할 수 있는 특권을 부여하는 것이다.

　칸트의 사상은 배타적인 권리를 부여하는 지적재산권 제도를 이루는 의무론적인 계약과 보상의 철학에 관한 것으로서 도덕성을 포함하여 특허제도를 포함한 지적재산권제도의 근본적인 이념을 제공한다고 할 수 있다.

　칸트는 발명이 체화된 물품은 소유의 문제가 아니라 자산의 문제로 보았다. 그리하여 물품을 생산하는 것은 자산이 증가하는 것이고, 타인이 허락 없이 생산, 즉 침해하는 것은 자산을 감소시키는 것으로 보았다.[572]

　따라서 칸트의 견해에서는, 헤겔도 같겠지만, 우연한 발명에 대하여는 그것이 자유의지에 의한 발명이라고 할 수 있을까? 의도되지 않은 발명은 특정인의 재산이라고 할 수 없다고 보인다.

---

　　brevets d'invention, Paris, Cosse et Marchal, 1863, p. 237.

572) Tom G. Palmer, Are Patents and Copyrights Morally Justified? The Philosophy of Property Rights and Ideal Objects, 13 HARV. J.L & PUB. POL'Y 817, 841 (1990).

제4절 게오르크 빌헬름 프리드리히 헤겔(Georg Wilhelm Friedrich Hegel)과 지적재산

1. 헤겔과 재산

가. 헤겔철학에 있어 인간의 지위

게오르크 빌헬름 프리드리히 헤겔(Georg Wilhelm Friedrich Hegel, 1770-1831)은 독일 관념론의 완성자로 알려져 있다. 헤겔은 베를린 대학에서 자신의 강의노트를 모아 1821년 'Grundlinien der Philisophie des Recht'(권리철학의 원칙; Elements of the Philosophy of Rights)를 출간한다. 헤겔의 개성을 바탕으로 한 철학은 로크의 노동을 바탕으로 한 철학을 보충한다. 물론 그 중간에는 칸트의 철학이 존재한다.

헤겔의 개성이론은 인간의 의지(will)는 개인의 존재이유에 대한 핵심적인 정당성이다. 모든 인간은 내적 존재로서 의지가 있고, 외적자유가 있다. 내적자유와 외적자유를 나누고 내적자유에서 외적자유가 도출되는 점에서 칸트와 헤겔의 철학은 유사하다.

18세기 말은 유럽에 낭만주의가 유행하던 시절이었고, 낭만주의는 인간 개성이 중시되지 않은 고전주의에 반발하여 창작자 자신의 감정이 중요시되어 문학 작품·그림·음악·건축·비평·역사 등에 개인주의가 영향을 미쳤다. 이는 그 시대를 살았던 칸트와 헤겔에 영향을 미쳐 칸트와 헤겔 철학에서는 인간과 인간의 자유가 최상의 가치가 되었고, 그들에게 있어서 자유는 개인의 내적자유와 외적자유를 구성하고 내적자유가 외적자유를 형성하는 것이다. 내적자유는 자신으로 부터의 독립, 즉 자아의 형성이고 자아는 인간의 존재를 증명하는 것이다. 인간의 존재는 자유로운 인간을 말하는데 외적 자유는 외부로부터의 독립되고 스스로 존재를 증명하게 된다. 따라서 인간은 근원적, 생래적으로 자유로운 존재이다. 그리하여 헤겔은 인간은 모든 사물을 점유할 수 있는 권리를 가진다고 했고, 사물은 자유가 없는 것, 물질적인 것, 및 법적 권한이 없는 것으로 자유를 가진 인간은 더이상 타인에게 종속될 수 없는 존재이었다.573) 로크, 칸트, 헤겔 등 근대 자유주의 정치철학에서는 자유와 재산은 인간의 권리이었고, 타인에게 구속되지 않는 독립한 주권을 가진 주체이었다.

칸트와 헤겔이 활동했던 시대에 유행한 유럽의 낭만주의는 어떤 형식에 얽매이지 않고, 인간 본성과 자아를 중요시했다. 따라서 낭만주의에서는 인간이 가장 중요했다. 헤겔은 낭만주의의 무형식과 무규범을 수용하지는 않았으나 개성과 자아를 자신의 철학의 핵심적 개념으로 발전시켰다. 또한 로크, 칸트와 헤겔의 철학에서 가장 중요한 것은 재산이었다. 재산은 현재의 재산개념보다 더 광범위한 개념으로 자유, 생명, 재산을 포괄하는 개념으로 이는 로크의 재산개념과도 같다.

로크(Locke)의 재산권 이론에 있어서도 재산권의 개성(personality)적 성격을 찾아 볼 수 있지만 로크는 재산권 취득의 근거를 인간의 노동(labor)으로 보았다. 본격적으로 재산권의 본질과 기원을 개성(personality)에서 찾은 것은 칸트와 헤겔이라고 할 수 있다. 사실 헤겔의 관점에서 보면 지구상에 인간이 창조한 것 모든 것은 개성의 산물이므로 창조된 모든 것은 개성이 존재한다고 할 수 있다. 헤겔에게는 낭만주의의 무형식을 취하기보다는 자아 개념을 발전시켜 자아를 형성하는 것으로 보았다. 칸트는 도덕적 주체로서 개인의 자유가 중요시되었지만, 헤겔에 있어서 자유는 국가 시민으로서 본질로서 소유하는 것이다. 국가는 시민의 재산권을 보호하기 위한

---

573) Oquendo, Angel R., Freedom and Slavery in Hegel, 16 Hist. Phil. Quart. pp. 437-464 (1999); Steven B. Smith, Hegel on Slavery and Domination, The Review of Metaphysics, Vol. 46, No. 1, 1992, pp. 97-124.

수단이다.

헤겔에 있어 법이란 정신적인 것으로 자유의지의 표현이고 자연이 아닌 자유의지를 행사하는 인간의 정신이 만들어낸 세계이다. 따라서 법도 인간이 만든 것으로 칸트의 법 개념과도 일치하고, 로크의 실정법, 즉 시민사회에서의 법과도 일치한다. 이러한 헤겔의 철학은 노동을 가하여 취득하는 결과물을 재산으로 보아 재산권 취득을 객관적으로 본 로크와 매우 다르다. 그러나 사회계약설과 계몽주의는 그 당시의 철학의 바탕이 되었고, 헤겔도 그 영향을 받았을 수 밖에 없으므로 기본적으로 인간의 해방과 자유의 쟁취라는 관점에서 이해할 수 있다.

로크에게는 외부의 전제권력으로 부터의 독립한 존재가 되기 위해 인간의 자유가 중요했다. 16세기와 17세기에 영국의 정치상황은 헨리 8세와 엘리자베스 여왕으로 이어지는 전제 왕조가 제임스 1세와 찰스 1세 그리고 찰스 2세로 승계되면서, 1624년 독점법, 1628년 권리청원, 1642년에서 1646년까지 1차 그리고 1648년에서 1649까지 2차에 걸친 청교도 혁명, 1660년 왕정복고기를 거치면서 강화되는 전제왕권에 맞서야 했으므로, 전제왕권을 혁파하기 위한 갈등 속에서 16세기와 17세기 전반에 전제왕권을 약화시키는 이념적 기초가 필요했다. 전제왕권으로부터 인간의 해방과 그 해방에서 가장 중요한 역할을 하는 것이 재산권(로크가 말하는 재산권은 생명, 자유, 재산을 포괄한다)이었으므로 로크의 재산권 철학은 왕과 권력으로부터 독립한 재산권의 완성이었으므로, 유럽의 기독교 정신을 바탕으로 신(God)이 부여한 재산권 개념이 될 수 밖에 없었다.

그러나 헤겔의 시대에는 그러한 전제왕권은 무너지고, 입헌군주제와 낭만주의의 유행에 따른 개인주의는 개성이 중요시 될 수밖에 없었다. 따라서 헤겔은 외부로 부터의 독립이 아닌 인간 내면의 자유가 중요시 될 수밖에 없었다. 로크의 신(God)을 대신하여 인간이 주체가 된 것이다. 헤겔에 있어서 인간(person)은 스스로 존재 가치를 가지거나 추상적 자유의지를 가진 존재이기 때문에 인간(person)이고, 로크가 신(God)의 명령을 인간의 재산의 근원으로 제시했지만, 더 이상 신을 개입시킬 필요가 없었다. 인간으로서의 존재(human being)는 가장 높은 성취, 즉 자아와 자유의지를 실현한 때 비로소 인간(person)이 되고,574) 그러한 인간은 궁극적인 목적적인 존재가 되므로 더 이상 신(God)과 신의 명령이 필요 없었다. 인간(person)과 주체(subject)는 구별되는데, 주체는 개성을 가질 수 있는 가능성(the possibility of personality)을 말하고 개성이 존재하는 것이 인간이다.575) 인간은 단적으로 자기자신과의 순수한 관계속에 있는 유한한 존재이다. 인간은 자기자신과의 관계속에서 관찰될 수 있는 추상적인 존재, 즉 추상법(das abstakte Recht)에서 관찰되는 존재로서, 사신과의 관세에서 보편석이고 자유로운 상태에서 인간(person)의 개념이 도출된다.

인간 내면의 자유는 자유의지의 실현으로, 결국 외부로부터 자유를 갖게 된다. 그리하여 헤겔의 철학에는 인간의 자아가 핵심적인 요소이고 '자아'는 독립, 즉 자유를 의미한다. 그러한 자유를 실천하는 개념이 '자유의지'(freewill)이다.

나. 헤겔에 있어서 권리

재산과 자신만의 관계에서는 도덕적 주체가 될 수는 있어도 권리개념이 도출될 수 없기 때문에 법적 주체는 존재하지 않는다. 칸트는 이러한 상태에서 재산의 개념을 도출했고, 재산권은 다른 인간과의 관계에서 도출했다. 헤겔은 도덕의 관계로서의 인간을 설정했다. 인간은 로크와 칸트에서는 자연상태와 유사하다. 다른 인간의 존재가 필요한 것은 권리는 한 인간이 홀

---

574) Hegel, Philosophy of Right edited by Allen W, Wood, translated by H. B Nisbet("Hegel, Philosophy of Right"), Cambridge Univ. Press, 2003, §35.

575) Hegel, Philosophy of Right §35.

로 있을 때는 필요하지 않고, 그 이외의 다른 인간과의 관계에서 권리가 발생하기 때문이다. 따라서 권리와 법률관계가 되기 위해서는 법과 권리를 강제할 수 있는 국가와 시민의 개념이 존재해야 한다.

헤겔의 철학은 권리의 개념과 이를 실재화하는 것이 중요했다.576) 헤겔에 있어서 권리는 선험적으로 존재했다.577) 인간은 자아와 자유의지를 가진 존재이므로 자신을 인식할 수 있다. 이는 내면적인 자신, 자아와 외부의 인격체로서의 인간을 구분하는 것이다. 이러한 인식은 인간의 독립성과 자율성을 갖는 존재가 되므로 인간은 모든 것을 추상화 시킬 수 있다. 자신과 외부를 인식하고 성찰할 수 있으므로, 그러한 인식과 성찰과정을 통하여 인간은 더욱 더 자유와 자유의지를 갖게 된다. 그러한 자유와 자유의지의 존재는 권리 주체가 존재한다는 것을 의미한다. 권리는 자유의지가 있는 존재에게 있다.578)

헤겔의 재산권 철학은 인간이기 때문에 재산권을 가진다는 권리기반이론(right based theory)579)이라는 점에서 로크의 이론과 같고, 목적주의580) 또는 결과주의581)인 실용주의 철학과는 근본적으로 다르다. 헤겔의 재산권 철학은, 로크의 이론도 마찬가지이지만, 인간의 행복을 증진시키는 것을 직접적이거나 공리주의와 같이 최상의 목적으로 하지 않는다. 물론 재산권을

---

576) Hegel, Philosophy of Right §1.

577) Hegel, Philosophy of Right §2.

578) Hegel, Philosophy of Right §29 (Right is any existence in general which is the existence of the free will).

579) 헤겔의 재산권은 자연권이 아닌 도구와 같은 개념이라고 하는 견해는 Jeanne L. Schroeder, Unnatural Rights: Hegel and Intellectual Property, 60 U. Miami L. Rev. 453, 454 (2006).

580) 공리주의는 최대다수의 최대행복이라는 목적이 존재하는데, 이러한 관점에서는 목적주의라고 할 수 있다.

581) 공리주의는 최대다수의 최대행복이라는 결과를 지상의 목적으로 한다. 그러한 의미에서 결과주의라고 한다.

인정한 결과 인간의 행복이 증진될 수 있지만 이는 재산권을 인정하여야
하는 당위성이나 근거가 될 수 없다. 이 점에서는 로크보다 헤겔이 권리에
기초한 이론에 가깝다고 할 수 있다.

헤겔의 재산권이론은 개인의 자유의지[582]에서 출발하기 때문에 최대다
수의 최대행복이라는 결과주의에 기초하는 공리주의와 다르다. 헤겔의 이
론은 근본적으로 개인의 자유를 증진시키기 위한 것이라는 점에서 로크나
칸트와 같은 자유주의적 재산권 이론과 같이한다. 따라서 헤겔의 이론은
자연권에 기초한 것이라고 할 수 있다.[583] 그러나 로크의 자유가 '간섭으로
부터 자유'인 소극적인 것[584]임에 반하여 헤겔의 자유는 개성과 불가분적
이다. 헤겔은 인간을 순수한 독립적인 존재로서의 자유인으로 간주한
다.("The person is the individuality of freedom in pure being-for-itself")[585]
인간은 자신이 자유임을 안다. 인간은 모든 것을 추상화할 수 있는 존재이
고, 어느 것도 인간의 개성을 침범할 수 없다. 그 뿐만 아니라 인간에게 관
련된 모든 것을 스스로 결정할 수 있는 존재이다.[586]

인간이란 자아를 발전시킬 수 있는 존재이다. 헤겔에 있어서 자유는 자

---

582) 자유의지는 자유 또는 의지와 같다고 할 수 있다.

583) 헤겔은 제레미 벤담과 같이 자연법은 '전혀 근거가 없다'("nonsense on stilts")고 한
   것과 같은 입장이라고 주장하는 견해가 있다. 헤겔이 자연법이라는 용어를 쓴 것은
   모순어법(oxymoron)이라고 한다. Jeanne L. Schroeder, Unnatural Rights: Hegel and
   Intellectual Property, 60 U. Miami L. Rev. 453, 454 (2006).

   To Hegel, nature is unfree. Legal rights are artificial constructs we create as
   means of escaping the causal chains of nature in order to actualize freedom.
   Consequently, rights are not merely *not natural*, they are *unnatural*.

   Id. 헤겔에게 있어, 권리는 자연권이 아닌 것이 아니라(not merely *not natural* [right]),
   자연권일 수 없다(*unnatural* [right])고 한다. 헤겔은 재산을 기능적인 것으로 본다고
   한다.

584) 다만, 시민사회 구성과 같이 적극적으로 자유를 쟁취하기 위한 경우도 있다.

585) Hegel, Philosophy of Right §35 A.

586) Hegel, Philosophy of Right §35 A.

아를 실현하기 위해 필요한 적극적인 존재이다. 자유의지는 인간으로 하여
금 인간의 욕구를 인식하게 하고 인간의 욕구는 주어진 인성이 아니라 자
신이 스스로 선택하는 적극적인 존재임을 알게 한다. 인간은 자신을 이해
함으로서 개성을 실현할 수 있다. 자유의지를 행사하여 인간이 선택한 것
은 재산권을 이해하는 핵심적인 요소가 된다.

  헤겔은 권리를 사상의 자유라고 하였다.[587] 사상의 자유란 실현될 수 있
다. 권리는 자유의지가 실현되는 외부세계의 한 현상이라고 할 수 있다.[588]
권리란 자유의지를 체화한 것으로 자유의지를 실현하는 수단이 되고, 인간
을 완성하기 위한 필수조건이 된다. 따라서 권리는 신성불가침의 권리, 즉
자연권이라고 할 수 있다.[589]

  19세기를 대표하는 유명한 법사학자인 사비니(Friedrich Carl von
Savigny)는 주관적인 법적 주체와 법적 주체의 자유의지에 따라 객체에 대
한 처분의 권리를 부여하는 것을 주관적인 권리라고 하였는데, 외부의 사
물에 대한 권리인 재산권은 사비니의 주관적 권리론에 부합했다. 그런데
인간의 개성(personality)에 대한 권리는 그 권리의 대상이 없었으므로 그러
한 권리의 개념에 대하여 사비니는 매우 피상적인 생각이라고 했다.[590] 이
에 반하여 칸트, 헤겔, 쾰러(Kohler) 및 개라이스(Gareis) 등은 개성에 대한
권리를 인정했다.

다. 재산

  헤겔에 있어서 재산이란 개성(personality)을 외부세계에 실재화(embodiment)

---

587) Hegel, Philosophy of Right §29.
588) Hegel, Philosophy of Right §29 note 1.
589) Hegel, Philosophy of Right §30.
590) Cyrill P. Rigamonti, The Conceptual Transformation of Moral Rights, The American
  Journal of Comparative Law, Vol. 55, No. 1 (Winter, 2007), pp. 67-122.

하고 구체화하는 매체와 같은 것으로 개성이 실현되는 매개체가 된다.591)
인격이 이념으로 존재하기 위해서는 그의 자유를 외면적인 영역으로 변화
시켜야 한다. 즉 재산이란 인격이 자유의지를 체화시킨 것으로서 재산은
자유를 외부에 표출시킬 수 있게 한다. 여기에서 재산에 대한 '권리' 개념
이 시작된다. 먼저 재산은 나에게 속하고, 그 재산은 타인에게 나의 권리에
속함을 주장할 수 있다. 사물은 나의 의지를 받음으로써 나의 소유물이 된
다. 내면적으로는 자아가, 외부적으로는 재산이 인격을 완성시킨다. 개인은
실재적인 존재로서 자신의 자유의지를 어느 것에나 체화시킬 수 있고, 이로
서 그것은 자신의 재산이 된다. 왜냐하면 재산이란 재산 이외에 다른 것이
존재하기 않고 인간의 자유의지로부터 나오는 궁극적인 것이기 때문이다.

라. 재산권

헤겔은 칸트의 영향으로 점유(Besitz)와 소유(Eigentum)를 구별했다. 점유
는 사실적인 것, 소유는 법적인 것이었다. 점유가 합법적인 관계가 되면 소
유가 되었고, 소유하는 물은 재산권의 대상이 되었다. 칸트와 같이 내가 어
떤 사물에 대하여 소유할때는 타인의 의해 승인되어야 한다. 사유재산이란
내가 권리를 주장하고 타인이 승인하는 것으로 자유와 권리의 표출이었다.
그리하여 타인이 승인할 때 그 사물은 나의 재산권의 대상이 된다.

인간은 존재하는 모든 것에 대하여 취득할 수 있고, 재산권은 절대적인
권리가 된다.592) 개인의 자아 또는 자유는 외부적으로 재산을 통하여 실현
된다. 재산을 통하여 개인과 사회의 발전이 일어난다. 재산은 개성을 외부
세계와 연결하는 매체이기도 하고, 개성이 재산을 통하여 외부세계에 실재
하는 매체이기도 하다. 즉 소유는 인격과 물건과의 관계를 나타낸다. 개성

---

591) Hegel, Philosophy of Right §41.
592) Hegel, Philosophy of Right §44.

을 실재화(實在化) 하고 인간의 필요를 충족하기 위해 재산이 필요하다. 인간의 영혼이 육체를 통하여 외부세계와 교감을 하고 실재화 하듯이, 재산도 개성을 외부세계와 연결하는 수단이 되는 것이다. 소유를 통해서 인간의 의지는 인격적으로 되지만 인격이란 하나의 단위이다. 그리하여 재산은 통합된 인격적인 의지가 된다.

재산이란 나의 의지를 체화시킨 수단이 되므로 재산은 통합된 개성의 의지나 나의 의지의 특성을 가져야 한다.[593] 자유의지는 외부에 이를 실재하기 위한 물리적인 실재(body)가 필요하고, 자유의지는 인간이기 위해서 가져야 하는 필수적인 것이다. 따라서 재산은 인간의 존재에 의하여 필요한 것이므로 실정법 이전에 존재하는 것이다. 즉 재산권은 자연법상의 권리가 된다.

인간은 자유의지의 집합체로서 인간은 자유의지가 구체화 된 것이다.[594] 인간은 개성을 외부세계와 교감을 하고, 실재화를 위해 외부에 실재하는 어느 것이나 자신의 의지를 행하여 개성을 불어 넣을 수 있다.[595] 인간의 자유의지가 외부의 물체에 실재화 할 수 있는 것은 인간본질의 핵심이다. 인간의 자유의지가 외부의 물체에 실재화 될 때 비로소 실질적인 인간이 된다.[596] 자유의지 내지 자율성은 외부 사물에 실재하였을 때 그것은 그 자유의지 내지 자율성을 부여한 인간의 재산이 된다. 특정사물을 지배할 의지와 그 의지는 외부에 지속적으로 표현되어야 한다.[597] 따라서 점유는

---

593) Hegel, Philosophy of Right §46 A.
594) 나종갑, 특허권의 정당성에 관한 이론의 전개와 전망, 비교사법 제17권 제1호, 14면 이하 (2010).
595) Margaret J. Radin, Property and Personhood, 34 Stan. L. Rev. 957, 966 (1982).
596) Hegel, Philosophy of Right §44.
597) Margaret J. Radin, Property and Personhood, 34 Stan. L. Rev. 957, 973 (1982). 헤겔에 있어서 특정사물을 지배할 자유의지는 외부로 표현되어야 하기 때문에 한편으로는 점유이론이라고 할 수 있다. Id.

소유를 나타내는 강한 증거가 된다.[598] 내가 동물을 사유하고, 땅을 경작하여 곡식을 재배하고 수확하는 것은 소유를 나타내는 증거이다. 물건이란 시간상 그것을 최초로 점유취득 한 사람에게 속한다는 원칙은 자명하므로 논쟁할 수 없다. 왜냐하면 두 번째 사람은 이미 다른 사람의 소유인 것을 점유할 수는 없기 때문이다. 따라서 재산권의 대상은 무주물이다. 소유할 사물에 대하여 의지가 실재하는 것을 나타내는 것은 그 물체에 대한 소유이다.[599] 따라서 곡식을 재배하고 수확하는 것은 사물의 직접적인 획득과 소유의 의사표시라는 표지를 통해 소유의 형식이 완성되는 것이다.

또한 헤겔은 타인과의 공유관계를 인정한다. 타인과의 공동의 의지 (common will)에 의하여 재산권이 정해질 수 있다.[600] 이러함으로서 자유의지와 자유의지는 자유가 존재함이 구별되는 근거가 된다. 이러한 조정을 통해 어떤 사물에 의해서만 나의 재산을 소유하는 것이 아니며 타인의 자유의지를 통하여 소유함이 증명이 되는 것으로서 이는 공동의 자유의지 (common will)로서 계약(contract)이라고 할 수 있다.[601]

사유화, 즉 재산권을 취득할 수 있다는 것은 우리의 인격과 도덕행위의 기초를 제공하는 것이므로 사유재산은 인간의 권리를 허용하는 것이다. 궁극적으로 소유하는 인간은 자아를 갖게 된다. 인간은 재산을 취득할 수 있고, 재산을 취득할 수 있다면 인간이다. 헤겔의 이론은 저작인격권이나 발명에 관한 발명자의 권리를 설명하기 쉽다.

---

598) 우리 민법은 점유를 소유로 추정한다. (민법 제197조 (점유의 태양) ① "점유자는 소유의 의사로 선의, 평온 및 공연하게 점유한 것으로 추정한다.").

599) Hegel, Philosophy of Right §50.

600) Hegel, Philosophy of Right §71 ("Property, in view of its existence as an external thing, exists for other external things and within the context of their necessity and contingency. But as the existence of the will, its existence for another can only be for the will of another person.").

601) Hegel, Philosophy of Right §71.

2. 헤겔과 지적재산

가. 표현의 자유의 필요성

헤겔이란 재산이란 자유의 실현수단이 되었고, 자유의지의 실현이었다. 헤겔은 로크와 다르게 어떤 '노동'에 의한 결과물이라는 점을 중요시 하지 않았다. 이러한 점에서 로크와 헤겔은 구별이 되고 칸트와 같다. 개인의 자유의 표현은 저작물이 되었고 저작물은 개인의 인격(personality) 표현이 되었다. 따라서 헤겔의 재산권 이론과 지적재산권 이론은 개인적이고 주관적인 이론으로서 칸트와 같이 개성의 표현, 즉 자유의지의 실현으로 볼 수 있는 저작권에 중점이 맞추어져 있었다.

영국의 공리주의가 최대다수의 최대행복을 실현하기 위한 도구로 보았던 것과 달리 헤겔에 있어서는 인간의 자유실현이 중요했다. 아마도 이러한 철학적 관념이 달라진 것은 그 당시 영국과 독일이 처한 환경이 달랐기 때문으로 보인다. 영국은 17세기 후반에는 이미 권리청원, 청교도 혁명, 왕정복고시대의 찰스 2세의 1679년 인신보호법의 제정(Habeas Corpus Act)[602], 1688년 명예혁명 및 1689년 권리장전(Bill of Rights)을 통해 민권을 확립하였다. 1685년 영국은 진보당인 휘그당과 보수당인 토리당의 타협으로 왕위를 계승할 왕자가 없던 가톨릭 교도인 제임스 2세의 왕위 즉위를 인정한다. 그러나 1688년 혁명이 일어나, 제임스 2세의 왕비 메리가 왕자 제임스를 낳아 종교적으로 갈등이 빚어질 것을 염려한 휘그당과 토리당이 연합하여 제임스 2세를 제거하려고 하자, 제임스 2세는 스스로 왕위에 물러나 외국

---

602) 영국의 인신보호법은 현재의 구속영장심사제나 구속적부심의 원형이다. 찰스 2세의 후계자인 가톨릭 교도인 제임스 2세의 즉위로 인하여 정치적 탄압이 시작될 것을 우려한 영국 의회에서 인신보호법을 제정하여 국가권력에 의하여 신체의 자유를 박탈당한 경우 법정에서 그 적부를 심사받을 수 있는 권리를 규정했다.

으로 망명을 한다.(명예혁명) 그리고 그 후계자로 제임스 2세의 딸 메리와 남편인 오렌지 공작이 메리 2세와 윌리엄 3세로 영국왕위에 즉위한다. 이 때부터 영국은 의회제도가 확립되어 의회우위의 원칙과 의회정치가 시작했고, 국왕은 군림하되 통치하지 않는다는 입헌군주제의 민주주의의 태동이 되었다.

1689년 소집된 국민협의회가 국왕의 상황을 설명하기 위한 결의를 하고 윌리엄 3세를 국왕으로 추대하면서 그 추대조건으로 권리선언을 제출하여 승인을 받았다. 이 권리선언을 기초로 같은 해 12월에 제정된 것이 왕권에 대한 의회의 우위를 선언한 권리장전이다.

영국에서 명예혁명이 발생한지 100년 후인 1789년 이웃한 프랑스도 대혁명이 발생하고, 대혁명을 통하여 프랑스 국민의 인권이 확립되어 있었지만, 독일은 통일국가가 되지 못하고, 분열되어 있었다. 따라서 독일에서도 인권의 확립과 통일은 그 당시 계몽사상과 프랑스 혁명에 영향을 받은 독일의 칸트나 헤겔에게는 중요한 일이었다. 그리하여 영국과 프랑스의 민주주의를 전파하기 위해서는 표현과 언론의 자유가 중요했다.

나. 발명에 대한 권리

헤겔에 있어 외부의 사물에 자신의 정신작용의 결과를 불어 넣는 것, 즉 발명은 자유의지의 실현이었다. 그리하여 그 외부의 사물은 그의 것이 되었다. 그러나 이는 인간과 사물과의 관계를 말할 뿐 개인과 사회 그리고 그 사물과의 관계는 분명하지 않다. 자유의지가 사물에 채워졌을때 그 사물은 그의 재산이 된다. 그런데, 그 사물의 과학적 원리(발명)는 자유의지의 표현일 뿐 사물은 아니다. 따라서 헤겔의 이론으로는 그 발명(아이디어)가 그의 재산이 되는 것이 분명하지 않다.

그러나 자유의지가 외부의 사물을 인식하고, 탐색하고, 연구하고, 변경을

가하는 등 상호작용을 하면, 인간의 정신작용에 의하여 그 사물은 그가 취득하였다고 할 수 있다.[603]

다. 자유의지의 발현과 무체물

헤겔은 저작물에 대하여 다음과 같이 언급한다:

As the concept in its immediacy, and so as in essence a unit, a person has a natural existence partly within himself and partly of such a kind that he is related to it as to an external world. It is only these things in their immediacy as things, not what they are capable of becoming through the mediation of the will, i.e. things with determinate characteristics, which are in question here where the topic under discussion is personality, itself at this point still in its most elementary immediacy.

Remark: Mental aptitudes, erudition, artistic skill, even things ecclesiastical (like sermons, masses, prayers, consecration of votive objects), inventions, and so forth, become subjects of a contract, brought on to a parity, through being bought and sold, with things recognised as things. It may be asked whether the artist, scholar, &c., is from the legal point of view in possession of his art, erudition, ability to preach a sermon, sing a mass, &c., that is, whether such attainments are 'things'. We may hesitate to call such abilities, attainments, aptitudes, &c., 'things', for while possession of

---

603) H. B. Acton, 3 THE ENCYCLOPEDIA OF PHILOSOPHY In Paul Edwards (ed.), Hegel, Georg Wilhelm Friedrich 442, 446 (1967 ed.).

these may be the subject of business dealings and contracts, as if they were things, there is also something inward and mental about it, and for this reason the Understanding may be in perplexity about how to describe such possession in legal terms, because its field of vision is as limited to the dilemma that this is 'either a thing or not a thing' as to the dilemma 'either finite or infinite' Attainments, erudition, talents, and so forth, are, of course, owned by free mind and are some thing internal and not external to it, but even so, by expressing them it may embody them in something external and alienate them (see below), and in this way they are put into the category of 'things'. Therefore the are not immediate at the start but only acquire this character through the mediation of mind which reduces its inner possessions to immediacy and externality.[604]

[번역]

직접적이고 본질적인 개념으로, 사람은 부분적으로 자기 자신이 자연적 존재로서 또한 부분적으로 외적 세계로서의 자연에 관계되어 있다. 그것은 사물로서의 그들의 직접성(즉자성)에 있는 그러한 사물들 뿐이다. 사물들은 자유의지의 중재를 통하여 될 수 있는 능력이 있는 것이 아니다. 예컨대 결정적 특징을 가진 사물은 논제의 주제가 개성인 여기에서 질문이 되고 있다. 여기에서 개성은 가장 기초적인 직접성(즉자성)에 있다.

주석: 정신적 태도, 학식, 예술적 능력, (설교, 미사, 기도, 봉헌물 축성 등), 발명들 등도 계약의 대상이 되며, 매매를 통해 동등하게 되고, 사물로서 인식된다. 예술가, 학자 등이 법적 관점에서 자신의 예술, 박식, 설교 능력, 미사 노래 능력 등을 소유하고 있는

---

604) Hegel, Philosophy of Right §43.

지, 즉 그러한 성취가 '사물'인지 여부가 문제된다. 우리는 그러한 능력, 성취, 적성 등을 '사물'이라고 부르는 것을 주저할 수 있다. 왜냐하면 위와 같은 것을 소유하는 것은 사물과 같이 사업상 거래와 계약의 대상이 될 수 있지만, 위와 같은 것은 내적, 정신적인 것도 있기 때문이다. 이러한 이유로 앞서 언급한 [무체물에 대한] 생각은 법적 용어로 그 소유를 설명하는 것에 대해 당황할 수 있다. 왜냐하면 이것은 사물이거나 사물이 아니다라는, 유한 또는 무한 둘중의 하나 뿐인, 딜레마에 제한되는 견해이기 때문이다. 성취, 박식, 재능 등은 자유로운 마음의 소유로써 내부적인 것이지 외부적인 것이 아니지만 그럼에도 불구하고 그것을 표현함으로써 외부의 어떤 것으로 구현되어 처분할 수 있고(아래 참조), 이와 같은 방법으로 '사물'이라는 범주에 포함 될 수 있다. 따라서 처음 시작할 때는 [외부의 사물이라고 할 만한] 직접성(즉자성)은 없지만 그러나 내부의 점유를 직접성(즉자성)과 외부성화 하는 사람의 마음의 중개를 통하여 그와 같은 [사물의] 특징을 갖게 된다.

지식, 생각, 능력 등과 같이 무형의 내적 능력도 외부에 표현될 수 있고, 외부에 표현이 되는 것은 어떤 매체에 구현이 되고, 그럼으로써 사물이 되는 것과 같다고 하고 있다. 사물이 된다면 이는 소유의 대상이 된다. 미국의 저작권법이 표현 이외에 매체(medium)에 고정(fixation)을 저작물이 되기 위한 요건화하고 있는 것[605]도 위에서 본 헤겔의 철학이 어느 정도 반영된 것으로 볼 수 있다.

칸트와 같이 헤겔도 주관적인 인적속성을 보호함으로서 사상과 표현의

---

605) 17 U.S.C. § 102(a) ("···original works of authorship fixed in any tangible medium of expression, now known or later developed, from which they can be perceived, reproduced, or otherwise communicated, either directly or with the aid of a machine or device.").

자유가 왜곡되지 않기를 원한 것이다. 로크와 달리 헤겔은 지적 대상에 대한 재산권에 관하여 직접적으로 언급한다. 헤겔도 칸트와 같이 정신작용의 결과물을 소유의 대상인 사물(thing)이 될 수 있고, 따라서 타인도 동일한 것을 생산하고 소유할 수 있음을 인정하고 있다.

What is peculiarly mine in a product of my mind may, owing to the method whereby it is expressed, turn at once into something external like a 'thing' which eo ipso may then be produced by other people. The result is that by taking possession of a thing of this kind, its new owner may make his own the thoughts communicated in it or the mechanical invention which it contains, and it is ability to do this which sometimes (i.e. in the case of books) constitutes the value of these things and the only purpose of possessing them. But besides this, the new owner at the same time comes into possession of the universal methods of so expressing himself and producing numerous other things of the same sort.

Remark: In the case of works of art, the form-the portrayal of thought in an external medium-is, regarded as a thing, so peculiarly the property of the individual artist that a copy of a work of art is essentially a product of the copyist's own mental and technical ability. In the case of a literary work, the form in virtue of which it is an external thing is of a mechanical kind, and the same is true of the invention of a machine; for in the first case the thought is presented not *en bloc*, as a statue is, but in a series of separable abstract symbols, while in the second case the thought has a mechanical content throughout. The ways and means of producing things of that mechanical kind as things are commonplace accomplishments.

But between the work of art at one extreme and the mere journeyman production at the other there are transitional stages which to a greater or less degree partake of the character of one or other of the extremes.606)

[번역]

표현되었기 때문에 인정되는 지적 산출물은 다른 사람들도 생산할 수 있는 외부적인 사물로 즉시 변환한다. 지적산출물을 얻기 위해서 그 새로운 소유자는 소통하거나 지적인 것이 체화된 기계적 발명을 취득하고 (문학작품의 경우에) 그 사물과 가치를 취득하는 유일한 목적을 구성하는 가능성이 있어야 한다. 나아가 새로운 소유자는 자신을 표현하고 동일한 다른 것을 생산하는 보편적 방법을 가지게 된다.

비고: 예술적인 작업에 있어서 외부의 매체에 사고를 기록한 형식은 사물로 간주되고 예술작업의 복제는 필수적으로 그 작업자의 정신과 기술적 능력의 산물이 포함되는 그 예술가의 개인적인 재산이다. 문학적인 작업은 그 가치가 외부의 결과물에 존재하는 기계적인 작업의 일종이고, 기계의 발명도 같다고 할 수 있다. 왜냐하면 첫째 사례는 생각이 표시되는 것은 전체가 아니라 법에서 정하는 바와 같이, 분리 가능한 추상적인 심볼에 존재하기 때문이다. 그러나 두 번째 사례는 생각은 기계적인 내용을 가진다. 기계적인 종류의 사물을 생산하는 수단과 방법은 통상적인 결과이다.

장인과 날품팔이가 생산하는 예술 작품 사이에서는 극단적으로 위대하거나 조악한 정도의 결과가 존재한다.

헤겔은 정신적인 작업의 결과는 외부에 유체물인 사물에 표현되는 것으

---

606) Hegel, Philosophy of Right §68.

로 그와 같은 정신적인 작업, 저작권의 대상인 예술적 표현이나 특허권의 대상인 발명이나 모두 그 정신작업을 한 사람의 재산으로 인정했다. 특히 위에 인용된 헤겔의 마지막 언급은 고도의 지적 창작(創作)과 저도의 노작(勞作)을 구분하고 있는데, 이는 정신작용의 가치가 다른 것을 인정하는 것으로서 이는 헤겔이 정신적 노동에 의한 결과에 대하여 재산권을 인정하는 근거가 된다. 그 이외에도 헤겔의 저술, 법철학(Philosophy of Right)에는 같은 취지의 언급이 많이 존재한다.

같은 지적재산권으로 분류되는 특허에 관하여 특히 칸트가 많은 관심을 보이지 않는 것도 표현의 자유를 보호하는 인위적이고 도구적 개념(institutional-instrumental concept)으로 저작사의 인격적 권리로서 무형의 표현에 저작권을 부여, 보호하고자 한 것으로 볼 수 있다.607) 칸트와 같이, 헤겔은 예술적 재생산은 특히 예술가의 재산이기 때문에 예술작품의 복제는 본질적으로 복제자의 정신적 기술적 능력의 결과라고 한다.608)

헤겔은 정신작용의 결과에 대하여 재산권을 인정하고 있고, 발명에 대하여도 저작과 같은 동등한 것으로 언급하고 있다. 헤겔은 자신의 자유의지가 부여된 것은 자연권으로서 재산권을 인정할 수 있고, 자신의 자유의지에 의한 것이므로 처분할 수 있다.

> The reason I can alienate my property is that it is mine only in so far as I put my will into it. Hence I may abandon (derelinquere) as a res nullius anything that I have or yield it to the will of another and so into his possession, provided always that the thing in question is a

---

607) Jeanne L Schroeder, Unnatural Rights: Hegel and Intellectual Property, 60 U. MIAMI L. REV. 453 (2006).

608) Hegel, Philosophy of Right §68. ("so peculiarly the property of the individual artist that a copy of a work of art is essentially a product of the copyist's own mental and technical ability,")

thing external by nature.609)

[번역]

나의 재산을 처분할 수 있는 이유는 나의 의지를 불어넣은 나만의 것이기 때문이다. 따라서, 그것이 성질상 외부의 물체인 한, 나는 그것을 포기할 수 있고 그것을 타인의 점유하에 둘 수 있다.

지적재산권철학에 대하여 많은 연구를 하고 있는 Cato 연구소의 Tom Gordon Palmer(1956-현재) 박사는 발명이나 예술적 창작의 복제는 기술적인 것(of a mechanical kind)이라고 한다.610) 헤겔에 있어 복제는 특별한 특징을 가지는 단순히 점유하는 것이 뿐만 아니라 자산으로서의 기능을 한다. 발명을 실시하거나 저작물의 복제는 자산(capital assets)으로서의 기능이지 단순히 점유하고 있다는 것에서 발생하는 것이 아니다. 따라서 타인의 무단복제는 자신의 자산의 감소를 가져오는 것으로서 이는 칸트의 저작권 개념과 일치한다고 한다. 칸트의 경우에도 저작권은 사상과 감정의 표현(speech)을 보호하는 것이므로, 예컨대 이차적 저작물을 작성하는 것은 그의 표현이 그대로 유지되는 것이므로 저작권 침해가 아니라고 한다. 원래의 저작물에 기초한 파생적 저작물은 쉽게 창작될 수 있고, 원래의 저작권은 제한될 수 밖에 없다.

Thus copyright legislation attains its end of securing the property rights of author and publisher only to a very restricted extent, though it does attain it within limits. The ease with which we may deliberately change something in the form of what we are expounding or invent a trifling modification in a large body of knowledge or a comprehensive

---

609) Hegel, Philosophy of Right §69.

610) Tom G. Palmer, Are Patents and Copyrights Morally Justified? The Philosophy of Property Rights and Ideal Objects, 13 HARV. J.L & PUB. POL'Y 817, 841 (1990).

theory which is another's work, and even the impossibility of sticking to the author's words in expounding something we have learnt, all lead of themselves […] to an endless multiplicity of alterations which more or less superficially stamp someone else's property as our own. For instance, the hundreds and hundreds of compendia, selections, anthologies, &c., arithmetics, geometries, religious tracts, &c., show how every new idea in a review or annual or encyclopaedia, &c., can be forthwith repeated over and over again under the same or a different title, and yet may be claimed as something peculiarly the writer's own. The result of this may easily be that the profit promised to the author, or the projector of the original undertaking, by his work or his original idea becomes negligible or reduced for both parties or lost to all concerned.[611]

[번역]

저작권의 입법화는 매우 제한된 범위내에서 저자와 출판자의 재산권을 최종적으로 보호한다. 다른 사람이 이룩한 많은 지식 또는 자세한 이론에 대한 사소한 변경을 자세히 설명하거나 발명한 것을 우리가 의도적으로 변경한 것의 용이함, 그리고 우리가 배운 어떤 것에 대하여 저자의 언어를 고집하는 것이 불가능한 것은 […] 다소 피상적으로 다른 사람의 재산을 우리의 재산으로 도장찍는 행위를 끊임없이 증가시키는 것이다. 예컨대, 수백개의 개요(槪要), 선택, 선집(選集) 등, 산수, 기하학, 종교선집, 등 재검토, 연례의, 백과사전에서의 모든 새로운 아이디어가 같거나 다른 이름으로 바로 바로 계속적으로 반복되어 변경되고, 저자 자신의 것으로 주장될 수 있다. 그와 같은 결과는 [사소한 변경을 한] 저자 또는 원래 행한 사람에게 그들의 원래의 아이디어에 약속되어진 이익은 양 당사자에게 거의 이익이 되지 않거나 또는 모든 관련된 사람의 손실이 된다.

---

611) Hegel, Philosophy of Right, §§66 & 69.

칸트와 헤겔의 무체재산권은 매우 강한 인적 성격을 가지므로 영구적, 불가분적, 불가양적 권리, 즉 불처분적 권리(inalienable right)일 수 밖에 없다. 칸트와 헤겔의 인적 속성에 기한 지적재산권은 저작인격권 개념으로 발전했다. 그리하여 칸트와 헤겔의 인격적 속성의 재산권은 다음의 4가지 저작권으로 구성되어 있다. 4가지 저작권이란 i) 공표권, ii) 동일성유지권, iii) 성명표시권과 iv) 철회권(right of withdrawal after publication)으로 나타난다.612) 현재 우리 저작권법에는 저작인격권으로 수용되어 있는데, 철회권은 명시되어 있지 않다. 철회권은 출판후 또는 출판권을 설정한 후에, 저작자의 생각이 변경되는 경우에 출판물의 유통을 중지시키거나 출판을 중단시킬 수 있는 권리이다.

이에 반하여 로크의 재산권 철학과 제레미 벤담의 공리주의 철학에서 저작권은 경제적 가치에 초점을 맞춘 권리로서 우리 저작권법에는 저작재산권으로 수용되었다. 물론 로크, 칸트 및 헤겔은 자연법주의자이다.

제5절 개성이론의 수용

1. 칸트와 헤겔 이론의 법형식으로서의 수용

저작권법 영역에서 칸트와 헤겔의 개성이론을 보호하는 형식으로는 i) 독일, 프랑스, 이탈리아, ii) 과거 스위스, iv) 커먼로 국가로 나누어 볼 수 있다. 독일, 프랑스, 이탈리아는 개성에 바탕을 둔 저작인격권을 보호하고

---

612) Edward J. Damich, The Right of Personality: A Common-Law Basis for the Protection of the Moral Rights of Authors, 23 Ga. L. Rev. 1, 6-25 (1988).

있다. 이를 저작권 보호의 원론이라고 하고 또한 이를 일원론이라고 한다. 저작물은 어떤 상품이 아니라 저작의 내적 사유의 외적 표현으로 본다. 저작물은 경제적 이익 뿐만 아니라 저작의 인적 개성에 대한 권리를 가지므로 저작권법은 저작자와 저작물의 경제적 이익과 인격적 이익을 보호하는 것이다. 일원론적 입장은 저작권법에 저작인격권과 저작재산권을 모두 규정한다. 우리나라도 저작권법에 저작인격권과 저작재산권을 규정하는 형식이므로 일원론적 입장이라고 할 수 있다. 저작인격권은 저작권의 일부이지만 저작권은 저작인격권의 개념이 주를 이루는 국가들이 있다.

칸트와 헤겔의 고국인 독일과 독일과 같은 뿌리를 가지고 있는 오스트리아는 칸트와 헤겔의 철학이 가장 많이 투영되고 있는 국가로서, 저작인격권과 저작재산권을 하나의 개념을 통합하여 규정하고 있다. 특히 이러한 저작인격권과 저작재산권의 일원론적 철학은, 독일이나 오스트리아와 같은 국가는 저작재산권도 저작인격권과 같은 근원을 가지고 있고, 생존기간동안 처분불가능하다는 법리에 그 일원론의 가치가 가장 잘 반영되어 있다고 할 수 있다. 예컨대 독일저작권 및 인접보호권에 관한 법 제29조는 다음과 같이 규정하고 있다:[613]

제29조 (저작권에 관한 법률행위) (Rechtsgeschäfte über das Urheberrecht)
(1) 저작권은 이전될 수 없으나(nicht übertragbar), 다만 사인처분(死因處分, Verfügung von Todes wegen)의 이행 또는 상속재산분할

---

613) Urheberrechtsgesetz § 29
　　　Rechtsgeschäfte über das Urheberrecht
　　　　(1) Das Urheberrecht ist nicht übertragbar, es sei denn, es wird in Erfüllung einer Verfügung von Todes wegen oder an Miterben im Wege der Erbauseinandersetzung übertragen.
　　　　(2) Zulässig sind die Einräumung von Nutzungsrechten (§ 31), schuldrechtliche Einwilligungen und Vereinbarungen zu Verwertungsrechten sowie die in §39 geregelten Rechtsgeschäfte über Urheberpersönlichkeitsrechte.

(Erbauseinandersetzung)로 인해 공동상속인에게 이전되는 경우는
예외이다.
  (2) 이용권(제31조)의 설정, 활용권에 대한 계약상 사전동의, 그리고 제
    39조상 저작인격권에 관한 법률행위는 각 허용된다.

  위 조항은 저작자의 저작인격권의 불처분성(inalienability)에 관한 규정인
데 저작재산권도 저작인격권과 같이 불처분성의 원칙하에서 원칙적으로
생존기간동안(*inter vivos*) 처분을 할 수 없도록 하는 조항이다. 위 조항은
궁극적으로 칸트와 헤겔의 재산권 철학을 따른 전통적인 저작권법 이론이
라고 할 수 있다. 같은 일원론에 입각한 우리나라 저작권법에는 없는 조항
이다. 독일 저작권법 제29조 제1항은 제2항에 규정된 제31조614) 및 제39조
의 법률행위615)를 제외하고는 생존기간동안 그 처분을 금지하고 있다.

---

614) 독일저작권법 제31조는:
    제31조 (이용권의 설정) (Einräumung von Nutzungsrechten)
      (1) 저작자는 타인에게 저작물을 개별적(einzeln) 이용방법(Nutzungsarten) 또
        는 모든 이용방법으로 이용할 수 있는 권리[이용권, Nutzungsrecht]를 설
        정할 수 있다. 이용권은 단순하게(einfach) 또는 배타적으로, 그리고 장소
        적, 시간적, 내용적으로 제한되어 설정될 수 있다.
      (2) 단순 이용권은 보유자에게 타인에 의한 이용을 배제하지 않은 채 저작물
        을 허락된(erlaubte) 방법으로 이용할 권리를 부여한다.
      (3) 배타적 이용권은 보유자에게 모든 타인을 배제한 채 저작물을 허락된 방
        법으로 이용하고 아울러 이용권을 설정할 권리를 부여한다. 저작자에 의
        한 이용은 여전히 유보된 채 남아있도록 정할수 있다. 제35조는 영향받
        지 않고 존속한다.
      (4) (삭제됨)
      (5) 이용권의 설정시 이용방법이 명시적이고 개별적으로 표시되지 않았다면,
        어떤 이용방법에까지 권리가 미치는지는 양 당사자 사이에 기초가 된 계
        약의 목적에 의해 정해진다. 이는 이용권이 설정되었는지 여부, 단순 이용
        권 또는 배타적 이용권인지 여부, 이용권과 금지권(Verbotsrecht)이 미치는
        범위 및 이용권에 어떠한 제한이 있는지의 문제에 대해서도 준용된다.
615) 독일저작권법 제39조는:

이원론적 입장은 저작인격권도 보호할 가치가 있으므로 보호를 제공하고 있으나, 저작권의 일부로써 보호하는 것이 아니라 인격권의 일부로 보호하고 있다. 우리 저작권법에 관한 견해로, 저작권법상 저작인격권과 헌법상 일반적인 인격권이 다른 것인지 같은 것인지에 대한 논쟁이 있는데, 이러한 논쟁의 뿌리는 저작인격권에 관한 독일 등의 일원론적 논쟁과 스위스와 같은 국가의 이원론적 논쟁으로부터 기원한다.

우리나라에서의 저작인격권과 헌법상 보호되는 일반적인 인격권을 인격권이나 저작인격권이나 일반적인 인격권의 성격을 갖는다고 보는 일원론이 다수설이라고 할 수 있다. 이러한 일원론은 저작인격권을 일반적 인격권의 개별적 발현 형태로 보고 있으므로 초상권이나 프라이버시권도 저작인격권과 법률적 성질이 같다고 할 수 있다.616) 다만 소수의 견해로 인격권과 저작인격권은 그 성질을 달리하는 것으로 저작인격권은 저작권법에 특별히 규정된 것이라고 하는 이원론(이질설)을 취한다.617) 다만, 이러한 이원론적 입장에서도 인격권이나 저작인격권이나 불가분, 불가양의 권리로 이해하는 것은 같으므로 국내의 일원론과 이원론 등의 이론은 그 기원과 본질의 명확한 토대위에서 주장된 것으로 보이지 않는다.

일원론에서 저작인격권으로 분류되는 권리들이 헌법상의 일반적인 인격권이라고 하는 이원론적 입장에서는 육체적 자기동일성에 자유, 명예 등에 관한 권리가 합체되어 있다고 보기 때문에 육체를 이전할 수 없듯이 자유,

---

제39조 (저작물의 변경) (Änderungen des Werkes)
  (1) 달리 약정된 바 없는 경우 이용권 보유자는 저작물, 그 제목 또는 저작자 표시(제10조 제1항)를 변경해서는 안 된다.
  (2) 신의성실에 비추어 저작자가 사전동의를 거절할 수 없는 경우라면 저작물 및 그 제목의 변경이 허용된다.

616) 박성호, "인격권의 침해-저작인격권을 중심으로", 변호사, 제27권, 1997, p. 309; 이해완, 저작권법, 제2판, 박영사, 2012, p. 271; 윤경, 저작권법, 육법사, 2005, pp. 381-82 참조.
617) 오승종, 저작권법, 제3판, 박영사, 2013, pp. 361-62 참조.

명예에 관한 권리가 처분되거나 이전될 수 없다고 본다. 헌법으로 보장되는 일반적인 인격권에는 프라이버시, 초상, 성명, 명성 등이 포함된다. 일원론의 경우에 저작권법에 저작권으로 포괄하여 하나의 저작권을 이루는 권리들이 이원론에서는 저작권법에서는 저작재산권을, 저작인격권에 해당하는 것은 헌법상의 인격권에 의해 보호가 되는 것이다.

이원론을 취하는 경우에는 헌법상의 인격권으로 보호되기 때문에 형식적인 조문에 구애받지 않고 인격적인 권리를 보호할 수 있다는 장점이 있다. 물론 그 장점이 단점이 되기도 한다. 일원론의 입장에서는 저작권법에 저작인격권이 규정되어 있어, 규정된 저작인격권만 보호되지만, 헌법상의 포괄적이고 일반적인 인격권으로 보는 경우에는 유연한 범위내에서 보호를 할 수 있다.

나아가 이원론은 저작권이라는 개념에서 인격적인 권리를 보호하는 것이 아니라 일반적인 인격권을 바탕으로 인격권을 보호하기 때문에 저작이라는 형식에 구애받지 않는다. 따라서 퍼블리시티(publicity)와 같은 권리는 일원론적 입장에서는 저작권의 개념이 아니므로 저작권법에서 보호하는 것이 매우 부적절하고 부조화스럽다. 그러나 이원론적 입장에서는 퍼블리시티(publicity)는 저작권이 아니므로 일반적인 인격권으로 보호할 수 있다. 나아가 일원론에서는 퍼블리시티라는 개념을 명시적으로 도입하지 않으면 일반적인 인격권의 개념으로 보호해야 하는데, 일원론의 경우에는 법형식주의가 존재하기 때문에 법령에 명시하지 않는 권리, 즉 우리나라와 같은 나라에서는 일원론의 입장이기 때문에 명시적인 규정이 없는 한 퍼블리시티를 권리로써 보호하기 어려운 점이 있다. 그러나 이원론적 입장에서는 법형식에 구애받지 않고 일반적인 인격권으로 보호할 수 있다.

이원론은 과거 스위스에서 저작인격권을 보호하던 방식이었다. 스위스는 저작인격권을 명시적으로 규정하지 않고 민법과 계약에 의해 인격권을 보호했다. 다만 스위스는 1992년 저작권법에 저작인격권을 규정하였으므로[618]

스위스에서 이원론은 과거의 유물로 남아 있다. 예전 스위스에서 찰리 채플린의 영화 Gold Rush가 무단으로 변형되어 저작권법상으로는 동일성 유지권이 문제된 적이 있는데, 스위스 연방대법원은 이는 저작권법의 문제가 아닌 민법 제28조에 의해 보호되는 권리이고, 따라서 그 인격권 침해는 민법상 불법행위를 구성한다고 판시했다.619)

존 로크와 제레미 벤담의 영향을 받은 영국과 미국에서 저작인격권개념이 독자적으로 발전하기 어려웠다. 존 로크의 노동이론은 기본적으로 육체적 노동의 개념을 중심으로 그 이론이 구성되었다. 물론 개념적으로 정신적 노동이 노동으로서 인정되지 않는 것은 아니었지만, 외형적인 노동의 결과, 즉 노동에 의한 부가가치620) 또는 개선(improvement)의 개념으로 구성되었기 때문에 그 노동의 결과나 외부에 어떤 가치있는 영향을 주는 결과가 필요했다. 그리고 그 결과는 재산권을 이루었고, 그 침해는 당연히 재산권 침해가 되었다.

또한 공리주의에서는 최대다수의 최대효용의 관점에서 저작권을 바라보았기 때문에 경제적 가치보다는 인적동일성을 근본으로 하는 저작인격권개념은 발전하기 어려웠다. 그리하여 영미법에서는 일반적인 권리로서 저작인격권을 인정하지 않았다. 기본적으로 이원론적 입장에 있다고 할 수 있다. 다만, 개별적인 법에 의하여 특정의 저작권을 보호하면서 그에 대하여 저작인격권을 규정하는 형식을 취했다.

---

618) 스위스 저작권법 제9조 제1항(the right of patenity), 제2항(right of disclosure), 제11조 (right of integrity), 제14조(right of access to the work) 제15조 (the right to prevent the destruction of the unique physical copy of the work): 제29조 (right of inalienability)를 규정하고 있다.

619) de Werra, Jacques, Moral Rights in Swizerland (March 20, 2010) Moral Rights, pp. 579-80, G. Davies & K. Garnett, eds., Sweet & Maxwell, 2010.

620) 로크의 노동이론에서는 그 외부의 결과에 대하여 반드시 경제적 가치로 한정하지 않는다.

영미법에서 저작인격권을 보호하는 형식을 보면, 불공정경쟁, 명예훼손, 인격권 침해 등의 법리에 의해 다양한 형식으로 보호하고 있다. 예컨대 불공정경쟁행위로서 인격주체, 즉 상품주체의 직접사칭도 불법행위가 된다. 우리나라 부정경쟁방지법 제2조 제1호 바목을 보면,

타인의 상품을 사칭(詐稱)하거나 …. 상품을 판매·반포 또는 수입·
수출하는 행위

라고 규정하여, 인격적 권리를 보호하고 있는데, 위 규정이 저작물에도 적용된다면, 이는 다른 개별법에 의해 저작인격권을 보호하는 것이 된다. 이러한 방식이 영미법식의 저작인격권의 보호방법이다. 다만, 우리나라가 영미법식으로 저작인격권으로 보호하는지에 대하여 질문을 한다면, 그 답은 아니라고 할 수 있다. 기본적으로 우리법은 저작권법에 저작인격권을 법정하여 보호하고 있기 때문이다.

특허법에도 인격적 이익을 보호하는 규정이 있는데, 발명자가 발명가로서 특허취득의 기원이 되도록 하는 규정[621] 발명자를 기재한다든지, 발명자가 발명을 원시취득하는 발명진흥법상의 규정[622]은 칸트와 헤겔의 철학을 반영한 것이라고 할 수 있다.

이러한 자연법원칙에 의한 지적재산의 보호는 보편적 원리에 의한 것이므로 외국인의 경우에도 동일하게 보호되어야 한다.[623] 다만, 자연권에 기한 권리는 영구적이어야 하는데, 현실의 특허권이나 저작권은 일정기간 동안만 보호된다. 일정기간만 보호되므로 그 본질상 영구적인 자연권으로 이

---

621) 특허법 제33조 (특허를 받을 수 있는 자) ① 발명을 한 사람 또는 그 승계인은 이 법에서 정하는 바에 따라 특허를 받을 수 있는 권리를 가진다.
622) 발명진흥법 제10조 (직무발명) 참조.
623) Fritz Machlup, An Economic Review of the Patent System, U.S. Govt. Print. Off., 1958, p. 53.

해할 수 없다는 논거가 자연권론에 대한 강력한 비판이다.

　영구적 권리로 커먼로 특허권과 커먼로 저작권이 주장되었다. 칸트나 헤겔의 경우에는 인격에 관한 권리로 인정하므로 인격이 존재하는 동안 존속하는 권리로 보게 된다. 그리하여 특허의 존속기간이 한정되는 근거로는 영업비밀포기설에 의해 주장되었다. 저작권에 대하여는 영구적인 권리로서 커먼로 저작권이 주장되었다. 커먼로 저작권은 자연권론이 부인되는 것과 동시에 영국에서는 Donaldson v. Becket 사건624)에서 출판으로서 소멸하는 권리로 인정되었고, 미국에서는 출판하지 않는 한 영구적인 권리로 커먼로 저작권이 남아 있다.625)

2. 칸트와 헤겔의 인격권과 저작인격권의 법리: 불처분성 및 '피팅모델사건'을 통한 이해626)

가. 쟁점

　우리나라 판결 중에는 인격권과 초상권을 판매가능하다는 법리를 바탕으로 한 사건이 보인다. 2022년 대법원에서 최종확정된 소위 피팅모델사건627)이다. 피팅모델의 특징은 그 모델의 유명성(celebriety)을 이용한 광고

---

624) Donaldson v Becket 2 Brown's Parl. Cases 129, 1 Eng. Rep. 837; 4 Burr. 2408, 98 Eng. Rep. 257; 17 Cobbett's Parl. Hist. 953

625) Wheaton v. Peters, 33 U.S. (8 Pet.) 591 (1834). 다만 영국과 미국의 차이는 크지 않다.

626) 본 쟁점은 본인의 논문, 광고모델은 자신의 인격과 초상을 판매할 수 있는가?-피팅모델사건 판결의 평석을 겸하여 -, 지식재산연구 제18권 제3호, pp. 75-130을 재정리한 것임.

627) 대법원 2021. 7. 21. 선고 2021다219116 판결("피팅모델사건"이라고 함). 본 사건은 파기환송되어 서울고등법원에서 판결하여, 최종적으로는 2022년에 확정되었다. 본

의 성격을 가진 것이 아닌 액세서리와 같은 장신구를 두드러지게 할 목적
으로 인간 모델이 마네킹과 같은 역할을 대신한다. 따라서 피팅모델은 유
명인을 모델로 이용하지 않는다는 특징이 있고, 그로 인하여 피팅모델은
인격권이나 초상권의 문제가 발생한다. 물론 피팅모델사진을 상업적 광고
에 이용한다는 점은 있지만 상업적 광고로 이용한다는 것과 소위 퍼블리시
티권과는 별개의 문제이다. 이 사건에서는 초상권과 그로 인한 법률적인
결과로 인격권이 문제되었고, 퍼블리시티권이 쟁점이 되지 않았다. 본 사건
의 1심[628)]에서는 초상권이라는 용어가 판결서 본문(이유)에서만 16번 언급
하고, 별지까지 포함하면 18번을 언급하고 있다. 따라서 본 사건은 순수히
초상권이 쟁점으로 된 것으로 볼 수 있다.

본 사건에서 쟁점은 인격권에 기초하는 초상권은 재산권과 같이 처분하
고 이를 이용기간이 그 이용에 제공되는 경제적 가치에 따라 가변할 수 있
는지가 문제되었다. 1심법원과 대법원은 초상의 이용대가가 너무 적거나,
그 대가에 상응하는 상당한 기간동안으로 제한되어야 한다는 이유로 사실
상 원고에게 승소판결을 하게 된다.

그러나 그와 같은 판결의 법리는 인격과 초상을 처분가능한 재산(alienable
right)으로 인정한 근본적인 잘못이 있다. 즉 인격권과 초상권을 금전적 가
치로 평가하여 재산권으로 인정한 잘못이 있는 것이다. 본 사건 판결을 논
하는 이유 중의 하나는 만일 논의를 하지 않는다면, 저작권에 관한 법리 부
재의 피팅모델사건판결과 같은 판결이 무한 반복할 것이기 때문에 그와 같
은 무한반복을 막기 위한 목적도 있다.

사례에 대하여 이미 지식재산연구에 발표된 논문(2023.9)을 바탕으로 재작성했다.
628) 서울중앙지방법원 2020. 5. 13. 선고 2018가합591790 판결.

나. 사실관계와 사건의 진행

　학생이면서 모델활동을 아르바이트 형식으로 하던 원고는 액세사리의 온라인 판매업을 영위하는 피고 회사와 액세사리의 피팅모델노무제공을 하는 계약을 체결했다. 원고와 피고 회사 사이의 계약에서는 촬영한 광고용 피팅모델사진의 사용기간에 대하여는 명시적으로 정하지 않았다. 피고 회사가 자신이 판매하는 장신구를 착용한 원고의 사진을 촬영한 후 그 사진을 인터넷 쇼핑몰 등에 게재하여 사용하였는데, 원고가 전문적인 연예인 매니지먼트 회사와 전속계약을 체결하면서 피고 회사에게 그 사진에 대한 사용 허락을 철회한다고 밝히면서 해당 사진 사용의 중지를 요구했다.629)

　본 사건에서 문제된 촬영계약서에는 다음과 같은 관련조항이 있다.

촬영계약서

촬영자(피고)와 모델(원고)은 다음과 같이 촬영 계약을 체결한다.

제2조 [계약서]
이 계약서에는 피고와 원고가 촬영을 원하는 날짜, 시간, 장소, 촬영세부내용 등을 확약하는 문서입니다.
피고와 원고는 촬영에 대하여 충분히 협의를 했고, 정확히 숙지하여 최종 결정하였으며, 촬영의 내용이 협의 내용에 반하지 않는 한 이 계약서를 준용합니다.

제4조 [수정작업]
피고는 데이터의 수정을 사회규범에 반하지 않는 내에서 임의로 진행할 수 있으며, 수정에 따른 전반적인 책임은 피고에게 있습니다.

---

629) 피팅모델사건에서는 2017. 6. 22. 원고는 피고 회사와 연예인 전속계약을 체결하였고, 사진촬영과 그 사진을 이용한 광고와 홍보가 시작된 이후인 2018. 11. 28. 피고 회사에게 촬영계약의 해지를 통보하면서 그 사건에서 문제된 사진에 대한 사용허락을 철회하므로 그 사진들의 사용중지를 요구했다.

제5조 [저작권 및 초상권]

1. 저작권 및 사용권은 피고의 소유입니다.
2. 초상권은 원고의 소유입니다.
3. 피고는 해당 상품의 촬영본을 인터넷에 게시, 인화 전시 출판할 수 있습니다.
4. 원고는 제공된 촬영본의 개인적인 복제와 인화, 인터넷상 게시 할 수 있습니다.
5. 원고는 촬영본을 개인적인 목적에만 사용할 수 있습니다.

촬영본의 제3자에 대한 상업적인 제공 및 2차 가공은 불가능하며, 상업적 활용 및 제3자에 대한 제공이 필요한 경우 피고와 원고는 상호 합의 하에 진행하여야 합니다.

결론적으로 1심 법원은 원고의 청구를 인용했는데, 주된 근거는 모델사진의 사용기간에 비추어 보면 초상의 사용대가가 이례적으로 소액이라는 것이 결정적인 이유였다고 생각한다. 1심은 다음과 같이 판시했다:

① 이 사건 촬영계약서의 표제를 '광고모델계약서'가 아닌, 단지 '촬영계약서'로 하고,[630] 이 사건 촬영계약서 제2조에서도 이 사건 촬영계약서를 '원고와 피고가 촬영을 원하는 날짜, 시간, 장소, 촬영세부 내용 등을 확약하는 문서'라고만 정의하여 그 이상의 활용을 제한하려는 의사를 내비치고 있는 점, 이 사건 촬영계약서 제5조 제1호에서는 이 사건 사진의 저작권 및 사용권이 피고에게 있고, 제3호에서 피고가 이 사건 사진을 인터넷에 게시, 인화, 전시, 출판할 수 있다고 기재하고 있기는 하나, 사용권의 구체적인 내용, 즉 사용 목적, 범위, 기간 등에 대해서는 전혀 정하지 않고 있고, 오히려 제5호 이후의 문구로, "촬영본의 제3자에 대한 상업적인 제공 및 2차 가공은 불가능하며, 상업

---

630) 보통 계약서에서는 '타이틀(title)'에 관한 규정을 두는 경우가 있는데, 계약서의 제목이나 각 조문의 제목은 계약서를 해석하는데 참고가 되지 않는다고 규정한다. 나아가 우리나라에서도 사적 계약의 해석을 함에 있어 그 계약서를 체결하는 당사자의 의사를 확정하는 과정으로 보는데, 이때 계약서 제목은 고려하지 않는다. 물론 법원의 해석방법이 변경되었을 수도 있다.

적 활용 및 제3자에 대한 제공이 필요할 경우 원고와 피고가 상호 협의하여야 한다"고 정하고 있는 점 등을 종합하여 보면, 이 사건 촬영계약만으로 피고가 이 사건 사진을 피고의 상품을 광고하는 등 상업적으로 사용할 권한이 발생한다고 보기 어렵고, 피고가 이 사건 사진을 피고 상품의 광고에 사용하는 등 상업적으로 사용하기 위해서는 원고와의 별도 협의가 필요하다고 판단되는데, 그와 같은 협의가 있었음을 인정할 증거가 없다.

피고는 이 사건 촬영계약서 제5조 제5호의 다음에 '촬영본의 제3자에 대한 상업적인 제공 및 2차 가공은 불가능하며, 상업적 활용 및 제3자에 대한 제공이 필요한 경우 피고와 원고는 상호 합의 하에 진행하여야 합니다'라고 정한 것은 원고의 사진 사용권한만을 제한하는 취지라고 주장하나, 오히려 위 문장의 위치(제5호 문장에 이어서 쓰지 않고 다음 행에 독립적으로 쓰임) 및 구조(그 주체를 '원고'로 한정하지 아니하고 있고 '원고와 피고는 상호 합의 하에 진행하여야 한다'고 하여 원고와 피고를 함께 그 주체로 정하고 있음)상 위 문장은 원고와 피고에게 공통으로 적용된다고 봄이 타당하므로 이 부분 피고의 주장은 받아들이기 어렵다.

② 피고는 이 사건 사진의 촬영 대가로 원고에게 1회 당 45만 원을 지급하였음을 상업적 사용 권한의 근거로 들고 있으나, 원고의 초상권에 대한 제한 없는 사용권 부여의 대가로 보기에는 이례적으로 소액일 뿐만 아니라, 피고 역시 이 금원은 사진 촬영 자체에 대한 용역비일 뿐 초상권에 대한 사용료가 아니라고 주장하고 있는바(2019. 9. 5.자 피고 준비서면 6면), 원고가 이 사건 사진 촬영에 대하여 위와 같은 대가를 수령하였다는 사실만으로 원고가 피고에게 기간 제한 없이 이 사건 사진을 피고 상품의 광고에 사용할 권한을 주었다고 보기 어렵고 달리 이를 인정할 증거가 없다.

③ 설사 피고에게 이 사건 사진의 상업적 사용권한이 인정된다고 하더라도, 일반적으로 광고 모델 사진의 사용기간을 무제한으로 정하는 경우는 이례적이고, 오히려 6개월 내지 1년으로 정하는 경우가 통상적이라고 할 것인데, 장신구는 의류 상품과 달리 교체주기가 길다는 점을 고려한다고 하더라도 이 사건의 경우에는 마지막 사진 촬영일(2017. 6. 1.경)로부터 이 사건 변론 종결일 현재까지 2년 10개월 가량이 지났는바, 이미 통상적인 광고 모델 사진의 사용기간은 도과되었다고 봄이 타당하다.

그리하여 1심은 원고의 청구를 인용했다. 그러나 항소심인 서울고등법원은 원고의 청구를 기각했는데, 이 사건에서 문제된 피팅모델 광고용 사진의 사용에 원고의 동의가 있었다고 하면서

④ 촬영계약 당시 원고는 모델로 활동하며 피고와 동종 제품을 판매하는 업체와의 사진촬영에 참여하였던 것으로 보이고, 피고 측은 원고에게 촬영본이 편집된 후 피고 제품의 판매를 위해서 사용된다는 점을 고지한 것으로 보인다.

⑤ 전속적 성격을 가진 광고모델계약과 달리 이 사건 촬영계약의 경우 원고가 다른 업체와의 촬영하는 것을 제한하고 있지 않고, 원고가 촬영 시마다 지급받은 45만 원은 보통의 사람들이 하루 동안 벌 수 있는 수입에 비교해 볼 때 고수익에 해당하며, 원고로서는 이 사건 사진이 인터넷에 게재됨으로써 모델 경력이 인정되고 인지도가 상승하는 이익이 발생한다. 반면에 피고는 앞서 살펴본 바와 같이 이 사건 사진을 촬영하는 데 약 2,000만 원 이상의 비용을 투입하였을 뿐만 아니라 원고의 인지도가 제품 홍보에 미치는 영향이 크지 않으므로 이 사건 사진사용에 따라 발생한 판매수익은 피고가 촬영에 투입한 비용의 회수에 가깝다고 평가할 수 있다. 결국 피고가 원고에게 지급한 촬영

료와 해당 상품 판매기간 동안 이 사건 사진을 사용함에 따른 이익이 균형을 이루는 것으로 보이고, 특별히 원고에게 불리하거나 이례적으로 적은 비용을 지급받은 것으로 보이지 않는다.

⑥ 원고는 마지막 촬영일로부터 1년 가까이 지나서야 피고에게 이 사건 사진의 삭제를 요청하였고, 그 근거로 피고가 이 사건 사진을 사용하는 데 원고와 피고 간 상호 합의가 없다거나 이 사건 사진의 사용기간을 도과하였음을 지적하지도 않았을 뿐더러, 오히려 피고가 인터넷에 촬영본을 게재하는 것을 용인하고 있었음을 전제로 피고가 이 사건 사진을 쇼핑몰에 게재한 것과 원고가 새롭게 진행하려는 광고계약이 충돌하여 삭제를 요청하게 된 것이라 설명하였다. 이와 같이 피고가 이 사건 사진을 사용한 것에 대하여 원고가 취하였던 태도와 앞서 살펴본 이 사건 사진을 인터넷에 게재하여 피고가 달성하려는 목적, 거래관행, 원고의 경험 및 급부 간의 균형 등의 사정을 모두 종합해보면, 원고는 피고가 해당상품 판매 기간 동안 이 사건 사진을 상업적으로 활용할 것을 예견하고 있었다고 넉넉히 추단된다.

고 판시하면서[631] 원고가 적법하게 해지를 한 것이 아니라고 판시했다. 서울고등법원 판결은 1심판결의 '이례적으로 소액일 뿐만 아니라'라는 판시를 '전속적 성격을 가진 광고모델계약과 달리 이 사건 촬영계약의 경우 원고가 다른 업체와의 촬영하는 것을 제한하고 있지 않고, 원고가 촬영 시마다 지급받은 45만 원은 보통의 사람들이 하루 동안 벌 수 있는 수입에 비교해 볼 때 고수익에 해당하며, 원고로서는 이 사건 사진이 인터넷에 게재됨으로써 모델 경력이 인정되고 인지도가 상승하는 이익이 발생한다.'고 판시하여 1심판결이 잘못되었음을 지적했다.

---

631) 서울고등법원 2021. 2. 4.선고 2020나2018284 판결.

그러나 상고를 심리한 대법원은

가. 사람은 누구나 자신의 얼굴 기타 사회통념상 특정인임을 식별할
수 있는 신체적 특징에 관하여 함부로 촬영 또는 그림묘사되거나 공표
되지 아니하며 영리적으로 이용 당하지 않을 권리를 가지는데, 이러한
초상권은 헌법 제10조에 의하여 헌법적으로도 보장되고 있는 권리이
다. 따라서 타인의 얼굴 기타 사회통념상 특정인임을 식별할 수 있는
신체적 특징이 나타나는 사진을 촬영하거나 공표하고자 하는 사람은
피촬영자로부터 촬영에 관한 동의를 받고 사진을 촬영하여야 하고, 사
진촬영에 관한 동의를 받았다 하더라도 사진촬영에 동의하게 된 동기
및 경위, 사진의 공표에 의하여 달성하려는 목적, 거래관행, 당사자의
지식, 경험 및 경제적 지위, 수수된 급부가 균형을 유지하고 있는지 여
부, 사진촬영 당시 당해 공표방법이 예견 가능하였는지 및 그러한 공
표방법을 알았더라면 당사자가 사진촬영에 관한 동의 당시 다른 내용
의 약정을 하였을 것이라고 예상되는지 여부 등 여러 사정을 종합하여
볼 때 사진촬영에 관한 동의 당시에 피촬영자가 사회 일반의 상식과
거래의 통념상 허용하였다고 보이는 범위를 벗어나 이를 공표하고자
하는 경우에는 그에 관하여도 피촬영자의 동의를 받아야 한다. 그리고
이 경우 피촬영자로부터 사진촬영에 관한 동의를 받았다는 점이나, 촬
영된 사진의 공표가 사진촬영에 관한 동의 당시에 피촬영자가 허용한
범위 내의 것이라는 점에 관한 증명책임은 그 촬영자나 공표자에게 있
다(대법원 2013. 2. 14. 선고 2010다103185 판결 등 참조).
　한편 계약당사자 사이에 어떠한 계약 내용을 처분문서인 서면으로
작성한 경우에 문언의 객관적인 의미가 명확하다면 특별한 사정이 없
는 한 문언대로 의사표시의 존재와 내용을 인정하여야 하나, 그 문언
의 객관적인 의미가 명확하게 드러나지 않는 경우에는 문언의 내용,
계약이 이루어지게 된 동기와 경위, 당사자가 계약으로 달성하려고 하
는 목적과 진정한 의사, 거래의 관행 등을 종합적으로 고찰하여 논리

와 경험의 법칙, 그리고 사회일반의 상식과 거래의 통념에 따라 계약
내용을 합리적으로 해석하여야 한다. 특히 한쪽 당사자가 주장하는 약
정의 내용이 상대방에게 권리를 포기하는 것과 같은 중대한 불이익을
부과하는 경우에는 그 약정의 의미를 엄격하게 해석하여야 한다(대법
원 2016. 12. 15. 선고 2016다238540 판결, 대법원 2017. 7. 18. 선고
2016다254740 판결 등 참조).

라고 판시했다.632) 대법원은 기본적인 법리는 1심과 같은 법리를 채택했는
데, 그것은 헌법상 인격권과 인격권에 기초를 두고 있는 초상권을 금전을
받고 가분적으로 처분할 수 있는 권리(alienable right)로 보았다는데 본 사
건 대법원 판결의 근본적인 문제점이 있다.

위 대법원 판결은 초상권은 헌법 제10조에 의하여 헌법적으로도 보장되
고 있는 권리라고 명시하였는데, 그에 나아가 인격권과 초상권을 가분적이
고 경제적 대가와 교환으로 처분할 수 있는 권리로 보아, '수수된 급부가
균형을 유지하고 있는지 여부' 등을 감안하여 '거래의 통념상 허용하였다
고 보이는 범위를 벗어나 이를 공표하고자 하는 경우에는 그에 관하여도
피촬영자의 동의를 받아야 한다.'고 판시했다.

다. 전제와 논리의 오류

위 대법원 판결이 근거로 들고 있는 선행 대법원 판결633)(이하 '누드모
델사건')은 계약범위를 벗어나 계약서에 촬영자로 명시되지 않은 사람들에
게 공표를 하는 등 계약범위를 벗어난 행위를 하였다는 점에서 피팅모델사
건과 구별이 된다. 즉 누드모델사건도 사진촬영모델의 고용계약의 성격을

---

632) 대법원 2021. 7. 21.선고 2021다219116 판결.
633) 대법원 2013. 2. 14.선고 2010다103185 판결.

가진다. 여기에서는 촬영당사자 등 계약범위가 정해져 있었으나 그 범위를 위반하였기 때문에 계약위반상의 문제가 있었고, 이에 따른 채무불이행의 문제가 있었다.

피팅모델사건에서는 피팅사진을 찍고 그 사진의 귀속이 피고회사에게 귀속되어 광고로 사용하려던 것이었다. 이것이 고용계약의 본질이다. 피팅모델사건은 사진촬영후에 사용기간의 문제가 쌍무적 대가인 고용임금에 비하여 그 기간이 길다는 것이 문제이었다. 그런데 누드모델사건은 사진촬영과 사용범위가 문제되었는데, 사진촬영방법이 계약상 예정된 것과 어긋나고, 사진촬영후에 그 사진의 사용범위가 계약에서 예정된 범위를 벗어났다. 따라서 계약상의 의무위반의 문제가 있었던 것이었다.634) 만일 계약범위문제가 아니라면, 피팅모델사건과 같은 쟁점이 발생할 수 있다. 인격과 초상은 판매할 수 있는가?

고용계약의 채무이행을 위해 제공된 노무는 그 고용계약의 상대방에게 귀속된다. 과외선생이 과외를 하거나 수리공이 집에 와서 수리를 하면, 그 결과는 그에게 고용계약상의 임금을 준 고용주, 즉 계약상대방에게 귀속되는 것이다. 본 사건에서도 노무이행의 결과로 제공된 피팅사진의 귀속과 그 사용의 문제인 것이다. 피팅사진은 고용계약의 이행을 위해 고용주인 피고가 자신이 고용한 또 다른 소외 피고용인(전문 사진가)을 통하여 촬영한 것이었고, 두 사람의 피고용인의 고용계약에 따른 채무이행결과(모델노무제공과 그 모델사진촬영노무)는 고용주인 이사건 피고에게 귀속된 것이다. 그리하여 그 귀속에는 아무런 문제가 없었지만, 노무이행의 대가로 받

---

634) 대법원 2013. 2. 14.선고 2010다103185 판결. 본 사건에서 대법원은 '甲이 한국누드사진가협회의 지회가 실시한 누드촬영회에서 모델 乙의 음부 부위와 음모가 노출되고 얼굴까지 나타나는 2장의 사진을 촬영한 후 그중 1장은 회원가입절차만 거치면 누구나 사진을 열람할 수 있는 위 협회 인터넷 사이트에 게시하고, 다른 1장은 협회와 무관한 포털사이트 게시판에 게시하여 해당 사이트 회원이면 누구나 열람할 수 있도록 한 사안에서, 대법원은 甲이 乙의 초상권을 침해하였다고 판시했다.

은 총 금405만원(9일X 일당 45만원)에 따라 노무제공의 결과귀속의 기간을 설정하려고 한 것이었다.

누드모델사건의 경우에는 모델노무제공방법에 있어서 문제가 발생한 것이었다. 예컨대, 영화촬영을 하는 경우에는 영화촬영의 시간, 장면당 배우가 취하여야 하는 포즈, 노출정도 등이 계약서에 명시되고, 그 계약에 명시된 바에 따라 영화촬영을 한다. 누드모델사건도 그와 유사하다. 누드모델이 취하는 포즈, 촬영방법, 촬영시간, 촬영할 수 있는 계약상대방 등을 정하게 되는데, 누드모델사건의 경우에는 그러한 노무를 제공하는 방법에 관한 계약내용과 다르게 피고가 촬영을 한 것이었고, 이에 따라 계약위반의 문제가 발생한 것이었다.

누드모델사건에서는 2심인 의정부지방법원은

> 이 사건 촬영회에 모델로서 참가하면서 통상적인 누드사진의 범주에서 촬영된 사진이 참가자들이나 이 사건 협회의 정회원(온·오프라인 회원)들에게 전시되는 정도를 예상한 것으로 보여질 뿐, 이 사건 사진들과 같이 얼굴 및 음부, 음모 모두가 동시에 노출된 나체사진이 일반 불특정 다수인이 공공연히 볼 수 있는 인터넷 게시판에 전시될 것을 예상하고 그것까지 승낙한 것은 아니었다고 봄이 상당함에도 피고는 원고로부터 어떠한 형태의 동의도 받지 아니한 채 이러한 원고의 합리적인 예상 범위를 넘어서 이 사건 사진들을 인터넷 게시판에 무단게재하였고, 나아가 원고로부터 이 사건 사진들의 게시물 삭제를 요구받았음에도 이를 무시하고 계속 위 인터넷 게시판에 게시하였다

고 인정했다.635)

누드모델사건과 피팅모델사건의 그 본질이 전연 다르다. 만일 누드모델

---

635) 의정부지방법원 2010. 11. 11.선고 2010나2696 판결.

사건도 계약범위내이었다면 본 피팅모델사건과 같은 문제점이 발생할 수 있다. 나아가 누드모델과 피팅모델은 근본적으로 차이가 있다. 누드모델은 예술적인 사진의 영역으로 포함되지만 피팅모델은 기능적인 면이 강해 예술적인 면이 적다. 그 성질이 다른 모델사진촬영에 관한 계약이었음에도 불구하고 법원은 그러한 사실관계와 법리적인 차이점이 있다는 것을 무시하고 단지 사진촬영이라는 점에서만 같은 두 사건을 같은 사건으로 하여 묻지마식의 법리 차용을 한 것에 근본적인 문제점이 있다. 판결을 하기 위해서는 차용하는 법리의 근본이 된 사건의 사실관계분석과 그에 따른 법리 차용이 타당한지에 대한 분석이 선행되어야 하는데, 피팅모델사건에서는 그러한 분석이 전연 없었다.

앞서 직접 인용한 피팅모델사건의 대법원 판결은 누드모델사건(대법원 2013. 2. 14. 선고 2010다103185 판결)을 인용하여 다음과 같은 판시를 하고 있다:

> … 여러 사정을 종합하여 볼 때 사진촬영에 관한 동의 당시에 피촬영자가 사회 일반의 상식과 거래의 통념상 허용하였다고 보이는 범위를 벗어나 이를 공표하고자 하는 경우에는 그에 관하여도 피촬영자의 동의를 받아야 한다. 그리고 이 경우 피촬영자로부터 사진촬영에 관한 동의를 받았다는 점이나, 촬영된 사진의 공표가 사진촬영에 관한 동의 당시에 피촬영자가 허용한 범위 내의 것이라는 점에 관한 증명책임은 그 촬영자나 공표자에게 있다(대법원 2013. 2. 14. 선고 2010다103185 판결 등 참조).

라고 판시하고 있는데, 두 사건에 관한 아무런 관련사실관계의 분석도 없이 곧바로 누드모델사건(대법원 2013. 2. 14. 선고 2010다103185 판결)을 언급하며 이를 참조하라고 하고 있다. 아무리 그 언급된 판결(누드모델사건 판결) 참조해 봐도 피팅모델 사건의 대법원 판결과 같은 법리가 나오지 않는다. 도대체 사진 찍은 것만 같은 사실관계인데 무엇을 참조하여야 한다는 것인가? 두 사건은 사실관계가 다르기 때문에 참고 판결이 될 수 없다. 판결의 오류로 볼 수 밖에 없다. 매우 무성의하고 무책임한 판결로 밖에 보이지 않는다. 그와 같은 재판을 한다면 법리의 발전은 없을 것이고, 국민의 재판받을 권리를 제대로 보장했다고 볼 수 있을까?

누드모델사건의 경우에는 촬영자의 범위와 누드사진의 공개범위의 문제였지만, 피팅모델사건은 계약범위의 문제가 아니었다. 쉽게 말해, 그 주장은, 모델의 인격을 판매했는데, 그 판매한 대가에 비추어 보면, 이미 인격의 사용기간이 종료되었다는 것이었다. 그러나 인격은 돈을 받고 매매할 수 있는 것이 아니다. 피팅모델은 자신의 노무제공에 있어 자신의 인격을 이용할 수 밖에 없는 노무제공에 있어서 필요한 특수한 기능의 문제이다. 강의, 강연, 연기 등은 모두 인격과 개성의 수반이 노무제공에 필요한 기능이 되는 것이다. 피팅모델도 동일하다. 강의나 강연은 그 표현이 저작인격권과 저작재산권으로 보호받듯이 초상과 인격이 관련되어 있다. 또한 이를 기록한다면 인격과 초상까지 포함되어 피팅모델사건과 동일한 쟁점이 발생한다. 자신의 강의를 녹화하여 그 녹화물을 판매하더라도 여전히 인격권과 초상권으로 그 녹화물의 이용을 통제할 수 있는가? 우리 저작권법은 전혀 그렇지 않다. 오히려 저작권법은 저작재산권의 양도에 의하여 저작인격권의 소멸이 발생하거나[636), 저작재산권의 원활한 이용을 위해 저작인격권은 그 본질상 존재하지 않거나 제한한다.[637)

그리고 그 저작재산권의 보호기간이 종료하면 공공물(the public domain)에 존재한다. 이때 저작인격권을 행사할 수 없다. 현재의 출판물, 예술품 등 모든 저작물에 대하여 인격권이나 저작인격권을 주장할 수 없다. 따라

---

636) 예컨대, 저작권법 제16조 복제권은 저작인격권의 통제를 받지 않는다.

637) 저작권법 제11조 제2항 내지 제4항, 제12조 제2항, 제13조 제2항, 제17조, 제19조, 제20조, 제22조, 제35조 등.

[저작재산권의 인격권과 저작인격권에 대한 우위를 나타내는 규정]

조	항	조문내용
11	2	저작자가 공표되지 아니한 저작물의 저작재산권을 제45조에 따른 양도, 제46조에 따른 이용허락, 제57조에 따른 배타적발행권의 설정 또는 제63조에 따른 출판권의 설정을 한 경우에는 그 상대방에게 저작물의 공표를 동의한 것으로 추정한다.
	3	저작자가 공표되지 아니한 미술저작물·건축저작물 또는 사진저작물(이하 "미술저작물등"이라 한다)의 원본을 양도한 경우에는 그 상대방에게 저작물의 원본의 전시방식에 의한 공표를 동의한 것으로 추정한다.
	4	원저작자의 동의를 얻어 작성된 2차적저작물 또는 편집저작물이 공표된 경우에는 그 원저작물도 공표된 것으로 본다.
	5	공표하지 아니한 저작물을 저작자가 제31조의 도서관등에 기증한 경우 별도의 의사를 표시하지 아니하면 기증한 때에 공표에 동의한 것으로 추정한다.
12	2	저작물을 이용하는 자는 그 저작자의 특별한 의사표시가 없는 때에는 저작자가 그의 실명 또는 이명을 표시한 바에 따라 이를 표시하여야 한다. 다만, 저작물의 성질이나 그 이용의 목적 및 형태 등에 비추어 부득이하다고 인정되는 경우에는 그러하지 아니하다.
13	2	저작자는 다음 각 호의 어느 하나에 해당하는 변경에 대하여는 이의(異議)할 수 없다. 다만, 본질적인 내용의 변경은 그러하지 아니하다. 1. 제25조의 규정에 따라 저작물을 이용하는 경우에 학교교육 목적을 위하여 부득이하다고 인정되는 범위 안에서의 표현의 변경 2. 건축물의 증축·개축 그 밖의 변형 3. 특정한 컴퓨터 외에는 이용할 수 없는 프로그램을 다른 컴퓨터에 이용할 수 있도록 하기 위하여 필요한 범위에서의 변경 4. 프로그램을 특정한 컴퓨터에 보다 효과적으로 이용할 수 있도록 하기 위하여 필요한 범위에서의 변경 5. 그 밖에 저작물의 성질이나 그 이용의 목적 및 형태 등에 비추어 부득이하다고 인정되는 범위 안에서의 변경
17		저작자는 그의 저작물을 공연할 권리를 가진다.
19		저작자는 미술저작물등의 원본이나 그 복제물을 전시할 권리를 가진다.
20		저작자는 저작물의 원본이나 그 복제물을 배포할 권리를 가진다.
22		저작자는 그의 저작물을 원저작물로 하는 2차적저작물을 작성하여 이용할 권리를 가진다.
35	1	미술저작물등의 원본의 소유자나 그의 동의를 얻은 자는 그 저작물을 원

조	항	조문내용
		본에 의하여 전시할 수 있다. 다만, 가로·공원·건축물의 외벽 그 밖에 공중에게 개방된 장소에 항시 전시하는 경우에는 그러하지 아니하다.
	2	제1항 단서의 규정에 따른 개방된 장소에 항시 전시되어 있는 미술저작물 등은 어떠한 방법으로든지 이를 복제하여 이용할 수 있다. 다만, 다음 각 호의 어느 하나에 해당하는 경우에는 그러하지 아니하다. 　1. 건축물을 건축물로 복제하는 경우 　2. 조각 또는 회화를 조각 또는 회화로 복제하는 경우 　3. 제1항 단서의 규정에 따른 개방된 장소 등에 항시 전시하기 위하여 복제하는 경우 　4. 판매의 목적으로 복제하는 경우
	3	제1항의 규정에 따라 전시를 하는 자 또는 미술저작물등의 원본을 판매하고자 하는 자는 그 저작물의 해설이나 소개를 목적으로 하는 목록 형태의 책자에 이를 복제하여 배포할 수 있다.

서 인터넷에 게시된 초상이나 사진 등에 대하여 적극적으로 잊혀질 권리를 주장하여야 하는 것이다.

　우리 저작권법상 저작인격권을 주장하여 공공물을 통제할 수 있을까? 피팅모델사건은 자신의 사진 모델을 제공하기 위해 동영상이 아닌 사진을 찍었고, 그 사진을 찍은 사람이 제3자인 것인점 이외에는 강의, 강연 동영상 녹화와 같다. 강의, 강연의 녹화도 내가 아닌 제3자가 한다면 피팅모델사건과 동일한 관계가 된다. 내가 대학이나 방송국의 요청에 의해 인터넷이나 방송을 통해 공중송신하기로 합의하고 그 강의에 대한 대가를 받은 경우에 추후에 나는 강의에 대한 대가가 작다는 이유로 그 강의의 공중송신기간을 제한할 수 있을까? 저작권법 제11조 제2항은 저작물을 양도, 이용허락 등을 하면 공표의 동의를 한 것으로 추정한다. 그 경우, 저작인격권 행사의 포기인 동의는 돈을 받고 판매할 수 있는가? 대가를 받을 수 있는가? 공표의 동의를 철회, 취소하므로 공표된 것을 공표전의 상태로 원상회복해달라고 할 수 있는가? 우리 저작권법이나 민법은 공표 동의의 해지권을 인정하지 않는다. 계약은 민법규정에 따라 또는 계약상의 규정에 따라 해지할 수 있겠지만, 공표의 동의에 관한 저작권법은 그와 같은 해지권을 인정하지 않는다. 이는 동의라는 형성적 의사표시의 성질상 당연한 것이다.

앞서 본 바와 같이 칸트의 경우에는 저작권이란 인격의 발현이므로 처분할 수 없는 권리로 인정하였고, 독일의 경우에도 그와 같은 법리가 존재한다. 물론 우리법은 그러한 법리가 아니지만, 인격이 수반되는 계약의 경우에는 인격은 계약의 대상이 될 수 없으므로 인격과 계약관계의 존재에 대하여 분석을 하고, 인격과 분리된 계약상의 문제를 구분하고, 그 계약에는 인격이 불가피하게 수반될 수 밖에 없는 사정을 고려했어야 한다.

라. 고용계약과 모델노무제공 결과의 귀속[638]

(1) 문제의 제기

고용계약의 특징 중의 하나는 고용계약의 이행을 위해 제공된 노무의 결과는 상대방에게 귀속된다는 것이다. 따라서 원칙적으로 과외, 집수리, 사진촬영 등의 노무제공의 결과는 원칙적으로 영구적으로 상대방에게 귀속한다는 것이다. 이는 노무제공이 유상계약으로 이뤄지기 때문이다. 또 다른 특징을 들 수 있다면, 고용계약상 약정한 노무가 특수한 기능을 요하는 경우에 노무자가 그 기능이 없는 때에는 사용자는 계약을 해지할 수 있다.[639] 피팅모델노무를 제공하기 위해서는 그 모델의 초상을 이용하는 것은 그 모델의 특수한 기능에 해당한다.

사진모델이 모델로서 자신의 사진을 스스로 촬영하는 것이 아니라 이사

---

638) 이하는 본인이 작성한 "광고모델은 자신의 인격과 초상을 판매할 수 있는가? - 피팅모델사건 판결1)의 평석을 겸하여 -"(지식재산연구, 제10호 2023.9) pp. 75-130에 게재된 논문을 발췌 편집하였다.

639) 민법 제658조 제2항

건 피팅모델처럼 모델노무를 제공하는 것은 민법상 고용계약에 해당한다. 피팅모델사건에서도 원고는 피고회사의 모델로 고용된 것이었으므로 민법의 고용계약에 관한 조항이 기본적인 준거법이 된다. 사진촬영에 따른 결과물은 당연히 고용주에게 귀속되는 것이다.

예컨대 과외선생이 학생에게 과외학습을 했는데, 과외선생이 학생에게 전달한 지식은 누구의 것이 되는가? 당연히 학생의 것이 된다. 과외선생이 그 전달된 지식은 나의 인격권이 존재하는 것이므로 일정기간 후에는 그 지식을 사용하지 않을 것을 내용을 하는 조건(condition)을 부가하여 과외교습계약을 체결하였다면 그 계약은 유효일까 무효일까? 과외노무제공계약을 체결할 때는 명시적 언급이 없으나, 과외노무제공을 한 이후에 자신이 받은 과외비용이 적기 때문에 일정기간 이후에는 교육받은 지식, 그 지식은 나의 인격이므로 더 이상 사용하지 못하거나 그 이후에 사용을 하기 위해서는 더 많은 과외비용을 지불하여야 한다고 소를 제기한다면 타당할까? 피팅모델이 자신의 초상이 담기는 모델사진의 사용기간을 정하는 조건(condition)을 부가하여 노무제공계약을 체결한 경우에 그 사진의 사용기간은 정해지는 것일까? 만일 그러한 조건(condition)이 없는 경우에는 그 사진의 사용은 영구한 것일까? 만일 그와 같은 계약상을 조건이 아닌 계약내용으로 한 경우에는 어떤 영향이 있을까? 과외노무제공이후에 과외선생으로 성공해 유명강사가 되었으므로 지난 번에 제공받은 과외비용을 더 달라고 하는 것과 같은 소위 추급권(Droit de Suite) 주장은 유효한 주장일까? 같은 인격이 포함된 노무를 제공했는데 피팅모델과 과외선생은 달리 취급받아야 할까?

앞서 본 바와 같이 특허, 칸트나 헤겔의 저작권법이론에서는 저작자는 그 표현을 한 사람이다. 과외선생 같은 경우에는 자신의 지식에 따라 제공하고, 지식을 제공하는데 사용되는 표현은 그의 저작물이므로 칸트와 헤겔의 저작권법이론은 처분불가능한 저작권을 부여할 것이다. 다만 지식은 표현이 아닌 아이디어에 있으므로 아이디어는 저작권의 보호대상이 아니다. 아이디어와 표현의 이분법(idea/expression dichotomy)에 따라 지식에 해당하는 아이디어의 귀속은 과외를 받은 학생의 것이다. 그렇다면 표현에 관해서는 여전히 과외선생이 저작인격권을 행사할 수 있다. 물론 현대의 저작권법은 그 제한과 존속기간을 정하고 있다.

피팅모델사건의 경우에는 어떠한가? 피팅모델이 자신의 초상권을 이유로 사진의 이용기간을 정할 수 있는가? 결론적으로 가능하다. 다만 그 법리와 방법에 따라 달라질 수 있다. 다만 피팅모델사건과 같은 경우에는 사진의 이용기간의 제한에 관한 조건을 부가하지 않았기 때문에 영구적인 것이다. 이는 칸트나 헤겔의 인격권에 기초한 저작권이론에 따르면 저작권이 영구적이지만 칸트나 헤겔은 저작물의 매체에 관하여는 저작권을 인정하지 않았다. 왜냐하면 매체만으로는 저작자의 인격적 속성을 변경시킬 수 없기 때문이다. 피팅모델사건에서는 초상권은 모델이었던 원고가 가지게 되고, 사진의 저작권은 사진을 찍은 사진가에게 있어야 하지만, 우리 저작법상으로는 제9조에 따라 법인등의 저작물 규정이 적용되든 아니면 고용계약(사진사와 그 사건 피고회사와의 계약관계가 도급계약일 수도 있으나 결과에 영향을 미치지 않는다.640))에 따른 효과이든 고용주이었던 그 사건 피고 회사에게 귀속된다.

(2) 인격권과 초상권의 법적성질

인격권은 모든 인간이 가지고 있는 천부적인 자연법상의 기본적 권리이

---

640) 도급계약의 완성물은 민법 제664조("도급은 당사자일방이 어느 일을 완성할 것을 약정하고 상대방이 그 일의 결과에 대하여 보수를 지급할 것을 약정함으로써 그 효력이 생긴다.") 및 제665조("보수는 그 완성된 목적물의 인도와 동시에 지급하여야 한다. 그러나 목적물의 인도를 요하지 아니하는 경우에는 그 일을 완성한 후 지체없이 지급하여야 한다.")에 따라 결국 도급인에게 귀속한다.

다. 인격권은 불가분(不可分)이자 불가양(不可讓)의 권리이다.[641] 인격권은
외부의 침해로부터 자유로울 소극적인 권리일 뿐 금전적인 대가와 교환하
여 처분하거나 양도가능한 권리가 아니다. 초상모델이라도 인격이나 초상의
판매대가로 금전을 받는 것은 공서양속에 위반되고 인격권의 불가분성 및
불가양성에 어긋나는 행위이다. 대법원도 인격권에 기초하는 초상권은 초상
을 영리적으로 이용당하지 않을 권리, 즉 소극적 권리라고 하고 있다.[642]

인격침해에 대하여 정신적 손해배상으로서 금전배상을 청구하는 것은
전보배상으로서 금전배상의 보충성이란 측면에서 가능하다. 인격적 침해에
대한 손해배상 청구권은 민법 제751조에[643], 재산권 침해에 대한 손해배상
청구권은 제750조에 근거를 두고 민사소송법상으로도 별개의 청구원인이
된다.[644] 인격을 재산과 같이 적극적으로 판매할 수는 없는 것이다. 다만
인격이나 초상의 이용허락이 수반하는 모델제공노무의 대가로 금전을 받
는 것은 가능하다. 초상의 이용은 모델노무제공에 수반되는 것으로[645] 그

---

641) 대법원 1995. 10. 2.자 94마2217 결정 참조("이는 실질상 저작인격권의 양도를 인정
하는 결과로 되어 저작인격권의 본질을 벗어나는 것이 되므로 허용되어서는 아니된
다 할 것이고,…").

642) 대법원 2006. 10. 13. 2004다16280판결("사람은 누구나 자신의 얼굴 기타 사회통념
상 특정인임을 식별할 수 있는 신체적 특징에 관하여 함부로 촬영 또는 그림[으로]
묘사되거나 공표되지 아니하며 영리적으로 이용당하지 않을 권리를 가지는데, 이러
한 초상권은 우리 헌법 제10조 제1문에 의하여 헌법적으로도 보장되고 있는 권리이
다"); 대법원 2013. 2. 14. 선고 2010다103185 판결('누드모델사건') 등.

643) 예컨대, 서울동부지법 2006. 12. 21.선고 2006가합6780판결("이효석 사건") (다만 본
사건은 판결문 본문에 정신적 손해배상의 근거를 제750조 제1항이라고 기재하고 있
는데, 오타로 보인다.). 서울중앙지방법원 2004. 10. 1.선고 2002가단254093 판결
("김민희 사건")은 퍼블리시티권 침해로 인한 손해의 배상을 구하는 원고의 청구를
배척하였으나 피고가 초상권을 침해하였다는 이유로 정신적 손해배상을 인정했다.
권태상, 인격권 침해로 인한 재산적 손해, 법조, 제69권 제1호(통권 제739호)(2020),
p. 143 참조.

644) 서울고등법원 2005. 6. 22.선고 2005나9168 판결 ("이영애 사건").

645) 존 로크(John Locke)나 프리드리히 헤겔(Georg Wilhelm Friedrich Hegel)에게도 노동

금전은 본질은 노무제공의 대가이기 때문이다.

모델계약에 지급되는 금원이 침해에 대한 선위자료로서 합법적인 것이 아닌지 의문이 제기될 수 있다. 인격침해라는 불법행위에 대하여 사후적으로 위자료로써 금전이라는 전보배상을 받을 수는 있지만, 미리 사전에 인격 침해에 대한 위자료를 받고 그 후에 인격침해를 하는 것은 인격을 판매하는 것과 다를 것이 없어 반사회질서 위반의 법률행위라고 하지 않을 수 없다. 예컨대 금전을 지급하고 신체훼손를 하겠다는 계약이 적법하다고 할 수 없을 것이다.646)

(3) 모델노무를 목적으로 하는 고용계약

고용계약의 특징 노무를 제공하는 것은 그 고용계약의 내용에 해당하고, 그 모델노무를 제공하기 위해 필요한 초상권의 이용 동의 내지 침해면책은 그 모델과 모델에 대한 고용계약이 갖추어야 하는 고용계약성립의 전제 조건이다. 민법 제658조 제2항은 '약정한 노무가 특수한 기능을 요하는 경우에 노무자가 그 기능이 없는 때에는 사용자는 계약을 해지할 수 있다.'라고 규정하고 있다. 피팅모델사건에서 약정한 노무, 즉 피팅모델을 제공하기 위해서는 초상권의 침해면책647)이 수반되어야 한다. 이는 민법상 요구되는 것이고, 초상권 침해면책을 하지 않는다면 민법 제658조 제2항 '약정한 노무가 특수한 기능을 요하는 경우에 노무자가 그 기능이 없는 때에는 사용자는 계약을 해지할 수 있다.'라는 조항에 의하여 노무계약을 해지할 수 있다. 만일 모델사진을 촬영했다면, 당연히 초상권 면책에 동의한 것이다.

이나 재산권은 인격적 속성을 가진다. 나종갑, 불공정경쟁법의 철학적 규범적 토대와 현대적 적용, 연세대학교 출판문화원, 2021, pp. 66-117.

646) 같은 맥락에서 연예인에게 신체사이즈를 유지하도록 하는 계약은 그 효력이 있는지 의문이다.

647) 인격권의 침해면책은 초상권의 침해면책에 포함된다고 할 것이다.

피팅모델의 경우, 노무제공을 목적으로 하는 고용계약이다. 그 고용계약에 수반되어야 하는 인격권 내지 초상권 침해에 대한 면책동의가 본 계약인 고용계약을 좌우하는 문제가 발생한다. 이러한 결과는 민법상 노무제공에 필요한 특정한 기능이 없는 경우에는 사용자가 해지할 수 있다는 민법제658조 제2항의 취지에 어긋난다. 그 피팅모델의 인격적 권리도 보호되어야 하지만 인격권이라도 표현과 예술의 자유 등을 보호할 필요성 등 일정한 경우 저작권법이 적용되는 영역에서는 저작재산권이 우선된다는 법원칙이 확립되어 있다고 볼 수 있다.648)

예컨대, 모나리자의 모델이 자신의 초상을 '모나리자의 미소'라는 그림으로 그렸고, 그 그림을 판매하였다고 하더라도 모델로서 인격권과 저작자로서 저작인격권은 그에게 그대로 남아 있다. 이때, 인격권과 저작인격권을 행사하여 그림의 전시나 유통을 제한할 수 있는가? 유명한 '안네의 일기'("The Diary of a Young Girl")를 출판한 '안네 프랭크(Anne Frank)'는 출판되어 유통되고 있는 안네의 일기가 자신의 인격권을 침해한다고 주장하면서 그 '안네의 일기'의 유통을 언제든지 금지할 수 있다고 할 수 있는가? 저작물의 공개와 출판은 저작인격권의 일부 포기를 수반하여야 한다. 인격적인 권리가 절대적인 권리라고 하여, 위와 같은 사례에서 정당하게 유통되고 있는 저작물의 유통을 금지할 수는 없다.

---

648) 저작재산권이 저작인격권과 그 저작인격권과 동일하다는 인격권(일원론)의 행사로부터 독립된 것이 그 근거이다. 또한 저작권법 제9조의 업무상저작물은 모델 고용관계에 따른 저작물에 대하여 고용주에게 그 권리를 귀속시키고 있다. 제35조 제4항("위탁에 의한 초상화 또는 이와 유사한 사진저작물의 경우에는 위탁자의 동의가 없는 때에는 이를 이용할 수 없다.")의 반대해석에 의하여 위탁에 의한 초상사진이 아닌 경우에 예컨대, 사진가의 의뢰에 의한 모델과 같이, 위 4항의 위탁에 의한 초상사진이 아닌 경우에 동의가 없더라도 모델 사진은 그 사진의 저작권자가 이용할 수 있다고 해석된다. 나아가 인격권과 저작인격권은 사망에 의하여 소멸하지만, 저작재산권은 원칙적으로 사망후 70년간 존속한다. 나아가 저작인격권에 관한 저작권법의 규정도 저작권이 우선하는 법리의 근거가 된다.

위 사례의 '모나리자의 미소' 그림과 '안네의 일기'는 영구적으로 전시되고 유통될 것이다. 저작권이 인격권에 우선하지 않는 한 이를 설명하기 어렵고, 유통이나 전시가 영구적이라고 할 수 있는 이유는 묵시적이든 명시적이든 그 인격권자와 저작인격권자의 동의(consent)에 있다. 레오나도르 다빈치의 '모나리자의 미소' 그림 속의 실제 인물로부터, 인격권 침해에 대한 면책의 동의를 받은 사람은 현재에는 아무도 없을 것이다. 그 인물로부터 이용허락이 있다고 어떻게 입증할 수 있을까? 그 그림을 전시하는 것은 그 인물의 초상권 침해라고 할 수 있는가? 앞서 언급한 바와 같이 명시적인 반대가 없는 한 저작권법은 공표를 추정하고 있다.649)

(4) 모델노무제공계약에서의 초상권

(가) 모델노무제공과 초상권 침해면책 동의

초상이 촬영되는 모델계약은 인격권과 초상권의 침해에 대한 동의가 수반되는 모델노무의 제공을 목적으로 하는 고용계약이라고 할 수 있다. 고용계약을 통하여 피팅모델이라는 노무를 제공받는다. 그리고 자신의 초상을 통하여 그 노무제공이 필수적이므로 초상의 침해에 대한 면책 동의(consent)가 필수적으로 수반된다.

초상권이나 인격권은 침해로부터 자유로울 소극적인 권리이므로, 권리의 집합(bundle of rights)으로 구성된 재산권과 같은 상대방에게 부여('grant')할 적극적인 권리가 없을 뿐더러 일신전속권인 그 성질상 타인에게 양도나 부여할 수 없음은 당연하다.650) 인격권의 속성은 불가양의 불가분적 권리(inalienable right)이고 그 속성상 인격권의 포기가 불가능하지만 그 인격권

---

649) 저작권법 제11조 제2호 내지 제5호 참조.
650) 대법원 1995. 10. 2.자 94마2217 결정 참조 ("저작인격권은 저작재산권과는 달리 일신전속적인 권리로서 이를 양도하거나 이전할 수 없는 것이라 할 것이므로…").

주체에 의한 침해면책동의(consent)[651]가 있는 경우에, 그 면책동의에 의하여 인격권 침해를 주장할 수 있는 권리가 상실된다.[652] 인격권 침해에 대한 위자료 청구권과 침해금지청구권을 포기하는 것은 가능하다. 동의에 의한 인격권 침해 면책은 위자료 청구권과 금지청구권의 포기를 의미할 뿐 인격권이나 초상권의 포기를 의미하지 않는다. 따라서 '이용동의'는 그 실질에서는 '면책동의'나 '침해주장의 포기'에 해당한다.[653]

초상권 침해 면책은 적법한 철회나 침해 면책에 대한 (해제)조건의 성취가 있는 경우나 면책에 대한 명시적인 제한이 있는 경우를 제외하고 초상권자의 침해를 주장할 권리의 상실은 포괄적이고 영구적인 것이라고 할 것이다.[654] 초상권 침해 면책의 효과는 사망에 의하여 인격권이 소멸하는 효과[655]와 다를 바가 없을뿐더러[656] 초상권의 침해면책은 원칙적으로 장래

---

651) 초상권 침해에 대한 동의는 침해에 대한 면책의 의미라고 할 수 있다. Garden v. Parfumerie Rigaud, 151 Misc. 692, 271 N.Y.S. 187, 188 (Sup 1933) (A "consent" is the same as a "license" of privacy rights). 그럼에도 불구하고 적극적인 권리를 부여(grant)하는 것은 법리상 타당하지 않다.

652) 예컨대, 언론중재법 제5조 제2항 및 개인정보법 제15조 제1항 제1호 및 제4호 참조.

653) 남형두, 퍼블리시티권에 관한 해외사례연구, 한국저작권위원회, 2012, p. 70 참조("그런데 오히려 저작권, 엄밀하게 말하자면 저작인격권을 유추함에 있어서 저작인격권이 이용허락의 대상이 될 수 있는가에 대해 비판적인 견해가 팽배하다는 점에서 퍼블리시티권에 관한 독일 논의의 한계가 보이기도 한다." 이는, 퍼블리시티권과 달리 저작인격권은 적극적으로 부여할 수 있는 권리가 아니므로 이용허락의 대상이 될 수 없다는 의미로 이해된다).

654) 물론 조건(condition)이 있는 경우에는 그 조건에 따라 영구적이 아닐 수 있다. 법기술적으로(technologically) 인격권 침해에 대한 허락이 영구적이지 않게 할 수 있음은 물론이다. Hauf v. Life Extension Foundation, 640 F. Supp. 2d 901 (W.D. Mich. 2009), aff'd, 454 Fed. Appx. 425 (6th Cir. 2011) 참조.

655) Young v. That Was the Week That Was, 423 F.2d 265 (6th Cir. 1970); Flynn v. Higham, 197 Cal. Rptr. 145, 149 (Cal. Ct. App. 1983); James v. Screen Gems, Inc., 344 P.2d 799, 800-01 (Cal. Ct. App, 1959). Susanne Bergmann, Publicity Rights in the United States and Germany: A Comparative Analysis, 19 Loy. L.A. Ent. L. Rev. 479, 495 (1999).

를 향하여 그 효력이 지속되기 때문이다. 예컨대, 수술이나 성형행위 등 의
료계약에 부수하여 신체에 대한 훼손이나 상해를 허락하는 동의도 장래를
향하여 영구히 그 효력이 미친다고 해야 한다.[657]

인격권에 관한 침해 면책 동의 범위를 벗어나는 행위는 인격권 침해를
구성한다.[658] 그러나 피팅모델사건에서는 유효하게 성립된 모델노무제공이
라는 유상 쌍무계약의 위반행위가 존재하지 않는다. 물론 의사표시에서 사
실의 착오가 있을 수는 있다.[659] 고용계약채무가 이행이 된 이후에 모델인
원고가 임의로 고용계약으로 이행한 채무를 반환하거나 그 중단을 요구하
는 주장은 타당하지 않다. 그럼에도 불구하고 피팅모델사건의 1심 법원은
고용계약에 따라 지급한 보수금(법원은 인격과 초상의 판매대가로 판시함)
이 부족하므로 더 이상 그 모델사진을 이용할 수 없다고 판결하였는바, 이
는 결국 인격권을 돈을 받고 판매할 수 있는 재산과 같이, 가분적(可分的)
이고 가양적(可讓的)인 권리로 판시한 것과 다름이 없다.

초상의 침해와 비침해 범위를 정하는 면책 조건(condition)과 초상을 처
분하는 계약(agreement)은 서로 구별해야 한다. 면책 조건(condition)은 인격

---

656) 저작권법 제14조 제1항. 서울동부지법 2006. 12. 21.선고 2006가합6780판결 ("인격
권으로서의 초상권은 일신전속적 권리라고 할 것이어서 사자는 원칙적으로 그 권리
주체가 될 수 없고….").

657) 김민중, 의료계약의 당사자로서의「환자」와 관련한 문제에 대한 검토, 의료법학, 제
10권 제2호, 2009, pp. 257-78. (의료계약과 의료행위로 인한 신체의 침해에 대한 환
자의 동의는 별개로서 민법상 법률행위가 아니라 준법률행위이고, 환자의 동의는 의
료침습을 허락하는 표시이고, 일신전속적이라고 한다.). 인격권과 초상권의 침해에
대해서는 민법 제751조의 정신적 손해에 대한 위자료가 인정되지 제750조의 재산상
침해에 대한 손해배상이 인정되지는 않는다. 예컨대 서울중앙지법 2006. 11. 29.선고
2006가합36290판결은 초상권 침해에 대하여 위자료를 인정하고 있다.

658) 대법원 1998. 9. 4. 선고 96다11327 판결; 대법원 2013. 2. 14. 선고 2010다103185
판결.

659) 이 점에 대해서는 항소심인 서울고등법원 판결이 배척하고 있다. 물론 착오주장을
한 것은 아니지만, 사실관계상 착오가 있었다고 이해할 만한 내용은 없다.

권의 본질상 유효하지만 대가에 의해 초상을 처분하는 계약은 인격권의 본질에 어긋난 것이므로 무효라고 해야 한다. 초상의 이용은 모델노무계약에서 필연적이지만 유상 쌍무계약의 본질상 금전적 대가를 지급받는 것은 모델노무에 대한 대가이고, 인격권이나 초상권의 침해주장을 포기한 대가가 아니다.

모델노무제공계약과 유사한 것이 앞서 언급한 인간을 치료하는 의료계약과 격투기 경기와 같이 상대방의 신체훼손이 발생하는 스포츠계약이다. 인간의 신체훼손을 허용하는 계약은 반사회질서 위반이지만, 스포츠 계약의 주된 목적은 스포츠 경기이고 스포츠 경기에서 신체훼손의 허용 동의는 신체훼손에 대한 계약이 아니다. 스포츠계약에 수반될 뿐이다. 해당 스포츠 경기에서 통상적으로 발생할 수 있는 범위내에서는 면책이 되지만 그 이상의 경우에는 면책의 범위를 넘는 것이다.[660]

피팅모델사건 1심법원이 원피고 사이에 주고 받은 금액이 '이례적으로 소액'이라고 한 판단은 어떤 근거에서 판시한 것인지 궁금하다. '이례적 소액'이라고 한 판단은 본 사건에 대한 법원이 본 사건에 대하여 재판관으로서의 이성적 판단 보다는 어떤 감성적인 편견과 선입견, 감성에 의해 판단한 것이다.

재판관은 모델노무계약의 성립과정에서 자유로운 의사에 의하여 기한 것인지 또는 반사회질서 위반의 법률행위인지, 불공정한 법률행위[661]인지

---

660) 대법원 2019. 1. 31. 선고 2017다203596 판결("권투나 태권도 등과 같이 상대선수에 대한 가격이 주로 이루어지는 형태의 운동경기나 다수의 선수들이 한 영역에서 신체적 접촉을 통하여 승부를 이끌어내는 축구나 농구와 같은 형태의 운동경기는 신체접촉에 수반되는 경기 자체에 내재된 부상 위험이 있고, 그 경기에 참가하는 자(이하 '경기 참가자'라 한다)는 예상할 수 있는 범위 내에서의 위험은 어느 정도 감수하고 경기에 참가하는 것이다."). 고세일. 운동경기에 참가하는 사람의 주의의무에 대한 고찰 - 미국 법원의 운동경기에 참여한 사람의 주의의무 판단을 중심으로 -『법학연구』, 제32권 제2호(2021), pp. 183-226.

661) 민법 제104조의 불공정한 법률행위는 피해 당사자가 궁박, 경솔 또는 무경험의 상태

또는 의사표시의 하자[662]가 존재하는지를 판단하면 될 것이지 어떤 기준이 나 근거없이 고용계약금액을 이례적으로 소액이라고 판단할 수는 없다.[663] 사실 어떤 사례에서는 아무런 대가를 받음이 없이 자신의 초상을 이용하도 록 허락하는 계약이 존재한다.[664] 인격과 초상은 경제적 가치로 평가할 수 없다.

한 사례에서는 초상사진을 8년간 광고모델로 무단 이용한 사건에서 300 만원의 손해배상을 인정했다. 소외 甲이 원고의 한복 의상의 장구춤을 추 는 무용 장면을 촬영한 사진을 피고 한국관광공사가 개최한 공모전에 출품 하여 입선한 사진을 인천국제공항공사가 한국관광공사 운영의 홈페이지 갤러리에서 위 사진을 내려받아 약 8년 동안 인천국제공항 청사 출국장 게 이트 벽면 등에 무단으로 전시한 사건에서, 법원은 초상권 침해로 인한 손 해로 금 300만원의 위자료의 지급의무를 인정했다.[665] 피팅모델사건에서 당사자의 자율적인 의사의 합치에 의해 적법하게 지급된 모델노무에 대한 보수를 타인의 사진을 무단으로 8년간 사용하여 인격권을 침해한 사건의 판결의 손해배상금에 비추어 보면 이례적으로 소액이라고 평가할 수 있을 까? 오히려 8년간의 초상권 침해에 대한 위자료인 금 300만원이 이례적으

에 있고 상대방 당사자가 그와 같은 피해 당사자측의 사정을 알면서 이를 이용하려 는 폭리행위의 악의를 가지고 객관적으로 급부와 반대급부 사이에 현저한 불균형이 존재하는 법률행위를 한 경우에 성립한다.

662) 민법 제107조 내지 제110조 참조 (진의 아닌 의사표시, 통정허위표시 및 사기나 기 망에 의한 의사표시).

663) 1원의 대가가 지급되는 계약은 국가에 의해 유효한 것으로 인정되고 있다. 공정거래 위원회는 의약품 도매상들의 1원 입찰을 방해한 한국제약협회에 과징금 5억 원을 부과하고 검찰에 고발하기로 했다고 한다. (이상화, "공정위 '1원 낙찰' 막은 제약협회 검찰 고발," 日刊 NTN <https://www.intn.co.kr/news/articleView.html?idxno=100718>.

664) Garden v. Parfumerie Rigaud, Inc., 151 Misc. 692, 271 N.Y.S. 187 (N.Y. Misc. 1933) (본 사건에서는 명확히 언급하지 않으나, 무상으로 자신의 초상사진의 이용에 대하여 침해면책을 한 것임을 알 수 있다.).

665) 인천지법 2016. 4. 6. 선고 2015가단232254 판결 (항소됨).

로 소액이지는 않을까? 8년간의 위자료에 비추어 보면, 9일 동안 이뤄지는 모델노무에 대하여 지급한 405만원이 이례적으로 고액이라고 할 수는 없을까?[666] 9일간의 노무 대가로서 405만원은 항소심 판시에서와 같이 전연 문제가 없어 보인다.[667]

(나) 트롤리의 딜레마

초상의 사용대가가 '이례적 소액'이라고 한 법원 판단을 보면, 하버드 대학의 마이클 샌델(Michale Sandel) 교수가 제시한 극단적인 공리주의의 예, 소위 트롤리 딜레마(Trolley Dilemma)[668]를 연상시킨다. 트롤리 딜레마

---

666) 그와 관련하여 공짜 성형의 조건으로 그 성형전후의 사진을 7년동안 이용하기로 한 사건에서 초상권 이용 기간을 7년으로 정한 것은 지나치게 길어 민법 103조에 따라 무효라고 주장했으나, 서울중앙지법 민사합의51부(조용현 부장판사)은 7년이라는 초상권 이용기간이 민법 103조의 반사회적 법률행위에 해당한다거나 A씨에게 부당하게 불리하다고 볼만한 자료가 없는 만큼 계약을 무효라고 할 수 없다"고 판단했다. 헤럴드 경제, "'공짜 성형' 조건으로 홍보모델 7년 너무 길다 소송…법원 '지나친 조건 아냐" 2016. 2. 8. http://news.heraldcorp.com/view.php?ud=20160208000029. 본 서울중앙지법 판결도 7년의 기간에 대하여 가분적이고 처분할 수 있는 재산권으로 인식한 것으로 판단된다. 다만 퍼블리시티권은 법에서 명시적으로 인정하고 있지 않으므로 초상권으로 판단한 것으로 보이고 그러한 연유로 법리적으로 불가분(不可分) 불가양(不可讓)의 인격권을 재산권과 같은 가분의 양도가능한 권리로 판시한 문제점이 있다고 판단된다.

667) 2심 판결인 서울고등법원(서울고등법원 2021. 2. 4. 선고 2020나2018284 판결)은 그 점에 관해 다음과 같이 언급하고 있다:
전속적 성격을 가진 광고모델계약과 달리 이 사건 촬영계약의 경우 원고가 다른 업체와의 촬영하는 것을 제한하고 있지 않고, 원고가 촬영 시마다 지급받은 45만 원은 보통의 사람들이 하루 동안 벌 수 있는 수입에 비교해 볼 때 고수익에 해당하며, 원고로서는 이 사건 사진이 인터넷에 게재됨으로써 모델 경력이 인정되고 인지도가 상승하는 이익이 발생한다. …. 결국 피고가 원고에게 지급한 촬영료와 해당 상품 판매기간 동안 이 사건 사진을 사용함에 따른 이익이 균형을 이루는 것으로 보이고, 특별히 원고에게 불리하거나 이례적으로 적은 비용을 지급받은 것으로 보이지 않는다.

668) 그림 출처: https://namu.wiki/w/%ED%8A%B8%EB%A1%A4%EB%A6%AC%20%EB%

(Trolley Dilemma)는 기관사가 그대로 진행한다면 5명을 사상케 하지만 기차의 진로를 인위적으로 변경한다면 1명의 사상케 하는 상황이다. 매우 단순하게 공리주의를 따른다면, 5명 대신에 1명의 사람을 사상케 하는 것이 옳을 것이다. 극단적인 공리주의 원칙에 따른다면, 옛날 우리나라에 존재했었다고 하는 고려장, 전쟁, 인종차별 등이 합리화 된다. 인간의 가치도 금전적 가치로 평가할 수 있는 것이다. 이는 나찌즘이나 집단학살, 스탈린이 행한 잔혹한 행위, 중세의 마녀사냥 등을 합리화 하는 무서운 결론으로 이어진다.

그러나 인간의 가치는 금전으로 평가할 수 없다. 인격과 초상에 관한 권리를 처분불가능한 권리(inalienable)라고 하는 이유이다. 초상의 사용이 불가피한 인물모델계약은 노무를 제공하는 고용계약이지 초상과 인격을 판매하는 계약이 아니다. 그와 같이 노무제공에 있어 인격을 수반하는 경우는 많이 존재한다.

물론 노무에 대한 대가가 신의성실의 원칙에 어긋날 정도로 잘못평가된 경우에는 계약상의 하자이므로 법원이 개입할 수 있다. '당신들이 체결한 모델노무공급계약은 의사표시상의 착오나 기망 등 의사표시의 하자가 고용대가의 판단에 영향을 주었으므로 취소할 수 있다' 또는 '신의성실의 원칙에 위반된다'고 판단하는 것은 법원의 권한이다.[669]

피팅모델사건을 보면 피고회사의 광고사진은 원고의 모델로서의 광고역할도 하고 있음을 부인할 수 없다고 보인다.[670] 신인 모델로서는 피팅모델

94%9C%EB%A0%88%EB%A7%88.

669) 대법원 2018. 5. 17. 선고 2016다35833 전원합의체 판결.

670) 서울지방법원 1995. 6. 23. 선고 94카합9230 판결 (""소설 이휘소"와 "무궁화 꽃이 피었습니다"는 핵물리학자인 이휘소를 모델로 한 소설로서 이휘소에 대하여 전반적으로 매우 긍정적으로 묘사하고 있어, 소설을 읽는 우리 나라 독자들로 하여금 이휘소에 대하여 존경과 흠모의 정을 불러 일으킨다고 할 것이어서, 우리 사회에서 이휘소의 명예가 더욱 높아졌다고도 볼 수 있으므로, …."). 피팅모델사건 항소심도 같은

은 자신의 가치를 높일 수 있는 좋은 기회가 될 수 있을 것이다. 그러한 전속모델이 아닌 일회성의 모델로서의 가치와 자신을 광고모델로 광고할 수 있는 기회를 고려하여야 한다. 초상의 침해면책동의가 무상으로 이뤄지는 경우도 있다는 점을 고려한다면 원고에게 지급된 금액이 너무나 소액이어서 당사자의 합리적인 의사표시가 아니라고 인정할 수 없고, 이에 그 계약이 선량한 사회질서위반이 될 만하다고 할 수 있지 않을 만큼 분명하지 않은 한 '이례적으로 소액'이라는 판단은 매우 부적절하다. 특히 피팅모델이라는 그 사안의 특징을 보면 원고의 모델로서의 지위, 즉 고용계약의 당사자가 제공하는 노무에 의해서 평가한다면 언제든지 피고로서는 원고가 아닌 다른 모델에 의해 대체가 가능했다고 보인다.

피팅모델사건에서 원고와 피고 사이에는 전속모델합의가 존재하지 않았다. 원고가 제공한 모델노무는 마르지 않는 샘과 같이 피고 이외의 어느 누구에게도 계속적으로 무제한으로 모델노무를 제공할 수 있고, 그에 대하여 상당한 금액을 계속 제공받을 수 있다. 따라서 위 사건에서 원고가 지급 받은 금액을 '이례적으로 소액'이라고 평가할 수 없는 것이다.

'이례적으로 소액'이란 판시는 피팅모델사건이 재판관의 감성적 편견과 선입견이 헌법 위에 지배하여 이뤄진 판결임을 보여주는 것이라고 하지 않을 수 없다. 그 금액은 인격의 판매가치로서는 적다는 편견과 선입견이 존재하는 것이다. 시장경제체제에서 상품과 용역의 가격은 시장에서 이뤄진다. 모델제공노무도 그 제공 용역의 경제적 가치는 시장에서 결정된다. 물론 그 과정에서 의사표시의 하자가 있을 수 있고, 공서양속에 위반되는 거래가 발생할 수 있다.671) 그러나 인격은 판매될 수 없고, 제3자에 의해 그 경제적 가치가 평가될 수 없다. 법원이라도 이를 평가할 수 없다. 인간의 존엄성을 훼손하는 행위로 헌법에 위반된다.

점을 지적하고 있다.
671) 대법원 2010. 7. 15. 선고 2009다50308 판결.

(다) 고용계약에 의해 제공된 노무의 이용기간

법원이 모델사진의 이용기간이 정해지지 않았다는 이유로 이용기간의 존재에 대한 입증책임을 피고회사에게 부과한 것은 모델제공이 노무계약에 따른 채무의 이행이라는 점을 간과하고, 무단으로 찍은 초상 사진672)과 같이 판단한 것에 동의할 수 없다.

길거리 사진의 경우에도 그 모델의 초상권 침해에 대한 동의가 필요하지만673) 그 모델노무제공이 유상의 고용계약인지 또는 무상계약인지에 따라 그 효력이 달라진다.674) 무상의 호의에 의한 모델계약에 의해 모델사진을 찍은 경우에는 언제든지 그 동의를 철회할 수 있다고 할 수 있지만675) 그 사진으로 인하여 새로운 사회적 관계 내지 의존성(reliance)이 발생한 경우에는 금반언의 원칙과 형평의 원칙에 의하여 동의의 철회는 제한되거나 상대방의 손해를 배상하거나 손실을 보상하여야 한다고 해야 한다.676) 즉 자

---

672) 우리나라에서는 공공장소에서 촬영이 모두 초상권 침해로부터 자유로운 것은 아니다. 많은 경우 공공장소의 촬영이라고 하더라도 초상권 등의 침해가 되는 경우가 상당히 많다고 할 수 있다. 대법원 2006. 10. 13. 선고 2004다16280 판결 등 참조. 공공장소는 사적영역이 아니지만 초상권은 보호받기 때문이다.

673) 대법원 1998. 9. 4. 선고 96다11327 판결.

674) Garden v. Parfumerie Rigaud, Inc., 151 Misc. 692, 271 N.Y.S. 187 (N.Y. Misc. 1933) (본 사건은 무상으로 자신의 사진과 이름을 향수에 대하여 상업적 이용에 대한 동의를 하였는데, 그 면책동의는 "I am pleased to give you herewith permission to use my name and portrait in connection with the perfume which you have originated, known as the perfume Mary Garden."라고 되어 있었다. 피고가 원고의 이름과 초상을 약 20년 이상을 이용하고 있었는데, 원고가 이용동의철회를 했다. 뉴욕주 법원은 무상의 이용동의는 언제든지 철회할 수 있다고 판시하면서 피고로 하여금 더 이상 원고의 이름과 초상을 이용하지 못하도록 했다. 본 사건에서 무상의 이용동의는 영미법에서는 consideration이 없으므로 계약으로서 강제를 못한다. 따라서 원고은 언제든지 이용허락을 철회할 수 있다.

675) 이때에는 상대방에게 주는 것이 재산이라고 할 수 없으므로 증여계약이라고 할 수도 없다.

676) 미국도 같은 법리이다. The American Law Institute, "Restatement of the Law, Third, Unfair Competition", West Pub. 1995, Sec. 46, cmt. f. 유상의 경우에는 그 동의의

신의 초상이 포함된 사진에 대한 일방적인(unilateral) 사용에 대한 허락
(consent)이나 권리주장의 포기(waive)는 언제나 취소/철회할 수 있지만, 그
의 침해면책을 믿고 그 후속적인 행위를 함으로서 발생하는 상대방의 손해
나 손실은 보상이나 배상하여야 합리적인 결과가 될 것이다.677) 임대차 계
약 중간에 임대차 계약을 임의로 해지하고 싶다면, 상대방의 권리를 구입
하거나 상대방의 피해를 보상하여야 하는 법리와 다를 것이 없다.

  (라) 모델의 초상과 모델제공노무의 특성
  일정한 노무는 개성이 존재하고 그 개성이 제공되는 노무의 속성이 되는

철회나 동의의 효력의 종료가 인정되지 않는다. ("However, if a person is estopped
or otherwise precluded from terminating the consent, the consent, an attempted
termination is not effective."). 프랑스에서도 쌍무적인 계약에 의한 경우가 아니라면,
초상권 등 인격권(right of personality)에 관한 권리행사의 포기(waive)의 철회는 언
제든지 인정되지만, 사진 이용의 동의는 언제든지 철회 내지 취소할 수 있다고 한다.
다만, 동의의 철회는 장래를 향하여 효력이 있고, 철회로 인하여 상대방이 입는 손실
을 고려해야 한다고 한다. Huw Beverley-Smith et al, Privacy, Property and
Personality: Civil Law Perspectives on Commercial Appropriation, Cambridge Univ.
Press, 2006, pp. 193-197. 독일의 경우, 1907년 제정된 독일 예술저작권법(Gesetz
betreffend das Urheberrecht an Werken der bildenden Künste und der Photographie)
제22조에서 자신이 대중에게 어떻게 표현될지 결정할 수 있는 권리를 부여하고 있
다. 제22조는 개인의 사진 등 이미지를 광고나 상업적 목적으로 이용하기 위해서는
그 개인의 동의가 있어야 합법적이라고 규정하고 있는데, 이에 대하여는 뉴스 등에
게재하기 위한 사진의 경우에는 제한이 된다. 또한 동법 제23조는 몇가지 예외를
규정하고 있는데, 동의에 의해 초상은 그 초상인물의 동의에 의해서만 배포되거나
공개될 수 있고, 의심이 있는 경우 초상이 되는 것에 대하여 대가를 받았다면 그
동의가 있는 것으로 간주한다고 규정한다. 그리고 그와 같은 조항의 해석상 동의는
장래를 향해 지속되는 것으로 판단된다. Id.
677) Id. 참조. 이는 미국, 독일, 프랑스도 같은 법리이다. 비록 초상권이 아닌 저작권에
관한 것이지만 독일저작권법 제41조는 저작자의 이용동의가 있었지만 이용을 하지
않는 경우에 이용권을 철회할 수 있도록 하고 있지만, "형평(Billigkeit)에 맞는 경우
그러한 한도 내에서 저작자는 이해관계인 (Betroffenen)에게 배상하여야 한다."고 규
정하고 있다.

경우가 있다. 특정한 재능을 필요로 하는 많은 프리랜서들이 제공하는 노무, 예컨대 과외교사의 교습과 성악가의 가창이나 배우들의 연기 등은 개성이 포함되어 있으나 고용계약에 의해 자신의 재능을 제공하면 상대방에게 귀속한다.678) 같은 이치로 모델의 경우에도 그 모델계약의 특성상 초상권의 침해에 대한 면책이 부가되어 있는 것이다.679) 특히 피팅모델과 같이 어떤 유명성이 기반하는 퍼블리시티가 아닌 피팅모델을 찍은 사진은 그 모델이 주인공이 아니므로 모델의 개성이라는 속성이 상대적으로 강하지 않기 때문에680) 모델노무제공과 함께 고용주에게 초상권의 침해면책이 존재하는 것으로 해석해야 한다.

고용계약에 따라 제공된 노무는 고용주에게 귀속하고,(민법 제655조) 그 노무나 그 결과물은 그 노무의 성질에 따라 영구히 존재할 수도 있고 일시적으로 존재할 수도 있다. 영구적으로 존재하는 노무의 결과물은 영구하게 고용주에게 귀속한다.('모나리자의 미소' 그림은 그 모델인물의 소유라고 해야 하는가?) 저작권법상으로도 고용계약에 의해 이행된 저작물은 고용주에게 속하므로 초상화를 그려주는 고용계약에 의해 창작된 '초상화'는 저작권법 제9조에 따라 그 저작인격권과 저작재산권이 고용주에게 귀속한다. 물론 저작권법 제9조에 따른 규정이 존재하여야 하고 법인 등의 명의로 공표되어야 한다. 다만 그렇지 않은 경우 저작인격권은 그림을 그린 화가에게 있고, 저작재산권은 그 고용계약에 따라 달라질 것이다. 그런데 그 초상화의 소유는 고용계약의 목적이므로 최소한 저작재산권은 그 화가의 고용주에게 있을 것이고, 그 고용주는 저작권법 제11조 제3항에 의해 저작물의

---

678) 민법 제655조 "고용은 당사자 일방이 상대방에 대하여 노무를 제공할 것을 약정하고 상대방이 이에 대하여 보수를 지급할 것을 약정함으로써 그 효력이 생긴다."

679) 저작권법 제35조 제4항.

680) 피팅모델의 경우에는 모델의 초상이든지 개성보다는 액세서리에 초점이 맞춰지기 때문에 모델의 인적속성이 강한 사진이 담기지 않는다.

원본의 전시방식에 의한 공표를 동의한 것으로 추정받게 되므로 공표할 수 있다. 이때의 공표를 하면 그 공표의 효과는 영구적인 것이다. 공표를 공표 전의 상태로 돌리라고 할 수 없다.

모델노무제공계약의 특성상 사진촬영과 사진의 전시에 필요한 초상권, 프라이버시권 또는 퍼블리시티권은 권리 주장의 포기 내지 침해면책 또는 이용허락(퍼블리시티권의 경우)이 수반되는 계약으로 보아야 한다. 이는 우리 민법상 고용계약에 "약정한 노무가 특수한 기능을 요하는 경우에 노무자가 그 기능이 없는 때에는 사용자는 계약을 해지할 수 있다."고 규정한 민법 제658조 제2항의 취지에서 찾아 볼 수 있다. 그 고용계약의 전제로서 특수한 기능을 걸여한 경우에 사용자가 고용계약을 해지할 수 있다는 조항의 취지는 그러한 기능이 없다면 고용계약의 목적을 달성할 수 없기 때문이다. 초상모델노무제공으로 하는 고용계약의 결과물인 초상모델사진의 공표를 방해하는 것은 고용계약의 목적을 달성할 수 없게 한다.

피팅모델사건에서는 유상의 계약이므로 초상권자인 원고가 일방적으로 고용계약을 철회내지 취소할 수 없다. 초상권의 침해면책동의의 철회는 계약에 동의의 철회 조건(condition)이 존재하고, 그 조건(condition)이 성취되는 경우에는 어떤 의사표시 없이 조건(condition)의 성취결과로 당연히 효력이 발생한다.

미국의 영화배우 브룩쉴즈(Brooke Shields)는 한때 하이틴 스타로서 유명인(celebrity)이다. 브룩쉴즈가 아동이었을 때 그녀의 부모는 아동 누드사진 모델에 동의하여 브룩쉴즈는 아동누드사진을 찍었다. 그때 그녀의 나이는 10세이었다. 그 사진은 여러 곳에 전시되어 이용되었다. 그녀가 성년이 된 이후에 그 누드사진의 광고나 판매 등의 금지를 요구하였지만 법원은 부모의 유효한 동의에 의하여 촬영한 사진이었다는 이유로 브룩쉴즈의 사진사용금지청구를 기각했다.[681] 법원은 부모의 동의에는 어떤 시간상의 제한 등이 부가되어 있지 않았다고 판시했다.

피팅모델사건에서는 모델의 인격권을 침해한다고 할 만한 피팅모델광고
사진의 이용의 변화가 없었다. 단지 원고가 예전에 비하여 좀 더 나아진 모
델료를 받을 수 있는 지위로 변화하였다는 것일 뿐이다. 대법원이 초상의
이용기간의 입증을 피고회사에게 부과한 것은 결국 모델에게 소위 추급권
(Resale Royalty Right/Droit de Suite)을 인정한 것과 같다.[682]

(5) 침해에 대한 면책사유로서의 동의

침해에 대한 면책은 위법성을 조각하는 것으로[683] 일방적 의사표시이므
로 모델노무계약과 구별되는 것이다. 침해에 대한 동의 내지 승낙은 쌍무
적인 계약이 아니라[684] 형성권과 유사한 일방적 의사표시이므로[685] 그 의
사표시로 형성된 법률관계는 특정한 조건(condition)을 부가하지 않는 한
그대로 존속하는 것이다.[686] 모델노무에 대한 대가가 제공되는 모델노무제

681) Shields v Gross, 58 N.Y.2d 338 (1983).
682) 만일 그러한 지위의 변화에 따라 고용계약의 조건을 변경할 수 있다면, 모든 계약에
    서도 그와 같은 사정변경을 쉽게 인정해야 한다. 모든 계약에서 소위 '추급권(Resale
    Royalty Right/Droit de Suite)'을 인정해야 한다. 추급권의 일반적인 내용에 관해서
    는 유의정, 미술품 추급권(Resale Royalty Right)의 도입과 과제, 국회입법조사처,
    2019. 독일에서의 추급권 논의에 대하여는 계승균, 독일저작권법상 추급권에 관한
    연구, 창작과 권리, 제48권, 2007, p. 180 이하 참조.
683) 서울지방법원 1995. 6. 29 선고 94 카합9230 판결. 김경호, 범죄보도로 인한 인격권
    으로서의 초상권 침해에 관한 연구, 언론과 사회, 제12권 제2호, 2004, pp. 93-97;
    차형근, 국내 초상권 판결경향에 대한 고찰, 언론중재, 제32권 제1호, 2012, pp. 67-
    76; 한위수, 판결에 나타난 언론보도의 문제점, 언론중재, 제19권 제2호, 1999, p. 27.
684) 물론 모델노무를 제공하기 위한 고용계약과 같은 경우에는 계약이다. 다만, 계약없이
    일방적인 허락에 의하여 사진을 찍는 경우에는 무상의 무명계약이 존재한다고 할
    수 있다. 무상의 편무계약은 증여계약인데, 증여계약은 그 목적물이 재산에 대해서
    만 성립할 수 있기 때문이다.
685) 형성권인지에 의문이 제기될 수 있으나, 일방적 의사표시로 인하여 침해상태가 해소
    되어 법률관계가 소멸하는 점에서는 형성권이라고 할 수 있다.
686) 대법원 2014. 5. 29. 선고, 2013다212295 판결 (위 퇴사청구권은 사원 지분의 압류채
    권자가 직접 일방적 의사표시로 사원을 퇴사시킬 수 있도록 한 형성권이다. 이에 따

공계약은 유상 쌍무계약이지만 모델노무를 제공하기 위해 필요한 초상권이나 퍼블리시티권의 사용 동의 내지 승낙은 계약과 분리된 일방적 의사표시이다.

　모델이 필요한 업무에 모델을 고용하는 계약에 의한 상업용 모델사진을 찍는 경우에는 초상이나 퍼블리시티의 침해문제가 발생하지 않는다. 초상이나 퍼블리시티를 제공하여야 하는 것은 자신이 제공하여야 할 노무의 내용에 불과하고 계약상의 채무이행에 불과하다.

마. 저작권과 초상사진에 대한 권리

　초상사진 또는 초상사진을 이용한 광고모델 계약에서는 초상사진촬영과 이의 이용이 불가피하기 수반되어 모델노역을 제공하는 것으로서 모델을 하고 이에 대하여 대가가 지급되면 그 계약이 종료된다. 모델계약에는 초상권과 프라이버시권에 대한 침해 동의 내지 면책의 허락이 조건(condition)이 되는 계약이라고 하여야 한다.[687] 이는 모델의 명시적 묵시적 동의가 있어야만 적법한 사진저작물이 완성되기 때문이다.[688]

라 채권자가 예고기간을 정하여 예고를 한 이상 다른 의사표시 없이도 영업연도말에 당연히 퇴사의 효력이 발생하고, 사원이 이를 저지하기 위하여서는 영업연도말이 되기 전에 변제를 하거나 상당한 담보를 제공하여야 하며, 변제 또는 담보제공이 없이 영업연도말이 도래하여 일단 퇴사의 효력이 발생하였다면 그 후 사원 또는 채권자가 일방적으로 위 퇴사의 의사표시를 철회할 수 없고, …).

[687] 대법원 1998. 9. 4. 선고 96다11327 판결 ("본인의 승낙을 받고 승낙의 범위 내에서 그의 사생활에 관한 사항을 공개할 경우 이는 위법한 것이라 할 수 없다 할 것이나, 본인의 승낙을 받은 경우에도 승낙의 범위를 초과하여 승낙 당시의 예상과는 다른 목적이나 방법으로 이러한 사항을 공개할 경우 이는 위법한 것이라 아니할 수 없다.").

[688] Miller v. Anheuser Busch, Inc., 591 F.Supp.2d 1377 (2008)사건에서는 "the absolute right and permission to use my likeness and photograph, in whole or in part." 라고 기재된 면책조항에 의거하여 사진 모델인 원고의 피고에 대한 퍼블리시티권의 부정취득이용주장을 기각했다. 예컨대 길거리 캐스팅으로 동의하에 무상으로 사진을 찍

저작권법상의 저작인격권과 저작재산권의 관계를 보면 모델 채무이행자
가 그 제공한 노무와 분리하여 인격권이나 초상권 등을 행사할 수 없다는
것은 좀 더 분명해진다. 저작인격권은 일반적인 인격권과 같은 권리로
서[689] 그 전체가 하나의 권리로서 불처분적 권리(inalienable right)이다.[690]
권리를 분할하여 일정기간 이용권을 부여(grant)하거나 타인에게 양도 등의
처분이나 행사를 하도록 하는 것은 인격권과 초상권을 재산권화 하는 것으
로, 이는 불가능함을 명정하고 있다.[691]

저작인격권은 불가양의 권리이므로 여하한 명목의 침해에 대한 면책 동

은 경우에 그 초상권자는 그 동의를 철회할 수 있다고 보인다. 다만 그 동의철회로
인하여 발생하는 상대방의 손해나 손실은 보상을 하여야 할 것이다. 유상의 모델계
약의 경우에는 계약법의 원리가 적용되어야 하므로 일방적으로 동의의 철회는 할
수 없을 것이다. 프랑스 저작권법 제121조의4 ("[이]용권의 양도에도 불구하고, 양수
인이 자기의 저작물을 발행한 뒤에도 저작자는 양수인에 대하여 철회권 또는 취소권
을 가진다. 그러나 그 철회 또는 취소로 인하여 양수인에게 손해를 입힐 가능성이
있는 때에는 그 손해를 사전에 보상할 것을 조건으로만 그 권리를 행사할 수 있다.")
및 독일 저작권법 제41조 제6항("형평(Billigkeit)에 맞는 경우 그러한 한도 내에서
저작자는 이해관계인(Betroffenen)에게 배상하여야 한다.")

689) 국내의 다수설은 인격권과 저작인격권은 같은 본질적으로 그 법적 성질이 같다는
    일원론적 입장이다. 이에 대하여는 앞서 언급했다.

690) 프랑스 지적재산권법전 제L121-1조는 저작인격권을 저자가 자신의 이름과 능력과
    저작물을 향유할 권리로서 인적 속성을 갖고("Ce droit est attaché à sa personne.).
    영구적이고 처분불가능하고, 시효로 소멸하지 않고(Il est perpétuel, inaliénable et
    imprescriptible.), 사후명예를 지킬 수 있도록 상속되고(Il est transmissible à cause
    de mort aux héritiers de l'auteur.), 유증에 의해 제3자가 실행할 수 있도록 할 수 있
    다(L'exercice peut être conféré à un tiers en vertu de dispositions testamentaires.")고
    명시하고 있다. 즉 재산권과는 달리 분할하거나 양도가 불가능한 권리로 규정하고
    있다.

691) 대법원 1995. 10. 2.자 94마2217 결정(저작인격권은 저작자에게 있는 것이므로 그
    행사의 대리나 위임이 가능하다고 할지라도 그 본질을 해하지 않는 한도에서 가능하
    므로 포괄적 위임등에 의해 실질상 저작인격권의 양도는 불가하다고 판시); 서울고
    등법원 1996. 7. 12. 선고 95나41279 판결('신탁에 의하여 저작인격권의 이전은 불가
    능하므로 저작인격권의 신탁관리가 불가능하다.').

의는 적극적 권리 부여라고 할 수는 없다. 그 동의는 저작인격권 행사를 하지 않는다는 소극적인 의미이다.[692] 이와 같은 저작인격권의 성질은 일반 인격권이나 프라이버시권 및 초상권과 같다. 인격을 포기할 수 없는 것처럼 저작인격권은 포기가 불가능한 권리다.[693]

인격권 침해에 대한 면책은 어떤 제한 조건(condition)이 없으면 그 피침해권리인 인격권의 포괄성 및 불가분성으로 인하여 인격권 전부와 더 이상의 침해가 아니라는 점에서 미래를 향하여 효력이 발생하고, 그 효력이 중단되지 않는다면 결과적으로 영구적이다고 할 수 있다. 물론 기본적 인권으로서의 인격권이라는 그 특성으로 인하여 면책의 철회가 가능하다고 할 것이지만 아무런 제한없는 철회가 가능한 것은 아니라고 할 것이다. 왜냐하면 면책으로 인하여 새로운 사회생활관계가 형성되고 사회관계가 그 동의에 의존(reliance)하여 형성되기 때문이다.[694]

인격권을 근거로 예컨대, 음반상의 목소리를 통제할 권리를 주장한다면, 음반에 관한 저작권인접권이나 저작권법상의 권리는 무용지물이 된다. 이러한 사실상 영구적 효력을 제한하기 위해서 별개의 개념으로 인격권과 프라이버시에 기초한 잊혀질 권리가 새롭게 형성되고 있다.[695]

---

692) 오승종, 저작권법, 제3판, 박영사, 2013, p. 364면 참조 ("[공]표권은 …적극적인 청구를 행위를 할 수 있는 권리가 아니라… 제3자의 적극적인 행위를 규제하는 소극적인 권리라고 하겠다.").

693) 서울지방법원 1997. 10. 24. 선고 96가합59454 판결(저작인격권은 그 성질상 포기가 불가능하므로 저작인격권의 포기는 무효라고 함); 中山信弘, 著作權法, 有斐閣, 2007, p. 361.

694) 오승종, 저작권법, 제3판, 박영사, 2013, p. 364 참조 ("저작자의 의사에 반하여 저작물의 공표가 이뤄진 경우… 저작자의 의사에 반하는 공표라 하더라도 일단 공표가 이루어진 바에는 더 이상 공표권을 행사할 수 없다고 보는 것이 법적 안정성 측면에서 타당하다고 생각된다."). 같은 취지의 언급은 이해완, 저작권법, 제2판, 박영사, 2012, p. 271; 윤경, 저작권법, 육법사, 2005, p. 274 참조.

695) 잊혀질 권리는 초상에 한정되는 것은 아니다. 명예훼손을 하는 경우에는 불법행위가 되고 이러한 경우에 가해자와 인터넷 운영자의 삭제의무가 있으므로(대법원

프라이버시는 단지 초상사진에만 인정되는 것이 아니다. 특정인을 특정할 수 있는 일기, 자서전, 전기, 비디오 리코딩, 오디오 리코딩 등에도 존재한다. 특정인의 초상은 초상권이나 프라이버시권으로 보호되는 것의 하나일 뿐이다.696) 프라이버시에 관한 권리는 개인의 사망으로 종료하지만, 특정인의 이름, 이미지 또는 목소리에 발생한 퍼블리시티권은 존속한다.697)

바. 저작권법상 저작인격권의 한계

(1) 공표가능 여부와 초상권

저작권법은 인격권과 재산권의 분리로 인하여 인격권에 대한 제한 규정을 두고 있다. 이러한 명시적 규정은 저작권자가 저작인격권을 가진 경우를 예정한 것이다. 예컨대 저작자가 공표하지 아니한 저작물의 저작재산권을 이용허락, 배타적발행권, 출판권 설정 등을 한 경우에 그 저작물의 공표를 동의한 것으로 추정을 하고 있다.(저작권법 제11조 제2항) 저작물의 공표를 하지 않고는 저작물의 이용을 할 수 없고, 저작권은 무용지물이 되기 때문이다.

2009.4.16. 선고 2008다53812 판결 등) 잊혀질 권리는 적법하게 게시된 글이나 초상에 그 의의가 있다.

696) 저작인격권의 보호에 관한 역사적 법리형성 등에 관해서는 배대헌, "현행 저작권법상 저작인격권의 법리에 관한 검토," 산업재산권, 제21호(2006), p. 148 이하 참조. 미국의 저작권법은 1990년 'Visual Artists Rights Act of 1990'를 제정하여 저작인격권을 인정하고 있으나, 시각예술에 한정하여 저작인격권을 보호했다. 미국의 저작인격권에 관하여는 박준우, 미국 연방저작권법의 저작인격권의 보호-Visual Artists Rights Act of 1990을 중심으로-, 계간저작권, 제21권 제4호(통권 84호)(2008), pp. 62-75 참조.

697) 인격권과 저작인격권은 같은 것이라고 보는 일원론은 저작인격권을 일반적 인격권의 개별적 발현 형태로 보고 있으므로 초상권이나 프라이버시권도 저작인격권과 법률적 성질을 갖는다고 할 수 있다. 남수경, 저작인격권 포기에 관한 비교법적 고찰, LAW & TECHNOLOGY, 제11권 제2호(2015). p. 53 참조.

초상권이나 프라이버시권은 헌법상의 인격권에 기하는 절대적 권리이기는 하지만 언제나 자신의 이용동의를 임의로 철회나 취소할 수 있는 강한 권리는 아니다. 예컨대, 공공장소에서는 초상권이나 프라이버시권에 대한 기대가 없는 경우에는 초상권의 행사는 제한된다.698) 공공장소에 노출된 특정인의 사진을 찍는 것은 허락이 필요 없다고 해석하는 국가도 있다.699)

사진, 일기, 자서전, 전기, 비디오 오디오 등 및 그 저작물에 특정인의 인적 속성이 표현된 경우에 표현의 자유나 고용계약의 이행을 위해 필요한 경우 등의 경우, 초상권이나 프라이버시권은 제한이 된다.700) 그와 같이 초상권이나 프라이버시권은 인간의 존엄성에서 출발하는 절대적 권리이지만 모든 경우에 인정되는 강한 권리는 아니라고 할 수 있다.701)

초상권은 가분적, 가양적 권리가 아니므로 어떤 이용기간을 정하는 등으로 분할하고, 계약에 의한 권리 이전등 처분을 하는 것은 불가능하다. 다만

---

698) 대법원은 공개된 장소에서도 초상권의 부당한 침해가 발생한다는 입장이었으나 서울중앙지방법원 2009. 10. 14. 선고 2009가합41071 판결은 공공장소에서의 집회·시위는 거기에 참가한 사람들이 집단적인 행위를 통하여 자신들의 의사를 널리 알리고자 하는 것이라는 본질적 성격에 주목하여 '집회·시위 현장에서 사진을 촬영하여 보도매체에 게재하는 행위는 원칙적으로 피촬영자에 대한 초상권 침해가 되지 않는다고 판시했다.

699) Nussenzweig v diCorcia, 11 Misc 3d 1051(A) (NY Supreme Ct. 2006) (피사체의 동의없이 공공장소인 뉴욕의 타임스퀘어에서 찍은 인물 사진이 전시되고 출판된 경우라도 그 사진속의 인물의 초상권을 주장할 수 없다. 법원은 표현의 자유와 제척기간을 그 이유로 들었다.), 본 판결은 항소심에서도 지지되었다. Nussenzweig v diCorcia, 9 N.Y.3d 184, 188, 848 N.Y.S.2d 7, 878 N.E.2d 589 (App. 2007).

700) 서울지방법원 1995. 6. 23. 선고 94가합9230 판결.

701) 서울중앙지방법원 2005. 9. 27. 선고 2004가단235324 판결 (본 사건은 소위 정준하 사건으로 유명 연예인의 승낙 없이 그의 얼굴을 형상화하여 일반인들이 쉽게 알아볼 수 있는 캐릭터를 제작한 후 이를 이동통신회사들이 운영하는 인터넷 모바일 서비스에 컨텐츠로 제공한 것만으로는 유명 연예인의 연예인으로서의 평가·명성·인상 등이 훼손 또는 저하되었다고 보기 어렵다는 이유로 재산상 손해외에 정신적 고통으로 인한 위자료의 지급책임을 부정했다.).

초상권 침해에 대하여 정신적 손해배상이나 금지를 청구할 수 있는 소극적 권리이다. 저작인격권도 인격권과 같다.

독일의 예술과 사진에 관한 저작권법(Gesetz betreffend das Urheberrecht an Werken der bildenden Künste und der Photographie)[702]의 규정을 보면 명백하다. 동법 제22조[703]는 다음과 같이 규정하고 있다.

§ 22

Bildnisse dürfen nur mit Einwilligung des Abgebildeten verbreitet oder öffentlich zur Schau gestellt werden. Die Einwilligung gilt im Zweifel als erteilt, wenn der Abgebildete dafür, daß er sich abbilden ließ, eine Entlohnung erhielt. Nach dem Tode des Abgebildeten bedarf es bis zum Ablaufe von 10 Jahren der Einwilligung der Angehörigen des Abgebildeten. Angehörige im Sinne dieses Gesetzes sind der überlebende Ehegatte oder Lebenspartner und die Kinder des Abgebildeten und, wenn weder ein Ehegatte oder Lebenspartner noch Kinder vorhanden sind, die Eltern des Abgebildeten.

[번역]

초상은 그 초상인물의 동의에 의해서만 배포되거나 공개될 수 있다. 의심이 있는 경우 초상이 되는 것에 대하여 대가를 받았다면 그 동의가 있는 것으로 간주한다. 그 초상의 인물이 사망한 후 10년 동안은 그의 친족에 의한 동의가 필요하다. 본 법상 친족의 의미는 생존한 배우자 또는 사실혼 배우자와 그 사망자의 자녀이고, 그들이 존재하지 않는다면 그 초상인물의 부모이다.

---

702) 독일의 예술과 사진에 관한 저작권법의 출처는 https://www.gesetze-im-internet.de/kunsturhg/BJNR000070907.html
703) 독일 '예술과 사진에 관한 저작권법' 제23조는 동의가 없는 경우에 공개, 배포될 수 있는 경우를 규정하고 있다.

위 규정은 두가지를 나타내는데, 초상의 이용에 대한 동의는 계약이 아닌 일방적 의사표시에 의하여 성립된다는 것과 유상의 경우에는 공표의 동의가 있는 것으로 간주하는 것이다. 이러한 경우에 동의는 장래를 향해 진행되므로 특별한 사정이 없는 한 동의의 효력이 지속되는 것이다.

이와 같은 법리는 우리 저작권법 제35조 제4항의 위탁에 의한 초상화 또는 사진저작물의 법리에 수용되어 있다. 타인의 위탁에 의한 경우에 그 위탁자의 동의가 없는 경우에는 그 초상화나 사진저작물을 이용할 수 없지만, 그 반대해석에 의하면 위탁에 의한 경우가 아니라면 그 이용에 있어 동의가 필요없는 것이다. 모델노무제공을 목적으로 하는 고용계약은 이미 동의가 그 고용계약싱립의 조건(condition)이 될 뿐만 아니라 위탁에 의한 사진저작물이 아니므로 위탁자가 존재하지 않아 그 동의를 얻을 수도 없고, 따라서 그 이용에 있어 동의가 필요없다.

(2) 공표 기간과 초상의 이용에 대한 승낙 또는 초상권 행사의 포기기간

나아가 모델 사진 저작물에 대하여 명시적 공표에 대한 동의를 하여 공표된 경우에 그 공표의 효과는 원칙적으로 영구적이다.704) 일단 저작물을 공표하면 사실상 그 공표를 되돌릴 방법이 없고, 공표에 의해 그 표현은 공중과 공유를 하는 것이 된다. 공표는 법에 의하여 인정되는 것이든 추정적으로 인정되는 것이든 그 효과는 영구적인 것이라고 할 수 밖에 없다.705) 다만 '모나리자의 미소'와 같은 예술적 작품은 영구적으로 이용되겠지만 극히 일부를 제외하고는 경제적인 이용가치는 시간에 따라 사라질 것이다. 이는 사회생활 관계에서는 타인의 행위나 이전의 행위에 대한 사회적 상호

---

704) Samuel D. Warren & Louis D. Brandeis, The Right to Privacy, Harvard Law Review, Vol. 4, No. 5. 1890, pp. 193-220.

705) 피팅모델사건의 2심법원인 서울고등법원은 사용기간을 사진의 실질적 이용기간으로 한정했다. 서울고등법원 2021. 2. 4. 선고 2020나2018284 판결.

의존관계(reliance)가 성립되기 때문에다.706)

　프라이버시권(right of privacy)에 대하여 최초로 논문707)을 작성했던 Samuel D. Warren과 Louis D. Brandeis는 그들이 주장하는 프라이버시에 관한 권리708)는 출판(publication)함으로써 상실(lost)한다는 점을 강조하고 있다.709) 저작권의 경제적 가치는 공개한다는 것(publishing), 즉 인격적 이익을 포기한다는 것이 아닌 자신의 사생활의 자유에서 발생하는 것으로서 일반적인 상식 수준으로는 이해하기 힘들 것이라고 언급하고 있다. 그리하여 저작권은 어떤 개인적인 사실, 즉 사생활을 보호하는 것이 아니기 때문에 저작권이 아닌 다른 권리, 즉 프라이버시권이 그 개인의 사생활을 보호

---

706) 소위 잊혀질 권리도 이러한 문제에서 새롭게 인식되는 권리이지, 인격권의 행사라고 하여 무조건적으로 인격권의 행사효과가 발생하는 것으로 볼 수 없다.

707) Samuel D. Warren & Louis D. Brandeis, "The Right to Privacy", Harvard Law Review, Vol.4 No.5, 1890, pp. 193-220.

708) 영미법에서는 이러한 프라이버시에 관한 권리가 포함된 저작권을 커먼로 저작권 (common law copyright)이라고 한다. 커먼로 저작권은 영국에서는 1774년 Donaldson v. Becket, 2 Brown's Parl. Cases 129, 1 Eng. Rep. 837; 4 Burr. 2408, 98 Eng. Rep. 257; 17 Cobbett's Parl. Hist. 953 (1774) 사건 이후, 1710년 앤여왕법의 제정에 의해 출판이후에 소멸되었다고 하고, 이러한 법리도 19세기에는 자연권의 소멸에 따라 사라진 것으로 이해한다. 그러나 미국에서는 1834년 Wheaton v. Peters 33 U.S. 591 (1834) 사건에서 출판된 저작물에 대한 커먼로 저작권은 출판(공개) 전까지 존재한다고 판결하였다.

709) Samuel D. Warren & Louis D. Brandeis, The Right to Privacy, Harvard Law Review, Vol. 4, No. 5., 1890, pp. 199-201.
　The right is lost only when the author himself communicates his production to the public,- in other words, publishes it. ⋯. The statutory right is of no value, unless there is a publication; the common-law right is lost as soon as there is a publication. ⋯. But where the value of the production is found not in the right to take the profits arising from publication, but in the peace of mind or the relief afforded by the ability to prevent any publication at all, it is difficult to regard the right a's one of property, in the common acceptation of that term.

하는 것이라고 주장하고 있다.

그러나 사생활의 공개가 자신의 의사에 합치하는 경우에 저작권과는 별개로 사생활을 보호할 권리는 소멸한다.710) 모델사진상의 초상권이나 프라이버시에 관한 권리도 계약에 따라 사진을 찍고 이를 공개하면, 특별한 조건(condition)이 없는 한 그 계약 상대방에게 초상권이나 프라이버시권의 침해를 주장할 수 없는 것이다.

저작물의 공표가 추정된 경우나 저작인격권자가 공표에 동의하여 사진 등의 저작물이 공표된 경우에 추후에 인격권은 인간의 절대적인 권리이라는 이유로 공표를 임의로 철회하거나 일시적인 공표를 허락하였다는 이유로 공표이전의 성태로 돌려딜라고 요구할 수 있을까? 피팅모델사건 판결은 그 비용의 문제에 대하여는 언급하지 않고 있다. 미국, 독일과 프랑스의 법리는, 일관하여, 무상의 초상의 이용 동의의 철회라도 상대방의 비용보상을 하여야 한다고 하고 있다. 그와 같은 요구를 하는 자는 상대방의 권리를 구입하여야 하므로 그 비용을 지급하여야 한다. 따라서 공표 동의는 명시적인 조건이 없는 한 원칙적으로 영구적인 공표의 동의라고 할 수 있다.711)

물론 초상의 이용에 대한 동의나 승낙, 즉 침해에 대한 면책에는 그 조건(condition)이 부가될 수 있다. 초상에 대한 침해 면책은 조건(condition)에 의해 일정범위가 정해질 수 있다. 실제로 미국 판결중에서는 자신의 남편에게 누드 사진을 찍도록 허용했으나 이혼후에 남편이 이혼한 부인을 해할 목적으로 60여 장의 사진을 전부인의 이웃들에게 공개한 사건에서 법원은 비록 부인이 사진 찍는 것을 동의했더라도 이혼 후 부인의 친구와 이웃들에게 공개할 것까지 동의하지 않았다고 판시했다.712) 앞서 누드모델사진의

---

710) Id., 201("likewise, an unpublished collection of news possessing no element of a literary nature is protected from piracy.").

711) Shields v Gross, 58 N.Y.2d 338 (1983) (브룩 쉴즈가 미성년일 때 부모가 동의한 초상의 이용허락을 취소할 수 없다는 판결) 참조.

경우에도 계약 조건(condition)에 의해 같은 법리가 적용된 것이라고 할 수 있다.

　모델사진의 경우, 스스로 사진을 찍는 소위 셀피(selfie)를 제외하고는 그 사진의 피사체인 모델과 저작자가 달라지는 것이 많은 경우이지만 그렇다고 하여 위 저작권법상의 공표에 관한 제11조가 달리 적용될 수 없다고 생각된다. 모델사진이 모델 인물의 위탁을 받아 촬영되었거나 아니면 피팅모델사건과 같이 모델노무제공계약에 의해 제공되었거나 결론적으로 그 법리가 달라질 것으로 판단되지는 않는다. 모델노무계약에 의하여 촬영된 사진의 경우에는 그 모델노무제공계약에 의해 공표가 동의된 것으로 보아야 한다. 모델인물의 위탁을 받아 촬영된 사진의 경우에는 촬영한 저작자가 따로 있고, 그가 저작권자가 되기 때문에 초상권이나 프라이버시권의 주체와 저작인격권의 주체가 달라진다. 피팅모델사건과 같이 모델노무제공계약의 이행으로 사진상의 모델 인물의 동의가 전제가 되어 사진을 찍은 경우나, 모델이 된 인물에 의해 그 사진을 직접 촬영되거나, 모델이 직접 사진사를 고용하여 자신을 찍은 사진[713]을 유통한 경우에, 저작권법 제11조에 의해 사진촬영자와 초상권자의 동의에 의한 공표가 된 것으로 보아야 하고 자신의 초상권이나 프라이버시권 주장의 포기가 당연히 존재하는 것으로 보아야 한다. 초상권 등의 인격권의 권리자체는 포기할 수 없으므로 포기가 아닌 침해면책이 발생하는 침해주장의 포기이다. 그렇지 않은 경우에는 유통을 한 사람에게는 민법상 권리하자에 의한 담보책임[714]이 발생할 것이

---

712) Pohle v. Cheatham, 724 N.E.2d 655, 659 (Ind. Ct. App. 2000). 그 외 이용범위에 대한 제한을 한 판결은 Zieve v. Hairston, 266 Ga. App. 753, 598 S.E.2d 25 (2004).

713) 사진상의 인물이 직접 찍은 경우는 소위 셀피의 경우와 사진사를 직접 고용하여 찍은 경우(저작권법 제9조의 법인저작물 포함)가 이에 해당할 것이다.

714) 이 경우 민법은 매도인의 하자담보책임에 대하여 명확히 규정하지는 않으나, 초상권이나 프라이버시권에 의하여 권리가 제한되는 경우이므로 권리의 일부가 타인에게 속한 경우(민법 제572조)라고 보아야 할 것이다. 따라서 저작재산권을 이전한 자는

다. 저작물의 원활한 유통이 담보되지 않는다면 저작물의 유통을 보호하기 위한 저작권법의 존재가치가 상실된다.

저작법은 저작권자와 초상권자가 다른 경우에 구별을 하지 않는다. 초상권자와 저작인격권자가 같거나 또는 다르거나를 불문하고 저작물이 거래되는 경우에는 저작권법 제11조는 공표를 동의하거나 동의의 추정을 하는 것은 같다. 다만 초상권자의 동의가 없이 공표된 경우에도 저작권자의 동의없이 공표된 경우와 같이 공표를 되돌리는 것은 불가능하다고 할 것이다.715) 피팅모델과 같은 고용계약의 이행을 위한 것이라면 당연히 공표가 전제가 된다고 할 것이다. 다만 제35조 제4항은 위탁에 의한 초상화나 초상사신의 경우에는 위탁자의 농의없이 이용할 수 없도록 하고 있다. 결국 위탁에 의한 초상화나 초상사진의 경우에 그 초상 인물의 동의에 의해 초상권의 행사 포기 있다면 그 초상화나 초상사진을 자유롭게 이용할 수 있다.

'안네의 일기'("The Diary of a Young Girl")에도 저작인격권과 인격권 이외에 프라이버시권이 존재한다. 안네의 일기가 출판(publish)됨으로써 저작인격권으로서 공표권과 그 저작물의 주인공으로서 프라이버시권이 모두 상실된 것으로 보아야 한다. 프라이버시를 보호하는데 있어, 사진으로 표현된 인물과 일기로서 표현된 인물의 근본적인 차이를 두어야 할까? 물론 사진은 특정인의 동일성을 직접적으로 나타낼 수 있다. 그러나 사진이 일기보다 더 보호받아야 한다는 것은 편견일 수 있다. 모델은 모델속 인물 자신의 광고역할도 하기 때문에 광고노출이 오히려 이익이 된다.

저작권법상 저작물의 공표가 발생하면 그 공표는 공표권의 영구적인 상실의 결과를 가져온다. 피팅모델을 찍은 사진저작물의 경우에도 그 공표가

동조 제1항에 따라 초상권이나 퍼블리시티권의 비침해 허락을 받아야 할 의무가 있고, 그 의무이행을 하지 못한 경우에는 대금감액청구나 제2항에 의거하여 선의의 매수인인 경우 계약전부의 해제와 제3항의 손해배상을 청구할 수 있다고 해석된다.
715) 서울지방법원 1995. 6. 23. 선고 94카합9230 판결.

조건(condition)이 된 것이므로 노무제공계약을 체결하는 것은 그 공표를 동의한 것이다. 다만 상업적으로 이용할 수 있는 기간에 대하여 초상권 침해 면책 동의에 그 조건(condition)으로 명시할 수 있다고 볼 것이다. 그 조건(condition)이 없는 경우에는 일방적 의사표시인 동의의 효력으로 인하여 영구적이라고 해야 한다.

피팅모델사건에서 대법원은 모델노무제공계약에서 명시하지 않더라도 그 피팅모델사진의 이용기간은 일정한 기간 동안이라고 판시하였다. 그러나 이는 초상권이나 프라이버시권과 퍼블리시티권을 구별하지 못한 것이 아닌가 한다. 초상권이나 프라이버시권은 인격권에 기한 권리로서 사람의 사망에 의하여 소멸한다.716) 퍼블리시티권은 그 퍼블리시티의 주체가 사망하더라도 승계되어 그 권리가 계속될 수 있는 것이다.717) 즉 동의(consent)는 초상권이나 프라이버시에 관한 권리는 소극적으로 침해에 대한 면책을 하는지 여부이지만 퍼블리시티권은 재산권과 같은 개념이므로 자신의 가진 권리(bundle of rights)의 일부(a stick or some sticks)를 처분, 즉 일정기

---

716) 다만 명예훼손적으로 이용할 수는 없다. 서울지방법원 1995. 6. 23. 선고 94카합9230 판결 참조

모델소설에 있어서 모델이 된 사람의 명예를 훼손하는 경우에는 명예훼손 또는 인격권 침해를 이유로 그 소설의 출판금지를 구할 수 있고, 그 모델이 된 사람이 이미 사망한 경우에도 그 유족이 명예훼손 또는 인격권 침해를 이유로 그 금지를 구할 수 있다. 인간은 적어도 사후(死後)에 명예를 중대하게 훼손시키는 왜곡으로부터 그의 생활상의 보호를 신뢰하고 그 기대하에 살 수 있는 경우에만, 살아있는 동안 헌법상의 인간의 존엄과 가치가 보장되기 때문이다. 그러나 소설에서 개인의 명예가 훼손되거나 인격권이 침해되었다는 이유로 그 출판금지를 구하는 경우에는 헌법상 예술의 자유와 출판의 자유가 보장되어 있는 점에 비추어 그 침해의 태양 및 정도를 고려하여 개인의 명예가 중대하게 훼손된 경우에만 이를 인정하여야 한다.

717) Tony Laidig, The Public Domain Code Book: Your Key to Discovering the Hidden Treasures and Limitless Wealth of the Public Domain, Morgan James Publishing. 2006, pp. 118-119.

간 그 이용권을 부여(grant) 할 수 있는 것이다.

　피팅모델사건의 경우에 원고와 피고 회사 사이에는 저작권과 그 이용에 대한 귀속이 피고에게 있고 초상권은 원고에 있다는 계약내용이 있다.718) 이와 같은 계약은 저작권 귀속의 당연한 내용을 확인한 것에 불과하다. 모델 사진의 저작권은 사진작업을 한 촬영자에게 있겠지만, 그 사건내용을 보면 그 모델사진촬영자도 피고회사에서 고용한 것으로 판단되므로 그의 사진은 업무상 저작물이거나 고용계약상 피고에게 귀속된 것으로 보인다.719) 기본적으로 피고는 동 사진의 저작물의 이용에 대하여는 아무런 문제가 없었다.

　다만 피팅모델사건의 계약상 초상권은 원고에게 있다는 것은 포기할 수 없는 권리인 초상권의 주체로서 당연한 것을 규정한 것으로, 그 초상사진의 이용에 관하여 초상권자가 어떤 통제를 하겠다는 의미는 아닌 것으로 판단된다. 왜냐하면 그와 같은 통제를 위한 조건(condition)이 명시되어 있지 않을 뿐더러 피팅모델노무제공이라는 고용계약의 목적을 달성할 수 없도록 하기 때문이다. 저작물의 유통은 저작재산권자의 권리범위이더라도 저작인격권자가 그 저작물에 대하여 인격권을 가지고 있는 것처럼 모델노무제공계약에 따라 제공된 사진상의 초상권과 퍼블리시티권 침해주장의 포기가 포함되지만, 그 모델사진에 포함되어 있는 초상을 함부로 훼손하는 것은 인격을 훼손하는 것이다. 피팅모델사건에서 그 고용계약에 포함되어 있는 초상권의 의미는 그와 같은 것이라고 할 수 있다.720)

---

718) 피팅모델사건에서 원피고 사이에 체결된 계약서 제5조는 저작권 및 사용권은 피고의 소유로 하고, 초상권은 원고의 소유로 한다고 규정하고 있다.

719) 사진사와 고용자간의 관계에 대하여 민법상 고용계약으로 판단하지 않았으므로 고용계약상의 주장과 증거조사 및 법리가 심리되지 않았고, 사진촬영자가 저작권을 주장하지도 않은 사건이므로 그와 같은 판단은 없지만, 사건의 전후관계를 보면 사진 저작물이 피고회사에게 귀속됨은 아무런 쟁점이 되지 않는 것으로 판단된다.

720) 피팅모델사건에서 저작인격권은 고용주인 피고가 가지고 있다. 소위 '도라산역 벽화'

저작권법에는 "법인 등의 명의로 공표되는 업무상저작물의 저작자는 계약 또는 근무규칙 등에 다른 정함이 없는 때에는 그 법인등이 된다."[721]고 규정하고 있는 것은 고용계약이나 근로계약 또는 도급 등 노무제공이 수반되는 계약관계 등에서 창작 제공되는 저작물은 명시적 계약이 존재하지 않으면 법인등이 그 명의와 귀속주체가 되고, 저작물의 저작인격권도 문제가 되지 않는다. 물론 본 조항은 법인이 저작인격권의 주체가 되는 것처럼 규정하고 있으나, 전연 저작권법의 철학과 맞지 않는다. 앞서 저작인격권의 근거가 되는 칸트나 헤겔, 그리고 로크에 있어서도 저작권은 인간의 권리, 즉 자연인의 권리이지 법인의 권리가 될 수 없다. 이와 같은 규정은 영국 특허법 제39조[722]의 업무발명에 있어서 고용주의 권리로 규정한 것과 같은 취지이지만, 영국의 특허법은 고용주에게 속하는 것으로 되어 있지만, 이러한 영국법과 우리 저작권법 제9조의 경우에는 완전히 그 의미가 다르다.

Notwithstanding anything in any rule of law, an invention made by an employee shall, as between him and his employer, be taken to belong to his employer for the purposes of this Act and all other purposes if ….

사건(대법원 2015. 8. 27. 선고 2012다204587 판결)은 저작재산권자라고 하더라도 저작인격권자의 동의없는 철거는 위법이라는 판결로서 저작물의 명예훼손적 사용은 허용되지 않는다는 취지이다. 다만 본 판결은 저작재산권과 저작인격권과의 관계를 제대로 판단하지 않은 사건으로, 정치적 이념적 판단이 법리판단을 앞서는 것으로 보인다. 고용계약의 이행으로 제공된 모델사진의 경우에도 그 모델의 명예훼손적 사용은 허용되지 않지만, 위 도라산역 벽화 사건의 법리에 따른 것은 아니다. 저작인격권에 대하여는 이상정, 저작인격권의 연혁과 해석상 몇 가지 쟁점에 관한 소고, 정보법학, 제23권 제2호, 2019, p. 33 이하 참조.

721) 저작권법 제9조. 동 조는 저작권법상 창작자가 저작자가 된다는 규정과 발명진흥법상 직무발명의 귀속과는 반대로 규정되어 있다.

722) The Patents Act 1977 (as amended) § 39 (1).

위와 같이 영국 특허법 규정은 '피용인과 고용주 사이에서'("between him and his employer") '영국 특허법의 목적'("for the purposes of this Act") 을 위해 고용주에게 속하는 것으로 규정하고 있다. 제3자와의 관계까지 고 용주에게 귀속하는 것으로 규정하는 것은 아니므로 발명자는 여전히 그 발 명을 수행한 사람이고, 고용관계상으로는 어떠한 의사 표시 없이 고용주에 게 귀속되는 것으로 규정하고 있다. 이러한 법리는 우리 민법상 고용계약 의 법리와 같다. 만일 발명을 한 피용인이 제3자에게 귀속시킨 경우에는 그 제3자가 발명에 대한 권리를 취득하는 경우에는 고용주는 아무런 권리 를 취득하지 못한다. 즉 고용주가 발명자가 되는 것은 아니다. 발명을 한 피용인의 관계에서만 고용주가 어떤 의사표시 없이 권리사가 된나는 의미 이다. 이는 우리법에서도 같다.723)

모델사진의 경우에도 노무제공이 수반되는 고용계약에 의한 경우라면 그와 같은 법리가 적용된다고 할 것이다. 본 조항에 의하면 피팅모델노무 제공사건에서와 같은 사실관계하에서 저작인격권은 고용주가 행사하고, 헌 법상 인격권은 초상의 주체가 행사한다는 문제가 발생한다.

---

723) 대법원 2012. 11. 15. 선고 2012도6676 판결
직무발명에 대한 특허를 받을 수 있는 권리 등을 사용자 등에게 승계한다는 취지를 정한 약정 또는 근무규정의 적용을 받는 종업원 등은 사용자 등이 이를 승계하지 아니하기로 확정되기 전까지는 임의로 위와 같은 승계 약정 또는 근 무규정의 구속에서 벗어날 수 없는 상태에 있는 것이어서, 종업원 등이 그 발 명의 내용에 관한 비밀을 유지한 채 사용자 등의 특허권 등 권리의 취득에 협 력하여야 할 의무는 자기 사무의 처리라는 측면과 아울러 상대방의 재산보전 에 협력하는 타인 사무의 처리라는 성격을 동시에 가지게 되므로, 이러한 경우 그 종업원 등은 배임죄의 주체인 '타인의 사무를 처리하는 자'의 지위에 있다 고 할 것이다. 따라서 위와 같은 지위에 있는 종업원 등이 그 임무를 위반하여 직무발명을 완성하고도 그 사실을 사용자 등에게 알리지 않은 채 그 발명에 대한 특허를 받을 수 있는 권리를 제3자에게 이중으로 양도하여 제3자가 특허 권 등록까지 마치도록 하는 등으로 그 발명의 내용이 공개되도록 하였다면, 이 는 사용자 등에게 손해를 가하는 행위로서 배임죄를 구성한다고 할 것이다.

사. 모델과 저작권의 귀속

(1) 저작권의 귀속

인격권을 근거로 저작권을 통제할 수 있다면 저작권 제도는 무용지물이 된다. 또한 저작인격권 등을 근거로 저작물의 이용을 제한하는 것도 명시적인 규정이 있는 경우로 제한이 된다고 해야 한다. 이에 관련하여 저작권법은 저작물의 자유이용에 관한 규정을 두고 있다. 저작권법 제35조 제1항은 "미술저작물등의 원본의 소유자나 그의 동의를 얻은 자는 그 저작물을 원본에 의하여 전시할 수 있다. 다만, 가로·공원·건축물의 외벽 그 밖에 공중에게 개방된 장소에 항시 전시하는 경우에는 그러하지 아니하다."라고 규정하고 있는데, 이는 위 누드모델사건에서 그 열람자를 제한할 수 있는 해석의 근거가 되는 조항이다. 즉 누드모델 사진의 원본의 이용이 제한되어 있으므로 그 원본의 이용도 제한될 수 밖에 없다. 나아가 동조 제4항은 "위탁에 의한 초상화 또는 이와 유사한 사진저작물의 경우에는 위탁자의 동의가 없는 때에는 이를 이용할 수 없다고 규정하고 있다." 이 조항은 사진관 등이나 졸업사진, 기념사진 등의 경우에 사진가에게 청약 등의 행위를 하여 찍는 사진을 의미한다. 피팅모델사건과 같이 당사자의 계약에 의한 경우에는 당연히 동의가 수반되는 계약이므로 사진의 저작자나 저작재산권의 귀속자가 이용할 수 있는 것이다.

포드자동차의 광고에 유명 가수인 베트 미들러(Bette Midler)의 노래를 베트 미들러의 목소리가 비슷한 가수의 모창으로 삽입을 하였는데, 1989년 미국 제9연방항소법원은 광고제작회사가 40만 달러를 미들러에게 손해배상토록 판결했다.[724] 즉 목소리도 특정인을 특정할 수 있는 초상과 같은 문제가 발생한다. 목소리 주인공의 인격권과 저작권의 충돌문제이다. 방송

---

724) Midler v. Ford Motor Co., 849 F.2d 460 (9th Cir. 1988).

국의 방송도 인격권자인 그 목소리의 주인공에 의해 통제받아야 할까?725) 일단 공표하면 더 이상 공표권은 존재하지 않는다.

저작인접권 제도가 저작권법에 도입되기 전에 음반도 저작물로 인정하던 1957년 우리나라 저작권법상, 음반제작자에게 저작권이 귀속되고 그 기간도 개정 전 저작권법을 적용받는 음반은 저작자가 사망한 다음 해부터 30년이 보호되었다. 음반 저작자가 2008년 이후 사망한 경우, 그 다음 해부터 30년간 보호되었는데, 법원은 음을 예술적으로 표현한 원저작물(악곡과 악곡을 연주한 것 및 직접 노래를 부른 것 등)과 별개로 이를 기록한 음반에 관한 저작권이 여전히 존속한다고 판시했다.726) 즉 '음악'의 녹음은 정보주체로서 정보보호권리나 인격권이 존재하지만, 그럼에도 불구하고 그 음악을 음반화 한 '음반'의 '저작권자'는 그 음반에 대한 저작권의 존속기간 동안 저작물을 이용할 수 있다고 해석하고 있다. 사진이라고 하여 달리 볼 이유는 없다. 사진상의 인물의 초상권과 저작권은 별개이다. 음반에 기록된 목소리의 인격권을 이유로 음반에 대한 저작권을 통제할 수 있다면 저작권법은 존재가치가 없어진다. 위 판결의 법리는 인격권과 별개로 저작권자의 저작권을 보호한 판결로서 피팅모델사건에서도 저작권은 보호되어야 한다.

초상권 침해에 대한 면책은 일방적인 의사표시이다. 따라서 고용계약에서 채무의 이행이 아닌 경우, 예컨대 길거리 인물에 대한 사진촬영과 그와 같이 촬영한 사진에 대하여 상업적 이용을 하도록 하는 의사표시727)는 계

---

725) 저작권법 제11조 참조.

726) 대법원 2016. 4. 28. 선고 2013다56167 판결.

727) 한편 미국 플로리다 주 법은 명시적인 서면 또는 구두에 의한 이용허락을 인정한다. FL ST § 540.08 (2022) ("(1) No person shall publish, print, display or otherwise publicly use for purposes of trade or for any commercial or advertising purpose the name, portrait, photograph, or other likeness of any natural person without the express written or oral consent to such use given by:") 동법은 허락의 철회나 취소

약상 쌍방의 의사의 합치 문제가 아니다. 이는 환자의 의사에 대한 치료동
의와 같이 일방적 의사표시이다.[728] 동의의 효력은 형성권과 같은 일방적
인 권리 행사이므로 장래를 향하여 지속되는 것이다. 따라서 그와 같이 촬
영한 사진의 이용기간은 원칙적으로 존재하지 않는 것이다. 물론 사전에
그 기간을 조건(condition)으로 정하면 된다.

(2) 광고사진의 영구적 이용문제와 그 제한

앞서 본 바와 같이 임마누엘 칸트는 저작권을 저작자의 권리(author's
right)로 정의하고, 저작자가 가지는 권리는 소통과 표현(speech)라고 주장
했다. 즉 표현을 담은 매체는 유체물과 같이 그것을 가진 사람의 소유라고
하였다. 그는 공중에게 행해진 소통과 표현(speech)이 변경되지 않는 한 저
작권(author's right)의 침해는 없다고 했다. 저작물은 일단 공개(publish)[729]

등을 규정하지 않고 있고, 허락(consent)이 있으면 영구히 이용할 수 있는 것으로 규
정하는 것으로 해석된다. 또한 플로리다 법원은 사진기자가 화재로 파괴된 주택에
화재 조사를 위한 경찰관과 조사관을 따라 들어가 한 촬영한 방송보도에 대하여 법
원은 뉴스매체에 대하여 불법침입(tresspass) 주장을 기각하면서, 추정적 승낙을 인정
했다. 법원은 관례, 사용례 또는 행위(custom, usage or conduct)에 의하여 묵시적 동
의를 인정할 수 있다고 했다. Fla. Pub. Co. v. Fletcher, 340 So. 2d 914 (Fla. 1976).
인스타 그램의 약관에 동의하고 사진을 게시하는 것은 약관에 따른 제3자의 공개를
동의한 것도 포함한다. 물론 그 범위를 제한하여 올리는 것은 가능하고 그와 같은
제한하에서 사진을 게시한 경우에는 제한된 범위에서 사진을 이용할 권리를 보유한
다. Dancel v. Groupon, Inc., 2020 WL 4926538, *3 (N.D. Ill. 2020).
728) 김민중, 의료계약의 당사자로서의 「환자」와 관련한 문제에 대한 검토, 의료법학, 제
    10권 제2호, 2009, pp. 257-278 참조.
729) 공개여부는 저작인격권인 공표권의 내용이고, 저작권법에서 공개(publish)는 매우 중
    요한 의미를 갖는다. 커먼로에서는 커먼로 저작권이 존재하는지에 대하여 영국에서
    는 앤여왕법(Statute of Anne, 1710)의 제정으로 커먼로 저작권이 소멸하였다고 하는
    반면 (Donaldson v Beckett (1774), 1 Eng. Rep. 837)과 미국에서는 출판된 경우, 출
    판전까지는 커먼로 저작권이 존재한다는 미국(Wheaton v. Peters, 33 U.S. (8 Pet.)
    591 (1834))의 입장이 대립된다. 1709년 앤여왕법이 저작자의 커먼로 저작권법을 박
    탈했는지에 대하여는 11명의 참여법관이 6대5로 긍정했다. 다만 영국의 경우

를 하면 그 이후에 그 내용은 공공의 공유자산(the public domain)이 되어 임의로 회수할 수 없게 된다. 그는 표현의 자유를 누리지만 그 표현은 공중에게 행해진 것이므로 공중도 그의 표현에 대한 공유자가 되는 것이다. 표현의 자유를 누리는 대신 그만큼 책임도 부과되는 것이다. 그러한 인터넷의 발전은 그와 같은 표현의 자유에 의한 제한이 유지되기에는 상황이 변했고, 이에 잊혀질 권리의 문제도 발생한 것이다. 저작권법 제11조 제2호내지 제5호도 간접적으로 그와 같은 법리를 규정하고 있다. 저작인격권자의 통제가 제한된다.

광고사진도 상업적 표현(commercial speech)으로서 외부에 표현되면 공중의 영역에 있게 된다. 광고모델의 인석 주체도 공개되어 공유가 된 광고사진 등을 임의로 회수하는 것은 법리적으로 불가능하다. 다만, 그 광고사진을 유통시키는 모델을 고용한 광고주 등 당사자나, 모델계약상대방이 그 사진을 지속적으로 이용할 수 있는지는 별개의 문제이다. 만일 피팅모델사건과 같이 광고이용을 할 수 있는 기간에 대한 아무런 내용이 없다면, 앞서 논증한 바와 같이, 상업적 표현과 표현의 자유의 법리상 원칙적으로 영구적일 수 밖에 없다. 그렇다고 하더라도 상업적 이용은 상품의 상업적 가치의 존재기간 때문에 영구적으로 사용되지는 않는다. 예컨대, 영화광고를 위한 영화 화보는 상업적으로 사용되지만, 그 영화는 항상, 영구히 상업적으로 이용되지는 않으므로 그 화보는 일정한 기간 이후에는 사용되지 않는다. 사실상 상업적 가치가 소멸한다. 그러나 그 화보가 예술적 작품으로 사용되는 경우나 연구용이나 학문적으로 사용되어야 하는 경우에는 그 기간의 제한이 없다고 하여야 할 것이다.

Donaldson v Beckett (1774) 판결의 경우, 견해의 대립은 있으나, 출판전까지 커먼로 저작권이 존재한다고 하였으나, 19세기 초반에 자연권이 존재하지 않는다는 입장을 취하여, 자연권 커먼로 저작권 자체를 인정하지 않았다. Ronan Deazley, The Myth of Copyright at Common Law, Cambridge L. J. 62 (1) 2003, pp. 106-133 참조.

그와 같은 영구적 사용문제, 잊혀질 권리의 문제는 예전에는 없었던 것이었지만, 이제 명시적 입법으로 해결을 시도하고 있다.[730] 만일 피팅모델 사건의 대법원 판결과 같이 인격권이나 저작인격권으로 통제할 수 있다면, 잊혀질 권리는 문제가 되지 않는다. 그러나 실제는 그와 반대이다. 광고모델에 경우에도 영구적 사용문제가 입법적으로 해결되지 않는다면, 광고를 위한 고용계약 등을 체결할 때 계약에서 명시적으로 해결해야 한다. 모델 광고계약을 체결하는 것은 여러 가지 구체적 상황이 존재하므로 일반적으로 정리하기는 쉽지 않다.[731] 모델인 당사자가 연예인 매니지먼트 회사 소속일 수도 있고, 개인일 수도 있다. 다만, 피팅모델광고와 같은 사실관계하에서는 민법상 고용관계가 성립하기 때문에 모델은 제공하는 노무의 목적이 되고, 그 결과는 고용주에게 귀속이 된다. 이러한 경우에는 조건(condition)을 이용하여 특정한 조건의 발생까지 이용하도록 하는 방법이 무난할 것으로 보인다.

---

730) 2014년 EU사법재판소는 1995년 「개인정보보호지침(Data Protection Directive 95/46/EC)」에 근거하여 검색서비스의 검색 링크 삭제를 요구할 수 있는 권리로서 잊혀질 권리(right to be forgotten; right to erasure)를 인정하였다(Google Spain SL v. Agencia Española de Protección de Datos, in the European Court of Justice, Case C-131/12, 2014 E.C.R. 317.).

731) Welch v. Mr. Christmas, 57 N.Y.2d 143, 454 N.Y.S.2d 971, 440 N.E.2d 1317 (N.Y. 1982) 사건의 경우, 1973년 11월 직업배우였던 원고와 크리스마스 트리 제조회사인 피고사이에 1년 동안 피고 제품의 텔레비전광고를 하여주기로 하고 그 대가로 1,000 달러를 지급하는 계약을 체결하였다. 1년의 기간이 종료된 후에 광고를 연장했지만, 그 연장기간이 종료된 이후인 1975년 크리스마스 시즌에도 피고의 판매대리점은 원고가 출연한 광고를 이용했다. 법원은 피고의 계약위반을 인정했다.

3. 칸트와 헤겔의 관점에서 본 소위 '잊혀질 권리'

잊혀질 권리는 인격권이나 초상권의 한계를 증명하는 법리이다. 만일 인격권이나 초상권이 무한정 절대적인 권리라면 잊혀질 권리는 절대로 문제되지 않는다. 인격권자나 초상권자는 언제든지 자신의 인격이나 초상에 관한 권리를 가지고 있기 때문이다.

그러나 앞서 본 바와 같이 인격과 초상은 절대적인 권리가 아니라 일정한 한계가 존재했다. 저작인격권자는 저작재산권과 분리되어 저작재산권의 행사를 통제할 수 없다. 그와 같은 법리로 인격권자는 자신의 동의에 의하여 유통된 자신의 인격이 체화된 매체를 통세할 수 없다. 그러한 통제를 할 수 있는 수단, 물론 제한적이지만 조건(condition)을 이용해야 한다고 하였음은 위에 언급한 바와 같다. 계약상의 쌍무적 대가조항(grant clause)에 규정하는 것은 법리적으로 타당하지 않다.

칸트나 헤겔의 철학에서, 잊혀질 권리가 필요한 이유는 자신의 인격이나 초상에 관한 권리가 매체(medium)에 대한 재산권과 분리되기 때문이다. 재산권을 인격권이나 저작인격권으로 통제할 수 없다. 칸트의 경우에는 초기에는 매체에 대한 권리를 위탁 내지 위임에 의하여 인쇄자에 의하여 통제할 수 있는 권리라고 하였으나, 후에는 자신의 저술에서 매체에 대한 권리에 관하여 언급하지 않음으로써 저작작의 매체에 대한 권리는 매우 약한 권리라고 생각하였다고 앞서 언급했다. 매체에 대한 재산권과 저작인격권 및 인격권이 분리되는 경우에 저작재산권이 가장 우선해야 한다. 이러한 법리는 저작권법상 저작인격권과 저작재산권이 분리되는 경우에는 앞서 언급한 바와 같이 저작재산권이 우선하도록 규정하고 있는 것[732]에 반영되어 있다. 이와 같이 저작재산권이 우선하도록 하는 이유는 저작인격권자의

---

732) 저작권법 제11조 제2호 내지 제5호; 제13조 제2항; 제14조 제2항 참조.

자발적인 의사에 의해 유통이 된 것이기 때문이다.

　사진 뿐만 아니라 인터넷에 유통되는 각종의 정보속에 있는 인격은 그 인격의 주체의 동의에 의하여 유통되었다면, 그 상황에 따라 공중의 재산이 되었다고 보아야 할 수 있는 경우가 많이 존재한다. 이러한 상황은 표현의 자유나 동의 등의 법리에 의하여 형성된다. 이러한 경우에 인격이나 초상의 주체는 자신의 인격이나 초상에 대한 통제권을 상실한다.

　칸트는 저작자의 권리는 자신이 공중과 소통(speech)한 것에 대한 권리이고, 그 소통의 내용이 변함이 없다면, 그 소통(speech)를 담은 매체의 소유자가 제3자에게 그 매체를 이전하더라도 저작자의 소통(speech) 내용에는 변함이 없으므로 저작자의 권리 침해가 아니라고 하였다. 따라서 이러한 그의 철학에서 권리소진의 원칙과 아이디어/표현의 이분법의 법리가 발견된다.

제4장

공리주의와 실용주의 철학과 특허제도

제1절 제도주의(institutionalism)와
도구주의(instrumentalism)

1. 서론

일반적으로 경제학에서 제도주의는 인간이 만든 제도(institution)에 대한 폭넓은 연구를 강조하고 이러한 개인, 기업, 국가, 사회적 규범등의 다양한 제도의 복잡한 상호 작용의 결과로 시장을 본다. 특허에 관한 최근의 제도주의의 연구는 더글래스 노스(Douglass North) 교수에 의해 수행되었고, 그는 그의 연구로 1993년 노벨경제학상을 공동수상한다.

과거 특허제도의 형성에 있어 제도주의는 로크의 시민사회 등의 정치단체내지 정치권력과 공리주의 및 실용주의를 들 수 있다. 특히 공리주의나 실용주의는 특허를 공공의 이익을 증진시키기 위한 도구(instrument)로 본다. 도구주의(instrumentalism)에 따르면 특허는 인간이 만든 제도(institutionalism)이다. 제도로서의 특허는 시민사회에서 인간이 만든 법에 의해 인정되는 것으로 존 로크의 시민사회는 이러한 제도를 만들 수 있는 정치단체이다.

발명에 대한 권리가 자연법을 바탕으로 하고 있다면, 특허제도(patent institution)와 특허는 공리주의를 토대로 만들어진 제도로 보는 견해가 지지를 받고 있다. 앞서 본 바와 같이 영국에서 공리주의가 나타난 것은 영국민이라는 단체주의적 사고가 나타난 1215년 마그나 카르타에서 그 기원을 찾아 볼 수 있고, 나아가 15세기 존 포테스큐의 주장에서도 찾아 볼 수 있는데, 존 포테스큐의 뒤를 이어 16세기 말 프란시스 베이컨(Francis Bacon, 1st Viscount St. Alban, 1561-1626)은 특히 공리주의적 입장733)에서 특허와 특허제도를 보았다. 베이컨은 '가치의 발명에 따라, 우리는 발명가에게 법을 제정하고, 그에게 관대하고 명예로운 보상을 하였다'("For upon every invention of value we erect a statue to the inventor, and give him a liberal and honourable reward.")[734]라고 하였는데, 결국 그것이 지식의 증진과 혁신을 가져오는 것이기 때문에 국가가 발명의 가치에 대한 보상을 하도록 법을 제정하여 특허를 부여하는 것임을 강조했다.[735] 17세기의 영국에서 활약한 과학자이자 Samuel Hartlib(1600-1662)이나 존 로크와 동시대에 활약했던 John Evelyn(1620-1706)도 발명은 사회에 이익이 된다고 언급하였다. 물론 베이컨의 언급을 포함하여 위와 같은 철학자들의 사상은 자연법상의 보상론(reward theory)의 근거가 되지만 초기 공리주의적 사고도 엿볼 수 있다.

영국의 공리주의가 계약을 바탕으로 사회에 대한 보상 또는 희생을 그 철학으로 한다면, 미국의 실용주의는 특허를 통한 발명의 동기(incentive) 내지 장려(encourage)를 토대로 하고 있다고 할 수 있다. 물론 궁극적인 목적은 최대다수의 최대행복이거나 과학이나 실용예술의 증진을 통한 사회적 효용의 증대라고 할 수 있다.

프랑스에서도 공리주의적 지식재산의 관점을 보인 철학자가 있었는데

---

733) 프란시스 베이컨의 공리주의적 철학에 대하여는 Shah Alam Chowdhury, et. al., FRANCIS BACON DEPICTS UTILITARIANISM IN HIS ESSAYS, Int. J. Soc. Dev. Inf. Syst. 4(4), 2013, pp. 8-13 참조.

734) Basil Montagu Esq., The Works of Francis Bacon, Lord Chancellor of England: A New Edition, VOL. XVI. x - xiv.

735) Cesare Pastorino, Francis Bacon and the Institutions for the Promotion of Knowledge and Innovation, Journal of Early Modern Studies 2(1), 2013, pp. 9-32. 프란시스 베이컨은 발명자를 위한 노력의 일환으로 발명자 학교(the college of the Commentarius)와 솔로몬 학교(the institution)는 자신의 이상국가에서 발명자의 천국이 되는 것으로, 혁신가는 기술사회(그 당시 영국과 유럽의 guild)로 부터 자유로울 것이라고 하였다.

그는 마르퀴 콩도세(Marquis de Condorcet, 1743-1794)이었다. 그는 아이디어에 대하여는 아무런 자연권이 존재하지 않고 독특한 표현의 생산을 장려하는 것이라고 생각했다.736)

20세기 경제학자 Arnold Plant(1898-1978)는

> The significance of private property in the economic system was enunciated long ago with great clarity by David Hume in his *Enquiry Concerning the Principles of Morals*. Property, he argued, *has no purpose where there is abundance*; it arises, and derives its significance, out of the scarcity of the objects which become appropriated, in a world in which people desire to benefit from their own work and sacrifice.

[번역]

> 경제제도하에서 사적재산의 중요성은 오래전에 데이비드 흄이 그의 도덕원리에 대한 탐구에서 매우 분명하게 밝혔다. 그에 따르면, 재산은 풍부할 때는 아무런 목적이 없고 사람들이 소유하고 희생하는 것으로부터 어떤 이익을 얻고자 하는 그러한 세상에서 희소한 취득의 대상이 될 때 재산의 중요성이 나타난다.

라고 하여, 스코틀랜드의 초기 공리주의자인 데이비드 흄을 언급하면서 유체물은 희소성으로 인하여 그 가치가 발생함을 역설했다. 반대로 유체물과 달리 무체물에 대하여는 희소성이 없기 때문에 경제학적으로는 취득의 필요성이 없게 된다. 즉 어떤 정책적 필요성이 존재하지 않으면 순수한 경제학적인 이유로는 재산권을 부여할 필요가 없다. 따라서 재산권을 인정하여 더 많은 정보를 생산하거나 발명을 하도록 하여 최대다수의 최대행복을 가져올 수 있다면, 재산권을 인정하는 것이 필요하다. 제레미 벤담의 책 제목

---

736) Carla Hesse, The Rise of Intellectual Property, 700 B.C.-A.D. 2000: An Idea in the Balance, Daedalus, Spring, Vol. 131, No. 2, 2002, p. 36.

이 말하는 것처럼 그의 재산권 인정의 논거는 도덕적 고려가 존재한다.

2. 아담 스미스의 경제철학과 특허

가. 아담스미스의 자유주의

아담 스미스(Adam Smith, 1723-1790)는 로크의 시민정부론과 사회계약
론을 계승하였지만 로크와는 다른 모습, 즉 자본주의로의 본격적인 시초를
보인다. 아담 스미스는 로크나 기타의 계몽주의자와 같이 국가는 개인의
권리를 안전을 도모하는데 그 목적이 있다고 하고 있다. 아담 스미스가 로
크의 계승자라고 할 수 있는 것은 로크의 개인적 자유주의적 특성에 기초
하여 그의 국부론을 저술하였기 때문이다. 아담 스미스와 동시대에 살았던
제레미 벤담(Jeremy Bentham, 1748-1832)이나 미국의 토마스 페인(Thomas
Paine, 1737-1809)이 집단주의나 공동체주의를 지향했던 것과는 다르다. 물
론 아담 스미스, 제레미 벤담과 토마스 페인 모두가 궁극적으로는 개인의
자유를 보호하기 위해 자신들의 철학을 정립하였다는 점에서는 모두 같다.
법학자이자 법률가인 윌리엄 블랙스톤에게 개인의 자유를 보호하는 것이
중요한 쟁점이 되었다.737) 다만 방법만 달랐다. 그들의 철학에 이 시대에는

---

737) William Blackstone, Commentaries, Book I. p. 119.

[T]he principal aim of society is to protect individuals in the enjoyment of
those absolute rights, which were vested in them by the immutable laws of
nature; but which could not be preserved in peace without that mutual
assistance and intercourse, which is gained by the institution of friendly and
social communities. Hence it follows, that the first and primary end of human
laws is to maintain and regulate these absolute rights of individuals. Such rights
as are social and relative result from, and are posterior to, the formation of
states and societies: so that to maintain and regulate these is clearly a

유럽에는 계몽주의의 꽃이 피었고, 낭만주의가 시작될 무렵이어서 개인이
중요시되었다는 점도 고려해야 한다.

아담 스미스가 자연법을 수용하고, 그의 경제학이 자연권을 주장했던 존
로크 등의 계몽주의자들의 사상을 바탕으로 한다고 하는 이유는 그가 '자
연적 자유'('natural liberty')를 신봉했기 때문이다. 자연적 자유는 결국 자연
상태, 어떤 외부의 간섭이 없는 상태에서 인간이기 때문에 누리는 기본적
정의 구현을 위해 필요한 자유를 의미한다.

아담 스미스는 그의 '국부론'(The Wealth of Nations)에서 "모든 특혜나
규제 시스템이 완전히 사라진다면, 명백하고 단순한 자연적 자유('natural
liberty')의 체계가 스스로 확립된다.("All systems either of preference or of
restraint, therefore, being thus completely taken away, the obvious and simple
system of natural liberty establishes itself of its own accord.")고 했다.[738] 이
러한 자연적 자유하에서 누구든지 정의의 법을 준수한다면 모든 사람들은
자신의 방식대로 자신의 이익을 추구하고('perfectly free to pursue his own

---

subsequent consideration. And therefore the principal view of human laws is,
or ought always to be, to explain, protect, and enforce such rights as are
absolute….

738) Adam Smith, The Wealth of Nations, book IV, CHIP. IX. (687.51).
All systems either of preference or of restraint, therefore, being thus completely
taken away, the obvious and simple system of natural liberty establishes itself
of its own accord. Every man, as long as he does not violate the laws of
justice, is left perfectly free to pursue his own interest his own way, and to
bring both his industry and capital into competition with those of any other
man, or order of men. The sovereign is completely discharged from a duty, in
the attempting to perform which he must always be exposed to innumerable
delusions, and for the proper performance of which no human wisdom or
knowledge could ever be sufficient; the duty of superintending the industry of
private people, and of directing it towards the employments most suitable to
the interest of the society. According to the system of natural liberty, the
sovereign has only three duties to attend to…

interest his own way'), 자신의 노동과 자본을 다른 어떤 사람들 또는 어떤 계층의 사람들의 노동 및 자본과 경쟁시킬 수 있도록 완전한 자유에 맡겨진다고 강조했다. 아담 스미스는 모든 경제 행위를 개인의 자율적 자유에 의존하는 '자연적 자유'('natural liberty')를 가장 이상적인 정치경제체제라고 생각했고, '자유'(liberty)를 모든 사람에게 자신의 방식대로 자신의 이익을 추구할 수 있는 것이라고 하였다. 나아가 자유(liberty)를 "perfect liberty", "general liberty" 또는 "natural liberty"로 언급했다. 아마도 아담 스미스가 강조하고자 한 것은 마지막의 '자연적 자유'('natural liberty')라고 생각되는데, 자연상태에서의 자유와 같이 어떤 권력으로부터 속박이 없는 상태와 같다고 할 수 있다.

나. 존 로크와 아담 스미스

존 로크와 아담 스미스는 자유방임주의와 야경국가론에 영향을 주었지만 그들은 자유방임주의자나 야경국가론자는 아니다. 자유방임과 야경국가론은 개인주의적 자연적 자유주의의 특성이다. 이러한 개인주의적 자유주의를 프랑스 혁명을 통하여 프랑스가 계승을 하였지만, 그 당시 식민지 무역을 통한 금의 축적을 가장 중시했던 중상주의를 지지했던 영국은 그와 환경이 달랐다.

아담 스미스는 존 로크와 같이 국가란 개인의 자유와 재산의 안전을 보장하는 수단으로 인정하였다. 아담 스미스에게는 인간의 신체, 재산과 소유, 계약 등을 보호하고 자유로운 시장질서를 보호하는 법률제도를 유지하는 것이 국가의 가장 중요한 임무가 된다. 존 로크가 말하는 시민간의 계약에 의해 효율적 사회를 유지하기 위해 성립한 것이 국가이다. 따라서 아담 스미스는 자연법과 국가가 제정하는 실정법을 엄격히 구분하고, 결국 실정법은 자연법에 근거하는 개인의 자연적 자유를 보호하는 도구가 된다. 이러한 점에서도 그는 자유방임주의자가 아니다. 효율적인 국가 시스템을 전제로 시장에서 가격결정에 의하여 효율적인 산업구조가 형성되는 것이 그의 경제철학이다.

다. 아담스미스와 특허권 및 저작권

특허제도는 독점을 부여하는 것으로 개인의 자유를 박탈하는 부적절한 제도이다. 자유주의적 경제제도하에서는 특허제도는 자유경쟁의 철학과 일치하지 않는다. 그와 같은 아담 스미스의 사고는 자신이 교수로 있던 글래스고우 대학(Glasgow Univ.)에서 행한 법학 강연(Lectures on Jurisprudence)에 나타나 있다.

The greatest part however of exclusive priviledges are the creatures of the civil constitutions of the country. The greatest part of these are greatly prejudicial to society. Some indeed are harmless enough. Thus the inventor of a new machine or any other invention has the exclusive priviledge of making and vending that invention for the space of 14 years by the law of this country, as a reward for his ingenuity, and it is probable that this is as equall an one as could be fallen upon. For if the legislature should appoint pecuniary rewards for the inventors of new machines, etc., they would hardly ever be so precisely proportiond to the merit of the invention as this is. For here, if the invention be good and such as is profitable to mankind, he will probably make a fortune by it; but if it be of no value he also will reap no benefit. In the same manner the author of a new book has an exclusive priviledge of publishing and selling his book for 14 years ⋯ as an encouragement to the labours of learned men. And this is perhaps as well adapted to

the real value of the work as any other, for if the book be a valuable
one the demand for it in that time will probably be a considerable
addition to his fortune. But if it is of no value the advantage he can
reap from it will be very small. These two priviledges therefore, as they
can do no harm and may do some good, are not to be altogether
condemned. But there are few so harmless. All monopolies in particular
are extremely detrimental.[739]

[번역]

　배타적 특권의 대부분은 국가의 헌법의 창조물이다. 이러한 특권의
대부분은 사회에 해가 된다. 물론 그 일부는 해가 되지는 않는다. 따라
서 새로운 기계나 다른 발명의 발명가는 그의 발명성에 대한 대가로
본 국가의 법에 의해 14년간 제조와 판매의 독점적 특권을 가지지만
동일하게 그와 같은 혜택을 받을 수 있다는 가능성이다. 왜냐하면 입
법자는 새로운 발명 등의 발명가에 대하여 금전적 보상을 제공할 수
있지만 발명가들은 그 발명의 가치에 따른 정확한 보상을 받는 것은
쉽지 않다. 여기 왜냐하면, 만일 발명이 좋아서 인간에게 이익이 된다
면 그 발명가는 그것으로 많은 행운을 받을 수 있지만, 가치가 없다면
어떤 이익도 갖지 못한다. 같은 문제로서, 새로운 책의 저작자도 지식
인의 노력을 장려하기 위해 그의 책에 대하여 14년간의 출판과 판매의
배타적 특권을 갖는다. 아마도 다른 것과 같이 그 저작의 실제가치를
잘 반영하는 것이다. 왜냐하면 만일 책이 가치가 있다면 그에 대한 수
요가 그 저작자가 갖는 이익에 상당한 기여를 할 것이기 때문이다. 그
러나 가치가 없다면 그 저작자는 매우 적은 이익만을 가질 것이다. 이
러한 [특허권과 저작권의] 특권은 어떠한 해를 끼치지 않고 어떤 좋은
것을 행하므로 함께 비난되서는 안된다. 그러나 해가 되지 않는 것은
매우 적다. 모든 독점은 매우 해가 된다.

---

739) Adam Smith, Lectures on Jurisprudence. 1762-63, 1978/1766: 82-83.

그는 독점을 주는 특허에 대한 반대 입장을 분명히 했다. 독점과 특허는 자유경제에 어울리지 않기 때문이다. 그의 자유경제주의는 국가의 간섭이 배제되는 자유가 아닌 공정성을 담보하는 자유이다. 따라서 아담스미스의 자유경제는 자유방임과는 다르다.

그와 같은 그의 자유경제철학은 특허제도와 같은 일시적인 독점제도에도 반영이 되어 있다. 일시적인 독점은 그의 투자를 회수하기 위해 필요한 것이고 이러한 독점은 공정하게 자유경제를 달성할 수 있는 수단이 된다. 영업비밀이 아닌 아이디어에 법적 독점을 부여하는 특허는 국가의 제정법 (the civil constitutions of the country)에 의한 것이고, 독점의 많은 부분은 사회에게 매우 해롭다고 한다.(The greatest part of these are greatly prejudicial to society.) 자유주의를 신봉한 아담 스미스는 독점은 사회의 자본의 자연적 분배를 상당히 혼란시키고(Both these kinds of monopolies derange more or less the natural distribution of the stock of the society;), 독점이 일어나는 곳에서는 필연적으로 사회에 해가 된다(Every derangement of the natural distribution of stock is necessarily hurtful to the society in which it takes place;)고 주장했다.[740]

아담 스미스는 자연적 자유주의자로서 자유경쟁과 자유무역을 신봉하였지만 자유방임을 주장하지는 않았다. 아담 스미스도 일정한 제한된 경우에 독점이나 정부의 시장개입을 허용했다. 그와 같은 독점이나 시장개입이 필요한 경우로 국방, 유치산업보호 및 발명과 창작을 보호하는 특허권과 저작권이다. 그러한 특허권이나 저작권과 일시적인 독점은 위험과 비용에 대한 보상수단으로 정당화 될 수 있다고 주장했다.[741] 즉 공정한 경쟁을 위해 국가의 개입을 허용하기 때문에 완전한 자유방임을 주장한 것은 아니다. 이러한 점은 에드워드 코크의 '특허는 거래에 해가 돼서는 하면 안 된

---

740) Adam Smith, Wealth of Nations, Bk. IV, chap. VII, Part III, p. 244

741) Adam Smith, Wealth of Nations, Bk. IV, chap. VII, Part III, p. 244.

다'('not to the hurt to trade')[742]는 주장이나 로크의 '타인을 해하지 않을 것'이란 단서(no harm proviso)에 영향을 받은 것이라고 할 수 있다.

아담 스미스는

It is thus that every system which endeavours, either by extraordinary encouragements to draw towards a particular species of industry a greater share of the capital of the society than what would naturally go to it, or, by extraordinary restraints, force from a particular species of industry some share of the capital which would otherwise be employed in it, is in reality subversive of the great purpose which it means to promote. It retards, instead of accelerating, the progress of the society towards real wealth and greatness; and diminishes, instead of increasing, the real value of the annual produce of its land and labour.

All systems either of preference or of restraint, therefore, being thus completely taken away, the obvious and simple system of natural liberty establishes itself of its own accord. Every man, as long as he does not violate the laws of justice, is left perfectly free to pursue his own interest his own way, and to bring both his industry and capital into competition with those of any other man, or order of men.[743]

[번역]

특정 산업을 진흥하기 위해 자연적으로 이뤄지는 이상으로 사회 자본을 많은 부분 공유하여 과도한 유인책을 쓰거나 특정산업에 시행되어야 할 시책에 대하여 과도한 제한하는 것은 [국가의 부를] 증진하려는 큰 목적을 사실상 무력화 시키는 것이다. 참된 부와 위대함을 향한

---

742) Edward Coke, The Institutes, Book IV, p. 184.

743) Adam Smith, Wealth of Nations, Bk. IV, chap. IX: On the Agricultural Systems, or of those Systems of Political Economy which represent the Produce of Land as either the sole or the principal Source of the Revenue and Wealth every Country.

사회의 발전을 촉진하는 것이 아니라 퇴보시킬 것이고, 사회의 토지와
노동의 연간 생산의 실제 가치를 증진시키기는 커녕 감소시킬 것이다.
특혜를 주거나 제한을 하는 모든 제도가 완전히 철폐되면, 명백하고
간단한 '자연적 자유제도'(system of natural liberty)는 스스로 확립된다.
자신이 정의의 법을 위반하지 않는 한 모든 사람은 자신이 원하는 방
법으로 자신의 이익을 추구하고 자신의 능력과 자본으로 어느 누구와
도 경쟁할 완벽한 자유가 있다.

라고 하여 시장에서 행해지는 자율적인 시스템, 즉 자연적 자유를 신봉했
다. 개인의 사익추구행위는 결국 공익을 향상시킨다. 국가는 그와 같은 자
율적인 시장을 촉진하고 보호할 의무가 있다. 그러한 시장은 공정한 시장
이다.

법학 강연(Lectures on Jurisprudence)에는 도덕적 윤리적인 면이 강조되고
있는데, 권리소진의 원칙과 저작권에 대한 아담 스미스의 생각이 담겨있다:

In the same manner the author of a new book has an exclusive
privilege of publishing and selling his book for 14 years. Some inde(e)d
contend that the book is an entire new production of the authors and
therefore ought in justice to belong to him and his heirs forever, and
that no one should be allowed to print or sell it but those to whom he
has given leave, by the very laws of naturally reason. But it is evident
that printing is no more than a speedy way of writing. Now suppose
that a man had wrote a book and had lent it to another who took a copy
of it, and that he afterwards sold this copy to a third; would there be
here any reason to think the writer was injured. I can see none, and the
same must hold equally with regard to printing. The only benefit one
would have by writing a book, from the natural laws of reason, would
be that he would have the first of the market and may be thereby a

considerable gainer. The law has however granted him an exclusive priviledge for 14 years, as an encouragement to the labours of learned men.[744)

[번역]

　같은 방법으로 새로운 책의 저작자는 14년동안 자신의 책을 출판하고 판매할 수 있는 배타적인 특권을 가진다. 어떤 사람들은 그 책은 저자의 완전한 새 작품이므로 정의에 의하여 그와 그의 승계인에게 속하여야 한다고 한다. 자연이성의 법에 의하여 허락된 이를 제외하고 어느 누구도 그 책을 출간하고 판매하는 것이 허용되지 않는다. 그러나 출간하는 것은 가장 빠른 작성방법 이상의 것이 아니라는 것은 분명하다. 어떤 사람이 책을 쓰고 그 책의 복제본을 가진 사람에게 빌려준 것을 가정해보면, 그 책을 빌린 사람이 그 복제본을 제3자에게 판매하면 그 책을 쓴 사람이 해를 입는다고 할 어떤 이유가 존재하는가? 나는 그와 같이 그 책 쓴 사람이 해를 입는다고 생각해 볼 어떤 이유도 볼 수 없다. 같은 이유가 출판에도 동등하게 적용된다. 책을 출판하여 얻는 유일한 이익은 자연의 이성의 법으로부터 그 [책의 저술자]는 최초의 시장진입자이고 그리하여 시장의 지배자(gainer)가 된다. 그러나 법은 그에게 지식인의 노동을 장려하기 위한 것으로 14년이라는 배타적인 특권을 부여한다.

　저작권은 특허권과 달리 제한된 기간 보호받는 배타적인 특권으로서 재산권적 성격을 가지는 것으로 보았다.[745) 물론 재산(property) 또는 재산권(property right)라고 직접적인 언급을 하지 않고 배타적 특권(an exclusive priviledge)으로 언급한 바와 같이, 도구주의자(instrumentalist)들의 왕국인

---

744) Adam Smith, Lectures on Jurisprudence, 1762-63, 1978/1766: 83

745) Jiabo Liu, Copyright Industries and the Impact of Creative Destruction: Copyright Expansion and the Publishing Industry, Routledge, 2012, pp. 35-36.

그 당시 영국의 분위기도 반영된 것으로 보인다. 그리고 자유주의 경제학자답게 '인간의 이기심'과 '보이지 않는 손'의 근거가 되는 '자연적 이성이라는 자연법'(the natural laws of reason), '자연적 자유'(natural liberty) 및 출판에 의한 선점과 그 선점으로 인하여 취득하는 이득은 그 기여와 희생에 대한 보상으로 충분한 것으로 인정하지만, 1710년 앤여왕법에 의한 14년간의 출판권의 인위적인 독점은, 예외적으로, 지성인의 노력을 장려하기 위한 도구임을 명백히 하고 있다.

앞서 언급한 바와 같이 특허권은 1624년 이전에는 왕의 은전 및 그 이후에는 왕을 대신한 국회 법에 의한 은전으로 생각했다. 그리고 그는 영국의 전통적인 저작권법(copyright law)에 대한 관념과 같이, 그리고 개인의 주관적인 사고에 기반한 독일의 칸트적인 저작권 관념(author's right)과는 달리 객관적이고 경제적인 측면에서 저작권을 보았다. 물론 도덕적 윤리적 사고가 가미되었다.

아담 스미스는 개인의 발명을 위한 투자를 보호할 발명이 없다고 생각했다. 따라서 불가피하게 발명가의 투자를 보상해 줄 방법이 필요하다. 즉 특허는 필요한 것이 아니라 불가피한 것이다. 결국 아담 스미스는 독점을 부여하는 특허제도는 기술과 산업발전을 위한 적극적인 도구가 아닌 필요악(必要惡)으로 본 것이라고 할 수 있다.[746] 그리고 아담스미스가 자유로운 시장에서의 가격결정원리의 신봉자인 것처럼, 그는 발명에 대하여 독점을 부여하더라도 그 발명의 가치가 없다면 독점에 의해서 얻는 이익도 없을 것이라고 주장했다.(For here, if the invention be good and such as is

---

746) Adam Smith, Wealth of Nations, Bk V, chap. I, Part III, p. 388. Hovenkamp, Herbert J., "The Emergence of Classical American Patent Law" (2016). Faculty Scholarship at Penn Carey Law. 1799, pp. 274-275 ("Smith certainly did not see a strong link between the Industrial Revolution and any protection that the British patent system had to offer.").

profitable to mankind, he will probably make a fortune by it; but if it be of no value he also will reap no benefit.) 즉 시장에 의하여 그 독점기술의 가치가 평가되어 그 독점기술이 가치가 있다면 그 기술에 대하여 독점에 의한 보호가 필요한 것이고, 만일 그 독점기술의 가치가 없다면, 독점을 부여하더라도 시장에는 부담이 되지 않을 것이다. 왜냐하면 그 기술에 대한 수요가 발생하지 않기 때문이다. 즉 수요와 공급에 의한 시장기능에 의해 보상이 될 것으로 믿었다. 그러나 아래에서 보는 바와 같이, 공공재가 되는 것을 막기 위해 특허권이나 저작권이 필요하다고 했다. 특허권제도나 저작권제도는 공정한 시장을 위하여 필요한 것이다.

이러한 점에서 로크의 사상은 아담 스미스를 동하여 자본주의의 기초가 된다고 할 수 있다. 시민사회 즉, 국가를 통하여 자신의 자유와 안전 그리고 재산의 소위 보호비용을 절약할 수 있게 된다. 국가 제도에서 재산권은 매우 효율적인 제도가 되어야 국가성립의 존재근거가 된다. 여기에서 로크의 경제적 효용을 중시하는 경제적 국가관이 나타난다. 이러한 점에서 시민사회란 자연상태에서 만인과 만인의 투쟁상태의 종결을 의미하는 토마스 홉즈(Thomas Hobbs)와는 구별이 된다. 로크에게 있어서 자연상태는 불안정하고 비효율적이기는 하지만 만인과 만인의 투쟁과 상태는 아니었다. 로크에게 있어서 자연상태의 인간들이 좀 더 효율적이 상태를 구축하기 위하여 자발적인 합의와 계약에 의해 시민상태를 구현하는 점진적인 발전단계라고 할 수 있다.

나아가 로크에게 있어서 개인의 자유보장이 결국 궁극적인 목적이 되는 점에서 이를 바탕으로 경제적 가치를 추구하는 아담 스미스의 생각과 일치한다고 할 수 있다. 아담 스미스는 보이지 않는 손은 인간의 이기심을 언급하였으므로, 독자들은 그와 같은 생각을 비도덕적이라고 생각할 수 있으나, 이는 매우 피상적인 생각이다.

앞서 본 바와 같이 특허권과 저작권에 관한 아담스미스의 철학은 도덕감

성론(The Theory of Moral Sentiments)에 담겨있다. 아담 스미스는 자유주의자이었으므로 로크의 영향을 받았다. 즉 사회계약설과 사유재산, 그리고 개인의 자유를 중시하였다. 다만 자연법에 관하여는, 18세기 후반 영국의 지성인들이 그러하듯이, 수용을 하지 않았고, 그가 경제학자인 것처럼 효율성을 중요시하는 공리주의를 취한 것으로 볼 수 있다. 이기적인 인간이 자신의 역할을 다할 때 사회적 효용은 극대화 된다. 다만, 그러한 그의 철학이 개인의 자유와 권리를 중요시하였기 때문이 경제활동에서도 개인의 자유를 신뢰하였을 것이므로 자유무역을 주장하였다. 그리하여 로크나 그와 동시대의 법학자인 윌리엄 블랙스톤과 같이 그의 특허권에 관한 법리는 영업비밀포기설에 기초하였다고 보인다.747) 아담 스미스에 따르면 배타적인 특권, 즉 특허는 국가가 제정한 시민법과 시민의 헌법에 의한 창작물이 된다. 나아가 아담 스미스는 생산수단인 노동의 가치를 경제적 척도로 삼았다:

In that early and rude state of society which precedes both the accumulation of stock and the appropriation of land, the proportion between the quantities of labour necessary for acquiring different objects seems to be the only circumstance which can afford any rule for exchanging them for one another. If among a nation of hunters, for example, it usually costs twice the labour to kill a beaver which it does to kill a deer, one beaver should naturally exchange for or be worth two deer. It is natural that what is usually the produce of two days' or two

---

747) Adam Smith, Wealth of Nations, Book I, CHAP VII.
    Secrets in manufactures are capable of being longer kept than secrets in trade. A dyer who has found the means of producing a particular color with materials which cost only half the price of those commonly made use of, may, with good management, enjoy the advantage of his discovery as long as he lives, and even leave it as a legacy to his posterity.

hours' labour, should be worth double of what is usually the produce of one day's or one hour's labour.[748]

[번역]

자본의 축적과 토지의 취득이 발생한 자연상태에서 다른 사물을 취득하기 위하여 필요한 각각의 노동의 양사이에서의 분배는 상호간에 그 사물들을 교환하는 원칙이 있었다. 예컨대, 사냥꾼들의 세상에서는 한 마리의 사슴을 사냥하는 것보다 한 마리의 비버를 사냥하기 위해서는 그 두배의 노동이 필요했으므로 한 마리의 비버는 두 마리의 사슴과 교환이 되었다. 이틀 또는 두시간 동안의 노동에 의해 생산되는 것은 하루 또는 한시간의 노동에 의해 생산되는 것의 두배의 가치가 있다는 것은 당연한 것이다.

아담 스미스에 따르면 가치평가 기준으로서의 노동의 핵심은 노동에 의한 부가가치이다:

The real value of all the different component parts of price, it must be observed, is measured by the quantity of labour which they can, each of them, purchase or command. Labour measures the value not only of that part of price which resolves itself into labour, but of that which resolves itself into rent, and of that which resolves itself into profit.[749]

[번역]

모든 각기 다른 부분의 실제 가치는 구입하거나 요구하는 노동의 양에 의해 정해진다. 노동은 노동으로 변화된 부분의 가치 뿐만 아니라 사용료로 변경된 노동 및 수익으로 변경된 노동의 가치에 의해 측

---

748) An Inquiry into the Nature and Causes of the Wealth of Nations, Book I. Ch. VI. Of the Component Parts of the Price of Commodities.

749) Id.

정된다.

아담 스미스에게 있어 특허법이나 저작권법은 창작적 노동에 대한 가치 평가를 하여 시장에서 그 가치가 교환될 수 있도록 하는 수단이 된다.[750) 만일 특허법이나 저작권법이 없다면, 발명이나 창작은 공공재(public goods)가 되어 생산이 이루어지지 않을 것이고, 공공재가 되어 시장에서 교환이 될 수 없다. 특허법이나 저작권법은 발명적 및 창작적 노동을 보호함으로써 노동의 가치를 평가하여 수요와 공급을 원활히 하는 시장을 보호하게 된다.

아담 스미스에 의하면 발명과 창작에 특허권과 저작권을 부여하여 독점을 주더라도 시장에서의 가치평가에 의하여 독점의 효용성도 평가된다. 즉 가치가 없는 특허발명이나 저작물의 경우에는 수요가 발생하지 않기 때문에, 독점에도 불구하고 시장에는 영향이 적다는 것이다. 그와 같은 발명이나 창작은 특허나 저작권에 의하여 독점을 부여하더라도 시장에는 영향이 없다. 그러나 시장에서 가치가 있는 발명이나 저작물은 특허독점이나 저작권이 없다면 공공재가 된다. 따라서 특허권이나 저작권은 가치가 많은 특허발명과 저작물을 보호하는 기능을 하는 것이다. 결국 아담 스미스에게는 통상적인 시장기능하에서는 보상을 받을 수 없으므로 특허권과 저작권은 발명과 저작이 공공재가 되는 것을 방지하여 시장에서 그 가치와 공헌에 따라 발명과 저작에 대한 보상(reward)을 받을 수 있도록 하는 것이다. 아담 스미스는 제도적 관점(institutional perspective)에서 통상적인 시장과 제도하에서는 정상적인 시장기능에 의해 발명자는 그 보상을 받을 수 없으므로 국가가 개입하여 일시적인 독점을 부여하는 것으로 보았다. 공정한 시장을 유지하기 위해서 독점이 필요한 경우에 해당한다.

---

750) Jiabo Liu, Copyright Industries and the Impact of Creative Destruction: Copyright Expansion and the Publishing Industry, Routledge, 2012, p. 36.

이와 같은 국가의 기능, 특허권과 저작권 기능을 하기 위해서, 아담 스미스에게는 법과 입법부의 기능은 매우 중요했다. 아담 스미스는 그 유명한 '보이지 않는 손'을 통한 시장메커니즘의 신봉자이었고, 따라서 시장주의자이었지만 발명과 저작물이 공공재가 되는 것을 막을 수는 없었다. 발명을 보호하기 위해서는 입법자와 법이 중요했다. 입법자는 법의 제정을 통해 발명과 저작물에 대하여 독점을 부여함으로써 발명과 저작이 공공재가 되는 것을 막을 수 있고, 따라서 시장의 실패(market failure)를 방지하여 공정함을 유지할 수 있다.

위와 같은 아담 스미스의 관점에서 보면, 특허나 저작권은 공정한 보상(fair return)을 하는 것이 중요하므로 얼마만큼, 어느 기간까지 보호하는 것인지가 중요하다. 과도한 보호는 그 특허와 저작권과의 경쟁을 제한하기 때문이다. 특히 특허가 중요하다. 저작권의 경우에는 기술을 보호하는 것이 아닐 뿐만 아니라 독립적인 저작을 보호하기 때문에 본질적으로 그 보호범위가 적어 경쟁을 제한하는 요소는 적다. 따라서 저작권은 그 보호범위가 좁기 때문에 상대적으로 길게 보호하더라도 경쟁을 제한하는 요소가 적다. 그러나 특허는 광범위한 보호를 하기 때문에 상대적으로 짧은 기간을 보호한다. 나아가 과소한 보호는 경쟁자로 하여금 낮은 가격으로 경쟁을 할 수 있도록 하기 때문에 결국 새로운 발명이나 창작에 대한 유인(incentive)이 없게 된다.

아담 스미스의 경제학적 방법론의 영향을 받은 특허권의 정당성에 관한 최근의 이론들은 특허제도의 정당성 보다는 상대적으로 특허보호의 경제적 효율성에 그 초점이 맞추어져 있는데, 최근의 이런 이론들은 신고전 특허이론(neo-classical patent theory)라고 불리고 있다.

제2절 공리주의와 특허

1. 영국의 자연법 철학과 공리주의적 전통

영국은 마그타 카르타(Magna Carta)부터 시작하여 브락튼의 존(John of Bracton), 존 포테스큐(John Fortescue)등 초기의 철학자들에게서부터 공리주의적 전통이 뿌리를 내리기 시작했다. 특허제도는 산업발전을 위한 도구로 사용되어 새로운 기술의 발명이나 외국의 기술자를 유인하여 영국에 산업발전을 위한 당근으로 사용되었다. 특허를 받기 위해서는 발명을 공개하고, 도제를 양성하도록 하여 기술을 전파하고 학습하여 그 지식이 영국사회에 뿌리내리도록 하는 특허제도를 확립하고 유지했다.

존 로크의 자유주의적 개인주의 철학과 그의 재산권 철학은, 결국 노동을 명한 신의 명령과 자연은 신이 인간에게 부여한 신의 은혜라는 은유(metaphor)를 통해, 인간을 이롭게 하고, 근면한 노동을 장려함으로서 재산권을 인정한 결과 세상의 모든 자산을 증가시킬 수 있었고('increase[s] the Common Stock of Mankind') 또한 자연상태로부터 효율적인 시민사회를 구성하는데 동의하여 시민사회를 구성하고 정치단체인 국가를 형성한다고 하였다. 시민사회는 인간의 자원을 효율적으로 사용하게 하여 효율적인 결과를 가져오고, 화폐경제는 화폐를 통하여 모든 것을 간접적으로 소유할 수 있게 함으로서 경제적으로 부를 축적할 수 있었다.[751] 자연법과 자연권을 기초로 재산권을 주장한 로크도 결국 재산권 제도가 가져오는 이익이 인간을 이롭게 할 것이라고 인정했다. 반대로 해석하면, 로크는 정치적인 재산권, 즉 전제권력으로부터 해방된 인간을 그리기 위해 재산권을 주장했

---

751) 본서 제4장 제3절 1. 나. "파레토 최적(Pareto Optimality), 파레토 개선(Pareto Improve-ment) 및 칼도-힉스 개선(Kaldor-Hicks Improvement)" 참조.

지만, 부수적으로 재산권이 인간의 부를 증가시켜 정치적으로 독립된 존재가 되는데 도움이 될 것으로 인식한 것으로 볼 수 있다. 즉 로크에게서도 공리주의와 자본주의 정신을 발견할 수 있다.

1710 앤여왕법(Statute of Anne 1710)의 정식명칭은 "A Bill for the Encouragement of Learning and for Securing the Property of Copies of Books to the Rightful Owners Thereof"라고 하여 "Encouragement of Learning", 즉 '지식습득의 장려'가 앤여왕법 제정의 주된 목적임이 명시되었고, 그 목적은 Donaldson v. Becket 사건에서 확고히 확인이 되었다.

그러나 그와 같은 공리주의적 목적 이외에 영국법에는 자연권을 기반으로 한 철학이 그 철학적 바탕으로 형성되어 왔다. 존 로크의 자연법 철학을 계승한 윌리엄 블랙스톤은

> [t]he representatives, therefore, of the tenant for life shall have the emblements to compensate for the labour and expense of tilling, manuring, and sowing the lands; and also for the encouragement of husbandry, which being a public benefit, tending to the increase and plenty of provisions, ought to have the utmost security and privilege that the law can give it.[752]

[번역]

> 따라서 생존을 위한 소작인의 대표자는 땅을 갈고, 비료를 주고, 씨를 뿌리는 노력과 비용에 대하여 보상을 하여, 식량을 증가시켜 풍부하게 하여 공공의 이익을 증진시키는 농업 장려하기 위해, 법이 부여할 수 있는 궁극적 보호와 특권을 가질 수 있도록 해야 한다.

---

752) William Blackstone, Commentaries, Book II, CH. VIII. Of Freeholds, not of Inheritance, vol. 1. p. 122.

라고 함으로서, 로크의 재산권 철학과 동일한 철학적 기반으로 하고 있다.
나아가 윌리엄 블랙스톤은 소유권을

By the absolute rights of individuals we mean those which are so in
their primary and strictest sense; such as would belong to their persons
in a state of nature, and which every man is entitled to enjoy, whether
out of society or in it.[753]

[번역]

　직접적이고 근본적인 의미에서 개인의 절대적 권리에 의해, 시민사
회에서이건 아니건, 자연상태에서 개인에게 속하는 그러한 권리이고
모든 사람이 가진 권리가 개인의 절대적 권리이다.

라고 하여, 절대적 권리이자 자연권으로서 소유권을 이해했다. 또한 영구적
인 권리로서 커먼로 저작권이 존재하는지가 문제된 1762년 Tonson v.
Collins 사건[754]에서 커먼로 저작권을 주장한 원고를 대리하여 존 로크의
철학적 사상을 바탕으로 재산권의 자연적 근원은 발명과 노동으로서 창작
적 저작(original composition)은 창작과 노동의 결합으로서 작가의 문학적
사고는 그 자체로서 재산권의 대상이 될 수 있다고 주장했다.[755]
　결국 영국의 공리주의 전통은 자연법 사상과 함께 발전되어 온 것으로,

---

753) William Blackstone, Commentaries, Book I. p. 119. 블랙스톤은 영구적인 권리로서
　　커먼로 저작권이 존재하는지가 문제된 Tonson v. Collins, 1 Sir W. Blacks. 301, 321
　　(1762) 사건에서 커먼로 저작권을 주장한 원고를 대리하여 존 로크의 철학적 사상을
　　바탕으로 재산권의 자연적 근원은 발명과 노동으로서 창작적 저작(original com-
　　position)은 창작과 노동의 결합으로서 작가의 문학적 사고는 그 자체로서 재산권의
　　대상이 될 수 있다고 주장했다. Simon Stern, From Author's Right to Property Right,
　　The Univ. of Toronto Law Journal Vol. 62, No. 1 (Winter 2012), pp. 29-91.
754) Tonson v. Collins, 1 Sir W. Blacks. 301, 321 (1762).
755) Simon Stern, From Author's Right to Property Right, The Univ. of Toronto Law
　　Journal Vol. 62, No. 1, 2012.

18세기 후반에 갑자기 형성되어 온 것이 아니라 자연법 철학에 그 뿌리를 두고 있다고 할 것이다.756) 그러한 영국의 전통은 미국으로 건너가 미국의 특허법이나 저작권법은 자연법에 기반을 둔 존 로크의 철학에 공리주의를 결합시켰다.

1783년 미국 코네티컷(Connecticut)주의 저작권법의 전문(preamble)은

> it is perfectly agreeable to the Principles of natural Equity and Justice, that every Author should be secured in receiving the Profits that may arise from the Sale of his Works, and such Security may encourage Men of Learning and Genius to publish their Writings; which may do Honor to their Country, and Service to Mankind.757)

[번역]

> 모든 저작자가 자신의 업적을 판매한 것으로부터 취득할 수 있는 이익을 얻는 것을 보장받음으로써 자연적 형평과 정의의 원칙에 전적으로 동의하면서 그러한 보장은 사람으로 하여금 배움과 그들의 저작을 출판하는 재능을 장려하는 것; 그와 같은 것은 그들의 나라를 명예스럽게 할 뿐만 아니라 인간에 대한 봉사이기도 하다.

라고 규정하여 자연법의 원칙에 의해 저작권법을 규정했다. 그러나 1784년 코네티컷 주는 "the Term of Seaven [sic] Years agreeable to and under the restriction of the Statute Law of this State entitled An Act for the encouragement of Literature and Genius."라는 개인에게 7년의 독점을 부여하는 처분법령을 제정하여 시인인 Joel Barlow에게 특권을 창설하는데,758)

---

756) Mark Rose, Authors and Owners. The Invention of Copyright, Harvard Univ. Press, 1993.

757) 1783 Conn. Pub. Acts Jan. Sess.,

758) Bruce W. Bugbee, Genesis of American Patent and Copyright Law, Public Affairs

그 법명에서 보다시피, 저작의 장려라는 실용주의적 정신이 담겨 있다. 이는 실용주의정신을 법명으로 한 앤여왕법의 영향으로도 보인다.

프랑스 저작권법도 자연법과 공리주의 철학을 모두 그 바탕으로 규정했다.759) 1777년 프랑스 왕은 길드의 특권을 폐지하였지만, 저작자에게 영구적인 저작 재산권을 인정하는 것을 주저하고 기존의 특권과 다른 왕의 특권(privilèges d'auteur)을 부여했다. 커먼로 저작권과 같이 저작자에게 부여된 특권은 영구적이었고, 상속할 수 있었지만 저작자가 원고를 인쇄업자나 출판업자에게 판매하면 출판으로 인한 권리는 10년으로 제한되었고, 10년을 연장할 수 있었다. 이는 영국에서 커먼로 저작권과 실정법상의 저작권을 인정하는 결과와 같았고, 미국의 법제도도 프랑스 법과 같은 형식이 되어 커먼로상의 저작권과 실정법상의 저작권이 병존하는 것으로 인정되었다.760) 다만 프랑스는 프랑스 혁명 이후 1790년 아베 시이에스(Abbé Siéyès)의 제안으로 저작권과 공공의 이익을 고려하여, 저작권은 저작자 사후 10년까지 보호되는 것으로 했지만, 이러한 그의 제안은 이해관계자들로부터 받아들여지지 않았다. The law of July 19, 1793년 프랑스 법761)은 저작자 사후 10년간 존속하는 상속인과 승계인이 출판권을 인정한 제한된 재산권을 부여했다.

Press, 1967, p. 110.

759) Lyman Ray Patterson, Copyright in Historical Perspective (Nashville: Vanderbilt Univ. Press, 1968), esp. 180‒202; and Jane C. Ginzburg, "A Tale of Two Copyrights:Literary Property in Revolutionary France and America," Tulane Law Review 64 (5), 1990, pp. 991‒1031.

760) Wheaton v. Peters, 33 U.S. (8 Pet.) 591 (1834).

761) Décret de la Convention Nationale du dix-neuf juillet 1793 relatif aux droits de propriété des Auteurs d'écrits en tout genre, des Compositeurs de musique, des Peintres et des Dessinateurs (영문명: Decree of the National Convention, of 19 July 1793, regarding the property rights of authors to writings of all kinds, of composers of music, of painters and illustrators).

2. 발명에 대한 특허권

가. 저작권과의 차이

특허권과 저작권은 그 철학 토대가 조금 다른 모습을 보인다. 이는 두 가지 주된 원인에서 기인하는 것으로 보이는데, 첫째는 아이디어의 보호체계는 영업비밀과 특허라는 이원적 체계에 의하여 보호되는 것이고, 저작권은 통상 커먼로상의 보호내지 대륙법상 영구적 재산이라고 주장되었던 저작자의 저작물에 대한 보호(author's right)와 출판과 인쇄를 통한 보호(copyright)가 존재했기 때문이다. 다른 하나는 아이디어와 표현의 이분법(idea/expression dichotomy)의 법원리는 자연법칙과 아이디어는 신(God)의 재산이고, 표현은 인간(human)의 재산이라는 관념 때문으로 보인다. 자연법칙이나 추상적인 아이디어는 개인이 소유할 수 없다는 것은 로크의 재산권 철학 뿐만 아니라 칸트의 재산권 철학에 의해서도 뒷받침 된다. 또한 이는 저작권법이나 특허법에서도 지지되었다. 그리하여 특허는 자연법칙이나 아이디어는 그 자체로는 보호되기 어려웠고, 그것을 이용(application)한 것을 인간의 노력에 의한 창작으로 보았다. 윌리엄 블랙스톤(Blackstone)은 발명은 노동의 결과이고, 그에 대한 권리는 자연권이지만 특허는 시민국가가 형성된 이후 국가 제정법에 의한 권리라고 했다.

나. 로크와 블랙스톤의 재산권 철학의 공리주의에 대한 영향

로크(Locke)는 자연상태의 인간과 시민상태의 인간을 구분함으로서 자연스럽게 자연법이 지배하는 자연상태와 시민법, 즉 제도법이 지배하는 시민사회를 구분했다.762) 이러한 구분이 명백해지는 것은 로크에 의해서이지만, 실정법을 지배하는 보편적 가치로서 자연법 정신은 마그나 카르타와

브락튼의 헨리(Henry de Bracton)에서도 찾아 볼 수 있다.763) 자연법상의
권리(natural right)와 제도법상의 권리(institutional right) 이분법은 윌리엄
블랙스톤(William Blackstone)이 수용했다. 로크(Locke)는 자연상태와 시민
사회를 구분했는데 자연상태는 자연법(natural law)이 지배하는 사회이고,
시민사회는 시민의 합의에 의한 국가가 형성되고 그 국가는 시민이 제정한
제정법(institutional law)과 논리적으로 상위법인 자연법이 지배하는 사회가
된다.764)

로크는 시민사회는 재산권과 토지의 소유에 대해서는 명시적인 헌법이
지배한다([f]or in governments, the laws regulate the right of property, and
the possession of land is determined by positive constitutions.)고 언급했
다.765) 그리고 그와 같은 관념은 블랙스톤에게 영향을 미쳐 블랙스톤은 재

---

762) 이하는 논리적으로 필요하여, 본인의 저술 '영업비밀보호법의 철학적 규범적 토대:
    존 로크의 재산권 철학을 바탕으로' pp. 210, 214에서 가져와 일부 편집했다.
763) 특히 브락튼의 헨리는 법이 왕을 만들었으므로 왕은 반드시 시민(man)이 되어야 하
    는 것은 아니지만 신(God)과 법(law)의 아래에 있다고 하여 신(God)의 법, 즉 자연법
    을 인정하고 있다.
764) William Blackstone, Commentaries, Book I. p. 119.
    [E]very man, when he enters into society, gives up a part of his natural liberty,
    as the price of so valuable a purchase; and in consideration of receiving the
    advantages of mutual commerce, obliges himself to conform to those laws,
    which the community has thought proper to establish. And this species of legal
    obedience and conformity is infinitely more desirable, than that wild and
    savage liberty which is sacrificed to obtain it. For no man, that considers a
    moment, would wish to retain the absolute and uncontroled power of doing
    whatever he pleases; the consequence of which is, that every other man would
    also have the same power; and then there would be no security to individuals
    in any of the enjoyments of life. Political therefore, or civil, liberty, which is
    that of a member of society, is no other than natural liberty so far restrained
    by human laws (and no farther) as is necessary and expedient for the general
    advantage of the publick.…
765) John Locke, Second Treatise of Government § 50.

산권은 자연법상의 절대적인 권리(absolute right)이지만, 절대적인 권리인 재산권을 집행하기 위해서는 실정법의 도움을 받아야 한다고 생각했다. 권리증서나 권리의 등기 등의 권리를 실질화하기 위한 형식은, 로크가 언급한 바와 같이 자연상태의 인간이 구성한 사회의 실정법에 의하여 실질적으로 집행할 수 있도록 하는 것이다. 로크는 그와 같은 그의 주장을 다음과 같이 언급했다:

Thus Labour, in the Beginning, gave a Right of Property, where-ever any one was pleased to imploy it, upon what was common, which remained, a long while, the far greater part, and is yet more than Mankind makes use of. Men, at first, for the most part, contented themselves with what un-assisted Nature Offered to their Necessities: and though afterwards, in some parts of the World, (where the Increase of People and Stock, with the Use of Money) had made Land scarce, and so of some Value, the several Communities settled the Bounds of their distinct Territories, and by Laws within themselves, regulated the Properties of the private Men of their Society, and so, by Compact and Agreement, settled the Property which Labour and Industry began; and the Leagues that have been made between several States and Kingdoms, either expressly or tacitly disowning all Claim and Right to the Land in the others Possession, have, by common Consent, given up their Pretences to their natural common Right, which originally they had to those Countries, and so have, by positive agreement, settled a Property amongst themselves, in distinct Parts and parcels of the Earth: yet there are still great Tracts of Ground to be found, which (the Inhabitants thereof not having joyned with the rest of Mankind, in the consent of the Use of their common Money) lie waste, and are more than the People, who dwell on it, do, or can make use of, and so still lie in common. Tho' this can scarce happen amongst that part of Mankind, that have consented to the use of Money.766)

[번역]

　태초에 누구나 공유물에 대하여 누구나 노동을 하게 되면 어디에서나 그 노동을 한 사람은 그 노동 [결과]에 소유권을 취득하게 되었다. 그러나 그 때에 인류가 이용할 수 있는 것보다도 훨씬 더 많은 부분은 오랫동안 계속 공유로 남아 있었고, 지금도 공유지로 남아 있다. 처음 인간은 그의 생활필수품은 인간의 노동이 없이도 [자연이] 제공해 주고 있었다. 그러나 그 후 세상의 일부에서는 사람과 가축이 증가되고 화폐가 사용된 결과로 토지가 부족하게 되었으며, 토지가 어떤 형식의 가치를 갖게 되었다. 그리하여 몇몇 공동체에서는 그 공동체들의 영토의 경계가 정해지고, 그 공동체에 속한 개인의 소유권도 그가 속한 공동체의 법률에 의해 규정되게 되었다. 노동과 근면함으로서 발생한 소유권은 계약과 합의에 의해 명확하게 규정되었다. 몇몇 국가와 왕국은 연맹(leagues)을 구성했고, 그 연맹은 다른 나라에게 속하는 토지에 대한 일체의 요구와 권리를 명시적으로 또는 묵시적으로 포기했다. 나아가 그 연맹은 상호 동의에 의해 그들이 가진 자연적인 공유권을 포기했다. 그리하여 명시적 합의에 의하여 이 지구의 각각 다른 지역과 구분된 토지에 대하여 각자의 소유권을 명확히 했다. 그러나 아직도 인류의 다른 나머지 토지와 공통적인 화폐 사용에 동의하지 않은 사람들이 살고 있는 개간되지 않은 광대한 토지가 남아 있다. 그곳 토지는 주민들이 사용하고도 남아 있고, 앞으로 아무리 이용하더라도 그 전부를 이용할 수 없을 만큼의 미이용의 토지가 남아 있다. 그 토지는 여전히 공유지이다. 그러나 이러한 현상은 화폐를 사용하는 사회에서는 발생할 수 없는 일이다.

---

766) John Locke, Second Treatise of Government § 45.

신(God)이 부여한 재산권을 구체화 하기 위해서는 실정법의 도움을 받아야 하는 것이다. 토지의 필지를 정리하고 이에 따라 등기를 하고, 증서에 의해 양도를 하는 것은 자연법으로는 불가하다. 로크는 자신들의 제정법에 의해, 그리고 합의와 계약에 의해 영토의 경계를 획정한 몇몇 인간사회는 그 사회의 개인 재산을 규제하고, 노동과 산업이 시작된 재산권을 정하였다(the several Communities settled the Bounds of their distinct Territories, and by Laws within themselves, regulated the Properties of the private Men of their Society, and so, by Compact and Agreement, settled the Property which Labour and Industry began)고 하고, 명시적, 묵시적으로 자신들이 가시고 있는 토지에 대한 모든 권리를 포기한 다수 국가과 왕국들에 형성된 국가연합은 동의에 의하여 그들의 자연권을 포기하고 명시적인 계약에 의하여 토지를 명확하게 구분했다.(the Leagues that have been made between several States and Kingdoms, either expressly or tacitly disowning all Claim and Right to the Land in the others Possession, have, by common Consent, given up their Pretences to their natural common Right, which originally they had to those Countries, and so have, by positive agreement, settled a Property amongst themselves, in distinct Parts and parcels of the Earth.)

블랙스톤도 자연법과 시민법, 자연상태와 시민사회를 구별하였는데 자연권은 실정법에 의해 구체화되고 집행된다고 생각하였다.[767] 로크의 영향을 받아 윌리엄 블랙스톤도 생명, 자유, 재산(자산)을 재산권으로 인정했고, 그가 생각하는 재산권은 신이 부여한 권리로서 자연법상의 절대적 권리(absolute right)이지만 자연법상 재산권이 부여하는 이익을 시민사회에서 향유하기 위해서는 실정법에 의하여 만들어지는 특권이 필요했다. 시민사회의 개인이 자신의 재산권을 구체적으로 행사하기 위해서는 실정법의 도움이

---

767) William Blackstone, Commentaries, Book I. p. 125.

필요했다. 그리하여 블랙스톤은 아래 인용과 같이 실정법상의 권리를 얻기 위해 시민은 자신의 자연법상의 권리 일부를 포기했다(in exchange for which every individual has resigned a part of his natural liberty)고 설명한다:

> The third absolute right, inherent in every Englishman, is that of property: which consists in the free use, enjoyment, and disposal of all his acquisitions, without any control or diminution, save only by the laws of the land. The original of private property is probably founded in nature, as will be more fully explained in the second book of the ensuing commentaries: but certainly the modifications under which we at present find it, the method of conserving it in the present owner, and of translating it from man to man, are entirely derived from society; and are some of those civil advantages, in exchange for which every individual has resigned a part of his natural liberty.[768]

[번역]

> 모든 영국인에게 세 번째 선래적인 절대적인 권리는, 토지법에 의해서만 통제 또는 제한시킬 수 있는 자신들이 취득한 것의 자유로운 이용, 수익 그리고 처분을 할 수 있는 것으로 구성된 재산권이다. 원래의 사적 재산은 아마도 자연상태에서 발견되고, 그것은 [본인의] 두 번째 주석서에서 충분히 설명하고 있다. 그러나 현재 우리가 언급하는 변경, 현재의 소유자에게 그 권리를 보호하는 방법, 그리고 사람과 사람 사이에 이전하는 것은 완전히 [시민] 사회로부터 나온다. 그와 같은 것은 시민 사회에서의 잇점이라고 할 수 있는데, 개인은 자신들의 자연적인 자유를 포기하면서 그 포기와 교환으로 얻은 것이다.

블랙스톤은 모든 영국인에게 인정되는 세 번째의 절대적인 권리는 재산

---

768) William Blackstone, Commentaries, Book I. p. 134.

권인데, 재산권은 자유로운 사용, 수익 및 처분으로 구성되고 어떤 통제나 감소시킴이 없이 자신의 소유물을 토지법에 의해서만 처분할 수 있다고 한다. 최초의 사적재산은 자연에서 발견할 수 있는데(자신의 저서 'Commentaries on the Laws of England' 제2권에서 상세히 설명하고 있듯이), 재산을 변경하고, 보존하고 양도하는 것은 이를 집행할 수 있는 실정법이 있는 시민사회(society)에서 가능한 것으로, 시민사회에서 누리는 것은 모든 개인이 자신의 자연적 자유의 일부를 포기하는 대가로 취득하는 시민사회에서 누리는 장점이라고 한다. 블랙스톤의 이와 같은 주장은 로크의 자연상태와 시민사회의 구분과 일치한다. 블랙스톤이 언급하는 시민사회(society)는 정치사회로서 로크의 시민사회의 개념과 같다.

나아가 블랙스톤은, 발명자에게 부여하는 특권은 발명가에게 14년간 부여하는 것으로 특허권자에게 일시적인 재산권을 부여한다고 했다"

'privilege[s] ⋯ granted for fourteen years to [an] inventor,' vesting a 'temporary property' ⋯ in the patentee.[769]

이는 영업비밀의 대상인 '발명'과 국가 제정법상 '특허권'을 나누어 언급한 것으로서, 특허는 일시적인 독점이라고 이해했던 19세기 영업비밀포기설의 기초가 되었고, 또한 공리주의 철학자들도 블랙스톤의 견해와 같이 특허는 일시적인 독점이라고 하였다.

블랙스톤은 자연법상의 면책(immunities)과 실정법상의 특권(privileges)으로 나누었다고 할 수 있다. 면책(immunities)과 특권(privileges) 개념은 아래에서 언급하는 1813년 Evans v. Jordan 사건[770]에서 미국 법원에 의해 수

---

769) William Blackstone, Commentaries, Book II. p. 407.
770) Evans v. Jordan, 8 F. Cas. 872 (C.C.D. Va. 1813) aff'd, 13 U.S. 199, 3 L. Ed. 704 (1815).

용되었는데, 자연법상의 재산권은 타인의 침해로부터 자유를 의미하는 소극적인 면책이고, 실정법상의 재산권인 특허는 타인이 누리지 못하는 특권에 해당한다는 의미로 해석된다. 이러한 블랙스톤의 관념은 영국이 아닌 미국에서 수용했다. 미국 헌법은 이러한 관념에 따라 특허권과 저작권은 헌법의 위임에 따라 제정된 법에 의하여 보호되는 것이라고 규정했다.

영국은 미국과 관념이 많이 달랐는데, 저작권에 대하여는 커먼로상의 권리, 자연권이라는 관념이 1774년 Donaldson v. Beckett 사건이전까지 유지되었지만 특허는 자연권 대신 왕의 은전, 은혜의 관념이 존재했다. 아래 벤담의 저술에서 "which ought to be gratuitous"라는 언급은 발명에 대한 특허는 특히, 자연권이 아닌 국가나 국왕이 부여하는 은혜적인 것임을 강조하고 있다. 이러한 사상은 특히 공리주의 철학자에게 강하게 나타난다. 제레미 벤담은 특허권은 자연권이라는 생각은 '근거없는 쓸모없는 소리'('nonsense on stilts')라고 하였다.

3. 제레미 벤담(Jeremy Bentham)과 특허

가. 공리주의와 특허

공리주의 철학에서 독점을 부여하는 특허권은 매우 비난받았다. 특정인에 의한 독점은 최대다수의 최대행복을 증진시키는데 장애가 되었기 때문이다. 그리하여 공리주의 철학자들은 독점과 특허를 구분하였다. 독점은 새로운 발명이 없이 독점을 주는 것이지만 특허는 새롭게 창작된 발명에 대하여 부여하는 것이므로 사회적으로 부(負)의 효과가 없다는 것이다. 이러한 분위기는 19세기 활약한 존 스튜어트 밀도 언급하고 있다.

제레미 벤담은 유용하다(utility)는 것을

By utility is meant that property in any object, whereby it tends to produce benefit, advantage, pleasure, good, or happiness, (all this in the present case comes to the same thing) or (what comes again to the same thing) to prevent the happening of mischief, pain, evil, or unhappiness to the party whose interest is considered: if that party be the community in general, then the happiness of the community: if a particular individual, then the happiness of that individual.771)

[번역]

유용하다는 것은 어떤 재산이든 이익, 이점, 즐거움, 좋음, 또는 행복을 가져오는 것(이것 모두 동일한 것에 관한 것이다.) 또는 (무엇이든 같은 것을 가져오는 것이다) 해당 사람의 재난, 고통, 악, 또는 불행을 막는 것을 의미한다: 만일 일반적으로 당사자가 사회인 경우에 그 사회의 행복: 만일 특정인인 경우에는 그 사람의 행복을 말한다.

라고 하고 있다. 그리하여 벤담은 '공리성의 원칙'(the principle of utility)을 사회전체의 행복을 최대화 하는 것이라고 하고 있다. 벤담은 행복의 측정은, 사실상 정부가 공무원을 통하여 측정을 하는 것이지만, 공리성의 원칙에 따라 안락함을 측정하는 것으로서, 행복을 증진시키는 것이 감소시키는 것보다 더 나은 것으로 인정하는 것이다.772)

벤담은 노동을 두가지로 구분하여 모방하기 위해서 원래의 노동과 동일

---

771) Jeremy Bentham, An Introduction to the Principles of Morals and Legislation, Ch 1, §3, p. 12.

772) Id.

A measure of government (which is but a particular kind of action, performed by a particular person or persons) may be said to be conformable to or dictated by the principle of utility, when in like manner the tendency which it has to augment the happiness of the community is greater than any which it has to diminish it.

한 노동이 필요한 경우와 그렇지 않은 경우를 구분했다. 전자의 경우에는 육체적 노동을 의미한다. 예컨대, 담장쌓기에 있어 타인의 벽돌 조적을 모방하여 벽돌을 이용하여 동일한 담을 쌓는 경우에 다른 벽돌공도 동일한 노동을 투입하여야 때문에 그 원래 담을 쌓은 노동자의 노동을 특허 등의 독점에 의해 추가적으로 보호할 필요가 없다. 그러나 정신적 노동과 같은 경우에는 원래의 노동의 결과를 창출하기 위해서는 많은 노동이 필요하지만 이를 모방하는데는 같은 노동을 투입할 필요가 없다. 벤담은 지식의 예를 들어 지식을 창출하기 위해서는 많은 노력이 필요하지만 이를 모방하는데는 노력이 필요없다고 하고 있다.773) 따라서 이러한 경우에는 특허 등에 의해 최초의 정신노동자를 보호할 필요가 있는 것이다. 나아가 이러한 그의 언급은 현재의 정보사회에 있어서 소프트웨어 산업, 바이오 산업, 국방 등 현대 '복잡계 경제학'(Complexy Economics)에서 말하는 수확체증의 사회는 또 다른 제도가 필요하다는 것을 암시하고 있다.

　제레미 벤담은

　　With respect to a great number of inventions in the arts, an exclusive

---

773) Werner Stark, Jeremy Bentham's Economic Writings, vol. 1.[1795] 1954, p. 260. Mere labour, exclusive of skill, cannot be copied without equal labour: of mere labour no one therefore can have the benefit but the particular individual at whose expense (sic), or on account of whom, it is exerted. Of skill, on the other hand, it is the property to be capable of being indefinitely imbibed and diffused and that without any exertion of mental labour comparable to that, at the expense of which it was acquired. Of skill, therefore, it is the property that, the benefit derivable from it, unless effectual measures can be taken and are taken for confining it, may and naturally will be reaped by all persons concerned in any of the businesses to which such skill is capable of being applied; and, thereby, to the thousand of the millions into whose possession it is come without any expense, as well as to the individual at whose sole expense it has been acquired.

privilege is absolutely necessary in order that what is sown may be reaped. In new inventions, protection against imitators is not less necessary than in established manufactures protection against thieves. He who has no hope that he shall reap will not take the trouble to sow. But that which one man has invented all the world can imitate. Without the assistance of the laws, the inventor would almost always be driven out of the market by his rival, who finding himself without any expense in possession of a discovery which has cost the inventor much time and expense would be able to deprive him of all his *deserved* advantages, by selling at a lower price. An exclusive privilege is of all rewards the best proportioned, the most natural, and the least burthensome. It produces an infinite effect, and it costs nothing. "Grant me fifteen years," says the inventor, "that I may reap the fruit of my labours; after this term, it shall be enjoyed by all the world." Does the sovereign say "No, you shall not have it," neither for fifteen years nor afterwards: everybody will be disappointed : inventor, workmen, consumers, everything will be stifle d, both benefit and enjoyment.

Exclusive patents in favour of inventions have been long established in England; an abuse, however, has crept into the system of granting them, which tends to destroy the advantage derivable from them. This privilege, which ought to be gratuitous, has afforded an opportunity for plundering inventors, which the duration of the custom has converted into a right. It is a real conspiracy against the increase of national wealth.774)

[번역]

　과학분야의 많은 발명과 관련하여, 자신이 투자한 것을 회수하기 위

---

774) Jeremy Bentham, The Rationale of Reward, John and H. L. Hunt, 1825, p. 318.

해 배타적인 특권은 절대적으로 필요하다. 도둑질로부터 기존 산업을 보호하는 것보다 새로운 발명을 모방으로부터 보호하는 것이 덜 필요하지 않다. 회수가능성이 없는 노력과 투자를 하려는 사람은 발명을 위한 투자 자체를 하지 않을 것이다. 그러나 어떤 사람이 발명한 것을 모든 세상 사람이 모방할 수 있다. 법의 도움없이는 그 발명가는 발명가가 많은 시간과 비용을 투자한 발명('a discovery')을 어떤 비용도 투자함이 없이 취득한 그의 경쟁자가 그 발명가의 발명을 하여 얻어야 하는 우월적 지위를 [모방 상품을] 낮은 가격으로 판매함으로써 그 발명가는 시장에서 축출될 것이다. 배타적인 특권은 가장 잘 안분된, 가장 자연스런, 최소의 부담인 보상의 모든 것이다. 그 특권은 무한한 효과를 가져오고, 비용은 없다. "나에게 15년의 기간을 달라", "그리하여 나의 노동의 과실을 취득할 수 있다. 그 기간 이후에는 모든 세상 사람이 그 발명을 이용할 수 있다."라고 발명가가 말한다. 국가(군주)가, 15년 동안 또는 그 이후에도 "안돼, 너는 그 특권을 가질 수 없어"라고 말할 수 있을까: 모든 사람은 실망할 것이다. 발명가, 노동자, 수요자, 이익과 누림, 모두 즐기지 못할 것이다.

발명을 위한 배타적인 특허는 영국에서 오랫동안 확립되었다: 남용은 소리 소문없이 그러한 제도에 들어오고, 특허제도로부터 얻는 이익을 파괴한다. 은혜적이 되어야 하는 특권은 발명가를 약탈하는 것에 대해 [발명가에게] 기회를 제공하고 있고, 관습상의 기간은 권리화되었다. 특허제도는 국부를 증가시키기 위한 진정한 음모이다.

라고 하였는데, 앞서 인용한 아담 스미스(Adam Smith)의 생각과 다르지 않다. 아담 스미스는 시장에서의 공정한 경쟁, 즉 발명가가 투입한 비용을 회수할 수 있는 균형된 기간을 독점적으로 제공하여 발명가와 경쟁자 사이에 공정한 경쟁을 위해 독점이라는 특권이 불가피하다고 하였다. 벤담은 발명가가 가져오는 모든 세상 사람의 이익은 그의 희생으로 인한 것으로 그러한 희생에 대한 보상을 하지 않으면 발명을 할 동기도 없지만 그와 같은 동기의 상실은 시장에서 공정한 경쟁을 하지 못한다는 점을 강조하고 있다.

존 스튜어트 밀(John Stuart Mill)은 제레미 벤담 보다는 아담 스미스의 생각에 더 근접하고 있는데, 발명가에 대하여 발명의 사회적 가치 내지 기여에 대하여 보상을 하여야 한다고 하였다. 그는 발명에 대한 보상인 일시적인 배타적 특권은 가장 효율적인 수단이라고 하였는데, 같은 경제학자로서 아담 스미스와 같이 그 보상은 시장에서 결정될 것이라고 하였다. 존 스튜어트 밀은 그의 저서에서

The condemnation of monopolies ought not to extend to patents, by which the originator of an improved process is permitted to enjoy, for a limited period, the exclusive privilege of using his own improvement. This is not making the commodity dear for his benefit, but merely postponing a part of the increased cheapness which the public owe to the inventor, in order to compensate and reward him for the service. That he ought to be both compensated and rewarded for it, will not be denied, and also that if all were at once allowed to avail themselves of his ingenuity, without having shared the labours or the expenses which he had to incur in bringing his idea into a practical shape, either such expenses and labours would be undergone by nobody, except by very opulent and very public-spirited persons, or the state must put a value on the service rendered by an inventor, and make him a pecuniary grant. This has been done in some in stances, and may be done without inconvenience in cases of very conspicuous public benefit; but in general an exclusive privilege, of temporary duration, is preferable; because it leaves nothing to any one's discretion; because the reward conferred by it depends upon the invention's being found useful, and the greater the usefulness the greater the reward; and because it is paid by the very persons to whom the service is rendered, the consumers of the commodity.[775]

[번역]

개량된 공정을 최초로 만든 사람에게 제한된 기간동안 그 스스로 발명한 것을 즐길 수 있도록 하는 특허제도는 비난해서는 안 된다. 특허제도는 발명자의 이익을 위한 소중한 선물이 아니다. 단지 발명자가 제공한 그의 노력에 대한 보상을 위해 사회가 발명자에게 부담하는 비용절감을 연기하는 것에 불과하다. 발명가가 그의 손실의 보상과 기여에 대한 보상 모두를 받아야 하는 것은 부정될 수 없고, 또한 그의 재능으로부터 이익을 볼 수 있도록 허락받은 공중이 발명가가 그의 아이디어를 실제로 이용을 할 수 있도록 하기 위하여 발생한 노력이나 비용을 [공중이 같이] 부담을 하지 않는다면, 매우 여유스럽고 매우 이타적인 사고를 가진 사람이 제외하고 그와 같은 비용이나 노력에 대한 보상은 어느 누구에 의해 행해지지 않을 것이기[즉, 무임승차가 발생할 것이기] 때문에 국가는 반드시 발명자가 가져온 가치나 서비스의 가치를 평가해야 하고 그에게 금전적인 보상을 해야 한다. 이러한 가치평가와 보상은 어떤 경우에 행해지고 공공에 대한 이익이 매우 명확한 경우에 불편함이 없이 행해지지만; [특허제도와 같이] 일반적인 제도로서 일시적인 특권을 부여하는 것이 선호된다. 왜냐하면 일반적으로 부여되는 시스템하에서는 보상에 관한 어느 누구의 자의적인 판단이 개입될 수 없기 때문이다. 특허에 의한 보상은 발명의 유용성에 의존하고, 유용성이 크면 그만큼 그 보상이 크고; 그 발명이 제공하는 서비스를 받는 사람, 즉 그 상품의 수요자에 의해서 그 보상이 지급될 것이다.

라고 하였다.

특허에 의한 보상은 발명의 유용성에 의존하고, 유용성이 크면 그 만큼

---

775) John Stuart Mill, Principles of Political Economy: With Some of Their Applications to Social Philosophy, Book V. Chapter X, §5. 1848. p. 563.

그 보상이 크고; 그 발명이 제공하는 서비스를 받는 사람, 즉 그 상품의 수요자에 의해서 그 보상이 지급될 것이다('the reward conferred by it depends upon the invention's being found useful, and the greater the usefulness the greater the reward; and because it is paid by the very persons to whom the service is rendered, the consumers of the commodity.')라는 마지막 문장에서 발명의 가치가 시장의 수요에 의해 결정될 것이므로 발명이 사람들에게 필요한 발명이라면 그만큼 그 발명을 가치가 높아 수요자가 많아 질 것이므로 결국 그 발명의 보상은 시장에서 발명의 가치에 의해 결정될 것이라고 한다. 다만 무체물인 경우에는 배타성이 없으므로 무임승차가 발생하므로 시상의 실패가 발생한다. 따라서 시장의 실패를 방지하여 발명자의 노력과 기여를 보상할 수 있는 일시적인 독점을 주는 제도가 필요한 것이다. 이는 아담 스미스와 벤담의 생각이 동일하다.

이러한 견해는 19세기 전반 특허권에 대한 i) 자연권론, ii) 공리주의의 보상설, iii) 실용주의의 장려/동기설 및 iv) 자연권론과 공리주의/실용주의의 영업비밀포기설을 바탕으로 한 논쟁중에서 두 번째에 해당하는 보상설을 구성한다.776)

또한 존 스튜어트 밀은 독점과 특허를 구별했는데, 독점에 대한 비난을 특허에까지 적용할 수 없다고 하였다.(The condemnation of monopolies ought not to extend to patents.) 이는 로크주의자인 로버트 노직의 좋은 특허(good patent), 나쁜 특허(bad patent)의 논리와 같은데, 독점은 아무런 창작이나 발명이 없이 부여하는 것이므로 타인의 자유를 박탈하고 침해하지만, 특허를 새로운 발명에 대하여 부여하는 것이므로 그에게 그 발명에 대하여 제한된

---

776) U.S. Congress. Senate. Committee on the Judiciary, An Economic Review of the Patent System: Study of the Subcommittee on Patents, Trademarks, and Copyrights of the Committee on the Judiciary, United States Senate, Eighty-ffffh Congress, Second Session, Pursuant to S. Res. 236, U.S. Government Printing Office, 1858, p. 21.

기간 독점을 부여하더라도 사회에는 아무런 해가 되는 것도 아니고, 제한된 독점기간이 지나면 그의 발명을 사회 전체가 공유하게 되므로 사회적으로 이익이 된다는 것이다. 이러한 점에서도 로크의 철학과 공리주의는 일치하는 면이 있는 셈이다. 나아가 파레토 최적과 개선 및 칼도-힉스 개선이라는 후생경제학에 따른 사회적 복지를 달성한다.

존 스튜어트 밀은 위에 발췌한 언급에 계속하여 다음과 같이 주장했다:

So decisive, indeed, are those considerations, that if the system of patents were abandoned for that of rewards by the state, the best shape which these could assume would be that of a small temporary tax, imposed for the inventor' benefit, on all persons making use of the invention. To this, however, or to any other system which would vest in the state the power of deciding whether an inventor should derive any pecuniary advantage from the public benefit which he confers, the objections are evidently stronger and more fundamental than the strongest which can possibly be urged against patents. It is generally admitted that the present Patent Laws need much improvement; but in this case, as well as in the closely analogous one of Copyright, it would be a gross immorality in the law to set everybody free to use a person's work without his consent and without giving him an equivalent.[777]

[번역]

만일 특허제도가 국가에 의해 보상이라는 제도를 포기한다면 가장 잘 이해할 수 있는 것은 모든 사람이 발명을 이용할 수 있도록 한 발명가의 은전에 대하여 일시적인 적은 부담의 세금을 부과하는 것을, 실로, 고려해 볼 수 있다. 그러나 이와 같이 하거나 발명가가 공중에게

---

777) John Stuart Mill, Principles of Political Economy: With Some of Their Applications to Social Philosophy, Book V. Chapter X, §5. 1848. p. 563.

가져다 준 이익으로부터 금전적 이익을 취하여야 하는지를 결정하는
국가권력이 정하는 어떤 제도에 대하여, 그와 같은 특허제도에 대한
반대는 특허제도에 가해지는 가장 강한 반대보다 더 강하고 근본적인
반대라는 것은 명백하다. 현재의 특허법상 [특허를 취득하기 위해서는]
많은 개선이 필요하다는 것은 일반적으로 인식되어 있다. 그러나 본
사례에서 또한 저작권과 매우 유사하게, 어떤 사람의 작업물을 동의없
이 그리고 그에게 동등한 대가를 지급함이 없이 모든 사람이 자유롭게
사용할 수 있다고 규정하는 법은 완전히 비도덕적이다.

위와 같은 언급은 위 언급이 기록된 그의 저서의 출판연도(1848년)를 고
려해야 한다. 1848년은 영국에서 특허제도의 개혁문제가 제기 된 시기였고,
1852년 특허법의 제정으로 연결된다. 나아가 국제사회는 특허논쟁(patent
controversy: 1850-1873)이 시작되기 직전이었다.

독점은 일방적인 것으로 나쁜 것이지만 특허는 쌍무적이고 상호가 이익
에 되는 계약이라는 사고로 로크 등의 사회계약설이 발전한 것으로 볼 수
있다. 앞서 로크는 사회를 구성하는 이유는 발명을 보호하기 위한 사적 비
용, 즉 외부효과를 제거하여 좀 더 효율적인 사회로 나가는 것이라고 하였
는데, 공리주의를 그와 같은 사회계약설을 발전시킨 것으로 볼 수 있다.

제임스 와트의 증기기관의 특허 침해가 문제된 Hornblower v. Boulton &
Watt 사건778)에서

> Every new invention is of importance to the wealth and convenience
> of the public, and when they are enforcing the fruits of a useful discovery
> it would be hard upon the inventor to deprive him of his reward.

---

778) Hornblower v. Boulton & Watt (1799), 1 HPC 391.

라고 판시하였는데, 위 판시는 "새로운 발명은 사회의 복지와 편의에 중요한 것으로, 공중이 유용한 발명의 결과를 가져간다면 이는 발명자에게 그의 보상을 박탈하는 어려움을 준다"고 판시한 것으로 발명자의 희생과 노력에 대한 보상의 필요성을 강조했다. 이러한 입장은 벤담의 공리주의 철학을 반영한 것으로 볼 수 있다.

벤담은 독점은 독점자에게 독점을 주고 사회에는 부담을 주기 때문에 독점을 혐오할 수 밖에 없었는데, 특허에 대하여 혐오하지 않았다. 그 이유는 아래의 언급에 있다:

There is one species of privilege certainly very advantageous : the patents which are

granted in England for a limited time, for inventions in arts and manufactures. Of all the methods of exciting and rewarding industry, this is the least burthensome, and the most exactly proportioned to the merit of the invention. This privilege has nothing in common with monopolies, which are so justly decried.

"*And if privileges are established they ought to be instantly abolished, whatever may be their origin*"

Here is the most unjust, the most tyrannical, the most odious principle. *Instantly abolished*! This is the order of the despot, who will listen to nothing, who will make everything bend to his will, who sacrifices everything to his caprice.[779]

[번역]

한 종류의 특권은 매우 유용하다: 영국에서 부여하는 특허는 기술과

---

779) Jeremy Bentham, "Observation on Parts of the Declaration of Rights, as Proposed by Citizen Sieyes." First published in French republished from the English MS. in The Works of Jeremy Bentham, ed. John Bowring, 1843, II, p. 533.

생산에 있어서의 발명에 제한된 기간동안 부여한다. 물론 산업을 부흥시키고 발전시키는 모든 방법에 있어서 이것은 최소한 부담이 되고 가장 발명의 가치에 대하여 정확히 균형을 준다. 이러한 특권은 앞서 설명했던 독점과는 동일하지 않다.

"특권이 만들어진다면, 그 특권이 어디에서 왔든 곧 폐지되어야 한다."

여기에 가장 부정의하고, 가장 포악하고, 가장 미운 원칙이 있다. 즉시 폐지되어야 한다. 이것[독점]은 아무것도 듣지 않는, 임의적으로 모든 것을 휘두르고, 변덕에 모든 것을 희생시키는 폭군의 명령이다.

벤담은 독점과 특권에 대하여 매우 혐오했다. 독점은 그 의미대로 특정인을 위한 것이었다. 최대다수의 최대행복이라는 은유(metaphor)는 사회전체를 의미했다. 사회전체가 아닌 특정인을 위한 제도는 공리주의와는 상극이었다. 따라서 공리주의는 독점(monopoly)을 배격했다. 이는 자유주의적 시장경제를 주장한 아담 스미스와의 견해와도 일치하는 것이었다.

그러나 특허는 시장에 부담을 주지 않는다고 생각했다. 왜냐하면, 특허권자가 없었으면 독점의 대상인 그 발명은 존재하지 않았을 것이므로('good patent'), 그가 그 발명을 독점한다고 하더라도 타인에게 부담을 주는 것은 아니기 때문이다. 그리하여 공리주의에서 발명에 대한 특허를 나쁜 독점에 대한 예외로 인정한 것으로 볼 수 있다. 그와 같은 공리주의에서는 로크의 노동가치설과 같이 특허요건으로 신규성은 명제(proposition)가 된다. 로크의 재산권 철학과 같이 '충분하고 동등하게 남겨둘 것'(enough and as good left)은 공리주의에서도 타당하다.

공리주의는 최대 다수의 최대행복을 추구한다. 공리주의는 사회 전체의 이익의 총합을 최대 목표로 한다는 점에서 단체주의적 성격을 지닌다. 개인적 자유주의인 로크의 철학과는 구별된다. 또한 단체주의적인 공리주

는 개인의 이기심에 따라 행동하는 아담 스미스의 자유주의적 경제철학과
도 일치하지는 않았다.

한편 로크의 재산권은 '인간의 평온과 안녕'을 위하여 신이 부여하였다
는 점에서 공리주의적 전통의 한 뿌리를 내렸다고 할 수 있다.780) 나아가
로크는 자본주의적 전통의 뿌리를 내렸다고도 할 수 있다. 물론 로크의 직
접적이거나 간접적인 목적은 봉건왕조의 전제와 압제로부터 인간의 해방
이었지만, 그러한 과정에서 공리주의나 자본주의적 정신의 뿌리가 되었다
고 할 수 있다.781)

많은 학자들은 로크와 공리주의 철학을 연계시키는데 부정적이다. 그러
나 로크의 철학은 결과적으로 공리주의적 가치에 부합하는 면이 있다. 이
는 재산권은 자원을 효율적으로 사용하게 하는 결과 때문이다. 물론 로크
는 공리주의적 가치, 즉 최대다수의 최대행복이라는 단체주의적 가치를 지
향하지 않았다. 로크는 공리주의의 단체주의적 성격과 대비되는 개인주의
적 자유주의 전통을 확립했다.

로크적 공리주의적 전통은 제레미 벤담의 공리주의와는 다른 점이 존재
한다고 주장되는데, 그것은 로크에서 기원하는 공리주의는 윤리적이고 도
덕적 공리주의(theological utilitarianism)라는 점이다. 도덕적 공리주의
(theological utilitarianism)는 인간의 행복은 신에 의해 승인 받았기 때문에
인간이 누릴 수 있다고 한다.782) 인간에게 유용하고 편리한 것은 고결한

---

780) Philip Schofield, Utilitarianism, God, and Moral Obligation from Locke to Sidgwick
in the Cambridge History of Modern European Thought: Volume 1, The Nineteenth
Century by Warren Breckman & Peter E. Gordon, 2019, pp. 111-112.

781) 나종갑, 로크, 스펜서, 노직, 파레도, 및 칼도-힉스 : 특허권에 대한 자연권적 정당성
과 실용주의적 정당성의 합체, 산업재산권, vol. 66, 2021, pp. 1-39; Leslie Stephen,
History of English Thought in the Eighteenth Century, vol. II, Peter Smith Pub Inc;
3rd ed. 1949, pp. 92-93; Ernest Albee, A History of English Utilitarianism,
Routledge, 2003, p. 78 n., pp. 110-112.

782) Richard Cumberland (1631-1718) and John Gay (1699-1745); A. P. Borgan, John

것으로서 이는 신의 뜻에 부합한다. 따라서 공리주의적으로 도덕적인 행위에는 종교적인 의무가 존재한다. 만일 인간이 도덕적이라면 사회전체의 행복을 증진시키는 것으로 이는 신의 의지와도 부합한다. 그리고 그러한 행위는 그 인간의 사후에서도 보상을 받지만, 인간이 악하다면 지옥에서도 처벌을 받는다. 신적-도덕적 공리주의(theological utilitarianism)는 로크의 철학과 같이 신의 명령과 승인이 있기 때문에 인간이 행복할 수 있다고 한다.783) 신적-도덕적 공리주의는 Richard Cumberland(1631-1718)과 John Gay (1699-1745) 및 William Paley(1743-1805) 등에 의해 주장되었다.784)

그에 반하여 벤담으로 대표되는 공리주의는 신적-도덕적 공리주의와는 다르다. 공리주의의 윤리성은 존 스튜어트 밀에서 발견된다.785) 법과 제도는 자본주의 정신으로 이어지는, 최대다수의 최대행복을 이루기 위한 수단으로 존재한다. 따라서 벤담에게 있어 법적 제도는 법적 허구(legal fiction)에 불과하다.786) 벤담은 경험과 사실에 기초하였으므로 자연법, 자연상태, 사회계약설 등은 모두 특정 사회적 규범을 정당화하려는 법적 허구들로서 불필요한 존재이었으므로 법적허구를 혐오했다.787) 이러한 점에서 법적 허

Locke and Utilitarianism, Ethics, Jan., 1959, Vol. 69, No. 2, 1959, pp. 79-93.

783) James E.Crimmins, 'John Brown and the Theological Tradition of Utilitarian Ethics', History of Political Thought, vol 4. 1983, p. 537.

784) theological utilitarianism이라는 용어는 William Edward Hartpole Lecky, History of European Morals from Augustus to Charlemagne, 2 vols. (London: Longmans, Green, and Co., 1869), vol. I, pp. 14, 54에서 처음 사용된 것으로 알려졌다.

785) Philip Schofield, Utilitarianism, God, and Moral Obligation from Locke to Sidgwick in the Cambridge History of Modern European Thought: Volume 1, The Nineteenth Century by Warren Breckman & Peter E. Gordon, 2019, pp. 111-112.

786) 11 Cardozo Stud. L. & Literature 223 (1999).

787) "[I]n English law, fiction is a syphilis, which runs in every vein, and carries into every part of the system the principle of rottenness" Jeremy Bentham, The Elements of the Art of Packing, As Applied to Specialjuries, Particularly in Cases of Libel Law, in 5 The Works of Jeremy Bentham, p. 92 (J. Bowring ed., 1843)

구가 정의구현을 하는데 장애를 제거하는 데 필요한 도구라고 보았던 윌리엄 블랙스톤과는 대척관계에 있다.[788] 벤담은 법적허구는 사법부에 의한 법적 해석에 의하여 입법권을 박탈할 수 있고, 사법적 해악이 입법권을 대체하기 때문에 법적 허구에는 반대한다.[789] 예컨대, 진보성 판단에 있어 '당업자'(person skilled in the art)는 법적 허구에 해당한다. 합리적인 사람(reasonable man) 기준은 불법행위나 형법에서 주의의무의 기준을 정하기 위해 도입한 개념이다. '당업자'(person skilled in the art) 개념도 같은 의의를 가지고 있는데, 규범적 기준으로서 가상적인 해당 기술분야에서의 평균적 지식을 가진 기술자로서 발명의 진보성을 판단할 수 있는 지식을 가진 전문가이다. 그는 선행기술로부터 발명이 자명한지 아니면 자명하지 않은지를 판단할 수 있는 판단의 기준을 제공할 수 있는 능력을 가진 가상의 평균적 지식을 가진 인물이다.[790]

저작권에서도 같은 개념이 사용되는데 저작물(work of authorship)이다. 저작물은 우리나라 저작권법에서는 창작을 의미하고, 미국 저작권법에서는 창작물로서 반드시 매체에 기록이 되어야 한다. 우리나라 저작권법은 저작물을 예시하고 있다. 이러한 저작물에 대하여 창작자가 되어야 한다. 그러나 이러한 법원칙은 다음의 조항에서 변경되었다.

---

788) Mike Adcock and Deryck Beyleveld, Purposive Interpretation and the Regulation of Technology: Legal constructions, Legal Fictions, and Thre Rule of Law, Medical Law International, Vol. 8, 2007, p. 305.

789) Jeremy Bentham, A comment on the commentaries and A Fragment on Government (1776), reprinted in Collected Works of Jeremy Bentham pp. 502, 503 (J. H. Burns, H.L.A. Hart & Phillip Schofield eds., 2008).

790) Michael Abramowicz & John F. Duffy, The Inducement Standard of Patentability, 120 YALE L.J. 1590, 1604 (2011).

제4조(저작물의 예시 등) ①이 법에서 말하는 저작물을 예시하면 다음과 같다.

   1. 소설·시·논문·강연·연설·각본 그 밖의 어문저작물
   2. 음악저작물
   3. 연극 및 무용·무언극 그 밖의 연극저작물
   4. 회화·서예·조각·판화·공예·응용미술저작물 그 밖의 미술저작물
   5. 건축물·건축을 위한 모형 및 설계도서 그 밖의 건축저작물
   6. 사진저작물(이와 유사한 방법으로 제작된 것을 포함한다)
   7. 영상저작물
   8. 지도·도표·설계도·약도·모형 그 밖의 도형저작물
   9. 컴퓨터프로그램저작물

제9조(업무상저작물의 저작자) 법인등의 명의로 공표되는 업무상저작물의 저작자는 계약 또는 근무규칙 등에 다른 정함이 없는 때에는 그 법인등이 된다. 다만, 컴퓨터프로그램저작물(이하 "프로그램"이라 한다)의 경우 공표될 것을 요하지 아니한다.

   업무상저작물에 대하여는 법인이 저작자로 의제한 것이다. 우리법상의 저작자를 정하는 원칙에 의하면, ""저작자"는 저작물을 창작한 자를 말한다."라고 규정하고 있다.[791] 그러나 법인 명의로 공표되는 경우에는 법인을 저작자로 한다.

   법인을 저작자로 하는 법 원칙은 1860년대 이후 미국에서 시작되었는데, 미국 법원은 법인저작물에 대하여 누구를 저작자로 할지에 대하여 고용주를 저작자로 하는 원칙으로 인정하기 시작했다.[792] 19세기 중반까지 미국

---

791) 저작권법 제2조 제2호.
792) Catherine Fisk, Authors at Work: The Origins of the Work-For-Hire Doctrine, 15 YALE J. L. & HUMAN. 1, 33-43 (2003)

법원의 기준은 저작자는 창작자이었다. 그러나 1860년대에 연극과 관련하여 소793)가 제기되었는데, 고용주와 피고용인 사이에 저작물의 귀속에 관한 것이었다. 금지명령 사건을 재판한 매사추세츠 법원은 그 사건이 저작을 위한 고용이 아니라고 인정하면서 저작자를 저작을 한 자('Boucicault')로 인정했다.794) 그러나 손해배상소송을 재판한 뉴욕주 법원 계약의 내용상 저작자는 고용주('Stuart')로 하기로 하고, 피고용인은 그 이익을 나누기로 한 계약이라고 인정했다.795)

그 이후 고용계약이든 그 외의 계약이든 저작물을 양도하기로 하는 계약의 유효성이 인정되기 시작했다. 위 사건에서 뉴욕주 법원은 아래와 같이 저작권 양도계약의 유효성을 인정했다:

The title to literary property is in the author whose intellect has given birth to the thoughts and wrought them into the composition, unless he has transferred that title, by contract, to another. In the present case, no such contract is proved. The most that could possibly be said, in regard to the right of Stuart, or his trustee, in the play, is, that the arrangement entitled them to have it performed at the Winter Garden as long as it would run.796)

[번역]

문학적 재산에 대한 소유권은 생각을 표현하고 저작을 구성화 하도록 지적노력을 한 저자에게 있다. 다만 그는 계약에 의해 타인에게 이전하기로 하지 않았어야 한다. 현 사건에서, 그와 같은 계약이 증명되

---

793) Roberts v. Myers, 20 F. Cas. 898 (C.C.D. Mass. 1860); Boucicault v. Fox, 3 F. Cas. 977 (C.C.S.D.N.Y. 1862).

794) Roberts v. Myers, 20 F. Cas. 898, 899 (C.C.D. Mass. 1860).

795) Boucicault v. Fox, 3 F. Cas. 977 (C.C.S.D.N.Y. 1862).

796) Boucicault v. Fox, 3 F. Cas. 977, 980 (C.C.S.D.N.Y. 1862).

지 않았다. 고용주 또는 그의 수탁인의 권리(the right of Stuart, or his trustee)와 관련하여 가장 가능하게 말할 수 있는 것은 윈터 가든(the Winter Garden)이 운영되는 한, 거기에서 수행한 것에 권리를 가지도록 정리한 것이다.

칸트나 헤겔 철학에서는 법인은 창작자가 될 수 없다. 따라서 저작권법 원칙이 아닌 형평의 원칙을 적용한 것이다. 이러한 인물은 추상적이고 가정적이기 때문에 실제로 존재하지 않는다. 다만 법원에게 판단의 편의성을 준다[797]는 이유로 도입한 상상속의 인물일 뿐이다. 벤담은 이러한 가정적 방법론은 법적인 허구라고 비난했다.

저작권의 보호를 받기 위해서는 우선 저작자가 되어야 한다. 저작자는 저작에 대한 의도와 목적아래 창작을 해야 한다. 이러한 저작의 의도와 목적은 타인 저작물의 단순한 복제와 구별된다. 그러한 복제물은 원래의 저작자의 저작물이 아니다.

나. 영국에서 자연법사상의 소멸과 도구주의적 공리주의 탄생배경

17세기 청교도 혁명을 이끈 크롬웰과 그의 사위인 헨리 아이어턴(Henry Ireton)은 소유권을 자연법에 그 근거를 찾는다면, 계약에 의해 성립된 시민사회를 부정하고, 무정부의 자연상태로 돌아가는 것이라고 주장했다. 그들은 의회가 모든 것을 정하여야 한다고 주장했다. 이러한 점에서 보면 크롬웰과 아이어턴의 위와 같은 주장은 19세기 독일의 법실증주의 및 형식주의의 원조가 된다. 이러한 그의 주장은 벤담의 자연법에 대한 사고에 대하여 영향을 미쳤고, 벤담도 아이어턴의 법실증주의와 같이, 의회 제정법 이외에

---

797) Peter M. Gerhart, Tort and Social Morality, Cambridge Univ. Press, 2010, p. 25.

자연법과 자연권을 부정하고 의회가 제정한 법의 지배를 주장한다. 아이어 턴과 벤담으로 이어지는 실정법 최고의 사상은 독일의 형식주의와 법실증 주의의 기원이 된다고 할 수 있다.[798]

1789년 프랑스 혁명은 인간의 자연권을 바탕으로 이뤄졌기 때문에 로크 의 자연법 사상은 프랑스에 영향을 미쳐 특허권도 자연권으로 인식되었다. 국가는 발명가의 권리를 보호해야 할 도덕적 의무, 즉 의무론적인 입장에 서 프랑스 특허법을 제정하여 자연권에 기초한 특허법은 그 절정에 달한 다. 1820년대 특허제도에 대한 논쟁에 대하여 노동가치설을 이끈 스코틀랜 드의 경제학자 John Ramsay M'Culloch(1789-1864)는

If anything can be called a man's exclusive property, it is surely that which owes its birth entirely to combinations formed in his own mind, and which, but for his ingenuity, would not have existed.[799]

[번역]

사람의 배타적인 재산권으로 인정될 만한 것이 있다면, 그것은 사람 스스로의 생각에서 구체화 된 구성에 전적으로 의존하는 것과 그의 재 능이 없었다면 존재하지 않았을 것임이 확실하다.

라고 하여, 자연법적 입장에서 정신노동의 결과에 대한 배타적 권리를 인 정하고 있다. 물론 그는 아담스미스 등 개인주의적 자유주의와 로버트 노

---

798) H. L. A. Hart, Positivism and The Separation of Law and Morals, 71 Harvard Law Review 593, 594-625 (1958) (제레미 벤담과 존 오스틴(John Austin)을 법실증주의의 기원으로 보고 있다.).

799) William Cornish et al., The Oxford History of the Laws of England: Volume XIII: 1820-1914 Fields of Development, III Industrial Property: Patents for Inventions.; John Ramsay M'Culloch, Commercial Dictionary, 1832, pp. 817-18; The Literature of Political Economy, 1845, p. 313; D. P. O' Brien, J. R. McCulloch: a Study of Classical Economics, 1970, p. 15.

직이 이용한 논리, 'sine qua non' 발명을 언급하고 있다. 발명가의 재능이 없었더라면 그 발명이 없었을 것이므로 사회가 그에게 배타적 권리를 인정 하더라도 사회는 손해가 없거나 그는 도덕적으로 재산권을 취득할 만하다 는 도덕적 의무론에 해당한다.

영국에서는 1820년대가 되면 일부 예외적 사례를 제외하고 자연법을 바 탕으로 한 특허권 법리의 소멸이 본격화 된다.[800] 이는 프랑스 혁명의 근 간이 되었던 자연권이 1815년 이후 혁명이 안정기에 들어서자 자연권을 기 초로 한 자코뱅(Jacobin)당이 주도한 프랑스 혁명이 동력을 잃은 것과도 연 결되어 있다. 프랑스 혁명 이후 영국에서는 자연권을 근거로 혁명이 일어 날 것을 두려워 했다. 문헌상으로도 자연권을 부인한 주장을 목격할 수 있 는데, 이러한 경향에 반대한 입장도 보인다. 1830년에 간행된 문헌에서 찰 스 바베지(Charles Babbage, 1791-1871)는 영국의 특허제도에 대하여

> All nations however low in the scale of civilization have agreed in protecting the arts of industry, and the liberality of our ancestors devised a scheme for the same purpose. This scheme constitutes the patent laws of Great Britain, - a system of vicious and fraudulent legislation, which, while it creates a factitious privilege of little value, deprives its possessor of his natural rights to the fruit of his genius, and which places the most exalted officers of the state in the position of a legalized banditti, who stab the inventor through the folds of an act of parliament and rifle him in the presence of the Lord Chief Justice of England.[801]

---

800) MacLeod, Inventing the Industrial Revolution, p. 198. Justice Aston in Millar v. Taylor (1769), James Burrow, King's Bench Reports, E. Brooke, 1776, 4:2348; Nicholas A. D'Andrea, Rethinking Patents Within the Natural Law, 97 Notre Dame L. Rev. 2169 (2022).

801) Charles Babbage, Reflexions on the Decline of Science in England, and on Some

[번역]

그러나 근대화가 늦은 모든 국가는 산업기술을 보호하는 것에 동의하고, 조상의 관대함은 같은 목적을 위해 어떤 계획을 만들었다. 이러한 계획은 영국의 특허법이다.- 사악하고 기망적인 입법은 적은 가치만이 있는 인위적인 특권을 만들었지만 그의 재능의 결과에 대한 자연권을 소유자들로부터 박탈했고, 국가의 고귀한 공무원들은 발명가들을 의회법으로 찌르고 영국의 상원 대법원장 앞에서 총을 쏴대는 합법적인 노상강도로 만들었다.

라고 영국의 특허법을 맹비난하고 있다. 위 언급은, 인간의 노력에 의한 결과를 소유케하는 자연권을 박탈하고 매우 가치가 적은 인위적인 특권을 만들어 발명가의 권리를 약탈하였고, 의회 입법과 법원 판결을 하는 의회 의원과 법원 판사와 같은 높은 지위의 고귀한 체하는 공무원은 정당한 발명가의 권리 박탈하고, 발명가를 법원에서 자신의 권리만을 챙기는 나쁜 인간으로 만들었다고 영국 특허법과 특허관련 공무원을 비난하고 있다.

그러나 19세기 무렵 전후에는 영국에서 인간의 노력에 대한 결과에 대한 특허권은 더 이상 자연권이 아닌 의회법에 의한 은전, 은혜에 의하여 부여한 특권으로 인식하는 경향이 강했다. 실무적으로 1820년 이후 영국에서 자연법에 기초한 특허법리는 공리주의 기초한 법리도 대체되었다.[802] 로크의 자유주의적 개인주의에 의한 진보적 혁명정신은 빅토리아 시대에 들어와 보수적 공리주의 논리에 의하여 대체된 것이다. 공리주의적 단체주의는 파시즘이나 나찌즘 또는 스탈린의 공산주의로 연결된다.

특허를 쌍무적인 계약으로 보아 특허 독점에 대한 대가(발명의 공개와 지식의 공중에게로의 이전)의 이행을 위해 명세서 작성을 요구하고, 1734년

---

of Its Causes, Law Quarterly Review v. 43. 1830, p. 333.

802) Harold Dutton, The Patent System and Inventive Activity during the Industrial Revolution, Manchester Univ. Press, 1984, p. 17.

명세서 작성을 의무화했지만, 명세서 기재를 국가의 일방적 행위로서 특허 부여에 대한 조건으로도 인식하는 것으로 보인다. 이는 리차드 아크라이트 (Richard Arkwright, 1732-1792)의 방적기에 대한 특허절차가 현대의 특허 취소절차와 같이 국가의 일방적 소환행위(*scire facias*)에 의하여 아크라이트가 자신의 특허가 유효함을 입증하여야 하는 절차로 진행되었다는 점으로 입증이 된다. 물론 그 당시 특허의 무효는 대부분 특허침해소송절차에서 진행되었다.[803]

제레미 벤담은 특허는 국가의 은전(prerogative)에 의하여 부여하는 것이라고 주장했다. 제레미 벤담은 자연권의 구체적 규범성을 부인했고, 모든 권리는 국가법 하에서 존재하는 것이라고 주장하였다.

> Rights are, then, the fruits of the law, and of the law alone. There are no rights without law－no rights contrary to the law－no rights anterior to the law. Before the existence of laws there may be reasons for wishing that there were laws－and doubtless such reasons cannot be wanting, and those of the strongest kind;－but a reason for wishing that we possessed a right, does not constitute a right. To confound the existence of a reason for wishing that we possessed a right, with the existence of the right itself, is to confound the existence of a want with the means of relieving it. It is the same as if one should say, everybody is subject to hunger, therefore everybody has something to eat.
>
> There are no other than legal rights;-no natural rights - no rights of man, anterior or superior to those created by the laws. The assertion of such rights, absurd in logic, is pernicious in morals. A right without a law is an effect without a cause. We may feign a law, in order to speak

---

803) J. Hewish, Rex vs Arkwright, 1785: A Judgment for Patents as Information, World Patent Information, Vol. 8, No. 1, 1986, p. 33.

of this fiction-in order to feign a right as having been created; but
fiction is not truth.804)

[번역]

    따라서 권리는 법과 법에 의한 과실이다. 법이 없으면 권리도 없고-
법에 반하는 권리도 없고-법보다 우선하는 권리도 없다. 법이 존재하
기 전에, 법이 존재하길 원하는 이성이 있고-가장 강하게 말한다고 하
더라도 그러한 이성은 원함이 될 수 없음은 의심의 여지가 없고;- 그러
나 우리가 권리를 소유하는 것을 원하는 이유는 권리가 될 수 없다. 우
리가 권리를 가진다고 원하는 이유가 있음을, 권리 그 자체의 존재와
함께, 잘못되었다고 입증하는 것은 권리를 보조하는 수단과 함께 원함
이 존재한다 것이 잘못되었음을 입증하는 것이다. 모든 사람이 배고프
므로 모든 사람은 먹을 것을 가지고 있다고 말해야 하는 것과 같다.
    법적 권리외에는 없다.- 자연권은 없다- 법에 의하여 창조된 권리보
다 선행하는 또는 우선하는 인간의 권리는 없다. 그와 같은 권리[자연
권]을 주장하는 것은 터무니 없는 논리로서, 도덕적으로 타락한 것이
다. 법에 없는 권리는 이유없이 효력이 있는 것이다. 우리는 이러한 거
짓말을 주장하기 위해-권리가 부여된 것처럼 하기 위해 법이 존재하는
체하지만, 거짓말은 진실이 아니다.

    제레미 벤담의 위와 같은 주장을 간단히 요약하면, 권리가 필요하다고
하여 권리가 있다고 할 수는 없다는 것이다. 자연법상 인간이기 때문에 집
행가능한 구체적 권리가 있다고 하는 것(right based theory. 권리기반이론)
은 잘못되었다는 것이다. 인간이기 때문에 당연히 권리가 있는 것이 아니
라 실정법이 권리를 부여하기 전까지 권리가 없다는 것이다. 나아가 벤담
은 자연권, 즉 1789년 프랑스 혁명시의 인권선언(the French Declaration of

---

804) Pannomial Fragments in John Bowring, The Works of Jeremy Bentham, Simpkinm,
    Marshall, & Co., 1843, vol. 3. p. 221.

Rights)을 '무정부 상태의 난장판'(Anarchical Fallacies)이라고 하였다. 벤담은 프랑스 정부를 포함하여 어떤 정부도 자연권을 정의할 수 없기 때문에 자연권을 논하는 것이 터무니 없는 허튼 소리('nonsense on stilts')라고 주장했다. 자연권을 부인하는 벤담의 공리주의에 동조하는 영국의 정치가 학자들이 자연권을 부인한 것은 앞서 언급한 바와 같이, 자연권을 무기로 프랑스에서 혁명이 일어난 것처럼, 그와 같은 로크의 자연권을 기초로 한 프랑스의 혁명정신이 영국으로 역수입되어 영국에서도 혁명이 일어날 것을 두려워 했기 때문이다.

벤담은 실정법상 권리와 자연권에 대하여,

> Right, the substantive right, is the child of law: from real laws come real rights; but from imaginary laws, from laws of nature, fancied and invented by poets, rhetoricians, and dealers in moral and intellectual poisons, come imaginary rights, a bastard brood of monsters, "gorgons and chimæras dire."805)

[번역]

> 실체적 권리는 법의 자식이다: 실질의 법은 실질의 권리를 가져온다; 그러나 상상의 법은, 시인, 수사학자, 및 도덕과 지식이란 독을 다루는 사람들이 창작하고 상상한 자연법에서 오는 상상의 권리로서, "끔찍한 고곤(gorgons)과 키매라(chimæras)" 같은 이상한 괴물 종족이다.

라고 하여, 자연권의 실체적 규범성을 인정하지 않았다. 그에게 국가 이전

---

805) Anarchical Fallacies in John Bowring, The Works of Jeremy Bentham, Simpkinm, Marshall, & Co., 1843, vol. 2. p. 523.("Hydras, and gorgons, and chimæras dire."는 밀턴의 실낙원(Book II, line 628)에서 언급된 문장으로, 히드라(hydras)는 처치곤란한 것, 고곤(gorgon)은 머리털에는 뱀들이 얽혀있고 큰 황금날개를 지니며 눈은 보는 사람을 돌로 변하게 하는 힘을 가진 세 괴물자매 스테노, 에우리알레, 메두사를 말하고, 키메라(chimæras)는 그리스 신화에 등장하는 머리는 사자, 몸통은 염소, 꼬리는 뱀으로 이루어진 괴물을 말한다.).

에 실체적 권리는 존재하지 않았다. 제레미 벤담(Jeremy Bentham)은 자연권에 의한 발명을 논하는 것은 터무니 없는 헛소리("Natural Rights is simple nonsense: natural and imprescriptible rights, rhetorical nonsense,-nonsense on stilts")라고 했다.806)

19세기에 활약한 영국의 특허 변호사인 윌리엄 매튜슨 힌드마치(William Mathewson Hindmarch, 1803-1866)는 발명이 있어서 자연권의 부재는 영국의 기본적 특허법 원리라고 한 것807)이나 그의 다른 저술에서

> Accordingly inventors are never entitled as of right to letters patent, granting them the sole use of their inventions, but they must obtain them from the Crown by petition, and as a matter of grace and favour, and letters patent always express that the grant is so made.
>
> ….
>
> It is quite certain that in England the Crown derives its power to grant such letters patent from the Common Law itself, but restrained by the Statute of Monopolies, which was little more than a declaration of

---

806) Anarchical Fallacies in John Bowring, The Works of Jeremy Bentham, Simpkinm, Marshall, & Co., 1843, vol. 2. p. 501.

807) William Mathewson Hindmarch, The Law and Practice of Letters Patent for Invention, Stevens, 1846, p. 234; William Mathewson Hindmarch, A Treatise on the Law Relative to Patent Privileges for the Sole Use of Inventions: and The Practice of Obtaining letters Patents for Inventions, With an Appendix of Forms and Entries, I. G. M'Kinley and J. M. G. Lescure, Printes, 1847, p. 139 ("No inventor can, in fact, have any natural right to prevent any other person from making and using the same or similar invention, and therefore the law does not recognise any right or property whatsoever in an invention which is not made subject to a grant by patent. It is true that an inventor may keep his discovery secret from all the world, and if he can he may use it in secret for his own advantage and profit." 라고 언급한 것에 비추어 보면, 영업비밀, 즉 발명에 대한 권리는 자연권으로 이해한 것으로 보인다.)

the Common Law on the subject.[808]

[번역]

따라서 발명가는 발명가의 발명에 대하여 유일한 사용을 발명가에게 부여하는 특허장에 대한 권리를 취득하지 못하지만 발명가는 청원에 의해 왕으로부터, 왕의 은혜와 호의로서, 특허장을 취득하여야 하고, 특허장은 항상 [특허가] 부여되었다는 것을 표현한다.

….

영국에서 커먼로에 근거하여 왕이 특허장을 부여할 권한을 가지고 있다는 것은 확실하지만, 단지 국민에게 커먼로의 존재를 선언하는 것에 불과한 [1624년] 독점법이 왕의 권한을 제한하는 것이다.

라고 하여, 특허는 국왕의 은전에 의하여 창시되는 권리라고 주장했다. 로버트 필머의 왕권신수설이 재림한 것과 같은 주장을 했다.

나아가 그는

The whole community is benefited by the promotion of the useful arts, and therefore it is for the public good to hold out the promise of rewards to inventors of new and useful arts and manufactures who may first put the public in possession of them.

In some cases, where meritorious inventors could not be otherwise adequately rewarded, sums of money have been granted to them out of the public purse; but such a mode of recompense, it is clear, could not be generally adopted.

The mode of rewarding inventors, which has been adopted in this

---

808) William Mathewson Hindmarch, A Treatise on the Law relative to Patent Privileges for the Sole Use of Inventions: and the Practice of Obtaining Letters Patents for Inventions, with an Appendix of Forms and Entries, G. M'kinley and J. M. G. Lescure, Printers, 1847, p. 3.

country, seems to be the best that could be devised : ―it is by granting the inventor a monopoly in his invention for a limited time. It is true that, by such a grant, every other person is restrained, during the continuance of the monopoly, from using the patented invention, even if he makes a similar discovery himself. But, at the time the grant is made, it is by no means certain that the invention will be given to the public, or even made by any other person, and, by the temporary suspension of their right, the people acquire the certainty of being able to use the invention at the expiration of the monopoly. The reward which the inventor thus obtains will, in general, be in proportion to the benefit which he confers upon the public.809)

[번역]

유용한 기술의 증진에 의해 사회전체가 이익을 받으므로 공중에게 최초로 점유하게 하는 새로운 유용한 기술과 제품의 발명가에 대한 보상의 약속을 보이는 것은 공중의 선행이다.

어떤 경우에, 칭찬할 만한 발명가가 충분하게 보상을 받지 못한 경우에 공중의 세금에서 일정한 돈은 그에게 주어야 하지만, 그와 같은 방법의 보상은 일반적으로 수용할 만한 것은 아니라는 것이 명백하다.

발명가를 보상하는 방법은 우리나라에서 채택한 방법으로는 가장 잘 고안된 것이다: 발명가에게 자신의 발명에 대한 제한된 기간 독점을 부여하는 방법이다. 그와 같은 부여방법에 의해 발명가를 제외한 다른 모든 사람은 독점이 지속되는 동안 특허발명을 이용하는 것이 제한되고, 그것은 [발명가가 아닌] 그들이 유사한 발명을 하였더라도 마찬가지로 [그 발명을 실시하는 것이] 제한된다. 그러나 특허 독점이 발명가에게 부여되었을 때, 그 발명이 공중에게 귀속되는 것인지 또는 다른 사람에 의해 그 특허독점이 주어졌다고 하더라도 [그 발명이 공

---

809) Id., 1-2.

> 중에게 귀속되는 것은] 확실하지 않지만, 공중의 권리가 일시적으로
> 유예가 되고, 독점의 종료에 따라 공중이 그 발명을 이용할 수 있는 것
> 은 확실하다. 발명가가 취득하는 보상은 일반적으로 그 발명이 공중에
> 게 부여하는 이익에 비례하여 균형되어야 한다.

라고 하여 1624년 독점법조차 산업발전을 위한 도구(instrumental institution)
일 뿐으로 자연법이나 커먼로를 수용하지 않았다고 주장하여, 자연권을 인
정하지 않은 벤담과 19세기의 영국 분위기에 동조했다.

다. 벤담과 특허: 도구적 제도(instrumental institution)

벤담은 특허제도와 특허권은 인간이 만든 것(institution)으로 발명의 사
회적 기여, 발명가의 희생에 대한 보상을 하는 도구(instrument)라고 했다.
벤담의 주장을 요약하면, 커먼로는 발명가에 대하여 발명을 독점적으로 이
용할 특허권을 부여한 적이 없으며, 국왕에 대한 청원에 의하여 받은 것일
뿐이며, 은혜로써 부여하는 것임을 특허장이 항상 명시하고 있다고 하고,
그와 같은 특허를 부여할 권한은 커먼로에 의해 나오는 것이므로 커먼로를
정리한 것일 뿐인 1624년 독점법에 의해 왕의 특허부여권이 제한이 되는
것이라고 하였다. 이러한 견해는 앞서 윌리엄 매튜슨 힌드마치(William
Mathewson Hindmarch)가 그대로 수용하였지만, 힌드마치는 특허부여권도
왕의 권한이라고 주장한 것이다.

그들의 주장은, 예컨대, 1603년의 Darcy v. Allein 사건에서 왕이 부여한
독점이 자연권과 커먼로에 위반된다고 한 것일 뿐이므로, 1624년 독점법도
그동안 영국 왕이 자신의 권한으로 부여하던 특권을 의회가 부여할 수 있
도록 하고, 특허를 받을 수 있는 발명은 신규성과 유용성을 필요로 규정한
것이라고 한다. 따라서 1624년 독점법에 따라 부여되는 특허권은 자연권이

나 커먼로상의 권리가 아니라는 취지이다. 이는 특허권을 자연권으로 본 1791년 프랑스법과, 영업비밀포기설에 의해 연방 헌법상의 입법권한에 의하여 연방의회가 특허법을 입법하고 그 특허법 의해서 법이 정한 요건을 충족하면 부여되는 법률상의 권리인 특허권이라고 본 미국과 다르다.

벤담은 독점은 경제적 효율성을 해치는 것이므로 악으로 생각했다. 특히 아이디어나 지식은 공유를 하면 사회적 효용이 극대화 되어 공리주의의 목표인 최대다수의 최대행복을 달성할 수 있는 수단이 된다. 그러나 지식을 독점하게 되면 그 독점자 이외에 나머지의 효용은 증가될 수 없으므로 공리주의의 원칙에 반하게 된다. 따라서 지식의 독점은 공리주의의 목적을 달성할 수 없게 되므로 벤담은 특허를 반대했다. 그러나 새로운 지식을 창출하고 이를 공개하기 위해서는 어떤 장려책이 필요하고 특허제도는 그와 같은 장려책으로 불가피한 것이다. 자신의 희생(devotion)에 대한 보상(reward)을 하여야 자신의 노력으로 지식을 창출하는 것과 그 지식을 공개하는 것이 장려될 것이다.

벤담은 그의 저서 보상의 원리(The Rationale of Reward)에서, 다음과 같이 희생에 대한 보상이 필요함을 역설하고 있다:

With respect to a great number of inventions in the arts, an exclusive privilege is absolutely necessary in order that what is sown may be reaped. In new inventions, protection against imitators is not less necessary than in established manufactures protection against thieves. He who has no hope that he shall reap will not take the trouble to sow.810)
[번역]

기술분야에서 많이 일어나는 발명에 관하여 언급하면, 자신이 노력하여 창작한 것에 대하여 보상을 받을 수 있도록 배타적인 특권이 절

---

810) Jeremy Bentham, The Rationale of Reward, John and H. L. Hunt, 1825, p. 318.

대적으로 필요하다. 새로운 발명에 있어서는 모방으로부터 보호하는 것이 도둑으로부터 산업을 보호하는 것보다 더 필요하다. 수확가능성이 없다면 농부는 밭을 갈려고 하지 않을 것이다.

자신의 노력과 희생에 대한 보상, 즉 수확가능성이 없다면 농부는 밭을 갈려고 하지 않을 것이다. 벤담이 지식에 대한 노력과 희생에 대한 보상(reward)으로 특허제도가 필요하다는 것을 인정한 것이다. 나아가 벤담은,

But that which one man has invented, all the world can imitate. Without the assistance of the laws, the inventor would almost always be driven out of the market by his rival, who, finding himself without any expense in possession of a discovery which has cost the inventor much time and expense, would be able to deprive him of all his deserved advantages, by selling at a lower price. An exclusive privilege is of all rewards the best proportioned, the most natural, and the least burthensome. It produces an infinite effect, and it costs nothing. "Grant me fifteen years," says the inventor, "that I may reap the fruit of my labours; after this term, it shall be enjoyed by all the world." Does the sovereign say "No, you shall not have it? what will happen? It will be enjoyed by no one, neither for fifteen years nor afterwards: everybody will be disappointed; inventors, workmen, consumers, every thing will be stifled, both benefit and enjoyment.

Exclusive patents in favour of inventions have been long established in England; an abuse, however, has crept into the system of granting them, which tends to destroy the advantage derivable from them. This privilege, which ought to be gratuitous, has afforded an opportunity for plundering inventors; which the duration of the custom has converted into a right. It is a real conspiracy against the increase of national wealth.[811]

[번역]

그러나 한 사람 누가 발명을 하면, 세상 모든 사람들이 모방을 할 수 있다. 법의 도움이 없다면 발명가는 자신이 투자한 시간과 지출한 비용, 발견을 하기 위해 지출한 비용을 회수하지 못하면서, 거의 모든 경우에 [모방상품이] 낮은 가격에 판매하여 발명자에게 보장된 모든 이익을 강탈하는 그의 [발명을 모방한] 경쟁자에 의하여 시장에서 퇴출당할 것이다. 배타적인 특권은 가장 타당하고, 가장 자연스럽고 최소한의 부담이 되는 완전한 보상이다. 특권은 전혀 [거래]비용 없이 무한한 효과를 발생시킨다. "나에게 나의 노동에 대한 결과를 회수할 수 있는 15년을 달라; 그 후에는 모든 사람이 이용하는 즐거움이 있을 것이다"라고 발명가는 말한다. 그러면, 국가는 "안되 너는 그러한 특권을 가질 수 없어? 그럼 무슨 일이 발생하지?"라고 말할까? 그러한 특권은 누구도, 15년간도, 그 이후에 세상 사람들 모두 누리지 못할 것이다: 모든 사람이 실망할 것이다: 발명가, 노동자, 수용자, 이익과 즐거움 등 모든 것을 누리지 못할 것이다.

발명가를 위한 배타적인 특권은 영국에서 오래전부터 존재해 왔다: 그러나 특허권의 남용이 특권을 부여하는 제도에 서서히 발생하였다. 그러한 남용은 발명가가 누려야 할 이익을 파괴할 것이다. 은전으로 부여해야 하는 이러한 특권은 관습적인 [특권] 기간을 권리(a right)로 변환시켜 약탈당하는 발명가에게 기회를 제공할 것이다. 이러한 특권은 국가의 부를 증가시키기 위한 진짜 공모이다.

라고 하였다. 특허는 발명가가 자신의 노력과 비용을 회수할 수 있도록 하기 위한 기회의 보장이고, 이러한 특허제도가 궁극적으로는 최대다수의 최대행복을 증진시키는 도구적 제도(instrumental institution)라고 한다.

---

811) Id., 318-19.

라. 벤담의 도구적 제도(instrumental institution)와 로크

얼핏 공리주의는 로크의 자연권철학과 대립되는 것으로 보이지만, 사실상 로크의 이론을 어느 정도 수용하고 있다. 예컨대, 로크의 시민사회는 단체, 집단주의적인 성격을 가지고 있고, 재산이란 인간의 평온과 안녕을 위해 신이 부여한 것이고, 그러한 재산권의 인정이 궁극적으로 사회의 효용을 증진시킨다고('increase[s] of the Common Stock of Mankind')한 로크의 사상은 19세기 영국의 공리주의 철학과는 불가분적인 관계에 있다고 할 수 있다.812)

벤담의 최신의 기준은 최대 다수의 최내행복(The greatest happiness of the greatest number is the foundation of morals and legislation)813)이라는 유용성(utility)기준을 제시하였고 이는 19세기 특허법상 유용성 개념을 확립하였다고 할 수 있다. 벤담은 이러한 인간의 행복을 가져오는 유용한 결과들은 국가는 인위적으로 분배하여야 한다고 하는 점에서 그와 대립적인 입장, 즉 강제적이고 인위적인 분배를 반대하는 토마스 페인(Thomas Paine)과는 구분된다고 하겠다.

1795년 벤담은 그의 공리주의 철학을 바탕으로 아래와 같이 주장했다.

---

812) Christopher May & Susan K. Sell, Intellectual Property Rights: A Critical History, Lynne Rienner Publishers, 2006, p. 117.

813) 위 문구는 벤담이 John Locke, Joseph Priestley, Cesare Beccaria, Johnson에게 보낸 독백에서 언급된 것으로(Elogia-Locke, Priestley, Beccaria, Johnson in John Bowring, The Works of Jeremy Bentham, Simpkinm, Marshall, & Co., 1843, vol. 10. p. 142) 원래는 스코트랜드의 철학자인 Francis Hutcheson (1694-1746)이 언급한 "That action is best, which procures the greatest happiness for the greatest numbers."(An Inquiry into the Original of our Ideas of Beauty and Virtue (1725) Treatise 2)이 선행하는 표현이다. Hutcheson은 "Wisdom denotes the pursuing of the best ends by the best means."(An Inquiry into the Original of our Ideas of Beauty and Virtue (1725) Treatise 1)도 언급하여 그의 공리주의 철학을 표현했다.

A patent considered as a recompense for the encrease given to the general stock of wealth by an invention, as a recompense for industry and genius and ingenuity, is proportionate and essentially just. No other mode of recompense can merit either the one or the other epithet. The only mode of bestowing upon an inventor a recompense for his invention otherwise than by a patent, is by giving him a sum certain, Is the reward [given] in this [form] proportionable to the service? It may be so: but against its being so there is infinity to one.814)

[번역]

발명에 의해 국부가 증가하는 것에 대한 보상, 부지런함, 천재성 및 재능에 대한 보상,으로 여겨지는 특허는 [기여에 대한] 비율적으로 또한 본질적으로 공정한 것이다. 어떤 형태의 보상도 특허에 비견될 수 없다. 그의 발명에 대한 보상으로 발명가를 보상하는 특허 이외의 방법은 그에게 고정된 금원을 지급하는 것이다. 그 보상은 그가 기여한 것에 대하여 상응하는 것인가? 아마도 그렇다. 그러나 영구하다면 상응하지 않는다.

벤담의 'encrease given to the general stock of wealth by an invention'라고 한 언급은 존 로크의 "increase[s] the common stock of mankind"와 같다. 로크의 철학이, 특히 시민사회의 구성한다는 그의 정치철학은 자연법 뿐만 아니라 공리주의 철학을 바탕으로 하는 것으로 볼 수 있다. 이에 대하여는 로크가 자본주의의 기초를 제시했다고 주장하는 McPherson 교수와 Strauss 교수의 그와 같은 주장이 타당한 면이 있다.815)

다만 영국의 특허는 1624년 독점법 제정 이후에도 1624년 이전과 같이

---

814) Werner Stark, Jeremy Bentham's Economic Writings, George Allen & Unwin, 1952, pp. 263-264.
815) 이에 대하여는 본서, 제2장 제3절 1. "가. 로크와 공리주의" 참조.

법률에 의해 개별적인 특허를 부여하고 있었기 때문에 은혜나 은전, 특권
과 같은 성격을 가질 수 밖에 없었다. 1624년 독점법 제정 전후가 다른 것
은 1624년 독점법이 특허부여권을 왕의 권한에서 의회의 권한으로 변경한
것에 차이가 있었고, 독점법에도 불구하고 의회의 개별 입법에 의해 특허
를 부여한 것은 왕의 은혜, 은전 또는 특권으로 부여하던 것과 차이가 없었
다. 예컨대, 제임스 와트(James Watt)와 볼턴(Bouldton)의 증기기관 특허는
조지 제3세(King George III) 시절인 1769년에 14년간의 특허를 받았고,
1775년에 'Fire Engines Patent Act 1775'[816]라고 명명된 의회의 개별적 입
법에 의하여 와트와 재정적 동업자인 매튜 볼턴(Matthew Boulton)에게 특
허기간이 25년 연장(1800년까지) 부여되었다.[817] 그러한 특허제도는 개별
적 입법(현재에는 이를 '처분적 법률'이라고 한다)은 은혜나 은전에 의해
개인에게 특권을 부여하는 제도로 운영되었다.

이와 같이 영국은 미국이나 대륙과는 다른 특허 철학을 가지게 되었다.
자연권에 기초한 특허권이 아닌 국왕의 은전 내지 은혜에서 1624년 이후
의회의 은혜 내지 은전에 의한 특허권으로 변경되었다. 물론 영국내에서도
특허를 자연법에 기초한 자연권적 권리라는 주장은 있었지만, 그러한 견해
는 받아 들여지지 않았다. 은혜와 은전에 의한 것이지만 명세서와 독점은
계약에 의한 쌍무적인 교환관계로서, 그 본질은 계약이라고 하였다. 즉 국
가의 일방적인 행위이기는 하지만 시민을 대신한 국가가 독점을 주고, 발
명자는 발명을 시민에게 주는 계약관계라고 이해했다. 다만 그러한 계약관
계도 국가의 우월적 지위에 의한 행정권한으로서 특허권을 부여하는 것이

---

816) 정식명칭(full title)은 다음과 같다: "AN ACT for vesting in JAMES WATT, Engineer,
   his executors, administrators, and assigns, the sole use and property of certain Steam
   Engines, commonly called Fire Engines, of his Invention, described in the said Act,
   throughout His Majesty's Dominions, for a limited time."
817) Eric Robinson, James Watt and the Law of Patents, Vol. 13, No. 2, 1972, pp. 115-139.

라는 점에 특허권의 성격에도 영향을 미쳤다. 즉 순수한 계약적 관계로 본 것이 아니라는 의미이다.

4. 존 스튜어트 밀(John Stuart Mill)과 특허

벤담을 계승한 존 스튜어트 밀(John Stewart Mill)은 벤담과는 다르게 접근했는데, 그는 기성질서를 존중하였다는 것이다. 그리하여 밀은 로크의 자연상태나 소유, 재화에 대한 공유세 등을 인정하였는데, 그는 같은 공리주의이지만, 벤담과는 다른 입장에서 있었다. 벤담은 시민사회의 효용성을 극대화 하기 위해 국가라는 존재를 희생하였지만, 밀은 국가가 적극적으로 소유제를 변화시킴으로써 소유제를 부정하는 공산주의를 극복할 수 있다고 믿었다.

밀은 자유무역의 신봉자이었으므로 독점을 혐오했다. 다만 특허제도에 대하여도 벤담과 같이 필요악으로 보았다. 다만 다음과 같이, 발명가가 사회에 기여하는 보상으로서 일시적으로는 필요하다고 믿었다:

The condemnation of monopolies ought not to extend to patents, by which the originator of an improved process is permitted to enjoy, for a limited period, the exclusive privilege of using his own improvement. This is not making the commodity dear for his benefit, but merely postponing a part of the increased cheapness which the public owe to the inventor, in order to compensate and reward him for the service. That he ought to be both compensated and rewarded for it, will not be denied, and also that if all were at once allowed to avail themselves of his ingenuity, without having shared the labours or the expenses which he had to incur in bringing his idea into a practical shape, either such expenses and labours would be undergone by nobody, except by very opulent and very public-spirited persons, or the state must put a value on the service rendered by an inventor, and make him a pecuniary grant. This has been done in some in stances, and may be done without inconvenience in cases of very conspicuous public benefit; but in general an exclusive privilege, of temporary duration, is preferable; because it leaves nothing to any one's discretion; because the reward conferred by it depends upon the invention's being found useful, and the greater the usefulness the greater the reward; and because it is paid by the very persons to whom the service is rendered, the consumers of the commodity.818)

[번역]

독점에 대한 비반은 특허까지 확장되서는 안된다. 특허하에서 개량된 제법의 창작자는 제한된 기간동은 자신이 개량을 배타적으로 이용할 수 있는 특권이 허용되어야 한다. 이것은 자신을 위해 상품을 만드는 것이 아니라 그 발명가에 대한 보상을 위해 공중이 그 발명가에게 부담하고 있는 증가된 싼 가격의 일부를 단순히 연기하는 것이다. 발명가는 그의 발명에 대한 보상과 사례(compensated and rewarded)를 받아야 하는 것은 부정되어서는 안되고 또한 그가 그의 아이디어를 실시할 수 있도록 한 그와 같은 노력이나 비용에 대하여 사회가 공동부담을 하지 않은 채 그의 재능에 대하여 보상과 사례가 일단 허용되면, 그와 같은 비용이나 노동이 누구에 의해서도 부담되지 않고, 그 발명가가 풍요하고 매우 공공 정신의 사람(very opulent and very public-spirited persons)인 경우를 제외하고, 국가는 그 발명가가 제공한 서비스에 대한 가치를 반드시 제공하고, 발명가에게 금전을 지급해야 한다. 이는 일정한 경우에 행해져 왔고, 공공의 이익이 매우 명백한 경우에

---

818) John Stuart Mill, Political Economy with Some of Their Applications to Social Philosophy, Vol II. London, Hohn W. Parker, West Strand, 1848. p. 497.

는 불편함이 없이 행해질 수 있다; 그러나 일반적으로 일시적인 배타적인 특권이 선호된다. 왜냐하면 그와 같은 [법에 따라 행해지는] 일반적인 특권은 어떤 특정인의 재량에 의존하는 것은 아니기 때문이다; 왜냐하면 일시적인 배타적 특권에 의한 보상은 발명의 유용한 가치에 의존하기 때문에 그 발명이 가치가 크다면 보상도 더 많아지기 때문이고; 그 상품의 수요자와 같은 그 서비스를 받는 사람에 의해 보상이 수행되기 때문이다.

밀은 경제학자 답게 보상도 효율적인 설계를 주장한 것이다. 즉 발명의 시장에서의 가치에 따라 그 발명에 의한 상품을 구입하는 사람이 지불하는 대가에 의해 행해져야 효율적임을 주장한 것이다. 그리하여 발명의 수요가 많다면 그 발명의 가치가 많은 것이고, 그러한 경우 시장에서 그 발명상품의 수요에 의해 그 수요자가 지불하는 상품의 대금이 많아 질 것이라고 한 것이다. 또한 그 상품의 수요와 관계없이 세금 등에 의해 보상이 된다면, 그 발명상품이 필요하지 않은 사람도 보상을 지불하는 결과가 되어 불합리하다고 본 것이다.

5. 미국의 실용주의(pragmatism)

가. 실용주의의 의의

실용주의는 공리주의가 미국적으로 변형된 것으로 볼 수 있다. 특허제도의 궁극적인 목적은 사회적 부, 행복의 증가를 가져오는 것이지만, 특허는 발명가를 자극하기 위한 하나의 도구로 본다. 이는 특허권 뿐만 아니라 저작권의 경우에도 같다. 미국의 많은 실용주의 철학자는 자연법과 자연권을 바탕으로 하여 사회계약설을 수용하여 국가는 인간의 생명, 자유, 재산권을 보호하기 위한 도구가 되었다.

발명과 저작은 인간만이 행하는 것[819]이므로 권리기반이론이 바탕이 되었다. 예컨대 1984년 Sony Corp. v. Universal City Studios 사건[820]에서 미국연방대법원은 일정한 제한된 기간동안 독점을 부여하는 이유는 '저자와 발명가에게 창작적인 활동에 대한 동기가 되어…. 제한된 배타적 통제기간이 지난 후에 공중이 그들의 재능적 결과에 접근할 수 있도록 허용하는 것'(is intended to motivate the creative activity of authors and inventors … and to allow the public access to the products of their genius after the limited period of exclusive control has expired.)이라고 하였고, 또한 1975년 Twentieth Century Music Corp. v. Aiken 사건[821]에서 '개인적 동기는 궁극적으로 문학, 음악 그리고 다른 예술에 대하여 광범위한 공공의 이용을 증진시키는 것'(private motivation must ultimately serve the cause of promoting broad public availability of literature, music, and the other arts.)이라고 판시하여, 인간의 권리('authors and inventors')를 보호하고, 그럼으로써 궁극적으로 사회적 효용가치를 증진시키는 것임을 강조하고 있다.

실용주의는 공리주의의 변형이라고 할 수 있다. 실용주의 철학은 미국에서 발전했는데, 독점은 독점 이익을 제공하여 결국 발명을 장려하는 것(encouragement) 또는 동기(incentive)가 된다고 한다.

실용주의는 공리주의에서 말하는 '보상'만으로 부족하다고 한다. 예컨대 미국 연방대법원이 퍼블리시티권을 인정한 Zacchini v. Scripps-Howard Broadcasting Co. 사건[822]에서 퍼블리시티의 보호는 시간과 노력을 투자한

---

819) L. Ray Patterson, Copyright in Historical Perspective, Vanderbilt Univ. Press, 1968, p. 188 ("The dominant idea of copyright underlying the state statutes was the idea of copyright as an author's right.")

820) Sony Corp. v. Universal City Studios, 464 U.S. 417, 429 (1984).

821) Twentieth Century Music Corp. v. Aiken, 422 U.S. 151, 156 (1975).

822) Zacchini v. Scripps-Howard Broadcasting Co., 433 U.S. 562 (1977).

사람에 대한 보상만으로는 부족하고, 그 이상의 것, 즉 투자에 대한 장려 내지 동기부여(incentive)라고 하였다. 그리하여 궁극적으로는 그와 같은 장려와 동기가 존재하면 새로운 투자를 함으로서 공리주의 철학에서 말하는 최대다수의 최대행복을 달성하기 위한 도구(instrument)가 되는 것이다.

> [O]hio' decision to protect petitioner' right of publicity here rests on more than a desire to compensate the performer for the time and effort invested in his act; the protection provides an economic incentive for him to make the investment required to produce a performance of interest to the public.[823]

지식재산에 관한 미국의 철학은 이미 Mazer v. Stein사건[824]에서 미연방대법원은 '과학과 실용예술에서 저자와 발명가의 재능을 통해 공공의 복리를 증진시키는 가장 좋은 방법'(the best way to advance public welfare through the talents of authors and inventors in 'Science and useful Arts.')은 특허권과 저작권 제도라고 하였다. 그리하여 특허권과 저작권 제도를 통하여 발명가와 저작자에게 보상을 함으로써 그들에게 발명과 저작을 할 수

---

823) Id., 576.
824) Mazer v. Stein, 347 U.S. 201 (1954).
The copyright law, like the patent statutes, makes reward to the owner a secondary consideration.' …. However, it is 'intended definitely to grant valuable, enforceable rights to authors, publishers, etc., without burdensome requirements; 'to afford greater encouragement to the production of literary (or artistic) works of lasting benefit to the world. "'''' ….The economic philosophy behind the clause empowering Congress to grant patents and copyrights is the conviction that encouragement of individual effort by personal gain is the best way to advance public welfare through the talents of authors and inventors in 'Science and useful Arts.' Sacrificial days devoted to such creative activities deserve rewards commensurate with the services rendered.

있도록 하는 장려(encouragement) 내지 동기(incentiveness)임을 분명히 했다. 결국 공리주의적인 보상(reward)825)은 부차적인 목적으로 사회에 이익이 될 수 있도록 문학작품을 생산하도록 하는 동기(greater encouragement to the production of literary (or artistic) works of lasting benefit to the world)로써의 도구(the best way)라고 한 것이고, 궁극적 목적은 그렇게 함으로써 공공복리(public welfare)를 증진시키는 것이다.

나. 자연권적 바탕

이러한 실용주의는 미국 지적새산권법의 선통이라고 할 수 있다.826) 그리하여 미국은 자연법과 자연권의 전통이 없는 것으로 오해하는 경우가 많으나, 미국의 건국 초기에는 자연권론의 전통이 강했고, 그 전통은 현재까지 미국 특허법과 저작권법의 바탕이 되고 있다. 그와 같은 자연법 전통은 미국의 독립선언의 기초가 되었다. 따라서 자연법과 자연권은 미국 헌법정신의 기초가 되었다.

그 뿐만 아니라 지적재산권에 관하여도 기본적인 정신이 되었는데, 1783년 미국 코네티컷 주의 저작물 보호관련법은 그 전문에 다음과 같이 자연권을 기초로 하여 그 법을 제정했음을 명시했다:

Whereas it is perfectly agreeable to the principles of natural equity and justice, that every author should be secured in receiving the profits

---

825) 여기에서 보상(reward)은 두가지 의미로 이해될 수 있다. 첫 번째는 자연법이론에서 말하는 노력과 결과에 대한 보상이고 두 번째는 공리주의에서 말하는 보상이다.

826) Pfaff v. Wells Elecs., Inc., 525 U.S. 55 (1998)

[T]he patent system represents a carefully crafted bargain that encourages both the creation and the public disclosure of new and useful advances in technology, in return for an exclusive monopoly for a limited period of time.

that may arise from the sale of his works, and such security may encourage men of learning and genius to publish their writings; which may do honor to their country, and service to mankind.827)

[번역]

모든 저자는 자신의 저작으로부터 발생하는 이익을 취득할 수 있음이 보장되어야 하고, 그러한 보장이 학식을 갖추고 재능이 있는 사람으로 하여금, 국가와 인류에 대한 봉사가 됨을 인정함으로써 자신의 저작을 출판하도록 장려한다는 자연적 형평과 정의의 원칙에 전적으로 동의하고…

이와 같은 자연법상의 권리로서 저작자의 권리는 매사추세스 주, 뉴저지, 뉴햄프셔, 로드 아일랜드 등의 저작권 보호법령의 전문에 수용되었다. 특히 1785년 노스 캐롤라이나 주의 저작권 보호관련법령(An Act for Securing Literary Property)은

Whereas nothing is more strictly man's own than the fruit of his study, and it is proper that men should be encouraged to pursue useful knowledge by the hope of reward; and as the security of literary property must greatly tend to encourage genius, to promote useful discoveries and to the general extension of arts and commerce:828)

[번역]

자신의 연구의 결과에 대하여 소유하는 것보다 더 강한 것은 없고, 보상의 기대에 의하여 유용한 지식을 추구하도록 장려하는 것은 적절하다. 문학적 재산을 보호함으로써 재능을 장려하고, 유용한 발견을

---

827) Conn. Act of Jan. 1783.

828) An Act for Securing Literary Property 1785, The State Records of North Carolina-Volume XXIV, pp. 747-748.

증진하고, 기술과 상업의 일반적 확산을 하도록 해야 한다.

라고 규정하여 로크의 철학과 실용주의 철학 모두를 수용하고 있다.

자연법과 자연권 사상은 초기 건국의 아버지들에게 영향을 주었는데 그와 같이 영향을 받은 사람중에는 '저작권의 아버지'(The Father of Copyright)라고 불리는 노아 웹스터(Noah Webster) 뿐만 아니라 '헌법의 아버지'(The Father of Constitution)라고 불리는 제임스 매디슨(James Madison)과 토마스 제퍼슨(Thomas Jefferson)이 있었다.

제임스 매디슨은 윌리엄 블랙스톤의 재산법 철학의 영향을 받았는데, 매디슨은 재산권이란 점유에 의해 인정되는 자연권으로서 그의 강제는 국가가 제정한 실정법이 필요하다고 생각했다. 매디슨은 그의 저술에서

> The utility of this power will scarcely be questioned. The copyright of authors has been solemnly adjudged, in Great Britain, to be a right of common law. The right to useful inventions seems with equal reason to belong to the inventors. The public good fully coincides in both cases with the claims of individuals.[829]

라고 하여, 저작자와 발명가의 권리가 커먼로에서 발생함을 영국의 예를 들어 기술하고 있고, 발명가의 권리도 동일하다고 하고 있다. 물론 이 당시 영국은 Millar v. Taylor 사건에서 저작자의 권리가 자연권이라고 판시하였고, 이후 Donaldson v. Beckett 사건에서 앤여왕법 이후 커먼로상의 권리가 소멸되었다고 판시하였지만, 매디슨이 이해하던 것은 자연권으로서의 저작권과 발명에 대한 권리이다.

토마스 제퍼슨도 매디슨과 생각이 다르지 않았다. 제퍼슨은 기본적으로

---

829) The Federalist # 43. [https://avalon.law.yale.edu/18th_century/fed43.asp]

자신의 노동의 결과에 대하여는 자연권으로 재산권이 존재하고, 그 권리를
강제하는 것은 국가가 제정한 제정법의 도움을 받아야 한다고 생각했다.830)

다. 자연법과 자연법을 존재로 한 실정법의 형성

'India Rubber case'으로 알려진 1852년 Goodyear v. Day 사건831)에서 다
니엘 웹스터는

> The American Constitution does not attempt to give an inventor a
> right to his invention, or an author a right to his composition; it
> recognizes an original, pre-existing, inherent right of property in such
> invention or composition, and authorizes Congress to secure to the
> inventor or author the enjoyment of that right, but the right exists before
> the Constitution and above the Constitution, and is, as a natural right,
> more than that which a man can assert in almost any other kind of
> property.832)

---

830) Thomas Jefferson to Isaac McPherson (13 Aug. 1813)
   It is agreed by those who have seriously considered the subject, that no
   individual has, of natural right, a separate property in an acre of land, for
   instance. By an universal law, indeed, whatever, whether fixed or movable,
   belongs to all men equally and in common, is the property for the moment
   of him who occupies it, but when he relinquishes the occupation, the property
   goes with it. Stable ownership is the gift of social law, and is given late in
   the progress of society.
831) Goodyear v. Day, 10 F. Cas. 677 (1852).
832) The Executive Documents printed by order of the Senate of the United States for
   the First Session of the Forty-Third Congress, 1873-74, 523 of 1181 (1874); The
   Writings and Speeches of Daniel Webster, xv, 436.

라고 하여 발명과 저작에 관한 권리는 '생래적인 재산권'(pre-existing, inherent right of property in such invention or composition)이라고 하였다.

미국의 율리시즈 그란트(Ulysses S. Grant) 대통령은 의회에 보낸 서류[833])에서, 1873년 열린 비엔나 회의(Vienna Congress, 1873)에 보낸 서류를 언급하고 있는데, 그 내용에는

> The patent system of the United States is, in many respects, radically different from that of any other country. Inferentially, at least, the purpose of the Constitution appears to have been to recognize property in a new invention as a right belonging to the inventor, not a favor conferred by Government. This is their language: 'The Congress shall have power to promote the progress of science and the useful arts by securing, for limited times, to authors and inventors, the exclusive right to their respective writings and discoveries.[834])

라고 하여, 미국 헌법은 발명가에 속하는 권리, 즉 특허권을 재산권으로 인식하고 있고, 이는 정부가 은전으로 부여하는 권리가 아니라고 하면서, 이는 다른 국가, 즉 영국이 국가의 은전으로 보는 것과 근본적으로 다른 권리라고 하였다. 또한 미국인과 외국인 사이에 어떤 차별도 없다(In the grant of patent privileges no discrimination is made between citizen and alien, and no restriction is placed upon the exclusive right of the patentee to control the property secured to him by his patent, in the same manner and to the same extent as any other property.)고 언급했다.[835]) 내외국인을 차별하지 않는 법

---

833) 43rd Congress, 1st Sess., Ex. Doc. 27. (December 1, 1873 to June 23, 1874)

834) United States. Congress. Senate, Senate Documents, Otherwise Publ. as Public Documents and …, Volume 1, 1874, p. 4. (p. 527).

835) Id.

리는 자연법에 기인한다. 물론 제정법으로 차별하지 않는 것을 법리상 불가능한 것은 아니지만, 그 당시 국제사회에서는 외국인이 특허를 출원하기 위해서는 1년간 자국내에서 실시를 하도록 요구했고, 1873년 비엔나 회의에서 이를 잠정적으로 폐지한다.

변호사이자 상원의원이었던 William E. Seward는 1834년 대법관 Nelson과 Conklin에게 영업비밀포기설을 주장한다.

> The productions of my mind are, confessedly, as really property or the subject of property as the fabrics of my hands. Indeed, they are far more exclusively my own. <u>The patent is a contract by which I convey my invention to the Commonwealth forever, in consideration of the exclusive enjoyment of it by myself during a limited period.</u>[836]

영업비밀포기설은 본질적으로 계약설(constract theory)을 근거로 한다. 영업비밀을 포기하고 제한된 기간 독점을 부여하는 특허를 얻는 것과 교환으로 그 특허기간이 지난 후에는 공중에게 귀속시키는 쌍무적인 계약이다. 여기에는 당연히 상대방의 급부에 대한 반대급부, 즉 보상(reward)이 존재하게 된다.

미국 건국에 지대한 영향을 미쳤던 토머스 제퍼슨은 초대 특허청장을 지내면서 특허와 발명을 구분한다. 앞서 언급한 바와 같이 그는 존 로크나 윌리엄 블랙스톤과 같은 입장에서 발명에 대한 권리는 자연법상의 권리이지만 특허권은 제정법에 의한 절차를 이행한 경우에 취득할 수 있는 것이라고 보았다. 이를 영업비밀포기설이라고 하는데 19세기 미국의 지배적인 입장이었다. 특허제도는 실용주의적 견해가 지배적인 견해가 된다.

---

836) G. H. Knight, The Patent Franchise in the United States, 1891, p. 14.

제3절 자연법론과 공리주의의 융합

1. 로크의 재산권론의 법경제학적 평가

가. 로크와 공리주의

인류에게 이로운 행위는 실용주의 철학에서 추구하는 최대다수의 최대 행복으로 연결될 수 밖에 없다. 그러나 개인의 행복의 증진없이 단체의 전체행복의 증진은 그 가치가 떨어질 수 밖에 없다. 개인의 행복의 증진이 우선이 되어야 한다.

로크는 자연법에 기초한 재산권을 주장했지만 이는 종국적으로 인류의 행복을 위한 것일 수 밖에 없으므로[837] 최대 다수의 최대 행복을 추구하는 실용주의 철학과 공통적인 사상을 갖게 될 수 밖에 없다. 로크는 자연법에 기초한 재산권의 취득의 정당성론을 제시했지만, 그의 이론은 공리주의적일뿐더러 자본주의적이고, 또한 자본주의의 기초를 제공하였다고 공격을 받아 왔다.[838] 그렇지만 로크의 이론은 자연권에 기초한 권리기반이론

---

837) John Locke, Second Treatise of Government § 26 (God, who hath given the world to men in common, hath also given them reason to make use of it to the best advantage of life, and convenience. The earth, and all that is therein, is given to men for the support and comfort of their being.), § 134.

838) A. P. Brogan, John Locke and Utilitarianism, Ethics, Vol. 69, No. 2, 1959, pp. 79-93; David Braybrooke, The Relation of Utilitarianism to Natural Law Theory, The Good Society, Vol. 12, No. 3, Symposium: Natural Law and Secular Society, 2003, p. 47; Leo Strauss, Natural Right and History, Univ. of Chicago Press, 1965, pp. 242-245; C.B. MacPherson, The Political Theory of Possessive Individualism, Oxford Univ. Press, 1962, pp. 220-222; C.B. MacPherson, Locke on Capitalist Appropriation, Western Political Quarterly, v. 4, 1951, pp. 550-556.

(right-based theory)인 점에서 공리주의적 결과주의(Consequentialism)[839])와
는 근본적인 차이점이 존재한다. 로크에 있어서 인간의 행복은 궁극적 목
적이었지만 최상의 목적은 아니었다. 따라서 로크에게 있어서 인간의 행복
이란 최대 다수의 최대 행복을 의미하는 것은 아니다.

지적재산권의 정당성을 부여하는데 로크 만큼이나 영향력을 미친 철학
자는 없을 것이다. 로크가 제시한 노동에 기초한 자연법적 재산권의 정당
성은 신의 명령에 의하여 인간에게 노동을 할 의무를 지우고, 인간은 그 노
동을 통하여 취득한 결과에 대하여 재산권을 취득할 수 있다는데 있다.[840]
인간은 자신이 취득한 재산을 자신의 생존과 편안함에 사용할 수 있었으므
로 재산권은 인간에게 안락하고 평온한 생존(wellbeing)을 주었고 인간에게
행복을 가져다 줄 수 있었다.[841] 로크에게 노동은 인류의 공동재산을 증가
("[h]e who appropriates land to himself by his labour, does not lessen, but
increase the common stock of mankind"[842]))시키는 이로운 행위였다.[843]

무체물은 공공재(public goods)와 같이 비배제성(non-exclusiveness)과 비
경합성(non-rivalrousness)을 그 특징으로 하고 있다.[844] 유체물에 있어서 한
사람의 사용은 다른 사람을 사용하지 못하게 한다는 것을 의미한다. 즉 한
사람의 사용은 배타적(exclusive use)이다. 그러나 무체물은 한 사람이 사용

---

839) 이때의 결과주의는 최대다수의 최대행복이라는 결과가 중요하다는 의미의 결과주의
　　이다. 개인의 행복을 추구한 결과, 그것이 인류의 자산의 증가를 가져왔다는 로크의
　　결과와는 다른 의미이다.
840) 나종갑, 4차 산업혁명과 인간을 위한 지식재산권, 법학연구, 제30권 제1호, 연세대학
　　교 법학연구원, 2020, pp. 362-364.
841) Id., 360.
842) John Locke, Second Treatise of Government §37.
843) 로크가 자본주의를 주장했는지에 대해서는 본인의 "4차 산업혁명과 인간을 위한 지식
　　재산권," (법학연구, 제30권 제1호) 연세대학교 법학연구원, 2020, p. 366 이하 참조
844) Herman T. Tavani, Intellectual Property Rights: From Theory to Practical
　　Implementation, Intellectual Property Rights in a Networked World: Theory and
　　Practice edited by Richard A. Spinello, Herman T. Tavani, 2004. p. 5.

을 하더라도 다른 사람의 사용을 배제하지 못한다.(non-exclusiveness) 즉 한 사람의 사용은 배타적이지 않다. 이를 무체물의 비배제성(non-excludability) 이라고 한다. 유체물의 경우에는 다수가 사용하면 1/n의 경합적 사용에 따른 가치의 감소가 발생한다. 즉 사용하는 사람의 수(n)에 따라 사용가치가 감소한다.(rivalrousness use) 그러나 무체물의 경우에는 경합적 사용에 의한 가치감소가 발생하지 않는다. 한 사람이 사용하든 다수가 사용하든 그 사용가치는 동일하다. 이를 비경합성(non-rivalrousness)이라고 한다.

무체물의 이러한 두 가지 특성, 비배제성(non-exclusiveness)과 비경합성 (non-rivalrousness)은 그 수요자로 하여금 무임승차(free-riding)에 대한 유인을 발생시킨다. 타인이 소유한 무체물을 사용하는 것은 그 무체물의 소유자의 사용가치와 배타적 사용에 대한 제한을 가하지 않으므로 도덕적으로도 비난받지 않는다고 생각하기 때문이다. 그와 같은 특성을 가진 무체물에 대한 재산권의 인정, 즉 배타성의 인정은 도덕적 정당성과 법적 정당성을 필요로 한다.[845]

로크의 재산권에 대한 정치철학은 토지, 과일 등의 유체물에 대한 것으로 무체물에 대하여는 로크가 아무런 언급이 없었다는 이유로 로크의 재산권 철학을 특허권이나 저작권의 정당성을 인정하는데 부정적인 견해들이 있었으나, 로크의 재산권은 매우 광범위한 것으로 생명과 자유를 포함하는 것이다. 따라서 신체를 소유하고 그 신체의 노동은 유체물을 생산하든 무체물을 생산하든 제한되지 않는다. 특히 토지와 같이 유한한 자원에 대한 선점의 문제는 어쨌든 로크의 주장이 위협받는 원인이 되었지만 무체물에 대한 재산권의 인정은 그와 같은 문제와는 거리가 있다. 비배제성(non-exclusiveness)과 비경합성(non-rivalrousness)을 특징으로 하는 무체물의 배타적 사용, 즉 재산권의 인정에 강한 도덕적 정당성과 법적 정당성을 부여

---

845) Id., p. 5.

한다. 로크는 재산권 인정을 위한 3가지 단서를 제시하였다. 그 단서 중 낭비하지 않을 것(non-waste)의 단서846)는 화폐의 도입으로 인하여 임금노동으로 무한한 자본축적을 가능케 하고, 결국 '충분하고 동등하게 남겨둘 것'이라는 단서까지 영향을 주는 것으로 생각게 한다. 그러한 결과 로크는 자본주의를 옹호한 것으로 주장하기도 한다.847)

나아가 자연상태와 시민사회에서 그 구성원의 동의의 한계에도 불구하고 동의는 보상과 지위변경에 대한 근거를 제시한다. 그렇지만 로크가 구상한 사회는 자본주의적 부르조아 이데올로기가 지배하는 사회가 아닌 신(God)의 명령에 따라 노동을 하고848) 그 결과물을 취득하여 자기소유로 하

---

846) John Locke, Second Treatise of Government §35.

847) 로크가 자본주의를 옹호하는 것으로 해석하는 입장은 Ellen Meiksins Wood, Leo Strauss와 C.B. MacPherson에 의해 대표된다. Ellen Meiksins Wood는 로크는 임금노동을 통한 자본축적을 옹호함으로서 적극적으로 자본주의를 인정하였다는 점에서 임대료를 통한 자본축적을 하였던 초기의 수동적인 농업 자본주의(agrarian capitalism)와 구별된다고 한다. Ellen Meiksins Wood, The Origin of Capitalism: A Longer View, Verso, 2002, pp. 112-124. Leo Strauss는 로크는 노동을 통한 재산권 취득을 정당화 하고, 재산권의 인정은 근면한 자의 노동으로 사회의 효용가치를 증진시키고, 사회를 풍요롭게 한다고 주장하여 자본주의를 정당화 하였다고 한다.Leo Strauss, Natural Right and History, Univ. of Chicago Press, 1965, pp. 242-246. 한편 C.B. MacPherson도 로크는 자연상태에서 화폐를 도입하여 자본주의를 정당화 시켰는데, 자연상태에서 화폐를 도입하였다는 점에서 자본주의에 대하여 도덕적 정당성을 인정하였다고 한다. C.B. MacPherson, The Political Theory of Possessive Individualism, Oxford Univ. Press, 1962, pp. 220-222; C.B. MacPherson, Locke on Capitalist Appropriation, Western Political Quarterly, v.4, 1951, pp. 550-556. 그러나 이에 대해서는 Tully와 Ashcroft의 강한 비판이 제기된다.

848) John Locke, Second Treatise of Government § 32.
God, when he gave the world in common to all mankind, commanded man also to labour,···.God and his reason commanded him to subdue the earth, i.e. improve it for the benefit of life, and therein lay out something upon it that was his own, his labour. He that in obedience to this command of God, subdued, tilled and sowed any part of it, thereby annexed to it something that was his property, which another had no title to, nor could without injury take from him.

여 왕의 전제와 간섭으로부터 독립되어 자유로운 인간이 사는 사회이었을 것이다. 인간이 전제와 압박으로부터 해방되어 성실하고 근면한 사회, 청교도 혁명이 꿈꾸었던 자율적 사회이었을 것이다. 이러한 자율적 사회는 노동에 따른 재산권의 취득에 따라 효율적 사회가 된다.

나. 파레토 최적(Pareto Optimality), 파레토 개선(Pareto Improvement) 및 칼도-힉스 개선(Kaldor-Hicks Improvement)[849]

(1) 파레토 최적(Pareto Optimality)

로크의 재산권 이론과 단서, 로크의 재산권에 대한 스펜서의 문제제기, 노직의 로크적 단서의 해석 그리고 실용주의 원리로서 칼도-힉스의 효율성[850]에 관한 쟁점은 로크의 재산권 철학을 논하기에 필요한 쟁점이다. 로크가 재산권 인정의 정치철학적 바탕을 제시한 것은 자본주의를 옹호하기 위한 것이기 보다는 절대 왕권으로부터 독립한 불가침의 재산권을 인정함으로써 인간이 잘 사는 사회(wellbeing society)를 만들고 인간을 속박과 구속으로부터 진정하게 해방시키기 위한 것이었다.

그러한 로크의 재산권 철학은 궁극적으로 인간을 행복하기 위하게 하는 것으로 재산권을 인정함으로서 인간의 후생이 증가하고 이는 빌프레도 파레토(Vilfredo Federico Damaso Pareto) 및 니콜라스 칼도(Nicholas Kaldor)와 존 리차드 힉스(John Richard Hicks)의 후생경제학적 관점과도 일치한다. 로크가 자본주의를 옹호했다기 보다는 인간이 갖는 경제적 자유와 효율적

---

849) 이하는 본인의 "로크, 스펜서, 노직, 파레토, 및 칼도-힉스: 특허권에 대한 자연권적 정당성과 실용주의적 정당성의 합체" (산업재산권 제66권) pp. 1-66에서 일부를 가져와 수정을 거친 것이다.

850) Gregory S. Alexander, Eduardo M. Peñalver, An Introduction to Property Theory, Cambridge Univ. Press, 2012, p. 14.

사용을 가능케 하는 재산권의 특성이라고 할 수 있다. 즉 로크가 인류의 행복을 위해 재산권의 정당성을 주장하고, 그 단서로 충분하고 동등하게 남겨둘 것을 제시한 것은 후생경제학적으로도 인류의 행복을 증진시키는 결과를 가져옴이 증명된다.

로크의 재산권에 대한 정당성은 결국 일부에서는 실용주의적 논변과 일치하게 되고 후생경제학 이론에 의해 설명될 수 있다. 어떤 자원배분 상태가 주어졌을 때, 다른 사람의 손해 없이는 어떤 한 사람에게 이득이 되는 변화가 불가능할 때를 파레토 최적(Pareto optimality)이라고 한다. 자원의 재배분은 다른 사람의 지위를 변함이 없이 한 사람의 지위로 변화로 가치를 증진시킬 때 가능하다는 것은 파레토 개선(Pareto improvement; Pareto criterion)851)인데852) 파레토 개선은 파레토 최적으로의 개선의 여지가 있는 것이므로 자원배분의 최적상태가 아니다.853)

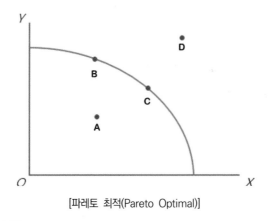

[파레토 최적(Pareto Optimal)]

851) 박만섭, 정의: 경제학과 철학의 접점, 한국사회(제7집 제2호), 고려대학교 한국사회연구소, 2006, p. 37.

852) Ellen Frankel Paul, Fred D. Miller, Jeffrey Paul, Natural Rights Liberalism from Locke to Nozick, Cambridge Univ. Press. 2005, pp. 101-102; 나종갑, 특허의 본질에 관한 연구, 산업재산권 (제17호), 한국지식재산학회, 2005, pp. 60-61.

853) 박만섭, 정의: 경제학과 철학의 접점, 한국사회, 제7집 제2호, 2006, p. 37.

앞 그래프는 사람 X와 Y의 후생 곡선이다. 위 도면의 곡선상의 모든 점 (B, C)은 파레토 최적 상태이다. 곡선상에서 한 점이 고정이 되면, 그 이후에 그 곡선상에서 점을 옮긴다면 한 사람의 효용은 증가하지만 다른 사람의 효용은 감소한다. 따라서 모든 고정된 점은 파레토 최적(Pareto Optimal)을 나타낸다.

그러나 A는 최적상태가 아니므로 곡선상으로 이동하여 파레토 최적을 달성할 수 있다. 예컨대, 특허제도가 없는 나라에서 특허제도를 도입하면 발명이 촉진되어 사회적 후생이 증가된다고 할 때, 특허제도의 도입은 파레토 최적상태로 이동하는 것이다. 예컨대, 위 그림 중 A에서 B가 되거나 A에서 C가 된다.

일단 특허제도를 도입하면, 그 상태로서 파레토 최적이 되어 있으므로 특허제도나 특허법을 변경하는 것은 파레토 최적상태를 변경하는 것이므로 허용이 되지 않는다. 사회적으로 최적이더라도 그 곡선상에서 이동하는 경우, 앞서 설명한 바와 같이 둘 중 한 사람의 지위는 영향을 받는다. 예컨대 B에서 C로 또는 C에서 B로 이동한다면 X 와 Y 중 어느 한 사람의 후생이 좋아지거나 나빠진다. 따라서 파레토 최적상태에서는 나쁘게 영향을 받는 사람이 있으므로, 그와 같이 이동하는 것은 허용이 안된다. 파레토 최적을 사회적 정책목표로 한다면 정책의 유연성은 없어지고 경직된 사회가 되어 더 이상의 좋은 상태를 만들 수 없다. 따라서 파레토 최적의 상태에서도 다른 사람에게 영향을 주지 않거나 동의가 있다면 사회적 후생이 증가하는 경우에는 변동을 하는 것이 장려된다. 파레토 개선(Pareto Improvement, Pareto Efficiency)은 정책변경으로 인하여 불이익을 받는 타인의 동의에 의하여 정책변화의 정당성을 인정한다. 계약에 의해 시민사회를 구성하는 것도 같은 이치라고 할 수 있다.

(2) 파레토 개선(Pareto Improvement, Pareto Efficiency)

파레토 개선은 다른 사람에게 영향을 주지 않고 사회적 후생이 증가될 수 있다면 동의하에 변경하는 것이 가능하다. 로크의 충분하고 동등하게 남겨둘 것(enough and as good left)이라는 단서를 통해 파레토 개선을 달성할 수 있다. 파레토 개선에서, 다른 사람에게 충분하고 동등하게 남겨둔다는 의미는 다른 사람의 지위를 변함이 없게 하는 것이다. 로버트 노직의 의미로는 이전보다 그 상태가 더 악화되지 않게 함을 의미한다.

노동을 통해 취득한 결과물에 대하여 재산권을 취득하는 것은 한 사람이 재산권자로의 지위로 변화하고 그와 같이 취득한 재산권의 가치만큼 사회적 가치를 증가시킨다. 충분하고 동등하게 남겨두는 한, 자신의 노동을 통하여 재산을 취득함으로서 평온하고 안락한 삶을 유지할 수 있으므로 자신의 지위를 개선시킬 수 있다. 이때 재산권을 취득하기 위해서는 타인에게 충분하고 동등하게 남겨두어야 하기 때문에 타인의 지위는 변하지 않는다.854) 따라서 타인의 지위는 변함이 없이 파레토 개선(Pareto improvement)을 달성할 수 있다. 로크의 '충분하고 동등하게 남겨둘 것'이라는 단서는 파레토 개선이 가능한 상태이므로 후생경제학적으로도 로크의 재산권 철학의 정당성이 인정된다.

위 후생곡선에서 점 A가 파레토 개선을 달성할 수 있는 상태이다. 점 A의 움직임은 직선방향으로 위쪽(각도로 0도에 해당)이나 직선방향으로 우측(각도로 90도에 해당) 사이에서 파레토 최적 곡선쪽으로 우상향 이동하는 경우에, X와 Y 모두의 후생이 증가되고, 만일 위쪽으로 0도에 해당하는 방향으로 움직이는 경우 그 변화에 따른 모든 후생은 Y의 후생을 증가시키게 된다. 이때 X의 후생에는 변함이 없다. 만일 90도에 해당하는 우측 방향으로 움직이는 경우 Y의 후생에는 변함이 없지만 그 변화에 따른 모든

---

854) Samuel Richard Freeman, Liberalism and Distributive Justice, Oxford Univ. Press, 2018, p. 82.

후생이 X의 후생을 증가시키게 된다. 예컨대, 새로운 발명(novelty)에 부여되는 특허권을 인정하는 사회에서는 인정하지 않는 경우보다 후생을 증가시키는데, 새로운 발명에 대하여 특허를 부여하는 것이므로 그 발명자가 없었다면 그 발명은 사회에 존재하지 않았을 것이므로 다른 사회 구성원들의 지위에는 영향이 없고, 그 발명에 대하여 특허를 받은 사람의 후생이 증가하게 된다. 그런데 그 발명은 특허를 받으면 사회 구성원들도 비용을 지불하고 그 발명을 이용할 수 있으므로 사회 구성원들의 후생도 증가하게 된다. 만일 그 발명의 사회적 효용가치(유용성, utility)가 높으면 높을수록 사회 전체의 후생도 증가하게 되므로 특허권의 인정은 그 후생경제학적으로 정당성을 인정받게 된다. 그리하여 로크의 단서, 충분하고 동등하게 남겨둘 것이라는 단서도 충족하게 된다.

여기에서 새로운 발명이라고 하는 경우는 로버트 노직(Robert Nozick)의 '좋은 특허(good patent)'를 의미한다. 과거에 누리던 자유를 박탈하는 특허가 아닌 장래의 기회를 제한하는 특허를 의미한다. 그리하여 특허요건으로 새로운 발명이라는 신규성이 필요조건이 된다. 신규성이 존재함으로서 좋은 특허만이 그 독점, 즉 재산권 취득의 정당성이 인정되는 것이다.

재산권의 취득은 파레토 최적으로 한 단계 나간 것이 되고, 그만큼 사회는 효율적인 자원 배분이 일어난 것이다. 즉 로크의 재산권은 파레토 개선을 달성하고 파레토 최적을 향하는 것이다. 더 이상 개선할 수 없는 상태가 되면 파레토 최적이 된다. 특허권의 취득도 로크의 단서를 충족하여야 하므로 파레토 개선을 달성한다.

파레토 최적(Pareto Optimality)은 경직적이어서 예컨대 국가정책의 변화를 허용하지 않는다. 어떤 정책의 변화로 인하여 한 사람의 지위가 영향을 받는다면 파레토 최적을 벗어나기 때문에 그 정책의 시행을 할 수 없다. 예컨대, 어떤 특허권의 부여는 특허를 받지 않은 사람에게는 과거부터 누리던 자유가 제한이 되어 그의 자유권이 박탈되므로 그의 지위를 변화시킨다. 따라서 그와 같은 특허권의 부여, 즉 특허제도를 도입할 수 없다는 결과가 된다. 이러한 특허는 '나쁜 특허(bad patent)'에 해당한다. 파레토 최적은 이상적이거나 도덕적인 자원의 배분상태를 의미하는 것은 아니다. 특허제도가 개인 간의 자원의 배분의 이상적 도덕적 타당성을 추구하는 것이 아닌 것과 같은 의미이다. 한 사람에게 지구의 모든 부가 집중되고 나머지 사람들은 아무것도 가진 것이 없더라도 파레토 최적은 달성된다. 이는 극단적인 예이기는 하지만, 위 후생곡선에서 X축이나 Y축에 후생곡선이 접하는 점이다. 따라서 파레토 최적은 이상적이거나 도덕적 상태를 의미하는 것이 아니다. 파레토 최적만으로는 '충분하고 동등하게 남겨 둘 것'이라는 로크의 단서는 충족할 수 없는 것이다.

파레토 개선(Pareto improvement)은 파레토 최적(Pareto optimality)상태에서는 변화를 수용할 수 없게 되는 문제점을 극복하고 한 사람의 개선되더라도 타인의 지위에 변동이 없다면 변화를 통한 그 사람의 개선을 인정하여 사회 전체의 효용의 증가를 꾀할 수 있다. 파레토 개선(Pareto improvement)은 아무도 손해를 보게 하지 않는다. 누가 손해를 보게 되는 경우에는 파레토 개선을 달성하는 것이 아니다. 파레토 개선 또한 손해를 보지 않는다는 개념이지 모두가 이익을 보는 것은 아니다. 물론 도덕적으로는 모두가 이익을 보는 상태로의 개선이 바람직하다. 그러나 특허는 앞서 본 바와 같이 발명이 가져오는 이익, '유용성'으로 인하여 사회도 이익을 보게 된다. 따라서 특허요건인 유용성(utility)은 특허가 가져오는 후생이 극단적으로 치우치지 않게 하는 역할을 한다고 할 수 있다.

로크의 자연상태는 누구나 이용가능한 충분한 토지가 있는 자연상태[855)

---

855) John Locke, Second Treatise of Government § 33.
　　　Nor was this appropriation of any parcel of land, by improving it, any prejudice to any other man, since there was still enough, and as good left; and more than the yet unprovided could use. So that, in effect, there was never the less left for

이고, 또한 충분하고 동등하게 남겨두어야 한다는 단서(proviso)에 따라 특정인에게 재산권을 인정하더라도 여전히 이용가능한 토지가 남아 있으므로 타인에게는 영향을 주지 않는다. 오히려 노동에 의한 재산권을 인정함으로서 재산권을 취득한 사람의 지위는 개선되지만 타인도 여전히 노동을 하여 재산권을 취득할 수 있으므로 타인의 지위에 영향을 미치지 않는다. 그러나 실제로는 스펜서(Spencer)가 제시한 딜레마 상황이 실제적이다. 인간이 소유를 하면 마지막으로 남겨진 토지나 자원을 소유를 하는 자 이후에는 소유를 할 수 없다. 그러한 경우 파레토 개선을 달성할 수 없다.856) 나아가 화폐경제하에서는 경제적 가치는 화폐로 축적할 수 있으므로 충분하고 동등하게 남겨두어야 한다는 것도 그 의미가 변화했다. 화폐에 의한 경제적 가치의 축적이 가능하면 충분하고 동등하게 남겨둘 것이라는 기회도 그 기회와 동등한 가치의 화폐에 의한 축적이 가능하다. 따라서 제한된 토지의 경우에도 토지를 소유하지 못하는 사람도 토지와 동등한 가치의 화폐를 축적하고 그 화폐에 의하여 그 토지와 교환이 가능하므로, 그러한 의미에서는 파레토 개선(Pareto Improvement)을 달성할 수 있다.

특허제도를 통하여 비밀인 발명에 대하여 독점권을 부여하지만, 그 특허 발명에 대하여 일정기간 후에 공중에게 이전함으로서 공중은 이익을 보게 되어, 특허가 부여되지 않은 상태보다 더 나은 상태가 되기 때문에 특허제도는 파레토 개선을 달성할 수 있다. 다만, 칼도-힉스 개선을 충족하기 위해 좋은 특허이어야 하고, 좋은 특허가 되기 위해서는 신규성 요건을 충족해야 한다. 특허제도는 동의에 의한 시민사회 구성을 통하여 만들어진 제도로 이해한다면, 특허제도는 동의에 의해 정당성을 인정받는다.

---

others because of his enclosure for himself: for he that leaves as much as another can make use of, does as good as take nothing at all.

856) 이에 대한 자세한 논의는 본 서 제4장 제3절 1. 나. "파레토 최적(Pareto Optimality), 파레토 개선(Pareto Improvement) 및 칼도-힉스 개선(Kaldor-Hicks Improvement)" 참조

위와 같은 논리는 실제 법원의 논리에도 사용되었는데, 예컨대 United States v. Dubilier Condenser Corp. 사건에서 미국 연방대법원은

> The term monopoly connotes the giving of an exclusive privilege for buying, selling, working or using a thing which the public freely enjoyed prior to the grant. Thus a monopoly takes something from the people. An inventor deprives the public of nothing which it enjoyed before his discovery, <u>but gives something of value to the community by adding to the sum of human knowledge.</u>[857)]

[번역]

독점이란 단어는 공공이 이전에 자유롭게 즐기던 것에 대하여 구입, 판매, 작업 또는 이용에 관한 배타적인 특권을 부여하는 것이다. 따라서 독점은 사람들로부터 무엇인가를 박탈한다. 발명가는 공중으로부터 그의 발견 이전에 즐기던 것 어떤것도 박탈하지 않는다. <u>오히려 발명가는 어떤 인간지식을 더하여 공중에게 가치있는 것을 제공한다.</u>

라고 하여, 파레토 개선에 의한 특허권의 정당성을 설명하고 있다. 물론 논리에 따라 아래에 설명하는 '칼도-힉스 개선 또는 칼도 힉스 효율성'에 근거한 판결로도 인정될 수 있다.

(3) 칼도-힉스 개선 또는 칼도 힉스 효율성(Kaldor-Hicks Improvement, Kaldor-Hicks Efficient)

자신의 지위를 향상시키기 위해 노동을 하여 그 결과를 취득해야 하는데, 그 노동을 함에 있어 타인의 동의가 필요한가? 나의 노동으로 인하여 재산권 취득이 타인의 지위에 영향을 주는 경우, 그 타인의 동의를 받아야

---

857) United States v. Dubilier Condenser Corp., 289 U.S. 178, 186 (1933).

할까? 파레토 개선(Pareto Improvement)을 할 수 있는 상태에서 타인의 동의에 의하여 또는 그 타인에게 보상을 하고 남는 복지가 있다면 지위변경의 정당성을 부여받는다. 후자의 경우를 칼도-힉스 개선(Kaldor-Hicks improvement 또는 칼도 힉스 효율성, Kaldor-Hicks efficient)이라고 하는데, 동의가 필요하지 않다는 점에서 파레토 개선보다 좀 더 정책의 유연성이 존재한다.

칼도-힉스 개선은 현재의 상태 변경으로 인하여 손해를 보는 자에게 보상을 하고 남는 것이 있다면 그 변경을 허용한다. 예컨대 정책변경을 통하여 A가 3의 이득을 얻고 B가 2의 손실을 받게 된다면 사회적으로 1의 효용증가가 발생한다. 내가 노동을 가하여 발생한 부가가치(added value)에 대하여 재산권을 취득할 수 있다면 타인의 지위의 변동없이 나의 상태를 개선할 수 있고, 그러함으로서 인류의 공동자산의 증가를 가져온다. 만일 더 이상 그러한 변경을 할 수 없는 상태가 되면 칼도-힉스 개선을 통하여 파레토 최적의 상태가 된다. 이러한 개선가능성이 존재하는 경우를 '칼도-힉스 개선'이라고 한다. 다만, 보상의 의미는 잠재적이고 수리적인 균형을 의미하는 것으로서, 실제 보상을 하여야 한다는 의미는 아니다. 따라서 '칼도-힉스 개선' 상태에서는 실제 손해를 보는 사람이 발생한다. 사회 전체의 이익을 계산하는 것이므로 결국 공리주의 철학과 일치한다.

'칼도-힉스 개선'은 로버트 노직(Robert Nozick)의 로크의 단서의 해석을 지지하게 된다. 노직은 그의 강한 단서와 약한 단서의 예를 제시하는데, 엄격하게 의미하면 강한 단서이든 약한 단서이든 재산권의 취득은 타인의 지위를 악화 시킨다.[858] 예컨대 선발명자의 특허발명으로 인하여 자신도 발명을 하여 특허를 취득할 미래의 기회를 상실한 경우이다.(미래의 기회 상실) 어떤 이가 부패한 왕을 돈으로 매수하여 누구나 자유롭게 이용하던 다

---

858) 나종갑, "나쁜 지적재산권의 재림 (II) - 대법원 2015.5.21. 선고 2014후768 전원합의 체판결-," 산업재산권(제64호), 한국지식재산학회, 2020, pp. 57-58.

리에 대하여 독점 사용권(특허권이라 부를 수 있다)을 취득한 경우를 그 예로 들 수 있다.(과거부터 누리던 자유의 상실) 노직은 i) 미래의 기회의 상실과 ii) 과거로부터 누리던 자유를 미래에서는 상실하는 사례를 모두 회피하는 단서를 강한 단서라고 하고, 과거부터 누리던 자유를 미래에서는 상실하는 사례만을 회피하는 것을 약한 단서라고 하면서 로크의 충분하고 동등하게 남겨둘 것이라는 단서는 약한 단서를 의미한다고 한다. 노직의 약한 단서는 '칼도-힉스 개선'을 달성할 수 있다. 즉 새로운 발명에 대하여 특허를 인정하면, 다른 경쟁자는 자신이 동일한 발명에 대하여 미래에 발명을 하여 특허를 취득할 기회를 상실하지만, 그는 선행의 특허발명의 지식을 이용하여 다른 발명을 할 수 있으므로 전체적으로 보면 사회적 후생이 감소하지 않는다. 또한 새로운 것이므로 그 발명자가 아니었다면 그 발명은 사회에 존재하지도 않았다. 즉 과거에는 존재하지 않았으므로 그가 자신의 발명을 독점하더라도 어떤 타인의 과거의 자유를 박탈하는 것은 아니다. 이러한 칼도-힉스 개선은 공리주의자들에 의해 특허의 정당성의 근거로 제시되었다. 필연적으로 칼도-힉스 개선을 충족하기 위해서는, 특허발명을 취득하기 위한 요건으로 반드시 신규성이 존재하여야 함을 의미한다. 특허요건으로 진보성의 존재는 칼도-힉스 개선의 정당성을 더욱 더 강화시켜 준다.

엄격하게 말한다면 노직의 나쁜 특허의 경우에도 칼도-힉스 개선상태가 이룩될 수 있다. 예컨대, 공원의 관리를 사적 관리로 전환하고 비용을 받는 경우에는 자유롭게 이용하던 것에 대하여 제한이 가해지는 경우가 된다. 이는 기존의 자유를 박탈하는 것이므로 사회적 효용이 감소할 수 있고, 다른 사람들의 동의를 얻을 수 없을 수 있다. 그러나 사적 관리가 효율적 관리를 가져오고, 공원을 깨끗하고 쾌적한 상태로 만들 수 있다면 사회적 효용이 증가할 수 있고, 그 효용증가가 효용감소를 상쇄하고 남는 것이 있다면, 동의없이도 그와 같은 변경을 할 수 있다.

2. 신고전 특허이론(Neo-Classical Patent Theories)

기존의 특허이론이 특허 독점의 윤리적 정당성에 관한 것이었다면, 19세기 이후의 특허논쟁은 효율적인 특허제도의 구성으로 그 논의가 옮겨왔다고 할 수 있다. 자본주의하에서 특허제도의 윤리성은 그 효율성으로 변경된 것이라고 할 있다. 그러한 논쟁의 몇 가지를 소개한다.[859] 다만, 전망이론은 본인의 다른 저술에서 언급했으므로 여기서는 생략한다.

가. 특허유인이론(Patent-Induced Theory)

특허유인이론(Patent-Induced Theory)은 실용주의에 근거하는 보상이론(Reward Theory)과 기본적으로 같은 이론이다. 특허제도에 의해서 실제로 이루어진 발명에 특허를 부여한다면 특허는 사회를 위하여 이익이 된다는 것이다.[860] 발명과 특허제도 사이에는 특허제도로 인하여 발명이 이루어진다는 관계, 즉 유인(induce)이 필요하다. 이러한 유인이 없는 경우에는 특허를 부여해서는 안된다.

하버드 대학 경제학과 교수였던 Frederic Michael Scherer(1932- 현재)는 산업조직의 전문가로서, 비용과 이익분석을 통하여 발명을 나누었다. '혁신적 발명'(revolutionary inventions)의 경우에 생산과 소비에 미치는 영향이 매우 크다. 그러나 이러한 혁신을 이루는 기본적인 발명은 그 비용 및 이익분석결과가 불확실하다. 따라서 기업은 이러한 혁신을 이루는 발명에 대한

---

859) 본 이론의 소개는 본인의 "특허권의 정당성에 관한 이론의 전개와 전망"(비교사법 제17권 제1호, 2010)에서 가져와 수정과 변경을 거쳤다.

860) F.M. Scherer, Industrial Market Structure and Economic Performance, Houghton Mifflin, 2d ed. 1980, p. 444; A. Samuel Oddi, Beyond Obviousness: Invention Protection in the Twenty-First Century, 38 Am. U. L. Rev. 1097, 1101-02, 1114-16 (1989).

투자를 하지 않는다. 특허는 그 성공여부가 불투명한 혁신적 발명에 대한 유인이 된다고 한다. 따라서 특허제도가 존재하지 않는다면 사회는 이러한 혁신적 발명의 혜택을 받지 못하거나 늦게 받는다. 혁신적인 발명에 대해서는 "혁신적인 특허(revolutionary patent)"가 필요하다.861)

시장유인발명(market induced invention)은 시장의 필요성, 즉 수요가 존재하기 때문에 성공할 수 있는 발명이다. 따라서 시장유인발명은 비용 및 이익분석 결과가 높다. 즉 저비용-고수익의 발명(low cost-high benefit invention)이다. 따라서 시장의 발명 유인, 예컨대 상업적 성공에 대한 확신이 높은 발명은 그러한 성공가능성이 발명의 유인이 되기 때문에 특허가 없더라도 발명이 이루어진다. 그리고 용도발명과 같이 우연하게 발명한 것은 특허에 의한 유인이 없더라도 발명이 이루어질 뿐만 아니라 그 발명을 위하여 새로운 투자를 한 것이 아니므로 저비용-고수익의 발명이다. 이러한 저비용-고수익발명에 대해서 특허를 부여하면 사회에 부담이 되므로 저비용-고수익의 발명은 특허를 부여해서는 안될 뿐만 아니라 할 필요도 없다.862) 이러한 발명은 특허제도에 의해서 유인된 것이 아니고 고수익이 발생한다는 시장에 의하여 유인된 것이므로 특허를 부여하지 않아도 발명이 이루어지기 때문이다.863)

마지막으로 저수익 발명(low benefit-cost invention)은 특허가 필요하다. 특허가 없는 경우에 저수익 발명은 시장에서 즉시 경쟁상품이 발생하여 투자를 회수할 수 있는 기회가 상실되기 때문에 발명을 위한 투자가 이루어지지 않는다. 따라서 저수익 발명에 특허가 필요하다.

---

861) A. Samuel Oddi는 현행 특허는 혁신적 특허를 유인하기에는 약하므로 더 강한 특허가 필요하다고 한다. 그리고 특허제도로 인하여 발명한 것인지를 판단하기 위하여 특허기준도 강화시켜야 한다고 한다. Id., 1117-30 (1989).

862) Id., 1131-37.

863) Id.

특허유인이론(Patent-Induced Theory)은 특허제도에 의하여 발생한 발명에 대한 보상으로서 특허가 부여되는 것이라고 이해하는 반면에 보상이론은 발명의 동기는 불문한다. 특허유인이론(Patent-Induced Theory)은 보상이론(Reward Theory)보다 매우 적은 범위에서 특허를 부여하게 된다. 특허제도에 의하여 특허를 받을 수 있다는 기대나 동기(induce)가 있고 이에 따라 발명을 하여야 특허를 부여한다. 단순한 학문적인 호기심, 우연한 발명, 시장에서의 성공가능성, 과학적 호기심 등에 의하여 발명을 한 경우에는 특허제도에 의하여 특허를 받을 수 있다는 기대에 의하여 발명을 한 것이 아니므로 특허를 받을 수 없다.864) 특허제도에 의하여 이루어진 발명이 아닌 경우에도 특허를 부여한다면 그 특허로 인한 비용을 사회가 부담을 하기 때문에 타당하다고 할 수 없다. 따라서 그러한 발명에는 특허를 부여해서는 안된다.

특허유인이론(Patent-Induced Theory)은 미국 법원에서 인정되기도 하였다. Graham v. John Deere Co.사건에서 연방대법원은 '본질적인 문제는 특허의 유인이 없었다면 공개 또는 고안되지 않았을 발명을 하도록 할 수단[특허]을 발전시키기 위한 것이다.'("The inherent problem was to develop some means of weeding out those inventions which would not be disclosed or devised but for the inducement of a patent.")865)라고 하여 특허는 발명의 유인을 위한 도구라는 Patent-Induce Theory를 선언적으로 확인한 바 있다. 물론 Graham 사건은 Patent-Induce Theory에만 기초한 것은 아니다. 연방대법원은 '상업적 성공, 오랜기간 동안의 필요의 미해결, 다른 사람의 실패와 같은 이차적인 고려는 특허취득을 하려는 발명시작의 정황에 대한 판단을 위해 활용할 수 있을 것이다. 자명성과 비자명성의 표시로서 위와 같은 사

---

864) F.M. Scherer, Industrial Market Structure and Economic Performance, Houghton Mifflin, 2d ed. 1980, pp. 444-47.
865) Graham v. John Deere Co., 383 U.S. 11 (1966).

항은 관련성이 있을 수 있다.'(Such secondary considerations as commercial success, long felt but unsolved needs, failure of others, etc., might be utilized to give light to the circumstances surrounding the origin of the subject matter sought to be patented. As indicia of obviousness or nonobviousness, these inquiries may have relevancy.)고 하여[866] 반드시 특허가 발명의 유인이 되어야 특허를 취득할 수 있는 것이 아니라 상업적 성공, 장기간 수요의 미해결, 다른 사람의 실패와 같은 것도 발명의 비자명성을 판단하는데 사용될 수 있다고 하였다. 다만, 상업적 성공 등은 이차적으로 고려할 수도 있는 것이라고 함으로써 특허유인이론(Patent-Induced Theory)과 같은 위치로 판단하지는 않는다.

  저비용-고수익 구조를 갖는 발명은 특허제도가 없더라도 시장유인이 충분하므로 특허에서 제외하는 것이 궁극적으로는 바람직하다. 그러나 이러한 발명이 특허요건을 충족하는 한 차별할 근거가 타당하지 않을 뿐더러 나아가 그 판단기준이 불명확하다.[867] 예컨대, 예일대학교 법대 교수이었던 Ward S. Bowman(1911-1991)이 제시하는 사례와 같이 저비용인지 고비용인지 구별을 하기 쉽지 않을뿐더러 특허가 필요한 저수익의 발명이 우연한 발명일 수도 있다.[868] 발명가나 연구자에게는 고비용의 발명이 아마추어 발명가나 취미로 발명을 하는 발명가에게는 고비용이 발생하지 않았을 경우에 저비용-고수익 발명이라고 하여 특허를 부여하지 않아야 한다고 할 수 있는가.[869] 저비용-고수익에 대하여 특허를 부여하지 않고, 고비용의 경

---

866) Id., 17-18.

867) A. Samuel Oddi, An Uneasier Case for Copyright Than for Patent Protection of Computer. Programs, 72 Neb. L. Rev. 351, 373-74 n.75 (1993).

868) Ward S. Bowman, Jr., Patent and Antitrust Law: A Legal and Economic Appraisal, Univ. of Chicago Press, 1973. 39-42.

869) Id., 39, n 8. 화학자인 Roy Plunkett가 Du Pone사에서 연구원으로 냉매를 만들기 위해서 여러 가지 화학물질을 혼합해서 드라이아이스에 넣었다가 발명하게 된

우에 특허를 부여한다면 특허제도는 비효율성을 가져오게 된다. 왜냐하면 고비용의 발명, 즉 투자비 대비 그 이익 발생이 적은 저효율의 발명에 대한 동기가 되기 때문이다.[870]

나. 지대소실이론(Rent-Dissipation Theory)

지대소실이론(Rent-Dissipation Theory)은 특허를 기술혁신에 대한 무임 승차로 인한 지대소실을 방지하는 제도라고 한다. 발명이 가져오는 기술 혁신에 의한 사회적 후생의 증가가 발명에 투입되는 비용보다 많기 때문에 발명의 증가는 사회적 후생의 증가를 가져온다.[871] 따라서 발명자는 발명에 대한 비용과 사회가 취득하는 후생의 차이, 즉 지대(rent)를 지급받아야 한다고 한다. 이러한 지대를 지급하는 수단이 특허이다. 따라서 발명에 재산권을 부여하는 특허는 지대의 무임승차자로부터 발명자를 보호하게 된다.[872]

그러나 특허제도의 궁극적인 목적은 사회적 후생증가이다. 같은 발명에 대한 중복투자에 의해서 사회적 후생이 감소할 수 있다.[873] 특허를 좁게

Telflon은 보통의 용매에 의해서 분해되거나 반응을 하지 않고 극도의 고온에서도 분해되지 않는 특성을 가지고 그 용기를 미끄럽게 하였다. Teflon을 냉매가 아니라 각종 팬에 달라 붙지 않도록 하는 코팅제로 사용하고 있다. 그러나 Teflon은 우연히 발명한 것이지만 저비용의 발명품은 아니다. 또한 전문가들에게도 비자명하였을 뿐더러 비용이 많이 투자된 연구와 실험으로부터, 다만 우연히 발명한 것이었다. Id.

870) Id., 41. "Rather, it is the much more difficult task of determining whether inventing is a cost-incurring process depending upon the patent reward, or whether without the reward another would have done it quickly anyway." Kitch 교수는 그러한 문제점은 비자명성(non-obviousness) 기준에 의해서 특허성을 판단하면 해결된다고 하고 미국 법원도 그러한 입장을 지지하여왔다고 한다. Id.

871) Mark F. Grady & Jay I. Alexander, Patent Law and Rent Dissipation, 78 Va. L. Rev. 305, 310-13 (1992).

872) Id., 308.

873) Id., 307.

인정한다면 알렉산더 그래함 벨(Alexander Graham Bell, 1847-1922)의 전화기 발명과 같은 기초발명이 이루어진 직후에 조그마한 기술적 가치가 있는 후속발명들이 나타나게 되는 바람직하지 않은 현상이 발생한다. 왜냐하면 좁은 권리 범위의 특허의 인정은 그 침해가 잘 이루어지지 않기 때문에 벨은 후속발명에 대한 특허를 통제하지 못한다. 따라서 후속발명이 기초발명의 지대(rent)를 취득하는 바람직하지 않은 결과가 발생한다.[874]

벨(Bell)의 특허에 대하여 넓은 권리범위의 인정은 제3자로 하여금 기술개발경쟁을 하지 않도록 하기 때문에 지대소실이 발생하지 않는다.[875] 제3자는 오히려 라이센스를 선호하게 된다. 그러나 특허에 대한 광범위한 권리범위를 인정하면 기술을 선점하기 위해 중복투자가 발생하므로 바람직한 것은 아니다.[876] 따라서 적합한 범위의 특허는 후속적인 개량발명을 저지할 수 있을 만큼 넓고, 기술을 선점하기 위한 과도한 투자를 막을 수 있을 만큼 적어야 한다.[877]

개량단계에서 기초발명은 다양한 개량발명에 대한 암시 내지 유인이 되어 개량발명을 하기 위한 과도한 경쟁이 발생할 수 있다.[878] 그리고 과도한 투자가 특허가 아닌 영업비밀로 유지되는 경우에도 지대소실이 발생한다. 영업비밀로 유지되는 경우에는 비밀유지비용 뿐만 아니라 제3자의 독립적 개발에 대한 중복투자가 발생한다.[879] 따라서 특허제도는 이러한 지대소실로 발생할 수 있는 사회적 후생의 감소를 최적화하여야 하고, 그러한 수단으로 사용될 수 있다. 따라서 중복발명을 제한하기 위해서는 특허출원에 대한 이른 공개가 요구된다.

---

874) Id.
875) Id.
876) Id., 308.
877) Id.
878) Id.
879) Id.

특허권의 범위는 그 특허발명에 의하여 발생할 수 있는 지대소실을 안분하여야 한다. 특허취득을 위한 경쟁을 하더라도 결국 최초의 발명에 대하여만 특허를 부여하기 때문에 특허제도는 결국 발명 경쟁을 제한하게 된다. 특허는 경쟁으로 인한 불필요한 투자를 억제하므로 결국 사회적으로 적합한 거래가 된다.[880] 그러나 광범위한 특허는 투자를 위축하게 하므로 이는 타당하지 않다.[881]

특허권의 범위 문제 이외에 발명 자체로 보면 그 효용가치가 적을수록 중복투자에 의하여 얻는 이익은 감소하므로 이러한 중복투자의 유인은 없게 된다. 발명이 완벽하여 더 이상 개량이나 개선의 여지가 없는 경우에는 일반적으로 그 발명은 좋은 것이라고 할 수 있다.[882] 그러나 본 이론에서 보면 이러한 발명은 지대를 소실시키는 발명이 될 수 있다. 더 이상 그 발명이 개량될 여지가 없으므로 오히려 그러한 완벽한 기술개발을 위해서 중복투자가 발생할 수 있기 때문이다. 따라서 지대소실이론(Rent-Dissipation Theory)에서는 비교적으로 완벽한 기술이 아니더라도 개량이나 개선의 신호가 될 수 있는 발명이 사회적 효용을 높이는 발명이 된다.[883]

특허제도에 비효율이 발생하는 경우는 특허에 의한 인센티브가 중복투자로 이어지고 이에 따라 사회가 지급한 지대가 결국 중복투자로 인한 사회적 후생감소로 인하여 지대소실로 발생하는 때이다. 지대소실이론은 발명이 지대소실로 나타날 수 있다는 점을 강조한다.

지대소실이론은 현실상 적용하기 어려운 난점이 있다. 어떠한 발명이 언제 그 발명의 개선이나 개량을 위한 신호가 될 수 있는지 판단하기 어렵다.

---

880) Id., 321.

881) Id.

882) A. Samuel Oddi, Un-unified Economic Theories of Patents-the Not-Quite-Holy Grail, 71 Notre Dame L. Rev. 267, 284-85 (1996).

883) Mark F. Grady & Jay I. Alexander, Patent Law and Rent Dissipation, 78 Va. L. Rev. 305, 309 (1992).

또한 모든 지대의 소실이 바람직하지 않다고 할 수 없다.[884] 사회적 후생을 대폭 증가시키는 발명을 위한 경쟁은 높은 지대를 정당화시킬 수 있고, 특허제도가 없다고 하더라도 시장의 유인에 의해서 발명을 위한 경쟁이 발생하는 경우에는 지대소실에 해당하는 자원낭비가 발생한다. 발명을 위한 발명경쟁이론(Race-to-Invent Theory)이 주장하는 것처럼 광범위한 특허보호는 지대소실을 막는 것이 아니라 오히려 경쟁을 제한하여 새로운 기술의 도입이 늦어질 수 있다.

다. 발명경쟁이론(Race-to-Invent Theory)

광범위한 특허부여를 주장하는 특허유인이론(Patent-Induce Theory)에 대응하여 Merges 교수와 Nelson 교수는 기술혁신을 가져온 부분에 한하여 발명의 인센티브로서 특허를 부여하여야 한다고 한다. 이러한 인센티브는 발명의 동기가 된다. 발명은 연구개발비용에 의존하고, 생산은 발명에 의존하고, 경제적 후생은 생산에 의존한다는 가정하에 발명과 혁신은 빠른 것이 좋다고 한다.("faster is better")[885]

물론 Merges 교수와 Nelson 교수들이 밝히는 것과 같이 발명경쟁이론(Race-to-Invent Theory)은 반특허이론은 아니다. 특허경쟁에서 발생하는 비용은 회수가 불가능한 매몰비용(sunken cost)이 아니라 궁극적으로는 그러한 비용투자로 인하여 기술혁신이 발생하기 때문에 후생을 증가시키기 위한 필요비용이다. 최초발명자에게 특허권을 부여하는 것은 경쟁을 활성화시켜 기술혁신과 진보를 이루기 위한 것이다.[886] 그러나 기초발명에 대한

---

884) Donald L. Martin, Reducing Anticipated Rewards from Innovation Through Patents: Or Less is More, 78 Va. L. Rev. 351, 356 (1992).

885) Robert P. Merges & Richard R. Nelson, On the Complex Economics of Patent Scope, 90 Colum. L. Rev. 839, 878 (1990).

886) Prospect Theory에서는 우선권은 조기에 특허를 부여하여 불필요한 경쟁을 제한하기

광범위한 특허는 경쟁자에 의한 발명을 감소시켜 기술혁신을 저해한다. 따라서 기초발명과 같은 몇몇의 소수의 발명에 대한 광범위한 특허는 기술혁신을 저해한다. 백열등, 자동차, 비행기, 라디오, 반도체 및 컴퓨터, 화학 산업 등에 대한 경험적 분석을 통하여 광범위한 특허를 부여하는 국가는 기술발전이 저해된다고 한다.887)

에디슨이 발명한 백열등에 대한 특허는 미국의 백열등 산업의 기초발명이었다. 에디슨이 백열등에 대한 특허를 취득하자888) 경쟁자들을 시장에서 사라졌다.889) 에디슨의 제네럴 일렉트릭(General Electric)은 시장점유율이 40%에서 75%로 상승했다. 백열등 시장에 참여하는 새로운 기업도 줄었다. 에디슨의 득허기간이 종료할 시점에는 기술향상도 지체되었다.890) 그러나 에디슨에게 특허가 부여되기 전에는 에디슨의 경쟁자들에 의해서 기술향상도 있었고, 기술혁신의 속도도 빨랐다. 광범위하고 장기간의 특허에 의해서 시장은 기술혁신의 발전이 없었다.891) 결국 특허가 기술혁신을 저해한 것이다.

본 이론은 혁신적 발명에 대하여 특허를 제한하자는 것이므로 혁신적 발명

위한 것이라고 한다.

887) Id., 884-908.

888) 에디슨은 1891년 백열등의 기초발명인 카본 필라멘트에 대하여 U.S. Patent No. 223,898를 취득했다. 본 특허는 1894년 종료되었다. Id., 886-87.

889) 1982년에 26개 기업이 백열등시장에 진입했으나, 특허를 취득하여 만료되던 해인 1894년에는 8개 기업만이 시장에 진입했다. Id.

890) A. Bright, The Electric-Lamp Industry: Technological Change and Economic Development from 1800 to 1947, 122 (1949) "After the introduction of the incandescent lamp and its first rapid changes ⋯ the Edison Electric Light Company did not introduce many important new developments. Edison himself turned to other problems, and the company's technical leadership in incandescent lighting was not revived until after the merger [that formed General Electric in 1896]." Id.

891) Robert P. Merges & Richard R. Nelson, On the Complex Economics of Patent Scope, 90 Colum. L. Rev. 839, 887-888 (1990).

에 대한 유인으로서 특허를 부여하자는 특허유인이론(Patent-Induce Theory)에 대하여 반대한다. 그러나 특허가 발명에 대한 경쟁을 촉진하는 것이어야 하는가라는 문제가 제기된다. 상업적 성공가능성, 경쟁적 우위, 시장에서의 인지도 등도 충분히 발명을 촉진하는 유인이 된다는 비판이 제기된다.[892]

　　본 이론은 실증적 분석을 통하여 기초발명이 오히려 기술발전을 저해한 것이라는 점을 입증하고 있다. 그러나 기초발명에 대한 성공가능성은 최초의 발명에 의하여 입증되는 것이므로 기초발명에 대한 보호없이는 기초발명자체가 이루어지지 않을 것이다. 결국 본 이론은 기초발명에 의한 후속경쟁을 강조한 나머지 후속경쟁의 신호가 된 기초발명에 대한 유인을 제거하게 된다. 결국 기초발명이 이루어지지 않게 된다는 난점이 있다.

---

892) Mark F. Grady & Jay I. Alexander, Patent Law and Rent Dissipation, 78 Va. L. Rev. 305, 318 (1992).

제5장

특허요건

제1절 신규성

1. 의의

앞서 특허철학, 즉 자연법과 자연권 그리고 공리주의와 실용주의 철학의 주된 논쟁중의 하나는 발명과 발명요건에 관한 것이었다고 할 수 있다. 인간의 발명에 대하여 사유화의 정당성을 제시하고 자연법칙, 자연현상, 추상적 아이디어 등에 대한 인간의 소유화를 제한하는 것도 그 정당성 제시 목적 중의 하나이었다고 할 수 있다.

특허요건으로서 신규성은 존 로크의 재산권 이론의 핵심이고 독점에 대한의 강한 정당성을 부여한다. 신규성 요건은 인간 노동의 창조적 결과일 뿐만 아니라 충분하고 동등하게 남겨둘 것이라는 단서와 그 단서를 충족하여 타인을 해하지 않아야 한다는 단서를 충족시킨다. 노작(勞作)의 경우에는 창작적인 새로운 것이 아닌 단순히 노력의 결과물이므로 신규성을 충족하지 못한다. 예컨대 데이터 베이스는 기존에 존재하는 소재를 모아 놓은 노력의 결과물이므로 창작적 요소가 거의 없다. 따라서 이러한 데이터 베이스에 독점을 부여한다면 새로운 것이 아닌 기존의 존재에 대하여 독점을 부여하므로 타인의 자유를 제한하는 것이 되고, 사회적 기여에 대하여 너무 많은 독점을 부여하는 것이므로 쌍무적 대가(consideration)의 균형이 맞지 않는다.893) 오로지 창작만이 신규성 요건을 충족한다. 새롭게 만들어 낸 것이므로 그것을 창작한 자가 독점을 하더라도 타인의 기존의 자유를 제한하는 것이 아니기 때문이다. 그러나 비창작적인 단순한 인간의 노력의 결

---

893) 다만 우리 저작권법은 데이터 베이스에 대한 권리는 그 소재의 선택·배열 또는 구성에 창작성이 있는 경우에 그 대하여 권리를 인정한다. 저작권법 제2조 제18호 참조

과는 타인에게 충분하고 동등하게 남겨둘 수 없다. 노력의 결과를 독점한다면 인간이 누리던 기존의 자유를 제한하기 때문이다. 따라서 자연법, 특히 존 로크의 재산권 철학의 관점에서는 인간의 창작이 아니면 독점을 부여하는 것이 타당하지 않다. 그러나 공리주의나 실용주의 철학에서는 창작의 관점이 아닌 인간의 행복의 최대화가 궁극적인 목적이다. 따라서 인간의 노력에 대한 대가로서의 보상(reward)이나 인간의 노력을 장려(incentive)하는 것이다. 따라서 인간의 행복의 최대화를 할 수 있다면 인간의 노작에 대하여 대가(consideration)를 지불(reward)하거나 장려(incentive)해야 한다. 이러한 보상은 재산권(특허권)보다는 불공정경쟁행위로 보호하는 것이 타당할 수 있다.894) 다만 그리한 대가는 그 노력을 한 결과에 상응하여야 한다.(contract theory) 저작권이나 특허권 등 재산권에 의한 보상은 과하기(too much) 때문이다.

신규성도 자연권과 공리주의 및 실용주의 입장에서 보면 그와 같은 정당성의 일부에 포함된다. 특허발명의 'sine qua non', 즉 필요조건으로서 새로움(신규성)은 타인의 자유를 제한하지 않기 위해 반드시 필요한 것이었다. 이는 특허독점의 정당성 부여의 본원적인 기초인 것이다. 그 발명이 없었다면 그 발명이 가져오는 효용성이 없었을 것이다. 나아가 그에게 그 발명에 대한 배타적인 권리를 부여하더라도 타인의 자유를 제한하지는 않는다.

신규성 요건은 현대 특허법의 기초가 된다. 왕이 부여하는 특권으로서의 특허는 신규성 여부와 관계없이 부여되었지만, 산업발전을 위한 제도로서

---

894) Feist v. Rural, 499 U.S. 340, 354 (1991).

Protection for the fruits of such research ··· may in certain circumstances be available under a theory of <u>unfair competition</u>. But to accord copyright protection on this basis alone distorts basic copyright principles in that it creates a monopoly in public domain materials without the necessary justification of protecting and encouraging the creation of 'writings' by 'authors.'

의 특허와 그 신규성은 베니스의 특허법에도 존재했다. 또한 신규성은 발명의 개념에 포함되어 있다. '인간이 무엇인가 만들었다'는 의미가 '발명'(invent)이다. 인간의 발명 중에 이전에 존재하지 않아 새롭다고 할 수있는 것이 신규성의 의미이다. 예컨대, 우리 특허법상 발명은 "자연법칙을이용한 기술적 사상의 창작으로서 고도(高度)한 것을 말한다." 라고 규정하고 있는데, 기술적 '창작'은 인간이 만든 것으로서 객관적인 것 뿐만 아니라 주관적인 것을 포함한다고 판단된다. 여기에서 주관적인 창작은 저작물과 같이 발명자로부터 발생하였다는 의미, 즉 originality를 의미하는데, 신규성은 객관적으로 새로운 것(novelty)을 의미한다고 하여야 할 것이다. 우리나라 최초의 특허법은 "발명이라 함은 신규하고 유용한 기술, 방법, 기계, 생산품, 물질의 합성 급 식물의 변종, 기타 신규유용한 개량을 포함함."이라고 정의하고 있었는데[895], 여기에서는 신규성의 의미가 명백히 포함되어 있다. 그러나 현행 특허법은 신규성의 의미가 별개로 제29조 제1항에규정되어 있기 때문에 발명에서는 신규성의 의미가 포함되지 않은 창작의의미로 해석하는 것이 옳다고 보인다.

초기 특허제도에서는 신규성과 발명성의 구분이 명확한 것은 아니었는데, 1624년 영국의 독점법에서 발명과 구분되는 신규성의 의미가 명확해지기 시작했다.

---

895) 특허법 제2조 제7호 (법률 제238호 1952. 4. 13 시행).

2. 발명과 신규성의 개념의 등장

가. 베니스의 특허법과 영국의 독점법

신규성은 최초의 특허법으로 알려진 1474년 베니스의 특허법에도 언급되어 있고, 그 이후의 서유럽 각국의 특허실무에서도 요구되었다. 영국은 새로운 발명에 대하여 특허를 제공했다. 영국 최초의 특허로 알려진 에드워드 III세의 존 캠프에 대한 특허도 새로운 발명에 제공한 것이고, 기존의 발명에 대하여 새로운 발명이 아니라고 판시한 1572년 Bircot's patent 사건 판결에서 언급한 '낡은 코트에 새 단추 하나 단 것'('put a new button to an old coat') 정도의 새로움은 특허를 받기 위해 요구되는 새로운 발명이 아니라고 하여 기존 발명의 범위내라고 판단한 것으로, 그 당시에도 어느 정도의 발명성과 신규성이 요구되었음을 나타내고 있다.

나아가 1562년 엘리자베스 여왕이 부여한 특허장에도 "Provided always that every man may in this mean time use the old manner of scouring and making clean of havens and channels or any other of their own invention, being not made like to this engine, &c., as they might have done before."896) (모든 사람이 본 [특허의] 엔진 등과 같은 방법으로 만들어지지 않고, 예전에 그들이 사용했던 것과 같이 그들의 발명의 여유공간(havens)과 연결부(channels) 또는 기타 부분의 오물을 청소하고 깨끗하게 하는 구 방식(old manner)을 이용하는 것을 항상 허용하는 한….) 라고 기재하였는데, 이는 선행발명과 특허발명을 구분짓는 것으로 사실상 특허발명의 발명성과 신규성을 언급하고 있다. 16세기에는 이러한 논쟁, 즉 기존의 발명의 범위인지, 새로운 발명인지가 많이 논쟁이 되었다.897) 현재도 그렇지만 이때에도

---

896) E. Wyndham Hulme, The History of the Patent System under the Prerogative and at Common Law A Sequel, 16 L. Q. Rev. 44, 56 (1900).

발명성과 신규성의 문제는 명확하게 구분되지는 않았다. 이때의 발명성은 그 자신 만든 것이라는 original한 의미로 이해되고, 점차 요구되었던 신규성은 객관적인 의미의 novelty를 의미했던 것으로 이해된다. 이러한 의미에서 보면 '낡은 코트에 새 단추 하나 단 것'('put a new button to an old coat')이란 의미는 현대 저작권법상 '사소한 창작성'(trivial originality)의 의미와 유사한 것으로 이해할 수 있다. 그리하여 사소한 발명의 부가는 기존발명의 범위로 인정되어, 기존의 발명으로부터 구분되는 발명이 존재하지 않게 된다.

신규성의 개념은 철학적 기반에 따라 달리 형성되어 왔다. 1624년 영국의 독점법 제6조에 규정된 "new Manufactures within this Realme, to the true and first Inventor and Inventors of such Manufactures"[898])에서 "first and true inventor or inventors"에 중점을 두어 발명가의 의미에 의해 신규성의 의미를 파악하여 발명의 주체의 개념으로 수용하였다고 할 수 있음에 반하

---

897) Pamela O. Long, Invention, Authorship, 'Intellectual Property' and the Origin of Patents: Notes toward a Conceptual History, 32 (4) Technology and Culture, 846, 883 (1991).; Christopher May & Susan K. Sell, Intellectual Property Rights: A Critical History, Lynne Rienner Publishers, 2006, p. 52.

898) the Statute of Monopolies 1624 § 6 Proviso for future Patents for 14 Years or less, for new Inventions.

Provided alsoe That any Declaracion before mencioned shall not extend to any tres Patents and Graunt of Privilege for the tearme of fowerteene yeares or under, hereafter to be made of the sole working or makinge of any manner of new Manufactures within this Realme, to the true and first Inventor and Inventors of such Manufactures, which others at the tyme of makinge such tres Patents and Graunts shall not use, soe as alsoe they be not contrary to the Lawe nor mischievous to the State, by raisinge prices of Commodities at home, or hurt of Trade, or generallie inconvenient; the said fourteene yeares to be [X1accomplished] from the date of the first tres Patents or Grant of such priviledge hereafter to be made, but that the same shall be of such force as they should be if this Act had never byn made, and of none other.

여 영국 공리주의나 미국의 실용주의 전통에서는 "Manufactures within this Realme"에 중점을 두어 물품에 중점을 두어 해석하였다고 할 수 있다. 그리하여 발명가의 개념에서는 국경내의 속지주의적인 문제가 아닌 자연권 (natural rights)이라는 보편적인 문제로 볼 수 있었지만, 물품의 개념에서는 속지주의적인 제정법(institutional law) 상의 문제로 보았다.

　물론 1624년 영국의 독점법은 두 철학을 반영하고 있다. 두 철학적 기반의 차이점은 결국 기술 '수입'도 신규한 것으로 보아 발명자("true inventor or inventors")의 개념에 포함시킬 것인지이다. 자연법의 입장에서 보면 수입(import)은 진정한 발명자('true inventor or inventors')가 될 수 없다. 그러나 공리주의나 실용주의 입장에서 보면 영국내에서 최초의 진정한 '세조방법이나 제조'("manufactures")와 '그러한 방법에 의한 제조자'("first and true inventor or inventors of such manufactures")라고 한다면 수입을 한 자도 [영국내에서] 최초로 그 제조방법을 발명한 자에 해당하기 때문이다.

　자연권을 주장한 에드워드 코크에게도 독점법상 특허를 부여하기 위해서는 해당 기술이 사용되지 않아야 되는데("did not use within this realm"), 그와 같은 의미의 신규성은 영국내에서의 사용을 의미했다.899) 따라서 외국에서 사용되고 있거나 이미 존재하더라도 영국에서는 새로운 것이었다. 이는 자연법과 자연권 원리에 어긋나지만, 1624년 독점법 제정을 주도했던 에드워드 코크는 정치적으로 의회주의자이었고, 그러한 에드워드 코크에게는 독점은 자연권이 아닌 의회법상의 권리(institutional right)로 이해한 것으로 볼 수 있다.

---

899) Christine MacLeod, Inventing the Industrial Revolution, The English Patent System, 1669-1800, Cambridge Univ. Press, 1988, p. 18; Edward C. Walterscheid, Novelty in Historical Perspective (Part I), 75 Journal of Patent and Trademark Office Society 689, 701 (1993).

공리주의적 철학에서는 1624년 영국의 독점법상 기술 수입자를 발명자에 포함시킨 것은 영국 산업을 발전시키기 위한 목적(promotion)이 있었다는 것으로 이와 같은 법의 목적은 주지된 것으로 볼 수 있다.[900] 다만 단순한 과학적 원리는 제조'("manufactures")에 포함되지 않았다. 순수한 과학적 원리(mere principle)나 방법(method)가 특허대상으로 인정되지 않은 것은 1624년 독점법 제정 이래, 줄 곳 인정되어 온 특허실무이었다.[901] 특허는 물품에만 부여되었고, 물품을 생산하는 방법이나 원리는, 발명의 실시에 적용(reduced to practice)을 하지 않는 한, 발명의 구성요소일 뿐이었고, 그러한 발명의 구성요소에 대하여는 특허를 부여하지 않았다.[902] 이러한 실무는 당연히 자연법 철학이나 공리주의가 반영된 것이다.

영국에서는 수입을 신규한 발명의 범주에 포함시켰던 것은 18세기에도 계속되었다. 영국법원은 수입을 발명의 범위에 포함시켰다.[903] 결국 1474년 베니스의 특허법과 1624년 영국의 독점법이 수입을 신규한 발명의 범주에 포함시켰던 것은 순전히 공리주의적 목적이었다고 할 수 있다. 즉 외국의 기술을 도입하기 위한 정책적 고려는 신규성의 의미를 국내적 신규성으로 한정했던 것이다.

베니스의 특허법을 보면

[e]very person who shall build any new and ingenious device in this City, not previously made in our Commonwealth, shall give notice of it

---

900) 이에 반하여 엘리자베스 여왕시절에도 발명이나 기술의 수출은 금지되었다. D. Seaborne Davies, The Early History of the Patent Specification, 50 L. Q. REV. 86, 105 (1934).

901) John Dyer Collier, An Essay on the Law of Patents for New Inventions, Longman and Rees, 1803, p. 86.

902) Id., 78-80.

903) Edgebury v. Stephens, 90 ER 1162; 91 ER 387; 2 Salk. 447 (1691).

to the office of our General Welfare Board when it has been reduced
to perfection so that it can be used and operated.[904]

라고 하여 'new and ingenious' 할 것을 요구했다. 다만 'in this City'라는
조건을 부가하여 지역 한정을 하였는데, 결국 명시적으로 언급되어 있지
않지만 다른 도시에서 기술을 수입(import)한 것도 'new and ingenious'로
보겠다는 취지이었다. 결국 외국이나 다른 도시의 기술자의 이민장려책으
로 이용된 것이고, 이러한 특허정책이 1624년 영국의 독점법에도 이식된
것이다.

　　베니스의 특허법에는 재능('ingenious')라는 언급이 있고, 현재의 신규성
(novelty)과 진보성(nonobviousness)이라는 의미와 매우 유사하지만 이를 진
보성이라고 해석하는 견해는 거의 없다. 물론 국내에서는 이를 진보성이라

---

904) 1474년 베니스 특허법은 영어번역마다 조금씩 차이를 보이고 있다. 본 번역은
　　Vishwas Devaiah I., A History of Patent Law를 인용한 John N. Adams, History of
　　the patent system in "Research Handbook on Patent Law and Theory" edited by
　　Toshiko Takenaka, Elgar, 2019, p. 2에서 발췌한 것이다. 전문은 다음과 같다:
　　　　We have among us men of great genius, apt to invent and discover ingenious
　　　　devices; and in view of the grandeur and virtue of our city, more such men
　　　　come to us every day from divers parts. Now, if provision were made for the
　　　　works and devices discovered by such persons, so that others who may see
　　　　them could not build them and take the inventor's honour away, more men
　　　　would then apply their genius, would discover, and would build devices of
　　　　great utility and benefit to our commonwealth. Therefore:
　　　　　　Be it enacted that, by the authority of this Council, every person who shall
　　　　build any new and <u>ingenious</u> device in this City, not previously made in
　　　　our Commonwealth, shall give notice of it to the office of our General
　　　　Welfare Board when it has been reduced to perfection so that it can be used
　　　　and operated. It being forbidden to every other person in any of our
　　　　territories and towns to make any further device conforming with and
　　　　similar to said one, without the consent and license of the author, for the
　　　　term of ten years.

고 해석하는 견해도 있지만,[905] 진보성은 베니스 특허법에서 언급하는 그러한 의미가 아니었다고 보인다.

1474 베니스의 특허법은

> We have among us men of great genius, apt to invent and discover ingenious devices; and in view of the grandeur and virtue of our City, more such men come to us every day from divers parts. Now, if provision were made for the works and devices discovered by such persons, so that others, who may see them, could not build them and take the inventor's honor away, more men would apply their genius, would discover, and would build devices of great utility and benefit to our commonwealth.

[번역]

> 우리 중에는 자신의 재능을 불어 넣은 발명을 잘하는 큰 재능을 가진 사람이 있고, 시의 입장에서도 그와 같은 사람이 매일 이민 올 것이다. 그와 같이 재능있는 사람이 만든 것에 대한 [보호] 규정이 있다면, 그것을 복제하거나 그 재능있는 사람의 명예를 가져가는 사람이 없을 것이므로 더 많은 사람이 자신의 재능을 적용하여 사회에 이익에 되는 발명이나 발견을 더 많이 할 것이다.

라고 하고 있는 바, 위 발췌 중에는 '우리 중에는 자신의 재능을 불어 넣은 발명을 잘하는 큰 재능을 가진 사람이 있고, 시의 입장에서도 그와 같은 사람이 매일 이민 올 것이다. 그와 같이 재능있는 사람이 만든 것에 대한 [보호] 규정이 있다면, 그것을 복제하거나 그 재능있는 사람의 명예를 가져가는 사람이 없을 것이므로 더 많은 사람이 자신의 재능을 적용하여 사회에

---

905) 윤권순, 영국 특허법상 발명성(inventiveness) 개념의 역사적 기원, 인하대학교 법학연구소, 법학연구 제25집 제1호, 2022, pp. 409-442.

이익에 되는 발명이나 발견을 더 많이 할 것이다.' 이러한 의미는 결국 '인간'의 발명을 의미하는 것으로 보아야 할 것이다. 아마도 베니스의 특허법이 제정된 시기가 르네상스(14C-16C) 시대라는 점을 고려해보면 인간 중심(人間中心)의 르네상스 정신이 반영된 것으로 볼 수 있다. 물론 베니스의 특허법 내용중에는 결국 발명이 사회에 유용한 이익을 가져온다는 공리주의 철학도 반영되어 있다.

1474년 베니스의 특허법상 'ingenious'는 인간의 재능(genius)의 의미라고 하여야 할 것이고, ingenious는 in과 genius를 합하여 '재능으로', '재능을 이용하여' '재능을 불어 넣어'라는 의미로 인간의 노력에 의한 사회에 유용한 발명과 발명자의 의미라고 할 수 있을 것이다. 즉 인간의 지성에 의하여 이룩된 발명이란 의미 정도로 이해할 수 있다고 생각된다.

특허제도의 역사에 관하여 많은 논문을 저술한 Hulme에 의하면, 베니스 특허법의 'invenio'는 어떤 것을 도입(introduce)하려는 육체적 행위(physical act)를 의미하였고, 어떤 것을 발견(discovery)하려는 정신작용이 아니었다고 설명한다.906) 따라서 베니스의 특허법상 'ingenious'라고 기재한 것은 어떤 높은 재능적 수준의 정도가 아닌 인간의 노력에 의한 결과를 강조하려는 것이라고 해석할 수 있다. 1474년 베니스 특허법 제정 이후 19세기 중반 Hotchkiss v. Greenwood 사건907)에서 미국 연방대법원이 '신규성 plus' (novelty plus) 요건을 요구할 때까지 진보성 개념은 쟁점이 되지 않았었다.

---

906) E. Wyndham Hulme, History of the Patent System Under the Prerogative and at Common Law , 12 L. Q. Rev. 141, 151 n.1 (1896)

The connotation of the term 'inventor' has been unduly restricted. It is used indifferently in these grants with such phrases as 'the first finder out,' 'discoverer of useful arts,' &c. The word 'invenio,' I come upon, denotes primarily a physical act rather than a mental process. The Act sought to vest these privileges in those who bad actually contributed to the introduction of the new art, to the exclusion of Court favourites and others.

907) Hotchkiss v. Greenwood, 52 U.S. 248 (1851).

단순한 변경은 발견(발명)으로 간주되지 않는다고 규정하고 있었다. 1793
년 미국 특허법에 "Simply "changing the form or proposition" of any kind
is not deemed to be an invention" 라고 규정하고 있었지만 이를 진보성이라
고 해석하지는 않았다. 아마도 영국의 'put a new button to an old coat'의
개념이 아니었을까 추측해 본다.

베니스의 특허법이 제정되던 시대에는 인간의 재능에 의한 발명이나 발
견을 한 것에 대한 의미를 둔 것으로 그 만큼의 인간의 재능을 구현한 것
(man made)이면 충분한 것의 의미이었다. 새롭다는 의미 이외의 의미는 존
재하지 않았다. 그 당시에는 신규성은 인간의 재능을 불어 넣은 것을 의미
하는 것이었다고 할 수 있다. 나아가 14세기부터 시작된 르네상스 시대의
인간주의에 의한 인간의 과학기술적 사고와 자유의지의 실현이라는 개성
이론(personality)의 근간이었다고도 할 수 있다.

앞서 본 바와 같이 1624년 영국의 독점법은 "first and true inventor or
inventors of such manufactures"라고 규정하고 있는데, 여기에는 수입
(import)을 한 자를 포함하는 개념이었다. 이는 특허제도가 경쟁국의 기술
자의 이민을 통해 기술을 취득하고 산업을 발전시키려는 유럽의 전통적인
전략적 기술정책 및 무역 정책이 반영된 것이다.908) 즉 자연법, 또는 로크
의 재산권 철학에서 정당성을 부여하는 발명(invention)은 인간의 정신작용
에 의하여 인간에 의하여 자연에 새롭게 창작된 것 뿐만 아니라 '새로운
생산과 제조'('manufacture')이면 새롭게 발명한 것이든 영국내에 새롭게 수
입된 것이든 특허 독점을 부여할 만한 가치(consideration)가 있다고 인정된
것이다.909) 물론 이 부분만 한정하여 본다면 보편성을 기반으로 하는 자연

---

908) D. Seaborne Davies, The Early History of the Patent Specification, Law Quarterly
Review 50, 1934, p. 96.

909) E. Wyndham Hulme, On the History of Patent Law in the Seventeenth and
Eighteenth Centuries, 18 L. Q. Rev. 281 (1902) ("Invention, i.e. the exercise of the

법론과 부합하지는 않지만, 자국의 기술발전을 목적으로 하여 공리주의적 철학을 반영한 것이라고 할 수 있다. 결국 15세기와 16세기에 형성된 특허 제도나 1624년 영국의 독점법상의 특허제도는 새로운 것을 창조한 것보다는 새로운 것을 도입한 것에 중점을 둔 정책적 목표가 반영이 되어 독점을 부여하는 제도이었다고 할 수 있다. 이는 특허제도가 인간의 권리인식이라는 자연법상의 권리보다는 새로운 기술을 도입하여 자국의 산업을 부흥시키려는 제도[910]로서 발전되어 온 배경과 일치한다고 할 것이다. 나아가 다수의 학자들은 영국은 자연권이나 실정법상의 일반적인 권리로서 특허를 부여하지 않았고, 왕이나 국가에서 특권이나 은혜로서 특허를 부여했다고 하고 있다.

나. 신규성의 의의의 변화: 개량발명의 특허성

(1) 신규성과 진보성 개념

토론토 대학의 법대 교수이었던 Harold G. Fox 교수는 현 시대에 요구하는 발명의 진보성(inventive ingenuity)은 특허쟁송이 발전함에 따라 법원의 판결에 의하여 특허법에 추가된 것으로 1624년 영국의 독점법에는 없을 뿐만 아니라 실무적으로도 요구된 사항이 아니라고 한다.[911] 또한 그 근거로 1778년 Liardet v. Johnson 사건에서 Lord Mansfield의 다음의 언급을 제시하고 있다:

---

inventive faculty, was not an essential qualification-institution of the manufacture, from whatever source derived, was the valid consideration of the patent grant under the statute.")

910) Harold G. Fox, Monopolies and Patent: a study of the History and future of the Patent Monopoly, Univ. of Toronto Press, 1947, pp. 43-56.

911) Id., 227.

Inventions are of various kinds; some depend on the result of figuring, others on mechanism, etc.; others depend on no reason, no theory but a lucky discovery; water tabbies were discovered by a man spitting on the floor.

위 사건 판결을 한 Lord Mansfield는 발명에는 우연히 발견한 것('a lucky discovery')도 포함된다고 언급하고 있는데, 이러한 발명은 현재의 진보성 개념이 없다고 할 수 있다.[912)

이와 표면상 다른 견해로는 Frank D. Prager를 들 수 있다. 그는 엘리자 베스 여왕시절 특허가 청원되었던 'Mattlhey's patent'를 제시하고 있는데, 이 특허청원에 대한 이의절차에서는 기존의 발명과 별 차이가 없다는 이의 가 제기되었다.[913) Frager는 "invention"은 오래된 용어이지만 현재의 의미 가 있고, 발명으로서의 가치가 없다는 이유로 무효화 되었다고 언급하고 있다. 그리고 유사한 사례로 1569년 엘리자베스 여왕시절의 Hastings' patent를 제시하면서 경쟁 길드가 선행 발명과 '매우 유사함'(very like to)을 입증하여 특허권자의 경쟁자에 대한 특허침해소송을 기각시켰다고 언급하 고 있다.[914)

912) Fox 교수의 입장에 Drury W. Cooper가 있다. Cooper, Some Ghosts of the Law, 23 J. Pat. Off. Soc. 319 (1941); Cooper, Patent Law; Challenging the Courts' View of "Invention," 35 A.B.A.J. 306 (1949).
913) Frank D. Prager, Standards of Patentable Invention from 1474 to 1952, 20 U. Chi. L. Rev. 69, 71 (1952-1953).
[t]he company of cutlers did show before some of the Counsel and some learned in the law that they did use to make knives before, though not with such hafts, that such a light difference or invention should be no cause to restrain them; whereupon he could never have benefit of his patent although he labored very greatly therein.
914) Frank D. Prager, Standards of Patentable Invention from 1474 to 1952, 20 U. Chi. L. Rev. 69, 72 (1952-1953).

(2) 낡은 옷에 새로운 단추 하나(A New Button on an Old Coat)

에드워드 코크에게 발명이 조그마한 차이(light difference)이거나 단순한 추가(mere addition)인 경우에는 새로운 것이 아니었다.[915] 낡은 옷에 단추 하나 새로 달았다고 특허를 받을 수 있는가? 'A New Button on an Old Coat'는 에드워드 코크가 발명성과 신규성의 의미, 즉 발명 및 신규성 기준을 언급할 때 사용했던 문구이다.[916] 낡은 옷에 단추 하나 달았다고 새로운 발명, 즉 특허받을 수 있는 개량발명이라고 할 수 없다는 의미이다. 기존의 발명에 포함되는 것으로 보았다. 에드워드 코크가 1624년 영국의 독점법을 제정하는데 결정적인 역할을 하였고, 구 체제의 특허제도의 타파를 위해 노력하였냐는 점에서 추론하여 보면, 위 문구의 의미는 명확하다. 즉 발명이 새로운 것의 기준으로 독점을 부여해야 할 대상의 기준이다. 이때 현재의 진보성 기준은 언급되지 않았다.

위 문구는 매우 유명한 Bircot's patent 사건에서 인용되었다. 본 사례는 본 저술에서도 다수 인용하고 있고, 에드워드 코크의 저술인 Institutes에도 소개되어 있는 사례이다. 본 사례에서 해당 특허가 무효화 되었는데, 특히 에드워드 코크가 'a new button to an old coat'이라는 언급을 인용한 유명한 사례이다. 에드워드 코크는 자신의 저술에서 발명이 특허를 취득하지 못하는 경우는 '오래된 코트에 단추 하나 단 것'과 같이 매우 쉬운 결과에 대하여는 특허를 취득하지 못한다고 언급했다. 위와 같은 에드워드 코크의 언급은 16세기 후반 엘리자베스 여왕시절의, 현재와는 그 의미가 다른 신규성의 의미를 이해하는데 이용된다. 앞서 'Mattlhey's patent'사건에서의 이의제기를 보면 "they did use to make knives before, though not with such hafts, that such a light difference or invention should be no cause to restrain

---

915) Frank D. Prager, Historic Background and Foundation of American Patent Law, The American Journal of Legal History, 1961, Vol. 5, No. 4 (Oct., 1961), p. 311.

916) Edward Coke, Institutes, Book III. p. 184.

them."라고 하고 있는데, 칼(knife)의 발명이 기존의 칼(knife)과 별다른 차이가 없거나 발명적 요소가 거의 없는 발명(a light difference or invention)이란 이유로 경쟁자에게 사용금지를 할 수 없다는 이의제기 내용이다. 이는 에드워드 코크가 언급하는 "to put a new button to an old coat"과 같은 의미로서, 기존의 발명과 구분되는 새로운 발명이 존재하지 않는 발명이란 취지이다. 나아가 Hastings' patent 사건에서도 보면 '매우 유사함'(very like to)은 선행발명과 다를 것이 없는 발명으로 새롭게 발명된 것이 없거나 개량발명(improved invention)으로 볼 수 없다는 것이다.

이에 관하여 논문[917]을 쓴 Frager는 1776년 Morris v. Bransom 사건[918]에서 Lord Mansfield가 특허의 유효성에 대하여 좀 더 완화된 기준을 적용하였고, 후대에서 그 기준은 계속 지지되었다고 하면서, 그럼에도 불구하고 그 이후에도 많은 특허들이 발명성의 결여로 무효화 되었다고 한다. 그는 그의 시대의 발명성(inventiveness)에 대하여 영국법원은 단순한 개량은 특허를 무효로 하였지만 다소 근본적인 제조방법(basic manufacture)을 공개하는 발명에 대하여는 특허를 유효화 하였다고 한다. 영국 특허제도의 특징은 1949년까지 발명성이 결여된 경우에는 특허등록을 거절하기 보다는 등록된 특허를 무효화 하였다고 한다. 그는 결론적으로 발명성을 법에서 요구하는 때에는 법원은 완화된 기준을 적용하였고, 그러한 원칙에서 주목하여야 할 점은 발명성은 '새롭고 유용한 결과'(new and beneficial result)에 존재하거나 그에 의해 입증될 수 있다고 결론짓고 있다.[919]

Frager의 주장을 요약해보면, 엘리자베스 시대에 '재능'(ingenious)이란

---

917) Frank D. Prager, Standards of Patentable Invention from 1474 to 1952, 20 U. Chi. L. Rev. 69, 72 (1952-1953).

918) Morris v. Bransom, 1 Web. Pat. Cas. 51 (1844).

919) Frank D. Prager, Standards of Patentable Invention from 1474 to 1952, 20 U. Chi. L. Rev. 69, 72-73 (1952-1953).

발명성(inventiveness)을 의미하지만 이는 '거의 유사한 것'(very like to) 이상의 '새로운 것', '낡은 코트에 새로운 단추를 다는 것'(to put a new button to an old coat) 이상의 미미(味微)한 변화보다 더 이상의 변화를 의미하는 것으로, 이러한 법리는 1778년 Lord Mansfield에 의해지지 받았다고 한다. 다만 그 이상의 변화도 있었다고 한다. 그러나 그와 같이 발명성의 의미는 '새롭고 유용한 결과'(new and beneficial result)를 가져온 경우에는 'ingenious'나 'inventiveness'를 충족한다는 것이다. 결국 발명이 사회적 이익을 가져온다면 특허를 받을 수 있다는 유용성의 관점에서 'ingenious'나 'inventiveness'를 해석한 것으로 볼 수 있다고 한다. 1952년 미국 특허법이 진보성을 특히요건으로 명시한 이유와 16세기 엉국에서 'ingenious'나 'inventiveness'가 언급된 이유는 다른 것이다. 물론 두가지 모두 근본적으로 공리주의나 실용주의를 기반으로 한다는 점에서 차이는 없다. 결국 Frager의 견해도 16세기 영국에서 ingenious의 의미에 대하여는 Fox 교수의 견해와 크게 다른 것이 없다.

(3) 옛 기계의 새로운 용도('put an lod machie to a new use')

'put a new button to an old coat'와 구분되는 것은 'put an lod machie to a new use'이다. 전자는 개량발명에 관한 것이고 후자는 용도발명에 관한 것이다. 'put an lod machie to a new use'는 새로운 이용만으로는 특허를 받을 수 없다는 것을 의미한다.

미국의 경우 1793년 특허법 제1조는 특허를 받을 수 있는 발명으로 "any new and useful improvement"라고 규정하고 있었다.[920] 어느 정도의 발명이 "new and useful improvement"라고 할 수 있는지가 문제되었다.

앞서 본 바와 같이 기존 발명의 개량발명은 엘리자베스 여왕시절에도 문

---

920) 1790년 미국 특허법 제1조는 "any improvement therein not before known or used," 라고 규정하여, 동일한 취지로 규정하고 있었다.

제가 되었었는데, Bircot 사건을 통하여 오래된 옷에 단추 하나 변경했다고 하여 특허를 받을 수 없다는 것이 16세기부터 확립된 법리라고 볼 수 있다. 그리하여 이러한 법리를 바탕으로 1572년 Bircot's case[921] 사건에서 영국의 재정법원은 발명은 단순한 변경만으로는 개량발명으로 인정하기 부족하다고 판시했다. 나아가 에드워드 코크는 개량발명과 개량의 대상이 된 발명의 관계에 대하여 '만일 새로운 물품이 법에 따라 실질적으로 발명되었다면, 그 이전부터 사용되고 있는 예전 물품은 [그 사용이] 금지되지 않는다'("if the new manufacture be substantially invented according to law, yet no old manufacture in use before can be prohibited.")[922]라고 하여 선실시자의 권리를 인정했고 공지발명의 이용도 특허침해로 인정하지 않았다.

19세기 전반기에 미국의 조셉 스토리(Joseph Story) 판사는 과거의 발명을 새로운 '이용'에 적용하는 것만으로는 특허를 취득하지 못한다고 판시했다.[923] 1842년 Howe v. Aboatt 사건[924]에서는 마(hemp)를 비틀어 로프를 만드는 공정을 비틀어(twist) 작업하는 새로운 공정에 적용한 특허발명이 새로운 발명인지 있는지가 문제 되었다. Story판사는

> It is, therefore, the mere application of an old process and old machinery to a new use. It is precisely the same, as if a coffee mill were now, for the first time, used to grind corn. The application of an old process to manufacture an article, to which it had never before been applied, is not a patentable invention. There must be some new process, or some new machinery used, to produce the result. If the old spinning

---

921) Willard Phillips, The Law of Patents for Inventions, Freeman and Bolles, Printers, 1836, p. 117.
922) Edward Coke, Institutes, Book IV. p. 184.
923) Winans vs. The Boston and Providence Railroad Company, 2 story's Rep. 412,
924) Howe v. Abbott. 2 Story. 190 (C.C.D. Mass. 1842).

machine to spin flax were now first applied to spin cotton, no man
could hold a new patent to spin cotton in that mode; much less the right
to spin cotton in all modes, <u>although he had invented none</u>…. <u>He, who
produces an old result by a new mode or process, is entitled to a patent
for that mode or process. But he cannot have a patent for a result
merely, without using some new mode or process to produce it.</u>[925)]

[번역]

그것은 구 방식과 구 기계의 새로운 이용에 대한 단순한 적용이다.
그것은 커피분쇄기를 최초로 옥수수 분쇄에 사용한 것과 정확하게 같
다. 과거의 공정을 어떤 상품 제조에 이용하는 것은, 이전에 적용된 바
가 없더라도, 특허받을 수 있는 발명이 아니다. [특허를 받기 위해서
는] 그 결과를 가져오기 위해 어떤 새로운 공정 또는 어떤 새로운 기
계가 사용되어야 한다. 만일 과거의 아마(flax)실을 회전시키기(잣기 위
해) 위하여 이전부터 사용되던 회전기계가 면(cotton)을 회전시키기 위
해 최초로 적용한 것이라면, 그와 같은 방법에 의한 면을 회전하는 새
로운 특허를 취득할 수 없다; 모든 방식에는 더욱더 그렇다, 만일 그가
발명한 것이 없다면…. 새로운 방법이나 공정에 의해 과거의 결과를
가져온 사람은 그 방법이나 공정에 대하여 특허를 취득할 수 있다. 그
러나 그는 그 결과를 생산하기 위한 새로운 방법이나 공정을 제외하고
단순히 결과에 대하여 특허를 취득할 수 없다.

라고 판시했는데, 커피밀을 옥수수밀로 사용하는 것에 불과한 것과 같이
단순히 옛방식을 새로운 방식에 적용하는 것에 불과한 것이라면 특허를 취
득할 수 없다고 판시했다. 그와 같은 것은 발명한 것이 없다는 것이다. 다
만, 새로운 방법으로 이전의 것(old result)을 생산하였다면 특허를 취득할
수 있다고 한다. 새로운 방법을 사용하지 않은 경우에는 그 결과에 대하여

---

925) Howe v. Abbott, 2 Story. 190, 194 (C.C.D. Mass. 1842).

특허를 취득할 수 없다고 한다. 또한 Bean vs. Smallwood 사건에서도 Story 판사는 "A coffee-mill, applied for the first time to grind oats, or corn, or mustard, would not give a title to a patent for the machine." 라고 하여 기존의 특허를 새로운 기계에 적용하였다고 하여 특허를 받을 수 없다고 판시했다.926)

1790년 미국 특허법927)을 제정하는 과정에서 토마스 제퍼슨(Thomas Jefferson)이 채용한 비공식 문서에는

A third was that the mere change of form should give no right to a patent; as a high quarter shoe instead of a law[low] one, a round hat, instead of a three square or a square bucket instead of a found one; but for this rule all the changes of fashion in dress would have been under the tax of patentees."

[번역]

세 번째는 단순히 형식만 변경한 것만으로는 특허를 부여할 수 없다; 'a low quarter shoe'(필자 주: 굽이 낮은 신발로 해석됨) 대신에 'a high quarter shoe'(필자 주: 굽이 높은 신발), 삼각의 모자 대신에 둥근 모자 또는 1파운드 대신에 1스퀘어 양동이, 그러나 이러한 원칙이 없었다면 옷에 가한 모든 패션의 변경도 특허를 받았을 것이다.

라고 하였다.928) 단순한 변경은 특허를 취득할 수 없다고 하고 있었다. 그리하여 미국은 1793년 특허법929) 개정을 통해 특허법 제2조에 다음과 같이

---

926) Bean vs. Smallwood, 2 Story, 411 (1843).

927) the Patent Act of 1790, 1 Stat. 109 (1790).

928) Levi N. Fouts, Jefferson the Inventor and His Relation to the Patent System, 4 Journal of Patent Office Society 316, 325 (1922).

929) the Patent Act of 1793, 2 Stat. 318 (1793).

단순한 방법이나 비율변경은 특허받을 수 있는 발견[발명]으로 인정할 수 없다고 규정했다:

> [S]imply changing the form or the proportion of any machine or composition of matter, in any degree, shall not be deemed a discovery.930)

라고 규정하고 있었다.

미국 연방대법원은 그와 같은 발명성과 신규성의 해석원칙에 따라 1850년 Hotchkiss v. Greenwood 사건 판결 때까지 신규성만으로 충분한 것으로 이해하고 있었다.931) 다만 그 이전에 일부 사례에서 발명성과 신규성의 의미에 변화가 있기 시작했다. 1813년 Whittemore v. Cutter 사건932)에서 법원은

> "It has even been held, that pulling an old machine to a new use, when the patentee has done this, in connection with the original discovery of some new quality of matter, so that he makes anew and useful result, is not patentable."
>
> [번역]
>
> 특허권자가 이전의 기계를 새로운 이용에 사용하는 것이 원래의 발명의 어떤 새로운 용도(quality of matter)와 관련하여 행해진 것으로 새

---

930) 미국 특허법의 문구는 프랑스 학자들은 프랑스법(the French Patent Law of May 25, 1791)의 제9조에 규정된 "Ne seront point mis au rang des perfections industrielles, les changements de formes ou de proportions, non plus que les ornements, de quelque genre que ce puisse être."(영어번역:Changes in form or proportions, nor ornaments of any kind whatsoever, will not be placed among industrial perfections.) 에서 가져왔다고 주장한다고 한다. John F. Duffy, Inventing Invention: A Case Study of Legal Innovation, 86 Texas Law Review, 1, 30 (2007).

931) Prouty v. Ruggles, 16 Pet. (U.S.) 336 (1842).

932) Whittemore v. Cutter, 29 F. Cas. 1120 (C.C.D. Mass. 1813).

롭고 유용한 결과이지만 특허를 받을 수 없다.

라고 판시했다. 즉 새로운 용도에 사용하면 '새롭고 유용한 결과'임을 인정
했다. 다만 이를 특허받을 수 있다고 인정하지는 않았다. 그러나 20세기 중
반, Learned Hand 판사는 조그만 변경이 특허를 받을 수 없다는 의미는 아
니라고("[t]his does not mean that very slight physical changes in a "machine,"
a "manufacture" for a "composition of matter" may not be enough to sustain
a patent.") 하였다.933)

(4) 개량발명의 특허성

영국에서 제정된 The Act of Congress of 1793934)은 명시적으로 개량발

---

933) Old Town Ribbon & Carbon Co. v. Columbia Ribbon & Carbon Mfg. Co., 159 F.2d
379, 382 (2d Cir. 1947) (L. Hand, J.)

  All the mental factors which determine invention may have been present to the
  highest degree, but it will not be patentable because it will not be within the
  terms of the statute. This is the doctrine that a "new use" can never be
  patentable. In this circuit we have many times applied it, and it has been
  recognized elsewhere. As we have said in earlier cases, this does not mean that
  very slight physical changes in a "machine," a "manufacture" for a
  "composition of matter" may not be enough to sustain a patent; the act of
  selection out of which the new structure arises, is the determinant, and small
  departures may signify and embody revolutionary changes in discovery; but the
  law does not protect the act of selection per se, however meritorious, when it
  is not materially incorporated into some new physical object.
  In re Thuau, 135 F.2d 344, 347 (C.C.P.A. 1943) ("[A] patentee is entitled to every
  use of which his invention is susceptible, whether such use be known or unknown
  to him.").

934) The act of Congress of 1793, Sec. 2, "[t]hat any person who shall have discovered
an improvement in the principle of any machine, or in the process of any
composition of matter, which shall have been patented, and shall obtain a patent for
such improvement, shall not be at liberty to make, use, or vend the original

명(improvement)에 대한 특허를 인정했다.[935] 개량발명에 대하여는 16세기부터 문제가 되었다. 엘리자베스 여왕시대에는 발명에 따라 기존발명을 계속 실시하는 것을 허용하든지 그렇지 않은지를 정했다. 예컨대, 1562년 John Medley에게 부여한 배수기구에 대한 20년간의 특허에서는 John Medley의 발명(improvement)과 그의 주장(claim)이 명확치 않다는 이유로

It is not clear that Medley lays claim to the invention of the device although the grant covers all subsequent improvements. The rights of users of old machines are reserved, and clauses are inserted regulating the compensation to be paid for entering upon abandoned properties.
[번역]
　부여된 특허가 후속적인 모든 개량발명을 포함하지만, Medley는 해당 장치의 발명에 대한 주장을 하는 것인지 불분명하다. 선행발명의 선실시자의 권리는 여전히 존재하고, 포기된 권리를 사용한다고 지급된 보상을 규제하는 조항(clause)이 명시되었다.

라는 내용으로 특허를 부여해, 기존의 발명자가 자신의 발명을 계속 사용할 수 있었다.[936] 위 사건은 그 발명이 기존 발명에 비교하여 신규성이 있는 개량발명인지가 문제이었는데, 에드워드 코크는 그의 저서에서 위와 같이 명시된 특허부여 조항(clause)의 개량발명(improvement)에 대하여 다음과 같이 언급했다.

Fourthly, the priviledge must not be contrary to law: such a

---

discovery ; nor shall the first inventor be at liberty to use the improvement."
935) Willard Phillips, The Law of Patents for Inventions, 1837, p. 116.
936) E. Wyndham Hulme, History of the Patent System Under the Prerogative and at Common Law, 12 L. Q. Rev. 141, 146 (1896).

priviledge, as is consonant to law, <u>must be substantially and essentially newly invented</u>; but if the substance was *in esse* before, and a new addition thereunto, though that addition make the former more profitable, yet it is not a new manufacture in law; and so was it resolved in the Exchequer Chamber, Pasch. 15 Eliz. in Bircot's case, for a priviledge concerning the preparing and melting, &c. of lead ore; for there it was said, that that was to <u>put but a new button to an old coat</u> ; and it is much easier to adde than to invent. And there it was also resolved, that if the new manufacture be substantially invented according to law, yet no old manufacture in use before can be prohibited.937)

[번역]

네 번째, 특권은 법에 저촉되지 않아야 한다: 법에 부합하는 그와 같은 특권은 <u>실질적이고 본질적으로 새롭게 발명되어야 한다</u>; 그러나 만일 실질이 선행발명이라면, 선행발명 새롭게 추가된 것이 선행발명의 실시자에게 이익을 가져다 주더라도 법상으로는 새로운 제품이 아니다; 그리고 그러한 문제는 엘리자베스 여왕 15년(1672년) 재정법원(Exchequer Chamber)[당시 특허는 왕의 재산이었으므로 왕의 재정법원에서 관할한 것으로 판단된다]은 Bircot's case에서 납광물을 용광하는 특권에 대하여 낡은 옷에 새로운 단추를 다는 것('to put but a new button to an old coat')에 불과하고, 그와 같은 것은 매우 용이한 것이라고 했다. 그리하여 이 문제는 해결되었는데, 법에 따라 새로운 제품이 실질적으로 발명이 되면 기왕에 실시되는 선행발명의 실시는 금지되지 않는다.

1572년 Bircot's case938)에서는 개량발명으로 특허를 받았는데, 기존의

---

937) Edward Coke, Institutes, Book IV. p. 184.

938) Willard Phillips, The Law of Patents for Inventions, Freeman and Bolles, Printers, 1836, p. 117.

제조업자가 계속하여 제조판매할 수 있는지가 문제되었다. 재정법원(the Court of Exchequer Chamber)은 '낡은 옷에 새로운 단추 하나'('A New Button on an Old Coat')를 다는 것과 같은 것으로 기존 발명에 무엇가를 첨가하는 것은 매우 쉬우므로 법에 따라 새로운 것이 실질적으로 발명된 경우에는 이전에 존재하는 것(in esse)의 사용이 금지되지 않는다고 판시했다. 그리하여 개량발명에도 불구하고 기존의 발명을 계속 실시할 수 있었다. 또한 옷에 단추를 다는 것과 같은 약간의 변경만으로는 새로운 특허로 인정받지 못했다.

즉 인용문에서 에드워드 코크가 언급하고 있는 바와 같이, '실질적으로 근본적으로 새롭게 발명될 것'(substantially and essentially newly invented)이 요구되었고, 그와 같은 발명이 아니라면 새로운 발명을 하는 것과 비교하여 낡은 옷(이전 발명)에 새로운 단추 하나(개량발명)('A New Button on an Old Coat') 다는 것과 같이 매우 쉬운 것에 불과하여 새로운 개량발명으로 인하여 기존의 발명이 더 이익을 얻게 되더라도 1793년 법에 정한 새로운 발명이라고 할 수 없다.

다만 영국에서 Bircot's case의 법리도 변경되었다. 1776년 편직기계 특허가 문제된 Morris v. Bramson 사건[939])에서 Lord Mansfield는 Bircot 원칙을 적용한다면, 특허를 받은 기존의 개량발명 모두 무효화 될 것이라고 판시했다. 본 사건에서는 선행발명을 개량한 것이었는데 개량발명은 다른 종류의 편직물을 생산했다. Lord Mansfield는

> [a]fter one of the former trials on this patent, I received a very sensible letter from one of the gentlemen who was upon the jury, on the subject whether on principles of public policy there could be a patent

---

939) Morris v Bramson (1776), 1 Hayward's Patent Cases 181. 본 사건은 'Morris v. Branson' 사건으로도 알려져 있다.

for an addition only. I paid great attention to it, and mentioned it to all the judges. If the general point in law, viz. that there can be no patent for an addition, be with the defendant, that is open upon the record, and he may move in arrest of judgment. But that objection would go to repeal almost every patent that was ever granted.

[번역]

이전의 특허소송중의 하나 이후, 나는 배심원이었던 사람으로부터 개량발명에 관련된 공공정책의 원리에 관련한 매우 중요한 편지를 받았다. 나는 그 편지에 주목했고 모든 배심원에게 알린다. 만일 일반적인 법원 원칙이라면 추가된 개량에 대하여는 특허가 부여될 수 없다는 피고에게 동의하고, 그는 승소할 것이다. 그러나 그와 같은 반대는 현재까지 부여된 모든 특허를 무효화 할 것이다.

라고 하여, 결국 배심원은 피고에게 원고의 특허가 유효하므로 그 침해로 인한 500파운드의 손해배상을 명했고, 피고는 이를 수용했다.[940) 이 판시는 앞서 인용한 Story 판사의 판결과는 좀 다른 법리를 유지하고 있다.

미국의 경우에도, 1793년 특허법 제2조는

Provided always, and be it further enacted, That any person, who shall have discovered an improvement in the principle of any machine, or in the process of any composition of matter, which shall have been patented, and shall have obtained a patent for such improvement, he shall not be at liberty to make, use or vend the original discovery, nor shall the first inventor be at liberty to use the improvement: And it is

---

940) Peter Wells & Tilaye Terrefe, A Brief History of the Evolution of the Patent of Invention in England, 35 Canadian Intellectual Property Review 65, 73 (2020).

hereby enacted and declared, that simply changing the form or the proportions of any machine, or composition of matter, in any degree, shall not be deemed a discovery.

[번역]

항상 규정되고 규정되는 바와 같이, 특허받아야 하는 모든 기계의 원리 또는 사물의 모든 조합의 개량발명을 발견한 모든 사람은 그러한 개량에 대하여 특허를 취득하여야 한다. 그는 원래의 기본발명 제조, 이용 또는 판매할 수 없고 최초의 발명자는 개량발명을 이용할 수 없다: 그리고 간단한 모든 기계 또는 사물의 조합의 '단순 변경'(simply changing)은 어떠한 정도라도 [특허받을 수 있는] 발견으로 간주되지 않는다.

라고 규정하고 있었다. 이는 18세기의 영국과 신규성 기준을 공유했다고 할 수 있지만, 구체적 사례에서, 앞서 본 바와 같이, 좀 다른 뉘앙스를 가지고 있다. 다만, 실제 사례에서는 영국과 미국이 같은 법리를 채용하고 있으므로 사실인정과 법리의 해석범위내일 수도 있다고 보인다.

3. 발명자 v. 도입자: promotion of the development of industry?

특허권은 발명가에게 부여되어야 하는 것인지 아니면 발명가 뿐만 아니라 최초의 도입자도 부여 받을 수 있는지는 오랜 논쟁의 대상이었다. 이는 특허철학적으로도 국가의 산업발전에 기여를 하는 것(promotion of the development of industry)이라면 최초의 발명자 뿐만 아니라 최초의 수입자/도입자도 특허의 대상이 될 수 있다는 것이다.

현재 특허법리에 의하면 외국에서 공개되거나 공지된 발명은 국내에서 신규성이 없다는 것은 당연한 법리이다.[941] 그러나 이러한 당연한 법리가 형성된 것은 최근의 일이다. 1474년 베니스의 특허법이 제정된 이래 기술 수입은 국가의 산업발전을 위해 필요한 것이었고, 오히려 경쟁국과 도시에 우월적 지위를 취할 수 있는 수단이 되었다. 이러한 약탈적 기술취득행위는 기술 개발비용의 투입이 없이 기술을 취득할 수 있기 때문이었다.

매우 공리주의적인 이러한 특허 철학은 중세 유럽에 특허제도가 도입될 당시부터 존재했었다. 특허제도는 산업발전을 위한 것이므로 최초의 발명 자나 최초의 수입자나 구별할 필요가 없었다. 그리하여 도둑질을 해서라도 외국의 비밀인 발명을 가져오는 것이 중요했다. 중세 이탈리아와 영국에서도 이러한 발명의 도둑질은 보편적인 것이었고, 산업발전을 위해 도둑질을 권한 것이었다. 유럽에서 발전된 특허제도 초기부터 시작된 특허부여 정책이었다.[942] 특허는 도구주의자(instrumentalist)들[943]에게는 산업발전의 도구일 뿐이었다.

특허권의 본질에 관하여 자연법원칙을 따라간다면 자연권의 보편성으로 인하여 외국의 특허도 동일하게 보호해야 한다. 기술을 외국으로부터 도입

---

941) 특허법 제29조(특허요건)
    ① 산업상 이용할 수 있는 발명으로서 다음 각 호의 어느 하나에 해당하는 것을 제외하고는 그 발명에 대하여 특허를 받을 수 있다.
        1. 특허출원 전에 국내 또는 국외에서 공지(公知)되었거나 공연(公然)히 실시된 발명
        2. 특허출원 전에 국내 또는 국외에서 반포된 간행물에 게재되었거나 전기통신회선을 통하여 공중(公衆)이 이용할 수 있는 발명
942) Edgebury v. Stephens, 90 ER 1162; 91 ER 387; 2 Salk. 447 (1691). Thomas Webster, Reports and Notes of Cases on Letters Patent for Inventions, Thomas Blenkarn, Law Bookseller, 1844, V. 1, p. 38.
943) 대표적인 도구론 자로는 William Mathewson Hindmarch를 들 수 있다. William Mathewson Hindmarch, A Treatise on the Law relative to Patent Privileges for the Sole Use of Inventions: and the Practice of Obtainging Letters Patents for Inventions, with an Appendix of Forms and Entries, G. M'kinley and J. M. G. Lescure, Printers, 1847 참조.

을 한 자는 1474년 베니스의 특허법에서도 특허를 취득할 수 있었다. 1624
년 영국의 특허법도 1474년 베니스 특허법과 같은 법리이다. 베니스의 특
허법은 그 관할 지역을 한정하여,

> [e]very person who shall build any new and ingenious device in this
> City, not previously made in our Commonwealth,

라고 규정하고 있는데, 위 규정에 따르면 베니스와 그 관할도시(Commonwealth)
에서 "any new and ingenious device"인 경우이면 특허를 취득할 수 있었다.
이와 같은 문구에는 타 지역에서 이미 발명된 것이라도 베니스에서 새롭다
면 특허를 부여할 수 있다고 규정한 것이다.

1716년 이탈리아 북부도시인 Sardinia[944]에서 비단직조기술을 훔쳐온
Thomas Lombe에게 1718년 부여한 특허장에는

> [d]id with the utmost difficulty and hazard, and at a very great
> expense, discover the arts of making and working the three capital
> engines made use of by the Italians to make their organzine silk, and
> did introduce those arts and inventions into this kingdom,···[945]

라고 하여, 어렵고, 위험하고 많은 비용이 드는 일("utmost difficulty and
hazard, and at a very great expense")이기 때문에 최초의 기술수입자에 대하
여 부여하는 것으로 언급하고 있다.[946]

---

944) 그 당시 이탈리아 북부도시인 Sardinia는 기술을 훔친 자에게 사형을 하도록 하고
있었다.
945) Thomas Webster, Reports and Notes of Cases on Letters Patent for Inventions,
Thomas Blenkarn, Law Bookseller, 1844, V. 1, p. 38.
946) 이러한 언급은 Labor Desert Theory를 수용한 것과 같은 면이 있다.

1624년 영국의 독점법은 영국내에서 새로운 것("the sole working or makinge of any manner of new Manufactures <u>within this Realme</u>, to the true and first Inventor and Inventors of such Manufactures")이라고 규정하고 있었다. 1624년 영국의 독점법을 입법한 에드워드 코크는 영국내에서 새롭게 발명한 자 뿐만 아니라 외국의 기술을 영국에 최초로 도입한 자도 포함하는 것으로 해석하고 있다. 에드워드 코크도 '최초의 진정한 발명자'(the first and true inventor)를 발명자 뿐만 아니라 기술의 수입자도 포함하는 것으로 이해했으므로 에드워드 코크의 사상이 반영된 1624년 영국법도 같은 내용으로 규정될 수 밖에 없었다. 에드워드 코크 이후 18세기 후반, 윌리엄 블랙스톤의 영국법 주석(Commentaries on the Laws of England)에도 "the invention is new, or new <u>in this country</u>"947) 라고 하여 에드워드 코크와 같이 외국에서 수입해 온 발명도 영국에서 새로운 것이면 신규성이 존재한다고 해석을 하고 있다.

우리나라의 특허법은 다음과 같이 변경하였다:

[법률 제7869호, 2006. 3. 3., 타법개정]	시행 2006. 10. 1. [법률 제7871호, 2006. 3. 3., 일부개정]
제29조 (특허요건) ①산업상 이용할 수 있는 발명으로서 다음 각호의 1에 해당하는 것을 제외하고는 그 발명에 대하여 특허를 받을 수 있다.	제29조 (특허요건) ①산업상 이용할 수 있는 발명으로서 다음 각 호의 어느 하나에 해당하는 것을 제외하고는 그 발명에 대하여 특허를 받을 수 있다.
1. 특허출원전에 <u>국내에서</u> 공지되었거나 공연히 실시된 발명	1. 특허출원전에 <u>국내 또는 국외에서</u> 공지되었거나 공연히 실시된 발명
2. 특허출원전에 국내 또는 국외에서 반포된 간행물에 게재되거나 대통령령이 정하는 전기통신회선을 통하여 공중이 이용가능하게 된 발명	2. 특허출원전에 국내 또는 국외에서 반포된 간행물에 게재되거나 대통령령이 정하는 전기통신회선을 통하여 공중이 이용가능하게 된 발명

---

947) William Blackstone, Commentaries, Book II, p. 407, fn 8.

2006년에 일부개정이 되면서 제29조 제1항 제1호가 '국내'에서 '국내 또는 국외'로 개정되었다. 공지공용(1호)은 최근까지 국내에 한정하였던 것이므로 외국에서 공지공용되었다고 하더라도 국내에서는 특허를 취득할 수 있었다. 다만, 우리 특허법 제34조에 특허를 취득할 수 있는 사람을 발명자로 한정하고 있었으므로 그에 의해 제한이 될 뿐이었다.

특허권의 실시권의 범위에 수입을 포함시키는 것은 신규성이라는 특허요건과 충돌하게 된다. 기술을 도입하는 국가에서는 새로운 기술을 수입하더라도 해당 기술은 이미 그 기술이 있던 국가에서 보면 신규하지 않은 것이다. 신규성의 판단을 국내적으로 볼 것인지 국제적으로 볼 것인지에 따라 신규성이 존재할 수도 존재하지 않을 수도 있었다. 그 뿐만 아니라 객관적으로 새로운 신규성 개념(novelty)과 주관적으로 새로운 창작성 개념(originality)이 나누어지게 되었다.

영국도 다른 유럽대륙의 국가와 마찬가지로 영국에 존재하지 않는 유럽대륙국가의 발전된 기술을 수입하여 영국의 산업을 발전시키려는 정책으로 특허제도를 이용하였으므로 초기 특허실무상 신규성은 영국에서 새롭기만 하면 충분했다. 이러한 관념은 비단 영국뿐만이 아니었다. 독일에서도 신규성의 의미는 해당 도시에서 새로울 것을 요구했다.948) 따라서 특허권에는 새로운 기술을 수입하기 위하여 특허권자에게는 수입(importation)에 관한 권리를 부여하는 것이 특허제도의 핵심적인 사항이 되었다.949)

---

948) Hansjoerg Pohlmann, The Inventor's Right in Early German Law: Materials of the Time from 1531 to 1700, 43 JPOS 121, 129 (1961). 1589년 뉘른베르크(Nuremberg)에서 Claudius vom Creutz에게 특허를 부여하기 위해 해당 발명을 심사하면서 "… provided that prior investigation shows that no one in town has previously used or practiced the same setting for rosettes of garnet…." 라고 기재하였다. Id. 즉 해당 도시에서 타인에 의하여 먼저 사용되거나 실시되었는지 여부가 신규성을 판단하는 기준이었다.

949) E. W. Hulme, The History of the Patent System under the Prerogative and at Common Law, 12 L.Q.R. 141, 152 (1896).; Edward C. Walterscheid, Novelty in

1624년 영국의 독점법이 제정된 이래 특허를 취득하기 위한 필수 요건
으로 신규성을 요구하게 되었다.[950] 자국에서 새롭기만 하면 새로운 것으
로 인정하는 신규성의 의미는 1624년 영국의 독점법(The Statute of
Monopolies 1624)이 제정된 이후에도 변화가 없었다. 영국 독점법 제6조는
영국령내(within this realm)에서 최초의 진정한 발명자(the first and true
inventor)에게 특허를 수여하도록 했다. 이는 특허요건 중에서 신규성을 요
구한 것으로 해석되는데 최초의 진정한 발명자(the first and true inventor)
는 영국에서 발명을 한 경우(introduction) 뿐만 아니라 수입(importation)을
한 경우에도 인정되었다. 누가 실제로 발명을 하였는지는 문제가 되지 않
았다.[951] 누가 먼저 수입을 했는지가 중요했다. 그 당시 영국에서의 신규성
의 의미는 영국령 내에서 신규하다는 의미였고,[952] 독점법이 제정된 이후
에도 실제로 공개적으로 실시했는지가 중요하였고, 출판된 것만으로는 신
규성을 부인하지 않았다.[953] 영국령 이외에서 알려진 것만으로는 신규성을
부정하지 않았다. 따라서 외국에서 기술을 가진 기술자는 영국으로 이민하
여 특허를 취득할 수 있었다.

이는 1624년 영국 독점법을 기초하였던 에드워드 코크(Edward Coke)의
견해에서도 잘 나타나 있다. 에드워드 코크에게도 독점법상 특허를 부여하

Historical Perspective (Part I), 75 Journal of Patent Office Society 689, 691 (1993).
950) the Statute of Monopolies 1624, §6.
951) Christine MacLeod, Inventing the Industrial Revolution, The English Patent System, 1669-1800, Cambridge Univ. Press, 1988, p. 18; Edward C. Walterscheid, Novelty in Historical Perspective (Part I), 75 Journal of Patent Office Society 689, 694 (1993).
952) Christine MacLeod, Inventing the Industrial Revolution, The English Patent System, 1669-1800, Cambridge Univ. Press, 1988, p. 18; Edward C. Walterscheid, Novelty in Historical Perspective (Part I), 75 Journal of Patent Office Society 689, 694 (1993).
953) Edward C. Walterscheid, Novelty in Historical Perspective (Part I), 75 J. Pat. & Trad. Off. Soc'y 689, 701 (1993).

기 위해서는 해당 기술이 사용되지 않아야 되는데('did not use')954) 그 사용('use')은 영국내('within this realm')에서 사용(working)을 의미했다.955) 영국에서 사용된 바가 없다면 외국에서 이미 알려진 것이어서 객관적으로 신규성이 없는 기술이더라도 그 기술을 수입하는 영국에서 새로운 기술로서 신규성이 있는 발명으로 인정되었다.956) 그 뿐만 아니라 신규성은 최근에 실시된 바가 없어야 한다는 의미로 이해되었다.957) 오래전에 실시된 발명이거나 발명이 출판물에 기술된 것만으로 특허를 인정하는데 방해가 되지 않았다.958)

그러한 신규성의 의미는 지속되었다. 1691년 Edgebury v. Stephens 사건에서 Holt 판사는

---

954) the Statute of Monopolies 1624, §6.

955) Sir Edward Coke, The Institutes, Book III, p. 184.

   [N]ew manufacture must have seven properties. First, it must be for twenty-one years or under. Secondly, it must be granted to the first and true inventor. Thirdly, it must be of such manufactures, which any other at the making of such letters patent did not use: for albeit it were newly invented, pet it any other did use it at the making of the Letters Patents, or grant of the priviledge, it is declared and enacted to be void by this Act. Fourthly, the privilege must not be contrary to law ··· Fifthly, nor mischievous to the state, by raising the prices of commodities at home. In every such new manufacture that deserves a privilege, there must be urgens necessitas et evidens utilitas. Sixthly, nor to the hurt of trade ··· Seventhly, nor generally inconvenient.

956) Christine MacLeod, Inventing the Industrial Revolution, The English Patent System, 1669-1800, Cambridge Univ. Press, 1988, p. 18; Edward C. Walterscheid, Novelty in Historical Perspective (Part I), 75 J. Pat. & Trad. Off. Soc'y 689, 701 (1993).

957) Christine MacLeod, 「Inventing the Industrial Revolution, The English Patent System, 1669-1800」, Cambridge Univ. Press, 1988, p. 18. "it was not a question of whether the manufacture or device had ever been used in England before, but whether it was in use at the time the patent was applied for."

958) Christine MacLeod, 「Inventing the Industrial Revolution, The English Patent System, 1669-1800」, Cambridge Univ. Press, 1988, p. 18.

    [i]f the invention be <u>new in England</u>, a patent may be granted though
the thing was practiced beyond the sea before; for the statute speaks of
new manufactures within this realm; so that, if they be new here, it is
within the statute; for the act intended to encourage new devices; useful
to the kingdom, and <u>whether learned by travel or by study it is the same
thing.</u>959)

[번역]

    만일 발명이 대영제국에서 새롭다면, 이전에 그 발명이 외국에서 실
시되었다고 하더라도 특허는 부여될 것이다; 왜냐하면 [독점]법이 대
영제국(realm) 내에서 새롭게 제조될 것을 규정하고 있기 때문이다; 따
라서 만일 발명이 여기서[대영제국에서] 새롭다면, 그것은 [독점]법상
의 발명이다; 왜냐하면 [독점]법은 새로운 도구; 대영제국에 유용한 것,
그리고 비록 그것이 여행이나 연구에 의하여 배운 것이더라도 그것은
[모두] 같은 것으로서, [그러한 발명을] 장려하는 것을 의도하고 있다.

라고 판시했다. 따라서 외국에서 이미 실시된 발명이더라도 영국에서 새롭
다면 특허를 받을 수 있었고, 실제 그 발명을 하였는지는 문제가 되지 않았
다.960) 이러한 경우에 외국에서 이미 이루어진 발명이라도 영국에서 새로
운 것이라면 특허를 받을 수 있었다. 따라서 수입을 할 수 있는 권리는 특
허권의 핵심적인 내용이 되었다.

    18세기 중반부터 발명자의 정의에 대하여 발명자(inventor)와 수입자
(importer)를 좀 더 엄격하게 구별하기 시작하였다.961) 18세기 후반에 신규

---

959) Edgeberry v. Stephens, 2 Salk. 447, HPC 120, 1 Abbott's P.C. 8 (K.B. 1691).

960) Edward C. Walterscheid, Novelty in Historical Perspective (Part I), 75 J. Pat. & Trad.
    Off. Soc'y 689, 698-699 (1993); Vanhammi v. Ludlow (1680) 사건에서도 수입은 영
    국의 독점법(1624)에 의한 특허의 범위내로 인정되었다. Sean Bottomley, The
    British Patent System and the Industrial Revolution, 1700-1852: from Privilege to
    Property, Cambridge Univ. Press, 2014, p. 146.

성(novelty)은 객관적으로 새롭다(new)는 의미에 좀 더 가까워지기 시작했다. 1766년 영국법원은 영국에 있는 사람이 발명을 알고 있거나 알려져 있더라도 그러한 자가 발명을 영국에서 공개하여 실시하고 있지 않거나 발명의 성질상 공개적으로 실시되지 않았다면 신규성을 충족하는 것으로 인정하였다.962)

4. 특허권과 수입에 대한 권한963)

자국에 존재하지 않는 기술을 수입에 의해서 특허를 받을 수 있다는 것은 미국에서도 예외는 아니었다. 미국 연방헌법의 특허-저작권조항(Patent-Copyrights Clause)964)은 실용기술의 진보를 향상시키기 위하여 연방의회에 발명가와 저작자를 위해서 입법을 할 수 있는 권한을 부여하고 있다. 동 조항에 기술된 '기술진보를 위해'("to Promote the Progress of Useful Arts")라는 문구는 신규성 요건을 소극적으로 요구하고 있다고 할 수 있다. 위 조항의 언어에는 "Promote"가 규정되어 있는데, 기술의 수입은 미국의 실용기술의 발전의 진보(to Promote the Progress of Useful Arts) 수단에 포함되었다.

---

961) L. Getz, History of the Patentee's Obligations in Great Britain(Part I), 46 Journal of Patent Office Society 62, 75 (1964) E. W. Hulme, On the History of Patent Law in the Seventeenth and Eighteenth Centuries, 18 L.Q. Rev. 280, 280-281 (1902).

962) Dollond v. Champneys (1766), 1 HPC 165, 1 CPC 28, 1 WPC 42.

963) 본 부분은 본인의 논문, "특허제도와 신규성개념의 형성,그리고 특허권자의 수출할 권리" (산업재산권 제55권) pp. 65-113에서 일부 발췌수정보완한 부분이 포함되어 있음.

964) 미국헌법, Article 1, Sec. 8, Cl. 8. "To promote the Progress of Science and useful Arts, by securing for limited Times to Authors and Inventors the exclusive Right to their respective Writings and Discoveries."

미국의 연방정부가 성립되기 전 영국의 식민지 시대부터 존재했던 13개 주는 대부분 독자적으로 특허권을 부여할 수 있었다. 미국 최초의 특허는 1641년 매사추세스 주에서 Samuel Winslow에게 부여한 소금제조에 관한 10년의 특허이었다. 18세기 후반에는 각 주들이 특허와 저작권을 부여했다. 1784년 사우스 캐롤라이나 주는 최초의 특허법(An Act for the Encouragement of Arts and Sciences)을 제정했다. 주법에 의한 특허보호는 발명가에 대한 재산권을 창설하는 것이 아닌 기업에 의한 미국의 산업부흥을 위한 성격을 갖게 되었다.965) 이와 같은 특허의 성격은 유럽과 영국의 특허제도와 일치 하였다.

앞서 언급한 바와 같이 미국의 각 주가 독자적으로 주 관할 내에서 주 특허(state patent)를 부여 하였는데, 그와 같이 주에 의해 부여된 특허 사이 에 충돌을 일으켰다. 대표적인 예로 허드슨 강에서 다수의 주를 운행하는 증기선에 관한 특허를 들 수 있다.966) 이에 통일적인 특허법 제정의 필요 성이 발생하게 되었고, 연방헌법에 연방 특허법 제정에 관한 근거를 창설 하게 되었다. 미국 최초의 연방특허법인 1790년 특허법은 1624년 영국의 독점법에서 사용된 "did not use"와 같은 의미인 "not before known or used"967) 라고 규정하고 있었는데, 이 조항은 특허발명의 신규성 요건을 규 정한 것이다.

미국의 특허법은 영국의 영향을 많이 받을 수 밖에 없었지만 1790년 미 국 특허법상 신규성을 의미하는 "not before known or used"란 영국과는 달 리 미국내에서 신규한 것을 의미하는 것은 아니었다.968) 미국 최초의 연방

---

965) Herbert Hovenkamp, Enterprise and American Law, 1836-1937, Harvard Univ. Press, 1991, pp. 17-41.

966) Edward C. Walterscheid, Priority of Invention: How the United States Came to Have a "First-to-Invent" Patent System, 23 AIPLA Q.J. 263, 269-77 (1995).

967) Act of April 10, 1790 (the Patent Act of 1790) §1, 1 Stat. 109.

968) Edward C. Waltersheid, Novelty in Historical Perspective (part II), 75 J. Pat. & Trad.

특허법에는 1624년 영국의 독점법에 명시된 국내에서의 의미인 "within this realm"와 "the first and true inventor"라는 문구가 없었기 때문이다. 다만 미국 헌법은 발명가(inventors)와 발견(discoveries)이라고 규정하고 있는데 여기서 헌법상 신규성 요건을 찾아 볼 수 있다. 발명가는 새로운 것을 생산한 자를 의미하고 발견은 이전에는 알려지지 않은 것을 의미하기 때문이다.

미국이 신규성에 대하여 영국과 다른 입장을 취한 것은 미국이 처한 정치경제학적 여건이 영국과 달랐기 때문이다. 영국의 미국에 대한 식민지 정책은 미국을 원료의 공급지로 하여 원료를 영국으로 수입하여 상품을 제조한 후에 미국이나 기타 식민시에 수출을 하는 것이었다.969) 영국은 원료 수입은 장려하였지만, 완성된 제품을 수입하는 것은 장려하지 않았다. 뿐만 아니라 미국은 원료의 공급지이자 영국 상품의 소비지가 되길 원하였다. 영국은 영국의 기술이 미국으로 수출되어 미국이 영국으로부터 기술을 독립하여 발전하는 것을 원하지 않았다.

그러나 영국으로부터 독립하기 전이나 후에도 미국은 유럽의 기술, 특히 영국으로부터 기술을 수입하기를 원하였다.970) 그리하여 1790년 미국이 연방특허법을 제정할 당시 특허권에 수입(importation)을 포함할 것인지가 논쟁이 되었다. 이러한 논쟁은 수입된 기술이 신규성을 충족하는지로 귀결되었다. 이 당시에는 현재의 수입과는 그 의미를 달리하여 기술의 수입을 특허권의 대상으로 인식한 것이다. 신규성을 국내적으로 신규한 것으로 볼

Off. Soc'y 777, 786, 798 (1993); Edward C. Waltersheid, To Promote the Progress of Useful Arts: American Patent Law and administration, 1789-1836, Rothman, 1998, pp. 121, 225.

969) Edward C. Waltersheid, The Nature of the Intellectual Property Clause, William S. Hein & Co. Inc., 2002, p. 313.

970) Edward C. Waltersheid, Novelty in Historical Perspective (part II), 75 J. Pat. & Trad. Off. Soc'y 777, 786 (1993).

것인지 국제적으로 신규하여야 하는지가 문제가 된 것이다. 그렇지만 헌법이나 특허법에도 신규성의 의미를 국내적으로 신규할 것을 요구하는 영국에서의 의미와 다르게 해석할 근거는 없었다.971) 그리하여 조지 워싱턴(George Washington)이나 알렉산더 해밀턴(Alexander Hamilton) 등은 수입에 관한 특허권 부여를 법에 명시하는 것을 희망하였다.972) 그러나 1790년 특허법에 그러한 의도가 반영되지 못했다. 오히려 의회는 리처드 윌스(Richard Wells)의 주장을 수용하여 기술수입에 대한 특허권을 제외했다.973) 리처드 윌스는 영국의 기술을 불법적 수단으로 통해서라도 가져오는 것을 희망했지만, 기술수입에 대한 특허권을 부여하는 것을 반대했다. 그 이유는 특정인이 기술수입을 독점하게 되면 그 이외의 자가 경쟁적으로 영국기술을 모방하여 독자적으로 기술을 발전시킬 수 있는 기회가 박탈될 수 있기 때문이었다.974) 그리하여 신규성은 미국뿐만 아니라 외국에서도 이전에 사용되거나 출판되지 않을 것을 요구하여 외국에서 기술의 수입은 신규성을 충족하지 못하여 특허를 받지 못하도록 하였다.975) 그 후 대서양 건너 미국 특허법의 모국인 영국에서 특허법리의 변화에 따라 미국에서의 신규성의 기준도 외국에서 출판되었는지의 기준으로 변화되었다.

앞서 본 1691년 Edgebury v. Stephens 사건976)에서 법원은 영국에서 새

---

971) Id.

972) Edward C. Waltersheid, To Promote the Progress of Useful Arts: American Patent Law and administration, 1789-1836, Rothman, 1998, pp. 115-121.

973) Edward C. Waltersheid, Novelty in Historical Perspective (part II), 75 J. Pat. & Trad. Off. Soc'y 777, 798-799 (1993).

974) Edward C. Waltersheid, To Promote the Progress of Useful Arts: American Patent Law and administration, 1789-1836」, 75 J. Pat. & Trad. Off. Soc'y 777, 123 (1993). 기술의 수입에 대하여 14년의 독점은 너무 과한 것이라는 인식도 있었다. Id.

975) Edward C. Waltersheid, Novelty in Historical Perspective (part II), 75 J. Pat. & Trad. Off. Soc'y 777, 784-792 (1993). 영국에서 신규성의 관념이 변화한 것은 19세기 전반이었다.

976) Edgebury v. Stephens, 90 ER 1162; 91 ER 387; 2 Salk. 447 (1691).

롭다면 수입에 의한 경우에도 신규성을 인정할 수 있다고 하고 있다. 영국에 도입한 발명을 연구에 의해 발명했건, 절취를 한 것[977]이건, 여행을 하면서 배운 것[978]이건 문제가 되지 않았다.[979] 왜냐하면 그와 같은 발명을 영국에 도입하면 영국의 산업발전을 위해 도움이 되었기 때문이다. 자연법적 정당성은 '영국내'에서의 새로운 발명에서 찾았고, 새로운 기술의 도입에 의하여 영국의 기술과 거래의 증진은 영국민 전체의 공익을 위해 매우 중요한 목표이었다. 1624년 영국 독점법상 신규성은 최초의 발명 뿐만 아니라 수입이라는 의미는 확립된 특허실무이었다고 할 수 있다. 1624년 영국의 독점법 이전부터 존재하던 특허부여에 있어 공리주의적 정신이 지속적으로 존재한 깃으로 특허독립의 원칙의 기원이 되었다고 할 수 있다. 그러나 영국은 특허의 기원적 개념으로서 수입에 대한 권한을 부여함으로서 속지주의적인 원칙을 반영한다. 그러나 미국은 최근까지 특허권자에게 수입에 관한 권한을 부여하지 않았다.[980]

다만, 국내에서 새로울 것이라는 요건은 변화가 발생했는데, 1800년 미국 특허법은 외국에서도 새로울 것을 신규성의 요건으로 명시했다.[981] 그와 같은 개정에도 불구하고 수입이나 수출에 관한 권리는 부여하지 않았

---

977) Thomas Webster, Reports and Notes of Cases on Letters Patent for Inventions, Thomas Blenkarn, Law Bookseller, 1844, V. 1, p. 38.

978) Edgebury v. Stephens, 90 ER 1162; 91 ER 387; 2 Salk. 447 (1691).

979) 유럽에서는 기술을 수입하기 위해 기술자를 납치를 하기까지 했다. 프랑스의 루이 14세의 사치를 충당하기 위해 당시 재무장관이던 콜베르(Colbert)는 프랑스에서 직접 유리와 거울을 만들기 위해 베니스의 유리와 거울 기술자를 회유하고 납치하였다. 베니스는 기술자에게 돌아올 것을 회유했으나 목적을 달성하지 못하자 그 기술자들을 독과 총으로 살해했다

980) Thomas Webster, Reports and Notes of Cases on Letters Patent for Inventions, Thomas Blenkarn, Law Bookseller, 1844, v. 1, pp104-105

981) the Act of Patent 1800, §1 ("[s]uch invention, art, or discovery, hath not, to the best of his or her knowledge or belief, been known or used either in this or any foreign country;").

다.982) 위와 같은 신규성의 국내적 의미는 결국 특허독립원칙의 기초가 되었을 것으로 추측한다.

5. 유용함과 신규성

일부 견해는 신규성을 사회적 후생을 창출할 수 있는 발명에 대해서만 특허권이 부여되어야 한다는 법적 사고가 내재되어 있다고 설명하기도 하지만,983) 이는 너무 공리주의적 사고에 치우친 견해이다. 물론 그와 같은 공리주의적 사고가 지속적으로 존재하고 있었음을 부정하지는 않는다. 본서에서 논증하다시피 마그나 카르타에도 공리주의 철학이 스며들어 있었다. 그러나 마그나 카르타 이후 재산권의 개념은 3가지로 인식되어 재산권의 인정은 자유주의적 개인주의와 경제적 자유를 부여하기 위한 것이었고, 그와 같은 사고는 자연법 철학의 반영에 의하여 인간이기 때문에 인정되는 권리이었다. 그리고 재산권은 당연히 인간의 평온과 안락한 삶을 위한 것이기도 하므로 각 개인의 후생을 증진시키는 것은 당연한 것이다. 특허부여가 인간 후생의 증진에 필요 요건이 된 것은 공리주의가 본격화된 19세기 이후라고 할 것이다. 그리하여 그와 같은 공리주의 철학의 영향으로 진보성 개념이 도입될 수 밖에 없었다.

신규성 개념이 문제되기 시작한 것은 16세기 후반부터라고 할 수 있다. 물론 베니스의 특허법에는 신규성 개념이 존재했다. 베니스에서도 새롭기만 하기 때문에 특허를 부여한 것이 아니라 그 특허가 유용했기 때문에 그

---

982) the Act of Patent 1800, §3은, "make, devise, use, or sell the thing whereof the exclusive right secured…."라고 규정하여, 수입(import)과 수출(export)의 권한을 명시하지 않았다.

983) 정상조·박성수 공편, 박성수 집필부분, 특허법 주해 I, 박영사, 2010, p. 300.

리하여 인간에게 도움이 되기 때문에 특허를 부여했다고 할 수 있다. 인간 에게 유용한 결과를 가져오는 것은 재산권의 본질이다. 예컨대 1594년 갈 릴레오 갈릴레이에게 부여된 특허를 보면 그와 같은 유용한 결과가 특허를 부여하게 하는 요건이 됨을 알 수 있다.[984] 갈릴레이는 용수를 관개할 수 있는 수차(水車)를 발명했는데 갈릴레오는 특허부여를 청원하면서 다음과 같은 청원서를 작성했다. 아래 청원에는 발명에 독점을 부여하는 특허제도 의 기본 철학이 담겨 있다:

Most Serene Prince, Your Illustrious Lordship,

I, Galileo Galilei, have invented a machine for raising water and irrigating land with small expense and great convenience, which, with the motive power of a single horse, will continuously discharge water through twenty spouts to be found thereon.

I desire at present to reduce it to practice. but, it not being fit that this invention, which is my own, discovered by me with great labor and much expense, be made the common property of everybody, I humbly petition Your Serene Highness that you deign to favor me with that which by your benignity is readily granted to any expert in every profession in similar cases; that is, that no one but myself or my heirs or those obtaining the right from me or from them be allowed to make, cause to he made, or, if made, use my said new instrument, nor with alterations to apply it to other uses with water or other things, for the period of forty years or for whatever term it pleases Your Serene Highness under whatever pecuniary penalty, in the proceeds of which I would have a share, that seems fit to you in case of infringement. By

---

984) P.J. Federico, "Galileo's Patent", 8 J. Pat. Off. Soc'y. 576 (1926).

reason, thereof I shall the more attentively apply myself to new inventions for universal benefit; and I humbly hold myself recommended to you in this capacity.[985]

그 내용은, 갈릴레이 자신의 많은 노력(great labor and much expense)으로 한 마리의 말만으로도 20개의 수관(水管)에서 지속적으로 관개를 하여 저비용과 현저한 효과('small expense and great convenience')를 가져온 기계를 발명했는데, 공유재산이 아니라 갈릴레이의 노력으로 만든 것으로 다른 기술자들에게 부여한 것처럼, 갈릴레이 자신과 그 상속인들에게 40년간 또는 임의의 기간동안 제조 판매할 수 있는 특허권을 부여하여 인류에게 이익이 되는 새로운 발명을 할 수 있는 동기(incentive)를 부여해 달라는 취지의 청원이다.

위 청원에는 자연법을 근거로 하는 노동가치설('with great labor and much expense,'), 공리주의 철학('be made the common property of everybody')과 실용주의 철학('I shall the more attentively apply myself to new inventions for universal benefit;')이 모두 담겨져 있다. 나아가 발명의 설명도 포함되어 있고, 그 권리범위(예컨대, 'alterations to apply it to other uses with water or other things,')도 주장되어 있다.

그리하여 1594년 9월 15일, 시의회(Council)는 갈릴레이에게 다음과 같은 내용의 독점권을 부여한다.

By authority of this Council be it granted to Galileo Galilei that for the period of the next twenty years no one but himself or those obtaining the right from him may, in this city or in our country, make, cause to be made, or if made elsewhere, use the machine for raising

985) Id., 577-78.

water and for irrigating land which, with the motive power of a single horse will continuously discharge water through twenty spouts to be found thereon invented by him; under penalty of losing the machines, which are to go to the petitioner, and a fine of 300 ducats, one third of which to go to the informer, one third to the magistrate that renders judgment and one third to our arsenal, provided however that the petitioner is obliged to construct, within one year, said new form of machine, and that it has never before been invented or thought of by others, and that it has never before been the subject of a grant to others, otherwise let the present grant be as though ever made.

시의회가 갈릴레이에게 부여한 권리는, 20년이고, 라이센스가 가능하고, 갈릴레이만이 베니스와 베니스 역내986)에서 갈릴레이가 발명한, <u>한 마리의 말에 의하여 20개의 수관(水管)에 의해 관개하거나 물을 공급하는 기계</u>를 제조하거나 이용할 수 있는 독점적인 권리를 부여했다. 갈릴레이의 독점적 권리를 침해한 자는 그 침해 기계의 권리를 상실하고, 300 두캇의 벌금에 처하는데, 그 벌금의 1/3은 침해사실을 알린 자에게, 1/3은 침해로 판단한 판사에게, 나머지 1/3은 시의 재정에 귀속된다. 갈릴레이는 <u>1년내에 그 새롭다는 기계를 만들어야 한다.</u> 그 기계는 당연히 이전에 발명되거나 다른 사람에 의해 착상이 구체화 되지 않았어야 하며, 다른 사람에게 특허부여가 쟁점이 된 적이 없어야 하고, 이미 특허가 부여되지 않았어야 한다.987)

---

986) 특허장에는 'in this country'라고 기재되어 있으나, 그 당시 이탈리아는 도시국가 형태로 구성되었고, 도시국가는 그 도시(city)와 인접지역으로 구성되어 있었으므로, in this country는 베니스와 그에 속한 도시를 의미한다.

987) 위와 같은 특허권의 내용에서 베니스의 특허법상 'ingenious'가 진보성에 해당된다면, 그와 같은 진보성의 요소가 갈릴레이의 특허청원상 언급된 자신의 발명의 내용이나 베니스 의회가 부여한 갈릴레이의 발명에 관한 사항에 있어야 하는데, 진보성을 추측할 만한 내용이 존재하지 않는다.

6. 신규성의 판단기준

신규성의 판단 기준이 되는 기준은 통상의 기술자(ordinary mechanic) 또는 발명가(inventor)를 기준으로 했다. 이에 대하여는 논란이 되어 오지는 않았다. 1790년 미국의 특허법에는 '해당 기술분야의 기술자'(a workman or other person skilled in the art)라는 용어가 나오지만,[988] 이를 신규성 판단 기준으로 인정하였던 것으로 보이지 않는다. 신규성은 선행발명과 동일한지 여부를 판단만 하면 되는 것이었으므로 기술자의 지식수준이 문제되지는 않았다. 그리하여 Hotchkiss v. Greenwood 사건[989]에서 미국 연방대법원은 방론(dicta)으로, 신규성 판단을 통상의 기술자(ordinary mechanic) 또는 발명가(inventor)를 기준으로 하는 것으로 언급했다.

진보성의 판단 기준이 미국 특허법 제103조에 명시된 바와 같이 '그 기술분야에서 통상적/평균적인 지식을 가진 기술자'(PHOSITA, "a person having ordinary skill in the art to which said subject matter")의 지식수준으로 판단하는 것과 다르다.[990] PHOSITA기준은 명세서에 발명을 재현할 수 있을만큼 충분하게 공개되었는지 및 균등의 범위를 판단함에 있어 그 판단의 기준이 되는 사람이기도 하다.

1851년 Hotchkiss v. Greenwood 사건[991]에서 연방대법원은 통상의 기술자 또는 발명가의 기준에 의하여 신규성을 판단하는 것이라는 점을 지적했다. 본 사건은 문 손잡이의 소재를 기존의 철이나 나무로 되어 있던 것을 도자기(porcelain or clay)로 대체한 것이었다. 연방대법원은

---

988) Patent Act of 1790, Ch. 7, 1 Stat. 109-112 (April 10, 1790) §2.

989) Hotchkiss v. Greenwood, 52 U.S. 248 (1851).

990) Giles S. Rich, "The Vague Concept of "Invention" as Replace by Section 103 of the 1952 Act," 46 J. Pat. Off. Soc'y. 855, 864 (1964)

991) Hotchkiss v. Greenwood, 52 U.S. 248 (1851).

Now if the foregoing view of the improvement claimed in this patent be correct, it is quite apparent that there was no error in the submission of the questions presented at the trial to the jury, for unless more ingenuity and skill in applying the old method of fastening the shank and the knob were required in the application of it to the clay or porcelain knob than were possessed by <u>an ordinary mechanic acquainted with the business</u>, there was an absence of that degree of skill and ingenuity which constitute essential elements of every invention. In other words, the improvement is the work of <u>the skillful mechanic</u>, not that of <u>the inventor</u>.[992)]

[번역]

만일 본 특허에서 청구된 개량발명에 관한 앞서의 견해가 타당하다면, 변론과정에서 배심에게 보여준 제기된 쟁점에 대하여 잘못이 없다는 것이 매우 분명하다. 왜냐하면, 문 손잡이와 그 축을 조이는 예전의 방법을 적용하는데 있어, 도자기 손잡이에 적용하는데 요구되는 '<u>해당 영업을 알고 있는 통상적인 기술자</u>'("an ordinary mechanic acquainted with the business")보다 더 많은 재능과 기술(more ingenuity and skill)이 없다면, 모든 발명의 필수적 요소를 구성하는 그 정도의 기술과 재능이 결여되었다고 할 수 있다. 다시 말하면, 개량은 <u>숙련된 기술자</u>의 단어이지 <u>발명가</u>의 단어가 아니다.

위 판결에 의하면 발명성(invention)의 판단은 '해당 영업을 알고 있는 통상적인 기술자'("an ordinary mechanic acquainted with the business")의 기준에 의하고 '해당 영업을 알고 있는 통상적인 기술자'("an ordinary mechanic

---

992) Hotchkiss v. Greenwood, 52 U.S. 248, 267 (1851). 본 판단 기준은 하급심에서 제시되었고, 이에 대하여 원고는 위 기준이 잘못되었다고 다투었으나, 대법원은 위 판단 기준을 받아들였다.

acquainted with the business")는 발명가의 기술수준 이상이라고 할 수 있다. 위 판결 당시에는 진보성 요건이 존재하지 않았기 때문에 결국 발명성은 신규성 판단기준이라고 할 수 있다.

7. 선실시자의 권리와 공지예외

가. 중용권: 선실시자의 권리

발명자의 권리는 특허권의 본질에서 다뤄야 하는 것이 옳겠지만 신규성에서도 검토해 볼 수 있다. 영국과 미국의 발명자 개념은 달랐다. 이는 영국과 미국의 특허법의 정신과 철학이 달랐기 때문이다. 영국은 특허권은 특허법상의 권리가 아니라 왕이나 국가가 부여한 특권이라는 의미가 강했다. 물론 자연권을 바탕으로 특허권의 법리를 주장한 학자들도 있었다. 이는 영국의 재산법 법리가 자연법을 바탕으로 하였기 때문이다. 이러한 자연법은 존 포테스큐, 에드워드 코크, 존 로크, 윌리엄 블랙스톤 등으로 이어졌지만, 1820년 경에 영국에서는 특허는 커먼로나 자연법상의 권리가 아니라고 정리가 되었다. 특히 저작권에서 1774년 Donaldson v. Beckett 사건 이후로 자연권이나 커먼로상의 권리라는 법리는 수용되지 않았다.

1870년 미국의 American Hide & Leather Splitting & Dressing Mach. Co. v. American Tool & Mach. Co. 사건에서 Shepley 판사의 판결을 보면 왜 발명에 대한 권리를 자연법상의 권리로 인정하지 않은 이유를 알 수 있다.

If today you should invent an art, a process, or a machine, you have no right at common law, nor any absolute natural right, to hold that for seven, ten, fourteen, or any given number of years, against one who should invent it to-morrow, without any knowledge of your invention, and thus cut me and everybody else off from the right to do to-morrow what you have done to-day. There is no absolute right, or natural right at common law, that I, being the original and first inventor to-day, have to prevent you and everybody else from inventing and using tomorrow or next day the same thing. But there is a statutory right, a public grant of -a monopoly, which does enable you or me to do this.[993]

[번역]

　만일 기술과 공정 또는 기계에 대하여 오늘 당신이 발명을 한다면, 너는 7년, 10년, 14년 또는 어떤 주어진 기간 동안 당신의 발명의 존재를 알지 못한 채 내일 발명한 사람에게 당신이 오늘 행한 일을 그 알지 못하는 사람들에게 내일 더 이상 하지 못하도록 할 커먼로상의 권리나 절대적인 권리가 없다. 오늘 내가 최초의 발명자이므로 다른 사람이 발명을 하는 것이나 동일한 것을 내일이나 그 이후에 하는 것을 방해할 절대적 권리나 커먼로상 자연권이 없다. 그러나 공중이 부여하는 어떤 특정한 일을 할 수 있도록 하는 독점에 관한 실정법은 존재한다.

　그에 따르면 발명에 대한 제한된 기간 동안 가질 수 있는 커먼로상 자연권 또는 절대적인 권리를 없다고 한다. 그러나 어떤 특정한 것을 독점하도록 하는 실정법상의 권리는 존재한다. 이는 서구의 전통적인 영업비밀포기설의 입장에서 판시한 것이다.

　자연권의 영구성은 특허권과 부합하지 않는다는 비판이 제기되어 왔고, 자연권에 기초한 특허권 법리의 단점으로 지적되어 왔다. 나아가 자연권은 본질적으로 법적 강제의 문제가 있었다. 자연권으로서의 특허권을 이와 같은 문제점을 영업비밀포기설에 의해 극복하고자 한 것이다. 주의할 것은

---

993) American Hide & Leather Splitting & Dressing Mach. Co. v. American Tool & Mach. Co., 1 F. Cas. 647, 650-651 (CCDM 1870).

발명에 대한 권리는 인간의 권리이고, 자연권으로 이해한다는 점이다.

영국에서의 특허의 전통은 공리주의 철학에 따라 정리된다. 궁극적으로 영국 국민 전체의 복지향상을 위해 새로운 기술과 산업발전을 위해 도입된 제도법상의 특권이라는 법리로 정리되었다. 이러한 영국의 법리하에서는 누가 먼저 출원을 하여, 궁극적으로 발명을 먼저 공개하였는지가 중요했다.[994] 누가 진정한 발명자이었는지는 중요하지 않았다. 발명을 실제로 행하여 노동을 가한 자의 자연법상의 권리는 존재하지 않았다. 그 대신, 누가 먼저 발명을 출원하였는지가 중요했다. 기술과 산업발전를 토대로 한 특허 철학에서는 발명과 그 발명을 이루는 지식의 공개가 중요했다. 특히 특허가 공중과 발명자 사이의 계약이라는 사고하에서는 누가 먼저 발명하거나 출원하는 것인지가 문제가 된 것이었다.

1857년 영국의 Smith v. Davidson[995] 사건에서는 거의 동일한 시점에 발명을 하였지만 원고에게 특허가 부여된 이후에는 피고는 자신의 발명을 실시하지 못했다. 법원은

> His monopoly must be protected, and although there may be others who have made the same discovery, but who have not brought it to the same perfection, and have not made their bargain with the public in regard to it, they cannot disturb the integrity of the monopoly or the party who first makes his bargain with the public.

라고 판시하여, 발명을 완성하여 공중과의 협상과 계약을 통해 특허를 취득한 사람의 권리라고 했다. Forsyth v. Riviere 사건도 같은 입장이다.[996]

---

994) Terje Gudmestad, Patent Law of United States and the United Kingdom: A Comparison, 5 Loy. L.A. Int'l & Comp. L. Rev. 173, 189 (1982).
995) Smith v. Davidson (1857), 19 C. S. 697.
996) Forsyth v. Riviere (1819), 1 Carp. 401; 1 Abb. P. C. 325.

선발명자나 자신의 발명에 대한 권리는 인정하지 않았다. 이러한 견해는 순수히 공리주의적 바탕에서 주장되었다.

미국에서도 영국과 같은 법리를 유지했다.[997] 다만 18세기 후반 이와 같은 영국의 법리는 명확하지는 않았다.[998] 영국은 전통적으로 선출원주의를 채택했다. 선발명자의 발명을 타인이 알게 된 경우에는 그 발명자가 특허를 출원하여 특허를 취득하더라도 그 특허는 무효이었다. 이는 영업비밀의 절대성을 요구하던 것과 그 법리를 같이한다. 영업비밀로 보호받기 위해서는 비밀인 지식은 타인과 공유할 수 없었다. 다만, 그 이후에 상대적 비밀성으로 변화하여, 그 지식을 알게 된 자가 비밀을 유지하는 경우에는 그 비밀정보는 여전히 비밀성을 유지했고, 따라서 원래의 발명자가 특허를 취득할 수 있었다.

그러나 선발명자의 권리나 이미 알고 있던 지식을 자신 스스로 실시하는 것에 대하여 특허권의 효력은 미치지 못한다는 법리는 많은 진통을 겪었다. 본 사안은 공중의 영역에 존재하게 된 발명을 다시 사적 권리화를 할 수 있는지에 관련된 쟁점으로, 1809년 미국의 Evans v. Weiss 사건에서 쟁점이 되었다.

1800년 미국 특허법에는 신규성에 관하여 다음과 같은 규정이 있었다.

> Provided always, that every person petitioning for a patent for any invention, art, or discovery, pursuant to this act, shall make oath or affirmation before some person duly authorized to administer oaths, before such patent shall be granted, that such invention, art, or discovery, hath not, to the best of his or her knowledge or belief, been

---

997) Cox v. Griggs, (1861) 1 Biss. (U.S.) 362, 6 Fed. Cas. No. 3,302.

998) Thomas Fessenden, An Essay on the Law of Patents for New Inventions: With an Appendix Containing the Erench Patent Law, Forms, &C., Mallory, 1810, p. 49.

known or used either in this or any foreign country; and that every patent which shall be obtained, pursuant to this act, for any invention, art, or discovery, which it shall afterwards appear had been known or used previous to such application for a patent, shall be utterly void.[999]

발명이 미국내에서나 외국에서 이미 알려져 있거나 실시되고 있다면 특허를 받을 수 없고, 특허출원전에 실시되었거나 사용되었다면 그 등록특허는 무효라고 규정하고 있었다.

Evans vs. Weiss 사건[1000]에서 원고는 밀가루 제조기에 관한 특허를 취득했다. 그러나 1804년 Evans v. Chambers 사건[1001]에서 그 특허는 무효라고 선언되어, 1808년 1월 21일 Evans의 특허를 구제해주는 의회의 개별입법에 의해 유효화 되었다.

1802년 5월 7일, 피고 Weiss는 원고로부터 개량발명에 대한 라이선스를 받아, 앞서의 구제 입법이 통과되기 전에 펜실바니아 카운티의 Wissahicon Creek 라는 곳에서 자신이 방앗간 기계를 개량하여 사용하고 있었다.

원고가 피고에게 특허침해소송을 제기하였다. 원고는 1월에 구제입법이 통과 되고 곧바로 2월에 피고가 자신이 특허침해통지를 하였으므로 1808년 1월 22일 이후에 개량된 밀(mill), 두번째 축(wheel)과 맷돌 1쌍의 이용에 대한 특허침해가 있다고 주장했다.

Washington 판사는 다음과 같이 판시했다.

It must be confessed that cases of great hardship may occur, if after

---

999) the Act of Patent 1800, §1.
1000) Evans v. Weiss, 8 F. Cas. 888, 889 (C.C.D. Pa. 1809). 본 사건에 관한 자세한 논의는 Christopher Beauchamp, Oliver Evans and the Framing of American Patent Law, 71 (2) Case Western Reserve L. Rev., 445 (2020) 참조.
1001) Evans v. Chambers, 8 F. Cas. 837 (No. 4,555) (CC Pa. 1807).

a man shall have gone to the expense of erecting a machine, for which the inventor has not then, and never may obtain a patent, he shall be prevented from using it by the grant of a subsequent patent, and its relation back to the patentee's prior invention. But the law in this case cannot be termed *ex post facto*, or even retrospective in its operation, because the general law declares beforehand, that the right to the patent belongs to him, who is the first inventor, even before the patent is granted; and therefore, any person, who, knowing that, another is the first inventor, yet doubting whether that other will ever apply for a patent, proceeds to construct a machine, of which it may afterwards appear, that he is not the first inventor, acts at his peril, and with the full knowledge of the law, that by relation back to the first invention, a subsequent patent may cut him out of the machine thus erected.

Not only may individuals be injured by a liberal construction of the words in the law, but the public may suffer if an obstinate or negligent inventor should decline obtaining a patent, and at the same time keep others at arm's length, so as to prevent them from profiting by the invention for a length of time; during which the fourteen years are not running on. But these hardships must rest with Congress to correct. It is beyond our power to apply a remedy . No such hardships exist in this case, where the defendant erected the improvement with a knowledge, not only that the plaintiff was the first inventor, but had absolutely obtained a patent, although it was afterwards declared invalid.

요약하면, 법원은 특허가 종료됨으로서 그 특허로 독점을 했던 발명은 공공의 영역(the public domain)에 있게 되었고, 의회의 구제법령에 의해 원고의 특허가 다시 특허로 보호됨으로써 피고는 불가피하게 원고의 특허 침해한 것이지만, 피고의 특허침해를 판결로써 비침해화하는 것은 법원의 권

한을 넘는 것이라고 판시했다.1002)

이러한 판결의 문제점은 위 판시에서 언급하는 바와 같이, 특허가 무효가 됨으로써 이를 믿고 공중이 자유사용하게 된 발명(the public domain)으로 생각하고, 그 발명을 실시한 선의의 피해자가 발생할 뿐만 아니라 그와 같은 공중의 피해는 게으른 특허권자에 의해 발생한 것이지만, 법에는 명확히 규정하지 않았다. 법리상으로는 특허가 무효가 되면, 공중에게 공개된 것으로 인정하여 그 이후의 발명은 신규성이 존재하지 않는 것으로 인정할 수 있었다.

그러나 공중의 영역(the public domain)에 귀속하여 누구나 사용할 수 있게 된 발명이 다시 특허를 회복하여 특정인의 독점권의 대상이 된다는 문제점은 은퇴한 토머스 제퍼슨에게도 알려져, 토마스 제퍼슨은 소급적인 특허권의 효력을 인정한 법원의 판단에 매우 강하게 반대했다.1003) 제퍼슨은 다음과 같이 법의 소급적 적용은 형사법에서 금지되지만 민사법에서도 정당화 될 수 없다고 강조했다: "they are equally unjust in civil as in criminal cases, and the omission of a caution which would have been right, does not justify the doing of what is wrong."('[법의 소급적용은] 형사 뿐만 아니라 민사 사건에서도 동등하게 정의롭지 않고, 법에 명시적으로 그와 같은 소급 효를 금지하지 않은 것은 잘못된 것을 하는 것을 정당화 하지 않는다.')1004) 그럼에도 불구하고 연방대법원은 항소심 판결을 지지했다.1005)

아마도 19세기 전반기에는 자연법과 자연권에 대한 저항적인 분위기가 존재하였던 것으로 판단된다. 게다가 요셉 스토리(Joseph Story) 판사는

1002) 본 사안은 나종갑, 영업비밀보호법의 철학적 규범적 토대와 현대적 적용, pp. 223-224에 설명되어 있다.

1003) Edward C. Walterscheid, Defining the Patent and Copyright Term: Term Limits and the Intellectual Property Clause, 7 J. INTELL. PROP. L. 315, 372 (2000).

1004) Id.

1005) Evans v. Jordan, 13 U.S. (9 Cranch) 199, 203-204 (1815).

The power is general, to grant to inventors; and it rests in the sound discretion of congress to say, when and for what length of time and under what circumstances the patent for an invention shall be granted. There is no restriction, which limits the power of congress to enact, [only to] where the invention has not been known or used by the public.[1006]

[번역]

발명가에게 [특허를] 부여하는 권한은 일반적이고; [그러한 권한 행사는] 어떤 상황에서 발명에 대한 특허를 부여할 지에 대하여 충분한 고려에 의존한다. 다만 발명이 알려지지 않거나 공중에게 이용될 때라고 하더라도 의회의 입법권한은 제한이 없다.

라고 판시하여, 의회의 입법권을 지지했고 입법적 타당성을 인정했다. 그러나 1966년 Graham v. John Deere Co. 사건에서 연방대법원은

Congress may not authorize the issuance of patents whose effects are to remove existent knowledge from the public domain, or to restrict free access to materials already available.[1007]

라고 판시하여, 공공의 영역, 즉 공유인 지식에 대하여는 특허를 인정할 수 없다고 판시하였고, 위 판결의 해당문구는 연방대법원에서 지속적으로 인용되어 공공의 영역에 있는 발명은 더 이상 특허를 인정하지 않는다고 할 수 있다.[1008]

1006) Blanchard v. Sprague, 3 F. Cas. 648, 650 (C.C.D. Mass. 1839) (No. 1,518).

1007) Graham v. John Deere Co., 383 U.S. 1, 6 (1966).

1008) Eldred v. Ashcroft, 537 U.S. 186, 234 (2003) ("Congress passed private bills either directly extending patents or allowing otherwise untimely applicants to apply for patent extensions for approximately 75 patents between 1790 and 1875. Of these 75 patents, at least 56 had already fallen into the public domain. The fact that this

한 번 공공의 영역(the public domain)에 존재하게 된 발명은 의사에 의한 공지나, 반의사 공지 등 일정한 일정한 예외를 제외하고는 특정인이 독점할 수 없다. 이는 영업비밀의 경우에도 같다. 일단 공지된 영업비밀은, 특허와는 달리, 예외없이 영업비밀로 보호받지 못한다.

그러나 우리나라 대법원은 공공의 영역에 존재하게 된 영업비밀을 사용한 것을 부정취득이용으로 인정하고 있다.(JTBC의 사전투표조사결과 사건) 이는 공공의 영역에 관한 지식재산법리를 제대로 이해하지 못한 것이다. 예컨대 공개된 영업비밀은 더 이상 영업비밀이 아니고, 공유자원이 된다. 따라서 이는 이용한다고 하여 부정한 것이 아니다. 그럼에도 불구하고 우리나라 대법원은 공공의 영역에 있는 정보를 이용한 것을 부정취득이용이라는 이상한 법리를 적용하고 있다.[1009]

나. 공지예외(출원유예)

1836년 미국 특허법은 선실시자의 권리를 규정하면서 그 발명주의에 기초하여 공지예외주장제도를 최초로 규정했다. 즉 발명을 제3자에게 판매하여 그 3자가 그 발명을 실시하더라도 그 판매로부터 2년내에 특허출원을 하는 경우에는 그 발명의 실시에 의해 해당 특허가 무효가 되지 않도록 규정했고 1839년 특허법에도 동 조항이 유지되었다.[1010] 다만 1836년 특허법

---

repeated practice was patently unconstitutional completely undermines the majority's reliance on this history as "significant."" Id., 235); Bonito Boats, Inc. v. Thunder Craft Boats, Inc., 489 U.S. 141 (1989) ("Congress may not create patent monopolies of unlimited duration, nor may it 'authorize the issuance of patents whose effects are to remove existent knowledge from the public domain, or to restrict free access to materials already available'" Id., 146).

1009) 대법원 2017. 6. 15. 선고 2017다200139 판결. (방송3사와 JTBC 사전투표조사결과 사건)

1010) Act of 1839, ch. 88, § 7, 5 Stat. 353, 354. (repealed 1952)

의 2년 규정은 1939년 특허법에 의해 1년으로 단축되었다.[1011] 그 당시 출원유예제도에 대하여 미국의 상원보고서는 1년으로 단축함으로써 발명시점과 가까이 특허를 부여하고, 특허출원과 심사를 신속처리하는 것이 공정하다고 판단하였다.[1012] 공지예외기간을 2년에서 1년으로 단축한 것은 '2년'의 출원유예기간은 산업발전을 저해한다고 판단했기 때문이라고 하는 견해도 있다.[1013]

자기공지예외는 자신의 발명으로 조기 공개를 유도하는 제도로서 조기공개는 궁극적으로 사회에 이익된다는 공리주의에 기초한 제도이다. 공개를 하였더라도 1년에 특허출원하면 여전히 자신의 독점재산으로 할 수 있으므로 공개에 대한 부담이 없게 되고, 그 공개로 인하여 사회는 지식을 일찍 습득하는 이익이 발생한다. 이는 단체주의를 나타내는 것으로 법리적으로 영업비밀의 상대적 비밀성과 관련되어 있다. 상대적 비밀성에 의해 타인과 공유된 지식은 아직 공역(the public domain)에 있는 공유지식이 아니

---

[t]hat every person or corporation who has, or shall have purchased or constructed any newly-invented machine, manufacture, or composition of matter, prior to the application by the inventor or discoverer of a patent, shall be held to possess the right to use and vend to others to be used, the specific machine, manufacture, or composition of matter, so made or purchased, without liability therefore to the inventor, or any other person interested in such invention; and no patent shall be held invalid by reason of such purchase, sale, or use prior to the application for a patent as aforesaid, except on proof of abandonment of such invention to the public, or that such purchase, sale, or prior use has been for more than two years prior to such application for a patent.

1011) Act of 1939, ch. 450, § 1, 53 Stat. 1212.

1012) Report (Mr. Lucas, from the Committe on Patents, submitted the following) By United States. Congress Senate 1939, 76the Coingress 1st session (Calendar No. 916, Report No. 876).

1013) Patrick J. Barrett, New Guidelines for Applying the On Sale Bar to Patentability, 24 Stan. L. Rev. 730, 732 (1972).

므로 발명자의 재산으로 인정할 수 있다. 영업비밀에 대하여 상대적 비밀성을 인정하여 비밀리에 공유하는 것이 가능하므로, 1년내에 특허출원하는 조건부로 공지된 지식을 반드시 공역(the public domain)에 있는 지식으로 간주할 필요가 없는 것이다. 공지예외를 인정하여 사회가 전체가 이익을 얻는다면 그 제도를 유지하는 것이 바람직하다. 공지예외 조항은 두가지 목적이 있는데, 하나는 특허발명이 실시된 물건을 구입한 자를 추후에 특허출원되어 특허등록된 경우에 그 전에 그 발명을 실시한 자가 그 발명자가 특허를 성공적으로 등록한 후에 특허침해하는 것으로부터 보호하기 위한 것과 다른 하나는 제3자의 특허침해로부터 특허권자를 보호하기 위한 것이다.1014) 이는 소위 중용권을 인정하는 것과 같으므로 중용권을 인정한다면 공지예외제도에서도 같은 법리를 수용하는 것이 법리적으로 옳다. 또한 특허를 인정하지 않는다면 사회는 타인의 노력의 결과를 무상으로 취득하는 것과 같다. 이는 도덕적 윤리적으로 옳지 않다. 따라서 조기공개를 유도하고 발명자의 기여에 대하여 사회가 보상을 하는 것은 계약적으로도 전연 부당하지 않고, 사회 전체에 이익을 가져다 준다.

공지예외는 확대된 선원 제도와 같이 공리주의적 사고를 기반으로 한다. 특히 특허제도는 발명자의 희생과 공헌에 보상이라고 보는 제레미 벤담과 존 스튜어트 밀의 철학을 강한 근거로 한다. 발명으로부터 사회가 이익을 보았으므로, 공지되었든 그렇지 않든, 특허로서 보상을 하는 것이 부당하지 않다는 것이다. 그러한 관점에서 본다면, 공지된 발명은 특허출원을 하지 않았으므로 특허포기를 한 것이 아닐뿐더러, 다른 사람이 발명을 한 것이

1014) Mcclurg v. Kingsland, 42 U. S. 202, 208-209 (1843)

The object of this provision is evidently twofold -- first, to protect the person who has used the thing patented, by having purchased, constructed, or made the machine &c., to which the invention is applied, from any liability to the patentee or his assignee; second, to protect the rights, granted to the patentee, against any infringement by any other persons.

아니라 그 특허권자 자신이 발명을 한 것이므로 타인의 권리를 침해하지 않는다. 따라서 그와 같은 특허출원전에 공개된 발명을 특허심사를 받아 특허를 취득하도록 하는 것이 조기 공개를 유도하여 사회가 이익을 보는 것과 부합한다.

사회가 이익을 본다는 점을 고려하면 공지예외기간을 두지 않고, 조기에 특허출원을 유도하는 것이 타당하다. 나아가 일정한 기간내 특허출원을 하고 영업비밀로 보호받다가 후에 특허를 출원하여 특허를 취득한다면, 부당히 특허기간을 연장하는 것과 같은 효과가 있다. 이는 공리주의적 입장에서 보면 특허제도의 근본을 흔드는 것이므로 일정한 기간 한정하여 공지예외기간을 두는 것을 정당하게 한다. 그리하여 미국의 경우 'on sale bar' 규정을 두어 1년이상 판매된 경우에는 특허를 취득할 수 없다.1015) 우리나라의 경우에도 공지예외규정을 두고 있으나 1년의 기간으로 한정하고 있다.1016) 우리 특허법상 영업비밀로 유지하면서 판매한 경우에도 공연히 실시된 발명으로 보아야 한다. 즉 그 비밀을 제3자가 객관적으로 인식 가능한 상태에 있으면 공연히 실시한 것으로 인정하기에 충분하고, 제3자가 그것을 현실적으로 인식하였느냐의 여부는 문제되지 않는다.1017) 예컨대 쉽게 역분석(reverse engineering)이 가능하다면 공연히 실시된 발명이다. 다만 비밀로 간직하면서 실시하고, 그 상태로는 역분석이 불가능한 경우에는 공연히 실시된 발명으로 볼 수는 없을 것이다. 예컨대, 석유시추공에 사용되는 드릴이 지하 수백미터에서 사용되고, 그 시추공에 접근을 불가능하게

1015) 35 U.S.C. § 102.

1016) 특허법 제29조 제1항, 제1호 및 제2호.

1017) 대법원 1996. 1. 23. 선고 94후1688 판결 (불특정 다수인이 인식할 수 있는 상태에서 실시되었다고 하여 반드시 그 기술의 내용까지 정확히 인식할 수 있는 것은 아니므로, 공용에 의하여 신규성이 부인되기 위해서는 다시 '당해 기술분야에서 통상의 지식을 가진 자가 그 기술사상을 보충, 또는 부가하여 발전시킴 없이 그 실시된 바에 의하여 직접 쉽게 반복하여 실시할 수 있을 정도로 공개될 것'이 요구된다.).

하는 등 비밀을 유지했다면, 그 자체로는 역분석이 불가능하므로 공연히
실시된 발명으로 볼 수는 없다.[1018]

제2절 진보성

1. 진보성의 정치경제학

공지된 아이디어는 특허권을 인정하지 않는데 로크적 견해(Lockean
Theory)에서는 공지된 아이디어는 새로운(new, novel) 것이 아니어서 노동
에 의한 가치창출이 없으므로 특허를 부여할 대상이 없기 때문이다.[1019]
법경제학적으로는 공개된 아이디어에 특허권을 인정하지 않는 이유를 개
발비용이 없거나 극히 적은 것을 그 원인으로 설명할 수 있다. 공개된 아이
디어에 대해서 특허를 인정한다면 누구나 쉽게 적은 비용으로 특허를 취득
할 수 있다는 생각을 하게 되고, 이로 인하여 중복투자의 위험성이 커지기
때문이다. 물론 특허권의 본질을 자연권으로 보는 경우에는 공개된 아이디
어는 공유이기 때문에 특정인에게 사유화를 인정할 수 없다. 특히 로크의
재산권 철학은 공역(the public domain)으로 공유지 개념을 설정하여 재산
권 취득의 대상으로 인정하지 않는다. 공개된 아이디어, 추상적 아이디어,
자연현상, 자연법칙 등은 공유지와 같은 것으로 공중의 영역에 존재하게
된다.

특허요건으로서 진보성(nonobviousness)이나 유용성(utility)을 요구하지
않더라도 그 특허의 상업적 가치가 없는 경우에는 특허를 부여하더라도 사

1018) 참조할 판결로 특허법원 2000.09.21. 선고 99허6596 판결 등록무효(실)을 들 수 있다.
1019) Richard Posner, Economic Analysis of Law, 5th. 1998, pp. 43-44.

회가 부담하는 특허비용1020)은 적다. 왜냐하면 그러한 특허는 상업적으로 수요가 없기 때문에 경쟁자들이 그 발명을 실시할 유인이 없기 때문이다. 예컨대, 사막의 일부에 대하여 사적 재산권을 설정하더라도 공중(the public)에게는 재산권이 부여된 그 사막의 일부를 사용할 수요가 거의 없다고 할 수 있으므로 공중의 자유권 제약은 없다. 특허의 경우에도 마찬가지이다. 따라서 상업적 가치가 없는 특허의 경우에 특허요건을 엄격하게 하지 않더라도 사회적 부담 측면에서는 차이가 없다.

그러나 진보성이나 유용성을 요구하고, 그 기준을 높게 한다면 상업적 가치가 없거나 적은 기술로 특허를 받으려는 유인을 적게 한다. 이는 중복투자나 자원의 낭비를 줄이게 되므로 결과적으로 사회적 후생의 증가를 가져온다. 물론 진보성과 유용성을 엄격하게 요구하면 특허비용이 상승하여 바람직하지 못한 결과를 가져올 수도 있다.1021)

상업적 가치가 높은 기술에 대해서 특허를 쉽게 부여하면 사회적 부담이 커질 수 있다. 많은 수요자가 실시료(royalty)를 부담하여야 하기 때문이다. 이러한 측면에서 보면 특허의 요건을 강화하는 것이 필요하다. 물론 상업적 가치가 높다는 이유만으로 특허요건을 강화하여 특허를 제한하여야 한다고 할 수 없다. 다만 상업적 가치가 높은 발명은 특허가 없더라도 발명의 유인이 있다. 따라서 공리주의나 실용주의적 입장에 의해서도 상업적 가치가 높은 발명에 대해서 특허를 부여하여 발명을 장려하여야 하는 것은 아니다. 그러나 가치가 낮은 발명에 대한 특허부여는 쉽게 재산권을 부여함으로써 자원배분의 효율성을 저해할 수 있고, 그러한 발명을 위해 자원을

1020) 특허비용은 특허를 부여함으로써 사회가 부담하는 비용으로 특허물품의 가격이나 특허권에 대한 로열티를 의미한다.

1021) Id. 이러한 경우 특허기술의 개발비용의 상승으로 이루어지고, 개발비용의 상승은 높은 로열티를 요구하게 된다. 따라서 특허비용에 대하여 사회적 부담이 크게 된다. 개척발명에 대해서만 특허를 부여하지 않는 이유를 설명할 수 있다.

사용한다는 점에서 자원사용의 효율성을 저해할 수 있다. 따라서 가치가 낮은 발명에 대한 특허부여는 사회적 부담을 증가시킬 수 있다.

특허권의 정당성을 자연권적 시각에서 바라보는 견해(natural right perspective)에서는 특허요건으로서 인간의 노동의 결과물이나 정신작용에 의한 새로운 것(novelty)을 요구한다. 이러한 입장에서는 새로운(new, novel) 것이면 특허를 인정하게 된다. 저작권에서 창조성(originality)을 요구하는 것도 같은 취지이다. 따라서 특허를 취득하기 위한 기준은 낮게 된다. 그러나 공리주의와 실용주의적 입장에서는 신규성 이외에 진보성을 요구한다. 진보성 기준은 유동적이어서 기술혁신을 위한 정책적 탄력성을 가능케 하고, 사회적으로 최대다수의 최대행복이라는 정책적 목표에 따른 특허제도의 운영을 할 수 있게 하여 준다.

특허요건의 강화는 어떠한 정당성에서 또는 어떠한 정책적 요구에서 필요한 것인지에 대한 논의가 필요하다. 특허요건으로 신규성과 진보성을 요구하는 것은 자원의 효율적 관리를 위해서도 바람직한 것으로 인식되고 있다. 그러나 진보성을 엄격하게 하면 특허비용이 상승하여 사회적 효용관점에서 바람직하지 못한 결과를 가져올 수도 있다.[1022] 따라서 경제적으로 특허요건은 사회적 부담을 최소화하고 특허의 사회적 효용을 극대화 하도록 설계하는 것이 필요하다. 특히 진보성 개념에 대해서 객관적 기준을 마련하는 것은 예측가능성을 보장하기 때문에 사회적으로 효율적인 결과를 가져올 수 있다.

그와 같은 경제적 효율성 측면에서 진보성을 이해한다면, 결국 공리주의나 실용주의가 주류적 경제철학의 토대가 된 19세기 이후에 진보성의 등장을 이해할 수 있다. 미국 최초의 특허법인 1790년 특허법상 특허는 특허청 담당공무원이 '충분히 유용하고 중요한'(sufficiently useful and important)

1022) Id., 44-45. 이러한 경우 특허비용의 상승은 특허기술의 개발비용의 상승으로 이루어지고, 개발비용의 상승은 높은 로열티를 요구하게 된다.

발명이라고 인정하는 경우에 부여되었다. 그러나 본 요건은 1793년 특허법에서 변경되어 1952년까지 특허요건은 신규성과 유용성만 요구하였을 뿐 특정한 정도의 신규성이나 유용성을 요구하지는 않았다. 1851년 미국대법원은 Hotchikiss 사건에서 진보성 기준을 도입하고, 1941년 Cuno 사건에서 진보성 기준을 강화함으로써 특허부여를 어렵게 하였다. 그리고 1952년 특허법의 개정으로 진보성을 명시하였다. 물론 1952년 법에 도입된 진보성은 Cuno 사건의 천재의 영감(Flash of Genius)기준을 낮춘 것이다. 법에 명시되지 않았음에도 미국 연방대법원이 이와 같은 진보성 기준을 도입한 것은 특허에 대한 정치경제학적 배경으로 인한 것으로 판단된다. 즉 특허제도의 사회적 유용성에 내한 고녀에 의해서 궁극적으로는 특허제도를 통하여 사회적 효용을 증가시키기 위한 것이었다고 할 수 있다.

2. 새로운 것(신규성) 이상으로서 진보성

진보성은 1624년 영국의 독점법이 제정되어 근대적인 특허가 도입될 당시에는 요구되지 않았다. 그러나 이미 16세기에 신규성의 의미에 'put a new button to an old coat'라는 개념을 발전시켜 왔고, 18세기에 개량발명에 있어 기존 발명에 대하여는 특허권의 범위로 인정하지 않아, 기존 발명의 실시자는 계속 그 발명을 실시할 수 있었다. 미국에서는 1952년 특허법의 개정으로 비자명성(nonobviousness)이 명시적으로 규정되기 이전에 특허성을 판단하기 위해서 필요한 요건으로 4가지 기준이 전개되어 왔다.[1023] 물론 앞서 신규성에서 언급한 바와 같이 베니스의 특허법에 "ingenius"이

1023) Edmund Kitch 교수는 Novelty, Flash of Genius 및 Non-obviousness의 3가지 기준을 제시한다. Edmund W. Kitch, Graham v. John Deere Co., New Standards for Patents, 1966 Sup. Ct. Rev. 293, 1966, p. 298 참조.

라는 단어가 포함되어 있었지만, 이는 '인간'의 재능으로(ingenius)라는 의미로서 인간의 권리임을 나타낸 것으로 판단되고, 현재에 이해되는 선행기술에 비교한 기술적 진보를 의미하는 진보성을 의미한 것으로 보이지 않는다.[1024]

물론 그 당시 신규성의 의미는 다양하여 현재의 신규성 개념과 동일시할 수 없다. 어떤 경우에는 현재의 신규성의 의미와 다른 발명성을 요구하기도 했다. 예컨대, 1601년 특허침해사건에서, 독일의 Hassler는 오르간을 만들었는데 그가 특허취득비용(15 Imperial Talers)을 납부하지 않은 상태에서 아우구스부르크의 Eisenburger라는 사람이 Hassler의 오르간의 복제하였다. Hassler는 해당 금액을 납부한 이후에 특허권을 행사할 수 있었고, Eisenburger에게 특허권 침해소송을 제기했는데, 그 침해소송중에 피고는 Hassler의 오르간이 "nonobviousness" 한 것인지 문제를 제기했다. Hassler의 오르간이 단지 기존 발명을 개선(improvement)한 것으로 특허를 취득할 수 없다고 하면서 다음과 같이 주장했다:

> [i]t is always easy to add something to previously invented things and to thereby improve them, rather than to invent something new and for the first time.[1025]

즉 '기존 발명에 어떤 것을 부가하는 것은 매우 쉽고, 새로운 것을 최초로 발명하는 것보다 개량하는 것이 매우 쉽다.'고 하였다. 위와 같은 주장은 'put a new button to an old coat'와 같은 의미로 보이는데, 기존 발명의 범위내인지 아니면 새로운 발명으로 볼 수 있는지에 대하여 "nonobviousness"라는 용어를 사용한 것이고, 또한 개선 내지 개량(improvement)은 기존 발명

1024) Friedrich-Karl Beier, The Inventive Step in Its Historical Development, 17 INT'L REV. INDUS. PROP. & COPYRIGHT L. (IIC) 301, 303 (1986).
1025) Id.

의 범위로서 새로운 발명인지 또는 기존의 발명과 별개의 발명으로서 신규한 것인지가 불분명했다.

신규성만으로는 특허를 부여하는 것이 부족하고 그에 더해서 진보성과 같은 재능을 더한 것이라는 의미로 사용된 것이 아니다. 신규성만으로도 충분했기 때문이다. 이는 1624년 영국의 독점법이나 그 이후 1851년 미국 연방대법원이 Hotchkiss v. Greenwood 사건에서 판시한, 신규성 이외에 인간의 재능이 더 부가된 것이란, 신규성도 인간의 재능을 불어 넣은 것이지만, 그 만큼의 재능을 불어 넣은 것만으로는 부족하고, 그 이상의 재능을 불어넣은 것이 필요하다는 의미로 판시한 것이다. 이는 이미 1474년 베니스 특허법 이래 축적되어온 법리이었다. 현재 진보성의 의미는 발명 그 자체에 대하여 판단하는 객관적이다. 이에 반하여 '인간의 재능으로'(ingenius) 라는 의미는 인간의 행위라는 의미로 주관적인 것이다.

1790년 제정된 최초의 미국 특허법은 '충분히 유용하고 중요한'("sufficiently useful and important")발명에 특허를 부여했다.1026) 이 당시에 특허를 취득하기 위한 요건에는 지금과 같은 의미의 진보성을 명시적으로 요구하지 않았다.1027) 1790년 법상 특허요건은 곧 수정되었다. 1793년 수정된 특허법은 1790년 법의 특허요건을 대체하여 명시적으로 신규성과 유용성("utility and novelty") 기준을 도입했다. 그리하여 1793년 이후 1952년까지 미국 특허법은 신규하고 유용한 발명에 대해서 특허를 부여했다. 신규성의 정도에 대한 규정도 없었다. 다만 1793년 법은 단순히 '기계 또는 합성물에 대하여 어떠한 정도라도 형태나 부분적으로 간단한 변경을 한 경우에는 발견으로

1026) Act of Apr. 10. 1790, ch 7, §1.1 stat. 109.

1027) 다만, 1790년 특허법에는 "not before known or used" 라고 규정되어 있어, 실질적으로는 신규성을 요구하는 것과 같았다. 1793년 특허법에는 "any new and useful art, machine…not before known or used" 라고 하여 명시적으로 신규성 기준을 도입하였다.

간주되지 않는다'("[s]imply changing the form or the proportions of any machine, or composition of matter, in any degree, shall not be deemed a discovery")라고 명시하여 단순한 변경에 대한 특허를 제한하였다. 이러한 개념 또한 'put a new button to an old coat'와 같은 것으로 기존의 발명의 범위내인지 아니면 특허를 취득할 수 있는 기존의 발명과 구분되는 별개의 발명인지를 판단하였던 것으로 보이고, 진보성의 개념으로는 보이지 않는다.

영국에서는 1711년 Mitchell v. Reynolds 사건에서 특허는 '천재성과 보통 이상의 근면성이 대한 보상'("a reasonable reward to ingenuity and uncommon industry")이라고 하고,[1028] 1799년 제임스와트의 증기기관이 문제된 Hornblower v. Boulton & Watt 사건[1029]에서 대법관 Grose는

> the aim of the Legislature is obvious … it was to encourage ingenious artificers and able and studious men to invent and bring forward for the use of the public new manufactures, the produce of their ingenuity, by holding out to them the reward of the 14 years' monopoly'

라고 하여, '재능있는 기술자와 유능하고 학구적인 사람'("ingenious artificers and able and studious men")으로 하여금 발명을 장려하고 그리하여 새로운 발명을 공중에게 제공하는 것이라고 하였다. 그러나 이러한 개념은 아직 진보성의 개념으로 발전한 것은 아니었다. 물론 진보성 개념의 씨앗으로 존재하고 있었다고 할 수는 있다.

1889년 미국의 Blakey v. Latham 사건[1030]에서 법원은 '단순히 이전에 본 것이 아니라는 것만으로 신규하다고 할 수 없고, 특허에 있어서는 새로

1028) Mitchell v. Reynolds, 1 P. Wins. 181, 188; (1558-1774) All E. R. Rep. 26 (1711).
1029) Hornblower v. Boulton & Watt (1799), 1 HPC 391.
1030) Blakey v Latham (1889) 43 Ch D 23 (CA).

운 발명(novelty)이라는 것을 보여 줄 필요가 있다'("simply because that has never been seen before. To be new in a patent sense, it was necessary that the novelty must show invention.")라고 판시했고, 같은해 Thomson v. American Braided Wire Company 사건[1031]에서 영국법원은 발명이 전체가 아닌 개별적인 요소가 선행발명에서 사용되고 있는지를 판단하여야 한다고 하여, 현재의 진보성의 개념적 요소가 보였다. 그리고 1890년 Vickers, Sons & Co v. Siddell 사건[1032] 판결을 통해 '해당기술분야에 익숙한 자에게 명백한 발명'이라면 특허를 부여하지 않았다. House of Lords는

[t]his mode of dealing with forgings [⋯] was so obvious that it would at once occur to anyone acquainted with the subject and desirous of accomplishing the end, or whether it required some invention to devise it.

라고 판시하였다.

영국은 1932년 Patents and Designs Act에 의해 발명의 단계(inventive step)의 개념으로 진보성 개념을 수용하여 특허거절 사유로 규정했다.[1033]

원래 미국에서는 특허권의 부여는 기술혁신을 가져와 궁극적으로 사회적 후생을 증진시킬 것이라는 믿음이 있었다.[1034] 따라서 미국 연방헌법은

1031) Thomson v. American. Braided Wire Co., (1889) 6 R.P.C. 518 (H.L.).

1032) Vickers Sons & Co.Ltd v. Siddell [1890] 7 R.P.C 292. W. William s v. Nye [1890] 7 R.P.C 62.

1033) England Patents and Designs Act 1932
   3 Grounds for revocation of patent.
     (2) A patent may be revoked upon any of the following grounds,
        (f) that the invention is obvious and does not involve any inventive step having regard to what was known or used prior to the date of the patent;

1034) Mazer v. Stein, 247 U.S. 201 (1954).

과학기술발전을 위해서 연방 의회에게 특허법을 제정할 권한을 부여했다. 그러나 1930년대의 대공황은 특허에 대한 미국 정치권의 입장을 변화하게 했다.[1035] 특허제도에 대한 부정적인 입장과 낮은 특허 기준에 의한 많은 특허부여가 오히려 기술혁신을 제한할 것이라는 우려는 1970년대까지 지속되었다.[1036] 이러한 반특허 분위기 속에서 미국은 1952년 특허법의 개정을 통하여 명시적으로 진보성을 요구하게 된다.

진보성 요건을 1952년 특허법에 명시한 것은 1850년 Hotchkiss 사건 이후 그 기준이 정립되어 있지 않던 진보성의 통일적이고 객관적인 기준을 마련하기 위해서였다.[1037] 그러나 신규성에 추가하여 특허요건으로서 진보성 기준의 도입은 특허 부여를 제한하게 된다.

미국에서 특허요건으로 진보성을 요구하게 된 주된 목적은 정책적인 필요성에 의한 것이었다고 할 수 있다. 즉 새로운 것에 대한 특허의 부여는 배타적인 권리의 증가를 가져와 각자의 특허권의 이용을 방해하게 된다. 즉 가진 자원을 저사용하게 되어 '반공유의 비극'(the Tragedy of the Anticommons)의 문제[1038]가 발생한다. 이러한 이유로 특허제도는 기술혁

1035) 유럽에서는 19세기에 이미 반특허분위기가 발생하였다. 네덜란드는 1869년부터 1912년까지 특허제도를 폐지했고, 스위스는 1887년까지 특허제도 도입에 반대했다.

1036) 1958년 미연방의회는 특허에 대한 경제학적 분석을 통하여 특허제도가 경제적으로 이익을 가져오지 않는다는 Fritz Machulp 교수의 소위 Machulp Report (An Economic Review of the Patent System; Study Prepared for the US Senate Sub-Committee on Patents, Trademarks and Copyrights (Washington, D.C., US Government. 1958))를 채택한다. 위 보고서는 반특허분위기를 반영하고 있다.

1037) Dorothy Whelan, "A Critique of the Use of Secondary Considerations in Applying the Section 103 Nonobviousness Test for Patentability," 28 B.C. L. Rev. 357, 361 (1987).

1038) 반공유의 비극("the Tragedy of the Anticommons")은 컬럼비아대학교 법대교수인 Michael Heller가 모스크바의 노점에 대한 권리가 여러 주체에게 분산된 결과 노점에 대한 권리를 행사하지 못하게 된 현상을 분석하면서 주장한 것으로 토지(resources)에 대하여 사적소유권이 설정되면 높은 임대료로 인하여 새로운 진입자

신에 방해된다는 결론에 이를 수 있다. 따라서 특허를 과도하게 부여하는 것을 방지할 법적 요건이 필요하게 되어 진보성 기준을 도입한 것으로 볼 수 있다.

3. 진보성의 정치경제학적 필요성

진보성개념은 단순히 법적인 문제만으로 그 필요성이 요구된 것이 아니다. 초기 진보성 개념 발전의 방아쇠가 되었던 1851년 Hotchkiss v. Greenwood 사건[1039])은 단순히 발생한 것이 아니라 19세기 중반의 득허논쟁(patent controversy)과 특허제도의 경제적 가치 평가에 의한 것이라고 할 수 있다고 평가할 수 있다. 19세기 중반은 공리주의적 가치와 실용주의적 가치가 발전하기 시작하던 때이었고, 특허제도가 과연 사회의 복리를 증가시키는지에 대한 회의와 이에 대한 반응이었다고 할 수 있다.

미국은 1970년대 월남전의 종전과 미국경제의 침체로 인하여 1980년대 이후 친특허정책으로 변화한다. 1980년대 초기에 미연방대법원은 Chakrabarty 사건[1040])과 Diehr 사건[1041])을 통하여 특허취득을 용이하게 했다. 이

가 시장진입을 할 수 없게 되어 결국 토지 소유자도 이익을 취할 수 없게 되는 비효율적인 결과가 발생한다고 한다. 특허권의 경우에도 많은 특허가 부여되면, 그 기술에 대해서 일시에 라이센스를 취득할 수 없으므로 라이센스 비용이 높아지고 결국에는 그 특허발명에 대한 수요는 높아지더라도 결국 그 특허발명을 사용할 수 없는 비효율적인 결과가 발생한다. 이러한 경우에는 특허권자라도 다른 특허권자로부터 라이센스를 취득하지 못하는 한 자신의 특허를 실시하지 못하는 결과를 가져온다. 즉 특허를 쉽게 부여하면 이러한 반공유의 비극이 발생하게 된다. Michael A. Heller, The Tragedy of the Anticommons, 111 Harv. L. Rev. 621 (1998) 및 Michael Risch, "Everything is Patentable," 75 Tenn. L. Rev. 591 (2008) 참조.

1039) Hotchkiss v. Greenwood, 52 U.S. 248 (1850).
1040) Diamond v. Chakrabarty, 447 U.S. 303 (1980).
1041) Diamond v. Diehr, 450 U.S. 175 (1981).

러한 분위기 속에서 연방항소법원(CAFC)이 창설되고, 진보성 판단에 TSM test를 도입하여 특허를 상대적으로 용이하게 인정하였다. 그러나 2000년대에 들어와 Patent Troll 등 특허권의 부작용으로 인하여 2007년 연방대법원은 KSR 사건을 통하여 1966년 Graham 판결에서 정립한 진보성 기준을 고수하고자 한 것으로 보인다.

자연법사상에 의한 특허권은 산업혁명에 기초가 되었지만, 산업혁명이후 특허제도의 부작용과 남용으로 많은 제한을 받게 된다. 19세기 후반, 특허논쟁(1850-1873)을 통해 특허를 폐지하거나 도입하지 않은 네덜란드와 스위스를 제외하고, 특허유지론을 채택한 국가들은 1873년 비인회의와 1883년 파리협약을 통하여 특허의 공공성(compulsary working, compulsory licensing)을 강화하는 것으로 타협을 하게 된다.

19세기와 20세기 초반, 특허권의 부작용이 나타날 때마다 특허요건이 강화되었는데, 이는 공리주의를 배경으로 하는 것으로 판단된다. 특히 경제공황은 특허독점이 그 하나의 원인으로 지목되었고, 경제공황이 오면 특허제도는 공격을 받아, 그 장벽을 하나씩 쌓아갔다. 1825년 영국에서 최초의 경제공황이 발생하였다.[1042] 1831년 Whitney v. Emmett 사건에서 미국 연방대법원은 특허청구범위는 특허권자를 구속한다는 법리를 표명했다.[1043] 그리하여 1836년 미국은 특허법을 개정하여 특허청구범위를 기재하도록 요구했다. 이는 특허권의 범위를 명확히 하여, 특허권자와 경쟁자/공중(the public)의 권리범위를 좀 더 명확히 하여 경쟁자의 특허 회피 기술개발에

[1042] 산업혁명이 발생했던 영국은 1825, 1837, 1847, 1857, 1866년에 약 10년의 주기로 찾아 왔다고 한다. 1870년대 이후에는 주로 미국이나 독일에서 경제공황이 발생하고, 그것이 영국에 영향을 미쳤다고 알려져 있다. 한편 미국은 1819년에 재정공황 (the first great financial depression of 1819)이 있었다.

[1043] Whitney v. Emmett, (C.C. Pa. 1830) Fed Cas. No. 17,585 (Baldwin, J.). William Redin Woodward, Definiteness and Particularity in Patent Claims, 46 Mich. L. Rev. 755, 760 (1948).

대한 유인(incentive)을 제공했다.

1837년과 1847년 경제공황이 발생했다고, 특허독점은 그와 같은 경제공황에 영향을 미친 것으로 인정된 것으로 여겨져 특허제도의 문제점이 지적된 것으로 판단된다. 1851년 미국연방대법원은 특허요건으로 신규성만으로 부족하고, 신규성 이외에 발명자의 재능이 추가적으로 필요하다고 했다. ('novelty plus') 'novelty plus' 기준은 현대 특허법의 필수요건인 진보성의 원형이다. 또한 1930년대 미국의 행정부를 장악한 예일학파(Yale School)는 1929년 대공황(the Great Depression)의 원인으로 독점을 지목했고, 특허도 독점의 하나로서 대공황을 가져온 원흉으로 지목됐다. 1942년 미국 정부는 대대적인 특허법개정작업에 들어간다. 미국 연방대법원이 1941닌 Cuno Engineering v. Automatic Devices 사건 판결에서 요구한 '천재의 창조적 영감'('flash of creative genius') 기준은 미국 역사상 가장 높은 특허요건이라 할 수 있다. 발명에 천재성이 존재하여야 특허를 부여할 수 있다고 판시하여 특허요건은 매우 높은 수준으로 등록특허가 감소하게 된다. 물론 이 기준은 너무 높아 천재 이외에는 특허등록을 받을 수 없다는 비판을 받게 된다. 그리하여 1950년 The Great Atlantic Tea & Pacific Tea Co. v. Supermarket Equipment Corp. 사건에서 연방대법원은 절충된 기준으로 '현저한 효과 기준'(synergism)으로 낮추게 된다.

아래의 표는 미국 특허청에서 발표한 1930년부터 1950년까지 미국에서 특허(utility patent)(식물특허와 디자인 특허 제외)의 출원특허 수와 등록특허 수를 정리한 것이다.[1044] 1930년대 예일학파로부터 특허가 공격받은 후에 등허출원 수와 등록 수가 줄어들고 있고, 특히 1941년 Cuno Engineering v. Automatic Devices 사건 판결 후, 특허출원 수와 '특허' 특허등록 수가 확연히 줄어들고 있다.

1044) https://www.uspto.gov/web/offices/ac/ido/oeip/taf/h_counts.htm

[미국의 특허출원과 특허등록수 1930-1950]

연도	특허출원(utility patent)	특허등록(utility patent)
1930	89,554	45,226
1931	79,740	51,756
1932	67,006	53,458
1933	56,558	48,774
1934	56,643	44,419
1935	58,117	40,618
1936	62,599	39,783
1937	65,324	37,683
1938	66,874	38,062
1939	64,093	43,073
1940	60,863	42,237
1941	52,339	41,108
1942	45,549	38,449
1943	45,493	31,054
1944	54,190	28,053
1945	67,846	25,694
1946	81,056	21,805
1947	75,443	20,139
1948	68,740	23,961
1949	67,592	35,131
1950	67,264	43,039

1942년부터 활동한 특허개혁위원회의 활동은 1952년 특허법 개정으로 종결되었고, 1952년 특허법은 특허요건으로 '진보성'(non obviousness)을 명시했다. 특허성, 특허 진보성의 기준이 변화되는 것은 사회경제적 여건의 영향에 의한 것으로 1850년 Hotchkiss v. Greenwood 사건[1045)의 배후에는

1045) Hotchkiss v. Greenwood, 52 U.S. 248 (1850).

경제공황이 존재하고 있다고 평가할 수 있다.

나쁜 특허에 의해 경제공황이 발생한다는 주장은 1624년 영국의 독점법 제정 이전부터 존재했다.[1046] 1590년대 후반, 영국 경제는 경제공황이 발생하였다. 이로 인하여 시민의 삶은 피폐하여졌고, 이로 인하여 특허제도의 폐지나 개정 압력이 높아져 1597년 의회에 대한 특허개정 청원으로 이어졌다.[1047] 1601년 영국 의회는 특허제도를 개혁하는 법안으로 매우 혼란스러웠다.

사회경제적 변화는 특허법의 형성에 많은 영향을 미쳤다. 산업혁명후에 경제공황은 일상화 되어 주기적으로 나타났다. 이에 경제공황이 나타나는 경기변동에 관하여 여러 가지 학설이 나타났다. 1837년 미국의 금융위기는 1840년대 중반까지 지속된 대공황을 촉발하였다. 이윤과 물가, 임금이 하락하고 서부 확장이 정체되고 실업률이 증가했다.

앤드류 잭슨 대통령이 미합중국 은행의 승인을 연장하지 않아 1837년 초의 경기 침체는 투자자들을 패닉에 빠뜨리고 뱅크런을 유발하였다. 1837년 5월 10일 뉴욕시의 은행에 금과 은이 고갈되고 그로 인한 대공황이 발생하여 1840년대 중반까지 지속되었다.

'Baring crisis' 또는 'the Panic of 1890'라고 불리는 1890년 경제공황은 재정공황에 의해 발생했는데 이는 특허법에도 영향을 미쳤다. 1890년 재정공황은 아르헨티나로부터 시작되었는데, 아르헨티나에 투자했던 영국 런던의 베어링 은행(Barings Bank)이 파산직전에 내몰렸다.[1048] 1890년 경제공황은 1890년 특허법 개정으로 이뤄졌다.

1046) Chris R. Kyle (1998) 'But a New Button to an Old Coat': The Enactment of the Statute of Monopolies, 21 James I cap.3, Journal of Legal History, 19(3) pp. 203-223

1047) Id.

1048) "What Prior Market Crashes Can Teach Us About Navigating the Current One". Morningstar, Inc. Retrieved 2020-05-14.

1952년 미국이 특허법 개정에 의하여 진보성을 특허법에 명시한 것은 1929년 대공황이 존재하였다고 할 수 있다. 그 뿐만 아니라 1980년대 TSM 테스트에 의한 진보성 기준이 낮아짐은 1970년대 재정적자와 무역적자라는 쌍둥이 적자와 제3차 산업혁명이라고 하는 정보통신혁명의 기초가 되는 전자산업을 중심으로 한 첨단기술경쟁력의 저하라는 경제적 요건이 있었다고 할 수 있다. 1980년대 미국은 진보성 요건을 낮추어 많은 특허등록을 유도하여 기술적 우위를 점하고자 하는 정책을 폈다. 특허요건으로서 진보성은 위와 같은 정치경제적 이유가 반영되어 있다.

4. 진보성 기준의 변화[1049]

가. Novelty 기준

Novelty 기준은 1474년 베니스의 특허법과 영국의 독점법(Statute of Monopolies)[1050] 이래 전통적인 원칙이었다.[1051] 물론 특허제도 자체는 새

1049) 진보성에 관한 서술은 본인의 '특허의 진보성개념의 발전과 전개: 반공유의 비극과 효율성', 2010년 8월 '산업재산권'에 게재된 논문을 수정한 것임

1050) The Statute of Monopolies, 21 James I c.3 (1623).

1051) Giles S. Rich, The Vague Concept of "Invention" as Replace by Section 103 of the 1952 Act, 46 J. Pat. Off. Soc'y. 855, 857 (1964). 물론 15세기의 베니스의 특허법도 새로운 기술에 대하여 특허를 부여하고 있었다. 그 당시 베니스의 특허법에서도 신규성 요건과 유용성 요건은 필요했다. Bruce W. Bugbee, Genesis of American Patent and Copyright Law, Public Affairs Press, 1967, p. 21; G. Mandich, "Venetian Patents (1450-1550)", 30 J. Pat. Off. Soc'y 166, 1948, pp. 168-169 ("The Republic of Venice, on the other hand, is generally credited with the first patents, issued from case to case in form of pure privileges, particularly to printers."); Frank D. Prager, "A History of Intellectual Property From 1545 to 1787," 26 J. Pat. Off. Soc'y. 711, 1944, p. 716 참조.

로운 것에 대하여 부여하는 제도였으므로 1474년 베니스 특허법 이전에도 신규성은 존재했다. 미국의 1793년, 1836년 및 1870년 특허법도 본 원칙을 따랐다. Novelty 기준은 새로이 창조된 것에 대하여 특허를 부여한다는 것이다. 본 원칙은 특허가 부여되는 대상은 사회에 대하여 이전에 존재하지 않는 새로운 것일 것을 요구했다.

1624년 제정된 영국의 독점법(the Statute of Monopolies)은 기존의 특허(privilege)를 무효로 하고 새로운(new) 것에 대하여 특허를 부여했다.[1052] 1624년 독점법 제정 이전에 영국 국왕은 국민에게 특정 물품을 제조, 판매하거나 특정 서비스를 제공하는 것에 대한 독점적인 권리를 부여할 권한을 가지고 있었다. 영국 국왕이 국민에게 부여하는 이러한 독점적인 권리는 새로운 창조물을 독점적으로 제조, 판매하는 것(good patent)뿐만 아니라 국민들이 누리던 자유권을 제한하는 특허(bad patent)도 있었다.[1053] 좋은 특허(good patent)는 예전에 존재하지 않았던 것이므로 그 발명자에게 제한된 기간 독점을 주더라도 어느 누구의 기존의 자유를 제한하는 것은 아니었으므로 사회에 부담이 되는 것은 아니었다. 그러나 나쁜 특허(bad patent)는, 새로운 것에 대하여 특허를 부여하는 것이 아니라 국민이 기존에 누리던 자유를 제한하는 특허이다. 따라서 나쁜 특허가 부여되는 경우에 국민이

1052) The Statute of Monopolies 1624, §1.

Provided nevertheless, and be it declared an enacted That any Declaration beforementioned, shall not extend to any Letters Patents and Grants of Privilege for the Term of one and Twenty Years, or under, heretofore made of the sole Working or Making of any Manner of new Manufacture within this Realm, to the first true Inventor or Inventors of such Manufactures which others at the time of the Making of such Letters Patents Grants did not use, so they be not contrary to the Law, nor mischievous to the State, by Raising of the Prices of Commodities at home, or Hurt by Trade, or generally inconvenient.

1053) 후자의 경우에는 왕실재정수입의 증가를 위한 목적이 있었다. Bruce W. Bugbee, Genesis of American Patent and Copyright Law, Public Affairs Press, 1967, p. 14.

누리던 기존의 자유를 제한하게 된다. 예컨대, 주사위나 카드에 대한 독점적 제조 및 판매권의 부여는 기존에 주사위나 카드를 자유롭게 제조, 판매 또는 사용하던 국민들의 자유권을 제한하는 것이었다.[1054] 이러한 종류의 특허권의 남발로 인하여 국민들의 자유는 매우 제약이 되게 되었는데, 영국의 독점법은 이와 같이 국민이 누리던 자유권을 제한하면서 부여된 특허권을 무효로 하였다. 그리하여 독점법은 새로운 물품을 창조한 자에게만 그러한 물품에 대하여 독점할 수 있는 권리를 부여했다. 즉 새로운(new, novel) 것에 대해서만 특허를 부여하기 시작했다. 발명의 신규성은 이제 특허 부여를 위한 필수요건이 된 것이다. 다만 앞서 본 바와 같인 신규성의 개념과 기존의 구분되는 발명의 개념은 명확히 구분되지 않았다. 다만 이러한 논쟁은 실익이 없는 논쟁이었다. 특히 우리법과 같이 발명의 개념에 대하여 명시하고 개념법학이 주를 이루던 독일이나 일본과 그리고 이를 수용한 우리법학에서 문제가 되었고, 영국이나 미국과 같은 나라에서 발명의 범위와 신규성의 문제는 그다지 중요한 문제가 아니었다.

영국 뿐만 아니라 유럽의 초기 특허제도도 새로운 발명에 대한 특허권을 부여하는 목적 뿐만 아니라 영국과 같이 독점권의 판매로 인하여 왕실재정 수입의 증가라는 목적도 있었다.[1055] 그러나 독점법 제정 이후 영국은 새로운 것을 창조하지 않은 것에 대해서는 더 이상 특허를 부여하지 않았다. 따라서 영국에서 신규성(novelty) 요건은 1624년 독점법에서부터 특허요건

1054) Giles S. Rich, The Vague Concept of "Invention" as Replace by Section 103 of the 1952 Act, 46 J. Pat. Off. Soc'y. 855, 857 (1964). 특허가 공중이 자유를 누려왔던 것에 대하여 독점을 부여하여 공중의 자유를 제한하는 나쁜 특허(bad patent)와 새로운 것("new")에 대하여 독점을 부여하는 좋은 특허("good patent")가 존재하였는바, 영국의 독점법(Statute of Monopolies)에 의해서 나쁜 특허에 대해서는 더 이상 특허부여를 하지 않았다. Id.

1055) Bruce W. Bugbee, Genesis of American Patent and Copyright Law, Public Affairs Press, 1967, p. 14.

으로 요구된 것이다. 이때부터 새로운 것에만 특허를 부여하는 근대적 의미의 특허제도가 성립했다.

신규성(novelty) 기준은 새롭게 창조된 가치에 대해서 특허를 부여한 것이므로 특허를 포함한 지적재산권의 정당성에 관한 자연권 이론에 부합한다. 특히 새롭게 창조된 노동가치에 대해서 재산권을 부여하는 로크적 견해(Lockean Theory)와 일치한다. 사회는 새롭게 창조된 가치에 대하여 배타적인 권리를 부여한다. 사회에 기술 진보와 경제적 이익이라는 기여에 대하여 발명자를 보호하는 것이 도덕에 기초한 자연적 정의(natural justice)에 부합한다.[1056) 새로운 발명에 대하여 배타적인 권리를 부여하는 것은 발명자의 사회 기여에 대한 가장 단순하고 충분한 보상이다. 그리고 발명의 상업적 가치와 같은 유용성과 그 발명으로부터 이익을 취한 자(the public)가 그 대가로 지급하는 것에 따라 발명자의 이익이 결정된다. 따라서 Novelty 기준은 특허권의 자연법적 정당성에 기초하게 된다.[1057)

신규성을 요구하는 것은 새로운 물품이나 방법을 창조하는 것을 장려한다. 새로운 물품이나 방법은 최소한의 기업가 정신을 요구하는 것이다. 그러나 신규성 기준만을 요구하면 많은 특허가 부여되게 되고 이는 공중의 자유를 제한하게 된다. 이러한 신규성 기준에 의한 특허부여는 반공유의 비극(the Tragedy of the Anticommons)을 발생케 하여 오히려 특허부여가 사회적 후생을 저해하게 되는 결과가 된다.

미국에서는 1790년 특허법이 제정된 이래 신규한 발명에 대해서 특허를 부여하는 경우에 경쟁이 저해될 것이라는 우려가 있었다.[1058) 그리하여 기

1056) Rebecca S. Eisenberg, Patents and the Progress of Science: Exclusive Rights and Experimental Use, 56 U. Chi. L. Rev. 1017, 1028-1030 (1989). 이러한 근거가 자연법에 기초한 보상설(reward theory)이다.

1057) Edmund W. Kitch, Graham v. John Deere Co., New Standards for Patents, 1966 Sup. Ct. Rev. 293, 298 (1966).

1058) Mary Mitchell, "Genius of Art! What Achievements are Thine? The Social Shaping

술진보를 위해서는 특허부여에 대한 제한의 필요성이 제기되었다.[1059] 이러한 문제점은 미국의 1790년 특허법이 국무장관에 의한 발명의 심사제도를 도입했지만 1793년 법에서 등록제도로 변경한 것에도 그 원인이 있었다.[1060] 1793년 특허법 하에서는 발명에 대한 실질적인 심사없이 등록에 의해서 특허권을 취득할 수 있었다. 신규성이나 유용성은 특허침해소송에서 선결문제로서 특허의 유효성이 문제가 될 때 검토 되었다.[1061] 이러한 결과 특허의 남발을 제한하는데 실질적인 기능을 하지 못했다.

또한 그 당시 유용한(useful) 발명은 비도덕적이거나 기망적인 발명 또는 비발명과 대비되는 것으로 생각했다. 1817년 Lowell v. Lewis 사건[1062]에서 Story 대법관은 발명은 사소한 것이나 후생(well-being), 정책 또는 사회의 도덕관점에 해가 되는 것이 되어서는 안 되고, 유용하다는 것(useful)은 비도적이거나 해를 끼치는 것이어서는 안 된다고 했다.[1063] 또한 발명은 특

---

of Inventiveness Requirements in Antebellum Patent Law," 1 Drexel L. Rev. 143, 2009, p. 150 참조. 미국 특허법이 낮은 특허기준을 설정한 것은 유럽의 강한 특허요건 내지 특허에 대한 반감 때문이라고 한다. Id.

1059) Thompson v. Haight, 23 F. Cas. 1040, 1041 (C.C.S.D.N.Y. 1826). 발명에 대하여 아무런 심사없이 특허를 부여하는 것에 대한 우려가 제기됐다. 사소하고 쓸모없는 변경이 개량 발명되어 사회적 부담을 증가시키는 수단으로 사용된다는 점을 강조하고 있다. Id.

1060) Mary Mitchell, "Genius of Art! What Achievements are Thine? The Social Shaping of Inventiveness Requirements in Antebellum Patent Law," 1 Drexel L. Rev. 143, 150 (2009).

1061) Id.

1062) Lowell v. Lewis, 15 F. Cas. 1018 (C.C.D. Mass 1817).

1063) Id., 1019.

> In my judgment the argument is utterly without foundation. All that the law requires is, that the invention should not be frivolous or injurious to the well-being, good policy, or sound morals of society. The word 'useful,' therefore, is incorporated into the act in contradistinction to mischievous or immoral. For instance, a new invention to poison people, or to promote debauchery, or to facilitate private assassination, is not a patentable invention.

허요건이 아니라 시장에서 평가받아야 한다는 점을 강조하였다. 이러한 바탕으로 특허의 유용성 개념이 성립되었다.[1064] 이와 같은 유용성 개념은 그 당시 특허요건은 중요한 것이 아니라는 사고의 반영이라 할 수 있다. 1825년 Story 대법관은 '발명은 반드시 유용해야 한다. 이는 해악이 아니라 좋은 목적에 사용될 수 있는 것이어야 한다. 그리고 절대적으로 사소하고 어리석은 것을 제거한다는 의미로서 법해석이 될 수 있다.'("It must also be useful, that is, it must not be noxious or mischievous, but capable of being applied to good purposes; and perhaps it may also be a just interpretation of the law, that it meant to exclude things absolutely frivolous and foolish.")[1065] 라고 한 것도 유용성에 대한 같은 입장을 반영한 것이다.

따라서 특허는 기술혁신을 저해할 것이라는 우려가 제기될 수 밖에 없었다. 이는 1930년대 대공황의 원인이 특허제도로 지목된 것과 그 궤를 같이 한다고 할 수 있다. 낮은 특허기준에 의한 광범위한 특허의 부여는 결국 많은 기술에 대하여 법적 독점을 설정하게 되므로 특허권자나 특허권자가 아닌 경우에도 다른 특허권자의 동의를 얻지 않으면 자신의 기술을 완전히 사용할 수 없게 되기 때문이다.(the Tragedy of the Anticommons) 따라서 신규한 발명에 대한 특허부여가 기술발전을 저해할 것이라는 우려가 발생하게 된 것으로 볼 수 있다. 이러한 결과로 1836년 법을 제정하여 1793년 법이 요구했던 신규성에 대한 심사를 하도록 요구했다고 볼 수 있다.[1066]

But if the invention steers wide of these objections, whether it be more or less useful is a circumstance very material to the interests of the patentee, but of no importance to the public. If it be not extensively useful, it will silently sink into contempt and disregard.

1064) Id.; Bedford v. Hunt, 1 Mason 303 (1817).

1065) Earle v. Sawyer, 8 F. Cas. 254, 256 (C.C.D. Mass. 1825).

1066) Bruce W. Bugbee, Genesis of American Patent and Copyright Law, Public Affairs Press, 1967, p. 151

이 시기의 특허부여 기준은 기술혁신을 고려한 것이라고 볼 수는 없을 것으로 판단된다. 유용성 요건은 도덕적 고려를 한 것으로서 기술혁신과는 연관성이 없는 것으로 이해된다. 신규성을 요구한 것은 미국 특허법의 기본이 되었던 영국 특허법의 기준을 그대로 가져온 것으로서 결국 특허기준에 대한 새로운 이해가 필요했다고 할 수 있다.

나. Novelty Plus 기준

Novelty plus 기준은 1851년 Hotchkiss v. Greenwood 사건[1067]에서 미국 연방대법원이 진보성 인정을 위해 요구한 기준이다.[1068] 신규성 판단의 기준이 되는 공지기술은 단일할 것을 요구하게 되므로 신규성 판단은 특허발명의 구성 요소 모두가 하나의 공지기술에 모두 존재할 것을 요구하게 된다. 신규성 요건은 통상적인 지식을 가진 자가 공중의 영역에 있는 지식을 특허로 보호받는 것을 제한한다. 이러한 신규성 기준에 의할 때 통상적인 지식을 가진 기술자가 단일한 공지기술이 아닌 둘 이상의 기술을 조합 내지 주합(湊合)한 경우[1069]에는 특허로 보호받을 수 있다. 따라서 특허성 판

1067) Hotchkiss v. Greenwood, 52 U.S. 248 (1851).

1068) Hotchkiss 사건 이전에도 대법원은 방론으로 특허는 천재의 노력을 자극하여 과학 발전을 하기 위한 것이라는 점을 인정한 바 있다. Pennock v. Dialogue, 27 U.S. 1 (1829) 사건에서 연방대법원은 "Both were influenced by the merits of the inventor, and the public advantage of encouraging inventive genius." Id., 9. 라고 하여 천재성으로부터 이득을 취하는 것이라고 한다. Novelty Plus 기준은 Hotchkiss 사건에서 처음 요구된 것은 아니라고 할 수 있다. 베니스의 특허법은 "WE HAVE among us men of great genius…. Therefore: BE IT ENACTED that, by the authority of this Council, every person who shall build any new and ingenuous device in this City" 라고 하여 발명은 천재("men of great genius")에게 부여된 것이라 하여 특허는 단순히 새로운 것에 부여하는 것이 아니라는 점을 시사하고 있다. 물론 'men of great genius'가 현재의 진보성과 같은 개념은 아니라, 이는 앞서 언급한 바와 같이 인간의 발명을 의미한다고 할 것이다.

단에 신규성만을 요구하는 경우에는 단일의 공지기술로부터 통상의 지식을 가진 자가 용이하게 추론해 낼 수 있는 경우에는 신규성이 없고, 복수의 공지기술을 통상의 지식을 가진 자가 조합 내지 주합할 수 있는 경우에는 신규성을 인정하게 된다. 다시 말하면 공중의 영역에 있는 지식을 조합 내지 주합한 것에 대하여 독점을 인정하는 결과가 된다. 이와 같은 결과가 되는 것은 신규성은 새로운 기술인지 여부만 판단하기 때문에 선행기술과 1:1 비교를 하게 되어 하나의 선행기술에 기술사상 전부가 있어야 하기 때문이다.

그러나 Novelty plus 기준은 단일 기술에 기술사상 전부가 있어야 할 것을 요구하는 것이 아니라 복수의 공지기술 일부의 기술사상을 조합하는 것이 그 해당기술에 대한 통상의 지식을 가진 자에게 자명한(obvious) 것인지 여부를 판단한다. Novelty plus 기준을 도입하면 복수의 선행기술에 존재하는 공중의 지식을 조합 내지 주합한 발명은 자명하다고 할 수 있게 된다.

1069) 이러한 발명을 우리 특허법상 "주합" 또는 "수집발명"이라고 하고, 진보성을 인정하지 않는다. 대법원 1997. 11. 28. 선고 97후341 판결은 그점을 다음과 같이 판시하고 있다:

　　이 사건 출원발명은 콩단백질과 동물성 단백질을 이용하는 인용발명에 공연히 실시하고 있는 어묵제조기술을 단순히 주합한 것에 불과하고, 그로 인한 현저한 작용효과가 있는 것도 아니며, 한편 콩가루와 식용유, 물을 혼합하기 위하여 교반을 하면 당연히 에멀젼이 형성되므로 이 또한 이 사건 출원발명의 독특한 기술로는 인정되지 아니하므로 결국 이 사건 출원발명은 인용발명으로부터 이 발명이 속하는 기술분야에서 통상의 지식을 가진 자가 용이하게 발명할 수 있는 것에 불과하다.

　　현재의 특허요건은 진보성을 요구하기 때문에 복수의 공지기술을 수집하여 구성한 발명으로 이러한 수집에 곤란성이 없고, 그 수집에 의하여 얻은 효과에 현저성이 없는 경우에는 그 발명은 진보성이 없는 단순한 "수집", "주합", "집합"에 불과하다. 박승문, 발명의 진보성에 관한 소고, 특허소송연구, 특허법원, 제1집, 1999, p. 35. 결국 '주합'의 의미는 진보성이 없다는 의미이다. 본 서적에서는 진보성 판단 이전의 경우를 의미하는 것으로 조합 내지 주합이라고 표기한다.

따라서 단일한 선행기술이 아니더라도 복수의 선행기술에 존재하는 발명은 공중의 영역에 있다고 하는 것이 타당하다.[1070]

그리하여 복수의 선행기술에 존재하는 기술을 조합 내지 주합한 것으로서 발명의 신규성이 인정된다고 하더라도 선행기술과 실질적인 차이가 없으면 특허를 부여하지 않을 근거가 필요하다. 이는 발명가의 기준이 아니라 해당기술의 평균적인 지식을 가진 기술자의 수준에서 자명한지 여부에 의하여야 한다. 왜냐하면 해당기술의 평균적인 지식을 가진 기술자에게 자명한 것에 대하여 특허를 부여하는 것은 해당 기술자에게 기존에 자유로이 사용할 수 있었던 기술에 대하여 독점권을 부여하여 자유권을 제약하는 것이기 때문이다.[1071] 따라서 해당 분야의 기술자에게 새로운 것이 되기 위해서는 기존의 기술을 주합 또는 조합하여 예상되는 결과 이상이 것이 되어야 한다. 따라서 발명가의 수준이 아니라 해당기술의 통상의 기술자의 수준에서 새로운 것이 되어야 한다.[1072]

Hotchkiss v. Greenwood 사건에서 미국대법원은 신규성을 충족하는 선행기술에 기초한 발명에 대해서 그 발명의 발명가가 아닌 해당기술분야의 통상의 전문가의 기술수준에서 예기치 못한 것일 것을 요구했다. 이는 단순히 신규성이 있다는 것만으로는 그 기술에 대해서 특허권을 부여하기에 부족하다는 것을 의미했다. 해당 기술분야의 통상의 기술을 가진 전문가의 입장에서 향상된 결과를 가져와야 했다.

본 사건에서 문제된 특허는 자기로 된 문손잡이(door knob)이었다. 선행기술의 문손잡이 재질은 금속이나 나무로 된 것이었는데, 특허발명은 세라믹을 사용한 것으로 기존의 제품보다 개선되고 가격이 저렴했다. 대법원은

1070) Donald Chisum, et. al., Principles of Patent Law, Foundation Press, 1998, p. 530.
1071) 해당기술의 통상의 기술자에게 나쁜 특허(bad patents)가 된다.
1072) Giles S. Rich, The Vague Concept of "Invention" as Replace by Section 103 of the 1952 Act, 46 J. Pat. Off. Soc'y. 855, 855 (1964).

단순히 소재(material)를 대체한 것("the mere substitution of one material for another")이라면 손잡이의 발명에 해당 기술에 익숙한 통상의 기술자의 능력보다 나은 다른 발명의 재능이나 기술이 있는 것은 아니라("the material being in common use and no other ingenuity or skill being necessary to construct the knob than that of an ordinary mechanic acquainted with the business")고 하여[1073] 특허를 취득하기 위해서는 새로운 것 이상을 요구했다.

Novelty plus 기준은 특허의 유인이 없더라도 발명이 되는 자발적인 발명에 대한 특허부여를 제한한다.[1074] 특히 시장의 수요에 의해서 발명이 되는 경우에는 특허와는 무관하다고 할 수 있다. 기존에 공중의 영역에 있는 지식에 대해서 특허를 부여하는 것은 좋은 특허(good patent)는 아니다.[1075] 공중의 영역에 있는 지식이 단일 기술이든 복수 기술이든 그 차이는 많지 않다. Hotchkiss 사건은 이러한 점을 명확히 한 것이다. 연방대법원은 '다시 말하면 개선된 것은 숙련된 기술의 결과이지 발명가의 결과물이 아니다.'("In other words, the improvement is the work of the skilful mechanic, not that of the inventor.")라고 하여 대법원은 단순한 발명, 즉 신

1073) Hotchkiss v. Greenwood, 52 U.S. 248, 268 (1851). 본 요건은 사실심에서 재판장이 배심원에게 한 요청(jury instruction)이다.

1074) Giles S. Rich, The Vague Concept of "Invention" as Replace by Section 103 of the 1952 Act, 46 J. Pat. Off. Soc'y. 855, 859 (1964).

1075) Commissioner of Patents v. Deutsche Gold-und-Silber-Scheideanstalt Vormals Roessler, 397 F.2d 656 (D.C. Cir. 1968).

Progress is most effectively promoted by protecting those who enrich the art as well as those who improve it. Even though their inventions are not as good as what really exists, such inventors are not being rewarded for standing still or for retrogressing, but for having invented something. The system is not concerned with the individual inventor's progress but only with what is happening to technology.

Giles S. Rich, Principles of Patentability, 28 Geo. Wash. L. Rev. 390, 402 (1960)을 인용함. Id., 667.

규한 것이라고 하여 특허를 부여할 수는 없고, 숙련된 기술자의 발명, 즉 진보할 것이 요구된다고 한 것이다.

Novelty plus 기준은 결국 특허부여를 제한하게 된다. 특허의 존속기간동안의 독점의 가치에 상응하는 기술적 진보를 가져와야 한다는 것을 인정하기 시작한 것이다. 위 판결 이후로 미국 법원은 신규성 이외에 신규성과 다른 기준을 특허요건으로 요구하기 시작하였다.1076)

다. 기술적 재능(mechanical skill) 기준

본 기준은 Novelty plus 기준을 구체화 한 것이라고 할 수 있다. Novelty plus 기준은 새로운 이상이 필요하지만 어떤 구체적인 기준을 제시한 것은 아니다. 1875년에는 Novelty plus 기준을 구체화하여 기술적 재능(mechanical skill) 기준이 제시되었다.

1875년 Reckendorfer v. Faber 사건1077)은 연필에 지우개를 붙인 발명의 특허성에 관한 사건이다. 연방대법원은 발명(invention)과 '기술적 재능' (mechanical skill)을 구분하여 novelty plus 기준을 구체화 했다.

> An instrument or manufacture which is the result of mechanical skill
> merely is not patentable. Mechanical skill is one thing; invention is a

---

1076) Giles S. Rich, The Vague Concept of "Invention" as Replace by Section 103 of the 1952 Act, 46 J. Pat. Off. Soc'y. 855, 862 (1964). 이전에도 같은 의미로 판시된 판결들이 있었다. 'exercise of genius,' Shaw v. Cooper, 7 Pet. 292, 8 L.Ed. 689 (1933); 'inventive genius,' Reckendorfer v. Faber, 92 U.S. 347, 23 L.Ed. 719 (1876); Concrete Appliance Co. v. Gomery, 269 U.S. 177, 46 S.Ct. 42, 70 L.Ed. 222; 'flash of thought,' Densmore v. Scofield, 102 U.S. 375, 26 L.Ed. 214 (1880); 'intuitive genius,' Potts v. Creager, 155 U.S. 597, 15 S.Ct. 194, 39 L.Ed. 275 (1895). Grahma v. John Deere 383 U.S. 1 (1966) n. 7 참조.

1077) Reckendorfer v. Faber, 92 U.S. 347 (1875).

different thing. Perfection of workmanship, however much it may increase the convenience, extend the use, or diminish expense, is not patentable. The distinction between mechanical skill, with its conveniences and advantages an inventive genius, is recognized in all the cases.[1078]

[번역]

단순히 '기술적 재능'(mechanical skill)의 결과인 도구나 제품은 특허를 받을 수 없다. '기술적 재능'(mechanical skill)은 하나에 관한 것이다; 발명은 다른 것이다. 그러나 '기술자의 능력'(workmanship)을 완성하는 것은 기술자의 능력'(workmanship)을 발휘한 결과가 [발명의] 편의성, 확장된 이용성 또는 비용을 감소하는 것에 불과하다면 특허를 받을 수 없다. 그 편리함과 함께 기술적 재능과 잇점과 발명적 재능이 구별됨은 모든 사건에서 인식되었다.

라고 하였다. '기술적 재능'(mechanical skill)만으로는 특허를 받을 수 없는다. 그리하여 연방대법원은 '발명의 재능'(inventive genius) 기준을 제시한다. 대법원은 '기술적 기능'(mechanical skill)의 편리함과 '발명의 재능'(inventive genius)의 이점은 모든 법원에서 인식되고 있다고 판시하고 있다. 대법원은 다음과 같은 예를 제시한다.

There must be a new result produced by their union; if not so, it is only an aggregation of separate elements. An instance and an illustration are found in the discovery that, by the use of sulphur mixed with india-rubber, the rubber could be vulcanized, and that without this agent the rubber could not be vulcanized. The combination of the two produced a result or an article entirely different from that before in use.

1078) Reckendorfer v. Faber, 92 U.S. 347, 356-57 (1875).

Another illustration may be found in the frame in a saw mill which advances the log regularly to meet the saw, and the saw which saw s the log; the two cooperate and are simultaneous in their joint action of sawing through the whole log; or in the sewing machine, where one part advances the cloth and another part forms the stitches, the action being simultaneous in carrying on a continuous sewing. A stemwinding watch key is another instance. The office of the stem is to hold the watch, or hang the chain to the watch; the office of the key is to wind it. When the stem is made the key, the joint duty of holding the chain and winding the watch is performed by the same instrument. A double effect is produced or a double duty performed by the combined result. In these and numerous like cases, the parts cooperate in producing the final effect, sometimes simultaneously, sometimes successively. The result comes from the combined effect of the several parts, not simply from the separate action of each, and is therefore patentable.

[번역]

발명[연필과 지우개의 조합]은 새로운 결과를 가져와야 한다; 만일 그렇지 않다면 분리된 요소의 주합(aggregation)에 불과하다. 유황과 탄성 고무를 혼합 것을 사용한 것에서 그 예를 찾을 수 있다. 고무는 가황처리할 수 있고, 본 약품이 없이는 황화처리를 할 수 없다. 두 물질의 화합은 그 화합 이전과 완전히 다른 물질을 만든다. 다른 예는 톱 기계와 통나무이다. 두 요소가 함께 작동하면 통나무 전체에 톱질한다. 다른 예는 재봉틀로서 동시에 지속적으로 옷감과 박음질을 수행한다. 태엽시계 키는 다른 예이다. 용두의 용도는 시계를 잡거나 시계의 체인을 거는 역할을 한다. 키의 역할은 태엽을 감는 것이다. 키가 만들어지면 체인과 태엽감기가 합동으로 하는 일은 같은 도구에 의해 수행된다. 두가지 효과가 수행되거나 합동으로 행한 결과에 의해 두 가지 일이 수행된다. 이러한 많은 결과는 부분들이 합동하여 최종 효과를 생산하는 것이고, 때때로 동시에, 또는 연속적으로 행한다. 그 여러 부분의 합동의 결과는 각각의 분리된 행위가 아니므로 특허를 받을 수 있다.

본 판결의 판시는 상승효과설(synergism)과 같은 의미가 된다. 즉 연필과 지우개를 모아 놓은 것만으로는 어떤 발명의 재능이 입증되지 않는다고 한다. 물론 연필과 지우개를 붙어 하나의 물품으로 하면 편의성은 증가되지만 이는 이질적 효과라고도 할 수 없고, 합하여 만든 효과로 인정할 수 없다는 것이다. 예컨대 태엽감기와 태엽은 단순히 모아 놓은 것이 아니라 태엽감기가 없으면 태엽은 아무런 역할을 하지 못한다. 고무에 황을 가하지 않으면 가황처리를 하지 못한다. 따라서 이러한 발명의 경우에는 '발명의 재능'(inventive genius)이 존재하고 특허를 받을 수 있다. 다만 본 판결은 상승효과에 대한 강한 강조가 아닌 기존의 신규성 기준의 정도 이상의 'plus' 효과를 구체화 한 것으로 볼 수 있다.

라. 천재의 영감(Flash of Genius) 기준

본 기준은 1941년 미국대법원의 Cuno Engineering v. Automatic Devices 사건1079) 판결에서 확립되었다. 미국 법원은 1850년 Hotchkiss v. Greenwood 사건에서는 신규성에 추가하여 "발명의 재능(ingenuity)"을 특허요건으로 제시하였다. 그러나 '발명의 재능'은 불확정 개념이어서 그 적용에 어려움이 많았다. 많은 법원은 각자의 기준을 제시하였다. 예컨대, 법원은 "실질적인 발명이나 발견(a substantial discovery and a substantial invention)"1080) 또는 "미묘한 것(impalpable something)"일 것을 요구했다. 또한 법원은 '네거티

1079) Cuno Engineering v. Automatic Devices, 314 U.S. 84 (1941).
1080) Bradley v. Eccles, 122 F. 867, 870 (C.C.N.D.N.Y. 1903).

브 원칙(negative rules of invention)'을 적용하여 특정한 개량이나 변화는 특허요건을 충족하지 못한다고 했다.[1081]

이와 같이 Hotchkiss 사건 이후에 법원이 진보성 개념을 적용하는데 어려움을 겪었던 것은 "특정한 발명이 발명적 재능에 의한 것인가 여부를 결정하는 실질적인 기준을 정의하지 못하고([t]he truth is the word ["invention"] cannot be defined in such manner as to afford any substantial aid in determining whether a articular device involves an exercise of the inventive faculty or not)," 통상적인 숙련된 기술(ordinary mechanical skill)은 일반적인 정의기준의 적용에 의해서 특정화 될 수 없는 것이었기 때문이다.[1082]

1081) Rengo Co. v. Molins Machine Co., 657 F.2d 535, 541 (3d Cir. 1981) 참조.
1082) McClain v. Ortmayer, 141 U.S. 419, 427 (1891). Brown 대법관은

> To say that the act of invention is the production of something new and useful does not solve the difficulty of giving an accurate definition, since the question of what is new as distinguished from that which is a colorable variation of what is old, is usually the very question in issue. To say that it involves an operation of the intellect, is a product of intuition, or of something akin to genius, as distinguished from mere mechanical skill, draws one somewhat nearer to an appreciation of the true distinction, but it does not adequately express the idea. The truth is the word cannot be defined in such manner as to afford any substantial aid in determining whether a particular device involves an exercise of the inventive faculty or not. In a given case we may be able to say that there is present invention of a very high order. In another we can see that there is lacking that impalpable something which distinguishes invention from simple mechanical skill. Courts, adopting fixed principles as a guide, have by a process of exclusion determined that certain variations in old devices do or do not involve invention; but whether the variation relied upon in a particular case is anything more than ordinary mechanical skill is a question which cannot be answered by applying the test of any general definition.

라 했다. Id., 426-27. 또한 진보성["발명의 재능(ingenuity)"] 개념이 혼란스러웠던 점에 대해서는 Giles S. Rich, The Vague Concept of "Invention" as Replace by Section 103 of the 1952 Act, 46 J. Pat. Off. Soc'y. 855 (1964) 참조.

Learned Hand 판사가 진보성의 개념에 대해서 "그 문제는 소극적이고, 지득할 수 없고, 임의적이고 모호한 완전한 법 개념적 도구로서 존재하는 유령과 같다(That issue is as fugitive, impalpable, wayward, and vague a phantom as exits in the whole paraphernalia of legal concepts."[1083])고 표현하는 바와 같이 진보성은 구체화 할 수 없는 추상적 개념이었다. 그리하여 법관의 자의적인 해석과 특허에 대한 개인적인 가치판단에 따른 판결이 이루어졌다.[1084] 이러한 이유로 Hotchkiss 사건에서 제시된 진보성의 개념과 기준은 법원에서 쉽게 인정되지 못하였다. 오히려 법원은 높은 진보성 기준을 적용해 상당한 기술의 개선을 이루어도 특허를 취득하지 못하는 결과가 되었다.[1085]

1940년대에는 진보성 개념에 대한 기준에 대해서 어느 정도 일치하기 시작 했다. 그리하여 Cuno사건[1086])에서 미연방대법원은 발명은 "천재의 영감(flash of creative genius)"을 가진 발명가의 활동으로서 단순한 사고의 결과는 아니라고 하였다.[1087] 법원은 "새로운 발명이 유용하더라도 창조적인 천재의 영감이 있어야 하고 단순한 기술만으로는 부족하다. 만일 그렇지 않다면 공중의 영역에 사적인 권리를 갖지 못한다.(That is to say the new

---

1083) Harries v. Air King Products Co., 183 F.2d 158 (2d. Cir. 1950).

1084) Donald Chisum, et. al., Principles of Patent Law, 1998, p. 532.

1085) Buono v. Yankee Maid Dress Corp., 77 F.2d 274, 276 (2d Cir. 1935)("We should indeed have no question, were it not for the high standard demanded for invention by the decisions of the Supreme Court in recent years."). Picard v. United Aircraft Corp., 128 F.2d 632, 636 (2d Cir. 1942)("We cannot, moreover, ignore the fact that the Supreme Court, whose word is final, has for a decade or more shown an increasing disposition to raise the standard of originality necessary for a patent."). Cleveland Punch & Shear Works Co. v. E. W. Bliss Co., 145 F.2d 991, 999 (6th Cir. 1944)("The stricter tests of invention applied by the Supreme Court in recent years, have been repeatedly noted by us and by other Courts.").

1086) Cuno Engineering v. Automatic Devices, 314 US 84 (1941).

1087) Id., 91.

device, however useful it may be, must reveal the flash of creative genius, not merely the skill of the calling. If it fails, it has not established its right to a private grant on the public domain.)"고 했다.[1088] 본 사건에서 법원은 자동의 무선점화장치를 만들기 위해서 이미 잘 알려진 전기히터의 자동온도조절장치와 수동으로 작동되는 무선의 점화장치를 결합한 것은 "발명다운 천재성(inventive genius)"이 없으므로 특허를 취득할 수 있는 발명이 아니라고 했다. 본 발명은 좀 더 효율적이고 실용적일 뿐만 아니라 편리한 장치를 제조하기 위해서 잘 알려진 자동온도조절장치와 무선점화장치를 단순히 결합한 것에 불과하다고 했다.[1089]

본 기준은 신규성(Novelty) 기준을 그 출발점으로 한다. 그러나 독점을 부여하는 것은 사회에 부담이 되기 때문에 독점에 상응하는 가치가 있을 것을 요구한다. 즉 신규성(Novelty) 기준과는 달리 새로운 것에 대하여 모두 특허를 부여해서는 안 된다는 것이다. 성취, 즉 천재성의 발현이 있을 경우에 특허를 부여해야 하고 천재성의 발현이 진정한 발명이므로 천재성의 발현이 없는 단순한 발명에 대해서는 특허를 부여해서는 안 된다는 것이다. 결국 본 기준은 천재성의 발현이라는 높은 기준을 설정하였다.

천재의 영감(Flash of Genius) 기준은 신규성 기준의 연장선상에 있으므로 결국 자연법적 근거를 갖게 된다.[1090] 다만 천재의 영감(Flash of Genius) 기준은 1930년대의 대공황과 1940년대의 제2차 세계대전의 영향으로 나타난 미국의 반특허정책(antipatent policy)의 결과로 볼 수 있다.[1091]

'Yale School'로 일컬어지는 법학자와 경제학자들은 독점제도를 1929년

1088) Id.
1089) Id.
1090) Edmund W. Kitch, Graham v. John Deere Co., New Standards for Patents, 1966 Sup. Ct. Rev. 293, 300 (1966).
1091) Roger E. Schechter & John R. Thomas, Intellectual Property, the Law of Copyrights, Patents and Trademarks, 2003, p. 376.

에 발생한 대공황(the Great Depression)의 원인으로 지적하였다.1092) 그리고 독점으로 인하여 경쟁에 저해되는 것을 우려했다.1093) 그리하여 1980년대에 'Chicago School'의 경제정책을 따른 레이건 행정부가 들어서기 전까지 미국 정부는 강한 반독점 정책을 시행하였다.1094) 이러한 정책은 특허

1092) Yoshitake Kihara, U.S. Pro-Patent Policy: A Review of the Last 20 Years, CASRIP Newsletter, 2000, p. 10. 예일대학 법대의 행정법 교수였던 Thurman Arnold는 미법무부의 독점규제국(the Antitrust Division of the Justice Department)의 책임자가 되어 독점법과 특허법의 개혁을 단행한다. Arnold의 역할과 활동 및 사상에 대해서는 Spencer Weber Waller, The Antitrust Legacy of Thurman Arnold, 78 St. John's L. Rev. 569, 2004 참조. 그 외 예일대학의 Jerome Frank와 William O. Douglas, Walton H. Hamilton 등이 참여했다. 특히 예일대학 법대교수로서 New Deal 정책을 주도한 Hamilton은 특허가 기술혁신을 저해한다고 생각하여 높은 기준의 특허요건이 필요하다고 판단했다. Malcolm Rutherford, Walton H. Hamilton and the Public Control of Business, 37 History of Political Economy 234, 263 (2005). 그 외 예일대학출신으로서 뉴딜정책을 주도한 Hamilton의 제자는 Mordecai Ezekiel (economic adviser to the secretary of agriculture), Isador Lubin (commissioner of labor statistics), Winfield Reifler (economic adviser to the executive council), Willard Thorp (director of the Bureau of Foreign and Domestic Commerce), Dexter Keezer (executive director of the Consumers' Advisory Board), 및 George Galloway (assistant deputy administrator at the National Recovery Administration) 이다. Id. 236.
1093) F. M. Scherer, The Political Economy of Patent Policy Reform in the United States, 7 J. Telecomm & High Tech L. 167, 169 (2006). George J. Stigler, The Extent and Bases of Monopoly, 32 Am. Econ. Rev. 1, Supplement, 1942, p. 14.
1094) Mortimer Feuer, The Patent Monopoly and the Anti-Trust Laws, 38 Colu. L. Rev. 1145, 1149 (1938). 그 당시 Wall Street Journal은 반특허분위기에 대하여 다음과 같은 우려를 표명했다.

So it may turn out that these are dangerous victories the Government boasts about. The settlements in these cases indicate a belief that everybody's patents should be everybody else's. But this is a philosophy that strikes at incentive; new ideas and new inventions may be lost. Such Government victories may turn out to be far more costly for the nation than for the companies.
The Dangerous Victory, WALL ST. J., Jan. 27, 1956, p. 6. (F. M. Scherer, The Political Economy of Patent Policy Reform in the United States, 7 J. Telecomm

부여를 제한하게 되는데, 그러한 제한으로 높은 수준의 진보성을 요구하게
된 것이다.

같은 시기에 미 연방대법원은 높은 진보성 수준을 의미하는 '천재의 영
감'(Flash of Genius) 기준을 설정하였다. 이는 미행정부의 반특허정책과 일
치하고자 한 것이라고 할 수 있다.[1095] 그리고 이러한 강화된 특허 요건하
에서, 예컨대 선행기술을 조합 내지 주합한 발명(combination of patent)은
특허가 될 수 없다고 하였다.[1096] 대법관 Jackson은 이와 같은 현실을 "유
일한 유효한 특허는 대법원이 특허를 취득할 수 없다는 것이다.([t]he only
valid patent is one which this Court has not been able to get its hands on.)"
라고 지적하였다.[1097] 반특허정책을 펴던 시기에 미국 미조리주 세인트루
이스 소재 연방지방법원은 그 법원이 다룬 20건의 특허사건에서 모든 특허
를 무효화 했다고 한다.[1098] 대법원에서의 이러한 반특허정책은 예일대학
법대 교수출신인 대법관 William Orville Douglas와 상원의원출신 대법관
Hugo LaFayette Black에 의하여 주도되었다. 특히 '천재의 영감'(Flash of
Genius) 기준을 확립한 Cuno 사건 판결문은 Arnold와 Hamilton의 Yale 대
학 법대 동료 교수였던 대법관 Douglas에 의해서 작성되었다.

이러한 반특허분위기 속에서 특허는 공중의 자유권에 대한 제한이기 때
문에 특허부여의 정당성이 필요했다.[1099] Yale School을 대표하는 구조주

& High Tech L. 167, (2006)에서 재인용).

1095) Cuno Engineering v. Automatic Devices, 314 US 84 (1941). Roger Schechter &
   John Thomas, Intellectual Property: The Law of Copyrights, Patents and
   Trademarks (Hornbook Series), West, 2003, p. 376. Craig Allen Nard, Legal Forms
   and the Common Law of Patents, 90 B.U. L. Rev. 51, 72 (2010); Donald Chisum,
   et. al., Principles of Patent Law, Foundation Press, 1998, p. 532.

1096) Jungersen v. Ostby & Barton Co., 335 U.S. 560 (1949) (Jackson, J., dissenting).

1097) Id.; Joseph P. Nadeau, Student Intellectual Property Law Association Symposium
   Transcript, 44 IDEA 233, 234 (2004) 참조.

1098) Id.

의 경제학자인 Hamilton도 강화된 특허요건과 발명의 정도에 따른 특허부
여가 필요하고 진정으로 신규하고 중요한 발명은 단순한 변경과 구별이 필
요하다고 판단했다.[1100] 결국 법원은 특허의 정당성을 강화하기 위해서 특
허의 요건으로 '천재의 영감'("flash of creative genius")이라는 더 높은 기준
을 도입하게 된 것이라 할 수 있다. 본 기준은 판사와 배심원에게 그들의
과학적 지식을 넘어서는 발명에 대하여 특허성 여부를 판단하는데 간단한
기준을 제공했다. 그러나 본 기준은 조직화된 단체의 연구결과에 대해서는
특허를 부여할 수 없다는 문제가 발생한다. 왜냐하면 단체는 천재성을 가
질 수 없다고 하기 때문이다.[1101] 또한 점진적인 연구결과에 대해서도 특
허를 부여할 수 없게 되었다.[1102]

　그러나 본 기준은 10여년 후인 1952년 특허법 제103조에 의해서 무효화
되었다. 다만 본 기준은 영구히 사라진 것이 아니라 새로운 개념으로 대체
되었다. 1952년 특허법은 '특허요건은 발명이 행해진 방식에 의해서 부정
되지 않는다'(patentability shall not be negated by the manner in which the
invention was made)라고 규정하여 천재적인 발명(flash of genius)일 것을
요구하지 않았다.[1103] 대신에 비자명성(non-obviousness)의 기준이 이를 대
체하게 된다.

1099) F. M. Scherer, The Political Economy of Patent Policy Reform in the United States,
　　　7 J. Telecomm & High Tech L. 167, 169 (2006).

1100) Malcolm Rutherford, Walton H. Hamilton and the Public Control of Business, 37
　　　History of Political Economy 234, 263 (2005).

1101) Edmund W. Kitch, Graham v. John Deere Co., New Standards for Patents," 1966
　　　Sup. Ct. Rev. 293, 300 (1966). 물론 단체를 구성하는 연구자는 인간이므로 발명자
　　　인 인간에게 부여할 수는 있다.

1102) Potts v. Coe, 145 F.2d 27, 28 (D.C. Dir 1944) ("A discovery which is the result
　　　of step-by step experimentation does not rise to the level of invention.").

1103) Roger E. Schechter & John R. Thomas, Intellectual Property, the Law of
　　　Copyrights, Patents and Trademarks, 2003, p. 381.

마. 상승효과(Synergism) 기준

본 기준은 천재의 영감(Flash of Genius)기준의 연장으로서 신규성(Novelty) 기준과의 절충 기준이라고 할 수 있다. 본 기준에서도 신규성(Novelty) 기준과 같이 혁신이 장려되어야 하고, 천재의 영감(Flash of Genius) 기준과 같이 특허는 공중에 대한 부담이라는 입장을 취한다.[1104] 특허에 대한 전망(prospect)없이 발명을 한 경우에는 특허를 거절한다.[1105] Scrutinize-with-Care 기준이라고도 한다.

Cuno 사건 판결후 이듬해인 1942년 루즈벨트 대통령은 국가특허계획위원회(National Patent Planning Commission)를 설치한다. 1943년 본 위원회는 '특허제도의 가장 큰 기술적 약점은 발명의 정의에 대한 척도가 없다는 것이다'(One of the greatest technical weaknesses of the patent system is the lack of a definitive yard stick as to what is invention.)라고 하여 발명의 불명확성에 대해서 우려를 표시하였다. 특허를 취득할 수 있는 발명에 대한 척도를 제공하기 위해서는 법원과 특허청이 같은 기준을 적용하도록 하여야 하므로 미국 의회는 예술과 기술발전을 위해서 발명의 특허성을 결정할 수 있는 객관적인 기준을 마련하여야 한다고 했다.[1106]

위와 같은 특허에 대한 개혁분위기는 반특허정책의 연장이라고 할 수 있고, 이러한 반특허정책은 Cuno사건 판결 후 9년이 지난 후에 절정을 이루었다.[1107] 1950년 연방대법원은 The Great Atlantic Tea & Pacific Tea Co.

1104) Edmund W. Kitch, Graham v. John Deere Co., New Standards for Patents, 1966 Sup. Ct. Rev. 293, 293 (1966).

1105) Id.

1106) 원문은 Giles S. Rich, The Vague Concept of "Invention" as Replace by Section 103 of the 1952 Act, 46 J. Pat. Off. Soc'y. 855, 862 (1964) 참조.

1107) Roger E. Schechter & John R. Thomas, Intellectual Property, the Law of Copyrights, Patents and Trademarks, 2003, p. 376.

v. Supermarket Equipment Corp.(이하 "A&P") 사건1108)에서 문제된 발명은 일반적이고 새로운 것이 없는 기존의 알려진 요소의 조합으로서 '2 더하기 2는 4가 되는 것'(two plus two have been added together, and still they make only four)과 같은 것으로 아무런 상승효과(synergism)가 없다고 했다. 즉, 기존 요소의 조합은 반드시 상승효과를 가져와야 하고 기존의 것을 조합한 경우에는 그것을 초과하는 것(synergism)이 있어야 특허를 취득할 수 있다고 했다. 본 사건은 수퍼마켓에서 계산원(cashier)이 계산대에서 신속하고 효율적으로 계산하는 장치에 관한 것이었다. 지방법원과 순회법원은 특허를 유효하다고 했지만 대법원을 특허를 무효화 하였다.

내법관 Jackson은 '알려진 요소의 결합은 반드시 공헌하는 바가 있어야 한다; 전체가 그 부분의 합을 초과하는 것이 있는 때에 기존의 장치를 결합한 것이 특허를 취득할 수 있다.'(The conjunction or concert of known elements must contribute something; only when the whole in some way exceeds the sum of its parts is the accumulation of old devices patentable.)고 하여 특허의 요건을 강화했다. 그리하여 이 요건하에서는 많은 발명이 특허를 취득하지 못하는 결과를 가져오게 되었다. 왜냐하면 '비상하고 놀랄만한 결과'(unusual or surprising consequences)를 가져오는 발명은 거의 없고,

---

1108) The Great Atlantic Tea & Pacific Tea Co. v. Supermarket Equipment Corp., 340 U.S. 147, 152-53 (1950).

Courts should scrutinize combination patent claims with a care proportioned to the difficulty and improbability of finding invention in an assembly of old elements. The function of a patent is to add to the sum of useful knowledge. Patents cannot be sustained when, on the contrary, their effect is to subtract from former resources freely available to skilled artisans. A patent for a combination which only unites old elements with no change in their respective functions, such as is presented here, obviously withdraws what already is known into the field of its monopoly and diminishes the resources available to skillful men.

Id.

대부분의 발명은 선행기술의 조합으로 인정될 수 밖에 없기 때문이다.[1109]

바. 비자명성(Non-obviousness) 기준

1850년 Hotchkiss 사건 이후 법원은 특허의 요건으로 신규성 이외에 추가적인 요건을 요구하고 있었지만 그 추가적인 요건은 객관적으로 정립되지는 않았다. 법원은 앞서 본 바와 같이 진보성 기준을 정립하고자 시도하였지만 그 기준에 대한 인식은 달랐다. 따라서 객관화되지 못한 특허요건의 적용으로 인하여 특허요건은 자의적인 것이 되었다. 결국 법원은 발명(invention)은 특허성을 갖추었고, 발명이 아닌 것은 특허성을 갖추지 못하였다고 하는 것과 다름이 없었다. 그리고 발명은 특허를 부여할 수 있는 것이라고 하고 있었다. 이러한 법원의 태도에 대하여 자의적이라는 비판이 가해졌다.[1110] 그리하여 국가특허계획위원회(National Patent Planning Commission)에서 제안한 바와 같이 객관적인 특허요건을 마련할 필요성이 절실했다.[1111] 특허변호사들은 의회로 하여금 커먼로상의 진보성 개념을 정리하도록 요구했다.[1112] 결국 1952년 특허법의 제정으로 그동안 법원이 취해왔던 '천재의 영감'(Flash of Genius)와 '상승효과'(Synergism) 기준이 명시적으로 포기되고 객관적인 특허요건이 마련되었다.[1113]

1109) Roger E. Schechter & John R. Thomas, Intellectual Property, the Law of Copyrights, Patents and Trademarks, 2003, p. 377.

1110) Donald Chisum, et. al., Principles of Patent Law, Foundation Press, 1998, p. 533.

1111) 다만 객관적 기준 외에 국가특허계획위원회에서 제안한 것은 특허기준을 완화하고, 특허기간을 연장하는 것이었다. Malcolm Rutherford, "Walton H. Hamilton and the Public Control of Business," 37 History of Political Economy 234, 2005, p. 263.

1112) Craig Allen Nard, Legal Forms and the Common Law of Patents, 90 B.U. L. Rev. 51, 72 (2010).

1113) Tom Arnold, The Way the Law of Section 103 Was Made, Chisum, Donald Chisum, et. al., Principles of Patent Law, 1998, p. 567에서 인용. Ryko Manufactur-

1952년 법은 100년이나 사용되었던 '발명'(invention) 대신에 "비자명성 (non-obvious)"이라는 용어를 사용하였다. 그동안 '발명'(invention)이란 단어의 정의가 불명확하다고 지적되고 있었기[1114] 때문에, '비자명성'(non-obvious)의 의미를 명확히 한 것이다.

> § 103. Conditions for patentability; non-obvious subject matter
> A patent may not be obtained though the invention is not identically disclosed or described as set forth in section 102 of this title, if the differences between the subject matter sought to be patented and the prior art are such that the subject matter as a whole would have been obvious at the time the invention was made to a person having ordinary skill in the art to which said subject matter pertains. Patentability shall not be negatived by the manner in which the invention was made.

그리고 비자명성의 판단기준으로서 특정시간과 특정인의 개념을 도입했다. 비자명성은 사후적 고찰을 금하기 위해서 '발명이 이루어진 시기'(the time when the invention was made)의 기술로 자명한지 여부를 판단하고 커먼로에서 사용하는 '합리적인 인간'(ordinary reasonable man) 기준에서 유추된 '그 기술분야에서 통상적인 지식을 가진 기술자'(PHOSITA, a person

---

ing v. Nu-Star, Inc., 950 F.2d 714, 718 (Fed. Cir. 1991), "Only rarely now does a case turn on whether the "inventive act" took place instantaneously or over a long period of time. Indeed, the subjective condition of the inventor's mind at the time of the nonobvious development has been uniformly held by the Federal Circuit to be irrelevant to the question of patentability." Id.

1114) 예컨대, McClain v. Ortmayer 사건에서 연방대법원은
[t]he truth is, the word ['invention'] cannot be defined in such manner as to afford any substantial aid in determining whether a particular device involves an exercise of the inventive faculty or not.
McClain v. Ortmayer, 141 U. S. 419, 427 (1891).

having ordinary skill in the art to which said subject matter)의 개념을 도입
했다.[1115) 발명당시에 해당 기술분야의 통상의 기술자의 지식 수준에 비추
어 비자명하여야 한다는 것은 높은 특허기준, 즉 천재(genius)의 영감기준
을 피하기 위한 것이라고도 할 수 있다.[1116) 다음은 1952년 특허법 개정에
참여한 P. J. Federico의 주석을 인용한 것이다:

> some modification … in the direction of moderating the extreme
> degrees of strictness exhibited in a number of judicial opinions over the
> past dozen or so years; that is, that some change of attitude more
> favorable to patents is hoped for. This is indicated by the language used
> in section 103 as well as by the general tenor of remarks of the
> Committees in the reports and particular comments.[1117)

[번역]

> 과거 12여년간 법원에서 제시된 극단적으로 강한 기준을 완화하는
> … 어떤 수정은 특허제도가 가야 하는 방향으로 변경한 것이다. 그러
> 한 태도는 제103조, 보고서와 특정한 발표에서 나타난 위원회의 강조
> 에서 사용된 의미에서 나타난다.

기술의 조합 내지 주합에 대하여 특허를 부여하기 위해서 더 이상 상승
효과(synergism)는 요하지 않게 된다.

해당기술에 있어 통상적인 지식을 가진 전문가(PHOSITA)는 통상적으로

1115) Giles S. Rich, The Vague Concept of "Invention" as Replace by Section 103 of
    the 1952 Act, 46 J. Pat. Off. Soc'y. 855, 864 (1964)
1116) Giles S. Rich, Laying the Ghost of the "Invention" Requirement, 1 APLA Q. J.
    26 (1972) 참조; Donald Chisum, et. al., Principles of Patent Law, Foundation Press,
    1998, p. 534 n. 25 참조. Graham v. John Deere Co., 383 U.S. 1 (1966) 참조.
1117) Giles S. Rich, The Vague Concept of Invention as Replaced by Sec. 103 of the
    1952 Patent Act, 46 J. PAT. OFF. Soc'y 855, 865 (1964).

다음의 사유로 판단한다:

Factors that may be considered in determining level of ordinary skill in the art include:

(1) the educational level of the inventor; (2) type of problems encountered in the art; (3) prior art solutions to those problems; (4) rapidity with which innovations are made; (5) sophistication of the technology; and (6) educational level of active workers in the field.[1118]

[번역]

(1) 발명가의 교육수준, (2) 해당 기술분야에서 직면한 문제점의 형태, (3)이러한 문제에 대한 선해기술의 해결책, (4) 혁신이 수행되는 속도, (5) 기술의 숙련됨, (6) 해당분야의 실제 작업자들의 교육수준

5. 진보성의 판단방법과 기준: Graham사건부터 KSR사건까지

가. Graham, Calma 및 Adams 판결

(1) 진보성 기준의 정립 필요성

미국에서 1952년에 특허법을 개정하여 진보성 기준을 도입하였지만 미국 대법원은 진보성 기준에 대해서 침묵하고 있었다. 1952년 특허법의 핵심은 과거 수십년간 법원의 진보성 기준에 대한 자의적인 해석에 대해서

1118) Daiichi Sankyo Co. v. Apotex, Inc., 501 F.3d 1254, 1256 (Fed. Cir. 2007)과 동판결에 의해 인용된 판결들: Envtl. Designs, Ltd. v. Union Oil Co., 713 F.2d 693, 696 (Fed. Cir.1983); Equip. Co. v. All Orthopedic Appliances, Inc., 707 F.2d 1376, 1381-82 (Fed. Cir.1983).

명시적인 입법으로 정리하고자 한 것에 있다. 법원의 해석에 대해서 객관적인 기준을 제공하는 것은 법원의 해석권한과 입법권의 행사 사이에서 균형을 요하는 것이었으므로 의회는 광범위한 기준을 제시하는데 그쳤다. 다만 특허법 제103조에 입법된 비자명성 기준은 그동안 미국 대법원이 취해온 '발명요건(requirement for invention)'을 대체하는 객관적인 기준을 제공하고자 한 것이었다.[1119]

그러나 법원의 특허법 제103조의 비자명성에 대한 해석기준은 일관되지 않았다. 제103조에서 '발명(invention)'이라는 용어가 사라졌음에도 불구하고 제1,6,8,9 순회법원은 제103조의 요건은 발명(invention)의 요건을 갖추었을 때 충족된다고 보았다. 이에 반하여 제2,3,4,5,10 및 컬럼비아지구(District of Columbia)의 순회법원은 완화된 기준을 채택하고 있었다. 이에 법의 통일적 적용의 필요성이 있었다. 이에 연방대법원은 통일된 법원칙을 마련하기 위해 이송명령을 발부했다.

1966년 대법원은 Graham v. John Deere Co. 사건,[1120] Calmar, Inc. v. Cook Chemical Co.사건[1121] 및 United States v. Adams 사건[1122]에서 진보성기준에 대한 해석을 제시했다. 대법원은 Graham 사건과 Calma 사건에서 문제된 특허는 무효로 하였지만 Adams 사건의 특허는 유효로 해석했다. 미연방대법원의 본 판결들은 미국 법원의 반특허정책이 친특허정책으로 전환된 분수령을 이루었다고 평가된다.[1123]

1119) Craig Allen Nard, Legal Forms and the Common Law of Patents, 90 B.U. L. Rev. 51, 73 (2010).

1120) Graham v. John Deere Co., 383 U.S. 1 (1966).

1121) Calmar, Inc. v. Cook Chemical Co., 383 U.S. 1 (1966).

1122) United States v. Adams, 383 U.S. 39 (1966).

1123) Robert P. Merges & John F. Duffy, Patent Law and Policy: Cases and Materials, 3rd., 2002, p. 699. 다만 법원의 친특허정책이 곧바로 현실화 된 것은 아니다. Graham 사건 이후에 연방항소법원(CAFC)에 의해서 Graham 사건 판결의 취지가 구체화 되면서 친특허정책이 현실화 되었다.

(2) Graham 사건

Graham 사건에서 문제된 발명은 진동하는 쟁기자루에 고정시키도록 하는 클램프(고정시키는 쥠쇠)의 위치가 문제되었다. Graham 사건의 문제된 발명은 땅을 갈 때 땅속에 있는 돌이나 바위 등에 의해 쟁기가 충격을 받을 경우에 그 충격을 흡수하도록 하는 스프링을 쟁기에 고정시키는 클램프로 구성이 되었다. 이러한 구조는 땅을 갈 때 쟁기에 오는 충격을 흡수함으로써 쟁기를 보호할 수 있었을 뿐만 아니라 마모로 손상이 되는 클램프의 등자를 쉽게 교체할 수 있도록 되어 있었다. 이 사건의 원고이었던 Graham은 811 특허를 취득했다. 그 이후 811 특허를 개량하여 798특허를 취득했다. 피고인 John Deere 사가 798 특허를 모방하여 쟁기를 만들어 판매하자, Graham이 798 특허 침해를 이유로 특허침해소송을 제기하자, John Deere는 798특허는 선행발명인 811 특허에 비교하여 진보성이 존재하지 않으므로 원고의 798 특허는 무효라고 주장했다.

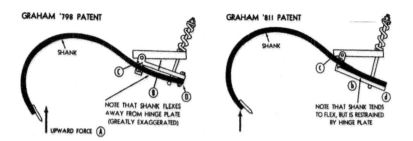

[특허침해가 문제된 798특허와 선행발명인 811특허]

798 특허의 발명의 구성요소 중 클램프의 위치 이외의 다른 발명의 구성요소는 이미 선행기술(811 특허) 개시되어 있었다. 특허 침해가 문제된 발

명(798 특허)에서 클램프의 힌치 플래이트(Hinge Plate)의 위치는 선행기술
과는 반대의 위치에 있었다. 따라서 힌치 플래이트(Hinge Plate) 위치가 비
자명성 요건을 충족하는지가 문제되었다. 연방대법원은 문제된 발명이 선
행기술과는 힌치 플래이트(Hinge Plate)의 위치가 반대로 되어 있다는 점을
인정하였지만 해당분야의 기술자는 탄력성을 증가시키기 위해서 힌치 플
래이트(Hinge Plate)의 위치를 반대로 위치하도록 하는 것을 쉽게 생각할 수
있고, 선행기술과는 다르게 힌치 플래이트(Hinge Plate)가 위치하였다고 하
더라도 이로 인하여 어떤 향상된 효과를 가져오는 것은 아니라고 하였다.

대법원은 1952년 특허법이 진보성 기준을 도입한 것은 Hotchkiss사건 판
결 이후에 확립된 특허원칙을 반영하고자 한 것이지 특허기준을 낮추고자
한 것은 아니었다고 지적했다. 그리하여 의회는 특허의 자명성에 대하여
초점을 맞추어 실질적이고 구체적인 판단 기준을 제시하고자 한 것이라 언
급했다.

이와 같이 대법원은 Hotchkiss 사건에서 진보성은 신규성이나 유용성과
같이 특허를 취득하기 위해서 필요한 특허요건이라고 한 것을 Graham 사
건 판결에서 다시 확인한 것이라 할 수 있다. 즉 진보성 기준의 변동이 없
었다는 것을 인정한 것은 아니라고 판단된다.[1124] 다시 말하면 진보성의
기준(level of nonobviousness)에 대한 의미를 언급한 것이 아니라 진보성
자체를 특허요건(the general level of patentable invention)으로 요구하는 것
을 의회가 명백히 하였다는 점(the obviousness of the subject matter sought
to be patented are a prerequisite to patentability)[1125]을 강조한 것으로 보인

1124) Graham v. John Deere Co., 383 U.S. 1, 16 (1966) 참조. "It is contended, however,
by some of the parties and by several of the amici that the first sentence of s 103
was intended to sweep away judicial precedents and to lower the level of
patentability." Id.

1125) Id.

We believe that this legislative history, as well as other sources, shows that

다.(the general level of innovation necessary to sustain patentability remains the same)[1126] 따라서 의회는 진보성의 기준에 대해서 '천재의 영감'(Flash of Genius)을 요구했던 기준을 폐기하고 그 보다 낮은 기준을 설정한 것이다. 물론 판결에서는 기존의 기준의 변경한 것은 아니라고 언급하고 있기는 하다. 천재의 영감은 발명의 효과에 대한 것이 아닌 구성에 대하여 판단기준을 제시한 것이다.

Graham 사건은 진보성의 판단방법과 절차를 명확하고 객관적인 기준을 제시한 것이다. 즉 진보성 자체로 보면, 그 발명을 구성하는 것이 해당기술분야의 통상의 기술자(PHOSITA)에게 자명한지 여부이다. 즉 진보성에는 어떤 효과에 대한 것은 아니다. 해당 분야의 통상적인 지식을 가진 기술자와 그 기술자에게 그 발명의 구성이 자명한지 여부이다. 통상의 기술자에게 그 발명의 효과가 자명할 수는 없다. 진보성의 판단기준과 방법을 제시한 것이므로 효과에 대한 언급은 없는 것이다. 결국 효과는 특허제도의 본질에서 찾아야 한다. 발명의 구성이 곤란하더라도 그 발명이 가져오는 사회적 이익, 즉 유용성이 없다면 특허를 받을 수 없다. 특허제도의 명제가 충족하지 않기 때문이다. 그리고 유용성을 판단하기 위해서는 어떤 효과가 존재하여야 한다.

특허독점은 현재 출원일로부터 20년이므로 그에 맞는 사회에게 부여하는 이익이 존재하여야 한다. 현저한 효과는 그와 같은 20년이란 특허독점에 부합하는 쌍무적인 대가이다. 현저한 효과는 진보성 판단에 반드시 필

---

the revision was not intended by Congress to change the general level of patentable invention. We conclude that the section was intended merely as a codification of judicial precedents embracing the Hotchkiss condition, with congressional directions that inquiries into the obviousness of the subject matter sought to be patented are a prerequisite to patentability.

Id.

1126) Id., 4.

요한 것은 아니다. 미국 특허법 제103조는 진보성판단에 있어서 발명의 구성이 해당분야의 평균적인 지식을 가진 기술자가 구성하는데 용이한 구성인지 여부에 의하여 판단하는 것으로 규정하고 있다.

Graham 사건에서 연방대법원은 선행기술의 범위와 내용(the scope and content of the prior art), 해당분야의 통상적인 기술수준(the level of ordinary skill in the art), 청구된 발명과 선행기술의 차이(the differences between the claimed invention and the prior art) 및 비자명성에 대한 객관적인 기준(objective evidence of nonobviousness)에 의해서 진보성을 판단할 것을 제시했다. 이에 추가하여 비자명성에 대한 객관적인 증거를 보여주는 사실로서 상업적인 성공(commercial success), 오랫동안 미해결의 과제(long-felt but unsolved needs) 및 다른 사람들의 실패(failure of others)이다. 이러한 이차적 고려사항은 기술적인 문제(technical issues)가 아니라 경제적 및 동기적인 문제(economic and motivational issues)에 초점을 둔 법적 추론으로서 특허소송에서 가끔은 기술적인 문제보다 사안을 판단하기에 더 민감한 문제가 된다고 했다.[1127] 또한 특허소송에서 기술적인 문제를 판단하는데 부적합한 사법부(judiciary)에게도 도움이 될 뿐더러 잘못하여 사후적 고찰(hindsight)을 할 수 있는 것을 방지할 수 있다.[1128]

(3) Calmar 사건

Graham 사건과 병합되어 같은 날 판결된 사건이 Calmar, Inc. v. Cook Chemical Co. 사건이다.[1129] 본 사건은 계약당사자 사이에 발생한 사건이었다. 본 사건에서 문제된 기술적인 사항은 운송중에 살충제 용기에서 누수되는 것을 방지하기 위한 기술이었다. 선행기술은 운송중에 펌프 부분을

1127) Graham v. John Deere Co., 383 U.S. 1, 37 (1966).
1128) Id.
1129) Calmar, Inc. v. Cook Chemical Co., 383 U.S. 1 (1966).

용기부분에서 분리하는 것이었고, 소비자가 살충제를 사용하기 위해서는 용기에서 뚜껑을 제거하고 펌프를 살충제 용기와 다시 결합하여야 했다. 그러나 이렇게 분리하는 것은 운송이 어려울 뿐만 아니라 펌프부분이 분실되거나 하는 위험이 있었다. Cook은 Calmar에게 누수가 되지 않는 펌프를 개발하여 달라고 요청하여 둘 사이에는 계약이 성립하였다. Calmar가 발명을 하지 못하자 Cook은 직접 펌프를 만들기로 하였다. Cook은 배송중에 살충제 용기부분을 막을 수 있는 작은 띠를 첨부한 본 사건에서 문제된 발명을 했다. 본 발명은 소비자가 그 띠를 제거하고 살충제를 바로 사용할 수 있게 하였다. 후에 Calmar가 Cook의 발명과 유사한 발명을 하여 판매를 하기 시작히자 Cook은 특허침해소송을 제기했다.

1심법원은 Cook의 특허를 유효하다고 하고, 피고의 특허침해를 인정했다. 항소심법원도 1심에 동의했다. 그러나 대법원은 3개의 선행특허로부터 Cook의 특허는 자명하다고 했다.

(4) Adams 사건

선행기술을 주합한 발명에 대해서 특허를 부여하지 않는 이유는 이미 알려진 것에 대하여 독점권을 부여하면 숙련된 기술자가 자유로이 사용할 수 있었던 자원에 대하여 특정인에게 독점을 부여하여 일반 공중의 공유재산을 감소시키는 결과가 되기 때문이다.(bad patent)[1130] 이는 자명한 발명에 대해서 특허를 부여하지 않는 주된 이유이다.[1131] 선행기술을 주합한 발명이 예상치 않은 현저한 결과를 가져오지 못한 경우에는 자명하다고 할 수 있다. 따라서 선행기술을 주합하거나 그 주합한 발명의 요소 중의 하나를 다른 요소로 대체한 경우에 예상치 못한 효과를 가져온다면 이에 대하여

1130) Great Atlantic & Pacific Tea Co. v. Supermarket Equipment Corp., 340 U.S. 147, 152, 71 S.Ct. 127, 95 L.Ed. 162 (1950).
1131) Teleflex, Inc. v. KSR Int'l Co., 550 U.S. 398, 416 c. (2007).

특허를 부여하더라도 일반 공중의 공유자원을 감소시키는 것이 아니다. 따라서 특허를 취득할 수 있다.[1132]

Adams 사건에서 법원은 Adams의 배터리 발명은 선행기술의 주합이었지만, 선행기술이 이미 알려진 요소를 '주합하는 것'을 가르치고 있지 않다면 자명하다고 할 수 없다고 판시했다. Adams의 전지발명은 이전에는 전혀 사용하지 않았던 염화제일구리(cuprous chloride)와 마그네슘(magnesium)을 사용한 전극을 이용한 것이었다. 선행기술은 아연(zinc)과 염화은(silver chloride)을 전극으로 사용한 것이었다. 다만 선행기술은 위 네가지 물질이 전극으로서 동등한 기능을 한다는 것을 알려 주고 있었다. Adams의 발명은 기술적으로도 향상된 것이었지만 당해 분야 기술자는 Adams의 발명이 기술적으로 문제가 있을 것이라고 지적했다. Adams는 자신의 발명을 미국정부에게 알렸고 미국정부는 허락없이 Adams의 발명을 실시했다. 이후 Adams는 미국정부가 자신의 발명을 실시하는 것을 알게 되자 침해소송을 제기했다. 법원(the Court of Claims)은 Adams의 특허는 유효하다고 하면서 특허침해를 인정했다.

Adams의 발명은 선행기술의 주합이었지만 Adams는 선행기술을 새롭게 결합한 것에 특징이 있었다. 미국정부는 Adams의 발명이 자명하다는 근거로 6가지 인용발명을 제시했다. Adams가 자신의 배터리를 발명하였을 때 선행기술은 Adams가 사용한 전극기술을 사용하는 것은 위험하다는 것을 가르치고 있어서 실용성이 없었다고 인정하고 있었기 때문에 자명하지 않은 것이었다. 그리고 Adams가 선행기술을 주합하여 발명한 건전지는 건조한 상태나 보통의 물 또는 소금물에서 작동이 되는 예기치 않은 효과를 가져왔다.

본 판결은 선행기술을 주합하더라도 그 주합이 새로운 것이고, 주합에

1132) United States v. Adams, 383 U.S. 39, 50-51 (1966).

의한 발명이 예기치 못한 효과를 가져오고, 선행기술의 주합에 대해서 해당분야의 기술자들에게 아무런 가르침이 없었다면 그 발명은 비자명하다고 인정한 것에 의의가 있다.

결국 연방대법원은 진보성을 인정하는데 천재의 영감(Flash of Genius)이나 상승효과(synergism)가 아닌 해당기술분야의 통상의 기술자의 기준에서 자명한지라는 객관적 기준에 의해서 판단하였다.

나. 특허법원으로서 연방순회법원의 탄생과 KSR 사건

(1) 서론

KSR사건에서 미연방대법원이 우려한 것은 낮은 특허기준에 의하여 특허의 남발로 발생하는 반공유의 비극이었다고 판단된다. 법원은 실제적인 기술혁신이 없는 통상적인 과정의 기술진보에 대해서 특허를 부여하는 것은 기술진보를 후퇴시키는 것이고, 기존에 알려진 요소를 결합하는 것(combining)에 대한 특허는 기존 발명의 가치와 유용성을 박탈하는 결과가 된다는 점을 강조했다.[1133] 이는 낮은 진보성 기준의 설정은 특허의 남발로 이루어지고 이는 "나쁜 특허(bad patent)"를 양산하게 된다. 결국 반공유의 비극으로 인하여 기술발전이 저해되게 될 것이다. 결국 KSR 사건에서 법원은 친특허정책(pro-patent)으로 인하여 낮아진 진보성 기준을 높이고자 한 것으로 볼 수 있다. 높은 진보성 기준은 특허의 남발을 제한하게 된다.

(2) CAFC와 TSM 테스트

1966년 Graham 사건 이후 미국의 연방항소법원(the United States Court of Appeals for the Federal Circuit)은 진보성 판단에 있어서 TSM(teaching-

---

1133) Teleflex, Inc. v. KSR Int'l Co., 550 U.S. 398, 419 (2007).

suggestion-motivation) 테스트라는 객관적인 기준을 도입하게 된다. 이 기준은 진보성 기준을 낮게 설정함으로서[1134) 결과적으로 많은 특허를 인정하게 된다. 따라서 CAFC는 친특허정책(pro-patent)을 펼친 것으로 인정된다.[1135)

특허법 제103조는 발명이 비자명한지 여부에 대한 일관되고 안정된 기준을 마련하겠다는 취지로 입법이 되었고, Graham 사건은 당기술분야의 통상의 기술자의 수준에서 자명한지라는 객관적 기준에 의하여 판단을 하였다.

그러나 Graham 사건 이후 하급 법원이 진보성을 적용하는데 있어 진보성의 수준에 대한 판단 기준이 없었다. 나아가 연방대법원은 Anderson's-Balck Rock 사건[1136)과 Sakraida 사건[1137)에서 1952년 이전의 상승효과 (Synergism)기준을 부활하는 태도를 취했다. 따라서 진보성 여부를 판단하는데 있어서 혼란스런 상황이 지속되었다.

Anderson's-Balck Rock사건은 "역청포장처리방법(Means for Treating Bituminous Pavement)"의 발명에 대한 침해사건이다. 본 발명은 도로포장에 사용하는 아스팔트의 가열방법을 종전 발명(도로포장기계와 가열기)을 조합하여 그 기능을 개선한 것이었다. 웨스트 버지니아 남부지구지방법원은 본 발명이 자명하다는 이유로 특허를 무효화했다. 제4순회법원은 Graham 사건의 2차적 고려사항이 있다는 이유로 비자명하다고 하면서 1심법원 판결을 취소했다. 연방대법원은 본 건 발명은 종전기술을 조합한 것으로서

1134) Id., 419 참조. "The flaws in the Federal Circuit's analysis relate mostly to its narrow conception of the obviousness inquiry consequent in its application of the TSM test." Id.

1135) Emer Simic, The TSM Test is Dead! Long Live The TSM Test! The Aftermath of KSR, What was All the Fuss About?, 37 AIPLA Q. J., 227, 232 (2009). Lee Petherbridge & Polk Wagner, The Federal Circuit and Patentability: An Empirical Assessment of the Law of Obivousness, 85 Tex. L. Rev. 2051, 2064 (2007) 참조.

1136) Anderson's-Balck Rock, Inc. v. Pavement Salvage Co., 396 U.S. 57 (1969).

1137) Sakraida v. Ag Pro, Inc., 425 U.S. 273 (1976).

두 개의 발명을 조합한 것 이상의 다른 상승효과(synergy)가 없다는 이유로 특허를 무효화 했다.[1138]

Sakraida 사건에서는 목장에서 오물을 제거하는 물세척 방법의 확립에 관한 발명이 문제되었다. 텍사스 서부지구지방법원(Western District of Texas)은 낙농목장에서 오염물을 제거하는 것은 오랫동안 행해져 왔다는 것을 인정하고, 원고의 주합은 자명하다는 이유로 무효화했다. 제5순회법원은 원고발명은 상승효과를 가져온다는 이유("does achieve a synergistic result through a novel combination")로 1심판결을 취소하고 특허를 유효하다고 했다. 연방대법원은 특허를 무효로 인정한 지방법원 판결을 지지하면서 위 "A&P" 사건의 조합특허에 대한 "Scrutinize-with-Care" 기준을 석용하여 Anderson's-Balck Rock, Inc. v. Pavement Salvage Co. 사건[1139]에서 요구한 "상승효과(synergistic result)"가 필요하다고 하였다.

위 두 사건에서 대법원이 Graham 사건 판결 이유를 따르지 않고, 그 이전 판결이유를 따름으로 하여 하급심법원들에게 진보성 기준을 적용하는 데 혼란이 발생하였다.[1140] 그리하여 이러한 대법원 판결의 영향 등으로 1950년부터 1970년의 20년 동안 제8순회법원이 판단한 특허를 모두 무효로 하였다고 한다.[1141] 이 시기는 미국 정부와 법원이 반특허정책을 펴던

1138) Anderson's-Balck Rock, Inc. v. Pavement Salvage Co., 396 U.S. 57, 60 (1969). We conclude that while the combination of old elements performed a useful function, it added nothing to the nature and quality of the radiant-heat burner already patented. We conclude further that to those skilled in the art the use of the old elements in combination was not an invention by the obvious-nonobvious standard.

　　Id., 62-63.

1139) Anderson's-Balck Rock, Inc. v. Pavement Salvage Co., 396 U.S. 57 (1969).

1140) David E. Wigley, "Evolution of the Concept of Non-Obviousness of the Novel Invention: From a Flash of Genius to the Trilogy," 42 Ariz. L. Rev. 581, 597-598 (2000).

1141) Id., 597.

시기와 겹친다. 그 때문에 이와 같은 일관되지 않은 결과가 발생한 것으로
보인다.

1982년 연방항소법원이 설치되면서 진보성 기준을 적용하는데 발생했던
불일치는 해소되기 시작했다.[1142] TSM 테스트는 연방항소법원이 Graham
사건에서 판시된 진보성 판단을 하는데 불명확성을 극복하기 위해서 제시
한 판단방법이다. TSM 테스트는 둘 이상의 선행기술이 합법적으로 결합된
경우에 발명당시의 선행기술, 당해 기술분야의 전문가의 지식 또는 해결된
문제의 성질이 당해기술의 전문가에게 선행기술을 조합하는 것을 가르치
거나(teach), 암시하거나(suggest) 또는 동기(motivation)가 되었는지 여부를
판단한다.[1143]

TSM 테스트는 발명당시를 기준으로 판단하기 때문에 진보성을 판단하
는데 있어 사후고찰(hindsight)을 방지할 수 있는 좋은 수단이 된다.[1144]
TSM 테스트는 진보성 판단에 있어서 쉽게 수용할 수 있는 객관적이고 정
확한 기준을 제공한다.[1145] 그리고 발명자의 특허취득 가능성을 높여 기술
혁신에 대한 동기부여가 된다고 한다.[1146]

그러나 TSM 테스트는 TSM에 대한 입증책임을 심사관이나 침해소송의
피고에게 부담시키는 결과를 가져온다. 이러한 입증책임 또한 자명성을 이

1142) Id., 598.

1143) 연방순회법원(Federal Circuit)의 사건 중 45% 이하에 TSM 테스트를 도입하여 판단
하였다고 한다. 연방순회법원의 사건 중 약 58%가 자명하다고 판결이 되었고,
TSM 테스트에 의해서는 52.4%가 자명하다고 판단되었다 한다. Lee Petherbridge
& Polk Wagner, The Federal Circuit and Patentability: An Empirical Assessment
of the Law of Obivousness, 85 Tex. L. Rev. 2051, 2055 (2007).

1144) In re Dembiczak, 175 F.3d 994, 999 (Fed. Cir. 1999) (C.R. Bard, Inc. v. M3 Sys.,
Inc., 157 F.3d 1340, 1352 (Fed. Cir. 1998) 사건을 인용함).

1145) Lee Petherbridge & Polk Wagner, The Federal Circuit and Patentability: An
Empirical Assessment of the Law of Obivousness, 85 Tex. L. Rev. 2051, 2064
(2007).

1146) Id.

유로 한 특허의 무효나 비침해의 입증을 어렵게 하여 결국 특허취득과 그 특허침해를 쉽게 인정하는 결과를 가져왔다.[1147)

(3) KSR 사건[1148)

연방항소법원의 TSM 기준은 선행기술을 조합하는 것을 가르치거나 (taught), 암시하거나(suggest) 또는 동기(motivation)가 있지 않은 한 비자명 하다고 하여야 했기 때문에 특허를 쉽게 부여하는 결과가 되었다. 이는 미 국이 1980년대에 취한 pro-patent 정책과 일치하는 결과를 가져온다. 그러 나 2000년대가 되자 진보성 기준에 대한 문제가 제기되기 시작했다. 특히 연방항소법원의 창설이후 특허는 쉽게 취득되기 시작했다는 비판이 제기되 었다.[1149) 그리고 Patent-troll에 의한 특허권의 남용이 문제되기 시작했다.

연방대법원은 KSR 사건에서 이러한 문제에 대한 답변을 하였다. KSR 사건에서 연방대법원은 특허의 정당성과 다른 한편으로는 진보성의 기능 에 대한 재검토를 하였다고 할 수 있다. 미국의 사법부는 1980년대 이래 취

1147) Id.; Robert P. Merges & John F. Duffy, Patent Law and Policy: Cases and Materials, 3rd., 2002, p. 11. 이에 반하여 상승효과(synergism) 기준의 경우에는 상 승효과(synergism) 있다는 것을 발명자가 입증하여야 했다.

1148) Teleflex, Inc. v. KSR Int'l Co., 298 F. Supp. 2d 581 (E.D. Mich. 2003); rev'd, 119 Fed. Appx. 282 (Fed. Cir. 2005), cert. granted, 547 U.S. 902 (2006), rev'd, 127 S. Ct. 1727, 550 U.S. 398 (2007).

1149) Robert P. Merges & John F. Duffy, Patent Law and Policy: Cases and Materials, 3rd., 2002, p. 11 (1930년대부터 1970년대까지의 반특허시대 보다 특허가 유효하다 고 평가된 것이 훨씬 많다고 한다. 특허침해로 인정된 것도 더 많다고 한다.); Robert P. Merges, Commercial Success and Patent Standards: Economic Perspectives on Innovation, 76 CAL. L. REV. 803, 820-821 (1988); Nat'l Research Council of the Nat'l Acad. Stephen A. Merrill, Richard C. Levin & Mark B. Myers eds., A Patent System for the 21st Century, 6, 2004, pp. 87-94. Fed. Trade Comm'n, To Promote Innovation: The Proper Balance of Competition and Patent Law and Policy, 2003, pp. 19-20.

해왔던 pro-patent(thesis)에 대한 anti-patent(antithesis)가 아닌 중도(synthesis)
로 나아간 것이라 할 수 있다.[1150]

진보성 기준이 낮아지면 특허가 쉽게 부여된다. 이는 해당 기술분야의
통상의 지식을 가진 기술자에게 기존에 자유로이 사용할 수 있었던 기술에
대하여 독점권을 부여하여 자유권을 제약하게 되는 나쁜 특허(bad patent)
가 양산되고 그로 인하여 발생하는 반공유의 비극은 기술혁신에 방해가 된
다. 따라서 KSR 사건 판결의 취지는 이러한 의미의 나쁜 특허와 반공유의
비극을 제거하기 위한 것으로 볼 수 있다.[1151] 다른 한편으로는 특허의 진
보성의 기능에 대한 사법적 답변이라 할 수 있다. 따라서 KSR 사건에서 미
국연방대법원이 제시한 진보성의 수준을 이해할 수 있다.

KSR 사건에서 연방대법원은 연방순회법원의 선행기술을 조합 내지 주
합한 기술에 대한 진보성 평가기준으로 사용하는 TSM 테스트는 발명이 특
허성 충족을 한다는 편견을 가진 것으로서 진보성의 법적기준을 약화시킨다
고 판시했다. 이 사건에서 원고인 Teleflex, Inc. 및 그 자회사인 Technology
Holiding Co.는 본 사건 특허의 전용실시권자[1152]로서 피고 KSR Int'l Co.를
상대로 특허침해소송을 제기하였다. 본 사건 특허는 자동차의 전자식 센서
가 부착된 가속 페달구성에 관한 것이었고, 선행기술은 기계식 페달로 구
성되었거나 전자식 센서가 부착된 페달이지만 위치변동이 불가능한 것이

1150) Nat'l Research Council of the Nat'l Acad./Stephen A. Merrill, Richard C. Levin &
　　　Mark B. Myers eds., A Patent System for the 21st Century, 6, 2004, pp. 87-94.
　　　Fed. Trade Comm'n, To Promote Innovation: The Proper Balance of Competition
　　　and Patent Law and Policy, 2003, pp. 6, 28. 예컨대, 미국연방항소법원이 유전자염
　　　기서열에 대한 특허부여를 쉽게 하고 있으나, 이는 외국의 특허부여실무와 다른 것
　　　으로서 통상의 기술자가 성공에 대한 합리적인 기대("reasonable expectation of
　　　success.")에 의해서 시도하면 취득할 수 있는 혁신에 대한 특허를 부여하지 않는
　　　통상의 특허기준으로 복귀하여야 함을 지적하고 있다. Id. 6, 87-94.
1151) Teleflex, Inc. v. KSR Int'l Co., 550 U.S. 398, 419 (2007).
1152) 특허권자는 Steven J. Engelgau 이고, 특허등록번호는 US 6,237,565이다.

었다.

미시간주 동부지구연방지방법원은 본 사건 특허 발명이 선행기술에 모두 개시되어 당해기술분야의 전문가에게는 자명하다는 이유[1153]로 특허무효의 약식판결을 하였고,[1154] Teleflex는 연방항소법원(CAFC)에 항소하였다. 연방항소법원 원심이 TSM 테스트를 충분히 하지 못했다고 판시했다.[1155] 연방항소법원은 본 사건 특허와 선행기술은 기술적 과제가 다르므로 동기를 부여하는 것은 아닐 뿐만 아니라 선행기술은 위치조절이 가능한 가속 페달 어셈블리에 관한 것이 아니므로 선행기술은 본 사건 특허발명에 TSM을 제시하는 것은 아니라고 하였다. 본 사건에서 문제된 특허발명의 목적은 작고 간편한 가속페달의 구성이었지만 선행기술은 가속페달을 밟는데 필요한 힘이 페달의 위치와는 관계없이 일정하도록 유지하도록 하는 것이었으므로 선행기술에는 본 사건 특허발명에 관한 동기가 구체적으로 제시되지는 않았다. 항소법원은 선행기술을 참고하는 것은 발명가가 해결하고자 하는 문제에 관한 것이므로 선행기술에 그 발명가가 해결하고자 하는 문제에 대해서 정확하게 언급되지 않았다면 발명가는 그 선행기술이 동기를 제시하지 못하므로 이를 참고할 수 없다는 것이다.

그러나 연방대법원은 TSM 테스트 만으로 진보성을 판단하는 것은 미국 특허법에 진보성을 명정한 취지와 선례들에 어긋나는 것이라고 지적 하면서 본 사건 특허발명은 선행기술로부터 자명한 것이라고 했다. 연방대법원은 사후적 고찰(hindsight)을 지양하기 위하여 TSM을 수학 공식을 적용하듯 경직되게 적용하였다는 점을 지적하고, 이와 같은 경직된 적용은 선례들과 배치되는 것이라 했다. 그리고 대법원은 다수 특허의 상호관계의 가

1153) 해당분야의 전문가라면 선행기술의 문제점을 해결하기 위해서 원고들 발명과 같은 구성을 하기 위한 동기(motivation)를 받았을 것이라고 한다.

1154) Teleflex Inc. v. KSR Int'l Co., 298 F.Supp. 2d 581 (E.D. Mich. 2003).

1155) Teleflex Inc. v. KSR Int'l Co., 119 Fed. Appx. 282 (Fed. Cir. 2005).

르침(interrelated teachings of multiple patents), 시장에 존재하거나 업계에 알려진 수요의 효과(the effects of demands known to the design community or present in the marketplace) 그리고 해당분야의 통상의 전문가가 가지고 있는 배경지식(the background knowledge possessed by a person having ordinary skill in the art)도 고려할 수 있다고 한다.[1156]

다만 연방대법원은 TSM 테스트를 부정하는 것은 아니라는 점을 명확히 하고 있다. 연방항소법원이 TSM 테스트를 너무 경직되게 적용하여 특허심사관에게 TSM이 있는지에 대한 입증책임을 묻고 TSM이 없는 경우에는 비자명하다고 함으로써 특허를 양산한 것을 비판한 것이다. 자명한 기술이나 그 조합에 대해서 문헌에서 거의 논의되지 않으므로 TSM의 형식적 개념 또는 문헌 증거의 명시적인 내용에 과도하게 집착하는 경우에는 형식적으로 문헌에 논의되지 않았다는 이유만으로 자명한 발명을 비자명하다고 할 수 있다. 또한 시장의 요구가 기술설계에 반영되는 경우가 많으므로 이를 간과하고 문헌에 개시될 것을 요구해서는 안 된다는 것이다.

결국 KSR 사건은 대법원이 판시한 바와 같이 "실질적인 혁신이 아니라 통상적인 과정에서 발생할 수 있는 기술진보에 대한 특허부여가 기술진보를 후퇴시키고 선행기술을 조합한 특허의 경우에 선행기술의 가치나 효용성을 박탈하는 결과가 될 수 있다(Granting patent protection to advances that would occur in the ordinary course without real innovation retards progress and may, in the case of patents combining previously known elements, deprive prior inventions of their value or utility[1157])"는 것을 우려한 것이다. 즉 낮은 진보성 기준에 의하여 특허가 양산되는 것을 방지하여 반공유의 비극을 피하고자 한 것으로 볼 수 있다.

1156) Teleflex, Inc. v. KSR Int'l Co., 550 U.S. 398, 418 (2007).
1157) Id., 419.

6. 우리나라 법원의 진보성 판단실무

Graham v. John Deere Co. 사건에서 미국 연방대법원은 효과를 고려하고 있다. 다만 미국 특허법 제103조의 진보성은 객관적인 발명의 구성을 판단하는 방법에 관한 것이다.

진보성 판단에 발명의 효과를 판단하더라도 미국 연방대법원의 진보성 판단기준은 우리 대법원과 같은 효과중심주의라고 할 수는 없다. 다만, 효과가 없다면 특허의 목적과 부합하지 않는다. 특허는 선행발명으로부터 자명하지 않은 기술을 전시하는 단순한 기술자의 기술경연이 아니기 때문이다.

미국 연방대법원은 발명 구성의 곤란성을 판단하기 위해 발명의 구성을 판단하였지만, 궁극적으로 향상된 효과가 있는지 판단했다. 문제된 발명이 선행기술과는 힌지 플레이트(Hinge Plate)의 위치가 반대 인정하고, 해당분야의 기술자는 탄력성을 증가시키기 위해서 힌지 플레이트의 위치를 반대로 위치하도록 하는 것을 쉽게 생각할 수 있고, 선행기술과는 다르게 힌치 플레이트가 위치하였다고 하더라도 이로 인하여 어떤 향상된 효과(the flexing advantages)를 가져오는 것은 아니다[1158] 라고 하여 효과를 고려하고 있다. 해당 발명은 구성에 차이에 따른 현저한 효과가 없었고, 구성에 있어서도 힌지 플레이트의 위치만 변경한 것으로서 통상의 기술자가 발명을 실험하기 위해 구성해보고 시험해볼 수 있는 통상의 범위내이므로 힌치 플레이트의 위치변경을 하는데 곤란성이 없다고 판시했다. 즉 향상된 효과는 구성의 차이에 따른 효과를 언급하기 위한 것이었을 뿐 제103조의 진보성 판단의 결정적인 요소는 아니었다. 오히려 상업적 성공 등 부차적 효과를 판단하는 요소가 되었다.

1158) Graham v. John Deere Co., 383 U.S. 1, 25 (1966)("[t]he clear testimony of petitioners' experts shows that the flexing advantages flowing from the '798 arrangement are not, in fact, a significant feature in the patent.").

우리나라 대법원은 진보성 판단에 있어 거의 일관되게 상승효과설에 의하고 있다. 대체로 진보성은 기술적 구성의 곤란성을 중심으로 목적의 특이성 및 효과의 현저성을 참작하여 종합적으로 진보성이 부정되는지 여부를 판단한다. 발명의 목적만으로 진보성을 판단하지는 않는다. 특허청 심사 실무는 구성의 곤란성을 중심으로 판단하는 반면(구성중심설), 법원에서는 발명의 특성에 따라 효과의 현저성을 중시하는 경향이다.(효과중심설)

대법원 1997. 11. 28. 선고 96후1972 판결은

> 특허법 제29조 제2항의 규정은 특허출원된 발명이 선행의 공지기술로부터 용이하게 도출될 수 있는 창작일 때에는 진보성을 결여한 것으로 보고 특허를 받을 수 없도록 하려는 취지인바, 이와 같은 진보성 유무를 가늠하는 창작의 난이의 정도는 그 기술구성의 차이와 작용효과를 고려하여 판단하여야 하는 것이므로, 출원된 기술의 구성이 선행기술과 차이가 있을 뿐 아니라 그 작용효과에 있어서 선행기술에 비하여 현저하게 향상·진보된 것인 때에는, 기술의 진보발전을 도모하는 특허제도의 목적에 비추어 출원 발명의 진보성을 인정하여야 한다.

라고 판시하여 기술구성과 작용효과를 고려하도록 하고 있다. 대법원 1991. 10. 11. 선고 90후1284 판결은

> 가. 구 특허법(1990.1.13. 법률 제4207호로 개정되기 전의 것) 제6조 제2항의 규정은 특허 출원된 발명이 산업상 이용할 수 있는 신규성이 있는 기술이라고 하더라도 그것이 기존의 기술로부터 용이하게 도출될 수 있는 창작일 때에는 진보성을 결여한 것으로 보고 특허를 부여하지 않고자 하는 취지인바, 이와 같은 진보성 유무를 가늠하는 창작의 난이의 정도는 그 기술구성의 차이와 작용효과를 고려하여 판단하여야 하며 출원된 기술의 구성이 선행기술과 차이가

있을 뿐 아니라 그 작용효과에 있어서 선행기술에 비하여 현저하게 향상진보된 것인 때에만 기술의 진보발전을 도모하고자 하는 특허제도의 목적에 비추어 출원발명의 진보성을 인정하여야 한다.

나. 출원발명이 공지공용의 기존기술을 종합한 것인 경우 선행기술을 종합하는 데 각별한 곤란성이 있다거나 이로 인한 작용효과가 공지된 선행기술로부터 예측되는 효과 이상의 새로운 상승효과가 있다고 인정되고, 그 분야에서 통상의 지식을 가진 자가 선행기술에 의하여 용이하게 발명할 수 없다고 보여지는 경우 또는 새로운 기술적 방법을 추가하는 경우가 아니면 발명의 진보성은 인정될 수 없다.

위 판결은 구성의 곤란성 뿐만 아니라 효과의 현저성으로 판단하는 것임을 강조하고 있다.

다만 법원은 구성의 곤란성을 중심으로 본 판례도 있다. 예컨대 미국의 연방항소법원(CAFC)이 발전시킨 TSM 테스트는 발명의 구성으로 진보성을 판단한다고 볼 수 있는데, 대법원은

어느 특허발명의 특허청구범위에 기재된 청구항이 복수의 구성요소로 되어 있는 경우에는 각 구성요소가 유기적으로 결합한 전체로서의 기술사상이 진보성 판단의 대상이 되는 것이지 각 구성요소가 독립하여 진보성 판단의 대상이 되는 것은 아니므로, 그 특허발명의 진보성 여부를 판단함에 있어서는 청구항에 기재된 복수의 구성을 분해한 후 각각 분해된 개별 구성요소들이 공지된 것인지 여부만을 따져서는 안되고, 특유의 과제 해결원리에 기초하여 유기적으로 결합된 전체로서의 구성의 곤란성을 따져 보아야 할 것이며, 이 때 결합된 전체 구성으로서의 발명이 갖는 특유한 효과도 함께 고려하여야 할 것이다. 그리고 여러 선행기술문헌을 인용하여 특허발명의 진보성을 판단함에 있

어서는 그 인용되는 기술을 조합 또는 결합하면 당해 특허발명에 이를
수 있다는 암시, 동기 등이 선행기술문헌에 제시되어 있거나 그렇지
않더라도 당해 특허발명의 출원 당시의 기술수준, 기술상식, 해당 기
술분야의 기본적 과제, 발전경향, 해당 업계의 요구 등에 비추어 보아
그 기술분야에 통상의 지식을 가진 자(이하 '통상의 기술자'라고 한다)
가 용이하게 그와 같은 결합에 이를 수 있다고 인정할 수 있는 경우에
는 당해 특허발명의 진보성은 부정된다고 할 것이다.1159)

라고 한 판결은 구성의 곤란성을 중심으로 진보성을 판단한 판결이라고 할
수 있다. 그러나 대법원은 현저한 효과나 이질적 효과가 있으면 진보성을
인정할 수 있다고 한다:

　　선행 또는 공지의 발명에 구성요소가 상위개념으로 기재되어 있고
　　위 상위개념에 포함되는 하위개념만을 구성요소 중의 전부 또는 일부
　　로 하는 이른바 선택발명의 진보성이 부정되지 않기 위해서는 선택발

___

1159) 대법원 2007.9.6. 선고 2005후3284 판결. 나아가 대법원 2000.12.22. 선고 1997후
　　1771 판결은
　　특허법 제29조 제1항 제1호, 제2호, 제2항의 각 규정은 특허출원 전에 공지된
　　발명이나, 선행의 공지기술로부터 용이하게 도출될 수 있는 창작일 때에는 신
　　규성이나 진보성을 결여한 것으로 보고 특허를 받을 수 없도록 하려는 취지인
　　바, 이러한 발명의 진보성 유무는 선행기술의 범위와 내용을 밝히고 그에 비
　　추어 출원발명의 목적, 기술적 구성, 작용효과를 종합적으로 검토하여 결정함
　　이 상당하고, 원칙적으로 출원발명의 해결방법인 구성의 곤란성 여부에 따라
　　결정되지만 이에 덧붙여 목적의 참신성, 효과의 현저성 등도 참작하여야 하므
　　로 작용효과가 종래 기술과 동일·유사하더라도 그와 전혀 다른 새로운 해결
　　수단을 창작한 때에는 그 새로운 해결방법의 제공에 의한 기술의 풍부화가 인
　　정되어 진보성이 긍정될 수 있으며, 또한 기술적 구성이 곤란하지 않다 하더
　　라도 종래 알려지지 않은 놀랄만한 효과가 발생한 경우에도 진보성이 긍정될
　　수 있다(대법원 1999. 4. 9. 선고 97후2033 판결, 2000. 2. 11. 선고 97후2224
　　판결 등 참조).

명에 포함되는 하위개념들 모두가 선행발명이 갖는 효과와 질적으로
다른 효과를 갖고 있거나, 질적인 차이가 없더라도 양적으로 현저한
차이가 있어야 하고, 이때 선택발명의 발명의 상세한 설명에는 선행발
명에 비하여 위와 같은 효과가 있음을 명확히 기재하여야 하며, 위와
같은 효과가 명확히 기재되어 있다고 하기 위해서는 선택발명의 발명의
상세한 설명에 질적인 차이를 확인할 수 있는 구체적인 내용이나, 양적
으로 현저한 차이가 있음을 확인할 수 있는 정량적 기재가 있어야 한다.

....

선택발명에 여러 효과가 있는 경우에 선행발명에 비하여 이질적이
거나 양적으로 현저한 효과를 갖는다고 하기 위해서는 선택발명의 모
든 종류의 효과가 아니라 그 중 일부라도 선행발명에 비하여 그러한
효과를 갖는다고 인정되면 충분하다.

....

명칭을 '약제학적 화합물'로 하는 특허발명에 대해 갑 주식회사가
특허권자 을 외국회사를 상대로 선택발명으로서 진보성 등이 부정된
다는 이유로 등록무효심판을 청구한 사안에서, 위 특허발명의 특허청
구범위 제2항은 '올란자핀(Olanzapine)'을 특허청구범위로 하는 발명으
로서 비교대상발명 1의 선택발명에 해당하고 비교대상발명 1에 구체
적으로 개시된 화합물들 중 올란자핀과 가장 유사한 화학구조를 가지
는 '에틸올란자핀(Ethyl Olanzapine)'과 비교하여 정신병 치료 효과면
에서 올란자핀이 에틸올란자핀에 비하여 현저히 우수한 효과를 갖는
다고 단정하기 어렵지만, 콜레스테롤 증가 부작용 감소라는 이질적인
효과를 가진다고 인정되므로, 위 특허발명은 비교대상발명 1에 의하여
진보성이 부정되지 아니함에도 이와 달리 본 원심판결에 법리오해의
위법이 있다

고 하여1160) 상승효과설을 취하고 있다.

하나의 화합물이나 약물은 다양한 형태의 결정을 가지고 있다. 다양한

결정 형태를 가지고 있는 경우에는 그 결정형태에 따라 용해도, 안정성 등의 화합물이나 약제학적 특성이 다를 수 있으므로 그에 관한 진보성 판단도 다른 화합물이나 약물과 달라질 수 있다. 공지된 화합물과 결정 형태만을 달리하는 결정형 발명에 관한 사안에서 기존 대법원은

> 의약화합물 분야에서 선행발명에 공지된 화합물과 결정 형태만을 달리하는 특정 결정형의 화합물을 특허청구범위로 하는 이른바 '결정형 발명'은 특별한 사정이 없는 한 선행발명에 공지된 화합물이 갖는 효과와 질적으로 다른 효과를 갖고 있거나 질적인 차이가 없더라도 양적으로 현저한 차이가 있는 경우에 한하여 진보성이 부정되지 않고[1161]

라고 하여 상승효과설을 기본 법리로 판단하였다. 그런데 2022년 대법원 판결은

> 의약화합물의 제제설계(제제설계)를 위하여 그 화합물이 다양한 결정 형태, 즉 결정다형(polymorph)을 가지는지 등을 검토하는 다형체 스크리닝(polymorph screening)은 통상 행해지는 일이다. 의약화합물 분야에서 선행발명에 공지된 화합물과 화학구조는 동일하지만 결정 형태가 다른 특정한 결정형의 화합물을 청구범위로 하는 이른바 결정형 발명의 진보성을 판단할 때에는 이러한 특수성을 고려할 필요가 있다. 하지만 그것만으로 결정형 발명의 구성의 곤란성이 부정된다고 단정할 수는 없다. 다형체 스크리닝이 통상 행해지는 실험이라는 것과 이를 통해 결정형 발명의 특정한 결정형에 쉽게 도달할 수 있는지는 별개의 문제이기 때문이다. 한편 결정형 발명과 같이 의약화합물 분야에 속하는 발명은 구성만으로 효과의 예측이 쉽지 않으므로 구성의 곤란

1160) 대법원 2012. 8. 23. 선고 2010후3424 판결
1161) 대법원 2011. 7. 14. 선고 2010후2865 판결

성을 판단할 때 발명의 효과를 참작할 필요가 있고, 발명의 효과가 선
행발명에 비하여 현저하다면 구성의 곤란성을 추론하는 유력한 자료
가 될 수 있다.[1162)

라고 판시하여 구성의 곤란성을 판단하는 자료로 효과의 현저성을 고려하
도록 하고 있다. 위 판결에 따르면 결정형 발명의 경우에는 기존 효과중심
설에서 구성중심설로 변화하는 것과 같은 판시를 하고 있다.

위 판결은 선택발명에 관한 대법원 2021. 4. 8. 선고 2019후10609 판결에
서 선택발명의 청구항 기재에 많이 사용되는 마쿠쉬(Markush) 방식의 특허
청구항에 구체적으로 개시되지 않은 화합물을 청구범위로 하는 특허발명
의 진보성을 판단할 때 구성의 곤란성을 검토해야 한다는 판결과 함께, 미
국의 Graham 판결의 진보성 판단방식을 일부 수용한 것과 같은 판결이라
고 할 수 있다.

그러나 앞서 언급한 바와 같이 효과가 없이 구성만 곤란하다고 하여 발
명에 대하여 특허를 인정할 수는 없다. 효과가 없이 구성이 곤란한 발명을
하는 것은 오히려 발명이 아닌 퇴화된 발명일 뿐이다. 이러한 발명은 엔트
로피만 증가시킬 뿐이다. 다만 방법론적으로, 진보성 판단은 구성의 곤란성
을 중심으로 판단하고, 그 효과는 유용성과 특허는 발명의 사회적 기여에
대한 사회에 의한 보상이라는 보상설과 계약설을 바탕으로 한다면, 쌍무적
대가관계의 균형을 달성하기 위해 필요한 요건으로 볼 수 있을 것이다. 즉

1162) 대법원 2022. 3. 31. 선고 2018후10923 판결. 대법원 2022. 3. 31. 선고 2018후
10923 판결이 의미하는 바는, 제조방법에 그 발명의 특징이 있는 제조방법이 기재
된 물건에 대한 청구항(Product by process Claim)의 진보성 판단과 권리범위 해석
에 관한 법리도 구성이 변경되면 별개의 발명으로 인정될 수 있는지를 판단하여야
한다. 제법한정설을 취한 대법원 2015. 2. 12. 선고 2013후1726 판결의 경우에는
제법이 발명의 필수적인 구성요소로 본 것으로, 해당발명은 물건발명이 아닌 제법
발명을 본 것으로 해석할 수 있다.

방법론상으로는 특허발명이 가져오는 효과는 진보성과 구별되는 요건으로 볼 수 있고, 그러한 법리를 구성한다면, 진보성 판단에서는 반드시 효과를 중심으로 판단할 것은 아니다.

우연한 용도발명의 경우에는 이질적 효과가 발생한 것이므로 상업적 성공을 가져올 수 있다. 그러나 상업적 성공만으로는 진보성을 인정할 수 없다. 일찍이 에드워드 코크는 1572년 Bircot's Case[1163]에 대한 논평에서,

> [i]f the substance was *in esse* before, and a new addition thereunto, though that addition made the former more profitable, yet it is not a new manufacture in law.[1164]

라고 하여 [상업적] 이익을 가져온다고 하여 그것을 법상 새로운 발명으로 볼 수 없다고 하였다. 그 당시에는 진보성의 개념은 존재하지 않았지만, 특허를 받기 위해 필요한 발명적 재능(inventive skill)은 필요했다. 이는 신규하다는 것이나 유용하다는 것과는 다른 개념이었다.[1165]

미국 특허법 제103조[1166]의 경우에는 다음과 같이

> A patent for a claimed invention may not be obtained, notwithstanding that the claimed invention is not identically disclosed as set forth in section 102, if the differences between the claimed invention and the prior art are such that the claimed invention as a whole would have been obvious before the effective filing date of the claimed invention to a person having ordinary skill in the art to which the

---

1163) 20 Bircot's case, Pasch, 15 Eliz. (EX), cited Coke, 3rd Inst. c. 85, p. 183.
1164) Edward Coke, Institutes, Book IV, p. 184.
1165) William Robinson, The Law of Patents for Useful Inventions (1), p. 108. note 4.
1166) 35 U.S.C. § 103.

claimed invention pertains. <u>Patentability shall not be negated by the manner in which the invention was made.</u>

라고 하여, 발명이 만들어진 방법에 의해 특허성이 부인되지 않는다고 명시되어 있다. 그러나 우리 특허법 제29조 제2항은

> 특허출원 전에 그 발명이 속하는 기술분야에서 통상의 지식을 가진 사람이 제1항 각 호의 어느 하나에 해당하는 발명에 의하여 <u>쉽게 발명할 수 있으면</u> 그 발명에 대해서는 제1항에도 불구하고 특허를 받을 수 없다.

라고 하여 그와 같은 규정이 없다는 점은 주지해야 한다. 물론 우리법에서 발명이 만들어지는 발명의 구성은 법해석에 의해서 인정될 수 있다.

미국 특허법이나 우리 특허법이나 진보성 판단에 효과를 검토하라고 하는 명시적인 규정은 없다. 미국 특허법의 경우 '선행발명과 출원발명의 차이(the differences)가 그 발명이 속하는 기술분야에서 통상의 지식을 가진 사람에게 명백한지(obvious) 여부'에 따라서 진보성을 판단하도록 하고 있고, 우리 특허법의 경우에는 '그 발명이 속하는 기술분야에서 통상의 지식을 가진 사람이 선행발명에 의해 쉽게 발명할 수 있는지 여부'이다. 진보성 판단에 있어서 발명의 효과를 반드시 고려하여야 하는 것은 아니다. 새로운 발명의 '구성'도 그 발명이 사회에 주는 이익으로, 그 이익도 사회와 발명자간 특허계약상 요구되는 쌍무적 대가일 수 있고, 그 구성이 해당 분야의 기술자에게 명백한지 또는 쉽게 구성할 수 있는 것인지 여부에 의해서도 진보성을 판단할 수 있다. 따라서 구성중심설을 취한다고 하더라도 진보성 여부를 판단하는데 아무런 문제가 없다. 그 구성이나 그 구성방법이 쉬운 것이 아니라면 그 발명은 자명하지 않은 것으로 볼 수 있기 때문이다. 다만, 위와 같은 방법론이 발명의 효과를 검토하지 않아도 된다는 의미는

아니다. 특허가 가져오는 효과는 특허제도의 명제이다. 특허법에 명시되지 않더라도 특허제도의 근간을 이룬다.

진보성은 처음에 본 바와 같이 발명의 제도(institution)상의 공리적인 고려가 강하다. 그러한 관점에서는 효과로 진보성을 인정하는 것은 무리이다. 발명의 구성의 곤란성은 그 발명자의 '희생'에 대한 보상이나 '공헌'에 대한 보상의 정당성을 가져오는 것이다. 따라서 구성이 곤란하다는 것은 그 곤란을 해결하기 위한 그 발명자의 희생이나 공헌이 크다는 것을 의미하므로 특허받을 정당성이 높아진다. 물론 재산의 의무론적으로 노동에 대한 도덕적 보상이라고 보는 자연권설이나 로크의 노동가치설에서도 노동은 그 보상의 정당성을 높여주므로 구성의 곤란성이 높을수록 그 곤란을 해결하기 위한 노동에 대한 보상의 정당성이 높아진다.

발명의 효과가 크다는 것은 상업적 성공가능성이 높다는 것이다. 상업적 성공가능성은 진보성 판단의 이차적인 고려요소라고 하는 것은 상업적 성공가능성 하나만으로 진보성을 인정하라는 것은 아니다. 다만 상업적 성공이 발명의 효과와는 동일한 것은 아니다. 진보성 인정에 구성이 중심이 된다고 하여, 이것이 발명이 가져오는 사회적 이익을 검토하지 않으라는 의미는 아니다. 어쨌든 발명이 가져오는 사회적 이익은 반드시 존재하여야 한다. 특히 우리 특허요건상 발명의 사회적 효과를 판단하는 유용성 개념 대신 산업상 이용가능성을 판단하기 때문에 발명이 가져오는 사회적 이익을 진보성에서 판단할 필요가 있다.

제3절 유용성

1. 서론[1167)

특허발명이 사회에 유용해야 하는 것은 특허제도의 태동부터 시작되었다. 유용성은 특히 공리주의적 요소가 강하다. 즉 특허는 사회적 기여를 하여야 한다는 것으로서 특허제도가 발전한 영국에서 공리주의 발전을 가져온 것도 그와 같은 맥락에서 이해할 수도 있다.

물론 로크도 재산권을 인정함으로써 인류의 공동재산의 증가를 가져왔다고 하고 있다:

[t]hat he who appropriates land to himself by his labour, does not lessen but increase the common stock of mankind.[1168)

그리하여 특허의 본질에 관한 자연권설의 입장에서도 인간에게 유용한 아이디어는 그 아이디어를 발명한 사람의 것이라는 사고가 존재하게 되었다. 이러한 권리는 생래적인 권리로서 국가의 입법에 발생한 권리가 아니라 신이 부여한 자연권이다. 이러한 입장을 반영한 것은 프랑스 혁명이후 제정된 특허법에 반영되어 있다.[1169)

나단 로젠버그(Nathan Rosenberg)는

1167) 유용성은 본인의 미국 특허법상 유용성(utility) 개념의 국내법적 수용, 정보법학 2013년 5월호에 게재된 것을 수정하고 보완한 것임.

1168) John Locke, Second Treatise of Government § 37.

1169) Fritz Machlup, An Economic Review of the Patent System, U.S. Govt. Print. Off., 1958, p. 22.

The benefits of the patent system are the increase in output which society owes to that class of inventions which would not have been made at all in the absence of that system, plus the increase in output owing to the earlier introduction of inventions which would have come anyway, but at a later date. The costs of the system are the *restrictions* in output for which the patent laws are responsible by allowing all holders of patented inventions to exclude others from their use during the period of patent protection.[1170]

[번역]

특허제도의 이익은 특허제도가 없었다면 존재하지 않았을 발명에 대하여 사회가 대가를 부담하여야 하는 발명으로 인한 이익이 증가하는 것이다. 게다가 뒤늦게 발생한 이익의 증가가 어짜피 발명으로 발생할 것이었다면 사회는 [특허제도를 통해] 그 발명을 더 일찍 이뤄지게 하는 것이다. 특허제도의 비용은 특허권자가 특허보호기간동안 사람들이 그 발명을 [자유]이용하는 것을 배제하는 것을 허용함으로서 사회적 효용증가가 제한되는 것이다.

와 같이 강조하고 있는데, 여기서 로젠버그는 세가지를 언급하고 있다. 특허제도는 사회적 부담에 의해 발명을 이뤄지게 하는 것, 발명을 가속하도록 하는 것 그리고 특허비용은 특허보호기간동안 사용을 할 수 없어 독점이윤이 발생하고, 그만큼 수요가 감소하여 그로 인하여 사중손실(dead weight loss)이 발생하여 사회적 후생이 감소하는 것이다. 물론 특허보호기간이 종료되면, 사중손실은 원상회복되고, 그 원상회복된 사중손실은 사회적 후생이다. 여기서 정확히는 원상회복이 아니라, 특허가 존재하지 않고, 발명이 독점권이 없어 공중의 이용에 제공되고 있었다면 사회가 얻었을 사

1170) Nathan Rosenberg, Technology and American Economic Growth, Routledge, 1972, p. 188.

회적 후생을 특허가 종료됨으로서 사회가 얻게 되는 것이다.

위와 같은 언급에서 보면, 발명이 사회에 가져오는 이익, 즉 발명의 유용성은 사회가 부담하여야 하는 가치와 동일하게 형성되어야 한다. 사회적 부담이 크다면, 발명이 가져오는 이익도 커야 균형점에 도달한다. 예컨대, 사회적 부담이, 계량적으로 100이라면 그 발명의 유용성도 최소한 100되어야 한다. 어떤 신약에 대하여 특허를 준다면, 그로 인한 이익도 동일하여야 유용성이 충족된다고 볼 수 있다. 이러한 점은 특허의 유용성은 단순히 특허요건으로서 뿐만 아니라 특허보호의 적정성을 평가하는 역할을 한다. 특허가 가져오는 사회적 이익과 사회가 부담하는 비용이 동등해지는 점은 발명의 유용성의 긍정적 임계점이라고 할 수 있다.

또한 유용성은 도덕적인 의미와 결과주의적인 의미를 가지고 있다. 원래 공리주의는 최대다수의 최대행복이라는 결과가 중요하기 때문에 공리주의를 결과주의라고 하지만, 재산권의 인정이 인류의 자산의 증가를 가져와야 하는지에 대하여 보면, 로크는 이를 의도한 것은 아니었다. 그에게는 재산권을 인정한 결과일 뿐이다. 공리주의는 최대다수의 최대행복은 지상의 목표이므로 특허제도는 최대다수의 최대행복을 가져와야 한다. 특허제도는 인간에게 풍요로운 결과를 가져와야 하므로 도덕적으로도 옳다고 할 수 있다.

특허발명이 유용해야 한다는 것은 특허제도의 기원과 관련이 있다. 유용한 발명을 하여 사회에 이익을 가져온 사람에 대하여는 보상을 하여야 한다는 관념은 특허제도의 태생부터 시작되었다. 즉 유용성은 특허제도와 불가분의 관계이다.

앞서 본 바와 같이 1474년 베니스 특허법에도 발명이 특허를 받기 위해 유용할 것을 요구했고, 영국의 엘리자베스 여왕도 발명에 대하여 특허를 부여하기 위해서 그 발명의 산업적 기여를 필요로 했다. 나아가 도제조항(apprentice clause)을 두어 반드시 타인에게 지식을 전수하도록 하였던 것이다. 이는 국내에 기술지식을 확산을 통한 경쟁자의 육성과 기술발전을 위한 정책으로[1171] 특허는 반드시 유용해야 한다는 것을 의미한다. 계약적인 입장에서 유용하지 않다면 사회적 부담이 되는 특허를 부여할 이유가 존재하지 않았다.

다만 유용하다는 것은 그렇게 많은 엄격함을 요구하지는 않는다. 이러한 면에서 보면 우리나라 특허법상 산업상 이용가능성[1172]은 유용성의 의미와는 다르다. 산업상 이용가능성은 발명이 사회에 가져오는 이익보다는 발명의 실용적 실시가능성에 중점을 두고 있다. 이러한 특허법 규정의 해석은 미국의 Story 대법관의 해석에 따른 것이라고 볼 수 있다.

미국 연방특허법은 유용한 발명(useful invention)에 대하여 특허를 받을 수 있도록 규정하고 있다.[1173] 이를 유용성(utility) 요건이라고 하는 바, 유용성 요건은 미국 연방헌법에 근거를 두고 있다. 미국 연방헌법상 특허-저작권 조항(patent-copyright clause)은 "과학과 실용 예술(Science and useful Arts)"를 증진시키기 위해서 연방 의회에 입법권을 부여하고 있다.[1174] 이

1171) Christopher May & Susan K. Sell, Intellectual Property Rights: A Critical History, Lynne Rienner Publishers, 2006, p. 52.

1172) 특허법 제29조 제1항.

1173) 35 U.S.C. § 101:
  Whoever invents or discovers any new and <u>useful</u> process, machine, manufacture, or composition of matter, or any new or <u>useful</u> improvement thereof, may obtain a patent therefor, subject to the conditions and requirements of this title.

1174) United States Constitution, Article 1, Section 8:
  The Congress shall have power ⋯ To promote the Progress of Science and useful Arts, by securing for limited Times to Authors and Inventors the exclusive Right to their respective Writings and Discoveries.
  유용성("useful Arts")에 관련된 내용이 명시적으로 언급되고 있는 미국 연방헌법의 특허-저작권조항과는 달리 우리나라 특허권 및 저작권의 근거조항이 되는 헌법 제22조 제2항은 "저작자·발명가·과학기술자와 예술가의 권리는 법률로써 보호한다." 라고 규정하여 유용성에 대한 언급은 없다.

에 따라 제정된 미국 특허법은 유용성을 특허요건으로 규정하고 있고, 미국 법원은 유용성에 관련하여 3가지의 요건을 요구하고 있다: 첫째로 특허 출원된 물건(product)이나 방법(process)은 유용해야(useful) 한다. 둘째로 발명의 우선권 확보를 위한 실시를 하기 위하여 유용성이 있어야 한다. 셋째로 특허출원은 당업자가 특허발명을 실시할 수 있도록 충분히 공개되어야 한다.

현재 미국특허법 제101조에 규정된 유용성(utility) 요건은 1952년 특허법에 근거를 두고 있다. 그러나 유용성 요건은 1952년 특허법에 명정되기 이전부터 미국 특허법에 관련 규정을 두고 있었다. 1790년 특허법,[1175] 1793년 특허법,[1176] 1870년 특허법[1177] 및 1836년 특허법[1178]에도 발명이 유용할 것을 요구하는 조항이 있었고, 그러한 조항에서 요구하는 요건을 유용성(utility)라고 하였다. 앞서 본 바와 같이 특허제도의 기원상 유용성은 필연적인 요소이었기 때문에 유용성을 요구하지 않는 경우는 없었다고 할 수 있다.

다만, 유용성이 구체적으로 무엇을 의미하는지는 확실하지 않다.[1179] 그동안 미국 법원은 법해석을 통하여 유용성 요건을 구체화 하였다. 1817년 Lowell v. Lewis 사건[1180]에서 그 당시 순회법원 판사이었던 Story 대법관은 발명은 사소한 것이나 후생(well-being), 정책 또는 사회의 도덕관점에 해가 되는 것이 되어서는 안 되고, 유용하다는 것(useful)은 비도덕적이거나 해를 끼치는 것이어서는 안 된다고 판시하였다. 이러한 관점에서의 유용성

1175) Patent Act of 1790, § 1.

1176) Patent Act of 1793, § 1.

1177) Patent Act of 1836, § 6.

1178) Patent Act of 1870, § 24.

1179) Brenner v. Manson, 383 U.S. 519, 529 (1966) (simple everyday word "useful" can be "pregnant with ambiguity when applied to the facts of life.").

1180) Lowell v. Lewis, 15 F. Cas. 1018 (C.C.D. Mass 1817).

은 유익한 유용성(Beneficial Utility)을 의미하는 것으로 발명의 목적이 최
소한의 사회적 이익을 가져오는지 여부 또는 유해한 것인지 여부를 판단하
는 것이었다. 즉 발명이 추구한 것이 사회가 추구하는 것과 일치하는지를
판단하는 것으로서 예컨대 도박을 위한 기계는 사회에 해가 되는 것으로서
이익을 가져오는 것이 아니다. 따라서 사회가 추구하는 이념이나 목적과
다르므로 특허를 부여할 이유가 없게 된다.

　　1474년 베니스의 특허법이나 영국의 독점법(Statute of Monopolies of
1624)에서 찾아 볼 수 있다. 1474년 베니스 특허법은

> [m]en…invent and make things which would be of no small utility
> and benefit to our State.

라고 규정하여 특허를 받는 발명은 유용하여 베니스에 이익이 될 것을 요
구했다. 이는 공리주의적 가치를 언급한 것이라고 할 수 있다.

　　나아가 영국 엘리자베스 여왕 시대의 특허는 산업발전에 유용한 결과를
가져올 것을 요구하였으며, 유용성 개념은 공리주의를 반영하고 있다. 공리
주의 전통의 영국은 1603년 Darcy v. Allein 사건에서 특허는 "for the good
of the realm"라고 언급하였다. 물론 그 이전에도 현대와 같은 새로운 발명
이나 수입된 기술에 부여하는 특허는 영국에 유용할 것으로 요구했다. 그
이유는 특허제도가 영국의 산업발전을 위한 것이었기 때문이다. 에드워드 코
크도 '특허는 거래에 해가 돼서는 하면 안된다'('not to the hurt to trade')[1181]
고 언급하고 있을 뿐만 아니라 존 로크도 자연상태의 '원칙'으로 타인을 해
하지 않을 것(no harm proviso)을 제시하고 있다.

　　1624년 영국의 독점법은 "[g]rauntes did not use soe they be not contrary

---

1181) Edward Coke, The Institutes, Book IV, p. 184.

to the lawe nor mischeivous to the state by raisinge of prices of commodities at home or hurt of trade or generally inconvenient…" 라고 하여 상품의 가격을 올리거나 거래에 해가 되거나 또는 일반적인 애로가 되어 법에 반대되거나 국가에 해가 되지 않도록 규정하고 있었다. 이러한 취지는 Story 대법관의 미국 특허법 해석에 영향을 미쳐 Story 대법관은 만일 발명이, 법에 위반되고(contrary to the lawe), 국가에 해가 되고(mischeivous to the state), 상거래에 장애가 되고(hurt of trade), 일반적으로 불편한 경우(inconvenient)가 된다면 이는 법에 의해 무효라고 언급하였다.[1182] 이에 Pennock & Sellers v. Dialogue 사건에서[1183] Story 대법관은 영국의 독점법과 미국의 특허법은 동일하지 않지만, 영국의 독점법 하에서의 영국법원의 해석과 원칙은 미국에게도 알려져 있고, 일부는 묵시적으로 수용되어 있어 미국특허법의 해석에 이용될 수 있다고 하였다.

물론 영국의 독점법은 1790년 미국의 연방특허법 뿐만 아니라 연방특허법이 제정되기 이전에 존재했던 각 주의 특허법에도 영향을 미쳤다. 식민지 시대의 미국에서 필요한 발명은 실용적인 상품이나 기계, 기구 등 이었다. 새로운 식민지를 건설하기 위한 발명은 유용해야 했고, 유용한 발명은 식민지 건설에 도움(beneficial)이 되어야 했다. 즉 모든 발명은 식민지 주민, 식민사회 및 식민지에 유용하고 이익이 되어야 했다. 따라서 '이익(beneficial)'이 된다는 의미는 실무적인 관점에서 판단하면 충족하기 어려운 기준은 아니었다.

또한 미국연방의 제정헌법상에 유용한 기술(useful art)을 증진시키기 위해서 특허를 부여한다는 것은 식민지로부터 해방되어 새로운 도약이 필요

1182) U.S. Supreme Court Report, Appendix of Vol III (1818).
1183) Pennock & Sellers v. Dialogue, 27 U.S. 1 (1829). 본 사건은 유용성에 대한 판단 뿐만 아니라 이미 사용중인 발명에 대해서는 특허를 부여할 수 없다고 최초로 판시한 점에서 그 의미가 있는 사건이다.

한 개척기의 국가에서는 자연스러운 것이었다. 왜냐하면 대륙으로부터 신기술이 도입될 절실한 필요성이 있었기 때문이다.[1184) 신규성이나 진보성이 미국 연방헌법에 언급되어 있지 않지만, 유용성은 미국 연방헌법에 'useful'로 언급되어 있다.[1185) 그러나 'useful'이나 연방 특허법상 'utility'의 개념은 명시적으로 존재하지 않는다.

미국 헌법상 특허제도를 도입하기 위해서는 특허가 사회에 이익을 가져와야 했다. 특히 미국의 기본철학인 실용주의적 관점에서 보면 특허의 도입은 그로 인한 부담보다는 가져오는 이익이 많아야 했다. 따라서 사회에 이익을 가져오지 않는 특허제도는 무의미 했다. 이러한 점은 당시 법원 판사이었던 Story 대법관의 판결문에서 찾아 볼 수 있다. 앞서의 1817년 Lowell v. Lewis 사건[1186)과 같은 해에 판시된 Bedford v. Hunt et al. 사건에서 Story 판사는 "No person is entitled to a patent under the act of congress unless he has invented some new and useful art, machine, manufacture, or composition of matter, not known or used before.(어느 누구도 이전에 알려지거나 사용되지 않았던 새롭고 유용한 기술, 기계, 제조품 또는 조합을 발명하지 않는 한 의회에서 제정한 법상 특허를 취득할 수 없다.)"고 하여 1793년 특허법[1187) 제1조에 따라 유용한 발명을 하여야 특허를 받을 수 있다는 점을 지적하면서, 유용성에 대해서 다음과 같이 언급했다.

1184) Robert P. Merges, et. al., Intellectual Property in the New Technological Age, 118-119 (2006 4th ed.), Merges, et. al., 는 위와 같은 특허부여에 의한 기술수입정책을 "strategic international trade policy"라고 한다. Id.

1185) United States Constitution (Article I, Section 8, Clause 8).
   [the United States Congress shall have power] To promote the Progress of Science and <u>useful Arts</u>, by securing for limited Times to Authors and Inventors the exclusive Right to their respective Writings and Discoveries.

1186) Lowell v. Lewis, 15 F. Cas. 1018 (C.C.D. Mass 1817).

1187) Patent Act of 1793, ch. 11, 1 Stat. 318-23 (Feb. 21, 1793).

By useful invention, in the statute, is meant such a one as may be applied to some beneficial use in society, in contradistinction to an invention, which is injurious to the morals, the health, or the good order of society. It is not necessary to establish, that the invention is of such general utility, as to supersede all other inventions now in practice to accomplish the same purpose. It is sufficient, that it has no obnoxious or mischievous tendency, that it may be applied to practical uses, and that so far as it is applied, it is salutary. If its practical utility be very limited, it will follow, that it will be of little or no profit to the inventor; and if it be trifling, it will sink into utter neglect. The law, however, does not look to the degree of utility; it simply requires, that it shall be capable of use, and that the use is such as sound morals and policy do not discountenance or prohibit.[1188]

[번역]

[특허]법상 유용한 발명이란 도덕, 건강 또는 좋은 사회 질서에 해가 되는 발명과 구별하여 사회에서 이익이 되도록 사용되어야 하는 것을 의미한다. 동일한 목적을 달성하기 위해 실제 실시되는 모든 발명을 대체하기 위하여 발명이 그와 같은 일반적 유용성(general utility)을 갖추어야 할 필요는 없다. 불쾌하거나 유해하지 않은 것, 실질적인 사용(practical use)에 적용할 수 있는 것, 그것이 적용되는 한 유익한 것이면 충분하다. 만일 실제적 유용성(practical utility)이 매우 제한적이라면, 발명가이게 이익이 없거나 거의 없는 것으로 연결된다; 만일 사소한 것이라면, 전적으로 의미 없는 것이다. 그러나 법은 유용성의 정도를 고려하지 않는다; 법은 단순히 발명이 사용할 수 있다는 것 그리고 그러한 사용은 건강한 도덕과 정책이 승인하지 않거나 금지하는 것을 요구한다.

1188) Bedford v. Hunt, 3 F. Cas. 37 (C.C.Mass. 1817).

Story 판사는 특허법에서 규정하는 유용성이란, 유용성의 정도(degree)가 아닌 실시할 수 있는지 여부("capable of use")라는 점을 지적하였다. 즉 특허법 발전 초기에 있어서 유용성이란 적극적으로 유용함이 많이 존재하여야 한다는 의미가 아닌 특허발명의 구체적인 실시가 가능한지 여부가 유용성의 충족요건이고, 그러한 유용성은 Story 판사의 기준으로 보면, 소극적 판단기준으로, 특허법은 발명은 사소하지 않아야 하고 안락함, 이로운 정책 및 사회의 건강한 도덕에 해가 되지 않아야 한다고("[t]he law only requires that the invention should not be frivolous or injurious to the well being, good policy, and sound morals of society.") 요구하고 있다는 것이다. 이는 영국의 1624년 독점법의 태도와도 일치한다.

실시가능한 지를 묻는 유용성은 일반적 유용성(general utility)이고 사회 도덕이나 선량한 풍속에 어긋나지 않을 것을 요구하는 유용성은 유익한 유용성(beneficial utility)이라고 할 수 있다. 다만, 본 사건에서 실제 문제된 발명은 신발을 만드는데 있어서 개선된 방법이었기 때문에 심각한 도덕적 문제가 제기된 것은 아니었다. 그리고 유용성을 설명하는데 많이 인용되는 Story 판사의 Lowell v. Lewis 사건도 펌프에 관련된 것이어서 해당 발명에 심각한 도덕적인 문제가 있었던 것은 아니었다. 그리고 위 판결들에서 유용성 요건은 엄격한 것이 아니라는 것이라고 이해되고 있을 뿐만 아니라 유익한 유용성(beneficial utility)이 기준은 추후에 완화된다.

Lowell v. Lewis 사건판결 후 법원은 유용성은 기존의 발명과 동일한 가치를 가지는 경우에는 유용성의 충족이 되지 않는다고 하였다. 예컨대 파이프가 기존의 파이프보다 강하지 않고, 가격이 저렴하지 않으면서 다른 이점도 없다면 기존의 파이프가 가지고 있는 것 이상의 것이 아니므로 특정한 유용성(special utility)이 없다고 할 수 있다.[1189]

1189) In re Holmes, 63 F.2d 642 (C.C.P.A. 1933).

유용성은 보통 기계적인 문제에 대한 발명에 대해서는 문제가 없지만, 화학적 발명이나 생물학적 발명에 대해서는 그 정도를 두고 문제가 발생한다. 특히 유용성의 존부와 유용성의 정도에 대하여 그 구별이 모호한 측면이 있고, 이로부터 유용성의 문제인지 또는 진보성의 문제인지에 대한 논쟁은 여전히 진행되고 있다. 예컨대, 지놈(genom)에 대한 정보나 유전자 분석에서 특정 유전자를 확인하고 분류할 수 있는 유전자 특이 염기 서열의 일부인 발현서열표식(expressed sequence tag; EST)[1190]은 다른 발명이나 연구를 위하여 필요한 것이지만 그 자체로서는 특별한 유용성이 없다는 문제가 제기 되고 있다. 그리고 유용성 요건은 특허법에서 요구하는 법적 요건이지만, 디자인 특허(design patent)나 식물특허(plant patent)의 경우에는 요구되지 않는다.

유용성은 1820년 Kneass v. Schuylkill Bank 사건[1191]에서 언급된 바와 같이 특허발명의 침해자가 사용함으로서 그 특허발명의 유용성이 입증될 수 있다. 즉 경쟁자가 필요하다면 그 발명은 유용하다고 할 수 있다. 그리하여 연혁적으로도 특허발명의 유용성은 Story 판사가 해석한 바와 같이, 특허법상 발명은 <u>사소하지 않아야 하고 안락함, 이로운 정책 및 사회의 건강한 도덕에 해가 되지 않아야 한다</u>("[t]he law only requires that the invention should not be frivolous or injurious to the well being, good policy, and sound morals of society.")는 것으로 해석되었다.

모든 특허출원자가 출원발명이 실제로 실시가능하다는 것을 입증하여야 한다면 출원발명에 대하여 특허를 취득하는 것은 특허출원자나 미국 특허상표청 모두에게 상당한 부담이 될 것이다. 따라서 특허출원의 절차에서

1190) cDNA의 일부 조각으로 전체서열(full sequence)이 아닌 일부만 그 서열만이 확인된 clone으로서 EST를 모아서 EST library를 만들면 나중에는 전체서열을 알 수 있어, 그 유용성이 있다.

1191) Kneass v. Schuylkill Bank, 14 F. Cas. 746 (Cir. Ct. Penn., 1820).

유용성의 입증은 최소한의 요구를 한다는 원칙이 확립되어 있다. 특허출원
된 발명의 유용성(utility)과 실시가능성(operability)은 추정된다. 따라서 미
국특허상표청은 먼저 해당기술의 통상의 전문가의 기술수준에서 해당발명
의 유용성과 실시가능성에 대한 합리적인 의심이 든다는 점을 입증하여야
한다.1192) 만일 특허상표청이 그러한 입증에 성공한다면 출원자가 해당 발
명의 유용성을 입증하여야 한다.

한때 유용성 개념에 대하여 1966년 Brenner v. Manson 사건에서 대법관
Fortas는

> But a patent I is not hunting license. It is not a reward for the search,
> but compensation for its successful conclusion. "[A] patent system must
> be related to the world of commerce rather than to the realm of
> philosophy."1193)

라고 하여 '상업적 관련성'(must be related to the world of commerce)을 의
미하는 것으로 판시했다. 우리나라의 산업상 이용가능성과 유사한 부분이
있지만 동일하거나 매우 유사한 개념은 아니라고 할 수 있다.

유용성 개념은 우리 특허법이나 유럽의 특허법에는 존재하지 않지
만1194) 우리 특허법상 산업상 이용가능성은 유용성을 대신하고 있다. 원래
두 개념은 유사하지만 같은 개념은 아닌 것으로 이해된다. 그러나 한미
FTA와 TRIPs 협정1195)은 두 개념은 같은 개념으로 이해할 수 있도록 하고

1192) In re Swartz, 232 F.3d 862, 864 (Fed. Cir. 2000).

1193) Brenner v. Manson, 383 US 519 (1966).

1194) 예컨대, 영국 특허법(Patent Act 1977)은 특허받을 수 있는 발명에 "it is capable
of industrial application"라고 규정하여 산업상이용가능성을 그 요건으로 하고 있
다. §1 (1) (c). 동법

1195) TRIPs 협정 각주 5는 "이 규정의 적용에 있어서 회원국은 진보성, 산업상 이용가능

있다. 구체적으로 한미 FTA는 특허요건으로 신규성, 진보성 및 산업상 이
용가능성을 들고 있는데,[1196] "당사국은 "진보성" 및 "산업상 이용가능성"
이라는 용어를 각각 "비자명성" 및 "유용성"과 동의어로 취급할 수 있다."
고 규정하여[1197] TRIPs 협정과 같은 취지로 규정하고 있다.

2. 사회에 해가되는 발명에 대한 특허권의 무효화

에드워드 코크는 특허는 인간과 사회에 기여해야 한다고 생각했다. 특허
로 인하여 고용된 인간을 해고 하도록 히여 노동을 절약하는 깃은 '불편한
것'(inconvienient)으로 인정했다. 왜냐하면 그의 생각으로는 '그와 같은 특
허는 많은 근면한 사람을 게으르게 하는 불편한 제도'("it was holden
inconvenient to turn so many laboring men to idleness.")가 되기 때문이
다.[1198] 또한 에드워드 코크는 특허는 거래에 해가 되지 않아야 하고, 일반
적으로 불편하지 않아야 한다고 생각하였다. 그의 저술에는

> Sixthly, nor to the hurt of trade This is very materiall and evident.
> Seventhly, nor generally inconvenient. There inas a new invention found
> out heretofore, that ···.[1199]

라고 하여 특허를 포함한 모든 재산은 인간에게 해가 되서는 안되었다. 그

성이라는 용어를 각각 비자명성, 유용성의 동의어로 간주할 수 있다." 고 규정하고
있다.
1196) 한미 FTA 18.8.1 조.
1197) 한미 FTA 18.8.1 조, 각주 19.
1198) William Robinson, The Law of Patents for Useful Inventions (1), p. 108. n. 2.
1199) Edward Coke, Institutes, Book IV. p. 184.

리하여 에드워크 코크의 철학은 그가 제정을 주도한 1624년 영국 독점법에
도 반영되어 있는데, 동법 제5조는

[c]ontrary to the law, nor mischievous to the state, by raising prices
of commodities at home, or hurt of trade, or generally inconvenient···.

라고 하여, '독점은 생필품의 가격을 올리거나, 거래에 해가 되거나 또는
일반적으로 불편하게 하는 등으로 법에 어긋나거나 국가에 해가 돼서도 안
된다'고 규정하고 있었다.

이러한 특허제도의 근본 정신은 일찍부터 특허 무효조항(revocation
clause)을 발전시켰다.[1200] 특허를 무효화 하는 것은 엘리자베스 여왕시절
에 정형적인 특허실무로 정착화 되었다. 특허무효조항(revocation clause)을
명시하기 시작한 것이다. 특허무효조항은 왕이나 왕의 비서실(Privy Council)
에게 특허가 사회에 해가 되는 경우(inconvience)에 특허를 무효를 할 수 있
도록 하는 조항이다. 현재의 우리 특허법상 공서양속 조항[1201]과 산업상
이용가능성[1202]에 해당한다. 뒤에서 보는 바와 같이 특허무효조항
(revocation clause)에 따른 왕과 왕의 비서실의 권한은 Baker v. James 사
건[1203]에서 특허 무효 관할을 두고, Lord Mansfield와 왕의 비서실(Privy
Council) 사이의 논쟁이 발생하였지만 비서실이 특허에 대한 자신들의 관

1200) D. Seaborne Davies, The Early History of the Patent Specification, 50 L. Q. REV.
   86, 103 (1934); Matt Fisher, Fundamentals of Patent Law: Interpretation and Scope
   of Protection, Hart Publishing, 2007 p. 32.
1201) 특허법 제32조 (특허를 받을 수 없는 발명) "공공의 질서 또는 선량한 풍속에 어긋
   나거나 공중의 위생을 해칠 우려가 있는 발명에 대해서는 제29조제1항에도 불구하
   고 특허를 받을 수 없다."
1202) 특허법 제28조 제1항. 다만 좀 더 명확히는 유용성 요건(utility prong)에 해당한다.
   우리의 산업상 이용가능성과는 조금은 차이가 있다.
1203) Baker v. James, PC2/103, pp. 320-321, 346-347 (1752).

할을 일부 포기하고, 특허장의 실효조항으로 한정하는 것으로 정리했다.[1204]

3. 유용성의 법적 근거

발명이 특허를 취득하기 위해서 유용성이 필요한 이유에 대해 보통 특허
의 계약적 성격 때문으로 설명하고 있다. 특허발명에 대한 독점을 취득하
기 위해서 발명자는 공중에게 자신의 발명의 목적이 실제로 작동(operate)
되는 발명을 제시하여야 한다는 것이다.[1205] 즉 발명이 작동되어야 하는

1204) E. Wyndham Hulme, Privy Council Law and Practice of Letters Patent for Invention
from the Restoration to 1794 [Part II], 33 L.Q.R. 180, 184, 189-91 (1917). 왕의
비서실(Privy Council)에서 특허를 무효로 했는데, 발명이 법에 위반되거나, 해롭거
나 불편한 경우, 새롭지 않은 경우, 진정한 발명자가 아닌 경우에는 6명이상의 동의
로 특허를 무효로 할 수 있었다. D. Seaborne Davies, The Early History of the
Patent Specification, 50 L. Q. REV. 86, 102-196 (1934).

1205) Brenner v. Manson, 383 U.S. 519, 535-36, 86 S.Ct. 1033 (1966).
Whatever weight is attached to the value of encouraging disclosure and of
inhibiting secrecy, we believe a more compellin consideration is that a process
patent in the chemical field, which has not been developed and pointed to
the degree of specific utility, creates a monopoly of knowledge which should
be granted only if clearly commanded by the statute. Until the process claim
has been reduced to production of a product shown to be useful, the metes
and bounds of that monopoly are not capable of precise delineation. It may
engross a vast, unknown, and perhaps unknowable area. Such a patent may
confer power to block off whole areas of scientific development, without
compensating benefit to the public···. This is not to say that we mean to
disparage the importance of contributions to the fund of scientific information
short of the invention of something "useful," or that we are blind to the
prospect that what now seems without "use" may tomorrow command the
grateful attention of the public. But a patent is not a hunting license. It is
not a reward for the search, but compensation for its successful conclusion.
[A] patent system must be related to the world of commerce rather than to

것은 특허부여에 대한 대가 내지 원인(consideration)으로서 발명가와 공중 간의 합의(bargain)라는 것이다. 그리하여 유용성 요건은 특허이론(patent theory)중에서 특히 계약이론에 의해서 그 필요성이 설명되고 있다.[1206] 특허를 공중[1207]와 발명가의 계약으로 보는 경우에는 그 계약이 유효하기 위해서는 대가적인 "consideration"이 필요하고, 유용성은 "consideration"이 된다는 것이다. 유용성이 결여된 경우에는 "consideration"이 없는 계약이 되므로 정부와 발명가의 계약은 상호 강제할 수 없게 된다.

유용성을 계약적으로 설명하는 것은 미국 연방대법원 판결에서도 볼 수 있다. Beidler v. U.S. 사건[1208]에서 미국 대법원은 특허 대가로 보았다.

> Ever since Grant et al. v. Raymond, ⋯, it has been consistently held that a correct and adequate description or disclosure of a claimed discovery (which, in the case of a machine, involves particularly the operation of it) is essential to the validity of a patent, for the reason that such a disclosure is necessary in order to give the public the benefit of the invention after the patent shall expire. The source of the power to grant patents, and the consideration for granting them, is the advantage which the public will derive from them, especially after the expiration of the patent monopoly, when the discoveries embodied in them shall become a part of the public stock of knowledge.
>
> The application of these requirements of the law to our conclusion that the only form of construction of the machine and the only method

---

the realm of philosophy.

Id.

1206) 특허권의 정당성에 관한 이론에 대해서는 나종갑, 특허권의 정당성에 관한 이론의 전개와 전망, 비교사법 제17권 제1호 통권 제48호, 2010, p. 561 이하 참조.

1207) 여기서 공중(the public)은 국가나 정부, 사회 또는 시민 등의 의미 이해될 수 있다.

1208) Beidler v. U.S., 253 U.S. 447, 40 S.Ct. 564 (1920).

of operation of it which are disclosed in the patent would not produce a sufficiently uniform and rapid development of the film to render it useful, must result in the approval of the judgment of the Court of Claims, that the patent is invalid and void, for the reason that it fails to disclose a practical and useful invention.[1209)

[번역]

Grant et al. v. Raymond 사건 이래, 출원된 발견의 정확하고 충분한 설명이나 공개(기계의 경우에는 그 발명의 특정한 작동이 관련되어)가 특허의 유효성에 대한 필수적이라는 것이 지속적으로 인정되었는바, 그 이유는 그러한 공개는 특허가 만료된 후에 발명의 이익을 공중에게 주기 위해서 필수적이기 때문이다. 특허를 부여하는 권한의 근원과 그러한 특허부여에 대한 대가(consideration)는 특허 특허독점 종료 이후에 특허 발명이 공중의 지식이 되어 특허로 부터 공중이 취득하는 이익이다.

특허에서 공개된 기계의 구성의 형태만으로 또는 작동방법만으로는 유용하다고 할 수 있는 충분히 통일적이고 빠른 [사진]필름 현상(development)을 할 수 없다는 우리의 결론에 대하여 [유용성을 필요로 하는] 법적 요건을 적용한 결과는 실질적이고 유용한 발명(a practical and useful invention)을 공개하는 데 실패하였기 때문에 특허가 무효라고 하는 [원심] 법원(the Court of Claims)의 판단에 동의할 수 밖에 없다.

위와 같은 계약이론의 관점에서 특허를 부여하는 이유('the consideration for granting them')는 특허기간 만료 후에 공중이 자유롭게 사용할 수 있도록 하기 위한 것이라 할 수 있고, 특허와 공중이 자유로이 사용할 수 있는 것은 특허부여에 대한 '쌍무적 대가'(consideration)이라 할 수 있다. 따라서 특허는 공중에게 유용할 것이 필요하다. 예컨대, Rickard v. Du Bon 사건에

1209) Id., 453.

서 미국 법원은 발명이 공중에게 아무런 이익이 없다면 그 발명이 공중에게 제공하는 것이 없으므로 그 발명을 보호를 할 수 없다고 한다. 특허를 받기 위해서는 발명은 해로운 실시로부터 구별할 수 있는 이익이 있어야 한다고 한다.[1210] 특허를 계약법적으로 이해할 때는 쌍무적 대가(consideration)가 계약의 중요한 요소이다. 따라서 쌍무적 대가(consideration)가 존재하기 위해 유용성이 필요하고 유용성이 결여된 경우에는 특허를 받을 수 없게 된다. 이러한 것은 화학물이나 화학공정이라고 예외가 되지 않는다.[1211]

이러한 법리는 캐나다 대법원 판결에서도 언급되고 있는데, 2012년 Teva Canada Ltd. v. Pfizer Canada Inc. 사건[1212]에서 캐나다 대법원은

> The patent system is based on a 'bargain', or quid pro quo: the inventor is granted exclusive rights in a new and useful invention for a limited period in exchange for disclosure of the invention so that society can benefit from this knowledge. This is the basic policy rationale underlying the Act. The patent bargain encourages innovation and advances science and technology.

라고 판시하여 계약법상 쌍무적 관계로 해석하고 있고, 사회는 특허발명으

1210) Rickard v. Du Bon, 103 F. 868, 873 (C.A.2 1900).
 In authorizing patents to the authors of new and useful discoveries and inventions, congress did not intend to extend protection to those which confer no other benefit upon the public than the opportunity of profiting by deception and fraud. To warrant a patent, the invention must be useful; that is, capable of some beneficial use as distinguished from a pernicious use.
1211) Brenner v. Manson, 383 U.S. 519 (1966). "It is not a reward for the search, but compensation for its successful conclusion. '(A) patent system must be related to the world of commerce rather than to the realm of philosophy···." Id 536.
1212) Teva Canada Ltd. v. Pfizer Canada Inc., [2012] 3 SCR 625, para 32.

로 인하여 이익을 얻어야 하는 것임을 명확히 하고 있다.

또한 19세기에 특허법을 연구한 William C. Robinson도

> In order that an invention may be patentable it must not only be bestowed upon the public by its inventor, but when bestowed <u>it must confer on them a benefit</u> ⋯ <u>No recompense can properly be made to one from whom the community receives no consideration.</u>[1213]

라고 하여 특허의 본질을 계약법적 관점에서 유용성을 이해하고 있다. 계약법상 "consideration"은 교환적인 것이기 때문에 특허라는 독점과 교환하고 그에 상응한 유용성이 필요하다. 다만, 특허요건은 유용성만이 있는 것이 아니므로 유용성과 특허가 부여하는 독점은 대등할 것을 필요로 하는 것은 아니다. 특허의 본질에 관한 계약이론은 특히 practical utility[1214]를 필요로 하는 이유를 설명하기 쉽다.[1215]

4. 유용성의 종류

유용하다(useful)는 것을 유용성(utility)이라고도 하는데, 두 언어가 가지는 의미는 같다고 할 수 있다. 유용하다는(useful) 것은 실시(use)할 가치가

1213) William Robinson, Treatise on the Law of Patents, 469-63 (1890) Donald S. Chisum et. al., Principles of Patent Law, Foundation Press, 1998, p. 729에서 발췌. 발명이 특허를 취득할 수 있기 위해서, 발명이 발명가에 의해서 공중에게 부여되는 것 뿐만 아니라 부여되었을 때 공중에게 이익을 부여해야 한다⋯ 사회가 어떠한 대가(consideration)를 받지 않은 것이라면 어떠한 보상이 이뤄진 것이라 할 수 없다.

1214) Substantial Utility 또는 Special Utility 라고도 한다.

1215) Brenner v. Manson, 383 U.S. 519 (1966).

있다는 것을 의미한다. 유용한 발명은 시시한 또는 하찮은(trivial 또는 frivolous) 발명과 구별된다. 그러한 시시한 또는 하찮은 발명은 유용성이 없다. 그러나 '발명'은 발명이 유용한 것과 구별된다. 그러나 유용한 것 또는 유용성의 의미는 구체적인 기준을 제시하는 것은 아니다. 따라서 실제로 어떤 발명이 유용한지 또는 유용성이 있는지를 판단하는 것은 쉽지 않다.

앞서 본 바와 같이 유용성의 의미에 대해서 초기에는 발명에 대한 사회적 관점에서 발명이 사회에 해가 되지 않아야 된다는 점이 강조되었다. 이는 Story 대법관이 유용성의 의미를 해석한 이래 지속되어온 것이다. 현재 유용성 개념은 세 가지로 분류할 수 있다. 첫째, 일반적인 기술로서의 실시가능성인 기능적으로 문제가 없는지 또는 작동을 할 수 있는지 여부에 대한 일반적 유용성(General Utility)이다. 둘째, 구체적인 실시가능성 또는 구현가능성으로서 특정한 발명의 목적을 충족할 수 있는지에 대한 구체적인 유용성(Special Utility/Practical Utility)이다. 셋째, 발명은 특허를 부여하는 것이므로 사회에 이익을 가져와야 한다는 것으로서 발명이 도덕적인지 또는 사회에 해가 되지 않는지 여부를 판단하는 도덕적 유용성(Beneficial Utility)이다.

가. 일반적 유용성(General Utility)[1216]

일반적인 유용성(General Utility)은 발명이 실제적으로 어떤 결과를 가져오거나 실시를 할 수 있는지 또는 자연과학법칙에 위배되는지 여부를 판단하는 것이다. 이러한 문제는 발명 그 자체에서 특정한 자연법칙에 위배되는 경우가 대부분이므로 "incredible utility"라고도 한다. 유용성을 신뢰할 수 없는 경우(incredible) 이외에는 사실을 잘못 판단한 경우가 일반적 유용

1216) 작동가능성(Operability)이라고도 한다.

성이 결여된 경우로 볼 수 있다.

미국 특허법은 발명을 실시할 수 없을 정도로 명세서를 작성한 경우에는 실시가능성(enablement requirement)[1217]을 충족하지 못한 것으로서 등록거부사유로 규정하고 있다. 따라서 유용하지 않은 발명은 발명을 실시할 수 있도록 명세서를 작성한 것이 아니므로 실시가능성을 충족하지 못한 것이라고도 할 수 있다.[1218] 따라서 실시가능성은 일반적 유용성과도 관련되어 있으므로 일반적 유용성이 결여된 경우에는 실시가능성도 충족하지 못한 경우가 대부분이라 할 수 있다.

유용성은 발명으로서 발명의 목적이 수행가능한지(operation) 또는 결과를 도출할 수 있는지를 판단하는 것이다.[1219] 연방항소법원은 발명이 전혀 결과를 가져올 수 없을 때 유용성 요건을 충족하지 못한 것이라고 하였다.[1220] 따라서 약간의 유용성이 있는 것만으로도('at best minimal')[1221] 유용성은 존재하므로[1222] 공중에게 어느 정도의 이익을 가져오면 된다.[1223]

1217) 35 U.S.C. 112 Specification.

The specification shall contain a written description of the invention, and of the manner and process of making and using it, in such full, clear, concise, and exact terms as to enable any person skilled in the art to which it pertains, or with which it is most nearly connected, to make and use the same, and shall set forth the best mode contemplated by the inventor of carrying out his invention.

1218) Janice M. Mueller, Patent Law (3rd ed.) Aspen, 2009, p. 245.

1219) Newman v. Quigg, 877 F.2d 1575, 1581, 11 USPQ2d 1340, 1345 (Fed. Cir. 1989); In re Harwood, 390 F.2d 985, 989, 156 USPQ 673, 676 (CCPA 1968).

1220) Brooktree Corp. v. Advanced Micro Devices, Inc., 977 F.2d 1555, 1571, 24 USPQ2d 1401, 1412 (Fed. Cir. 1992); E.I. du Pont De Nemours and Co.v.Berkley and Co., 620 F.2d 1247, 1260 n.17, 205 USPQ 1, 10 n.17 (8th Cir. 1980).

1221) Fregeau v. Mossinghoff, 776 F.2d 1034, 227 USPQ 848 (Fed. Cir. 1985).

1222) In re Oberweger, 115 F.2d 826, 828, 28 CCPA 749, 752 (1940).

1223) National Slug Rejectors, Inc. v. A.B.T. Manufacturing Corp., 164 F.2d 333, 335 (7th Cir. 1947), cert. denied, 333 U.S. 832, 68 S.Ct. 459, 92 L.Ed. 1116 (1948);

발명의 작동이 조악한 수준이거나 완전하지 못하더라도 유용성 요건을 충족한 것으로 볼 수 있다.[1224) 유용성은 원래 의도한 기능이 모두 작동되어야 하는 것은 아닐뿐더러[1225) 어떠한 환경에서도 발명이 수행될 것을 요구하지 않으므로[1226) 일부의 성공적 수행만으로도 유용성은 충족된다.[1227) 따라서 모든 경우에 있어서 발명의 이익이 없다는 경우가 확실히 증명되지 않으면[1228) 발명 전부에 대하여 유용성이 결여되었다고 입증되는 것은 아니다.[1229) 물론 상업적인 성공을 요구하는 것은 아니지만[1230) 공중에게 이익을 주어야 한다. 발명목적의 수행가능성이 없다는 것을 이유로 일반적 유용성의 결여를 주장하는 것은 대부분의 경우에 인정되지 않는다. 그러나 예컨대 영구기관과 같이 전문적인 기술의 관점에서 수용할 수 없는 발명이나 자연법칙에 어긋나는 발명의 유용성은 부인된다.

발명이 유용한 지는 '유용성을 최대한 인정하더라도 실제로 해당 발명의

In re Oberweger, 115 F.2d 826, 828, 28 CCPA 749, 752 (1940).

1224) Hildreth v. Mastoras, 257 U.S. 27, 34, 42 S.Ct. 20, 23, 66 L.Ed. 112 (1921); Decca Ltd. v. United States, 544 F.2d 1070, 1077, 210 Ct.Cl. 546 (1976); Field v. Knowles, 183 F.2d 593, 600, 37 CCPA 1211, 1221 (1950); Plant Products Co. v. Charles Phillips Chemical Co., 96 F.2d 585, 586 (2d Cir. 1938); Besser v. Merrilat Culvert Core Co., 243 F. 611, 612 (8th Cir. 1917).

1225) Conner v. Joris, 241 F.2d 944, 947, 44 CCPA 772, 776 (1957).

1226) Decca Ltd. v. United States, 544 F.2d 1070, 1077, 210 Ct.Cl. 546 (1976).

1227) Freedman v. Overseas Scientific Corp., 248 F.2d 274, 276 (2d Cir. 1957), Emery Industries, Inc. v. Schumann, 111 F.2d 209, 210 (7th Cir. 1940), Cummins Engine Co. v. General Motors Corp., 299 F.Supp. 59, 90 (D.Md.1969), aff'd, 424 F.2d 1368 (4th Cir. 1970).

1228) Steinfur Patents Corp. v. William Beyer, Inc., 62 F.2d 238, 240 (2d Cir. 1932).

1229) Scovill Manufacturing Co. v. Satler, 21 F.2d 630, 634 (D.Conn.1927), In re Brana, 51 F.3d 1560, 34 USPQ2d 1436 (Fed. Cir. 1995); In re Gardner, 475 F.2d 1389, 177 USPQ 396 (CCPA), reh'g denied, 480 F.2d 879 (CCPA 1973); In re Marzocchi, 439 F.2d 220, 169 USPQ 367 (CCPA 1971).

1230) Hildreth v. Mastoras, 257 U.S. 27, 34, 42 S.Ct. 20, 23 (1921); In re Anthony, 414 F.2d 1383, 1396, 56 CCPA 1443, 1460 (1969).

유용성이 현실적인 것이 아니라 단순히 추측인지 여부'(speculative at best) 원칙에 의해서 판단된다. 예컨대, 투입된 에너지보다 더 많은 에너지를 생산하는 기계, 즉 영구기관은 열역학 제1, 2법칙[1231])에 위반되는 것으로 그 기계는 작동불가능 하므로(inoperable) 해당 발명은 실시불가능하게 된다.[1232]) 이러한 경우에는 발명 그 자체에서 자연법칙에 위반된다는 것을 알 수 있으므로 유용성이 없음이 사실관계에서 증명되는 사례이다. 그러나 다음의 예에서 드는 사례들은 유용성의 존부가 사실관계에서 명확하게 입증되지 않은 사례들이다. 음식물을 자력장(magnetic field)에 통과시켜 음식물의 맛을 향상시키는 기술은 실제로 그런 결과를 가져온다는 점에 대한 입증이 없이 유용성이 없다.[1233]) 비행닐개나 연소기관, 로켓기관 등이 아닌 새의 날개 짓과 같은 방법에 의한 비행원리는 유용성이 결여됐다.[1234]) 상

1231) 열역학 제2법칙은 에너지의 흐름은 엔트로피가 증가하는 방향으로 흐른다는 것이다. 따라서 이 법칙에 따르면, 하나의 열원에서 열을 받아 이것을 일로 바꾸되 그 외 어떤 외부의 변화도 일으키지 않는 열기관인 제2종 영구기관의 제작은 불가능하다고 할 수 있다. 제2종 영구기관은 100%열을 받아서 100% 운동에너지로 바꿀 수 있는 기관이다. [출처] 두산백과. 열역학 제1법칙은 에너지가 보존된다는 것을 나타낸다. 그러나 에너지는 보존되지만, 자연계에서 실제로 일어나지 않는 많은 과정들이 있다. 예를 들어, 차가운 물체에 뜨거운 물체를 접촉시키면 뜨거운 물체에서 차가운 물체로는 열이 전달되지만, 반대의 과정은 자발적으로 일어나지 않는다. 만약 열이 차가운 물체에서 흘러 나와 뜨거운 물체로 흘러 들어간다고 하면 에너지는 보존되어 열역학 제1법칙은 만족한다. 그러나 자연현상에서 이러한 일은 일어나지 않는다. 이러한 비가역성을 설명하기 위해 19세기 후반의 과학자들은 열역학 제2법칙이라는 새로운 원리를 발표하였다. 이 법칙으로 자연계에서 일어나지 않는 과정이 어떤 것들인가에 대한 설명이 가능해졌다. [출처] 두산백과.

1232) Newman v. Quigg, 877 F.2d 1575, 11 USPQ2d 1340 (Fed. Cir. 1989) (전기자성속에 에너지를 통과시켜 에너지를 증가시키는 방법은 열역학 원리에 위반됨.); In re Ruskin, 354 F.2d 395, 148 USPQ 221 (CCPA 1966) (자성 속에서 연소시키는 방법에 의한 에너지 증가 기술은 열역학 원리에 위반됨.).

1233) Fregeau v. Mossinghoff, 776 F.2d 1034, 227 USPQ 848 (Fed. Cir. 1985). (한 사람의 과학자의 증언만으로 유용성이 입증되지 않는다.) 이러한 경우에는 실시가능성 (enablement)도 없다고 하여 특허부여를 거절한다.

온에서의 핵융합1235)에 의한 에너지 생성 기계는 재현가능성이 없으므로 유용성이 결여됐다.1236) 암세포조직으로부터 추출한 벤젠을 희석하여 형성된 침전물로 구성된 물질은 암을 치료한다는 효과가 입증되지 않으므로 유용성이 결여된 것이다.1237) 또한 노화 방지 방법이나 노화를 통제할 수 있는 방법도 자연법칙에 위배된 실현가능성이 없는 발명으로서 유용성이 결여된 것이다.1238)

일반적 유용성이 결여된 것은 발명이 그 자체로 실현불가능한 것일 수도 있지만 실수로 청구항을 잘못기재한 경우에도 발생할 수 있다.1239) 앞서 언급한 바와 같이 해당발명의 유용성이 결여된 경우에는 한편으로 해당발명이 실시가능하도록 명세서를 작성하지 못한 것이라고도 할 수 있다. 위와 같은 경우에 대부분은 유용성 요건과 실시가능요건의 불충족이 특허등록의 거절사유로 제시된다.

나. 특정한 유용성(Special Utility)1240)

특정한 유용성은 해당 기술분야의 전문가가 당해 발명을 실시하여 공중에게 즉시 구체적인 이익을 제공할 수 있는지 여부를 말한다.1241) 일반적

1234) In re Houghton, 433 F.2d 820, 167 USPQ 687 (CCPA 1970).

1235) 현재 고온이 아닌 상온에서 핵융합이 일어날 수 있는지에 대해서는 일부과학자들이 가능하다고 믿고 있으나, 불가능하다는 것이 정설인 것으로 판단된다.

1236) In re Swartz, 232 F.3d 862, 56 USPQ2d 1703 (Fed. Cir. 2000).

1237) In re Citron, 325 F.2d 248, 139 USPQ 516 (CCPA 1963). 이러한 경우에 실시가능성(enablement requirement)도 결여된 것으로 볼 수 있다.

1238) Ex parte Heicklin, 16 U.S.P.Q. 2d (BNA) 1463 (Bd. Pat. App. & Interference 1990); In re Eltgroth, 419 F.2d 918, 164 USPQ 221 (CCPA 1970).

1239) Process Control Corp. v. Hydreclaim Corp., 190 F.3d 1350, 1359 (Fed. Cir. 1999).

1240) Practical Utility 또는 Substantial Utility라고도 한다.

1241) Nelson v. Bowler, 626 F.2d 853, 856, 206 USPQ 881, 883 (CCPA 1980).
　　　Practical utility is a shorthand way of attributing "real-world" value to

유용성이 광범위 하게 발명에 대하여 적용되는 것이라면 특정한 유용성은 해당발명이 그 발명의 목적에 부합하게 구체적이고 특정한 이익이 있는지를 말한다. 영어의 용어상 Special Utility, Practical Utility 및 Substantial Utility는 같은 의미이라고 판단되지만, 군이 구별하자면, 특정한 유용성 (Special Utility)은 유용성이 특정하고 구체적인 이익일 것을 의미하고, Substantial Utility는 유용성이 상당한 가치가 있는 실질적인 것을 말하고, Practical Utility는 실제 세계(real world)에 가치가 있을 것을 의미한다고 볼 수 있지만,[1242] 이 세 가지는 실제적인 차이가 있는 것으로 보이지 않는다.

특정한 유용성(Special Utility)은 발명이 해결하려고 한 구체적인 문제를 해결하는지 노는 실제 의노대로 삭동하는지의 문제로서 해당 발명이 공중에게 실제적인 이익을 가져오는지 여부를 판단하게 된다. 예컨대, 시계추와 같이 좌우로 흔들리는 기계가 어떤 유용성을 가져올 수 있는지에 대해서 그 기계는 자연법칙에 위반되는 것은 아니므로 일반적 유용성이 결여된 것은 아니지만, 발명이 공중에게 주는 구체적이고도 특정한 이익은 없다. 따라서 특정한 유용성이 결여된 것으로 볼 수 있다. 다만, 그 기계가 음악에 있어서 박자를 맞춘다든지 또는 춤을 추는데 박자를 맞춘다든지 하는데 사용될 수 있다면, 그 기계에 대해서 구체적이고 특정한 이익이 있다고 할 수 있다. 특정한 유용성은 유용성의 특정한 정도는 아니라는 점에 대해서는 이론이 없는 것으로 판단되고,[1243] 오히려 유용성의 정도는 진보성의 문제라고 하는 것이 일관된 판례와 통설로 보인다.

특정한 유용성은 특히 화학, 생물학관련 발명에서 문제가 많이 된다. 예

---

claimed subject matter. In other words, one skilled in the art can use a claimed discovery in a manner which provides some immediate benefit to the public.

Id.

1242) Nelson v. Bowler, 626 F.2d 853, 206 USPQ 881 (CCPA 1980).

1243) Robert P. Merges et. al., Patent Law and Policy: Case and Materials, 229 (2002).

컨대 아미노산의 염기서열을 해독하더라도 염기서열은 그 자체로서 특정한 문제를 해결하거나 유용성이 있는 것은 아니기 때문이다. 그 효과가 특정되지 않은 화학약품이나 생물학적 발명이나 발견도 같다. 특정한 염기서열이 제공하는 정보는 다른 추가적이거나 후속 연구에 도움이 된다는 것도 현실에서 실제적인 유용성(substantial utility)을 제공하는 것은 아니다. In re Kirk 사건에서 법원은 특정되지 않은 질병에 대한 약제는 그 유용성이 특정되지 않은 것이고 했다.[1244] 특정되지 않은 질병에 대한 생물학적 발명은 유용성이 특정되지 않은 것이고,[1245] 유전자탐침(gene probe)이나 염색체마커(chromosome marker)로 공개되는 폴리뉴클레오타이드(polynucleotide)는 DNA가 특정되지 않는 한 특정한 유용성이 없는 것으로 인정된다.[1246] 최근 In re Fisher 사건[1247]에서 연방순회법원은 발현서열표식(ESTs) 경우에는 ESTs의 실제적인 유용성을 특정하기 위해서 다른 추가적인 연구가 필요하므로 유용성이 없다고 판시했다. 법원은

Here, granting a patent to Fisher for its five claimed ESTs would amount to a hunting license because the claimed ESTs can be used only to gain further information about the underlying genes and the proteins encoded for by those genes. The claimed ESTs themselves are not an

---

1244) In re Kirk, 376 F.2d 936 (CCPA 1967).
1245) In re Joly, 376 F.2d 906 (CCPA 1967).
1246) In re Fisher, 421 F.3d 1365, 1374.
Any EST [expressed sequence tag] transcribed from any gene in the maize genome has the potential to perform any one of the alleged uses···. Nothing about [applicant's] seven alleged uses set the five claimed ESTs apart from the more than 32,000 ESTs disclosed in the application or indeed from any EST derived from any organism. Accordingly, we conclude that [applicant] has only disclosed general uses for its claimed ESTs, not specific ones that satisfy § 101.
1247) In re Fisher, 421 F.3d 1365 (Fed. Cir.2005).

end of Fisher's research effort, but only tools to be used along the way in the search for a practical utility. Thus, while Fisher's claimed ESTs may add a noteworthy contribution to biotechnology research, our precedent dictates that the '643 application does not meet the utility requirement of § 101 because Fisher does not identify the function for the underlying protein-encoding genes. Absent such identification, we hold that the claimed ESTs have not been researched and understood to the point of providing an immediate, well-defined, real world benefit to the public meriting the grant of a patent.

...

Opinions of our predecessor court have recognized the fact that pharmacological testing of animals is a screening procedure for testing new drugs for practical utility. This in vivo testing is but an intermediate link in a screening chain which may eventually lead to the use of the drug as a therapeutic agent in humans.[1248]

[번역]

특허 청구된 EST는 염색체에 암호화된 단백질과 염색체에 구현되어 있는 정보를 얻기 위해서만 사용될 수 있기 때문에 5개의 EST의 청구에 대하여 Fisher에게 특허를 부여하는 것은 사냥면허(hunting license; 필자 주-현재 실제적인 결과가 아닌, 사냥이라는 새로운 노력을 해서 성공해야 취득할 수 있는 상태로서, 현재에는 아무런 이득이 없고, 우연적 요소에 의해 결과를 취득할 수 있는 상태라는 의미)와 같이 될 수 있다. 특허청구된 EST는 Fisher 연구의 마지막이 아닐 뿐만 아니라 실제적 유용성(practical utility)을 발견하기 위해서 사용될 수 있다. 따라서 Fisher가 청구한 EST는 생화학연구에 대한 주목할 만한 기여가 될 수 있지만, 선례를 분석하여 보면 Fisher가 단백질이 암호화

1248) In re Fisher, 421 F.3d 1365, 1377 (Fed. Cir. 2005).

된 염색체에 있는 기능을 특정하지 못했으므로 643 청구는 특허법 101조의 유용성 요건을 충족하지 못한다고 평가한다. 그러한 특정이 없이 법원은 특허청구된 EST는 특허를 부여할만하게 공중에게 즉시적이고, 특정되고 실제적인 이익을 주지 못한다고 평가된다고 판시한다.

　…

　옛 법원은 동물의 의학적 실험은 실제적인 유용성(practical utility)이 있는 약품에 대한 실험에 대한 검토하는 절차라고 인식하여 왔다. 이러한 생체실험은 종국적으로 인간에 대한 치료물질로서 약품사용을 위한 임상실험과 직접적으로 연결되는 것이다.

라고 판시하여 실제적 유용성이 있는 발명을 하기 위한 도구일 뿐 그 자체가 어떤 유용한 결과를 가져오는 것은 아니라고 하고 있다.

　다만, 특정한 생물학적 효과가 공개가 되고 그 효과가 특정한 질병과 관련됨을 알 수 있는 경우에는 유용성이 인정된다. 예컨대, 알려진 또는 새롭게 발견된 병을 치료하는 방법과 그 자체가 실제적인 유용성을 가지고 있는 화합물을 특정하는 분석방법은 우리 현실에서 유용성이 있다. 특정질병의 발현에 대한 기질적 성향과 관계가 있는 물질의 존재를 측정하는 분석방법은 예방수단이나 미래의 모니터링을 위한 잠재 후보를 특정하는 것에 실제적인 유용성이 있다. 그러나 해당물질이나 해당물질이 관련된 기전(mechanisms)의 특성에 대한 연구와 같은 일반적인 연구, 특정되지 않은 질병이나 건강상태를 체크하기 위한 방법, 아무런 특정적 또는 실제적인 유용성이 없는 물질을 분석 또는 특정하기 위한 방법은 구체적이고 실제적인 유용성이 없다. 실현 불가능한 물질을 만들기 위한 방법은 아무런 구체적이고 실제적인 유용성이 없을 뿐만 아니라 실현 불가능한 물질을 제조하기 위해서 사용되는 중간물질에 대한 발명 등은 현실적인 유용성(substantial utility)이 없다.[1249]

　Brenner v. Manson 사건[1250]에서 미국 연방대법원은 특허라는 독점과 유용성은 상호 교환적인 것이기 때문에 공중에게 이익이 되기 위해서는 화합물이나 화학공정의 유용성은 공중에게 구체적으로 존재하여야 하고, 장래의 연구대상이라는 것만으로는 유용성이 존재하지 않는다고 한다. 1959년 10월 13일 Howard Ringold와 George Rosenkranz는 안드로겐[1251]효과(androgenic effect)가 감소하고 동화작용(anabolic effect)[1252]이나 항에스트로겐작용(antiestrogenic effect)[1253]이 필요한 질환에 효과가 있는 스테로이드 제조방법에 대하여 미국특허청으로부터 특허를 취득했다. 그로부터 3개월 후인 1960년 1월 Andrew Manson은 Ringold 특허와 중복되는 특허를 출원했으나, 특허심사관은 Manson의 발명이 Ringold의 선행특허출원일(1956. 12. 17.) 선에 유용성이 있음을 입증하지 못했다는 이유로 그의 특허출원을 거절하였다. Manson은 유용성을 입증하는 노력의 일환으로 Ringold의 논문이 게재된 유기화학저널(Journal of Organic Chemistry)을 제시했다. 이 논문에는 Ringold의 발명과 유사한 스테로이드의 효과가 기재되어 있었고, Manson은 유사한 상응물질의 효과를 제시하여 자신의 발명 물질의 유용성을 입증하고자 하였다. 특허청의 항고심판소(Board of Appeal)는 유사물질이나 관련물질이 유용성이 있다고 하더라도 해당물질의 유용성까지 추정되는 것은 아니라는 이유로 Manson의 주장을 받아들이지 않았다. 이에

1249) U.S. Patent and Trademark Office, U.S. Manual of Patent Examining Procedure (MPEP) § 2107.01, 1. B. (2012).
1250) Brenner v. Manson, 383 U.S. 519 (1965).
1251) 안드로겐은 남성 생식계의 성장과 발달에 영향을 미치는 호르몬의 총칭으로서, 남성호르몬이라고도 한다. [출처] 두산백과.
1252) 동화작용은 생물이 외부로부터 받아들인 저분자유기물이나 무기물을 이용해, 자신에게 필요한 고분자화합물을 합성하는 작용을 말한다. [출처] 두산백과.
1253) 항에스테트로겐제는 난포호르몬의 작용에 길항함으로써 뇌하수체 전엽에서 성선자극 호르몬인 고나도트로핀의 분비를 촉진하는 약물이다. 약물로서는 크로미펜, 에타모키지트리페놀 등이 있으며 사람의 경우 난소발육 부전에 따른 불임증에 있어서 배란을 유발해 임신을 가능하게 하는 작용이 있다. [출처] 간호학대사전.

Manson이 CCPA(the Court of Customs and Patent Appeals)에 특허거절결정에 대한 취소소송을 제기하였다. CCPA는 알려진 물질이 사회에 해가 되지 않는 한 알려진 물질을 생산하는 방법은 그 물질의 유용성을 입증할 필요가 없다는 이유로 특허청 항고심판소의 결정을 취소하였다.

연방 대법원은 특허출원물질의 유사물질에 대한 유용성이 입증되었다고 하더라도 특허출원물질에 대한 유용성은 입증된 것은 아니라고 판시했다. 오히려 특허출원인의 스테로이드가 유사한 효과가 있다는 점이 입증되지 않을뿐더러 스테로이드 분야에서는 그 효과의 불확정성 때문에 유사물질이 같은 유용성이 있다는 점이 의심받고 있다고 강조하였다. 대법원은 화학물질과 화학공정에 대하여 다른 유용성기준이 적용되어야 하는지에 대하여 통상의 발명과 같은 유용성기준이 적용되어야 한다고 하였다. 왜냐하면 특허는 발명을 공개함에 대한 대가로 주어지는 것이 공중(국민, 정부, 국가)과 발명가 사이의 계약이기 때문에 공중에게 유용하지 않은 발명에 대해서는 특허를 부여할 수 없다고 한다.[1254] 그리고 이러한 원칙은 발명이 화학물이든지 화학공정이든지 다른 특허발명과 차이를 둘 수가 없기 때문이다. 발명가에게 특허라는 독점을 부여하는 것에 대하여 그 대가로 공중에게 제공하는 유용성(utility)이라는 대가(교환적 관계)가 없는 발명에 대하여 독점을 부여하는 것은 허용되지 않을 뿐만 아니라, 그러한 발명은 특허라는 독점권의 범위를 정할 수 없는 문제가 발생한다.[1255] 따라서 과학

[1254] Brenner v. Manson, 383 U.S. 519, 534 (1965).
[1255] Brenner v. Manson, 383 U.S. 519, 534-535 (1965).
> Whatever weight is attached to the value of encouraging disclosure and of inhibiting secrecy, we believe a more compelling consideration is that a process patent in the chemical field, which has not been developed and pointed to the degree of specific utility, creates a monopoly of knowledge which should be granted only if clearly commanded by the statute. Until the process claim has been reduced to production of a product shown to be useful, the metes and bounds of that monopoly are not capable of precise

적 연구의 대상이라는 것 이외에 별다른 유용성이 없는 화학물이나 화학
공정에 대하여 특허를 부여하는 것은 광범위한 권리를 부여하게 되는 것
이다.

인간이나 동물의 질병을 치료하는 것에 유용성이 있더라도 다른 발명에
요구되는 동일한 특허요건이 필요하다. 의약품이나 치료제 발명은 바로 유
용성이 있다고 할 수 있다. Nelson v. Bowler 사건1256)에서 법원은

Knowledge of the pharmacological activity of any compound is
obviously beneficial to the public. It is inherently faster and easier to
combat illnesses and alleviate symptoms when the medical profession is
armed with an arsenal of chemicals having known pharmacological
activities. Since it is crucial to provide researchers with an incentive to
disclose pharmacological activities in as many compounds as possible,
we conclude that adequate proof of any such activity constitutes a
showing of practical utility.

[번역]
화합물의 약학적 활동에 대한 지식은 사람에게 이롭다는 것은 분명
하다. 의약품이 약리적 활동으로 알려진 화학물질의 효능이 있는 경우
에는 질병과 빠르고 쉽게 적응하며 증상을 완화시킨다. 가능한 한 많

---

delineation. It may engross a vast, unknown, and perhaps unknowable area.
Such a patent may confer power to block off whole areas of scientific
development, without compensating benefit to the public. The basic quid pro
quo contemplated by the Constitution and the Congress for granting a patent
monopoly is the benefit derived by the public from an invention with
substantial utility. Unless and until a process is refined and developed to this
point-where specific benefit exists in currently available form-there is
insufficient justification for permitting an applicant to engross what may prove
to be a broad field.

1256) Nelson v. Bowler, 626 F.2d 853, 856, 206 USPQ 881, 883 (CCPA 1980).

은 화학물의 약리적 활동을 공개시키는 인센티브를 연구자들에게 제
공하는 것이 결정적이기 때문에 그러한 활동에 대한 충분한 증명이 실
제적인 유용성이 구성한다고 결론지을 수 있다.

라고 하여 의약품은 인간이나 동물에게 유익하므로 곧바로 유용성이 분명
하다고 하고 있다. 위 사건에서 Bowler는 Nelson의 발명의 유용성(practical
utility)이 명확하게 공개되지 않았다고 특허의 유효성을 다투었다. Nelson
은 합성 프로스타글란딘(synthetic prostaglandins)[1257]을 개발하여 특허를
출원했다. 자연적으로 생성되는 프로스타글란딘은 약리적으로 여러 가지
효능이 있다는 것이 인정되고 있었다. Nelson은 자신의 합성 프로스타글란
딘이 유용하다는 것을 입증하기 위해서는 자연적인 프로스타글란딘의 생
리적인 효능을 대신할 수 있다는 결과를 제출하여야 했다. 법원은 합성 프
로스타글란딘이 약리적으로 활성된 화합물로서 유용성(practical utility)이
있다고 보았다.

　의약품에 대하여 특허법상 유용성 요건의 충족과 미국 식품의약안전국
(FDA)가 요구하는 약품의 안전성은 구별된다.[1258] FDA의 승인이 특허법
상 유용성을 인정하기 위한 전제조건은 아니다. 특허법상 유용성 요건이
충족되더라도 그 특허발명이 임상적으로 인간에게 안전하다는 것을 의미
하는 것은 아니다. 따라서 임상적으로 안전하여 실제 치료에 사용되기 전
이라도 그 약품은 유용성이 인정될 수 있다.[1259] 의약품에 대한 특허법상

1257) 20개의 탄소로 구성된 불포화지방산(주로 arachidon'c acid)로 부터 cyclooxygenase
　　　경로를 거쳐 생성되는 물질의 총칭으로, 광범위한 생리작용을 매개하는 강력한 물
　　　질임. PG는 혈관확장, 혈압강하, 혈소판응집억제, 지방조직에서의 지방산유리억제,
　　　강심, 염증유기, 요 및 나트륨의 배출증가, 기관지확장, 장관의 수축, 위산분비억제
　　　등의 기능을 가짐. 이와같은 일반적인 생리기능 외에도 번식기능에 다양한 영향을
　　　미침. [출처] 네이버 지식백과.

1258) Scott v.Finney, 34 F.3d 1058, 1063, 32 USPQ2d 1115, 1120 (Fed. Cir. 1994).

1259) In re Brana, 51 F.3d 1560, 34 USPQ2d 1436 (Fed. Cir. 1995); In re Sichert, 566

유용성(practical utility)은 약품으로서 인간에게 완전한 기능을 할 것을 요구하는 것이 아니라 추후의 연구에 의하여 완성되더라도 충분하다.

다. 유익적 유용성(Beneficial Utility)

유익적 유용성(Beneficial Utility)은 발명의 목적이 최소한의 사회적 이익을 가져오는가 또는 유해한 것인가를 판단하는 것이다. 즉 발명이 추구한 목적이 사회가 추구하는 도덕이나 관습 등에 도움이 되는 것인지를 의미한다. 예컨대, 도박도구나 마약 흡입 도구 등은 법에 위반되거나 도덕에 위반되는 것이므로 유익적 유용성이 존재하지 않는다. 사회윤리적 문제에 관련되어 있어서 도덕적 유용성(Moral Utility)라고도 한다.

유익적 유용성이 최초로 인정된 사건은 1817년 Lowell v. Lewis 사건[1260]이다. 본 사건에서 Story 판사는 발명은 사소한 것이나 후생(well-being), 정책 또는 사회의 도덕관점에 해가 되는 것이 되어서는 안 되고, 유용하다는 것(useful)은 비도적이거나 해를 끼치는 것이어서는 안 된다고 판시했다. 그러나 본 판결 이후에 도박 장치에 대한 특허가 부여되었다.[1261] 또한 실제로는 판매기에 외부에 부착된 저장탱크에 보이는 주스가 판매되는 것이 아니라 그 아래에 수납공간에 저장된 주스가 판매되면서도 그 외부에 부착된 저장탱크의 주스가 판매되는 것처럼 공중을 기망하는 기계장치의 발명에도 특허가 부여되었다.[1262] 본 발명은 소비자들이 인식하

F.2d 1154, 196 USPQ 209 (CCPA 1977); In re Hartop, 311 F.2d 249, 135 USPQ 419 (CCPA 1962); In re Anthony, 414 F.2d 1383, 162 USPQ 594 (CCPA 1969); In re Watson, 517 F.2d 465, 186 USPQ 11 (CCPA 1975).

1260) Lowell v. Lewis, 15 F. Cas. 1018 (C.C.D. Mass 1817).

1261) Brewer v. Lichtenstein, 278 F. 512 (7th Cir. 1922); Ex parte Murphy, 200 U.S.P.Q. 801 (P.T.O. Bd. App. 1977).

1262) Juicy Whip, Inc. v. Orange Bang, Inc., 185 F.3d 1364 (Fed. Cir. 1999).

는 저장탱크가 아닌 소비자들이 인식하지 못하지만 즉석에서 혼합한 주스
는 병원균에 오염될 염려가 적기 때문에 유용한 발명이 될 수 있었다.

앞서 언급한 바와 같이 Story 판사의 Lowell v. Lewis 사건 판결[1263]의
의미는 제한적이다. 즉 유익적 유용성은 엄격하게 해석되지는 않을뿐더러
Lowell v. Lewis 사건에서의 유익적 유용성은 쟁점(issue)이 된 것이 아니라
방론에 불과했기 때문이다. 따라서 현재 유익적 유용성은 엄격하게 요구되
지는 않는다고 할 수 있다. Juicy Whip Inc. v. Orange Bang Inc. 사건에서
연방순회법원은

> [Y]ears ago courts invalidated patents on gambling devices on the
> ground that they were immoral…, but that is no longer the law….[1264]

라고 판시하여 유익적 유용성의 문제는 더 이상 특허요건에서 심각하게 고
려되는 사항이 아니라는 점을 판시했다.

유익적 유용성이 더 이상 심각하게 고려되는 특허요건이 되지 않는 이유
는 인조다이아몬드, 인조직물, 인조가죽 등 현실 세계에 모방 제품은 많이
존재하고, 그러한 모방품도 고유의 유용성이 존재하기 때문이다.[1265] 또한
고기(스테이크)에 그릴에서 굽지 않았음에도 그릴에서 구운 것 같은 표식
을 하는 발명도 특허를 받았고,[1266] 실제 나무와 같은 효과를 나타내는 나
무 필름도 특허를 받았다.[1267] 따라서 실제로 보이는 것과 다르게 만드는

1263) Lowell v. Lewis, 15 F. Cas. 1018 (C.C.D. Mass 1817).
1264) Juicy Whip, Inc. v. Orange Bang, Inc., 185 F.3d 1364, 1367 (Fed. Cir. 1999). "수년
    전에 법원은 도박장치가 비도덕적이라는 이유로 특허를 무효화 했지만, 지금은 [그
    러한 법리는] 더 이상 법리라고 할 수 없다."
1265) Juicy Whip, Inc. v. Orange Bang, Inc., 185 F.3d 1364, 1367 (Fed. Cir. 1999).
1266) U.S. Pat. No. 5,762,968.
1267) U.S. Pat. No. 5,899,038.

주스 기계도 특허를 받는데 문제가 없고, 소비자가 잘못 이해하는 것만으로 발명의 유용성을 부정할 수는 없다고 한다. 그리고 음식을 제조판매하는 것에 대해서는 공정거래위원회(Federal Trade Commission)과 식품의약국(Food and Drug Administration)이 소비자를 보호하고 있으므로 그러한 기관이 음식제조에 대한 권한이 부여되어 있고, 미국 의회는 특허상표청이나 그에 따른 특허사건을 취급하는 연방순회법원에 그러한 제품의 제조판매를 단속할 권한을 부여한 것은 아니라고 하였다.1268)

따라서 Juicy Whip Inc. v. Orange Bang Inc.사건에서 Story 판사가 판시한 유익적 유용성 요건을 사실상 폐기한 것인지 문제가 되었다. Juicy Whip Inc. v. Orange Bang Inc. 사건은 Story 판사의 유익적 유용성 판단기준을 단지 엄격히 한 것에 불과하다고 판단된다. 위 판결은 "the principle that inventions are invalid if they are principally designed to serve immoral or illegal purposes has not been applied broadly in recent years."(발명이 원칙적으로 비도덕적이거나 불법적 목적을 위한 것이라면 그러한 발명은 무효라는 원칙이 최근에 넓게 적용되어 오지 않았다.)1269)라고 하여 최근에는 유익적 유용성 요건을 엄격하게 적용하고 있음을 나타내고 있다. 이와 같이 엄격하게 해석하는 경향은 법에 규정된 "유용성(utility)"이라는 단어만으로 특허부여를 엄격하게 하는 것은 타당하지 않다는 것이다. 그리고 도박장치와 같은 비도덕적 또는 불법적인 발명의 규제는 특허부여를 제한함이 아니

1268) Juicy Whip, Inc. v. Orange Bang, Inc., 185 F.3d 1364, 1368 (Fed. Cir. 1999). Congress never intended that the patent laws should displace the police powers of the States, meaning by that term those powers by which the health, good order, peace and general welfare of the community are promoted···we find no basis in section 101 to hold that inventions can be ruled unpatentable for lack of utility simply because they have the capacity to fool some members of the public.
  Id.
1269) Juicy Whip, Inc. v. Orange Bang, Inc., 185 F.3d 1364, 1366-7 (Fed. Cir. 1999).

라 직접적으로 도박과 같은 비도덕적 또는 불법적인 발명을 규제함으로서
비도덕적 행위를 규제하는 것이 더 효율적인 방법이고, 의회는 충분히 그
러한 입법을 할 권한을 가졌으므로 불명확한 유용성이라는 특허법상의 유
용성이란 단어 하나만으로 그러한 규제를 할 것이 아니라는 취지로 이해할
수 있다. 예컨대, 원자력의 이용에 관해서 미국 연방법은 명시적으로 특허
부여를 금지하고 있다.[1270] 다만 원자력의 이용에 대한 특허금지를 한 것
은 도덕적 이유보다는 국가안전보장의 이유라고 할 수 있다. 발명을 한 경
우에는 그 내용을 원자력에너지위원회(Atomic Energy Commission)에 보고
하여야 한다. 이와 같은 이유는 특허발명을 통하여 외부에 공개되면 그 공
개된 기술이 미국에 위협이 될 수 있기 때문이라고 할 수 있다. 즉 특허를
부정하기 위해서는 유용성이라는 불확정한 단어 하나를 근거로 할 것이 아
니라 특허법에 규정하든 특허법이 아니든 다른 법에 규정하든 특허성에 관
하여 원자력과 같이 명시적인 입법을 하는 것이 타당하다는 것이다.

그러나 동물과 인간의 잡종이나 그 만드는 방법은 공공정책에 어긋날 뿐
만 아니라 도덕률에도 어긋나 유익적 유용성이 결여된 것이라고 할 수 있
다.[1271] 다만, 특허법에서 공공정책이나 도덕성(morality)을 근거로 특허등
록을 거절하는 것은 타당하지 않다는 의견이 많다. 특허심사관은 과학과

1270) 42 U.S.C. § 2181 - Inventions relating to atomic weapons, and filing of reports
(a) Denial of patent; revocation of prior patents
No patent shall hereafter be granted for any invention or discovery which is
useful solely in the utilization of special nuclear material or atomic energy
in an atomic weapon. Any patent granted for any such invention or discovery
is revoked, and just compensation shall be made therefor.

1271) 1997년 Stuart Newman 교수가 인간과 동물의 잡종을 특허출원하였을 때, 특허청은
그러한 발명에 대하여 Story 판사의 Lowell v. Lewis사건 판결을 언급하면서 특허
등록을 거부할 의사를 분명히 하였다. 실제로 Newman 교수의 발명은 특허가 거부
되었지만 유용성 문제는 제기되지 않았다. 인간과 동물의 잡종의 특허성 여부에 관
해서는 Bratislav Stanković, Patenting the Minotaur, 12 RICH. J.L. & TECH. 5
(2005) 참조.

기술의 전문가이지 도덕성을 판단하는 윤리전문가가 아니라는 것이다.1272)
이와 관련하여 TRIPs 협정 제27조 제1항은 "자국의 영토 내에서의 상업적
이용의 금지가 사람, 동물, 식물의 생명, 건강의 보호 또는 환경에 대하여
중대한 손해를 방지하는 것" 뿐만 아니라 "공공정책이나 선량한 풍속"
("ordre public or morality")에 어긋나는 발명은 불특허사유로 할 수 있도록
하고 있다. 따라서 위와 같은 인간과 동물의 잡종이나 그 제조 방법도 각
회원국에서 불특허 사유로 정할 수 있는 바, 그 개념이 명확하지 않은 유용
성이나 산업상 이용가능성(Industrial Applicability)으로 수용하기 보다는 명
시적인 불특허 사유로 정하는 것이 타당하다고 보인다. 또한 이러한 발명
에 대한 특허제한은 특허법으로 가능하지만 개별법으로도 가능하다고 보
인다. 유럽특허조약(European Patent Convention; EPC) 제53조도 공공정책
이나 공서양속에 위반되는 경우에는 특허부여를 제한 할 수 있다는, 같은
취지의 규정을 두고 있다.1273) 우리 특허법도 "공공의 질서 또는 선량한 풍
속을 문란하게 하거나 공중의 위생을 해할 염려가 있는 발명에 대하여는
제29조제1항 및 제2항의 규정에 불구하고 특허를 받을 수 없다."고 규정하
고 있다.1274)

1272) Cynthia M. Ho, Splicing Morality and Patent Law: Issues Arising from Mixing
    Mice and Men, Wash. U. J. Law & Policy, 2 Wash. U. J. L. & Pol'y 247 (2000).
1273) European Patent Convention, Article 53. Exceptions to patentability
    European patents shall not be granted in respect of:
        (a) inventions the commercial exploitation of which would be contrary to
            "ordre public" or morality; such exploitation shall not be deemed to be
            so contrary merely because it is prohibited by law or regulation
        (b) plant or animal varieties or essentially biological processes for the
            production of plants or animals; this provision shall not apply to
            microbiological processes or the products thereof;
1274) 우리나라 특허법 제32조.

5. 유용성과 산업상 이용가능성

앞서 언급한 바와 같이 TRIPs 협정이나 한미 FTA에는 산업상 이용가능
성과 유용성을 같은 것으로 이해할 수 있다는 규정이 있다. 그러나 산업상
이용가능성과 유용성은 그 체계적 지위의 유사성에도 불구하고 다른 점이
존재한다. 오히려 우리법은 발명의 개념을 정의함으로서 유용성은 산업상이
용가능성과 발명의 정의를 포함하는 의미를 갖는 것으로 이해될 수도 있다.

현재까지의 견해들은 우리 특허법상 산업상 이용가능성의 의미에 유용
성을 포함하는 것으로 해석하는 견해들이 대세라고 할 수 있지만,[1275] 산
업에 유용하면 산업상 이용가능성이 있다고 해석을 하여 유용성과 다르게
해석하기도 한다.[1276] 이와 같이 여러 견해가 나오게 된 결과는 우리 특허
법에는 발명의 개념이 정의되어 있기 때문이라고 할 수 있다.[1277]

우리법상 산업상 이용가능성의 법적 근거를 찾아 볼 수 있는 조항은 미
국헌법에서 유래하는 유용성과는 달리 우리나라 특허법 제1조의 "산업발
전에 이바지 한다"는 특허의 목적 조항과 특허법 제29조 "산업상 이용할
수 있는 발명으로서…" 라는 문구 뿐이다. 보통 산업상 이용가능성의 요건
을 이해함에 있어서, 산업은 넓게 이해하여 기술을 통해 실용적인 결과를

1275) 송영식 외 6인, 지적재산권법 (상) 307; 조영선, 특허법 93 이하 참조 (2011 제3판).
1276) 우리나라의 종래의 해석이었다고 할 수 있다. 예컨대, 송영식 외 2인, 지적소유권법
    182 이하는 발명과 특허요건으로서 산업상 이용가능성을 구분하여 설명하고 있다.
    (2003, 제8판); 김원오, 박희섭, 특허법 115 이하 및 142 이하도 같다. (2002년 초판).
1277) 미국 특허법에는 발명의 정의가 아닌 특허 받을 수 있는 발명으로 규정하고 있고
    특허 받을 수 있는 발명의 대상을 나열하고 있기 때문이다. 원래 우리나라 1963년
    특허법 (법률1293호) 제5조 제1항은 처음 발명의 개념을 규정하였는데, 위 특허법
    은 발명의 개념을 "이 法에서 發明이라 함은 自然法則을 이용한 高度의 技術的 創作
    으로서 産業에 이용할 수 있는 것을 말한다." 라고 하여 발명의 개념에 산업상 이용
    가능성을 포함하고 있었다. 그 후 1973년 개정법(제2505호)에서 "發明이라 함은 自
    然法則을 이용한 技術的 創作으로서 高度의 것을 말한다." 라고 하여 현재의 법과
    같이 규정하였다.

가져올 수 있는 인간의 활동영역이라고 해석하여,1278) 광업, 농업, 임업, 수산업 등의 생산업 내지 공업상의 이용가능성 뿐만 아니라 운수, 교통 및 금융서비스업 등 일체의 산업을 포함한다고 본다.1279) 그러나 우리 특허법 제29조를 보면 "산업상 이용할 수 있는 발명"이라고 규정하고 있고, 발명의 개념을 별도로 규정하고 있으므로 발명중에서 산업상 이용가능한 발명만이 특허의 대상이 될 수 있다. 오히려 우리 특허법은 발명의 개념과 산업상 이용가능성을 별개의 것으로 이해하는 것이 타당할 수도 있다.

다른 한편으로 발명의 개념을 도입하여 산업의 의미를 구체화 하여 계산법, 광고법 그 자체는 자연법칙이지만 컴퓨터 프로그램화 되어 산업에 '유용성'이 인정되는 경우에는 산업성 이용가능성을 인정하기도 한다.1280) 이러한 논법은 순환론적인 논법에 불과하다. 산업상 유용성이 있어야 산업상 이용가능성이 있다고 하지만, 산업상 유용성이 무엇인지에 대해서는 다시 구체화 과정이 필요하기 때문이다. 영구운동과 같이 실시불가능한 것, 학술적 실험적으로 이용되는 발명에 대해서는 산업상 이용가능성이 없다고 한다.1281) 그리고 현실적으로 실시할 수 없는 것이 명백한 발명 또는 안전선 위험방지수단이 확보되지 않은 발명에 대해서도 산업상 이용가능성을 부정하고 의료행위도 산업상 이용가능성이 없다고 보고 있다.1282)

한편 특허청 실무는 발명의 개념을 산업상 이용가능성과 별다른 것으로 간주하다가1283) 최근에 발명의 개념을 산업상 이용가능성의 일부로 편입하

1278) 조영선, 특허법, 박영사, 2011, 3판, p. 93.

1279) 송영식 외 6, 지적재산권법 (상), 육법사, 2008, 1판. p. 306 참조.

1280) Id., 307.

1281) Id., 307-317. 조영선, 특허법, 박영사, 2011, 3판, p. 94.

1282) 송영식 외 6, 지적재산권법 (상), 육법사, 2008, 1판. p. 307. 조영선, 특허법, 박영사, 2011, 3판, pp. 94-95.

1283) 예컨대 2002년도 특허청, 심사지침서는 발명의 개념과 산업상 이용가능성을 분리하여 규정하고 있다.

였다. 종래 산업상 이용가능성은 산업의 의미를 넓게 해석하고, 제외되는 사유로서 의료행위, 업으로 이용할 수 없는 발명과 현실적으로 명백하게 실시할 수 없는 발명을 규정하고 있었다.[1284) 그러나 현재는 특허법 제2조 제1호의 발명의 개념을 제29조의 산업상 이용가능성의 하부 항목으로 설명하고 있다. 이는 발명자체를 산업상 이용가능성이 있는 것만으로 한정하는 것이라고 할 수 있다. 그리고 종래 발명의 개념으로 포섭하던 유형들을 이제는 산업상 이용가능성의 문제로 인식하여 결과적으로는 유용성의 개념과 좀 더 밀접해진 것으로 이해할 수 있다.

다만, 구체적으로 보면 아직 다른 점이 존재한다. 예컨대, 영구기관 같은 경우에는 우리법에서는 발명에 해당하지 않으므로 특허의 대상이 되지 않는다고 하는 반면에[1285) 미국에서는 일반적 유용성(General Utility)이 없다고 한다. 열역학법칙이나 에너지 보존의 법칙과 같은 경우에는 우리법은 발명의 개념으로 이해하고 있었고 현재에는 해당 발명의 산업상 이용가능성의 문제로 보고 있다고 함은 앞서 언급한 바와 같다. 따라서 발명에 해당하지 않으므로 산업상 이용가능성이 없다고 하게 되지만, 미국법에서는 특허의 대상을 "새롭고 유용한 공정, 기계, 제조 또는 조합 또는 새롭고 유용한 개선" 이라고 하고 있으므로 특허법 제101조의 "새롭고 유용한"이라는 신규성이나 유용성의 문제가 아닌 특허의 대상(공정, 기계, 제조 또는 조합 또는 새롭고 유용한 개선)의 문제로 이해하게 된다.[1286)

1284) 특허청, 심사지침서, 2203-2205 참조 (2012년).
1285) 영구기관과 같이 자연법칙을 위반한 발명은 그 목적을 달성할 수 없는 실시불가능한 발명으로서 산업상 이용가능성이 없다고 하기도 한다. 특허법원 2002. 5. 23.선고 2001허 7158 판결.
1286) 35 U.S.C. § 101 - Inventions patentable
    Whoever invents or discovers any new and useful process, machine, manufacture, or composition of matter, or any new and useful improvement thereof, may obtain a patent therefor, subject to the conditions and requirements of this title.

학술적이거나 실험적으로만 이용할 수 있는 경우에는 우리나라는 발명의 해당성이 없고, 따라서 산업상 이용할 수 없다(산업상 이용할 수 있는 발명이 아니라)고 설명하고 있다. 그러나 이러한 경우들에 있어서 엄격하게 판단한다면 발명이 성립되지 않는다고 하여야 한다. 발명이 성립되지 않는 경우에는 산업상이용가능성은 문제가 되지 않는다. 산업상 이용가능성은 발명을 대상으로 하기 때문이다. 미국에서는 위와 같은 경우에 발명의 문제가 유용성(Special Utility, Substantial Utility)이 없다고 할 것으로 판단된다. 다만 사안에 따라서는 학술적 연구적 가치가 있다면 유용성이 있는 경우도 있을 것이다.

원자력 장치 등에 있어서 안전성의 문제는 미완성의 발명으로 보거나 산업상 이용가능하지 않다고 한다. 그러나 미국에서는 종전에는 유용성의 문제로 보았지만, 지금은 많은 경우에 별개의 문제로서 특허법의 문제가 아닌 다른 행정기관에서 규제할 문제로 보는 것 같다.[1287]

오존층의 감소에 따른 자외선의 증가를 방지하기 위하여 지구표면 전체에 자외선 흡수 플라스틱 필름으로 둘러싸는 방법 같은 경우[1288]에는 우리나라에서는 발명에 해당하지만 현실적으로 실시할 수 없음이 명백하므로 산업상 이용가능성이 없다고 한다. 이런 경우에 미국에서는 영구기관과 같이 실현가능성이 없는 발명(incredible invention)으로 인정하여 일반적 유용성이 결여된 것으로 인정될 것이다.

의료발명과 같은 경우에는 많은 차이가 있다. 우리나라와 같이 산업상 이용가능성으로 규정된 국가에서는 치료행위나 의료행위는 산업의 문제로 접근하여 특허성을 부정하는[1289] 반면에 미국에서는 '산업상 이용가능성'이 특허 요건으로 되어 있지 않기 때문에 의료방법도 특허의 대상으로 인

1287) Scott v. Finney, 34 F.3d 1058, 1063, 32 USPQ2d 1115, 1120 (Fed. Cir. 1994).
1288) 조영선, 특허법, 박영사, 2011, 3판, p. 95 참조.
1289) 우리나라, 일본, 유럽 등이 여기에 속한다.

정하되 의사의 의료행위에 대해서는 특허침해를 부인하고 있다.[1290]

산업상 이용가능성과 유용성은 그 차이에도 불구하고 두 개념을 구별하는 실익은 크지 않다고 판단된다. 모두 특허를 받을 수 없기 때문이다. 미국처럼 특허의 요건으로 보아 유용성이나 산업상 이용가능성을 같은 것으로 해석하든지, 이전의 우리 특허법의 해석과 실무처럼 발명의 대상과 특허요건(산업상이용가능성)을 별개의 문제로 보아 발명이 결여된 것으로 보더라도 결과적으로 큰 문제는 없다. TRIPs 협정이나 한미 FTA나 산업상 이용가능성과 유용성을 동일시 하여야 하는 것은 아니므로 현재로는 문제가 발생할 소지는 없다고 보인다. 다만, 우리법의 해석상 산업상 이용가능성과 유용성을 동일시하는 경향이 나타나고 있으므로 그 해석에 있어서 주의가 필요하다고 보인다.

유용성과 산업상 이용가능성을 해석하는데 바탕이 되는 법이념에 있어서는 큰 차이가 발생한다. 미국법상 유용성은 앞서 본 바와 같이 계약법적인 관점에서 공중이 특허권자에게 부여하는 특허라는 독점에 대하여 특허권자가 제공하는 유용한 이익으로서 상호 계약의 성립에 중요한 요소라 관점에서 미국 법원은 유용성의 적용에 있어서 두 대립되는 이익을 비교형량하여 판단한다. 그러나 우리법상 산업상 이용가능성의 해석에 있어서는 아무런 철학적 바탕이나 이념이 반영되어 있어 보이지 않는다. 개별적인 사례에서 발명의 개념이나 산업상 이용가능성의 의무를 중심으로 하여 특허법 제1조 특허법이 궁극적으로 '산업'발전을 위한 것이라는 목적론적 해석을 통하여 구체적인 사례에 있어서 산업상 이용가능성을 판단하는 것으로 보인다. 따라서 그러한 점에서는 산업상 이용가능성과 유용성이 근본적인 차이가 있다.

미국 특허법에서 유용성의 개념이나 유용성 문제를 다룰 때에는 공중의

1290) 35 U.S.C. § 287 (c).

권리와 특허권 사이에 비교형량하여 그 범위와 한계를 설정하고 있음이 앞
서 본 바와 같다. 그러나 TRIPs 협정 뿐만 아니라 한미 FTA에서 양자를
같은 개념으로 볼 수 있도록 하고 있고, 현재의 우리 법의 해석에 있어서
많은 부분 유용성의 개념에 수용하려고 하고 있다.

그러나 유용성과 산업상 이용가능성은 다르다는 것을 염두에 두어야 한
다. 산업상 이용가능성은 유용성과 달리 발명이 가져오는 사회적 이익에
대한 판단을 필수적으로 하지 않으므로 우리 특허법 해석에서는 발명이 가
져오는 사회적 이익은 진보성 판단에 있어 현저한 효과 또는 이질적 효과
판단으로 해왔다. 미국의 경우에는 발명이 가져오는 사회적 이익을 유용성
에서 판단할 수 있으므로 진보성 판난에 선행발명에 의하여 자명한지여부
에 의해 판단하더라도 사회와 발명자간의 특허계약의 성립에는 문제가 없
다는 점을 고려해야 한다. 최근 우리 대법원이 발명의 구성중심의 미국식
의 진보성 판단을 도입하려고 하고 있는데, 어떤 방법이로든 발명이 가져
오는 사회적 이익에 대한 판단이 필요하다는 점을 주지할 필요가 있다.

제6장

경제발전과 특허제도와 특허법의 형성

제1절 좋은 특허와 나쁜 특허

1. 특허의 사회적 기여

1624년 독점법이 제정된 이후 요구된 신규성 개념은 새로운 발명에 대한 특허는 공중으로부터 어떤 것도 가져가지 않으므로 해가 되지 않는다는 정신이 반영되어 있다. 물론 특허는 독점이기는 하지만, 그 독점은 공중이 모르는 기술이나 지식에 대한 것인 그 독점은 새로 발견한 토지나 아무도 살지 않는 토지에 대한 선점과 같은 것이다. 그와 같은 독점은 어느 누구에게도 해가 되지 않는다.

지식재산, 특히 특허는 인간의 복지를 증진키는 것이라고 할 수 있다. 특허법은 이와 같은 특허권과 특허제도를 지지하는 법적 논리를 제공해 왔다. 로크의 노동가치에 기한 자연법론에서는 인간의 복지는 개별적 자유를 함양함으로서 이룩되는 것이고, 공리주의에 의한 윤리적 가치는 최대 다수의 최대행복을 위해 특허의 지식을 공유하고 확산하는 것이다. 그리하여 그러한 지식의 확산으로부터 새로운 지식이 나오고 그러함으로서 인간의 행복은 증진될 것이다.

개인주의적 자유주의의 이념은 우리 법제도의 근본 규범이자 최고의 이념이므로 특허법에도 여전히 그 근본정신이 남아 있고 법해석의 기준이 되고 있다. 공리주의와 실용주의 이념은 개인주의적 자유주의의 이념을 대체한 것이 아니라 이를 보완하는 이념으로써 특허법의 정신과 목적에 반영된 것이라고 할 수 있다.

이러한 이념의 변화를 개별의 특허법 원칙과 법제도에 수용되어 있고, 따라 개별의 특허법상의 여러 가지 제도와 법원칙은 이와 같은 이념을 구현할 수 있도록 해석되어야 한다. 예컨대, 우리 대법원은 전원합의체 판결을 통하여 의약의 용량 및 용법에 대하여 발명성을 인정하고 특허요건을 갖춘 경우에 특허를 취득할 수 있다고 판시하고 있다. 그러나 이러한 판결은 특허법의 이념에 비추어 보면, 위 판결은 얼핏 공리주의와 실용주의 이념을 반영한 것처럼 보이나 개인주의적 자유주의원칙에 위반될 뿐만 아니라 공리주의와 실용주의 이념을 위반하기도 한다. 공리주의와 실용주의 원칙의 특허법도 단체의 이익을 고려하는 것으로써 위 판결의 결과는 그러한 집단주의적인 이익에도 어긋나기 때문이다.

특허와 특허제도는 인간의 자유를 위협함으로서 인류의 복지에 부정적인 역할을 하기도 했고, 이는 역사적 경험으로 증명이 된다. 특허제도는 항상 옳은 것은 아니다. 대체로 특허제도와 특허권은 인류의 복지에 기여해왔다고 할 수 있다.

2. 개인주의적 권리의 인식

16세기 이전의 특허제도의 운영과 특허권의 부여는 왕실의 권한이자 자유이었다. 그러나 16세기 특허권은 단지 왕권에 의하여 부여된 특권(privilege)에서 법원에 의해 개인의 권리로 인식되기 시작했다. 1624년 독점법의 제정과 1628년 권리청원 및 1688년 명예혁명으로 이어지는 시민의 권리신장도 개인주의를 확립시키는 계기가 되었다. 이러한 개인주의적 자유주의는 특허제도에 영향을 미치고, 특허제도는 영국이 산업혁명을 이루는 바탕이 되어, 19세기 빅토리아 여왕시대에는 세계의 중심국가가 되도록 하였다고 할 수 있다.

영국에서 특허권에 대한 사법적 관할도 왕의 비서실(the Privy Council)에서 커먼로 법원(the Common Law Court)으로 이전되기 시작했다.[1291] 이

와 같은 변화는 1752년 Baker v. James 사건에서 실질적으로 완성이 되었
다.[1292] 이 사건의 관할을 두고, Lord Mansfield와 왕의 비서실(Privy
Council) 사이의 논쟁은 결국 왕의 비서실이 특허에 대한 자신들의 관할을
일부 포기하고, 왕의 관할을 특허장의 실효조항으로 한정하였다.[1293] 이러
한 변화는 분권적 제도를 통하여 특허제도의 통제가 좀 더 가능해졌다는
의미로 이해할 수 있다.

일찍이 특허제도에 있어서 분권적 제도의 확립은 이미 17세기 초반부터
시작되었다. 그러한 강한 움직임의 중심에는 에드워드 코크가 있었고, 그의
경쟁자이었고, 왕의 특허부여권을 옹호했던 프란시스 베이컨(Sir Francis
Bacon)[1294] 조차도 에드워드 코크에 동의하여 특허장을 부여하도록 하는

1291) E. Wyndham Hulme, History of the Patent System Under the Prerogative and at
Common Law, 12 L. Q. Rev. 141, 151(1896); Adam Mossof, Rethinking the
Development of Patents: An Intellectual History, 1550-1800, 52 Hastings Law J.
1255, 1277, 1286 (2001).

1292) E. Wyndham Hulme, Privy Council Law and Practice of Letters Patent for Invention
from the Restoration to 1794 [Part II], 33 L.Q.R. 180, 189-91 (1917).

1293) Id., 184.

1294) 1601년 Lawrence Hyde II가 왕의 특허부여권을 제한하는 법안을 제안하자, 프란시
스 베이컨은 다음과 같이 왕의 특권부여를 옹호했다.

If any man out of his own Wit, industry or indeavour finds any thing
beneficial for the Common-Wealth, or bring in any new Invention, which
every Subject of the Kingdom may use; yet in regard of his pains and travel
therein, her Majesty is perhaps pleased to grant him a privilege to use the
same only by himself or his deputies for a certain time. This is one kind of
Monopoly. Sometimes there is a glut of things when they be in excessive
quantity as perhaps of corn and her Majesty gives licence of transportation
to one man; this is another kind of monopoly. Sometimes there is a scarcity
or a small quantity and the like is granted also. ….

d'Ewes, S., The Journals of All the Parliaments During the Reign of Queen
Elizabeth, Both of the House of Lords and House of Commons. John Starkey,
1662, pp. 644-645.

법령에 대하여 '아무것도 좋은 것이 없는 커먼로를 설명하는 [의회제정] 법
안에 대하여 알고 있는 모든 법률가들은 아무것도 입법하지 않았다.'("All
men of the law know that a bill which only expository to expound the
common law doth enact nothing: nether is any proviso good therein.")1295)라
고 하여, 커먼로를 구체화하는 실정법이 없다고 하면서 커먼로가 상위 법
령임을 주장했다. 그리하여 법에 의한 왕의 특허부여권의 통제를 주장하여,
에드먼드 코그에 동조한다.

1711년 명세서(specification)가 제출되기 시작된 이래 명세서의 기능의
변화는 영국의 산업혁명의 하나의 기초를 놓았다고 할 수 있다. 특허제도
가 단순히 발명의 기여에 대한 보상이 아니라 지식의 확산을 위한 제도로
확립되는 결정적인 단서가 되었다. 16세기 엘리자베스 여왕시절에도 특허
부여에 있어서 도제조항(appentice clause)을 강제함으로써 특허의 지식의
이전과 확산은 재능과 기술을 가진 기술자의 양성을 통해 영국의 산업이
발전하는데 기여했다고 할 수 있다.

1778년 Lord Mansfield는 제임스의 특허 명세서의 기재가 부족하다는 이
유로 그가 부여받은 특허를 무효화 했다.1296) 그런데 이 사건은 1752년
Baker가 1747년 취득한 Dr. James의 해열제 특허(James's Patent, No. 626.)1297)
에 대하여 발명자가 특허취득한 Dr. James가 아니라는 이유로 특허무효청원
을 제기하면서 시작됐다.1298) 이 당시 진정한 발명자(true and first inventor)

(https://play.google.com/books/reader?id=vA1DAAAAcAAJ&pg=GBS.PA644&hl=en)
1295) Francis Bacon, The Works of Francis Bacon, (ed. by James Spedding, Robert Leslie
Ellis, and Douglas Deno Heath, Cambridge Univ. Press. original 1868, rep. 2011,
Volume 10, p. 29. (https://onlinebooks.library.upenn.edu/webbin/metabook?id=work-
sfbacon)
1296) E. Wyndham Hulme, Privy Council Law and Practice of Letters Patent for Invention
From the Restoration to 1794 II, 33 L. Q. REV. 180, 194 (1917).
1297) Id., 189.
1298) Baker v. James, PC2/103, pp. 320, 346 (P.C. 1752).

만이 특허를 받을 수 있었고, 진정한 발명자가 특허를 받은 것인지에 대한
심사는 왕의 비서실(privy council)의 권한이었다. 결국 1773년 위 무효청원
은 왕의 비서실이 기각하도록 요청하여 기각으로 종료되었다. 왕의 비서실
이 특허 부여의 적정성에 대하여 관할을 행사했지만, 커먼로 법원의 수석
판사이었던 1778년 Lord Mansfield가 위 특허쟁점에 대하여 커먼로 법원이
관할을 행사하고, 왕의 비서실은 특허장의 특허조건(the defeasance clause
in Letters Patent)에 대한 심사권을 가지는 것으로 양보하면서 종료되었다.
이는 특허권의 심사에 대하여 행정권에서 사법권으로의 이양이었다.[1299]
이는 단순히 특허에 대한 사법심사권의 이전보다도 더 중요한 특허권의 발
전의 계기가 되었다. 1624년 독점법에 의해 특허는 의회법이 부여하는 권
리가 되었지만, 실무적으로는 여전히 왕의 은전과 은혜에 의하여 부여하는
것으로 인식되었고, 1530년대에 크롬웰(Cromwell)에 의해 설치되어 왕의
자문역할을 하고, 왕의 내각과 같은 지위에 있던 'Privy Council'에 의한 특
허심사권에 의하여 특허에 대한 왕의 간섭과 권한은 여전히 존재했지만,
위와 같은 사건을 통해 커먼로 법원으로 이전됨으로써 왕의 은전이 아닌
개인의 권리로서 인식되게 된 계기가 되었다.[1300] 결국 위와 같은 커먼로
와 커먼로 법원에 의한 특허권에 대한 관할권의 행사는 독점법(Statute of
Monopolies, 1624) 제2조[1301]에 의한 커먼로에 의한 관할행사가 명시된 위

1299) Christine MacLeod, Inventing the Industrial Revolution: The English Patent System,
    1660-1800, Cambridge Univ. Press, 1988, p. 59.
1300) Adam Mossof, Rethinking the Development of Patents: An Intellectual History,
    1550-1800, 52 Hastings L.J. 1255, 1277, 1286 (2001). 이는 특허에 대한 관할 변경
    으로 헌법상의 의미를 가지고 있다고 한다. E. Wyndham Hulme, Privy Council
    Law and Practice of Letters Patent for Invention From the Restoration to 1794 II,
    33 L. Q. REV. 180, 194 (1917).
1301) Statute of Monopolies of 1624, 21 Jac. 1, c. 3,
        2. And all monopolies, and all such commissions, grants, licences, charters,
        letters patents, proclamations, inhibitions, restraints, warrants of assistance,

법이 제정된지 130년만에 시행된 것을 의미한다. 나아가 이러한 결과는 단
순히 관할만의 이전이 아닌 개인의 권리신장, 즉 발명자의 권리가 신장되
었고, 본격적인 산업혁명의 법제도적 기초가 되었다고 평가된다.[1302]

17세기와 18 중반까지 커먼로에 존재하였던 자연법과 자연권은 특허권
의 법적성질에도 영향을 미쳤다. 특허권은 개인의 자연법상 재산권으로 인
식된 것이다. 즉 그 발명이 가져온 보상으로 특허를 부여하는 것으로 특허
는 자연권적 보상설의 입장에서 재산권으로 인식한 것이다.[1303]

특허제도는 지식과 아이디어가 재산화 되는 과정을 통하여 지식과 아이
디어를 보호했고, 그러한 지식과 아이디어가 특허명세서를 통하여 공중을
교육하고 지식이 확산되도록 하여, 결국 영국이 산업혁명을 이룩하게 했나
고 할 수 있다.[1304]

특허제도는 몇몇의 특허권자와 특허권이라는 기망적 제도를 통해 궁극
적으로 다수가 이익을 얻는 제도로 평가되어 오기도 했다.[1305] 특허가 있

---

and all other matters and things tending as aforesaid, and the force and
validity of them, and every of them, ought to be, and shall be for ever
hereafter examined, heard, tried, and determined, by and according to the
common laws of this realm, and not otherwise.

1302) Mariano Zukerfeld, On the Link Between the English Patent System and the
Industrial Revolution: Economic, Legal, and Sociological Issues, Intersect, Vol 8,
No 1, 2014, p. 9

1303) 나종갑, 특허권의 정당성에 관한 이론의 전개와 전망, 비교사법, 2010, vol.17, no.1,
통권 48호 p. 573; John T Cross, Justifying Property Rights In Native American
Traditional Knowledge, 15 Tex. Wesleyan L. Rev. 257, 266 (2009).

1304) Mariano Zukerfeld, On the Link Between the English Patent System and the
Industrial Revolution: Economic, Legal, and Sociological Issues, Intersect, Vol 8,
No 1, 2014; Mariano Zukerfeld, Translated from Spanish by Suzanna Wylie,
Knowledge in the Age of Digital Capitalistn: An Introduction to Cognitive
Materialism, Univ. of Westminster Press, 2017, pp. 91, 170, 173.

1305) Joel Mokyr, "Intellectual Property Rights, the Industrial Revolution, and the
Beginnings of Modern Economic Growth." 99 (2) American Economic Review 349,

는 곳에서는 14년간의 독점을 통해 부유한 특허권자가 발생하기도 했지만, 특허제도가 없는 곳에서는 발명활동은 거의 일어나지 않았다. 따라서 특허 독점의 부여없이 발명활동만으로는 산업이 발생하기 충분하지 않았지만, 특허제도를 통하여 영국은 19세기에 부흥을 이룩할 수 있었다.[1306) 발명가와 저작자의 보호를 통하여 기술지식의 확산과 공유에 필요한 제도가 확립되었고, 경제적이고 이기적인 인간은 재산을 통한 부의 축적에 대한 경제적, 윤리적 정당성을 제공했다.

발명의 신규성은 특허부여의 전제요건이 되었는데, 특히 영국의 1624년 독점법은 영국내에서의 최초의 진실한 발명가에게 특허를 부여하는 것으로 규정했다. 이와 같은 신규성 개념의 확립은 발명가와 기술자의 국제적 이동을 장려하여 영국에 기술혁신을 가져온 것으로 평가되고 있다.

예컨대, 1691년 Edgeberry v. Stephens 사건[1307)에서 왕실법원(King's Bench)의 Holt 판사와 Pollexfen 판사는

> [i]f the invention be new in England, a patent may be granted though the thing was practiced beyond the sea before; for the statute (21 Jas I) speaks of new manufactures within this realm, and if they be new here, it is within the statute: which was intended to encourage new devices, useful to the kingdom, and whether learned by travel or by study, it is the same thing.[1308)

---

354 (2009).

1306) Id. Harry I. Dutton, The Patent System and Inventive Activity during the Industrial Revolution, 1750-1852, Manchester Univ. Press, 1984, p. 2.

1307) Edgeberry v. Stephens, (1691) 90 Eng. Rep. 1162 (K.B.) 1162; 2 Salk. 447 ("[I]f the invention is new in England, a patent may be granted for it, though the thing was practised beyond sea before·····.").

1308) Selection of Reports and Papers of the House of Commons: Arts connected with Trade, Vol. 37. 1836, p. 182.

[번역]

발명이 영국에서 새롭다면, 그 발명이 이미 바다 건너 유럽대륙에서
시행되었다고 하더라도 특허를 부여받을 수 있다; 1624년 제임스 1세
때 제정된 영국의 독점법은 우리나라 영역에서 새롭게 제조된 것과 그
것이 여기에서 새롭다면, 영국에 새롭고 유용한 도구를 발명하는 것을
장려할 의도로 만들어진 위 독점법상 발명이다. 그 발명을 외국을 여
행하다 취득하거나 연구에 의해 알았다거나 모두 같은 것이므로 [특허
를 받음에] 문제가 되지 않는다.

라고 판시하였다. 외국의 기술자와 발명가로 하여금 영국으로 이민하는 장
려책 뿐만 아니라 유럽의 기술을 영국으로 가져오는 정책으로 이용되었다
는 점을 나타내고 있고,[1309] 이는 특허발명을 개인 권리로 인정하여 새로
운 지식과 아이디어를 증진시키기 위한 목적을 보여준다.

3. 특허제도에 대한 회의론

법제도로서의 특허는 윤리적 정당성에 대한 필요에 의해서 성립되었다
고 할 수 있다. 현재까지 알려진 법제도로서의 특허는 1474년 이탈리아 베
니스의 특허법으로 알려져 있다. 근대적 의미에서의 특허는 1624년 영국의
독점법이었다.

1474년 베니스의 특허법이나 1624년 영국의 특허법이나 기본적으로 특
허제도는 인간을 위한 제도로 성립되었다. 즉 사회에 기여한 자유시민의
권리를 보호하기 위한 제도로 시작되었다는 점에서는 두 법, 그리고 특허

1309) 본 판결은 Boulton & Watt v. Bull, (1795) 126 Eng. Rep. 651 (C.P.) 사건에서도
인용되고 있고, 같은 취지는 토마스 롬비(Thomas Lombe)의 형제가 이탈리아에서
도둑질하여 온 기술에 대하여 1718년 부여한 특허장에서 그 취지가 나타나 있다.

제도의 목적이 같고 이것이 특허제도를 지배하는 윤리적 목표가 되었다.

1215년 마그나 카르타는 개인의 인권신장을 위한 존 왕(King John)의 약속이었지만, 이는 개인의 인권과 생명, 자유, 재산권 보장의 첫걸음이었고, 브락튼의 헨리(Henry de Bracton), 존 포테스큐(John Fortescue), 에드워드 코크(Edward Coke), 그리고 존 로크(John Locke)로 이어지는 자연권과 그와 함께 여명을 보였던 공리주의 철학의 궁극적인 목적은 인간의 평온과 행복이었다. 특허제도는 그와 같은 철학적 바탕으로 만들어졌다.

1474년 베니스의 특허법은 특허제도는 사회에 이득이 된다("…which would be of no small utility and benefit to our State")는 공리주의 이념을 표시했다. 즉 최대다수의 최대행복이라는 공리주의적 목표가 제시되어 있었지만, 이는 한편으로 로크의 재산권의 목적과 같다고 할 수 있다. 로크가 제시한 재산권은 재산권을 취득할 수 있고, 취득한 자유시민사회의 구성원, 결국에는 인간의 진정한 자유의 획득이라는 목적이었다. 로크는 그러한 재산과 자유의 획득은 사회에 이득이 됨을 표시했다. 로크는 재산권을 인정한 결과 인류의 보편적 자산을 증가시켰다고 강조하여 재산권 철학의 윤리성을 언급하고 있다.1310) 재산권의 인정은 우리나라의 홍익인간(弘益人間)의 이념과 같이 인간을 이롭게 하는 것으로 재산권 제도는 인간을 이롭게 하는 도구가 된다. 결국 특허제도의 궁극적인 목적도 개인의 자유와 재산을 보호하고 그러함으로써 사회 전체의 이익을 증가한다는데 있다고 할 수

1310) John Locke, Second Treatise of Government § 37.
　　Yet this could not be much, nor to the Prejudice of others, where the same plenty was still left, to those who would use the same Industry. To which let me add, that he who appropriates land to himself by his labour, does not lessen but increase the common stock of mankind. For the provisions serving to the support of humane life, produced by one acre of inclosed and cultivated land, are (to speak much within compasse) ten times more, than those, which are yeilded by an acre of Land, of an equal richnesse, lyeing wast in common.

있다. 이러함이 특허권의 도덕적 윤리적 목표라고도 할 수 있다.

영국의 독점법은 기존의 특허의 인간에 대한 포악함을 시정하기 위하여 탄생한 것이었다. 특히 16세기 후반 엘리자베스 여왕시절의 특허의 포악함은 극에 달했다. 이시기의 특허제도의 폐해를 기록한 데이비드 흄(David Hume)은 기존의 자유를 제한하는 특허에 대한 혐오를 나타냈다.[1311]

산업혁명이 진행되고 기술적 진보가 빨리 이뤄지던 19세기 중반부터 특허에 대한 견제가 발생했다. 영국에서는 1835년부터 1885년까지 특허독점에 대한 긴장관계가 나타났다. 발명자의 발명으로부터 사회와 실제 이용자가 그 발명을 잘 이용하는 방법에 대한 문제가 발생했다.[1312] 1624년 독점법 제정 이후에도 발명가, 기술자와 상인들은 영국의 특허제도가 자의적이어서 실제로 기술발전에 나쁜 영향을 미친다고 생각하였고, 이 당시 특허제도에 대한 개혁을 요구하거나[1313] 특허제도의 폐지를 요구하기에 이르렀다.[1314]

특히 19세기 전반까지 특허의 높은 사회적 비용으로 인하여 특허가 가져오는 이익의 가치가 낮은 것으로 평가되었다. 아담 스미스와 제레미 벤담등은 특허가 가져오는 사회적 이익을 전제로 특허제도를 옹호했다. 특히 특허요건의 신규성은 이전에 존재하지 않았던 것에 대하여 특허를 부여하는 것이고, 신규한 발명에 대하여 특허를 부여하더라도 어느 누구도 해하지 않고 사회에 이익이 된다는 것이었으므로, 그러한 전제, 즉 사회에 해악

1311) 데이빗 흄(David Hume)의 특허에 대한 기술에 대해서는 본서 '제2장 제2절 2. 나쁜 특허' 참조.

1312) Victor M. Batzel, Legal Monopoly in Liberal England: The Patent Controversy in the Mid-Nineteenth Century, 22. HIST. 189, 189 (1980).

1313) 특허제도의 개혁을 요구한 사람은 대표적으로 특허변호사로 활동한 Thomas Webster와 Robert Andrew Macfie를 들 수 있다.

1314) 특허폐지를 요구한 사람은 대표적으로, 빅토리아 여왕의 비서(Council)를 하였던 W. R. Grove와 이삼바드 킹덤 브루넬(Isambard Kingdom Brunel), J. E. T. Rogers을 들 수 있다.

이 되면 폐지해야 한다는 것이었다.

19세기 전반과 중반에 특허폐지론은 발명자에게 지급하는 높은 수준의 로열티가 최종 소비자에게 전가되고, 제조자는 비경쟁적 수준으로 만든다는 것이었다. 특허침해에 대한 위협에 의해 경쟁자가 경쟁기술을 만들 유인이 감소되었다는 점에 집중되었다. 이 당시에도 현재의 특허괴물(patent troll)과 같은 존재가 있어, 제조자를 괴롭혔다.[1315] 그러한 이유로 이삼바드 킹덤 브루넬(lsambard Kingdom Brunel)과 같은 특허폐지론자는 특허는 발명가들에게 불안정하고 매우 고비용의 제도라고 비난하고, 자신의 발명에 대한 간단한 기계적인 개량도 특허 침해가 발생한다고 주장했다.[1316] 나아가 특허침해소송에서 특허의 유효성이 문제될 때는 많은 경우에 특허가 무효가 되어,[1317] 그로 인한 발명자의 부담도 증가하는 모순적인 상황을 지적했다.

로버트 앤드류 맥아피(Robert Andrew Macfie)는 특허제도를 등록제로 변화시키고, 발명을 등록하면 공중에게 공개하고, 그 발명이 상업적으로 유용하다는 것이 증명되면 10,000파운드를 지급하자고 주장했다. 그와 같은 특허제도는 영국을 경쟁국에 대하여 산업발전과 고용을 증가시켜 더 부강시킬 것이라고 주장했다. 나아가 카메라와 같은 새로운 첨단 산업에서는 특허제도를 유지하길 원했다.

1315) Victor M. Batzel, Legal Monopoly in Liberal England: The Patent Controversy in the Mid-Nineteenth Century, 22. HIST. 189, 191 (1980).

1316) Id.

1317) 특허가 무효화되는 비율이 높은 상황은 19세기 후반에 개선이 되었다고 한다. Id., 196. ("There is some evidence that the general attitude of the courts toward patentees altered, so that patents were less frequently overturned than had earlier been the case. Even patent agents whose interest was the support of valid patents began to complain in the 1870s. of judges beiug too reluctant to overturn a patent."). 그러나 특허소송은 불명확하고 불확실한 복잡한 과정으로 그 비용은 여전히 부담스럽게 높았다고 한다. Id., 197.

특허폐지론 보다 특허유지론이 힘을 입어 영국은 1852년 특허법을 개정하여 특허취득과 유지비용을 낮추었다. 그 이외에 특허와 명세서에 대한 정보를 공중에 공개하였다. Bennet Woodcroft의 노력으로 인하여 1617년 이래 모든 특허에 대한 목록(index)를 공중에 공개하였다. 궁극적으로 특허폐지론 보다는 특허를 개혁하여 특허를 존치하자는 견해에 따라 특허법을 개정하였고, 이는 산업의 요구를 어느 정도 충족한 것으로 평가된다.[1318]

제2절 명세서

1. 도제조항(apprenticeship clause)부터 명세서까지

명세서는 특허제도가 계약에 따른 쌍무적 보상의 계약적 개념과 왕이나 국가가 제공하는 특허라는 독점에 대한 공중이 얻는 보상의 개념에서 출발한다.[1319] 이러한 보상개념과 계약적 개념은 특허제도의 역사적 근간을 형

1318) Id.
1319) 1896년 간행된 미국특허청의 공보(Gazette)에는 다음과 같이 계약적 사고에 관한 언급이 있다.

A patent is a contract between the inventor and the public, by which the inventor, in consideration that the exclusive use of his invention is secured to him for a limited period of time, confers upon the public the knowledge of the invention during that period and an unrestricted right to use it after that period has expired. The public, on the other hand, acting through the Government, agree with the inventor that, in consideration of his immediate bestowal upon them of a full knowledge of the invention and of the entire right to use it after the term named in his patent is at an end. They will protect him in his exclusive use during the life of his patent.(Rob on Pats. sec. ⋯) Mutual assent to the terms of a contract is of its very essence. There

성했다. 보상적 개념과 계약적 개념에서 모두에서 공통으로 찾을 수 있는 것은 대가이다. 국가나 왕이 발명가에게 부여하는 독점에 대하여 발명가는 사회에 가져오는 편익을 제공하여야 했고, 편익은 공중과 기술자에 대한 것이었으므로 공중과 기술자가 특허받은 발명에 대하여 상세히 할 수 있도록 해야 했다. 국가나 왕이 특허를 부여하는 관심사는 바로 특허발명이 가져오는 사회적 경제적 이익이었다.

발명을 공개하거나 설명하는 것은 특허제도 형성의 초기부터 존재했다. 베니스가 갈릴레이에 대하여 부여한 특허에는 "the machine for raising water and for irrigating land which, with the motive power of a single horse will continuously discharge water through twenty spouts"라고 발명의 설명이 기재되어 있었다. 위 발명의 설명에는 물을 끌어 올려 관개를 한다는 기능, 하나의 호스와 20개의 분출구를 통해 지속적으로 물을 관계한다는 물품의 구조가 기재되어 있었다. 당시 베니스에서는 특허를 받기 위해 도면과 기구 샘플을 제시해야 했다.

명세서는 해당 분야의 기술자로 하여금 발명을 실시할 수 있도록 하여 지식의 공유와 이전이 가능하게 하였다. 즉 명세서는 특허제도를 통한 기

---

is no assent on the part of Adamson to the contract proposed in the specification of offered, and in the absence of such assent no valid contract can be made by the Government-that is, no valid patent can be issued.
United States Patent Office, Official Gazette of the United States Patent Office, Aug. 18, 1896, p. 1119. 나아가 명세서는 쌍무계약상의 쌍무적 부담(consideration)이 된다고 한다:
The specification is the instrument in which the terms of these mutual considerations and promises are declared, and on its completeness and accuracy depends the validity and the value of the contract itself.
William Robinson, The Law of Patents for Useful Inventions, Little, Brown, and Co., 1890, Vol. II, p. 70. Mario Biagioli, Weighing Intellectual Property: Can We Balance the Social Costs and Benefits of Patenting? (2019) 57(1) History of Science 140.

술발전의 토대가 된 제도이다. 베니스의 특허법이나 영국의 독점에서 보다
시피 특허의 계약적 사고는 계약상 의무로 특허취득자는 자신이 발명을 내
용을 공중에게 알려야 했다. 그리하여 원시적인 형태로 발명의 내용은 공
개되었다. 그리하여 'letters patent'라는 용어 자체도 그 내용이 공개된 문서
를 의미했다.

영국 엘리자베스 여왕시절에도 발명을 특정하도록 하였으므로 명세서
제도는 존재하였다고 할 수 있다. 다만 그것이 특정형식과 법적 요건이 되
었는지는 법령상으로 명확하지 않으나, 명세서에 의해서 특정이 되지 않으
면, 특허를 부여하지 않았으므로 관습법상의 관행이라고 할 수 있다고 보
인다. 즉 어떤 특정한 문서형태는 아니었지만 발명의 상세를 특성하지 않
으면 특허를 받을 수 없었으므로 발명을 특정하기 위한 방법으로 어떤 관
습적인 실무가 형성되었다고 할 수 있다.

영국에서는 1711년 이전에도 '명세서'라는 형식적인 문서가 존재하기는
했지만[1320] 이를 현대의 명세서라고 하기도 어렵고 극히 예외적인 실무로
존재하였다.[1321] 실무적으로는 명세서는 1711년 경부터 요구하기 시작하여
1720년대부터 많이 사용되기 시작하였다고 알려져 있고, 1734년에 의무화
되어 본격적으로 명세서를 요구했다.[1322] 1611년 Simon Sturtevant는 특허
청원을 하면서, 자신에게 특허가 부여되면 자신의 발명에 대하여 명세서를

1320) 알려진 명세서에는 네덜란드에 간 영국대사 Sir William Boswell의 하인이었던
　　　Corpley와 공동으로 Wheeler에게 1642년 특허가 부여되었고, Boswell은 Wheeler에
　　　게 부여된 특허의 보증인이었다. 이때 Wheeler의 특허가 네덜란드 암스테르담에서
　　　발간되었고, 그 특허내용이 영문번역으로 'Supplement to the Specifications,' Vol.
　　　I에 기재되어 1858년 출판되었는데, 이것이 영국박물관에 보관되어 있다고 한다.
　　　D. Seaborne Davies, The Early History of the Patent Specification, 50 L. Q. REV.
　　　86, 94-95 n. 22 (1934). 1711년 Nasmyth의 특허의 명세서가 문제되었다고 한다.
1321) Gary W Cox, Patent disclosure and England's early industrial revolution, European
　　　Review of Economic History, Volume 24, Issue 3, 2020, p. 448.
1322) Id., 447-467.

제출하겠다는 기록이 있다.

1711년 존 내스미스(John Nasmyth)는 당류의 효모발효에 의한 맥주 등의 제조법("for the Preparing and Fermenting of Wash from Sugar, Molosses, and all Sorts of Grain to be distilled")에 대하여 특허청원을 한다. 법무부장관인 Edward Northey가 왕에게 제출한 서면에는

> But the Pet thinks it not safe to specifie in what the new Invention consists but proposes That so soon as the Patent shall be passed, the same shall be by him ascertained under his hand and Seal to be inrolled in the High Court of Chancery, to which the Patent may referr to make the Grant therein certain.
>
> [번역]
> 특허청원자는 발명이 어떤 새로운 발명으로 구성되었는지 구체화하는 것은 안전하지 않지만, 그는 특허가 부여된다면 그가 발명을 구체화하여 특허가 부여하는 것을 확실하기 위해 등록을 하는 형평재판소에 그 스스로 동일한 내용을 등록할 것이다.

라고 기술하였다.[1323] 이는 그 당시 영국에서 특허가 부여되면 1달 이내에 형평재판소(the High Court of Chancery)에 특허를 등록을 해야 했다.[1324] 법무부 장관이 언급한 내용은, 특허청원시에 특허를 공개하는 것은 안전하지 않지만 특허가 부여된 후에 형평재판소에 등록을 할 때 그 발명의 내용을 기록하겠다는 취지이다. 그리하여 그와 같은 의도를 허락하는 명령[1325]

1323) D. Seaborne Davies, The Early History of the Patent Specification, 50 L. Q. REV. 86, 87 (1934).

1324) 6개월 이내로 언급하는 문헌도 있다.

1325) 그 명령은 다음과 같이 기재되어 있었다: "Our further Will and Pleasure is that you do accordingly insert a Clause in the said Bill to that effect, together with all such other Clauses as are usual in Cases of Grants of the like Nature." Id.

이 있었다. 그리하여 존 내스미스(John Nasmyth)는 명세서를 법원에 등록하였다.

1734년까지 이러한 명세서 제출은 일반적인 제도로서 요구되지 않았다. 명세서는 개별적으로 그 제출이 요구되었는데 기록에 의하면, 1718년 James Puckle에 부여한 자동소총에 대한 특허에 대하여 명세서가 요구되었다. 1712년 1개, 1716년 3개, 1717년과 1718년은 각 2개의 특허와 1720년경부터 점차 많이 사용되어 1733년까지는 15개의 특허에 명세서 제출이 요구되었다.[1326] 다만 다수의 특허에서는 명세서에 관하여는 언급이 없지만, 1723년 특허에는 명세서를 등록하지 않으면 해당 특허가 무효화 된다고 언급하고 있고, 1734년 이후에는 나수의 득허가 녕세서 제출을 요구하고 있다.[1327]

1778년 Lord Mansfield가 Liardet v. Johnson 사건에서 명세서의 기능에 대하여 획기적인 판결을 한 이후에 본격적으로 지식의 전달기능으로 변화하였다고 평가되고 그 이전에는 그와 같은 법리가 형성되지는 않았다. 1734년 이전에 특허는 특허권자에게 몇 명의 기술자에 대해 발명에 관한 지식을 가르칠 것을 조건으로 했다. 엘리자베스 여왕 이후 그와 같은 도제 조항(apprentice clause)이 존속하였다. 그러나 1778년 Liardet 사건 이후에는 그러한 교육과 기술과 정보전달의 조건이 특허권자에 의한 도제에 대한 기술전수가 아닌 명세서로 변경되었고, 명세서에 의한 발명의 지식의 기록과 공개 그리고 그 지식의 축적이 되었던 것이다.

1790년 미국 특허법은 특허 출원시 명세서에 기존의 선행기술과 구분되는 발명과 발명가와 기술자가 재현할 수 있도록 발명의 내용을 기재한 설

1326) Id., 89. 1718년 James Puckle에게 부여된 자동총(machine gun) 특허에는 명세서 제출이 요구된 특허중의 하나였다고 한다. Michael Wogan, Introduction to Patent Law, Ch 2. (https://crab.rutgers.edu/users/mwogan/patent/2_History.htm#_ednref48)

1327) D. Seaborne Davies, The Early History of the Patent Specification, 50 L. Q. REV. 86, 90 (1934).

명(description)의 제출을 요건으로 하였고,[1328] 1793년 특허법 개정시 발명
과 '발명에 대한 설명'[1329]을 기재해야 한다는 규정을 추가하였다.[1330] 다

1328) Patent Act of 1790, Ch. 7, 1 Stat. 109-112 (April 10, 1790) §2.

[T]hat the grantee or grantees of each patent shall, at the time of granting
the same, deliver to the Secretary of State a specification in writing,
containing a description, accompanied with drafts or models, and explanations
and models if the nature of the invention or discovery will admit of a model)
of the thing or things, by him or them invented or discovered, and described
as aforesaid, in the said patents; which specification shall be so particular, and
said models so exact, as not only to distinguish the invention or discovery
from other things before known and used, but also to enable a workman or
other person skilled in the art or manufacture, whereof it is a branch, or
wherewith it may be nearest connected, to make, construct, or use the same,
to the end that the public may have the full benefit thereof, after the
expiration of the patent term; which specification shall be filed in the office
of the said Secretary, and certified copies thereof, shall be competent evidence
in all courts and before all jurisdictions, where any matter or thing, touching
or concerning such patent, right, or privilege, shall come in question.

1329) 발명에 대한 설명은 1790년법과 사실상 차이가 없다.

1330) Patent Act of 1793, Ch. 11, 1 Stat. 318-323 (February 21, 1793) §3.

That every inventor, before he can receive a patent, shall swear or affirm that
he does verily believe, that he is the true inventor or discoverer of the art,
machine, or improvement, for which he solicits a patent, which oath or
affirmation may be made before any person authorized to administer oaths,
and shall deliver a written description of his invention, and of the manner of
using, or process of compounding the same, in such full, clear and exact
terms, as to distinguish the same from all other things before known, and to
enable any person skilled in the art or science, of which it is a branch, or
with which it is most nearly connected, to make, compound, and use the
same. And in the case of any machine, he shall fully explain the principle,
and the several modes in which he has contemplated the application of that
principle or character, by which it may be distinguished from other
inventions; and he shall accompany the whole with drawings and written
references, where the nature of the case admits of drawings, or with
specimens of the ingredients, and of the composition of matter, sufficient in

만 명세서는 침해소송에서 제출하도록 했고, 그 기재사항이 불비할때는 특
허가 무효가 되도록 했다.[1331] 1793년 특허법상의 규정은 현재까지 그 근
간을 이루고 있다.

프랑스의 경우에는 1790년 경부터 명세서를 요구하다가 1791년 법에 명
세서 제출을 명시한다.[1332]

명세서는 공리적 목적에서 계약적 법리를 바탕으로 기재하도록 한 것으
로 보인다. 특허기간이 종료된 후에 기술전수에 의해 지속적으로 그 기술
이 사회에 전파될 수 있도록 하고, 18세기 후반에는 공중이 그 발명을 실시
할 수 있었도록 함에 그 목적이 있기 때문이다. 미국의 1793년 특허법 제2
조는 "the public may have the full benefit thereof, after the expiration of
the patent term"라고 하여 그와 같은 공리적 목적을 명시적으로 규정하고

---

quantity for the purpose of experiment, where the invention is of a
composition of matter; which description, signed by himself and attested by
two witnesses, shall be filed in the office of the Secretary of State, and
certified copies thereof shall be competent evidence, in all courts, where any
matter or thing, touching such patent-right, shall come in question. And such
inventor shall, moreover, deliver a model of his machine, provided, the
secretary shall deem such model to be necessary.

1331) Patent Act of 1793, Ch. 11, 1 Stat. 318-323 (February 21, 1793) §6.
[t]hat the specification, filed by the plaintiff, does not contain the whole truth
relative to his discovery, or that it contains more than is necessary to produce
the described effect, which concealment or addition shall fully appear to have
been made, for the purpose of deceiving the public, or that the thing, thus
secured by patent, was not originally discovered by the patentee, but had been
in use, or had been described in some public work anterior to the supposed
discovery of the patentee, or that he had surreptitiously obtained a patent for
the discovery of another person: in either of which cases, judgment shall be
rendered for the defendant, with costs, and the patent shall be declared void.

1332) Mario Biagioli, Patent Specification and Political Representation: How Patents
become Rights in Making and Unmaking Intellectual Property ed. by Mario
Biagioli, Peter Jaszi, & Martha Woodmansee, Univ. of Chicago Press, 2011, p. 27.

있었다.

1780년대부터 특허권의 부여가 계약이라는 사고는 보편화된다.[1333] 전통적으로 영국은 국가가 부여하는 은혜 내지 은전이라고 생각했지만 일방적으로 부여하는 시혜적인 것은 아니었다. 시민을 대신한 국가와 발명자가 발명과 독점을 교환하는 계약으로 보았다. 이러한 계약적 사고는 16세기 엘리자베스 여왕시절 특허부여시에 일반인을 교육시키는 것을 조건으로 특허를 부여하던 도제조항(apprentice clause)에도 나타나 있다.

그러나 18세기 명세서의 작성이 의무화 되던 시절에는 단순히 왕의 명령이 아닌 계약이라는 사고에 의하여 법리적으로 필요한 것으로 인정되게 되었다. 예컨대, 1785년 Rex v. Arkwright 사건에서 Buller 판사는

[i]t is clearly settled in law that a man to entitle himself to the benefit of a patent for a monopoly must disclose his secret, and specify his invention in such a way, that others may be taught by it.[1334]

[번역]
특허독점에 의해 이익을 받는 사람은 반드시 자신의 비밀을 공개하여 다른 사람이 알 수 있을 정도로 발명을 특정해야 한다는 것은 법에 의해 명백하게 정립된 원칙이다.

라고 판시했다. 이는 명세서는 쌍무계약 법리에서 발생한 것임을 분명히 하고 있고, 특허는, 엘리자베스 여왕시절에 그 개념이 발전했지만, 그 발명의 기술과 지식을 공중에게 전달하고 교육시키기 위한 기능을 보여주고 있다. 이러한 사회계약적 사고는 명세서의 개념을 발전시켜 명세서에 발명이

1333) Sean Bottomley, The British Patent System During the Industrial Revolution, 1700-1852, Hoover IP2 Working Paper Series No 16006, 2016, p. 6.
1334) Rex v. Arkwright, 1 WPC 64 377 (1785).

충분하지 않게 서술되면 무효라는 법리가 발전된다. 의회는 특허를 부여하기 위해 발명자를 심문하였다. 이에 명세서를 좀 더 세밀하게 서술하는 방법이 발전된다.[1335]

2. 명세서 제출 법리 근거와 제도의 형성

가. 쌍무성(consieration)

명세서는 계약적 사고와 공리주의 철학에 부합하는 것으로 판단된다. 다만, 영국은 특허발명의 아이디어를 공유함으로써 그것을 바탕으로 새로운 아이디어를 발명하도록 하는 공리적인 성격이 강했고 특허를 쌍무계약으로 보는 다른 국가는 쌍무계약상의 대가로서 계약법상의 'consideration'을 이루었기 때문에 특허권의 성립에 필요했다.

영국의 쌍무 계약에 앞서 공리주의 정신이 강했다고 하는 이유는 영국은 국왕의 은전이나 은혜적인 성격으로 산업발전이라는 공익적 목적으로 특허를 부여하는 것으로 보았고, 1624년 독점법 제정 이후에는 의회가 특허 부여권을 가져왔지만 영국에서는 특허를 국가에서 부여하는 은전 내지 은혜적인 것으로 보았기 때문이다.

그러나 그와 같은 영국의 법리는 특허제도의 도입의 근거가 되었기 때문에 특허제도에서 명세서와 청구항은 필연적이었다고 할 수 있다. 특히 영국의 공리주의가 사상적 흐름이 되었을 때 이러한 경향은 매우 강해졌다. 1778년 Liardet v. Johnson 사건[1336]판결은 영국에서 공리주의가 본격적으

1335) Sean Bottomley, The British Patent System During the Industrial Revolution, 1700-1852, Hoover IP2 Working Paper Series No 16006, 2016, p. 7

1336) Liardet v. Johnson, 62 Eng. Rep. 1000 (Ch. 1780).

로 발전하기 시작했을 때 그 사상적 기반으로 한 판결으로 볼 수 있다. 1776년 간행된 아담스미스의 국부론('An Inquiry into the Nature and Causes of the Wealth of Nations')은 개인적 자유주의 뿐만 아니라 공리주의적 사고를 바탕으로 하고 있고, 나아가 아담 스미스의 경제학은 공리주의를 발전시켰다고 볼 수 있다.[1337]

벤담과 같은 공리주의자들은 경제적 효율성 증대, 즉 최대다수의 최대행복을 가장 최선의 가치로 여긴다:

> Utilitarian economists argue for constructions that maximize economic efficiency; deontologists argue for constructions that comport with a particular moral view; and textualists argue for constructions that adhere to the linguistic meaning of the text. All are theories of construction.[1338]
>
> [번역]
> 공리주의 경제학자들은 경제적 효율성의 최대화를 외친다; 의무론자들은 도덕적으로 행동할 것을 요구한다; 문자주의자들은 문자의 언어적 의무를 준수할 것을 요구한다. 모두 분석주의자들이다.

이에 반하여 칸트(Kant), 롤즈(Rawls)와 같은 의무론자는 도덕적인 행위를 중요시한다. 문자주의는 언어의 객관적 의미를 중요시한다. 공리주의는 결과주의를 그 첫째 요소[1339]로 하지만, 인간의 삶을 풍요롭게 한다는 재

1337) 다만, 앞서 언급한 바와 같이 아담스미스의 경제학은 자유경쟁과 자율성을 가진 개인주의를 바탕으로 한 것(이점은 계몽주의의 영향으로 볼 수 있다)이지만, 공리주의는 단체주의를 바탕으로 하고 있다는 점에서 차이가 있다.

1338) Tun-Jen Chian & Lawrence B. Solum, The Interpretation-Construction Distinction in Patent Law, 123 Yale Law Journal. 530, 554 (2013).

1339) 공리주의의 특징은 다음 네가지로 정리할 수 있다. 첫째는 결과에 의해 측정한다, 둘째는 인간의 행복을 추구한다, 셋째는 경제적 효율과 가치의 극대화(maximizing)라는 경제적 측정을 한다, 넷째, 인간의 행복은 모두 평등한 가치를 가지고 있다.

산의 경제적 효과에 관하여는 공리주의는 결과주의가 아닌 목적주의라고 할 수 있을 것이고, 오히려 로크의 재산권 철학이 결과주의라고 할 것이다. 즉 공리주의의 특징을 말할 때 제시되는 그러한 의미의 결과주의는 아니다. 공리주의가 결과주의라고 하는 것은 최대다수의 최대행복은 그 결과가 나타날 때만 의미가 있는 것이기 때문이다. 필자의 언급에서 목적주의와 결과주의는 지향적인 행위의 방향을 의미하는 것이다. 공리주의 철학에 따르면 최대다수의 최대행복을 위해 재산권을 인정하여야 하는 목적이고 다른 한편으로 그 결과를 달성하여야 하지만, 로크는 재산권을 인정한 결과로서 인간의 생활이 풍요롭게 되었다고 하고 있다. 물론 신이 인간의 안락히고 평온한 삶을 위해 재산권을 부여했지만 로크에게 있어서 경제적 효율성은 최대의 목적은 아니다. 정치적 주체로서의 시민이 되기 위한 전제일 뿐이다. 따라서 로크에게 있어서 경제적 효율성은 지향된 것이 아닌 재산권을 인정한 결과 경제적 효율성이 좋아진 것으로, 결국 결과적인 것이다.

영국의 공리주의는 특허제도도 최대다수의 최대행복을 달성하기 위한 제도로 보았다. 그리하여 특허독점도 그것이 가져올 사회적 이익을 고려하지 않을 수 없는데, 특허 부여도 그와 같은 공리주의 철학이 지속적으로 반영되었다고 할 수 있다. 이는 이미 14세기 특허제도가 영국에 도입될 당시부터 고려된 것으로 특허를 도입한 모든 국가의 철학이었다. 다만 이러한 공리주의가 가장 뚜렷하고 거의 유일한 목적이 된 나라가 영국이었다고 할 수 있다.

그리하여 1718년 이탈리아에서 비단직조기술을 도둑질하여 온 토마스

첫째, 행위의 옳고 그름은 그 행위가 가져오는 효율과 가치라는 결과에 의해서 측정하기 때문에 결과주의라고 한다. 둘째는 인간의 행복이 바람직한 결과로서 고려될 사항이다. 셋째, 효율의 극대화인데, 이것은 개별인간을 고려하지 않고, 사회 전체(최대다수)의 이익을 극대화 하는 것이다. 이러한 측면에서 공리주의는 단체주의적인 성격을 가지고 있다. 그리하여 효율의 극대화는 모든 인간의 평등적 고려에 의해 조정된다. 모든 사람은 각자가 한 사람으로 평가된다.

롬비(Thomas Lombe)에게 부여한 특허장을 보면, "[i]n order to render it of the greater use and benefit to this Kingdom."라고 기재되어 있다. 즉 발명이 가져오는 영국에 대한 이익을 고려하여 특허를 부여한 것이다. 도덕적 윤리적 가치보다는 결과적 가치가 중요했다.

명세서의 가치는 1778년 Liardet v. Johnson 사건[1340) 판결에 나타나 있다.[1341) Lord Mansfield가 제시한 명세서의 가치에 대한 판단은 영국 특허법, 나아가 세계 특허법 역사에 있어 획기적인 판단으로 평가할 수 있다.[1342) 그의 판단에는 자연법상의 권리, 공리주의 철학, 그리고 계약법 사상 등의 특허법의 철학과 사상이 반영되어 있다. 다만 해당 사건의 판결문은 출간되지 않았고, Lord Mansfield가 배심원에게 한 설명(instruction)과 평결에서 신규성의 의미와 명세서의 가치를 찾을 수 있다. Liardet v. Johnson 사건에서 Lord Mansfield는 배심원에게 다음과 같이 신규성이 존재하여야 하는 이유를 설명하였다:

> Is it a new invention? Is it new? For if it is new and good for nothing, nobody will make use of it. The great point is, is it a new thing in the trade, or was it used before and known by them? ··· And

---

1340) Liardet v. Johnson, 62 Eng. Rep. 1000 (Ch. 1780). Liardet v. Johnson 사건은 출간 된 출처만 존재할 뿐 공식적인 판결문이 존재하지 않는다. 사건의 사실관계는 E. Wyndham Hulme, On the History of Patent Law in the Seventeenth and Eighteenth Centuries, 18 L. Q. REV. 280, 283 (1902) 이하에 정리되어 있다.

1341) John N. Adams & Gwen Averley, The Patent Specification the Role of Liardet v Johnson, The Journal of Legal History Volume 7, 1986, pp. 156-177; S. Bottomley, The British Patent System during the Industrial Revolution 1700‒1852. Cambridge: Cambridge Univ. Press, 2014, pp. 46‒48.

1342) E. Wyndham Hulme, Privy Council Law and Practice of Letters Patent for Invention from the Restoration to 1794, 33 L. Q. Rev. 180, 194-5 (1917); E. Wyndham Hulme, On the Consideration of the Patent Grant Past and Present, 13 L. Q. Rev. 313 (1897).

it is material ⋯ that in all patents for new inventions, if not really new discoveries, the trade must be against them: for if it is an old thing it is a prejudice to every man in the trade; it is a monopoly.[1343)]

[번역]

그게 새로운 발명인가? 그것은 새로운 것인가? 왜냐하면 아무것도 아닌 것에 대하여 새롭고 좋다는 것이라면, 어느 누구도 그것을 이용하지 않을 것이다. 중요한 것은 거래에 있어 새로운 것이든지 또는 그것이 그들에 의해 알려지고 그 이전에 이용되었는지이다. ⋯ 새로운 발명에 대한 모든 특허에 있어, 실제로 새로운 발견이 아니라면, [사회와 특허권자에 대하여 특허] 거래는 반사회적인 것이다: 왜냐하면 만일 그것이 새롭지 않은 오래된 것이라면, 거래에 있어 모든 사람에게 나쁘기 때문이다; 그것은 독점이다.

나아가 명세서가 존재하고, 명세서에서 특허발명에 대하여 상세한 설명을 하여야 하는 이유에 대하여

Then if it is fairly an invention, that it was not in the knowledge of the trade at the time the letters patent were granted. The next consideration is whether the specification teaches you to make it again. ⋯

You have the whole of the case before you ⋯. You will settle in your minds whether the defendant has used the composition, whether it is old or new: in the next place whether it is such a one as was in use in the trade at the time of the letters patent; or really and fairly a new invention, which they had not. Whether it was in books or receipts, it

---

1343) Adam Mossof, Rethinking the Development of Patents: An Intellectual History, 1550-1800, 52 Hastings L.J. 1255, 1308 (2000-2001)에서 재인용.

never prevailed in practice or in the trade. And the last thing is whether
the specification don't teach any other artist to make use of it.[1344]

라고 하는바, 발명이 신규한지 여부에 대하여는 Lord Mansfield는 선사용자
의 계속적이고 성공적인 사용사실이거나 이미 공공의 지식이라는 전문가
의 증언에 의해 입증될 수 있다고 했다.[1345]

영국의 특허역사를 연구하고 이를 정리했던, Hulme는 Lord Mansfield의
판결에서 찾을 수 있는 명세서의 경제 철학의 가치를 다음과 같다고 하고
있다.

(1) 특허의 경제적 가치는 발명이 성공적으로 실시되는지에 달려있는데,
특허권자가 발명에 의하여 특허를 취득함으로써 얻는 독점에 대하여
그가 사회에 가져오는 대가(consideration)는 그의 개인적 노력과 투
자이고, 이러한 쌍무적 의무(consideration)는 포기될 수 없다.

(2) 이전의 특허법은 이미 존재하는 선행발명과 자신의 발명의 차이 전
체를 자신의 권리로 주장하는 것이었는데, Lord Mansfield는 신규성
심사를 하도록 하면서 발명가는 이용하지 않는 공중의 지식을 자신
의 특허발명으로 독점주장을 할 수 없도록 했다. 그리하여 심사를 강
화하도록 하여 특허권리범위를 약화시켰다. 발명이 타인에게 침해소
송을 제기할 가치가 없는 경우에는 특허를 취득할 이유가 없었으므
로 자산적 가치가 없는 경우에는 발명을 할 유인이 없었다. 현재의
특허제도가 경제적 가치를 갖는 것은 모든 거래에는 거품이 있고, 특
허도 특허를 취득했다는 이유만으로 광고적인 가치를 갖는다는 것을

1344) E. Wyndham Hulme, On the History of Patent Law in the Seventeenth and
Eighteenth Centuries, 18 L. Q. REV. 280, 286-87 (1902).
1345) Id., 287.

인정하고 있다.

(3) 18세기 말엽에 신규성 심사를 하던 국가들에 있어서는 특정일 이전에 또는 특정한 출판물에 대하여는 특허부여에서 제외하는 규정을 가지고 있다. 그와 같은 특허부여에 대한 제한을 하는 주된 이유는 행정적 목적 때문이었고, 그로 인한 부작용, 즉 방어적인 특허를 과도하게 보호하는 문제점이 있었다. 왜냐하면 광범위하게 특허청구범위를 주장하는 출원자를 선의의 출원자로 보호하기 때문이었다. 이러한 문제점으로 인하여 근대의 특허법이 그 이전의 특허법리로 회귀하게 되었다.

영국에서 특허부여가 왕의 권한에서 의회의 권한으로 변경되고 특허침해 등에 대한 재판관할이 왕과 왕의 비서실(Privy Council)에서 커먼로 법원으로 이전된 후에 가장 큰 변화중의 하나는 법원이 특허를 계약으로 보았다는 것이다.[1346] 특허권이 왕의 권한이었던 시대, 즉 1624년 이전에 특허부여는 새로운 발명과 발명을 이용한 제조물에 대하여 특허라는 대가를 부여하는 것이었다면, 명세서의 기능에 대하여 법원은 새로운 지식을 도입하는 것으로 보아 특허독점에 대한 특허권자는 사회에 자신의 발명에 관한 지식을 명세서를 통하여 알려야 하는 의무를 부담하게 되었다.

즉 쌍무계약[1347]에서 요구하는 대가적 보상은 소위 'consideration'을 의미했고, 'consideration'은 쌍무적 대가가 균등하고, 그 균등을 바탕으로 명세서에 기재된 기술사상과 균등한 범위는 쌍무적 대가의 범위에 포함된다

1346) John N. Adams, History of the Patent System, in "Research Handbook on Patent Law and Theory" edited by Toshiko Takenaka, Elgar, 2019, p. 6. (Holdsworth의 글을 인용).

1347) 영미법에서는 계약은 쌍무적인 것이다. 쌍무적인 것이 아니라면 계약으로 강제할 수 없다.

는 균등론(the doctrine of equivalent)로 연결된다.

특허는 공중과 발명자의 쌍무적 계약이고, 명세서는 그 부담(consideration)을 명확히 하는 것이라는 사고는 명세서가 작성되면서부터 특허법리를 지배한 사고이다. 1810년 특허법에 관한 저술을 한 미국의 Thomas Fessenden은 자신의 저서에서, '특허는 발명과 독점의 상호교환계약이므로 명세서를 자신의 계약상 부담하여야 하는 상호 대가(quid pro quo)'라고 하였다.[1348] 특허를 계약적인 사고로 보는 것은 영국의 경험론과 사회계약설에 따라 영국의 정치사회가 구성이 되었고, 이러한 실제 정치현상과 정치사회 구성에 따른 자연적인 결론으로 보인다.

공리주의 철학자인 벤담과 밀도 계약을 주장했는데, 그들은 상호 동등한 지위에서의 계약이 아니라 은혜와 은전에 의한 계약, 즉 현대행정법상 행정계약과 같은 국가의 공권력 행사에 의한 행정처분으로 인하여 발생하는 행정계약으로 보았다. 이는 영국 공리주의에서 보는 특허제도에 대한 관점 때문에 그렇다. 영국에서는 왕의 은혜 은전에 의하여 부여하는 제도가 1624

1348) Thomas Fessenden, An Essay on the Law of Patents for New Inventions: With an Appendix Containing the French Patent Law, Forms, & C., Mallory, 1810, p. 49. As to the invention, the rule of law is very different from what it is on the specification, for as on the specification if any one part of the invention be not sufficiently described, the patent is void, but on the invention, if any one part of it be new and useful, that is sufficient to sustain a patent for the particular object of the invention. But the patent must not be more extensive than the invention, therefore if the invention consists in an addition, or improvement only, and the patent is for the whole machine, or manufacture, it is void. It will not impeach the validity of a patent that another first made the discovery, which is the subject of it, if in truth the patentee were the first to make it public; for it was the disclosure of new inventions which the statute meant to encourage. It is therefore a provision, and indispensable condition in all patents, that the patentee shall ascertain the nature of his invention, and in what manner it is to be performed. The specification is the price which the patentee is to pay for his monopoly.

년 독점법 제정으로 특허부여권이 의회로 이전되자 의회법에 의한 독점부여이고, 특허는 영국의회와 국가가 은혜와 은전에 의하여 부여하는 행정계약이라는 관념에 지배적이었다.

이는 같은 커먼로 국가인 미국과의 온도 차이가 발생한다. 미국은 영국보다는 사적 계약이 가까운 것으로 이해했다. 그리하여 명세서는 계약상의 consideration으로 보았다. 1890년 미국의 William Robinson은 그의 저술을 통하여 특허는 계약으로 이해하고, 명세서는 청약과 같은 것으로 이해했다.[1349]

나. 부정한 특허의 방지

계약상 쌍무적 대가의 관점에서 보면, 어떤 물건의 거래에 있어 그 물건의 가격을 대강이 아닌 정확히 알아야 하는 것처럼 발명도 사회적 부담의 범위와 특허 종료후에 사회가 가져가는 것, 즉 공유재산이 되는 것을 명확히 알아야 했으므로, 발명의 공개는 어떤 기술상의 개념이 아니라 보호가 필요한 대상인 정보를 공개하여야 했다. 이는 명세서의 기재가 발전하면서

1349) Robinson, William C. The Law of Patents for Useful Inventions. Vol. II. Boston: Little, Brown, and Co., 1890, p. 70.

A patent is a contract between the inventor and the public, by which the inventor, in consideration that the exclusive use of his invention is secured to him for a limited period of time, confers upon the public the knowledge of the invention during that period and an unrestricted right to use it after that period has expired. The public, on the other hand, action through the government, agree with the inventor that, in consideration of his immediate bestowal upon them of a full knowledge of the invention and of entire right to use it after the term named in his patent. In this contract resides the whole force and benefit of the patent to both parties. The specification is the instrument in which the terms of these mutual considerations and promises are declared, and on its completeness and accuracy depends the validity and the value of the contract itself.

중심한정주의로부터 주변한정주의로 변경되어야 하는 근거를 제공한다.

　명세서의 기재에 의하여 명확한 기재되어야 공중과 특허권자 어느 누구도 부당한 이익을 얻지 못한다. 대부분이 경우 발명자가 자신의 발명의 범위를 기재하고, 이를 통하여 특허를 취득하기 때문에 특허를 취득한 발명자가 부당한 이익을 받을 수 있다. 그러나 명세서의 기재는 권리범위이고, 제3자의 이용이 침해가 되는지 판단의 결정적 증거이기 때문에 명세서의 기재범위를 좁게 기재 한다고 하여 특허권자가 이익을 보는 것은 아니다. 명세서에 발명의 기술적 범위를 넓게 기재하는 경우에는 발명자가 자신의 기여나 발명이 없음에도 불구하고 제3자의 이용을 특허침해로 주장할 수 있으므로 부당한 이익을 받을 수 있다. 이에 명세서의 기재에는 명확성을 요구했다. 그리하여 특허의 교섭(patent bargain)은 특허권자나 공중 어느 누구도 부당한 이익을 얻지 못하여 한다는 법리가 정립되었다. 따라서 명세서에 발명을 부정확하거나 기망적으로 기재하여 발명을 공개하는 것은 한쪽으로 기울어진 특허교섭을 유효하게 한 것이 아니라 특허교섭을 무효로 할 수 밖에 없다.

　명세서 제도가 도입되기 전에도 발명가는 자신의 발명을 공무원에게 설명하거나 공개시연을 하여야 했다. 그러나 이러한 관행이나 요건에는 명세서의 제출이 포함되는 것은 아니었다. 위와 같은 설명이나 공개시연은 발명을 공중에게 공개하는 것은 아니었고, 공개시연도 발명의 내용을 구체적으로 공개하는 것은 아니었다. 다만 특허제도 초기에 시행된 설명이나 공개가 계약설이 주된 법이론이 되면서 명세서 제도로 발전한 것은 부인할 수 없다.

　보상의 관점에서 보면 쌍무적인 균형을 이루어야 했는데, 그 당시 명세서 기재는 기술사상의 핵심만을 기재하였으므로 그 기술사상을 구체화 하는 논거와 범위를 균등의 개념이 이용되었다. 즉 쌍무성(consideration)의 범위는 그 당시 명세서의 기재방법인 중심한정주의하에서는 추상적인 기술사상만으로 기술의 구체적 내용을 확정할 수 없으므로 명세서에 기재된 기술사상에 균등한 범위까지 포함하는 것으로 해석하는 것이다.

1785년 Arkwright v. Nightingale 사건은 18세기를 종료하고, 산업혁명이 시작된 이후에 영국 특허법의 발전에 관련된 판결이라는 점에서 많은 주목을 받고 있다. 1769년 리차드 아크라이트(Richard Arkwright)는 방적기 특허를 받았는데 1785년 6월 The King(Rex) v. Arkwright 사건[1350]에서 영국의 고등법원(the English High Court)은 리차드 오크라이트의 면방직기의 특허가 충분히 설명되지 않았다는 이유로 그의 특허를 무효화 하는 scire fucias 절차[1351]를 시작했다. 법원은 다음과 같은 소장의 이유를 제시하면서 오크리이트에게 영장을 송달하여 그 설명을 요구했다.

> That the said Richard Arkwright hath not, in and by the said instrument in writing so by him enrolled in our High Court of Chancery, particularly described and ascertained the nature of his said invention, and what manner the same is to be performed but hath wholly neglected to do so, contrary to the form and effect of the said letters patent···.[1352]
>
> [번역]
>
> 앞서 언급한 리차드 오크라이트는 그가 고등형평재판소에 서면에 기재하여 등록한 내용에 그의 발명의 성질을 특정하고 구체적으로 기재하지 않았고 그의 발명이 수행하는 방법도 기재하지 않았고, 오히려 특허장의 형식과 효력에 위반하여 그와 같이 발명을 특정하여 구체화 하는 방법으로 기재하는 것을 행하지 않았다···.

1350) The King(Rex) v. Arkwright, (1785) 1 Hayward's Pat. Cas. 263 (K.B.).

1351) 피신청인이 자신의 특허가 무효화 되지 않아야 하는 이유를 설명하는 절차임.

1352) Thomas Webster, Reports and Notes of Cases on Letters Patent for Inventions, Thomas Blenkarn, Law Bookseller, 1844, p. 65.

법원은 오크라이트의 방직기 특허가 발명의 특징에 대하여 발명이 성질을 특정할 만큼 기재하지 않았다는 이유를 근거로 그의 특허를 무효화 했다. Francis Buller 판사는 오크라이트 발명의 신규성에 대하여 충분히 공개하지 않았다고 판시했다.

본 사건은 3가지 쟁점이 있었는데, i) 방적기는 Arkwright가 발명한 것인지, ii) 특허발명이 명세서에 적절히 설명되어 있지 않다는 점, 및 iii) Arkwright의 발명은 유용성이 없다는 점, 즉 공중에게 해롭고 불편(prejudicial and inconvenient)한 것인지가 주된 쟁점이었다.

법원에 의해 Arkwright의 방적기 특허는 명세서가 부실하게 작성되었다는 이유로 무효화 되었다. 그 판결에서 Francis Buller 판사는 명세서에 관하여 다음과 같은 원칙을 정했다.

1번째, 특허독점을 취득한 자는 자신이 비밀을 공개하고, 자신의 발명을 같은 업종에 종사하는 기술자들이 그 기술을 취득하여 특허받은 물품을 제조할 수 있는 방법으로 발명을 특정하여야 하고, 그 명세서는 그 기술자들이 자신의 새로운 발명이나 다른 추가되는 방법이 없이 특허발명을 완성할 수 있도록 하여야 한다.

2번째, 특허기간이 종료된 후에 공중이 특허발명을 저렴하고 이익에 되는 방법으로 이용할 수 있어야 하므로 명세서는 기구나 기계의 많은 부분을 설명하여야 하고, 특허권자 자신만이 이용하거나, 공중의 일부만이 이용할 수 있도록 하면 안되고, 공중이 함께 이용할 수 있는 방법으로 기술하지 않으면 그 특허는 무효이다.

3번째, 만일 명세서가 어느 부분이라도 실질적으로 허위이거나 결함이 있다면 특허는 법에 위반되는 것으로 유효하지 않다.

판결문에는, 공중과 발명가의 계약이므로 명세서에 발명이 충분히 기재(as ample and beneficial a way)되었는지를 판단하는 것으로,

[a]fter the term for which the patent is granted what the art is and it must put the public in possession of the secret in as ample and beneficial a way as the patentee himself uses it.

[번역]

특허부여 후 특허기간이 종료된 후에 그 기술이 무엇이든 특허권자가 스스로 이용했던 방법으로 그 비밀이 충분하고 이익이 되도록 공중에게 지식이 되어야 한다.

고 판시했다. 만일 그와 같이 기재가 되지 않거나 진실이 왜곡되어 있다면 특허는 무효가 된다고 언급하고 있다.1353)

그와 같이 명세서에 충분히 기재(as ample and beneficial a way)되었는지를 판단하는 것은 '통상적인 지식을 가진 기술자'(mechanical men of common understanding)가 명세서에 의해 기계를 만들 수 있는지를 기재하여야 하는 것으로, 법원은 다음과 같이 판시하고 있다:

It has been truly said by the counsel, that if the specification be such that mechanical men of common understanding can comprehend it, to make a machine by it, it is sufficient; but then it must be such that the mechanics may be able to make the machine by following the directions of the specification, without any new inventions or additions of their own.

[번역]

법관에 의해, 만일 명세서가 통상적인 지식을 가진 기술자가 그 기

1353) Id., 66.

> This I take to be clear law, as far as it respects the specification; for the patent is the reward, which, under the act of parliament, is held out for a discovery; and, therefore, unless the discovery be true and fair, the patent is void. If the specification, in any part of it, be materially false or defective, the patent is against law, and cannot be supported.

술을 이해하고, 그 기술에 의해 기술을 만든다면, 명세서 기재는 충분
하다; 그러나 기술자들의 지식을 추가하거나 새로운 발명이 없이 제작
기법이 명세서에서 가르치는 방법에 따라 기계를 만들 수 있도록 명세
서에 기재하여야 한다.

통상적인 지식을 가진 기술자(mechanical men of common understanding)
는 현대 특허법상 진보성 판단에 있어서의 '해당분야의 통상적인 지식을
가진 기술자'(PHOSITA)와 유사하다.

명세서는 기술을 알려야 하는 것으로, 이는 현재의 'best mode'로 법리화
했다. 특허권자가 발명을 실시함으로써 이익을 얻는 것과 같이 특허권이 종
료된 이후에 공중이 같은 이익을 얻을 수 있도록 명세서를 기재하여야 한다.

증기기관을 발명한 제임스 와트의 특허도 명세서 기재를 남용한 것으로
유명한데, 제임스 와트는 1769년 14년간 보호되는 특허를 취득하였다. 그
는 증기와 연료의 감축을 가져오는 효과가 있는 6개의 넓은 청구항을 기재
했다.1354) 1775년 영국의회에서 25년의 특허기간 연장1355)을 받은 제임스
와트의 압축증기기관(condensed steam engine)에 대한 그의 연장 특허명세

1354) 그의 특허명세서에는,

> [t]o employ the expansive force (pressure) of steam to press on the pistons…
> in the same manner as the pressure of the atmosphere is now employed in
> common fire engines. In cases where cold water cannot be had in plenty, the
> engines may be wrought by the force of steam only, by discharging the steam
> into the open air after it has done its office.

라고 기재되어 있었고, 명세서의 핵심은 6개의 청구인데, 이는 1) cylinder with
closed top, 2) piston pressed down by steam, 3) steam case, 4) separate condenser,
5) air-pump, 6) piston kept tight by oil or grease 로 구성되어 있었다.

1355) AN ACT for vesting in JAMES WATT, Engineer, his executors, administrators, and
assigns, the sole use and property of certain Steam Engines, commonly called Fire
Engines, of his Invention, described in the said Act, throughout His Majesty's
Dominions, for a limited time. [22nd May 1775.]

서는 증기기관에 대하여는 기재가 없이 기계적 개량만이 기재되어 있었다.

제임스 와트가 Dr. William Small에게 보낸 편지에는 '명세서의 기재로부터 다른 사람이 그 발명을 실시할 수 있을 만큼 충분하게 기재하지 않았기 때문에 일부 특허가 무효가 될 수 있다고 안내받아서, 나는 도면을 첨부하여 설명을 부가했다.'("as I have been informed that some patents have been defeated because the specification was not clear enough to enable other people to execute the scheme, I have added descriptions of the machines with drawings.")라고 언급하였다고 한다.[1356] 결국 의회의 특허 심사위원회가 제임스 와트의 압축 공기 엔진에 대하여 설명이 부족하다고 하여, 제임스 와트가 그 설명을 부가하고, 도면을 첨부했다.

제임스 와트의 경쟁자이었던 조나단 혼블로워(Johathan Hornblower)[1357]는 1782년 래드스톡 콜리어리(Radstock Colliery)에 자신의 증기압축기가 분리되지 않고, 하부의 실린더쪽에 장착이 된 컴파운드 증기엔진을 만들었다. 제임스 와트와 그의 동업자 볼튼은 혼블로워에게 i) '증기 압력에 의해 아래로 움직이는 피스톤'("Piston pressed down by steam")으로 구성된 발명

1356) Matthew Boulton and James Watt, Industrial Revolution: Series 1, The Boulton and Watt Archive and the Matthew Boulton Papers from the Birmingham Central Library, Adam Matthew, 1993, Part I, 1:4.

1357) 조나단 혼블로워(Johathan Hornblower, 1753-1815)의 할아버지인 조셉 혼블로워(Joshep Hornblower, 1696-1762)는 최초의 증기기관 발명자인 Newcomen이 1725년 자신의 두 번째 증기기관을 Conwall에 건설할 때 그 감독관으로 일했기 때문에 그의 아들인 조나단 혼블로워(Johathan Hornblower, 1717-1780, 그의 동생은 미국으로 건너가 증기기관 기술자가 된 Josiah Hornblower이고, 그의 아들이 제임스 와트와 증기기관 특허를 두고 싸운 Jonathan Hornblower 임)는 증기기관에 대하여 잘 알고 있었다. William Nelson, Josiah Hornblower, and the First Steam-Engine in America with Some Notices of the Schuyler Copper Mines at Second River, N. J., and a Genealogy of the Hornblower Family, Daily Advertiser Printing House, 1883, pp. 4-5. 조나단 혼블로워의 작은아버지이자, 조셉 혼블로워의 동생인 조슈아 혼블로워(Josiah Hornblower, 1729-1809)는 미국에서 증기기관 기술자로 활동했다.

은 자신의 특허를 침해할 수 있음을 경고했다.[1358] 나아가 자신의 발명은
그 이외도 ii) "Cylinder with closed top," iii) "Steam case, or iv) non-
condensing casing to cylinder," v) "Separate condenser," 및 vi) "Piston kept
tight by oil and grease"의 6개의 청구항으로 구성되어 있다고 경고했다.[1359]

1712년 Thomas Newcomen이 발명한 그의 증기기관은 보일러에서 증기
가 실린더 내로 분출되면 그 압력으로 피스톤이 상부로 움직이고, 피스톤
이 상부에 이르면, 보일러에서 실린더로 연결되어 스팀이 분출되는 압력밸
브를 잠가, 실린더 내부로 가는 스팀의 압력을 차단하고, 남아 있는 실린더
내부의 압력은 실린더에서 외부의 물탱크로 연결된 밸브를 열어 뜨거운 증
기가 있는 실린더 내부에 찬물을 채우면 내부 압력을 낮추는 작동을 하고,
압력이 낮아진 실린더로 인하여 상부로 팽창 이동한 실린더가 압력저하로
아래로 내려오고 아래로 내려오면 다시 실린더 내부에 스팀을 분사하는 방
식으로 피스톤의 상하운동을 유도했는데 그 속도가 빠르지 않았다.

[1712년 Thomas Newcomen 의 증기기관[1360]]

1358) George Selgin & John L. Turner, Strong Steam, Weak Patents, or the Myth of
    Watt's Innovation-Blocking Monopoly, Exploded, 54(4) The Journal of Law &
    Economics 841, 849-850 (2011).
1359) Id., 850 n. 13.
1360) 그림 출처

제임스 와트의 압축스팀엔진은 구조는 간단했지만 증기분출과 실린더 내의 압력유지방식을 획기적으로 개선했다. 즉 외부의 압축증기실이 있고, 그 압축증기실에서 압축된 증기를 실린더의 양쪽에 증기를 분출하여 실린더에 압력을 주는 방식이었는데, 피스톤 실린더와 분리된 증기 압축기가 있고, 그 압축기에서 실린더 양쪽에 교대로 증기가 분출되어 압력이 높아지고, 분출되지 않은 실린더의 압력은 낮아지는 메커니즘이 피스톤이 움직임에 따라 그 피스톤의 직선운동에 연동된 분출조절기가 스팀을 실린더 양쪽에 자동으로 분출되도록 작동되게 만든 것이므로, 실린더의 속도가 빨라지더라도 그 압력유지와 압력배출 작동이 기계적인 작동으로 자동적으로 유지되고, 이후 제임스 와트는 피스톤의 움직임에 따라 원심력을 이용한 회전운동기에 의하여 속도를 조절하는 조속기를 발명하고 이를 부착하여 속도가 빨라지거나 낮아지면 조속기가 스팀의 양을 조절하는 방식으로 일정한 속도가 유지되었다. 기계적으로 보면, Newcomen의 증기기관이 양쪽에 두 개 있는 것과 같은 효과를 내었다. 따라서 속도도 빨라지고, 데워진 증기를 찬물로 식혀 압력을 낮출 필요가 없었으므로 증기를 효율적으로 이용하여 엔진의 효율도 좋아져 석탄사용을 감소시킬 수 있는 효율적 엔진이었다.

그러나 혼블로워는 제임스 와트가 주장하는 증기로 상하 운동하는 특징을 가진 발명은 제임스 와트의 발명도 아니고 새로운 발명도 아니라고 확신하여 공개적으로 제임스 와트와 존 볼튼의 증기기관은 특허받을 수 없다고 했다.[1361] 그의 압축기는 제임스 와트의 특허로부터 가져왔다는 것은

---

https://physics.weber.edu/carroll/honors/newcomen.htm
https://www.egr.msu.edu/~lira/supp/steam/newcomen.htm
https://www.alamy.com/stock-photo-newcomen-atmospherical-steam-engine-1712
-135097472.html
https://ethw.org/Thomas_Newcomen_and_the_Steam_Engine
1361) George Selgin & John L. Turner, Strong Steam, Weak Patents, or the Myth of Watt's Innovation-Blocking Monopoly, Exploded, 54(4) The Journal of Law &

분명히 입증되지는 않았다.[1362) 사실 상하운동의 피스톤은 1712년 Newcomen
의 증기기관에서 구성되었기 때문에 제임스 와트의 증기기관은 현재의 기
준으로 하면 일부는 신규성이 존재하는지 의심스러운 것이었고, 무엇보다
도 제임스 와트의 특허청구범위는 매우 광범위한 것이었다. 그럼에도 불구
하고 제임스 와트의 특허는 유효라고 판결했다.

그러나 제임스 와트의 압축증기엔진은 그 청구항이 너무 광범위하여 새
로운 증기기관의 시장진입을 방해하여 기술발전을 저해했는지에 대하여
오늘날까지도 쟁점이 되고 있다.[1363) 다수의 학자들은 제임스 와트의 증기
기관의 특허청구범위가 광범위하여 경쟁자가 외부의 압축기(condenser)를
사용한 것 뿐만 아니라 증기를 이용하여 피스톤을 이동시키는 장치가 제임
스 와트의 특허청구범위에 포함된다고 주장을 했다.[1364) 결국 제임스 와트

Economics 841, 850 (2011).

1362) William Pole, A Treatise on the Cornish Pumping Engine. London: John Weale.
1844, p. 31; William Nelson, with Some Notices of the Schuyler Copper Mines
at Second River, N. J., and a Genealogy of the Hornblower Family, Daily
Advertiser Printing House, 1883, pp. 59–60 ("Mr. Hornblower admitted the value
of this idea, but denied having adopted it, saying, in the "Address" quoted from
above "The Application of this Improvement to our Engine would be useless; nor
have we adopted it, for we do admit the condensing Water into the Cylinder.
Which is sufficient of itself to evince, that the Principles of the two Machines must
be, and are very different." However, from the descriptions and views of the engine
extant, there evidently was attached some sort of a condensing apparatus outside
of the cylinders, and although it was by no means an essential feature of the
engine, it gave Boulton and Watt an advantage in attacking Hornblower's design.").

1363) Selgin, George, Strong Steam, Weak Patents, or, the Myth of Watt's Innovation-
Blocking Monopoly, Exploded, 54(4), The Journal of Law & Economics, 841, 847
(2011).

1364) Nuvolari, Alessandro. 2004. Collective Invention during the British Industrial
Revolution: The Case of the Cornish Pumping Engine. 28 Cambridge Journal of
Economics 347, 353 (2004); Boldrin, Michele, and David K. Levine, Against
Intellectual Monopoly, Cambridge Univ. Press, 2008, p. 15 n.5.

는 특허 블럭(blocking patent)에 성공을 한다.[1365)]

그와 같은 사건을 통하여 제임스 와트가 증기기관의 특허연장을 위해 자신의 명세서에 했던 광범위하고 모호한 특허청구항은 제동이 걸리기 시작한다. 그리하여 제임스 와트는 그와 같은 명세서 기능의 변화는 기술탈취에 노출되고, 명세서 평가를 하는 판사의 주관에 의존할 것이라는 우려를 했다.

1년 후, 볼튼과 와트는 에드워드 불(Edward Bull)에게 특허침해소송을 제기한다. 1795년 Boulton & Watt v. Bull 사건[1366)]에서 에드워드 불 (Edward Bull)은 와트 증기기관 특허의 명세서의 문제점을 지적하고, 이에 특허의 무효를 주장한다. 이에 손해배상소송을 관할하는 커먼로 법원(the Court of Common Plea)은 볼튼과 와트에게 승소판결을 내리지만 명세서에 대하여는 형평법원의 판단을 구한다.[1367)] 형평법원은 다수의견으로 1769년 특허의 광범위한 특허청구범위의 유효성을 인정하지 않는다.[1368)] James Rooke와 Giles Eyre 판사만이 제임스 와트의 1769년 압축증기기관 특허청구범위의 유효성을 인정한다. 그러나 다수인 4명의 판사는 제임스 와트의 4번째 청구항이 광범위한 청구범위로서 단순한 자연과학적 원리까지 특허청구범위를 포함하였다고 하여 판시하면서 1624년 독점법에 위반된 특허

1365) Henry Winham Dickinson, and Rhys Jenkins. 1927. James Watt and the Steam Engine, Clarendon, 1927, p. 299. Ben Marsden은 볼튼과 제임스 와트가 그러한 특허를 이용하여 시장에서 경쟁자를 퇴출시킨다. Ben Marsden, Watt's Perfect Engine: Steam and the Age of Invention, Columbia Univ. Press, 2002, pp. 99. ("Boulton and Watt deftly played the patent card to out-trump rival steam engineers ―even, perhaps especially, those who promoted more efficient engines"). (Mokyr 1990, p. 247, n.9 ("effectively blocked the development of a high pressure engine, even though Watt himself firmly opposed such engines").

1366) Boulton & Watt v Bull, (1795) 126 ER 651.

1367) James Patrick Muirhead, The Life of James Watt, John Murray, 1859, pp. 391-94.

1368) Ben Marsden, Watt's Perfect Engine: Steam and the Age of Invention, Columbia Univ. Press. 2002, pp. 143-44.

청구범위를 기재한 것이라고 판시하였다. 그리하여 4번째 청구항은 그 권리를 주장할 수 없게 되었다.

제3절 특허계약과 쌍무적 공정성

1. 부정한 특허

15-16세기의 영국에서 새로운 기술의 발명이나 영국내로의 도입에 대한 왕의 특허부여는 산업발전을 위한 목적이었다. 영국의 산업발전을 위한 대가로 발명자의 노동과 노력에 대하여 특허를 부여했다. 보상적 특허는 국가와 발명자 사이에 상호 계약관계에 의하여 성립하는 것이다. 발명을 실시할 수 있도록 구체화 하는 것 또는 새로운 산업이나 거래를 확립하는 것은 발명을 완전히 보호하고 국민에게 알려서 국민이 그 지식을 알게 하고 특허기간이 종료되면 그 발명을 자유롭게 실시할 수 있도록 하는 것이었다. 따라서 특허를 받아 독점을 행사했던 발명을 제대로 공개하지 않는 경우에는 벌칙이 존재했다.

엘리자베스 여왕시절부터 일정기간내에 발명을 공개를 하지 않거나 실시하지 않거나 특허물품에 대하여 과도한 비용을 청구하는 경우에 특허를 무효로 하거나 벌칙을 부과하는 조항(working clause)이 부과되었다.[1369]

1563년 엘리자베스 여왕은 George Gyplin과 Peter Stoughberken에게 양조와 베이킹에 사용되는 효율좋은 오븐과 화로에 대한 10년간의 특허를 부여했는데, 그 특허부여조건에는 '특허받은 발명을 2개월 내에 실시하지 않거

1369) D. Seaborne Davies, The Early History of the Patent Specification, 50 L. Q. Rev. 86, 100 (1934).

나 과도한 가격을 부과하면 특허를 무효로 한다'[("The grant is void in case the patentees fail to come over and put the grant into practice within two months, or prove extortionate in their charges.")는 조항이 있었다.[1370]

그 뿐만 아니라 엘리자베스 여왕시절에는 국민이 특허발명의 지식과 기술을 알 수 있는 반대급부(consideration)를 확실하게 하기 위해 기술에 대한 여왕이 그 특허기술과 지식을 수용할 수 있었다. 다만 그와 같은 수용을 하기 위해서는 특허권자에게 사전 통지가 이뤄져야 했고, 그의 특권을 포기하는 대가에 대한 금전보상을 하여야 했다.[1371]

실제로 엘리자베스 여왕이 1564년 Thomas Thurland와 Daniel Houghsetter 에게 부여한 특허[1372])에 특허발명을 실시하지 않는 경우에 정부가 보상을

1370) E. Wyndham Hulme, History of the Patent System Under the Prerogative and at Common Law, 12 L. Q. Rev. 141, 146 (1896).
1371) D. Seaborne Davies, The Early History of the Patent Specification, 50 L. Q. REV. 86, 108 (1934).
1372) 1564. Oct. 10. Commission to Daniel Houghsetter and Thomas Thurland for mining in eight English - Counties; 1565. Aug. 10. Special license to the same concerning the provision for the minerals and mines of gold, silver, &c.

This grant was the outcome of the action of the Queen, who early in her reign sent for expert German miners to revive the mineral industries of the kingdom. Thurland, master of the Savoy, appears to have acted as agent and go-between in the matter. Copper mining, practically a lost art, was at once started at Keswick on a large scale; the metal being required for the casting of bronze ordnance. The validity of the grant was challenged by the Earl of Northumberland on the ground that the work was within the Royalties granted to his family in a former reign. The case was decided in favour of the Queen, on the ground that the neglect of the Earl and his predecessors to work the minerals during seventy years 'had made that questionable which for ages was out of question' (Pettus, Fodinae Regales). On May 28, 1568, the Company was incorporated by Charter as the Society of the Mines Royal, which existed down to the eighteenth century. Houghsetter migrated to Cardiganshire, where valuable deposits of silver were diecovered, and where he founded p family.

하고 특허를 공공수용('the same power in our own possession')을 할 수 있
는 조항을 추가하였다.[1373]

ELIZABETH by the Grace of God etc., To all to whom these our
Letters Patents shall come, greeting :

Where We, by our Letters Patents under our great seal of England
bearing date at Westminster the seventeenth day of September in the
seventh year of our reign, for the considerations therein mentioned and
expressed, of our especial grace certain knowledge mere motion and
prerogative royal by the same our Letters Patents for Us our heirs and
successors did give and grant full power commission licence and
authority unto our faithful and wellbeloved subject William Humfrey,

….

And for the desire and good hope that the work by grant of these our
Letters Patents to be attempted shall have good proof success and
continuance, our like will and pleasure is that these our Letters Patents
and all and every the articles and grants therein contained shall stand
remain and abide firm stable continual and inviolable to be put in use
according to the intent and meaning of the same, Any Act statute [etc.
as above] notwithstanding:

See also Col. Grant-Prancis, Copper-smelting.
위 특허내용에도, 선행 특허권자로부터 이의제기가 있었으나 선행 특허를 부여받은
Earl of Northumberland와 그의 피승계인이 7년내에 실시를 하지 않아 이의제기를
받아들이지 않고, 특허를 부여하였다는 내용이 포함되어 있다. 특허내용은 E.
Wyndham Hulme, History of the Patent System Under the Prerogative and at
Common Law, 12 L. Q. Rev. 141, 147(1896).
1373) Patent Rolls, 10 Eliz., pt. ix.

Provided always, notwithstanding any clause article or matter in these presents, that if at any time hereafter We shall be disposed to take or resume into our disposition this former grant or licence expressed in our recited Letters Patents for the searching digging opening roasting melting stamping washing or draining of waters or otherwise working or melting down of the said mines or ores of gold silver copper or quick-silver, That then We shall and may resume and detain the same power in our own possession to be used only to our own proper use and not to be granted to any other person or persons, So as before We shall resume the same the said [Society etc.] shall be well and sufficiently recompensed and satisfied of all their charges costs expenses losses and interests in such manner and with such sums of money as shall be adjudged by six persons citizens of London, whereof two to be Aldermen of the City, and three of the said six to be named by Us or the Lord Treasurer of England for the time being, and the other three to be named by the said [Society] or, in default of nomination within one month after nomination made for Us as aforesaid, then the other three to be nominated by the Lord Mayor of London for the time being, and those six to be charged and sworn before the Lord Mayor of our said City of London for the time being to consider and understand the truths of the demand and petition of the said [Society] for the full recompense, whereof the said six persons so sworn shall make and deliver in writing to the Lord Treasurer of England for the time being a certificate of such sums of money as they shall judge reasonable to be paid by Us for the said recompense and satisfaction as above is mentioned.[1374)

위의 특허장의 기재중에는, 'William Drummond' of Hawthornden은 1626
년 스코트랜드에서 특허를 받았는데, 특허내용에는 특허를 받은 7개의 발
명이 3년내에 유효하다는 것이 증명되지 않으면 특허를 무효로 한다는 조
건(time-limitation clause)이 있었다. 1639년 찰스 1세는 3년내에 발명 모두가
유효하다는 것이 증명되지 않았다는 이유로 그의 특허를 무효로 했다.1375)

특허무효조항(revocation clause)이 나타난 것은 1575년이었지만, 계속하
여 나타난 것은 아니다.1376) 특허 무효조항은 대부분 신규성이 결여된 경
우나 사회에 해가 되는 발명(inconvenient)을 무효화 했지만, 명세서를 제출
하지 않은 경우에도 무효로 했다. 1732년 왕의 비서실은 특허에 의해 명세
서 제출이 요구되었음에도 불구하고 이를 이행하지 않았다는 이유로 특허
를 무효화 했다.1377)

또한 엘리자베스 여왕시절에는 '도제조항'(apprenticeship clause)이 많이
이용되었다. '도제조항'(apprenticeship clause)은 특허권자는 자신의 발명의
기술과 지식(art and science)과 재능과 신비함(feat and mystery)을 가르쳐야
한다. '도제조항'(apprenticeship clause)1378)은 에드워드 4세가 Henry Smyth
에게 부여한 특허에서 발견되는데, 그 특허를 부여한 이유는 "a benefite to
our subiectes And besides that dyvers of theym maye be sett to worke and
gett theyr lyvyng and in tyme learne and be hable to make the said glasse

---

1374) https://archive.org/stream/selectchartersof00selduoft/selectchartersof00selduoft_
 djvu.txt

1375) D. Seaborne Davies, The Early History of the Patent Specification, 50 L. Q. REV.
 86, 101 (1934).

1376) Id.

1377) Id., 104.

1378) 일반적 도제조항의 목적과 기능에 관하여는 William A. Green, British Slave
 Emancipation: The Sugar Colonies and the Great Experiment 1830-1865, Oxford
 Univ. Press, 1976, Ch 5. The Apprenticeship 참조. 엘리자베스 여왕시절 7년의 도
 제기간을 설정하는 입법(the Statute of Artificers 1563)을 했다.

them selfe and so frome tyme to tyme thene to instructe thothers in that science and feate."이었다.[1379] 즉 특허를 부여함으로서 영국민이 얻어야 하는 반대급부(consideration)은 영국민들이 특허발명의 기술인 유리세공기술과 재능을 전수받아 영국민 스스로 그 기술을 실시할 수 있도록 하는 것임을 분명히 하고 있다. 엘리자베스 여왕은 George Cobham에게 준설기계에 대한 10년의 특허를 부여하면서 좋은 엔진과 기계에 대한 지식을 연구 및 보존을 장려하기 위한 것("[w]ill give courage to others to study and seke for the knowledge of like good engines and devyses.")라고 기재하였다. 특허권자로 하여금 자신의 기술을 직원들에게 교육하도록 의무지웠다.[1380]

1554년 메리여왕(Queen Mary)으로부터 특허를 받은 Burchart Cranyce (Burchart Craniche, Burchart Cranick)의 특허는 그의 발명에 대한 지식(the secretes of his arte)을 영국민에게 가르치는 것이었다. 이러한 지식의 전달에 관한 특허유지조건은 엘리자베스 여왕시절의 특허에는 빈번하게 이용되었을 뿐만 아니라 영국민을 고용하여 그들을 가르치고 기술을 전수하는 것도 포함했다.[1381] 결국 특허를 부여한 대가로 그 발명에 대한 지식이 영국민들에게 전수되어 영국이 혜택을 볼 수 있도록 한 것이다.

에드워드 코크는

> [w]here not declared to be good, was, for that the reason wherefore such a privilege is good in law is, because the inventor bringeth to and for the Common Wealth a new manufacture by his invention cost and

1379) D. Seaborne Davies, The Early History of the Patent Specification, 50 L. Q. REV. 86, 104 (1934).

1380) E. Wyndham Hulme, History of the Patent System Under the Prerogative and at Common Law, 12 L. Q. Rev. 141, 145-146 (1896).

1381) D. Seaborne Davies, The Early History of the Patent Specification, 50 L. Q. REV. 86, 104 (1934).

charges, and therefore it is reason, that he should have a privilege for
his reward (and the incouragement of others in the like) for a convenient
time:[1382]

라고 하여, 발명가가 자신의 비용과 지출로 그의 발명 제품을 영국을 위해
영국에 가져왔기 때문에 특허는 법에 의해 좋은 것으로 평가되고 그는 일
정기간 보상으로 그리고 다른 사람들을 장려한 것에 대하여 특허를 가져야
한다고 했다. 보상과 계약의 관념은 영국의 특허법을 지배한 사상이 되었다.

물론 18세기 전반은 명세서의 제출이 의무화 된 시점일 뿐 특허발명이
사회에 어떤 기여를 하는지는 특허제도 초기부터 특허부여의 관심사였다.
주지하다시피 1474년 베니스의 특허법의 목적은, 결국 특허라는 독점을 부
여하는 이유는 그 사회에 이익이 되기 때문이고, 그 기술과 지식을 독점기
간 종료 후에는 공공재산이 되도록 하여 누구든지 이용할 수 있도록 함에
있었다. 이는 자연권적 사상 뿐만 아니라 공리주의 철학을 바탕으로 한다.
쌍무적인 보상('reward for consideration')과 계약은 특허제도를 관통하는
핵심적인 언어이다.

명세서에 대하여는 윌리엄 블랙스톤의 Commentaries on the Laws of
English에 주석을 가한 저자들도 같은 입장이었다. 주석을 한 저자들은, 특
허는 사회와 특허권자의 계약으로, 계약당사자의 쌍무적 의무로서 독점의
대가로서 독점기간이 종료되면 공중이 그 발명을 이용할 수 있도록 알려야
하는 의무라고 하고 있다. 그리하여 만일 특허기간이 종료한 이후에 특허
명세서가 세상이 그 발명을 이용할 수 있도록 명확하지 않고 모든 통상의
지식을 가진 사람들이 그 발명을 구현할 수 없다면, 이는 공중을 속이는 것
으로서 그 특허는 유효하지 않다고 언급하고 있다.[1383]

1382) Edward Coke, Institutes, Book IV. p. 184.
1383) William Blackstone, Commentaries, Book II, p. 107, fn. 15. (Gubby p. 157/149)

초기에 명세서는 특허를 취득한 이후에 1달 내에 제출하도록 요구되었
다. 명세서에는 특허부여장의 명칭과 전문(recitals)에 일치할 것이 요구되었
다. 명세서에 대하여 심사를 한 것은 아니므로 명세서를 제출하는 것으로
문제되는 것은 아니었고, 특허의 명세서가 충분하게 기재된 것인지 등이
문제되거나 타인의 발명의 특허가 소청되었을 때 기존 발명에 비추어 신규
성의 존부 여부가 문제된 경우에 법원에서 명세서를 검토했다.

1711년부터 명세서를 제출하기 시작했지만 1734년부터 명세서 제출을
의무화하게 된 것은 조지 2세(King George II) 때인 1731년 Lombe's Silk
Engines Act[1384)때문으로 알려져 있다. Lombe's Silk Engines Act는 Sir
Thomas Lombe에게 그의 실크 제조기계 발명을 완전히 공개하여 공중에게
알려 줄 것을 조건으로 특허를 부여했다.[1385)

Thomas Lombe의 형제인 John Lombe가 이탈리아에서 자신을 고용하고
있던 공장에서 비밀로 간직하던 서류에 그려져 있던 설계도를 몰래 복사하
여 1716년 영국으로 가져왔다. 영국에서는 발명을 도둑질하더라도 특허를
취득하는데는 문제가 없었다. 즉 자연법상의 권리로써 발명자에게 특허를

The grant of a patent, as already stated, is in the nature of a. purchase for
the public, to whom the patentee is bound to communicate a free participation
in the benefit of his invention at the expiration of the time limited. Williams
vs. Williams, 3 Meriv. 160. If, therefore, the specification of a patent be not
so clear as to enable all the world to use the invention, and all persons of
reasonable skill in such matters to copy it, as soon as the term for which it
has been granted is at an end, this is a fraud upon the public, and the patent
cannot be sustained.

1384) 완전 명칭은 "An Act for providing Recompense to Sir Thomas Lombe, for
discovering and introducing the Arts of making and working the Three Capital
Italian Engines for making Organzine Silk, and for preserving the Invention for the
Benefit of this Kingdom." 이다.

1385) Christine Macleod. Inventing the Industrial Revolution: The English Patent System,
1660-1800, Cambridge Univ. Press. 1988, p. 49.

```
                            C A P.  VIII.

An Act for providing a Recompence to Sir Thomas Lombe, for discovering and introducing the Arts of ma-
king and working the three Capital Italian Engines for making Organzine Silk, and for preserving the In-
vention for the Benefit of this Kingdom.  PR.

W HEREAS the Riches, Strength and Prosperity of this Kingdom depend on the Trade thereof: A Recital of
        And whereas the introducing and improving such new Arts and Inventions as will imploy great the Patent grant-
Numbers of our Poor, keep our Money at home, and increase the profitable Trade carried on by the Ex-
portation of our own Manufactures, tend greatly to the securing and enlarging the general Trade and Com-
merce of Great Britain, and ought by all proper Ways and Means to be encouraged: And whereas Thomas
Lombe of London, Merchant, now Sir Thomas Lombe, Knight, did with the utmost Difficulty and Hazard,
and at a very great Expence, discover the Arts of making and working the three Capital Engines made use
of by the Italians to make their Organzine Silk, and did introduce those Arts and Inventions into this King-
dom: And whereas his late Majesty King GEORGE was graciously pleased, by his Letters Patents bearing
Date the ninth Day of September in the fifth Year of his Reign, under the Great Seal of Great Britain, to
give and grant unto the said Thomas Lombe, now Sir Thomas Lombe, his Executors, Administrators and As-
signs, especial Licence, full Power, sole Privilege and Authority to exercise, work, use and enjoy his new
Invention of three sorts of Engines by him the said Thomas Lombe found out, never before made or used in
Great Britain, one to wind the finest raw Silk, another to spin, and the other to twist the finest Italian raw
Silk into Organzine, within that Part of the Kingdom of Great Britain called England, the Dominion of
Wales, and the Town of Berwick upon Tweed, and the whole Profit, Benefit, Commodity and Advantage
from Time to Time coming, growing, accruing and arising by Reason of the said Invention, during the
full Term of fourteen Years from the Date of the said Letters Patents, according to the Statute in that Case
made and provided, and did thereby require and strictly command all and every other Person or Persons,
Bodies Politick and Corporate, within that Part of the Kingdom of Great Britain called England, the Do-
minion of Wales, and Town of Berwick upon Tweed aforesaid, that neither they nor any of them do di-
rectly or indirectly make, use or put in Practice the said Invention or any Part of the same, during the said
Term: And whereas the said Sir Thomas Lombe since the granting the said Letters Patents hath at a farther
great Expence erected large Buildings, and therein set up the said Engines or Machines, and put the said
Invention in Use and Practice on the River Derwent at the Town of Derby, for making Organzine Silk,
and applied himself with the utmost Care and Diligence to improve the same, in order to render it of the
greater Use and Benefit to this Kingdom; but by Reason of the long Time required to finish and compleat
the said Buildings and Engines, and to instruct so great a Number of People as were necessary to work the
VOL. IV.                                    9 C                                              said
```

[Thomas Lombe에 대한 특허부여 법령]

부여한 것이 아니라 최초의 도입자나 제조자(manufacturer)에게 특허를 부
여했기 때문이다. 1718년 Thomas Lombe은 영국에서 특허등록번호 422로
하여 "A New Invention of Three Sorts of Engines never before made or
used in Great Britaine, One to Wind the Finest Raw Silk, Another to Spin,
and the Other to Twist the Finest Italian Raw Slik into Organzine in great
Perfection, which was never before done in this Kingdom." 이라는 특허를
취득했다. 위 특허는 1732년 만료되었는데, 의회에 특허연장청원을 했다.
이에 경쟁자들인 면방직과 소모사 방직업자들이 Lombe 특허연장에 반대를
했다. Thomas Lombe의 특허연장청원은 받아드려지지 않았지만, 위에 게시
된 1732년 법에 의하여 특허조건으로 그의 실크제조기계를 공공기관에 전
시하여 그 기계를 알 수 있도록 하였다.

1795년 Boulton & Watt v. Bull 사건에서도 법원(the Court of Common Plea)도

> The specification is the price which the patentee is to pay for the monopoly.[1386]

라고 판시하여 대가(consideration)임을 분명히 하였다. Justice Rooke는

> if this mechanical improvement is intelligibly specified, of which a jury must be the judges, whether the patentee call it a principle, invention, or method, or by whatever other appellation; we are not bound to consider his terms, but the real nature of his improvement, and the description he has given of it, and we may, I think, protect him without violating any rule of law.[1387]

라고 판시했는데, 기계적 개량이 특정되어 있다면, 특허권자가 원리, 발명 또는 방법 또는 다른 관련된 것이라고 언급한다고 하더라도, 법원은 특허권자가 사용하는 언어에 구속되지 않지만 그의 개량발명의 실질과 그가 그 발명을 설명한 것에 대하여 판단하여 그가 사용한 언어가 잘못되었다고 하더라도 그것만으로는 그의 특허를 무효로 하지는 않는다고 판시하였다. 다만 Lord Kenyon은 자신은 특허를 좋아 하지 않는다("not one of those who greatly favour patents'")고 언급하면서[1388] '비록 많은 사건과 본 사건에서,

---

1386) Boulton & Watt v Bull, (1795) 126 Eng. Rep. 651, 656 (C.P.).
1387) Id.
1388) Harold Dutton, The Patent System and Inventive Activity during the Industrial Revolution, Manchester Univ. Press, 1984, p. 77. 해럴드 듀튼(Harold Dutton)에 의하면 1830년 이전에 특허침해소송의 3분의 1이 특허권자가 승소했다고 한다. 다만

공공이 특허로부터 이익을 얻지만, 아직 균형을 언급하지 못했으나, 강한 압박(불균형)은 열등한 기계에 대한 것이다'("though, in many cases, and particularly in this, the public are benefited by them, yet on striking the balance of the subject, I think that great oppression is practised on inferior mechanics")라고 하여 일말은 제임스 와트의 특허에 대한 어떤 불편함을 암시했다. 그러나 그는 재판에 참여한 판사와 같이 제임스 와트의 특허를 유효하다고 판시했다.[1389]

또한 1835년 Derosne v. Fairie 사건에서 Lord Abinger는

> [t]he law requires, that a man, as the price of monopoly which he obtains for fourteen years for any invention, shall enable the public, after the monopoly has ceased to have full and distinct account of the whole of that invention.[1390]

라고 하여, 14년간의 특허독점의 취득은 계약적 대가임을 분명히 하고 있다. 그와 같은 계약적 의무를 이행하지 못하는 경우에 그 계약은 무효일 수밖에 없었다.

이러한 경향은 법원의 반특허적인 입장으로 볼 수 없다고 한다. 왜냐하면 그 당시 많은 소송이 당사자의 라이센스 합의에 의해 종결되는 경우가 많았기 때문이라고 한다. 이러한 사실을 감안하면 약 50퍼센트의 사건에서 특허권자가 승소했다고 한다. Sean Bottomley, The British Patent System during the Industrial Revolution, Cambridge Univ. Press, 2014, p. 82.

1389) Hornblower v Boulton (1799) 101 ER 1285, Ibid, 1:402.
1390) Derosne v. Fairie (1835), 2 HPC 589, 1 CPC 664, 1 WPC 154.

2. 영국에서의 균등이론의 발전

가. 개요

명세서의 제출은 특허 법리적으로 계약 관점에서 이해되어 왔다. 특허독점과 발명의 공개는 쌍무적인 계약이라고 보는 것이다. 이러한 계약설은 1890년 출간된 William Callyhan Robinson의 'The Law of Patents for Useful Inventions Vol II'에 언급되어 있다:

> The functions of a specification and the propriety of the rules which govern it are evident from the nature of a patent. A patent is <u>a contract between the inventor and the public</u>, by which the inventor, <u>in consideration</u> that the exclusive use of his invention is secured to him for a limited period of time, confers upon the public the knowledge of the invention during that period and an unrestricted right to use it after that period has expired. The public, on the other hand, action through the government, <u>agree</u> with the inventor that, <u>in consideration</u> of his immediate bestowal upon them of a full knowledge of the invention and of the entire right to use it after the term named in his patent is at an end, they will protect him in its exclusive use during the life of his patent. In this contract resides the whole force and benefit of the patent to both parties. <u>The specification is the instrument in which the terms of these mutual considerations and promises are declared, and on its completeness and accuracy depends the validity and the value of the contract itself.</u>[1391]

1391) William Callyhan Robinson, The Law of Patents for Useful Inventions, vol, II, Little, Brown, and Co., 1890, p. 70.

[번역]

명세서의 기능과 명세서를 관할하는 법원칙의 가치는 특허의 성질로부터 명백하다. 특허는 발명자와 발명자가 공중의 계약이다. 발명자에게 일정한 제한된 기간동안 배타적 이용을 보장하는 대가로 공중에게 그의 독점적 이용 기간동안 그 발명의 지식을 제공하고 그가 독점적으로 이용하는 기간 이후 그 발명을 공중이 제한없이 이용할 수 있도록 하는 것이다. 다른 한편, 공중은, [공중이 직접하는 것이 아니라 공중의 위임에 의한] 정부에 의해, 발명자와 계약을 체결한 것으로, 발명자가 자신의 발명에 대한 모든 지식을 즉시 알리고 그의 특허가 종료된 이후에 그 발명을 이용할 수 있는 완전한 권리를 제공하는 것이 다른 한 쪽의 대가(consideration)로서 공중은 특허기간동안 그의 배타적 사용을 보호하는 것이다. 여기에, 계약은 완전히 효력이 발생하고 특허가 두 당사자에게 이익을 준다. 명세서는 이러한 상호 대가와 약속을 선언하고 그 계약의 완전성과 정확성이 계약의 유효성과 가치에 의존하는 도구(instrument)이다.

그는 명세서는 특허독점의 대가로 특허기간이 종료되는 때 공중이 그 특허발명에 대하여 제한없는 이용을 할 수 있도록 하기 위한 것이다. 위의 인용 중 마지막 문장에서 명세서는 쌍무적인 권리와 의무를 확인하는 것이고, 명세서의 가치는 명세서의 완성과 정확도에 따른다고 언급하고 있다. 나아가 명세서의 목적을 다음의 두가지를 언급하고 있다.

Its object is thus twofold: (1) To place the invention fully within the knowledge of the public; (2) To define the exact limits of that exclusive use which the public has undertaken to protect.[1392]

1392) Id.

그것은 첫째, 지식을 공중에게 완전히 전달하기 위한 것과 둘째, 공중이 보호해야 할 특허권자의 배타적인 이용의 범위를 정의하기 위한 것이다.

Tucker v. Tucker Mfg. Co. 사건[1393]에서 미국 법원은 발명을 명확하게 알아야 하는 이유로 3가지를 제시하고 있다. 첫째, 정부는 무엇을 부여하고 독점이 종료했을 때 무엇이 공중의 재산이 되는지 알아야 하고(1. That the government may know what they have granted, and what will become public property when the term of the monopoly expires;), 둘째, 발명을 실시하고자 특허를 받은 사람이 특허기간동안 발명을 어떻게 만들고, 제작하고, 이용하는지 알기 위해(2. That licensed persons desiring to practise the invention may know during the term how to make, construct, and use the invention;), 셋째, 다른 및 후속의 발명자가 발명의 어떤 부분이 아직 특허받지 않았는지 알 수 있도록 하는 것(3. That other and subsequent inventors may know what part of the field of invention is unoccupied.)을 제시하고 있다.

동일한 기능을 수행하는 발명은 그 발명이 구현된 시스템, 기계나 장치, 수행 위치, 재질 등이 다를 수 있을 뿐만 아니라 발명의 개별적 구성에서도 차이가 있을 수 있다. 그렇지만 특허를 취득한 발명을 수행하는 것이라면 특허권의 권리범위내로 인정된다. 그러나 다른 기능이나 아이디어를 수단으로 그 기능을 수행하거나 다른 결과를 가져온다면 다른 발명이 된다. 문제된 발명의 아이디어가 모두 동일하다면 같은 아이디어를 발전시킨 것으로 개량을 한 것이거나 변경을 한 것 또는 동일한 것일 수 있다. 같은 발명의 다양성을 통합하는 법원리가 균등론(the Doctrine of Equivalents)이다.

다만 균등은 영국에서 i) 신규성의 범위의 문제를 판단하는 원리, 그리고 명세서 제도가 도입된 이후, 특히 영국에서는 신규성 판단의 문제가 강했

1393) Tucker v. Tucker Mfg. Co. (1876), 4 Clifford, 397, 400, Fed. Cas. No. 14,227.; 2 bann. & 401 (403). William Callyhan Robinson, The Law of Patents for Useful Inventions, vol, II, Little, Brown, and Co., 1890, pp. 70-71. note 2에서 재인용.

지만, ii) 공중과 특허권자 사이의 계약상 쌍무적 대가관계의 범위의 판단원
리로 발전했다. 영국에서 발전시킨 침해소송에서 문언침해와 구분되는 해석
방법으로, 미국의 균등과 유사개념은 'pith and marrow' doctrine이다.1394)

나. 발명의 범위와 균등한 범위

현대 특허법에서 균등론은 특허권의 침해에서 형평의 원리(the principle
of equity)에 기초하여 문언침해를 보완하는 개념으로 사용되고 있다. 그러
나 초기 특허법에서는 발명의 범위의 판단방법으로 보았다.1395) 이는 균등
한 발명은 발명의 동일성의 범위내에 있는 것으로 기존 발명의 범위로서
특허를 취득하지 못하는 것으로 이해했다. 앞서 언급한 바와 같이 발명의
범위인지 신규성의 범위인지 개념적으로 명확한 것은 아니지만 현대 특허
법에서는 신규성의 범위 문제로 볼 수 있다. 예컨대, '낡은 코트에 새로운
단추'('put a new button to an old coat')나 '옛 기계의 새로운 용도'('put an
lod machie to a new use')의 개념은 신규성의 문제이지만 신규성의 개념이
명확하게 등장하기 이전에는 선행발명이나 기존발명과 균등한 기술인지
여부가 문제되었고, 특히 기존 기술이나 발명을 개량(improvement)한 것을
기존의 발명으로 볼 수 있는지 특허를 받을 수 있는 새로운 발명으로 볼
수 있는지를 판단하였는데, 이때 종전발명과 균등한 발명인지 여부를 판단

1394) Catnic Components Ltd v Hill & Smith Ltd [1982] RPC 183, 242:
    Both parties to this appeal have tended to treat 'textual infringement' and
    infringement of the 'pith and marrow' of an invention as if they were separate
    causes of action, the existence of the former to be determined as a matter
    of construction only and of the latter upon some broader principle of
    colourable evasion. There is, in my view, no such dichotomy; there is but a
    single cause of action and to treat it otherwise…is liable to lead to confusion.
1395) William Robinson, The Law of Patents for Useful Inventions, vol. 1, 1834, p. 334.

하였다. 물론 이때에는 균등론(doctrine of equivalent)라는 용어가 사용되지는 않았다. 다만, 기존발명이나 선행발명에 비교하여 신규성이 존재하지 않는 발명은 균등한 발명으로 생각하였다. 그러한 현대 특허법에서는 특허발명의 범위의 문제로 균등론을 언급하고 있다.

아마도 그 당시 균등의 의미가 현재와 다른 것은 명세서의 기능 때문이었지 않을까 생각된다. 명세서에 의해 기술이 특정되는 것은 우선 선행기술과의 구별을 하기 위한 것이었으므로 명세서의 기재에 의하여 선행기술과의 판단이 필요한 것이었지만,[1396] 현재에는 신규성 판단은 출원인의 명세서 기재에 의존하기 보다는 전문적인 지식을 가진 특허청 심사관에 의한 선행기술 검색이 가능해졌으므로 명세시 기재에 의한 신규성 판단은 주된 쟁점이 되지 않은 것으로 판단된다.

다. 계약상의 쌍무적 대가의 범위

명세서 제도가 도입된 이후에 균등론은 명세서의 기재방법상 권리범위를 판단하는 방법이 되었다. 다만 이 시기에도 여전히 명세서의 기재와 신규성의 판단과 결합되어 있었다. 명세서 제도가 활성화 되고, 명세서는 공중과 발명자간의 특허계약으로 인식되었고, 계약에는 도덕적 형평적 근거에 의한 쌍무적 대가(consideration)가 필요한 것으로 확립되었다.[1397] 이러한 쌍무 계약법리상에서 명세서에는 균등한 대가(equivalent consideration)가 필요한 것은 법리상 당연한 귀결로 판단된다.[1398] 따라서 명세서가 의무화

1396) Mario Biagioli, Patent Republic: Representing Inventions, Constructing Rights and Authors, Social Research Vol 73 : No 4, 2006, p. 1134.

1397) Hawkes v Saunders 1782, 1 Cowper 290. (쌍무적 대가인 consideration은 도덕적 형평적 근거를 갖는다고 판시하였다:

The true rule is, that wherever a defendant is under a moral obligation, or is liable in conscience and equity to pay, that is a sufficient consideration.

되면서 특허계약상 그 대가, 즉 발명의 공중에 대한 기여와 공중이 부여하는 독점사이의 균등관계로서의 균등의 의미가 나타나기 시작했다. 여기에서 형평 원리는, 특허권이라는 공중과 발명자 사이의 커먼로 계약상 쌍무적 대가(consideration)의 근거를 의미하는 것이지, 형평에서 근거하는 주변한정주의에서 발전시킨 균등의 원리[1399]와 구별된다.

명세서 기재방법과 신규성판단의 원리가 가장 잘 나타난 것은 앞서 언급한 제임스 와트(James Watt)의 분리된 압축증기실린더로 구성된 증기기관 특허이었다. 제임스 와트의 증기기관은 이미 이전에 존재하던 증기기관을 개량한 것으로, 기존의 1개이던 증기기관의 실린더를 2개로 나누고, 찬물(cold water)을 실린더에 주입하여 증기압축을 낮추는 방식을 분리된 증기가 1차로 압축되던 1번째 압축실린더의 증기압력으로 2번째 실린더(주된 실린더로서 동력을 발생시킴)의 피스톤을 움직이는 방식으로 개량했다.

제임스 와트의 증기기관 특허는 앞서 언급한 바와 같이 6개의 매우 추상적인 발명의 구성요소를 기재했었다. 피고는 제임스 와트의 증기기관은 기존 발명을 개량한 것으로서, 제임스 와트의 특허청구항은 단순히 원리를 기재한 것으로 무효라고 주장했다.

Boulton & Watt v. Bull 사건[1400]의 관할법원인 커먼로 법원(the Court of Common Pleas)은 명세서에는 명세서만으로 같은 분야에 종사하는 기술자가 특허부여 받은 발명을 스스로 실시할 수 있을 정도로 가르쳐야 하고, 그와 같은 가르침에는 그 기술자 스스로의 새로운 발명의 추가나 그 발명의

1398) Rann v Hughes (1778), 7 T.R. 350:
   It is undoubtedly true that every man is by the law of nature, bound to fulfil his engagements. It is equally true that the law of this country supplies no means, nor affords any remedy, to compel the performance of an agreement made without sufficient consideration.
1399) Graver Tank v. Linde Air Products Co., 339 U.S. 605 (1950).
1400) Boulton & Watt v Bull, (1795) 126 Eng. Rep. 651 (C.P.).

실시에 대한 경험을 축적함이 없이 행할 수 있을 만큼 가르쳐야 한다고 판시했다.[1401] 따라서 단순한 원리는 특허의 대상이 될 수 있다는 어떠한 추정도 배제한다고 판시했다.

Buller 판사는

[w]hich is, that it was to put but a new button to an old coat, and it is much easier to add than to invent. If the button were new, I do not feel the weight of the objection that the coat on which the button was to be put, was old.[1402]

[번역]
낡은 코트에 새로운 단추를 다는 것이고 발명하는 것보다 부가하는 것은 매우 쉽다. 만일 단추가 새롭다면, 단추가 달린 코트가 낡았다는 것이 중요하지 않다고 생각한다.

라고 판시했다. 이때에는 발명의 신규성 및 명세서의 기재방법과 관련하여 동일한 발명으로 볼 수 있는지가 문제가 되었다.

그러나 점차 명세서의 기재와 관련하여 균등한 대가의 관념에서 균등의 의미가 나타나고 있다. 이러한 점은 리차드 고든(Richard Godson)의 1940년에 출판된 그의 저서에서 찾아 볼 수 있는데, 그는

By thus obtaining an exact statement (g) of the nature and use of the

---

1401) Boulton & Watt v Bull, (1795) 126 Eng. Rep. 651, 656 (C.P.).
    In the construction of specifications it is a rule that the patentee must describe his invention in such a manner that other artists in the same trade or business may be taught to do the same thing for which the patent is granted, by following the directions of the specification alone, without any new invention or addition of their own, and without the expence of trying experiments.
1402) Boulton & Watt v Bull, (1795) 126 Eng. Rep. 651, 664 (C.P.).

invention, the public are benefited, and <u>have an equivalent for this limited monopoly.</u> The instrument containing this required description is called THE SPECIFICATION.[1403]

[번역]

　[명세서를 통하여] 발명의 본질과 이용에 관한 정확한 상태를 얻고, 공중이 이익을 보고 특허 <u>독점과 균등한 것</u>을 갖는 것이다. 이와 같이 필요한 설명을 포함하고 있는 도구가 명세서이다.

라고 언급하여, 명세서가 공중이 부여하는 독점과 발명가의 발명에 의한 지식등의 제공이 동등한 것에 대한 계약서가 명세서라고 언급하고 있다. 예컨대, 1800년 영국의 Cartwright v Amatt 사건의 Lord Eldon의 판시는

[t]hat as the disclosure of the new invention is <u>the equivalent for which the grant is obtained</u>, letters patent come within that general rule, by which, when a valuable consideration is given, the grant is to be construed strictly in favour of the grantee.[1404]

[번역]

　새로운 발명의 공개는 특허가 취득되는 [발명]과 동등한 것으로서, 정당한 대가가 제공된 경우에 특허장은 일반 원칙에 의하여 수여된 것으로, 그 특허장에 의한 특허는 특허권자에게 정당하게 부여된 것으로 이해되어야 한다.

라고 언급하고 있다. 즉 1800년 판결된 위 사건에서 Lord Elden이 '발명의 공개는 특허가 취득되는 발명의 기술적으로 균등한 부분까지 공개되어야

1403) Godson, A Practical Treatise on the Law of Patents for Inventions and of Copyright, Saunders and Benning, Law Book Sellers, 1840, p. 21.
1404) Id., 205.

한다'고 판시한 것이다. 위 판시에서 명세서의 기재방법와 명세서 기재사
항의 권리범위를 나타내고 있다.

영국은 발명과 그 보상인 특허는 균형이 맞추어져야 한다고 하고 있었
고, 특허명세서의 기재에 대하여 엄격한 태도를 취하고 있었다고 할 수 있
다. 그와 같은 태도는 다음과 같은 판결에도 나타나 있다.

1787년 Turner v. Winter 사건에서 Ashhurt 판사는

> I think that, as every patent is calculated to give a monopoly to the
> patentee, it is so far against the principles of law, and would be a
> reason against it, were it not for the advantages which the public derive
> from the communication of the invention after the expiration of the time
> for which the patent is granted.[1405)]

[번역]

> 모든 특허는 특허권자에게 주는 독점을 계상하여야 한다고 생각한
> 다. 만일 독점이 특허기간이 종료된 이후에 발명으로부터 공중이 얻는
> 이익에 대한 것이 아니라면 이는 이성(reason)과 법 원리(the principles
> of law)에 반하는 것이다.

라고 판시하여, 최소한 특허독점에 대한 균형에 맞추어 공중이 특허발명으
로부터 이익을 얻어야 한다고 판시했고, 1916년 Bovill v. Moore 사건에서
Gibbs 판사는

> But although it is beneficial for the public, and may, in this respect,
> be new; yet if the plaintiff has in this specification asserted to himself
> a larger extent of invention than belongs to him, - if he states himself

---

1405) Turner v. Winter (1787), 1 T.R. 605.

to have invented that which was well known before, - then the specification will be bad, because that will affect to give him, through the means of this patent, a larger privilege than could legally be granted to him.[1406)

[번역]

비록 특허가 공중에 이익이 되지만, 그러한 관점에서는 새로워야 한다. 만일 원고가 자신이 발명하여 자신에게 속하는 것보다 더 많은 발명을 명세서에 기재하였다면, - 만일 그가 이전에 잘 알려진 것(신규하지 않은 것)에 대하여 발명하였다고 언급한다면, 특허라는 도구를 통하여 그에게 부여하는 것에 대하여 영향을 미치기 때문에, 그에게 합법적으로 속하여야 하는 것보다 더 많은 특권을 가지게 하므로 그 명세서는 나쁜 것이다.

라고 하여 명세서는 신의성실의 원칙하에서 자신이 발명한 것을 명확하게 기재하여야 하고, 그 보다 더 많은 것을 기재하다면 나쁜 행위라고 했다. 이러한 판시는 계속되고 있다. 1821년 Campion v. Benyon 사건에서 Dallas 판사는

With respect to patents, every patent being a monopoly, that is, an infringement of public right, and having for its object to give the public warning of the precise extent of the privilege conferred on the patentee, the Court (without going into the controversy whether it is politic that such privileges should be conferred or not) is bound to require that such warning should be clear, and accurately describe what the inventor claims as his own.[1407)

1406) Bovill v. Moore (1816) 1 CPC 341.
1407) Campion v. Benyon (1821), 129 ER 1186.

[번역]

특허에 관하여, 독점인 모든 특허는 공중의 권리를 침해하고, 특허권자에게 속하는 특권의 정확한 범위에 대하여 공중에게 경고(warning)하는 목적을 가지고 있다. 법원은(그와 같은 특허 독점이 정치적인 이유로 부여되는 것에 대한 논쟁에 관계없이) 그와 같은 경고(warning)는 특허권자가 자신의 것으로 주장하는 것을 명확하고, 정확하게 기술해야 한다는 원칙을 엄중히 준수해야 한다.

이와 같은 영국의 분위기는 특허청구항의 기재에 대하여 문언에 강하게 구속되는 엄격한 태도를 취했다. 이는 미국이 1870년 이전에 중심한정주의를 취한 것과 다른 것이라고 하겠다.

제4절 균등론

1. 서론

균등하다는 의미는 두 가지가 있다. 첫째는 두 발명의 구성요소가 동일한 기능을 수행할 뿐만 아니라 기능적으로 동일한 수단인 경우를 말한다. 다른 하나는 발명의 특정 구성요소로서 동일한 목적을 수행하는 구성요소가 기술적 기능적으로 상호 등가적인 구성을 갖는 것을 말한다.[1408] 위 두 가지 의미는 선행발명에 대하여 신규성이 있는지와 특허발명의 침해가 발생하는지 여부를 판단하는데 적용될 수 있다. 다만 균등하다는 것에 대하

1408) Stephen Dodd, Law, Digest of American Cases Relating to Patents for Inventions and Copyrights from 1789 to 1862, The Author, 1862, p. 278.

여는 다른 의미로도 해석되어 왔고, 이에 대하여 현재와 같이 침해소송에
있어서 문언침해와 대비되는 균등침해에서의 균등론의 의미로는 정리되지
않았다.1409)

앞서 본 바와 같이, 균등의 의미는 영국과 미국에서 달리 발전되어 왔다.
다만 영국은 2017년 Actavis v Eli Lilly 사건1410) 판결에 의해 균등론을 수
용하는 판결을 하여 균등론의 의미는 두 국가에서 매우 유사하게 형성되었
다.1411) 미국에서 균등론은 침해소송에 있어서 특허침해여부 판단 방법으
로 발전되어 왔다.

특허침해여부는 명세서의 기재에 많이 의존을 할 수 밖에 없었다. 명세
서의 기재불비는 해당 특허의 무효사유가 되었고, 나아가 특허를 기망적으
로 취득했다는 근거가 되기도 했다. 특히 리처드 오크라이트(Richard
Arkwright)의 방직기 특허는 명세서의 기재가 실질적으로 오류와 하자가
있고, 이는 특허법에 위반되는 것으로 판시되었다.1412)

1409) William Robinson, The Law of Patents for Useful Inventions, vol. 1, p. 335. n. 1.
1410) Actavis v Eli Lilly [2017] UKSC 48; [2018] 1 All E.R. 171.
1411) 영국은 1977년 이전까지 the European Patent Convention (EPC)의 적용을 받지 않
     았고, 특허보호범위에 관한 명시적 규정이 없었으므로, 특허권의 보호범위는 커먼
     로의 해석방법에 따랐다. 그러나 1977년 이후에는 EPC의 명시적 규정, "The claims
     shall define the matter for which protection is sought. They shall be clear and
     concise and be supported by the description" (§ 84)와 특허침해에 있어서의 명시적
     규정, "The extent of the protection conferred by a European patent or a European
     patent application shall be determined by the terms of the claims. Nevertheless, the
     description and drawings shall be used to interpret the claims."(§ 69)에 의해 해석되
     었다.
1412) Thomas Webster, Reports and Notes of Cases on Letters Patent for Inventions,
     Thomas Blenkarn, Law Bookseller, 1844, p. 66:
        This I take to be clear law, as far as it respects the specification; for the
        patent is the reward, which, under the act of parliament, is held out for a
        discovery; and, therefore, unless the discovery be true and fair, the patent is
        void. If the specification, in any part of it, be materially false or defective,

제임스 와트의 증기기관이 기술발전과 산업혁명에 촉진제가 되었는지에 대하여는 많은 견해가 동의하지만, 또한 일부 견해는 그렇지 않다고 한다. 1769년 증기기관에 대하여 특허를 취득한 제임스 와트는 1775년 자신의 분리된 컨덴싱 증기기관의 특허 모호하게 구성하고 또한 보호기간을 25년 연장하여 경쟁 기술자인 Horn Blower의 증기기관의 개발을 막았기 때문으로 평가된다.

방직기를 발명한 Richard Arkwright는 제임스 와트와 같은 방법으로 특허발명의 구성을 모호하게 기술하였다.[1413] 그의 특허는 1785년 무효로 선고됐다. 법원은 오크라이트의 방직기 특허가 발명이 성질을 특정할 만큼 기재하지 않았있다는 이유로 그의 특허를 무효화 했다. 그리하여 그의 특허가 무효된지 10년 후에 영국에는 485개의 방직기 공장이 설립되었다고 한다.

본 사건은 특허제도 발전에 있어서 일찍이 특허발명의 불명확하기 기재하였다는 이유로 무효화 된 대표적인 특허로 제시된다. 오크라이트의 기계에 포함된 회전축은 1769년 이미 제임스 와트에 의해 시도되었지만 성공하지 못한 방법이었다. 그러나 제임스 와트의 특허와 같이 모호한 특허발명의 기재는, 일부견해에 의해, 경쟁기술의 발전을 저해했다고 평가되고 있다.

2. 공리주의와 계약법리의 쌍무적 대가의 엄격성

동일한 기능을 동일한 수단으로 동일한 결과를 가져오는 경우에 균등침해가 된다는 CAFC의 균등성 판단방법은 이전부터 존재해왔던 판단방법이었다. 1950년 미국연방대법원은 Graver Tank v. Linde Air Product Co. 사

---

the patent is against law, and cannot be supported.

1413) J. Hewish, Rex v. Arkwright, 1785: A judgment for patents as information, World Patent Information Volume 8, Issue 1, 1986, pp. 33-37.

건1414) 균등론의 판단기준으로, function-way-result를 제시했다. 이는 "실질적으로 동일한 기능을 실질적으로 동일한 방법으로 실질적으로 동일한 결과를 가져오는가?"("if it performs substantially the same function in substantially the same way to obtain the same result")를 판단 기준으로 제시했다. 이는 1870년 이래 주변한정주의를 채택한 미국의 연방대법원이 형평의 원칙을 바탕으로1415) 주변한정주의하에서 균등론을 도입하여 '실질적으로 동일한 결과를 얻기 위하여 실질적으로 동일한 방법으로 실질적으로 동일한 기능을 행하는 것은 균등의 범위에 포함되어 특허 침해가 된다'고 한 것이다.

미국에서 발전시킨 균등론은 주지하다시피 명세서에 청구항 기재방식인 중심한정주의에서 특허청구범위를 해석하기 위해 반드시 필요한 것이었다. 중심한정주의하에서는 명세서에 기술사상을 기재하면 충분한 것이었기 때문에 그 기술사상과 동등한 기술은 선행의 특허발명과 동일한 발명으로서 신규성이 존재하지 않고 나아가 그 발명을 실시하면 특허를 침해하는 것이었다.

공리주의의 영향을 강하게 받은 영국 법원은 도덕적 고려와 계약상의 보상의 법리를 특허권에 적용했다.1416) 균등론은 보상설, 즉 특허권을 계약설에 기초하여 상호 대가적인 보상(reward)으로 보는 견해에서 시작된 법리이다. 계약이 성립하기 위해서는 consideration이 필요하다. 즉 균등의 범위는 계약상 대가의 범위내로 보는 것이다. consideration 법리는 원래 인과관계론에서 발전한 것이다. 즉 계약성립의 인과관계에서 계약성립의 동기나 목

1414) Graver Tank v. Linde Air Product Co. 339 U.S 605 (1950).

1415) Tarun Mathur, Application of Doctrine of Equivalents in Patent Infringement Disputes, Journal of Intelletual Property Rights. Vol 12, 2007 p. 411.

1416) Helen Mary Gubby, Developing a Legal Paradigm for Patents: the attitude of judges to patents during the early phase of the Industrial Revolution in England (1750s - 1830s), Eleven International Publishing, 2012 p. 172 이하 참조.

적, 즉 'causa'가 존재하여야 하는 것이다. 그리하여 계약성립에 있어서 도덕적 정당성, 즉 공정함(fairness)이 필요하다. 다만, 1765년 Pillans v Van Mierop 사건[1417]에서 Lord Mansfield는 "In commercial cases amongst merchants, the want of consideration is not an objection."라고 하여 상사관계에서 계약상의 대가는 엄격한 것이 아님을 지적했다. 따라서 consideration 은 중요한 요소가 아니다. 그러나 특허는 그 본질을 공중과 발명자의 계약으로 보는 계약설이 발전되어 왔고, 특허권자가 얻는 독점과 그가 사회에 기여하는 공헌의 균등성은 특허제도에 있어 매우 중요한 요소가 되었다.

영국은 특허침해에 있어서는, 문언해석 원칙(textual infringement)을 따랐고, 비문언침해에 대하여는 미국의 균등론과 유사한 'pith and marrow' doctrine을 발전시켰다.[1418] 1960년대 이후 비문언침해에 대하여 문언을 기반으로 하는 해석을 원칙을 발전시켰다. 그러나 1982년 Catnic v. Hill & Smith 사건[1419]에서 영국은 목적적 해석원칙을 정립하였고, 2017년 Actavis v Eli Lilly 사건[1420]에서 균등론을 받아 들이는 판결을 했다.

1417) Pillans v Van Mierop, (1765) 3 Burr 1663, 97 ER 1035

1418) Clark v Adie, (1877) 2 App Cas 315 (HL). 본 사건에서 Lord Cairns가 'pith and marrow'를 언급한 것이 처음이라고 한다. Van der Lely 사건(C. Van der Lely N.V. v. Bamfords Ltd., [1963] R.P.C. 61)에서 Lord Reid는 "you cannot avoid infringement by substituting an obvious equivalent for an unessential integer. On the other hand, ⋯ you cannot be held to have taken the substance of an invention if you omit, or substitute something else for, an essential integer." 라고 하여, 'pith and marrow doctrine'의 의의를 발명의 중요하지 않은 구성요소를 쉽게 대체하여 특허침해를 회피하는 것을 방지하는 것임을 분명히 했다.

1419) Catnic v. Hill & Smith, (1982) RPC 183 (HL).

1420) Actavis v Eli Lilly [2017] UKSC 48; [2018] 1 All E.R. 171.

3. 중심한정주의와 주변한정주의의 철학적 바탕

미국에서는 특허침해소송에서 권리범위의 확정과 침해여부를 판단하기 위한 방법으로 i) 중심한정주의 원칙(the central definition)하에서 쌍무 계약상의 대가의 확정원리와 ii) 주변한정주의(the peripherial definition)에서 형평의 원칙상 대가관계의 범위의 판단원리로 발전해 왔다. i)의 쌍무적 대가관계의 범위는 중심한정주의 원칙하에서 특허명세서의 기재가 발명의 기술사상을 기재하는 원리가 되었고, ii)의 경우에는 특허명세서의 기재가 권리주장범위내의 기술을 모두 명시적으로 특정하여야 하는 주변한정주의원칙에서 문언해석의 원리를 보충하는 재산법리를 바탕으로 한 형평상의 원칙이 된다.

미국은 1836년 특허법의 개정을 통하여 명세서에 청구항(claim)의 기재를 요구한다. 그 당시에 미국은 중심한정주의를 취했다. 청구항의 기재를 요구하지 않았던 시절인 1814년 Odiorne v. Winkley 사건[1421]에서 조셉 스토리(Joseph Story) 판사는 피고의 발명이 원고의 특허발명을 침해하였는지 판단하기 위해서 피고가 원고의 발명을 '단순히 변경한 것인지'('mere colorable alteration of a machine')에 의해서 판단하여야 한다고 판시했다. 스토리 판사는

> If another person invent an improvement on such machine, he can entitle himself to a patent for such improvement only, and does not thereby acquire a right to patent and use the original machine; and if he does procure a patent for the whole of such a machine with the improvement, and not for the improvement only, his patent is too broad, and therefore void.

1421) Odiorne v. Winkley, 18 F. Cas. 581, 582 (C.C.D.Mass. 1814).

[번역]

다른 사람이 그와 같은 [특허받은] 기계에 대하여 개량을 하였다면, 그는 그와 같은 개량에 대해서만 특허를 취득할 수 있고, 원래의 기계에 대한 특허권이나 이용할 권리를 취득하지 않는다. 그리고 만일 개량과 함께 그 기계의 개량부분이 아닌 전체에 대하여 특허출원한다면, 그의 특허는 광범위하고 따라서 무효이다.

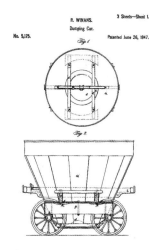

[Winans v. Denmead 사건의 특허받은 화물차의 모양]

라고 하여, 광범위한 특허를 특허를 취득할 수 없고, 특허를 취득하더라도 무효라고 판시했다. 그리하여 '단순 변경'은 기존의 특허범위내이므로 특허권의 침해라고 판시했다. '단순 변경'은 현재의 특허법에서는 기존 발명에 비교하여 신규성이 없거나 특허발명과 동일한 발명으로 여겨진다. 그리하여 스토리 판사는 '단순한 변경은 새로운 발명이 아니므로 피고를 특허침해로부터 보호하지 못한다'('Mere colorable alterations of a machine are not sufficient to protect the defendant.')고 판시했다. 즉 단순한 색의 변경과 같은 단순한 변경은 기존의 특허발명의 범위라고 판시한 것이다.

1853년 미국연방대법원의 Winans v. Denmead 사건[1422])은 중심한정주의 하에서 특허청구범위의 해석원칙을 따라 균등론에 의한 해석을 하였다. 본 사건에서 원추형이나 육각형의 화물차의 적재함은

it must be so near to a true circle as substantially to embody the

---

1422) Winans v. Denmead, 56 U.S. 330 (1853).

patentee's mode of operation, and thereby attain the same kind of result as was reached by his invention. It is not necessary that the defendant's cars should employ the plaintiff's invention to as good advantage as he employed it, or that the result should be precisely the same in degree. It must be the same in kind, and effected by the employment of his mode of operation in substance. Whether in point of fact the defendant's cars did copy the plaintiff's invention in the sense above explained is a question for the jury,···.[1423]

[번역]

특허권자의 작동방법을 실질적으로 포함하는 원형에 가까운 것이어야 하고, 그리하여 특허침해자의 발명이 동일한 결과를 가져와야 한다. 피고의 화물차는 원고가 채용한 잇점을 가지기 위해 그의 발명을 채용하여야 하거나 결과가 정확히 동일할 것을 요구하지 않는다. 특허권자의 작동방법을 실질적으로 채용함으로서 같은 결과를 가져와야 한다. 앞서 설명한 바와 같은 의미에서 피고의 화물차가 원고의 발명를 복제했는지는 배심원이 판단하고···.

라고 하여 팔각형의 화물창의 구조는 원형의 그것과 동일하지는 않지만, 팔각형이라는 실질적으로 원형을 채택함으로서 원고의 원추형의 모양과 비슷하고, 이로서 동일하지는 않지만 같은 결과를 가져오는 것이므로 특허침해라고 판시했다.

그 이후, 연방대법원은 미국이 중심한정주의에서 주변한정주의로 변하기 직전의 사건인 1870년 Seymour v. Osborne 사건[1424]에서 특허명세서에서 의도하지 않은 부분은 발명의 범위내로 해석하면 안 된다는 법리를 제시하여, 주변한정주의로 변하기 전의 과도기적인 모습을 보였다.

1423) Winans v. Denmead, 56 U.S. 330, 344 (1853)
1424) Seymour v. Osborne, 78 U.S. 516, 20 L. Ed. 33, 1870 WL 12828 (1870).

중심한정주의에 의하여 해석하던 시절의 판결인 1857년 Conover v. Roach 사건[1425])에서 Hall 판사는

> It is not enough, in order to show that one mechanical device is the equivalent of another, that it accomplishes the same result; that it produces the same effect unless that effect is produced by substantially the same mode of operation.
>
> ….
>
> It is not therefore sufficient, in order to authorize the jury to find that one device, or a series of devices all operating to the same end, is or are mechanical equivalents for other devices, unless they effect the same substantial purpose by substantially the same mode of operation."

[번역]

> 효과가 실질적으로 동일한 작동방법에 의해서 생산된다는 것이 아닌 한, 같은 결과를 가져온다고 하여 하나의 기계가 다른 것과 균등하다고 하기에 충분하지 않다. …. 실질적으로 동일한 작동방법에 의하여 실질적으로 같은 결과를 가져오지 않는 한 동일한 결과를 가져오는 도구들이거나 하나의 도구가 다른 도구와 동일하다고 배심에게 판단하도록 하는 것은 충분하지 않다.

고 판시했다. 즉 '실질적으로 같은 작동방법'(substantially the same mode of operation)은 결국 기술사상을 의미하게 된다.

중심한정주의에서 주변한정주의로의 변화는 명세서의 기재사항을 특허발명의 기술사상에서 그 발명의 실시가능성으로 변화시켰다. 이는 특허발명에 대한 실용주의적 입장을 강조한 것으로서, 기존 공리주의의 보상적인 입장의 중심주의에서 변화한 것으로 볼 수 있다. 보상설은 발명자의 사회

1425) Conover v. Roach, (1857) 4 Fisher, 12, 26.

공헌에 대한 완전한 보상(full compensation)의 입장에서 그 발명의 기술사상이 사회에 공헌한 바를 모두 보상하여야 한다는 이념에서 발전한 것이다. 따라서 중심한정주의는 균등론을 필연적 바탕으로 하는 원칙이다. 그 발명이 사회에 보상하는 바는 기술사상과 동일한 것, 즉 균등하다는(equivalent) 사고에 입각한 것이다.

중심한정주의하에서 추상적 개념의 기술사상은 그의 공헌도를 측정하는 것일 수 있었지만, 미국은 실용주의 사상은 예측가능성에 의한 중복투자 등을 방지하기 위하여 주변한정주의를 통하여 구체적인 실시가능성으로 변화시켰다. 주변한정주의 원칙하에서 특허출원자는 자신의 발명을 특정하여야 했지만, 균등론하에서 급(class)이나 류(genus)만을 특정하면 되었고, 실제로 모든 모드(modes) 수행하거나 종(species)을 테스트 할 필요가 없었다. 많은 수의 물질이나 도구가 상호 대체가능한 유사한 성질을 가지고 있다면, 유사한 특성이 있기 때문에 일반적인 급(class)을 하나의 발명으로 하여 특허청구가 가능했다. 법원은 화약이 다양한 성분으로 구성된다고 인정하고, 특허권자는 사용되는 성분을 나열하면 충분하고, 특정 성분의 기전을 명확히 밝힐 필요가 없다고 판시했다.1426) 다만 경쟁자는 어떤 과도한 부담(undue experimentation)없이 그 발명의 출원명세서에 의해 발명을 특정할 수 있어야 했다. 발명은 발명자가 수행한 결과이므로 그가 발명에 대한 모든 정보를 가지고 있는 것은 당연한 것으로서, 그 발명의 내용을 공개하면, 경쟁자는 그 발명의 권리범위를 피하여 새로운 발명을 할 수 있었다. 이로 인하여 중복투자가 방지되고, 경쟁적인 새로운 기술이 탄생할 수 있었다.

주변한정주의를 취함으로서 특허청구범위는 발명의 동기 내지 유인이 될 수 있었고 그로 인하여 기술발전을 가져올 수 있도록 하는데 그 목적이 있다.1427) 따라서 균등론은 그와 같은 주변한정주의의 목적을 달성하기 위

1426) Atlas Powder Co. v. El. Du Pont De Nemours & Co., 750 F.2d 1569, 1576-77 (Fed. Cir. 1984).

하여 제한된 범위내로 인정되어야 한다. 균등론의 근거 철학과 법리는 계약의 쌍무성이 아닌 재산법리에 의하여 예외적으로 인정되는 형평(equity)이다. 주변한정주의에서는 특허청구범위의 문언적 범위는 명세서의 기재에 의하여 특정되고, 그것이 권리범위를 정하는 원칙이다. 다만 문헌적 범위를 명시하지 못하는 것은 발명자가 노력과 투자에 의하여 발명을 하고도, 이를 명세서에 문언적 기재를 하지 못한 경우에 예외적으로 그의 발명이라는 그의 재산을 보호하기 위하여 형평성이라는 원칙에 의해 인정되는 것이다.1428)

4. 균등론의 제한과 포대금반언

가. 법적 근거

균등론에 의한 특허청구범위의 문언적 의미의 확장은 형평상의 원칙인 출원경과금반언의 원칙(prosecution history estoppel)에 의해 제한이 된다.1429) 출원경과 금반언은 특허소송에 있어서 출원인이 출원심사과정에서 본인이 수행한 행위와 모순되는 주장을 하는 것을 금지하는 것으로 의식적 제외사항을 특허권리범위해석에서 제외하자는 원칙으로 실질적으로 균등론을 제한하는 원칙이 된다.1430)

1427) Mark A. Lemley, The Economics of Improvement in Intellectual Property Law, 75 Tex. L. Rev. 989, 1003-05 (1997).

1428) Id., 1003-04 & n.65.

1429) Warner-Jenkinson Co., Inc. v. Hilton Davis Chemical Co., 520 U.S. 17, 41 (1997).

1430) 우리 대법원도
특허발명의 출원과정에서 어떤 구성이 특허청구범위로부터 의식적으로 제외된 것인지 여부는 명세서 뿐만 아니라 출원에서부터 특허될 때까지 특허청

출원경과 금반언은 1879년 Leggett v. Avery 사건[1431])에서 처음 적용되었고, 출원시 포기한 발명은 다시 취득 못한다는 금반언의 법리가 적용되기 시작했다. 그러나 포기했음에도 불구하고 침해시에 권리범위 해석에 의한 균등론에 의한 확장 적용은 영향이 없었다.

출원경과금반언의 원칙은 1942년 미국연방대법원의 Exhibit Supply Co. v. Ace Patents Corp. 사건[1432])에서 인정되었다. 본 사건에서 특허청구범위에는 "carried by the table" 기재하였는데, 출원인은 선행기술이라는 이유로 심사중에 "embedded in the table"로 변경하였다. 법원은 출원중에 수정된 부분은 권리포기로 여겨진다고 판시 했다.[1433]) 그리하여 특허청구에서 포기된 부분을 금반언원칙을 적용하여 침해소송시에 특허발명의 범위와 균

심사관이 제시한 견해 및 출원인이 심사과정에서 제출한 보정서와 의견서 등에 나타난 출원인의 의도 등을 참작하여 판단하여야 하고, 특허청구의 범위가 수 개의 항으로 이루어진 발명에 있어서는 특별한 사정이 없는 한 각 청구항의 출원경과를 개별적으로 살펴서 어떤 구성이 각 청구항의 권리범위에서 의식적으로 제외된 것인지를 확정하여야 한다.

라고 판시하여 출원경과 금반언을 도입하고 있다. (대법원 2002. 9. 6. 선고 2001후 171 판결)

1431) Leggett v. Avery, 101 U.S. 256, 260 (1879):
[i]n any case where they contain claims that have once been formally disclaimed by the patentee, or rejected with his acquiescence, and he has consented to such rejection in order to obtain his letters patent. Under such circumstances, the rejection of the claim can in no just sense be regarded as a matter of inadvertence or mistake. Even though it was such, the applicant should seem to be estopped from setting it up on an application for a reissue.

1432) Exhibit Supply Co. v. Ace Patents Corp., 315 U.S. 126 (1942).

1433) I.T.S. Rubber Co. v. Essex Rubber Co., 272 U.S. 429, 443 (1926); Hubbell v. United States, 179 U.S. 77, 80, 83 (1900). 포대금반언은 문언적 의미를 넘어 특허권을 주장하는데 적용한다. National Research Dev. Corp. v. Great Lakes Carbon Corp., 410 F. Supp. 1108, 1120 (D. Del. 1975). 물론 특허청구범위내인 경우에는 금반언을 적용할 여지가 없다. Graver Tank & Mfg. Co. v. Linde Air Prods. Co., 339 U.S. 605, 607 (1950).

등한 범위라고 주장하는 것을 금했다.

포대금반언은 균등론을 제한하는 역할을 한다. 출원경과금반언 원칙은 3가지로 나누어진다. 법원에 의하여 포대금반언은 전통적인 포대금반언(classic file wrapper estoppel), 특허결정에 의한 포대금반언(estoppel by admission) 그리고 비기술적 금반언(non-art estoppel)이 인정되어 왔다.

나. 전통적인 포대금반언(classic file wrapper estoppel)

'전통적인 포대금반언'(classic file wrapper estoppel)으로 발명의 신규성과 진보성에 관한 실체사항에 관련된 것이다. 선행기술이 이미 공중의 영역(the public domain)에 있거나 선행특허권의 영역에 있기 때문에, 이러한 영역에 있는 기술에 대하여 발명가는 자신의 발명이라고 주장할 수 없다는 법 원리에 기반한다.[1434] 자신의 발명이 선행기술인 경우에 발명가는 선행기술에 대한 특허청구범위를 포기하거나 감축하여 선행기술을 자신의 발명으로 주장하는 것을 회피하여 특허요건을 충족한 후에 특허를 취득하게 된다. 이러한 경우에 특허권자는 자신의 특허청구범위를 감축하거나 포기하여 특허를 취득한 경우이므로 추후에 균등론을 주장하여 감축하거나 포기한 부분을 자신의 특허발명이라고 주장할 수 없다. 선행기술이 이미 공중의 영역(the public domain)에 있거나 선행 특허권의 권리범위 영역내에

1434) Trio Process Corp. v. L. Goldstein's Sons, Inc., 461 F.2d 66, 75 (3d Cir.), cert. denied, 409 U.S. 997 (1972) ("The doctrine is based on the theory that the prior art is either in the public domain or already patented, so that the patentee may not claim it as part of his invention.") (다만, 이 사건에서 법원은 특허권자가 특허청구범위를 감축하거나 포기한 것은 선행기술때문이 아니라 특허청구범위를 잘못기술하였기 때문에 이를 보정하기 위하여 다시 작성한 것이므로, 이러한 경우 특허권자의 발명에 대한 기여를 제한하는 것은 형평에 어긋나는 것이므로 결국 포대금반언이 적용되지 않는다고 하였다.).

있어 발명가는 자신의 발명이라고 주장할 수 없다는 법 원리에 기반한다. 금반언은 신규성과 진보성의 특허요건에 관한 실체적 보정으로 특허성에 관한 신규성 및 진보성을 충족하기 위해 보정한 경우에는 추후에 그와 모순되는 주장을 하지 못한다는 것으로 우리법원을 포함하여 미국의 모든 법원에서 인정하고 있다.

Nationwide Chemical Corp. v. Wright 사건[1435]은 전통적인 포대금반언의 원칙을 적용한 사건이다. 특허권자는 에이커당 4온스의 헥사클로로펜류 항세균제를 사용하여 오렌지의 병해충을 제거하는 방법에 대하여 특허청구를 하였다. 피고도 에이커(acre)당 4온스가 조금 넘는 양의 헥사클로로펜류의 항세균제를 사용하여 원고의 특허방법과 실질적으로 같은 방법으로 오렌지의 병해충을 제거하였다. 원고의 특허방법이 에이커당 4 온스를 사용하는 것은 오랫동안 사용한 선행기술을 극복하기 위한 것이었다. 제5순회법원은 원고가 균등론을 이용하여 자신의 특허방법을 피고의 사용방법에까지 확장하는 것을 제한하였는바, 선행기술을 이유로 행정부인 특허청에서 거부한 독점을 사법적으로 허용하는 것은 권력분립의 원칙으로도 부적절하다는 것이다.

Johnson & Johnson v. W.L. Gore & Assocs. 사건[1436]은 gravity 1.2에서 1.8 사이의 수치한정 특성을 가지는 폴리테트라플루오로에틸렌(polytetra-fluoroethylene)[1437] 테이프 발명에서 상한 값인 1.8은 선행기술을 회피하기 위한 한정이지만 하한 값은 그렇지 않다는 것을 인정하고, 선행기술을 회

1435) Nationwide Chemical Corp. v. Wright, 584 F.2d 714 (5th Cir. 1978).
1436) Johnson & Johnson v. W.L. Gore & Assocs., 436 F. Supp. 704 (D. Del. 1977).
1437) 4불화 에틸렌(tetrafluoroethylene)으로부터 제조되는 4불화(弗化) 에틸렌 수지(樹脂)로서 화학식(-CF₂ -CF₂ -)n으로 표시되는 중합체·가소제(可塑劑)·수지의 총칭이다. 매끄럽고 끈적거리지 않는 성질로, 가스켓(gasket)·전기 절연체·관류(管類)·캔디의 틀·용기의 안감·프라이팬의 겉칠 재료의 제조에 사용한다. 후라이팬 등의 코팅재료인 듀퐁의 테플론(Teflon)은 폴리테트라플루오로에틸렌의 상표명이다.

피하기 위한 경우가 아닌 gravity 0.9의 값은 균등의 범위에 포함된다고 판시했다. 즉 포대금반언의 원칙을 적용하지 않았다.

전통적인 포대금반언이 적용되는 경우는 원칙적으로 선행기술을 회피하기 위한 청구범위(claim)를 수정을 한 때이다. 다만 특허출원과정에서의 출원인의 행위를 고려한 사안도 존재한다.[1438] 통상적으로 출원과정에서의 출원인의 행위에 대한 고려는 특허결정에 의한 포대금반언(estoppel by admission)의 대상이다.

다. 특허결정에 의한 포대금반언(estoppel by admission)

'특허결정에 의한 포대금반언'(estoppel by admission)으로 이는 절차사항에 관한 보정이 이뤄진 경우에 추후에 그와 모순되는 행위를 금지한다. 전통적으로 특허출원은 계약적, 행정적 요소 등이 통합된 문서이므로 서면으로 이뤄진 사항이 아닌 구두로 이뤄진 사항에 대하여는 구두증거배제법칙(parol evidence rule) 등이 적용되어 소송에서 증거로 사용할 수 없다. 따라서 출원중에 특허청의 심사과정에서 이루어진 당사자의 진술 등은 특허발명의 범위에 대하여 관련이 없다고 인정되고, 침해소송에서 증거로 사용되지 않는다.

그러나 금반언의 원칙을 적용하여 출원과정 중에 당사자에 의하여 이루어진 진술이나 이의제기 사항 등은 발명에 대한 당사자의 이해를 나타내는 증거로 인정하여 그와 모순된 진술을 금지하는 경우가 있다. 그러나 전통적인 포대금반언의 대상인 특허청구범위의 감축이나 수정에 대한 사항이 아니지만 심사과정에서 당사자가 한 진술 등이나 이의제기 등에서 주장한 사항에 대하여 추후에 이와 모순되는 주장을 하지 못하도록 하는 원칙이

1438) Exhibit Supply Co. v. Ace Patents Corp., 315 U.S. 126, 133-34 (1942).

다. '특허결정에 의한 포대금반언'은 미국의 모든 법원에서 인정하지는 않는다.

특허결정에 의한 포대금반언은 Quikey Manufacturing Co. v. City Products Corp. 사건[1439]에서 명확히 되었다. 본 사건 문제된 발명은 카메라 렌즈의 조리개와 같은 구조로 이루어진 동전지갑에 관한 특허발명으로, 해당 특허발명은 눌러빼는 동전지갑으로서 동전지갑 주변과 주변을 잇는 동전구멍이 있었다. 특허권자는 이전의 동전지갑보다 그 구멍이 큰 동전지갑을 만들어 선행발명으로부터 신규성과 진보성이 부인당하는 것을 피하고자 했고, 이러한 점은 특허청 심사관에게 진술되었다.[1440] 피고가 사용한 동전지갑은 짧은 동전구멍이 있는 동전지갑이었는데, 특허권자인 원고는 균등론을 주장하면서 피고의 동전지갑은 원고의 발명을 침해한 것이라고 주장하였다. 법원은, 원고가 출원중에 심사관의 선행발명을 이유로 하여 특허성을 부인하자 자신의 특허발명은 주변과 주변을 잇는 동전구멍을 특징으로 하는 것임을 주장하여 특허를 받은 것임을 인정하고, 원고가 짧은 동전구멍에 대하여 균등론을 주장하여 피고의 침해를 주장하는 것은 금반언 원칙에 위배되는 것이라고 판단하여 피고의 특허침해를 부인하였다.

특허결정에 의한 금반언은 전통적인 포대금반언(classic file wrapper

1439) Quikey Manufacturing Co. v. City Products Corp., 409 F.2d 876 (6th Cir. 1969).
1440) Id.

> Additionally, the Court believes that a very narrow claim construction must be given to the patent in suit in light of arguments made to the Patent Office Examiner by the inventor while the patent in suit was being prosecuted. The inventor's own statements reveal that the 'periphery to periphery' slit in his purse was an important improvement over prior art purses showing less than a full periphery to opposite periphery slit. As stated by inventor Stiller, 'the full slit opens to make substantially the entire interior volume of the purse instantly accessible.'

Id., 878-879.

estoppel) 보다 더 넓은 범위에서 인정된다. 출원인이 제시한 자료가 신규성이나 진보성을 극복하기 위한 유일하거나 중요한 자료이었던 경우에도 특허결정에 의한 금반언이 적용되었다.[1441)

특허결정에 의한 금반언을 인정하지 않았던 제2순회법원[1442)은 Capri Jewelry, Inc. v. Hattie Carnegie Jewelry Enterprises, Ltd. 사건[1443)에서 특허대리인이 선행발명에 의한 거절이유를 극복하기 위하여 특허청구범위를 좁게 해석한 것에 대하여 포대금반언의 원칙을 적용하였다. 특허결정에 의한 포대금반언의 원칙은 전통적인 포대금반언의 원칙과 달리 각 관할 법원 모두에서 인정되는 것은 아닐뿐더러 원칙도 정해지지 않았다.

라. 비기술적 금반언(non-art estoppel)

'비기술적 금반언'(non-art estoppel)은 선행기술과 관련이 없는 유용성(utility)이나, 명세서 기재요건으로 실시가능성(enabling specification)이나 산업상 이용가능성에 관련된 사항에 관하여 금반언을 인정한다.

비기술적 금반언의 원칙은 특허출원중에 선행기술(prior art)을 이유로 한 특허성의 부재 이외의 이유(non art rejection)[1444)로 한 특허거절이유를 극복하기 위하여 특허청구범위를 감축하거나 수정한 경우, 또는 진술 등이 이루어진 경우에 추후에 이와 배치되는 주장을 하여 특허청구범위에 포함

1441) Coleco Indus., Inc. v. United States Int'l Trade Comm'n, 573 F.2d 1247, 1257-58 (C.C.P.A. 1978).

1442) Katz v. Horni Signal Mfg. Corp., 145 F.2d 961, 963 (2d Cir. 1944), cert. denied, 324 U.S. 882 (1945); Catalin Corp. v. Catalazuli Mfg. Co., 79 F.2d 593, 594 (2d Cir. 1935) 등.

1443) Capri Jewelry, Inc. v. Hattie Carnegie Jewelry Enterprises, Ltd. 539 F.2d 846 (2d Cir. 1976).

1444) 비기술적 금반언(art rejection)은 전통적인 포대금반언(classic file wrapper estoppel) 또는 특허결정에 의한 포대금반언(estoppel by admission)의 대상이 된다.

된다고 할 수 없다는 원칙이다. 비기술적 금반언은 선행기술에 의한 특허 거절이 아니라, 선행기술과 관련이 없는 유용성(utility)[1445]이나 실시가능성 (enabling specification)[1446] 등을 이유로 한 거절을 말한다. 신규성[1447]이나 진보성[1448]을 이유로 한 거절은 "art rejection"이라고 한다.

비기술적 금반언(non-art estoppel)은 몇몇 법원에서 제한적으로 인정되어 왔다.[1449] 따라서 비기술적 금반언(non-art estoppel)의 범위나 정의는 명확 하게 정립되지 않았다. Pall Corp. v. Micron Separations, Inc 사건[1450]에서 연방항소법원은 포대금반언의 원칙은 선행기술을 근거로 한 거절결정을 극복하기 위하여 특허청구범위를 감축하거나 진술을 한 경우에 적용된다 고 하면서, 실시가능성(enabling specification)을 근거로 한 거절의 경우에도 포대금반언이 인정될 수 없다고 판시하였다.

본 사건의 쟁점은 선행기술을 근거로 한 거절이유를 극복하기 위한 청구 범위의 감축이나 진술 등의 경우에만 포대금반언이 적용되는지 또는 선행 기술을 근거로 하지 않은 거절이유를 극복하기 위한 청구범위의 감축이나 진술 등을 근거로 포대금반언을 적용할 수 있는지 여부이었다. 선행기술을 근거로 한 경우에는 미국 특허법 제112조 제2문을 근거로 거절하는 경우이 고, 선행기술이 아닌 것을 근거로 한 경우에는 제112조 제1문에 해당한다. 제112조 제1문의 경우에는 발명의 상세한 설명에 해당분야의 전문가가 자 신의 발명을 실시할 수 있도록 서술하도록 하고 있다.[1451] 제2문은 발명은

1445) 35 U.S.C. § 101.
1446) 35 U.S.C. § 112.
1447) 35 U.S.C. § 102 (a), (b), 또는 (e).
1448) 35 U.S.C. § 103 (a).
1449) Johnstown Am. Corp. v. Trinity Indus., Inc., 865 F. Supp. 1159, 1164-65 (W.D. Penn. 1994). Carole F. Barrett, The Applicability of the Doctrine of File Wrapper Estoppel to Prevent Recapture of Abandoned Patent Claims, 54 ST. JOHN'S L. REV. 767, 786 (1980).
1450) Pall Corp. v. Micron Separations, Inc., 66 F.3d 1211 (Fed. Cir. 1995).

정확하고 한정적으로 설명할 것을 요구하고 있다. 통상 제2문에 대해서는
포대금반언을 인정하고 있었다.

비기술적 금반언(non-art estoppel)이 인정되는 이유는 출원과정에서 적극
적이고 명시적으로 포기된 것은 그 이유를 막론하고 심사관은 그 특허청구
범위를 신뢰한다는 것이다.[1452] 그 뿐만 아니라 특허등록이 거절되는 경우
는 발명의 상세한 설명이 불충분하든 선행기술에 구현된 것이든 차이가 없
으므로 그러한 거절 이유를 극복하기 위하여 출원 중에 진술하거나 특허청
구범위를 감축한 것은 동일하게 금반언이 적용된다는 것이다.[1453] 그러나
출원과정에서 출원의 내용을 수정한 모든 경우에 금반언을 반드시 적용할
필요도 없다는 이유로 비기술적 금반언의 적용을 인성하지 않는 법원도 있
다. 출원내용의 변경이 발명의 범위와 항상 관련이 있는 것도 아니라는 이
유도 제시된다.[1454] 그러나 특허청구범위나 명세서의 변경 등을 하여 특허
를 취득한 후에 제3자가 특허침해를 하였다고 주장하는 경우에 수정되어
등록된 특허의 청구범위나 변경된 명세서는 침해된 특허권의 범위를 증명
하는 것이므로 포대금반언을 인정하는 것이 타당할 것으로 보인다.

비기술적 금반언에 대하여 제1순회법원은 이를 긍정하고 있었다. 그러나
제2순회법원[1455]이나 제3순회법원[1456]은 긍정하지 않았다. 제5순회법원[1457],

1451) "The specification shall contain a written description of the invention, and of the
manner and process of making and using it, in such full, clear, concise, and exact
terms as to enable any person skilled in the art to which it pertains, to make and
use the same⋯."

1452) Borg-Warner Corp. v. Paragon Gear Works, Inc., 355 F.2d 400, 406 (1st Cir. 1965),
cert. dismissed, 384 U.S. 935 (1966).

1453) Borg-Warner Corp. v. Paragon Gear Works, Inc., 355 F.2d 400, 406 (1st Cir. 1965),
cert. dismissed, 384 U.S. 935 (1966); Standard Brands, Inc. v. National Grain Yeast
Corp., 308 U.S. 34 (1939); General Elec. Co. v. Wabash Appliance Corp., 304 U.S.
364 (1938); H.C. Baxter & Bro. v. Great Atl. & Pac. Tea Co., 236 F. Supp. 601
(D. Me. 1964), af['d, 352 F.2d 87 (lst Cir. 1965), cert. denied, 384 U.S. 905 (1966).

1454) Graver Tank & Mfg. Co. v. Linde Air Prods., 339 U.S. 605, 608 (1950).

제7순회법원[1458] 그리고 제10순회법원[1459])도 비기술적 금반언은 긍정하지 않고 있다.

마. 입증책임

앞서 본 바와 같이 감축보정을 하였으나, 해당 부분이 명백히 포기되지 않은 경우에 균등론이 적용되는지 문제되고 있었다. 법원은 이러한 경우에 신규성과 진보성의 실체상에 대한 보정에 금반언을 적용하는 flexible bar를 적용하였고, 20세기에 대법원은 좀더 강화된 flexible bar를 적용하고 있었다.[1460] 이때 연방대법원의 태도가 분명하지 않았다. 1982년 CAFC(연방항

1455) Cohn v. Coleco Indus., Inc., 558 F.2d 53, 59 (2d Cir. 1977); Koppers Co. v. S & S Corrugated Paper Mach. Co., 517 F.2d 1182, 1185 (2d Cir. 1975).

1456) Trio Process Corp. v. L. Goldstein's Sons, 461 F.2d 66 (3d Cir.), cert. denied, 409 U.S. 997 (1972); Schmidinger v. Welsh, 383 F.2d 455 (3d Cir. 1967), cert. denied, 390 U.S. 946 (1968); Chemical Constr. Corp. v. Jones & Laughlin Steel Corp., 311 F.2d 367 (3d Cir. 1962).

1457) Ziegler v. Phillips Petroleum Co., 483 F.2d 858, 870-71 (5th Cir.), cert. denied, 414 U.S. 1079 (1973); Hunt Tool Co. v. Lawrence, 242 F.2d 347, 353-54 (5th Cir.), cert. denied, 354 U.S. 910 (1957). But see Laitram Corp. v. Deepsouth Packing Co., 443 F.2d 928, 934 (5th Cir. 1971); Strahle v. Dillard's Dep't Stores, 459 F. Supp. 396, 398 (W.D. Tex. 1978).

1458) Laser Alignment, Inc. v. Woodruff & Sons, Inc., 491 F.2d 866, 876 (7th Cir.), cert. denied, 419 U.S. 874 (1974); Ellipse Corp. v. Ford Motor Co., 452 F.2d 163, 168 (7th Cir. 1971), cert. denied, 406 U.S. 948 (1972); Coulter Elec. Inc. v. J.T. Baker Chem. Co., 487 F. Supp. 1172, 1175 (N.D. 11. 1980); Matherson-Selig Co. v. Carl Gorr Color Card, Inc., 301 F. Supp. 336, 350-51 (N.D. Ill. 1967). T

1459) Burger Train Sys., Inc. v. Ballard, 552 F.2d 1377, 1384 (10th Cir.), cert. denied, 434 U.S. 860 (1977); Eimco Corp. v. Peterson Filter & Eng'r Corp., 406 F.2d 431 (10th Cir. 1968), cert. denied, 395 U.S. 963 (1969); McCullough Tool Co. v. Well Surveys, Inc., 343 F.2d 381, 403 (10th Cir. 1965), cert. denied, 383 U.S. 933 (1966).

1460) Exhibit Supply Co. v. Ace Patents Corp., 315 U.S. 126 (1942).

소법원) 창설되었는데 CAFC는 대체로 flexible bar를 적용하고 있었지만 Kinzenbaw v. Deere & Co. 사건[1461])에서 모든 보정에 금반언을 인정하는 complete bar를 적용했다.

1997년 Warner Jenkinson v. Hilton Davis Chemical Co. 사건[1462])에서 연방대법원은 출원경과금반언의 법리를 적용한 사유들은 모든 보정사유에 적용되는 것이 아니라 선행기술과의 충돌을 회피하기 위한 것과 같이 특허의 요건을 충족시키기 위한 경우에 한정된다고 하여 피고 주장을 배척했다.

이 사건에서 원고 Hilton Davis와 피고 Warner-Jenkinson는 모두 음식, 약품, 화장품용 염료 제조회사이었다. 두회사의 제조공정 중 불순물 제거가 중요한 문제인데 기존의 불순물 제거 방법은 고가인데다 낭비가 심해 비효율적이었다. 1982년경 원피고 모두 독자적으로 새롭고 간단한 불순물 제거 공정 연구하여 모두 초여과법(ultrafiltration)을 발명했다. 원피고 모두 동일 여과장치 제조회사(제3회사)와 비밀준수 계약(NDA)을 체결하고 동 회사에 자신들 아이디어에 대한 성능 테스트를 의뢰하였는데, 원고의 발명이 피고의 발명에 비해 그 테스트 결과가 보다 성공적이었고, 1985년에 특허취득했다. 피고는 추후 원고의 공정과 비슷한 공정을 독자적으로 완성하여, 원고의 특허의 존재를 모르고, 1986년 상업적 목적으로 실시했다. 원고는 피고가 고의로 특허발명을 실시했다는 이유로 특허침해소송을 제기했다.

원고와 피고 발명의 대부분의 구성요소가 서로 일치하였고, 원고의 특허 공정이 pH 레벨 약 6.0 내지 9.0의 범위에 있었는데, 그의 특허 심사중, 심사관이 pH 레벨 9.0에서 실시되는 선행기술문헌을 거절이유로 하여 거절이유를 통보하자 원고는 거절이유를 해소를 위하여 pH 레벨범위를 6.0-9.0으로 감축보정했다. 선행기술에 대한 거절이유 해소만을 위한 감축보정임에도 불구하고, 원고는 pH 레벨범위의 하한 6.0을 넣어 특허청구범위를 감축

1461) Kinzenbaw v. Deere Co., 741 F.2d 383 (Fed. Cir. 1984).
1462) Warner Jenkinson v. Hilton Davis Chemical Co. 520 U.S. 17 (1997).

보정하였고 그 보정은 자진보정형식이 되었다. 그러나 자진보정을 한 이유나 그 배경에 대한 기록이 없어 명확하지 않았다.

원고는 피고의 공정이 pH 레벨 5.0에서 실시하여 문언침해를 하지 않았지만, 균등침해가 성립됨을 주장했다. 피고는 출원과정에서 모든 보정은 그 이유와 상관없이 기존 청구항에서 축소된 영역에 대하여는 추후에 균등론을 적용하여 권리범위에 확장되는 것이 금지된다고 주장했다. 1심 배심원이 균등침해성립을 평결했고, 법원은 그 평결 지지했다.

피고는 1심 판결에 대하여 CAFC에 항소하였다. CAFC도 1심 판결을 지지했다. 6.0의 하한선을 단순히 삽입하여 청구범위의 필수구성요소가 되었다고 하더라도, 그러한 사실이 그 요소에 대한 균등론의 적용을 반드시 배제하는 것은 아니라고 판시했다. 선행기술을 회피하기 위한 것이 아닌 보정(신규성, 진보성 충족시키기 위한 보정이 아닌 보정)에 대해서는 금반언의 원칙이 적용되지 않는다고 판시했다.

피고는 연방 대법원에 상고했다. 1997. 3. 3. 연방대법원은 CAFC 판결 파기하고 pH 하한범위를 추가함으로써 특허청구범위를 감축보정한 이유가 금반언의 원칙 적용을 피할 수 있을 만큼 충분한지에 대해 재심리 명했다. 원고의 감축보정에서 6.0의 pH 레벨 하한선을 포함시킨 이유에 대해 기록이 없으므로 감축보정의 이유와 배경이 명확하지 않아 보정을 통해 pH 레벨 하한선 추가한 것이 특허요건(신규성, 진보성)과 관련된 실질적인 이유가 있는지 여부를 판단하지 않았다고 판시하였다.

본 판결은 주변한정주의를 취하고 있는 미국이 특허권이 청구범위에 기재되어 있는 문언 의미 이상으로 보호범위가 확대될 수 있음을 인정했다. 다만 청구항의 변경 이유를 설명하여야 할 입증책임은 특허성을 충족하기 위한 보정을 한 것이라는 추정에 의해 문언침해나 균등침해를 주장할 수 없으므로, 침해를 입증하기 위해서는 그와 반대입증을 할 특허권자가 부담하는 것이(presumptive bar) 공평하다고 판시했다.

2002년 연방대법원 Festo 사건[1463])에서는 실체적 보정이 아닌 절차적 보정도 포대금반언의 적용대상인지가 문제되었다. 본 사건은 최종 결론이 나오기 까지 14년이 걸린 사건이다. 매사추세스 지방법원은 Warner Jenkinson v. Hilton Davis Chemical Co. 사건 판결법리를 적용하여, flexible bar 적용하여 특허청구범위에 보정된 부분이 있으나 특허성과 무관한 보정은 특허청구범위의 권리범위를 제한하지 않는다고 판시하면서 균등론 적용하여 특허침해 인정했다.

2000년 CAFC는 모든 보정에 대해 금반언 적용하는 absolute/complete bar 적용하여 비침해로 판결했다. CAFC는 특허권의 권리범위가 좁아져 경쟁자가 쉽게 문언침해만을 회피하면 되게 되어 특허권 보호에 소홀해진다는 이유로 Warner-Jenkinson기준보다 엄격한 새로운 금반언 기준 제시했다.

연방대법원은 출원중에 특허청구범위에 대하여 축소보정을 한 경우에, 그와 같이 보정할 때 당업자가 균등범위까지 포함하도록 특허청구범위를 문언적으로 기재하는 것이 합리적으로 기대하기 힘든 정도였다는 것을 입증할 책임이 있고[1464]), 이를 입증하면 균등론을 적용할 수 있다고 판시하여 입증책임을 강화시킨 flexible bar의 적용하면서(presumptive bar/foreseeable bar), 특허성 보정에 대하여 균등론 적용을 배제했다.

우리 대법원은

1463) Festo Corp. v Shoketsu Kinzoku Kogyo Kabushiki Co., 535 U.S. 722 (2002)

1464) 그 사유는 3가지로 다음과 같다: ① 균등물이 출원시에 예견할 수 없었을 때(The equivalent may have been unforeseeable at the time of application), 예컨대 존재하지 않았던 기술에 대해서는 예견가능성이 없음, ② 보정이유와 균등물이 상호 미미한 관계인 경우(the rationale underlying the amendment may bear no more than a tangential relation to the equivalent in question), 및 ③ 특허청구범위에 비본질적 대체수단을 포함시키는 것이 합리적으로 기대할 수 없었던 경우(there may be some other reason suggesting that the patentee could not reasonably be expect to have described the insubstantial substitute in question).

출원과정에서 청구범위의 감축이 이루어졌다는 사정만으로 감축 전
의 구성과 감축 후의 구성을 비교하여 그 사이에 존재하는 모든 구성
이 청구범위에서 의식적으로 제외되었다고 단정할 것은 아니고, 거절
이유통지에 제시된 선행기술을 회피 하기 위한 의도로 그 선행기술에
나타난 구성을 배제하는 <u>감축을 한 경우</u> 등과 같이 보정이유를 포함하
여 출원과정에 드러난 여러 사정을 종합하여 볼 때 출원인이 어떤 구
성을 권리범위에서 제외하려는 의사가 존재한다고 볼 수 있을 때에 이
를 인정할 수 있다. 그리고 이러한 법리는 청구범위의 감축 없이 의견서
제출 등을 통한 의견진술이 있었던 경우에도 마찬가지로 적용된다.[1465]

라고 판시하고 있다. 위 판결은 미국의 전통적인 포대금반언 원칙과 유사
한 것으로 보이지만, 판결의 문구에 '등'이라는 단어를 넣어 확장가능성을
인정하고 있고, 종국적으로는 선행기술의 회피 등 발명요건을 충족하기 위
한 출원인의 '의식적 제외'가 있었는지에 따라 판단하는 것으로 보인다. 그
와 같은 판결이 미국의 'presumptive bar/foreseeable bar'를 배제하는 것으로
보이지는 않는다.

1465) 대법원 2017. 4. 26. 선고 2014후638 판결. 이를 따른 판결은 대법원 2023. 2. 2.
    선고 2022후10210 판결 등.

제5절 특허청구범위 기재방법의 경제학

1. 특허청구범위의 기능[1466]

발명은 특허청구범위(claims)[1467]에 의하여 법적 보호대상이 확정이 된다. 특허청구범위, 즉 클레임(claims)은 발명에 대하여 법적 보호를 요구하는 범위가 된다. 따라서 특허청구범위는 법적 보호의 요건, 즉 특허요건을 충족하여야 한다. 특허청구범위는 특허발명의 보호범위를 결정하는 기준으로서 특허청구범위에 기재되지 않는 한 득허로서 보호받을 수 없다. 또한 특허청구범위는 특허의 구성요건으로서 기능하므로 특허청구범위에 기재된 구성요소 모두를 실시하여야 특허침해가 발생한다. 따라서 특허청구범위는 특허권의 권리범위라고 할 수 있다. 개념상 특허청구범위와 특허권의 권리범위는 일치하여야 하지만, 항상 그러한 의미로 해석되는 것은 아니

1466) 본 기술은 본인의 "특허청구범위해석에 있어서 중심한정주의기원 및 발전과 시사점" (산업재산권 제49호)에서 발췌하여 수정가감한 것임.

1467) 최근 개정된 특허법은 특허청구범위 대신 청구범위라는 용어를 사용하고 있으나, 특허청구범위나 청구범위 모두 같은 의미로서 같은 대상을 지칭하고, 특허법상 용어를 '청구범위'에서 '특허청구범위'로 다시 개정하거나 다른 용어로 대체될 수 있고, 뿐만 아니라 특허청구범위와 청구범위는 그 형식상의 용어가 중요한 것은 아니므로 기존과 같이 특허청구범위로 사용하고자 한다. 그리고 특허발명의 보호범위나 (특허)권리범위도 같은 의미로 사용한다. 법적인 권리범위가 곧 법적으로 보호받는 범위로서 특허권의 효력이 미치는 객관적 범위라고 할 수 있기 때문이다. 권리범위를 판단하기 위해 특허발명의 보호범위를 판단하여야 하지만, 권리범위가 확정되어야 보호범위가 정해진다. 즉 닭이나 달걀이냐와 같은 순환논법적인 것으로서 권리범위와 보호범위는 같은 의미로 이해될 수 있기 때문이다. 특허청구범위(claims)와 청구항(a claim)은 단수와 복수의 개념이라고 생각되므로 두 양자의 용어가 특별히 구분하지 않는 한 같은 의미로 사용한다. 그리고 다항제와 단항제는 주변한정과 중심한정과 관련은 있지만, 논리 필연적인 관련은 없는 것으로 생각되는데, 본 연구범위에서는 제외하기로 한다.

다.[1468] 미국에서 한 판사는 특허에 있어서 청구범위는 권리가 되는 것으로, 특허침해라는 용어는 잘못된 것으로 침해는 권리(claim)를 침해하는 것이고 권리(claim)침해가 침해소송의 원인이라고 한다.[1469]

특허권은 제3자의 특허발명의 무단실시를 배제할 수 있는 재산권이다. 따라서 그 권리범위가 명확히 공시될 것을 요구한다. 발명에 대한 특허청구가 중심한정인지 주변한정인지는 특허권을 해석하는데 핵심적인 요소가 된다. 그럼에도 불구하고 특허법에서는 권리범위해석에 있어서 명확하고 구체적인 방법을 제시하지 않고 있다.

과거 특허법은 특허청구범위 해석에 있어 주변한정주의(peripheral definition)와 중심한정주의(central definition)를 발전시켜왔다. 특허청구범위 해석에 있어서 주변한정주의를 취하는 미국의 특허실무는 중심한정주의로부터 발전해왔다.[1470] 1787년 미국 최초 헌법에 의하여 1790년 미국 특허

1468) 예컨대, 특허권의 효력제한을 들 수 있다.

1469) Fulton Co. v. Powers Regulator Co., 263 F. 578, 580 (2d Cir. 1920).
Strictly speaking, infringement of a patent is an erroneous phrase; what is infringed is a claim, which is the definition of invention, and it is the claim which is the cause of action.

1470) 중심한정(central definition) 및 주변한정(peripheral definition)이란 용어는 Harold E. Potts에 의하여 주창된 것으로 Potts에 의해 1918년 독일 베를린의 변리사 단체(Verband fuer Deutsche Patentanwaelte)에서 언급되고, 1918년 겨울 미국 워싱턴에서 특허청 심사관들에게 다시 중심한정과 주변한정에 대하여 소개한 것으로 알려져 있다. Potts는 영국의 변리사로서 특허출원을 쉽게 할 수 있는 방법으로써 중심한정주의를 선호하였다. Potts는 생물학적 분류방법을 특허청구방법에 도입하여 발명이 A1라는 기술의 종류이고, 특허성이 의심되는 경우에 보다 넓은 일반적인 기술 A(여기서 A는 A1과 균등한 범위의 발명이다.)를 청구할 수 있다고 하면, 발명가는 두 가지 방법에 의하여 보호될 수 있다고 한다. 하나는 중심한정(central definition)으로서 발명가가 A1에 대하여 특허청구를 하고, 법원이 해석에 의하여 발명을 특허청구보다 넓게 보호할 수 있다는 방법이고, 다른 하나는 주변한정(peripheral definition)으로서 발명가가 광범위한 A와 A1을 동시에 청구하고 법원이 엄격하게 각 청구범위를 해석하는 방법이 있다고 한다. Potts는 중심한정주의가 발명의 속성에 적합하기 때문에 이론적으로 더 많은 장점이 있다고 주장하였다.

법이 제정되었지만, 특허청구범위의 기재는 법적 요건은 아니었다. 발명가
는 선행발명으로부터 특허권의 대상을 명백히 하여야 한다고 판시한 1817
년 Lowell v. Lewis 사건[1471]과 1822년 Evans v. Eston 사건[1472] 판결을 통

왜냐하면 발명을 정확하게 정의할 수 없는 속성이 있기 때문에 침해가 문제되는
경우에 법원에서 침해여부를 판단하도록 할 수 있다는 것이다. 뿐만 아니라 과학의
범위는 유동적이기 때문에 보통 발명의 명확한 범위를 정할 수 없어 중심한정주의
가 선호된다고 한다. 독일의 특허청구범위는 특허청에서 그 사용 언어의 범위를
제한하지만 법원에서 확장하는 구조인 반면에 영국이나 미국의 제도는 특허청에서
그 청구범위를 기재하는 언어의 범위를 확장하고, 법원에서 이를 제한하는 방식이
라고 한다. 그러나 결과에서는 동일하다고 한다. 따라서 언어에 의하여 발명의 범
위를 명확하게 정의하기 어렵다는 점을 고려하면 발명가의 권리보호를 위해서는
독일식이 선호된다고 한다. Potts는 독일에서 실제 운용은 특허청과 법원에서 언어
의 의미를 제한하고 있으므로 발명가에게는 불리한 상황이었다고 하고 있다. 영국
의 실무는 독일과 미국의 중간정도의 입장이지만 독일보다는 미국식에 가까운 운
용을 하고 있다고 주장하였다. Harold E. Potts, British Claims, 6 J. Pat. Off. Soc'y
218 (1923-1924). Potts는 주변한정주의보다는 중심한정주의가 이론적으로 선호된
다고 하고 있으나, 실무를 하는 입장에서 좀 더 출원을 쉽게 할 수 있는 방법, 즉
중심한정주의를 연구한 것으로 생각된다. Potts도 자신의 논문 마지막 부분에서 특
허실무에서 특허청구범위를 기재하는 방법에 대하여 제시하고 있다는 것을 근거로
할 수 있다. 특허청구를 용이하게 하기 위해서는 주변한정주의보다는 중심한정주
의가 선호되는 특허청구범위의 기재 방법일 수는 있어도 특허청구범위에 자유권이
제한되는 수많은 공중을 고려하지 않은 것이다. 중심한정과 주변한정은 1940년대
말에 Ridsdale Ellis가 그의 저서 Patent Claims(1949)를 저술하면서 거의 25년간
Potts의 잊혀진 제안이 미국에서 다시 논의되게 되었다. 한편 중심한정과 주변한정
의 이론이 Ellis가 원래의 주창자가 아니며 또한 일본으로 수입되는 과정에 대하여
잘못 이해되고 있다는 주장이 일본을 중심으로 제기되고 있다. (이에 관련하여,
Harold C. Wegner, The Doctrine of Equivalents after Warner-Jenkinson, a paper
represented in D.C. Bar PTC Section meeting at George Washington Univ., March
14, 1997 및 각주 10 참조) 원래 중심한정과 주변한정을 주장한 것은 일본의 다나
베(田邊 徹)가 말하는 Potts라고 할 수 있지만, Potts의 논의 이후 별다른 논의가 없
었던 것으로 보인다. 주변한정 및 중심한정의 특허청구방법에 대한 논의를 오늘날
에 이르게 한 것은 Ellis라고 생각된다. 다른 대체 용어가 사용되기 전까지 중심한
정/중심한정주의(central definition) 및 주변한정/주변한정주의(peripheral definition)
란 용어를 사용하고자 한다.

하여 1820년대부터 특허청구범위 즉, 클레임(claims)의 기재가 관습적으로 행해지기 시작했지만 명세서에 특허청구범위의 기재는 법적요건으로 명문화되지 못하였다. 1836년 미국 특허법은 관습적으로 행해지던 특허청구범위의 기재를 의무화 하였으나 이때의 특허청구범위는 발명의 보호범위를 확정하는 의미가 아니라 발명의 특징을 지적하는 단계에 밖에 이르지 못하였으므로 특허청구범위의 기재방법은 구체적이지 못하고 추상적이었다. 1853년 Winans v. Denmead 사건[1473]에서 균등론이 도입되고 균등론의 출현에 의해 특허침해의 인정방법은 확실하게 되었다. 그러나 특허청구범위의 확장적 해석을 전제로 하는 현실은 쉽게 주관적인 요소에 의해 쉽게 혼란되고 침해판단의 예측도 어려워졌다. 특히 발명 관련제품에 대하여 실제 거래계에서는 제3자가 자기의 위험부담으로 특허발명의 침해여부를 판단하여야 하는 것에 대해 비판이 가해졌고, 특허청구범위에 애매모호한 문구들이 많이 사용되어 특허청구범위 해석 및 기재방식에 대한 수정의 필요성이 강조되었다. 이에 1870년 미국 특허법의 일부가 개정되어 특허청구범위 기재와 해석은 주변한정주의로 전환되었다.[1474]

1982년 미국 연방항소법원이 설립된 후 많은 판례들이 특허권자에게 유리한 판결로 나고 있었다. 즉 특허의 효력에 관하여 종전보다 무효가 감소하고 침해에 관하여 특히 균등의 폭에 관하여 보다 넓게 인정하는 방향으로 나아가고 있었다. 반면에 특허 특허청구범위의 범위를 축소하여 구체적 타당성을 확보하기 위한 역균등론이 제기되기 시작하면서 관련 판례들도

1471) Lowell v. Lewis, 15 F. Cas. 1018 (C.C.D. Mass 1817).

1472) Evans v. Eaton, 20 U.S. (7 Wheat)356 (1822).

1473) Winans v. Denmead, 56 U.S. (15 How.) 330 (1853).

1474) 물론 주변한정주의로 전환하였다고 하여 중심한정주의 요소를 완전히 배제하는 것은 아니다. Warner-Jenkinson, citing Aro Mfg. Co. v. Convertible Top Replacement Co., 365 U.S. 336, 342 (1961). ("judicial recognition of so-called 'pioneer' patents suggests that the abandonment of 'central' claiming may be overstated.").

발전되었다.

　중심한정주의는 선출원주의보다 선발명주의에 더 적합하다고 주장하기도 하지만 중심한정주의와 주변한정주의는 특허권의 본질을 어떻게 이해하느냐에 관련되어 있다고 보인다. 즉, 독일 등 대륙법제가 기초하는 보상설(reward theory)의 입장에서는 중심한정주의를 기초로 하지만, 영국이나 미국 등의 영미법 국가처럼 특허를 발명에 대한 장려로 이해하는 장려설(incentive) 입장에서는 주변한정주의에 기초하게 된다. 중심한정주의를 채택하지 않는다고 하여도 아직까지 중심한정주의 요소는 우리 특허법 해석에 있어서 중요한 역할을 하고 있다.

　그 뿐만 아니라 특허청구범위와 권리범위 해석에 관한 이원론과 일원론은 중심한정주의와 주변한정주의와 연결되어 있다. 우리나라에서는 발명의 기술적(技術的) 범위와 보호범위가 다르다고 하는 이원론과 발명의 기술적 범위1475)와 특허발명의 보호범위가 같다고 보는 일원론이 대립된다.1476)

1475) "발명의 요지" 또는 "발명의 요지확정"은 기술적 사상을 파악하는 방법으로 우리 실무에서 많이 사용되었다. 다만, 발명의 요지확정 내지 인정은 법적인 절차가 아니다. 발명의 요지확정은 특허성을 판단하기 위한 것으로서 발명의 기술적 사상을 의미하므로 발명의 요지확정은 발명의 기술적 내용을 파악하는 것이다. 특허발명의 보호범위는 특허권의 효력범위를 의미하는 것으로 발명의 요지가 확정된 후에 판단할 수 있다고 한다.(일본 최고재판소 1991. 3. 8. 판결(리파제 사건) 및 대법원 2001.9.7.선고 99후734 판결 등) 그러나 요지인정은 해석의 편의를 위한 것일 뿐 청구범위에 불과하다. 만일 특허청구범위에 의해서 발명의 요지를 인정하거나 확정하여야 한다면, 특허출원시에 특허청구범위 대신에 발명의 요지를 기재하도록 하면 될 것이다. 즉 특허청구범위나 발명의 요지나 별반 다를 것이 없기 때문이다. 한편 특허출원절차나 특허무효심판절차 및 심결취소소송에 있어서 기술적 범위를 정하는데 사용되는 "발명의 요지"와 특허발명의 효력을 정하는 "특허발명의 보호범위"는, 특허청구범위라는 동일한 출발점을 가지는 것이므로 두 가지가 기본적으로 일치한다고 할 수 있지만, 최종적으로는 특허청구범위에 기초해서 정해지는 발명의 기술적 범위라고 할 수 있는 발명의 요지보다 특허발명의 보호범위는 넓거나 좁을 수 있다. 성기문, 특허발명의 보호범위와 제 침해에 관한 실무적 고찰, 사법논집, 41집, 법원행정처, 2005, p. 419. 특허발명의 보호범위를 정하는데 있어서는 그

그러나 중심한정주의하에서는 기술적 범위와 특허발명의 보호범위가 다르게 되는 이원론일 수 밖에 없고, 주변한정주의에서는 기술적 범위와 보호범위가 동일할 수 밖에 없다. 이러한 관계는 논리적으로 연결될 수 밖에 없다. 따라서 우리나라의 경우에 특허청구범위 해석에 있어서 주변한정주의를 취한다고 해석한다면,1477) 특허청구범위와 특허발명의 보호범위의 관계는 기본적으로 일원론적 입장을 취할 수 밖에 없다고 생각된다. 물론 주변한정주의나 일원론을 취한다고 하여 앞서 언급한 바와 같이 중심한정주의나 이원론적 고려가 완전히 배제되는 것은 아니다.1478)

외연을 정하기 위하여 여러 판단방법, 예컨대 균등론과 같은 방법이 도입된다. 뿐만 아니라 특허법 제96조의 특허권의 효력이 미치지 아니하는 범위(실시권의 제한)나 제127조 간접침해 의하여 침해범위(금지범위)가 넓어진다. 이러한 차이를 이원론의 입장에서 설명하는 견해도 있다. 그러나 이는 특허청구범위에 의하여 정해지는 권리범위이자 효력범위일 뿐이다. 균등의 범위도 해석에 의해 기술적 범위에 포함되는 영역이다. 즉, 특허청구범위에 명시되지 않지만 규범적 또는 법적 평가에 의하여 보호범 내지 권리범위로 인정되기 때문이다. 다만, 발명의 기술적 범위는 결국 특허법 제42조에 의하여 정해지고, 특허발명의 보호범위는 제97조에 의해 정해진다. 종전 우리 대법원은 특허권의 권리범위와 실질적 보호범위를 같은 의미로 사용하기도 하고, 발명의 요지와 특허발명의 보호범위를 혼용하기도 했다. 이는 규범적 평가를 하면, 권리범위나 보호범위와 발명의 요지가 동일한 출발점에서 시작된 것으로서 같은 것으로 이해되기 때문이라고 생각된다.

1476) 일원론과 이원론에 대해서는 개념자체를 다르게 인식하는 경우도 있을 뿐만 아니라 다양하게 인식하고 있다. 따라서 이러한 인식자체를 배제하고 일원론과 이원론을 논하는 것이 무의미할 수도 있다. 이원론과 일원론에 대한 자세한 것은 박원규, "기능식 청구항에 관한 고찰", 사법논집 제45집(법원도서관), p. 562 이하; 장완호, "청구범위해석의 이중성에 관한 고찰", 특허법원 개원 10주년 기념논문집, 특허법원, 2008, p. 309 이하; 박성수, "개방형 청구항 및 발명의 필수구성요소와 특허청구범위의 해석", 대법원판례해설집 66호, 2007. 7., p. 96 등.

1477) 예전에 우리 대법원 판결은 중심한정주의에 따라 특허청구범위를 해석하여 왔지만(예컨대, 대법원 1995.10.13.선고 94후944 판결), 현재 대법원은 주변한정주의에 따라 특허청구범위를 해석하고 있다고 할 수 있다.

1478) 여기에서 일원론적 및 이원론적 해석은 기술적 범위와 법적 평가인 권리범위를 청구범위(claims)의 기재를 바탕으로 할 것인지에 관한 것으로 인식한다. 따라서 특허

2. 중심한정주의의 본질

중심한정주의(Central Definition)는 미국 특허실무에서 유래하는 것이다. 중심한정주의는 발명을 전체를 관찰하여 얻는 발명 아이디어의 원리를 찾음으로서 보호범위를 결정한다. 특허보호는 아이디어에 대한 것이므로 특허발명의 보호범위는 특허청구범위(claims)에서 공개된 아이디어에 대하여 기술적으로 허용되는 범위까지라고 한다. 중심한정주의에서 특허청구범위는 특허의 존재를 알려주는 표지판(sign-post)에 불과한 것으로 이해한다.1479) 법원은 특허발명의 보호범위를 정함에 있어 특허청구범위는 표지(sign)나 안내(guide)에 해딩하는 것으로 이해하여 득허청구범위의 문언적

청구범위 자체를 넓은 의미로 또는 좁은 의미로 해석하는 것과는 다른 의미이다. (이를 이원론적 입장으로 보는 견해도 있다.) 미국에서는 특허청의 특허심사시에는 해당기술전문가의 지식으로 특허청구범위를 넓게 합리적으로 해석하지만(broadest reasonable interpretation)(MPEP §2111 참조), 이는 특허청구범위(claims)에 대한 해석방법이지, 특허청구범위 이외에 명세서의 다른 범위의 기재에 의해서 특허청구범위를 제한하여야 한다는 의미는 아니다. In re Paulsen, 30 F.3d 1475, 1480, 31 USPQ2d 1671, 1674 (Fed. Cir.1994); Intervet America Inc. v. Kee-Vet Lab. Inc., 887 F.2d 1050, 1053, 12 USPQ2d 1474, 1476 (Fed. Cir. 1989). 뿐만 아니라 법원에서 특허침해나 특허의 유효성판단시에는 특허출원과정을 참작하여 판단하는 것이므로 특허청의 특허심사시와 다르다. In re Morris, 127 F.3d 1048, 1054, 44 USPQ2d 1023, 1028 (Fed. Cir. 1997); In re Zletz, 893 F.2d 319, 321-22, 13 USPQ2d 1320, 1321-22 (Fed. Cir. 1989). 넓게 합리적으로 해석(broadest reasonable interpretation) 하는 것은 가능한 넓게 해석(broadest possible interpreta- tion)한다는 의미가 아니다. 이와 같이 심사시에 청구범위를 넓게 해석하는 이유는 특허청구범위가 선행기술과 저촉되는 경우에 감축 보정할 수 있어, 최종적으로 특허청구범위는 좁게 인정되기 때문에 특허부여 후에 특허청구범위가 정당한 발명의 범위보다 넓어질 가능성이 적기 때문이다. 뿐만 아니라 심사에 의하여 개별 발명의 권리범위인 특허청구범위를 정하는 것과 그렇게 정해진 것에 대하여 특허 침해행위인지 또는 개별시시행위가 특허권의 범위인지를 정하는 것은 별개의 문제이다.

1479) Dan L. Burk & Mark A. Lemley, Fence Post or Sign Post? Rethinking Patent Claim Construction, 157 Univ. of Penn L. R. 1743, 1766 (2009) 이하 참조.

의미에 강한 구속을 받지 않는다. 중심한정주의는 발명의 기술적 범위인 특허청구범위와 권리범위가 다를 수 밖에 없는 이원적인 구조이다.

초기 미국은 특허등록제도의 불완전성을 보완하기 위하여 중심한정주의에 따라 특허청구범위해석을 하였다. 중심한정주의하에서 판결인 Winans v. Denmead 사건[1480]에서 미국 연방대법원은, 이와 같은 단어를 추가함이 없이 청구범위를 해석하는 것이 명시적인 법으로써, 만일 공중이 발명의 여러 가지 다양한 형식이나 부분들을 실질적으로 복사하는데 자유롭다면 특허를 받은 것에 대한 배타적인 권리는 보호될 수 없을 것("The law so interprets the claim without the addition of these words. The exclusive right to the thing patented is not secured, if the public are at liberty to make substantial copies of it, varying its form or proportions.")이라고 판시하였다. 이는, 아래 판결과 같이, 발명가 보호라는 중심한정주의의 이념을 나타내고 있다:

> And therefore the patentee, having described his invention, and shown its principles, and claimed it in that form which most perfectly embodies it, is, in contemplation of law, deemed to claim every form in which his invention may be copied, unless he manifests an intention to disclaim some of those forms.
>
> Indeed it is difficult to perceive how any other rule could be applied, practicably, to cases like this. How is a question of infringement of this patent to be tried? It may safely be assumed that neither the patentee nor any other constructer has made or will make a car exactly circular. In practice, deviations from a true circle will always occur. How near to a circle, then, must a car be in order to infringe? May it be slightly

---

1480) Winans v. Denmead, 56 U.S. (15 How.) 330 (1853).

elliptical, or otherwise depart from a true circle, and, if so, how far?

In our judgment, the only answer that can be given to these questions is that it must be so near to a true circle as substantially to embody the patentee's mode of operation, and thereby attain the same kind of result as was reached by his invention. It is not necessary that the defendant's cars should employ the plaintiff's invention to as good advantage as he employed it, or that the result should be precisely the same in degree. It must be the same in kind, and effected by the employment of his mode of operation in substance. Whether in point of fact the defendant's cars did copy the plaintiff's invention in the sense above explained is a question for the jury, and the court below erred in not leaving that question to them upon the evidence in the case, which tended to prove the affirmative.[1481)

[번역]

따라서 특허권자는 자신의 특허물품을 설명하면서, 그의 [발명의] 원리를 보여주면서, 가장 완벽한 형태의 특허청구범위로 권리를 주장하고, 법을 고려하여, 그와 같은 권리청구에서 명시적으로 권리를 포기할 의사를 밝히지 않는 한, 자신의 발명이 실시될 모든 형식을 [특허범위로] 청구한 것으로 간주된다.

실로, 어떠한 다른 원칙이 실무적으로 본 사안과 같은 사례에 적용될 수 있을지 아는 것은 어렵다. 어떻게 본 특허 침해에 대한 질문이 시도될까? 특허권자도 다른 제조자도 정확하게 원형의 [화]차를 만들었거나 만들 의도가 없다는 것은 확실히 추측할 수 있다. 사실상, 진정한 원형을 변형한 것은 항상 존재할 수 있다. [화]차가 침해되기 위해 어떻게 원형 [기술]과 가깝게 할까? 아마도 그것은 조금은 타원이거나 진정한 원형과는 좀 다를 것이다. 그리하여 얼마나 달라야 하나?

1481) Id., 333-34.

우리의 판단으로는, 이러한 문제에 대하여 주어질 수 있는 유일한 답은 특허권자의 실시형태에 실질적으로 채용할 수 있을 만큼의 진정한 원형과 가깝게 한 것이어야 한다. 그리하여 특허권자의 발명이 달성하였던 결과와 같은 종류의 결과를 취득해야 한다. 피고의 [화]차가 원고의 발명이 채용함으로써 얻는 원고 발명의 좋은 잇점을 이용하여야 하거나 또는 피고가 채택한 [기술의] 결과가 원고의 것과 정확히 같은 정도의 것이어야 하는 것도 아니다. 피고가 채용한 결과는 원고의 것과 같은 종류이어야 하고 실질적으로 피고의 작동방법이 같은 효과를 가져와야 한다. 앞서 설명한 바와 같이 피고의 차가 원고의 발명을 복제하였는지 여부는 배심원에 대한 질문이고, [질문을 했다면] 적극적으로 답했을 것으로 보이는 본 사건에서, 증거에 의거하여 [배심에게] 그러한 질문을 하지 않았다는 것은 잘못이다.

그러나 앞서 Festo 판결이 지적한 바와 같이 제3자의 입장에서는 특허청구범위에 기재된 문언에 따른 보호범위를 명확하게 인식하기 어렵고, 회피설계나 주변설계가 어려운 점이 있다. 나아가 특허청구범위의 범위를 넓게 해석하여 특허권자의 독점 영역을 과도하게 확대하는 결과를 일으킬 수 있다.

주변한정주의가 실용주의의 장려설(incentive theory)을 바탕으로 함에 반하여 중심한정주의는 발명가 보호를 사상적 기반으로 하여 발명가가 기술발전에 대하여 기여한데 따른 보상(reward)을 하는 것이라는 공리주의의 보상설(reward theory)을 바탕으로 한다. 보상설의 입장에서는 발명가는 발명이 기여한 바에 대하여 완전히 보상(full reward)을 받아야 한다는 것이다.1482) 그 보상을 받을 범위가 특허발명의 보호범위가 되게 된다. 보상설의 핵심은 '일반적인 기술사상'(general inventive idea)이다. 발명이 사회에 기여를 하는 것은 일반적인 기술사상이라는 것이다. 따라서 발명가는 발명

1482) GRUR 1969 534-538 Skistiefelverschluss.

의 일반적인 기술사상이 사회에 기여한 것에 대한 보상을 받아야 하므로 특허청구범위에 발명의 중심만을 기재하였더라도 그와 균등한 범위인 일반적인 기술사상에 대해서도 보호받을 수 있는 것이다.

중심한정주의는 비록 미국 특허실무에서 시작되었지만 대륙법 계통인 독일식의 강한 직권주의적 성격이 강조된 해석 방식으로서 특허청구범위에 기재된 것은 발명의 추상적인 사상이므로 특허청구범위에 기재된 구체적 문언은 물론 해석을 통하여 그와 실질적으로 기술사상을 같이하는 범위까지 발명의 보호범위를 확장할 수 있다고 한다. 즉 특허청구범위의 문언은 특허발명의 보호범위의 중심을 한정하고 있으며 특허발명의 핵심적 기술사상을 포함하는 범위 내의 대상물에 관해서도 특허 침해로 인정할 수 있다는 것이다. 이러한 중심한정주의는 특허청구범위 해석에 있어 발명의 상세한 설명 및 도면 등 명세서 본문과 특허청구범위를 일체로 하여 발명의 기술적 특징을 판단하여, 그 기술적 특징을 사용하는 대상물까지 특허발명의 보호범위로 포함하게 된다. 따라서 발명가의 특허청구범위의 작성부담이 경감되어 특허청구범위의 기재가 다소 미흡하더라도 명세서에 실시례에 따른 기술적 특징의 기재가 명확하다면 특허권의 보호를 충분한 범위내로 해석할 수 있는 장점이 있다.

3. 주변한정주의의 본질

주변한정주의(Peripheral Definition)는 영미법 계통에서 발달된 해석방법이다. 주변한정주의하에서 청구항 또는 특허청구범위(claims)는 특허보호의 외연(外緣)을 정의하는(define) 것이다. 주변한정주의의 장점은 특허권의 권리범위가 제3자에게 명확하게 할 수 있다는 것이다. 주변한정주의에서 특허청구범위는 그 권리범위의 외부 경계를 확정하는 담장(fence-post) 역할을 한다.1483) 따라서 특허청구범위는 특허권의 외부 경계에 세워진 영역의 외연을 나타내는 표지(標識)라고 할 수 있다. 그 범위를 벗어나는 기술은 특허권의 범위에 속하지 않는다.

주변한정주의는 부동산법상의 권리증서의 토지경계('metes and bounds') 확정개념을 유추하여 특허청구범위도 특허권의 권리범위를 확정한다. 권리증서가 부동산에 대한 권리의 외연을 정하는 것과 같이 특허청구범위도 특허발명의 보호범위를 정하는 것이라고 한다.1484) 주변한정주의는 기술적

1483) Dan L. Burk, Mark A. Lemley, Fence Post or Sign Post? Rethinking Patent Claim Construction, 157 Univ. of Penn L. R. 1743 (2009).

1484) Brenner, 383 U.S. 519, 535-36, 86 S.Ct. 1033 (1966).

Whatever weight is attached to the value of encouraging disclosure and of inhibiting secrecy, we believe a more compellin consideration is that a process patent in the chemical field, which has not been developed and pointed to the degree of specific utility, creates a monopoly of knowledge which should be granted only if clearly commanded by the statute. Until the process claim has been reduced to production of a product shown to be useful, the metes and bounds of that monopoly are not capable of precise delineation. It may engross a vast, unknown, and perhaps unknowable area. Such a patent may confer power to block off whole areas of scientific development, without compensating benefit to the public···. This is not to say that we mean to disparage the importance of contributions to the fund of scientific information short of the invention of something "useful," or that we are blind to the prospect that what now seems without "use" may tomorrow command the grateful attention of the public. But a patent is not a hunting license. It is not a reward for the search, but compensation for its successful conclusion. [A] patent system must be related to the world of commerce rather than to the realm of philosophy.

Id.

In re Papesch, 137 USPQ 43 (CCPA 1963):

From the standpoint of patent law, a compound and all of its properties are inseparable; they are one and the same thing. The graphic formulae, the chemical nomenclature, the systems of classification and study such as the concepts of homology, isomerism, etc., are mere symbols by which

범위인 특허청구범위와 특허의 법적보호범위는 같다는 일원론으로 연결
된다.[1485]

주변한정주의는 특허의 본질은 발명을 장려하기(incentive) 위한 것이라
는 장려설(incentive theory)을 바탕으로 한다.[1486] 장려설은 발명가에게 일

---

compounds can be identified, classified, and compared. But a formula is not
a compound and while it may serve in a claim to identify what is being
patented, as the metes and bounds of a deed identify a plot of land, the thing
that is patented is not the formula but the compound identified by it. And
the patentability of the thing does not depend on the similarity of its formula
to that of another compound but of the similarity of the former compound
to the latter. There is no basis in law for ignoring any property in making
such a comparison. An assumed similarity based on a comparison of formulae
must give way to evidence that the assumption is erroneous.
    Id.

1485) 그러나 일본에서는 특허권의 효력이 미치는 객관적인 범위를 정하는 방법으로 유
    체물의 재산법리를 도입하여 설명한다. 유체물에 대한 소유권의 효력 내지 객관적
    범위는 그 대상인 독립한 유체물의 범위에 따르므로 무체물인 특허권도 그 대상인
    독립한 특허발명의 범위에 의하여 정하여야 한다고 하면서 이를 특허권의 기술적
    범위라고 설명한다. 그러나, 기술적 범위와 특허권의 권리범위는 다르다는 이원론
    적 입장을 취한다. 牧野利秋 編, 裁判實務大系 9, 工業所有權訴訟法, 靑林書院, 1985,
    p. 92. 다른 이원론적 입장도 위 견해와 근본적으로 다르지 않다. 中山信弘, 註解
    特許法(제3판) 上, 靑林書院, 2000, p. 692.

1486) 특허권의 권리범위를 명확히 하지 않는 경우에는 특허침해문제로 인하여 다른 발
    명자들의 발명에 대한 경쟁이 감소하여 결국 기술발전을 저해하게 된다. 장려설
    (incentive theory)로 설명하는 견해들은 Thomas M. Meshbeshe, The Role of
    History in Comparative Patent Law, 78 J. Pat. & Trademark Off. Soc'y 594 (1996);
    Harry Surden, Efficient Uncertainty in Patent Interpretation, 68 Wash. & Lee L.
    Rev. 1737 (2011); Joseph S. Cianfrani, An Economic Analysis of the Doctrine of
    Equivalents, 1 Va. J.L. & Tech. 1 (1997); John W. Schlicher, Patent Law: Legal
    and Economic Principles, rel. # 3, 1995, Clark, Bourdman, Callaghan, New York,
    N.Y. ("a property rights system will not function very well, if the boundaries of
    the rights are not clearly and cheaply defined. The market will not respond very
    well to the incentives those rights seek to create if people do not have inexpensive,
    clear information about patent rights.").

정기간 독점권을 부여하는 특허권은 사회 전체의 경제적 유용성을 증진시키기 위한 하나의 수단 내지 도구라는 실용주의를 바탕으로 한다.1487) 발명을 장려하기 위해서는 특허권의 권리범위, 즉 특허발명의 보호범위를 명확히 하여야 한다. 만일 특허권의 권리범위가 명확하지 않으면 경쟁자는 특허침해 소송의 위협 등으로 인하여 새로운 발명에 대한 장려가 되지 않을 것이다.

미국에서 중심한정주의에서 주변한정주의로 변하게 된 시기는 1870년 특허법의 개정이었는데, 19세기는 특허무용론 또는 특허폐지론이 주장되던 시기였고, 1850년부터 1873년까지는 특허논쟁기(patent controversy period)이었다. 이때 특허폐지를 주장한 정치가, 법률가들이 제시한 특허폐지론의 근거는 특허침해에 대한 위협이 커서 경쟁자가 경쟁기술을 개발할 의욕을 꺾었다는 점이다.1488) 이는 그 당시 특허청구범위의 기재가 중심한정주의이어서 특허 발명의 기술사상만을 기재하면, 법원에서 침해여부를 판단하는 것이었고, 이로 인하여 경쟁자는 특허발명의 구체적인 내용을 알기 어려웠다. 나아가 이 당시 영국의 경우, 특허비용이 고비용이어서, 그 비용이 제조자와 소비자에게 전가되었기 때문에, 특허발명의 로얄티도 침해배상액을 올리는 원인이 되었다. 그와 같은 경쟁자의 경쟁기술개발에 대한 의욕을 꺾는 것(discourage)은 특허제도가 기술개발에 대한 장려(encourage)라는 명제에 도전하는 것이었으므로 특허제도를 유지할 유인이 없었다.1489) 따

1487) 다만, 국내에서는 주변한정주의를 계약설에 근거하여 설명하는 견해도 있다. 이는 발명자(출원자)와 심사관의 심사과정에서 거절사유의 제시와 수정과정을 통하여 특허범위를 결정하는 것을 하나의 계약과정과 같은 것으로 이해하는 것으로 보인다. 계약설도 장려설의 바탕이 되기 때문에 이 이론도 수긍할 수 없는 것은 아니다. 다만 중심한정주의나 주변한정주의 모두 계약설을 바탕으로 한다. 왜냐하면 특허와 특허제도를 계약으로 보기 때문이다.

1488) Victor M. Batzel, Legal Monopoly in Liberal England: The Patent Controversy in the Mid-Nineteenth Century, 22. HIST. 189, 191 (1980).

1489) Id.

라서 중심한정주의에서 주변한정주의로의 개편은 특허제도를 유지하기 위
한 시대적 요청이 되었다.

　주변한정주의가 장려설을 바탕으로 한다는 것에 대해서는 균등론에 대
한 새로운 방향을 제시한 Festo 사건[1490]의 미국 연방대법원 판결에서도
언급되었다.[1491]

　　　To enable a patent holder to know what he owns, and the public to
　　know what he does not, the inventor must describe his work in "full,
　　clear, concise, and exact terms." § 112. However, patent claim language
　　may not describe with complete precision the range of an invention's
　　novelty. If patents were always interpreted by their literal terms, their
　　value would be greatly diminished. Insubstantial substitutes for certain
　　elements could defeat the patent, and its value to inventors could be
　　destroyed by simple acts of copying. Thus, a patent's scope is not
　　limited to its literal terms, but embraces all equivalents to the claims
　　described. See Winans v. Denmead, 15 How. 330, 347. Nevertheless,
　　because it may be difficult to determine what is, or is not, an
　　equivalent, competitors may be deterred from engaging in legitimate
　　manufactures outside the patent's limits, or lulled into developing
　　competing products that the patent secures, thereby prompting wasteful
　　litigation. Each time the Court has considered the doctrine of
　　equivalents, it has acknowledged this uncertainty as the price of ensuring
　　the appropriate incentives for innovation, and it has affirmed the doctrine
　　over dissents that urged a more certain rule. See, e. g., id., at 343, 347.

1490) Festo Corp. v. Shoketsu Kinzoku Kogyo Kabushiki Co. 535 U.S. 722, (2002).
1491) 본문에 인용된 부분은 연방대법원은 판결 요약(syllabus) 부분이고, 판결 본문은
　　　535 U.S. 722, 731-734에 있다.

Most recently, Warner-Jenkinson, supra, at 28, reaffirmed the doctrine.
pp. 730-733.[1492]

[번역]

특허권자가 자신의 무엇을 소유하고 공중으로 하여금 특허권자가
무엇을 할 수 있는지 알 수 있게 하기 위해, 발명가는 반드시 자신의
발명을 "완전하고, 명확하고, 간결할 뿐만 아니라 정확한" 용어로 설명
해야 한다. § 112 그러나 특허청구의 언어는 완전하고 정확하게 발명
가의 신규성의 범위를 설명할 수 없다. 만일 특허가 항상 문언적으로
해석된다면, 특허의 가치는 매우 감소할 것이다. 어떤 발명의 구성요
소에 대한 비실질적인 치환은 특허를 회피하고 발명가가 발명을 하여
취득한 특허의 가치는 [문언을 벗어난] 간단한 방법으로 침해가 될 것
이다. 따라서 특허의 범위는 그의 문언적 의미로 제한되지 않고 기술
된 모든 특허청구범위에 균등한 것을 포함한다. Winans v. Denmead,
15 How. 330, 347. 그럼에도 불구하고 무엇이 균등한 것인지 판단하는
것은 쉽지 않기 때문에 경쟁자는 특허범위를 벗어나는 것에 대하여 합
법적으로 실시하는 것을 꺼리거나 소모적인 침해소송을 부추겨 특허
가 보호하는 경쟁상품의 개발을 중단할 것이다. 매번 법원은 균등론을
고려하고 [균등이 가져오는] 이러한 불확실성이 혁신에 대한 적절한
인센티브에 대한 기회비용으로 인식하고 좀 더 확실한 원칙이 필요하
다는 반대의견에도 불구하고 균등론을 다시 지지할 것이다. Most recently,
Warner-Jenkinson, supra, at 28, reaffirmed the doctrine. pp. 730-733.

발명가로 하여금 자신이 가진 것이 무엇인지 알 수 있게 하고, 공중으로
하여금 발명가가 가지지 않은 것이 무엇인지 알 수 있도록 하기 위하여 미
국 특허법 제112조는 발명가에게 자신의 발명을 자세하고, 명확하고, 간결

1492) Festo Corp. v. Shoketsu Kinzoku Kogyo Kabushiki Co. 535 U.S. 722, 723 (2002).
(인용된 부분은 판결원문임).

하고 정확한 용어("full, clear, concise, and exact terms")로 기술하도록 하고 있다.

그러나 특허청구범위는 발명의 신규성의 범위를 완전하게 기술할 수 없다. 만일 특허가 항상 문언적 의미로만 해석된다면 특허의 가치는 매우 감소할 것이다. Winans v. Denmead 사건[1493])에서 지적된 바와 같이 특허권의 권리범위 해석을 문언해석에만 따른다면, 특허발명과 별다를 것이 없어 특허침해가 되거나 선행발명의 동일성범위이어서 신규성을 충족하지 못하는 '실질적이지 않은 치환'("insubstantial substitutes")은 특허권의 권리범위를 벗어나게 되었거나 새로운 발명으로 인정되게 된다. 그러나 그러한 발명은 결국에는 특허권의 가치를 감소시킨다. '실질적이지 않은 치환'("insubstantial substitutes")이란 특허발명과 침해의심발명 사이에 '실질적 유사성'이 존재한다는 것을 의미한다. 따라서 문언해석만으로는 균등한 것을 포함시키기에는 충분하지 않다. 그러나 경쟁자가 특허에 포함되는지 또는 균등한 것이지 여부를 판단하기는 쉽지 않으므로 특허권의 권리범위를 벗어나는 합법적인 실시를 하거나 특허침해행위를 할 수도 있게 되어 결국 소모적인 침해소송전(戰)을 할 수도 있게 된다. 또한 법원은 각 사건마다 균등론을 고려하고, 불확정 개념을 인정함으로서 특허청구범위 해석에 있어서 불확실성이 증가하는데, 법원은 기술혁신을 위한 적절한 장려책(incentive)에 대한 비용으로 불확실성(uncertainty)을 인식하고(it has acknowledged this uncertainty as the price of ensuring the appropriate incentives for innovation), 법원은 좀 더 확실한 원칙을 요구하는 반대의견보다 위 균등론을 지지한다고 판시했다. 결론적으로 균등론이란 불확실한 범위를 특허권의 범위로 인정하는 원리는 특허권의 권리범위를 모호하게 하여 경쟁자의 경쟁기술 발명의 인센티브를 감소시킨다고 한 것이다.

1493) Winans v. Denmead, 56 U.S. (15 How.) 330 (1853).

법원은 문언해석 뿐만이 아니라 혁신을 장려하기(incentive) 위한 비용으로서 어느 정도의 불확실성을 인정할 수 밖에 없으므로 균등론이 필요하다는 것을 지적하고 있는데, 주변한정주의에서 균등론은 혁신을 희생한 대가라는 것이다. 결국 주변한정주의는 균등론이 필연적으로 필요한 중심한정주의 보다는 상대적으로 특허권의 권리범위에 대한 명확성을 증가시키는 것으로서 혁신을 장려(incentive)하는 것이다. 특허청구범위의 명확성은 투자의 효율성을 증진시킨다. 따라서 특허청구범위의 명확성은 혁신을 장려(incentive)하는 것이다. Festo 사건에서 연방대법원도 특허청구범위의 명확성은 혁신에 대한 효율적 투자를 가능케 한다고 언급하고 있다.[1494]

4. 주변한정 및 중심한정의 기원과 발전

가. 미국에서의 기원과 발전

1790년 특허법 제정 이후 실무적으로 중심한정주의를 발전시켜왔던 미국은 1870년 특허법 개정 이후 주변한정주의로 변경하였다. 독일은 1877년 통일된 특허법을 제정한 이래 유럽특허조약이 발효되고 유럽특허조약에 따른 1981년 특허법을 개정할 때까지 독자적으로 중심한정주의를 발전시켜왔다.[1495] 따라서 중심한정주의는 미국에서 시작되었지만 독일에서 발전

1494) Festo Corp. v. Shoketsu Kinzoku Kogyo Kabushiki Co. 535 U.S. 722, 730-31 (2002).

This clarity is essential to promote progress, because it enables efficient investment in innovation. A patent holder should know what he owns, and the public should know what he does not. For this reason, the patent laws require inventors to describe their work in "full, clear, concise, and exact terms,"

되었다고 할 수 있다.

중심한정주의에 의하는 한 특허청구인은 자신이 보호받고자 하는 발명의 외연(外緣)을 명시할 필요는 없었다. 특허청구인은 선행발명과 구별되는 자신의 발명에 대한 중심적인 발명사상만 명시하면 족했다. 법원은 특허침해가 문제될 때 해당 특허발명의 보호범위를 정했다. 따라서 출원당시 명세서에 의하여 정하여지는 특허의 기술범위와 특허 침해시에 정해지는 권리범위가 다른 이원적 구조였다.

미국 최초의 특허법인 1790년 법은 출원인이 특허의 대상인 발명을 특정하여 공개할 것을 요구하였다.[1496] 이 당시에 미국 특허법은 그 기원이 있던 영국의 특허법과 같이 특허출원시에 특허청구범위를 특정할 것을 요구하지 않았다.[1497] 법원은 공개된 발명에 기초하여 특허의 유효성(특허성)과 침해여부를 판단하였다. 특허청구인은 선행기술과 구별되고 해당 기술분야의 기술을 가진 자가 실시할 수 있도록 구체적으로 자신의 발명을 구체화한 서면(specification)을 제출하도록 하였다.[1498]

1495) 프랑스는 EU특허조약이후, 기본적으로 문언해석을 한다.(no angora cat paradox)

1496) U.S. Patent Act of 1790, ch. 7, § 2, 1 Stat. 109. 1790년 미국 최초의 특허법은 특허위원회(Patent Board)에서 특허를 부여하도록 했다. 1790년 특허법은 신규성, 유용성, 발명의 공개, 심사제도 등을 두었다. 1793년 특허법에서는 심사제도를 폐지했다.

1497) 앞서 본 바와 같이 영국은 특허실무상 1711년경부터 명세서(specification) 제도가 시행되었고, 1734년부터 의무화를 시작했다. 청구항(claim)의 기재는 1883년부터 의무화 했다.

1498) U.S. Patent Act of 1790, ch. 7, § 3, 1 Stat. 109.
That the grantee or grantees of each patent shall, at the time of granting the same, deliver to the Secretary of State a specification in writing, containing a description, accompanied with drafts or models, and explanations and models (if the nature of the invention or discovery will admit of a model) of the thing or things, by him or them invented or discovered, and described as aforesaid, in the said patents; which specification shall be so particular, and said models so exact, as not only to distinguish the invention or discovery

　1790년 특허법상 특허청구범위(claims)를 기재할 것을 요구하지 않고 발명에 대한 상세한 설명만을 특허청에 제출하도록 하였다. 1790년 미국 특허법은 특허청구범위, 즉 "claims" 이란 용어를 사용하지 않고, 발명자에게 선행발명과 출원발명이 구별되도록 요구했다.("to distinguish the invention or discovery from other things before known and used").[1499]

　1793년 특허법도 청구범위(claims)를 요구하지 않고 발명에 대한 상세한 설명에서 선행발명과 구별되는 발명을 기술할 것("deliver a written description of his invention ⋯ distinguish the same from all other things before known, and to enable any person skilled in the art or science")을 요구하였다.[1500] 1790년 특허법과 1793년 특허법은 특허권자의 권리범위는 발명에 대한 상세한 설명(description)에 의하여 특정되도록 규정하였다. 그러나 1790년 법

---

　　from other things before known and used, but also to enable a workman or other person skilled in the art or manufacture,⋯

1499) Patent Act of 1870, ch. 11, § 3, 1 Stat. 318.

　　That every inventor, before he can receive a patent, shall swear or affirm that he does verily believe, that he is the true inventor or discoverer of the art, machine, or improvement, for which he solicits a patent, which oath or affirmation may be made before any person authorized to administer oaths, and shall deliver a written description of his invention, and of the manner of using, or process of compounding the same, in such full, clear and exact terms, as to distinguish the same from all other things before known, and to enable any person skilled in the art or science, of which it is a branch, or with which it is most nearly connected, to make, compound, and use the same.

1500) Patent Act of 1793, Ch. 11, § 3, 1 Stat. 318-323 (February 21, 1793):

　　[e]very inventor, ⋯, shall deliver a written description of his invention, and of the manner of using, or process of compounding the same, in such full, clear and exact terms, as to distinguish the same from all other things before known, and to enable any person skilled in the art or science, of which it is a branch, or with which it is most nearly connected, to make, compound, and use the same.

이 명세서(a specification in writing)를 제출하도록 하였지만 1793년 법은
발명의 상세한 설명(a written description)만을 제출하도록 하고, 명세서(a
specification in writing)를 제출하도록 하지는 않았다. 다만, 출원발명이 선
행발명과 구별되는 사항을 서면(명세서 또는 상세한 설명)으로 제출하도록
한 것은 특허청구범위에 대한 효시가 되었다고 할 수 있다.1501) 결국 특허
청구범위는 출원에 대한 심사를 위한 것이기 때문에 주변한정주의는 특허
청을 중심으로 운용된다. 청구항(claim)의 기재는 1836년 개정을 통하여 요
구하게 되지만, 청구항의 기재가 의무화 된 것은 주변한정주의를 취한
1870년 특허법이다.

나. 영국에서의 전개

영국은 청구범위에 대하여 엄격하게 문언에 구속되는 해석을 하고 있다
고 할 수 있다. 1624년 영국 특허법에는 청구항이나 청구범위에 관한 규정
이 없었다. 뿐만 아니라 그 이후에도 영국에서는 커먼로상 특허청구범위
(claims)를 요구하지 않았다. 다만, 특허청구를 함에 있어서 클레임(claims)
을 기재하는 것이 관행으로 여겨졌고, 이때의 특허청구범위를 기재하지 않
는 것은 권리를 요구하지 않음을 명확히 하는 것, 즉 포기(disclaims)로 인
정하기도 하였다.1502) 다른 한편으로 특허청구범위는 "The office of a

1501) Karl B. Lutz, Evolution of the Claims of U. S. Patents, 20 J. Pat. Off. Soc'y 134,
135 (1938).
1502) Plimpton v. Spiller (1877), 6 Ch. D. 412 (Eng. C.A.), 426–427.
It is important to bear in mind that there is nothing in the Act or in the patent
law which says anything about claims. A patentee gets a patent for his
invention, and he is obliged to specify that invention in such a way as to
shew to the public not only the mode of giving practical effect to that
invention, but what the limits of the invention are for which his patent is
taken out; and the real object of what is called a claim, which is now much

claim is to define and limit with precision what it is which is claimed to have been invented and therefore patented."1503) 라고 하여, 청구항(a claim)이란 발명하고 특허된 것으로 주장되는(claimed) 내용을 정확하게 정의하고 한계 짓는 것이라고 하였다.

발명가와 공중과의 특허 계약상 원칙으로 명세서(specification)가 요구되었던 영국에서 특허청구범위(claims)의 기재가 법에 명시된 것은 빅토리아 여왕재위기간인 1883년 특허법(Patents, Designs, and Trade Marks Act, 1883) 제5조 제5항이었다. 동 조항에는

A specification, whether provisional or complete, must commence with the title, and in the case of a complete specification must end with a distinct statement of the invention claimed.1504)

[번역]

명세서는, 잠정적이건 영구적이건, 반드시 명칭으로부터 시작하여야 하고, 영구적인 명세서는 청구된 발명의 구별되는 상태로 끝나야 한다.

---

more commonly put in than it used to be formerly, is not to claim anything which is not mentioned in the specification, but to disclaim something. A man who has invented something gives in detail the whole of the machine in his specification. In doing that he is of necessity very frequently obliged to give details of the things which are perfectly known and in common use - he describes new combinations of old things to produce a new result, or something of that kind. Therefore, having described his invention, and the mode of carrying that invention into effect, by way of security, he says: "But take notice I do not claim the whole of that machine, I do not claim the whole of that modus operandi, but that which is new, and that which I claim is that which I am now about to state." That really is the legitimate object of a claim, and you must always construe a claim with reference to the whole context of the specification.

1503) In the matter of Harrison v. Anderston Foundry Co. (1876), L.R. I App. Cas. 574.
1504) The Patents, Designs, and Trade Marks Act, 1883 (46 & 47 Vict. C. 57).

라고 하여 명세서1505)에는 청구된 발명에 대한 구별되는 특징이 기재되도록 요구하였다. 이는 주변한정주의에 입각한 것으로 해석된다. 1894년 Nobel's Explosives Company, Limited, v Anderson 사건은 화약발명자인 노벨이 설립한 노벨화약회사는 폭발연기가 없는 혼성무연화약의 특허권자로서 피고를 영국형평고등법원에 제소한 사건이다. 원고와 피고는 각자의 니트로 셀룰로우스(nitro cellulose)를 이용한 화약을 발명했는데, 특허권자인 원고의 니트로 셀룰로우스(nitro cellulose)와 같은 종류인지 여부가 문제되었다. 원고와 피고는 각자의 주장에 부합하는 증언을 제시했다. 피고는 다른 제조방법에 의하여 화약을 제조하였다고 주장하면서 원고의 화약과는 물리적 및 화학적으로 다른 물질임을 입증하고자 했다. 원고는 균등론에 의하여 같은 물질임을 주장했다. 특히 원고는 자신의 무연화약은 개척발명(pioneer patent)임을 강조했다. 쟁점은 노벨의 무연화약에 사용된 용해물질(nitro-cellulose)이 피고 화약의 비용해물질(guncotton)과 기술적으로 동일한 물질인지 또는 균등범위에 있는지가 문제되었다. 법원은 제한적으로 해석하여야 한다고 하면서 원고의 특허는 용해성물질로 제한되어야 한다고 판시했다.

본 사건은 항소되었는데, 법원은 원고의 대리인이 주장하는 'pith and marrow' doctrine은 특허청구범위를 공정하게 해석하는 원칙일 뿐 확장하는 원칙이 아니라고 강조하면서 특허침해를 부정한 원심판결을 유지했고, House of Lords도 이를 지지했다. 본 판결은 영국에서 특허청구자가 자신의 권리범위를 명확히 하여야 한다는 2차 산업혁명기(1870-1914)의 특허권 해석원칙, 즉 1883년 특허법상의 주변한정주의를 확인했다고 할 수 있다.1506) 그 이후 영국에서는 "청구되지 않은 것은 포기된 것"(What is not claimed is disclaimed)이라는 원칙이 확립되었다. Electric and Musical Industries, Ltd. et al v. Lissen, Ltd. et al. 사건에서 Lord Russel은

1505) 제5조 제2항에 명세서를 첨부하도록 규정하고 있었다.
1506) Nobel's Explosives Co. v. Anderson (1894) 11 R.P.C. 519.

The function of the claims is to define clearly and with precision the monopoly claimed, so that others may know the exact boundaries of the area within which they will be trespassers. Their primary object is to limit and not to extend the monopoly. **What is not claimed is disclaimed.** The claims must undoubtedly be read as part of the entire document, and not as a separate document; but the forbidden field must be found in the language of the claims and not elsewhere. It is not permissible, in my opinion, by reference to some language used in the earlier part of the specification to change a claim which by its own language is a claim for one subject-matter into a claim for another and a different subject-matter, which is what you do when you alter the boundaries of the forbidden territory. A patentee who describes an invention in the body of a specification obtains no monopoly unless it is claimed in the claims.[1507]

[번역]

청구범위의 기능은 명확하고 정확하게 청구되는 독점을 정의하는 것이므로 다른 사람들이 무단침입자가 되는 해당 영역의 정확한 범위를 알 수 있도록 해야 한다. 청구범위의 기본 목적은 독점을 확장하는 것이 아니라 제한하는 것이다. **청구되지 않은 것은 포기된 것이다.** 청구범위는 명세서 부분이 아니라 전체로서 의심없이 읽혀져야 한다; 그러나 금지되는 범위는 다른 부분이 아닌 청구문언에서 찾아져야 한다. 자신의 문언에 의하여 기술한 한 대상에 대한 청구항을 다른 대상에 대한 그리고 다른 것에 대한 청구항으로 변경하는 것은, 그것은 금지영역에 대한 범위를 변경할 때 당신이 한 것으로, 이전의 명세서 부분에서 사용된 어떤 문언에 의하여 변경하는 것이므로, 나의 의견으로는, 허용되어서는 안 된다. 명세서의 내용에 발명을 설명하는 특허권자는 특

1507) In the matter of Electric and Musical Industries, Ltd. et al v. Lissen, Ltd. et al. (1939), 56 R.P.C. 23.

허청구범위에 청구하지 않으면 독점을 취득할 수 없다.

라고 하여 특허청구범위(claims)의 기능은 청구된 독점의 범위를 확장하는 것이 아니라 명확히 정의하여 제한하는 것으로 다른 사람들이 침해할 가능성이 있는 영역의 정확한 범위를 알 수 있도록 하는 것이라고 하였다. 이와 같은 법리는 주변한정주의의 미국에서와 유사하다.[1508]

그 뿐만 아니라 청구되지 않은 것은 포기한 것(What is not claimed is disclaimed.)이고, 특허청구범위는 전체로 판단하는 것이지 부분으로 판단하는 것은 아니므로 타인의 침해가 금지된 영역은 반드시 청구항의 문언에서 근거하여야 하는 것이므로 청구범위이외에 다른 곳에서 찾을 수 없다고 지적하였다. 명세서의 어떤 부분에서 사용된 언어에 의하여 특정한 발명에 대한 문언적인 청구범위, 즉 특허침해가 금지된 영역인 특허권의 권리범위를 변경하는 것이 허용되지 않은 것처럼, 다른 발명에 대한 청구범위로 변경하는 것은 허용되지 않는다고 하였다. 명세서에서 발명을 특정하는 특허권자가 특허청구범위에서 청구하지 않은 것에 대해서는 자신의 발명으로 청구하지 않았기 때문에 독점을 취득할 수 없음을 강조했다.

영국은 유럽특허조약[1509] 제69조[1510]에 따라 1977년 특허법을 개정하였

1508) Festo Corp. v. Shoketsu Kinzoku Kogyo Kabushiki Co., 535 U.S. 722 (2002) 참조.

1509) 조약이 체결된 장소인 뮌헨의 지명에 따라 뮌헨특허조약(Munich Patent Convention of 1973; MPC)이라고도 한다.

1510) 유럽협약 제69조는 유럽특허발명의 보호범위는 특허청구범위의 내용에 의하여 정한다. 그러나 발명의 상세한 설명 및 도면은 특허청구범위의 해석에 참작되어야 한다."고 규정하고 있고, 협약 제69조 해석에 관한 의정서는 "협약 제69조 유럽특허발명의 보호범위는 특허청구범위에 사용된 문언의 엄격한 문자적 의미에 의해서 밝혀야 하고 발명의 상세한 설명 및 도면은 특허청구범위의 항에서 발생한 불명한 점을 제거하기 위해서만 사용되어야 한다고 해석되어서는 안 된다. 마찬가지로 제69조는 특허청구범위는 단순히 원칙적인 것을 나타내는 것으로서의 의미 밖에 없고, 특허발명의 보호범위는 발명의 상세한 설명 및 도면을 참작하여 특허권자가 특허보호를 구하는 것으로 전문가에 인식되는 것까지 미친다고 해석되어서는 안 된

다. 1977년 개정된 특허법 제125조는 발명은 청구항에 규정된 바에 의하고, 때에 따라 발명의 상세한 설명이나 도면에 의하여 해석될 수 있고, 보호범위(the extent of the protection)는 그와 같이 해석될 수 있다고 규정하였다.

유럽특허조약 이후, Catnic Components Ltd. v. Hill & Smith Ltd.[1511] 사건에서 영국 House of Lords[1512]는 기존의 엄격한 문언해석을 다시금 확인하였다. House of Lords는 법원은 특허의 청구범위, 즉 청구항을 해석하는 기관이지 이를 재작성하는 기관이 아니라고 강조 했다. 즉 법원은 특허청구범위의 문언에 구속되는 것이지, 특허청구범위를 벗어나는 해석을 하여서는 안 된다고 하였다. 발명자가 자신의 발명의 필수적인 요건으로 하여 청구항에서 명백히 청구한 경우에 법원은 발명자가 실수하였다는 이유만으로 청구와 다르게 판단해서는 안된다고 하였다. 법원은 발명가가 특허청구요건을 충족하지 못한 것이 발명이 실시되는 데 실질적인 영향이 없다고 알았다는 점이 명백하지 않으면, 청구항에서 사용된 언어에 대하여 엄격히 구속되는 것은 발명의 필수요건이 아니라고 결론지을 수 없다고 판단했다. 즉 발명가가 발명을 특허로 청구하는 데 필요한 요건을 충족하지 못한 것이 발명을 설명하는데 중요한 것이 아니라는 것을 명백히 알지 못했으면, 특허청구문언에 엄격하게 구속된다고 한다. 만일 중요한 것이 아니라는 것을 알았다면, 즉 중요하지 않다고 알면서 특허청구범위를 작성하였다면 문언에 엄격히 구속되지 않는다는 것이다.[1513] 다른 수단에 의하여 발명과

다. 특허청구범위의 해석은 물론 양극단의 중간에 존재하지 않으면 안 되고 특허권자에 대한 보호와 제3자에 대한 충분한 법적안정성의 요구를 함께 충족시켜야 한다."고 규정하고 있다.

1511) Catnic Components Ltd. v. Hill & Smith Ltd. (1982) R.P.C. 183.

1512) 실제로는 사법부 직제인 대법원이 아니라 의회 상원이다.

1513) 그럼에도 불구하고 Catnic사건에서 영국대법원은 특허발명에서 특정된 각도가 수직이었고, 침해 장치에서 대응하는 각도가 수직으로부터 6° 또는 8° 변경되었음에도 피고는 특허 침해했다고 판시했다. 대법원은 특허의 청구범위는 목적하는 구조에 주어져야 한다고 하면서 특허청구범위는 발명이 목적에 부합하도록 해석하여야

실질적으로 동일한 효과를 가져 올 수 있다면, 이는 특허침해가 아니라고 한다. 그렇지 않다고 하더라도, 출원일에 해당기술의 전문가에게 명백한 것이 아니라면 침해로 인정하지 않는다. 실제 침해의심 발명에 이용된 다른 실질적 대체 수단이 명백한 것이라고 하더라도 해당기술의 전문가가 특허청구항으로부터 발명의 필수적인 요건을 엄격하게 충족할 의도가 발명가에게 있었다는 것을 알 수 있었다면 침해가 아니라고 한다.

Improver Corporation v Remington Consumer Product Limited 사건[1514]은 영국과 독일을 포함한 유럽의 여러 국가에서 "Epilady"라는 상품의 특허침해가 문제된 사건이다.[1515] 본 사건은 털을 제거하는 장치에 있어서 모터에 의해시 구동되는 나선형의 스프링(helical spring)을 가진 구조로 되어 있는 상표명이 "Epilady"라는 제모기의 특허 침해에 관련된 것이었다.[1516] 피고는 나선형 스프링(helical spring) 대신에 다수의 갈라진 평행 슬릿(slit)이 있는 합성 고무의 원통형 로드(rubber rod)로 치환되어 있는 구조의 전기모

한다고 하였다. 특허발명의 수직으로부터 6° 또는 8° 변경된 것은 특허발명이 기능하는데 있어 어떤 실제적인 차이가 없다는 점이 증명되었다. 법원은 빌딩 산업에 종사는 사람에게는 "수직적으로"라는 문언이 엄격하게 해석되지 않는다고 하였다.

1514) Improver Corp. v Remington Consumer Product Ltd. (1990) F.S.R. 181.

1515) 독일, 네덜란드, 이탈리아, 벨기에 법원은 특허 침해를 인정하였지만, 영국, 오스트리아, 프랑스 법원은 특허 침해를 인정하지 않았다.

1516) 이 사건 특허발명("Epilady")은 여성의 다리 털을 제거하는 제모기로, 이 장치의 주요 특징은 털이 잡혀진 다음 곡선의 회전 나선형 스프링의 사용에 한정된다. 특징으로, ① 소형 휴대용 덮개(2), ② 덮개 속에 배치된 모터장치(4,4'), ③ 그리고 제거되어야 할 털을 가진 피부에 대하여 회전하며 미끄러지는 동작을 하며 모터장치(4,4')에 의해서 작동되는 다수의 인접한 권선의 나선형의 스프링(24), ④ 상기 나선형의 스프링(24)은 볼록한 부분은 권선이 펼쳐져 있으며, 오목한 부분은 권선이 밀착되어 있는 활모양의 모발과 맞물리는 부분을 가지며, ⑤ 상기 나선형의 스프링은, 볼록한 부분의 펼쳐진 부분에서부터 오목한 부분의 밀착된 부분으로 권선의 계속적인 동작을 하며 모발을 맞물리게 하여 피부로부터 잡아 뜯기 위해, 피부에 대한 권선의 회전속도는 피부에 대한 덮개의 표면속도보다 훨씬 빠른 회전하는 동작을 하는 것을 특징으로 하는 전기적으로 작동하는 탈모장치에 관한 발명이다.

터와 고무합성수지를 이용하여 "Smooth & Silky" 라는 상표의 제모장치를 생산판매하였는데 원고는 특허권 침해를 주장하였다. 피고는 특허청구범위의 기재가 불명하고 진보성이 부존재한다고 주장하였다. 본 사건에서 피고의 발명에는 나선형의 스프링(helical spring)이 존재하지 않았으므로 문언침해는 문제가 될 수 없었다. 다만, 균등침해가 될 수 있는지가 문제되었다.

영국 항소법원에서는 특허 명세서에는 특허된 Epilady 장치의 발명자가 슬릿이 있는 고무로 된 원통형 로드(slotted rubber rod)가 자신의 특허발명에 대한 치환물로 이용될 수 있음을 고려했다는 어떠한 암시도 없을 뿐더러 침해가 문제된 슬릿이 있는 고무로 된 원통형 로드(slotted rubber rod)와 특허발명의 구성요소인 나선형 스프링이 균등물이라는 어떠한 암시도 없으므로 특허침해를 구성하지 않는다고 하였다. 이는 특허청구범위에 법원이 엄격하게 구속되는 것으로서 주변한정주의보다 엄격한 것이라고 할 수 있다.

2017년 Actavis v Eli Lilly 사건[1517]은 페메트렉시드의 '이 나트륨 염'(disodium salt)을 비타민 B12와 사용하도록 하여 부작용 적은 항암제의 용도 발명에 대하여 피고인 Actavis가 자신의 발명이 원고의 특허의 권리범위가 아니라는 확인을 구하는 소를 제기한 사건이다.

영국대법원은 3단계의 improver test를 도입하여 균등인지 여부를 판단했다. 첫번째에서는 특허청구범위 요소와 비교대상발명에서 대응요소를 비교하여 그 차이가 특허 발명이 기능하는 방법에 방법에 실질적 영향(material effect)이 있는가? 두번째에서는 첫번째에서 실질적 영향이 없다면 발명의 공개시에 그 발명이 당업자에게 자명한 것인지? 3번째에서는 당업자는 특허권자가 청구범위의 문언적 의미에 엄격히 구속되는 것으로 이해한 것인지에 의하여 판단한다고 하였다. 위와 같은 판단을 거쳐 대법원은 피고발명은 원고 발명의 균등의 범위에 있다고 판시했다. 본 판결로 인하여 영국

1517) Actavis v Eli Lilly [2017] UKSC 48; [2018] 1 All E.R. 171.

도 미국과 같은 균등론을 적용하는 것으로 이해하고 있다.

다. 독일에서의 전개

(1) 서론

독일은 특허청과 법원의 역할이 분명하였다. 법원도 특허무효심판을 담당하는 행정사건법원과 특허침해를 담당하는 민사법원의 역할도 분명했다. 특허청은 특허요건을 심사할 뿐 특허권의 권리범위, 즉 특허청구범위를 결정하는 역할을 하지 못하였다. 즉 특허청구의 기술적 범위와 법적 권리범위는 전혀 다른 체계를 가지고 있었기 때문에 기술적 범위와 권리범위는 완전히 다른 개념이었다. 발명자는 출원시에 발명에 대한 기술사상(inventive step)을 제시하면 충분했다. 발명의 권리범위는 법원에서 경쟁자에 의한 침해여부가 문제되었을 때 판단되었다. 따라서 특허출원시에는 발명에 대한 기술적 진보 내지 기술사상 만을 제시하면 충분했고, 해당 기술사상이 구체적으로 침해되었는지 여부는 소송에서 판단되었으므로 출원시에는 발명의 중심만을 제시하면 충분했다.

이와 같은 독일식의 중심한정주의는 기술적 범위인 특허청구범위와 특허발명의 보호범위인 특허권의 권리범위를 구분하고 두 개념의 관계에 있어서 기술적 범위와 법적 보호범위를 다른 것으로 보는 이원론적 입장을 유지하게 되는 것이다. 그러나 독일은 1973년 유럽특허조약(European Patent Convention)[1518] 제69조에 규정된 원칙에 따라 특허법을 개정하여 특허발명의 보호범위를 청구항에 의하여 결정되도록 규정하였다.

[1518] 조약이 체결된 장소인 뮌헨의 지명에 따라 뮌헨특허조약(Munich Patent Convention of 1973; MPC)이라고도 한다.

(2) 1 단계

1877년 독일에서 통일된 특허법이 제정된 이후부터 20세기 초반까지 특허발명의 보호범위에 대하여 독일법원은 발명가와 특허청의 주관적 의도에 따라 판단한다는 주관설이 지배적인 입장이었다.[1519] 1891년 독일에서는 특허법 개정으로 특허청구범위를 기재하도록 하였다. 이후 특허청은 발명의 대상을 결정하고 법원은 특허발명의 보호범위를 결정하였다. 특허발명의 보호범위는 출원과정에서 나타난 특허출원자와 특허청의 명시적인 주관적인 의도로부터 정해진다는 것이다.[1520] 물론 특허청구범위에 대한 판단은 점차 발명가의 의도나 관점이 아니라 해당 기술분야의 평균적인 지식을 가진 기술자의 관점에서 판단하는 것으로 변화하였다. 무엇이 발명되었는지는 객관적인 평가는 중요하지 않았다.[1521] 특허발명의 보호범위를 판단함에 있어서 중요한 것은 특허출원자가 특허청에 의하여 승인된 특허청구범위에 기재된 발명의 필수적인 것으로 무엇을 주장하였는가가 중요한 요소이었다.[1522] 일부 사건에서 특허권자는 특허출원과정에서 자신이나 특허청이 발명으로 인식하지 못하였던 부분에 대하여 특허발명의 보호범위라고 주장하기 시작하였다. 법원은 위와 같은 경우에 기술적 관점에서 특허보호에 적합한 것을 보호하기 위한 발명자와 특허청의 추정적인 의도라는 해석적인 도구를 도입하였다.[1523] 그러나 이러한 해석방법은 발명자나 특허청의 의도와 일치하지 않았기 때문에 오랫동안 유지될 수 없었다.[1524]

1519) Heinz Winkler, The Scope of Patent Protection: Past, Present and Future, IIC, 296, 296 (1979).

1520) Ray D. Weston, Jr., A Comparative Analysis of the Doctrine of Equivalents: Can European Approaches Solve an American Dilemma? 39 IDEA-J.L. & TECH. 35, 52 (1998).

1521) Heinz Winkler, The Scope of Patent Protection: Past, Present and Future, IIC, 296, 297 (1979).

1522) 1897 RGBl 69.

1523) 79 RGZ 186, 188

(3) 2 단계

20세기 초반에 독일법원의 태도는 변화하게 된다. 주관적인 의사를 평가하는 태도를 벗어나 객관적으로 발명이 기술발전에 기여한 바가 무엇인지를 평가하여야 한다는 견해를 취하게 된다. 1908년 독일제국대법원(Reichsgericht)[1525]은 특허가 보호하고자 하는 특허대상을 확정함에 있어 법적으로 중요한 특허청구범위를 제한하도록 해석해서는 안 된다고 하였다.[1526] 곧이어 1910년 독일제국대법원(Reichsgericht)은 특허발명의 보호범위를 정함에 있어 출원자와 특허청이 어떤 것을 보호받기를 원하였지라는 주관적인 의사에 의하여 정할 수 없고 발명이 기술발전에 객관적으로 기여한 것이 무엇인가만을 평가하여 정하여야 한다고 하였다.[1527] 그리고 특허출원시에 특허청구범위를 정확하게 기재하는 것이 아니므로 특허발명의 보호범위는 장래의 해석에 유보된 것이라고 판시하였다.[1528] 이러한 태도는 중심한정주의에 입각한 것이다.

(4) 3 단계

1930년대 후반부터 독일 법원의 태도는 변화하게 되고, 3분 원칙(Dreiteilungslehre, Tripartite Doctrine)을 확립하게 된다. 독일 법원은 i) 구체적인 청구항으로서 문언적 침해(literal infringement)의 대상이 되는 '발명의 구체적 대상(Unmittelbarer Gegenstand der Erfindung),' ii) 발명의 기술적인 가르침으로서 문언적 침해(textual infringement)의 대상이 되는 '발명의 목

1524) Heinz Winkler, The Scope of Patent Protection: Past, Present and Future, IIC, 296, 297 (1979).

1525) 1879년부터 1945년 사이에 독일 라이프치히에 있었던 독일최고법원.

1526) 1909 GRUR 173.

1527) Heinz Winkler, The Scope of Patent Protection: Past, Present and Future, IIC, 296, 297 (1979).

1528) 80 RGZ 54, 57.

적'(Gegenstand der Erfindung) 및 iii) 균등침해의 대상이 되는 '발명의 일반
적인 아이디어'(Allgemeiner Erfindungs- gedanke), 즉 '기술사상'의 3분 원
칙을 확립하기 시작하였다.[1529]

독일법원은 특허청구범위(claims)는 특허발명의 보호범위의 기초가 되어,
특허의 일반적인 보호범위로서의 'ii) 발명의 목적'이 된다고 해석한다.[1530] 특
허의 일반적인 보호범위는 균등의 범위와 소위 주합발명(inferior modification)
을 포함한다.[1531] 즉 'ii) 발명의 목적'은 '명백한 균등 발명'(Glattes
Äquivalent)과 해당 특허청구된 발명의 주합을 포함한다. 해당 기술분야의
평균적인 지식을 가진 기술자가 출원일이나 우선일에 자신의 기술적인 지
식에 기초하여 특허명세서와 도면, 또는 해당분야의 평균적인 지식을 가진
기술자에게 알려지거나 알 수 있는 일반적인 지식에 기초하여 어떤 발명적
인 노력없이 도출할 수 있는 발명적인 아이디어, 기술적인 가르침으로 구
성된다. 기술적인 가르침은 선행발명이나 지식이 없더라도 발명의 내용이
되므로, 특허 침해의 대상이 된다.[1532] 예컨대, A+B+C+D 구성으로 된 발
명에 있어서, 그 발명의 구성 A에 대하여 해당 기술분야의 평균적인 지식
을 가진 기술자인 甲이 출원일 또는 우선일에[1533] 구성요소 A를 통하여 해
결하고자 하는 기술적 과제에 있어서 동일한 기술적 기능과 동일한 효과를
가진 A'로 치환할 수 있다고 할 때 A'는 '명백한 균등 발명'(Glattes

1529) Heinz Winkler, The Scope of Patent Protection: Past, Present and Future, IIC, 296,
298 (1979).; C. Sijp, Scope of Protection Afforded by a European Patent, IIC 1979,
433, 435 (1979). 일반적인 기술사상, 일반적인 아이디어는 같은 의미로 사용한다.
1530) Heinz Winkler, The Scope of Patent Protection: Past, Present and Future, IIC, 296,
298 (1979).
1531) Id.
1532) C. Sijp, Scope of Protection Afforded by a European Patent, IIC 1979, 433, 436
(1979).
1533) 출원일 또는 우선일로 한다는 점에서 침해시(제조시)를 기준으로 하는 주변한정주
의의 균등론과 차이가 있다.

Äquivalent)에 해당한다.[1534) 발명 A'+B+C+D는 발명 A+B+C+D의 기술적인 가르침의 범위내에 있는 것으로서 보호된다.[1535) 만일 발명 A'+B+C+D가 출원일이나 우선일에 신규성이 없다면 발명 A+B+C+D의 보호범위내에 있지 않게 된다. 발명 A'+B+C+D가 출원일이나 우선일에 신규성이 존재하고 선행발명보다 발명 A+B+C+D에 가까운 경우에 발명적인 아이디어가 있다면 발명 A+B+C+D의 보호범위내에 있게 된다.[1536)

"i) 발명의 구체적 대상"은 청구범위에 기재된 문언에 의해 특정되는 발명으로 실무적인 중요성은 없다고 한다. 특허가 부여된 이후에 신규성이 전혀 없다는 예측은 거의 발생하지 않지만, 보통 특허권자는 그러한 신규성이 없다고 증명되는 경우에 자신의 특허는 언제든지 무효가 되기 때문에 침해자에 대한 침해소송을 제기할 수 없기 때문이다.[1537) 결과적으로 3분원칙은 실무적으로 'i) 발명의 구체적 대상'이 제외되어 실질적으로 2분원칙으로 변경되게 된다.

"iii) 발명의 일반적인 아이디어"는 법적 보호범위에 포함되는 해당발명의 기술사상으로서 종국적으로 중심한정주의의 기초가 된다. 특허보호는 "iii) 발명의 일반적인 아이디어"를 대상으로 하는 것이다. 따라서 특허요건을 모두 충족시켜야 한다.[1538) 특허청구에 의하여 보호되는 발명은 발명의

1534) Id., 437.

1535) Id.

1536) Id. 예외적으로 특허발명의 보호범위는 'i) 발명의 구체적 대상'에 한정되게 되는데, 이는 'ii) 발명의 목적'을 제한하게 된다. 그러한 예로는 발명에 신규성이 전혀 없다는 예측, 기존발명과 동일한 발명, 기술적인 실현가능성이 없는 발명 등이 이에 해당한다. 해당 기술분야의 평균적인 지식을 가진 기술자가 출원일이나 우선일에 자신의 기술적인 지식에 기초하여 특허명세서와 도면에 기초하여 형성할 수 있는 기술적인 개념으로 구성된다. 특허로 보호받기 위한 최소한은 정확하게 "i) 발명의 구체적 대상"을 기재하는 것이다.

1537) Heinz Winkler, The Scope of Patent Protection: Past, Present and Future, IIC, 296, 298 (1979).

1538) C. Sijp, Scope of Protection Afforded by a European Patent, IIC 1979, 433, 437

외연(外緣)이 아니라 발명을 가르치거나 발명에 적용시키는 그 상위개념인 아이디어이다. 즉 특허로 보호하는 것은 발명품이 아닌 발명을 구현하는 기술사상이다.[1539] 발명의 일반적인 아이디어는 발명품에서 나타나는 아이디어와 구별된다. 발명품에서 나타나는 아이디어는 그 발명에 대한 특허에 의하여 보호된다. 이 때의 아이디어는 발명의 구성이다. 발명의 일반적인 아이디어는 발명의 구성과 구별되고, 특허보호가 확장되는 부분이다. 발명의 일반적인 아이디어는 발명이나 특허청구범위에 의하여 문언적으로 표현되거나 명시된 것은 아니다.[1540] 그렇지만 발명의 일반적인 아이디어는 발명에 근거하고, 발명으로부터 출발하지만 분리되거나 다른 것은 아니다.[1541] 발명의 일반적인 아이디어는 발명품의 구체적인 특징으로부터 선택되거나 다른 구체적인 특징과 변환되는 방식으로 특징지어지지만, 아이디어를 일반화한 것은 아니다.[1542] 위의 i) 및 ii)이 특허청구항으로부터 공개되어 알 수 있는 기술적인 가르침과 특허침해를 구성하는 명세서와 도면의 기술사상을 의미하지만, "iii) 발명의 일반적인 아이디어"는 위 i) 및 ii)를 포함할 뿐만 아니라 그 외연을 포함하여 특허청구항에 숨어 있는 발명사상의 기술적인 가르침을 포함한다.[1543]

특허청구된 것보다 추상화된 것, 다소 명확하지 않은 균등물[1544], 발명의 구성요소의 부분적인 조합 또는 발명의 구성요소 등이 발명의 일반적인 아이디어에 해당한다.[1545] 원칙적으로 침해는 특허청구항을 조합한 것의 개

(1979).

1539) Heinz Winkler, The Scope of Patent Protection: Past, Present and Future, IIC, 296, 299 (1979).

1540) Id.

1541) Id.

1542) Id.

1543) Id.

1544) 명확한 균등물은 균등침해가 아닌 문언침해를 구성하게 된다. 균등침해는 해당 발명으로부터 명확하지 않은 경우에 성립된다.

별적인 특징을 생략하거나 다른 특징적인 구성요소를 대체하는 것이다. 사실 특허청구항으로부터 알게 된 수단을 구체화한 침해사례는 매우 드물다.[1546] 최소한 기술적인 과제가 결정적으로 진보성을 보여주고 있는 사례에 있어서 대부분 침해물품의 기술적인 과제만이 동일하다고 하더라도 침해물품과 발명품은 매우 밀접한 관계를 보여준다.[1547] 독일제국대법원도 덤핑을 위한 하강작용시보다 상승작용시에 다른 방법으로 작동되는 경우에 아이디어는 여전이 같은 기술적 과제의 범위내에 있다고 판시했다.[1548] 따라서 발명품과 발명의 일반적인 아이디어는 밀접한 관련이 있다.

두 개의 발명이 아이디어가 같다면 각 발명은 각자 상대방 발명의 범위내에 있다. 만일 발명아이니어가 다르다면 상대 발명의 범위내가 아니다. 여기에서 발명의 범위를 결정하는 것은 발명 아이디어가 같은지 여부이다. 발명가는 자신의 발명이 기여한 것에 대하여 완전한 보상(full-reward)를 받아야 한다.[1549] 발명이 기여한 바는 'i) 발명의 구체적 대상(Unmittelbarer Gegenstand der Erfindung),' ii) '발명의 목적'(Gegenstand der Erfindung) 뿐만 아니라 iii) '발명의 일반적인 아이디어'(Allgemeiner Erfindungsgedanke)이다. 즉 발명의 일반적인 아이디어도 발명으로부터 도출되어 발명이 기여한 바가 되므로 특허발명의 보호범위에 포함되게 된다. 따라서 특허발명의 보호범위는 특허청구범위로부터 명시적으로 도출되는 영역을 넘어서게 된다. 특허발명의 보호범위의 한계는 발명자에 대한 충분한 보상을 넘어서게 되는 범위이다. 1910년 독일제국대법원 판결 이후 독일법원은 특허청구범위는 특허발명의 보호범위, 즉 특허권의 권리범위로 해석되지 않는다는 이

1545) Id.
1546) Id.
1547) Id.
1548) Reichsgercht, GRUR 1943 167.
1549) 166 RGZ 326, 328; GRUR 1955 29, 32 (BGH); GRUR 1969 534, 535.

원론적인 입장을 줄 곧 유지해 왔다.[1550]

　그리고 특허권을 부여하기 위한 기초로서 출원주의를 채택하여 발명가들이 발명의 완성이나 특허청구범위를 기술함에 있어서 정확함을 기하기보다는 선출원주의의 요건을 충족하여 경쟁자를 배제하고 특허권을 취득하기 위하여 특허청구범위를 작성함에 있어서 불완전성이 있을 수 밖에 없다. 이러한 문제의 해소방법으로 발명의 완성이나 특허요건의 충족여부를 발명의 심사시가 아닌 침해시에 판단하여, 발명가를 보호하기 위하여 중심한정주의에 의한 특허청구범위를 특정하도록 한 것으로 볼 수 있다. 중심한정 및 주변한정의 개념을 최초로 제시하였다고 알려진 Potts도 자신의 논문인 British Claims에서 선호되는 방식은 중심한정에 따른 특허청구범위의 작성이고, 그 결론에서 변리사(patent agent)들로 하여금 영국과 독일의 특허청구범위 기재의 차이점에 따라 출원시의 주의할 점을 제시하고 있다.[1551] 독일제국대법원은 "다수의 기능에 의하여 특정지어지는 사안에 있어서, 특허 심사시에, 특허를 부여함에 있어서 절대적으로 필요하고 어떤 경우에는 생략하는 것이 필요한 기술적 기능과 어떤 기술적 기능에 대하여 특허를 부여하는 것이 타당한 것인지를 판단하는 것은 일반적으로 부적절하고, 특허요건심사시에 특허발명의 보호범위를 결정하는 것은 특허부여를 부적절하게 지연시키는 결과가 된다"고 하였다.[1552] 따라서 특허심사시에 발명의 기술사상이 특허청구범위에 포함되었는지를 심사하고, 특허침해소송에서 심층적으로 특허요건을 심사하게 된다.[1553] 중심한정주의하에서 특

1550) Karl Bruchhausen, The Scope of Patent Protection in Different European Countries - An Outline of Recent Case Law, IIC, 306, 323 (1973).

1551) Harold E. Potts, British Claims, 6 J. Pat. Off. Soc'y 218, 221 (1923-1924).

1552) 80 RGZ 54, 57.

1553) GRUR 1960 478, 479 et seq. Karl Bruchhausen, The Scope of Patent Protection in Different European Countries - An Outline of Recent Case Law, IIC 1973, 324 (1973).

허청구범위는 그 해석이 문제되기 때문에 법원을 중심으로 운용된다.

출원인은 단지 특허청구의 조합을 모두 기술할 것이 요구되지만, 심사관은 특허성이 있는지 여부만을 심사한다. 심사 중에 조합 발명(combination invention)의 각 요소들이 특허를 받을 수 있는지 또는 조합전체의 개별적인 발명기능을 생략한 재조합이 특허를 충족하는지는 심사대상이 안 된다. 이러한 심사는 법원에 의하여 특허침해가 문제될 때 개별사안에 따라서 심사된다. 결국 중심한정주의는 출원에 있어서 여러 편리한 점을 제공한다. 물론 그 대가는 불확실성과 이로 인한 경쟁의 약화에 따른 기술발전의 저해라고 할 수 있다.

1954년 독일 연방내법원은 득허발녕의 보호범위의 가장자리에 있는 일반적인 기술사상(Allgemeiner Erfindungsgedanke)은 특허청구로부터 도출될 것을 요구하였다.1554) 이는 특허권의 재산권화에 따른 권리범위에 대한 법적 명확성을 부여하기 위한 것으로 이해된다.1555) 그렇다고 하여도 독일 특허법상 특허청구 범위에 대한 법리가 변하는 것은 아니다. 일반적인 기술사상이 특허청구범위에 기재되지 않은 경우에는 균등범위에서도 벗어나고, 특허청구범위에 기재된 경우에는 명백하지 않은 균등의 범위로 인정되기 때문이다. 따라서 독일법과 같은 중심한정주의에서는 특허청구범위는 특허권의 권리범위를 확정하기 위해 중요한 것은 아니다.

이러한 입장에서 보면 특허청구범위에서 특정되는 발명의 기술적 범위로서의 일반적인 아이디어와 특허발명의 보호범위로서의 일반적인 아이디어는 일치하지 않게 된다. 그리하여 발명가가 특허명세서에서 특정한 자신의 발명과 법적 보호범위가 달라져 법적 안정성을 해치게 된다는 점에 대해서는 독일 내에서도 비판이 되었다.1556)

1554) BGH GRUR 1955 29, 32.

1555) Karl Bruchhausen, The Scope of Patent Protection in Different European Countries - An Outline of Recent Case Law, IIC 1973, 322 (1973).

(5) 4 단계

유럽특허조약에 따라서 1981년 개정된 독일 특허법이 적용됨에 따라 독일은 특허청구범위의 문언에 매우 강하게 구속되고 있다. 1981년 개정된 특허법 제14조는 유럽특허조약 제69조에 따라 개정된 것이다. 기본적으로 100년 가까이 유지되었던 중심한정주의는 특허조약에 따라 일부 변경되었지만, 특허는 발명의 공헌에 대한 보상이라는 이념은 계속 유지되고 있다고 할 수 있다. 따라서 특허청구범위의 해석에 있어서도 일반적 아이디어(Allgemeiner Erfindungsgedanke)를 보호한다는 사상은 1981년 특허법 시행 이후에도 찾아 볼 수 있다. 그럼에도 불구하고 독일연방대법원(Bundesgerichtshof; the Federal Court of Justice of Germany)은 특허 청구항은 권리범위 해석의 출발점이자 보호범위를 정하는 것으로서 보호범위는 특허청구항에 일치되어야 한다고 판시하고 있다.[1557]

유럽특허조약 이후 독일 법원의 태도는 앞서 언급한 Epilady 사건에 시험되었다. 독일도 유럽특허조약 제69조에 따라 독일 특허법을 개정하였는데 해당 조항에 대한 해석이 문제되었다. 앞서 본 바와 같이 이 사건에서 특허권자의 발명에는 나선형의 스프링(helical spring)이 존재하였지만 피고의 발명은 슬릿이 있는 고무 로드(slotted rubber rod)로서 원고의 발명과 다른 것이었으므로 문언상으로는 침해가 될 수 없었다. 다만 슬릿이 형성된 고무 로드(slotted rubber rod)가 나선형의 스프링(helical spring)의 균등물이 될 수 있는지가 문제되었다. 결국 독일 법원이 취하고 있는 특허청구해석의 법리상으로는 해당분야의 통상의 전문가에게 특허발명의 침해의심발명에 대한 가르침이 있는지가 문제가 되었다.

1556) 1963 ÖPatBl. 55 (Patentgerichtshof: Patent Court).

1557) BGH Nov. 29, 1988, Case No. X ZR 63/87, 104 Entscheidungen des Bundesgerichtshofes in Zivilsachen [BGHZ] 84, as reprinted in 1989 GRUR 205 (Schwermetalloxidationskatalysator; Heavy Metal Oxidation Catalytic Converter).

독일 뒤셀도르프 고등법원(Oberlandesgericht; Court of Appeal)은 해당 분야의 통상을 지식을 가진 전문가가 자신의 지식을 가지고 동등한 기능을 수행하는 수단으로 동등한 해결책을 제공할 수 있다는 것이 명백한 경우에는 균등물로서 침해가 성립된다고 판시하였다. 특허발명과 동일한 기능을 수행하는 침해의심발명이 해당기술에 대한 통상의 지식을 가진 전문가가 특허발명의 청구항으로 부터 변형된 것임을 알 수 있다면 특허침해가 성립한다. 본 건 특허의 탄력성이 있는 실린더 구조의 몸통은 아치형에서 빨리 회전할 수 있도록 한 것이다. 스프링은 스프링의 탄력(힘)을 주기 위한 것이 아니라 공간을 확보하기 위한 것이었다. 볼록면의 몸체부분은 공간(틈)을 형성하기 위해 편평하게 만든 것으로 오목한 년에는 공간없어 밀착되는 부분이 형성되고 그 밀착 부분에 모(毛)가 물리어 제모되도록 한 특징이 있는 발명이었다. 따라서 법원은 해당분야의 통상의 지식을 가진 전문가가 나선형의 스프링이 단지 스프링이 아니라 탄력을 주어 공간을 형성하는 기능을 주는 것을 알 수 있는지가 해당발명의 기술사상으로서 중요한 쟁점임을 지적하였다. 법원은 특허발명의 스프링의 앞서 설명한 기능은 슬릿이 형성된 고무 로드(slotted rubber rod)에 의해 수행될 수 있으므로 이러한 기술사상은 특허발명의 보호범위에 있다고 할 수 있어 위 특허발명의 구성요소는 침해의심발명에 의해 치환된 것이 명백하다고 판시했다.

독일 법원의 특허청구범위의 해석은 발명의 기능에 관한 관점에서 시작된다. 특허발명의 보호범위에 대한 관점은 특허청구범위를 작성한 발명가의 의도에 의해서 파악되어야 하므로, 특허청구범위의 좁은 의미의 문언적 의미는 특허발명에 대한 다양한 변형까지 확대되어야 한다고 해석한다. 결국 독일 법원은 유럽특허조약에도 불구하고 기본적으로는 종전의 태도를 유지하고 있다고 할 수 있다.

5. 우리나라에서의 균등론의 발전과 해석

1952년 우리나라 특허법 제40조에는

> 기 명세서에는 기 발명 또는 고안이 속한 또는 차와 밀접한 기술 과
> 학의 전문가가 발명 고안을 제작, 구성, 합성 또는 사용 실시할 수 있
> 는 정도로 좌기에 의하여 발명 고안 급 기 제작, 구성, 합성 또는 사용
> 의 각 양태를 완전, 명확, <u>간단히 기재</u>하여야 함.
>
> 1. 기계에 관하여는 기 원리 급 기 원리를 응용한 최선의 방법
> 2. 방법에 관하여서는 타 발명과 구별하기 위한 제 공정 급 필요한 순서
> 3. 미장에 관하여서는 표현할 물품을 지정하여야 함
> 4. 출원자는 발명 고안의 청구 범위로서 기 요부, 개량 또는 결합을 특
>   히 지적하고 명시하여야 함
> 식물 특허는 기 기재가 충분히 완비된 경우는 전항의 규정을 적용치
> 않음.

라고 규정하고 있었는데, 간단히 기재하도록 함으로써, 우리법상 청구항 기
재방법이 중심한정주의로 인정될 수 있는 근거가 되고 있다.

우리나라의 중심한정주의를 취하였다고 하는 종래의 대법원 판결은, 명
세서 등을 참작하여 발명의 범위를 실질적으로 판단하여야 한다고 판시하
였다. 예컨대, 대법원 1973. 7. 10. 선고 72후42 판결은

> 특허발명의 범위가 문제가 되었을 때에는 비록 <u>특허청구의 범위에
> 기재된 것이 판단상 한번 유력한 자료가 될 수 있다</u> 할지라도 필경 발
> 명의 상세한 설명과 도면의 간단한 설명의 기재 전체를 일체로 하여
> 그 발명의 성질과 목적을 밝히고 이를 참작하여 <u>그 발명의 범위를 실</u>

질적으로 판단하여야 할 것이요, 특허청구의 범위에 관한 기재에만 구
애될 수 없는 것이다. (당원1972.5.23.선고 72후4 판결 참조) 이 사건에
있어서는 명세서중의 실시예가 발명의 상세한 설명이 된다 할 것이다.

대법원 1991. 11. 26. 선고 90후1499 판결은

> 구 특허법(1990.1.13 법률 제4207호로 개정되기 이전의 것, 이하 같
> 다)제57조에 의하면 특허권의 권리범위 내지 실질적인 보호범위는 특
> 허명세서의 여러 기재내용 중 특허청구의 범위에 기재된 사항에 의하
> 여 정하여진다 할 것이나, <u>특허명세서의 기재 중 특허청구의 범위의</u>
> <u>항의 기재가 극히 애매모호하거나 추상적, 총괄적인 표현방식에 따라</u>
> <u>기재되어 있는 경우 이것만으로는 특허의 기술구성을 알 수 없거나 설</u>
> <u>사 알 수는 있더라도 그 기술적 범위를 확정할 수 없는 것이므로, 이러</u>
> <u>한 경우 특허의 기술적 범위 내지 그 권리범위를 정함에 있어서는 특</u>
> <u>허청구의 범위에 발명의 상세한 설명이나 도면 등 명세서의 다른 기재</u>
> <u>부분을 보충하여 명세서 전체로서 그 기술적 범위를 실질적으로 확정하</u>
> <u>여야</u> 하고 특허청구의 범위에 관한 기재에만 구애될 수 없는 것이다.[1558]

라고 하여, 중심한정주의 원칙을 언급하고 있다. 그러나 위와 같은 해석은
중심한정주의 하에서 특허출원이 이뤄졌기 때문에 중심한정주의 원칙에
따라 해석이 된 것으로 볼 수 있다.

그러나 어떤 판결은 중심한정주의와 주변한정주의의 해석원칙이 혼합되

1558) 본 판결은 선례를 언급하고 있는데, 그 판결(대법원 1973. 7. 10. 선고 72후42 판결)은
특허발명의 범위는 특허청구의 범위에 기재된 것 뿐아니라 발명의 상세한 설
명과 도면의 간단한 설명의 기재전체를 일체로 하여 그 발명의 설질과 목적
을 밝히고 이를 참작하여 그 발명의 범위를 실질적으로 판단하여야 할 것이
요. 특허청구의 범위에 관한 기재에만 구애될 수 없는 것이다.
라고 하여 중심한정주의의 해석원칙을 확인하고 있다.

어 있는 경우도 볼 수 있는데, 대법원 1995. 10. 13. 선고 94후944판결은

> 특허발명의 범위는 특허청구의 범위에 기재된 것뿐 아니라 발명의
> 상세한 설명과 도면의 간단한 설명의 기재 전체를 일체로 하여 그 발
> 명의 성질과 목적을 밝히고 이를 참작하여 그 발명의 범위를 실질적으로
> 판단하여야 할 것이므로(당원 1991.11.26.선고 90후1499 판결 참조)…

라고 하여, 종전 중심한정주의의 청구범위해석원칙을 언급하고 있지만, 위
인용판시에 선행하는 판시로,

> 구 특허법(1990.1.13. 법률 제4207호로 전문 개정되기 전의 것) 제8
> 조 제3항에 의하면, 특허출원서의 발명의 상세한 설명에는 그 발명이
> 속하는 기술분야에서 통상의 지식을 가진 자가 용이하게 실시할 수 있
> 을 정도로 그 발명의 목적, 구성, 작용 및 효과를 기재하여야 한다라고
> 되어 있고, 제8조 제4항에 의하면 특허청구의 범위에는 명세서에 기재
> 된 사항 중 보호를 받고자 하는 사항을 1 또는 2 이상의 항으로 명확
> 하고 간결하게 기재하여야 한다라고 되어 있는바, 이와 같은 규정의
> 취지는 특허출원된 발명의 내용을 제3자에게 공표하여 그 기술적 범
> 위를 명확하게 하기 위한 것이므로 특허출원 당시의 기술수준을 기준
> 으로 하여 그 발명과 관련된 기술분야에서 평균적 기술능력을 가진 자
> 라면 누구든지 출원된 발명의 내용을 명확하게 이해하고 이를 재현할
> 수 있는 정도의 기재가 있으면 충분하다 할 것이고(당원 1992.7.28.선
> 고 92후49 판결 참조),

라고 판시하고 있는데, 이는 주변한정주의의 특허법과 그 해석원칙을 설시
하고 있는 것으로 보인다.

우리 특허법상 중심한정주의 요소로 들 수 있는 것을 특허 법리적으로

보통 두가지 예를 들고 있다. 그 하나가 균등론1559)이고, 다른 하나가 기능식 청구항이다.1560) 나아가 우리 대법원은 제조방법이 특정된 물건발명 (PBP, product by process claims)의 경우, 그 본질을 물건발명으로 보기 때문에 제조방법은 기능적인 것이 되고, 중심한정주의요소를 따르게 된다.1561)

나아가 우리 대법원은 기존의 중심한정주의에 따라 특허청구범위를 해석하는 원칙을 고집하는 몇몇의 사례들이 있다. 예컨대 우리 대법원은 특허침해를 판단함에 있어 실질적으로 동일한 경우란 '과제해결을 위한 구체적 수단에서 주지관용기술의 단순한 부가, 삭제, 변경 등에 불과하여 새로운 효과 발생이 없고, 발명 간의 차이가 발명의 사상에 실질적인 영향을 미치지 않는 비본질적 사항에 불과한 경우를 의미한다'고 한다.1562) 이러한 생략발명은 주변한정주의하에서 구성요건완비원칙(all element rule)1563)에

1559) 다만, 중심한정주의에서 균등론은 구조적으로 필요한 것이지만 주변한정주의에서는 형평을 근간으로 하고 있다. 그러나 균등론 자체가 중심한정주의의 유산이라는 점은 부인할 수 없다.

1560) 확대된 선원의 지위를 인정하는 것은, 절차법적 문제가 가미된 것이지만, 중심한정주의 요소라고 볼 수 있다. 발명자에게 확대된 선원의 지위를 인정하는 것도 원래의 발명가에게 그 발명의 가치를 귀속시켜야 한다는 보상적인 사상이 있기 때문이다.

1561) 대법원 2015. 2. 12. 선고 2013후1726 판결.
제조방법이 기재된 물건발명에 대한 위와 같은 특허청구범위의 해석방법은 특허침해소송이나 권리범위확인심판 등 특허침해 단계에서 그 특허발명의 권리범위에 속하는지 여부를 판단하면서도 마찬가지로 적용되어야 할 것이다. 다만 이러한 해석방법에 의하여 도출되는 특허발명의 권리범위가 명세서의 전체적인 기재에 의하여 파악되는 발명의 실체에 비추어 지나치게 넓다는 등의 명백히 불합리한 사정이 있는 경우에는 그 권리범위를 특허청구범위에 기재된 제조방법의 범위 내로 한정할 수 있다.

1562) 대법원 2003. 2. 26. 선고 2001후1624 판결.

1563) 대법원 2001. 6. 15. 선고 2000후617 판결.
특허발명의 청구항이 복수의 구성요소로 되어 있는 경우에는 그 각 구성요소가 유기적으로 결합된 전체로서의 기술사상이 보호되는 것이지, 각 구성요소가 독립하여 보호되는 것은 아니므로, 특허발명과 대비되는 (가)호 발명이 특허발명의 청구항에 기재된 필수적 구성요소들 중의 일부만을 갖추고 있고 나머지 구성요

의하여 특허침해로 인정될 수 없다. 그럼에도 불구하고 우리 대법원은 생략발명에 대하여 특허침해를 인정하고 있다. 생략이 단순한 설계변경인 경우에 실용신안권침해를 인정하는 판결은 결국 중심한정주의에 따른 해석이라고 할 수 있는데, 대법원은

> 나아가 (가)호고안과 이 사건 등록고안을 비교하여 볼 경우, 이 사건 등록고안의 보호캡 아래 위의 링과 걸턱, 홈선이 (가)호고안에는 없는 점이 다를 뿐 뒷굽축의 일부에 보호캡을 장착시켜 착탈이 가능하도록 한다는 기술구성은 동일하고, 작용효과 면에서도 이 사건 등록고안의 경우에는 홈선이 보호캡의 교체를 용이하게 하는 효과가 있는 외에는 (가)호고안의 경우와 동일하므로, 결국 양 고안은 위와 같은 일부구상상의 차이가 있으나 이는 단순한 설계변경의 정도에 지나지 아니하는 것으로서 (가)호 고안은 이 사건 등록고안과 목적, 기술적 구성, 작용효과에 있어서 유사한 고안이거나 이 사건 등록고안의 기술의 일부를 생략한 고안이라 판단되므로 결국 (가)호고안은 이 사건 등록고안의 권리범위 내에 포함되는 것이라고 아니할 수 없다.[1564]

라고 하여 중심한정주의에 따른 해석을 하고 있다. 본 사건은 실용신안권

소가 결여된 경우에는 원칙적으로 그 (가)호 발명은 특허발명의 권리범위에 속하지 아니한다.
…. 다만 끝이 뾰족하고 끝부분이 휘어진 작업공구는 이미 이 사건 특허발명 출원 이전에 을 제8호증에 의하여 공지된 것이어서 이 사건 특허발명 제1항은 그 중 일부 구성이 공지되기는 하였으나 각 구성요소가 독립하여 별개의 발명이 되는 것이 아니라 그 구성요소들이 결합된 전체로서 하나의 발명이 되는 것이고, 또한 여기에서 이들 구성요소를 분리하게 되면 그 발명의 목적달성은 불가능하게 되고, 이러한 공지의 구성요소가 나머지 신규의 구성요소들과 유기적 결합관계를 이루고 있다고 하지 않을 수 없으므로, (가)호 발명이 이 사건 특허발명의 권리범위에 속하는지 여부를 판단하는 데에도 이 부분을 제외해서는 아니될 것이다.
1564) 대법원 1996. 11. 26.선고 95후1067 판결

이 문제된 사건이므로 물품의 구성이 달라지면 그 권리범위도 달라진다는 점을 고려할 필요가 있다. 그럼에도 같은 효과를 가져온다는 이유로 권리범위내로 보는 해석은 중심한정주의에 따른 것이 아니면 합리적으로 설명할 수 없다.

나아가 소위 불완전이용발명의 경우에도 생략발명을 이용하여 이용발명을 하는 것인데 이에 대하여 본질적으로 중요하지 않은 요소만 생략한 채 그 특허발명의 기술적 사상을 그대로 이용하는 경우에 특허침해를 인정하지 않으면 특허권자의 보호에 소홀하고 침해자는 부당한 이득을 얻는다는 이유로 특허침해를 인정하는 견해들이 있다.1565)

그러나 특허청구범위에 기재된 구성요소는 모두 필수적 구성요소(all element rule)이다. 따라서 필수적 구성요소를 다시 중요한 요소와 중요하지 않은 요소로 나누어 특허침해를 판단하는 것은 특허청구범위에 의하여 권리범위 확정하는 원칙에 맞지 않고 법적 안정성을 저해한다. 오히려 불완전이용발명을 유효하다고 하면 명세서 기재불비로 무효1566)가 되어야 할 특허를 유효한 특허로 인정하는 모순이 발생한다. 또한 특허 출원 후에는 청구범위의 확장이 허용되지 않음에도 불구하고, 특허발명의 구성 중 일부를 생략함으로서 특허발명보다 더 넓은 권리범위를 갖게 되는 생략발명이

1565) 대법원 1998. 1. 23. 선고 97후2330 판결; 대법원 1997.4.11 선고 96후146 판결.
1566) 특허법원 1999.6.3. 선고 98허8632 판결

　　　(가)호 발명은 인용고안에 의하여 당업자가 용이하게 발명할 수 있는 것이라고 보일 뿐만 아니라, 가사 원고의 주장대로 (가)호 발명이 인용고안과는 구성이나 목적 등이 달라 그에 의해 공지된 것이 아니라 하더라도, 이 건 특허발명의 필수구성요소 중 일부를 결여한 것이어서 어느 모로 보나 (가)호 발명은 이 건 특허발명의 권리범위에 속하지 않는다.

　　특허법원 2000.9.1. 선고 2000허860 판결

　　　생략된 구성요소가 그 등록고안에 있어서 중요한지 여부, 이를 생략하는 것이 용이한지 여부 등 이른바 불완전이용관계의 성립 여부를 살필 필요 없이 이 사건 등록고안의 등록청구범위에 기재된 구성요소의 일부를 생략한 (가)호 고안은 그 등록고안의 권리범위에 속한다고 할 수 없다.

특허발명의 권리범위에 속한다고 하면 이는 이미 등록된 특허발명의 권리
범위의 확장적 변경을 인정하는 것이다. 따라서 불완전이용발명은 어떠한
경우에도 특허발명의 권리범위에 속할 수 없으므로 특허발명의 침해가 인
정될 수 없다.[1567)

그러나 이용발명이나 불완전이용발명의 유효성을 인정하는 입장은 중심
한정주의에서의 해석론을 따르는 것이다. 예컨대 특허법원이 불완전이용발
명에 대하여 특허발명의 침해를 인정하는 판결[1568)은

> 불완전이용발명에 해당되려면, 특허나 실용신안과 동일한 기술사상
> 을 가지고 있으면서 청구범위 중 비교적 중요하지 않은 구성요소를 생
> 략하고 그와 같은 생략에 의해서도 당해 특허나 실용신안이 목적으로
> 하는 작용효과를 발휘할 수 있는 경우이어야 하며, ….

라고 판시하고 있는데, 이와 같은 해석은 '동일한 기술사상'은 특허권의 범위
에 속한다고 하는 중심한정주의를 따른 청구범위의 해석이라고 할 수 있다.

그러나 위와 같은 중심한정주의에 따른 해석은 현재 우리 특허법이나 특
허명세서상 특허청구범위의 실무와 일치하지 않는다. 중심한정주의 해석원
칙이 아닌 '실질적이지 않은 치환'("insubstantial substitutes")에 해당하는 경
우에 예외적으로 주변한정주의 원칙에 따라 '형평'("equity")에 따른 균등의
범위내에서만 권리범위에 속한다고 해석하는 것이 옳을 것이다. 다만 위
판결들을 분석함에 있어서 문제된 특허의 서지사항을 확인할 수 없어, 중
심한정주의 하에서 특허청구범위를 기재한 것인지 주변한정주의하에서 특
허청구범위를 기재한 것임을 명확히 하지 못했다는 점을 밝힌다.

1567) 대법원 2000. 11. 14. 선고 98후2351 판결, 2001.6.1. 선고 98후2856 판결, 2001.6.15.
　　　선고 2000후617 판결, 2001.8.21. 선고 99후2372 판결, 2001.9.7. 선고 99후1584 판결 등
1568) 특허법원 1998.11.26. 선고 98허1747; 특허법원 1999.5.13. 선고 98허9918 판결 등.

제7장

결론: 특허제도와 사회적 후생

제1절 특허제도의 가치

1. 서론

1474년 베니스의 특허법, 1624년 영국의 독점법과 로크, 칸트, 헤겔로 이어지는 철학자들에 의한 지식의 가치를 보호함으로서 사회 경제적 부를 창출하고 이를 축적할 수 있도록 함으로써 산업발전과 경제번영을 이룩하고, 궁극적으로 인간에게 풍요로운 삶을 가져왔다고 할 수 있다.[1569]

진보성은 공리주의를 바탕으로 한다고 할 수 있다. 공리주의는 최대다수의 최대행복을 지상의 목표로 하고 있으므로 경제적 효율성은 필연적이다. 특허의 남발은 공중의 삶은 피폐화 한다. 이는 역사적으로 증명되었다. 따라서 신규성만으로는 최대다수의 최대행복을 가져온다고 할 수 없고 오히려 행복을 감소시킨다. 진보성은 그 판단 기준을 통하여 적절한 특허를 부여할 수 있으므로 최대다수의 최대행복을 가져올 수 있는 수단이 된다.[1570]
진보성 기준은 해당 기술분야의 평균적인 지식을 가진 기술자(PHOSITA)

1569) William Fisher, Theories of Intellectual Property in New Essays in the Legal and Political Theory of Property edited by Stephen R. Munzer, Cambridge Univ. Press, 2001, p. 171.

1570) Alan Devlin & Neel Sukhatme, Self-Realizing Inventions and the Utilitarian Foundation of Patent Law, 51(3) William and Mary Law Rev. 897 (2009) (최소한 진보성 기준은 효율적인 특허제도를 운영토록 하고, 이는 공리주의 철학에 부합한다. 다만 현재 특허제도는 특허 인센티브가 없더라도 수행될 발명에 대하여 고려하지 않고 있다.)("The gatekeeper function performed by the nonobviousness requirement is both substantive and beneficial. But it is also incomplete. In particular, the nonobviousness doctrine fails to disqualify a large swath of inventions that, although nonobvious, would be discovered anyway because of overriding incentives outside of the patent system." Id., 905).

의 지식 수준에 비추어 자명한 기술을 특허에서 제외함으로서 불필요한 사회적 부담을 감소시킨다. 그와 같이 자명한 기술에 대하여 특허를 부여하다면 사회적으로 새로운 기술개발에 대한 장벽을 쌓아, 경쟁자의 로열티 부담을 증가시킨다.

진보성 기준의 도입은 특허권의 부여 수를 감소시켜, 경제적으로는 독점으로 인한 손실인 자중손실(사중손실, dead weight loss)를 줄이는 역할을 한다. 즉 사회 전체적으로 독점이윤을 감소시켜 수요를 증가시키므로 자중손실이 줄어들게 된다. 기술의 난이도는 상업적 성공과는 관련이 없다. 기술난이도가 낮음에도 특허를 받아 상업적 성공을 하는 경우에는 사회 경제직으로 바람직한 득허가 아니다.1571) 기술 난이도가 높아 그 기술의 개발비용이 높은 경우에는 그 비용회수는 그 기술의 개발자들에게 가장 중요한 관심사이다. 따라서 그 기술 개발에 성공하였을 경우에 그 비용을 회수 할 수 있다는 보장은 기술개발의 유인이 되고 기술 개발의 성공의 촉진제가 될 것이다. 즉 기술개발에 실패하는 경우에는 아무런 비용회수를 할 수 없으므로 개발을 위해 좀 더 노력할 동기가 된다. 따라서 특허제도는 그와 같이 기술 개발 난이도가 높은 발명을 보호할 수 있도록 하여야 한다.1572)

시카고 대학 법대의 윌리엄 랜디스(William M. Landes) 교수와 제7항소법원 리차드 포스너(Richard A. Posner) 수석판사는 법의 경제적 분석을 통해 자원의 가장 효율적인 배분 원칙에 따라 판례법, 즉 커먼로 원칙을 형성하여 왔다고 주장한다.1573) 그러한 경제분석에 따르면 진보성 개념은 효율

1571) Robert P. Merges, Uncertainty and the Standard of Patentability, 7 HIGH TECH. L.J. 1. 29 (1992); Robert P. Merges, Economic Perspectives on Innovation: Commercial Success and Patent Standards, 76 CAL. L. Rev. 803 (1988).

1572) Robert P. Merges, Uncertainty and the Standard of Patentability, 7 HIGH TECH. L.J. 1. 29, 3 (1992)

1573) William M. Landes and Richard A. Posner, The Economic Structure of Tort Law, Harvard, 1987, p. 1.

적인 결과를 가져오기 위해 창안된 것이라고 할 수 있을 것이다.[1574) 따라
서 공리주의 철학에 부합하는 법원칙이라고 할 수 있다. 물론 랜디스 교수
와 포스터 판사의 법에 대한 경제학적 분석에는 많은 논쟁이 있기는 하
다.[1575) 대표적으로 같은 시카고 대학 법대 교수이었고, 현재는 뉴욕대학의

1574) John F. Duffy, Inventing Invention: A Case Study of Legal Innovation, 86 Texas
Law Review 1, 4 (2007).
The history of the nonobviousness doctrine shows that, in the very long run,
considerations of economic efficiency do put pressure on legal actors (not
only judges but legislators, commentators, attorneys and other actors in the
legal culture) to create, to adopt and to justify economically efficient
doctrines.

1575) Richard A. Epstein, The Economics of Tort Law: A Hurried and Partial Overview,
10 Kansas Journal of Law and Public Policy 60, 64 (2000).
Now, it turns out that the positive economic analysis of law says that you
people have been doing it right all along, even though you do not know a
word about the subject, for which I think the caveat is: if that is the case,
then let's say that ignorance is bliss and the less you learn about economics
the better we will all be, because after all, if we have managed to get
ourselves through the "efficient" solution with a set of ignorant judges, just
think of how we could improve ourselves if we spend the cost on your
education. We can't, right? So stand up!····.Now if you really believe in the
efficiency of the common law, what do you believe? That the majority rule
is right and the minority rule is wrong? Well then you have to explain why
thirteen courts get it wrong and thirty-seven courts get it right--or do you
believe that both courts are right and that one rule, which is appropriate in
Kansas, is completely inappropriate when you get to Nebraska, at which point
you have to start to explain why, when dealing with these particular
differences, there is something reasonably coherent in the theory which would
allow you to break the states down in that particular order. If it turned out
that the majority in one issue was the same as the majority on another issue,
and the minorities were relatively constant, then it may be that there was
some internal logic inside these jurisdictions, which would help you justify
the split. However, when it turns out the majority and minority constantly
crisscross and overlap in strange patterns, it becomes in effect, very difficult

법대 교수인 리차드 앱스타인(Richard A. Epstein) 교수는 법원이 채택하지 않은 법 원칙이 잘못되었다고 할 수 있는지? 캔사스 주 법원이 채택한 원칙을 이웃 네브라스카 법원이 채택하지 않았다면, 어떤 법원이 더 효율적인 결정을 하였다고 할 수 있을까? 자신의 처한 상황에 맞게 판결한 것을 잘못되었다고 할 수 있는지? 등에 대하여 의문을 제기한다. 즉 경제적 효율성이 아닌 법원칙의 적절성과 필요성을 고려하여 자기 상황에 맞게 판결한 것이라는 취지이다.

　진보성 개념은 상대적으로 엄격한 개념이다. 따라서 단순히 '발명의 사소한 효과'('de minimis non curat lex')라도 기존의 기술과 다르다면 그 요건이 충족되는 신규성과는 다르다. 그러한 측면에서 보면 신규성은 저작권의 창작성과 유사하다. 사소한 창작성[1576]이라도 자신이 창작한 것이면 저작권 보호를 받을 수 있다. 유치원생의 그림일기라도 저작권 보호를 받는다. 저작권의 경우 최소한의 창작성만 있으면 창작이 쉽더라도 저작권 보호가 인정된다. 그러나 창작이 쉬운 저작은 다른 저작자에 의하여 독립적으로 창작될 수 있는데, 특허와 같이 최초의 창작자에게 배타적인 권리를 부여한다면 다른 창작을 방해할 것이다. 그리하여 창작이 쉬운 만큼 권리범위도 좁게 설정한다. 기존의 저작물과 동일하다고 하더라도 독립된 창작이면 저작권을 인정받는다. 권리의 존속기간을 사후 70년으로 하더라도 타인은 동일한 저작물을 창작할 수 있으므로 타인이 누리던 기존의 자유를 제한하는 것이 아니므로 저작권은 경쟁제한적 효과가 매우 적다.

　특허의 경우에는 아이디어 자체에 대하여 배타적인 권리를 부여하기 때

---

for one to say that the system is efficient when it turns out that it unnecessarily contains certain levels of adhering, non-reducible contradictions.

1576) Feist v. Rural, 499 U.S. 340 (1991) 사건에서 말하는 최소한 창작성(minimal creation)과는 다르다. 유치원생의 그림일기라도 인명별로 전화번호를 나열한 최소한 창작성(minimal creation) 이상의 창작성은 존재한다.

문에 특허발명과 동일하거나 균등한 범위의 아이디어는 경쟁자가 개발을 할 수 없도록 한다. 강한 권리를 부여한다. 따라서 특허의 경우에는 경쟁을 제한하는 효과가 발생하는데, 만일 특허의 권리범위를 넓게 인정하거나 오랫동안 존속시킨다면 경쟁을 제한하는 역할을 한다. 제레미 벤담 등 공리주의자 입장에서 보면 특허 독점의 폐해가 발생한다. 따라서 적절하게 특허부여를 제한할 필요가 있는데, 이러한 기능을 하는 것이 진보성 기준이다.

예컨대, 진보성이 없거나 낮은 발명의 경우에는 그 발명이 개발비용이 낮거나 발명의 동기나 유인이 낮을 수 밖에 없다. 그 이유는 경쟁자들도 낮은 개발비용에 의하여 같은 발명을 할 수 있고, 경쟁시장에서 경쟁 발명의 진입장벽이 낮아지기 때문에 상대적으로 상업적 성공가능성이 낮기 때문이다. 물론 항상 상업적 성공가능성이 낮은 것은 아니지만, 빠른 시간내에 경쟁 발명이 도입될 것이다. 따라서 그러한 발명에 특허를 부여하는 것은 경쟁을 제한하는 효과로 인하여 독점이윤이 창출되어 사회적 효용은 그만큼 감소하게 된다.1577) 따라서 진보성 기준은 공리주의의 목적을 달성하는 수단으로 이용되어 왔다고 할 수 있다.

자연법과 자연권을 기초로 한 로크의 재산권 철학이 왕과 전제권력의 압제로부터 인간의 자유쟁취이었다면 전제이었다면, 공리주의나 실용주의는, 로크의 재산권 철학과 그 정도는 다르지만, 사회 전체의 행복을 통한 최대 다수의 최대 행복을 통한 인간의 자유의 쟁취 증진이었다고 할 수 있다. 로크의 개인주의적 자유주의 철학은 분명히 인간의 해방을 통한 행복의 증진

1577) David S. Olson. Taking the Utilitarian Basis for Patent Law Seriously: The Case for Restricting Patentable Subject Matter. 82 Temple Law Review 181, 187 (2009) ("There are obviously types of innovation for which research and development costs are low, and trade secrecy, head starts, lock-ins, or other sets of incentives adequately incentivize innovation. These types of innovations should not receive patent protection if we are concerned with achieving higher levels of societal welfare.").

이었다. 이는 공리주의나 실용주의 철학도 마찬가지인데, 효율성이 아닌 행복을 통한 자유의 획득이었다.[1578) 전자는 결과적인 것이고, 후자는 목적적인 것이다.[1579)

그러한 결과와 목적을 쟁취하기 위한 수단에 대하여 자연법 철학은 개인의 자유를 증진함으로써 달성하고자 하여 신이 부여한 재산권 개념을 도입하였다. 이에 반하여 공리주의에서는 개인의 이익보다는 사회 전체의 이익과 효용이라는 개념을 도입하였다. 18세기 후반부터 본격적으로 시작된 공리주의는 19세기에 절정을 이루기 시작하여 영국의 산업혁명과 함께한 공리주의는 자본주의로 연결된다.[1580)

15세기 후반의 영국의 법률가이자 정치가이면 철학자이었던 존 포테스큐는 그의 영국법 찬양에서 정치와 법이 어우러진 사회, 즉 법이 정치를 지배하는, 왕도 법에 따라야 하는 법치주의(political mixed government) 하의 영국에서 영국민은 번영을 누렸다고 주장한다.[1581) 정치적 자유와 재산권

1578) Niclas Hannerstig, The Average Consumer - legal fiction or reality?, Lund Univ. papers, p. 67; William M. Landes &. Richard A Posner, Trademark Law: An Economic Perspective, 30 (2) Journal of Law & Economics, 265-310 (1987).

1579) 공리주의나 실용주의를 결과주의 철학이라고 하는데, 이는 여기에서 목적적, 결과적이라는 의미와는 다르다. 재산권을 인정함으로서 그 결과가 사회적 효용증가라는 결과가 된다는 의미에서 로크의 재산권 철학은 결과주의라고 한 것이고, 최대다수의 최대행복이라는 결과를 추구한다는 의미에서 공리주의와 실용주의를 결과주의라고 한다.

1580) 1624년 영국의 독점법의 제정이 봉건주의로부터 자본주의의 변화라고 주장하기도 한다. Bloxam, G.A., Letters Patent for Inventions: Their Use and Misuse, The Journal of Industrial Economics Wiley & Sons, p. 157 (1957).

1581) Sir John Fortescue, COMMENDATION OF THE LAWS OF ENGLAND, THE TRANSLATION INTO ENGLISH OF "DE LAUDIBUS LEGUM ANGLIAE" BY FRANCIS GRIGOR, SWEET AND MAXWELL, LIMITED, 1917., pp. 60-61. ("[e]very inhabitant is at his liberty fully to use and enjoy whatever his farm produceth, the fruits of the earth, the increase of his flock, and the like: all the improvements he makes, whether by his own proper industry, or of those he retains

이 보장되는 사회에서 인간은 자유와 번영을 누렸다. 모든 영국민은 자신이 생산한 농작물을 이용하고 소비할 완전한 자유를 가졌다고 언급하고 있다. 포테스큐가 말하는 정치적 자유와 재산권은 그 당시에 경쟁국가이었던 프랑스 등의 유럽국가와 비교한 개념으로 현재의 정치적 자유와 재산권의 개념은 아니지만, 외국에 비교할 만큼의 자유와 재산권을 인정받았을 수 있다고 할 수 있을 것이다. 영국민의 자유와 재산취득의 토대는 영국이 유럽의 경쟁국보다 먼저 산업혁명을 이룩하는데 기반이 되었다고 할 수 있다.

자유주의적인 개념은 재산권의 확대를 가져왔다. 로크와 같은 정치철학자들은 자유의 개념에 재산을 포함시켰다. 이는 로크 이전부터 존재했던 것으로 어떤 기회의 확대, 자유의 확대는 인간의 권리의 확대의 의미를 가지고 있었다. 이러한 개념은 자유주의의 확대에 따라 그 무체재산권의 개념을 확대시켰는데, goodwill, 특허권, 영업권, 계약의 자유와 국가의 보장, 재판에 의한 권리의 보호와 집행 등 무체재산권의 개념의 확대와 보이지 않는 사회 인프라의 확대는 자본주의 발전의 토대가 되었다.

이러한 개념의 확대에는 도구주의적 공리주의가 존재한다. 예컨대 상표와 등록상표 제도는 사회적 비용의 감소를 가져왔다. 상표제도가 도입되고 그 제도가 법에 의하여 보호되고 집행이 되기 이전에는 많은 거래비용이 발생했다. 예컨대, 수요자는 자신이 구입했던 상품을 재구입하기 위해서는 그 실명의 제조자가 누구인지를 확인하여야 했지만 상표가 보호되는 사회에서는 익명의 출처를 표시하는 상표만으로 자신이 원하는 상품을 구입할 수 있었다.

혼동에 의하여 자신이 원하던 상품이 아닌 다른 가짜 상품을 구입한 경우에 수요자는 그 제조자와 판매자를 찾아 개별적으로 소송을 진행해야 했다. 그러한 경우에 법적 구제비용, 즉 거래비용은 각 수요자의 개별적인 구

---

in his service, ….")

제를 피할 수 밖에 없고, 지속적인 가짜상품의 증가가 발생할 수 밖에 없었다. 그러나 상표등록제도를 통하여 상표권의 개념이 형성된 이후, 즉 국가가 상표등록제도를 통하여 법적으로 상표를 보호하는 경우에는 상표권을 침해받은 자가 그 침해자를 상대로 권리 구제를 받을 수 있었으므로 수요자에 대한 개별적인 상사불법행위를 인정하는 것보다 훨씬 효율적인 제도를 구축할 수 있었다. 이러한 재산권으로서 상표법 제도의 구축은 산업혁명을 통한 소비사회의 기반이 될 수 있었다. 불공정경쟁법도 수요자에 대한 불법행위법에서 19세기 후반기에 산업혁명과 공리주의의 등장에 따라 상표사용자의 등의 goodwill에 대한 불법행위 법제도로 변화하여, 효율적인 법제도로 변화한다. 법제도가 산업혁명과 공리주의를 통하여 효율성을 고려하게 된 것이다.

그리하여 입증책임에 있어서도 변화를 가져온다. 불공정경쟁분야의 많은 책을 저술한 Harrig D. Nims은 "불공정경쟁은 공정한 경쟁을 하라는 운동경기장의 원칙에 관한 법에 체화된 것이다. 수세기 동안 법은 정의를 강화시켰다. 매수자부담원칙(caveat emptor)[1582)의 법언은 정의에서 발견된다. 매매에 있어서 진실을 강제하는 최신의 원칙은 공정성에서 기원한다. 그것은 매수자부담원칙과 충돌한다"고 강조하고 있다.[1583) 그는 불공정경쟁법을 산업혁명이란 새로운 문명과 대량생산과 소비시대에 맞추어 기존의 법적 패러다임을 변화시켜 공정거래라는 새로운 법원칙을 도입한 것으로 설

1582) 반대되는 원칙은 "caveat venditor"이다. "caveat venditor"는 "let the seller beware"라는 의미이고 "caveat emptor"는 "let the buyer beware"라는 의미이다.

1583) Harrig D. Nims, The Law of Unfair Competition and Trade-Marks, 25 (1929). This action of unfair competition is the embodiment in law of the rule of the playground-- "Play fair!" For generations the law has enforce justice…. The maxim caveat emptor is founded on justice; the more modern rule that compels the use of truth in selling goods is founded on fairness. It conflicts with the rule of caveat emptor.

명하고 있다.

전통적으로 법적 원칙으로 인정되어온 매수자부담원칙('caveat emptor')
은 산업혁명 이후 인류가 맞이한 대량거래라는 상거래 시대에 부합하지 않
는다. 왜냐하면, 대량생산과 소비시대에는 상표를 통한 익명의 출처로부터
의 구입이 일상화 되었기 때문이다. 특히 인터넷을 통한 비대면 상거래가
일상화 된 현대사회에서 매수자가 상품의 하자에 대한 검색의무를 부담하
는 '매수자부담원칙'은 판매자와 구매자 사이의 정보비대칭성으로 인하여
원활하게 거래를 성립시키기 어렵게 된다. 거래되는 상품정보는 매도인이
일방적으로 알리는 것이기 때문이다. 따라서 자신의 판매하는 상품에 대한
정보의 진실성은 그 정보를 게시하는 자가 부담하도록 하는 법원칙('caveat
venditor')이 바람직하다.[1584]

영업비밀과 특허권도 산업혁명과 공리주의의 영향을 받을 수 밖에 없었
다. 영업비밀로 개별적인 보호는 그 보호비용을 증가시킬 수 밖에 없었고,
그 영업비밀의 통제를 어렵게 했다. 그러나 특허제도는 일정기간 법적 독
점을 받았고, 그 독점기간동안에는 법에 의한 강제, 즉 구제를 받을 수 있
었다. 따라서 발명가의 입장에서는 자신의 스스로 보호해야 하는 원시사회
의 영업비밀보호 보다는 합의에 의하여 법적 강제력이 인정되는 시민사회
의 특허제도는 분명 매력이 있었다. 특허제도는 사회적으로 그 거래비용을
감소시키는 역할을 한다. 이러한 특허제도는 사회계약론이나 사회계약론을
바탕으로 하는 로크 류의 정치철학적 바탕을 두고 있는 제도이었다. 또한
경제적으로 효율성이 있는 제도, 즉 공리주의 철학적 바탕을 두고 있는 제
도이었다.

사회적으로 보면 영업비밀인 지식은 지식의 확산과 공유를 어렵게 하여
그 지식이 발전되기 어려웠고, 이것이 사회적으로 계승되어 발전될 수 있

1584) 부정경쟁방지법 제2조 제1호, 라, 마, 바목 참조.

지 않았다. 예컨대 영업비밀보 보호받는 코카콜라는 처음 출시된지 100년이 나왔지만 시장에는 경쟁자가 많지 않다. 콜라아이디어 침해에 대한 소송이 제기된 바 없다. 왜냐하면 영업비밀인 아이디어는 누구에게도 그 배타성을 인정하지 않기 때문에 누구든지 스스로 개발할 수 있기 때문이다. 그러나 경쟁 콜라제품이 등장하지 않았다는 것은 콜라시장이 매우 정체되어 있음을 나타낸다. 물론 시장에서 콜라제품을 대체하는 간접적으로 경쟁하는 상품이 존재한다. 그렇지만 직접경쟁하는 콜라의 종류는 매우 제한적이다.

특허제도는 그 아이디어에 대하여 일정기간 법적 독점을 주기는 했지만, 그 지식의 공개와 특허기간이 만료된 경우에는 공유지식이 되어 누구든지 자유롭게 그 지식을 바탕으로 개량된 지식을 개발할 수 있었다. 최근의 눈부신 의료, 전자공학등의 지식은 특허제도를 바탕으로 한다. 많은 의약품과 반도체 기술은 특허로 보호받는다. 많은 특허침해소송이 제기되는 것이 그 증거이다.

나아가 영업비밀의 법원리도 절대적 비밀성(absolute secrecy) 원칙에서 상대적 비밀성(relative secrecy) 원칙으로 변화한 것도 같은 맥락이다. 절대적 비밀성 원칙으로는 타인과 비밀지식과 비밀정보의 공유에 의한 협업이나 분업이 불가능했다. 가내 수공업시대의 장인(master)에 의한 지식과 정보의 독점에 의한 소량생산시대에 맞는 원칙이었다. 산업혁명을 통한 공장제도의 도입은 공장에서 일하는 노동자들과 지식, 정보의 공유가 필요했고, 이에 따라 고용인에게 비밀유지의무를 부과하여 비밀성에 대한 유지노력을 하면 영업비밀보호에 충분한 것으로 법원리가 변화했고, 그러한 법원리는 공장을 통한 대량생산 소비시대에 부합한 법원리가 되었다.

2. 자유와 재산

자본을 이루는 재산과 재산권의 인식은 자본주의의 발전 기반이 되었다. 예컨대 사회의 기반, 사회간접자본의 확충이 경제발전을 가져오듯이 권리의 보장은 경제의 확대를 가져왔다. 채권 채무가 인정이 되고 그 집행이 국가에 의하여 보장이 되는 것은 채권과 채무라는 무형의 재산의 확실성을 가져왔고, 개인간의 거래를 활성화 시켰다. 유체물 뿐만 아니라 개인간의 관계도 넓은 의미로 재산권으로 인정되고 보호되었다.

존 포테스큐(John Fortescue)의 재산권은 자유의 개념에 포함되는 것으로, 로크(Locke)나 블랙스톤(Blackstone)의 경우에도 재산권은 생명 신체에 관한 권리와 자유를 포함하는 개념이다. 블랙스톤도 시민의 자유는 절대적 권리로 인식했는데, 3가지 권리로 인식했다. 개인적인 안위에 관한 권리, 개인적 자유권 및 재산권이다.[1585] 개인주의적 재산권의 개념이 인식되던 시대에는 재산의 개념은 매우 넓었지만 점차 현재와 같이 좁은 개념으로 변화하였고, 특히 우리나라의 민법의 경우에는 독일식의 판덱텐(Pandekten) 체계하의 재산의 개념으로 변화한 것이다. 따라서 재산의 개념은 고정적인 폐쇄적 개념으로 오해하지 않아야 한다. 다양한 재산개념이 존재하고 그 중에서 일부의 개념을 우리가 따르고 있다는 개방적인 개념이라고 생각해야 한다. 민법은 재산법과 동일어가 아니다.

로크에게 재산은 재산, 자유 생명 등에 관한 권리를 포함하는 넓은 개념이었고, 프랑스 혁명시에 재산의 개념 또한 봉건적인 관계속에서 취득하는 경제적인 이익을 포함하는 개념이었다. 재산은 자유를 확보하기 위한 수단

1585) William Blackstone, Commentaries, Book I. p. 129. ("[t]he rights of the people of England. And these may be reduced to three principal or primary articles; the right of personal security, the right of personal liberty, and the right of private property."; "영국민의 권리는, 3가지로 말할 수 있다: 개인적인 안전, 개인적 자유 및 사적 재산권.")

이었고 자유는 재산권을 보호하기 위한 수단이었다. 따라서 자유와 재산은
상호 보증이 되는 권리였다. 또한 재산은 인간의 생활을 풍요롭게 하여 궁
극적인 인간의 자유를 취득하기 위해 필요한 것이었다.[1586] 칸트의 경우에
도 자유는 포괄적인 것으로 모든 권리를 포괄하는 개념(principle of the
entire order of rights)이었다.[1587]

이러한 재산의 개념과 재산을 이루는 자유의 개념은 마그나 카르타와 사
뭇 다르다. 마그나 카르타에서의 기본적인 자유는 신체의 부당한 구속으로
부터의 자유를 의미하는 것이다. 그리고 자유롭게 생활할 적극적인 자유가
있다. 그러나 궁극적인 자유의 목표는 재산권의 취득이다. 재산권은 궁극적
으로 자유를 쟁취한 결과가 되고, 재산권의 취득은 자유민임을 증명하는
것이었다.

1624년 Statute of Monopolies나 Darcy v. Allein 사건[1588], 그리고 최초의
독점규제사건으로 알려진 Davenant v. Hurdis 사건[1589]에서 자유는 경제적
자유(economic liberty)를 의미했다. 1215년 마그나 카르타에서는 경제적 자
유 개념은 명백하게 존재하지 않았다고 보인다. 마그나 카르타는

> No freeman shall be taken, or imprisoned, or be disseized of his
> freehold, or liberties, or free customs, or be outlawed or exiled, or any
> otherwise destroyed, nor will we pass upon him nor condemn him, but

---

1586) 인디언은 종획이 안되어 소유가 없었기 때문에 가난하다. (John Locke, Second
Treatise of Government §26. The Fruit, or Venison which nourishes the wild Indian,
who knows no Inclosure, and is still a Tenant in common, must be his, and so
his, i.e. a part of him, that another can no longer have any right to it, before it
can do him any good for the support of his Life.)

1587) Heiner Bielefeldt, Symbolic Representation in Kant's Practical Philosophy,
Cambridge Univ. Press, 2003, p. 104.

1588) Darcy v Allein, (1602) 77 ER 1260.

1589) Davenant v. Hurdis, 72 Eng. Rep. 769 (K.B.. 1598).

by lawful judgment of his peers or by the law of the land.[1590]

[번역]

　그들 동료에 의하거나 이땅의 법에 의하여 합법적인 재판에 의해서
가 아니면 어떤 자유민도 체포되고, 또는 구속되고, 또는 그의 소유물
이 압수되고, 또는 자유, 또는 관세자유, 또는 위법하게 또는 추방되거
나 또는 달리 파괴되거나 또는 선고되거나 비난받지 않는다.

라고 규정하고 있다. 현재의 의미에서 자유는 마그나 카르타에서는 체포
및 구금으로부터의 자유나 재산을 함부로 압류당하지 않을 것("No freeman
shall be taken, or imprisoned, or be disseized of his freehold,….")을 의미하
는 것이다. 마그나 카르타에서 명시적으로 언급하는 "liberties"라는 단어의
의미는 특권(privilege)을 의미한다. 즉 왕으로부터 특권을 받았으므로 그
특권의 내용만큼 자유를 취득한 것이다. 간단히 말하면 특권에 의하여 취
득한 독점(monopoly)은 자유(liberties)를 의미하고 궁극적으로 개인의 영업
의 자유와 재산을 보호하기 재산권을 의미한다고 할 수 있다.

　윌리엄 블랙스톤은 로크의 재산권 개념을 구체화 하였다고 할 수 있다.
블랙스톤은 '허가는 왕의 자유재량에 의해 부여받는 특권이거나 은전의 일
부이다'('Franchises are a royal privilege, or branch of the king's prerogative,
subsisting in the hands of a subject….')라고 언급하여, 특허등의 권리는 특
별하게 부여된 것이지만, 다음과 같이 인간은 신이 부여한 생래적인 권리
가 있다고 언급했다:

　　This natural liberty consists properly in a power of acting as one
　　thinks fit, without any restraint or control, unless by the law of nature;
　　being a right inherent in us by birth, and one of the gifts of God to man

---

1590) Magna Carta, § 29.

at his creation, when he endued him with the faculty of free will. But every man, when he enters into society, gives up a part of his natural liberty, as the price of so valuable a purchase; and, in consideration of receiving the advantages of mutual commerce, obligos himself to conform to those laws, which the community has thought proper to establish.[1591]

[본문]

자연법에 의하지 않고, 어떤 제한이나 통제없는 자연적 자유는 자신 스스로 생각하여 판단하여 행동할 수 있는 권력이다; 이는 태어나면서 부터 우리가 가지는 생래적인 권리이고, 신이 인간에게 자유의지를 부여한 때 그의 권한으로 인간에게 부여한 선물이다. 그러나 모든 사람이 사회를 구성할 때, 그 사회가 적절하다고 확립한 법을 준수하기 위한 의무로, 상호 거래로부터 얻는 이익에 대한 대가로, 구입에 대한 대가로, 자신의 자유의 일부를 포기한다.

영국 의회가 자주 선언하는 영국민의 절대적 권리 또는 시민의 자유는 세 가지인데, 첫째는 개인의 안전으로 소극적 자유, 두 번째는 개인의 적극적 자유 및 세 번째는 사적 재산권이라고 하여, 세가지 자유를 언급하고 있다. 마그나 카르타에서 언급하는 두가지 자유보다는 확장된 개념인데, 블랙스톤이 언급하는 두 번째와 세 번째는 마그나 카르타에서 두 번째로 언급하는 'liberties'와 유사한 개념이라고 할 수 있다.

나아가 블랙스톤은 자연적 자유(natural liberty)는 i) 자연법에 의한 제한이 아닌 한 어떤 제한이나 통제가 없이 자신이 생각하는 대로 행동할 자유, ii) 인간이기 때문에 선천적으로 가지는 권리 및 iii) 인간이 자유의지에 의하여 창조한 것에 대하여 가지는 신이 부여한 권리라고 설명하고 있다. 이

1591) William Blackstone, Commentaries, Book I. Lund Univ. papers, p. 125.

러한 블랙스톤의 절대적 권리 내지 시민의 권리개념은 로크의 재산권 개념
과 다르지 않다.

 역사적으로 재산권과 자유권의 형성과정을 살펴보면 재산의 개념은 부
당한 구속으로부터 신체의 자유, 즉 i) 외부의 폭력으로 부터의 부당하게
자유의 박탈이나 재산의 몰수를 당하지 않을 소극적인 자유와 ii) 적극적으
로 자신이 자유롭게 생활할 자유, 그리고 iii) 특정한 분야에서 자신만이 경
제적 이득을 취할 활동을 자유롭게 할 자유(특권, 특허)를 의미하는 것으로
보아야 할 것이다.

 자본주의 형성과정에서 특허 등을 포함한 지식재산권으로 불리는 자산
은 유체물과 같이 교환적 거래를 형성하게 하여 효율성을 강화했다는 점에
서 자본주의 형성과 발전에 많은 영향을 끼쳤다고 할 수 있다. 특히 산업혁
명이후 자본주의가 형성되던 19세기에 공리주의적 도구주의는 법적 도구
개념을 발전시켰다. 예컨대 goodwill, 상표 등록주의는 도구적 개념이라고
할 수 있다. goodwill 개념은 결국 표지를 재산화 한 것으로서 재산권을 형
성시켰고, 재산권이라는 법적 도구는 배타적 지배와 보호, 그리고 양도를
가능케 하여 goodwill 형성을 도와 준 것이라고 할 수 있다. 그리하여 공리
주의에서 상표법은 법적 허구(legal fiction)라고 한다.1592) 같은 관점에서
특허제도도 영업비밀인 지식과 정보를 공유하여 사회적 가치를 향상시키
고, 독점을 부여함으로써 발명활동을 장려하기 위한 보상이나 유인책으로
볼 수 있다. 공리주의의 영향으로 특허, 상표 영업비밀 등 상거래에 관한
법제도가 효율성을 고려하여 변화하였지만, 그 근본에는 개인의 자유를 중
시하는 자유주의 철학이 존재함을 잊지 말아야 한다. 경쟁은 자유가 보장
되고 자유를 바탕으로 하는 사회에서 발생한다.

1592) Niclas Hannerstig, The Average Consumer - legal fiction or reality? p. 67.

3. 사회계약설

사회계약설은 정치적 자유를 획득하기 위한 도구적 개념으로 이용되었다. 자연법과 자연권을 주장하는 정치철학자들은 사회계약설을 주장하였지만, 사회계약설에서 그리는 사회는 공리주의의 기본적 개념을 담고 있다. 효율적 사회이다. 즉 사회계약설은 효율성을 바탕으로 한다는 점에서 공리주의 철학의 바탕이 되고, 공리주의 철학은 태생적으로 사회계약설을 바탕으로 할 수 밖에 없다.[1593)

나아가 윌리엄 블랙스톤은 정치철학인 사회계약설을 바탕으로, 법이론을 구성하고 있다. 이는 로크의 철학을 계승한 그의 법사상도 공리주의 철학의 토대가 되고 있다는 것을 의미한다. 예컨대, 윌리엄 블랙스톤도 그와 같은 효율적인 사회를 언급했는데,

> But every man, when he enters into society, gives up a part of his natural liberty, as the price of so valuable a purchase; and, in consideration of receiving the advantages of mutual commerce, obliges himself to conform to those laws, which the community has thought proper to establish. And this species of legal obedience and conformity is infinitely more desirable than that wild and savage liberty which is sacrificed to obtain it. For no man that considers a moment would wish to retain the absolute and uncontrolled power of doing whatever he pleases: the consequence of which is, that every other man would also have the same power, and then there would be no security to individuals in any of the enjoyments of life. Political, therefore, or civil liberty, which is that of a member of society, is no other than natural liberty

---

1593) Hearnshaw, F. J. C. (Fossey John Cobb), The Social & Political Ideas of Some English Thinkers of the Augustan Age, A.D. 1650-1750, 1928, pp. 80-81.

so far restrained by human laws (and no farther) as is necessary and expedient for the general advantage of the public.(c) Hence we may collect that the law, which restrains a man from doing *mischief to his fellow citizens, though it diminishes the natural, increases the civil liberty of mankind; but that every wanton and causeless restraint of the will of the subject, whether practised by a monarch, a nobility, or a popular assembly, is a degree of tyranny: nay, that even laws themselves, whether made with or without our consent, if they regulate and constrain our conduct in matters of mere indifference, without any good end in view, are regulations destructive of liberty:[1594)]

[번역]

그러나 모든 사람은, 그가 사회를 구성할 때, 가치있는 구입부분을 대가로 자신의 자연적 자유의 일부를 포기하는 것이다; 그리고 상호 상거래의 이익을 받는 것을 대가로, 사회가 적절하다고 생각하는 그와 같은 법에 그가 동의할 의무가 있다. 그리고 이러한 종류의 법적 복종 와 순응은 많은 희생을 통해 얻은 야만적이고 미개한 자유보다 더 무한하게 요구된다. [절대적 권리를 통제할 수 없어, 개인의 안전을 보장할 수 없으므로] 다른 모든 사람도 동일한 권한을 가질 수 있으므로 자신의 삶을 즐길 수 있는 사람에 대한 안전은 존재할 수 없어 자기가 원하는 무엇이든 이를 행할 수 있는 절대적이고 통제없는 권한을 갖기를 바라는 사람은 없다. 따라서 정치적이거나 개인적 자유는 사회구성원의 것이기는 하지만 공공의 일반적 이익을 위해 필요하고 방책으로서 인간의 법에 의하여 제한되어야 하는 자연적 자유 이상의 것은 아니다. 따라서 우리는 자신이 동료 시민에게 나쁜 짓을 금하는 법, 물론 그 법은 인간의 자연적 자유를 제한하고 시민의 자유를 증가시키기는 하지만 군주, 귀족 또는 의회에 의하여 행해지든 피통치자의 자유에

1594) William Blackstone, Commentaries, Book I. pp. 125-126.

대한 고의적이거나 우발적인 제한은 일정한 폭정(暴政)이다: 아니, 법
자체, 동의에 의하건 그렇지 않건 간에, 만일 법이 인간의 단순한 어떤
다름을 이유로 우리의 행위를 제한하거나 통제한다면 자유를 파괴하
는 통제이다.

라고 하여, 사회는 인간의 자연적 자유를 포기하고 시민법(실정법)에 의하
여 지배하기로 한 약속에 지배된다고 한다. 즉 사회계약설을 주장한 것이
다. 그러한 사회에서는 군주나 귀족 또는 의회도 그 시민을 통제하지 못한
다. 그와 같은 사회계약은 '공공의 일반적 이익'(the general advantage of
the public)을 위해 필요하고 이에 자연적 자유의 일부를 제한한 것이다.
'공공의 일반적 이익'(the general advantage of the public)은 공리주의에서
말하는 최대다수의 최대행복과 크게 다를 것이 없다고 판단된다. 그러한
공공의 일반적 이익은 특허제도의 도덕적 윤리적 기준이 된다.

제2절 특허제도와 경제발전

1. 서론

경제학적으로 특허와 같이 독점을 부여하는 지적재산제도는 경쟁을 제
한하는 것이므로 경제적 효율성을 저해하는 제도이었다. 따라서 경제학자
이었던 공리주의자 존 스튜어트 밀은 경쟁을 제한하는 특허제도를 매우 혐
오했다. 그러나 새로운 발명에 대한 유인이 필요했으므로 한정된 기간 독
점을 부여하는 특허제도는 필요악으로 인정했다.

특허제도는 자본의 투자를 촉진하기 위한 제도이므로 결국 특허제도는

봉건제도를 자본주의로 변화시키는 시작점이라고 한다.[1595] 일찍이 영국은
국가의 특허제도의 정비를 통해 새로운 기술을 보호하여 산업발전의 기반
을 마련했다. 1215년 마그나 카르타 이래 형성된 영국의 분산된 권력구조
는 특허제도의 개혁을 통해 새로운 기술을 수입하고 발명을 촉진하는 근대
적인 특허법을 제정했다.[1596] 국가제도의 정비는 사회를 효율적인 제도로
가져온다는 것은 잘 알려져 있다. 영국도 1688년 명예혁명이후 1689년 권
리장전을 제정하는 등 인권보호를 위한 국가제도의 정비를 통하여 산업혁
명을 이루어냈다.[1597]

　1993년 노벨경제학상 수상자인 미국 세인트 루이스(St. Louis) 소재 워싱
턴 대학(Washington Univ.)의 더글래스 노스(Douglass C. North) 교수는
1688년 영국의 명예혁명이야말로 자본주의로의 전환점이 되었다고 평가한
다.[1598] 더글래스 노스 교수와 공저자인 스탠퍼드 대학 후버연구소의 배리
웨인개스트(Barry R. Weingast) 연구원은 협력시장과 원칙의 구속 그리고

1595) G.A. Bloxam, Letters Patent for Inventions: Their Use and Misuse, The Journal of
　　　Industrial Economics, Wiley & Sons, 1957, p. 157.

1596) Douglass C. North, & Barry R. Weingast, Constitutions and Commitment: The
　　　Evolution of Institutions Governing Public Choice in Seventeenth-century England,
　　　1989 The Journal of Economic History, Vol. 49, No. 4, 1989, p. 804. ("To explain
　　　the changes following the Glorious Revolution we first characterize the problem that
　　　the designers of the new institutions sought to solve, namely, control over the
　　　exercise of arbitrary and confiscatory power by the Crown.").

1597) Ron Harris, Government and the Economy, 1688-1850 in The Cambridge Economic
　　　History of Modern Britain Edited by Roderick Floud and Paul Johnson, Cambridge
　　　Univ. Press, 2008, p. 205; Dr. Mariano Zukerfeld, On the Link Between the English
　　　Patent System and the Industrial Revolution: Economic, Legal, and Sociological
　　　issues en Intersect, the Stanford Journal of Science Technology and Society, Vol
　　　8, no 1. p. 3.

1598) Douglass C. North & Barry R. Weingast, Constitutions and Commitment: The
　　　Evolution of Institutions Governing Public Choice in Seventeenth-Century England,
　　　The Journal of Economic History, Vol. 49, No. 4, 1989, pp. 803-832.

이를 준수할 수 있는 주체가 자본주의가 번성할 수 있는 요소라고 판단하였다.[1599] 명예혁명을 통하여 영국은 경제주의의 협력과 원칙의 준수가 확립되었고, 자유로운 자본시장은 산업혁명을 촉진시켰다고 주장했다. 그들의 주장은 법원칙이 정립되고 그 원칙의 준수는 사회적 효율성을 증진시킨다는 주장과 같다. 경제학의 게임이론과 같이 기술경쟁에 있어서 준칙의 완비와 준수가 공정한 경쟁을 촉진하기 때문이다. 반대로 공정한 경쟁을 하도록 하는 법원칙의 정립이 경제발전에 선행되는 사회경제적 요소라고 할 수 있다.

2. 특허와 사회적 후생

앞서 본 재산권 제도, 특히 로크의 재산권 철학은 사회적 후생을 증가시키고, 사회적 후생 증가를 위해 법제도가 구성되었음을 파레토 최적(Pareto Optimal) 분석을 통해 논증하였다.[1600] 특허제도도 로크의 재산권 철학을

1599) Id.

> We attempt to explain the evolution of political institutions in seventeenth-century England, focusing on the fundamental institutions of representative government emerging out of the Glorious Revolution of 1688-a Parliament with a central role alongside the Crown and a judiciary independent of the Crown. In the early seventeenth century fiscal needs led to increased levels of "arbitrary" government, that is, to expropriation of wealth through redefinition of rights in the sovereign's favor. This led, ultimately, to civil war. Several failed experiments with alternative political institutions in turn ushered in the restoration of the monarchy in 1660. This too failed, resulting in the Glorious Revolution of 1688 and its fundamental redesign of the fiscal and governmental institutions.

Id., 804.

1600) 본 서 제4장 제3절 1. 나. "파레토 최적(Pareto Optimality), 파레토 개선(Pareto

바탕으로 공리주의적 타당성을 통해 현재까지 발전해왔다.

후생경제학의 창시자인 아서 세실 피구(Arthur C. Pigou, 1877-1959)는

The patent laws aim, in effect, at bringing marginal private net product and marginal social net product more closely together. By offering the prospect of reward for certain types of invention they do not, indeed, appreciably stimulate inventive activity, which is for the most part, spontaneous, but they do direct it into channels of general usefulness.[1601]

[번역]

결과적으로, 특허법의 목적은 한계 사적 순 상품과 한계 사회적 순 상품을 좀더 일치시키는데 있다. 사실 발명활동을 자극하지 못하는 특정한 형태의 발명에 대한 보상에 대한 기대를 제공하는 것이다. 발명활동을 자극하는 것이 대부분이지만 일반적 효용의 경로에 직접 겨냥한 것이다.

라고 하여 특허에서 발생하는 사회경제적 후생효과를 고려하도록 하고 있다. 그에 따르면, 특허법은 사적 한계편익과 사회적 한계편익이 일치하는 균형점을 상정하여 발명을 보호할 필요가 있다. 왜냐하면 발명을 보호하는 제도가 없다면, 발명을 함으로서 얻는 개인적 이익이 그 발명으로 인하여 사회가 얻는 이익에 못미치기 때문에 국가가 개입을 하지 않으면 개인은 발명을 하는 대신 타인이 발명을 하여주기를 기다리기 때문에 발명이 이뤄지지 않는 것이다.[1602] 자신이 비용과 노력을 들여 발명을 하는 것보다

Improvement) 및 칼도-힉스 개선(Kaldor-Hicks Improvement)" 참조.

1601) Arthur Cecil Pigou, The Economics of Welfare: with a new introduction by Nahid Aslangeigui, Rutgers Univ. Press, 2002, p. 185.

1602) 무임승차에 대하여는 본인의 저술, 영업비밀 보호법의 철학적·규범적 토대와 현대적 적용, (경인문화사, 2022) pp. 308-312, "다. 법경제학적 분석:죄수의 딜레마 (Prisoner's Dilemma)" 참조

타인이 발명을 하는 것에 무임승차를 하는 것이 더 이익이 발생하기 때문이다.

이와 같은 피구의 후생경제학적 분석에는 제레미 벤담(Jeremy Bentham)의 주장이 뒷받침이 되고 있다. 제레미 벤담은 직접 기술을 발명하는 비용보다 모방(imitation)하는 비용이 적기 때문에 보상(reward)이 없으면 기술개발이 이뤄지지 않을 것이라고 주장했다.1603) 피구의 주장도 벤담의 주장과 근본적으로 다를 것이 없으나 사회적 후생을 강조한 면이 있다. 또한 미국 연방대법원은

> [p]atent law reflects 'a careful balance between the need to promote innovation through patent protection, and the importance of facilitating the 'imitation and refinement through imitation.'1604)
>
> [번역]
> 특허법은 특허를 통한 혁신을 증진시키기 위한 필요와 모방을 통한 개선 및 모방을 장려하는 중요성 사이에 매우 미묘한 균형을 반영한다.

고 하여 그와 같은 입장을 지지하고 있다.

이러한 경우에는 국가의 개입이 필요하다. 국가가 개입하는 것은 두가지 방법인데 하나는 보조금, 즉 그 성공이 불확실한 장래의 연구를 위해 연구

1603) 이는 동기설 또는 장려설의 입장인데, 벤담은 다음과 같이 그와 같은 입장을 표명했다:

> With respect to a great number of inventions in the arts, an exclusive privilege is absolutely necessary, in order that what is sown may be reaped. In new inventions, protection against imitators is not less necessary than in established manufactures protection against thieves. He
> who has no hope that he shall reap, will not take the trouble to sow.

Jeremy Bentham, A Manual of Political Economy, 1st ed. p. 71.

1604) Halo Elecs., Inc. v. Pulse Elecs., Inc., 579 U.S. 93 (2016).

비나 과거의 성공한 연구에 대하여 후속적으로 지급하는 연구장려금과 같은 개별적 장려제도가 있고, 다른 하나는 특허제도와 같은 일반적 장려제도이다. 이와 같은 제도는 과학기술 개발에 있어 시장의 실패를 보완하는 제도이다.

피구는 발명에 대하여 개별적으로 어떤 보상(연구비, 연구장려비)을 제공하는 것은 발명활동을 현저하게 장려하지는 못하므로 일반적으로 유용한 제도, 즉 특허로 기술개발을 장려하는 것이 타당하다고 한다. 그리고 이러한 발명에 대한 특허와 같은 제도로 연구개발활동을 장려할 수 없는 분야에 대하여는 보조금을 지급하는 것이 바람직하다. 예컨대, 기초과학기술연구에 국가가 연구비를 지급하는 것이다. 왜냐하면 실용기술이나 응용기술이 아닌 기초과학이나 기술은 발명으로 인정받지 못하기 때문에 특허를 취득할 수 없기 때문이다. 이러한 국가연구비는 피구보조금(Pigouvian Subsidy)이라고 한다.

3. 시장의 실패와 특허의 역할: 정부의 사다리 걷어차기와 정부의 사다리 놓기

앞서 언급한 바와 같이 시장의 실패에 정부와 국가가 개입하는 방법은 보조금의 지급을 통한 연구개발의 장려와 특허제도를 통한 기술개발의 촉진과 보호이다. 우리나라에서도 전자와 후자의 예를 많이 찾아 볼 수 있다.

영국 캠브리지대학의 장하준 교수는 특허제도가 선진국의 사다리 걷어차기라고 특허제도를 비난하고 있다. 기술선진국은 자신들의 기술의 우월적 지위를 유지하기 위해 특허제도라는 기술독점 제도를 만들고 특허독점을 통해 특허블럭(patent block)과 기술블럭(technology block)를 만들어 기술 후진국의 기술개발을 막는다고 한 것이다. 그리하여 그는 그와 같은 선진국의 행동을 이층으로 올라간 후에 다른 사람이 못올라오도록 하는 사다리 걷어차기(kicking ladder)로 표현한다. 그러나 특허제도는 때에 따라 정부와 국가의 사다리 놓기(laddering)의 역할도 한다. 전통적으로 그와 같은 역할을 한 것이 개량발명이다.[1605]

우리 대법원은 화학발명에 있어 촉매의 역할에 대하여 1980년대까지는 촉매를 부가한 발명은 별개의 발명이라고 하여 기술 후진국인 우리 기업의 독자적인 기술개발을 촉진한 사례가 존재한다. 필자는 이를 특허제도가 사다리 놓기(laddering) 역할을 한 것으로 평가하고자 한다.

촉매는 화학 반응과정에서 소모되거나 변화되지 않으면서 반응속도를 빠르거나 느리게 변화시키는 물질이다. 기존 반응 경로와 다른 형태의 전이상태를 형성하여 반응이 일어나는 데 필요한 활성화 에너지를 변화시켜 반응속도를 변화시키는 것이 촉매의 역할이다.

선행발명에 촉매를 부가하고 이로 인하여 수율의 상승 등 현저한 효과를 가져오는 경우에는 선행발명과 다른 것이 없는 발명인지 또는 진보성을 인정할 수 있는 발명인지에 대한 평가를 할 수 있다. 촉매를 사용하더라도 일반적으로 기존의 선행발명을 이용하는 발명은 이용관계로 인해 새로운 발명으로 인정되더라도 특허법 제98조 및 제138조가 적용된다.

대법원은

　　화학물질의 제조과정에 있어서 촉매를 사용하는 것과 사용하지 않는 것은 그 기술사상을 현저히 달리하는 것이므로, <u>촉매사용에 대한 언급이 없는 특허제조방법과 촉매를 사용하여 행하는 제조방법은 비록 출발물질과 생성물질이 같다고 하더라도, 후자의 촉매사용이 작용효과상의 우월성을 얻기 위한 것이 아니라 무가치한 공정을 부가한 것</u>

[1605] 물론 이러한 특허 블록은 국제적으로만 발생하는 것이 아니라 경쟁사회에서 많이 발생한다. 제임스 와트의 압축증기관에서도 같은 문제가 발생했다.

에 지나지 않는다고 인정되는 경우를 제외하고는, 서로 다른 방법이라
할 것이며, 따라서 후자의 방법은 전자 특허의 권리범위의 영역 밖에
있는 것이라 하지 아니할 수 없고, 또 가사 촉매의 사용이 특허출원 당
시 이미 공지된 것이어서 그 기술분야에 종사하는 자라면 용이하게 예
측할 수 있는 것이었다 하더라도, 특허청구의 범위나 상세한 설명에
그 촉매의 사용에 관한 언급이 없었던 이상, 그 특허가 촉매의 사용을
당연한 전제로 하고 있었던 것이라고 할 수도 없다.[1606]

라고 판시하여 촉매사용을 하면, 그 촉매사용이 예측할 수 있었던 것이어
도 기술사상이 다른 것이므로 별개의 발명이라고 하여 특허를 부여할 수
있도록 했다. 지금으로서는 상상을 할 수 없는 판결이다.

─────────────

[1606] 대법원 1985. 4. 9. 선고 83후85 판결. 그와 같은 법리는 1991. 11. 12. 선고 대법원
90후1451 판결에서도 지속된다:
> 그렇다면 원심으로서는 (가)호 발명에서의 수율이 심판청구인이 주장하는 바
> 와 같이 이 사건 특허에 비하여 월등히 높은지의 여부에 관하여 더 심리하였
> 어야 함에도 불구하고 이 점에 관하여 아무런 심리없이 위와 같이 (가)호 발
> 명에 의한 수율이 이 사건 발명에 의한 수율보다 현저히 높다고 인정하여 그
> 작용효과에 현저한 차이가 있다고 판단한 것은 증거 없이 사실을 인정하였거
> 나 심리를 다하지 아니함으로써 심결결과에 영향을 미쳤다고 할 것이므로 이
> 점을 지적하는 논지는 이유있다.

위 판결은 작용효과상의 우월성에 대한 입증책임을 언급하고 "…청구인이 주장하
는 바와 같이…"라고 판시하여 촉매를 사용하는 자가 그와 같은 결과를 입증하여
야 한다는 취지로 보이고, 여전히 기존의 법리를 유지하고 있다고 할 수 있다. 나
아가 대법원 1991. 11. 26. 선고 90후1499 판결은:
> 방법의 발명, 특히 화학물질의 제법에 관한 발명에 있어서는 기계, 장치 등의
> 발명과 달라서 중간물질이나 촉매 등 어느 물질의 부가가 상호의 반응을 주
> 목적으로 하는 경우가 많아 과정의 일시점을 잡아 선행방법에서 사용하는 물
> 질이 상호반응 후에도 그대로의 형태로 존재하는 것을 입증하기가 극히 곤란
> 하여 기계, 장치 등에 관한 발명에 적용될 위 법리를 제법발명에 적용할 수는
> 없는 것이다.

라고 하여 촉매사용발명과 비사용발명은 이용관계가 아닌 전혀 다른 발명이라는 취
지로 판시하였다.

우리 대법원은 1990년대 초반까지만 해도 촉매를 부가한 발명은 선행발명과 별개의 새로운 발명으로서, 진보성을 인정하고 이용관계가 성립되는 것으로 보질 않았다. 그리하여 기존의 선행발명의 침해가 인정되지 않는 발명이므로 독자적으로 특허를 출원하여 보호받을 수 있었다. 그 뿐만 아니라 촉매사용이 공지되었다고 하더라도 인용발명의 상세한 설명에 촉매사용 언급이 없었다면, 상이한 발명으로 보았다. 물론 기존발명에 촉매를 부가하더라도 현저한 효과가 없다면 진보성을 부인하므로 특허를 받을 수 없는 발명이었다.

그러나 1990년대 후반 이후, 2000년대가 되자에 대법원의 관점 변화가 있었다. 대법원은 기존의 선행발명에 촉매를 부가하여 수율의 상승 등 현저한 효과를 가져오더라도 특허법 제98조의 이용관계 인정하였다. 그리하여 선행발명이 특허발명인 경우에는 특허법 제98조에 의거하여 그로부터 승낙을 받아야 그 촉매가 부가된 발명을 실시할 수 있게 되었다.

대법원은 심판청구인이 중간체를 얻는 과정에서 사용된 알루미늄클로라이드(AlCl3)가 출발물질의 C-3 위치의 보호기로 사용된 것이 아니라 촉매로 작용하는 것이라고 주장하였는데, 대법원은 촉매가 아니라 보호기로 작용한 것이라고 판시하면서:

> 이와 같이 양 발명의 출발물질과 목적물질이 동일하고 그 기술적 구성도 중간체의 구성을 부가하였다는 점 외에는 차이가 없다면, 양 발명이 상이하다고 하기 위해서는 위 중간체 형성의 부가공정에 의한 작용효과 상의 우월성이 입증되어야 한다.
>
> ….
>
> 출발물질에 알루미늄클로라이드 등을 반응시켜 중간체를 제조하는 방법과 중간체를 출발물질로 하여 피페라진을 반응시켜 사이프로플루옥사신을 제조하는 방법이 각각 특허(특허번호 제104302호 및 제110783호)를 받은 사실이 인정되나, 이러한 제조방법들이 특허를 받았

다 하여 이와 동일하지 아니한 (가)호 발명이 이 사건 특허발명과 상이
하여 이 사건 특허발명의 권리범위에 속하지 아니한다고 볼 수 없다.
   ….
   (가)호 발명이 출발물질에 알루미늄클로라이드를 반응시켜 중간체
를 거치는 구성을 부가한 차이가 있기는 하지만, 이 부가공정은 이 사
건 양 발명이 속하는 기술분야에서 통상의 지식을 가진 자라면 주지된
관용기술에 의하여 용이하게 부가시킬 수 있는 공정에 불과하다.[1607]

라고 판시했다. 촉매가 아닌 보호기라고 하면서도 촉매법리 도입했는데, 부
가공정의 부가만으로는 진보성이 인정되지 않는다고 판시했다. 사실 본 사
례는 우회발명으로 생각되고 촉매로 인정될 수 있는지는 불명확하다. 본
사건 판결은 촉매의 개념에 부합하는지 판시하지는 않은 것으로 판단된다.
나아가 촉매를 부가하더라도 효과의 현저한 상승이 없고, 당업자로서의 용
이하게 구성을 할 수 있는 구성이라고 하면, 우회발명으로 침해를 인정하
게 된다. 우회발명은 이용발명과 별개의 발명으로 제98조 및 제138조의 적
용이 없다고 할 수 있다.
   2001년 판결에 따라 촉매에 관한 기존의 법리에 완전환 변화가 발생했
다. 대법원은

   화학반응에서 촉매라 함은 반응에 관여하여 반응속도 내지 수율 등
   에 영향을 줄 뿐 반응 후에는 그대로 남아 있고 목적물질의 화학적 구
   조에는 기여를 하지 아니하는 것임을 고려하면, 화학물질 제조방법의
   발명에서 촉매를 부가함에 의하여 그 제조방법 발명의 기술적 구성의
   일체성, 즉 출발물질에 반응물질을 가하여 특정한 목적물질을 생성하
   는 일련의 유기적 결합관계의 일체성이 상실된다고 볼 수는 없으므로,

1607) 대법원 2000. 7. 4. 선고 97후2194 판결.

> 촉매의 부가로 인하여 그 수율에 현저한 상승을 가져오는 경우라 하더
> 라도, 달리 특별한 사정이 없는 한 선행 특허발명의 기술적 요지를 그
> 대로 포함하는 이용발명에 해당한다고 봄이 상당하다. 따라서, 이에
> 반하는 원심의 판단은 위법하고, 상고이유 중 이 점을 지적하는 부분
> 은 이유 있다.1608)

라고 하여 현저한 효과를 가져온다면 이용발명이 아닌 별개의 발명이라고
보던 기존의 입장을 변경하여 이용발명으로 인정했다. 그리하여 해당 사건
에서는 "PSI와 (가)호 발명의 제2 단계 반응에서의 출발물질인 피리디늄
어닥트는 그것이 서로 치환되더라도 과제의 해결원리가 동일하고, 기술적
목적과 작용효과가 실질적으로 동일하다고 볼 여지가 없지 않다."고 하여
이용발명도 인정하지 않을 수 있다고 판시했다.

　물론 위와 같은 판결에는 기본적으로 청구범위해석에 관한 중심한정주
의와 주변한정주의의 차이가 있다. 1980년대에는 우리나라는 중심한정주의
에서 주변한정주의로 변화했으므로 중심한정주의하에서 특허를 등록한 경
우에는 중심한정주의 해석원칙에 의해 '기술사상'을 중심으로 해석할 수
밖에 없다. 그렇지만 기본적으로 중심한정주의나 주변한정주의의 해석원칙
과는 관련없이 특허권의 해석에 관한 정책적 고려가 존재하는 것이라고 할
수 있다. 즉 우리산업이 낙후되어 유치산업을 보호할 필요가 있었을 때는
촉매사용을 하여서라도 외국의 특허를 회피할 수 있도록 하였다면, 2000년
대 이후에는 우리 산업의 기술경쟁력이 확보되자 촉매사용만으로는 새로
운 특허발명으로 인정하지 않아, 독자적인 기술개발에 투자하도록 유도한
것으로 볼 수 있다. 특허제도가 산업발전이라는 전통적인 특허정책수단으
로, 즉 사다리 놓기로 이용된 것이다.

1608) 대법원 2001. 8. 21. 선고 98후522 판결.

제3절 산업발전과 특허제도

1. 서론

16세기는 중상주의가 경제이념이 되었다. 그리하여 경제활동의 자유가 필요했다. 아동이나 부녀자의 노동이 문제가 된 것이 아니라 아동과 부녀자를 포함하여 모든 시민이 생활에 필요한 물자를 좋은 품질과 합리적인 가격으로 취득하는 것이 문제되었다.[1609] 이것이 중상주의 시대의 철학이었다.

13세기부터 나타나기 시작한 인클로저 운동은 소규모의 토지를 대규모의 목초지로 변경시켜 농민들은 자신의 일자리를 잃게되는 상황이 되었다. 초기 인클로저 운동은 양치기 목적으로 목초지 확보를 위한 것이었다고 할 수 있다. 이에 일자리를 잃은 농민과 그 가족은 도시에 몰리게 되었고, 영국정부는 그들의 노동력을 확보할 정당성을 중상주의에서 찾았다. 보통 인클로저 운동은 영국의 경제발전을 조건이 되었다고 평가한다.[1610] 나아가 특허제도도 영국이 산업혁명을 이룩할 수 있었던 바탕이 되었다고 평가한다.[1611]

영국의 튜터왕조(1485년-1603년)와 스튜어트 왕조(1603년-1714년)는 그

1609) W. Cunningham, The Growth of English Industry and Commerce in Modern Times, Cambridge Univ. Press, 1903, vol. 2. pp. 16-17.

1610) John N. Adams, History of the patent system in "Research Handbook on Patent Law and Theory" edited by Toshiko Takenaka, Elgar, 2019, p. 3.

1611) Id. Dirk van Zijl Smit, The Social Creation of a Legal Reality: A Study of the Emergence and Acceptance of the British Patent System as a Legal Instrument for the Control of New Technology, thesis, Univ. of Edinburgh, 1981, pp. 72-74 (영국의 1624년 독점법 제6조의 신규성 개념인 "first and true inventor and inventors"는 거시적 관점에서 외국 기술을 도입하여 산업을 부흥하려는 중상주의 정책을 반영한 것이라고 한다.).

와 같은 산업발전과 시민 개인의 삶의 개선을 시도했다. 특허를 통해서 고용을 늘려 가난한 사람에게 일자리를 만들어 주려는 시도의 일환도 있었고 쇠락한 도시를 부흥하려는 의도도 있었다.1612) 그와 같은 시도의 일부는 성공했다. 일상의 필수품의 공급이 늘어났고, 품질도 개선이 되었다. 외국으로부터 수입되는 경우보다 더 낮은 가격으로 공급이 되기도 했다. 특히 선원과 광부의 일자리는 증가되었고 수출도 증가되었다.1613) 그러나 그와 같은 두가지 목적을 달성하기 쉽지 않았다.

특허제도는 외국의 기술을 도입하여 영국내의 산업 발전을 위한 수단으로 사용되었다. 그리하여 영국에는 새로운 기술이 도입되었고, 이것이 산업혁명의 기반이 되었다고 평가되고 있다.

다만 영국의 특허모델이 항상 경제발전에 도움이 되는 것은 아니었다. 18세기 영국의 특허비용은 매우 고비용이었다. 미국의 특허모델은 서민모델이었다면 영국의 특허모델은 귀족모델이었다고 할 수 있다.1614) 미국은 1800년 특허법 개정을 통하여 특허제도를 변경하였다.

미국의 특허제도의 특징은 낮은 특허출원료, 강한 권리와 실질적인 특허심사제도 및 연방법원을 통한 특허권의 집행을 들 수 있고, 1852년 특허법의 개정시까지 영국은 높은 특허출원료와 높은 특허권과 집행 장벽을 쌓아 특허출원과 집행을 어렵게 하였고 반경쟁적 제도와 낮은 경제성장을 이룩하는데 기여했다고 평가된다.1615) 결국 이러한 영국의 제도는 1차 산업혁명에는 성공하였지만 그 이후의 기술축적과 혁신을 가져오는데는 성공하

1612) D. Seaborne Davies, The Early History of the Patent Specification, 50 L. Q. REV. 86, 98(1934).

1613) Id.

1614) Kahn, B. Zorina, The Democratization of Invention: Patents and Copyrights in American Economic Development, 1790-1920, MIT Press, 2002.

1615) Victor M. Batzel, Legal Monopoly in Liberal England: The Patent Controversy in the Mid-Nineteenth Century, 22. HIST. 189, 191 (1980).

였다고 평가할 수는 없다. 영국은 미국의 성공을 본 받아 1852년 특허법을 개정한다. 그리하여 미국과 같이 특허출원비용을 개혁하여 특허장벽을 낮춘다.

특허제도가 없이는 새로운 발명의 공개를 가져오기 힘들다. 기업은 영업비밀을 선호할 수 밖에 없다. 영업비밀은 기술의 공개를 어렵게 하여 사회경제적으로 기술이전과 지식의 확산을 가져오기 어렵다. 이와 같은 문제점은 애로우의 정보의 역설(Arrow's Information Paradox)에 의해 증명이 된다.

특허나 저작권의 경우, 산업발전을 위한 목적을 가지고 있었고, 특히 특허제도는 산업혁명으로 연결되었다고 한다. 산업혁명 이전의 영국의 중상주의는 공리주의 철학의 형성에 영향을 미쳤다고 판단된다. 자본주의는 중상주의로부터 시작되었다고 볼 수 있는데, 중상주의에서는 개인주의적 후생보다는 집단주의적 후생이 더 중요시 되었다.[1616] 따라서 중상주의는 최대다수의 최대행복을 목표로 하는 공리주의의 토대가 된다고 할 수 있을 것이다.

16세기 영국의 특허형성기와 그 이후에 관하여 다수의 논문을 작성한 Hulme는 16세기 영국에서 특허제도의 도입으로 중산층이 형성되었고, 정치적 영향력이 발생하여 결국 장미전쟁과 헨리 8세 기간동안 귀족계급의 소멸로 나타났다고 하고 언급하고 있다.[1617] 그리하여 동인도 회사와 같은 왕의 특허(charter)에 의하여 설립되는 조인트 스탁 회사(the Joint Stock Companies)가 등장하게 되었고, 이러한 회사들은 자본형성에 의한 대규모

1616) W. Cunningham, The Growth of English Industry and Commerce in Modern Times, Cambridge Univ. Press, 1903, vol. 2. pp. 16-17 ("The problem, which confronted the government, was that of detecting and pursuing the welfare of the community through the maze of private interests,-of discouraging some and fostering others, so as to obtain the best results for the nation as a whole." p. 16).

1617) E Wyndham Hulme, The History of the Patent System Under the Prerogative and at Common Law 12 L. Q. Rev 141, 144 (1896).

기업들의 기초가 되어 산업혁명의 태동이 되었다고 할 수 있다. 그와 같은 소자본을 합쳐 자본형성을 한 회사들은 외국의 기업들과 경쟁을 할 수 있었고, 그들에게 부여된 독점 또한 자본형성의 바탕이 되었다고 할 수 있다

2. 중상주의(Mercantilism)와 공리주의

특허제도는 중상주의의 이념과 사뭇 일치했고, 영국의 중상주의는 곧 사회 전체의 부의 증가가 영국과 영국시민에게 이롭다는 공리주의와 연결된다고 판단된다. 중상주의 정책은 봉건주의가 무너지면서 시작되었는데 보통 15세기부터 시작하여 18세기 중엽에 걸쳐 발생했다고 알려진다. 중상주의 정책하에서는 국가의 적극적인 시장 개입이 중요한데, 이는 중상주의 이후 발생한 18세기 후반의 자유방임주의와는 다른 면이다. 중상주의는 국가의 경제적 발전을 위해 상업을 중흥시키는데 중점을 둔 경제사조로서 생산보다도 무역 중심의 상업에 의해 국가의 부가 창출된다는 경제사상이다.

특허법적 관점에서 보면, 1603년 Darcy v. Allien 사건과 the Statute of Monopolies 1624의 제정은 중상주의가 시작한 이후에 위치해 있다. 즉 두 사건은 사법적 및 입법적으로 중상주의의 시작을 알렸다고 할 수 있다. 즉 경제적 독점을 제거하고 거래의 자유를 확보하여 경쟁을 도입하였을 뿐만 아니라[1618] 특허독점에는 새로운 것(신규성)에 대하여 부여함으로써 새로운 기술의 개발과 도입을 장려했다. 다만 중상주의의 시작은 15세기에서 시작되었는데, 그 때에 서유럽은 왕의 특권부여에 의한 특허제도가 존재했던 시대로서, 왕이 부여하는 특허권에 대하여 일부 중상주의에서는 수용하기는 했지만, 그와 같은 독점은 경제적으로 비효율적이라고 여겼다. 왜냐하

1618) George Unwin, The Merchant Adventurers' Company in the Reign of Elizabeth, The Economic History Review, Vol. 1, No. 1, 1927, p. 38.

면 독점은 독점 이윤을 창출하고, 그 독점 이윤이 비 독점자, 궁극적으로는
수요자에게 전가되기 때문에 수요자의 잉여(surplus)가 박탈되기 때문이다.
그와 같은 독점은 경제적으로 비효율적인 결과를 가져온다.

중상주의자들은 최대의 고용을 통한 생산력 증대를 원했다. 중상주의에
서는 인간의 생존을 위한 최소의 수입이 보장되어야 하지만 그가 그 이상
으로 취득하는 것을 허용하지 않았다. 영국의 튜터 왕조시대의 목표는 모
든 사람이 최소한의 인간다운 삶의 보장과 산업발전이었지만 두가지 목적
을 모두 성취하는 것은 어려웠다.[1619] 따라서 중상주의하에서는 저임금에
의한 최대고용을 선호하는 것이라고 할 수 있고, 소년이나 부녀자의 노동
참여를 선호했다. 또한 자유경쟁이나 이익은 장려되지 않는다. 경쟁은 상품
가격을 낮추어 효율성을 가져오기는 하지만, 그 당시 영국은 길드에 의한
독점체제하에 있었기 때문에 길드의 구성원인 아닌 기술자나 장인에게는
가혹한 결과를 가져왔다.[1620]

16세기의 영국의 경제적 자유는 헨리 7세때 제정된 1497년법에 나타난
다. 헨리 7세가 중앙집권화를 시도하고, 세금을 인상하는데 그 과정에서 길
드 독점이 폐지되었다. 영어가 아닌 코니쉬어(cornish)를 하는 콘월지역
(Cornwall)은 주석 광업이 중요한 산업이었다. 콘월지역의 지방의회가
Stannary Law이라고 하는 주석광업에 특권(privilege)을 부여하는 법을 제정
했고, 이는 영국법이 되었다. 1496년 헨리 7세는 기존의 특권을 중단하고
주석광업을 규제하는 새로운 법을 제정한다. 이는 지방의 힘을 무력화시키
고 튜터왕조의 영국 중앙정부의 권력을 강화하는 정책의 일환이었다. 자신

1619) W. Cunningham, The Growth of English Industry and Commerce in Modern Times,
     Cambridge Univ. Press, 1903, vol. 2. pp. 285-86.
1620) 이점은 중상주의와 자유방임의 차이점으로 보인다. W. Cunningham, The Growth
     of English Industry and Commerce in Modern Times, Cambridge Univ. Press, 1907,
     p. 766.

들의 마지막 특권을 박탈당한 콘월 지역의 주민들이 반란을 일으켰다. 1497년 반란군은 런던까지 진입해 왔으나 결국 진압되고 만다. 그 반란 전쟁의 여파로 콘월지역의 특권을 부활시켰고, 높은 세금을 부과하지 않기로 했다. 이러한 사실은 헨리 7세 시대의 영국 정부가 중앙집권적인 통제를 하고자 하였던 점을 나타낸다. 그와 같은 영국 정부의 노력은 지역이나 길드의 독점특권을 폐지하는 정책으로 나아간다.

1497년 영국의 상인들이 자신들은 네덜란드의 시장과 상인으로부터 상품을 구입할 자유를 가지는데, 런던의 길드가 외국과의 무역거래에 대한 독점권을 가지고 있어 그 길드 이외에는 길드에게 무거운 독점권 사용료[1621]를 내야 하고, 그렇지 않은 경우 폐업을 하여야 한다고 주장했다. 그와 같은 독점 사용료를 내야 하는 경우에, 상품의 가격은 당연히 상승했다. 그리하여 영국의회는 모든 영국시민은 10마르크 이상의 독점 사용료를 내지 않고 자유롭게 네덜란드와 무역거래를 할 수 있다고 법을 제정했다.[1622] 이 법이 1497년에 제정된 'Merchant Adventurers Act 1497'[1623]이다. 이법으로 인하여 길드의 독점이 폐지되어 일부 경제적 자유가 인정되었다.

영국은 한편으로 영업의 자유를 보장하기 위한 노력을 하였지만 다른 한편으로 특권을 부여함으로써 독점에 의한 거래를 제한한 모순적인 측면이 있었다. 특히 엘리자베스 여왕시절에는 많은 특권을 부여하여 독점을 부추겨 시민 생활은 매우 피폐해졌다. 다른 한편으로는 독점에 대항하여 도소

1621) 원래의 독점 사용료는 3실링 4펜스이었는데 플랑드르 지역 주민에게는 100실링이 었다가 20파운드로 인상되었다. 그리하여 지역경제는 황폐화 되었고, 네덜란드와의 무역거래를 하던 상인들은 문을 닫게 되었다. George Unwin, The Merchant Adventurers' Company in the Reign of Elizabeth, The Economic History Review, Vol. 1, No. 1, 1927, p. 36.

1622) George Unwin, The Merchant Adventurers' Company in the Reign of Elizabeth, The Economic History Review, Vol. 1, No. 1, 1927, pp. 36-37.

1623) 12 Hen. c. 6 (1497).

매업자, 기술자 등에게 새로운 영업과 거래의 자유를 인정했다.[1624]

  Merchant Adventurers Act 1497에 대하여 강한 반대주의자이자 자유무역
주의자였던 Edwin Sandys[1625]는 1605년 제안한 'Instructions touching the
bill for free trade, in the parliament,'[1626]라는 보고서에서

> all free Subiects are borne inheritable as to ther Lands, soe alsoe to
> the free exercise of ther industrie in those trads wherto they applie
> themselves and wherby they are to live. Merchandise being the chiefe
> and richest of all other, and and was of greater extent and importance
> then all the rest, it is asserted in regard to against the naturall right and
> liberty of the Subiects of England to restrain it into the hands of some
> fewe.[1627]

라고 하였다. 위와 같은 주장의 의미는, 영국의 시민(자유민)은 속지적이고
따라서 자신이 살고 있는 대지와 자신이 노력하여 자유로운 영업과 거래를
할 수 있는 자유가 있고, 최고이자 모든 사람에게 중요한 상품을 극히 적은
이가 독점하는 것을 금지하는 것은 영국 시민의 자연권이자 그들의 자유라
고 언급했다. 즉 독점이 없는 사회에서 많은 사람이 좋은 품질의 상품을 가

1624) George Unwin, The Merchant Adventurers' Company in the Reign of Elizabeth, The
     Economic History Review, Vol. 1, No. 1, 1927, pp. 46-47.
1625) Theodore K. Rabb, Sir Edwin Sandys and the Parliament of 1604, The American
     Historical Review, Apr., 1964, Vol. 69, No. 3, 1964, pp. 646-670.
1626) A o 3 Jac. I. p. 293. (https://searcharchives.bl.uk/primo-explore/fulldisplay?docid=
     IAMS041-002075883&context=L&vid=IAMS_VU2&lang=en_US&search_scope=LS
     COP_BL&adaptor=Local%20Search%20Engine&tab=local&query=any,contains,Instr
     uctions%20towchinqe%20the%20Bill%20for%20Free%20Trade&offset=0)
1627) W. Cunningham, The Growth of English Industry and Commerce in Modern Times,
     Cambridge Univ. Press, 1903, vol. 2. p. 287.

지는 것은 자연권이자 자유를 행사하는 것이라는 의미이다. 이는 마그나 카르타 이후 영국의 정치철학에서 계속 언급되어온 자연권과 단체주의적 공리주의 철학을 나타내는 것이다.

엘리자베스 여왕과 제임스 1세 및 찰스 1세 시절 독점에 대한 법적 논쟁이 본격화 되었다. Darcy v. Allein 사건은 그와 같은 논쟁의 이정표가 되었다. 엘리자베스 시대의 특권 남발은 공유지식이나 공유자원(public goods)에 대한 독점을 부여했지만 이는 자연법과 시민의 자연권에 위반된다는 생각을 하고 있었다.[1628] 독점이 영국의 법에 위반된다는 것은 마그나 카르타 제41조[1629]에도 규정되어 있었다. 물론 현재나 엘리자베스 시대만큼은 아니지만 특정인에게 거래나 영업의 독점을 부여하는 깃은 존왕의 시내에도 존재하였다고 할 수 있고, 앞서 언급한 바와 같이 마그나 카르타 이후 영국 사회에 존재한 정치철학이라고 할 수 있는 것이다.

영국 역사의 고전으로 많이 읽히고 있는 윌리엄 큐닝햄(William Cunningham, 1849-1919)의 저서에 다음과 같이 16세기 후반과 17세기의 영국 하원의 주된 입장은 영국 왕이 부여하는 특권과 그 특권에 의한 독점이 파괴되어 공동의 복지가 증진되기를 원했다고 언급하고 있다:

1628) William Cunningham, The Growth of English Industry and Commerce in Modern Times, Cambridge Univ. Press, 1903, vol. 2. p. 287.

1629) Magna Carta Ch. 41.

All merchants are to be safe and secure in departing from and coming to England, and in their residing and movements in England, by both land and water, for buying and selling, without any evil exactions but only paying the ancient and rightful customs, except in time of war and if they come from the land against us in war. And if the latter are found in our land at the outbreak of war, they are to be attached without harm to their bodies and goods, until we or our chief justiciar know how merchants of our own land, who are then found in the land against us in war; are being treated, and if ours are safe there, the others are to be safe in our land.

Under these circumstances we can easily understand that there should be a great deal of parliamentary criticism, in the time of Elizabeth and of James, both of the grants themselves and of the manner in which the patentees exercised their rights. <u>To show that certain privileges had been given, in the hope of securing a public object, was not enough; the Commons wanted to see that the common weal had actually been advanced.</u> It was clear that private individuals gained by the powers of search, or the special rights that were conferred upon them; and the suspicion was aroused that the alleged public boon was illusory. During the personal government of Charles, the feeling that the interests of the public were not the primary object of certain grants was very general, and the King and his immediate advisers bore the blame.

위의 번역 내용은 다음과 같다. 튜터왕조의 엘리자베스 1세 여왕과 그 승계자인 스튜어트 왕가의 제임스 1세는 특권을 많이 부여했지만 의회의 불만이 많았고, 새로운 기술발전을 통한 영국의 복리를 증진시키겠다는 공익을 위한 특권이 주어진 것만으로는 충분하지 않았다. 연구 능력에 의하여 특허를 취득한 개인 또는 그들에게 부여한 특허와 공공의 필요성에 의해 그와 같은 권리가 부여된 것이 환상이라는 것은 분명했다. 제임스 1세의 후계자인 찰스 1세 때에는 특허부여에 있어서 공공성은 그 주된 목적이 아니라는 것은 일반적인 생각이었고, 제임스 1세의 뒤를 이은 찰스 1세와 그 후계자(찰스 2세)에게 비난이 가해졌다.

앞서 본서 제2장에서 보았듯이, 영국에서는 마그나 카르타를 제정함으로써 공공의 이익이라는 공리주의 사상이 명시적으로 나타나기 시작했다. 마그나 카르타는 영국의 개인주의적 자유주의의 시초가 되었고, 마그나 카르타는 왕의 권한을 영국 국민이라는 공동체에게 분산시켰다. 그리하여 영국 공동체의 개념이 형성되어 의회를 중심으로 정치공동체 개념이 발전하였다.

이러한 공동체 개념의 형성과 더불어 중상주의를 통하여 영국의 국부증진이라는 목표는 특허제도를 통하여 이룩된 점이 강하다. 특히 영국에서 특허제도는 기술자의 이민을 통한 외국의 기술을 도입하기 위한 정책수단으로 활용되었다는 점에서 중상주의의 목적을 달성하고 나아가 영국의 단체적 철학은 공리주의로 연결되었다고 보는 것이 옳을 것이다.

3. 기술발전, 자본의 집약 및 특허

기술을 발전시킴에 있어 많은 노력과 투자가 필요하다. 또한 기술투자와 발전의 장애의 제거가 필요하다. 예컨대 독점은 경쟁을 약화시킴으로써 기술발전의 장애가 될 수 있다. 나아가 기술투자를 하는 기술자의 입장에서는 자신의 자원이 적절하게 투자되어 의도된 기술을 개발하고 개발된 기술을 보호할 적절한 방법이 필요하다.

사적 재산권 제도(private property system)는 위와 같은 문제를 해결할 적절한 도구이다. 많은 노력과 투자를 통해 개발된 기술이 쉽게 복제되어 이용될 수 있다면 아무도 새로운 기술 개발을 위해 투자하거나 노력하려고 하지 않을 것이다. 경쟁자의 기술탈취로 부터의 보호없이는 누구도 기술을 공유하거나 공개하려고 하지 않을 것이다. 지식의 공유와 기술확산이 되지 않는다.

다른 생명체와 달리 인류가 번영을 하고 생태계 최상의 지배자가 될 수 있었던 것은 문자와 언어를 통한 지식과 기술의 축적과 공유를 할 수 있는 능력이 있었기 때문이다. "내가 더 멀리 보았다면 이는 거인들의 어깨 위에 올라서 있었기 때문이다."라고 인용한 아이삭 뉴턴의 말과 같이 인류가 지식의 공유와 축적을 하지 않았다면 현재의 발전과 번영은 없었을 것이다. 따라서 지식과 기술은 인류발전을 위해 공유되어야 한다.

14-15세기부터 시작된 아이디어와 기술에 대한 사적 재산권 제도의 확립과 완성은 지식과 기술을 공유하고 확산하게 하여 산업혁명의 기초가 되었다고 할 수 있다. 자유경쟁시장은 기술개발자로 하여금 자신의 지식의 가치 이상으로 회수할 수 없게 한다. 물론 정보의 불확실성과 비대칭성으로 인하여 그 가치를 저평가하거나 고평가하는 시장의 실패가 발생할 수 있지만, 시장기능보다 더 효율적인 수단은 없다. 즉 18세기에 확립되기 시작한 자유시장경제는 지식과 기술의 공유와 확산에 기여하였다고 할 수 있다. 아담 스미스의 자유시장경제철학은 이러한 기술발전에 기여했다고 할 수 있다.

19세기 후반기에 발생한 정보의 불확실성과 비대칭성으로 인한 시장의 실패는 독점규제와 공정거래법의 입법을 가져왔다. 그리하여 특허권 등의 합법적인 독점도 부당하게 사용하면 공정거래법의 위반을 가져왔다.

발명에 대하여 사적재산권제도, 즉 특허제도는 지식과 기술의 공유와 확산을 기하고 시장의 실패를 최소화하는 제도이다. 발명자에게 일시적인 독점을 제공함으로서 발명활동에 투입된 노력과 비용을 회수할 수 있게 하고, 그 독점기간이 종료되면 그 지식과 기술은 공유되어 또 다른 지식과 기술개발의 바탕이 된다.

1624년 영국의 독점법(the Statute of Monopolies)의 제정은 노력과 투자를 통한 기술개발을 보호받을 수 있는 기반을 마련한 것이다. 위 독점법의 가치는 누누이 강조하지만 왕의 자의적인 판단에 의하여 부여하는 개인의 자유를 제한하는 나쁜 특허(bad patent)를 폐지하고, 의회 입법에 의하여 특허를 부여받을 수 있는 새로운 기술에 대한 객관적인 기준을 제시한데 있다. 그리하여 이러한 제도의 확립은 자본주의와 산업혁명의 기틀을 마련하게 된 것이다.[1630]

1630) Douglass C. North & Robert Paul Thomas, The Rise of the Western World, Cambridge Univ. Press, 1973.

　　나아가 영국의 1624년 독점법은 자연법에 의한 정당성과 공리주의적 정당성 모두를 갖추었다. 1624년 독점법이 요구하는 'true and first inventor'는 새로운 기술에 대하여만 특허를 부여한다는 요건을 명시하였고, 이러한 정신은 존 로크(John Locke)가 주장하는 인간의 노력에 의한 결과물이라는 재산권 인정의 요건으로 지지받는다. 특히, 'true and first inventor' 요건은 충분하고 동등하게 남겨 둘 것('enough and as good left')이라는 단서(proviso)를 충족한다. 발명이라는 의미 자체가 기존에 존재하지 않던 것을 새로이 만들어 낸 것을 의미하기 때문에 그 발명에 대하여 독점적 권리를 부여하더라도 타인이 누리던 기존의 자유를 박탈하지 않는다. 타인은 자신의 노력에 의하여 새로운 발명을 할 기회를 보장받는다. 따라서 새로운 발명은 타인의 권리를 제한하지 않으므로 충분하고 동등하게 남겨둘 것이라는 조건을 충족하는 것이다.

　　나아가 공리주의 철학과도 부합한다. 자연법 이론을 바탕으로 것이든 그렇지 않든 사적 재산권은 자신의 자원의 효율적 분배와 사용을 가능케 한다. 특히 존 로크의 재산권 철학은 아이디어에 대한 독점부여(특허)의 정당성을 부여했다. 아이디어에 대하여 어떤 특정인에게 독점을 부여하더라도 다른 타인의 자유를 제약하지 않기 때문이다. 왜냐하면 다른 타인에게는 충분하고 동등하게 남아 있기 때문이다. 그와 같은 철학에 의한 재산권, 즉 독점은 정당성을 인정받을 수 있다.

　　다만, 이와 같은 독점은 자연상태의 독점이기 때문에 항상 위협에 시달릴 수 밖에 없다. 그리하여 경제적 효율성과 정치적 안정성을 위해 계약에 의해 시민사회를 구성한다.[1631] 즉 시민사회는 경제적으로 보면 효율성을 증진하기 위한 하나의 도구(institution)이다. 효율성의 증가는 결국 사회 전체의 복지, 즉 공익의 증진으로 나타난다. 또한 그러한 국가를 구성하여

1631) 사회계약설로 특허에 대하여는 계약설의 근거가 된다.

얻는 개별적인 사익의 증진에 의해서도 사회전체의 후생이 증가한다.

아이디어의 공개와 공유를 함으로써 사회적 이익을 극대화 할 수 있다는 것은 공리주의에서는 명제이다. 아이디어는 비밀로 유지하는 것보다 상호 공유하는 것이 사회전체의 후생을 증가시킨다. 즉 비밀인 아이디어를 공개하도록 할 유인이 필요한 것이다. 그리하여 특허는 공개하여서는 독점을 할 수 없는 아이디어에 대하여 법적 독점을 부여하는 것으로, 특허권자는 영업비밀을 포기하는 것이다.1632) 영업비밀을 포기하고 이를 공개를 하면 그 아이디어와 지식은 사회전체의 이익을 증가시킨다. 따라서 제레미 벤담 류의 공리주의 철학에서는 특허는 아이디어를 공개하여 이를 사회 전체에 공유함으로써 얻는 이익, 즉 사회적 공헌을 하기 위한 희생(devotion)에 대한 대가로 일정기간 특허독점을 부여하는 것이라고 한다.1633) 존 스튜어트 밀의 경우에는 그와 같은 발명을 하여 공개하고 이로써 사회적 이익의 증진(contribution)에 대한 보상이라고 한다.

4. 산업혁명과 특허논쟁

가. 'Promoters' of Economic Development

영국의 산업혁명은 제임스 와트와 같은 특허기술자들에 의한 자본의 축적을 통하여 거대 기업을 통하여 실현되었다는 견해들이 많이 있다. 특히 특허제도가 산업혁명에 긍정적 역할을 하였다고 하는 기술공급을 강조하는 입장의 대표자는 더글래스 노스 교수이다. 그는 특허를 통하여 지식에

1632) 이는 영업비밀포기설이다.

1633) The Clothworkers of Ipswich Case, (1614) Godbolt Rep. 252. 본 사건에서는 희생의 관념이 잘 나타나 있다.

대한 재산권(독점권)을 인정함으로써 산업혁명의 토대를 이룩하였다고 강조한다. 이러한 견해는 기술을 공급하도록 하는 산업구조와 제도가 산업혁명을 가져왔다고 생각하는 것이다. 영국이 특허기술을 재산권으로 보호함으로써 공장을 통하여 그 재산권이 실현되어, 자본의 집중을 가능케하였다. 발명에 대한 특허보호는 기술 자체의 개발을 유도하였고, 그 기술에 대한 특허의 취득은 재산적 가치를 창출했다. 이는 아이디어에 대한 수요가 아이디어를 개발하고 이것이 특허로 이어졌다고 보는, 다시 말하면 아이디어의 수요가 새로운 아이디어를 개발시키고 이것이 특허로 보호됨으로써 산업혁명으로 이뤄졌다는 본다.[1634] 또한 영국의 방직산업의 예에서 보다시피 영국에서의 산업혁명은 고임금 구조가 거대기업과 경쟁력이 있는 기업의 생존을 유도하였고, 이로 인하여 기술경쟁력을 유지하여 영국이 산업혁명을 이룩할 수 있다고 보는 견해도 있다.[1635]

한편 계몽주의의 유럽에서는 개성을 반영한 자유로운 사고가 보호되었고, 이는 새로운 아이디어의 창출로 이어졌다고 주장하는 공급적인 측면을 강조하는 사고들이다. 중상주의와 자유무역주의를 통하여 기업가 정신이 발생했고, 자본을 가진 자본가 층이 주도한 새로운 창작적 아이디어의 창조와 보호가 산업혁명을 가능하게 하였다는 것이다. 이러한 견해는 산업혁명은 발명에 대한 장려와 동기부여로 인하여 별 영향을 받지 않았고 오히려 계몽주의 시기에 억압받지 않는 자유로운 창작적 사고가 새로운 발명을 이끌었고, 이것이 산업혁명으로 이뤄졌다고 한다.[1636]

1634) Robert Allen, The British Industrial Revolution in Global perspective, Cambridge Univ. Press, 2009, pp. 136-171. Robert Allen, Why the Industrial Revolution was British: commerce, induced invention, and the scientific revolution, 2011, 64 Economic History Review p. 368

1635) Stephen Broadberry and Bishnupriya Gupta, Lancashire, India, and shifting competitive advantage in cotton textiles, 1700-1850: the neglected role of factor prices, 2009, 62 Economic History Review pp. 295-197.

미국의 경우, 19세기 전반까지도 정치가와 법원은 특허와 특허제도는 경제발전의 도구로 인식했다. 그와 같은 정치적 영향력은 특허제도와 특허법을 지배했다. 특허는 발명가 뿐만 아니라 발명된 기술의 도입자에게도 부여했다. 예컨대 발명가가 아닌 기술 수입을 한 자에게도 특허를 부여했다.[1637] 발명 뿐만 아니라 기술의 수입 또한 국가의 기술을 발전(promote)시키는 것은 동일하기 때문이다.

이러한 특허제도는 일찍이 특허제도를 발전시킨 이탈리아나 서구 유럽, 영국 등에서도 특허제도 확립 초기부터 시작되었다. 앞서 언급한 1716년 이탈리아에서 비단직조기술을 훔쳐온 Thomas Lombe에게 부여한 특허장에는 '어렵고, 위험하고 많은 비용이 드는 일'(utmost difficulty and hazard, and at a very great expense)이기 때문에 최초의 기술수입자에 대하여 부여하는 것이라고 이미 언급했다. 물론 절취한 기술이라고 하더라도 특허를 부여하는 궁극적 목적은 그 기술을 공개하여 국민이 지식을 공유하고 그 지식을 바탕으로 새로운 기술 개발하여, 사회적 효용을 증가시키는 데 있었다.

미국의 경우 1830년대에는 특허권이 전통적인 '재산권'이라는 사고가 강조되었다. 그러나 특허권은 재산권이라는 생각은 18세기 후반 미국 특허법을 제정한 미국의 건국자들의 생각과는 달랐다. 예컨대 제퍼슨은 영업비밀은 자연권에 기초하는 것이지만, 특허권은 연방헌법의 특허-저작권 조항(Patent-Copyright Clause)[1638]에 의해 연방의회가 입법한 특허법에 의하여 생성된 실정법상의 권리였고, 국가 정책적, 철학적으로는 경제발전을 위한

1636) Deirdre McCloskey, Bourgeois Dignity: Why Economics Can't Explain the Modern World, Chicago Univ. Press, 2020, p. 7.

1637) Thomas Webster, Reports and Notes of Cases on Letters Patent for Inventions, Thomas Blenkarn, Law Bookseller, 1844, vol. 1. p. 38.

1638) U.S. Constitution, Art. I, Sec. 8, Cl. 8.

실용주의적 도구(institution)이었다. 미국 연방헌법은 의회에 특허법을 제정할 권한을 부여했을 뿐이었다. 헌법 어디에도 특허권이 자연권이거나 재산권이라는 관념은 존재하지 않았다. 이는 미국 헌법 제정당시 주법상의 특허권을 연방권한으로 정리했기 위한 것이었기 때문이었다. 허드슨 강을 오르내리는 증기선에 대한 허드슨 강을 관할하는 주들의 관할 전쟁은 연방헌법에 특허-저작권 조항을 창설하여 연방에 특허법과 저작권법을 제정할 권한을 부여하고, 주는 각 주내에서의 상업활동에 대한 관할을 갖게 되었다. 물론 주와 주 사이의 영업활동에 대하여는 연방이 관할을 가지게 되었다.

1820년대에 경제공황은 1836년의 특허법 개정으로 이어졌다. 특허를 부여함으로서 기술이 개발되거나 도입되어 경제발전을 이룩할 것이라는 고전적 사고는 변경을 가져오게 되었다. 특허독점이 경제발전을 저해할 수 있다고 인식하게 되었다. 그리하여 특허출원자가 충분하게 공개한 그의 발명의 범위내에서 특허권이 부여되는 것으로 개정하고, 특허부여는 정치적인 행위가 아닌 국가의 행정사무를 전제로 개정을 하였다.

미국에서 명세서는 1790년 최초의 특허법 규정에도 있었다. 특허출원자의 발명을 선행발명과 특정한 도면 등과 함께 서면 명세서를 제출할 것을 요구했다. 3명으로 구성된 특허위원회[1639]에서 심사하여 그중 2명이 동의한 경우에 특허를 부여했다. 1790년 법상 특허심사절차가 까다로웠기 때문에 이를 개정하고자 하는 여론을 반영하여 1793년 특허법을 개정한다.[1640] 그리하여 심사절차를 단순히 하여 정부의 심사를 생략하고 출원만에 의한 등록제도로 운영한다. 발명성이나 특허성이 문제된 경우에는 법원의 침해

1639) 특허위원회는 국무부 장관, 국방부 장관 및 법무부 장관으로 구성되고, 1790년 법 시행당시 토머스 제퍼슨이 국무부장관이었다.

1640) 1790년법이 적용되어 특허가 부여된 경우는 57개의 특허라고 한다. Pasquale J. Federico, Operation of the Patent Act of 1790, 18 J. Pat. & Trademark Off. Soc'y 237, 244-46 (1936).

소송에서 판단하도록 했다. 다만 특허등록을 위해서는 국무부장관의 승인 단계가 존재했는데, 특허가 선량한 풍속('good order')에 부합하는지만을 보았다.[1641] 특허요건은 심사대상이 아니었다. 침해에 의한 손해배상액은 특허물품의 판매가격이나 라이센스 로얄티의 3배 배상을 하도록 했다.[1642] 손해배상은 특허물품의 판매가 되거나 라이센스가 있는 경우, 즉 소위 '통상 손해'로 한정했다.[1643] 만일 배타적 권리를 창설하는 재산권이라고 한다면, 등록만에 의해서 특허를 부여하거나, 특허를 실제로 실시하여야 손해가 발생한다는 법리는 형성되지 않았을 것이다.

1836년 미국은 특허법을 개정한다. 1793년 특허법에 의하여 특허부여가 심사없이 출원에 의하여 등록하였기 때문에 특허요건의 엄격한 적용 기준이 없었다. 특허출원에 의하여 등록된 특허의 75퍼센트 정도가 법원에 의하여 무효화 되었다.[1644] 1936년 특허법의 가치는 특허권이 사적 재산권이라는 법리가 강해졌다는데 있다. 정치적 영향력이나 정치적 사고에 관계없이 특허를 출원하고 심사를 받아 취득하면 배타적 권리를 얻는다는 법적 사고이다. 사적 재산권에 의한 자원의 활용은 효율적인 결과를 가져올 수 있다.

특허가 산업발전을 가져온다는 점에 대하여는 견해가 일치하지 않는다.

1641) Patent Act of 1793, ch. 11, 1 Stat. 318, 318-23 (1793).

1642) Patent Act of 1793, art. 5 ("every person so offending, shall forfeit and pay to the patentee, a sum, that shall be at least equal to three times the price, for which the patentee has usually sold or licensed to other persons, the use of the said invention").

1643) 일본은 최근까지도 특허물품이 판매되거나 라이센스가 된 경우에 손해를 인정했는데, 이는 미국의 1793년 법에 의하여 실제 판매가 되거나 라이센스가 된 경우에 손해가 있다는 해석을 따라 "통상 손해"의 개념을 해석한 것으로 판단된다.

1644) Zorina B. Khan, The Democratization of Invention: Patents and Copyrights in American Economic Development, 1790-1920, Cambridge Univ. Press, 2013 (reprinted ed.), p. 78. (1820년대의 기준으로 평가한 경우이다.).

특허는 발명활동에 효과적인 유인책이자 새로운 발명을 사회에 가져오는 유인책이라는 입장은 특허는 발명활동을 장려하고 그로 인하여 경제발전의 유인으로 인식한다. 과거에 그와 같은 입장의 대표적인 예는 유치산업론을 주장한 독일의 역사학파 경제학자 프리드리히 폰 리스트(Friedrich von List, 1789-1846)와 존 맥컬로(John R. McCulloch, 1789-1864)를 들 수 있다. 리스트는 1841년 최초로 간행된 그의 저서에서

> The granting of patent privileges offers a prize to inventive minds. The hope of obtaining the prize arouses the mental powers and gives them a direction towards industrial improvement.[1645]

라고 하여, 특허부여는 발명이 동기에 대한 보상이고, 그와 같은 보상을 얻고자 하는 기대는 산업발전에 대한 정신적 능력과 지침을 주었다고 강조하고 있다. 19세기 스코틀랜드의 경제학자인 존 맥컬로(John. R. McCulloch, 1789-1864)는

> The expediency of granting patents has been disputed; though, as it would seem, without any sufficient reason. Were they refused, the inducement to make discoveries would, in many cases, be very much weakened.[1646]

라고 주장했는데, 그는 특허부여는 충분한 이유없이 논쟁거리가 되고 있다고 하면서, 만일 특허가 부여되지 않는다면 발견과 발명에 대한 유인은 거

1645) Friedrich List, The National System of Political Economy, 1885, p. 307.
1646) J. R. McCulloch, The Principles of Political Economy, a New Edition, William Tait, 1843, p. 289.

의 사라질 것이라고 강조했다. 물론 특허제도가 산업발전에 이익이 되지 않는다는 입장도 많이 있지만, 특허제도는 산업발전에 긍정적 영향을 끼친 것은 분명하다.

최근에는 더글래스 노스 교수는 특허가 경제발전에 매우 긍정적이라고 평가하고 이러한 입장을 대표하는 견해라고 할 수 있다. 법학적으로는 로널드 코즈(Ronald H. Coase) 교수1647)와 미국의 철학인 실용주의가 이러한 입장을 대변한다.

재산권은 노력과 투자의 인센티브가 되어 재산권자는 가장 효율적이고 효과적인 투자를 결정할 수 있으므로 결국 효율적 결과를 가져온다.1648) 이러한 점은 로크의 재산권이론이 가져오는 효율적인 결과, 로크의 유명한 외침, "increase[s] the common stock of mankind"와 일치한다. 따라서 로크는 경제학적으로 자유주의 경제학과 자본주의에 영향을 미쳤다고 평가하는 것이다.1649) 물론 불완전한 정보로 인하여 시장의 실패가 발생할 수 있다.

1647) 로널드 코스(Ronald H. Coase)는 코스의 정리(Coase theorem)라는 그의 법경제학 이론을 주장했는데, 민간경제의 주체들이 자원의 배분 과정에서 외부효과로 인해 초래되는 비효율성을 시장에서 그들 스스로 해결할 수 있다는 정리이다. 다만 코즈 정리는 거래비용(transaction cost)의 없을 때 잘 설명된다. 따라서 정부는 거래비용을 낮춰주는 역할을 해야 한다. 코즈 정리는 경제적 효율성, 정부의 자산분배 정책에 관련이 있다.

1648) John F. Henry는 로크의 재산권이론과 신고전파경제학의 공통점과 차이점을 분석하고 있다. John Locke, Property Rights, and Economic Theory, J. of Economics, vol. 33 No. 3, 1999, pp. 609-624. 그는 로크가 신고전파 경제학에 영향을 미친 것을 전제로 다른 차이점은 신고전파경제학은 이기적 인 행동, 최대의 효율적 사용, 사회에 대한 최대 효용을 고려하지 않고, 로크의 재산권은 도덕적 기반으로 하고 있지만 신고전파경제학은 그렇지 않다는 점에서 차이가 있다고 한다. Id., pp. 618-619.

1649) Leo Strauss는 로크는 노동을 통한 재산권 취득을 정당화 하고, 재산권의 인정은 근면한 자의 노동으로 사회의 효용가치를 증진시키고, 사회를 풍요롭게 한다고 주장하여 자본주의를 정당화 하였다고 한다. Leo Strauss, Natural Right and History, Univ. of Chicago Press, 1965, pp. 242-246. 한편 C.B. MacPherson도 로크는 자연상태에서 화폐를 도입하였다는 점에서 자본주의에 대하여 도덕적 정당성을 인정하

특허권이 재산권이라는 인식은 1836년 미국의 특허법 이후에 발전되어 왔다. 물론 그 이전에도 특허권은 재산권이라는 개념이나 그 특징이 없었던 것은 아니다. 재산권은 기본적으로 배타적인 권리이고 양도가능한 권리이다. 그러한 재산권으로서의 특징은 1624년 영국의 독점법(the Statute of Monopolies 1624) 이전이나 이후나 왕이나 국가가 부여하는 특허권에 존재했다.

그러나 특허권이 재산권으로서 특징을 가지고 있었지만 단순히 기술과 산업발전을 위한 도구로서 왕이나 국가가 부여하는 은혜(prerogative) 또는 특권(privilege)이라는 생각이 강했다. 미국의 경우에는 공공을 대신하여 국가가 특허권자와 체결하는 계약적 사고가 강했다. 어떤 미국 문헌들은 특허를 "public franchise"라고 표현하고 있는데 이는 특허가 순수한 사적 계약이 아니라 공공의 재산에 대한 공공계약이라는 의미로 이해하면 될 것으로 보인다.

1624년 영국의 독점법 제6조는 새로운 발명에 대하여 14년간에 대한 독점을 부여하고, 그 독점권자가 가지는 권리를 규정하고 있다. 동 조항은

> Provided alsoe That any Declaracion before mencioned shall not extend to any tres Patents and Graunt of Privilege for the tearme of fowerteene yeares or under, hereafter to be made of the sole working or makinge of any manner of new Manufactures within this Realme, to the

---

였다고 주장한다. C.B. MacPherson, The Political Theory of Possessive Individualism, Oxford Univ. Press, 1962, pp. 220-222; C.B. MacPherson, Locke on Capitalist Appropriation, Western Political Quarterly, v.4, 1951 pp. 550-556. 그러나 이에 대해서는 Jame Tully(James Tully, A Discourse on Property: John Locke and His Adversaries. New York: Cambridge Univ. Press, 1980)와 Ashcraft, Richard (Richard Ashcraft, "Lockean Ideas, Property, and the Development of Liberal Political Theory." In Early Modem Forms of Property, edited by J. Brewer and S. Staves. London: Routledge, 1995)의 강한 비판이 제기된다.

true and first Inventor and Inventors of such Manufactures, which others
at the tyme of makinge such tres Patents and Graunts shall not use, soe
as alsoe they be not contrary to the Lawe nor mischievous to the State,
by raisinge prices of Commodities at home, or hurt of Trade, or
generallie inconvenient; the said fourteene yeares to be [X1accomplished]
from the date of the first tres Patents or Grant of such priviledge
hereafter to be made, but that the same shall be of such force as they
should be if this Act had never byn made, and of none other.[1650]

라고 규정하고 있었다. 제6조에 의해 창설된 독점은 기존의 독점을 전제로
한 것이었으므로 실질적으로 재산권으로서의 독점이 아닌 행정청에 의해
창설된 독점이었다. 현재의 행정청의 행정처분에 의한 허가, 인가 등에 가
까운 것이었다. 물론 그와 같은 행정청의 허가, 인가 등도 대인적인 것인지
대물적인 것인지에 따라 승계가 가능하다.

　미국에서 1793년 특허법에 의한 특허등록제도는 특허성의 심사를 하지
않는 제도이었으므로 법리적으로 강한 권리, 즉 재산권을 부여하기는 어려
웠다고 생각된다. 현재의 저작권법과 특허법을 비교해 보면 알 수 있다. 사
실 저작권법의 경우에는 심사제도가 없기 때문에 배타적인 독점을 부여하
지 않는다. 다만 자신의 창작물에 대한 배타적인 복제권 등을 부여하는 것

1650) https://www.legislation.gov.uk/aep/Ja1/21/3/section/VI
　　　 (a). Provided also, that any declaration before mentioned shall not extend to
　　　 any letters patents (b) and grants of privilege for the term of fourteen years
　　　 or under, hereafter to be made, of the sole working or making of any manner
　　　 of new manufactures within this realm (c) to the true and first inventor (d)
　　　 and inventors of such manufactures, which others at the time of making such
　　　 letters patents and grants shall not use (e), so as also they be not contrary
　　　 to the law nor mischievous to the state by raising prices of commodities at
　　　 home, or hurt of trade, or generally inconvenient …

이 불과하고[1651], 타인이 스스로 자신의 창작을 한 경우에는 저작권이 미치지 않는다. 따라서 1793년 특허법에 의한 권리는 법리적으로 강한 권리가 될 수 없었다.[1652]

1836년 특허법은 연방특허법상의 특허의 배타성을 강화하여 주법상의 특허를 약화시켰다. 연방 특허법에 의하여 부여한 특허를 강화한 것은 주법상의 특허와의 충돌때문이었다. 유명한 사례로서 허드슨 강을 운영하는 증기선에 관련된 특허는 증기선이 여러 주를 운행함으로서 주 특허법 사이에 충돌문제가 발생했다. 연방대법원은 연방법이 주간통상에는 우선적용된다고 판시했다.[1653] 따라서 연방관할에 있는 특허에 충돌하는 주 특허법에 의한 특허는 무효화 된 것이다. 이는 결국 연방특허법에 권력이 집중된다는 의미가 된다. 연방법에 의한 특허권은 강한 권리가 되었지만 주 특허법에 의하여 취득한 특허권은 약한 권리가 되었다.

나. 특허논쟁(Patent Controversy)

1850년 이전에 특허와 특허제도에 대하여는 찬반의 많은 논쟁이 있었다. 이러한 논쟁은 개인의 권리보다는 경제적 고려에 의하여 이뤄졌다. 특히 자유방임주의(*laissez-faire*)를 기초로 한 자유주의 경제학의 영향으로 독점에 대한 경계를 하였다. 그러나 발명에 대한 일시적인 독점에 대해서는 그 필요성을 인정했다.

그럼에도 불구하고 특허폐지의 근거로는 자유무역을 옹호하거나 봉건제도제도의 부활과 기술발전의 저해 또는 현재까지도 주장되고 있는 지적산물의 공유(intellectual commons) 등을 근거로 했다. 자유무역은 전통적으로

1651) 저작권법 제16조 이하 참조.
1652) 앞서 언급한 바와 같이 75 퍼센트의 특허가 무효화 되었다.
1653) Gibbons v. Ogden, 22 U.S. (9 What.) 1, 221 (1824).

경제학자들에 의해 주장되었다. 지적결과물의 독점은 자유무역을 해한다는 것이었다. 자유무역을 옹호하는 그룹은 자본, 상품 및 노동거래의 자유로운 거래를 제한하는 모든 제도를 철폐하여야 한다고 주장했다. 지적재산의 보호는 관세와 같은 무역장벽을 형성한다고 믿었다. 따라서 특허는 시장지배력을 확대하는 것이므로 자유경쟁에 저해되는 것이고, 보호무역제도의 산물이기 때문에 폐지하여야 한다는 주장이 있었다. 그러나 이러한 자유무역론에 대한 가장 강력한 반대는 유치산업론이었다. 미국의 알렉산터 해밀턴(Alexander Hamilton)과 다니엘 레이몬드(Daniel Raymond)와 독일의 프리드리히 폰 리스트(Friedrich von List) 등 역사학파 경제학자들은 자유무역에 대응하여 보호무역을 주장했다. 그들에 따르면 독일 같이 산업화를 하지 못한 나라는 아직 발전하지 않은 유치산업을 보호함으로서 영국과 같은 발전된 선진국과 경쟁할 수 있다고 주장했다. 그 외에도 관세제도를 통하여 영국과 같이 산업화를 이룩한 선진국의 산품의 수입을 제한하여 국내산업을 보호할 수 있다고 주장했다.

독일 프라이브르크 학파의 창시자인 독일의 경제학자인 발터 유컨(Walter Eucken; 1881-1950)은 특허에 의한 중세시대로의 회귀, 즉 재봉건화(re-feudalization(Vermachtung))가 된다고 주장했다. 특허비용에서는 특허에 관한 행정비용, 즉 심사비용등이 포함됨으로서 특허부여는 그와 같은 불필요한 비용이 반영되어 결국에는 특허는 기술발전을 저해한다는 것이었고, 특허제도는 매우 기망적인 보상체계이므로 결국 공공의 이익을 저해하는 것이라고 주장했다.1654) 이러한 주장은 19세기 후반, 특허 논쟁기에

1654) Fritz Machlup & Edith Penrose, The Patent Controversy in the Nineteenth Century, Source, The Journal of Economic History, vol. 10, No. 1, 1950, p. 4.

   In the attacks on patent protectionism, free-trade arguments were used more than they were in England, and economists were almost unanimous in the condemnation of the system. Trade associations and chambers of commerce submitte⋯.

영국의 로버트 앤드류 맥피(Robert Andrew Macfie, 1811-1893)[1655] 등 영국의 경제학자들과 특히 영국의 경제 신문[1656]에 의해 주장되었는데, 특허논쟁기에 독일의 반특허운동의 근거가 되었고, 반세기 후 발터 유컨에 의해 다시 주장된 것이다.[1657]

그와 같은 기술저해는 특허 장벽(blocking patents)[1658]에 의해 신기술의 물품이 실제로 시장에 도입되지 못한다는 주장이다.[1659] 나아가 특허실시

또한 같은 면 각주 8에 다음과 같은 언급이 있는데, 이는 로버트 앤드류 맥피(Robert Andrew Macfie)의 주장을 바탕으로 한 특허폐지론이다:

At the annual meeting of the Kongress deutscher Volkswirthe held in Dresden, September 1863, the following resolution was adopted "by an overwhelming majority": "Considering that patents hinder rather than further the progress of invention; that they hamper the prompt general utilization of useful inventions; that on balance they cause more harm than benefit to the inventors themselves and, thus, are a highly deceptive form of compensation; the Congress of German Economists resolves: that patents of invention are injurious to common welfare."-Translated from "Bericht fiber die Verhandlungen des sechsten Kongresses deutscher Volkswirthe zu Dresden am I4., I5., i6. und I7. September," Vierteliahrschrift fur Volkswirthschaft und Kulturgeschichte, Erster Jahrgang i863), III, 221.

1655) Robert Andrew Macfie, Recent Discussions on the Abolition of Patents for Inventions in the United Kingdom, France, Germany, and the Netherlands: Evidence, Speeches, and Papers in Its Favour, Longmans, Green, Reader, and Dyer, 1869.

1656) 영국에서의 특허폐지는 오랫동안 주장되어 왔다. Harold Dutton, The Patent System and Inventive Activity during the Industrial Revolution, Manchester Univ. Press, 1984, pp. 23-29 참조.

1657) 그 외에도 Sir William Armstrong과 Rodrigue, in De Beaulieu, Johann Heinrich von Just 등이 특허무용론의 입장에 있었다.

1658) 특허장벽의 대표적인 예로는 제임스와트의 분리된 컨덴서 증기기관 특허로서 광범위한 특허청구범위를 25년동안 특허기간 연장을 통해 확보했다. 아크라이트도 광범위한 특허청구를 하였으나 1785년 무효화 되었다.

1659) 이에 대한 대응으로 영국에서는 특허등록 후 2년 이내에 실시하지 않으면 특허를 무효화하는 입법안이 제안되어 상원을 통과했지만, 하원을 통과하지 못했다.

료가 상품에 부과되어 상품가격을 올리거나 시장지배력의 강화를 통해 독
점을 강화하여 특허제도로 인한 불이익이 그 이익을 상회할 것이라고 주장
했다. 이러한 주장은 1850년 이후로 특허풀(patent pool) 등의 독점트러스트
(patent trust)가 형성되어 특허제도의 부작용이 나타났기 때문이었다. 이때
대표적으로 특허의 폐혜가 되었다고 주장되는 특허는 Dr. Singer의 재봉틀
특허와 타이어에 사용되는 Goodyear의 황화고무 특허가 예로 제시된다.

아담 스미스는 독점이 일어나는 곳에서는 필연적으로 사회에 해가 된다
("Every derangement of the natural distribution of stock is necessarily hurtful
to the society in which it takes place;")고 주장했다.[1660] 새로운 발명을 하
기 위한 비용과 노력 등을 투자하는 위험에 대한 보상으로 일시적인 독점
(a temporary monopoly)을 부여하는 것은 긍정했다.[1661] 제레미 벤담도 발
명가에 대한 특권은 일반적으로 문제되는 독점과는 다른 것이라고 하였다.
즉 그 발명은 그 사람이 없었으면 없었을 것이므로 '그가 그 발명에 대하
여 독점을 하더라도 타인을 해하는 것은 아니다'(An exclusive privilege is
of all rewards the best proportioned, the most natural, and the least
burthensome.[1662])라는 이유였다. 또한 영국의 공리주의 경제학자인 존 스
튜어트 밀(John Stuart Mill)도 사악한 독점(bad patent)은 발명특허까지 확
장되면 안된다고 주장했다.[1663]

나아가 이러한 유럽국가들은 타국의 발명을 자국에서 특허를 부여하는
것에 반대하지는 않았지만, 1년간의 자국내 실시할 것을 요구했다. 그 1년
동안 타인이 그 발명에 대하여 특허출원하는 일이 발생하였다. 나아가 외

1660) Adam Smith, Wealth of Nations, Bk. IV, chap. VII, Part III, p. 244
1661) Id.
1662) Jeremy Bentham, A Manual of Political Economy, 1st ed. p. 71.
1663) John Stuart Mill, Political Economy with Some of Their Applications to Social
    Philosophy, Vol II. London, Hohn W. Parker, West Strand, 1848. p. 497.

국에서 발명의 실시를 이유로 신규성을 문제삼아 특허를 부여하는 것을 거부했다.1664) 결국 타국에서 특허출원하는 것은 거의 불가능했다.

그리하여 1873년 오스트리아 비인에서 열린 만국박람회(Vienna World's Fair) 동안 열린 특허회의(Patent Congress)에서 특허옹호론자들과 특허폐지론자들이 타협을 하여 특허권자의 강제실시제도(compulsory licensing)를 도입하기로 약속하여 특허를 제한하게 된다. 강제실시제도는 미국에서는 1790년 상원에 의해 제안되었고, 영국에서는 1851년 상원에서, 독일에서는 1853년, 그 외에도 영국에서 열린 과학자대회에서도 여러 차례 주장되었다.1665) 다만 각국에서의 실제 도입은 어려움에 봉착하게 된다. 1874년 영국의 특허개혁법안은 상원은 통과했으나 하원을 통과하지 못했고 미국에서도 강제실시제도는 강한 저항에 부딪히게 된다.1666) 독일에서는 성공을 거두어 1877년 독일연방의 특허법이 제정되었다.

독일의 정치경제학자인 요한 하인리히 폰 주스티(Johann Heinrich von Justi, 1717-1771)는 아담 스미스와 제레미 벤담에게 특허부여에 대하여 반대하는 서신을 보냈다. 그는 발명가에 대한 보상을 함으로서 발명을 장려하는 것은 중요하다고 인식했으나, 독점이나 그와 같은 특권에 의한 보상

1664) 이러한 불리한 상황에 대하여, Josiah Wedgwood가 Lord Dundonald에게 보낸 편지에 언급되어 있다:

> I am not surprised at your Lordship's aversion to patents. *They are bad, and deficient for the purpose intended in many respects*, and as any foreigner may learn the discoveries for which patents have been granted at the expense of a few shillings and practice them immediately in other countries whilst the hands of all British artists and manufacturers are bound during the term of the patent. Considered in this light patents are highly pernicious to the community amongst whom the invention originated and a remedy is much wanted in the Patent Office for this evil.

1665) Fritz Machlup & Edith Penrose, The Patent Controversy in the Nineteenth Century, Source, The Journal of Economic History, Vol. 10, No. 1 (May, 1950), p. 5.
1666) Id.

에 대하여는 반대를 했다.1667) 독일의 정치경제학자인 루드비히 하인리히 자콥(Ludwig Heinrich Jakob, 1759-1827)도 특허발명은 기본적 고비용의 발명으로서 경쟁자가 쉽게 모방을 할 수 없는 것에만 부여하여야 하고, 의도하지 않은 우연한 발명이나 중요하지 않은 물품에 대한 발명은 산업을 황폐화 할 수 있으므로 특허를 부여해서는 안된다고 했다.1668) 독일의 경제학자인 요한 프리드히 로츠(Johann Friedrich Lotz, 1771-1838)도 발명에 대한 비용과 노력에 대하여 발명자에 대한 보상을 하는 국가는 공정하고 경제적으로도 이익이 된다고 하였지만, 발명에 대한 독점이 보상으로서 적정한지는 의문이라고 했다.1669)

특허논쟁기간 동안 프로이센의 재상 비스마르크(Otto Von Bismarck, 1815-1898)는 특허제도에 대하여 반대의 입장을 피력했다.1670) 비스마르크는 특허제도에 대하여 매우 회의적이었다.

18세기 독일은 지방으로 분열되어 중앙집권화가 되지 않아 산업화가 늦은 국가이었다. 따라서 영국과 같은 선진국이 발명을 특허로 보호하는 것에 대하여 매우 반대하였다. 1863년 다수의 상공업자들 단체는 특허는 공공복리에 어긋난다는 이유로 특허제도의 폐지를 청원했다.1671) 1863년 9월 드레스덴에서 열린 의회의 연례회의에서 압도적인 다수로 결의문이 채택이 되었는데, 그 결의문에는 발명에 대한 특허는 모든 사람의 복지에 해가 된다("patents of invention are injurious to common welfare")고 기재되어 있었다.1672) 그리하여 비스마르크는 희망없는 특허제도의 개혁("rather than to

---

1667) Id., 7.

1668) Id., pp. 7-8.

1669) Id., p. 8.

1670) 프로이센은 1815년 행정명령에 의해 특허를 부여했다.

1671) Fritz Machlup, An Economic Review of the Patent System, Study No. 15 of the Subcomm. on Patents, Trademarks and Copyrights of the Committee on the Judiciary United States Sen., 85th Cong., 2d Sess. 1958, p. 4.

engage in hopeless attempts to reform the system")1673)보다는 폐지를 원했다. 1868년 12월 비스마르크는 정치적 및 이론적 이유로 특허폐지를 주장했다. 그는 특허권은 발명자의 자연권에 의해 산업상 발명의 이용에 대한 배타적 권리가 보장되지도 않고, 배타적 권리를 보장해야 할 경제적 원리도 없다고 주장하였는바, 결국 특허권은 각 개별국가의 판단에 의하여 정해야 할 문제이지만, 국내적으로도 발명을 특허로 보호해야 할 정당성이 없다고 하였다.1674) 그리고 특허권은 발명에 대한 보상으로 인정할 필요성이 없다고 주장했는데, 그는 발명가는 발명을 함으로써 자신의 경쟁자 보다 경쟁에서 우월적 지위(head start)에 있으므로 자신의 이익을 보호할 수 있고, 자유무역과 자유경쟁원칙에 따라 발명민을 특허로 보호해야 할 이유가 없다고 주장했다.1675) 비스마르크는 특허제도를 운영하기 위한 실질적인 어려움, 즉 특허심사제도와 심사관 및 등록 등의 행정적 지원을 하기 어려운 이유 뿐만 아니라 자신의 국가인 프로이센이 처한 경제적 여건으로 인하여 기술 선진국인 영국이나 프랑스의 기술 특허가 범람할 것을 우려한

1672) Fritz Machlup & Edith Penrosee, The Patent Controversy in the Nineteenth Century, The Journal of Economic History, Vol. 10, No. 1, p. 4. n 8 1950.

1673) Eric Schiff, Industrialization Without National Patents-The Netherlands, 1869-1912, Switzerland, 1850-1907, Princeton Univ. Press, 1971, p. 21. 비스마르크는 "The Royal Prussian Government is therefore of opinion that steps should be taken for the total abolition of the patent system through-out the whole range of the Federal Power, a measure recommended by the theory of social science and already sufficiently prepared for in public opinion …" 라고 하여 특허폐지론의 입장이었다. Louise J. Duncan, Overview of Patent Abolition Debates France, the Netherlands and Prussia 1860s and 1870s in The Role of Theoretical Debate in the Evolution of National and International Patent Protection From the French Revolution to the Paris Convention of 1883.

1674) Louise J. Duncan, The Role of Theoretical Debate in the Evolution of National and International Patent Protection: From the French Revolution to the Paris Convention of 1883, Brill I. Nijhoff, 2021, p. 189.

1675) Id.

것으로 보인다. 비스마르크는 특허심사비용을 줄이기 위해 영국과 프랑스가 시행하던 무심사제도를 운영하면 특허등록제도가 오남용되어 투기적 특허가 범람하여 결국 침해소송의 증가와 국민 부담으로 이어질 것이라고 주장했다. 그리하여 프로이센 정부는 북부독일연방에 특허제도의 도입을 반대한다.

영국의 건축공학자인 이삼바드 킹덤 부르넬(Isambard Kingdom Brunel, 1806-1859)은 특허를 취득하기 위하여 희소한 가능성이 존재하여 발명을 하고 특허를 출원하였으나 결국 특허를 취득하지 못하여 기술자를 좌절시키거나 그의 직업을 파괴하는 것이 되고, 가사 특허를 취득하였더라도 곧바로 새로운 특허가 나와 특허물품은 더 이상 쓸모없게 되어, 결국 특허로 인해 기술자에게 해가 될 뿐이라고 주장했다.[1676]

프랑스의 프루동(Proudhon)이나 시스몽디(Simonde de Sismondi)도 특허에 대하여 반대를 하였다. 프루동은 특허제도 보다도 사유재산제도가 노동가치를 반영하지 못한다는 이유로 반대를 하였지만, 발명을 위하여 일시적 독점을 주는 특허제도에는 찬성을 했다. 시스몽디는

> The result of the privilege granted to an inventor is to give him a monopoly position in the market against the other producers in the country. As a consequence the consumers benefit very little from the invention, the inventor gains much, the other producers lose, and their workers fall into misery.[1677]

라고하여 모든 발명은 즉시 모두에게 알려져, 경쟁자가 모방을 할 수 있도

1676) Isambard Brunel, The Life of Isambard Kingdom Brunel, Civil Engineer, 1870, pp. 488-498.

1677) Nouveaux principes d'économie politique ou de la richesse dans ses rapports avec la population (2d ed.; Paris, 1827), II. pp. 334-35.

록 하여야 한다고 주장했다. 그는 극단적으로 발명을 공유하여 발명가 열
정을 없애야 한다고 주장했다.

그럼에도 불구하고 독일의 칼 하인리히 라우(Karl Heinrich Rau)도 어떤
중요한 발명들이 우연하게 발명되는 경우가 있고, 많은 비용을 들여 한 발
명에 대하여 보상이 없다면 그와 같은 희생을 할 사람이 없을 것이라고 하
여, 특허 옹호론의 입장에 있었다.[1678] 앞서 언급한 프랑스의 경제학자 세
이(Saye)도 19세기 초반, 특허제도가 존재하여 가져오는 사회적 후생이 더
많아진다는 이유로 특허제도를 옹호했다.[1679]

영국은 특허제도를 개혁하기 위해 1872는 특허보호기간을 7년으로 단축
하고, 2년 이내에 특허를 실시히지 않으면 특히를 포기한 것으로 간주하고,
강제실시권을 인정하는 법안을 제출하여 상원을 통과했지만 하원은 이를
거부한다.[1680]

스위스와 네덜란드도 특허제도에 반대했다. 그 당시 유럽에서 유일하게
산업화가 되어 있던 스위스는 특허제도를 도입하지 않았다. 스위스 의회는
1849, 1851, 1854 년 및 1863년 특허제도 도입을 위한 법안을 통과시키지
않는다. 권위있는 경제학자들이 특허보호는 '유해하여 보호할 수 없다'
("pernicious and indefensible")고 주장한다는 이유에서 였다.[1681] 네덜란드
도 1869년 특허제도를 폐지하는데, '좋은 특허법은 불가능하다'("a good
law of patents is an impossibility.")는 이유에서 였다.[1682]

1678) 독일에서의 특허옹호론은 과학기술자들에 의해 지지되었다.

1679) Jean Baptiste Say, Traite d'economie politique, 1st ed., 1803, p. 263.

1680) Fritz Machlup & Edith Penrose, The Patent Controversy in the Nineteenth Century,
      The Journal of Economic History, Vol. 10, No. 1, p. 6, 1950.

1681) Fritz Machlup, An Economic Review of the Patent System, Study No. 15 of the
      Subcomm. on Patents, Trademarks and Copyrights of the Committee on the
      Judiciary United States Sen., 85th Cong., 2d Sess., 1958, p. 4.

1682) Id.

1873년 기나긴 특허논쟁이 종식되었다. 경기 침체와 더불어 국수주의가 등장하면서 자국의 특허보호에 의한 경기회복을 바랐기 때문이다. 1873년 금융위기는 경제공황을 불러 일으켜, 약 5-7년간 유럽과 미국 경제를 위협했다. 영국에서는 장기침체(Long Depression)으로 불리는 경제위기가 발생하였고, 미국에서는 1929년 대공황(the Great Depression)이 발생하기 전까지 대공황(the Great Depression)으로 불리던 경기 침체가 발생했다.

1873년 경제공황기에 발생한 유럽에서의 보불전쟁(1870-1871)은 독일과 프랑스의 경제를 침체에 빠트렸고, 미국은 남북전쟁이후 과도한 철도산업에 대한 장기 투자로 인한 유동성의 위기, 1869년 'the Black Friday Panic of 1869'이라고 불리는 금시장의 붕괴(the Gold Panic of 1869)로 인한 주식시장의 붕괴, 시카고 대화재(1871), 보스톤 대화재(1872)로 인한 자산의 손실과 오스트리아 비엔나에서 금융위기가 발생하여 각국 은행에 뱅크런(bankrun)이 발생하여 경기의 침체에 이르렀다.[1683] 이러한 경제위기는 국수주의와 보호무역주의에 의한 특허제도의 옹호론이 자유무역주의를 압도하게 된다. 그 이후 자연스럽게 특허폐지론의 물결은 소멸되고, 간간이 특허 폐지를 주장하는 주장이 있었다.

19세기 후반기의 특허논쟁은 특허존치론의 승리로 끝이 났다. 각국의 경제위기에서 특허를 존치하여 자국 기술과 산업의 보호가 자국에게 유리하다고 판단한 것이다. 즉 특허제도 자체에 대한 반대는 누그러 들었다. 다만 특허보호기간의 연장대신 특허보호기간의 축소를 주장하게 된다. 특히 18세기 말부터 특허기간의 연장에 대한 반대가 심해졌다. 이러한 쟁점은 제임스 와트의 특허기간의 연장과 오크라이트의 특허기간 연장에 의한 부작용이 심해졌기 때문이다. 그리하여 특허기간의 연장은 원래의 특허부여시에 공중과 특허권자 사이의 계약을 변경하는 것이라는 관념이 발생했

1683) 이때 은행에는 지급준비금(reserve) 제도가 발생했다고 한다.

다.1684) 나아가 윌리엄 블랙스톤은 독점에 대한 경고,1685)를 했다. 특허권
자는 거래의 독재자(tyranny)가 될 것이라는 것이었다. 그리하여 특허기간
의 연장에 집중되었고, 이러한 영향으로 현대의 특허논쟁은 적절한 보호에
집중되었다.

Arkwright has obtained every advantage which the laws in being have
provided for the Encouragement of new Inventions, and, by the
Emoluments arising from this exclusive grant, hath, as the Petitioners are
informed, and believe, realized such a fortune as every unprejudiced
Person must allow to be an ample Compensation for the most happy
efforts of Genius; and that the Interposition of the Legislature to grant
still great Rewards, and such as are unwarrantable by any statute now
in being, might as the Petitioners apprehend give stability to a dangerous
Monopoly, and prove highly prejudicial to the manufacturers, commerce
and navigation of this land by leaving to all other Kingdoms the
unlimited Use of Machines which would in England [be denied].1686)
[번역]

아크라이트는 발명의 장려하기 위해 그리고 본 배타적인 특허부여
로부터 발생하는 [특허계약에 의한] 보수에 의해 법이 제공한 모든 이
익을 취했고, 청원인들이 알리고 믿는 바와 같이 재능에 의한 행복한
노력에 대한 충분한 보상이 모든 공정한 사람들에 의하여 허락된 아크
라이트의 행운이 실현되었다; 그리고 현재 진행되는 어떠한 법에 의해

1684) Harold Dutton, The Patent System and Inventive Activity During the Industrial
Revolution 1750-1852, Manchester Univ. Press, 1984, p. 28.

1685) William Blackstone, Commentaries, Book I, pp. 125-126. (인용된 블랙스톤의 언급
은 본서 제7장 제1절 3. "사회계약설" 참조).

1686) Harold Dutton, The Patent System and Inventive Activity during the Industrial
Revolution, Manchester Univ. Press, 1984, p. 28.

서도 보장이 되지 않는, 중립적 입법자가 부여하는 큰 보상(great Rewards; 筆者 주: 특허보호기간의 연장을 말함)은, 청원인들이 두려워하는 바와 같이, 위험한 독점(a dangerous Monopoly)을 공고히 할 수 있고, 외국에 있다면 제한됨이 없이 사용되어야 할 도구들(Machines)이 영국에 있기 때문에 그러한 무제한의 사용이 제한되는 상업과 거래에 노출된 [영국의] 상공인들(the manufacturers)에게는 매우 불합리하다는 것이 증명이 되었다.

다. 발터 유컨(Walter Eucken, 1881-1950)과 신자유주의 경제학(ordoliberal economics)

발터 유컨은 법률가인 Franz Böhm(1895-1977)과 Hans Großmann-Doerth (1894-1944)과 함께 신자유주의 경제학을 이끄는 프라이브르크 학파를 이끌었다.1687) 유컨은 자유무역질서를 주장했기 때문에 특허에 대하여 매우 반대했다. 그가 이끄는 신자유주의 경제학(Ordoliberal Economics)에서는 특허제도는 독점을 심화시켜 봉건주의 경제로 회귀한다고 주장했다. 이는 앞서 언급한 18세기 후반기부터 영국에서 일어난 반특허운동을 계승한 것이라고 할 수 있다.

발터 유컨은 특허는 독점을 심화시켜 카르텔, 트러스트와 신디케이트 등 독점의 구조화를 가져오기 때문에 현재의 특허보호를 보다 약화시키고 특허제도를 재정립해야 한다고 주장했다.1688) 그의 주장은 특허는 경직적인

1687) Viktor J. Vanberg, The Freiburg School: Walter Eucken and Ordoliberalism, Walter Eucken Institut, 2011 참조.

1688) W. Eucken, A Policy for Establishing a System of Free Enterprise. In Stützel, W. et al., 1982, p. 120 (Excerpts in English translation from Eucken 1990) (In many sectors of German industry, cartels would disappear immediately if tarriffs were to go. ··· Despite certain legal precautions, patent law has unexpectedly triggered powerful tendencies toward the formation of monopolies and concentration

경제를 만들어 변화를 수용하지 못한다고 한다. 특허제도는 중세 봉건사회
처럼 경직적인 경제를 만들어 슘페터와 같은 혁신적인 기술발전을 위한 자
유경쟁질서를 수용하지 못한다는 것이다. 그는 19세기 중반의 특허논쟁
(Patent Controversy)기에 다투어졌던 바와 같이 특허가 기술진보에 방해가
된다고 생각했다. 특허는 시장을 폐쇄적으로 만들고 경쟁을 제한한다고 보
았다. 그에 따르면 시장의 진입장벽이 특허로 인하여 신자유경쟁체제보다
더 높아지므로 경쟁이 제한될 것이다. 다만 유컨도 특허는 경쟁자의 모방
으로부터 지킬 수 있는 유용한 도구라고 생각했다. 그리하여 그는 특허제
도의 전면적인 폐지보다는 특허제도의 근본적인 개혁을 주장했다.[1689)

라. 더글래스 노스(Douglass North)와 제도학파, 특허제도

특허제도의 경제발전의 유용성을 주장한 경제학자 더글래스 노스
(Douglass North) 교수이다. 그는 국가제도의 경제발전의 유용성을 연구하
여 노벨경제학상을 수상했다. 더글래스 노스는 로버트 토마스(Robert Paul
Thomas)와 공동저술한 그의 저서 'The Rise of the Western World'[1690)에서
특허보호가 약한 나라에서는 산업혁명이 늦어질 수 밖에 없고, 영국의 엘
리자베스 여왕시절의 특권부여제도가 1624년 독점법의 제정에 따라 특허
제도로 변화하여 산업혁명을 이룩할 수 있는 재산권 제도와 시스템을 구비
한 것이라고 한다.[1691)

---

processes in industry).

1689) Markus Lang, The Anti-patent movement Revisited: Institutional Change and
    Cognitive Frames in Nineteenth-Century Germany, 2010.
    (http://wikis.fu-berlin.de/download/attachments/59080767/Lang-Paper.pdf)

1690) Douglass C. North & Robert Paul Thomas, The Rise of the Western World,
    Cambridge Univ. Press, 1973.

1691) Id., 6-16.

노스 교수는 영국은 마그나 카르타 제정 이후 개인의 재산권을 보장하는 제도를 확립하여 왔고, 궁극적으로 1689년 영국의 명예혁명으로 인하여 왕실의 자의적인 재산권 침해를 방지할 수 있는 법제도를 확립할 수 있었고, 그로 인하여 장기적인 투자활동을 장려하였고, 1624년 독점법에 의한 특허제도의 확립은 장기적으로 영국의 신기술을 도입하고 자국내에서 개발할 수 있었던 동력이 되었을 뿐만 아니라 장기적인 투자로 인하여 국내의 산업과 기술의 개발이 이뤄질 수 있었다고 주장한다.

더글래스 노스는 기술산업의 시장의 실패에 대하여 첨단기술의 특징을 든다. 발명 등 아이디어는 한 사람의 사용이 다른 사람의 사용가치를 감소시키는 경합적 사용(non rivalous use)이 되지 않기 때문에 기술발명은 최적의 투자를 하기 어렵다. 왜냐하면, 기술에 무임승차를 하는 것이 더 쉽기 때문이다. 나아가 발명의 비용보다 모방의 비용이 적기 때문에 발명을 하기보다는 모방, 즉 무임승차를 하게 된다. 따라서 법적으로 아이디어에 대한 독점을 주지 않는 사회에서는 첨단기술에 대한 개발 투자가 일어나지 않거나 적게 일어나다.[1692] 스튜어트 왕조의 영국의 예는 그와 같은 예가 된다. 1624년 영국은 독점법을 제정하여, 새로운 발명에 대하여 14년의 독점을 부여했다. 기술투자에 대한 유인책(incentive institution)이 마련된 것이다.

그리하여 제도가 구비됨에 따라 혁신이 장려되었고 사적발전이 사회발전을 하도록 하였으며, 특허제도는 그와 같은 혁신과 발전의 토대가 되었다. 1700년까지 영국이 지식을 특허로 보호할 수 있게 함으로서 산업혁명의 토대를 이룩한 것이라고 한다.

> Innovation will be encouraged by modifying the institutional environment, so that the private rate of return approaches the social rate

---

[1692] Douglass North, Structure and change in Economic History, W. W. Norton & Company, 1982, p. 164.

of return ⋯ The development of patent laws provides such protection ⋯.
By 1700 ⋯ England had begun to protect private property in knowledge
with its patent law. The stage was now set for the industrial revolution.1693)

나아가 그와 같은 지식에 대한 독점제도의 확립을 하지 못한 경우에는
기술발전이 매우 느리게 일어났다고 한다.

The failure to develop systematic property rights in innovation until
fairly modern times was a major source of the slow pace of
technological change ⋯ [A] systematic set of incentives to encourage
technical change and raise the private rate of return of innovation
close to the social rate of return was established only with the patent
system.1694)

그러나 노스 교수와 같은 긍정적인 입장1695)에도 불구하고, 특허제도가
산업혁명에 부정적 역할을 하였다는 대표적 입장은 데이빗 랜디스(David
Landes) 교수이다. 그는

A number of writers have laid stress on the incentive effect of patent
legislation. I am inclined to doubt its significance ⋯1696)

1693) Douglass C. North and Robert Paul Thomas, The Rise of the Western World,
Cambridge Univ. Press, 1973, pp. 155-156.

1694) Douglass C. North, Structure and Change in Economic History, W.W. Norton &
Company, 1981, p. 164.

1695) Brian Spear, James Watt: The Steam Engine and the Commercialization of Patents,
World Patent Information, v. 30, Issue 1, 2008, pp. 53-58. (특허제도가 산업혁명의
강한 뒷받침이 되었다.)

1696) David Landes, The Unbound Prometheus: Technological Change and Industrial

라고 하여, 노스 교수와 같은 긍정적 견해에 대하여 직접적인 반대입장을
표명하고,

On balance, patents were not the major incentive to innovation. The
biggest and surest source of gain was the application of invention in
one's own enterprise-a Schumpeterian headstart ….1697)

라고 하여 특허제도에 대한 비판적이다. '특허제도는 혁신에 대한 주된 동
기가 되지 않았다'고 한다. 오히려 슘페터의 주장과 같이 개인의 기업가 정
신이 혁신의 주된 동력이 되었다고 한다. MacLeod와 Khan 및 Sockoloff의
경우에도 1830년대까지 영국의 특허제도는 비용적으로 매우 비싼 제도이
었고, 그로 인하여 충분한 특허가 부여되지 않아서 산업혁명의 토대가 되
었다고 할 수 없다고 주장한다.1698)

　스탠포드 대학의 Gary W. Cox 교수의 최근 연구에 따르면, 1734년 명세

　　Development in Western Europe from 1750 to the Present, Cambridge Univ. Press,
　　2nd ed., 2003, p. 64. n. 1.

1697) David Landes, What Do Bosses Really Do?, The Journal of Economic History, Vol.
　　46, No. 3, 1986, p. 614.

1698) Macleod, C., Inventing the Industrial Revolution: The English Patent System 1660-
　　1800, Cambridge Univ. Press, 1988. Khan, Z. and Sokoloff, K., Patent institutions,
　　Industrial Organization and Early Technological Change: Britain and the United
　　States, 1790-1850, in M. Berg and K. Bruland (eds), Technological Revolutions in
　　Europe: Historical Perspectives. London: Edward Elgar, 1998; Mokyr, J.,
　　Intellectual Property Rights, the Industrial Revolution, and the Beginnings of
　　Modern Economic Growth. American Economic Review: Papers and Proceedings
　　99, 2009, pp. 349-355; Clark, G., The Industrial Revolution, in P. Aghion and S.
　　Durlauf, eds., Handbook of Economic Growth, 2. Amsterdam: North-Holland, 2014;
　　Macleod, C., Nuvolari, A., Patents and Industrialisation: An Historical Overview of
　　the British Case, 1624-1907, A Report to the Strategic Advisory Board for
　　Intellectual Property Policy, 2010.

서 제도의 개혁에 의하여 발명의 상세를 공개하도록 하고, 그것이 단기적
으로 특허등록수를 줄였지만, 특허발명의 품질을 높였고, 장기적으로 발명
활동을 높였다고 평가한다. 나아가 특허발명의 명세서를 보관하던 Chancery
Lane offices를 방문하기 쉬웠던 관계로, 특허발명의 정보를 상대적으로 쉽
고 낮은 비용으로 취득을 할 수 있었기 때문에 산업혁명은 런던을 중심으
로 위치한 산업에서 더 가속이 되었다고 평가한다.[1699]

나아가 영국은 1624년 독점법의 제정에도 불구하고 행정적 비효율로 인
하여 특허제도가 효율적인 기능을 하지 못했다는 주장도 있다. 영국은
1535년 제정한 'the Clerks of the Signet and Privy Seal Act'에 의하여 특허
출원과정에 있어서 낳은 공무원의 행정절차를 거치게 하였고 출원인이 부
담하는 비용으로 그 공무원들이 봉급을 받았기 때문이 고비용 제도로 변화
했다. 위 법이 시행되는 동안 발명에 대한 심사를 하지도 않았음에도 불구
하고, 특허출원과 등록실무는 개선이 되지 않았고 이로 인하여 특허출원은
매우 고비용으로 인하여 비효율적인 제도가 되었다.[1700] 물론 이는 특허행
정을 포함한 영국의 행정전부가 비효율적인 행정제도를 유지했다고 한다.
특허출원과정에 있어 고비용을 제거하기 위해 1852년 특허법을 개정하게
된다. 영국의 특허제도의 비효율은 찰스 디킨스(Charles Dickens)의 소설 'A
Poor Man's Tale of a Patent'에 그려져 있다. 찰스 디킨슨의 소설을 분석한
한 학자의 분석에 따르면 1850년 영국에서 특허를 취득하기 위해서 특허를
취득기간은 6-8주 정도의 기간이 걸리고 공무원의 각 처리 절차 단계마다
지급하는 비용은 약 £94.85의 비용이 소요되는데, 이는 잉글랜드와 웨일즈

1699) Gary W Cox, Patent disclosure and England's early industrial revolution, European Review of Economic History, Volume 24, Issue 3, August 2020, pp. 447-467.

1700) Harold Dutton, The Patent System and Inventive Activity during the Industrial Revolution, Manchester Univ. Press, 1984; Christine MacLeod, Inventing the Industrial Revolution: The English patent system, 1660-1800, Cambridge Univ. Press, 1988.

에서의 보호만이고, 만일 영국제국 전체로 확대한다면 £310가 영국의 공무
소에 지불하여야 하는 비용이라고 한다.[1701] 만일 대리인을 선임하여 출원
하는 경우라면 더 많은 비용을 지불해야 한다. 또한 1734년 명세서의 의무
화는 특허비용의 증가를 가져왔다. 명세서의 작성은 매우 쉽지 않은 작업
이었고, 1830년대에 특허비용의 38%를 차지하였다.[1702] 그리하여 1852년
영국은 'the Patent Law Amendment Act of 1852'를 제정하여 특허청을 설
립하고 고비용의 특허절차를 개선한다. 영국에서 특허를 취득하는 과정은
그와 같은 고비용과 많은 노력이 투입되어야 하는 것이었기 때문에 영국에
서는 특허등록의 수가 줄어 들어 적절한 보호를 하지 못했다.[1703] 이러한
상황은 특허가 경제발전에 부정적 영향을 끼쳤다고 할 수 있는데, 이에 대
하여 경제사학자 Zonia Khan은

> The legal system was biased against patents in general, and
> incremental improvements in particular. High transaction and monetary
> costs, as well as the prevailing prejudices toward nonelites, combined to
> create barriers to entry that excluded the poor or disadvantaged from
> making contributions to economic growth. Patent fees in England were
> so costly that they effectively (and indeed, consciously) excluded
> working-class inventors from patenting their discoveries. As a result,
> trade secrecy likely played a more prominent part in protecting new
> discoveries, diffusion was certainly inhibited, potential inventors faced a
> great deal of uncertainty, markets were thin, and the rate of

---

1701) N. Davenport, The United Kingdom Patent System: A Brief History with
  Bibliography, 1979, pp. 15-17.
1702) Sean Bottomley, The British Patent System during the Industrial Revolution 1700-
  1852. Cambridge Univ. Press, 2014 pp. 46-48.
1703) Christine MacLeod, Inventing the Industrial Revolution: The English Patent System,
  1660-1800, Cambridge Univ. Press, 2002. p. 76.

technological change may have been adversely influenced.[1704]

[번역]

　　일반적으로 법제도는 특허제도에 부정적이고, 특허 개량발명에 대하여도 부정적이다. 고비용의 거래와 재정비용 뿐만 아니라 비엘리트에 대한 편견이 결합되어 가난하거나 불이익 집단이 경제발전에 기여하는 것에 대한 장벽을 만든다. 영국에서 특허비용은 매우 고비용이었으므로 특허는 효과적으로 노동계급의 발명자가 그들의 발명에 대하여 특허를 취득하는 것을 막았다. 그러한 결과로 영업비밀이 존재했었고, 잠재적 발명자는 특허취득에 매우 불확실한 상태에 있었고, 시장은 매우 좁았고, 기술변화의 가능성은 역으로 작용했다.

라고 평가한다.

　특허 뿐만 아니라 점진적인 개량발명에 대하여 편견이 있었고, 특허출원이 고비용인 것과 엘리트가 아닌 통상인들의 발명에 대하여 특허를 부여하는 것에 대한 부정적인 태도는 빈곤층과 배려가 필요한 사람들이 경제발전에 기여하는 것에 대하여 장벽을 쌓았다고 평가한다. 특허가 고비용인 것은 낮은 계급 사람들(working class)이 특허를 취득하는 것을 의도적으로 막았기 때문이다. 그러한 결과로 특허비용이 없는 영업비밀제도가 선호되었고, 지식의 확산은 억제되었고, 잠재적인 발명자는 불확실성에 직면했고, 특허발명으로 인하여 얻을 수 있는 이익은 매우 제한되었다. 따라서 그러한 점에서는 기술발전에는 역효과가 발생했다. 다만 위와 같은 특허제도 운영에 있어 고비용의 문제점은 특허제도 자체의 문제가 아닌 행정절차적으로 발생하는 문제이기 때문에 이를 수정할 수 있었다.

1704) Zorina B. Khan, The Democratization of Invention: Patents and Copyrights in American Economic Development, 1790-1920, Cambridge Univ. Press, 2013 (reprinted ed.), p. 7.

5. 산업발전과 종업원 발명에 대한 법리의 변화

종업원 발명에 대하여 사용자의 권리 인정은 효율적인 제도로서 사회 전체의 효용성의 증가를 가져온다. 초기 영국은 특허를 공유할 수 있는 사람의 수를 제한하였고 영업비밀은 절대적 비밀성을 요구하여 기술 지식에 대한 확산이 느렸다. 이는 경제발전에 부정적 효과로 작용한다. 그러나 종업원 발명에 대하여 자본을 제공한 사용자의 권리를 인정한다면 분업체계를 완성시켜 지식의 확산과 활용을 증진시킨다. 예컨대 레오나도르 다빈치(Leonardo di ser Piero da Vinci)의 예술작품들도 그를 고용한 밀라노 공이었던 루도비코 스포르차(Ludovico Maria Sforza) 공작이 없었다면 창작되지도, 그에 따라 현존하지 않았을 것이다.

종업원 발명에 대한 사용자의 권리는 단지 공리주의적인 효율성 뿐만 아니라 그 이전에 윤리적인 정당성이 존재한다. 고용주의 발명자에 대한 자본 투자와 고용은 그의 직무로서의 직무발명과 고용주의 자본 이용으로 인한 업무발명에 대한 보상에 대하여, 직무발명(hire to invent)인 경우에 명시적인 보상(ownership) 또는 업무발명인 경우에 묵시적인 보상(shop right)을 정당화 한다. 또한 사용자와 피용자 사이의 갈등을 피하고 사회적 조화를 위한 배려라는 정당성도 존재한다.[1705]

지적노동에 대한 권리귀속에 대하여 자연권이론이 지배하던 시절에는 발명가의 권리로 보았고, 그와 같이 보는 데에 사회경제적 환경과 필요성도 뒷받침을 했다. 산업혁명 이전에는 발명가는 특정 지식의 전문가보다는 일반적인 지식을 가진 사람이 많았으므로 개인 또는 개인기업(self employed)에 의한 발명이 많았다.[1706] 그러나 그와 같은 형태의 산업은 기

1705) C.T. Dreschler, Annotation, Application and Effect of "Shop Right Rule" or License Giving Employer Limited Rights in Employee's Inventions and Discoveries, 61 A.L.R.2d 356, § 9 (1958).

업이 활성화되고 기술이 발전됨에 따라 시대에 뒤처진 형태가 된다. 이에
자본투자가 활성화 된 이후에는 투자자와 발명가 사이의 결합이 많았다.1707)
이에 법원도 발명에 대한 발명자 뿐만 아니라 사용자의 권리도 인정하여 제3
자의 특허침해에 대하여 사용자의 침해소송도 인정하게 된다.1708)

종업원 발명은 특정한 기술적 문제를 해결하기 위하여 고용한 것이므로
그 해결된 기술적 문제, 그것이 새로운 발명이더라도 묵시적으로 고용주에
게 속하여야 한다. 그 기술적 문제를 해결한 피용인에게는 임금이나 대가
에 의해 보상을 한 것이므로 그 해결 결과에 대하여 사용자가 권리를 행사
함에는 문제가 없다. 그러나 그와 같은 법리는 발명에 대한 자연권과 공리
주의적 효용성이라는 두 철학의 갈등관세가 존재한다.

미국에서 종업원 발명의 권리 귀속에 대한 역사적 흐름은 크게 세 단계
를 거쳐 왔다.1709) 이러한 변화는 법제도가 사회경제적 변화에 대하여 어
떻게 변화했는지를 나타낸다고 할 수 있다. 첫 번째 단계는 19세기 초반까
지의 원칙으로서, 이 시기에 종업원발명에 대한 모든 권리는 당해 발명을
완성한 '종업원'에게 귀속되었다.1710) 이는 발명은 발명자에 이뤄지는 것이
기 때문에 발명에 대한 그의 자연적 권리는 인정한 것이다. 로크나 칸트 및

1706) B. Zorina Khan and Kenneth L. Sokoloff, 'Schemes of Practical Utility: Entrepreneurship and Innovation Among "Great Inventors" in the United States, 1790-1865, 53 J Econ Hist 289, 295-301 (1993).

1707) Catherine L. Fisk, Removing the 'Fuel of Interest' from the 'Fire of Genius': Law and The Employee-Inventor, 1830-1930, 65 U. Chi. L. Rev. 1127, 1141 (1998).

1708) Dixon v Moyer, 7 F Cases 758, 759 (Cir Ct D Pa 1821); Sparkman v Higgins, 22 F Cases 878, 879 (Cir Ct S D NY 1846); Dental Vulcanite Co v Wetherbee, 7 F Cases 498, 502-03 (Cir Ct D Mass 1866). Later cases reached the same result. See Matthews & Willard Lamp Co v Trenton Manufacturing Co, 73 F 212, 215-16 (Cir Ct D NJ 1896).

1709) Catherine L. Fisk, Removing the 'Fuel of Interest' from the 'Fire of Genius': Law and The Employee-Inventor, 1830-1930, 65 U. Chi. L. Rev. 1127, 1130 (1998).

1710) Id.

헤겔의 철학이 반영된 것이라고 할 수 있다. 두 번째 단계는 19세기 후반의 원칙으로서, 이 시기에 종업원발명에 대한 권리는 '종업원'에게 귀속되었지만, 사용자는 당해 발명을 무상으로 실시할 수 있는 실시권, 미국법상 용어로는 'Shop Right'를 가졌다.[1711] 이는 산업혁명이라는 산업경제적 변화에 법이 어떻게 변화했는지를 나타내는 것으로, 자연권의 원리에 공리주의적 효율성이 접목한 것이라고 할 수 있다. 개인발명가와 개인기업에 적용되던 발명자의 자연권적 권리는 기업이라는 인간 조직에 의하여 분업적으로 이뤄지는 연구개발활동에 대한 새로운 법원칙이 필요함에 따라 공동협업이나 공동작업에 의하여 이뤄지는 발명에 대응하기 위한 것이라고 할 수 있다. 세 번째 단계는 20세기 원칙으로서, 이 시기에 실질적으로 종업원발명에 대한 모든 권리는 사전승계계약에 의하여 '사용자'에게 귀속되었다.[1712] 이는 종업원발명은 발명을 위한 고용(hire to invent)에 의해 이뤄지기 때문에 명시적인 승계약정이 없더라도 묵시적으로 사용자의 권리로 귀속될 수밖에 없는데, 이러한 사회경제적 필요성을 법원칙화 하거나 계약에 의해 명시한 것이라고 할 수 있다.

이처럼 미국에서 종업원발명의 권리귀속에 대한 법적 취급이 변화하게 된 것은, 미국 법원이 19세기에는 종업원발명에 대한 종업원이 가지는 '재산권'을 중요시하였다가, 20세기에 이르러 종업원과 사용자 간에 체결된 '계약'을 중요시하는 태도로 변경한 것인데,[1713] 그와 같은 변화에는 사회경제적 변화에 따른 필연적인 것으로 볼 수 밖에 없다. 경제는 효율적인 것을 추구하기 때문이다. 즉 종업원 발명에 대한 법원칙은 효율적인 것으로 변화한 것으로 볼 수 있다.

만일 종업원발명에 대한 권리를 종업원에게 귀속시킬 경우, 종업원이 사

1711) Id.
1712) Id.
1713) Id., 1132.

용자의 설비, 재료 등을 이용하여 당해 발명을 완성하였다면, 사용자는 'Shop Right'를 가지게 되기 때문에, 이 사항들은 사용자가 'Shop Right'를 가지게 되는가의 여부를 판단함에 있어서도 중요하게 고려된다.1714)

이와 같은 흐름은 종업원 발명을 둘러싼 사용자와 종업원의 법률관계를 조화롭게 조정하자는 사회학 개념으로부터 도출된 것으로, 'Shop Right'는 양자가 공통의 목표를 향해 함께 노력하는 것을 장려함으로써, 전체 사회는 '새로운 기술(new technology)'이라는 이전보다 '증가된 효율성과 성장(increased efficiency and growth)'이라는 이익을 누릴 수 있게 된다.1715)

The shop right doctrine has also been recognized as rising out of the sociological idea of harmonizing relations between employer and employee. Society as a whole benefits through increased efficiency and the enhanced growth of new technologies when employees and employers are encouraged to work together toward common goals. Permitting employers to use the inventions made by their employees during the course of work would avoid possible friction resulting from employees' demands for additional compensation.1716)

[번역]

shop right 법리는 고용주와 피용자간의 균형된 관계라는 사회적 아이디어로부터 발생한 것이다. 사회는 피용자와 고용주가 공통의 목적을 달성하기 위해 협업을 할 때 증가된 효율성과 신기술 발전으로부터 이익을 얻는다. 고용주들이 작업과정에서 피용인이 만든 발명을 사용

1714) Evelyn D. Pisegna-Cook, Ownership Rights of Employee Inventions: The Role of Preinvetion Assignment Agreement and States Status, 2 U. Balt. Intell. Ptop. L. J. 163, 165 (1994).

1715) Paul M. Rivard, Protection of Business Investments in Human Capital: Shop Right and Related Doctrines, 79 J. Pat. & Trademark Off. Soc'y 753, 761 (1997).

1716) Id.

할 수 있을 때 피용자가 요구하는 추가적인 보상요구로부터 발생하는 가능한 마찰을 피할 수 있다.

직무발명을 통한 피용인의 발명에 대한 승계와 업무발명에서 사용자의 권리(shop right)는 발명의 확대를 가져온다. 자본과 기술의 전문화와 분업화가 발생하여 기술발전을 가져오게 된다. 직무발명의 인정과 특허공유자의 수의 제한 철폐는 기술발전에 긍정적인 역할을 했다고 보인다.

다만, 발명자와 그 권리애 자가 많아지는 경우에는 반공유의 비극(the tragedy of the anticommons)이 발생할 수 있다. 이는 공동발명자나 권리자 사이에 또는 제3자에 대한 권리주장에 있어서 거래비용의 증가를 의미한다. 따라서 종업원 발명에 대한 법원칙을 고려함에 있어서는 다수당사자 각자의 권리를 존중할 뿐만 아니라 그들 사이에 효율적인 결과를 도출할 수 있도록 하는 것도 중요하다.[1717]

[1717] C.T. Dreschler, Annotation, Application and Effect of "Shop Right Rule" or License Giving Employer Limited Rights in Employee's Inventions and Discoveries, 61 A.L.R.2d 356, § 9 (1958).

찾아보기

나종갑

현, 연세대학교 법학전문대학원 교수

- School of Law, Washington Univ. in St. Louis, J.S.D. 2001
- School of Law, Univ. of Washington, LL.M. 1997
- 사법연수원 22기 수료
- 연세대학교 법과대학 졸업

제32회 사법시험 합격
법무법인 세창 파트너 변호사, 한남대, 아주대 교수
한국지식재산학회 부회장
한국저작권법학회 감사
발명진흥회 이사
현, 연세법학회 수석부회장

2021 홍진기법률연구상 수상 (홍진기법률연구재단 올해의 법률저서 부문, 불공정경쟁법의 철학적·규범적 토대와 현대적 적용, 2021 연세대학교 대학출판문화원 간)
2022 세종우수학술도서 (현대사회와 지식재산의 보호: 지적재산권법 개요, 2021 연세대학교 대학출판문화원 간)
2023 대한민국학술원 우수학술도서 (홍진기법률연구재단 유민총서 16, 영업비밀보호법의 철학적·규범적 토대와 현대적 적용: 존 로크의 재산권 철학을 바탕으로, 2022 경인문화사 간)

유민총서 23

특허, 특허권, 특허법의 연구
- 자연권 및 공리주의적 도구주의의 발전과 서구 자본주의 경제윤리의 형성 -

초판 1쇄 인쇄 2023년 12월 22일
초판 1쇄 발행 2023년 12월 29일

지 은 이 나종갑
편   찬 홍진기법률연구재단
주   소 서울특별시 종로구 동숭3길 26-12 2층
전   화 02-747-8112   팩   스 02-747-8110
홈페이지 http://yuminlaw.or.kr

발 행 인 한정희
발 행 처 경인문화사
편 집 부 김지선 유지혜 한주연 이다빈 김윤진
마 케 팅 전병관 하재일 유인순
출판번호 제406-1973-000003호
주   소 경기도 파주시 회동길 445-1 경인빌딩 B동 4층
전   화 031-955-9300   팩   스 031-955-9310
홈페이지 www.kyunginp.co.kr
이 메 일 kyungin@kyunginp.co.kr

ISBN 978-89-499-6763-9 93360
값 60,000원

* 저자와 출판사의 동의 없는 인용 또는 발췌를 금합니다.
* 파본 및 훼손된 책은 구입하신 서점에서 교환해 드립니다.